समाज–विज्ञान

विश्वकोश

खण्ड 4

ज्ञान शांति मैत्री

महात्मा गांधी अंतरराष्ट्रीय हिंदी विश्वविद्यालय, वर्धा (महाराष्ट्र)

समाज-विज्ञान

विश्वकोश

खण्ड 4

सम्पादक

अभय कुमार दुबे

फ़ेलो और निदेशक, भारतीय भाषा कार्यक्रम,
विकासशील समाज अध्ययन पीठ, नयी दिल्ली

सहायक-सम्पादक

बीर पाल सिंह यादव

असिस्टेंट प्रोफ़ेसर एवं प्रकाशन प्रभारी
महात्मा गांधी अंतरराष्ट्रीय हिंदी विश्वविद्यालय, वर्धा (महाराष्ट्र)

राजकमल प्रकाशन

ISBN : 978-81-267-2587-8

मूल्य : ₹ 8000 (छह जिल्दों में)

पहला संस्करण : 2013
दूसरा संस्करण : 2015

प्रकाशक : राजकमल प्रकाशन प्रा. लि.
1-बी, नेताजी सुभाष मार्ग, दरियागंज
नयी दिल्ली-110 002

शाखाएँ : अशोक राजपथ, साइंस कॉलेज के सामने, पटना-800 006
पहली मंजिल, दरबारी बिल्डिंग, महात्मा गांधी मार्ग, इलाहाबाद-211 001
36 ए, शेक्सपियर सरणी, कोलकाता-700 017
वेबसाइट : www.rajkamalprakashan.com
ई-मेल : info@.rajkamalprakashan.com

सम्पादकीय सहयोग
नरेश गोस्वामी, कमल नयन चौबे, सुमेल सिंह सिद्धू, मनोहर नायक, मनोज मोहन

डिज़ाइन : मृत्युंजय चटर्जी
अनुक्रमणिका : मंजू खन्ना
टंकण एवं अन्य सहयोग : चंदन शर्मा, संजय कुमार

मुद्रक : बी.के. ऑफसेट
नवीन शाहदरा, दिल्ली-110 032

SAMAJ-VIGYAN VISHWAKOSH-4
Edited by Abhay Kumar Dubey

खण्ड 4

सलाहकार-मण्डल

रविकांत
एसोसिएट फ़ेलो, विकासशील समाज अध्ययन पीठ, दिल्ली

राकेश पाण्डेय
एसोसिएट फ़ेलो, विकासशील समाज अध्ययन पीठ, दिल्ली

राजकुमार
प्रोफ़ेसर, हिंदी विभाग, बनारस हिंदू विश्वविद्यालय, वाराणसी (उप्र)

राजीव भार्गव
निदेशक और वरिष्ठ फ़ेलो, विकासशील समाज अध्ययन पीठ, दिल्ली

राधावल्लभ त्रिपाठी
प्रोफ़ेसर, डॉ. हरीसिंह गौर विश्वविद्यालय, सागर (मप्र)

विजय बहादुर सिंह
पूर्व निदेशक, विकासशील समाज अध्ययन पीठ, दिल्ली

शैल मायाराम
वरिष्ठ फ़ेलो, विकासशील समाज अध्ययन पीठ, दिल्ली

सौम्यव्रत चौधरी
वरिष्ठ फ़ेलो, सेंटर फॉर स्टडीज़ ऑफ़ सोशल साइंसेज़, कोलकाता (पश्चिम बंग)

सतीश देशपांडे
प्रोफ़ेसर, दिल्ली स्कूल ऑफ़ इकॉनॉमिक्स, नयी दिल्ली

स्मिता तिवारी जस्सल
विज़िटिंग फ़ेलो, विकासशील समाज अध्ययन पीठ, दिल्ली

सुधीश पचौरी
प्रोफ़ेसर और डीन, दिल्ली विश्वविद्यालय, दिल्ली

हिलाल अहमद
एसोसिएट फ़ेलो, विकासशील समाज अध्ययन पीठ, दिल्ली

लेखक-मण्डल

अभय कुमार दुबे
फ़ेलो और निदेशक, भारतीय भाषा कार्यक्रम,
विकासशील समाज अध्ययन पीठ, दिल्ली

अजय कुमार पांडेय
स्वतंत्र अध्येता, बलिया (उप्र)

अनामिका
फ़ेलो, नेहरू मेमोरियल म्यूज़ियम ऐंड लाइब्रेरी, नयी दिल्ली

अनुराग पांडेय
अनुसंधानकर्ता, राजनीतिशास्त्र विभाग, दिल्ली विश्वविद्यालय, दिल्ली

अनुष्का सिंह
अनुसंधानकर्ता, राजनीतिशास्त्र विभाग, दिल्ली विश्वविद्यालय, दिल्ली

अमितेश कुमार
अनुसंधानकर्ता, हिंदी विभाग, दिल्ली विश्वविद्यालय, दिल्ली

अम्बिका दत्त शर्मा
विभागाध्यक्ष, दर्शनशास्त्र विभाग, डॉ. हरीसिंह गौर विश्वविद्यालय, सागर (मप्र)

अम्बरीष सक्सेना
मीडिया विशेषज्ञ, नयी दिल्ली

अविनाश कुमार
ऑक्सफ़ेम, नयी दिल्ली

अविनाश झा
पुस्तकालयाध्यक्ष,
विकासशील समाज अध्ययन पीठ, दिल्ली

आकांक्षा कुमारी
शोधार्थी, स्त्री-अध्ययन विभाग, महात्मा गांधी अंतरराष्ट्रीय
हिंदी विश्वविद्यालय, वर्धा (महाराष्ट्र)

आदित्य निगम
वरिष्ठ फ़ेलो, विकासशील समाज अध्ययन पीठ, दिल्ली

आलोक टंडन
स्वतंत्र अध्येता, समाज-दर्शन, हरदोई (उप्र)

इंद्रजीत कुमार झा
अनुसंधानकर्ता, राजनीतिशास्त्र विभाग,
दिल्ली विश्वविद्यालय, दिल्ली

उपासना पाण्डेय
असिस्टेंट प्रोफ़ेसर, राजनीतिशास्त्र विभाग,
वसंत महिला महाविद्यालय, वाराणसी (उप्र)

अंकिता पाण्डेय
असिस्टेंट प्रोफ़ेसर, इंद्रप्रस्थ कॉलेज,
दिल्ली विश्वविद्यालय, दिल्ली

कनक तिवारी
अध्यक्ष, छत्तीसगढ़ संस्कृति प्रतिष्ठान, रायपुर (छत्तीसगढ़)

कमल नयन चौबे
जूनियर फ़ेलो, नेहरू मेमोरियल म्यूज़ियम ऐंड लाइब्रेरी,
नयी दिल्ली

कविता रतूड़ी
अनुसंधानकर्ता, जवाहरलाल नेहरू विश्वविद्यालय, नयी दिल्ली

कृष्णदत्त पालीवाल
पूर्व विभागाध्यक्ष, हिंदी विभाग, दिल्ली विश्वविद्यालय, दिल्ली

गोपाल प्रधान
एसोसिएट प्रोफ़ेसर, भारतरत्न डॉ. भीमराव आम्बेडकर विश्वविद्यालय, दिल्ली

धीरूभाई शेठ
पूर्व निदेशक, विकासशील समाज अध्ययन पीठ, दिल्ली

नरेश गोस्वामी
अनुसंधानकर्ता, भारतीय भाषा कार्यक्रम, विकासशील समाज अध्ययन पीठ, दिल्ली

नवीन चंद्र
अनुसंधानकर्ता, दिल्ली विश्वविद्यालय, दिल्ली

निर्मल कुमार पाण्डेय
अनुसंधानकर्ता, भारतीय इतिहास अनुसंधान परिषद, नयी दिल्ली

पंकज कुमार झा
अनुसंधानकर्ता, राजनीतिशास्त्र विभाग, दिल्ली विश्वविद्यालय, दिल्ली

पुनीत कुमार
विभागाध्यक्ष, राजनीतिशास्त्र विभाग, गवर्नमेंट एस.एम.एस. पी.जी. कॉलेज, शिवपुरी (मप्र)

प्रियव्रत शुक्ल
प्रोफ़ेसर, रानी दुर्गावती विश्वविद्यालय, जबलपुर (मप्र)

प्रीति सागर
एसोसिएट प्रोफ़ेसर, साहित्य विभाग, महात्मा गांधी अंतरराष्ट्रीय हिंदी विश्वविद्यालय, वर्धा (महाराष्ट्र)

बालगोविंद सिंह
विभागाध्यक्ष, शिक्षा विभाग, रमेश झा महिला कॉलेज, सहरसा (बिहार)

बीर पाल सिंह यादव
असिस्टेंट प्रोफ़ेसर, साहित्य विभाग, महात्मा गांधी अंतरराष्ट्रीय हिंदी विश्वविद्यालय, वर्धा (महाराष्ट्र)

मनहर चरण
पूर्व शोधार्थी, अहिंसा एवं शांति विभाग, महात्मा गांधी अंतरराष्ट्रीय हिंदी विश्वविद्यालय, वर्धा (महाराष्ट्र)

मनीष मिश्र
पोस्ट-डॉक्टरल रिसर्च एसोसिएट, राजीव गाँधी समकालीन अध्ययन पीठ, बरकुतल्लाह विश्वविद्यालय, भोपाल (मप्र)

मीना मनरल
असिस्टेंट प्रोफ़ेसर, कुमायूँ विश्वविद्यालय, अल्मोड़ा (उत्तराखण्ड)

मोहन दास नैमिशराय
पूर्व फ़ेलो, उच्च अध्ययन संस्थान, शिमला (हिमाचल प्रदेश)

योगेश अटल
पूर्व निदेशक (समाज-विज्ञान), यूनेस्को

रवि दत्त वाजपेयी
स्वतंत्र लेखक, ऑस्ट्रेलिया

राकेश श्रीवास्तव
स्वतंत्र लेखक और अनुवादक, नयी दिल्ली

राजकुमार
प्रोफ़ेसर, हिंदी विभाग, बनारस हिंदू विश्वविद्यालय, वाराणसी (उप्र)

राधावल्लभ त्रिपाठी
प्रोफ़ेसर, डॉ. हरीसिंह गौर विश्वविद्यालय, सागर (मप्र)

रोहित मिश्र
समाज-कार्य विभाग, लखनऊ विश्वविद्यालय, लखनऊ (उप्र)

विकास कुमार
असिस्टेंट प्रोफ़ेसर, ज़ाकिर हुसैन कॉलेज, नयी दिल्ली

विजय कुमार झा
अनुसंधानकर्ता, सेंटर फ़ॉर वुमंस डिवेलपमेंट स्टडीज़, नयी दिल्ली

विवेक रत्न
असिस्टेंट प्रोफ़ेसर, राजनीतिशास्त्र विभाग, दिल्ली विश्वविद्यालय, दिल्ली

विश्वनाथ मिश्र
असिस्टेंट प्रोफ़ेसर, राजनीतिशास्त्र विभाग,
आर्य महिला पीजी कालेज, वाराणसी (उप्र)

वीरभारत तलवार
प्रोफ़ेसर, जवाहरलाल नेहरू विश्वविद्यालय, नयी दिल्ली

वैभव सिंह
असिस्टेंट प्रोफ़ेसर, हिंदी विभाग, दयाल सिंह कॉलेज, नयी दिल्ली

शम्भू जोशी
असिस्टेंट प्रोफ़ेसर, महात्मा गांधी अंतरराष्ट्रीय हिंदी विश्वविद्यालय, वर्धा (महाराष्ट्र)

श्यामा सिंह
रिसर्च एसोसिएट, सम्पूर्णानंद संस्कृत विश्वविद्यालय, वाराणसी (उप्र)

शिवानी चोपड़ा
फ़ेलो, उच्च अध्ययन संस्थान, शिमला (हिमाचल प्रदेश)

श्रुति
एसोसिएट प्रोफ़ेसर, हिंदी विभाग, लखनऊ
विश्वविद्यालय, लखनऊ (उप्र)

हिलाल अहमद
फ़ेलो, विकासशील समाज अध्ययन पीठ, दिल्ली

सुकेश लोहार
अनुसंधाकर्ता, हिंदी विभाग, बनारस हिंदू विश्वविद्यालय,
वाराणसी (उप्र)

सुप्रिया पाठक
असिस्टेंट प्रोफ़ेसर, स्त्री-अध्ययन विभाग, महात्मा गांधी अंतरराष्ट्रीय हिंदी विश्वविद्यालय, वर्धा (महाराष्ट्र)

सुमेल सिंह सिद्धू
स्वतंत्र अध्येता और इतिहासकार, दिल्ली

सुनील कुमार,
अनुसंधानकर्ता, राजनीतिशास्त्र विभाग, दिल्ली विश्वविद्यालय, दिल्ली

संजय सिंह बघेल
एसोसिएट प्रोफ़ेसर, हिंदी पत्रकारिता, आत्माराम सनातन धर्म कॉलेज, साउथ कैम्पस, नयी दिल्ली

संजय कुमार
फ़ेलो, विकासशील समाज अध्ययन पीठ, दिल्ली

संदीप जोशी
निदेशक, मध्य प्रदेश समाज-विज्ञान अनुसंधान संस्थान, उज्जैन (मप्र)

प्रविष्टि-क्रम

List of Entrees

विषयानुसार प्रविष्टि-क्रम

अर्थशास्त्र

इतिहास

अंतर्राष्ट्रीय संबंध

गाँधी-विचार

दर्शन

भारत संबंधी प्रविष्टियाँ

मनोविज्ञान

मार्क्सवादी विमर्श

मीडिया-अध्ययन, फ़िल्म-अध्ययन, टीवी-अध्ययन

राजनीतिशास्त्र

व्यक्तित्व-कृतित्व

समाजशास्त्र, मानवशास्त्र

स्त्री-अध्ययन, सेक्शुअलिटी-अध्ययन

साहित्य-अध्ययन, भाषाशास्त्र

प्रविष्टियाँ

भ

भक्ति आंदोलन-1

उद्गम संबंधी विवाद

(Bhakti Movement-1)

भारतीय भक्ति आंदोलन के सामाजिक-सांस्कृतिक परिप्रेक्ष्य की व्यापकता और गहराई को ठीक-ठीक समझे बिना भारतीय समाज में उससे होने वाले परिवर्तनों का आकलन नहीं किया जा सकता। भक्ति आंदोलन के पीछे एक सुदीर्घ पृष्ठभूमि है— और दार्शनिक विचारधारात्मक संघर्ष की एक महत्त्वपूर्ण गाथा। हमारे समाज को वर्तमान रूपाकार देने में भक्ति आंदोलन द्वारा किये गये नवजागरण की केंद्रीय भूमिका रही है। नवजागरण तथा सुधार आंदोलनों की पृष्ठभूमि में भक्ति आंदोलन को भलीभाँति समझना आज आवश्यक है। नवजागरण की अनेक चिंताएँ हमारे भक्ति आंदोलन की सांस्कृतिक पृष्ठभूमि में समझी जा सकती हैं। भक्ति की अखण्ड परम्परा ने अखिल भारतीय रूप धारण कर दक्षिण तथा उत्तर को एकता के सूत्र में दृढ़ता से बाँध दिया। हिंदी-क्षेत्र में तो नवजागरण का पहला प्रबल दौर ही भक्ति एवं भक्ति आंदोलन की चेतना से शुरू होता है। भक्ति आंदोलन की अनेक परिणतियाँ लोक-चित्त में लोक-धर्म बनकर घुल-मिल गयीं। इसलिए आगे की राजनीतिक-सांस्कृतिक घटनाओं पर उनका गहरा प्रभाव पड़ा। यही कारण है कि आज भक्ति आंदोलन को एक महा-आख्यान मानकर उसके पाठ के अनेक भाष्य ज़रूरी हैं। स्वाधीनता संग्राम में भक्ति संवेदना हमारे नेताओं-समाज सुधारकों के लिए अनिवार्यत: प्रेरणा स्रोत रही है।

अलग-अलग वैचारिक प्रस्थानों ने भक्ति आंदोलन से जुड़े अनेक तर्क और प्रतिमान निर्मित किये हैं। इसीलिए भक्ति आंदोलन की व्याख्याएँ महत्त्वपूर्ण हैं। इस आंदोलन की 'सही व्याख्या' को लेकर विवाद भक्ति आंदोलन के आदि-मध्य और अंत तक फैला हुआ है। विद्वानों में न तो भक्ति आंदोलन के उदय पर राय बन पायी है न उसके अवसान के कारणों का विवेकसम्मत भाष्य हो पाया है। हमारे मूर्धन्य विद्वान प्राय: इस जटिल समस्या से टकराते रहे हैं और कोई समाधान नहीं पा सके। उधर पश्चिम के विद्वानों ने योजनाबद्ध होकर यह विचार प्रचारित किया कि भक्ति भारतीय साहित्य को ईसाइयों की देन हैं। इस क्षेत्र में मैक्स वेबर से लेकर ग्रियर्सन तक सक्रिय रहे हैं। विद्वत्ता की इस प्रवृत्ति ने श्वेतद्वीप की चर्चा के साथ कृष्ण को क्राइस्ट का रूपांतर दिखाने की कोशिश की है। अपने विचारों की पुष्टि के लिए विद्वानों ने तमाम कहानियाँ खोज निकाली हैं।

दूसरी तरफ़ इन विद्वानों ने वेदों में भक्ति की मौजूदगी देखने से तो इनकार किया ही, प्राग्वैदिक काल की प्रकृति-पूजा और देव-पूजा पर भी ध्यान नहीं दिया। सातवीं शताब्दी में इसलाम जब भारत पहुँचा तो उस समय दक्षिण भारत में आलवार भक्तों का आंदोलन पूरी शक्ति से चल रहा था। लेकिन सर चार्ल्स एलियट ने 1921 की अपनी प्रसिद्ध पुस्तक *हिंदुइज़्म ऐंड बुद्धिज़्म* में यह विचार प्रचारित किया कि रामानुजाचार्य, मध्वाचार्य, लिंगायत तथा वीर शैवों पर इसलामी प्रभाव हो सकता है। डॉ. ताराचंद ने दो क़दम और आगे बढ़कर अपनी पुस्तक *इंफ्यूज़ंस ऑफ़ इसलाम ऑन इण्डियन कल्चर* में यह मत व्यक्त किया कि शंकराचार्य, निम्बार्काचार्य, रामानंद, वल्लभाचार्य, दक्षिण के आलवार संत, लिंगायत सम्प्रदाय तथा वीर शैव इसलामी प्रभाव की देन हैं। इसी लीक को हुमायूँ कबीर ने अपनी पुस्तक *अवर हेरिटेज़* में अपनाया। यह ज़ोर-शोर से कहा गया कि शंकर

ने अपना अद्वैतवाद इसलाम से लिया। यानी भक्ति आंदोलन भी इसलाम की देन ही हुआ। इसी परम्परा में डॉ. आबिद हुसैन ने *भारत की राष्ट्रीय-संस्कृति* पुस्तक लिखकर यह मत स्थापित किया कि भारतीय संस्कृति पर मुसलमान संस्कृति का बहुत दूर तक गहरा प्रभाव पड़ा। यह अलग बात है कि भारतीय चिंतन परम्परा जानती है कि शंकराचार्य का जन्म आठवीं शताब्दी में हुआ था और भक्ति आंदोलन का आरम्भ आलवारों के काव्य के रूप में उससे काफ़ी पहले हो चुका था। खोजने पर पता चलता है कि भक्ति परम्परा प्राग्वैदिक है। अद्वैत और भक्ति आंदोलन भारतीय-संस्कृति के प्राण-प्रवाह रहे हैं। कभी-कभार यह भी दबी ज़ुबान से कहा जाता है कि भक्ति आर्य भी है, अनार्य भी है और सामी भी। भक्ति का रागात्मक विस्तार हृदय की मुक्तावस्था है जो बुद्धि की कर्कशता को पछाड़ती रही है। इसका कारण है कि भारत में इसलाम के उदय के पूर्व भारत के मंदिर देवपूजा, बहुदेववाद, मूर्तिपूजा के केंद्र थे और इनमें भक्ति का प्रवाह प्रवाहित था। शंकर का एकेश्वरवाद भारतीय अद्वैतवाद का विकसित रूप है— इसका इसलामी एकेश्वरवाद से संबंध जोड़ना उचित नहीं है। इसलाम एक ईश्वर को मानता ज़रूर है, किंतु वह न अद्वैतवादी है और न एकेश्वरवादी। हाँ, सूफ़ियों को यह ज्ञान ब्राह्मण में तथा नव-अफ़लातूनी मत से मिला। बौद्धों ने भी इसे सुलभ बनाया।

शंकराचार्य के पूर्वज बौद्ध दार्शनिक थे। शंकर को प्रच्छन्न बौद्ध माना भी जाता है। शंकर ने बौद्ध धर्म की बहुत सी बातों को चुपके से अपना लिया। इसलिए वे प्रच्छन्न बौद्ध कहलाये और उन्हें दार्शनिक वसुबंध के विचारों से जोड़ा गया। शंकर-मत के मायावाद को बौद्धों के शून्यवाद की ही तरह ग्रहण किया जा सकता है, क्योंकि शंकर की ब्रह्मकल्पना भक्तों के लिए निराशाप्रद है। यही कारण है कि भक्तिकाल के चार बड़े आचार्यों ने शंकर-मत का प्रतिवाद किया। रामानुजाचार्य, मध्वाचार्य, वल्लभाचार्य और निम्बार्काचार्य ने निराकार-उपासाना से दूर हट कर साकार-उपासना का प्रचार-प्रसार किया। शंकराचार्य ने उपनिषदों को पुनर्नवा करके उनका नया भाष्य किया। शंकर ने शिव, शक्ति, सूर्य एवं विष्णु पर स्त्रोत भी लिखे। शंकर सुधारक संत थे और प्रचण्ड बौद्धिक।

दक्षिण भारत में जैन-बौद्ध-वैष्णव संघर्ष का एक प्रबल इतिहास रहा है। शंकराचार्य की पीठ पर वैष्णव आचार्य रामानुज और मध्वाचार्य का जन्म होना स्वाभविक था, क्योंकि सगुणोपासना के लिए शुद्धाद्वैत की आवश्यकता थी। लेकिन इसके पीछे इसलाम का हाथ न था— बौद्धों का आग्रह था। समझा जाता है कि शंकर ने बदरिकाश्रम, द्वारका, जगन्नाथपुरी तथा शृंगेरी में चार पीठों की स्थापना करके सांस्कृतिक एकता की स्थापना की। दूसरी तरफ़ विष्णुस्वामी, रामानुज, निम्बार्क, मध्व तथा वल्लभाचार्य ने सगुण साकारोपासना का मार्ग खोला जिसने लोक-हृदय को गहराई से प्रभावित किया। इन आचार्यों ने जिस मार्ग का प्रचलन किया, उसमें धर्म के बाह्य उपचार गौण थे और जाति-प्रथा की कठोरता नहीं थी। इन चारों आचार्यों ने अपने-अपने तरीक़े से प्रपत्तिवाद और शरणागति को प्रधानता दी। जाति-प्रथा की कठोर कड़ियाँ तो बौद्ध-श्रमण ढीली कर ही चुके थे। फिर भक्तों ने उसे अतिशय उदार बना कर मानवतावादी रूप दिया। इस विवरण से स्पष्ट है कि अगर भारत में इसलाम न आता तो भी भक्ति-आंदोलन चलता तथा सिद्ध-नाथ धूनी रमाते। निर्गुण संतों ने गुरु-परम्परा सिद्धों से पायी जिसे आगे चलकर सूफ़ियों ने भी अपनाने में संकोच नहीं किया। ज़ाहिर है कि भक्ति आंदोलन न आसमान से टपका था, न इसलाम का परिणाम था। वह तो गीता-आलवार संत और रामानुजाचार्य के बीच का प्रवाह था। इसी प्रवाह ने भारतीय चित्त को सींच कर हरा-भरा किया।

आलवार-नायनार संतों-भक्तों-कवियों का प्रेम-दर्शन विष्णु और शिव संबंधी चिंतन-प्रवाह से प्रकट हुआ था। दूसरे दक्षिण में उत्तर-भारत की तरह वेद-विरोधी आंदोलनों की हवा नहीं थी। इसी ने दक्षिण को हिंदू लोक-धर्म का गढ़ बनाया। आलवार संतों पर मुसलमानी प्रभाव खोजना एक तरह की कपोल-कल्पना है। वे तो लोक-मंगल की भावना से प्रेरित होकर तीर्थ-यात्रा, व्रत-उपवास, मूर्ति पूजा की निंदा करते हैं। इन संतों का समय तीसरी शताब्दी से नवीं शताब्दी तक है। ध्यान रखना होगा कि भारत में आलवार संतों की परम्परा उस समय शुरू हुई थी जब अरब में इसलाम का जन्म भी नहीं हुआ था। भक्ति के बीज महाभारत-गीता से आये थे। इन्हीं बीजों ने रामानुजाचार्य में अंकुरण-पल्लवन पाया। गीता और रामानुजाचार्य के बीच भक्ति-प्रवाह आलवार भक्तों के रूप में प्रवाहित रहा। वहाँ यह आंदोलन शैव और वैष्णव, दोनों तरह के भक्तों के बीच प्रवाहित था। वहाँ वेद विरोधी आंदोलन किनारे चले गये। रामानंदी तथा वल्लभाचार्यी संतों-कवियों की इस-परम्परा पर आलवारों का प्रवाह कम करके न आँकना चाहिए। इसी परम्परा के सुधारकों ने अगड़ी जातियों के कुलीनतावाद-ब्राह्मणवाद की निंदा की। उनके सृजन में इस आक्रोश की अभिव्यक्ति हुई है। अंदाल की गिनती आलवर संतों में है। अस्पृश्य जाति के भी कई संत थे। ईश्वर-भक्ति के लिए उच्चवंश में पैदा होना आवश्यक नहीं है। भक्ति उन्मुक्तता, समानता और बंधुता का क्षेत्र है। इसीलिए भक्ति-दर्शन में प्रेम की महिमा अपरम्पार है। भागवत की यह उक्ति कि भक्ति का जन्म द्रविड़ देश में हुआ, इतिहास-संगत है।

वीर शैव भक्ति-दर्शन में विशेष महत्त्व रखते हैं। ये संत लिंगायत धर्म के अनुगामी थे। इनका दावा रहा है कि शैव धर्म अन्य सभी धर्मों की तुलना में सबसे प्राचीन धर्म है। वीर

शैवों में यज्ञ, पूजा, उपवास का महत्त्व नहीं है। इस धर्म के नेता वसव थे जो जात-पाँत का विरोध करते थे। वीर-शैवों की परम्परा कन्नड़ साहित्य में दसवीं-ग्यारहवीं शताब्दी तक जाती है। लेकिन इनका साहित्य तमिल और तेलुगु में भी कम नहीं है। परम शिव में विश्वास रखने के कारण ये आनंदवादी हैं और संन्यासी सम्प्रदाय के प्रतिष्ठापक भी।

भक्ति आंदोलन तथा भक्ति की प्राचीनता के लिए लोक में प्रचलित दोहे को न भूलें 'भक्ती द्राविड़ ऊपजी, लाये रामानंद। परगट किया कबीर ने सात द्वीप नौ खण्ड।' इसी भाव से भरा संस्कृत श्लोक है, 'उत्पन्ना द्राविड़े चाहंकर्णाटे वृद्धि मागता। स्थिता किंचिन्महातव्ले गुर्जरे जीर्णतां गता' अर्थात् द्राविड़ देश में जन्मी, कर्नाटक में यौवन को प्राप्त हुई, कुछ समय महाराष्ट्र में रही और गुजरात में पहुँचकर वृद्ध हो गयी।' विद्वान मानते हैं कि भागवत की रचना आठवीं-नवीं शताब्दी में हुई। भक्ति तत्त्व को विष्णु पुराण, देवी पुराण, शिव पुराण आदि पुराणों में स्थान दिया। यह ठीक है कि भक्ति के प्रमाण वेदों में नहीं है लेकिन प्राग्वैदिक प्रमाण मौजूद हैं। आर्य बहुदेववाद में इंद्र, वरुण, आदित्य के लिए यज्ञ करते थे। पीछे से भागवत ने शरणगति-सिद्धांत, प्रपत्ति-सिद्धांत का प्रतिपादन किया जिसका उपदेश भक्ति आंदोलन के चारों बड़े आचार्यों रामानुज, मध्व, निम्बार्क, वल्लभ ने किया है। परम विद्वान काणे ने धर्मशास्त्रों के इतिहास में माना है कि धर्म का अवधारणा के रूप में— भक्ति के रूप में, चलन ई.पू. दूसरी शताब्दी में हुआ। फिर पांचरात्र आगम में गोपालकृष्ण और वासुदेव का एकाकार होना मिलता है। इस तरह भक्ति भारत में ईश्वर में परम अनुरक्ति के रूप में रही है। इसलिए भक्ति पर किसी प्रकार का विदेशी प्रभाव मानना गलत है। यह भी कहा जा सकता है कि उपनिषदों की बौद्धिकता से थके लोग सगुण-साकार वासुदेव की उपासना करने लगे। निगम-आगम, शिव-शक्ति, विष्णु में रमे रहे। आलवारों के बारह संतों की मूर्तियाँ दक्षिण के मंदिरों में स्थापित की गयी तथा नाथमुनि के 'तमिल दिव्य-प्रबंधन' (चालीस हज़ार पद) को भक्ति का प्रमुख ग्रंथ माना गया। 'प्रबंधन' के विचारों को वैष्णव आचार्यों ने उत्तर भारत में पहुँचाया। यामुनाचार्य (916-1040) ने विशेषतया द्वैत सम्प्रदाय का प्रथम विवेचन किया और उसके बाद इस सम्प्रदाय की प्रतिष्ठा रामानुजाचार्य ने की। उन्होंने द्विजों के साथ शूद्रों के भी वैष्णव धर्म में आने का मार्ग खोल दिया। रामानुज की परम्परा में रामानन्द आये। रामानंद ने कबीर तथा तुलसी की दोनों निर्गुण-सगुण परम्पराओं का सूत्रपात किया। रामानुज के तीन ग्रंथ (1) वेदांत-संग्रह (2) गीता की टीका तथा (3) वेदांत-सूत्र का श्रीभाष्य ने रामानंद में नया स्वरूप धारण किया।

प्रस्थानत्रयी (*ब्रह्मसूत्र,* उपनिषद् तथा *भगवद्गीता*) के प्रति आस्थावान रामानुज तथा रामानंद ईश्वर को जीव एवं प्रकृति से एकाकार मानते हैं। स्वामी रामानंद (1299 ई. प्रयाग) ने श्री सम्प्रदाय की दीक्षा काशी में राघवानंद से ली थी। श्री सम्प्रदाय विष्णु और लक्ष्मी की पूजा, रामावतार में विश्वास रखता है। रामोपासना के प्रवर्तक आचार्य रामानंद हैं— इनका सम्प्रदाय 'रामावत-सम्प्रदाय' कहलाता है, परम विशिष्टाद्वैतवाद रामभक्त सम्प्रदाय। रामानंद ने शूद्रों तथा मुसलमानों को वैष्णव मंदिरों में प्रवेश का अधिकार दिया। साथ ही रामानंद ने प्रस्थानत्रयी के भाष्य लिखे। उनकी ब्रह्मसूत्र की टीका 'आनन्द भाष्य' नाम से प्रसिद्ध है। ब्रह्म को 'ब्रह्मशब्दवाच्य राम' कहा और उसे निर्गुण-सगुण दोनों माना। ध्यान रहे रामोपासना का आरम्भ आलवार भक्तों ने किया था, रामानुज तथा रामानंद ने उसे निखार दिया है। तमिल रामायण पहले लिखी गयी, हिंदी में रामायण बाद में। कबीर ने राम की परिकल्पना में परिवर्तन किये निर्गुण की उपासना की। तुलसीदास में राम पूरी सर्जनात्मकता के साथ अपने सगुण में सामने आये।

देखें : अष्टछाप, 'अंग्रेज़ी हटाओ' आंदोलन, छायावाद, डायग्लॉसिया, नगेंद्र और सैद्धांतिक समीक्षा, नयी कविता, नंद दुलारे वाजपेयी, नामवर सिंह, प्रेमचंद, प्रयोगवाद, प्रगतिवाद, पाश्चात्य काव्यशास्त्र, भक्ति-काव्य-1 और 2, भारतेंदु हरिश्चंद्र, भारतेंदु युग-1 और 2, भाषा नियोजन-1 से 4 तक, भाषा के मार्क्सवादी सिद्धांत, महावीर प्रसाद द्विवेदी, महादेवी वर्मा, मीरांबाई और प्रेमाभक्ति, राहुल सांकृत्यायन, रामानुजाचार्य, रामानंद, रामचंद्र शुक्ल-1 और 2, रामविलास शर्मा, राष्ट्रीय-सांस्कृतिक कविता, रीतिकाल-1 और 2, विजय देव नारायण साही, वैष्णव धर्म, श्याम सुंदर दास, सम्पर्क भाषा-1 से 4 तक, संविधान सभा में भाषा-विवाद-1, 2 और 3, सच्चिदानंद हीरानंद वात्स्यायन अज्ञेय, संत-काव्य, संस्कृत काव्यशास्त्र, सिद्ध-नाथ परम्परा, सूफ़ीयत और प्रेमाख्यान, हजारी प्रसाद द्विवेदी, हिंदी विरोधी आंदोलन, हिंदी जाति-1, 2 और 3, हिंदी साहित्य का आदिकाल, हिंदी साहित्य का इतिहास, हिंदी साहित्य का इतिहास : नये परिप्रेक्ष्य, हिंदी-पद्य में इतिहास, हिंदी-जगत और 'लोकप्रिय'-1 और 2, हिंदी नवजागरण, हिंदी-संस्थाएँ।

संदर्भ

1. कृष्णदत्त पालीवाल (2008), *भक्तिकाव्य से साक्षात्कार,* भारतीय ज्ञानपीठ, नयी दिल्ली.
2. रामस्वरूप चतुर्वेदी (1993), *हिंदी साहित्य और संवेदना का विकास,* लोक भारती प्रकाशन, इलाहाबाद.
3. वियोगी हरि (2001), *हमारी परम्परा,* सस्ता साहित्य मण्डल, नयी दिल्ली.
4. भरतसिंह उपाध्याय (2002), *ध्यान और नाम,* सस्ता साहित्य मण्डल, नयी दिल्ली.

— कृष्णदत्त पालीवाल

भक्ति आंदोलन-2

हिंदी साहित्य में बहस

(Bhakti Movement-2)

हिंदी-साहित्य में भक्ति आंदोलन की चर्चा आते ही प्राय: रामचंद्र शुक्ल, हजारी प्रसाद द्विवेदी और रामविलास शर्मा की व्याख्याओं का सहारा लिया जाता है। भक्ति आंदोलन के स्वरूप पर तीनों के विचार आज भी अर्थवान है। आज भक्ति आंदोलन को विद्वानों का एक वर्ग 'ग्रैंड नैरेटिव' मानकर कई तरह की बातें कर रहा है। यह रवैया भक्ति आंदोलन के अंतर्विरोधों को कई तरह से झुठला देता है। रामचंद्र शुक्ल ने अपनी 'दृष्टि की तार्किक निष्पक्षता' के कारण भक्ति के दो पक्ष उठाये— भारतीय पक्ष तथा अभारतीय पक्ष। भक्ति आंदोलन के उदय पर विचार करते हुए उनके सामने दक्षिण के आलवार सगुण पक्ष, रामानुजाचार्य तथा रामानंद थे। उन्होंने 'मुसलमान-आक्रमण से उत्पन्न हिंदू मन की निराशा' को उभारा। उन्होंने अपनी रचना *हिंदी साहित्य का इतिहास* में भक्ति के सामान्य परिचय के अंतर्गत कहा है, 'देश में मुसलमानों का राज्य प्रतिष्ठित हो जाने पर हिंदू जनता के हृदय में गौरव, गर्व और उत्साह के लिए वह अवकाश न रह गया था। ऐसी दशा में अपनी वीरता के गीत न तो वे गा ही सकते थे और न बिना लज्जित हुए सुन ही सकते थे। आगे चलकर जब मुसलमान साम्राज्य दूर तक स्थापित हो गया तब परस्पर लड़ने वाले स्वतंत्र राज्य भी नहीं रह गये। इतने भारी राजनीतिक उलटफेर के पीछे हिंदू जन समुदाय पर बहुत दिनों तक उदासी छायी रही। अपने पौरुष से हताश जाति के लिए भगवान की शक्ति और करुणा की ओर ध्यान ले जाने के अतिरिक्त दूसरा मार्ग ही क्या था?' धार्मिक दशा यह थी कि 'वज्रयानी सिद्ध, कापालिक आदि देश के पूरबी भागों में और नाथपंथी जोगी पश्चिमी भागों में रमते चले आ रहे थे। इस बात से इसका अनुमान हो सकता है कि सामान्य जनता की धर्म भावना कितनी दबती जा रही थी, हृदय धर्म से कितनी दूर हटता जा रहा था।' धर्म का प्रवाह कर्म, ज्ञान और भक्ति इन तीन धारणाओं में चलता है— इसका सामंजस्य अपेक्षित होता है— किसी एक के अभाव से वह विकलांग रहता है। कर्म के बिना वह लूला-लंगड़ा। ज्ञान के बिना अंधा और भक्ति के बिना हृदय-विहीन, निष्प्राण रहता है। समस्त जन समुदाय की सम्पत्ति है— कर्म एवं भक्ति।

शुक्ल ने माना है कि भक्ति का सूत्रपात्र महाभारत काल में और विस्तृत प्रवर्तन पुराण काल में हुआ। सिद्ध-नाथ जनता का ध्यान कर्म क्षेत्र से हटाने लगे और उनकी बानी 'गुह्य, रहस्य और सिद्धि' को लेकर उठी। वे घट के भीतर की बात कहने लगे और भक्ति, प्रेम की प्रकृत भावना पर उनका ध्यान नहीं था। इन सिद्धों-नाथों ने तंत्र-मंत्रवाद, चमत्कार, महासुखवाद दर्शन से भक्ति एवं भक्ति आंदोलन को बड़ा भारी नुक़सान पहुँचाया। तुलसीदास को कहना पड़ा 'गोरख जगायो जोग, भगति भगाओ लोग'। ख़ैरियत यह थी कि शास्त्री पण्डितों में ब्रह्मसूत्रों, उपनिषदों, गीता पर भाष्यों की परम्परा जीवित थी जिससे 'परम्परागत भक्तिमार्ग के सिद्धांत पक्ष का कई रूपों में नूतन विकास हुआ।'

भक्ति आंदोलन का ऐसा प्रसार हुआ कि 'क्रमश: भक्ति का प्रवाह ऐसा विस्तृत और प्रबल होता गया कि उसकी लपेट में केवल हिंदू जनता ही नहीं देश में बसने वाले सहृदय मुसलमानों में से भी न जाने कितने आ गये। प्रेमस्वरूप ईश्वर को सामने लाकर भक्त कवियों ने हिंदुओं और मुसलमानों दोनों को मनुष्य के सामान्य रूप में दिखाया और भेदभाव के दृश्यों को हटाकर पीछे कर दिया।' भक्ति का सोता दक्षिण से उत्तर आया उसने जनता के हृदय को प्रेमभाव से सींचने का कार्य किया। रामानुजाचार्य की शास्त्रीय सगुण भक्ति पद्धति की ओर जनता आकृष्ट हुई। स्वामी मध्वाचार्य ने अपना द्वैतवादी सम्प्रदाय चलाया। देश के अन्य भागों में जयदेव के कृष्ण प्रेम-संगीत की गूँज चली आ रही थी, जिसके सुर में विद्यापति ने अपना सुर मिलाया। स्वामी रामानंद ने पंद्रहवीं शताब्दी में विष्णु के अवतार राम की उपासना पर जोर दिया। वल्लभाचार्य ने प्रेममूर्ति कृष्ण को लेकर जनता को रसमय कर दिया। इस प्रकार रामोपासक तथा कृष्णोपासक भक्तों की परम्पराएँ चलीं।

हिंदू-मुसलमानों के मेल से 'सामान्य भक्तिमार्ग' का विकास होने लगा। उसने कबीर के विकृत ज्ञान पक्ष से बचते हुए सूफ़ियों के प्रेम तत्त्व को लिया। हो क्या सकता था— कृष्ण भक्ति की प्रेम साधना ने आगे चलकर अश्लील विलासिता को जन्म दिया। केवल राम भक्ति में कर्म एवं ज्ञान का सामंजस्य हुआ। कृष्ण के माधुर्य-भाव से 'सखी सम्प्रदाय' निकल पड़े। रामानंद और नामदेव ने जाति-पाँति का विरोध किया तथा विष्णु भगवान को भजन-कीर्तन का नया रूप दिया। निर्गुण मार्ग के प्रवर्तक कबीर ने रामानंद को एक नयी छवि के साथ प्रस्तुत किया। इस प्रकार सगुण-निर्गुण नाम से भक्ति काव्य की दो धाराएँ चल पड़ीं। कबीर भारतीय ब्रह्मज्ञान तथा सूफ़ियों की प्रेम साधना को लेकर जनता के बीच गये और खण्डन-मण्डन की प्रवृत्ति में तमाम विकृतियों का निषेध किया। 'कबीर को राम का नाम रामानंद से प्राप्त हुआ पर आगे चलकर कबीर के राम रामानंद के राम से भिन्न हो गये। अत: कबीर को वैष्णव-सम्प्रदाय में नहीं रख सकते।

हाँ, कबीर ने राम-रहीम की एकता का प्रतिपादन किया और हृदय को प्रेममय करने का उपदेश दिया। सूफ़ी प्रेमगाथा-धारा में कुतबन-जायसी ने प्रेम-पंथ का निरूपण किया। सगुण-धारा में रामानुजाचार्य के विचारों का विकास रामानंद, वल्लभ आदि ने किया। 'श्री रामार्चन पद्धति' में रामानंद ने गुरु परम्परा का निरूपण किया।

शुक्ल के बहुत से विचारों का हजारी प्रसाद द्विवेदी ने प्रतिवाद किया। उन्होंने *हिंदी साहित्य की भूमिका* में 'भारतीय चिंता का स्वाभाविक विकास' पर गहन चिंतन करते हुए लिखा 'दुर्भाग्यवश, हिंदी साहित्य के अध्ययन और लोक-चक्षु गोचर करने का भार जिन विद्वानों ने अपने ऊपर लिया है, वे भी हिंदी साहित्य का संबंध हिंदू जाति के साथ ही अधिक बतलाते हैं और इस प्रकार अनजान आदमी को दो ढंग से सोचने का मौक़ा देते हैं— एक यह कि हिंदी साहित्य एक हतदर्प पराजित जाति की सम्पत्ति है, इसलिए उसका महत्त्व उस जाति के राजनीतिक उत्थान-पतन के साथ अंगागि भाव से सम्बद्ध है और दूसरा यह कि ऐसा न भी हो तो भी वह एक निरंतर पतनशील जाति की चिंताओं का मूर्त प्रतीक है जो अपने आप में कोई विशेष महत्त्व नहीं रखता। मैं इन दोनों बातों का प्रतिवाद करता हूँ और यह बात मान भी ली जाए तो भी यह कहने का साहस करता हूँ कि फिर इस साहित्य का अध्ययन करना नितांत आवश्यक है, क्योंकि दस सौ वर्षों तक दस करोड़ कुचले हुए मनुष्यों की बात भी मानवता की प्रगति के अनुसंधान के लिए केवल अनुप्रेक्षणीय ही नहीं बल्कि अवश्य ज्ञातव्य वस्तु है। ऐसा करके में इसलाम के महत्त्व को भूल नहीं रहा हूँ लेकिन ज़ोर देकर कहना चाहता हूँ अगर इसलाम नहीं आया होता तो भी इस साहित्य का बारह आना वैसा ही होता जैसा आज है।'

रामविलास शर्मा ने *लोकजागरण और हिंदी साहित्य* में लिखा है कि 'शुक्ल जी की स्थापनाएँ द्विवेदीजी के मानस में घुमड़ती रहती थीं। जैसे वह शुक्लजी पर अपनी धारणाएँ आरोपित करते थे वैसे ही उनकी संस्थापनाओं को आत्मसात भी कर लेते थे।' द्विवेदी ने कबीर के ज्ञानमार्ग से रामानंद के भक्ति मार्ग का संबंध न पहचाना था। इस की पहचान करायी शुक्ल ने। न जाने क्यों द्विवेदी के कबीर में तुलसीदास प्रतिद्वंद्वी हैं, जबकि शुक्ल का 'लोक' व्यक्ति का विरोधी नहीं था। द्विवेदी ने इस विचार को बड़ी तार्किकता से प्रस्तुत किया कि 'बौद्ध धर्म क्रमशः लोक धर्म का रूप ग्रहण कर रहा था और उसका निश्चित चिह्न हम हिंदी साहित्य में पाते हैं। इतने विशाल लोकधर्म का थोड़ा पता भी यदि वह हिंदी साहित्य को दे सके तो उसकी बहुत बड़ी सार्थकता है।'

संस्कृत आचार्यों ने तथा वैष्णव आचार्यों ने अपने मत की पुष्टि के लिए 'प्रस्थानत्रयी' का सहारा लिया। अतः हमारी चिंताओं के मूल स्रोत 'प्रस्थानत्रयी' में रहे, इसलाम-ईसाई चिंतन में नहीं। ब्राह्मण-धर्म धीरे-धीरे बौद्ध धर्म से अलग होता गया— उसका रिश्ता लोक धर्म से कमज़ोर पड़ता गया। वहाँ टीका-भाष्य परम्पराएँ बलशाली होती गयीं। फिर हिंदू धर्म 'चर्चों' से नियंत्रित नहीं था। उसका खुलापन ही उसकी शक्ति थी। वह संस्थागत धर्म नहीं था। इसलिए जिस अर्थ में ईसाई या मुसलमान धर्म है वह अर्थ हिंदू धर्म पर लागू ही नहीं हो सकता। हिंदुस्तान की हर जाति में आचार-विचार की स्वतंत्रता 'स्वाधीनता' रही है। ग्यारहवीं-बारहवीं शताब्दी में एक समय ऐसा आया कि पण्डितों को लोक जीवन की ओर झुकने को बाध्य होना पड़ा। स्मार्त्त पण्डित, बौद्ध पण्डित लोकमत की ओर झुकने लगे। मध्यदेश राजपूताने में 'कुलाभिमान' तथा 'वीरत्व की परम्परा' की राजाओं-सामंतों वाली परम्परा ने साहित्य में चारण-भाट ला दिये। इधर प्रो. हेवेल ने *हिस्ट्री ऑफ़ आर्यन रूल* में लिखा कि 'हिंदू राजकाज से अलग कर दिये, मुसलमानी सत्ता छाने लगी।' इस विचार का द्विवेदी ने खण्डन किया है। यह भी कहा कि लोक भाषाएँ तो प्राकृत-अपभ्रंश सभी के समय विद्यमान थीं। लोक भाषाओं को इस देश में मुसलमान राज स्थापित होने से पूर्व ही स्थान प्राप्त था। सूरदास-तुलसीदास में संस्कृत शब्दों की प्रचुरता का अर्थ लोक-भाषाओं के विकास के अवरुद्ध हो जाने से लेना ग़लत होगा। हिंदी का शक्तिशाली भक्ति काव्य लोक भाषाओं के उत्कर्ष का ही स्वर्णकाल है।

रामचंद्र शुक्ल भी यह बताते हैं कि 'भक्तिकाल मुसलमानी प्रभाव भी प्रतिक्रिया नहीं है।' भारतीय इतिहास के आदिकाल से रूढ़ियों और परम्पराओं के विरुद्ध विद्रोह करने वाले निर्गुण-सगुण धारा के संत रहे हैं। कबीर ने गुरु रामानंद का शिष्यत्व ग्रहण करके जन-साधारण में उनकी शास्त्र-सिद्धता का विश्वास पैदा किया और राम नाम अपनाकर जनसाधारण के परिचित भगवान से अपने भगवान की एकात्मकता साबित की।' कबीर ने रूपकों द्वारा योगमार्ग, वैष्णव मत आदि की लोकवादी व्याख्याओं में जनविश्वास को दृढ़ किया।

रामविलास शर्मा ने *परम्परा का मूल्यांकन* में विचार व्यक्त किया है कि 'दक्षिण भारत के अनेक आचार्यों ने अपने मतों का प्रचार उत्तर भारत में किया। इस उत्तर- दक्षिण के नवीन सांस्कृतिक आदान-प्रदान से सूर और तुलसी, हिंदी के इन दो महाकवियों का गहरा संबंध है। आलोचक इन पुराने कवियों को भक्ति मार्गी, ज्ञान यार्गी, प्रेममार्गी' आदि कहते हैं। ये पद विभाजन बहुत युक्ति संगत नहीं है। ये सभी कवि भक्ति आंदोलन के निर्माता तथा उसी भक्ति आंदोलन की

महान उपलब्धि हैं। यह भक्ति आंदोलन अखिल भारतीय है और ऐसा व्यापक सांस्कृतिक-सामाजिक आंदोलन संसार में दूसरा नहीं है। इन सभी भक्त कवियों ने इस देश को जिस राष्ट्रीय एकता के सूत्र में बाँधने का काम किया है, उसका मूल्य आँकना आज भी चुनौती है।'

देखें : अष्टछाप, 'अंग्रेज़ी हटाओ' आंदोलन, छायावाद, डायग्लॉसिया, नगेंद्र और सैद्धांतिक समीक्षा, नयी कविता, नंद दुलारे वाजपेयी, नामवर सिंह, प्रेमचंद, प्रयोगवाद, प्रगतिवाद, पाश्चात्य काव्यशास्त्र, भक्ति-काव्य-1 और 2, भारतेंदु हरिश्चंद्र, भारतेंदु युग-1 और 2, भाषा नियोजन-1 से 4 तक, भाषा के मार्क्सवादी सिद्धांत, महावीर प्रसाद द्विवेदी, महादेवी वर्मा, मीरांबाई और प्रेमाभक्ति, राहुल सांकृत्यायन, रामानुजाचार्य, रामानंद, रामचंद्र शुक्ल-1 और 2, रामविलास शर्मा, राष्ट्रीय-सांस्कृतिक कविता, रीतिकाल-1 और 2, विजय देव नारायण साही, वैष्णव धर्म, श्याम सुंदर दास, सम्पर्क भाषा-1 से 4 तक, संविधान सभा में भाषा-विवाद-1, 2 और 3, सच्चिदानंद हीरानंद वात्स्यायन अज्ञेय, संत-काव्य, संस्कृत काव्यशास्त्र, सिद्ध-नाथ परम्परा, सूफ़ीयत और प्रेमाख्यान, हजारी प्रसाद द्विवेदी, हिंदी विरोधी आंदोलन, हिंदी जाति-1, 2 और 3, हिंदी साहित्य का आदिकाल, हिंदी साहित्य का इतिहास, हिंदी साहित्य का इतिहास : नये परिप्रेक्ष्य, हिंदी-पद्य में इतिहास, हिंदी-जगत और 'लोकप्रिय'-1 और 2, हिंदी नवजागरण, हिंदी-संस्थाएँ।

संदर्भ

1. रामचंद्र शुक्ल (1940), *हिंदी साहित्य का इतिहास,* नागरी प्रचारिणी सभा, काशी: ग्रंथवाली 53.
2. डॉ. रामविलास शर्मा (1981), *परम्परा का मूल्यांकन,* राजकमल प्रकाशन, नयी दिल्ली.
3. डॉ. रामविलास शर्मा (1985) *लोकजागरण और हिंदी साहित्य,* वाणी प्रकाशन, दरियागंज, नयी दिल्ली.
4. कृष्णदत्त पालीवाल (2008), *भक्तिकाव्य से साक्षात्कार,* भारतीय ज्ञानपीठ, नयी दिल्ली.

— कृष्णदत्त पालीवाल

भक्ति काव्य-1

लोकजागरण का समाजशास्त्र

(Bhakti Poetry-1)

भक्ति काव्य के तहत निर्गुणधारा तथा सगुणधारा का काव्य भारत के सामंती समाज की सीमाओं का अतिक्रमण करता है। वह एक यूटोपिया का वैकल्पिक संसार रचता है। भक्ति-आंदोलन अपने रूप-स्वरूप में अखिल भारतीय है। इससे बड़ा लोक जागरण का आंदोलन भारत ही क्या विश्व में कहीं और दिखाई नहीं देता। जाति-धर्म-वर्ग-वर्ण की दीवारों को तोड़कर यह भक्ति आंदोलन उत्तर-दक्षिण को बाँध कर एक कर देता है और यह पूरा देश इस आंदोलन की भक्ति-लय से नया जीवन पाता है। यह भक्ति काव्य के समाजशास्त्र की शक्ति ही है कि वह 'जनांदोलन' बन सका। भक्ति की परम्परा प्राग्वैदिक-वैदिककाल से भारतीय चित्त को जोड़ती है। भक्ति का अर्थ है अलग करना और अलग करके जोड़ना। भक्त और भगवान दो हो कर ही भक्ति से एक अद्वैत होते हैं। परम्परा का अर्थ ऐतिहासिक स्मृति तक सीमित नहीं है—परम्परा का अर्थ है 'अटूट-प्रवाह'। इस प्रवाह में सातत्य और परिवर्तन का चक्र चलता रहता है। भक्ति के समाजशास्त्र में यहाँ बड़ी बात यह है कि कलाकृति या रचना में लोक और शास्त्र दोनों निचुड़ कर-निथुर कर आते हैं। इसलिए पण्डित-पुराण-पुरोहित वर्ग का परम्परागत वर्चस्ववाद खण्डित होता रहता है। हम भारतीय परम्परा की रक्षा के साथ उसमें पलीता भी लगाते रहते हैं, ताकि वह पुनर्नवा रूप धारण करती रहे। यथास्थितिवाद को चुनौती देती चले।

दरअसल, भक्ति काव्य पर आज हमें नये सिरे से विमर्श की ज़रूरत है। यह काव्य आधुनिक रचनाकारों को अनेक अर्थों में प्रेरित-प्रभावित करता है। यह टूट-फूट, निराशा का काव्य न होकर आशा, उत्साह और आस्था का काव्य है। इस काल की निर्गुण-सगुण दोनों धाराओं में मानवतावाद और वैष्णववाद के उच्चतम मूल्यों को जगह मिली है। भारत का मध्यकाल पश्चिम के मध्यकाल की तरह अंधकार युग नहीं है, इसलिए उसका मध्ययुगीन बोध धर्म से सताये पिछड़े-पछाड़े लोगों का बोध नहीं है। इसीलिए रामविलास शर्मा ने इस काल को लोकजागरण काल की संज्ञा दी है। इस काल के सभी रचनाकारों की विचारधाराओं में समय-समाज की प्रेरणाएँ थीं। इसलिए यह रचना कर्म स्वांत:सुखाय होता हुआ भी 'परहिताय' वाली लोकमंगल की भावना से भरता चला गया। तांत्रिकों, सिद्धों-नाथों, सूफ़ियों, भागवतों, वैष्णवों, अवतारवाद को मानने वाले भक्तों की भाव-राशि इस काव्य में मौजूद है जिसे आज संतों की

अमृत-वाणी कहा जा सकता है। इस वैचारिकता की पृष्ठभूमि में भारत का पूरा अतीत वर्तमान बन कर संवाद कर रहा है। विभिन्नता और मौलिकता एक दूसरे के पर्याय हैं। इसलिए भक्ति काव्य की परीक्षा उस पीठिका के संदर्भ में की जानी चाहिए जिस पर वह स्थित है। यह देखना होगा कि समय-समाज की अभिव्यक्ति और संघर्ष, तनाव और द्वंद्व, अंतर्विरोध और विरोधाभास भक्ति काव्य में रचना-स्तर पर क्या और कैसे हैं।

भक्ति काल हर युग के प्रश्नों से एक ख़ास अर्थ-संदर्भ को लेकर टकराता है। इस रचनाशीलता से उपजी ऊर्जा में एक जीवन-सत्य अनेक रूपों में ध्वनित-प्रतिध्वनित है और मूल्य है प्रेम। यह प्रेम ही परम पुरुषार्थ है और इसी से अर्थ-धर्म-काम-मोक्ष प्राप्त होते हैं और मनुष्य पशुतावाद को त्याग कर मनुष्यता की उच्चभूमि का वरण करता है। प्रेम के कवि मलिक मुहम्मद जायसी ने कहा है : 'मानुष प्रेम भयउ बैकुंठी' अर्थात् मनुष्य प्रेम से ही दिव्य या बैकुंठी हुआ है। नहीं तो मनुष्य में क्या है, एक मुट्ठी धूल ही तो है। यह मूल्य-चिंतन बड़ी मूल्य चिंताओं को लेकर एक वृहत्तर काल में फैलना चाहता है।

भक्तिकाव्य का समाजशास्त्र जागरण की विशाल पृष्ठ-भूमि का समाजशास्त्र है। जिस चेतना को युरोप में 'रिनेसाँ' कहा गया, उसी चेतना को भारतीय चिंतन-धारा ने चेतना का संत-धर्म और 'प्रबोधन' कहा है। रामविलास शर्मा ने चेतना की जिस लहर को लोकजागरण कहा, वही लहर 19-20 वीं शताब्दी में नवशिक्षित बौद्धिकों, समाज सुधारकों, समाजों, आंदोलनों की प्रवृत्तियों के कारण 'नवजागरण' या 'पुनर्जागरण' कहलायी। दयानंद और राजा राममोहन राय में भारतीय संतों का तेज़ ही नयी रंगत में मौजूद मिलता है, जिसे रामकृष्ण परमहंस, विवेकानंद, महर्षि रमण, अरविंद, गाँधी, आम्बेडकर, जयप्रकाश नारायण जैसे नेता और विचारक नये-भाष्य में ढालते हैं। इस दृष्टि से हमारा नवजागरण पश्चिम से उधार लिए गये 'रिनेसाँ' पर टिका मात्र नहीं है। यहाँ तो रिनेसाँओं का पूरा सिलसिला मिलता है। मसलन, यह कहा जा सकता है कि पहला रिनेसाँ वैदिक युग में हुआ, दूसरा उपनिषेद्काल में, तीसरा पुराणकाल में, और चौथा रामायण-महाभारत काल में। पाँचवाँ जैन-बौद्धयुग में हुआ, तो छठा भक्ति आंदोलन काल में। इस तरह भारत में एक रिनेसाँ नहीं— न जाने कितने रिनेसाँ हुए हैं। भारतीयता का तर्कवाद-विवेकवाद परिस्थितियों का शिकार हो कर शिथिल ज़रूर पड़ा लेकिन ख़त्म कभी नहीं हुआ।

भारत की बहुदेववादी, बहुभाषावादी, बहुलतावादी संस्कृति में एक या दो परम्पराएँ नहीं— अनेक परम्पराएँ रही हैं जिनका आज 'पाठ' कर पाना चुनौती है। भारतीय संस्कृति मिश्र-संस्कृति रही है जिसमें 'अन्य' या 'अदर' के लिए स्थान रहा है। हालाँकि इस संस्कृति को आर्य-अनार्य, आर्य-द्रविड़ संस्कृति के भेद में बाँट कर देखने की कोशिश की गयी, लेकिन सभी तरह के भेदवाद भूल कर भारत में 1857 का प्रथम स्वाधीनता संग्राम लड़ा गया। पराजय के बाद फिर जागरण आया। निराशा हमारा जातीय-मनोभाव नहीं रहा है।

हिंदी प्रदेशों के नवजागरण की चर्चा अंग्रेज़ीदाँ भारतीय बुद्धिजीवियों के बीच नहीं सुनायी देती। चूँकि इस बौद्धिक वर्ग ने हिंदी या भारतीय भाषाओं का साहित्य नहीं पढ़ा है इसलिए हिंदी नवजागरण से यह वर्ग अनभिज्ञ रहा है। हिंदी नवजागरण की संत-साहित्य की तरह अपनी विशेषता यह रही है कि यह नवजागरण स्थानीय और अखिल भारतीय दोनों रहा है। हिंदी में नवजागरण का शंख फूँकने वाले प्रथम अग्रदूत भारतेंदु हरिश्चंद्र हैं, जिनका संकल्प रहा है कि 'स्वत्व निज भारत गहै।' भारतेंदु का स्वत्व था भारतीयता, भारतीय-अस्मिता, जातीय-स्मृति की रक्षा। स्वभाषा-स्वदेशी-स्वाभिमान तथा देश-प्रेम के चार बीच मंत्र उनके थे। इसी का विकास महावीरप्रसाद द्विवेदी के युग से होता हुआ छायावाद युग के रचनाकारों में हुआ। साहित्य में रीतिवाद के विरुद्ध ज़ोरदार आंदोलन चला और साथ ही अंग्रेज़ी साम्राज्यवाद की आर्थिक औद्योगिक नीतियों के विरुद्ध भी स्वदेशी आंदोलन चलाया गया। अपनी सांस्कृतिक अस्मिता और सांस्कृतिक विरासत को बचाने के लिए ही रचनाकार आगे आये। इसलिए हमारा नवजागरण भक्ति आंदोलन के नवजागरण से नाभि-नाल संबंध से जुड़ा है।

पहले हम इसे भक्ति आंदोलन का नवजागरण कहते थे बाद में 19-20 वीं शताब्दी में आकर उसका रूप बदला तो उसे 'सांस्कृतिक नवजागरण' नाम दिया गया। इस नवजागरण को कुछ लोग 'पुनरुत्थान काल' या 'सुधारकाल' नाम भी देते हैं। लेकिन यह युरोपीय नवजागरण की तरह चर्चवाद- धर्मवाद के प्रतिकार से पैदा नहीं हुआ। अज्ञेय ने मैथिलीशरण गुप्त के प्रसंग में जिस 'भारतीयता' की चर्चा की है वह हमारी परम्परा-आधुनिकता का उजला संस्कार है। अपने को निरंतर माँजना, संस्कारित करना ही भारतीयता है— आधुनिकता है, परम्परा है। यह भारतीयता 'स्वाधीनता' को सबसे बड़ा मूल्य मानती है।

भक्ति का अपना विकसित सौंदर्य शास्त्र है, काव्यशास्त्र है, दर्शनशास्त्र है। यह शंकराचार्य के निर्गुण से टकरा कर रामानुजाचार्य में नये भाष्य के साथ सामने आया है। इसे भक्तिकाल के चारों आचार्यों का समर्थन प्राप्त है और जिसके मेरुदण्ड हैं— रामानंद। निर्गुण-सगुण, कबीर-तुलसी के सही संयोजन से जो रचना-शीलता फूटी है उसने समाज को सर्वोत्तम दिया है। भारत में भक्ति के स्वरूप पर सामाजिक संरचनाओं का प्रभाव-दबाव रहा है। एक ओर रहा है तंत्र-मंत्रवाद और दूसरी ओर रहा है भक्तिवाद। इसमें जीत

भक्तिवाद की ही हुई है, सिद्ध-नाथ पराजित हुए हैं— कबीर, जायसी , तुलसी, सूर ही जीवन के साथ जीते हैं। प्रेम और सेवा से यह संदेश उठा है कि 'प्रेम ही महान पुरुषार्थ' है। विष्णु को केंद्र में रखकर वैष्णव धर्म का आगे चल कर विकास हुआ जिसे भागवत धर्म भी कहा गया। इंद्र तथा विष्णु के द्वंद्ववाद में इंद्र थक जाते हैं— और विष्णु प्रबल होकर राम और कृष्ण के रूप में त्राणकारी, लीलाबिहारी, दीनदयाल, हितकारी लोकनायक के रूप में अवतारवाद में सामने आ जाते हैं। कृष्ण-काव्य में गोवर्धन पूजा में कृष्ण इंद्र को चुनौती देते हैं— पुकार उठती है 'गर्व मधवाहरण' होता है। इस विजय की वैष्णव धर्म में अनेक नवीन व्याख्याएँ हैं। वैष्णव मत विष्णु को वनस्पति, अन्न, भोग, उर्वरता, जल से जोड़ कर नया समाजशास्त्र रचता है। बहुदेववाद के अवतारवाद और लीलावाद में रूपांतरण से समाज को न जाने कितनी मिथकीय कहानियाँ मिलती हैं।

भक्ति के इस समाजशास्त्र में आधुनिक मनुष्य के लिए प्रखर बौद्धिक प्रयत्न का मूल्यवान ख़ज़ाना है। कर्मकाण्ड का पक्ष दुर्बल है। लोक संस्कृति का लोकशास्त्र, लोकवेद का पक्ष ही इसका मूलाधार है। यहाँ गीता के कर्मयोग, भावयोग तथा भक्तियोग की महिमा है। पुरोहितवाद और ब्राह्मणवाद के दाँत यहाँ कमज़ोर पड़ जाते हैं। भक्ति के कल्पवृक्ष में व्यक्तिवाद, जातिवाद, वर्णवाद, अलगाववाद, ऊँच-नीचवाद का कोई स्थान नहीं है। लोकतत्त्व, लोकगाथा, लोकभाषा, लोकधर्म, लोकोत्सव, लोकोक्तियाँ, लोकानुभव सभी से वाचिक परम्परा का तीसरा महाकाव्य निर्मित होता है, जिससे भारतीय सभ्यता, कला, दर्शन, कथा-गाथा का एक नया लोक-सौंदर्यशास्त्र सामने आता है। यह लोक ही रामकाव्य में है, जिसमें जनता दशरथ के कृत्य की निंदा करती है कि 'कहयो तिय को जिन कान कियो है।' तुलसी के *पार्वती मंगल, जानकी मंगल, विनय पत्रिका* में लोक समाज की खुली उपस्थिति है। इस तरह भक्ति काव्य लोक जीवन की धरोहर राशि है जो हमारी परम्परा है। भारत में आकर इसलाम, सूफ़ीमत में इतने परिवर्तन हुए कि कबीर 'ना हिंदू ना मुसलमान' कहकर आगे बढ़े हैं। निष्कर्ष यह है कि भक्तिकाल के जागरण में लोक का पावनताजनित अर्थ अपने सर्वोत्तम रूप में निखर कर आ गया है। आज अगर हम इस भक्ति काव्य पर नये सिरे से विचार करेंगे तो पश्चिमी आधुनिकता, उत्तर-आधुनिकता, उत्तर-औद्योगिक समाज की समस्याओं के संदर्भ में कुछ नये सूत्र मिल सकते हैं।

देखें : अष्टछाप, 'अंग्रेज़ी हटाओ' आंदोलन, छायावाद, डायग्लॉसिया, नगेंद्र और सैद्धांतिक समीक्षा, नयी कविता, नंद दुलारे वाजपेयी, नामवर सिंह, प्रेमचंद, प्रयोगवाद, प्रगतिवाद, पाश्चात्य काव्यशास्त्र, भक्ति आंदोलन-1 और 2, भारतेंदु हरिश्चंद्र, भारतेंदु युग-1 और 2, भाषा नियोजन-1 से 4 तक, भाषा के मार्क्सवादी सिद्धांत, महावीर प्रसाद द्विवेदी, महादेवी वर्मा, मीरांबाई और प्रेमाभक्ति, राहुल सांकृत्यायन, रामानुजाचार्य, रामानंद, रामचंद्र शुक्ल-1 और 2, रामविलास शर्मा, राष्ट्रीय-सांस्कृतिक कविता, रीतिकाल-1 और 2, विजय देव नारायण साही, वैष्णव धर्म, श्याम सुंदर दास, सम्पर्क भाषा-1 से 4 तक, संविधान सभा में भाषा-विवाद-1, 2 और 3, सच्चिदानंद हीरानंद वात्स्यायन अज्ञेय, संत-काव्य, संस्कृत काव्यशास्त्र, सिद्ध-नाथ परम्परा, सूफ़ीयत और प्रेमाख्यान, हजारी प्रसाद द्विवेदी, हिंदी विरोधी आंदोलन, हिंदी जाति-1, 2 और 3, हिंदी साहित्य का आदिकाल, हिंदी साहित्य का इतिहास, हिंदी साहित्य का इतिहास : नये परिप्रेक्ष्य, हिंदी-पद्य में इतिहास, हिंदी-जगत और 'लोकप्रिय'-1 और 2, हिंदी नवजागरण, हिंदी-संस्थाएँ।

संदर्भ

1. विनेंड एम. कैलेवर्ट और स्वप्ना शर्मा (2009), *डिक्शनरी ऑफ़ भक्ति : नॉर्थ इण्डियन भक्ति टेक्स्ट्स इनटू खड़ी बोली, हिंदी, ऐंड इंग्लिश,* खण्ड 3, डी.के. प्रिंट वर्ल्ड, नयी दिल्ली.
2. आइवाओ शिमा, तीजी सकाता, कैत्सुयुकी इदा (2011), *द हिस्टोरिकल डिवेलपमेंट ऑफ़ द भक्ति मूवमेंट इन इण्डिया : थियरी ऐंड प्रेक्टिस,* मनोहर पब्लिशर्स, नयी दिल्ली.
3. गजानन माधव मुक्तिबोध (1980), 'मध्यकालीन भक्ति आंदोलन का एक पहलू', नेमिचंद्र जैन (सम्पा.), *मुक्तिबोध रचनावली,* राजकमल प्रकाशन नयी दिल्ली.
4. शिव कुमार मिश्र (2010), *भक्ति आंदोलन और भक्ति काव्य,* लोकभारती प्रकाशन, नयी दिल्ली.
5. डॉ. प्रेमशंकर (1977), *भक्तिकाव्य का समाजशास्त्र,* राधाकृष्ण प्रकाशन, नयी दिल्ली.
6. कृष्णदत्त पालीवाल (2007), *भक्तिकाव्य से साक्षात्कार,* भारतीय, नयी दिल्ली.
7. रामस्वरूप चतुर्वेदी (1993), *हिंदी साहित्य और संवेदना का विकास,* लोक भारती प्रकाशन, इलाहाबाद.
8. वियोगी हरि (सम्पा.) (2001), *हमारी परम्परा,* सस्ता साहित्य मण्डल, नयी दिल्ली.

— कृष्णदत्त पालीवाल

भक्ति काव्य-2

पश्चिमी दृष्टि की समस्याएँ

(Bhakti Poetry-2)

पश्चिमी विद्वानों ने भक्ति काव्य और भक्ति आंदोलन को अपने ढंग से समझने की काफ़ी चेष्टाएँ की हैं। उन्नीसवीं शताब्दी के उत्तरार्द्ध में पश्चिम के अनेक विद्वानों ने कृष्णोपासना एवं ईसाई धर्म में कई तरह की समानताएँ देखीं। अपने ढंग से इन विद्वानों ने यह निष्कर्ष भी निकाल लिया कि कृष्ण-कथा से सम्बद्ध उपाख्यान तथा भक्ति-सिद्धांत ईसाई धर्म से लिये गये हैं और कृष्ण तो क्राइस्ट का ही रूपांतर हैं। मैक्स वेबर ने 1874 में 'ऐन इनवेस्टिगेशन इन टू द ऑरिज़न ऑफ़ फ़ेस्टिवल ऑफ़ कृष्णजन्माष्टमी' शीर्षक निबंध लिख कर इस तरह की धारणाओं का प्रतिपादन किया। इनके कुछ पहलुओं का हॉपकिंस, केनेडी तथा मैकनिकाल ने भी समर्थन किया। मैकनिकाल को विश्वास था कि भारतीय चित्त को शांति-लाभ के लिए ईसा की शरण में जाना ही होगा। इस तरह के कथनों का हजारी प्रसाद द्विवेदी ने तो प्रतिवाद किया ही है, मोनियर विलियम्स ने भी कहा कि पश्चिम भारतीय धर्मों को समझने में भूल कर रहा है।

विलियम्स की इस आलोचना के बावजूद पश्चिमी विद्वान भक्ति आंदोलन और भक्ति काव्य को अपने-अपने ढंग से समझने की चेष्टा करते रहे। 1900 में मैक्सम्यूलर में *सेक्रेड बुक्स ऑफ़ द ईस्ट* की भूमिका में धार्मिक विचारों पर फिर से चर्चा की। 1908 में ग्रियर्सन का भागवत धर्म पर 'नाराणीय ऐंड द भागवताज़' लेख प्रकाशित हुआ। भक्ति के वैष्णव सिद्धांत को लेकर उन्होंने *इनसाइक्लोपीडिया ऑफ़ रिलीज़न ऐंड इथिक्स* में 'भक्ति मार्ग' शीर्षक निबंध लिखा। इसी ग्रंथमाला में अवतारवाद के सिद्धांत को लेकर जेकोबी का एक निबंध प्रकाशित हुआ। उसके बाद 1971 में हॉपकिंस ने 'द एथिक यूज़ ऑफ़ भागवत ऐंड भक्ति' शीर्षक निबंध लिखा जिसमें 'भक्ति' के वैदिक प्रयोग की चर्चा है। इस रचना से एक बार फिर यह स्पष्ट हुआ कि पश्चिमी विद्वान भक्त एवं भगवान की अद्वैतता, अभिन्नता, अनन्यता को समझने में असमर्थ रहे हैं। 1913 में *वैष्णविज़म, शैविज़म ऐंड माइनर रिलीजस सिस्टम* जैसी रचना आयी। भारतीय विद्वानों ने पश्चिम के इन तमाम प्रयासों को यह कह कह आड़े हाथों लिया कि 'भक्ति' में नवजागरण का जो भारतीय तत्त्व है उसे पश्चिम नकारना चाहता है। हमारा मध्यकाल नवजागरण काल है। ईसाई धर्म की मार से अंधा हुआ 'अंधकार काल' नहीं है। यह भी कहा गया कि रामानुजाचार्य तथा रामानंद में जो प्रपत्तिवाद का चिंतन है— उसका आदि स्रोत प्राग्वैदिक चिंतन है।

दरअसल भक्ति काव्य की सही समाजशास्त्रीय समझ तब तक नहीं बन सकती जब तक यह न समझा जाए कि किस तरह भक्तों की कविता ने पुरोहितवाद के हाथों से निकल कर लोक-संस्कृति तथा लोक-भाषा की शक्ति के कारण लोक-हृदय में निवास किया। भक्ति की भावना ने लोकचित्त में एक नया भाव-नवजागरण किया। भक्ति काव्य संदेश ले कर आया कि उस संकुचित चिंतन से पिंड छुड़ाना होगा जिसने नारियों तथा शूद्रों को ज्ञान-भक्ति से वंचित रखा है। भक्ति का मार्ग सभी के लिए खुला होना चाहिए जिससे प्राणीमात्र अपनी आंतरिक निष्ठा तथा भीतरी विषाद को धो सके। विद्वानों का ध्यान इस ओर भी गया कि गीता का भक्ति-योग प्रेमरूप होने के कारण दर्प का दलन करने वाला है। कृष्ण का यह कथन कि सभी धर्मों को छोड़ कर मेरी शरण में आ जाओ, अपने को कर्ता मत मानो— भक्ति-योग के रूप में उपनिषदों के चिंतन का निचोड़ है।

रामानुजाचार्य तथा रामानंद ने विनम्र सुधारक भाव से स्त्रियों, शूद्रों, दलितों, परित्यक्तों और मुसलमानों को जीवनमंत्र दिया जिसमें ऊँच-नीच को कोई स्थान नहीं है। गीता के बीज भाव ही भक्ति में पल्लवित हुए हैं। कुलीनों, द्विजों के अंहकार, सामंतों के वर्चस्व को उस समय चुनौती मिली है जब कृष्ण कहते हैं कि 'मेरा आश्रय लेकर स्त्रियाँ, वैश्य, शूद्र और सभी पिछड़े-दलित परमगति पा सकते हैं।' यही बात आज़ादी के आंदोलन में बालगंगाधर तिलक ने अपने गीता-भाष्य में नये विमर्श के साथ प्रस्तुत की। उन्होंने पश्चिमी ज्ञान-दम्भ से निकले इस विचार का खण्डन किया कि हिंदू धर्म ग्रंथ भ्रामक तथ्यों से ग्रस्त हैं और ईसाई धर्म ग्रंथ सत्य के प्रतिपादक हैं।

भारतीय भक्तिवाद ने पावनताजनित विवेक की प्रेरणा से प्रकृति-पुरुष का नया भाष्य लगातार किया। इस अटूट परम्परा ने प्रपत्तिवाद तथा शरणागति के मार्ग की व्यवस्था की और उपनिषदों का चिंतन लोक में परोस दिया। तर्कवाद-विवेकवाद से प्रभावित होने के कारण ही भक्ति का आधार-अंधश्रद्धावादी नहीं है। उसमें ज्ञान समन्वित भक्ति का विशेष आग्रह है। गीता का कृष्ण मानव रूप में उपस्थित है। वह अर्जुन की शंकाएँ सुनता है और सखा भाव से उनका निवारण करता है। कृष्ण की विराटता का दर्शन करने के बाद अर्जुन शरणागति का मार्ग अपनाता है। यहाँ प्रपत्तिभाव ही सर्वोच्च भाव है।

भारतीय समाज में भक्ति का लीला-कमल उस समय खिला जब उपनिषदों का ब्रह्मवाद बहुदेववाद और बहुविश्वासवाद में नया रूप धारण कर सामने आया। भारतीय भक्ति आंदोलन को पुराणों की देन का वर्णन-विस्तार सम्भव नहीं है। काल-प्रवाह में पाँच प्रमुख उपासना सम्प्रदाय बने-बढ़े : वैष्णव, शिव, शाक्त, सार और गाणपत्य। इनमें से प्रथम

तीन प्रधानता पा कर पनपते गये। काल प्रवाह में वैष्णव सम्प्रदाय भक्ति सम्प्रदायों का मूलाधार बना और पूरा भक्तिकाल इसी की धुरी पर घूमा।

तुलसी का *रामचरितमानस* तथा सूरदास का *सूरसागर* भक्ति के सागर माने जाते हैं। *भक्ति रसामृत सिंधु* तथा *उज्ज्वनील मणि* जैसे ग्रंथ चैतन्य महाप्रभु के शिष्यों जीव गोस्वामी और रूप गोस्वामी ने रच डाले। बौद्ध-जैन दर्शन इसमें मिल गये। ब्राह्मण धर्म भी उनमें सिमट गया। भक्ति काव्य द्वारा लायी गयी इस नवीनता से भारतीय संस्कृति की जड़ता टूटी। पुराणों ने ब्रह्म को अनेक छवियों में साकार किया। ज्ञान ब्रह्म को लीला ब्रह्म के रूप में ले आना बहुत बड़ा काम था। पुराणों में ही इंद्र के स्थान पर विष्णु की महिमा का विस्तार हुआ। भागवत पुराण ने कृष्ण-कथा को भक्ति-रस से भर दिया। इसी भावभूमि में अष्टछाप के कवि आये— स्वामी हरिदास, हित हरिवंश, राधावल्लभ आदि। सखी सम्प्रदाय बना और नारी-भाव से भगवान की नवधा भक्ति का विधान हुआ। बार-बार कहा गया कि प्रेम ही परम पुरुषार्थ है और प्रेमाभक्ति ही सर्वोच्च भक्ति है। इसी में मीरां, रसखान, चैतन्य नृत्य करते मिलते हैं। संत, भक्त, कवि, दार्शनिक सभी इस प्रेमा भक्ति में ज्ञानमार्ग की अकड़ खो कर यह गाते हुए आ गये— 'छबीले मुरली नेकु बजाउ'। यहाँ मुरली ब्रह्म की नाद शक्ति का प्रतीक है। इस तरह भक्ति काव्य की सांस्कृतिक संवेदना प्रतीकों से पट गयी। बौद्ध, जैन, शैव, शाक्त, वैष्णव, सूफ़ी सभी प्रेरणा स्रोतों से भक्ति प्रवाह ने गति धारण की। दर्शन और संगीत झूम कर इस भक्ति प्रवाह में मिल गये। इसीलिए भक्ति का सामाजिक सांस्कृतिक आधार बहुत व्यापकता रखता है।

ज्ञान और प्रेम भक्ति भावना के संदर्भ में विरोधी समझना नहीं रह गये। विद्वान मानते रहे हैं कि ज्ञान रहित भक्ति अंधविश्वास है जिससे जड़वाद पनपता है। ज्ञान से पवित्र कुछ नहीं है— लेकिन आस्थायुक्त ज्ञान चाहिए। तुलसीदास ने *रामचरितमानस* के उत्तर काण्ड में कहा 'ज्ञानहि भक्तहि नहिं कछु भेदा। उभय हरहि भव सम्भव खेदा।' फिर आगे कह दिया कि ज्ञान का दम्भ मिटाने के कारण भक्ति ही श्रेष्ठ है। 'जदपि भगति रघुपतिहि पियारी'। फिर 'ज्ञानपंथ को कृपाण की धार' कहा है, क्योंकि ज्ञानी का ज्ञान कभी भी भ्रष्ट हो सकता है। कलियुग में 'ध्यान' से ज़्यादा 'नाम' की शक्ति है। तुलसीदास ने 'नाम' और 'रूप' दोनों को ही ईश्वर की उपाधियाँ बताया है। इनमें कौन बड़ा, कौन छोटा यह विचार अपराध है— 'को बड़ छोट कहत अपराधू'। दरअसल भक्तिवाद ने लोक-पक्ष का विशेष रूप से प्रतिपादन किया है। इस दृष्टि से आज भक्ति के सामाजिक-सांस्कृतिक स्रोतों का अध्ययन अपेक्षित है।

भक्ति काल एक ऐसी अवधि थी जिसमें दो संस्कृतियाँ आपसी टकराव का दौर निकल जाने के बाद सहअस्तित्व की स्थिति में आ चुकी थीं। इसलामी संस्कृति ने भारत में विजेता रूप में प्रवेश किया था। अरबी, फ़ारसी, मंगोल, तुर्क, अफ़ग़ान सभी आये। साथ में सूफ़ियों के चिश्तिया, सुहरावर्दी, कादरी, नक्शबंदी आदि सम्प्रदाय भी आये। सूफ़ियों के प्रेमपंथ ने ही इसलामी कट्टरता के दाँत उखाड़े। इसलामी संस्कृति का भारत की समग्र संस्कृति पर प्रभाव पड़ा। कितना प्रभाव पड़ा यह अलग बहस का मुद्दा है और इस पर इतिहासकारों में मतैक्य नहीं है। आर.सी. मजूमदार जैसे इतिहासकार कहते रहे हैं कि हिंदू संस्कृति पर इसलामी संस्कृति का कोई विशेष प्रभाव नहीं पड़ा। लेकिन यह मत एकांगी है। इसमें कोई शक नहीं कि तुर्कों के आने से व्यापार तथा धर्म-कर्म की पद्धतियाँ प्रभावित हुईं। युद्धकला में भी परिवर्तन आया। मुगल कलाओं के मेल से एक नयी शैली पैदा हुई। इस तरह भारतीय संस्कृति का एक नया सौंदर्य शास्त्र सामने आया।

ध्यान रहे कि धर्म का प्रवाह कर्म, ज्ञान और भक्ति की तीन धाराओं में चलता है। इन तीनों के सामंजस्य से धर्म अपनी सजीव दशा में रहता है। किसी एक के भी अभाव में वह विकलांग होता है। शुक्ल ने कहा है कि 'धर्म की भावात्मक अनुभूति महाभारत काल से हुई और विस्तृत प्रवर्तन पुराणकाल में हुआ। भक्ति-प्रेम हृदय का प्रकृत भाव है। कालदर्शी भक्तकवि जनता के हृदय को सँभालने और लीन रखने के लिए दबी हुई भक्ति को जगाने लगे। भक्ति का प्रवाह क्रमश: ऐसा विस्तृत और प्रबल होता गया कि उसकी लपेट में केवल हिंदू जनता ही नहीं, देश में बसने वाले सहृदय मुसलमानों में से न जाने कितने आ गये। प्रेम स्वरूप ईश्वर को सामने लाकर भक्त कवियों ने हिंदुओं और मुसलमानों दोनों को मनुष्य के सामान्य रूप में दिखाया और भेदभाव के दृश्यों को हटाकर पीछे कर दिया।'

भक्ति का जो प्रवाह दक्षिण से उत्तर-भारत में आया, उसने रामानुजाचार्य की सगुण भक्ति का निरूपण किया। इसी भक्ति पद्धति को रामानंद ने जनता के लिए नया अर्थ संदर्भ दिया। रामानंद ने विष्णु के अवतार राम की उपासना पर ज़ोर दिया और बड़ा भारी सम्प्रदाय खड़ा किया। दूसरी ओर वल्लभाचार्य ने प्रेममूर्ति कृष्ण को लेकर जनता को रसमग्न किया। सामाजिक स्थिति ऐसी बनी कि हिंदू-मुसलमान दोनों के लिए एक सामान्य भक्तिमार्ग का विकास हुआ। कबीर ने निचली जातियों में आत्मगौरव का भाव जगाया और भक्ति रस से मानव को सींचकर नया मार्ग सुझाया। इस तरह ज्ञान और भक्ति का योग हुआ। भक्ति आंदोलन अखिल भारतीय था इसलिए यह जन-आंदोलन भी था और लोक जागरण भी। भक्ति आंदोलन का सांस्कृतिक इतिहास लोक-संस्कृति एवं

लोक-भाषाओं से जुड़ा रहा है। भक्ति आंदोलन साहित्य तक ही सीमित नहीं रहा। उसने सभी कलाओं को सांस्कृतिक सर्जनात्मकता का परिवेश प्रदान किया। भक्तों ने न जाने कितनी तरह की संकीर्णताओं-क्षुद्रताओं का निषेध किया। इस प्रयत्न से एक ऐसा लोक-धर्म पैदा हुआ जिसने सगुण-निर्गुण का झगड़ा-रगड़ा कम कर दिया। तुलसी लोक-वेद में लोक और शास्त्र दोनों को लेकर चले। कबीर-तुलसी दोनों रामानंद की परम्परा के कवि हैं। आज हमें एकाग्र होकर भक्ति के समाजशास्त्र-धर्मशास्त्र, आचारशास्त्र के मूल स्रोतों तक जाना होगा। यह भी विचार करना होगा कि यह भक्तिकाव्य इतना विद्रोही क्यों है।

देखें : अष्टछाप, 'अंग्रेज़ी हटाओ' आंदोलन, छायावाद, डायग्लॉसिया, नगेंद्र और सैद्धांतिक समीक्षा, नयी कविता, नंद दुलारे वाजपेयी, नामवर सिंह, प्रेमचंद, प्रयोगवाद, प्रगतिवाद, पाश्चात्य काव्यशास्त्र, भक्ति आंदोलन-1 और 2, भारतेंदु हरिश्चंद्र, भारतेंदु युग-1 और 2, भाषा नियोजन-1 से 4 तक, भाषा के मार्क्सवादी सिद्धांत, महावीर प्रसाद द्विवेदी, महादेवी वर्मा, मीरांबाई और प्रेमाभक्ति, राहुल सांकृत्यायन, रामानुजाचार्य, रामानंद, रामचंद्र शुक्ल-1 और 2, रामविलास शर्मा, राष्ट्रीय-सांस्कृतिक कविता, रीतिकाल-1 और 2, विजय देव नारायण साही, वैष्णव धर्म, श्याम सुंदर दास, सम्पर्क भाषा-1 से 4 तक, संविधान सभा में भाषा-विवाद-1, 2 और 3, सच्चिदानंद हीरानंद वात्स्यायन अज्ञेय, संत-काव्य, संस्कृत काव्यशास्त्र, सिद्ध-नाथ परम्परा, सूफ़ीयत और प्रेमाख्यान, हजारी प्रसाद द्विवेदी, हिंदी विरोधी आंदोलन, हिंदी जाति-1, 2 और 3, हिंदी साहित्य का आदिकाल, हिंदी साहित्य का इतिहास, हिंदी साहित्य का इतिहास : नये परिप्रेक्ष्य, हिंदी-पद्य में इतिहास, हिंदी-जगत और 'लोकप्रिय'-1 और 2, हिंदी नवजागरण, हिंदी-संस्थाएँ।

संदर्भ

1. कृष्णा शर्मा (1887), *भक्ति ऐंड द भक्ति मूवमेंट : अ न्यू पर्सपेक्टिव, अ स्टडी इन द हिस्ट्री ऑफ़ आइडियाज़,* मुंशीराम मनोहरलाल पब्लिशर्स, दिल्ली.
2. डी.डी. कोसम्बी (1956), *ऐन इंट्रोडक्शन टु द स्टडी ऑफ़ इण्डियन हिस्ट्री,* बम्बई.
2. मुंशीराम शर्मा (1958), *भक्ति का विकास,* चौखम्भा, विद्याभवन, वाराणसी.
3. बलदेव उपाध्याय (1953), *भागवत सम्प्रदाय,* नागरी प्रचारिणी सभा, काशी.
4. रामचंद्र शुक्ल (1940), *हिंदी साहित्य का इतिहास,* नागरी प्रचारिणी सभा, काशी
5. हजारीप्रसाद द्विवेदी (1941), *हिंदी साहित्य की भूमिका,* राजकमल प्रकाशन, नयी दिल्ली.

— कृष्णदत्त पालीवाल

भगवद्गीता

(Bhagvad Geeta)

भगवद्गीता या *गीता* ने भारतीय समाज में कर्म-सिद्धांत स्थापित करने की महती भूमिका निभायी है। दर्शन और धर्म संबंधी यह पद्यबद्ध रचना *महाभारत* का एक भाग है लेकिन श्रद्धालुओं में इसकी अभूतपूर्व लोकप्रियता के कारण इसने महाकाव्य से स्वतंत्र अस्तित्व ग्रहण कर लिया है। इसके जितने समर्थक हैं उतने ही आलोचक भी। विवादित होने के बावजूद भारतीय चिंतन परम्परा पर अपनी अमिट छाप छोड़ने वाले इस ग्रंथ ने समाज-सुधार के कई आंदोलनों, उपनिवेशवाद विरोधी राजनीति और भारतीय आधुनिकता की निर्मिति के आधारभूत दर्शन का काम किया है। भारत की सांस्कृतिक राजनीति में गीता की व्याख्या करते हुए सिद्धांत-निरूपण की परम्परा तेरहवीं सदी से ही चली आ रही है। ज्ञानेश्वर, एकनाथ और रामदास ने भी अपने सिद्धांतों का निरूपण गीता की व्याख्या के ज़रिये ही किया था। इसी परम्परा में तिलक ने भी गीता की व्याख्या की और वहीं से सामग्री ले कर ब्रिटिश उपनिवेशवाद विरोधी राष्ट्रीय आंदोलन के संदर्भ में अपने राजनीतिक दर्शन के बुनियादी सिद्धांतों का प्रतिपादन किया। भारतीय राष्ट्रवाद के प्रमुख सिद्धांतकार अरविंद घोष और फिर आगे चल कर गाँधी विचार पर भी गीता की छाप स्पष्ट है। स्वामी विवेकानंद पर भी *गीता* का आजीवन असर रहा। ऐनी बेसेंट के अनुसार *गीता* साधक को संन्यास के उस उच्च स्तर पर ले जाती है जहाँ कामना और आसक्ति का त्याग किया जाता है और जहाँ योगी समाधिस्थ होते होते हुए भी शरीर और मन से लोक-कल्याण के लिए कार्य करते हैं।

गीता में दिये गये सूत्रीकरणों ने पश्चिम के मनीषियों को भी अपनी ओर आकृष्ट किया है। अट्ठारहवीं शती के अंतिम चरण में बंगाल के पहले गवर्नर जनरल वारेन हेस्टिंग्स की आज्ञा से चार्ल्स विलकिंस नामक संस्कृतज्ञ अंग्रेज़ विद्वान ने इसका सबसे पहले अंग्रेज़ी अनुवाद किया। इसी अनुवाद को पढ़ कर इमर्सन ने 'ब्रह्म' विषयक अपनी सुप्रसिद्ध कविता का प्रणयन किया। आज विश्व की ऐसी कोई भी प्रमुख भाषा नहीं है, जिसमें *भगवद्गीता* का अनुवाद न हो।' अनेक भारतीय और पाश्चात्य विद्वानों ने इसकी प्रशंसा में इसे 'मानव धर्म का ग्रंथ' बताया है तथा इसकी तुलना कामधेनु और कल्पवृक्ष से की है।

भगवद्गीता की लोकप्रियता के पीछे उसका आध्यात्मिक एवं दार्शनिक पक्ष ही प्रबल रहा है। *महाभारत* में भीष्म पर्व के तहत संकलित *गीता* भगवान कृष्ण द्वारा कुरुक्षेत्र

के युद्ध में अर्जुन को दिये गये उपदेश के तौर पर दर्ज है। इसे वेदांत दर्शन के सार के तौर पर भी देखा जाता है। एक श्लोक के अनुसार यह उपदेश गोपालनंदन श्रीकृष्ण द्वारा अर्जुन को बछड़ा बना कर उपनिषद् रूपी गायों से छोड़ा गया अमृतमय दूध है जिसे सुधीजन पीते हैं : 'सर्वोपनिषदो गावो दोग्धा गोपालनंदन:। पार्थो वत्स: सुधीर्भोक्ता गीतामृतं महत्॥'

दृष्टांत के मुताबिक़ कुरुक्षेत्र में युद्ध के लिए कौरव और पाण्डव सेनाएँ आमने-सामने खड़ी हैं। और अर्जुन के सारथी श्रीकृष्ण दोनों सेनाओं के बीच उनका रथ ले जाकर खड़ा करते हैं। अर्जुन अपने गुरुजनों, संबंधियों और परिजनों से लड़ने से इनकार कर देते हैं और कहते हैं कि युद्ध जीत लेने पर भी अपने परिजनों के रक्त से रंजित राज्य-सुख का उपभोग करने का क्या लाभ, अत: मैं युद्ध नहीं लड़ूँगा चाहे ये हमें मार ही डालें। कृष्ण अर्जुन को समझाते हैं कि क्षत्रिय राजपुत्र और धर्मरक्षक होने के नाते उनका कर्त्तव्य है कि वे अधर्म और अशुभ से 'धर्मसंस्थापनाय' युद्ध करें और अपने 'स्वभाव' व स्वधर्म का पालन करें। दुविधाग्रस्त अर्जुन कृष्ण से कई सवाल करते हैं और कृष्ण सबका जवाब देते हैं। अंत में श्रीकृष्ण अपने उपदेश की समाप्ति पर कहते हैं : 'जैसी तुम्हारी इच्छा, वही करो'। तब अर्जुन कहते हैं : 'आपकी कृपा से मेरा मोह नष्ट हो गया, अत: मैं, जैसा आपने कहा, वही करूँगा।' और यह कहते हुए अर्जुन युद्ध करने के लिए तैयार हो जाते हैं।

गार्वे का मत है कि *गीता* की रचना ईसा पूर्व दूसरी शताब्दी के मध्य हुई होगी और एकेश्वरवाद के आदर्शवादी समर्थकों ने उसमें आवश्यक परिवर्तन करके उसे वर्तमान रूप दिया होगा। के. दमोदरन का कहना है कि *गीता* की जड़ें उस अत्यंत प्राचीन काल में हैं जब आर्यों का कुल संबंधों पर आधारित क़बीलाई समाज उस वर्णाश्रम व्यवस्था को स्थान दे रहा था जिसमें चार वर्णों के बीच श्रम-विभाजन तथा अपने वर्ण की सेवा करने पर ज़ोर दिया गया है। अर्जुन अपने दीर्घकालीन रक्त संबंधों और कुल धर्म से बँधे थे किंतु कृष्ण ने अर्जुन का आह्वान किया कि वे अपने वर्ण प्रदत्त कर्त्तव्य को (स्वधर्म को)अंत:करण की पीड़ा की चिंता किये बिना पूरा करें। दरअसल यह आह्वान नयी ऐतिहासिक प्रवृत्तियों की बढ़ती हुई शक्ति का द्योतक था। अर्जुन की भावना जहाँ यह थी कि कुल-धर्म का उल्लंघन करना पाप है, वहाँ कृष्ण ने इस बात पर ज़ोर दिया कि स्वधर्म के पालन से बढ़ कर कुछ भी नहीं है और 'युद्ध करने वाले वर्ण (क्षत्रियों) के लिये न्याय पूर्ण युद्ध में भाग लेने से बढ़ कर कोई दूसरा कर्त्तव्य नहीं है। *गीता* में जो भिन्न-भिन्न दार्शनिक स्थितियाँ अपनायी गयी हैं वे सब इस संसार में अपने कर्त्तव्य (धर्म) की पूर्ति करने के लिए कर्म करने पर ज़ोर देती हैं। श्रीकृष्ण कहते हैं कि 'मैंने उनके गुणों और कर्मों के अनुसार समाज के चारों वर्ण बनाये हैं।' 'चातुर्वर्ण्य व्यवस्था वर्गहीन, आदिम, क़बीली समाज से आगे बढ़ा हुआ क़दम था। बर्बरता से सभ्यता की ओर समाज को आगे बढ़ाने वाली ऐतिहासिक आकांक्षा को ही *गीता* ने, स्वयं परमात्मा द्वारा प्रणीत बता कर, उसे आदर्शपूर्ण बना दिया। यह बढ़ा-चढ़ा दावा करना सम्भवत: आवश्यक भी था। कारण यह कि आदिम वर्गहीन समाज से वर्गोंवाले समाज में रूपांतरण तथा वर्णाश्रम व्यवस्था के सुदृढ़ीकरण को शक्तिशाली प्रतिरोध का सामना करना पड़ रहा था। यह प्रतिरोध दार्शनिक स्तर पर भी हो रहा था।' ऐसी ही परिस्थितियों में *गीता* का प्रादुर्भाव हुआ।

गीता में निर्दिष्ट तत्त्वज्ञान को समझने के लिए उसके सिद्धांत-पक्ष और व्यवहार-पक्ष को समझना होगा। सिद्धांत-पक्ष के अंतर्गत पदार्थ-विवेचन और व्यवहार-पक्ष के तहत साधन मार्ग का विवेचन है।

साध्यपक्ष : *गीता* के अनुसार पदार्थों की तीन श्रेणियाँ अपरा प्रकृति, परा प्रकृति और अहम् हैं। अपरा प्रकृति और परा प्रकृति, भगवान की दो प्रकृतियाँ हैं। क्षेत्र तथा क्षर पुरुष अपरा प्रकृति का दूसरा नाम है और परा प्रकृति का दूसरा नाम क्षेत्रज्ञ व अक्षर पुरुष है। *गीता* में 'जगत' अपरा प्रकृति के रूप में आता है। जगत की उत्पत्ति, स्थिति तथा लय ईश्वर के कारण है। *गीता* में सांख्य का उल्लेख कई जगह मिलता है किंतु उसके विपरीत *गीता* जगत की उत्पत्ति ईश्वर से मनती है तथा ईश्वर प्रकृति का अध्यक्ष है— उसके कार्यों का निरीक्षक व प्रेरक है। ईश्वर की अध्यक्षता में प्रकृति जगत की सृष्टि करती है, नहीं तो जड़ात्मक प्रकृति में जगत की रचना करने का सामर्थ्य कहाँ से आ जाता! प्रकृति और ईश्वर के संबंध में *गीता* का विचार है कि महद्ब्रह्म या प्रकृति योनि है और ईश्वर बीज डालने वाला पिता है। *गीता* का स्पष्ट कहना है कि परमात्मा के अलावा और कुछ नहीं है तथा है भी तो वह माया है। जीवन को *गीता* परा प्रकृति मानती है, जो अपरा प्रकृति से भिन्न चेतन होती है। इसे ही क्षेत्रज्ञ कहा गया है— जैसे खेत बीजों को धारण करता है, वैसे ही यह शरीर भी किये गये कर्मों को धारण करता है।

गीता ने आत्मा को अच्छेद्य, अदाह्य, अक्लेद्य तथा अशोध्य माना है। वह सब प्राणियों में व्याप्त, अचल और सनातन है। तथा अव्यक्त, अचिन्त्य व अविकारी है। जीव को अंश तथा भगवान को अंशी माना गया है। ब्रह्म के निर्गुण तथा सगुण स्वरूपों को अभिन्न तत्त्व माना गया है। संक्षेप में यही है *गीता* का साध्य पक्ष।

नाना जीवों के लिए उनकी अभिरुचि के मंगल साधन के लिए *गीता* ने कर्मयोग, ज्ञानयोग और भक्ति योग का प्रतिपादन किया है। *गीता* कर्म को कर्त्तव्य समझ कर उसे निष्काम-भाव से करने का उपदेश देती है। मीमांसकों के

कर्मवाद में स्वार्थ तथा आसक्ति है किंतु कर्मयोग में नि:स्वार्थ तथा अनासक्ति का भाव है। कर्ममार्ग के सिद्धांत से भारतीय क्रांतिकारियों को भी प्रेरणा मिली है। कर्मयोग की तरह *गीता* में ज्ञानयोग की चर्चा जगह-जगह आती है। *गीता* के अनुसार आत्मा की एकता का पूर्ण अनुभव ज्ञान है। इसकी दो दिशाएँ हैं— पहली है सब प्राणियों में आत्मा को देखना। विश्व के सभी प्राणियों में एक ही आत्मा का वास है तथा दूसरी दिशा है— एक ही आत्मा में सब भूतों का प्रत्यक्ष करना। 'सामत्व ज्ञान' उच्च कोटि का माना गया है। भगवत्प्राप्ति के साधनों में भक्तियोग को विशेष महत्त्वप्राप्त है। भक्ति के ज़रिये ईश्वर की प्राप्ति हो सकती है। 'अनन्या भक्ति' से तात्पर्य उस भक्ति से है जो भगवान को छोड़कर किसी दूसरे के प्रति नहीं की जाती। *गीता* अवतारवाद स्थापित करती है। श्रीकृष्ण स्वयं ही कहते हैं कि जब धर्म का ह्रास होने लगता है और अधर्म का प्रभाव बढ़ता है तो साधुओं के परित्राण, दुर्जनों के विनाश और धर्म के संस्थापन के लिए अवतार होता है।

यद्यपि गाँधी इसे अहिंसा की शिक्षा देने वाला ग्रंथ मानते हैं, पर *गीता* की एक आलोचना युद्धोन्माद फैलाने वाली या युद्ध का दर्शन स्थापित करने वाली पुस्तक के रूप में भी की गयी है। लेकिन उसकी इससे भी ज़्यादा गहरी आलोचना भौतिकवादी विचारकों ने की है। गीता में निहित कर्म-सिद्धांत को ख़ारिज करने वाले भौतिकवादियों ने चार्वाकों और अजित केशकम्बली की व्याख्याओं का सहारा लेकर गीता को श्रेणीबद्ध जाति-प्रथा पर दैवी मान्यता आरोपित करने का ज़िम्मेदार तो ठहराया ही है, साथ ही यह भी कहा है कि इसी ग्रंथ के दार्शनिक प्रभाव के कारण भारतीय मानस प्रारब्धवादी हुआ और सब कुछ के पूर्व-निर्धारित होने की भावना घर कर गयी।

देखें : आर्यभट्ट और *आर्यभटीय*, उपनिषद्, कपिल, *अर्थशास्त्र* और कौटिल्य, गोपीनाथ कविराज, गोविंद चंद्र पाण्डे, चैतन्य महाप्रभु, जैन दर्शन, न्याय दर्शन, दया कृष्ण, नंद किशोर देवराज, न्याय दर्शन, नागार्जुन, पतंजलि और *योगसूत्र*, पाणिनि और *अष्टाध्यायी*, पाश्चात्य काव्यशास्त्र, पुराण, पूर्व-मीमांसा दर्शन, बदरीनाथ शुक्ल, बादरायण, बौद्ध दर्शन, भरत और *नाट्यशास्त्र*, मुकुंद लाठ, *भागवत पुराण*, *महाभारत*, यशदेव शल्य, योग दर्शन, रामानुजाचार्य, लोकायत, वात्स्यायन और *कामसूत्र*, वेदांत दर्शन, वैशेषिक दर्शन, शंकराचार्य, षड्-दर्शन-1 और 2, संस्कृत काव्यशास्त्र, स्मृति-साहित्य, सांख्य दर्शन-1 और 2, सिद्ध-नाथ परम्परा।

संदर्भ

1. सतीश चंद्र चट्टोपाध्याय एवं धीरेंद्र मोहन दत्त, *भारतीय दर्शन*, पुस्तक भण्डार, पटना.
2. के. दामोदरन (1982), *भारतीय चिंतन परम्परा*, पीपुल्स पब्लिशंग हाउस, नयी दिल्ली.
3. चंद्रधर शर्मा (1991), *भारतीय दर्शन : आलोचन और अनुशीलन*, मोतीलाल बनारसी दास, दिल्ली.
4. बलदेव उपाध्याय (2000), *भारतीय दर्शन की रूपरेखा*, चौखम्भा पब्लिशर्स, वाराणसी.

— अजय कुमार पाण्डेय

भदंत आनंद कौसल्यायन

(Bhadant Aanad Kauslyaayan)

बीसवीं सदी के बौद्ध भिक्षुओं, विद्वानों और प्रचारकों में भदंत आनंद कौसल्यायन (1905-1988) का नाम अत्यंत सम्मान के साथ लिया जाता है। बौद्ध धर्म के प्रचार एवं प्रसार के लिए उन्होंने विभिन्न देशों का दौरा किया तथा अपने सम्पूर्ण जीवन को धम्म के लिए ही अर्पित कर दिया। वे चिंतक, अनुवादक एवं प्रचुर साहित्य के सृजनकर्ता थे। वे जिस दौर में सक्रिय थे, वह भारतीय समाज के लिए सांस्कृतिक और धार्मिक तनाव का था। जातिगत अस्मिताएँ आपस में टकरा रही थीं। ऐसे समय में बौद्ध आदर्शों के प्रचार-प्रसार के साथ-साथ कौसल्यायन ने हिंदी भाषा के प्रचार और श्री-वृद्धि के लिए भी उल्लेखनीय प्रयास किये। वे अक्सर कहा करते थे : 'मेरा जीवन साईकल के दो पहिये हैं, एक बौद्ध धर्म का प्रचार और दूसरा हिंदी भाषा की सेवा।' इसी के अनुरूप उन्होंने अपना जीवन ढाला। उनकी यात्रा एक वर्तुलाकार पहिये के समान समूचे भारत और उत्तर-पूर्व के धम्म प्रभावित राष्ट्रों में धम्म और हिंदी का परचम लहराते घूमती रही। वे बाबा साहेब आम्बेडकर और राहुल सांकृत्यायन को अपने प्रेरणा पुरुष के रूप में देखते थे। यात्रा साहित्य में कौसल्यायन का योगदान विशेष रूप उल्लेखनीय है।

भदंत आनंद कौसल्यायन ने बाबासाहब आम्बेडकर की विख्यात जीवनी *यदि बाबा न होते* भी लिखी है। 14 अप्रैल, 1969 को राष्ट्रभाषा प्रचार समिति, वर्धा से इसका प्रकाशन हुआ। इस जीवनी-लेखन के पीछे भी एक प्रकरण है। कौसल्यायन किसी कार्य के सिलसिले से दिल्ली गये थे। वहाँ कम्युनिस्ट पार्टी के नेता श्रीपाद अमृत डांगे से उनकी मुलाक़ात हुई। बातचीत के दौरान डांगे ने सवाल पूछा : बाबासाहेब बौद्ध क्यों हुए? कौसल्यायन को लगा कि इस प्रश्न का उत्तर देने के लिए एक पुस्तक लिखनी पड़ेगी और उन्होंने डांगे के सवाल का ठोस, युक्ति-युक्त जवाब देने के लिए बाबासाहब की जीवनी लिखी। इससे पूर्व उन्होंने *बाबासाहेब* नामक एक छोटी सी पुस्तक भी प्रकाशित की

भदंत आनंद कौसल्यायन (1905–1988)

जिसमें एक जगह उन्होंने कहा है— 'इस देश में बाबा भी बहुत हुए और साहब भी, किन्तु बाबासाहब केवल एक ही हुए।'

कौसल्यायन की प्रमुख पुस्तकों में से कुछ इस प्रकार हैं : *बुद्ध धर्म : एक बुद्धिवादी अध्ययन, भिक्खु के पत्र, जो भूल न सका, आह ! ऐसी दरिद्रता, बहानेबाज़ी, रेल के टिकट, संस्कृति, देश की मिट्टी बुलाती है, मनुस्मृति क्यों जलायी गयी ?, भगवद्गीता की बुद्धिवादी समीक्षा, राम कहानी राम की ज़बानी, ऐन इंटेलिजेंट मेंस गाइड टु बुद्धिज़म, भगवान बुद्ध और उनके अनुचर, आज का जापान, आवश्यक पाली, धम्मपद* (हिंदी अनुवाद), *ब्राह्मणशाही की ऊहापोह अर्थात् हिंदू धर्म की रिडल्स।*

कौसल्यायन का जन्म पंजाब के अम्बाला ज़िले के सुहाना गाँव स्थित फूलवंती और रामशरण दास के घर में 5 जनवरी, 1905 को हुआ था। उनके बचपन का नाम हरिनाम दास था। पिताजी हिंदू मोहम्मडन स्कूल में अध्यापक थे, इसलिए इसी स्कूल में उन्हें दाख़िल कराया गया। 1920 में उन्होंने मैट्रिक परीक्षा उत्तीर्ण की। इस दौरान उन्हें भाई परमानंद के आश्रम में रहने का मौक़ा मिला जिन्होंने उन्हें आगे पढ़ाई करने की सलाह दी। लाला लजपतराय ने उन दिनों लाहौर में क़ौमी विद्यापीठ की स्थापना की थी जहाँ क्रांतिकारी एवं देशभक्त युवक पढ़ाई करने के लिए जमा हुए थे। उस समय हरिनाम दास भी लाहौर के नैशनल कॉलेज में बीए की पढ़ाई कर रहे थे। उनके सहपाठियों में हिंदी के जाने माने लेखक यशपाल, भगत सिंह और सुखदेव आदि थे। 1924 में 19 वर्ष की आयु में उन्होंने बीए की परीक्षा उत्तीर्ण की।

1924-25 में की एक घटना के बारे में भदंत आनंद कौसल्यायन लिखते हैं : लाहौर का प्रसिद्ध मौहल्ला है, वरघोवाली, वहाँ पर आर्य समाज के व्याख्यान हुआ करते थे। मैं कभी-कभी वहाँ पर व्याख्यान सुनने जाता। एक दिन देखा कि आर्य समाज की वेदी पर एक साधु बैठा है। उनको लोग उत्सुकतापूर्वक सुन रहे थे : भारत में दो ऋषि हुए, एक बुद्ध और दूसरे दयानंद। ऐसा माना जाता है, ऋषि युगप्रवर्तक होता है, और लोग सामान्य सुधारक। ऋषि में प्रवाह बदलने का सामर्थ्य होता है। ऐसा कहने वाले वे व्याख्याता राहुल सांकृत्यायन साधु थे। लगभग छह साल बाद 1930 में वे श्रीलंका में राहुल सांकृत्यायन के साथ थे, तब उन्होंने राहुल जी को वरघोवाली व्याख्यान की याद दिलायी और पूछा क्या अब भी आप बुद्ध की तरह दयानंद को ऋषि मानते हैं अथवा विचारों में कोई फ़र्क़ आया है ? वे बोले— कहाँ युगप्रवर्तक बुद्ध जिसने भारत को वेद, ईश्वर, आत्मा की ग़ुलामी से स्वतंत्र किया और कहाँ दयानंद जो ख़ुद वेद, ईश्वर, आत्मा की ग़ुलामी से स्वतंत्र नहीं हो सके। डॉ. आम्बेडकर के बाद उनके जीवन में राहुल सांकृत्यायन दूसरे ऐसे व्यक्ति थे, जिनसे वे प्रभावित भी थे और उनसे उनकी बहस भी हुआ करती थी।

उन दिनों लाहौर से *उपदेशक* नामक अख़बार छपता था। सेठ दामोदर इसके सम्पादक थे। हरिनामदास ने सम्पादक के प्रोत्साहन पर 'हमारे भी हैं, मेहरबान कैसे-कैसे' लेख लिखा। कौसल्यायन लिखते हैं कि वह मेरा पहला लेख था : 'अपने नाम को पहली छापे के अक्षरों में देखना कुछ ऐसा उन्माद था कि आज भी उसकी ख़ुमारी का अनुभव कर सकता हूँ।' इसके बाद जो लिखना शुरू किया तो निरंतर लिखते रहे। जितना समाज को देखा और महसूस किया, उतना ही लिखा। हरिनामदास कांग्रेस पार्टी के सक्रिय कार्यकर्ता थे। साथ-साथ में सामाजिक काम भी करते थे। उन्होंने कांगड़ा ज़िले के एक गाँव में दलितोद्धार का कार्य हाथ में लिया। वहाँ पर सराडे और डुमने नामक दो जातियाँ थीं। इन दोनों जातियों के लोगों को वे पढ़ाने जाया करते थे। 1928 में वे सिंहल द्वीप गये। 5 फ़रवरी, 1928 को उन्होंने दीक्षा ली और उनका नाम आनंद रखा गया। एक ही नाम के कई भिक्षु होने के कारण भेद करने के लिए नाम के बाद गाँव का नाम रखा जाता है, लेकिन गाँव का नाम न रखते हुए गोत्र नाम लगाया गया। इस तरह हरिनामदास से आनंदगिरी, आनंदगिरी से विश्वनाथ, विश्वनाथ से भदंत आनंद कौसल्यायन तक का सफ़र हुआ। श्रीलंका निवास के दौरान कौसल्यायन की मुलाक़ात स्वाधीन भारत के प्रधानमंत्री जवाहरलाल नेहरू के साथ हुई। नेहरूजी ने उनसे पूछा 'आप बौद्ध भिक्षु क्यों बने ?' तब उनका उत्तर था, 'आत्मा-परमात्मा, स्वर्ग-नरक की झूठी कल्पनाओं से छुटकारा पाने के लिए मैं बौद्ध भिक्षु बना हूँ।' कौसल्यायन को महाबोधि सोसाइटी की ओर से ब्रिटेन में धर्मदूत के तौर पर धर्म का प्रचार-प्रसार करने भेजा गया। इसी दौरान उन्होंने बहुत से

देशों का भ्रमण किया।

भारतीय स्वाधीनता आंदोलन के दौरान राष्ट्रभाषा को लेकर दो विचार थे। गाँधी चाहते थे कि राष्ट्रभाषा हिंदुस्तानी होनी चाहिए। दूसरी तरफ़ पुरुषोत्तमदास टंडन चाहते थे कि राष्ट्रभाषा हिंदी होनी चाहिए। टंडन के आग्रह पर 12 जुलाई, 1942 को कौसल्यायन राष्ट्रभाषा प्रचार समिति, वर्धा के प्रधानमंत्री बने। 1951 तक उन्होंने इसकी सेवा की। कौसल्यायन ने अपने संगठन-कौशल और निष्ठा से राष्ट्रभाषा प्रचार समिति को विश्वास संस्था में परिणत कर दिया।

डॉ. आम्बेडकर ने बौद्ध धर्म की दीक्षा ग्रहण करने हेतु कौसल्यायन से भारत के सबसे ज्येष्ठ भिक्षु के बारे में पूछा तो उन्होंने ने शास्ता महास्थविर चंद्रमणि का नाम सुझाया। दिलचस्प बात यह है कि डॉ. आम्बेडकर द्वारा 14 अक्टूबर, 1956 को ली गयी धर्म दीक्षा में कौसल्यायन उपस्थित नहीं थे। 1956 में जब वे चीन से बर्मा के रास्ते हवाई जहाज़ से भारत लौट रहे थे, तो विमान में ही उन्होंने पढ़ा कि नागपुर की दीक्षा भूमि में डॉ. आम्बेडकर के साथ उनके लाखों अनुयायियों का बौद्ध धर्म में दीक्षित होने का संस्कार सम्पन्न हो गया।

6 दिसम्बर, 1956 को डॉ. आम्बेडकर का परिनिर्वाण दिल्ली में हुआ। उस वक़्त कौसल्यायन ख़ुद दिल्ली में मौजूद थे। जब आम्बेडकर के पार्थिव शरीर को अग्नि दी जाने वाली थी, तब उनके एक शिष्य दादासाहेब गायकवाड़ ने रुद्ध कंठ से जन-समुदाय को सम्बोधित किया कि 16 दिसम्बर को बम्बई में बाबासाहेब महाराष्ट्र के लाखों दलितों को बौद्ध धर्म की दीक्षा देने वाले थे। अब हम उनके पार्थिव शरीर को साक्षी मान बाबासाहेब की इच्छा-पूर्ति करें। कौसल्यायन ने अपनी किताब *यदि बाबा न होते* में लिखा है, 'दादासाहेब गायकवाड़ की इच्छा के अनुसार इन पंक्तियों के लेखक ने उस अपार जन-समुद्र को सम्बोधित कर पूछा— 'जो लोग दीक्षा लेना चाहते हैं वे हाथ उठा लें।' इतने हाथ उठे कि उनका ओर-छोर कहीं कुछ न दिखाई देता था। यह भी एक ऐतिहासिक तथ्य है कि श्मशान भूमि में ही त्रिशरण, पंचशील का उच्चारण कर कई हज़ार लोगों ने दीक्षा ग्रहण की।

इस ऐतिहासिक क्षण के साक्षी भदंत आनंद कौसल्यायन स्वयं थे। 1969 में बाबासाहेब आम्बेडकर स्मारक समिति, नागपुर की ओर से उन्हें दीक्षाभूमि स्थित भिक्षु निवास में रहने के लिए आमंत्रित किया गया। यहाँ से उन्होंने *दीक्षाभूमि* तथा *दीक्षाभूमि संदेश* जैसी पत्रिकाओं का सफल सम्पादन किया। उन्होंने नागपुर के समीप नौ एकड़ भूमि में बौद्ध प्रशिक्षण संस्थान की नींव रखी जो आज बुद्ध भूमि नाम से प्रसिद्ध है। इस तरह उन्होंने नागपुर को अपनी कर्मभूमि बनाया।

64 साल के बौद्ध भिक्षु जीवन के बाद 22 जून, 1988 को उम्र के 83वें वर्ष में नागपुर में उनका परिनिर्वाण हुआ। पाली भाषा से बौद्ध त्रिपिटक का हिंदी में अनुवाद हो, या ख़ुद के लिखित ग्रंथ हों, या आम्बेडकर द्वारा अंग्रेज़ी में लिखित ग्रंथों का हिंदी अनुवाद हो— भदंत आनंद कौसल्यायन की ये सारी साहित्य रचनाएँ हिंदी पाठकों के ज्ञान-संवर्धन में गहरा योगदान करने वाली हैं।

देखें : अनुसूचित जातियाँ, अस्मिता की भारतीय राजनीति, अन्य पिछड़े वर्ग, आयोतीदास पांडीतर, आयंकाली, आम्बेडकर-गाँधी विवाद, इरोड वेंकट रामस्वामी नायकर पेरियार, कांशी राम, गाड़गे बाबा, गोपाल बाबा वलंगकर, ज्योतिराव गोविंदराव फुले, जाति और जाति-व्यवस्था-1, 2, 3 और 4, बाबू मंगू राम, बहुजन समाज पार्टी-1 और 2, भारतीय संविधान-1 से 8 तक, भीमराव रामजी आम्बेडकर, स्वामी अछूतानंद हरिहर।

संदर्भ

1. मुरलीधर खोब्रागड़े (2012), *डॉ. भदंत आनंद कौसल्यायन : एक परिचय,* मैसूर हिंदी प्रचार परिषद् पत्रिका, बंगलुरु.
2. डी.सी.अहीर (1989), *द पायनियर्स ऑफ़ बुद्धिस्ट रिवाइवल इन इण्डिया,* श्री सतगुरु पब्लिकेशन, नयी दिल्ली.
3. महाबोधि सोसाइटी ऑफ़ इण्डिया डायमंड जुबिली सुवेनिर (1952), कलकत्ता.
4. भदंत आनंद कौसल्यायन (2000), *यदि बाबा न होते,* बुद्ध भूमि प्रकाशन, नागपुर.

— मोहनदास नैमिशराय

भरत और *नाट्यशास्त्र*

(Bharat and *Natyashastra*)

भरत मुनि को भारतीय नाट्यशास्त्र का प्रथम प्रणेता माना जाता है। वे न केवल नाट्यशास्त्र के आदि आचार्य हैं बल्कि उनका ग्रंथ *नाट्यशास्त्र* काव्यशास्त्र का भी आदि ग्रंथ है। भारतीय नाट्य-मीमांसा के आधारभूत ग्रंथ के रूप में यह रचना नाटक, संगीत, छंद, अलंकार, रस आदि नाटक के सभी पक्षों के विशद सिद्धांतों का प्रतिपादन करती है। एक दृष्टांत के अनुसार त्रेतायुग में दु:ख और आपदा से पीड़ित लोगों को ध्यान में रखकर इंद्र आदि देवताओं की प्रार्थना पर ब्रह्मा ने चारों वर्णों और विशेषकर शूद्रों के मनोरंजन व अलौकिक आनंद के लिए एक पाँचवें वेद का सृजन किया। ऋग्वेद से पाठ्य, सामवेद से गीत, यजुर्वेद से अभिनय और अथर्वेद से रस लेकर ब्रह्मा ने पंचम वेद नाट्यवेद की रचना की। भरत ने अपने एक श्लोक के ज़रिये दावा किया कि 'न कोई ऐसा ज्ञान

है, न शिल्प, न ऐसी कोई विद्या, न कला, न योग और न ही कोई कर्म है जो नाट्य में न पाया जाता हो।' यह कथन नाट्य-क्षेत्र और उसके कला-विस्तार का प्रमाण है। इन अर्थों में कहना ज़्यादा सार्थक है कि संसार में लोगों की रुचि भिन्न-भिन्न होती है— ऐसे सभी लोगों को प्रसन्न करने वाला यदि कुछ है तो वह अधिकांशतः 'नाट्य' है। ऋग्वेद में सरमा-पणि, यम-यमी, अगस्त्य-लोपामुद्रा, पुरुरवा-उर्वशी आदि अनेक संवाद सूक्तों में नाट्य-सूत्र तलाशे जा सकते हैं। भारतीय नाट्य-परम्परा वहाँ से जोड़ कर देखी जा सकती है। भरत मुनि का *नाट्यशास्त्र* उस परम्परा का विस्तार है।

नाट्यशास्त्र को प्रकाश में लाने का श्रेय कुछ विदेशी विद्वानों को है। उन्होंने इस प्राचीन रचना की खण्डित प्रतियाँ हासिल करके उसे प्रकाशित किया। कालिदास, बाण, श्री हर्ष, भवभूति आदि संस्कृत के नाट्यकारों ने *नाट्यशास्त्र* के महत्त्व को खुलेमन से स्वीकार किया है। *नाट्यशास्त्र* के अध्यायों की संख्या को लेकर भी मतभेद है। कुछ विद्वान उसके 37 अध्यायों को मानते हैं तो कुछ 36 अध्याय। अनिभनव गुप्त ने उसके 36 अध्याय माने हैं। ऐसा कहा जाता है कि भरत मुनि रचित प्रथम नाटक *समुद्र मंथन* का अभिनय देवों की विजय के बाद इंद्र की सभा में हुआ था। उन्होंने नाटक के उद्देश्य को स्पष्ट करते हुए कहा था, 'नाट्य तो समग्र त्रिलोक का अनुकीर्तन है। नाटक का उद्देश्य दुःख से पीड़ित, थके, शोक से पीड़ित लोगों और तपस्वियों को उचित समय पर विश्रांति देना है। नाटक में सभी कलाओं का संगम होता है। नाटक प्रेक्षकों के मनोरंजन के साथ ही उनके बौद्धिक और आध्यात्मिक विकास का निमित्त भी बनता है।'

भरत के जीवन-काल को लेकर विद्वानों के बीच मतैक्य नहीं है। ऐतिहासिक दृष्टि से किसी व्यक्ति के जीवन-काल के निर्धारण के लिए जिन आधारभूत वैज्ञानिक तथ्यों की आवश्यकता होती है भरत के संदर्भ में उनका काफ़ी हद तक अभाव है। मनमोहन घोष सरीखे कुछ लोग उन्हें काल्पनिक व्यक्ति मानते हैं। थोड़े बहुत उपलब्ध साक्ष्यों के आधार पर विद्वानों का एक वर्ग उनका जीवन-काल विक्रमपूर्व 500 वर्ष से प्रथम विक्रमशताब्दी के बीच मानता है। *मत्स्यपुराण* में तो उनका उल्लेख है ही, कालिदास ने भी अपनी रचना *विक्रमोर्वशीयम* में एक घटना विशेष के संदर्भ में भरत मुनि उल्लेख किया है। प्रकरण यह है कि स्वर्ग लोक में लक्ष्मी स्वयंवर का मंचन भरत मुनि ने किया, जिसमें प्रसिद्ध अप्सरा उर्वशी लक्ष्मी का अभिनय करते समय महाराज परुरवा को देख कर उन पर मोहित हो गयी और अभिनय करना भूल गयी। इस पर भरत मुनि ने उर्वशी को शाप दे दिया।

नाट्यशास्त्र पर सबसे प्रामाणिक टीका अभिनव गुप्त ने *अभिनवभारती* के रूप में लिखी है। अपनी इस टीका में उन्होंने अपने से पहले भट्टोद्भट, भट्टलोल्लट, भट्टशंकुक, भट्टनायक, कीर्तिधर, भट्टयंत्र और हर्षवार्तिक आदि आचार्यों की लिखी टीकाओं का उल्लेख किया है। इनमें से *अभिनवभारती* के अलावा कोई भी टीका उपलब्ध नहीं है। *अभिनवभारती* भी अपने मूल रूप में नहीं मिलती। जो मिलती भी है वह काफ़ी अशुद्ध है। उसकी अशुद्धता तो इस क़दर है कि आचार्य विश्वेश्वर को कहना पड़ा कि 'स्वयं आचार्य अभिनव गुप्त भी उसे नहीं समझ सकते।' हालाँकि विश्वेश्वर ने यथासम्भव *अभिनवभारती* के दो अध्यायों का संशोधन-सम्पादन करके नये संस्करण की प्रस्तुति की है।

नाट्यशास्त्र में विषय-वस्तु, पात्र, प्रेक्षागृह, रस, अलंकार, वृत्ति, अभिनय, भाषा, नृत्य, गीत, बाद्य, पात्रों के परिधान, प्रयोग के अलग वर्ग, भाव, अभिनय, शैली, सूत्रधार, विदूषक, गणिका, नायिका, नाट्य-पात्रों की अपेक्षित कुशलता आदि पर विस्तार से प्रकाश डाला गया है।

भारतीय काव्यशास्त्र की दृष्टि से गद्य और पद्य दोनों तरह की रचनाएँ काव्य के अंतर्गत आती हैं। इस लिहाज़ से नाटक भी काव्य का एक रूप है। भरत मुनि नाटक को सभी काव्यों में उत्कृष्ट मानते हैं। नाटक को पाँचवाँ वेद मानने के पीछे भी यही धारणा रही है। काव्य-भेदों में नाटक रमणीय होने के साथ ही साथ प्राचीन और महत्त्वपूर्ण रहा है। नाटक को दृश्य-काव्य भी कहा गया है जिसमें अभिनय की प्रधानता होती है। किसी स्थिति-विशेष का अनुकरण नाट्य या अभिनय कहलाता है। नाट्य का अर्थ है विषय-वस्तु, चरित्र एवं अभिनय का ऐसा संयोग है जो रंगमंच पर दिखाया जा सके। संस्कृत में दो प्रकार के नाट्य भेद माने जाते हैं— रूपक और उपरूपक। रूपक के दस भेद हैं : नाटक, प्रकरण, भाण, प्रहसन, व्यायोग, समवकार, डिम, वीथी, अंक और ईहामृग। उपरूपक के अट्ठारह भेद हैं : नाटिका, त्रोटक, गोष्ठी, सट्टक, नाट्यरासक, प्रस्थान, उल्लाप्य, काव्य, प्रेंखण, रासक, संलापक, श्रीगदित, शिल्पक, विलासिता, दुर्मल्लिका, प्रकरणी, हल्लीश तथा भाणिका। इनमें अपनी प्रधानता के कारण कई बार 'नाटक' शब्द का इस्तेमाल रूपक के अर्थ में भी किया गया है। आधुनिक व्यवहार में तो यह रूपक का वाचक ही हो गया है, किंतु उपरूपकों की अपेक्षा रूपक के भेदों के ही प्रयोग अधिक मिलते हैं। नाटक में वीर या शृंगार रस की प्रधानता होती है और अन्य रस भी गौण रूप में हो सकते हैं। धीर, गाम्भीर्य, शौर्य, त्याग आदि उदात्त गुणों से सम्पन्न राजा, राजर्षि, दिव्य या दिव्यादिव्य पुरुष को नाटक के नायक की मान्यता दी गयी है। उपरूपकों की संख्या बाद के शास्त्रकारों को विवेचनों में बढ़ती गयी है। उपरूपक वस्तुतः लोकनाट्य हैं।

भरत ने नाटक के चार प्रमुख अवयव बताये हैं : कथावस्तु, नायक और पात्र, रस तथा अभिनय। उनके अनुसार नाटक का प्रमुख उद्देश्य कथावस्तु का संगठन है।

संवाद और अभिनय द्वारा कथानक का उद्घाटन होता है। कथा के दो भेद होते हैं : आधिकारिक और प्रासंगिक। आधिकारिक कथावस्तु का संबंध नाटक के फलभोक्ता या अधिकारी से रहता है। यह नाटक के प्रमुख पात्र नायक का प्रश्रय ग्रहण किये रहती है। प्रासंगिक कथाओं का उद्देश्य आधिकारिक कथावस्तु को विकसित करने में सहायता पहुँचाना है। प्रस्तुतीकरण के आधार पर कथावस्तु के दो भेद होते हैं : दृश्य और सूच्य। दृश्य कथावस्तु को रंगमंच पर अभिनीत करता है, जबकि सूच्य की केवल सूचना दी जाती है। सूच्य कथावस्तु के साधनों को अर्थोपक्षेपक कहते हैं। ये पाँच प्रकार के माने गये हैं : विष्कंभक, प्रवेशक, चूलिका, अंकमुख या अंकास्य और अंकावतार। स्रोत या आधार के विचार से कथावस्तु के तीन भेद किये जाते हैं : प्रप्यात, उत्पाद्य और मिश्र। मिश्र कथावस्तु ही आजकल चलन में है।

नाटक के नायक के लिए विनयशील, सुंदर, त्यागी, कार्य-कुशल, मृदुभाषी, लोकप्रिय, पवित्र, वक्ता, कुलीन, स्थिरचित्त, युवा, कुशाग्र, उत्साही, स्मृति-सम्पन्न, प्रज्ञावान, कलाओं का ज्ञाता, स्वाभिमानी, शूर, दृढ़, तेजस्वी, शास्त्रज्ञ, धार्मिक प्रवृत्ति का होना आवश्यक मानता है। इस दृष्टि से नायक के लिए निम्नगुणों का प्रावधान है— धीरोदात्त, धीर ललित, धीरप्रशांत तथा धीरोद्धत। नायक के अलावा प्रतिनायक तथा विट, चेट, शकार, विदूषक तथा नायिका आदि पात्रों के लक्षण तथा उनकी विशेषताएँ भी भरत मुनि ने प्रस्तुत की हैं। विट का लक्षण देते हुए बताया गया है कि वह वेश्या का उपचार करने में कुशल, मधुर, व्यवहारकुशल, कवि, ऊहापोह की परिस्थिति लाने में समर्थ व वाकपटु होता है। कलह प्रिय, अनेक कथाएँ जानने वाला, विकृत रूप वाला, गंध का सेवन करने वाला, मानने और न माननेवाली बातों का विशेष ज्ञान रखने वाला पात्र वेट कहलाता है। श्वेत वस्त्र और आभूषण धारण करने वाला, अकारण क्रोध करने वाला और प्रसन्न होने वाला, अधम कोटि का, विकार-युक्त, मागध भाषा बोलने वाला शकार होता है। वामन, बड़े दाँतों वाला, कुबड़ा, विकृत मुँह वाला, पीली आँखों वाला और द्विअर्थी बातें करने वाला विदूषक कहलाता है। वह नायक का मनोरंजन करता है, उसका संगी होता है तथा प्रेम प्रसंगों में नायक को मंत्रणा देता है।

नाट्यशास्त्र के 35 वें अध्याय के 62वें व 33वें श्लोक में भरतमुनि ने नायिका की विशेषताएँ बतायी हैं। ये हैं : रूपवती, गुण, शील, यौवन, मृदुलता, शक्ति-युक्त, प्रसन्नचित्त, स्नेहपूर्ण, स्निग्ध, भावपूर्ण मधुर-व्यवहार, योग्य, क्षोभरहित, लय-ताल का ज्ञान रखने वाली और रसयुक्तमय।

रस-विचार नाटक का तीसरा तत्त्व और रसनिष्पत्ति नाटककार का प्रमुख लक्ष्य बताया गया है। भरत मुनि ने अपने एक सूत्र— 'विभावनुभावव्यभिचारिसंयोगाद सनिष्पत्ति:' द्वारा प्रतिपादन करते हुए कहा है कि विभाव, अनुभाव और व्यभिचारी भावों के संयोग से रस की निष्पत्ति होती है। इसे और स्पष्ट करते हुए भरत मुनि ने कहा है कि जिस प्रकार अनेक व्यञ्जनों, औषधियों और द्रव्यों से युक्त होने पर भोजी अपने भोजन में एक विशेष स्वाद का अनुभव करता है, उसी प्रकार रसिक जन अनेक भावों के अभिनय से युक्त स्थाई भावों का आस्वादन करते हैं। यही नाटक की रसानुभूति है। उन्होंने रसों की संख्या आठ बतायी गयी है और उसके चार अंग माने हैं— विभाव, अनुभाव, संचारीभाव और स्थाईभाव। *नाट्यशास्त्र* में इन सभी की व्याख्या एवं लक्षण मिलते हैं। ख़ास बात यह है कि अध्याय छह में आठ रसों का उल्लेख है, जबकि अध्याय 24 में शांत रस का उल्लेख करते हुए नौ रसों की ज़िक्र मिलता है। अभिनव गुप्त ने भी शांत की रसों में गणना की है।

नाटक का चौथा और अंतिम तत्त्व अभिनय है। समस्त कथावस्तु, चरित्र, अर्थों और भावों का प्रकाशन अभिनय द्वारा ही होता है। अभिनय चार प्रकार का होता है— आंगिक, वाचिक, आहार्य और सात्विक। आंगिक व वाचिक अभिनय को काफ़ी हद तक उनके शब्दार्थों के ज़रिये समझा जा सकता है और आहार्य के अंतर्गत विभिन्न प्रकार के व्यक्तियों का उनके अनुरूप वेशभूषा और अलंकार धारण करने का विधान है। *नाट्यशास्त्र* में विभिन्न वर्गों और देशों के व्यक्तियों की वेशभूषा का बड़ा ही विस्तृत विवरण है। सात्विक अभिनय सूक्ष्म अंतस्थ भावों का प्रकाशन है।

भरत मुनि ने *नाट्यशास्त्र* में प्रेक्षागृह का स्वरूप, उसकी स्थापना और शिल्प विधान का व्यापक प्रावधान करते हुए उसकी विधि बतायी है। मंच-सज्जा और शिल्प के विषय में भरत मुनि ने कहा है कि विश्वकर्मा ने प्रेक्षागृह निर्माण तीन प्रकार से करने के लिए व्यवस्था दी है— विकृष्ट, चतुस्त्र और त्र्यस्त्र। पहले को ज्येष्ठ, दूसरे को मध्यम और तीसरे को अवर कहा गया है। पहले की लम्बाई 108 हाथ, दूसरे की 64 हाथ और तीसरे की 32 हाथ बतायी गयी है। देवालयों में प्रथम प्रकार के राजगृहों में द्वितीय प्रकार के और साधारण घरों में तीसरे प्रकार के प्रेक्षागृह का विधान है। मध्यम प्रकार का प्रेक्षागृह उत्तम माना गया है। प्रेक्षागृह का निर्माण करने के लिए कुशल व्यक्तियों द्वारा पहले भूमिशोधन करना चाहिए। समतल, स्थिर, कठोर, काली और ग़ौर वर्ण की ज़मीन को उत्तम हल से जोत कर हड्डी, कील, घास, भूसे आदि निकाल कर प्रेक्षागृह का निर्माण करना चाहिए। शुभ मुहूर्त में भित्तिनिर्माण एवं स्तम्भ-रचना करनी चाहिए। स्तम्भ द्वारा भित्ति की विधिवत स्थापना के बाद रंग-पीठ के पीछे मत्तवारणी की स्थापना करनी चाहिए। यह चार खम्भोंवाली रंगपीठ के आकार की परंतु आधा हाथ ऊँची बनायी जानी चाहिए। काली मिट्टी के बने नेपथ्य गृह में दो द्वार होने चाहिए। पूर्व की ओर हीरा, दक्षिण की ओर नीलम, पश्चिम

में स्फटिक तथा उत्तर में मूँगा जड़ित रंगशीर्ष होता है। कहने का तात्पर्य कि प्रेक्षागृहों का निर्माण विधिससम्मत ढंग से ही होना चाहिए। रंगपीठ में प्रवेश द्वार एक तथा रंगपीठ के सामने जन-प्रवेश के लिए दूसरा मुख्य द्वार होना चाहिए। विकृष्ट में रंगपीठ में अधिक ऊँची होनी चाहिए। चतुस्त्र में समान। त्र्यस्त्र त्रिकोणाकार होना चाहिए और मध्य में रंग-पीठ होनी चाहिए। भरत मुनि ने नाट्य के ग्यारह अंग बताये हैं : रस, भाव, अभिनय, धर्मी, वृत्ति, प्रवृत्ति, सिद्धि, स्वर, आलेद्य (वाद्य), गान और रंग (नाट्यशाला)। इन ग्यारह तत्त्वों के परस्पर संयोग व सामंजस्य से नाट्य संरचित होता है। इनके भेदों, उपभेदों और उनके विशिष्ट सम्मिश्रम के प्रतिपादन द्वारा भरत मुनि ने समग्र रंगमंच (टोटल थियेटर) की जो अवधारणा रखी है, वह ब्रेख़्त और स्तानिस्लाव्स्की जैसे विश्व के श्रेष्ठ रंगकर्मियों के प्रयोगों के परिप्रेक्ष्य में बहुत प्रासंगिक होती गयी है। दुनिया के श्रेष्ठ नाट्य निर्देशक नाट्यशाला से प्रकारांतर से प्रभावित हुए हैं।

प्रेक्षागृह निर्माण के बाद रंगदेवता का पूजन और पूर्वरंग का प्रावधान है। इसके अंतर्गत गायकों का प्रवेश, गीतारम्भ, नांदीपाठ, वंदना आदि की जाती है। सबसे पहले पूर्व दिशा के स्वामी इंद्र की वंदना होती है तब दक्षिण, पश्चिम, और उत्तर दिशा की वंदना की जाती है। इसके बाद सूत्रधार सस्वर नांदीपाठ करता है और विभिन्न गीतों में स्तुति की जाती है। तत्पश्चात विदूषक और सूत्रधार का संवाद होता है तथा रंगसिद्धि के लिए काव्यवस्तु का निरूपण संक्षेप में किया जाता है। फिर मुख्य अभिनय की शुरुआत होती है। इस तरह से भरतमुनि और उनका नाट्यशास्त्र नाट्यकला के विविध पक्षों का विशुद्ध विवेचन प्रस्तुत करता है।

देखें : आर्यभट्ट और *आर्यभटीय*, उपनिषद्, कपिल, *अर्थशास्त्र* और कौटिल्य, गोपीनाथ कविराज, गोविंद चंद्र पाण्डे, चैतन्य महाप्रभु, जैन दर्शन, न्याय दर्शन, दया कृष्ण, नंद किशोर देवराज, न्याय दर्शन, नागार्जुन, पतंजलि और *योगसूत्र*, पाणिनि और *अष्टाध्यायी*, पाश्चात्य काव्यशास्त्र, पुराण, पूर्व-मीमांसा दर्शन, बदरीनाथ शुक्ल, बादरायण, बौद्ध दर्शन, *भगवद्गीता*, मुकुंद लाठ, *भागवत पुराण*, *महाभारत*, यशदेव शल्य, योग दर्शन, रामानुजाचार्य, लोकायत, वात्स्यायन और *कामसूत्र*, वेदांत दर्शन, वैशेषिक दर्शन, शंकराचार्य, षड्-दर्शन-1 और 2, संस्कृत काव्यशास्त्र, स्मृति-साहित्य, सांख्य दर्शन-1 और 2, सिद्ध-नाथ परम्परा।

संदर्भ

1. *संक्षिप्त नाट्यशास्त्र* (हिंदी अनु. सहित) (2011), राधावल्लभ त्रिपाठी, वाणी प्रकाशन, नयी दिल्ली.
2. राधावल्लभ त्रिपाठी (1987), *भारतीय नाट्य स्वरूप और परम्परा*, संस्कृत परिषद, सागर.
3. राधावल्लभ त्रिपाठी (2011), *नाट्यशास्त्र विश्वकोश*, दो भाग, भारतीय बुक कॉरपोरेशन, नयी दिल्ली.

— अजय कुमार पाण्डेय

भविष्य-शास्त्र

(Futurology)

अपने वर्तमान और ताज़े अतीत का अध्ययन करके भविष्य पर रोशनी डालने के प्रयासों के इर्द-गिर्द विकसित हुई विद्या को भविष्य-शास्त्र की संज्ञा दी जाती है। इन कोशिशों में लगे हुए विद्वानों को भविष्यवादी और उनके काम को भविष्यवाद की श्रेणी में रखा जाता है। इतिहास की भाँति ही भविष्य-शास्त्र के केंद्र में भी अतीत से भविष्य की ओर प्रवाहित होता हुआ काल है। लेकिन भविष्य-शास्त्री काल के साथ इतिहासकार जैसा सुलूक नहीं करते। उनकी दिलचस्पी अतीत को कमतर और भविष्य को ऊर्ध्वगामी बताते हुए किसी ऐसी मंज़िल की शिनाख़्त करने में नहीं होती जिसकी तरफ़ अनवरत बढ़ने के लक्ष्य से मानवता बँधी हुई है। दरअसल, भविष्य-शास्त्र ने विमर्श के मुख्यत: दो क्षेत्रों को प्रभावित किया है। पहला है साहित्य। विशेष रूप से कथा-लेखन के दायरे में यूटोपियायी और भविष्यवादी दृष्टि का उल्लेखनीय स्थान है। लेकिन कल्पनाप्रधान होने के कारण भविष्यवादी साहित्य से उपजे विमर्श को जीवन और जगत में यथार्थपरक और वस्तुगत हस्तक्षेप का श्रेय नहीं मिल सका है। दूसरा है पर्यावरण-अध्ययन, अर्थशास्त्र और जलवायु-शास्त्र के क्षेत्र में। भविष्य-शास्त्रियों ने पर्यावरण से संबंधित मुद्दों पर विशेष ध्यान दिया है। प्रलंयकारी ग्लोबल वार्मिंग की भविष्यवाणी करने वाले विशेषज्ञों की रचनाओं ने सारी दुनिया में पर्यावरण और पारिस्थितिकी संबंधी दुश्चिंताओं को जन्म दिया है। इन भविष्यवादी पाठों के परिणामस्वरूप लोकप्रिय संस्कृति के क्षेत्र में फ़िल्मों और साहित्यिक रचनाओं के रूप में नयी कल्पनाशीलता की बुनियाद पड़ी है। सरकारी नीति और नियोजन के क्षेत्रों पर उनकी सिफ़ारिशों का अच्छा ख़ासा असर देखा जा सकता है। समाज-विज्ञान में भविष्य के प्रश्न ने सामाजिक समझौता जैसी स्थापित अवधारणाओं को दिक़्क़त में डाल दिया है।

मानवता के भविष्य, पृथ्वी के भविष्य, भाषाओं के भविष्य और पूँजीवाद के भविष्य जैसे विषयों पर विचार करने वाले चिंतकों की एक समृद्ध परम्परा है, भले ही वे ख़ुद को भविष्य-शास्त्री की श्रेणी में रखना पसंद न करते हों। स्वयं को बेहिचक भविष्यवादी कहने वाले साहित्यकारों, कलाकारों और विचारकों का इतिहास बीसवीं सदी के पहले दशक से मिलता है। 1909 में इतालवी कवि फ़िलिप्पो तोमासो मैरीनेती ने एक साहित्यिक घोषणापत्र का प्रकाशन किया जिसमें अतीत की इतालवी संस्कृति को पूरी तरह से ख़ारिज करके नये समाज, साहित्य और कला की स्थापना करने का आह्वान दर्ज था। इस घोषणापत्र में आधुनिक यंत्रोन्मुख सभ्यता का गुणगान किया गया था। भविष्यवाद की

यह पहल इटली में तो ज़्यादा नहीं पनपी, लेकिन अगले दशक की शुरुआत में ही इसका प्रभाव ब्रिटेन और रूस के आधुनिक कला आंदोलनों पर दिखाई देने लगा। हालाँकि वैज्ञानिक समाजवाद के संस्थापक कार्ल मार्क्स ने समाजवादी समाज के भविष्य की रूपरेखा बताने से इनकार कर दिया था, लेकिन उनके विचारों से प्रेरित समाजवादी राज्य अतीत और वर्तमान के क्रमिक विकास पर आधारित भविष्य-रचना से प्रतिबद्ध था। उसने 1912 के आसपास उभरे रूस के भविष्यवादी आंदोलन की प्रवृत्तियों के साथ ख़ुद को जोड़ा। ये भविष्यवादी युरोप की आधुनिकतावादी कला से बहुत प्रभावित थे। उन्होंने चित्रकला में पनपे घनवाद और भविष्यवाद से गहरी प्रेरणाएँ लीं और भाषा के प्रति नवाचारमूलक रवैया अपनाया। तकनीक में आस्था रखने वाले ये भविष्यवादी किसी तरह के निर्धारित अर्थों को मानने से इनकार करते थे। उनके इस दृष्टिकोण का लाभ क्रांति के बाद समाजवादी भविष्य की रचना के साथ प्रतिबद्ध कम्युनिस्ट नेतृत्व को मिला। बोल्शेविक क्रांति के बाद सोवियत साम्यवाद ने भविष्य-निर्माण के एजेंडे के लिए इसे काफ़ी उपयोगी पाया। बीस के दशक का सोवियत सिनेमा भविष्यवादी आहटों से गूँजने लगा, जिसकी व्यावहारिक निष्पत्ति कम्युनिस्ट पार्टी द्वारा सिनेमा के प्रचारात्मक उपयोग में हुई।

भविष्य-शास्त्र से जुड़ा एक गम्भीर नैतिक और दार्शनिक प्रश्न यह है कि आने वाली पीढ़ियों के लिए क्या हमारी कोई नैतिक ज़िम्मेदारी है? भविष्यवादी सिद्धांतकार इस प्रश्न का जवाब दो तरह से देते हैं : पहला, हमें अपने वर्तमान आचरण को इस प्रकार विनियमित करना चाहिए कि भविष्य की पीढ़ियों के सुखद जीवन की गारंटी हो सके; दूसरा, हमें जनसंख्या-विस्फोट और धरती के संसाधनों की बर्बादी से बचने के प्रयास करने चाहिए कि आने वाले वक़्त में लोग ज़्यादा और संसाधन कम का विषम समीकरण न बन सके। ये दो सरल से लगने वाले उत्तर उस समय पेचीदा हो जाते हैं जब सामाजिक संविदा के सिद्धांत का हवाला देते हुए सवाल उठाया जाता है कि क्या इस समझौते में मौजूदा पीढ़ियों के साथ भविष्य की पीढ़ियों को भी उनके अधिकारों और हितों के साथ जोड़ा जा सकता है? इसके भी दो जवाब हैं : पहला, इस सामाजिक समझौते में केवल एक ही पीढ़ी के लोग गिने जाने चाहिए क्योंकि भविष्य के लोग न तो हमें फ़ायदा पहुँचा सकते हैं और न ही कोई नुक़सान। दूसरा, इस समझौते में न केवल वर्तमान के बल्कि अतीत में रह चुकी और भविष्य की सभी सम्भावित पीढ़ियों की अवधारणा शामिल की जानी चाहिए। यह बहस उस समय और उलझ जाती है जब भविष्य की पीढ़ियों की ज़रूरतों, अधिकारों और हितों के बारे में अंदाज़ा लगाने की नौबत आती है।

सरकारों और थिंक-टैंक क़िस्म के प्रतिष्ठानों के साथ करने वाले भविष्य-शास्त्री ख़ुद को परामर्शदाता कहना पसंद करते हैं। उनकी आत्मछवि दार्शनिकों और चिंतकों का न हो कर विशेषज्ञों की होती है। निजी क्षेत्र में ऐसे विशेषज्ञ आम तौर पर अर्थशास्त्र और वित्तीय दुनिया के जानकारों के बीच से पनपते हैं। भविष्यवाणी करने वाले इन विशेषज्ञों की सक्रियता के दायरे उत्तरोत्तर संकीर्ण होते जा रहे हैं। उनसे उम्मीद की जाती है कि उनके आकलनों के परिप्रेक्ष्य में विभिन्न कम्पनियाँ जोखिम-प्रबंधन बेहतर ढंग से कर पाएँगी। लेकिन इस प्रकार की भविष्यवाणियाँ कभी-कभी पूरी तरह से आधारहीन भी साबित होती हैं।

प्राचीन भारतीय विचार में भविष्य के विचार की मौजूदगी का स्पष्ट उदाहरण भविष्य-पुराण के रूप में मिलता है। इस रचना में भविष्य की घटनाओं की चर्चा है। यह मुसलमानों के आक्रमण समेत भारतीय मध्य-युग की घटनाओं की तरफ़ इशारा करता है। भविष्य-पुराण की प्राचीनता पर विश्वास करने वालों का दावा है कि यह पाँचवीं सदी की कृति है, लेकिन कुछ दूसरे विद्वानों का कहना है कि इसमें बारहवीं से उन्नीसवीं सदी के बीच कई बातें जोड़ी जाती रही हैं।

देखें : चिपको आंदोलन, जैवविविधता, पर्यावरणीय नारीवाद, पारिस्थितिकवाद, पारिस्थितिकीय दर्शन, पेटेंट, भारत में पेटेंट क़ानून, मार्क्सवाद और पारिस्थितिकी।

संदर्भ

1. डी. लोये (1978), *द नोएबिल फ़्यूचर : द साइकोलॅजी ऑफ़ फ़ोरकास्टिंग ऐंड प्रोफ़ेसी*, विली, न्यूयॉर्क.
2. विनय लाल और आशिस नंदी (सम्पा.) (2005), *द फ़्यूचर ऑफ़ नॉलिज ऐंड कल्चर : अ डिक्शनरी फ़ॉर द 21स्ट सेंचुरी*, पेंगुइन-वाइकिंग, नयी दिल्ली.
3. ब्राइन बैरी (1991), 'जस्टिस बिटवीन जेनरेशंस', *लिबर्टी ऐंड जस्टिस*, ऑक्सफ़र्ड युनिवर्सिटी प्रेस, ऑक्सफ़र्ड.
4. डी. पैरफिट (1984), *रीज़ंस ऐंड परसंस*, ऑक्सफ़र्ड युनिवर्सिटी प्रेस, ऑक्सफ़र्ड.

— अभय कुमार दुबे

भागवत पुराण

(*Bhagwat Puran*)

एक धर्मग्रंथ के रूप में लोक-मानस के लिए *भागवत पुराण* या *श्रीमद्भागवत* या *भागवत* का महत्त्व *वाल्मीकि रामायण*, *रामचरित मानस*, *महाभारत* और *गीता* जैसा ही है। कोई भी हिंदू श्रद्धालु यह ज़रूर चाहता है कि वह भागवत कथा का जीवन में कम से कम एक बार श्रवण ज़रूर कर ले। इसी लोक-मान्यता के कारण शुरुआत से यह पुराण ज्ञानियों के साथ-साथ सर्वसाधारण के चिंतन-मनन का विषय भी रहा

है। लेकिन, उसकी महापुराणता और प्रणेता के सवाल पर विद्वानों में मतैक्य नहीं है। दृष्टांत के मुताबिक़ चूँकि *महाभारत* की रचना के दौरान व्यास को भगवत-धर्मीय भक्ति के यथोचित विवेचन के लिए अपेक्षित गुंजाइश नहीं मिली इसलिए उन्हें *भागवत पुराण* की रचना करनी पड़ी। उन्होंने सोचा कि *महाभारत* में निरूपित नैष्कर्म्य प्रधान भागवत धर्म में भक्ति का वैसा निरूपण नहीं हुआ है जैसा होना चाहिए था। व्यास को लगा कि बिना भक्ति के निष्काम कर्म निरर्थक है। यही वजह है कि इस पुराण में भागवत धर्म के कर्म विषयक अंगों के विवेचन की अपेक्षा भगवत भक्ति और उसके माहात्म्य का व्यापक विस्तार किया गया है।

भागवत पुराण के साहित्यिक, सांस्कृतिक और काव्यगत वैशिष्ट्य का गहरा प्रभाव मध्ययुगीन और आधुनिक साहित्य पर पड़ा। तुलसीदास, सूरदास, विद्यापति, जगन्नाथ दास रत्नाकर, भारतेंदु हरिश्चंद्र तथा अयोध्या सिंह उपाध्याय हरिऔध जैसे कवियों ने अपने साहित्यिक और सांस्कृतिक मिजाज़ में उसे शामिल किया। रामकथा को लोककथा में रूपांतरित करने वाले गोस्वामी तुलसीदास ने *रामचरितमानस* में *भागवत* के सैद्धांतिक पक्ष अद्वैत तथा साधना पक्ष भक्ति को प्रतिपाद्य बना कर इस पुराण भागवत से अत्यधिक स्फूर्ति और प्रेरणा ग्रहण की। सूरदास का तो साहित्यिक आधार ग्रंथ ही *भागवत पुराण* है। दरअसल, ज्ञानमार्गी होने के बजाय *भागवत* भक्तिमार्ग और प्रेममार्ग की आधारभूत की कृति है।

भागवत पुराण और बोपदेव एक-दूसरे के पर्याय जैसे समझे जाते हैं। बोपदेव श्रीमद्भागवत पुराण के मर्मज्ञ विद्वान थे। उन्होंने भागवत विषयक तीन ग्रंथ — *हरिलीलामृत* या *भगवतानुक्रमणी, मुक्ताफल* और *परमहंसा प्रिया* की रचना की। *हरिलीलामृत* में श्रीमद्भागवत के समस्त अध्यायों की सूची दी गयी है और बड़ी मार्मिकता से उनके पारस्परिक संबंध का प्रदर्शन किया गया है। *मुक्ताफल* भागवत के श्लोकों का रसानुयायी संग्रह है जिसमें उनका वर्गीकरण नवरस की दृष्टि से किया गया है। तीसरा ग्रंथ *परमहंसा प्रिया* *को श्रीमद्भागवत* की टीका कहा जाता है, परंतु अभी तक अप्रकाशित होने से इसके स्वरूप के विषय में विशेष नहीं कहा जा सकता। इस संबंध में बोपदेव ने स्वयं ही अपने एक श्लोक में इस बात की जानकारी दी है। बोपदेव ने श्रीमद्भागवत पुराण के अनुशीलन से भक्ति को रसरूप में प्रतिष्ठित किया तथा भक्ति को केवल भाव मानने वाले कश्मीरी आचार्यों के मतों की तीव्र आलोचना की। भक्तिरस का यह प्रथम विन्यास बोपदेव के महत्त्व का प्रतिपादक है। वे भगवान में 'मनोनिवेश' को भक्ति का स्थाई भाव मानते हैं। उन्होंने *मुक्ताफल* में युक्ति तथा प्रमाण के आधार पर भक्ति की रसरूपता पुष्ट की है। बोपदेव स्वयं को विद्वद्वर धनेश का शिष्य तथा भिषक केशव का पुत्र बताते हैं। इन ग्रंथों के अंतर्परीक्षण से ज्ञात होता है कि वे रामगिरि के यादव नरेशों के महामात्य धर्मशास्त्री हेमाद्रि के आश्रय में रहते थे तथा उन्ही की प्रेरणा से उन्होंने अपने पूर्वोक्त ग्रंथों का प्रणयन किया। इनका समय ईसा की तेरहवीं सदी है।

प्रश्न यह है कि क्या बोपदेव ही *श्रीमद्भागवत* के रचयिता थे। स्वामी दयानंद सरस्वती ने अपने ग्रंथ *सत्यार्थ प्रकाश* के ग्याहरवें समुल्लास में बोपदेव के ही *भागवत पुराण* के रचनाकार होने की पुष्टि की है। लेकिन इस बात को लेकर कई आपत्तियाँ भी हैं। बोपदेव के आश्रय दाता हेमाद्रि ने अपनी रचना *चतुर्वर्ग चिंतामणि* में भागवत के श्लोकों को बतौर साक्ष्य उदधृत किया है। इससे लगता है कि *भागवत पुराण* समकालीन रचना नहीं थी। समझा जाता है कि अपने आश्रित की रचना को कोई भी विज्ञ पुरुष अपनी रचना में प्रमाण देने के लिए इस्तेमाल नहीं करेगा।

द्वैतमत के प्रतिस्थापक आचार्य मध्व ने *भागवत तात्पर्य निर्णय* नामक ग्रंथ में भागवत के तात्पर्य का विश्लेषण करते हुए भक्ति को ही सर्वातिशायी साधन बताया है। *स्मृत्यर्थ सागर* के एक श्लोक के आधार पर मध्वाचार्य का जन्म 1275 विक्रमी (1200 ई.) में माना जाता है। यानी मध्वाचार्य बोपदेव से लगभग सौ वर्ष पहले पैदा हुए होंगे। इस तथ्य से बोपदेव का *श्रीमद्भागवत* का रचयिता होना खण्डित हो जाता है। सरस्वती-भवन पुस्तकालय (संस्कृत विश्वविद्यालय वाराणसी) में बंगाक्षरों में लिखी हुई *भागवत* की एक प्रति विद्यमान है जो लिपि-परीक्षा के आधार पर दशम शती में लिखी गयी मानी जाती है— अर्थात् यह हस्तलेख बोपदेव से लगभग दो सौ वर्ष प्राचीन है।

आचार्य शंकर के गुरु थे गोविंदपाद् और गोविंदपाद् के गुरु थे गौड़पादाचार्य। गौड़पाद ने *पंचीकरण व्याख्यान* में *भागवत* के प्रथम स्कंध के तृतीय अध्याय के प्रथम श्लोक तथा *उत्तर गीता* की अपनी टीका में *भागवत* के दशम स्कंध के चौदहवें अध्याय के चौथे श्लोक को उद्धृत किया है। शंकर का समय अष्टम शती है। फलतः उनके दादागुरु गौड़पाद का काल अष्टम शती का आरम्भ है। उनके द्वारा भागवत के श्लोकों को उद्धृत करने से साबित होता है कि भागवत की रचना सप्तम शती पूर्व अर्थात् तेरहवीं सदी में उत्पन्न बोपदेव से छह-सात सदी पूर्व हुई होगी। इन तथ्यों के आलोक में यह कहना सही नहीं है कि *भागवत* के प्रणेता बोपदेव थे।

भागवत पुराण में कृष्ण की लीला एवं जीवन-चरित की प्रधानता है। उसमें उनकी विभिन्न मनोहारी एवं लोकरंजक छवियाँ प्रस्तुत की गयी हैं। पहले स्कंध से पहले *भागवत* का महात्म्य बताया गया है। इसमें ज्ञान, वैराग्य, भक्ति के साथ ही साथ प्रेम शब्द का भी प्रयोग है। न केवल मनुष्य और ईश्वर के लिए वरन् मिथ्या संसार के लिए भी प्रेम का

संदेश है। यहाँ *भागवत* कहती है, 'साधक केवल इस ज्ञान-दृष्टि का आश्रय लेकर सम्पूर्ण प्राणियों और पदार्थों में ईश्वर का दर्शन करता है और उन्हें उसका ही रूप मानकर सत्कार करता है।' यहाँ सभी प्राणियों सहित पदार्थों में भी परमात्मा के दर्शन करने पर बल है। अत: सम्पूर्ण संसार को ईश्वर स्वरूप मानकर उसका सत्कार करना भागवत की मुख्य प्रस्थापना है।

संत कवियों ने भागवत को अपना आधार क्यों बनाया, इसका एक कारण *भागवत* के कृष्ण के इस कथन में मिलता है कि जो व्यक्ति ब्राह्मण और चाण्डाल, चोर और ब्राह्मण-भक्त, सूर्य और चिंगारी तथा कृपालु और क्रूर के प्रति समान दृष्टि रखता है, उसे सच्चा ज्ञानी समझना चाहिए। इस दृष्टि में शंकराचार्य के वर्णधर्म पालन के विपरीत ब्राह्मण और चाण्डाल को एक समझने पर बल दिया गया है। भागवत में श्रीकृष्ण अपने भक्तों के लिए कहते हैं कि वे पर्व आदि अवसरों पर सबके साथ मिल कर अथवा अकेले ही नृत्य गान, वाद्य आदि महाराजोचित ठाट-बाट से मेरी यात्रा आदि का महोत्सव करें। बहुत से शास्त्र और पुराण सुनने से क्या लाभ है। इससे तो व्यर्थ का भ्रम बढ़ता है। मुक्ति देने के लिए एक मात्र भागवत-शास्त्र ही काफ़ी है। यहाँ कृष्ण दावा करते हैं कि शास्त्र और पुराण ही नहीं, बड़े-बड़े यज्ञ और तीर्थ-यात्राएँ भी किसी काम की नहीं हैं। जिस घर में नित्यप्रति *श्रीमद्‌भागवत* की कथा होती है, वह तीर्थरूप हो जाता है और जो लोग उसमें रहते हैं, उनके सारे पाप नष्ट हो जाते हैं। हज़ारों अश्वमेध और सैकड़ों बाजपेय यज्ञ इस शुक-शास्त्र यानी भागवत का सोलहवाँ अंश भी नहीं हो सकते। फल की दृष्टि से इस शुक-शास्त्र कथा की समानता गंगा, गया, काशी, पुष्कर या प्रयाग कोई भी तीर्थ नहीं कर सकता। जो पुरुष अहर्निश अर्थ सहित श्रीमद्‌भागवत-शास्त्र का पाठ करता है, उसके करोड़ों जन्मों का पाप नष्ट हो जाता है, इसमें कोई संदेह नहीं। जो पुरुष नित्यप्रति भागवत का आधा या चौथा श्लोक भी पढ़ता है, उसे राजसूय यज्ञ और अश्वमेध यज्ञों का फल मिलता है जो पुरुष अंत समय में श्रीमद्‌भागवत का वाक्य सुन लेता है, उस पर प्रसन्न होकर भगवान उसे बैकुंठ धाम देते हैं। भागवत कभी भी सुनी जा सकता है। किसी विशेष दिन या समय में सुनी जाय, यह आवश्यक नहीं। सप्ताहश्रवण यज्ञ, व्रत, तप, योग, ज्ञान से बढ़कर है तथा तीर्थ सेवन से बड़ा है।

इसी के साथ यह दृष्टांत भी जुड़ा है। उद्धव ने कृष्ण से कहा कि भगवान! आपने निराकार और चिन्मात्र होकर भी भक्तों के लिए ही तो यह सगुण रूप धारण किया है। फिर भला आपका वियोग होने पर वे भक्तजन पृथ्वी पर कैसे रह सकेंगे? निर्गुणोपासना में तो बड़ा कष्ट है। इसलिए कुछ विचार कीजिये। तब भगवान ने अपनी सारी शक्ति भागवत में रख दी और अंतर्धान होकर इस भागवत समुद्र में प्रवेश कर गये। इसलिए यह भगवान की साक्षात-शब्दमयी मूर्ति है। इसके सेवन, श्रवण पाठ या दर्शन से ही मनुष्य के सारे पाप नष्ट हो जाते हैं।

एक अन्य दृष्टांत के मुताबिक़ नारद भागवत कथा सुनने के लिए सनकादि के साथ गंगा किनारे पहुँचे। इसमें बताया गया है कि प्राचीन देवकथाओं और आठयानों में जितने प्रसिद्ध ऋषि-मुनि सभी कथा सुनने गये। इनमें भृगु, वशिष्ठ, परशुराम, व्यास और पाराशर भी थे। *भागवत* के आरम्भ में शुकदेव का उल्लेख है वि वे बाल्यावस्था में संन्यास लेकर घर से निकल पड़े थे। नारद कहते हैं कि कलियुग से पहले ज्ञान और वैराग्य मुक्ति के साधन थे। कलियुग में भक्ति मोक्ष का साधन रह गयी है। इस तरह से नारद वैराग्य का विकल्प भक्ति के रूप में प्रस्थापित करते हैं। यह दृष्टांत बताता है कि *भागवत* ऐसा ग्रंथ है जो साधकों के मन में वैराग्य उत्पन्न नहीं करता।

प्राचीन साहित्य को देखें तो ज्ञान-साधना अथवा योग-साधना में स्त्रियों का प्रवेश अपवादस्वरूप ही होता है। लेकिन भक्तिमार्गी समुदाय में वे बहुत बड़ी संख्या में उपस्थित होती है। नारद और सनकादि ने जब गंगा किनारे भागवत कथा का आयोजन किया, तब वहाँ केवल मुनि नहीं आये, मुनिगण अपने-अपने पुत्र, शिष्य और स्त्रियों समेत बड़े प्रेम से वहाँ आये। ये मुनि संन्यासी नहीं हैं। वे गृहस्थ हैं। उनके पुत्र हैं, स्त्रियाँ हैं और उनके शिष्य भी हैं।

भागवत कहती है कि हे नृसिंह, दु:खों से तप्त हुए मनुष्यों के दु:खों की निवृत्ति के जो उपाय हैं, वे आप से उपेक्षित लोगों के लिए केवल क्षणिक दु:खनिवृत्ति ही करते हैं, स्थाई नहीं। आप से उपेक्षित बालक की न माता-पिता रक्षा कर सकते हैं, न रोगी की औषधि रक्षा कर सकती है और न समुद्र में समुद्र में डूबते हुए ऐसे जीव के प्राणों की रक्षा नाव कर सकती है। इन उपायों के रहने पर फल प्राप्त नहीं होता। तात्पर्य यह है कि भगवान ही सब के रक्षक हैं। उधर ही जीव को अपना जीवन समर्पण करना चाहिए। परमेश्वर सर्वशक्तिमान होने से अपने स्वरूप के साक्षात्कार से स्वत: परिपूर्ण है। उन्हें अपने लिए क्षुद्र पुरुषों से पूजा ग्रहण करने की आवश्यकता नहीं है। वे करुणावश ही भोले भक्तों के हित के लिए ही उनकी पूजा स्वीकारते हैं। जिस प्रकार मुख की सुंदरता दर्पण में दीखने वाले प्रतिबिम्ब को भी सुंदर बना देती है, उसी प्रकार भगवान के प्रति किया गया सम्मान उस भक्त को ही प्राप्त होता है, जो उस सम्मान का करने वाला होता है। पूजा साधक भक्त के कल्याण के लिए होती है, भगवान के लिए नहीं।

भागवत मुक्ति के लिए ज्ञान की अपेक्षा भक्ति को श्रेष्ठ मानती है। उसके मुताबिक़ जो प्राणी भक्ति को छोड़

कर केवल ज्ञान पाने के लिए क्लेश उठाते हैं, उन्हें क्लेश ही हाथ लगता है, सुख को तो वे छू भी नहीं पाते। केवल शुष्क ज्ञान का अभ्यासी जीवन दु:ख में ही जीवन बिताता है। तथ्य तो यह है कि भक्त ही भगवान को जीत सकता है, वरना वह सर्वदा और सर्वथा अजित है। जो लोग ज्ञान के लिए प्रयत्न न कर अपने स्थान में ही स्थित होकर केवल सत्संग करते हैं और भगवान के प्रेमी संत पुरुषों के द्वारा गायी गयी भगवान की लीला कथा को सुनते हैं, शरीर वाणी मन से नम्र रहकर सेवन करते हैं और उसे ही जीवन बना लेते हैं, ऐसे भक्त तीनों लोकों में अज्ञेय भगवान को जीत लेते हैं अर्थात् भगवान को वश में कर लेते हैं। भगवान को जीतने के लिए भक्ति ही एकमात्र साधन है। भक्ति ही *भागवत* की भक्ति ही अंतर्वस्तु है। पूरे ग्रंथ में यही व्याप्त है।

देखें : आर्यभट्ट और *आर्यभटीय,* उपनिषद्, कपिल, *अर्थशास्त्र* और कौटिल्य, गोपीनाथ कविराज, गोविंद चंद्र पाण्डे, चैतन्य महाप्रभु, जैन दर्शन, न्याय दर्शन, दया कृष्ण, नंद किशोर देवराज, न्याय दर्शन, नागार्जुन; पतंजलि और *योगसूत्र,* पाणिनि और *अष्टाध्यायी,* पाश्चात्य काव्यशास्त्र, पुराण, पूर्व-मीमांसा दर्शन, बदरीनाथ शुक्ल, बादरायण, बौद्ध दर्शन, *भगवद्गीता,* भरत और *नाट्यशास्त्र,* मुकुंद लाठ।

संदर्भ

1. रामविलास शर्मा (2010), *भारतीय संस्कृति और हिंदी प्रदेश,* भाग-1, किताबघर प्रकाशन, नयी दिल्ली.
2. बलदेव उपाध्याय (2000), *भारतीय धर्म और दर्शन,* चौखम्भा पब्लिशर्स, वाराणसी.

—अजय कुमार पाण्डेय

भारतेंदु हरिश्चंद्र

(Bhartendu Harishchandra)

आधुनिक हिंदी के संस्थापक और हिंदी-साहित्य के मुख्य प्रवर्तक भारतेंदु हरिश्चंद्र (1850-1886) का स्थान भारतीय सांस्कृतिक नवजागरण के अग्रदूतों में बहुत ऊँचा है। आधुनिक साहित्य, विशेषकर हिंदी गद्य, को नये मार्ग पर चलाने वालों में उनका नाम शीर्ष पर है। रामविलास शर्मा ने तो भारतेंदु युग को हिंदी के नवजागरण का पर्याय क़रार दिया है। यह भारतेंदु की प्रतिभा का ही कमाल था कि उन्नीसवीं सदी में उन्होंने साहित्य की विभिन्न शैलियों को नये भावों और विचारों के साथ एक नयी ऊँचाई पर पहुँचाया। विद्वानों की राय है कि भारतेंदु की कविता का मुँह मध्यकाल की ओर है, लेकिन उनके गद्य का मुँह खड़ी बोली और आधुनिक काल की ओर। यह अलग बात है कि हाल के अध्ययनों में कथित मध्यकाल को आरम्भिक भारतीय आधुनिक-काल और कथित आधुनिक काल को औपनिवेशिक आधुनिक-काल कहा गया है। प्राचीन और नवीन का सुंदर सामंजस्य उनकी कला का सौंदर्य है। हिंदी में नाट्य कला के तो वे सबसे पहले प्रवर्तक थे। केवल 36 साल तक जीवित रहे भारतेंदु के जीवन-काल में ही उनके इर्द-गिर्द रचनाकारों-पत्रकारों का एक मण्डल तैयार हो गया था। इस मण्डल में बदरीनारायण चौधरी 'प्रेमघन', प्रतापनारायण मिश्र, बालकृष्ण भट्ट, राधाचरण गोस्वामी, बाबू तोताराम, ठाकुर जगमोहन सिंह, लाला श्रीनिवास दास, केशवराम भट्ट, अम्बिकादत्त व्यास इत्यादि अनेक प्रतिभाशाली लेखक थे। इन सभी ने हिंदी साहित्य के नूतन विकास में भारी योगदान किया। भारतेंदु मण्डल के इन लेखकों ने तमाम नयी विधाओं पर लेखनी चलाई है।

भारतेंदु का विचार था कि आधुनिक सभ्यता ने जनसाधारण को हमारे देश के शिक्षितों से अलग कर दिया है। शिक्षितों ने आडम्बर की एक दीवार खड़ी की है। उनमें भारतीय ढंग की राष्ट्रीयता लुप्त है। राष्ट्रीयता का उबाल आता है और नष्ट हो जाता है। आधुनिक राष्ट्रवाद ने नये क़िस्म की क्रांति छेड़ दी है जिसके तहत नारा तो समष्टि और व्यष्टि के स्वातंत्र्य का बुलंद किया गया है, लेकिन सच यह है कि इसने व्यक्ति को मिटा कर रख दिया है। भारतेंदु के ये विचार उनके साहित्य, निबंधों और व्याख्यानों में परिलक्षित होते रहते थे।

रामचंद्र शुक्ल ने अपने निबंध 'भारतेंदु हरिश्चंद्र' में लिखा है कि 'वे सिद्ध वाणी के अत्यंत सरस-हृदय कवि थे। इससे एक ओर तो उनकी लेखिनी से शृंगार रस के ऐसे रसपूर्ण और मर्मस्पर्शी कवित्त-सवैये निकलते थे, जो उनके जीवन काल में ही लोगों के मुँह से इधर-उधर सुनायी पड़ने लगे थे और दूसरी ओर स्वदेश-प्रेम से भरे हुए उनके लेख और कविताएँ चारों ओर देश के मंगल का मंत्र-सा फूँकती थीं। अपनी सर्वतोमुखी प्रतिभा के बल से एक ओर तो वे पद्माकर और द्विजदेव की परम्परा में दिखाई देते थे। दूसरी ओर बंगदेश के मधुसूधनदत्त और हेमनंद की श्रेणी में। एक ओर तो राधाकृष्ण की भक्ति में झूमते हुए 'नयी भक्तमाल' गूँथते दिखाई देते थे, दूसरी ओर टीकाधारी बगुला भक्तों की हँसी उड़ाते तथा स्त्री-शिक्षा, समाज-सुधार आदि पर व्याख्यान देते पाये जाते थे। प्राचीन और नवीन का यही सुंदर सामंजस्य भारतेंदु की कला का विशेष माधुर्य है। साहित्य के एक नवीन युग के आदि प्रवर्तक के रूप में खड़े होकर उन्होंने यह भी प्रदर्शित किया कि नये-नये या बाहरी भावों को पचा कर इस ढँग से मिलाना चाहिए कि वे अपने ही साहित्य के विकसित अंग से लगें। प्राचीन और नवीन के इस संधिकाल में जैसी शीतल और मृदुल कला का संचार अपेक्षित था, वैसी

ही शीतल और मृदुल कला के साथ भारतेंदु का उदय हुआ, इसमें संदेह नहीं।'

साहित्य की नवीन-धारा के बीच भारतेंदु की वाणी का सबसे ऊँचा स्वर देश-भक्ति का था। भारतेंदु के नाटकों-विशेषकर, 'नीलदेवी', 'भारत-दुर्दशा' आदि में देश-दशा की मार्मिक व्यंजना है। इन रचनाओं में कहीं भारतीय अतीत की गौरव-गाथा का गर्व है, कहीं वर्तमान अधोगति की वेदना है, तो कहीं भविष्य चिंताएँ हैं। उन्होंने मिस्र में भारतीय सेना की विजय पर 'विजयिनी विजय वैजयंती' जैसी देश-प्रेम व्यंजक कविता लिखी।

भारतेंदु हरिश्चंद्र (1850–1886)

भारतेंदु बचपन में परिवार के साथ जगन्नाथपुरी गये थे और इसी प्रक्रिया में उनका परिचय बंगदेश की नवीन साहित्यिक प्रगति से हुआ। उन्होंने बांग्ला में नये ढंग के सामाजिक-पौराणिक नाटक देखे और हिंदी में इस तरह के नाटकों के अभाव का अनुभव किया। उन्होंने बांग्ला से 'विद्यासुंदर' नाटक का अनुवाद किया जिसमें उनके द्वारा लिखे जाने वाले हिंदी गद्य की सुडौल रचनात्मकता का परिचय मिलता है। 1868 में उन्होंने *कवि वचन सुधा* नामक पत्रिका निकाली, जिसका नाम आठ अंकों के बाद *हरिश्चंद्र चंद्रिका* हो गया। रामचंद्र शुक्ल के अनुसार 'हिंदी गद्य का ठीक परिष्कृत रूप पहले पहल इसी 'चंद्रिका' में प्रकट हुआ। जिस प्यारी हिंदी को देश ने अपनी विभूति समझा, जिसको जनता ने उत्कंठापूर्वक दौड़कर अपनाया, उसका दर्शन इसी पत्रिका में हुआ। भारतेंदु ने नयी सुधरी हुई हिंदी का उदय इसी समय से पाया है। उन्होंने 'कालचक्र' नाम की अपनी पुस्तक में नोट किया है कि 'हिंदी नयी चाल में ढली, (1873)।'

इस नयी 'हरिश्चंद्री हिंदी' के साथ बहुत से नये लेखक तैयार हुए। 'चंद्रिका' में भारतेंदु ने नये लेखकों को उत्साह से छापा। बदरीनारायण चौधरी 'प्रेमघन' ने भारतेंदु के सम्पादन-कौशल की बहुत प्रशंसा की है। उन्होंने जिस हिंदी को प्रोत्साहित किया वह किसी भी दृष्टि से अनुवादपरक नहीं थी। अवसर पाकर भारतेंदु ने स्त्री-शिक्षा को ध्यान में रखकर *बालाबोधिनी* पत्रिका निकाली। इन तीन पत्रिकाओं के निकालने से पहले 1873 में उन्होंने 'वैदिकी हिंसा हिंसा न भवति' नामक प्रहसन लिखा, जिसमें धर्म-उपासना के नाम पर अनाचार करने वालों की ख़बर ली गयी थी।

भारतेंदु का ध्यान सबसे पहले नाटकों पर गया। उन्होंने 'नाटक' नाम से एक पुस्तिका भी लिखी। भारतेंदु ने अपने नाटकों की सामग्री जीवन के कई क्षेत्रों से ली। 'चंद्रावली' नाटिका में प्रेम का आदर्श है। 'नीलदेवी' में पंजाब के हिंदू राजा पर मुसलमानों की चढ़ाई का वृतांत। 'भारत-दुर्दशा' में भारत की दीन-दशा और अंग्रेज़ी साम्राज्यवाद के लूट-तंत्र का खुलासा है। 'विषस्य विषौषधम' में देशी रजवाड़ों की राजनीति और कुचक्र का यथार्थ चित्र प्रस्तुत किया गया है। 'प्रेमजोगिनी' में वर्तमान जीवन के पाखण्डों की व्यथा-कथा है। इस तरह भारतेंदु ने नाटकों में न तो अंग्रेज़ी नाटकों की नक़ल की और न ही बांग्ला नाटकों की तरह प्राचीन शैली का परित्याग किया तथा न नाट्यशास्त्र की जटिलता में नाटक को फँसाया।

भारतेंदु ने एकाग्र भाव से हिंदी-साहित्य के सर्वतोमुखी विकास की ओर ध्यान दिया। उन्होंने 'कश्मीर कुसुम' और 'बादशाह दारा' लिख कर इतिहास-रचना की चेतना की तरफ़ हमारा ध्यान खींचा। वे उपन्यास लिखने की ओर भी प्रवृत्त हुए, लेकिन असमय देहांत के कारण उनकी यह योजना सफल न हो सकी। वे सिद्ध कवि थे। स्वदेश-प्रेम की उनकी अद्‌भुत संदेशवाहक कविताओं में राज-भक्ति और देश-भक्ति का अनूठा मेल दिखता है। लेकिन उनके कवि की मूल प्रवृत्ति देशभक्ति और स्वदेशाभिमान ही रही है।

भारतेंदु का जन्म काशी के एक सम्पन्न वैश्य कुल में भाद्र शुक्ल 1850 को हुआ था और देहावसान 1886 में। वे बनारस के जाने-माने रईस बाबू गोपाल चंद्र के बेटे थे, जो 'गिरधर' उप नाम से कविता करते थे। नीतिपरक विषयों पर लिखने में भारतेंदु के पिता का मुक़ाबला न था। इस तरह भारतेंदु ने धन-सम्पत्ति के साथ काव्य-रचना का संस्कार उत्तराधिकार में पाया था। घर में हिंदी-फ़ारसी पढ़ने के बाद वे क्वींस कॉलेज़ में दाख़िल हुए, लेकिन पढ़ाई बहुत दिनों तक चल नहीं पायी। वे पाँच वर्ष के ही थे कि माँ का स्वर्गवास हो गया। दस वर्ष के ही थे कि पिता चल बसे। इस तरह पढ़ाई का काम आगे नहीं बढ़ सका। छुटपन में ही गृहस्थी का बोझ उठाना पड़ा। मगर कवि-प्रतिभा उनमें जन्मजात थी। उन्होंने राजा शिवप्रसाद सिंह से अंग्रेज़ी पढ़ी और जल्दी ही उस भाषा पर अच्छा अधिकार पा लिया। यह बात शेक्सपीयर के नाटक *मर्चेंट ऑफ़ वेनिस के दुर्लभ बंधु* शीर्षक अनुवाद से प्रकट होती है। धीरे-धीरे भारतेंदु ने बांग्ला, मराठी, उर्दू, मैथिली आदि कई भाषाओं पर महारत हासिल कर ली।

भारतेंदु ने अपनी धन-सम्पत्ति खुले हाथों लुटायी। कवि-कलाकारों की क़द्रदानी का आलम यह था कि उनके रचना-कर्म से प्रसन्न होने पर वे उन्हें सैकड़ों रुपये दे देते थे। भारतेंदु का कहना था : 'यह दौलत मेरे कितने ही पुरखों को

निगल गयी है, आज मैं इसे खाऊँगा।' इस तरह भारतेंदु ने बड़ा ही रँगीला जीवन जिया। चित्र-प्रेम के कारण उन्होंने एक अनूठा चित्र-संग्रह तैयार किया था। वे ज़िंदादिली से दान देते रहे। देश-प्रेम, भाषा-प्रेम के कारण नयी पत्रिकाएँ निकालीं और तमाम मित्रों को निकालने की प्रेरणा दी। कुछ दिनों रीडिंग क्लब चलाया और चौखम्भे पर एक अंग्रेज़ी स्कूल क़ायम किया। ज़िंदादिली ऐसी कि होली पर मसखरों के साथ कबीर गाते निकलते थे। कभी-कभार लोगों का दिल बहलाने के लिए नये-नये गुल खिलाते रहते थे। घर के लोग उन्हें उड़ाऊ-खाऊ-आवारा समझते थे। भारतेंदु का साहित्यिक-जीवन अठारह साल की उम्र से शुरू हुआ। उन्होंने बहुत कम उम्र पायी, लेकिन हिंदी साहित्य को वे मालामाल कर गये। प्रेमचंद ने 'भारतेंदु बाबू हरिश्चंद्र' लेख में दुःख व्यक्त करते हुए कहा था कि 'हिंदी-संसार ने भारतेंदु को वह नहीं दिया, जिसके वे सच्चे अधिकारी थे। आज हिंदी में भारतेंदु के अनगिनत उत्तराधिकारी हैं जो उनके कार्य को आगे बढ़ा रहे हैं। यह हम सभी के लिए प्रसन्नता का विषय है।'

देखें : अष्टछाप, 'अंग्रेज़ी हटाओ' आंदोलन, छायावाद, डायग्लॉसिया, नगेंद्र और सैद्धांतिक समीक्षा, नयी कविता, नंद दुलारे वाजपेयी, नामवर सिंह, प्रेमचंद, प्रयोगवाद, प्रगतिवाद, पाश्चात्य काव्यशास्त्र, भक्ति आंदोलन-1 और 2, भक्ति-काव्य-1 और 2, भारतेंदु युग-1 और 2, भाषा नियोजन-1 से 4 तक, भाषा के मार्क्सवादी सिद्धांत, महावीर प्रसाद द्विवेदी, महादेवी वर्मा, मीरांबाई और प्रेमाभक्ति, राहुल सांकृत्यायन, रामानुजाचार्य, रामानंद, रामचंद्र शुक्ल-1 और 2, रामविलास शर्मा, राष्ट्रीय-सांस्कृतिक कविता, रीतिकाल-1 और 2, विजय देव नारायण साही, वैष्णव धर्म, श्याम सुंदर दास, सम्पर्क भाषा-1 से 4 तक, संविधान सभा में भाषा-विवाद-1, 2 और 3, सच्चिदानंद हीरानंद वात्स्यायन अज्ञेय, संत-काव्य, संस्कृत काव्यशास्त्र, सिद्ध-नाथ परम्परा, सूफ़ीयत और प्रेमाख्यान, हजारी प्रसाद द्विवेदी, हिंदी विरोधी आंदोलन, हिंदी जाति-1, 2 और 3, हिंदी साहित्य का आदिकाल, हिंदी साहित्य का इतिहास, हिंदी साहित्य का इतिहास : नये परिप्रेक्ष्य, हिंदी-पद्य में इतिहास, हिंदी-जगत और 'लोकप्रिय'-1 और 2, हिंदी नवजागरण, हिंदी-संस्थाएँ।

संदर्भ

1. रामचंद्र शुक्ल (1956), *चिंतामणि,* भाग 1, इण्डियन प्रेस लिमिटेड, प्रयाग.
2. रामचंद्र शुक्ल (1940), *हिंदी साहित्य का इतिहास,* नागरी प्रचारिणी सभा, काशी.
3. कमलकिशोर गोयनका (सम्पा.) (2013), *प्रेमचंद : प्रतिनिधि संचयन,* सस्ता साहित्य मण्डल प्रकाशन, नयी दिल्ली.
4. रामविलास शर्मा (1981), *परम्परा का मूल्यांकन,* राजकमल प्रकाशन, दरियागंज, नयी दिल्ली
5. रामविलास शर्मा (1981), *भारतेंदु युग और हिंदी भाषा की विकास परम्परा,* राजकमल प्रकाशन, नयी दिल्ली.

—कृष्णदत्त पालीवाल

भारतेंदु युग-1

नवजागरण की चेतना बनाम देशभक्ति और राजभक्ति का द्वंद्व

(Bhartendu Period-1)

भारतेंदु युग (1850-1900) से हिंदी-साहित्य में आधुनिक संवेदना का सूत्रपात्र होता है। इस युग में आधुनिक गद्य-साहित्य की परम्परा का प्रवर्तन हुआ। इस युग को नवीन दृष्टि एवं दिशा देने में भारतेंदु हरिश्चंद्र ने युग-प्रवर्तक की भूमिका निभायी। भारतेंदु हरिश्चंद्र का व्यक्तित्व एवं कृतित्व ही ऐसा अनुपम था कि उनका प्रभाव भाषा एवं साहित्य दोनों पर बड़ा गहरा एवं दूर तक पड़ा। उन्होंने गद्य की भाषा का परिष्कार करते हुए उसे स्वच्छ-सुंदर रूप प्रदान किया। रामचंद्र शुक्ल ने *हिंदी साहित्य का इतिहास* के आधुनिक काल में गद्य खण्ड में गद्य के विकास पर विचार करने के बाद कहा कि गद्य-साहित्य परम्परा का प्रवर्तन भारतेंदु बाबू ने ही किया। उन्होंने हिंदी साहित्य को भी नये मार्ग पर लाकर खड़ा कर दिया। उनके भाषा-संस्कार की महत्ता को सभी ने मुक्तकंठ से स्वीकार किया है।

दरअसल हिंदी भाषा का निखरा-खरा रूप भारतेंदु की कला के साथ ही प्रकट हुआ। भारतेंदु ने इससे भी बड़ा काम यह किया कि वे साहित्य को शिक्षित जनता के साहचर्य में ले आये। उस ज़माने में नयी शिक्षा के प्रभाव से लोगों की विचारधारा बदल रही थी। उनके मन में देशहित-समाजहित की उमंगें पैदा हो रही थीं। काल की गति के अनुसार उनके भाव और विचार तो बहुत आगे बढ़ गये थे, पर साहित्य पीछे था। भक्ति, शृंगार आदि की पुराने ढंग की ही कविताएँ चली आ रही थीं। भारतेंदु ने इस पुराने रास्ते से हिंदी साहित्य को हटा कर समाज और जीवन के साथ इस तरह जोड़ दिया कि साहित्य को सामाजिक-राजनीतिक प्रोजेक्ट के साथ चलाने के सिलसिले की शुरुआत हुई। इस प्रकार जीवन और साहित्य के बीच विच्छेद समाप्त हुआ। साहित्य को नये-नये विषयों की ओर प्रवृत्त करने का श्रेय भारतेंदु युग को जाता है।

रामचंद्र शुक्ल का विचार है कि भारतेंदु युग के नाम से जाने गये इस गद्य-काल ने ही हिंदी को उर्दू के सांस्कृतिक प्रभाव से अलग किया। उन्होंने लिखा है : 'उर्दू के कारण अब तक हिंदी भाषा का स्वरूप ही झंझट में पड़ा था। राजा शिवप्रसाद सिंह और राजा लक्ष्मण सिंह ने जो कुछ गद्य लिखा था वह एक प्रकार से प्रस्ताव रूप में था। जब भारतेंदु अपनी मँजी हुई और परिष्कृत भाषा सामने लाये तब हिंदी बोलने वाली जनता को गद्य के लिए खड़ी बोली का प्रवृत्त

बालकृष्ण भट्ट : *हिंदी प्रदीप* का प्रकाशन

साहित्यिक रूप मिल गया और भाषा के स्वरूप का प्रश्न न रह गया। प्रस्तावकाल समाप्त हुआ और भाषा का स्वरूप स्थिर हुआ। हिंदी और उर्दू के बीच पृथकता स्थापित हुई। भारतेंदुजी ने अपने अल्पजीवन में 'भारतेंदु मण्डल' तैयार किया, जिसमें पण्डित प्रताप नारायण मिश्र, उपाध्याय बदरीनारायण चौधरी 'प्रेमघन', ठाकुर जगमोहन सिंह, पण्डित बालकृष्ण भट्ट आदि प्रमुख रूप से गिने जा सकते हैं। भारतेंदु के समय में ही देश के कोने-कोने में हिंदी लेखक तैयार हुए जो निरंतर साहित्य-सेवा में लगे रहे। अपने-अपने विषय क्षेत्र के अनुरूप हिंदी को रूप देने में सब का हाथ रहा।'

रामविलास शर्मा को भारतेंदु युग के विविध पक्षों के विशद् अध्ययन के लिए जाना जाता है। उन्होंने *भारतेंदु युग और हिंदी भाषा की परम्परा* तथा *भारतेंदु और हिंदी नवजागरण* शीर्षक पुस्तकों में भारतेंदु युग की ऐतिहासिक-सांस्कृतिक संदर्भों में व्याख्या की है। उन्होंने लिखा है, 'भारतेंदु युग का अध्ययन करते हुए प्रायः विद्वानों के दो दृष्टिकोण सामने आते हैं। एक दृष्टिकोण के अनुसार इस युग का साहित्य हमारे नये सामाजिक और सांस्कृतिक नवजागरण का ही परिणाम है, दूसरे दृष्टिकोण के अनुसार इस साहित्य की मूल प्रेरणा अंग्रेज़ों से मिली'। डॉ. शर्मा ने पहले दृष्टिकोण का ही समर्थन किया है। यह दृष्टिकोण एक प्रकार से हिंदी क्षेत्र में आधुनिक संवेदना के उदय की व्याख्या है। इसे प्रायः स्वदेशी भावना और स्वभाषाभिमान से जोड़ कर देखा जाता है। रामविलास शर्मा ने अनेक साक्ष्यों से स्पष्ट किया है कि अंग्रेज़ी शासन की शोषण-दमन नीति के विरुद्ध भारतेंदु युग के साहित्य ने 'जागरण' की भूमिका निभायी है।

स्वदेशी वस्तुओं के व्यवहार का प्रतिज्ञा-पत्र भारतेंदु ने 23 मार्च, 1874 को अपनी पत्रिका *कवि वचन सुधा* में प्रकाशित किया था। राम विलास शर्मा ने इस पर टिप्पणी की है, 'यह प्रतिज्ञापत्र भारतीय स्वाधीनता के इतिहास में स्वर्णाक्षरों में लिखा जाने योग्य है।' यहाँ भारतीय सांस्कृतिक नवजागरण के सामान्यतः दो लक्षण देखे जा सकते हैं। एक तो दो संस्कृतियों की टकराहट से उत्पन्न ऊर्जा है और दूसरे इसमें मनुष्य के समग्र विकास की चेष्टा है। संस्कृतियों की टकराहट इस देश में तब भी हुई थी जब यहाँ इसलाम का आगमन हुआ था। पर इसे नवजागरण या पुनर्जागरण नहीं कहा जा सकता क्योंकि दोनों संस्कृतियाँ अपने मूल रूप में धार्मिक थीं। इस सांस्कृतिक मेलजोल ने साहित्य-कला-संगीत को प्रभावित किया था। डॉ. शर्मा के मुताबिक़ उन्नीसवीं शताब्दी में हुआ हिंदी क्षेत्र का नवजागरण अंग्रेज़-संस्कृति की देन न हो कर उसके साथ टकराहट का अनिवार्य नतीजा था। दो भिन्न प्रकृति की संस्कृतियों की टकराहट से नयी ऊर्जा का विस्फोट हुआ। इसकी राजनीतिक भाव-भूमि 1857 में लड़े गये भारत के प्रथम स्वाधीनता संग्राम से बनी थी।

भारतेंदु युग के जागरण को कुछ विद्वानों ने हिंदू पुनरुत्थान या हिंदू परम्परा का राष्ट्रीयकरण भी क़रार दिया है। भारतेंदु द्वारा बलिया में दिया गया भाषण इस सिलसिले में अक्सर उद्धृत किया जाता है। भारतेंदु ने इस भाषण में कहा था, 'इस महामंत्र का जाप करो, जो हिंदुस्तान में रहे, चाहे किसी रंग, चाहे किसी जाति का क्यों न हो, वह हिंदू है। हिंदू की सहायता करो। बंगाली, मराठा, पंजाबी, मदरासी, वैदिक, जैन, ब्राह्म, मुसलमान सब एक का हाथ पकड़ो।' यहाँ वे हिंदू की संकल्पना में एक सर्वधर्म-राष्ट्र देखते हुए प्रतीत होते हैं।

ज़ाहिर है कि हिंदू-आस्था भारतेंदु के विचार के मर्म में थी। लेकिन वे साथ में समय-समाज-राजनीति पर निगाह रखते थे। एक ओर प्रेमाभक्ति के प्रति उनकी निष्ठा *चंद्रावली* जैसी नाटिका रचवाती है, दूसरी ओर राजनीति के दाँव-पेच उसे *मुद्राराक्षस* नाटक का अनुवाद करवाते हैं। भारतेंदु युग में पत्रकारिता, निबंध और नाटक नवजागरण के माध्यम बने और स्वदेश-प्रेम में स्वदेशी आंदोलन का सूत्रपात किया। प्रताप नारायण मिश्र, प्रेमचंद, राधाचरण गोस्वामी, बालकृष्ण भट्ट आदि लेखक इस आंदोलन को आगे बढ़ाते रहे। उनकी सीमा यह है कि ये लेखक विदेशी वस्त्रों के बहिष्कार की

बात तो करते हैं लेकिन विदेशी कपड़ा जलाने की प्रेरणा नहीं देते।

भारतेंदुयुगीन साहित्य का शक्ति-स्रोत जनजीवन है। लोकचिंता, टैक्स, महामारी, महँगाई, भारतीय कच्चे माल की लूट, अंग्रेज़ी और अंग्रेज़ों के शोषण उनके मुख्य विषय हैं। काव्यरूपों में लोकछंद, मुक्तक, चूरन के लटके, लावनी और समस्यापूर्ति का इस्तेमाल है। वैचारिक गद्य खड़ी बोली में है और कविता ब्रजभाषा में। लेकिन यह कविता रीतिकालीन कविता की तरह है। लोकजीवन से तादात्म्य के कारण ही भारतेंदु ने ग्रामगीतों को प्रोत्साहित किया। रामविलास शर्मा ने इसीलिए भारतेंदु युग के साहित्य को जनता का साहित्य क़रार दिया है। जनता के साहित्य में साम्राज्यवाद-विरोध का मनोभाव प्रबल है और राजनीतिक स्वर धारदार। अंग्रेज़ी साम्राज्यवाद के प्रति उनका दृष्टिकोण है, 'पै धन विदेश चलि जात यहै अति ख्वारी'। भारतेंदु युग का मूलमंत्र था, 'परदेशी वस्तु और परदेशी भाषा पर भरोसा मत करो' और *कविवचन सुधा* का सिद्धांत था, 'स्वत्व निज भारत गहै'। इस कथन में भारत की सांस्कृतिक अस्मिता और भारत की स्वाधीनता की व्यंजना इस युग के साहित्य में सर्वत्र मिलती है। 'स्वत्व निज भारत गहै' इसी लय से आधुनिक हिंदी साहित्य की जनोन्मुख चेतना आगे भी गतिमान बनी रही।

अंग्रेज़ों के प्रति भारतेंदु युग के लेखकों को लेकर कई बार प्रश्न किया जाता है कि उनमें जो राज-भक्ति है उसके साथ देश-भक्ति का क्या मेल है? एक ओर उनमें महारानी विक्टोरिया का गुणगान और समस्यापूर्ति है, तो दूसरी ओर आर्थिक और राजनीतिक समस्याओं पर प्रतिपक्षी ढंग का चिंतन है। नवजागरण की सांस्कृतिक टकराहट से यह अंतर्विरोध व्यक्त हो रहा है। राजभक्ति से देशभक्ति और जन-संस्कृति की परम्परा टकरा रही है। हम यह भी पाते हैं कि भारतेंदु युग की रचनाओं में आंदोलन-विचार खड़ी बोली के गद्य में निकल कर आया है और रचना-संस्कार ब्रजभाषा में। भारतेंदु युग के गद्य का मुँह औपनिवेशिक आधुनिक-काल की ओर है तो कविता का मुँह आरम्भिक भारतीय आधुनिकता की ओर। पहले विचार बदलते हैं, फिर धीरे-धीरे संस्कार। यहाँ ऐसा प्रतीत होता है कि भारतेंदु-युग की संवेदना आधुनिक-संवेदना की जटिलता से दूर सहज-सीधी संवेदना है। भारतेंदु युग के इस अंतर्विरोध और इससे उपजने वाले विरोधाभासों पर वसुधा डालमिया और सुधीर चंद्र जैसे इतिहासकारों ने विश्लेषणात्मक रोशनी डाली है।

लेकिन, दूसरी तरफ़ यह भी एक तथ्य है कि भारतेंदु-युग के लेखकों में निर्भयता का भाव बहुत गहरे तक जड़ें जमाये हुए दिखता है। भारतेंदु ने कहा भी है, 'हरिचन्द-नक़द दमाद अभिमानी के।' रचनाकार का चरित्र युग के लेखक के चरित्र का पर्याय कहा जा सकता है। जयशंकर प्रसाद ने *काव्य और कला तथा अन्य निबंध* पुस्तक में भारतेंदु को यथार्थवाद का प्रवर्तक घोषित किया है। पत्रकारिता, निबंध, नाटक सभी इसका साक्ष्य प्रस्तुत करते हैं। भारतेंदु की निबंध कला ही रीतिकाल से नाता तोड़ती है और हिंदी में यथार्थवाद का रास्ता साफ़ करती है।

देखें : अष्टछाप, 'अंग्रेज़ी हटाओ' आंदोलन, छायावाद, डायग्लॉसिया, नगेंद्र और सैद्धांतिक समीक्षा, नयी कविता, नंद दुलारे वाजपेयी, नामवर सिंह, प्रेमचंद, प्रयोगवाद, प्रगतिवाद, पाश्चात्य काव्यशास्त्र, भक्ति आंदोलन-1 और 2, भक्ति-काव्य-1 और 2, भारतेंदु हरिश्चंद्र, भाषा नियोजन-1 से 4 तक, भाषा के मार्क्सवादी सिद्धांत, महावीर प्रसाद द्विवेदी, महादेवी वर्मा, मीरांबाई और प्रेमाभक्ति, राहुल सांकृत्यायन, रामानुजाचार्य, रामानंद, रामचंद्र शुक्ल-1 और 2, रामविलास शर्मा, राष्ट्रीय-सांस्कृतिक कविता, रीतिकाल-1 और 2, विजय देव नारायण साही, वैष्णव धर्म, श्याम सुंदर दास, सम्पर्क भाषा-1 से 4 तक, संविधान सभा में भाषा-विवाद-1, 2 और 3, सच्चिदानंद हीरानंद वात्स्यायन अज्ञेय, संत-काव्य, संस्कृत काव्यशास्त्र, सिद्ध-नाथ परम्परा, सूफ़ीयत और प्रेमाख्यान, हजारी प्रसाद द्विवेदी, हिंदी विरोधी आंदोलन, हिंदी जाति-1, 2 और 3, हिंदी साहित्य का आदिकाल, हिंदी साहित्य का इतिहास, हिंदी साहित्य का इतिहास : नये परिप्रेक्ष्य, हिंदी-पद्य में इतिहास, हिंदी-जगत और 'लोकप्रिय'-1 और 2, हिंदी नवजागरण, हिंदी-संस्थाएँ।

संदर्भ

1. रामचंद्र शुक्ल (1940), *हिंदी साहित्य का इतिहास,* नागरी प्रचारिणी सभा, काशी.
2. कृष्णशंकर शुक्ल (1995), *आधुनिक हिंदी साहित्य का विकास,* भारती-भण्डार, प्रयाग.
3. डॉ. नगेंद्र (सम्पा.) (1980), *हिंदी साहित्य का इतिहास,* नैशनल पब्लिशिंग हाउस, नयी दिल्ली.
4. डॉ. रामविलास शर्मा (1998), *भारतेंदु युग और हिंदी भाषा की विकास परम्परा,* राजकमल प्रकाशन, नयी दिल्ली.
5. एलिसन बुश (2010), 'हिडेन इन प्लेन व्यू : ब्रजभाषा पोएट्स ऐट द मुग़ल कोर्ट', *मॉडर्न एशियन स्टडीज़,* खण्ड 44, अंक 2.

—कृष्णदत्त पालीवाल

भारतेंदु युग-2

हिंदी गद्य का बदलता हुआ इतिहास

(Bhartendu Period-2)

भारतेंदु युग हिंदी गद्य के बहुमुखी विकास का युग था। हिंदी नाटकों का आरम्भ भारतेंदु हरिश्चंद्र से ही स्वीकार किया जाता है। इसके पहले प्राणचंद चौहान कृत *रामायण महानाटक* (1610), लछिराम कृत *करुणभरण* (1667), महाराज विश्वनाथ कृत *आनंद रघुनंदन* (1700), उदय कृत *हनुमान नाटक* (1820) आदि का उल्लेख अवश्य मिलता है, लेकिन ये नाटक से ज़्यादा पद्यात्मक प्रबंध हैं। अमानत की *इंद्रसभा* (1857) और *नीतिनाट्य* की भी विद्वान चर्चा करते हैं। भारतेंदु के पिता गोपालचंद्र गिरधर दास कृत *नहुष* (1857) भी बहुत प्रसिद्ध रहा है। *जानकी मंगल* नाटक के अभिनय में भारतेंदु ने भी भाग लिया था। खड़ी बोली के प्रयोग के कारण यह नाटक भारतेंदु प्रवर्तित नाटकों से जुड़ा माना जाता है। भारतेंदु ने मौलिक तथा अनूदित मिला कर सत्रह नाटकों की रचना की। *रत्नावली, पाखण्डविखण्डन, कर्पूरमंजरी* और *मुद्राराक्षस* के अनुवाद के साथ शेक्सपीयर के नाटक *मर्चेंट आफ़ वेनिस* का दुर्लभबंधु के नाम से अनुवाद किया। *वैदिकी हिंसा हिंसा न भवति* (1873), *सत्य हरिश्चंद्र* (1875), *श्रीचंद्रावली* (1876), *विषस्य विषौषधम्* (1876), *भारत दुर्दशा* (1880), *नीलदेवी* (1881), *अँधेर नगरी* (1881), *सतीप्रताप* (1883) और *प्रेमजोगिनी* (1885) जैसे नाटक लिखे। भारतेंदु ने सर्वाधिक पौराणिक नाटक लिखे।

इसी युग में श्रीनिवास दास कृत *संयोगिता स्वयंवर* (1886), राधाचरण गोस्वामी कृत *अमर सिंह राठौर* (1895), राधाकृष्ण दास कृत *महाराणा प्रताप* (1898) आदि लोकप्रिय नाटकों की रचना हुई। श्रीनिवास दास कृत *रणधीर प्रेममोहिनी* (1890), *मयंक मंजरी* (1891) आदि प्रेम प्रधान नाटक रचे गये। सामयिक विषयों पर बालकृष्ण भट्ट कृत *नयी रोशनी का विष* (1884), खड्गबहादुर मल्ल कृत *भारत आहत* (1885), अम्बिकादास व्यास कृत *भारत-सौभाग्य* (1887), राधाकृष्ण दास कृत *दुःखिनी बाला* (1880), काशीनाथ खत्री कृत *विधवा विवाह* और देवकीनंदन त्रिपाठी कृत *भारत-हरण* (1899) जैसे नाटकों का नाम उल्लेखनीय है। इन नाटकों में भारत-दुर्दशा के चित्र हैं और सामाजिक बुराइयों को दूर करने की सलाह है। इनका नाटकों का उद्देश्य जनमानस जागृत करना है। बांग्ला नाटकों में से सर्वाधिक अनुवाद माइकेल मधुसूदन दत्त के नाटकों के हुए और संस्कृत नाटकों में भवभूति, कालिदास, शूद्रक और श्रीहर्ष के। अंग्रेज़ी से सर्वाधिक अनुवाद शेक्सपीयर के नाटकों के हुए : जैसे, 1888 में *मर्चेंट आफ़ वेनिस* का अनुवाद आर्या द्वारा *वेनिस का व्यापारी* शीर्षक से, 1885 में *द कॉमिडी आफ़ एरर्स* का अनुवाद *भ्रमतालक* शीर्षक से मुंशी इमदाद अली ने और *भूलभुलैया* शीर्षक से लाला सीताराम ने, 1886 में *एज़ यू लाइक इट* का अनुवाद *मनभावन* शीर्षक से पुरोहित गोपीनाथ, रोमियो जूलियट - प्रेमलीला-पुरोहित गोपीनाथ ने, 1897 में *मैकबेथ* का अनुवाद *साहसेंद्र साहस* शीर्षक से मथुरा प्रसाद उपाध्याय ने किया।

इन नाटकों के अनुवाद का परिणाम यह हुआ कि *रणधीर प्रेम मोहिनी* जैसे दुःखांत नाटक हिंदी में लिखे जा सके। सृजन और रंगकर्म का एक नया संस्कार हिंदी नाटकों में दिखाई दिया। भारतेंदुयुगीन साहित्यकारों द्वारा अनूदित नाटकों ने हिंदी के सांस्कृतिक-साहित्यिक नवजागरण को एक नवीन दृष्टि प्रदान की। ये अनुवाद या रूपांतरण मुख्यतः संस्कृत, बांग्ला और अंग्रेज़ी से किये गये। स्वयं भारतेंदु ने इस दिशा में क़दम उठाया। संस्कृत से भास और कालिदास के नाटकों के अनुवाद अधिक हुए। 1862 में राजा लक्ष्मण सिंह ने *अभिज्ञान शाकुंतल* का काव्यात्मक अनुवाद करके हिंदी प्रेमियों का ध्यान आकृष्ट किया। भारतेंदु ने बांग्ला से *विद्यासुंदर* और संस्कृत से विशाखदत्त का अनुवाद किया। देवदत्त तिवारी (1871) ने *उत्तर रामचरित,* लाला सीताराम (1897) ने *मालती-माधव, महावीर चरित* और विश्वनाथ दुबे (1886) ने *मालती-माधव* का अनुवाद किया। लाला सीताराम ने शूद्रक के *मृच्छकटिकम* तथा कालिदास के *मालविकाग्निमित्र* का अनुवाद किया। बालकृष्ण भट्ट ने माइकेल मधुसूदन दत्त के नाटक *पद्मावती* (1878) और *शर्मिष्ठा* का अनुवाद बांग्ला से किया। रामकृष्ण वर्मा ने *पद्मावती* और *वीर नारी* आदि अनेक नाटकों के अनुवाद किये।

भारतेंदु युग के रचनाकारों को उपन्यास-रचना की प्रेरणा बांग्ला और अंग्रेज़ी उपन्यासों से मिली। अंग्रेज़ी ढंग का पहला मौलिक उपन्यास श्रीनिवास दास का *परीक्षा गुरु* 1882 में आया। इससे पूर्व श्रद्धाराम फुल्लौरी ने *भाग्यवती* नाम से 1877 में एक उपन्यास लिखा था। उसके बाद इस काल में सामाजिक-ऐतिहासिक उपन्यासों के साथ जासूसी-तिलस्मी उपन्यासों का रचना-क्रम शुरू हुआ। बालकृष्ण भट्ट ने *नूतन ब्रह्मचारी* (1886), *एक अजान सौ सुजान* (1892), राधाकृष्ण दास ने *निस्सहाय हिंदू* (1890), लज्जाराम शर्मा ने *धूर्त रसिकलाल,* किशोरीलाल गोस्वामी ने *सौभाग्यश्री* (1890) जैसे उल्लेखनीय उपन्यास लिखे। तिलिस्मी-ऐयारी उपन्यासों में देवकीनंदन खत्री कृत *चंद्रकांता* (1882), *चंद्रकांता संतति* (1896), *नरेंद्र मोहिनी* (1893), *वीरेंद्र वीर* (1895), *कुसुम कुमारी* (1899) जैसे नामी-गिरामी

प्रताप नारायण मिश्र : *प्रताप* का प्रकाशन

उपन्यास आये। इन उपन्यासों की लोकप्रियता का यह हाल रहा कि इन्हें पढ़ने के लिए अहिंदी भाषियों ने हिंदी सीखी। रूमानी उपन्यासों में ठाकुर जगमोहन सिंह का *श्यामास्वप्न* (1888) उल्लेखनीय है। इस युग में प्रताप नारायण मिश्र ने बंकिमचंद्र के उपन्यास *तेज़सिंह, इंदिरा, राधारानी* और *युगलांगुरीय* का अनुवाद करके धूम मचा दी। बांग्ला उपन्यासों के अनुवाद ने हिंदी को राष्ट्रीय जागरण का अर्थ समझाया और एक नया पाठक समाज पैदा किया।

इस युग में हिंदी कहानी ठीक से आरम्भ नहीं हो पायी। कहानी के नाम पर मुंशी नवलकिशोर ने *मनोहर कहानी* (1880), अम्बिकादत्त व्यास ने *कथा कुसुमकलिका* (1888), शिवप्रसाद सितारेहिंद ने *वाया-मनोरंजन* (1886), का लेखन-सम्पादन किया। इस काल में अंग्रेज़ी कहानियों की आहट भर सुनायी दी। लेकिन इस युग में निबंध-लेखन का क्रम बड़े महत्त्व के साथ सामने आया। पत्र-पत्रिकाओं में शुरू से ही निबंध-लेखन को उत्साहवर्धक परिवेश मिला। भारतेंदु, प्रतापनारायण मिश्र, बालकृष्ण भट्ट आदि ने निबंध की विधा को गति प्रदान की। बद्रीनारायण चौधरी प्रेमघन, राधाचरण गोस्वामी, काशीनाथ खत्री, श्रीनिवास दास ने नये-नये सामाजिक-राजनीतिक, धर्म-दर्शन, पर्व-त्योहारों पर निबंध लिखे। इन सभी का उद्देश्य जन-चेतना में नवजागरण पैदा करना था।

इस युग में पत्र-पत्रिकाओं के माध्यम से आलोचना का आरम्भ हुआ। *हिंदी प्रदीप* (1877 -1910) जैसे पत्र नवीन आलोचनाएँ प्रकाशित करने लगे। इस युग में जगन्नाथ प्रसाद भानु ने *छंद प्रभाकर* (1894), पण्डित जगन्नाथ दास रत्नाकर ने *घनाक्षरी विषय रत्नाकर* (1887), मुरारीदास कविराज ने *जसवंतजसभूषण* जैसे सैद्धांतिक आलोचना के ग्रंथ रचे। नाट्यशास्त्र को आधार बनाकर भारतेंदु ने *नाटक* (1883) जैसा उल्लेखनीय निबंध लिखा। लाला श्रीनिवास दास कृत *संयोगिता स्वयंवर* नाटक की आलोचना छपी। रामचंद्र शुक्ल ने कहा है कि आलोचना का नाटकों से हुआ। इसी युग में महत्त्वपूर्ण यात्रा-वृत्तांत लिखने की परम्परा चली— जैसे *लंदन यात्रा* (1883), *लंदन का यात्री* (1884) और *ब्रजयात्रा* आदि। स्वयं भारतेंदु ने तमाम यात्रा-वृत्त लिखे।

इस युग का एक उल्लेखनीय पक्ष यह भी है कि अनेक प्रकार का ज्ञान-साहित्य सामने आया। जैसे, भारतेंदु ने *बूंदी का राजवंश* (1882), देवी प्रसाद ने *आमेर के राजे* (1893), *मारवाड़ के प्राचीन लेख* (1896) और महाराज सिंह ने *इतिहास बुंदेलखण्ड* आदि ग्रंथ लिखे। शिवप्रसाद सितारेहिंद ने *भूगोल हस्तामलक* (1870), लक्ष्मीधर मिश्र ने *प्राकृतिक भूगोल चंद्रिका* (1886), भगवान दास वर्मा ने *पश्चिमोत्तर तथा अवध का भूगोल* (1887) जैसी पुस्तकें रचीं। ललित कलाओं पर भक्तराम की *राग रत्नाकर* रची गयी। विचार के क्षेत्र में सर्वाधिक प्रचार दयानंद सरस्वती के *सत्यार्थ प्रकाश* और गोपालदास कृत *वल्लभाख्यान* (1873) का हुआ।

इस युग के पत्र-पत्रिकाओं ने हिंदी-गद्य का पुराना इतिहास बदल दिया और नया लोकजागरण पैदा किया। कलकत्ता से *उदंत मार्तण्ड* (1826), *बंग दूत* और *बनारस अख़बार* (1845) निकला। उसके बाद भारतेंदु ने *कविवचन सुधा, बालाबोधिनी, हरिश्चंद्र चंद्रिका,* प्रताप नारायण मिश्र ने *प्रताप,* बालकृष्ण भट्ट ने *हिंदी प्रदीप,* प्रेमघन ने *आनंद कादम्बिनी* जैसी पत्र-पत्रिकाएँ निकाल कर इस क्षेत्र में नया सवेरा किया। इस युग में अनेक पत्र एक के बाद एक निकलते रहे। इनका इतिहास बहुत गौरवशाली है। इन पत्र-पत्रिकाओं के हँसते-खिलते गद्य ने हिंदी की सर्जनात्मकता में श्रीवृद्धि की। इस प्रकार हिंदी- साहित्य का आधुनिक-काल बड़े उत्साह से सामने आया। इसके माध्यम से जनता की समस्याओं को वाणी दी गयी। इस युग के पूरे चिंतन में ईश्वर-धर्म को हटा कर मानव केंद्र में आया। इसी युग की मूल्यवान परम्परा को आगे बढ़ाने का कार्य द्विवेदी युग में किया गया।

देखें : अष्टछाप, 'अंग्रेज़ी हटाओ' आंदोलन, छायावाद, डायग्लॉसिया, नगेंद्र और सैद्धांतिक समीक्षा, नयी कविता, नंद दुलारे वाजपेयी, नामवर सिंह, प्रेमचंद, प्रयोगवाद, प्रगतिवाद, पाश्चात्य काव्यशास्त्र, भक्ति आंदोलन-1 और 2, भक्ति-काव्य-1 और 2, भारतेंदु हरिश्चंद्र, भाषा

नियोजन-1 से 4 तक, भाषा के मार्क्सवादी सिद्धांत, महावीर प्रसाद द्विवेदी, महादेवी वर्मा, मीरांबाई और प्रेमाभक्ति, राहुल सांकृत्यायन, रामानुजाचार्य, रामानंद, रामचंद्र शुक्ल-1 और 2, रामविलास शर्मा, राष्ट्रीय-सांस्कृतिक कविता, रीतिकाल-1 और 2, विजय देव नारायण साही, वैष्णव धर्म, श्याम सुंदर दास, सम्पर्क भाषा-1 से 4 तक, संविधान सभा में भाषा-विवाद-1, 2 और 3, सच्चिदानंद हीरानंद वात्स्यायन अज्ञेय, संत-काव्य, संस्कृत काव्यशास्त्र, सिद्ध-नाथ परम्परा, सूफ़ीयत और प्रेमाख्यान, हजारी प्रसाद द्विवेदी, हिंदी विरोधी आंदोलन, हिंदी जाति-1, 2 और 3, हिंदी साहित्य का आदिकाल, हिंदी साहित्य का इतिहास, हिंदी साहित्य का इतिहास : नये परिप्रेक्ष्य, हिंदी-पद्य में इतिहास, हिंदी-जगत और 'लोकप्रिय'-1 और 2, हिंदी नवजागरण, हिंदी-संस्थाएँ।

संदर्भ

1. अज्ञेय (1978), *आधुनिक हिंदी साहित्य : एक परिदृश्य,* नैशनल पब्लिशिंग हाउस, नयी दिल्ली.
2. रामस्वरूप चतुर्वेदी (1988), *हिंदी साहित्य और संवेदना का विकास,* लोक भारती प्रकाशन, इलाहाबाद.
3. रामस्वरूप चतुर्वेदी (1982), *इतिहास और आलोचक-दृष्टि,* लोक भारती प्रकाशन, इलाहाबाद.

—कृष्णदत्त पालीवाल

भारत में आतंक-विरोधी क़ानून-1

अपवाद स्थिति का विमर्श

(Anti-Terror Law in India-1)

आतंकवाद की कोई एकरूप परिभाषा न होते हुए भी अंतर्राष्ट्रीय न्यायिक और मानवाधिकार विमर्श में इसे मानवता के विरुद्ध एक अपराध की श्रेणी में रखा जाता है। एक संगठित, व्यवस्थित, हिंसक कार्य जो सामूहिक हत्या को अंजाम दे— आतंकवाद कहलाता है। बीसवीं शताब्दी के मध्य से और ख़ास तौर पर इक्कीसवीं शताब्दी में न्यूयॉर्क में वर्ल्ड ट्रेड टावर्स पर हुए आंतकी हमले के बाद से आतंकवाद एक ऐसे अपराध की श्रेणी में आ गया है जिसके बारे में माना जाता है कि राज्य के साधारण क़ानून इसकी रोकथाम में विफल हैं। इसी के बाद से इसकी रोकथाम के लिए विशेष तरह के क़ानून और उपायों की खोज होने लगी। इसी विमर्श में जो क़ानून निकल कर आये उन्हें आतंक विरोधी क़ानून माना गया। स्वतंत्र भारत ने अभी तक केंद्रीय स्तर पर तीन आतंक विरोधी क़ानून बनाये हैं— ग़ैरक़ानूनी गतिविधि निवारक अधिनियम (अनलॉफ़ुल एक्टीविटीज प्रिवेंशन ऐक्ट या यूएपीए, 1967, 2004, 2008); टेररिस्ट ऐंड डिसरप्टिव एक्टिविटीज प्रिवेंशन ऐक्ट (टाडा, 1985) और प्रिवेंशन ऑफ़ टेररिस्ट एक्टिविटीज ऐक्ट (पोटा, 2002)। आतंक विरोधी क़ानूनों की प्रकृति ऐसी है कि इन्हें राष्ट्रीय सुरक्षां से जुड़े क़ानूनों की श्रेणी में रखा जाता है। माना जाता है कि इन क़ानूनों के बनाने का मक़सद है आतंकवाद के 'ख़तरे' से राष्ट्र की सुरक्षा। ज़ाहिर है कि आतंकवाद को राजनीतिक एवं क़ानूनी विमर्श में एक साधारण अपराध की श्रेणी में नहीं देखा जाता। माना जाता है कि आतंकवाद का ख़तरा एक 'असाधारण स्थिति' को जन्म देता है जिससे संघर्ष करने के लिए साधारण क़ानून अपर्याप्त हैं। ऐसी असाधारण या अपवाद की स्थिति ही सुरक्षा क़ानून या आतंक-विरोधी क़ानून के अधिनियमन का औचित्य साबित करती है। चूँकि ये क़ानून अपवाद या असाधारण स्थिति की उपज हैं, इसलिए इनकी प्रकृति भी असाधारण होती है। असाधारण क़ानूनों के संदर्भ में आतंक विरोधी अधिनियमता को समझने के लिए ज़रूरी है कि पहले असाधारण या अपवाद की स्थिति को समझा जाए।

उज्ज्वल कुमार सिंह ने अपनी किताब *स्टेट, डेमॉक्रैसी ऐंड ऐंटी-टेरर लॉ इन इण्डिया* में अपवाद की स्थिति के विमर्श के संदर्भ में कार्ल फ्रेड्रिख़, कार्ल श्मिट और ग्योर्गी अगम्बेन के विचारों के ज़रिये भारत के संदर्भ में आतंक विरोधी क़ानूनों की 'असाधारणता' समझने की कोशिश की है। यह आतंक विरोधी क़ानूनों की असाधारणता ही है जो इनकी उत्पत्ति, प्रकृति, कार्य और प्रयोजन को स्पष्ट करती है।

सुरक्षा से जुड़े क़ानून एक ख़ास तर्काधार का पालन करते हैं, ये तर्काधार है राष्ट्र-राज्य को बनाये रखने का। कार्ल फ्रेड्रिख़ के विचारों में यह 'रीज़न ऑफ़ स्टेट' की अवधारणा से निकलता है। यह अवधारणा मानती है कि जब राज्य अस्तित्व संबंधी चुनौतियों से जूझ रहा हो तब उसे बनाये रखने के लिए किसी भी तरह के निरोधक उपायों का प्रयोग किया जाना चाहिए। यह अवधारणा चूँकि राष्ट्र-सुरक्षा के आयाम को वर्णित करती है, इससे राष्ट्र-सुरक्षा के लिए बनाये गये क़ानूनों की प्रकृति भी रेखांकित होती है। एक ऐसी स्थिति सामान्य या साधारण स्थिति से अलग मानी जाती है, जब राज्य के अस्तित्व को चुनौती दी जा रही हो। ऐसी स्थिति को असाधारण या अपवाद की स्थिति के रूप में चिह्नित किया जाता है। अपवाद की स्थिति फिर चुनौतियों से लड़ने के लिए असाधारण उपायों की भी माँग करती है।

आतंक विरोधी क़ानून इस अपवाद की स्थिति के विमर्श की पैदावार बन जाते हैं। यह कैसे होता है यह श्मिट

और अगम्बेन के विचारों में अपवाद की समझ से स्पष्ट होता दिखता है। श्मिट बताते हैं कि अपवाद एक ऐसी स्थिति है जो क़ानून के दायरे से बाहर है। इसलिए साधारण क़ानून असाधारण स्थिति को सम्भालने में सक्षम नहीं है। ऐसी अपवाद की स्थिति, जो संकट की स्थिति मानी जाती है, का समाधान श्मिट एक सम्प्रभु तानाशाही के मॉडल में देखते हैं। इस मॉडल में सम्प्रभु वह है जो बताये कि क़ानून क्या है। इस व्यवस्था में व्याप्त साधारण व्यवस्था सम्प्रभु की इच्छा से बदली जा सकती है। आतंकवाद को राज्य सुरक्षा के लिए घातक मानकर अपवाद की स्थिति माना जाता है। ऐसे में आतंक-विरोधी क़ानूनों के अधिनियमन द्वारा व्याप्त व्यवस्था में उभरी अपवाद की स्थिति से निपटने के लिए फेरबदल किया जाता है। यह फेरबदल स्थापित मानक से विपरीत होता है।

इस बात पर विवाद रहा है कि अपवाद की स्थिति को क़ानूनी दायरे के अंदर माना जाए या इसके बाहर। कुछ पक्ष यह कहते हैं कि क़ानूनी दायरे के भीतर ही अपवाद की स्थिति का प्रावधान है जहाँ अपवाद से लड़ने की अनिवार्यता ही क़ानून बनाती है। दूसरा पक्ष यह मानता है कि अपवाद की स्थिति क़ानूनी दायरे के भीतर हो ही नहीं सकती क्योंकि वह क़ानूनी व्यवस्था से परे जाकर अपने ही प्रावधान बना सकती है। इस विवाद में जो पहलू 'अपवाद की स्थिति' और इसके संदर्भ में आतंक-विरोधी क़ानूनों की उत्पत्ति को समझने में सहायता करता है वह है अगम्बेन का विचार। अगम्बेन मानते है कि क़ानूनी दायरे के भीतर या बाहर दोनों ही पक्ष अपवाद की स्थिति की वास्तविकता को समझ नहीं पाते। उनके विचारों में अपवाद एक ऐसी स्थिति है जो क़ानूनी दायरे के भीतर और बाहर के अंतर को स्पष्ट करती है। यही अस्पष्टता आतंक-विरोधी क़ानूनों के प्रयोग में झलकती है जहाँ 'साधारण' और 'असाधारण' के बीच का अंतर भी काफ़ी अस्पष्ट रहता है।

आतंक विरोधी क़ानूनों की लोकतंत्र में जगह समझने के लिए इनकी उत्पत्ति के परिप्रेक्ष्य, प्रयोजन एवं प्रयोग के संदर्भ को समझना ज़रूरी है। इन सब पहलुओं में आतंक-विरोधी क़ानूनों की 'असाधारणता' सामने आती है। इसमें इस तरह के क़ानूनों के लोकतांत्रिक मूल्यों से टकराव की बात भी सामने आती है जिससे इनके औचित्य पर भी सवाल उठता है। इस तरह के क़ानूनों की बुनियाद औपनिवेशिक काल में क्रिमिनल लॉ (अमेंडमेंट) ऐक्ट (आपराधिक क़ानून (संशोधन) अधिनियम (1908) में देखी जा सकती है। इस ऐक्ट ने पहली बार 'ग़ैरक़ानूनी संगठन' (या अनलॉफ़ुल ऐसोसिऐशन) की परिभाषा रखी थी। ग़ैरक़ानूनी संगठन ऐसा संगठन माना गया जो व्यक्ति को हिंसा या धमकी से जुड़ी गतिविधियों के लिए बढ़ावा दे या मदद करे।

स्वतंत्र भारत में असाधारण शक्तियों वाला क़ानून पहली बार 1967 में बनाया किया गया था। यह क़ानून था-अनलॉफ़ुल एक्टीविटीज़ प्रिवेंशन ऐक्ट (या यूएपीए)। लोकसभा में पारित होने से पहले विधेयक के रूप में इसे दो बार अस्वीकार कर दिया गया था क्योंकि लोग इसकी निरंकुश शक्तियों को लेकर चिंतित थे। 1967 में पृथकतावादी आंदोलनों के कारण सरकार को इन आंदोलनों की रोकथाम के लिए यूएपीए का लाना अनिवार्य लगा। यूएपीए-1967 ने केंद्रीय सरकार को संगठन की स्वतंत्रता के मौलिक अधिकार पर पाबंदी लगाने का अधिकार दिया। इस क़ानून के तहत कोई भी संगठन सिर्फ़ इस आधार पर प्रतिबंधित किया जा सकता था कि केंद्रीय सरकार यह मानती है कि वह ग़ैरक़ानूनी गतिविधियों को अंजाम दे रहा है। यूएपीए में 1967 से लेकर अब तक दो संशोधनों के ज़रिये कई बदलाव लाये गये हैं जो इसकी असाधारण शक्ति को नये आयाम देते हैं। पर यूएपीए में लाये गये हालिया संशोधनों को समझने के लिए यह अनिवार्य है कि इसके पहले अधिनियमित दो आंतक-विरोधी क़ानून टाडा और पोटा की प्रकृति को समझा जाए।

अस्सी के दशक में जब पंजाब में खालिस्तान आंदोलन प्रबल हो रहा था, तो उससे जूझने के लिए सरकार को एक असाधारण शक्तियों वाले क़ानून की ज़रूरत महसूस हुई। मई, 1985 में दिल्ली में हुए लगातार बम विस्फोटों को तत्काल कारण बताते हुए सरकार ने संसद में टाडा पारित किया। चूँकि असाधारण क़ानून स्थाई स्थितियों से जूझने के नहीं बल्कि तत्काल स्थितियों को रोकथाम के लिए बनते हैं, इसलिए इनका जीवनकाल भी अस्थाई माना जाता है। इसी विचार के तहत टाडा को दो साल के लिए लागू किया गया, पर अगले एक दशक तक टाडा का हर दो साल के बाद विस्तार किया जाता रहा।

यूएपीए की ही तरह टाडा के तहत कार्यपालिका के पास टाडा के प्रावधानों के इस्तेमाल की असाधारण शक्ति थी। टाडा के तहत साधारण क़ानूनों के मुक़ाबले निवारक नज़रबंदी, वारंट के बग़ैर गिरफ़्तारी की विस्तृत अवधि और जमानत आदि के लिए असाधारण प्रावधान मौजूद थे। साधारण क़ानून में मुक़दमे से पहले निवारक नज़रबंदी की अवधि 60 दिनों की हो सकती है पर टाडा के तहत इसे बढ़ाकर एक साल कर दिया गया। ग़ौरतलब है कि टाडा के भीतर किसी भी व्यक्ति को बिना किसी आरोप के एक साल तक जेल में रखा जा सकता था। एक सामान्य नियम के रूप में टाडा के अंदर आरोपी को जमानत नहीं मिलती थी। ज़मानत तभी मिल सकती थी जब अदालत इस बात से संतुष्ट हो कि अभियुक्त दोषी नहीं है और ज़मानत मिलने के बाद किसी अपराध को अंजाम नहीं देगा। टाडा में स्वीकृति या इक़बाले-जुर्म का प्रावधान था। इसके दुरुपयोग की सम्भावना

सबसे ज़्यादा थी क्योंकि इसके तहत पुलिस के सामने किये गये इक़बाले-जुर्म को कोर्ट में सबूत को दर्ज़ा हासिल था। इस प्रावधान में इस बात की पूरी तरह उपेक्षा की गयी थी कि पुलिस के सामने अपराध-स्वीकृति ज़्यादातर दबाव में आकर की जाती है। ये प्रावधान टाडा की असाधारणता की पराकाष्ठा थी। टाडा किसी भी ऐसे क्षेत्र में लागू किया जा सकता था जिसे सरकार 'प्रभावित' घोषित करे। टाडा लागू होने के बाद वहाँ टाडा कोर्ट का गठन किया जाता था जिसके पास विध्वंसक और हिंसक गतिविधियों पर विचार करने का व्यापक अधिकार था। टाडा के भीतर ऐसी विध्वंसक और आतंकवादी गतिविधियों को दण्डनीय माना गया जो लोगों में आतंक फैलाये, जिससे जान और माल का नुक़सान हो या ऐसी धमकी दी जाए, कोई भी ऐसी गतिविधि जो भारत की सम्प्रभुता या अखण्डता को नुक़सान पहुँचाये या भारत के किसी भी क्षेत्र में पृथकतावाद से जुड़ी गतिविधियों का समर्थन करे।

टाडा के तहत खालिस्तान आंदोलन से जुड़े व्यक्तियों और कश्मीरी मुसलमानों से लेकर फ़िल्म अभिनेताओं तक, मानवाधिकार कार्यकर्ताओं से लेकर आम किसानों और आदिवासियों तक पर कार्रवाई की गयी। कुछ उदाहरण इस बात पर प्रकाश डालते हैं कि किस तरह इस क़ानून का इस्तेमाल राजनीतिक प्रतिरोध के ख़ात्मे के लिए किया गया है। मसलन, भारतीय किसान यूनियन के नेता बलवीर सिंह पर 1985 में टाडा लगाया गया, जब यूनियन ने किसान-माँगों को आगे रखने के लिए एक रेल रोको अभियान की योजना बनायी। पंजाब हाई कोर्ट के अवकाश-प्राप्त जज अजीत सिंह बेंस, पर यह मानकर टाडा लगाया गया कि वे खालिस्तान के समर्थक हैं। ग़ौरतलब है कि बेंस पंजाब मानवाधिकार संगठनों के अध्यक्ष के तौर पर सरकार के हाथों हो रहे अधिकार हनन के आलोचक भी थे। ऐसे कई पत्रकारों, ट्रेड यूनियन नेताओं एवं जागरूक छात्र नेताओं पर भी टाडा के तहत आरोप दर्ज किये गये। ज़्यादातर केसों में लम्बी अवधियों तक अभियुक्तों को ज़ेल में रखा गया, लेकिन बाद में इल्ज़ाम साबित नहीं हो पाया।

1993 में गृह मंत्रालय के आँकड़ों के हिसाब से 52,268 व्यक्ति टाडा के तहत हिरासत में लिये गये, और 1994 के आँकड़ों के अनुसार 67,000 लोगों को हिरासत में लिया गया। टाडा के आकलन के लिए केंद्र द्वारा बनायी गयी समीक्षा समिति ने माना कि केवल 5,000 केसों में ही टाडा के आरोप सही साबित हुए। इसका अर्थ था 60,000 से ज़्यादा लोग टाडा के तहत बेवजह गिरफ़्तार हुए। फिर भी सर्वोच्च न्यायालय ने 1994 के करतार सिंह बनाम पंजाब राज्य केस में टाडा की संवैधानिक वैधता को माना।

धीरे-धीरे टाडा के विरुद्ध नागर समाज में असंतोष काफ़ी बढ़ गया। मानवाधिकार आयोग ने भी इसे ख़त्म करने का सुझाव दिया। 1995 में टाडा का एक दशक पूरा होने के बाद इसका विस्तार नहीं किया गया और इसे भंग माना गया। टाडा के एक क़ानून के रूप में ख़त्म हो जाने के बाद भी इसके प्रावधानों के तहत चलने वाले केस जीवित माने गये हैं। ये आतंक-विरोधी क़ानूनों का सबसे विचलित करने वाला प्रावधान है जहाँ क़ानून के हटा लेने के बाद भी जितने लोगों पर इसके जीवनकाल में आरोप लगाये गये थे, वे चलते रहते हैं, जब तक कि फ़ैसला न हो जाए।

देखें : नागरिकता, भारत में नागरिकता विमर्श-1, 2 और 3, भारत में मानवाधिकार, भारत में मानवाधिकार आंदोलन, मानवाधिकार।

संदर्भ

1. उज्ज्वल कुमार सिंह (2007), *स्टेट, डेमॉक्रैसी ऐंड एंटी टेरर लॉ इन इण्डिया,* सेज पब्लिकेशंस, नयी दिल्ली.
2. उज्ज्वल कुमार सिंह (2011) 'मैपिंग ऐंटी टेरर लीगल रिज़ीम्स इन इण्डिया', कामराज और अन्य (सम्पा), *ग्लोबल ऐंटी टेरॅरिज़म लॉ ऐंड पॉलिसी,* दिल्ली: ऑक्सफ़र्ड युनिवर्सिटी प्रेस, नयी दिल्ली.

— अनुष्का सिंह

भारत में आतंक-विरोधी क़ानून-2

व्यवस्था-विरोध के ख़िलाफ़ दुरुपयोग

(Anti-Terror Law in India-2)

जब तर्क यह हो कि आतंकवाद जैसा अपराध साधारण क़ानून के दायरे में नियंत्रित नहीं किया जा सकता तो असाधारण क़ानून के लिए अनायास ही जगह बन जाती है। टाडा के ख़त्म हो जाने के बाद यह ख़ाली जगह सरकार के लिए चिंता का विषय थी। इसी समय अमेरिका में हुए 9/11 आतंकी हमले के बाद आतंकवाद से निपटने की वैश्विक मुहिम चल पड़ी। थी। 13 दिसम्बर, 2001 को हुए भारतीय संसद पर हमले के बाद आतंकवाद के ख़िलाफ़ संघर्ष का विमर्श इस क़दर तीव्र हुआ कि पोटा के रूप में तीसरे आतंक-विरोधी असाधारण क़ानून की जगह बन गयी। इसे पहले राजग सरकार ने एक अध्यादेश के रूप में लागू किया जिसने मार्च, 2002 में असाधारण शक्तियों से वाले एक क़ानून का रूप ले लिया।

पोटा को संसद में काफ़ी अवरोध का सामना करना पड़ा। इसका वामपंथी पार्टियों के साथ कांग्रेस ने जम कर विरोध किया। कांग्रेस का विरोध दिलचस्प रहा, क्योंकि 1967 में यूएपीए और 1985 में टाडा लाने के बाद कांग्रेस उसी तर्ज़ पर बने एक आंतक विरोधी क़ानून का विरोध कर रही थी।

टाडा की ही तरह पोटा में भी डिटेंशन (क़ैद करने), अपराध स्वीकृति, ज़मानत, सबूत आदि को लेकर असाधारण प्रावधान थे। पोटा ने आतंकवादी गतिविधि की परिभाषा टाडा की ही तर्ज़ पर रखी पर इसकी सीमा का और भी विस्तार करते हुए कुछ नये प्रावधानों को जोड़ा। इन प्रावधानों के ज़रिये इसने दूसरी कई गतिविधियों को भी दण्डनीय बनाया जैसे— आतंकवादी संगठन की सदस्यता, आतंकवादी संगठन को किसी भी तरह की आर्थिक या अन्य सहायता आदि।

पोटा में भी अपराध स्वीकृति या इक़बाले-जुर्म को अदालत में सबूत का दर्जा हासिल था। इसने टाडा से एक क़दम आगे जा कर पोटा में इलेक्ट्रॉनिक संचार के अवरोधन का प्रावधान भी शामिल किया गया। पोटा में टेलिफ़ोन को टैप करने की आज़ादी थी और इसे अदालत में सबूत के रूप में इस्तेमाल किया जा सकता था। यूएपीए के प्रावधान को संलग्न करते हुए पोटा के तहत उन सभी संगठनों को आंतकवादी संगठन माना गया और प्रतिबंधित किया गया जो अब तक यूएपीए की सूची में शामिल थे। प्रतिबंध की कोई अवधि निश्चित नहीं की गयी। इसके अलावा लिबेरेशन ऑफ़ तमिल टाइगर्स ईलम (एलटीटीई), स्टूडेंट्स इसलामिक मूवमेंट इन इण्डिया (सिमी), भारतीय कम्युनिस्ट पार्टी (मार्क्सवादी-लेनिनवादी), माओवादी कम्युनिस्ट सेंटर (एमसीसी) इत्यादि पर भी प्रतिबंध लगाया गया। ये सभी संगठन किसी न किसी राजनीतिक आंदोलन से जुड़े रहे हैं और व्यवस्था के ख़िलाफ़ विरोध प्रकट करते रहे हैं। इससे स्पष्ट है कि आतंक विरोधी क़ानून राजनीतिक प्रतिरोध को नष्ट करते हैं।

संसद पर हमले के केस में पोटा के असाधारण प्रावधानों का इस्तेमाल सबसे स्पष्ट रूप से दिखा। इस केस में सभी अभियुक्तों को पुलिस के सामने अपराध स्वीकृति और फ़ोन टैपिंग द्वारा इकट्ठा किये गये सबूतों की बिना पर ही दोषी क़रार दिया गया। टाडा की तरह ही पोटा को लेकर भी सर्वोच्च न्यायालय का रवैया सकारात्मक था। जब पीपुल्स यूनियन फ़ॉर सिविल लिबर्टी (पीयूसीएल) ने इस क़ानून पर प्रश्न उठाया तो अदालत ने फ़ैसला पोटा के हक़ में दिया। अदालत ने एक बार फिर 'रीज़न ऑफ़ स्टेट' जैसी अवधारणाओं के आधार पर असाधारण क़ानूनों की अनिवार्यता के विमर्श को क़ायम रखा।

सरकार द्वारा पोटा का इस्तेमाल राजनीतिक विरोध को पूरी तरह ख़त्म करने के लिए किया गया। मसलन, तमिलनाडु में एमडीएमके के नेता वायको और उत्तर प्रदेश में रघुराज प्रताप सिंह उर्फ राजा भैया के ख़िलाफ़ इन राज्यों की सरकारों ने पोटा का इस्तेमाल किया। पोटा के इस्तेमाल का प्रमुख कारण यह था कि इन नेताओं के अपने राज्य के सतारूढ़ दल से संबंध ख़राब हो गये थे। गुजरात सरकार ने गोधरा दंगों के सिलसिले में 59 लोगों पर पोटा लगाया। ये सभी मुसलमान थे और इन्हें ज़मानत नहीं दी गयी। आतंक विरोधी क़ानूनों के भीतर एक और भी चलन दिखाई पड़ा है जहाँ अभियुक्त पर आतंक विरोधी क़ानून के साथ एकाधिक आरोप लगाये जाते हैं। इन आरोपों में ज़्यादातर भारतीय दण्ड संहिता (आईपीसी) की वो धाराएँ शामिल होती हैं जो 'राज्य के विरुद्ध' अपराध की श्रेणी में आती हैं। इसके पीछे मुख्य मक़सद यह होता है कि अभियुक्त की सज़ा की अवधि बढ़ायी जाए और इसके साथ ही अगर आतंकवाद का आरोप सिद्ध न भी हो पाये तो आईपीसी की धाराओं के तहत केस चलता रहे।

पोटा के संदर्भ में पहली बार राज्य स्तर पर भी इस तरह की असाधारण शक्तियों वाले क़ानून लागू किये गये। जहाँ महाराष्ट्र सरकार द्वारा अधिनियमित मकोका (महाराष्ट्र कंट्रोल ऑफ़ ऑर्गनाइज़्ड क्राइम ऐक्ट) (1999, 2002) और गुजरात सरकार द्वारा लागू किया गया गुजरात कंट्रोल ऑफ़ ऑर्गनाइज़्ड क्राइम एक्ट इसके उदाहरण हैं। टाडा की तरह ही पोटा में भी यह प्रावधान था कि इसके ख़त्म हो जाने के बाद भी इससे जुड़े मुक़दमे चलते रहेंगे। टाडा की तुलना में पोटा में असाधारण शक्तियाँ ज़्यादा थीं और उनका दुरुपयोग भी ज़्यादा मात्रा में हुआ। टाडा की ही तरह पोटा के ख़िलाफ़ भी मानवाधिकार और नागर समाज में काफ़ी असंतोष पैदा हुआ। मानव अधिकार आयोग ने इसके औचित्य पर सवाल उठाते हुए कहा कि पोटा जिन गतिविधियों को दण्डित करता है उनके लिए साधारण क़ानून में प्रावधान पहले से मौजूद हैं इसलिए इस असाधारण क़ानून की कोई आवश्यकता नहीं है। चूँकि पोटा को लाते वक़्त कांग्रेस इसके विरोध में थी, इसलिए 2004 में सत्ता में आने पर कांग्रेस गठबंधन की सरकार ने इसे भंग कर दिया।

टाडा के बाद पोटा भी एक क़ानून के रूप में क़ानूनी पायदान से विलुप्त हो गया पर पोटा के प्रावधानों की निरंतरता बनी रही। यूएपीए में लाये गये संशोधनों ने इस निरंतरता को सुनिश्चित करने का काम किया। जहाँ एक ओर कांग्रेस पोटा के ख़िलाफ़ बढ़-चढ़ कर विरोध में खड़ी रही, वहीं उसने संशोधन के ज़रिये पोटा के प्रावधानों को यूएपीए में डालने में भी पूरा जोश दिखाया। यूएपीए के असाधारण क़ानून में संगठन की स्वतंत्रता का मौलिक अधिकार

प्रतिबंधित करने का प्रावधान 1967 से था। संशोधनों के बाद बन कर तैयार हुआ 'नया यूएपीए' अपनी व्यापकता में और भी विस्तृत था जिसमें भंग हो चुके दो और असाधारण क़ानूनों (टाडा और पोटा) के प्रावधान समाहित थे।

यूएपीए दो तरह की गतिविधियों को दण्डित करता है— ग़ैरक़ानूनी और आतंकवादी। ग़ैरक़ानूनी गतिविधियों से मतलब है कोई भी गतिविधि जो भारत के किसी भी क्षेत्र में पृथकता का समर्थन करे, भारत की सम्प्रभुता और अखण्डता को चुनौती दे या भारत के विरुद्ध असंतोष फैलाने की कोशिश करे। परिभाषा से स्पष्ट है कि इन दो दण्डनीय गतिविधियों के भीतर तमाम क़िस्म की राजनीतिक गतिविधियों को डाला जा सकता है जो राज्य की विविध नीतियों का विरोध करती हों। जिस प्रकार यूएपीए लागू किया गया है उससे साफ़ होता है कि सरकार इसका इस्तेमाल हर तरह के प्रतिरोध के दमन के लिए कर रही है। इस क़ानून के अंदर सिर्फ़ हत्या ही नहीं बल्कि किसी भी तरह के माल की क्षति को भी आतंकवाद की श्रेणी में डाला जाता है। यूएपीए केवल ग़ैरक़ानूनी और आतंकवादी गतिविधियों को ही नहीं बल्कि ऐसी किसी गतिविधि को अंजाम देने की चेष्टा को भी दण्डित करता है। इसका अर्थ है कि व्यक्ति उस कार्य के लिए भी आजीवन कारावास की सज़ा का हक़दार हो सकता है जिसे कभी अंजाम दिया ही न गया हो।

संगठन पर प्रतिबंध लगाने के प्रावधान में सिर्फ़ इतना ही काफ़ी है कि केंद्र सरकार को ऐसा लगता हो कि ऐसे संगठन पर प्रतिबंध लगा देना चाहिए। जहाँ एक ओर पोटा को भंग किये जाने के बाद उसके प्रावधानों को यूएपीए में डाल दिया गया था वही एक चीज छूट भी गयी। पोटा के अंदर प्रावधान था कि अगर पुलिस द्वेष की भावना से किसी पर पोटा लगाये तो उसका यह क़दम दण्डनीय माना जाएगा। यूएपीए के भीतर ऐसे किसी प्रावधान की कोई जगह नहीं रखी गयी। अगर असाधारण शक्तियों वाले क़ानून में नागरिक सुरक्षा की थोड़ी भी गुंजाइश थी तो उसे भी यूएपीए के भीतर से निकाल दिया गया।

यूएपीए जिस तरह से व्यवस्था के विरुद्ध आलोचनात्मक आवाज़ उठाने वाले लोगों पर लगाया गया है उससे यूएपीए के पीछे की राजनीति स्पष्ट हो जाती है। विनायक सेन और सीमा आज़ाद जैसे नागरिक स्वतंत्रता से जुड़े कार्यकर्ताओं पर यूएपीए लगाया जाना इसी बात का सबूत है। एक तरफ़ सेन छत्तीसगढ़ सरकार की सलवा जुडूम नीति के आलोचक थे, वहीं सीमा आज़ाद उत्तर-प्रदेश सरकार के गंगा एक्सप्रेस वे योजना की। इन आलोचनाओं की पृष्ठभूमि में इन्हें माओवादी गतिविधियों से जुड़ाव रखने के जुर्म में गिरफ़्तार किया गया। इसी तरह नारी अधिकार कार्यकर्ता कंचन बाला और उनके पति ट्रेड यूनियन नेता गोपाल पर यूएपीए लगाया गया। इस संदर्भ में सिमी पर लगाये गये प्रतिबंध भी उल्लेखनीय है। 9/11 के आंतकी हमले के बाद सिमी पर सिर्फ़ इसलिए बैन लगाया गया क्योंकि वह एक इसलामिक संगठन था। इससे पहले उसका किसी भी तरह की आतंकी गतिविधि का कोई रिकॉर्ड नहीं था। जिस तरह से यूएपीए का उपयोग किया गया है इससे राजनीतिक प्रतिरोध और आपराधिक गतिविधियों के बीच का अंतर ख़त्म होता रहा है। राजनीतिक प्रतिरोधी आज इन असाधारण आतंक विरोधी क़ानूनों की चपेट में अपराधी की श्रेणी में खड़े है। ये लोकतंत्र के भीतर न तो अभिव्यक्ति की स्वतंत्रता न ही संघ की स्वतंत्रता के मौलिक अधिकार का प्रयोग करने में सक्षम हैं।

आतंक विरोधी क़ानूनों की असाधारणता भले ही लोकतंत्र में एक अपवाद की तरह देखी जाती हो पर सत्य यह है कि यह अपवाद लोकतंत्र का एक स्थाई अंग बन चुका है। अगम्बेन ने अपवाद की स्थिति को क़ानूनी दायरे के भीतर और बाहर के अंतर को अस्पष्ट करने वाली स्थिति के रूप में परिभाषित किया था। लेकिन आतंक-विरोधी क़ानूनों का प्रयोग यही सिद्ध करता दिखता है। उज्ज्वल कुमार सिंह इसी विचार को भारत के आतंक-विरोधी क़ानूनों के संदर्भ में समझते हुए दर्शाते हैं कि किस तरह अपवाद की स्थिति में बनने वाले असाधारण क़ानून धीरे-धीरे साधारण क़ानूनी दायरे के भीतर सामान्यीकृत होते जाते हैं या सामान्य जगह पाते जाते हैं। साधारण और असाधारण क़ानून के बीच का भेद अस्पष्ट होता जाता है। परिणामस्वरूप साधारण क़ानूनों में असाधारण क़ानूनों के हिसाब से फेरबदल किये जाते हैं और कई बार पारस्परिक प्रावधान भी डाले जाते हैं। जिस तरह एकाधिक (मल्टीपल) चार्ज़ का चलन आतंक-विरोधी क़ानूनों के भीतर है, उससे असाधारण क़ानून के साथ साधारण क़ानून की धाराएँ लगा कर अभियुक्त की सामाजिक वैधता और सज़ा की अवधि दोनों से ही खिलवाड़ किया जाता है। भंग होने के बाद भी आतंक-विरोधी क़ानूनों के तहत अभियोग का लगा रहना इनके स्थाईकरण का सबसे बड़ा नमूना है।

लोकतंत्र के लिए सबसे ख़तरनाक बात यह है कि किसी असाधारण स्थिति से निपटने के लिए बने असाधारण शक्तियों वाले क़ानून का स्थाईकरण हो जाना। ये तमाम क़ानून लोकतांत्रिक अधिकारों को हाशिये पर ला खड़ा करते हैं। इन क़ानूनों के भीतर न तो स्वतंत्रता के मौलिक अधिकार का सम्मान है, न ही विधि के शासन का। इसके अंदर केवल राज्य की सत्ता का सरकार के हाथों निरकुंश इस्तेमाल का प्रावधान है।

देखें : नागरिकता, भारत में नागरिकता विमर्श-1, 2 और 3, भारत में मानवाधिकार, भारत में मानवाधिकार आंदोलन, मानवाधिकार।

संदर्भ

1. कोऑर्डिनेशन ऑफ़ डेमॉक्रैटिक राइट्स कमेटी (सीडीआरओ) (2012), *द टेरर ऑफ़ लॉ, यूएपीए ऐंड मिथ ऑफ़ नैशनल सिक्योरिटी*, प्रोग्रेसिव प्रिंटर्स, नयी दिल्ली.
2. पीपुल्स यूनियन फ़ॉर डेमोक्रेटिक राइट्स (पीयूडीआर) (1993), *लॉलेस रोड्स, अ रिपोर्ट टु टाडा : 1985-1993*, नयी दिल्ली.
3. पीपुल्स यूनियन फ़ॉर डेमोक्रेटिक राइट्स (पीयूडीआर) (2003), *ट्रायल ऑफ़ एर्रस, अ क्रिटीक ऑफ़ पोटा कोर्ट जजमेंट ऑन द 13 दिसम्बर केस*, नयी दिल्ली.

— अनुष्का सिंह

भारत में उपनिवेशवाद

(Colonialism in India)

भारत को उपनिवेशीकरण के बंधनों में जकड़ने की प्रक्रिया मुख्यत: तीन चरणों में चली। पहला चरण वह था जब पंद्रहवीं, सोलहवीं और सत्रहवीं सदी में पुर्तगालियों, डचों, फ्रांसीसियों और अंग्रेज़ों ने भारतीय उपमहाद्वीप में तिजारत के लिए अपनी चौकियाँ क़ायम कीं। दूसरा चरण ब्रिटिश ईस्ट इण्डिया कम्पनी के प्रभुत्व का था। कम्पनी ने कभी संधि और कभी युद्ध की रणनीति के चतुर इस्तेमाल से एक-एक करके कमज़ोर होते हुए मुग़ल साम्राज्य को, पश्चिम में पेशवाओं और मराठाओं को, दक्षिण में मैसूर के सुल्तान को, हैदराबाद में निज़ाम को और उत्तर में सिक्खों को क़ाबू में किया। तीसरा चरण कम्पनी के शासन के ख़िलाफ़ 1857 में हुए विद्रोह का था जिसके दमन के बाद ब्रिटेन ने ईस्ट इण्डिया कम्पनी से भारत का शासन हस्तगत कर लिया और प्रतीकात्मक रूप से ब्रिटिश महारानी भारत की साम्राज्ञी हो गयीं।

भारतीय समाज के प्रति अंग्रेज़ों के रवैये को 1857 से पहले और बाद की अवधियों में बाँटा जा सकता है। 1835 के मशहूर मैकाले मिनट्स के बाद अंग्रेज़ों ने भारतीय कॉलेजों और स्कूलों में शिक्षा के माध्यम के रूप में अंग्रेज़ी भाषा को अपनाने का ऐतिहासिक निर्णय लिया। अंग्रेज़ी की क्लासिक रचनाएँ, क़ानूनी और वैज्ञानिक पुस्तकें पहले से ही पश्चिम प्रभावित पढ़े-लिखे भद्र वर्ग में लोकप्रिय थीं। अंग्रेज़ी में शिक्षा शुरू होते ही इस प्रक्रिया का दायरा बढ़ गया। दिलचस्प बात यह है कि कम्पनी अंग्रेज़ी को थोपने का इरादा नहीं रखती थी। उसकी रुचि तो देशी भाषाओं में ही शिक्षा देने की थी। अंग्रेज़ी में पढ़ाई की शुरुआत तो राजा राममोहन राय जैसे सुधारवादी भारतीयों के आग्रह के कारण हुई। इसके बाद अंग्रेज़ी पढ़े-लिखे और उदारतावादी विचारों में पगे भारतवासियों का एक वर्ग बनता चला गया। ये लोग पश्चिम के प्रशंसक थे और विदेशी आकाओं की सेवा करने के लिए 'क्लर्क' बनने के लिए तैयार थे। इनमें कुछ ने वकालत का, कुछ ने अध्यापन का, कुछ ने वाणिज्य और उद्योग का पेशा अपनाया। कुछ विदेश जाने और वहाँ शिक्षा प्राप्त करने में सफल रहे। इन्हीं में से कुछ ने समाज सुधार का ज़िम्मा उठाया, कुछ ने पत्रकारिता की, कुछ ने डॉक्टरी की और कुछ एकाउंटेंसी में चले गये। कुछ ने राजनीति में जाना पसंद किया।

यह भारत का नया मध्यवर्ग था जिसने हुकूमत करने में अंग्रेज़ों का हाथ बँटाया। लेकिन इसी के माध्यम से व्यक्तिवाद और संविधान आधारित शासन के विचार एक परम्परानिष्ठ और अ-राजनीतिक समाज के गले उतारे जा सके। समाज सुधार की आकांक्षा भी इसी वर्ग में सबसे पहले पैदा हुई। 1828 से 1835 के बीच गवर्नर-जनरल विलियम बैंटिक ने राममोहन राय के आग्रह पर सती, ठगी और बालिका शिशुओं की काली देवी के सामने बलि देने की प्रथा पर पाबंदी लगायी। स्त्रियों के ख़िलाफ़ होने वाले घोर अन्यायों को रोकने के लिए कई क़दम उठाये गये। इसी प्रक्रिया में यह वर्ग आज़ादी, लोकतंत्र और समाजवाद के विचारों से भी वाक़िफ़ हुआ जिसके कारण उन्हीं के भीतर से अंग्रेज़ी प्रभुत्व को चुनौती देने वाले लोग निकले जिन्होंने आगे चल कर राष्ट्रवाद का झण्डा बुलंद किया।

1857 के विद्रोह के बाद यह स्थिति बदल गयी। अंग्रेज़ हुक्मरानों का रवैया समाज-सुधारों को समर्थन देने वाला नहीं रह गया। बग़ावत कुचलने में उन्हें सफलता ज़रूर मिली और उनकी नीतियों के कारण पुराना भारत राजनीतिक और आर्थिक रूप से एक हद तक बदला भी, पर विद्रोह के कड़वे अनुभव के प्रभाव में अंग्रेज़ भारतीय समाज के प्रति नि:शंक नहीं हो सके। उनका रवैया या तो अनुदार या फिर ज़्यादा से ज़्यादा शंकित उदारता का हो गया। उन्होंने फूँक-फूँक कर क़दम रखे और भारतीय समाज की संरचना में किसी बुनियादी फेरबदल की परियोजना का नेतृत्व नहीं किया। विक्टोरिया की सरकार ने प्रशासन सीधे अपने हाथ में लेकर *पैक्स ब्रिटानिका* के सिद्धांत को लागू किया जिसका एक मतलब स्थानीय प्रथाओं को अस्थिर न करने के आग्रह से जुड़ा था। परिणामस्वरूप ब्रिटिश शासन तटस्थ हो गया और समाज सुधार सरकार प्रयासों से होने के बजाय भारतीय बुद्धिजीवियों और नेताओं की कोशिशों तक सीमित रह गये।

ज़ाहिर था कि अंग्रेज़ हुकूमत में भारतीय समाज की पुनर्रचना करने की क्षमता का अभाव था। वक़्त गुज़रने के साथ-साथ समाज में औपनिवेशिक हस्तक्षेप घटता चला

गया। जिस समय नयी परिस्थितियों के कारण लोगों की सामाजिक स्थिति में भारी असंतुलन पैदा हो रहा था, देश को आधुनिक अधिकारी-तंत्र और सक्षम प्रशासन का ढाँचा प्रदान करने वाली ब्रिटिश सरकार कुल मिला कर सामाजिक और आर्थिक मुद्दों पर अनुदार ताक़तों की नुमाइंदगी कर रही थी। उन्नीसवीं सदी के उत्तरार्ध और बीसवीं सदी के पूर्वार्ध में भारत की आबादी तेज़ी से बढ़ी, लेकिन खेतिहर पैदावार में उसके मुताबिक़ बढ़ोतरी नहीं हुई। प्रति व्यक्ति आमदनी गिर गयी। जीवन-स्थितियाँ कठोर हो गयीं। इसी ज़माने में शहरीकरण, रेलवे और संचार के अन्य साधनों का विस्तार हो रहा था। नये समाचार माध्यम विकसित हो रहे थे। मध्यवर्ग मज़बूत हो रहा था, ग़ैर-पारम्परिक सभा-संस्थाओं की संख्या बढ़ रही थी। सामाजिक नवीकरण की परिस्थितियाँ बन रही थीं। पर अंग्रेज़ों ने अपने अनुदार रवैये के कारण समाज के पक्ष में इन परिस्थितियों का लाभ नहीं उठाया और आधुनिकीकरण को उनके कारण किसी तरह का उछाल नहीं मिला। अंग्रेज़ों के इस रवैये की आलोचना अछूतों के नेतृत्व के प्रश्न पर गाँधी से होड़ करने वाले डॉ. भीमराव आम्बेडकर ने भी की है। इन परिस्थितियों का लाभ उठाया उस वर्ग ने जो औपनिवेशिक आधुनिकता के संसर्ग में स्वाधीनता और राष्ट्रवाद से परिचित हुआ था। अंग्रेज़ समझते थे कि वे सामाजिक अनुदारता अपना कर भारतवासियों को फुसला लेंगे। लेकिन उनकी ऐसी हर कोशिश के बदले उन्हें उतने ही अधिक राजनीतिक असंतोष का सामना करना पड़ा।

अंग्रेज़ों की सामाजिक अनुदारता के बावजूद औपनिवेशिक प्रभाव की व्यापकता, ताक़त और स्थायित्व से इनकार नहीं किया जा सकता। औपनिवेशिक शासन ने पहली बार भारतीय उपमहाद्वीप के एक बड़े हिस्से को एक केंद्रीय राजनीतिक प्राधिकार के तहत लाने में कामयाबी हासिल की। इससे पहले भारतीय इतिहास में कभी कोई एक राजनीतिक केंद्र की जानकार नहीं मिलती। हालाँकि क़रीब एक तिहाई भारत राजों-रजवाड़ों के नियंत्रण में रहा, पर अंग्रेज़ों की साम्राज्यिक श्रेष्ठता इन देशी रियासतों द्वारा भी मानी जाती रही। अंग्रेज़ों की हुकूमत को भीतरी और बाहरी हमलों का डर नहीं था। यह एक बड़ी उपलब्धि थी।

मुसलमान शासन में फैली रहने वाली अशांति और असुरक्षा की निरंतरता के बजाय क़ानून और व्यवस्था के शासन का स्वाद अंग्रेज़ों के तहत ही भारतवासियों ने चखा। उन्होंने एकीकृत और अपेक्षाकृत समरूप प्रशासन की स्थापना की। उन्होंने मुग़लों द्वारा बनाये गये ज़िलों को ही प्रशासन का आधार बनाया। उनकी पदानुक्रमवादी प्रशासनिक मशीनरी शीर्ष यानी केंद्र से शुरू होती हुई प्रांतों से गुज़र कर ज़िलों तक जाती थी। मुग़ल काल के विपरीत ज़िला प्रशासन के इंचार्ज अफ़सर को निजी फ़ायदे के लिए आबादी को दबाने या चूसने की इजाज़त नहीं थी। उसे हर हालत में केंद्र के प्रति जवाबदेह रहना पड़ता था।

अंग्रेज़ों ने भारत में ग्रेट ब्रिटेन से भी पहले योग्यता और खुली प्रतियोगिता के आधार पर आधुनिक नौकरशाही का प्रयोग किया। पहले इण्डियन सिविल सर्विस (आईसीएस) के अधिकारी केवल अंग्रेज़ होते थे, पर बाद में यह मौक़ा भारतवासियों को भी मिलने लगा। सिविल सर्विस के सदस्यों को योग्यता, शिक्षा और भद्र पृष्ठभूमि के आधार पर बड़ी सावधानी से चुना जाता था। ये अफ़सर ज़िलों के इंचार्ज होते थे। उनके नेतृत्व में ही राजस्व वसूला जाता था और जनता को इंसाफ़ देने की कोशिश होती थी। ज़िलाधिकारी न्यायिक मजिस्ट्रेट भी होता था।

समय के साथ अंग्रेज़ों ने धीरे-धीरे अदालती व्यवस्था भी खड़ी की जिसका आधार एंग्लो-सेक्सन न्यायिक सिद्धांत और क्रियाविधि थी। इसके बाद उन्होंने एक ऐसा सामाजिक-आर्थिक प्रशासन स्थापित किया जिसका सैद्धांतिक आधार लोकोपकारी क़िस्म का था। इससे कई तरह की सामाजिक विषमताओं के ख़िलाफ़ क़दम उठाने में मदद मिली। परम्परा को झटका लगा और मनुष्य व समाज को देखने की नयी दृष्टि का प्रचलन हुआ।

भारत पर उपनिवेशवाद के प्रभाव को समझने की मार्क्सवादी दृष्टि मानती है कि अंग्रेज़ों ने भारतीय समाज को आधुनिकता के रास्ते पर चलाने के लिए इतिहास के अनिच्छुक एजेंट की तरह काम किया। मार्क्स ने अपनी भारत संबंधी रचनाओं में दिखाया है कि किस तरह उपनिवेशवादियों ने भारत के कपड़ा उद्योग को नष्ट किया और सरकार द्वारा किये जाने वाले निर्माण कार्यों की उपेक्षा की। वे अंग्रेज़ों द्वारा भारतवासियों पर दासता लादने की कठोर आलोचना करते हैं और 1857 के विद्रोह को पहले स्वतंत्रता संग्राम के रूप में चित्रित करने से भी परहेज़ नहीं करते। लेकिन, दूसरी तरफ़ मार्क्स की निगाह में औपनिवेशिक शासन एक दूसरे ढंग से लाभकारी भी था। उसने एक ऐसी आर्थिक प्रणाली की शुरुआत की जिसके तहत उत्पादन की प्रक्रिया में क्रांतिकारी परिवर्तन किया जा सकता था। अंग्रेज़ों ने ऐसे प्रौद्योगिकीय परिवर्तनों की शुरुआत की जिनका असर दूरगामी तौर पर आम लोगों के जीवन पर पड़ सकता था। मार्क्स भारत को एशियाई उत्पादन प्रणाली के तहत रखते हैं और उनकी मान्यता है कि उपनिवेशवाद के कारण यह ग़ैर-पूँजीवादी उत्पादन प्रणाली टूट गयी। वे भारतीय समाज को एक परिवर्तन विरोधी जड़ समाज के रूप में देखते हैं जो गाय और बंदर की उपासना के फेर में फँसा हुआ था।

मार्क्स के विश्लेषण का यह अंतर्विरोध काफ़ी विवादास्पद रहा है। एशियाई उत्पादन प्रणाली जैसी अपनी

धारणा को उन्होंने फिर कभी पलट कर स्पर्श तक नहीं किया। मार्क्स के इस सीमित विश्लेषण के आधार पर उनके अनुयायियों ने उपनिवेशवाद और भारतीय समाज की अन्योन्यक्रिया को आर्थिक पहलुओं की रोशनी में देखा जिसके कारण उन्हें आर्थिक नियतिवाद के आरोप का सामना करना पड़ा। मार्क्सवादी विश्लेषण की दूसरी आलोचना इसलिए हुई कि उसके आधार में पूर्वी समाजों के बारे में पर्याप्त प्राक्-औपनिवेशिक जानकारियाँ नहीं थीं।

देखें : ग़ैर-सरकारी संस्थाएँ, ग़ैर-सरकारी संस्थाएँ : भारत में, ग़ैर-दलीय राजनीति, धीरूभाई शेठ, नागरिकता, नागरिकता : अन्य परिप्रेक्ष्य, नागर समाज, नागरिक समाज : भारतीय बहस, पार्थ चटर्जी, मानवाधिकार, भारत में नागर समाज और ग़ैर-दलीय राजनीति-1 से 3 तक, भारत में नागरिकता-विमर्श-1 से 3 तक, भारत में मानवाधिकार, भारत में मानवाधिकार आंदोलन, भारत में सार्विक मताधिकार, भीखू छोटालाल पारिख, रजनी कोठारी, राजनीतिक समाज, सुदीप्त कविराज।

संदर्भ

1. रजनी कोठारी (1969), *पॉलिटिक्स इन इण्डिया,* ओरिएंट लोंगमेन, नयी दिल्ली, 1969, देखें : दूसरा अध्याय 'हिस्टोरिकल एंटेसिडेंट'
2. बी.बी. मिश्रा (1961), *द इण्डियन मिडिल क्लासेज़ : देयर ग्रोथ इन मॉडर्न टाइम्स,* लंदन.
3. कार्ल मार्क्स (1985), *द फ़र्स्ट इण्डियन वार ऑफ़ इनडिपेंडेंस, 1857-1859,* फ़ॉरैन लेंग्वेज पब्लिकेशन हाउस, मास्को.

— अभय कुमार दुबे

भारत में किसान संघर्ष-1

1857 से 1947 के बीच

(Peasant Struggles in India-1)

भारत की बनावट कृषि-प्रधान है। लेकिन खेतिहर उत्पादन की पूरी ज़िम्मेदारी उठाने के बावजूद किसानों की बहुसंख्या मँझोले, ग़रीब और भूमिहीन की श्रेणी में आती है। सामाजिक तौर से ये किसान समुदाय निचली जातियों (शूद्र और अंत्यज) के सदस्य हैं। परिणामस्वरूप शोषित, वंचित और दमित स्थितियों में जीवन-यापन करना उनकी विवशता रही है। खेतिहर सामाजिक-आर्थिक व्यवस्था के इस अंतर्विरोध ने अनगिनत किसान आंदोलनों और संघर्षों को जन्म दिया है। कृषक-संघर्षों के अध्येताओं और सिद्धांतकारों के अनुसार औपनिवेशिक शासन के दौरान 1857 के सिपाही विद्रोह में किसानों ने बड़े पैमाने पर भागीदारी की थी। 1855-56 के बीच बिहार, बंगाल और उड़ीसा में संथालों ने हथियार उठाये। फिर 1836 और 1896 में मलाबार के इलाक़े में मोपला किसानों ने बग़ावत की। 1860 में बिहार और बंगाल के नील किसानों ने विद्रोह किया। 1873 में पबना (सिराजगंज, बंगाल) के किसानों ने और 1875 में पुणे में मराठा किसानों ने संघर्ष किया। उन्नीसवीं सदी के आख़िरी दशक में आदिवासी-किसानों के मुंडा और संथाल विद्रोह हुए। इन बड़े-बड़े आंदोलनों के अलावा अध्येताओं ने ऐसे अपेक्षाकृत छोटे 77 किसान आंदोलनों की सूची भी बनायी है जिनके तहत समय-समय पर हज़ारों किसानों की गोलबंदी हुई।

बीसवीं सदी के पहले तीन दशकों में किसान आंदोलनों की बागडोर आधुनिक राजनीतिक पार्टियों ने सँभालनी शुरू की। कांग्रेस ने अपनी राष्ट्रवादी परियोजना के लिए किसानों का समर्थन जीतने की कोशिश की जिसका नतीजा चम्पारण, खेड़ा और बारदोली जैसी किसान गोलबंदियों में निकला। कम्युनिस्टों ने किसान सभा के ज़रिये उनके बीच विचारधारात्मक और राजनीतिक आधार बनाने का कार्यक्रम लिया। कम्युनिस्टों के नेतृत्व में 1946 में बंगाल का जुझारू तेभागा आंदोलन हुआ, और 1946 से 1948 के बीच लाल झण्डे के तहत ही तेलंगाना के किसानों ने हथियारबंद संघर्ष किया। 1946 में ही ट्रावणकोर (कोच्चि) में पुन्नपरा-वायलार किसान आंदोलन और पुणे-थाणे का वरली आदिवासी किसान विद्रोह भी हुआ।

समाज-विज्ञान में भारतीय किसान आंदोलनों को समझने के कई मॉडल प्रचलित हैं। पहला मॉडल एरिक वॉल्फ़ का है जो एशिया, अफ़्रीका और लातीनी अमेरिका की किसान क्रांतियों के आईने का इस्तेमाल करता है। इसके मुताबिक़ मुख्यत: तीन ऐसे संकट हैं जो किसानों में विद्रोही चेतना पैदा करते हैं : जनसंख्यामूलक, पारिस्थितिकीय और सत्ता व अधिकार का संकट। इस मॉडल के भारतीय पैरोकारों का दावा है कि उन्नीसवीं और बीसवीं सदी में बाक़ी कृषक-समाजों की भाँति भारत के किसानों को भी बार-बार इन्हीं संकटों का शिकार हो कर मजबूरन विद्रोह का रास्ता अपनाना पड़ा। किसी संघर्ष या क्रांति के पचास या सौ साल पहले हुई आबादी में बढ़ोतरी के धीरे-धीरे जमा हुए प्रभावों के कारण कृषक-समाज तनाव का शिकार हो जाता है। जनसंख्या बढ़ने से संसाधन कम पड़ जाते हैं। फलस्वरूप ज़मीन पर दबाव बढ़ता है जिसकी ख़रीद-फ़रोख़्त और बढ़ते हुए लगान से किसानों के जीवन पर विपरीत असर पड़ता है। यह परिस्थिति दूसरे यानी पारिस्थितिकीय संकट को जन्म देती है। फिर इन दोनों के संयोग से तीसरा और सबसे महत्त्वपूर्ण संकट पैदा

होता है जिसके तहत संसाधनों के नये नियंत्रक (साहूकार-ज़मींदार-सरकार की तिकड़ी) सत्ता और अधिकार के अनुपात को अपने पक्ष में झुका लेते हैं। एक सीमा तक बर्दाश्त करने के बाद किसान-समुदायों को संघर्ष में उतरना पड़ता है।

दूसरा मॉडल कैथलीन गफ़ का है जो मुख्यत: भारत के किसान संघर्षों का अध्ययन करके ही बनाया गया है। उन्होंने अंग्रेज़ों के ज़माने में हुए किसान संघर्षों को उनके लक्ष्यों, विचारधारा और संगठन-पद्धति के लिहाज़ से समझने के लिए मोटे तौर पर पाँच भागों में बाँटा है : अंग्रेज़ों को भगा कर उनकी जगह पूर्व-शासकों और पिछले भूमि-संबंधों को फिर से स्थापित करने के लिए हुए संघर्ष, किसानों के लुटेरे गिरोहों द्वारा प्रभुत्वशाली तत्त्वों को लूट कर ग़रीबों की मदद करने के लिए चलाई गयी मुहिमें, शासन के नये रूप से किसी क्षेत्र या जातीय समूह को मुक्त करने के लिए चलाये गये धार्मिक क़िस्म के संघर्ष, समुदाय को इंसाफ़ दिलाने के लिए की जाने वाली आंतकवादी कार्रवाइयाँ और अपनी विशिष्ट माँगों को मनवाने के लिए किये गये जन-विद्रोह। गफ़ मानती है कि ये सभी क़िस्में परस्परव्यापी हैं और उनके पीछे मुख्यत: दो कारण रहे हैं : किसानों के बीच लगातार बढ़ती ग़ुरबत के ख़िलाफ़ गहरा विक्षोभ; और किसानों के ख़िलाफ़ सत्तारूढ़ शक्तियों द्वारा अपनाया गया क्रूर और अत्याचारी रवैया।

सिदो मुर्मू और कान्हू मुर्मू : संथाल विद्रोह (1857-1858)

तीसरा मॉडल डी.एन. धनगरे ने सूत्रबद्ध किया है जिसमें उन्होंने गफ़ की धारणाओं का सहारा भी लिया है। धनगरे किसान प्रतिरोधों को छह क़िस्मों में बाँटते हैं जिनमें पहली दो क़िस्मों का चरित्र 'रूपांतरकारी' है पर 'क्रांतिकारी' नहीं। ये हैं : स्थानीय शासकों की वापिसी के लिए अंग्रेज़ों के ख़िलाफ़ चलाई गयी मुहिमें (मुख्यत: उन्नीसवीं सदी की परिघटना) और किसी एक क्षेत्र की मुक्ति के लिए चलाये गये धार्मिक प्रवृत्तियों वाले विद्रोह (जैसे मोपला किसानों का विद्रोह)। अगली तीन क़िस्मों को धनगरे सुधारवादी ठहराते हैं जिनका मक़सद आंशिक परिवर्तन से ज़्यादा नहीं था, भले ही उनमें आंदोलन के शांतिपूर्ण तरीक़े अपनाये गये हों या हथियारबंद (जैसे पैदावार के दो-तिहाई हिस्से पर दावेदारी करने वाला तेभागा आंदोलन)। किसान संघर्षों की आख़िरी क़िस्म धनगरे के मुताबिक़ वह है जिसमें हिंसक साधनों का सहारा लेने से परहेज़ किया गया (जैसे खेड़ा, बारदोली और चम्पारण के किसान आंदोलन)।

बीरसा मुंडा (1875-1900)

हालाँकि धनगरे का दृष्टिकोण भी मार्क्सवादी है, पर चौथा मॉडल उन मार्क्सवादियों का है जो मानते हैं कि किसान ज़मींदारों, सूदखोरों और राज्य द्वारा किये जाने वाले आर्थिक दोहन के ख़िलाफ़ किसान बग़ावत पर उतरते हैं। इस मॉडल में किसानों पर जाति-प्रथा के प्रभाव को नज़रअंदाज़ किया गया है और आर्थिक पहलू को बहुत ज़्यादा प्रमुखता दी गयी है। कम्युनिस्टों के नेतृत्व में किसान सभाओं द्वारा शुरू की गयी खेत मज़दूर यूनियनों की विफलता इस मॉडल की अपर्याप्तता की तरफ़ इशारा करती है।

भारतीय समाज में ज़्यादातर खेत मज़दूर दलित और अन्य निचली जातियों से आते हैं। इसलिए द्विज जातियों के भूमिहीन किसान खेत मज़दूर सभा में शामिल होने के लिए तैयार नहीं हुए। वैसे भी मार्क्सवादी मुख्य तौर पर मिडिल पीज़ेंट थियरी के अनुयायी रहे हैं जिसकी स्थापना लेनिन ने की थी। लेनिन के विचार में हमज़ा अलवी ने अच्छी-ख़ासी तरमीम की और मँझोले किसान को क्रांतिकारी सम्भावनाओं और एजेंसी से लैस क़रार दिया। अलवी के हस्तक्षेप के बाद व्यावहारिक रूप से भारत के मार्क्सवादी मानने लगे कि जिसके पास ज़मीन नहीं वह किसान नहीं। इसीलिए किसान सभा में खेतिहर मज़दूरों को शामिल नहीं किया गया, और उन्हें संगठित करने के लिए बहुत बाद में खेत मज़दूर सभा का टूटा-फूटा प्रयोग हुआ।

किसान संघर्षों का पाँचवाँ और बहुचर्चित मॉडल रणजीत गुहा ने पेश किया जिस पर अकादमीय हलकों में ज़बरदस्त बहस हुई। इसे सबाल्टर्न मॉडल के नाम से जाना जाता है। गुहा ने तीन तरह के विमर्श चिह्नित किये जिनके कारण किसान संघर्षों की सही बनावट और उनका सार रेखांकित नहीं हो पाया। सबसे पहले तो औपनिवेशिक प्रभुओं ने 'प्राथमिक' विमर्श के ज़रिये किसान विद्रोहों को ऐसी अवांछनीय बग़ावतों के रूप में चित्रित किया जिन्हें फ़ौरन

कुचल दिया जाना चाहिए था। इसके बाद 'द्वितीयक' विमर्श के रूप में भारतीय अभिजन ने अपनी विचारधारा की पुष्टि के लिए किसान विद्रोहों की अपने हिसाब से व्याख्या की। इस अभिजन ने किसान आंदोलनों का नेतृत्व करने का दावा भी किया। 'तृतीयक' विमर्श रैडिकल विचारधाराओं के पैरोकारों ने पेश किया और किसानों के इतिहास का विनियोग करने की प्रक्रिया अपने विचारधारात्मक मक़सदों से चलाई। इन तीनों विमर्शों की आलोचना करने के बाद गुहा ने कहा कि भारतीय या विदेशी अभिजन या रैडिकल तत्त्वों के बजाय किसानों के अपने दृष्टिकोण को सामने लाने की कोशिश करनी चाहिए। अभिजनों या रैडिकल विचारधाराओं के बजाय साधारण किसानों का इतिहास लिखा जाना चाहिए। इस तरह रणजीत गुहा ने 'जनता के इतिहास' या 'आधार से उभरने वाले इतिहास' की वकालत की।

अपनी विख्यात रचना *एलीमेंटरी आस्पेक्ट्स ऑफ़ पीज़ेंट इंसरजेंसी इन कोलोनियल इण्डिया* में मुख्य तौर पर पूर्वी भारत में हुए उन्नीसवीं सदी के आख़िरी दौर में हुए संथाल और मुंडा विद्रोहों की चर्चा की। उन्होंने इस इतिहास-लेखन को 'प्रोज़ ऑफ़ काउंटर-इंसरजेंसी' की संज्ञा दी। ये आदिवासी समुदाय अपेक्षाकृत समरूप क़िस्म के थे, इसलिए गुहा का मॉडल उन पर तो फिट हो गया, लेकिन ग़ैर-आदिवासी किसान समुदाय इतने समरूप न हो कर जाति, वर्ग और जेंडर के आधार पर ख़ासे विभेदीकृत थे। आदिवासियों को छोड़ कर अधिकतर किसान समुदाय धनी, मँझोले और ग़रीब किसानों में बँटे हुए थे। न केवल उनके बीच विभेद थे, बल्कि निचले वर्ग अपनी सबाल्टर्न हैसियत छोड़ कर क्षत्रिय बनने के ज़रिये ऊपर उठने की महत्त्वाकांक्षाओं से लैस भी थे। इस आलोचना के जवाब में गुहा ने एक दावा यह भी किया कि एक ख़ास स्थिति में (जैसे, टैक्सों का भारी बोझ) हर तरह के किसानों का हित एक जैसा हो जाता है और वे मिल-जुल कर बग़ावत का झण्डा उठा लेते हैं। बहरहाल, गुहा ने इतिहास-लेखन के दृष्टिकोण से जिस सबाल्टर्न किसान को कल्पित किया था, वह किसान आंदोलनों की मार्क्सवादी समझ के लिए चुनौती साबित हुआ।

ज़ाहिर है कि समाज-विज्ञान में प्रचलित ये मॉडल किसान विद्रोहों की कोई ऐसी सर्वमान्य थियरी पेश नहीं कर पाये हैं जिसके दायरे में रख कर आज़ादी से पहले के भारतीय किसान आंदोलनों की समग्र समझ बनायी जा सके। लेकिन, इन मॉडलों से किसानों द्वारा विद्रोह करने के कारणों, उनके द्वारा अपनायी गयी संगठन पद्धतियों और किसानों की राजनीतिक चेतना के उलझे हुए प्रश्नों पर रोशनी पड़ती है।

देखें : आंध्र प्रदेश, चीन की कम्युनिस्ट क्रांति, चारु मजूमदार, पश्चिम बंग, भारतीय कम्युनिस्ट पार्टी, भारतीय कम्युनिस्ट पार्टी (मार्क्सवादी), माओ त्से-तुंग, रणजीत गुहा, सन् 1857 का संग्राम-1 से 4 तक, सहजानंद सरस्वती।

संदर्भ

1. डी.एन. धनगरे (1986), *पीज़ेंट मूवमेंट्स इन इण्डिया : 1920-1950,* ऑक्सफ़र्ड युनिवर्सिटी प्रेस, नयी दिल्ली.
2. एरिक आर, वॉल्फ़ (1988), 'ऑन पीज़ेंट रिबेलियंस', तियोदोर शानिन (सम्पा.), *पीज़ेंट ऐंड पीज़ेंट्स सोसाइटीज़,* पेलिकन, नयी दिल्ली.
3. रणजीत गुहा (1988), *एलीमेंटरी आस्पेक्ट्स ऑफ़ पीज़ेंट इंसरजेंसी इन कोलोनियल इण्डिया,* ऑक्सफ़र्ड युनिवर्सिटी प्रेस, नयी दिल्ली.

— अभय कुमार दुबे

भारत में किसान संघर्ष-2

तेलंगाना और तेभागा

(Peasant Struggles in India-2)

भारतीय किसान आंदोलनों को समझने के लिए बनाये गये मॉडलों से एक बात स्पष्ट होती हैं कि समाज-वैज्ञानिक आम तौर पर उन्हें क्रांतिकारी या सत्ता दख़ल के लिए चलाई गयी मुहिमों की श्रेणी में रखने से परहेज़ करते रहे हैं। लेकिन किसानों का राजनीतिक नेतृत्व करने वालों का कम से कम एक हिस्सा ऐसा ज़रूर रहा है जिसने किसानों की प्रतिरोध-कार्रवाइयों में सत्ता की संरचनाओं में बुनियादी तब्दीली लाने की सम्भावनाएँ देखी हैं।

उपनिवेशवाद विरोधी आंदोलन के दौरान भारत के किसान आंदोलनों का नेतृत्व कांग्रेस और कम्युनिस्टों के बीच बँटा हुआ था। धनी किसानों और ज़मींदारों को कांग्रेस के साथ जुड़ने में कोई दिक़्क़त नहीं थी। इस धारा से बीसवीं सदी के दूसरे दशक में बिहार के चम्पारण एवं गुजरात के खेड़ा और बारदोली में ख़ुशहाल किसानों के नेतृत्व में राजनीतिक गोलबंदियाँ निकलीं। किसान आंदोलन के इस कांग्रेसी प्रसंग की ख़ास बात थी ग़रीब किसानों और भूमिहीनों के राजनीतीकरण की जगह गाँधी उनके पास रचनात्मक कार्यक्रम ले कर गये। दूसरी तरफ़ शोषित बँटाईदारों व ग़रीब-भूमिहीन किसानों को गोलबंद करने की ज़िम्मेदारी कम्युनिस्टों ने सँभाली। परिणामस्वरूप चालीस के दशक में आज़ादी की पूर्व-संध्या पर तेलंगाना और तेभागा नामक दो जुझारू किसान आंदोलन उभरे जिन्होंने आगे चल कर भारतीय राजनीति में प्रतिमानमूलक भूमिका निभायी। इन आंदोलनों ने भूमि-सुधारों की ज़रूरत पर ज़ोर दिया जिसके परिणामस्वरूप ज़मींदारी उन्मूलन किया गया और भूमि

तेलंगाना के हथियारबंद संघर्ष (1946-1951) में स्त्रियों ने उल्लेखनीय भागीदारी की।

तेभागा किसान आंदोलन (1946-1947) चित्र : सोमनाथ होर

हदबंदी क़ानून बना। तेलंगाना की प्रतिक्रिया में ही विनोबा भावे के नेतृत्व में गाँधीवादियों द्वारा भूदान आंदोलन शुरू किया गया।

दोनों संघर्षों का बिगुल 1946 में बजा। दोनों के भौगोलिक क्षेत्र, परिस्थितियाँ और उनके अनुसार अपनायी गयी रणनीतियाँ बहुत अलग-अलग थीं। तेलंगाना निज़ाम शासित हैदराबाद रियासत का एक निहायत पिछड़ा हुआ इलाक़ा था जिसे जंगलों और पहाड़ों की बहुतायत के कारण एजेंसी एरिया कहा जाता था। तेभागा आंदोलन अविभाजित बंगाल में हुआ। बंगाल के पश्चिमी हिस्से के कुछ इलाक़ों के साथ-साथ इसका प्रसार उत्तर बंगाल और पूर्वी बंगाल (आज का बांग्ला देश) के ज़िलों में ज़्यादा था।

तेलंगाना का सशस्त्र किसान विद्रोह : 1946 से 1951 के बीच यह आंदोलन मुख्यत: दो चरणों से गुज़रा। पहले दौर में किसानों ने स्थानीय ज़मींदारों और उनका साथ देने वाली निज़ाम की सरकारी मशीनरी और रज़ाकारों के नाम से गठित फ़ौज़ी संगठन की दमनकारी कार्रवाइयों का प्रतिरोध किया, और दूसरे दौर में नेहरू सरकार द्वारा भेजी गयी फ़ौज के ख़िलाफ़ लड़ाई लड़ी। जागीरदारों और देशमुखों के ख़िलाफ़ आंदोलन की शुरुआत ज़मीनों से ज़बरन बेदख़ल न करने, सामंती ज़ुल्मो-सितम और वेट्टी प्रथा (बँधुआ मज़ूरी) ख़त्म करने की माँग से शुरू हो कर यह आंदोलन जल्दी ही निज़ाम की हुकूमत का तख़्ता उलटने की हथियारबंद मुहिम में तब्दील हो गया। 1946 में नलगोंडा ज़िले के पोचमपल्ली गाँव से संघर्ष शुरू हुआ। चूँकि निज़ाम आज़ाद भारत में अपनी रियासत का विलय करने के लिए तैयार नहीं था इसलिए इस संघर्ष के प्रति उपनिवेशवाद विरोधी नेतृत्व ने भी हमदर्दी प्रकट करनी शुरू कर दी और उसे राष्ट्रीय मुक्ति संग्राम की आभा मिलती चली गयी।

कम्युनिस्ट पार्टी 1939-40 से ही हैदराबाद राज्य के तेलुगुभाषियों के राजनीतिक-सांस्कृतिक अधिकारों की माँग करने वाली आंध्र महासभा की आड़ में सक्रिय थी। 1943 में इस जन-संगठन का नेतृत्व पूरी तरह से कम्युनिस्टों के हाथ में चला गया और अगले साल से उन्होंने जागीरदारों और उनके शोषण के ख़िलाफ़ किसानों की जुझारू मुहिमों की शुरुआत कर दी। 1946 में पार्टी की हैदराबाद इकाई ने मद्रास प्रेसीडेंसी के तेलुगुभाषी हिस्सों को जोड़ कर विशाल आंध्र आंदोलन का झण्डा बुलंद करते हुए अपने नेतृत्व में चल रहे किसान संघर्ष को भाषाई राष्ट्रीयता की इस राजनीति से जोड़ दिया जहाँ आंध्र महासभा निज़ाम विरोधी शक्तियों का मिला-जुला जन-संगठन बन चुकी थी।

जून, 1947 में अंग्रेज़ों ने कांग्रेस को सत्ता दे कर भारत छोड़ने का फ़ैसला किया। सितम्बर में कोमिनफ़ॉर्म के उद्घाटन सम्मेलन में स्तालिन के दामाद झदानोव ने विश्लेषण किया कि दुनिया समाजवादी और साम्राज्यवादी शिविरों में बँटी हुई है और कम्युनिस्टों को दुनिया भर में विस्तार और आक्रमण की साम्राज्यवादी डिज़ाइन के ख़िलाफ़ लड़ना चाहिए। भारतीय कम्युनिस्टों ने इसका मतलब यह निकाला कि ग़ैर-समाजवादी देशों में स्थानीय पूँजीवाद अपना राष्ट्रीय चरित्र खो कर साम्राज्यवाद के साथ चला गया है। इसलिए उन्होंने भारत की आज़ादी को फ़र्ज़ी क़रार दिया। इससे भी आगे बढ़ कर भाकपा इस नतीजे पर पहुँची कि अर्ध-सामंती और अर्ध-पूँजीवादी होने के बजाय भारत में पूँजीवाद का पर्याप्त विकास हो चुका है इसलिए लोकतांत्रिक (कम्युनिस्ट शब्दावली में जनवादी) और समाजवादी क्रांति अलग-अलग सम्पन्न करने के बजाय एक साथ जन-विद्रोह की रणनीति अपनानी चाहिए। 1948 में हुई पार्टी कांग्रेस ने यही कार्यदिशा अख़्तियार की जिसे रणदिवे लाइन के नाम से जाना गया। चूँकि तेलंगाना का संघर्ष चल

रहा था और राष्ट्रीय स्तर पर उसकी प्रतिष्ठा थी, इसलिए पार्टी ने देश के सभी हिस्सों में इसी तरह के संघर्ष चालू करने का आह्वान किया और मज़दूर वर्ग से अपील की कि वे तेलंगाना के समर्थन में कमर कस लें ताकि हथियारबंद जन-विद्रोह के हालात बन जाएँ। कुल मिला कर क्रांति का यह रास्ता रूस में हुई क्रांति के तर्ज़ पर था।

फ़रवरी-मार्च में कांग्रेस हुई, और मई में तेलंगाना का नेतृत्व कर रहे आंध्र के कम्युनिस्टों ने इस लाइन का विरोध कर दिया। वे आंध्रा थीसिस ले कर सामने आये जिसके आधार में माओ द्वारा विकसित नव-जनवाद का सिद्धांत (सर्वहारा की तानाशाही के बजाय जनवादी क्रांति में दिलचस्पी रखने वाले वर्गों की मिली-जुली तानाशाही) था। इसमें दावा किया गया था कि भारतीय क्रांति का रास्ता रूस के मुताबिक़ नहीं बल्कि चीन के मुताबिक़ होगा। यानी हर जगह एक साथ किये गये हथियारबंद जन-विद्रोह के बजाय किसानों की छापामार लड़ाई के ज़रिये एक दीर्घकालीन लोक-युद्ध चलाया जाएगा जिसके अंत में एक जनवादी मोर्चा केंद्रीय सत्ता पर क़ब्ज़ा कर लेगा। चूँकि आंध्र, केरल और बंगाल में अनुकूल हालात हैं इसलिए वहाँ इस तरह का लोक-युद्ध किया जाना चाहिए। आंध्रा थीसिस ने इस जनवादी क्रांति के लिए एक ऐसे मोर्चे की तजवीज़ की जिसमें ग़रीब-भूमिहीन किसानों के साथ धनी किसान और छोटे पूँजीपतियों का समर्थन जुटाया जाना था।

जिस समय पार्टी में रणदिवे लाइन और आंध्रा थीसिस के बीच यह बहस चल रही थी, नेहरू सरकार ने निज़ाम की रियासत को भारत में मिलाने के लिए फ़ौज का इस्तेमाल करने का फ़ैसला किया जिसे नाम 'पुलिस कार्रवाई' का दिया गया। भारतीय सेना के दबाव से निज़ाम के रज़ाकार अपने हथियार छोड़ कर बुरी तरह भागे। यह गोला-बारूद पार्टी नेतृत्व में सक्रिय किसान योद्धाओं के दलों को मिला जिससे शुरू में उनकी स्थिति मज़बूत हुई। लेकिन जल्दी ही फ़ौज ने किसान क्रांतिकारियों पर हमला शुरू कर दिया। तब जा कर पार्टी को पुलिस कार्रवाई का असली चरित्र समझ में आया। इस दमन के ख़िलाफ़ जूझते हुए चार हज़ार किसान और कम्युनिस्ट कार्यकर्ता मारे गये, दस हज़ार से ज़्यादा 3-4 साल तक फ़ौजी कैम्पों और ज़ेलों में बंद रहे। लाठी चार्ज, फ़ायरिंग, अमानुषिक पिटायी, हत्या और बलात्कार को दौर चला। इधर किसान-योद्धा छापामार युद्ध के ज़रिये किसी न किसी प्रकार फ़ौज के सामने टिके हुए थे, उधर ब्रिटिश कम्युनिस्ट पार्टी के दबाव और सोवियत हस्तक्षेप के कारण भाकपा 1951 तक तेलंगना के संघर्ष को वापिस लेने की स्थिति में आ चुकी थी। पार्टी ने हिंसा का रास्ता छोड़ने का एलान किया, छापामारों से हथियार डलवाये गये और 1952 के चुनाव में भागीदारी की। यह तेलंगाना की प्रतिष्ठा का ही कमाल था कि इस क्षेत्र से पार्टी के उम्मीदवार रविनारायण रेड्डी देश में सबसे ज़्यादा वोट प्राप्त करने वाले सांसद बने।

सशस्त्र संघर्ष की लाइन पराजित ज़रूर हो गयी, पर कृषक-क्रांति के परिप्रेक्ष्य ने साठ के दशक में जब दोबारा दस्तक दी, तो उसके पीछे आंध्रा थीसिस की पैरोकारी करने वाले नेताओं और कार्यकर्ताओं की प्रभावशाली क़तार थी।

अविभाजित बंगाल के बँटाईदार किसानों (बंगाल के सदंर्भ में छोटे भू-स्वामी और बरगादार) के जुझारू आंदोलन की प्रमुख माँग पैदावार के तीन भाग अपने पास रखने और ज़मींदार (बंगाल के संदर्भ में जोतदार) को केवल एक-तिहाई हिस्सा देने की थी। इसकी पृष्ठभूमि में 1943 का अकाल (जिसने पंद्रह लाख लोगों की जान ली), अनाज की कमी-महँगाई, आबादी में हुई ज़बरदस्त बढ़ोतरी और ग़रीब किसानों पर बढ़ता हुआ क़र्ज़ था। अकाल के समय कम्युनिस्ट पार्टी के नेतृत्व में किसान सभा ने राहत कार्य की ज़बरदस्त मुहिम चलाई जिससे किसानों में उसकी लोकप्रियता बढ़ती चली गयी। 1945 तक उसके पास हज़ार से ज़्यादा पूर्णकालिक कार्यकर्ता, और एक हज़ार गाँवों में 77,000 के आसपास सदस्य थे। सितम्बर, 1946 में पार्टी ने तेभागा आंदोलन छेड़ने का फ़ैसला किया।

उत्तर-पश्चिम दीनाजपुर के अटवारी गाँव से संघर्ष की शुरुआत हुई जहाँ बरगादारों ने धान की फसल काटी और उसे जोतदार को देने के बजाय ख़ुद अपने पास रख लिया। पुलिस आयी तो बरगादार उससे भिड़ गये। गिरफ़्तारी के अंदेशे से किसान सभा और पार्टी के नेता भूमिगत हो गये। शुरू में केवल दीनाज़पुर के ठाकुरगाँव परगना तक सीमित यह संघर्ष पंद्रह दिनों के भीतर-भीतर ज़िले के दो-तिहाई गाँवों में फैल गया। दिसम्बर तक इसका प्रसार 11 ज़िलों में हो गया और एक हज़ार से ज़्यादा कार्यकर्ताओं और किसानों से जेलें भर गयीं। आंदोलन का पहला दौर ग़रीब किसानों की पहलक़दमी और स्वत:स्फूर्तता से उपजी हिंसक कार्रवाइयों से भरा हुआ था। दीनाजपुर, रंगपुर और जलपाईगुड़ी में किसान नेता के तौर पर युवक चारु मजूमदार ने भी इस विद्रोह में जम कर हिस्सा लिया। भूमिगत राजनीति करने, पुलिस और जोतदारों के ख़िलाफ़ हथियारबंद कार्रवाइयाँ करने, पुलिस से राइफलें छीनने और दमन के ख़िलाफ़ छापामार शैली में किसानों को संगठित करने की प्राथमिक शिक्षा उन्हें इसी आंदोलन से मिली। आंदोलन से मजबूर हो कर बंगाल की सरकार बरगादार बिल लायी। इसमें दो तिहाई-एक तिहाई की माँग तो मान ली गयी, पर जोतदार को अधिकार भी दे दिया गया कि निजी इस्तेमाल के नाम पर वह बरगादार को बेदख़ल भी कर सकता है। ऊपर से इस बिल के कभी क़ानून

बनने की नौबत भी नहीं आयी। फ़रवरी, 1947 में दीनाजपुर के ही ख़ानपुर गाँव में पुलिस और किसानों के बीच जम कर टक्कर हुई। किसानों ने खाइयाँ खोद कर घातक हथियारों का भी इस्तेमाल किया। कुल मिला कर इस आंदोलन में साठ लाख किसानों ने भागीदारी की और पचास से ज़्यादा पुलिस की गोलियों से मारे गये। चारु मजूमदार जैसे स्थानीय नेताओं का तर्क था कि किसान जनता और भी ज़्यादा लम्बे संघर्ष में कूदने के लिए तैयार है, पर उनकी बात नहीं मानी गयी। बंगाल भाकपा ने आंदोलन वापिस लेते हुए तर्क दिया कि किसानों की माँगें मान ली गयी हैं।

तेलंगाना और तेभागा के बीच समानता यह थी कि उनके गर्भ से उपनिवेशवाद विरोधी आंदोलन के दौरान विकसित हुए किसान राजनीति के गाँधीवादी तौर-तरीक़ों से हटते हुए सशस्त्र कृषक-क्रांति का परिप्रेक्ष्य निकला। दिलचस्प बात यह है कि जिस कम्युनिस्ट पार्टी ने तेलंगाना और तेभागा का नेतृत्व किया, उसी को बीस साल बाद इन आंदोलनों की विरासत के दूरगामी प्रभाव के कारण विभाजन से गुज़रना पड़ा। इस विरासत को कृषक-क्रांति की लाइन के रूप में जाना जाता है। इसका मतलब था स्थानीय ताक़तों और सरकारी शक्तियों के ख़िलाफ़ एक भूमिगत पार्टी के विचारधारात्मक नेतृत्व में किसानों का छापामार युद्ध, लाल सेना का गठन और इलाक़ावार सत्ता दख़ल। 1967 के बाद अखिल भारतीय स्तर पर उभरे नक्सलवादी आंदोलन के पीछे यही रणनीतिक तर्क काम कर रहे थे जिससे भारतीय राज्य की वैधता को आज़ादी के बाद की सबसे बड़ी चुनौती का सामना करना पड़ा।

देखें : आंध्र प्रदेश, चीन की कम्युनिस्ट क्रांति, चारु मजूमदार, पश्चिम बंग, भारतीय कम्युनिस्ट पार्टी, भारतीय कम्युनिस्ट पार्टी (मार्क्सवादी), माओ त्से-तुंग, रणजीत गुहा, सन् 1857 का संग्राम-1 से 4 तक, सहजानंद सरस्वती।

संदर्भ

1. डी.एन. धनगरे (1986), 'द तेभागा मूवमेंट इन बंगाल, 1946-47' और 'सोशल ऑरिजंस ऑफ़ द पीज़ेंट इसरेक्शन इन तेलंगाना, 1946-51', *पीज़ेंट मूवमेंट्स इन इण्डिया : 1920-1950*, ऑक्सफ़र्ड युनिवर्सिटी प्रेस, नयी दिल्ली, 1986,
2. पी. सुंदरैया (1972), *तेलंगानाज़ पीपुल्स स्ट्रगल ऐंड इट्स लैसंस*, सीपीआई (एम), कलकत्ता, 1972

— **अभय कुमार दुबे**

भारत में किसान संघर्ष-3

स्वातंत्र्योत्तर परिप्रेक्ष्य और भूमि-सुधार

(Peasant Struggles in India-3)

तेलंगाना किसान संघर्ष की मिसाल से अंदाज़ा लग सकता है कि 15 अगस्त, 1947 को हुए सत्ता-हस्तांतरण के बाद किसान आंदोलनों की राजनीति पहले की तरह नहीं चलाई जा सकती थी। तेलंगाना का नेतृत्व करने वाली जो कम्युनिस्ट पार्टी निज़ाम के ख़िलाफ़ बेहिचक लड़ सकती थी, उसी के भीतर नेहरू-सरकार द्वारा भेजी गयी फ़ौज के ख़िलाफ़ लड़ने के सवाल ने विचारधारात्मक और रणनीतिक हिचक पैदा कर दी। राजनीतिक आज़ादी के कारण न केवल पूरे भारतीय समाज पर दूरगामी असर पड़ा, बल्कि खेतिहर नज़ारे में भारी तब्दीली हो गयी। देशी रियासतों का भारतीय संघ में विलय हो गया और एक ऐसा भारत उभरा जो राजनीतिक और प्रशासनिक रूप से अधिक सुसंगठित और समरूप संरचना के रूप में सभी नागरिकों को एक जैसे सार्वजनिक क़ानून के तहत शासित करने का आश्वासन देता था। देश के हर वयस्क को वोट का अधिकार मिल गया जिसके कारण राजनीतिक अधिकारों से वंचित रहे किसानों के राजनीतीकरण की सम्भावना खुल गयी। भारतीय राज्य ने देहात में ऐसे वर्गों की रचना करने की योजना बनायी जो बाज़ार और मुनाफ़े के लिए उत्पादन करते हों। कृषि-नीति का मुख्य ज़ोर ज़मींदारों और ख़ुद खेती न करने वाले भू-स्वामियों को हटा कर उनकी जगह धनी किसानों और लाभकर जोतों वाले मँझोले किसानों को स्थापित करने पर हो गया।

सत्तारूढ़ पार्टी कांग्रेस के पास किसानों को सत्याग्रह और गाँधीवादी कार्यक्रम के तहत गोलबंद करने का अनुभव था। वह जानती थी कि छोटे किसानों के बँटाईदार में बदलने, उनके सर्वहाराकरण की प्रक्रिया और उनकी बढ़ती हुई ऋणग्रस्तता से न केवल कृषि-उत्पादन में गिरावट आती है, बल्कि किसान जनता के बीच गहरा असंतोष भी पैदा होता है। उसने 1949 में ही कुमारप्पा के नेतृत्व में एक कृषि सुधार कमेटी गठित की जिसने कृषि ढाँचे के सुधार के लिए दूरगामी सुझाव दिये। एक मैनेजमेंट सर्वे के नतीजों से नयी सरकार को यह भी पता चला कि मँझोली काश्तों के ज़रिये ही खेतिहर उत्पादन में बढ़ोतरी होगी और वह अतिरिक्त मूल्य पैदा हो सकेगा जिसके निवेश से औद्योगिक क्रांति को गति मिलेगी। इस परिप्रेक्ष्य ने जोतने वाले के हाथ में ज़मीन का अधिकार देने के नीतिगत आग्रह के साथ भूमि-सुधारों को जन्म दिया। भूमि हदबंदी लागू की गयी और ज़मींदारी उन्मूलन क़ानून बनाया गया। इन सरकारी नीतियों में निहित

तेलंगाना संघर्ष ख़त्म होने के बाद भूमिगत जीवन से बाहर आते हुए कम्युनिस्ट नेता।

आश्वासनों ने करीब पंद्रह साल तक किसानों के आंदोलनकारी स्वर को ख़ामोश रखा। 1962 के बाद इन सरकारी नीतियों की विफलता के कारण किसानों ने मोर्चे बाँधने शुरू किये।

दरअसल, भूमि-सुधार क़ानून कुछ इस तरह से बनाये गये थे कि उनके रहते ज़मीनों पर अपनी मिल्कियत बचा लेना ग्रामीण समाज पर हावी बड़े भू-स्वामियों के लिए ज़्यादा कठिन साबित नहीं हुआ। अलग-अलग राज्यों में ज़मींदारों ने तरह-तरह के हथकंडे अपना कर भूमि सुधार क़ानूनों को चकमा दिया। ख़ुद कृषि मंत्रालय ने माना कि भूमि हदबंदी असंगतिपूर्ण नीति, अधूरे क़ानून और अकुशल क्रियान्वयन का उदाहरण थी। इनका सबसे ज़्यादा फ़ायदा पट्टेदार बँटाईदारों को मिला जो कमोबेश पहले ही भूमिधर हो चुके थे। साथ में लाखों-लाख छोटे बँटाईदार ख़ुद खेती करने के नाम पर बेदख़ल कर दिये गये। कृषि का प्रबंध करने भर को सरकार ने खेती करना मान लिया। बँटाईदारी लगातार कम हुई और मजूरी पर खेती करवाने की परिघटना बढ़ती चली गयी।

1956 में बिहार में मुज़फ़्फ़रपुर ज़िले के एक गाँव के उदाहरण से पता लग सकता है कि नये क़ानून का क्या असर पड़ा : भूमि सुधार क़ानूनों से पहले यहाँ की छह सौ एकड़ ज़मीन पर एक ही व्यक्ति की मिल्कियत थी। नये क़ानून के तहत 1956 तक क़रीब सौ एकड़ ज़मीन 61 दखली रैयतों के हाथों में आयी। यानी प्रति परिवार औसत जोत 1.65 एकड़ जो अलाभकारी थी। देहात के अपने मकान से जुड़ी पाँच सौ एकड़ ज़मीन ज़मींदार के पास ही रह गयी और इसके 12 पट्टेदार बेदख़ल हो कर भूमिहीन हो गये। कुल मिला कर गाँव के 61 भूमिधरों और 12 भूमिहीनों में से कोई भी इस 'पूर्व' ज़मींदार पर आर्थिक निर्भरता से मुक्त नहीं हो सका। दोनों श्रेणियों के परिवार इस पाँच सौ एकड़ पर मजूरी करने को मजबूर थे। ज़मींदार ने उनकी मजूरी भी घटा दी।

ज़मींदारी उन्मूलन के बाद एक नये तरह के भू-स्वामी ने जन्म लिया। 50 के दशक के आख़िर में सरकार ने सामुदायिक विकास कार्यक्रम चलाया जिसके तहत सहकारी फ़ार्मिंग, संस्थागत ऋण, मार्केटिंग की सुविधाओं, पंचायतों और खण्ड विकास अधिकारियों की मदद से ख़ुद खेती न करने के बावजूद किसान बने रहना, अतिरिक्त ज़मीन को छिपाये रखना और लगातार आर्थिक ताक़त बढ़ाते रहना इन नये ज़मींदारों के लिए आसान हो गया। अंग्रेज़ों के ज़माने में लगान वसूलने के लिए जो कारिंदे, लठैत और पहलवान रखने पड़ते थे, ज़मींदारों ने उन्हें चुनाव की राजनीति में जातिगत गोलबंदी करने, बूथों पर क़ब्ज़ा करने और देहाती समाज में रंग-रुतबा क़ायम रखने के लिए इस्तेमाल किया। आख़िरकार खेती के अलावा ठेकेदारी करने, बसें चलवाने, ब्याज पर बाँटा गया रुपया वसूलने के लिए भी गुंडों की ज़रूरत थी। सरकार ने अपरोक्ष रूप से ज़मींदारों की इस ताक़त को स्वीकारा और उन्हें देहातों पर दबदबा क़ायम करने के लिए छोड़ दिया। किसानों और ज़मींदारों के हर टकराव में सरकारी मशीनरी ने बार-बार बड़े भू-स्वामियों का ही साथ देना पसंद किया।

कुल मिला कर किसानों की राजनीति दो हिस्सों में बँटती चली गयी। धनी किसानों और ज़मींदारों ने राजनीतिक प्रतिनिधियों के ज़रिये सरकार से और ज़्यादा रियायतें लेने के लिए पेशबंदी शुरू की। हरित क्रांति की प्रौद्योगिकी ने इस तबक़े को और शक्तिशाली किया। बेहतर खाद, बेहतर बीज, कीटनाशकों और बेहतर सिंचाई के ज़रिये बढ़ी पैदावार से कमाये गये मुनाफे को इन नये ज़मींदारों ने उद्योगों और शहरी क्षेत्रों में नहीं लगाया, बल्कि ठेकेदारी, शराब के धंधे और बस-ट्रक चलाने में ख़र्च किया। दूसरी ओर छोटे-मँझोले किसान और भूमिहीन मज़दूर थे जिनके लिए अपनी इज़्ज़त और रोज़ी-रोटी के लिए जुझारू आंदोलन अनिवार्य होता जा रहा था। उनका नेतृत्व समाजवादियों के किसान मोर्चों और कम्युनिस्ट पार्टियों की किसान सभाओं ने सँभाला।

साठ का दशक ख़त्म होते-होते गृह मंत्रालय द्वारा तैयार किये गये एक विश्लेषण के एक अनुसार असम में पाँच, आंध्र प्रदेश में पाँच, बिहार में तीन, गुजरात में एक, केरल में तीन, मध्य प्रदेश में एक, महाराष्ट्र में एक, मैसूर में एक, राजस्थान में दो और तमिलनाडु में दो किसान आंदोलन शुरु हो चुके थे। इनका मक़सद बड़े भू-स्वामियों की ज़मीन पर सत्याग्रह के ज़रिये या ज़बरिया क़ब्ज़ा करना था। गृह मंत्रालय के अनुसार इन तमाम आंदोलनों में सबसे ज़्यादा अहम और संगीन था पश्चिम बंगाल के नक्सलबाड़ी इलाक़े में जोतदारों के ख़िलाफ़ चलाया गया हिंसक आंदोलन जिसके कारण 1969 के अगस्त तक ज़मीन पर ज़बरिया क़ब्ज़े की 346 घटनाएँ प्रकाश में आ चुकी थीं। किसान आंदोलनों के कारण असम में पाँच सौ, राजस्थान में 775 और उत्तर प्रदेश में चार हज़ार किसानों को गिरफ़्तार करना पड़ा था। गृह मंत्रालय के अनुसार आंध्र प्रदेश, ओडीशा और बिहार के आदिवासी इलाक़े अंसतोष के दौर से गुज़र रहे थे। आंध्र के

श्रीकाकुलम इलाक़े में गिरिजनों ने ज़मींदारों के ख़िलाफ़ संगठित मुहिम छेड़ दी थी। यह विश्लेषण इस बात का सबूत था कि आज़ादी के बाद खेतिहर ढाँचे में आया परिवर्तन ग़रीब-भूमिहीन किसानों और आदिवासियों की हितों की हिफ़ाज़त करने में नाकाम साबित हुआ था। गृह मंत्रालय के विश्लेषण में स्पष्ट निष्कर्ष निकाला गया कि भूमि-सुधारों के ज़रिये ज़मीन जोतने वाला लाभांवित नहीं हुआ था।

यही थी वह ज़मीन जिस पर साठ के दशक में नक्सलबाड़ी विद्रोह और श्रीकाकुलम का किसान संघर्ष खड़ा हुआ था। ये दो आंदोलन किसान असंतोष की घटनाओं से इस मायने में अलग थे कि उनके शीर्ष पर ग्रामीण सर्वहारा के नेतृत्व में कृषक-क्रांति का परिप्रेक्ष्य था। इनकी बागडोर उन कम्युनिस्टों के हाथ में थी जो तेलंगाना और तेभागा की राजनीतिक विरासत के पैरोकार थे और जिन्होंने क्रांति के सोवियत रास्ते को नहीं बल्कि चीनी रास्ते को अपनाना मंज़ूर किया था।

देखें : आंध्र प्रदेश, चीन की कम्युनिस्ट क्रांति, चारु मजूमदार, पश्चिम बंग, भारतीय कम्युनिस्ट पार्टी, भारतीय कम्युनिस्ट पार्टी (मार्क्सवादी), माओ त्से-तुंग, रणजीत गुहा, सन् 1857 का संग्राम-1 से 4 तक, सहजानंद सरस्वती।

संदर्भ

1. ए.आर. देसाई (सम्पा.) (1986), *एग्रेरियन स्ट्रगल्स इन इण्डिया आफ़्टर इंडिपेंडेंस*, ऑक्सफ़र्ड युनिवर्सिटी प्रेस, नयी दिल्ली.
2. गृह मंत्रालय (रिसर्च ऐंड पॉलिसी डिवीज़न) (1969), 'द कॉज़ेज़ ऐंड नेचर ऑल करेंट एग्रेरियन टेंशन'.
3. क्रिश्चियन सिग्रिस्ट (1974), *भारत में किसान संघर्ष*, मैकमिलन, नयी दिल्ली.
4. वी.सी. कोशी (1974), 'लैण्ड रिफ़ॉर्म्स इन इण्डिया अंडर द लैंस', *सोशल साइंटिस्ट*, खण्ड 2, अंक 12.

— अभय कुमार दुबे

भारत में किसान संघर्ष-4

नक्सलवादी आंदोलन

(Peasant Struggles in India-4)

मार्क्सवाद-लेनिनवाद में माओ के विचारों का समावेश करके हथियारबंद कृषि-क्रांति के ज़रिये इलाक़ावार सत्ता दख़ल करते हुए भारतीय राज्य को उखाड़ फेंकने के कार्यक्रम का लोकप्रिय नाम नक्सलवाद है। आज़ादी मिलने के बाद भारतीय राज्य की वैधता और सम्प्रभुता को सबसे बड़ी चुनौती देने वाला यह आंदोलन विचारधारा और सांगठनिक बुनावट के लिहाज़ से बेहद पेचीदा है। इसके विकास को तीन चरणों में बाँट कर समझा जा सकता है।

पहले चरण की शुरुआत 1967 में उत्तर बंगाल की तराई में स्थित नक्सलबाड़ी इलाक़े के आदिवासी किसानों द्वारा स्थानीय ज़मींदारों और सरकार के ख़िलाफ़ किये गये सशस्त्र विद्रोह से हुई। यह दौर 1972 तक चला। इस दौरान इसका नेतृत्व मुख्य तौर पर चारु मजूमदार की अगुआयी वाली भारतीय कम्युनिस्ट पार्टी (मार्क्सवादी-लेनिनवादी) के हाथों में रहा। इस पार्टी की मान्यता थी कि भारतीय समाज का चरित्र अर्ध-सामंती और अर्ध-औपनिवेशिक है; और भारतीय राज्य किसी जनवादी क्रांति की नुमाइंदगी करने के बजाय नौकरशाह (यानी पब्लिक सेक्टर) और साम्राज्यवादी देशों की दलाली करने वाली पूँजी की नुमाइंदगी करता है। सत्तर के दशक के शुरुआती दौर में ज़बरदस्त सरकारी दमन और मजूमदार की पुलिस हिरासत में मृत्यु के बाद आंदोलन बहुत से छोटे-छोटे हिस्सों में बिखर गया।

साठ के दशक के आख़िरी वर्षों में नक्सली आंदोलन के उभार की दो मुख्य वजहें थीं : भूमि-सुधारों की विफलता के साथ-साथ आर्थिक विकास और रोज़गार के मोर्चे पर भारतीय राज्य का बुरी तरह से संकटग्रस्त हो जाना; और कम्युनिस्ट आंदोलन के भीतर संसदीय रास्ते और चीनी तर्ज़ पर किसानों की हथियारबंद क्रांति के बीच अंतर्विरोध। दरअसल, कम्युनिस्टों में तेलंगाना के किसान विद्रोह और तेभागा के किसान आंदोलन के ज़माने से ही क्रांति की दिशा को लेकर यह मतभेद चल रहा था। 1964 में भारत-चीन सीमा विवाद के नाम पर कम्युनिस्ट पार्टी दो हिस्सों में बँट गयी। नवगठित मार्क्सवादी कम्युनिस्ट पार्टी (माकपा) को ई.एम.एस. नम्बूदिरीपाद और ज्योति बसु ने अपने नेतृत्व में संसदवादी रास्ते पर चलाने की कोशिश की, लेकिन पार्टी में चीनी कम्युनिस्ट पार्टी और माओ के विचारों का समर्थन करने वाले तत्त्व भी ख़ासी संख्या में थे। आंध्र प्रदेश में तो नागी रेड्डी और चंद्र पुल्ला रेड्डी के नेतृत्व में चीनी रास्ते के समर्थकों का बहुमत था। पश्चिम बंगाल के उत्तरी हिस्से में चारु मजूमदार और कानु सान्याल; और दक्षिण बंगाल में अमूल्य सेन, कन्हाई चटर्जी और सुजीत घोष (दक्षिण देश गुट) इसी वैकल्पिक लाइन के पक्षधर थे।

चीन में हुई सांस्कृतिक क्रांति और लिन प्याओ द्वारा दिये गये लोक-युद्ध के नारे से प्रभावित चारु मजूमदार ने 1965 से 1967 के बीच आठ दस्तावेज़ लिख कर पार्टी की क़तारों के बीच वितरित किये। इनमें शुरु के पाँच दस्तावेज़ इस उम्मीद में लिखे गये थे कि माकपा को सशस्त्र कृषक-क्रांति का नेतृत्व करने वाली एक गोपनीय पार्टी में बदला जा

युवावस्था के दिनों में चारु मजूमदार (बायें से चौथे) रंगकर्मी उत्पल दत्त के साथ।

सकता है। बाद के तीन दस्तावेज़ों में वे एक नयी पार्टी के बारे में सोचते हुए नज़र आते हैं।

मार्च, 1967 में माकपा की भागीदारी वाली ग़ैरकांग्रेसी संयुक्त मोर्चा सरकार ने पश्चिम बंगाल में शपथ ली। इसी महीने सिलीगुड़ी परगना के किसान सम्मेलन में मजूमदार, उनके साथी कानु सान्याल और जांगल संथाल ने ज़मींदारों की ज़मीन पर क़ब्ज़ा करने का कार्यक्रम लेते हुए किसानों से सरकारी दमन के ख़िलाफ़ हथियारबंद लड़ाई के लिए तैयार रहने के लिए कहा। चारु मजूमदार ने अप्रैल में आठवाँ दस्तावेज़ लिख कर माकपा की संक्रमणकालीन सरकारों के सिद्धांत और व्यवहार पर आक्रमण करते हुए सवाल उठाया कि कम्युनिस्टों का काम ग़ैरकांग्रेसी सरकार की हिफ़ाज़त करना है या वर्ग-संघर्ष चलाना? 23 मई को नक्सबाड़ी विद्रोह हुआ। यह ख़बर माकपा के हलकों में आग की तरह फैली। पश्चिम बंगाल ही नहीं, बल्कि आंध्र प्रदेश, केरल, पंजाब, उत्तर प्रदेश, कश्मीर और बिहार में चीन के रास्ते और कृषि-क्रांति में भरोसा रखने वाले माकपा की कॉमरेडों ने इस विद्रोह का पक्ष लिया। इनमें प्रादेशिक स्तर माकपा का नेतृत्व करने वाले तत्त्व भी शामिल थे। 28 जून को रेडियो पेकिंग ने इस आंदोलन को 'भारत में वसंत का वज्रनाद' क़रार दिया। इसके बाद माकपा के बर्दवान पूर्णाधिवेशन में जमकर विचारधारात्मक जंग हुई और पार्टी अंतिम रूप से टूट की तरफ़ चली गयी। 13 नवम्बर, 1968 को ख़ुद को कम्युनिस्ट क्रांतिकारी मानने वाले ये तमाम लोग कलकत्ता में मिले और क्रांतिकारियों की अखिल भारतीय समन्वय समिति (एआईसीसीआर) बना ली। इसके थोड़े दिनों बाद ही आंध्र प्रदेश के श्रीकाकुलम इलाक़े में आदिवासी किसानों ने सशस्त्र विद्रोह कर दिया।

फ़रवरी, 1969 में दूसरी संयुक्त मोर्चा सरकार बनी जिसने नक्सलबाड़ी के नज़रबंद नेताओं को रिहा कर दिया। माकपा से निकले कई नेतृत्वकारी साथी फ़िलहाल पार्टी-गठन के पक्ष में नहीं थे। इसलिए उन्हें छोड़ कर सहमत लोगों के साथ मिल कर समन्वय समिति के नये संस्करण एआईसीसीआर ने 22 अप्रैल, 1969 यानी लेनिन के जन्म दिन पर एआईसीसीआर ने भाकपा (माले) का गठन कर लिया जिसकी औपचारिक घोषणा एक मई को कलकत्ता में हुई खुली रैली के ज़रिये की गयी। पार्टी-गठन की प्रक्रिया कम्युनिस्ट क्रांतिकारियों की सम्पूर्ण एकता की वाहक नहीं बन पायी। मतभेद न केवल पार्टी बनाने को लेकर थे, बल्कि क्रांति की रणनीतियों और कार्यनीतियों को लेकर भी थे। 1969 में ही नागी रेड्डी के नेतृत्व में आंध्र प्रदेश कोआर्डीनेशन कमेटी ऑफ़ कम्युनिस्ट रेवोल्यूशनरीज़ (एपीसीसीआर) और दक्षिण देश गुट द्वारा माओवादी कम्युनिस्ट केंद्र (एमसीसी) का भी गठन हुआ।

बहरहाल, मार्क्सवाद-लेनिनवाद माओ विचार को अपनाने वाली नयी पार्टी ने ट्रेड यूनियनों में काम करने, जन-संगठन बनाने, चुनाव में भाग लेने जैसी गतिविधियों को क्रांति के रास्ते से भटकाव क़रार दिया। इस दौर में मिली सफलताओं की बदौलत श्रीकाकुलम समेत पश्चिम बंगाल के डेबरा-गोपीबल्लभपुर में, उत्तर प्रदेश के लखीमपुर खीरी में और बिहार के मुशहरी में हथियारबंद संघर्ष शुरू किया जा सका। तमिलनाडु, केरल, असम और त्रिपुरा में भी पार्टी ने अपने क़दम जमा लिये और हथियारबंद कार्रवाइयाँ होने लगीं। शहरों में, ख़ासकर कलकत्ता में मध्यवर्गीय युवकों और छात्रों ने शिक्षा संस्थानों, व्यापारियों, छोटे अफ़सरों और मामूली पुलिसवालों पर हमले शुरू कर दिये। राष्ट्रीय नेताओं और ऐतिहासिक हस्तियों को साम्राज्यवाद का दलाल क़रार दे कर उनकी तस्वीरें और मूर्तियाँ तोड़ी गयीं। उनके द्वारा लिखी गयी पुस्तकों को जलाया गया। इस नज़ारे से निकले उत्साह में बह कर चारु मजूमदार ने सत्तर के दशक को क्रांति का दशक और 75 तक क्रांति सम्पूर्ण कर लेने की घोषणा कर दी। श्रीकाकुलम में सोमपेट तालुका के एक गाँव में किसानों द्वारा की गयी ज़मींदार की हत्या से फैला उत्साह उन्हें 'वर्ग-शत्रु की हत्या वर्ग-संघर्ष की सर्वोच्च अवस्था' जैसे सूत्रीकरण की तरफ़ ले गया। इससे सफ़ाये की लाइन निकली और देश में जगह-जगह नक्सली कार्यकर्ताओं द्वारा ज़मींदारों की हत्याएँ होने लगीं। चारु मजूमदार मध्यवर्गीय कार्यकर्ताओं द्वारा बारूदी हथियारों से सफ़ाये की कार्रवाई करने के ख़िलाफ़ थे। उनका कहना था कि आदर्श सफ़ाया किसानों के हाथ से और उन्हीं के अपने हथियारों के ज़रिये होना चाहिए। तभी उनकी चेतना क्रांतिकारी बनेगी।

सफलता का यह दौर बहुत दिन नहीं चला। भारतीय राज्य ने बढ़ते हुए नक्सली ख़तरे को देखते हुए पुलिस, अर्धसैनिक बलों और फ़ौज के सहारे आंदोलन पर चौतरफ़ा हमला किया। सारे देश में जगह-जगह हज़ारों नक्सली कार्यकर्ता या तो मुठभेड़ों में मार डाले गये, या फिर गिरफ़्तार

कर लिए गये। 1972 में चारु मजूमदार भी कलकत्ता के एक मक़ान से बीमार हालत में गिरफ़्तार हुए। लगातार पूछताछ के कारण उनकी हालत ख़राब होती चली गयी और इलाज के अभाव में उनकी पुलिस हिरासत में ही मृत्यु हो गयी। 1973 तक सरकारी दमन और आपसी मतभेदों से नक्सलवादी आंदोलन का यह दौर ख़त्म हो गया। नक्सलवादी आंदोलन ने दूसरे चरण में कई संगठनों की मौजूदगी के साथ प्रवेश किया। आपस में घनघोर मतभेदों के बावजूद धीरे-धीरे नक्सलवाद में दो धाराओं की प्रधानता होती चली गयी। एक के शीर्ष पर भाकपा (माले) का लिबरेशन के नाम से मशहूर गुट था, और दूसरे की अगुआयी पीपुल्स वार नामक संगठन के हाथों में थी। लिबरेशन का अधिकतर प्रभाव-क्षेत्र मैदानी खेती करने वाले मध्य बिहार के ग़रीब और भूमिहीन किसानों के बीच था। पीपुल्स वार की गतिविधियाँ आंध्र प्रदेश, महाराष्ट्र, ओडीशा और मध्य प्रदेश की सीमावर्ती पहाड़ी-जंगली इलाक़ों में बसने वाले आदिवासियों के बीच थीं।

मैदानी क्षेत्रों में सक्रिय नक्सली कई वर्ष तक ज़मींदारों और सरकार के ख़िलाफ़ हथियारबंद लड़ाई करते-करते इस नतीजे पर पहुँचे कि वे चीन की तर्ज़ पर न तो कोई आधार-इलाक़ा बना पा रहे हैं और न ही स्थाई चरित्र वाली लाल-फ़ौज गठित हो रही है। इसलिए लिबरेशन गुट ने काफ़ी आत्म-विश्लेषण के बाद यह निष्कर्ष निकाला कि वे सीधे-सीधे छापामार युद्ध के ज़रिये भारतीय राज्य को पराजित नहीं कर सकते। नतीजतन इस गुट ने इण्डियन पीपुल्स फ्रंट (आईपीएफ़) नामक मोर्चे की स्थापना की जिसमें कम्युनिस्ट क्रांतिकारियों के साथ-साथ देश भर में फैली छोटी-छोटी ग़ैरचुनावबाज़ ताक़तों को एकजुट करने की कोशिश की। लगभग एक दशक तक चली फ्रंट की राजनीतिक गतिविधियों से इस पार्टी का उल्लेखनीय सांगठनिक प्रसार हुआ। आईपीएफ़ के माध्यम से ही पार्टी बिहार के स्तर पर चुनाव में उतरी। इसके बाद एक लम्बे राजनीतिक घटनाक्रम के परिणामस्वरूप फ्रंट ग़ैरक़ानूनी भूमिगत गतिविधियाँ छोड़ कर चुनाव और लोकतांत्रिक संघर्षों में भागीदारी करने वाली पार्टी बन गया।

दूसरी तरफ़ पहाड़ों और जंगलों में सक्रिय पीपुल्स वार ने अपने अनुभव का निचोड़ यह निकाला कि भारतीय राज्य के ख़िलाफ़ लगातार छापामार लड़ाई चलाने की ज़रूरत है और संसदीय या लोकतांत्रिक संघर्षों में भाग लेने की कोई ज़रूरत नहीं है। इस निष्कर्ष के आधार पर पीपुल्स वार ने धीरे-धीरे समान विचार वाले संगठनों के साथ एकता के प्रयास किये। नब्बे के दशक में उसने माओवादी कम्युनिस्ट केंद्र और पार्टी युनिटी जैसे नक्सली संगठनों के साथ मिल कर भाकपा (माओवादी) का गठन कर लिया। नक्सलवादी आंदोलन से निकला यह हिस्सा इस समय माओवाद के नाम से आदिवासी क्षेत्रों में हथियारबंद क्रांति का प्रयास कर रहा है। माओवाद नक्सली आंदोलन के तीसरे चरण का प्रतिनिधित्व करता है। इस तीसरे दौर का राजनीतिक और सांगठनिक चरित्र मूल नक्सलवादी आंदोलन से बहुत हद तक अलग तरह का है।

देखें : आंध्र प्रदेश, चीन की कम्युनिस्ट क्रांति, चारु मजूमदार, पश्चिम बंग, भारतीय कम्युनिस्ट पार्टी, भारतीय कम्युनिस्ट पार्टी (मार्क्सवादी), माओ त्से-तुंग, रणजीत गुहा, सन् 1857 का संग्राम-1 से 4 तक, सहजानंद सरस्वती।

संदर्भ

1. अभय कुमार दुबे (1989), *क्रांति का आत्म-संघर्ष : नक्सलवादी आंदोलन के बदलते चेहरे का अध्ययन,* विनय प्रकाशन, नयी दिल्ली.
2. समर सेन (सम्पा.) (1978), *नक्सलबाड़ी ऐंड आफ़्टर : अ फ्रंटियर एंथोलॅजी,* दो खण्ड, कथाशिल्प, कलकत्ता.
3. शंकर घोष (1975), *नक्सलाइट मूवमेंट,* फ़र्मा के.एल. मुखोपाध्याय, कलकत्ता.
4. सुमंत बनर्जी (1980), *इन द वेक ऑफ़ नक्सलबाड़ी : अ हिस्ट्री ऑफ़ नक्सलाइट मूवमेंट इन इण्डिया,* सुवर्णरेखा, कलकत्ता.

— अभय कुमार दुबे

भारत में गठजोड़ राजनीति

(Politics of Coalition in India)

भारतीय लोकतंत्र में चुनाव की प्रक्रिया सिम्पल प्लूरलिटी इलेक्ट्रोरल सिस्टम या फ़र्स्ट-पास्ट-दि-पोस्ट के मुताबिक़ चलती है। संविधान सभा ने इस प्रणाली का पक्ष जिन आधारों पर लिया था, उनमें से एक आग्रह यह भी था कि देश को एक पार्टी के बहुमत वाली सरकारों की ज़रूरत है। आनुपातिक प्रतिनिधित्व की प्रणाली को इसी आधार पर ख़ारिज कर दिया गया था कि उसके कारण छोटी-छोटी पार्टियों के उम्मीदवार भी संसद में आ जाएँगे और अस्थिर बहुदलीय सरकारें बनने लगेंगी। लेकिन हक़ीक़त में जो हुआ वह कुछ और था। भारतीय राजनीति में 1967 से अब तक पार्टियों के गठजोड़ों के आधार पर केंद्र और राज्यों में कम से कम साठ सरकारें बन चुकी हैं। पश्चिम बंगाल में पूरे तीस साल तक हुकूमत करने वाले वामपंथी गठबंधन को छोड़ कर औसतन इन सरकारों के टिकने की अवधि 26 महीने के आस-पास रही है।

दरअसल, इससे पहले भी भारत में दलीय प्रणाली दो पार्टियों की होड़ का पर्याय नहीं थी। साठ के दशक के आख़िरी वर्षों तक यहाँ कांग्रेस-प्रणाली काम कर रही थी। नाम से भ्रम ज़रूर होता है कि यह एकल-पार्टी प्रणाली होगी, लेकिन असल में यह एक पार्टी के दबदबे के तहत चलने वाली एक स्पर्धात्मक प्रणाली थी जिसमें पार्टियों की भूमिका असमान थी। इसका एक हिस्सा 'आमसहमति की पार्टी' से मिल कर बना था और दूसरा 'दबाव की पार्टियों' से मिल कर। इस बंदोबस्त में एक दबाव का हाशिया काम करता रहता था जिसके दायरे के भीतर आमसहमति वाली पार्टी के असंतुष्ट गुट और धड़े कार्यरत रहते थे। उसके बाहर विपक्षी जमावड़े, पार्टियाँ, सत्तारूढ़ पार्टी के नाराज़ तत्त्व, दूसरे हित-समूह और अहम शख़्सियतों की मौजूदगी रहती थी। यह पेचीदा कांग्रेस-सिस्टम 1967 के चुनाव में भंग हो गया, क्योंकि हाशिये के बाहर के वे तत्त्व जो सत्तारूढ़ पार्टी की निंदा-आलोचना करने के बावजूद उसका विकल्प तैयार नहीं कर पाते थे, पहली बार देश के कई हिस्सों में ग़ैर-कांग्रेस सरकारें बनाने में कामयाब हुए। इससे एक पार्टी के बोलबाले की जगह वर्चस्व के लिए होने वाली बहुदलीय प्रतियोगिता ने ले ली। इसके बाद कई बार ऐसा लगा कि राष्ट्रीय मंच पर एक बार फिर कांग्रेस का पहले जैसा दबदबा क़ायम हो जाएगा, लेकिन विभिन्न परिस्थितियों वश भारतीय राजनीति उत्तरोत्तर पार्टी-गठजोड़ों की राजनीति बनती चली गयी।

इस समय राष्ट्रीय राजनीति पर कांग्रेस के नेतृत्व में गठित हुए संयुक्त प्रगतिशील गठबंधन और भारतीय जनता पार्टी की अगुआयी में बने राष्ट्रीय जनतांत्रिक गठबंधन की प्रतियोगिता हावी है। प्रादेशिक स्तर पर भी कई अस्थाई और अपेक्षाकृत स्थाई क़िस्म के गठजोड़ सत्ता के लिए होड़ कर रहे हैं। केरल, पश्चिम बंगाल और त्रिपुरा में वामपंथी पार्टियाँ लगातार गठजोड़ राजनीति चलाती हैं। बिहार, पंजाब और ओडीशा जैसे प्रांतों में भाजपा ने क्षेत्रीय दलों के साथ गठजोड़ बना रखे हैं जो या तो सत्ता में रहते हैं या विपक्ष में। कुछ राज्यों में दो दलों की स्पर्धा है, पर वहाँ भी उनके इर्द-गिर्द छोटे-छोटे दलों का जमावड़ा बनता-बिगड़ता रहता है। चुनाव में कामयाबी का मतलब असल में गठजोड़ की कामयाबी बन गया है।

मोटे तौर पर भारत में दो क़िस्म की गठजोड़ सरकारें बनती हैं : बड़े-बड़े मोर्चों के बीच गठजोड़ पर आधारित सरकारें (जैसे नैशनल फ्रंट, यूनाइटेड फ्रंट और लेफ़्ट फ्रंट के गठजोड़ से बनी सरकार), एक बड़ी राष्ट्रीय पार्टी के नेतृत्व में छोटी पार्टियों के गठजोड़ की सरकार (जैसे भारतीय जनता पार्टी की अगुआयी में बनी राष्ट्रीय जनतांत्रिक गठजोड़ और कांग्रेस के नेतृत्व में बनी संयुक्त प्रगतिशील गठबंधन की सरकारें)। राजनीतिक रुझान के लिहाज़ से देखा जाए तो गठजोड़ों की एक तीसरी क़िस्म समान विचारधारा वाले दलों के गठबंधन रूप में सामने आती है। भारतीय राज्य पश्चिम बंगाल में वाम मोर्चे के रूप में मार्क्सवादी विचारधारा के दल तीस साल तक लगातार हुकूमत करने में कामयाब रहे हैं। लेकिन ज़रूरी नहीं कि मार्क्सवादी दल हमेशा विचारधारात्मक क़िस्म का गठजोड़ ही बनाते हों। केरल में यही दल स्थानीय परिस्थितियों के मुताबिक़ अपने नेतृत्व में ग़ैर-मार्क्सवादी (यहाँ तक कि मुसलिम लीग जैसी धर्म आधारित) पार्टियों को साथ लेकर सरकारें बनाते रहे हैं।

सवाल यह है कि फ़र्स्ट-पास्ट-दि-पोस्ट सिस्टम की चुनाव प्रणाली से एकल-पार्टी बहुमत निकलने के बजाय बहुदलीय गठजोड़ों की प्रतियोगिता क्यों निकली? इसके पहले और प्रकट कारण की शिनाख़्त तो भारतीय समाज के संरचनात्मक चरित्र में ही की जा सकती है। एक बेहद बहुसांस्कृतिक समाज में गठजोड़-रचना के बिना विविध अस्मिताओं के राष्ट्रीय मुख्यधारा में आत्मसातीकरण का परिप्रेक्ष्य विकसित नहीं हो सकता था। कांग्रेस-प्रणाली के दिनों में भी वर्चस्व वाली पार्टी अपने भीतर क़िस्म-क़िस्म के सामाजिक हितों को जगह देने वाले अघोषित गठजोड़ की ही तरह काम करती थी। दूसरे, कांग्रेस चालीस फ़ीसदी के आस-पास वोट प्राप्त करके पूरे देश पर शासन कर रही थी। विपक्ष के वोट बिखर जाते थे, क्योंकि उसकी पार्टियाँ अपनी-अपनी विचारधारात्मक विशिष्टताओं से चिपकी रह कर एक-दूसरे के वोट ही नहीं काटती थीं बल्कि उस प्रक्रिया में कांग्रेस के लिए बार-बार मददगार भी साबित होती थीं। इस सिलसिले को डॉ. राममनोहर लोहिया के नेतृत्व में तैयार की गयी ग़ैर-कांग्रेसवाद की रणनीति ने तोड़ा। इसके तहत दक्षिणपंथी जनसंघ और वामपंथी पार्टियाँ गठबंधन बनाने के लिए राज़ी हो गये। इस तरह कहा जा सकता है कि पार्टियों के गठजोड़ मुख्यत: कांग्रेस के विरोध की पैदाइश थे। केरल को छोड़ कर कांग्रेस अन्य पार्टियों के साथ गठजोड़ करने से कतराती रही ताकि उसे किसी के साथ सत्ता में साझेदारी न करनी पड़े। लेकिन जब उसने देखा कि भारतीय जनता पार्टी ने अपने विचारधारात्मक आग्रहों को स्थगित करके गठबंधन किया और छह साल तक उसे सत्ता से बाहर रखा तो 2004 के चुनाव के बाद उसे भी यही रास्ता अपनाना पड़ा।

इस पूरे पैटर्न को और बारीकी से समझने के लिए कई और पहलुओं पर ग़ौर करना होगा जिनमें साठ के दशक के बाद चले राजनीति के क्षेत्रीयकरण का आयाम उल्लेखनीय है। इस दौरान कांग्रेस इंदिरा गाँधी के नेतृत्व में उत्तरोत्तर केंद्रीकरण की तरफ़ बढ़ी और उसने भाषा, सांस्कृतिक अस्मिता, राजनीतिक स्वायत्तता और आर्थिक विकास के प्रश्न

पर क्षेत्रीय महत्त्वाकांक्षाओं की जम कर उपेक्षा ही नहीं की, बल्कि एक समय तो क्षेत्रीय राजनीतिक अभिव्यक्तियों को देश की एकता तोड़ने का कारक तक क़रार दे दिया। इस प्रक्रिया के परिणामस्वरूप आंध्र प्रदेश में तेलुगु देशम और असम में असमगण परिषद् जैसी नयी क्षेत्रीय ताक़तों का उदय हुआ। पहले से मौजूद क्षेत्रीय ताक़तों (द्रमुक, अन्नाद्रमुक, अकाली दल वग़ैरह) ने मिल कर विपक्षी गोष्ठियाँ कीं। कांग्रेस उनके मुश्तरका दुश्मन के रूप में चिह्नित होती चली गयी। इसका लाभ भाजपा को उस समय मिला जब पूर्व समाजवादी और कम्युनिस्ट ताक़तों द्वारा गठित और समर्थित राष्ट्रीय मोर्चे और यूनाइटेड फ्रंट अपनी एकता क़ायम रख पाने में असमर्थ हो गये।

1971 से पहले राज्यों और विधानसभाओं के चुनाव साथ-साथ होने के कारण राजनीतिक एजेंडा और उसके इर्द-गिर्द होने वाली सौदेबाज़ी इतनी पेचीदा और बड़ी हो जाती थी कि गठजोड़ के लिए ज़रूरी न्यूनतम साझा कार्यक्रम बनने की सम्भावनाएँ कमज़ोर हो जाती थीं। इस पैटर्न का दूसरा आयाम यह था कि 1971 के बाद लोकसभा और विधानसभा चुनाव अलग-अलग होने लगे। इसके कारण चुनाव-पूर्व और चुनाव-बाद गठबंधनों की सम्भावनाएँ खुलीं, क्योंकि अपेक्षाकृत छोटे एजेंडों के आस-पास चुनावी गतिविधियाँ होने लगीं।

पिछले तीस वर्षों के दौरान मध्यवर्ती और पिछड़ी जातियों, दलितों और अन्य समुदायों के राजनीतीकरण में बढ़ोतरी होना इस पैटर्न का तीसरा आयाम है। ये तबक़े सत्ता में अधिक सीधी हिस्सेदारी की कामना करने लगे जो उनके हितों की प्रत्यक्ष नुमाइंदगी करने वाली छोटी-छोटी पार्टियों द्वारा ही सम्भव था। इन पार्टियों के उदय ने राष्ट्रीय दलों का समर्थन आधार सीमित कर दिया। सत्ता में आने के लिए उन्हें भी गठजोड़ की ज़रूरत पड़ी। छोटी पार्टियों को तो इसकी ज़रूरत पहले से ही थी।

देखें : अकाली दल, कांग्रेस 'प्रणाली', ग़ैर-कांग्रेसवाद, गठजोड़ राजनीति, जनता दल और उसकी विरासत-1 और 2, तेलुगु देशम पार्टी, पार्टी-गठजोड़ की राजनीति, भारतीय जनता पार्टी-1 और 2, भारत में मतदान-व्यवहार-1, 2, 3, 4, 5 और 6, भारतीय राष्ट्रीय कांग्रेस-1 और 2, भारतीय कम्युनिस्ट पार्टी, भारतीय कम्युनिस्ट पार्टी (मार्क्सवादी), राष्ट्रीय जनतांत्रिक गठजोड़, वाम मोर्चा, शिव सेना, समाजवादी पार्टी, बहुजन समाज पार्टी-1 और 2, शिरोमणि अकाली दल, समाजवादी पार्टी, संयुक्त प्रगतिशील गठजोड़।

संदर्भ

1. ई. श्रीधरन (2008), 'कोआलिशन पॉलिटिक्स इन इण्डिया : टायप्स, ड्यूरेशन, थियरी ऐंड कम्परीज़न', *आईएसएएस वर्किंग पेपर,* अंक 50.
2. बलवीर अरोड़ा (2000), 'निगोशिएटिंग डिफ़रेंस : फ़ेडरल कोआलिशन ऐंड नैशनल कोहिज़न', फ्रांसिस फ्रेंकेल, ज़ोया हसन, राजीव भार्गव और बलवीर अरोड़ा (सम्पा.), *ट्रांसफ़ॉर्मिंग इण्डिया: सोशल ऐंड पॉलिटिकल डायनामिक्स ऑफ़ डेमौक्रेसी,* ऑक्सफ़र्ड युनिवर्सिटी प्रेस, नयी दिल्ली.

— अभय कुमार दुबे

भारत में दर्शनशास्त्र : स्वातंत्र्यपूर्व दशा-दिशा

(Philosophy in Colonial India)

उपनिवेशकालीन भारतीय दर्शनशास्त्र अपनी प्रकृति में अधिकांशतः आदर्शवादी और प्रत्ययवादी रहा है। चूँकि वेदांत उसका मूल-स्रोत था, इसलिए उस काल की दार्शनिक पुनर्रचनाओं को नव-वेदांती कहा जा सकता है। इस काल की दार्शनिक प्रवृत्ति को पाश्चात्य विचारकों की उस आलोचना के प्रत्युत्तर में भी देखा जा सकता है जिसे अलबर्ट स्वीट्ज़र (1875-1965) ने अपनी पुस्तक *इण्डियन थॉट ऐंड इट्स डिवेलपमेंट* (1936) में यह कहते हुए संदर्भित किया था कि भारतीय दर्शन पलायनवादी है। वस्तुतः स्वीट्ज़र का यह दृष्टिकोण शॉपेनहावर (1788-1860) जैसे विचारकों की औपनिषदिक समझ पर आधरित है। इसका पुरज़ोर जवाब सर्वपल्ली राधाकृष्णन ने अपनी कृति *ईस्टर्न रिलीजन ऐंड वेस्टर्न थॉट* (1939) में दिया है। उनके अनुसार यह धारणा ऐतिहासिक रूप से स्वीकार्य नहीं हो सकती कि हिंदू चिंतन में जीवन और जगत के प्रति नकार और निराशा निहित है, जबकि ईसाई चिंतन के स्वरूप में जीवन और जगत के प्रति स्वीकार्यता और आशावाद निहित है। वास्तव में दोनों के बीच का वास्तविक विरोध धर्म और स्वायत्त-मानववादी दृष्टिकोण को लेकर है।

1916 में आमलनेर, महाराष्ट्र में श्रीमंत प्रताप सेठ के सौजन्य से इण्डियन इंस्टीट्यूट ऑफ़ फ़िलॉसफ़ी की स्थापना हुई। 1917 में इण्डियन फ़िलॉसॅफ़िकल एसोसिएशन का पहला अधिवेशन कोल्हापुर में हुआ तथा *इण्डियन फ़िलॉसॅफ़िकल रिव्यू* नामक पत्रिका का प्रकाशन भी प्रारम्भ किया गया। 1925 में इण्डियन फ़िलॉसॅफ़िकल कांग्रेस की स्थापना हुई। यह दार्शनिकों का एक ऐसा संगठन है जो औपनिवेशिक युग से लेकर अब तक अंग्रेज़ी माध्यम से भारतीय दार्शनिक चिंतन के विकास के लिए

सक्रिय रहा है। ये सभी प्रयास औपनिवेशिक युग में भारतीय दर्शन को संस्थागत स्वरूप प्रदान करने वाले साबित हुए।

स्वातंत्र्यपूर्व भारत के प्रमुख विचारक श्री अरविंद (1872-1950) मौलिक रूप से एक प्रत्ययवादी दार्शनिक थे और उन्होंने वैदिक तत्त्वदृष्टि को विकासवादी प्रारूप में देखते हुए एक ऐसा समग्र अद्वैतवादी दर्शन प्रस्तुत किया जिसमें जड़ और चेतन का अंतहीन द्वैत न हो कर दोनों एक ही वैश्विक प्रक्रिया के समान भागीदार हैं। अनंत के तर्क और मायावाद के बदले लीलावाद पर आधारित उनका दर्शन भौतिकवादियों द्वारा किये जाने वाले संन्यास-निषेध और अध्यात्मवादियों द्वारा किये जाने वाले भौतिकवाद-निषेध जैसी दो अतियों से बचते हुए इस पृथ्वी पर दिव्य जीवन के अवतरण का दर्शन है। अपनी तत्त्वदृष्टि, इतिहास दर्शन, संस्कृति दर्शन और योगसमन्वय द्वारा उन्होंने भारतीय सभ्यता-बोध को दुनिया के समक्ष एक ब्रह्मांडीय प्रयोजनमूलकता के साथ प्रस्तुत किया है। उन्हें अपनी दार्शनिक योजना के यथार्थ पर कितना भरोसा रहा होगा कि उन्होंने भारत की स्वाधीनता को भी एक वैश्वीय भवितव्यता की अंगभूत घटना के रूप में देखा।

श्री अरविंद के अतिरिक्त प्रमुख स्वातंत्र्यपूर्व भारतीय दार्शनिकों में कृष्ण चंद्र भट्टाचार्य (1876-1949) का नाम उल्लेखनीय है। वे आधुनिक भारत के ऐसे तत्त्वमीमांसक थे जिन्होंने अद्वैतवेदांत की पुनर्रचना को कांट और हीगेल की विचार-सरणि के समानांतर दुनिया के समक्ष रखा। 'कंसेप्ट ऑफ़ फ़िलॉसफ़ी', 'सब्जेक्ट एज़ फ्रीडम' और 'द कंसेप्ट ऑफ़ एब्सोल्यूट ऐंड इट्स आल्टरनेटिव फ़ार्म्स' जैसे निबंधों द्वारा उन्होंने अपनी दार्शनिक पुनर्रचना की प्रस्तुति की। यद्यपि उन्होंने भारतीय दर्शन के लगभग सभी सम्प्रदायों पर लेखन किया है लेकिन जैन दर्शन के अनेकांतवाद (1925) की पुनर्व्याख्या लीक से हट कर विशेष महत्त्व की है। उन्होंने अनेकांतवाद के महत्त्व को पुनः उद्घाटित करते हुए दिखाया कि न तो तादात्म्य और न ही विरोध को तार्किक विचार-सरणी के लिए आधारभूत माना जा सकता है। वस्तुतः तादात्म्य और विरोध दोनों ही परस्पर विनियोजनीय हो सकते हैं और दोनों की ऐसी विनियोजनीयता (आल्टरेशन) ही व्यापक दार्शनिक आधार प्रस्तुत करती है। तादात्म्य और विरोध के बदले 'सहावस्थान' (टूगैदरनेस) तार्किक विचार-सरणी की अपेक्षाकृत अधिक आधारभूत कोटि है जिसे जैन दार्शनिकों ने 'क्रमर्पण और सहर्पण' के दो प्रारूपों में देखा है। कुल मिला कर अनेकांतवाद अनिर्वाच्यता का एक विशिष्ट तर्कशास्त्र है जो सप्तभंगी नय के द्वारा सत्य की वैकल्पिकता का सिद्धांत प्रस्तुत करता है।

भारत के पुनर्जागरण के परिप्रेक्ष्य में भट्टाचार्य का 'स्वराज इन आइडियाज़' नामक व्याख्यान भी महत्त्वपूर्ण है जिसे उन्होंने 1929 में हुगली कॉलेज, कलकत्ता के विद्यार्थियों के बीच दिया था। बाद में 1954 में इसका प्रकाशन *विश्वभारती जर्नल* में हुआ। उनका यह व्याख्यान अपने आप में वैचारिक स्वराज का दार्शनिक घोषणापत्र जैसा है। 1984 में पुणे से प्रकाशित *इण्डियन फ़िलॉसॅफ़िकल क्वार्टरली* में उनके इस व्याख्यान का पुनर्मुद्रण किया गया। दया कृष्ण, राजेंद्र प्रसाद, रामचंद्र गाँधी, एस.पी. गौतम सरीखे लोगों ने इस व्याख्यान के भाष्य किये। यद्यपि यह व्याख्यान उन्होंने अंग्रेज़ी में दिया था लेकिन वैचारिक स्वराज के मातृभाषीय राजपथ के महत्त्व और पश्चिमी विचारों के असमीक्षित पिष्टपेषण के दुष्परिणामों को उन्होंने बख़ूबी उजागर किया। इसके साथ ही उन्होंने यह भी निर्देशित किया कि भारतीय दर्शन को किस प्रकार एक सार्वभौम ज्ञान-विधा के रूप में प्रस्तुत किया जा सकता है। वैचारिक स्वराज के आशय को स्पष्ट करते हुए उन्होंने कहा कि सांस्कृतिक पराधीनता साधारणतः अचेतन प्रकार की होती है और उसमें दासता प्रारम्भ से ही निहित है। भट्टाचार्य कहते हैं : 'जब मैं सांस्कृतिक पराधीनता की बात करता हूँ तो मेरा अभिप्राय किसी विदेशी संस्कृति को मात्र अपना लेने से नहीं होता। इस प्रकार का अपना लेना सदैव अवांछनीय ही हो, यह आवश्यक नहीं। किसी भी परिस्थिति में उसका अर्थ स्वाधीनता की हानि नहीं होता और होना भी नहीं चाहिए। सांस्कृतिक पराभव केवल तब होता है जब व्यक्ति के अपने परम्परागत विचारों और भावनाओं को, बिना तुलनात्मक मूल्यांकन के ही, एक विदेशी संस्कृति के विचार और भावनाएँ उखाड़ फेंकते हैं और वह विदेशी संस्कृति व्यक्ति को एक भूत या प्रेत की तरह अपने वश में कर लेती है। इस प्रकार की पराधीनता आत्मा की दासता है। जब व्यक्ति अपने आप को उससे मुक्त कर लेता है तो उसे लगता है जैसे उसकी आँखें खुल गयीं। उसे एक नये जन्म की अनुभूति होती है। इसे ही मैं विचारों का स्वराज कहता हूँ।'

स्वराज की भारतीय अवधारणा के संदर्भ में भारत रत्न से विभूषित भगवानदास (1869-1958) के उस आलेख का ज़िक्र करना प्रासंगिक है जिसे उन्होंने 1921 के बम्बई कांग्रेस अधिवेशन में एक प्रस्ताव-पत्र के रूप में प्रस्तुत किया था। यद्यपि उन दिनों स्वराज के स्वरूप को लेकर बुद्धिजीवियों के बीच मतभेद थे और इन्हीं सब को दूर करने के लिए उन्होंने इस प्रस्ताव-पत्र को तैयार किया था, लेकिन उनके इस आलेख की चर्चा अकादमिक जगत में न के बराबर होती है। भगवानदास कांग्रेस से जुड़े एक बहुमान्य बुद्धिजीवी और थियोसोफ़िकल सोसाइटी में सक्रिय थे। उनके अनुसार स्वराज मूल रूप में एक नैतिक प्रत्यय है और व्यवस्था के अर्थ में यह स्व-शासन है। जिस प्रकार एक व्यक्ति में दो तरह की आत्मा-एक उच्चतर और दूसरा निम्नतर-का निवास होता है अर्थात् व्यक्ति दैवीय और पाशविक दोनों ही प्रवृत्तियों से

संचालित होता है, उसी प्रकार किसी समाज और राष्ट्र की भी उच्चतर और निम्नतर आत्मा होती है। कोई भी सरकार या शासन तभी सुशासन अथवा स्व-शासन माना जा सकता है जब वह उच्चतर आत्मा द्वारा संचालित हो। उच्चतर आत्मा से अभिप्रेरित राज-काज और नीति ही अधिकाधिक समन्वयकारी हो सकती है। इसका लोकतांत्रिक क्रियान्वयन और व्यवस्थापन केवल विवेकवान-विधायिका द्वारा ही सम्भव है जो प्रत्येक व्यक्ति में रहने वाले मैं और हम को समन्वित कर सके। प्रतिस्पर्धा और परस्पर सहयोग दोनों ही आवश्यक हैं। भगवानदास की यह अंतर्दृष्टि लोकतंत्रात्मक स्वराज की नैतिक आधरभूमि की ओर संकेत है। *द एसेंशियल यूनिटी ऑफ़ ऑल रिलिजंस* (1939) उनकी सबसे प्रतिष्ठित कृति है।

औपनिवेशिक युग के मान्य अध्येताओं में आर.डी. रानाडे (1886-1957) का व्यक्तित्व अलग प्रकार था। उनकी प्रसिद्धि एक दार्शनिक के साथ-साथ रहस्यविद् के रूप में भी थी। *अ कन्स्ट्रक्टिव सर्वे ऑफ़ उपनिषदिक फ़िलॉसफ़ी* (1927) उनकी बहुमान्य कृति है। इसमें उन्होंने न केवल औपनिषदिक दर्शन को उसकी सम्पूर्ण गरिमा और अंतर्वस्तु के साथ प्रस्तुत किया है बल्कि लॉर्ड रोनाल्ड्से की उस आलोचना को ख़ारिज भी किया है कि भारतीय दर्शन निराशावादी है। उनके जीवनकाल की अंतिम कृति *भगवद्गीता एज़ ए फ़िलॉसफ़ी ऑफ़ गॉड रियलाइज़ेशन (1959)* थी। मरणोपरांत उनकी सर्वाधिक महत्त्वपूर्ण कृति *वेदांत : द कल्मीनेशन ऑफ़ थॉट* (1970) शीर्षक से प्रकाशित हुई। इस ग्रंथ में ब्रह्मसूत्रकार बादरायण को उन्होंने समन्वयकारी दार्शनिक सिद्ध करते हुए प्रतिपादित किया है कि 'स्वाराज्यम्-वैराज्यम्' की वैदिक दृष्टि प्लेटो के दार्शनिक-राजा के सिद्धांत की अपेक्षा उच्चतर आदर्श प्रस्तुत करती है। 'स्वाराज्यम-वैराज्यम्' की अवस्था को प्राप्त व्यक्ति ही वास्तव में देवाधिदेव अनन्याधिपति होता है। रानाडे के ही समकालीन अनुकूलचंद्र मुखर्जी (1888-1968) थे जिन्हें इलाहाबाद का प्लेटो कहा जाता है। *द नेचर ऑफ़ सेल्फ़* (1938) एवं *सेल्फ़, थॉट ऐंड रियलिटी* (1957) उनकी गम्भीर दार्शनिक कृतियाँ हैं जिनमें उन्होंने अद्वैतवेदांत में परम चैतन्य के स्वरूप को ब्रिटिश-नवहीगेलवादी अभिगम में उद्घाटित किया है।

औपनिवेशिक युग के भारतीय दार्शनिकों में सर्वपल्ली राधाकृष्णन (1888-1975) की प्रतिष्ठा 'पूर्व और पश्चिम के प्रवक्ता' के रूप में थी। उन्होंने मानव जीवन के सभी पक्षों की व्याख्या नव-वेदांतवादी दृष्टि से की है। नव-वेदांत की तत्त्वमीमांसा को उन्होंने परमतत्त्ववादी वैश्विक दार्शनिक चिंतन के परिप्रेक्ष्य में पुनर्व्याख्यायित करते हुए प्रतिपादित किया कि यह दृश्यमान जगत परम सत का ही आभास है लेकिन फिर भी यह भ्रम मात्र नहीं जैसा कि अद्वैत वेदांत के परम्परागत चिंतक मानते रहे हैं। वस्तुत: शंकर के मायावाद का विरोध और जगत की यथातथ्यता का स्वीकार औपनिवेशिक युग के नव-वेदांती चिंतन की प्रस्थानमूलक विशेषता रही है। राधाकृष्णन का धार्मिक अनुभूति के स्वरूप की व्याख्या और धर्म के औचित्य प्रतिपादन के क्षेत्र में भी उल्लेखनीय योगदान रहा है। पूरब और पश्चिम के मध्य दार्शनिक संवाद की आवश्यकता को औचित्यपूर्ण ठहराते हुए उन्होंने तुलनात्मक दर्शन को सदैव बढ़ावा दिया, इसीलिए उन्होंने हवाई विश्वविद्यालय, अमेरिका में ईस्ट-वेस्ट सेंटर की स्थापना में पहलकारी भूमिका निभायी। *ऐन आइडियलिस्टिक व्यू ऑफ़ लाइफ़* में उन्होंने सफलतापूर्वक प्रतिपादित किया कि बुद्धि सत्य को उसकी सम्पूर्णता में नहीं जान सकती। अंत:प्रज्ञा ही मानवीय चेतना का वह आयाम है जहाँ सत्य का अपनी सम्पूर्णता में साक्षात्कार होता है। यह अंत:प्रज्ञात्मक अनुभूति धर्म, नीति और सर्वसमावेशी अद्वैत सत्ता को प्रमाणित करती है। बुद्धि केवल विश्लेषण में ही विश्रांत हो जाती है लेकिन अंत:प्रज्ञा अपने संश्लेषणात्मक व्यापार में एक समग्र बोध के साथ आदर्श जीवन की सम्भावना प्रस्तुत करती है। राधाकृष्णन ने आदर्श जीवन की अवधारणा हिंदू जीवन-दृष्टि पर लागू कर दिखाई है। अपनी एक दूसरी कृति *द हिंदू व्यू ऑफ़ लाइफ़* में उन्होंने पश्चिम के विपरीत इस भारतीय सत्य को उजागर किया कि भारत की सांस्कृतिक-धार्मिक चेतना बहुदेववादी होते हुए भी अद्वैतवाद की विरोधी नहीं है।

यद्यपि नव्य-वेदांत की तर्कसम्मत विश्लेषणात्मक तत्त्वमीमांसा की शुरुआत औपनिवेशिक युग में कृष्ण चंद्र भट्टाचार्य से ही होती है लेकिन उसी परम्परा में रासबिहारी दास (1897-1976) भी आते हैं जिन्होंने उसे अपने तरीक़े से आगे बढ़ाया। कांट के परमसत् विषयक विशिष्ट संशयवाद और व्हाइटहेड के चिंतन के प्रभाव में वेदांती तत्त्वमीमांसा की पुनर्रचना को उनके दार्शनिक चिंतन का सर्वाधिक मौलिक पक्ष माना जा सकता है। उनकी अन्यान्य कृतियों में *द इसेंशियल ऑफ़ अद्वैतिज़्म* (1931) *द फ़िलॉसफ़ी ऑफ़ व्हाइटहेड* (1937) एवं *इंट्रोक्शन टू शंकर* (1968) उल्लेखनीय हैं। दास के दार्शनिक योगदान को समझने के लिए उनके प्रकीर्ण लेखनों का संग्रह *रासबिहारी दास : फ़िलॉसॅफ़िकल एसेज़* बहुत ही उपयोगी है।

बीसवीं सदी के दार्शनिकों में जिद्दू कृष्णमूर्ति (1895-1986) का नाम विशेष रूप से उल्लेखनीय है। क्रियात्मक मानव स्वातंत्र्य के भाष्यकार कृष्णमूर्ति अकादमिक फ़िलॉसफ़र न हो कर आत्मचेता बुद्ध-पुरुष थे। उनके व्याख्यानों का 18 भागों में संग्रह अपने आप में एक वांगमय है। लेकिन *कमेंटरीज़ ऑन लिविंग, फ्रीडम फ्रॉम नोन, फ़र्स्ट ऐंड लास्ट लिबरेशन* और *यू आर द वर्ल्ड* में उनके मौलिक विचार व्यवस्थित रूप में प्राप्त होते है। के.सी. भट्टाचार्य के शिष्य एवं गाँधी के अनुयायी धीरेंद्र मोहन दत्त (1898-1974) की रचनाएँ *सिक्स वेज़ ऑफ़ नोइंग* (1932) *द फ़िलॉसफ़ी*

ऑफ़ महात्मा गाँधी (1953) और *चीफ़ करेंट्स ऑफ़ कंटेम्पेरेरी फ़िलॉसफ़ी* (1950) आज भी पठन-पाठन में सर्वाधिक उपयोग की जाने वाली पुस्तकें हैं। इसी बीते हुए काल से पहले के भारतीय दर्शन का लेखा-जोखा तब तक पूर्ण नहीं माना जा सकता जब तक कि सुरेंद्रनाथ दासगुप्ता (1885-1952) द्वारा पाँच खण्डों में प्रकाशित *अ हिस्ट्री ऑफ़ इण्डियन फ़िलॉसफ़ी* (1922) का उल्लेख न किया जाए।

1950 में फ़िलॉसॅफ़िकल कांग्रेस ने अपना रजत जयंती अधिवेशन इंस्टीट्यूट ऑफ़ फ़िलॉसफ़ी (आमलनेर) के तत्त्वावधान में आयोजित किया। इस अवसर पर 'हैज़ श्री अरविंद रिफ़्यूटेड मायावाद?' पर हुई महत्त्वपूर्ण परिचर्चा में उस समय के चार मूर्धन्य अध्येताओं ने भाग लिया। ये थे इंद्रसेन, एन.ए. निकम, हरिदास चौधरी और जी.आर. मलकानी। भारतीय दर्शन के भावी विकास की दृष्टि से इस परिचर्चा को स्वातंत्र्यपूर्व भारतीय दर्शन का निचोड़ और न्यू टेस्टामेंट जैसा कहा जा सकता है।

इंद्रसेन (1903-1994) ने अपनी प्रस्तुति में दिखाया कि श्री अरविंद के लीलावाद में प्राचीन वेदांत का मायावाद अपने आप सत्तावाद में रूपांतरित हो जाता है और इस तरह श्री अरविंद के दर्शन में उसका अपने आप खण्डन हो जाता है। अरविंद ने अपने *लाइफ़ डिवाइन* (1949) में एक समग्र और मर्त अद्वैत को उपस्थापित किया है जिसमें जड़ (मैटर) और चेतना (स्पिरिट) का एकान्वयन घटित होता है। अनंत के तर्क को आधार में रखते हुए उन्होंने प्रतिपादित किया है कि अतिमानस की विकासावस्था में सगुण और निर्गुण की एकता स्वयं अनुभूति के धरातल से प्रमाणित होती है। मैसूर के एन.ए निकम (1903-1974) ने शंकर के विवर्तवाद और अरविंद के आविर्भाववाद में अंतर किया। उन्होंने कहा कि अरविंद धातु से निष्पन्न माया का अर्थ मापन परिच्छेदन और भ्रम अथवा धोखा के अर्थ में लेते हैं। श्री अरविंद के अनुसार वस्तुत: मायावाद में माया शब्द दूसरे अर्थ अर्थात् भ्रम या धोखा के अर्थ में प्रयुक्त हुआ है। निकम के अनुसार अरविंद के दिव्य जीवन दर्शन में और अद्वैत वेदांत के मायावाद में मूलाविद्या की भूमिका एक ही जैसी है। इस तरह वास्तव में श्री अरविंद में दो प्रकार के तर्क का ऐसा द्वैधीकरण है कि अन्ततः उनके दर्शन में मायावाद अनावृत ही रह जाता है।

हरिदास चौधरी (1913-1975) स्वीकार करते हैं कि परमतत्त्व का स्वरूप ही ऐसा है कि उसमें एक गहन आध्यात्मिक अंतर्दृष्टि के साथ मायावाद के लिए अवकाश रहता ही है। अत: उसे अंतिम रूप से निरस्त नहीं किया जा सकता। श्री अरविंद का दर्शन वस्तुत: मायावाद के अतिक्रमण का अज्ञान-प्रहाण का दर्शन है। तर्कसम्मत अद्वैत वेदांत के प्रबल समर्थक जी. आर. मलकानी (1892-1977) ने बेबाक कहा कि श्री अरविंद मायावाद का खण्डन नहीं करते हैं। उनके अनुसार एकात्मक अनुभव में सगुण और निर्गुण का समन्वय नहीं किया जा सकता। स्वंय शंकर के लिए और मलकानी के लिए भी सत्ता एक और अद्वैत ही है। तथाकथित अनंत का तर्क अ-विरोध के नियम को निरस्त नहीं कर सकता। वस्तुत: मायावाद ही अद्वैतवाद के सर्वथा निर्द्वंद्व और सुसंगत स्वरूप को प्रस्तुत करता है जहाँ किसी भी प्रकार के तत्त्वमीमांसीय द्वैत के लिए कोई अवकाश ही नहीं है। मलकानी का यह बेबाक विरोध शंकर के अद्वैतवाद के प्रति उनकी गहरी निष्ठा का परिचायक है। *फ़िलासफ़ी ऑफ़ सेल्फ़* (1939) और *मेटाफ़िजिक्स ऑफ़ अद्वैत* (1961) जैसी कृतियों से उनकी यह निष्ठा प्रमाणित भी होती है।

इस प्रकार कुल मिला कर स्वातंत्र्यपूर्व भारत में दर्शनशास्त्र की दशा और दिशा नववेदांत कहे जाने वाले दार्शनिक चिंतन के इर्द-गिर्द ही घूमती रही। भारतीय नवजागरण के अग्रदूत राजा राममोहन राय, दयानंद सरस्वती, स्वामी विवेकानंद, बाल गंगाधर तिलक, श्री अरविंद, रवींद्रनाथ ठाकुर और गाँधी इत्यादि के हाथों वेदांत ही नववेदांत के रूप में पुनर्सृजित होकर भारतीय नवजागरण और स्वाधीनता आंदोलन को वैचारिक आधार प्रदान करते हुए 'भारतीय स्वराज' का दर्शन बन कर प्रतिष्ठित हुआ। उस काल के अकादमिक दार्शनिकों ने जीवन और जगत के प्रति मायावादी दृष्टिकोण का नकार, जगत की यथातथ्यता की स्वीकृति तथा वेदांती विश्व-दृष्टि में ही प्रगतिशील एवं रचनात्मक जीवन के लिए अधिकाधिक अवकाश निर्मित करने को अपने नववेदांती दर्शन की प्रस्थानमूलक विशिष्टता बनायी। साथ ही साथ इस काल के नववेदांती चिंतन में उन सामाजिक-सांस्कृतिक विकारों के प्रति भी एक सशक्त आत्मचेतना दिखायी पड़ी जिन्हें परम्परागत वेदांत की अद्वैती विश्व-दृष्टि से कदापि संगत नहीं ठहराया जा सकता। इस तरह स्वातंत्र्यपूर्व नववेदांतवादी चिंतन में परम्परागत वेदांत की न केवल तत्त्वमीमांसीय पुनर्रचना हुई, बल्कि भारतीय संस्कृति और समाज में आक्षिप्त विकारों के परिमार्जन का एक वैचारिक आंदोलन भी खड़ा किया गया।

देखें : गोपीनाथ कविराज, गोविंद चंद्र पाण्डे, दयाकृष्ण, नंद किशोर देवराज, बदरी नाथ शुक्ल, भारत में दर्शनशास्त्र : स्वातंत्र्योत्तर दशा-दिशा, मुकुंद लाठ, यशदेव शल्य, रामअवतार शर्मा।

संदर्भ

1. सर्वपल्ली राधाकृष्णन और जे.एच. म्योरहेड (सम्पा.) (1936), *कंटेम्परेरी इण्डियन फिलॉसफ़ी*, जॉर्ज एलेन ऐंड अनविन, लंदन.
2. नलिनी भूषण औरं जे.आर. गारफ़ील्ड (सम्पा.) (2011), *इण्डियन फिलॉसफ़ी इन इंग्लिश : फ़्रॉम रिनेसाँ टू इंडिपेंडेंस*, ऑक्सफ़र्ड यूनीवर्सिटी प्रेस, नयी दिल्ली.
3. एस.पी. दुबे (सम्पा.) (1994-1998) (चार भाग), *फ़ैसेट्स ऑफ़ रीसेंट इण्डियन फिलॉसफ़ी*, भारतीय दार्शनिक अनुसंधान परिषद्, नयी दिल्ली.

—अम्बिकादत्त शर्मा

भारत में दर्शनशास्त्र : स्वातंत्र्योत्तर दशा-दिशा

(Philosophy in Independent India)

भारतीय दर्शन का औपनिवेशिक युग किस तरह स्वातंत्र्योत्तर युग में रूपांतरित होता है और नये युग में वह क्या स्वरूप ग्रहण करता है, इसकी एक झलक हमें *कंटेम्पारेरी फ़िलॉस़फ़ी* नामक ग्रंथ के दूसरे परिवर्द्धित संस्करण में देखने को मिलती है। राधाकृष्णन और म्योरहेड ने 1952 में इसका सम्पादन किया था। यह ग्रंथ आज़ादी से पहले और बाद के भारतीय दर्शन की दशा-दिशा को प्रस्तुत करने वाला प्राथमिक और प्रामाणिक प्रयास था। इसके प्रथम संस्करण में (1936) गाँधी, रवींद्रनाथ, स्वामी अभेदानंद, कृष्ण चंद्र भट्टाचार्य, जी.सी. चटर्जी, आनंद कुमारस्वामी, भगवानदास, सुरेंद्र नाथ दासगुप्ता, हीरालाल हलधर, एम. हिरियन्ना, सर्वपल्ली राधाकृष्णन, आर.डी. रानाडे, बी. सुब्रह्मण्यम अय्यर और आर. वाडिया जैसे दार्शनिकों के आलेख सम्मिलित किये गये थे। इसके दूसरे संस्करण में हरिदास भट्टाचार्य, एन.जी. दामले, रासबिहारी दास, डी.एम दत्ता, हुमायूँ कबीर, एस.के मैत्रा, जी.आर. मलकानी, ए.सी. मुखर्जी, टी.आर.वी मूर्ति, पीटी. राजू और एम.एम शरीफ़ के लेखों को प्रातिनिधिक दार्शनिक लेखन के रूप में शामिल किया गया।

ग्रंथ के दोनों भागों में जिन दार्शनिकों के आलेखों को तत्कालीन दार्शनिक अध्यवसाय के नमूने के तौर पर सम्मिलित किया गया— उसे दो वर्गों में बाँटा जा सकता है। पहले वर्ग के दार्शनिकों ने वैदिक परम्परा के दर्शनों की समझ को प्रस्तुत किया है। दूसरे वर्ग के आलेखों की अंतर्वस्तु तो परम्परागत भारतीय दर्शनों से ही ली गयी है, लेकिन उनकी व्याख्या, विश्लेषण और तुलना पाश्चात्य दर्शन और उसकी आधुनिक समस्याओं के परिप्रेक्ष्य में की गयी है। इस प्रसंग में यहाँ अखिल भारतीय दर्शन परिषद् की स्थापना का उल्लेख भी आवश्यक है। यह परिषद् वास्तव में स्वातंत्र्योत्तर भारतीय दर्शन का एक नया और महत्त्वपूर्ण अध्याय है। इसकी स्थापना में महत्त्वपूर्ण भूमिका यशदेव शल्य की रही। मुखपत्र के रूप में *दार्शनिक* त्रैमासिक पत्रिका का परिषद् की स्थापना के साथ ही 1954 से प्रकाशन प्रारम्भ किया गया और परिषद् का प्रथम वार्षिक अधिवेशन 1956 में इलाहाबाद में हुआ। हिंदी माध्यम से स्वातंत्र्योत्तर भारत में दार्शनिक अध्यवसाय को प्रतिनिधित्व देते हुए परिषद् ने दो दर्जन से अधिक पुस्तकों का प्रकाशन किया है जिसमें के. सच्चिदानंद मूर्ति द्वारा *समकालीन भारतीय दर्शन* (1962) विशेष रूप से उल्लेखनीय है। राधाकृष्णन और म्योरहेड के ही तर्ज़ पर इस पुस्तक में सम्पूर्णानंद, एन.एस. द्रविड़, बी.जी. तिवारी, एस.एल. पाण्डेय, राजेंद्र प्रसाद, आर.के. त्रिपाठी, एस.एस. बारलिंगे, जे.आर.एल.एस. नारायण मूर्ति, चंद्रशेखर राव और के.एस. मूर्ति के आलेख सम्मिलित किये गये थे। परिषद् के तत्त्वावधान में स्वातंत्र्योत्तर दार्शनिक प्रकरण के अंतर्गत अम्बिकादत्त शर्मा द्वारा सम्पादित *समेकित दार्शनिक विमर्श* (2005), *समेकित अद्वैत विमर्श* (2005), *भारतीय दर्शन के 50 वर्ष* (2006) और *समेकित पाश्चात्य दर्शन समीक्षा* (2012) भी विशेष रुप से उल्लेखनीय हैं।

भारतीय दर्शन के स्वातंत्र्योत्तर प्रकरण में टी.आर.वी. मूर्ति (1902-1986) के अध्यवसाय को परम्परा और आधुनिकता का सेतुबंध कहा जा सकता है। उनकी विशेष अभिरुचि माध्यमिक दर्शन, कांट और भाषा दर्शन में रही, लेकिन अपने दार्शनिक अध्यवसाय को उन्होंने माध्यमिक दर्शन की पुनर्रचना में चरितार्थ किया। 1955 में प्रकाशित उनकी कृति *द सेंट्रल फ़िलॉस़फ़ी ऑफ़ बुद्धिज़म* के माध्यम से दार्शनिक विचारों के विश्व-इतिहास में नागार्जुन को प्रतिष्ठा मिली है। मूर्ति के लिए माध्यमिक दर्शन का आंतरिक मूल्य बौद्ध दर्शन के एक सम्प्रदाय के रूप में नहीं बल्कि 'क्रिटीक ऑफ़ ऑल फ़िलॉसफ़ीज' के रूप में है। वैसे तो उन्होंने कांट के दर्शन को लक्ष्य करके कुछ नहीं लिखा लेकिन *अज्ञान* नामक पुस्तक (1933), जो जी.आर. मलकानी और रासबिहारी दास के साथ मिल कर लिखी गयी थी, में अद्वैत वेदांत सम्मत अविद्या की अवधारणा को उद्घाटित करते समय उन पर कांट के प्रभाव को स्पष्ट रूप से देखा जा सकता है। इसी तरह अद्वैतवादी दर्शनों के वैकल्पिक प्रारूपों की गवेषणा भी मूर्ति के दार्शनिक अध्यवसाय का महत्त्वपूर्ण बिंदु रहा है। भाषा दर्शन के क्षेत्र में उनका एक आलेख 'द फिलॉसफ़ी ऑफ़ लेंग्वेज़ इन कांटेक्स्ट' (1963) उन्हें भाषा-दार्शनिक के रूप में भी प्रतिष्ठित करता है।

दर्शन के क्षेत्र में हुमायूँ कबीर (1906-1969) के प्रयासों की अनदेखी नहीं की जा सकती। उन्होंने अपने चिंतन से परम्परा और नवोन्मेषी प्रगतिशीलता के बीच सामंजस्य की स्थापना करने वाला अवदान दिया। इसी तरह पी.टी. राजू पारम्परिक भारतीय दार्शनिक चिंतन की आधुनिकोन्मुखी व्याख्या करने वालों में अग्रणी थे। इस प्रकार की व्याख्या का मानक रूप *आइडियलिस्टिक थॉट ऑफ़ इण्डिया* (1953) *थॉट ऐंड रियलिटी* (1957) और *आइडियलिज़म ऐंड मॉडर्न चैलेंजेज़* (1961) नामक उनकी कृतियों में देखा जा सकता है। इसके अतिरिक्त पी.टी. राजू को तुलनात्मक दर्शन की स्वतंत्र विद्या के प्रणेता के रूप में कुछ इने-गिने व्यक्तियों में रखा जा सकता है। उनकी *इंट्रोडक्शन टू कॅम्परेटिव फ़िलॉस़फ़ी* (1962) इस विधा की प्राथमिक संस्थापक कृतियों में एक है। कालिदास भट्टाचार्य (1911-1964) विलक्षण दार्शनिक प्रतिभा वाले अध्येता थे। इनकी दार्शनिक चेतना किसी वाद या सम्प्रदाय से प्रतिबद्ध न होकर इस अर्थ

में स्वतंत्र थी कि उन्होंने मनुष्य की चेतना में निहित तत्त्वमीमांसीय प्रवृत्तियों की वैकल्पिकता का दार्शनिकीकरण करते हुए एक तरह से उसकी ही तत्त्वमीमांसा प्रस्तुत की है। इसका बीज उन्हें अपने पिता कृष्ण चंद्र भट्टाचार्य के *एब्सोल्यूट ऐंड इट्स आल्टरनेटिव स्टैंडपाइंट* में प्राप्त हुआ था लेकिन उसे इन्होंने *आल्टरनेटिव स्टैंडपाइंट इन फ़िलॉसफ़ी* (1953) के रूप में विकसित किया है। कालिदास भट्टाचार्य ने मनुष्य की स्वतंत्रता और उसकी धार्मिक वैज्ञानिक चेतना के संबंध में भी मौलिक विचार प्रस्तुत किये हैं। भट्टाचार्य की बहुविध रचनाओं में *प्रीसपोज़िशन ऑफ़ साइंस ऐंड अदर एसेज़* (1974), *पॉसिबिलिटी ऑफ़ डिफ़रेंट टाइप्स ऑफ़ रिलीजन* (1975), द *कंसेप्ट ऑफ़ मैन* (1982) तथा बांग्ला में *भारतीय सस्कृति ओ अनेकांत वेदांत* (1982) प्रमुखतम हैं।

टी.एम.पी. महादेवन (1911-1983) वेदांत दर्शन में पांरगत थे। उन्होंने मद्रास स्कूल ऑफ़ वेदांत स्टडीज़ की स्थापना की। *गौडपाद : ए स्टडी इन अर्ली अद्वैत* (1954) के माध्यम से उन्होंने विधुशेखर भट्टाचार्य सरीखे व्यक्तियों द्वारा फैलायी गयी इस भ्रांति का भंजन किया है कि शंकराचार्य के दादागुरु गौडपाद द्वारा प्रयुक्त पदावलियाँ बौद्ध परम्परा की एकल सम्पत्ति नहीं बल्कि परम्परा की सम्पदा हैं जिस पर किसी का एकाधिकार नहीं। द *फ़िलासफ़ी ऑफ़ अद्वैत* (1957), *आउटलाइंस ऑफ़ हिंदुइज़्म* (1956) और *टाइम ऐंड टाइमलेस* इत्यादि उनकी प्रमुख कृतियाँ हैं सम्प्रति इस परम्परा की निरंतरता को आर. सुब्रह्मण्यम बनाये हुए हैं। मण्डन मिश्र की ब्रह्मसिद्धि पर आधारित उनकी कृति 'अद्वैत वेदांत' और 'नैष्कर्म्यसिद्धि' अंग्रेज़ी माध्यम से किये गये प्रसादक अध्ययन हैं।

स्वातंत्र्योत्तर युग में नंद किशोर देवराज (1917-1999) सर्जनात्मक मानववाद के प्रतिष्ठापक माने जाते हैं। भुवनेश्वर के गणेश्वर मिश्र (1917-1985) अपने समय के जाने-माने अध्येता थे। ए.जे. एयर के शिष्य के रूप में इन्होंने *सोर्स ऑफ़ मोनोइज़्म इन शंकर ऐंड ब्रैडले* विषय पर अनुसंधान किया था। पाश्चात्य विश्लेषणात्मक दर्शन की पद्धति का भरपूर उपयोग करने वाली उनकी रचना *स्टडीज़ इन अद्वैत वेदांत* (1976) एक प्रसिद्ध कृति है। आर. के. त्रिपाठी (1918-1981) का झुकाव वेदांत दर्शन और उसमें भी शांकर वेदांत की ओर सर्वाधिक था। दर्शन की आधुनिक समस्याओं पर अद्वैत वेदांत का पक्ष मज़बूती से रखने की उनमें अद्भुत क्षमता थी। उनके लिए अद्वैत वेदांत की विचार-प्रक्रिया दर्शन की अवधारणा का पर्याय जैसी थी। *प्रॉब्लम्स ऑफ़ फ़िलॉसफ़ी ऐंड रिलीजन* (1971) नामक ग्रंथ में यह सब कुछ प्रांजल सम्प्रत्ययात्मक स्पष्टता के साथ देखा जा सकता है। आर.के. त्रिपाठी का पहला महत्त्वपूर्ण कार्य *स्पिनोज़ा इन द लाइट ऑफ़ वेदांत* (1958) काशी हिंदू विश्वविद्यालय से प्रकाशित हुआ था।

सुरेंद्र सदाशिव बारलिंगे (1919-1997) ने पुणे विश्वविद्यालय से सम्बद्ध रहते हुए अंग्रेज़ी, हिंदी और मराठी तीनों ही भाषाओं में आधुनिकोन्मुख दार्शनिक लेखन द्वारा भारतीय दर्शन को बढ़ावा दिया है। *अ मॉडर्न इंट्रोडक्शन टू लॉजिक* (1955) नामक पुस्तक में उन्होंने भारतीय तर्कविद्या को आकारिक तर्कशास्त्र की पदावली और तौर-तरीक़े से प्रस्तुत किया है। इसी तरह भारतीय दर्शन को आधुनिक पदावली में प्रस्तुत करने वाले उनका ग्रंथ *अ मॉडर्न इंट्रोडक्शन टू फ़िलॉसफ़ी* (1998) है। बारलिंगे उन शुरुआती विद्वानों में रहे हैं जिन्हें भारतीय सौंदर्यशास्त्र की पहली रूपरेखा प्रस्तुत करने का श्रेय जाता है।

चंद्रधर शर्मा (1920-2004) भारतीय परम्परा के अद्वैतवादी दर्शनों के सिद्धस्थ व्याख्याकार थे। उनकी अंग्रेज़ी रचना *अ क्रिटिकल सर्वे ऑफ़ फ़िलॉसफ़ी* (1952) और बाद में उसी का परिवर्तित हिंदी संस्करण (1990) आज भी भारत के विद्यार्थियों के द्वारा सर्वाधिक पढ़ा जाने वाला ग्रंथ है। *डायलेक्टिक ऑफ़ बुद्धिज़म ऐंड वेदांत* तथा द *अद्वैतिक ट्रेडिशन ऑफ़ फ़िलॉसफ़ी* (1996) नामक ग्रंथ उनके अद्वैतवादी अध्यवसाय के प्रांजल पक्ष को प्रस्तुत करते हैं। नागपुर विश्वविद्यालय से सम्बद्ध नारायण शास्त्री द्रविड़ (1923-2010) का भारतीय तर्कशास्त्र और प्रमाणशास्त्र की समस्याओं की विशिष्टता को पाश्चात्य ज्ञानमीमांसा और तर्कशास्त्र के समक्ष उपस्थापित करने वालों में कोई सानी नहीं था। उन्होंने भारतीय प्रमाणशास्त्र के प्रगत स्वरूप को मराठी भाषा में प्रस्तुत किया है। उन्होंने *न्यायकुसुमांजली* और *आत्मतत्त्वविवेक* का अंग्रेज़ी में मानक अनुवाद भी किया है। *भारतीय दर्शन की मूलगामी समस्याएँ* (2009) शीर्षक से अखिल भारतीय दर्शन परिषद् ने उनके प्रकीर्ण हिंदी लेखन को प्रकाशित किया है।

गोविंद चंद्र पाण्डे (1923-2011) की सम्पूर्ण विचार-साधना समवेत रूप से संस्कृति-दर्शन के रूप में फलित हुई है। पाण्डे के संस्कृति-दर्शन पर हीगेल के इतिहास-दर्शन, बौद्ध दर्शन के विज्ञानवाद और श्री अरविंद के मानवचक्र-सिद्धांत का स्पष्ट प्रभाव दिखता है। उनकी बहुविध रचनाओं में मुख्य रूप से *.फ़ाउंडेशन ऑफ़ कल्चर ऐंड सिविलाइज़ेशन, द मीनिंग ऐंड प्रोसेस ऑफ़ कल्चर, कांशसनेस वैल्यू कल्चर , मूल्य-मीमांसा, भारतीय परम्परा के मूल स्वर* तथा *शंकराचार्य : विचार और संदर्भ* जैसी कृतियाँ उन्हें बीसवीं सदीं के विश्वस्तरीय संस्कृति-दार्शनिक के रूप में प्रतिष्ठापित करती है। इसके अतिरिक्त *भक्ति दर्शन विमर्श, सौंदर्य दर्शन विमर्श* भी उनकी उल्लेखनीय रचनाएँ हैं।

के. सच्चिदानंद मूर्ति (1924-2011) को दार्शनिक समुदाय में द्वितीय राधाकृष्णन माना जाता था। मूर्ति ने वेदांत की मूल भावना 'सर्व खलु इदं ब्रह्म' की धार्मिक चेतना का दार्शनिकीकरण लोक-जीवन के यथार्थ धरातल पर किया है।

रेवेलेशन ऐंड रीज़न इन अद्वैत वेदांत (1959) और द *रेल्म ऑफ़ बिटवीन* (1993) इत्यादि उनकी प्रसिद्ध कृतियाँ हैं। उन्होंने शांति के दर्शन पर महत्त्वपूर्ण कार्य किया है। 1960 में प्रकाशित उनकी कृति *स्टडीज़ इन द प्रॉब्लम्स ऑफ़ पीस* इसका प्रमाण है।

दया कृष्ण (1924–2007) प्रारम्भ में पाश्चात्य दर्शन के बड़े हिमायती थे, लेकिन बाद में उनकी रुचि भारतीय दर्शन की ओर हुई। उन्होंने भारतीय दार्शनिक परम्पराओं को 'प्रॉपर वर्क ऑफ़ रीज़न' की दृष्टि से देख कर उसकी अविचारित रूप से स्थापित मान्यताओं के विरुद्ध आधारभूत प्रश्न उठाये जो नये ढंग से विचार करने की गुंजाइशें खोलते हैं। 1955 में प्रकाशित उनकी कृति द *नेचर ऑफ़ फिलॉसफ़ी* और द *आर्ट ऑफ़ कॉन्सेप्चुअल* से उनके दार्शनिक गोत्र का पता चलता है। *प्रोलेगोमेना टू एनी फ़्यूचर हिस्टीरियोग्राफ़ी ऑफ़ कल्चर ऐंड सिविलाइज़ेशन* में दयाकृष्ण एक सभ्यता-विज्ञानी के रूप में सामने आते हैं। दयाकृष्ण की ऐसी कई कृतियाँ हैं जिनमें भारतीय दर्शन को बहुलवादी बौद्धिक परम्परा के रूप में पुन:संगठित और पुनर्रचित करने की प्रश्नाकुलता दिखाई पड़ती है।

भाषा और तार्किक विश्लेषण को दर्शन का धर्म समझने वाले राजेंद्र प्रसाद (1926–) का चरमोत्कर्ष उनके अतिमहत्त्वपूर्ण आलेख 'अनऐंडिंग डायलॉग विद गॉड' और 'डायलॉग बिटवीन फ़र्स्ट परसन ऐंड थर्ड परसन' में स्पष्ट रूप से देखा जा सकता है। उनके दार्शनिक अध्यवसाय को प्रस्तुत करने वाली महत्त्वपूर्ण कृति *कर्म, काज़ेशन ऐंड रिट्रीब्यूटिव मॉरलिटी* (2004) है।

चिद्द्वैतवाद के संस्थापक यशदेव शल्य (1928–) की दार्शनिक अनुसंधान यात्रा का आरम्भ आधुनिक पाश्चात्य अनुभववादी-तार्किक प्रत्यक्षवादी परम्परा के साथ हुआ, लेकिन उन्हें अनुभववादियों की अवधारणा में कोई युक्तियुक्तता दिखायी नहीं दी। वे इसे छोड़ कर अवधारणात्मक सापेक्षतावाद की ओर आये लेकिन यह दृष्टि भी उनके लिए अधिक समय तक संतोषप्रद नहीं बनी रह सकी। इस तरह यशदेव शल्य अपने ही अवधारणा-सापेक्षतावाद से उत्तीर्ण होकर दूसरे महत्त्वपूर्ण सोपान पर पहुँचे जिसे चैत-सापेक्षतावाद से निरपेक्ष चैतन्य में उत्क्रमण के रूप में समझा जा सकता है। यशदेव शल्य के दार्शनिक चिंतन का तृतीय और अंतिम प्रस्थान है 'चिद्द्वैतवाद' जहाँ वे विषय जगत् की चिद्गत संरचनाओं की प्रतिष्ठा चेतना की आत्मगत प्राकृतिकता से आत्मोन्मुख निर्वृत्ति में देखते हैं। भारतीय दार्शनिक अनुसंधान परिषद् द्वारा प्रकाशित *यशदेव शल्य का दर्शन* नामक पुस्तक में गोविंद चंद्र पाण्डे, मुकुंद लाठ इत्यादि के आलेखों से यशदेव शल्य के दार्शनिक चिंतन में निहित मौलिकता और व्यापकता की झलक मिलती है। मुकुंद लाठ (1937–) स्वयं भी एक स्वतंत्र विचारक हैं। उन्होंने धर्म, कर्म और नीति विषयक चिंतन को अपने अध्यवसाय का विषय बना कर भारतीय औचित्य मीमांसा की मौलिक प्रतिष्ठा की है। इस सम्बन्ध में उनकी पुस्तकें *धर्म संकट* और *कर्म चेतना के आयाम* द्रष्टव्य हैं।

इलाहाबाद में संगम लाल पाण्डेय (1929–2002) ने अद्वैत वेदांत की दृष्टि से पाश्चात्य ज्ञानमीमांसा की समीक्षा कर 'डेथ एपिस्टेमोलॅजी' की पुनर्रचना 'फ़िलॉसफ़ी ऑफ़ प्रयाग स्कूल' के रूप में की है। रामचन्द्र गांधी (1937–2007) की कृतियों में *आयी एम दाऊ,* जो रमण महर्षि पर केंद्रित है, महत्त्वपूर्ण है। *स्वराज* और *सीताज़ किचेन* जैसे कई छोटे-बड़े ग्रंथ उनकी दार्शनिक परिकल्पनाओं को मूर्त रूप प्रदान करते हैं। पंजाब विश्वविद्यालय, चण्डीगढ़ के दर्शन-विभाग से संबंधित धर्मेंद्र गोयल (1934) का आधुनिकोन्मुख चिंतन भी यहाँ उल्लेखनीय है। इनके दार्शनिक अध्यवसाय के प्रमुख उत्पाद 'फ़िलॉसफ़ी ऑफ़ हिस्ट्री' (1967), 'फिलॉसफ़ी ऑफ़ सोशल चेंज' (1989) और 'भाषा दर्शन' (1991) हैं। अखिल भारतीय दर्शन परिषद् द्वारा प्रकाशित (2012) इनकी कृति 'स्वतंत्रता मूल्य और परम्परा' स्वातंत्र्योत्तर भारत की समसामयिक चिंताओं पर महत्त्वपूर्ण दार्शनिक विमर्श प्रस्तुत करती हैं। इसी काल में जी.सी. नायक (1935–) शंकर, नागार्जुन और कालिदास की कृतियों में अंतरविष्ट दार्शनिक दृष्टियों का विश्लेषणात्मक अध्ययन करने वाले प्रतिबद्ध अध्येता रहे हैं। *फ़िलॉसॅफ़िकल रिफ़्लेक्शंस* (1987), *फ़िलॉसॅफ़िकल इंटरप्राइज़ ऐंड द साइंटिफ़िक स्पिरिट* (1994) एवं *माध्यमिक शून्यता* (2001) उनकी महत्त्वपूर्ण कृतियाँ हैं।

भारत में क्षेत्रीय भाषाओं के माध्यम से दर्शनशास्त्र के पठन-पाठन की प्राचीन परम्परा रही है। इस दृष्टि से वी.एम. वेडेकर (पुणे) की *फिलॉसफ़ी इन फ़िफ़्टीन मॉडर्न इण्डियन लैंग्वेजेज़* (1979) नामक पुस्तक विशेष रूप से उल्लेखनीय है। इसमें असमिया, बांग्ला, अंग्रेज़ी, गुजराती, हिंदी, कन्नड़, कश्मीरी, मलयालम, मराठी, उड़िया, पंजाबी, सिंधी, तमिल और तेलगु इत्यादि भाषाओं में हुए दार्शनिक लेखन का लेखा-जोखा मिलता है। स्वातंत्र्योत्तर काल में भारतीय दर्शन पर विश्वकोशीय लेखन को लेकर चार महत्त्वपूर्ण प्रयास सामने आए हैं। इसमें पहला प्रयास अमेरिका के कार्ल एच. पॉट्टर का है। उन्होंने 23 भागों में *इनसाइक्लोपीडिया ऑफ़ इण्डियन फिलॉसफ़ी* प्रकाशित करने की महत्त्वाकांक्षी योजना 1968 में बनायी थी। इस विश्वकोश के कई एक खण्ड प्रकाशित हो चुके हैं और शेष प्रकाशनाधीन हैं। इस क्षेत्र में दूसरा प्रयास इण्डिया हैरिटेज फ़ाउंडेशन द्वारा 1980 के दशक में किया गया और पूर्वी-पश्चिमी विद्वानों के सहयोग से ग्यारह भागों में *इनसाइक्लोपीडिया ऑफ़ हिंदूइज़्म* तैयार किया गया है। कैलिफ़ोर्निया के के.एल. शेषगिरि राव इसके प्रधान सम्पादक दिल्ली के कपिल कपूर इसके सम्पादक हैं। इन दोनों प्रयासों

से भिन्न अपने ढंग का एक अनोखा *भारतीय दर्शन बृहत्कोश'* का निर्माण 1980 के दशक में सागर विश्वविद्यालय द्वारा कराया गया था। अर्जुन मिश्र इसके निदेशक और शास्त्रपुरुष बच्चूलाल अवस्थी इसके एकमात्र शोध-कर्ता और लेखक थे। विश्वकोशीय लेखन के क्षेत्र में सबसे बड़ा और सर्वाधिक प्रामाणिक प्रयास देवी प्रसाद चट्टोपाध्याय (1931-) के नेतृत्व में प्रोजेक्ट ऑफ़ हिस्ट्री ऑफ़ साइंस, फ़िलॉसफ़ी ऐंड कल्चर के तहत किया गया है। समस्त भारतीय बौद्धिक सम्पदाओं को एक व्यापक अवधारणात्मक योजना में समाहित करने वाली इस महान परियोजना के 115 खण्डों का प्रकाशन पूर्ण होने को है।

स्वातंत्र्योत्तर भारत में विश्वविद्यालयीय व्यवस्था के माध्यम से जो अकादमिक वातावरण निर्मित हुआ उसके माध्यम से विभिन्न दार्शनिक सम्प्रदायों का विकास भी प्रतिबद्ध अध्येताओं के द्वारा सम्भव हुआ है। आज़ादी के बाद श्रमण परम्परा के बौद्ध और जैन दर्शन का विकास सरकारी तौर पर प्रोत्साहित किया गया। इस दौरान सक्रिय बौद्ध अध्येताओं में भदंत आनंद कौसल्यायन, राहुल सांकृत्यायन, शांति भिक्षु शास्त्री, नरेंद्र देव, सत्कड़ी मुखर्जी, गोविंद चंद्र पाण्डे, आर.सी. पाण्डेय, के. वेंकट रमन, हर्ष नारायण, ए.के. चटर्जी और रामशंकर त्रिपाठी इत्यादि का नाम प्रमुखता से लिया जा सकता है। बौद्ध दर्शन के उदीयमान अध्येताओं में एच.एस. प्रसाद, प्रदीप गोखले, मंगला चिन्चोरे और अम्बिकादत्त शर्मा संदर्भित किये जाने की अर्हता रखते हैं। जैन दर्शन के क्षेत्र में नाथमल टाटिया, दलसुख भाई मलवानियाँ, नगिन जे. शाह और सागरमल जैन का योगदान उल्लेखनीय है। भारत की सर्वाधिक प्राचीन दर्शन परम्परा 'सांख्य-योग' को हरिहरानन्द आरण्य एवं रामशंकर भट्टाचार्य ने अपने अध्यवसाय से आधुनिक काल में जीवंत बनाये रखा। इसी तरह आगमिक धारा के शैव एवं काश्मीर शैव दर्शनों के आधुनिकोन्मुखी विकास को महाराज हरीसिंह (कश्मीर दरबार) ने बढ़ावा दिया। के.सी. पाण्डेय, आर.के. काव, बी.एन. पण्डित, नवजीवन रस्तोगी, कमलेश दत्त त्रिपाठी, ब्रज वल्लभ द्विवेदी और कमलाकर मिश्र ने इस क्षेत्र में महत्त्वपूर्ण योगदान किया है। काश्मीर शैव दर्शन के ही प्रतिउत्पाद के रूप में स्वातंत्र्योत्तर काल में भारतीय सौंदर्यशास्त्र का बहुआयामी विकास हुआ है। स्वतंत्रता से पूर्व एवं स्वातंत्र्योत्तर काल में न्यायवैशेषिक दर्शन का विकास भी बहुविध रूप से होता रहा है। बंगाल मूल के न्यायदर्शन के अध्येताओं में अनन्त लाल ठाकुर, बी.के. मतिलाल, जे.एन. मोहंती, शिवजीवन भट्टाचार्य एवं पी.के. मुखोपाध्याय इत्यादि प्रमुख रहे हैं। मिथिला मूल के अध्येताओं में बालकृष्ण मिश्र, महाप्रभु लाल गोस्वामी, शशिनाथ झा, बद्रीनाथ झा, दुर्गाधर झा, आनंद झा एवं किशोर नाथ झा परिगणित किये जा सकते हैं। इसके अतिरिक्त धर्मेंद्र नाथ शास्त्री, बलिराम शुक्ल, विश्वम्भर पाही, बी.एन. झा, रघुनाथ घोष एवं सच्चिदानंद मिश्र तथा अरुण मिश्र भी न्यायदर्शन के क्षेत्र में महत्त्वपूर्ण हस्तक्षेप करने वाले सक्रिय विद्वान रहे हैं। मीमांसा दर्शन का विकास स्वातंत्र्योत्तर भारत में उस तरीक़े से नहीं हुआ जबकि यह एक प्राचीन और समृद्ध परम्परा रही। गंगानाथ झा एवं युधिष्ठिर मीमांसक के बाद केवल गोवर्धन भट्ट ने इस दर्शन के प्रमाणशास्त्रीय पक्ष पर महत्त्वपूर्ण कार्य किया है। बीसवीं शताब्दी में के.एल. सरकार और काशी प्रसाद सक्सेना ने 'मीमांसा ज्यूरिस्पुडेंस' के क्षेत्र में अपने लेखन के द्वारा एक नयी दिशा ली है। वेदांत दर्शन के अवांतर सम्प्रदायों में शुद्धाद्वैत के आधुनिकोन्मुखी विकास में एम.पी. तेलीवाला, केदार नाथ मिश्र एवं श्याम मनोहर गोस्वामी ने महत्त्वपूर्ण भूमिका निभायी है। दक्षिण भारत में रामानुज वेदांत एवं मध्व वेदांत के अध्ययन-अध्यापन की अभी भी नैष्ठिक परम्परा जीवंत है। मध्व वेदांत के अध्येताओं में सत्यप्रमोद तीर्थ, प्रह्लादाचार्य, के.टी. पाण्डुरंगी प्रमुख रहे हैं। रामानुज वेदांत के अध्येताओं में रामानुज ताताचार्य, एस.एम. श्रीनिवासाचारी और अधिष्ठाता विद्वानों में वीर राघवाचार्य एवं परकाल मठाधीश अत्यंत विशिष्ट रहे हैं। सम्प्रति अद्वैत वेदांत के स्वाध्यायी विद्वान् देश भर में अनेक मिल जाएंगे लेकिन पारम्परिक पांडित्य और साधक प्रकृति के विद्वानों में स्वामी योगिंद्रा नंद, पारस नाथ द्विवेदी, सुधांशु शेखर शास्त्री एवं मणि द्राविड़ का नाम प्रमुखता से लिया जा सकता है। अद्वैत वेदांत के आधुनिक विद्वानों में ए. राममूर्ति, श्रीनिवास राव, ए.के. नारायण, गोदावरीश मिश्र और आनंद मिश्र संदर्भित किये जाने योग्य हैं। इक्कीसवीं शताब्दी में स्वामी नारायण वेदांत ने भी अपने को एक स्वतंत्र प्रस्थान के रूप में स्थापित करने का महत्त्वपूर्ण प्रयास 'ब्रह्मसूत्रस्वामीनारायणभाष्यम्' और 'उपनिषद् स्वामीनारायणभाष्यम्' लिखकर किया है। साधु भद्रेस दास और साधु श्रुति प्रकाश दास इस परम्परा के मान्य अध्येता हैं। स्वातंत्र्योत्तर भारत में भारतीय भाषा दर्शन का विकास भी दर्शन की एक स्वतंत्र विधा के रूप में हुआ है। इस क्षेत्र में के.ए.एस. अय्यर, गौरीनाथ शास्त्री, के.के. राजा, आर.सी. पाण्डेय, बी.के. मतिलाल, के.जे. शाह, पी.के. मुखोपाध्याय एवं डी.एन. तिवारी ने महत्त्वपूर्ण कार्य किया है।

पाश्चात्य दर्शन का स्वातंत्र्योत्तर क्षेत्र विशेष रूप से एंग्लो-सेक्सन फ़िलॉसफ़ी, फ़ेनोमेनोलॅजी एवं अस्तित्ववाद तथा उत्तर-आधुनिकतावाद से संबंधित रहा है। इस क्षेत्र में जे.एल. मेहता, जे.एन. मोहंती, रिचर्ड सोराबजी और अकील बिलग्रामी ऐसे नाम रहे हैं जिन्हें पश्चिम में मान्यता मिली। इसके अतिरिक्त पश्चिमी दर्शन में दख़ल रखने वाले भारतीय विद्वानों में नित्यानंद मिश्र, बी.के. लाल, आर.पी. पाण्डेय, डी.एन. द्विवेदी, सभाजीत मिश्र, आर.सी. प्रधान, आर.पी. सिंह, अशोक वोहरा, बी.के. अग्रवाल, पी.आर. भट्ट,

अमिताभ दासगुप्ता, प्रसेनजित विश्वास एवं संजय कुमार शुक्ल उल्लिखित किये जा सकते हैं।

स्वातंत्र्योत्तर भारत में दर्शन की दशा-दिशा और उसकी उपलब्धियों का क्षैतिज विस्तार चाहे जैसा भी रहा हो, हमें इस आलोचनात्मक टिप्पणी का सामना करना ही पड़ता है कि स्वाधीन भारत में हमने कुछ ऐसा उत्पादित नहीं किया जिसे दार्शनिक दृष्टि से मौलिक और विश्वस्तरीय प्रतिष्ठा के योग्य कहा जा सके। इसके बावजूद स्वातंत्र्योत्तरकालीन भारत के दार्शनिक अध्यवसाय को भारतीय दर्शन के वैश्वीय परिप्रेक्ष्य में सकारात्मक-नकारात्मक प्रभावों के साथ उसका युगानुरूप पुनराविष्कार ही कहना उचित है। किसी भी विचार-परम्परा की पुनर्व्याख्या और उसके पुनराविष्कार की अपनी ही गति होती है। इस प्रक्रिया में मूल विचार-परम्परा का उन्नयन भी होता है तो कहीं-कहीं विजातीय प्रभावों के कारण उसके अवमूल्यन की सम्भावना भी बनी रहती है। स्वातंत्र्योत्तर भारतीय दर्शन भी इस तथ्यात्मकता का अपवाद नहीं है। हमारी औपनिवेशिक मनोवृत्ति और ऊपर से अंग्रेज़ी भाषा के प्रभुत्व ने हमारे वैचारिक स्वराज की धार को अवश्य ही कम किया है लेकिन भारत की ज्ञान सम्पदा की प्राणदा शक्ति अभी भी समाप्त नहीं हुई है। स्वातंत्र्योत्तर भारत में इस ज्ञान-सम्पदा के संवेदनशील ध्रुवों का समुदाय यद्यपि अल्पसंख्यक है लेकिन उन्हीं के अध्यवसाय से इस देश का ज्ञानात्मक अतीत जीवंत और पुरोगामी बना हुआ है।

देखें : गोपीनाथ कविराज, गोविंद चंद्र पाण्डे, दयाकृष्ण, नंद किशोर देवराज, बदरी नाथ शुक्ल, भारत में दर्शनशास्त्र : स्वातंत्र्यपूर्व दशा-दिशा, मुकुंद लाठ, यशदेव शल्य, रामअवतार शर्मा।

संदर्भ

1. सर्वपल्ली राधाकृष्णन और जे.एच. म्योरहेड (सम्पा.) (1936), *कंटेम्परेरी इण्डियन फ़िलॉसफ़ी,* जॉर्ज एलेन ऐंड अनविन, लंदन.
2. के.एस. मूर्त्ति (सम्पा.) (1962), *समकालीन भारतीय दर्शन,* अखिल भारतीय दर्शन परिषद् प्रकाशन, नयी दिल्ली.
3. अम्बिकादत्त शर्मा (सम्पा.) (2005), *स्वातंत्र्योत्तर दार्शनिक प्रकरण-1-समेकित दार्शनिक विमर्श,* विश्वविद्यालय प्रकाशन, सागर.
4. अम्बिकादत्त शर्मा (सम्पा.) (2005), *स्वातंत्र्योत्तर दार्शनिक प्रकरण-2-समेकित अद्वैत विमर्श,* विश्वविद्यालय प्रकाशन, सागर.
5. अम्बिकादत्त शर्मा (सम्पा.) (2006), *स्वातंत्र्योत्तर दार्शनिक प्रकरण-3-भारतीय दर्शन के 50 वर्ष,* विश्वविद्यालय प्रकाशन, सागर.
6. अम्बिकादत्त शर्मा और श्रीप्रकाश दुबे (2012), 'भारतीय दर्शन और उसका स्वातंत्र्योत्तर युग', *चिंतन-सृजन,* वर्ष-10, अंक-2.

—अम्बिकादत्त शर्मा

भारत में नवजागरण : तुलनात्मक परिप्रेक्ष्य

(Navjagaran(s) in India : Comparative Perspective)

उन्नीसवीं सदी के दौरान औपनिवेशिक आधुनिकता के संसर्ग में भारत के कई सांस्कृतिक क्षेत्रों में सामाजिक आंदोलनों की शुरुआत हुई। इनमें समाज-सुधार के पहलू प्रमुख थे, लेकिन सुधार-प्रक्रिया कई जगहों पर रैडिकल और नरम क़िस्म के तत्त्वों के बीच टकराव के कारण विवादित हुई। इसके गर्भ से एक तरह की सांस्कृतिक राजनीति निकली जिसने आगे जा कर भारत की निर्माणाधीन आधुनिकता के विभिन्न पहलुओं की रचना की। सांस्कृतिक राजनीति के इन केंद्रों में बंगाल और महाराष्ट्र का स्थान सर्वोपरि था। बंगाल में हुए घटनाक्रम को नवजागरण का नाम दिया गया है। महाराष्ट्र में चली इसी प्रक्रिया को सुधारणा के नाम से पुकारा जाता है। इस तरह के सिलसिले गुजरात, पंजाब और हिंदी-भाषी क्षेत्र (मुख्यत: वर्तमान उत्तर प्रदेश) में चले। उत्तर भारत में इस परिघटना को रामविलास शर्मा ने हिंदी नवजागरण का नाम दिया है जिसमें मुख्य भूमिका यहाँ के साहित्यकारों की, ख़ासकर भारतेंदु हरिश्चंद्र और उनके मण्डल के लेखकों की रही। बंगाल की तर्ज़ पर हिंदी नवजागरण का नाम दिया जाता है। ख़ास बात यह थी कि किसी भी क्षेत्र का नवजागरण किसी दूसरे क्षेत्र की प्रतिकृति नहीं था, सबकी अलग-अलग ख़ामियाँ और ख़ूबियाँ थीं।

महाराष्ट्र में 1866 में भंग कर दी गयी परमहंस सभा के बिखर गये सदस्यों में से कुछ एक ने 1866 में बम्बई पधारे केशवचंद्र सेन के व्याख्यानों से प्रेरित हो कर जिस संगठन की शुरुआत की थी, उसे ही हम प्रार्थना समाज के नाम से जानते हैं। दूसरी तरफ़ मराठी सुधारकों ने शूद्र संत तुकाराम के प्रभाव को दूसरे प्रदेशों में भी फैलाया। इन्हीं के ज़रिये तुकाराम का प्रभाव बंगाल में ब्रह्म समाज तक पहुँचा जहाँ सत्येंद्रनाथ ठाकुर ने तुकाराम के अभंगों का बांग्ला में अनुवाद किया और उनकी जीवनी लिखी। एक दूसरे ब्रह्मसमाजी हरींद्रनाथ चट्टोपाध्याय ने तुकाराम के जीवन को लेकर नाटक लिखा। तुकाराम के अभंगों का अनुवाद गुजराती में भी हुआ और बीसवीं सदी में गाँधीजी उनसे प्रभावित हुए।

महाराष्ट्र में सुधारणा की एक प्रमुख हस्ती संत एकनाथ थे जिन्होंने लोकसंग्रह की धारणा दी और जिन्हें विचार की दृष्टि से संत ज्ञानेश्वर और रामदास के बीच में माना जा सकता है। इस सिलसिले में एकनाथ का ख़ुद का

ऐतिहासिक संदर्भ ग़ौरतलब है। एकनाथ का ऐतिहासिक संदर्भ यह था कि उन्हीं के जीवनकाल में यानी 1533 से लेकर 1599 तक महाराष्ट्र में इसलाम और बहमनी सुल्तानों के शासन का दबाव महसूस होना शुरू हो गया था। इसका एक उदाहरण फ़ारसी के चलन का बढ़ना था। ग़ौरतलब है कि इसी ऐतिहासिक संदर्भ में हिंदी में तुलसीदास और मराठी में एकनाथ, दोनों समकालीन संतकवि राम के आदर्श की ओर मुड़े क्योंकि राम की छवि प्रतिरोध करने वाले और दुष्ट शत्रुओं का संहार करने वाले नायक के रूप में थी। यह महज़ संयोग नहीं है कि तुलसीदास का विवेचन करते हुए हिंदी के सबसे बड़े आलोचक रामचंद्र शुक्ल ने जिस एक शब्द का प्रयोग बार-बार किया है, वह लोकसंग्रह ही है। इसके अलावा रामदास की तरह क्षात्रधर्म पर ज़ोर देने वाले रामचंद्र शुक्ल हिंदी के पहले आलोचक हैं जिन्होंने उस युग में उभरे संतों के साहित्य को मुसलमानी शासन की प्रतिक्रिया के रूप में भी देखा। ग़ौरतलब यह भी है कि रामचंद्र शुक्ल ब्रिटिश विरोधी राजनीतिक आंदोलन में तिलक के समर्थक थे।

इन नवजागरणों में महाराष्ट्र का नव जागरण सर्वाधिक दीर्घकालीन निकला। इसका एक कारण महाराष्ट्रीय नवजागरण के नेताओं की व्यावहारिकता थी। बंगाल के नवजागरण के नेता भावुक, विद्रोही और परम्पराभंजक थे जो बाक़ी समाज से अलग-थलग पड़ जाने और सामाजिक बहिष्कार सहने के बावजूद अपने मूल्यों और आदर्शों से जल्दी पीछे नहीं हटते थे। लेकिन महाराष्ट्रीय नेता ऐसे विद्रोही न थे और ऐसे क़दम जल्दी नहीं उठाते थे जो उन्हें बाक़ी समाज से काट कर अलग-थलग कर दें। दूसरा प्रमुख कारण महाराष्ट्रीय नवजागरण का अपनी जड़ों से जुड़ा होना था। उसने मध्ययुग में हुए महाराष्ट्रीय संतों-भक्तों की विरासत का आधुनिक राजनीतिक ज़रूरतों के साथ तालमेल बैठा कर उसी स्रोत से सांस्कृतिक वैधता हासिल की। बंगाल के विख्यात नवजागरण में यह प्रवृत्ति केवल आंशिक रूप में मिलती है। उन्नीसवीं सदी के आख़िरी दशकों में उभरे राष्ट्रीय आंदोलन का ब्रह्म समाज के नेतृत्व में हुए नवजागरण से सजीव संबंध ज़रूर बना; लेकिन बंगाल के अतीत से, बंगाली संतों और भक्तों के आंदोलन से इस नवजागरण ने ख़ुद को सचेत रूप से कभी नहीं जोड़ा। बंगाल में ब्रह्मसमाजियों ने सामान्य तौर पर सभी धर्मों और उनके महात्माओं के प्रति आदर प्रकट करते हुए वैष्णव धर्म और चैतन्य का नाम अवश्य लिया है, लेकिन इससे अधिक और कुछ नहीं। केशवचंद्र सेन ने अपने जीवन के आख़िरी सालों में रामकृष्ण परमहंस से आकर्षित होकर काली माँ की रहस्यात्मक भक्ति की ओर जो थोड़ा-बहुत रुझान प्रकट किया था, उसे साधारण ब्रह्मसमाजियों ने नवजागरण के मूल्यों से उनके विचलन के रूप में ही देखा और आलोचना भी की। बहुत बाद में बीसवीं सदी में जाकर रवींद्रनाथ ठाकुर (जिन्हें इस नवजागरण के समापन दौर का प्रतिनिधि माना जाता है) बाउल गीतों से प्रभावित हुए। स्वदेशी आंदोलन के दौरान उभरी हिंदू-मुसलमान साम्प्रदायिक भावनाओं के राजनीतिक संदर्भ में उन्हें बाउलों की मानववादी विचारधारा बहुत काम की चीज़ लगी। इन सबके बावजूद बंगाल का नवजागरण पंद्रहवीं और सोलहवीं सदी के बंगाली संतों-भक्तों के आंदोलन से उस अर्थ में कभी नहीं जुड़ा जिस अर्थ में महाराष्ट्रीय नवजागरण जुड़ा हुआ था। सच्चाई यह है कि उन्नीसवीं सदी में अंग्रेजी भाषा, पश्चिमी शिक्षा और औपनिवेशिक शासन के प्रभाव में उभरा बंगाली शिक्षित वर्ग अपनी मध्ययुगीन विरासत से पूरी तरह से कटा हुआ नज़र आता है। औपनिवेशिक शासन से पहले का समय उनके लिए अंधकारयुग और मुसलमानी अत्याचारों का युग ही रहा।

यही बात हिंदीभाषी अवध और पश्चिमोत्तर प्रांत में भी दिखाई देती है जहाँ प्रांत के पश्चिमी हिस्सों में नवजागरण का नेतृत्व कर रहा आर्यसमाज संतों-भक्तों की विचारधारा के सख़्त ख़िलाफ़ था। स्वामी दयानंद की रचना *सत्यार्थ प्रकाश* में कबीर और नानक आदि संतों के ख़िलाफ़ गम्भीर टिप्पणियाँ मिलती हैं और तुलसी के रामचरितमानस को पाठ्यक्रम से प्रतिबंधित करने का सुझाव मिलता है। हालाँकि हिंदीभाषी प्रदेश में अंग्रेज़ी भाषा और पश्चिमी शिक्षा का प्रभाव बंगाल से आधा भी नहीं था, फिर भी ऐतिहासिक कारणों से भारतेंदु हरिश्चंद्र और राजा शिवप्रसाद सितारेहिंद जैसे हिंदी के प्रमुख पुरोधाओं ने अंग्रेज़ों से पहले के भारत को मुसलमानों के अत्याचारों से भरे अंधकार युग के रूप में ही देखा। भक्ति आंदोलन से हिंदी नवजागरण का संबंध होने के एकाध संक्षिप्त और सतही दावों के बावजूद सवाल यह है कि भक्ति आंदोलन के केंद्रीय मुद्दे— जैसे दलितों-शूद्रों में अपने मनुष्यत्व और आत्मगौरव की चेतना का विकास, ऊँच-नीच, जाति-पांति, छुआछूत, ब्राह्मणवाद की आलोचना, पुरोहिती, धार्मिक कर्मकाण्ड इत्यादि के तीव्र विरोध की जो प्रखर अभिव्यक्ति भक्ति साहित्य में, ख़ास कर कबीर आदि निर्गुण संतों के साहित्य में हुई, उसका संबंध भारतेंदु मण्डल के लेखन से क्या और कितना रहा है?

उन्नीसवीं सदी के हिंदी प्रदेश में कोई ब्राह्मणवाद विरोधी धारा नहीं दिखती। हिंदी नवजागरण के सिद्धांतकार रामविलास शर्मा के हिसाब से चलें और नवजागरण की पहली धारा को भारतेंदु मण्डल के रूप में देखें तो वहाँ इसकी विरोधी धारा किसे कहेंगे? उनके बीच विरोध के मुद्दे क्या थे और उनका संघर्ष किस रूप में कहाँ होता है? रामविलास शर्मा के लेखन में ऐसी किसी दूसरी धारा की पहचान नहीं मिलती। सच्चाई यह है कि हिंदी प्रदेश के हिंदुओं के बीच हुए नवजागरण में मुख्य धारा आर्य समाज की थी जो प्रदेश के उत्तरी पश्चिमी जिलों मेरठ, बरेली, बुलंदशहर, सहारनपुर,

रुड़की, शाहजहाँपुर इत्यादि में काफ़ी ताक़तवर थी। उनसे विभिन्न मुद्दों पर, जैसे मूर्तिपूजा पर, सनातन धर्म और नियोग विधि या विधवा विवाह इत्यादि पर संघर्ष करने वाले हिंदी के लेखक, सम्पादक और पत्रकार प्रांत के पूर्वी जिलों में जैसे बनारस, इलाहाबाद में प्रबल थे जहाँ उन्होंने आर्यसमाज के पैर जमने नहीं दिये।

गुजरात में स्थिति थोड़ी अलग दिखाई देती है। वहाँ उन्नीसवीं सदी के प्रखर सुधारक और साहित्यकार गोवर्धनराम त्रिपाठी ने 1874 में अपनी एक महत्त्वपूर्ण कृति *क्लासिकल पोएट्स ऑफ़ गुजरात ऐंड देयर इन्फ्लुएंस ऑन सोसाइटी ऐंड मॉरल* से अट्ठारहवीं सदी तक के गुजराती भक्ति काव्य का आलोचनात्मक मूल्यांकन किया। गोवर्धनराम ने सत्रहवीं सदी के तीन गुजराती कवियों को सबसे ज्यादा महत्त्व दिया। जाति-पांति और सामाजिक हैसियत के बजाय भक्ति के आधार पर भक्तों के बीच समानता के विचार की प्रशंसा करते हुए गोवर्धनराम ने इन कवियों में धार्मिक-सामाजिक रूढ़ियों के ख़िलाफ़ मिलने वाले तत्त्वों को, ख़ासकर पितृसत्तात्मक मूल्यों के ख़िलाफ़ सामल के स्त्री चरित्रों में अपने प्रेम के लिए मिलने वाले समाजिक विद्रोह के भावों को, साफ़ तौर पर आधुनिक मानते हुए सवाल पूछा है कि जिस आधुनिकता के लिए हम अंग्रेज़ी राज की तारीफ़ करते हैं, वही आधुनिकता क्या सत्रहवीं सदी के इन भक्त कवियों में नहीं दिखाई देती? इस लिहाज़ से उन्नीसवीं सदी ज़्यादा विकसित है या सत्रहवीं सदी?

लेकिन, भक्तिकाव्य के इस असाधारण मूल्यांकन के बावजूद गोवर्धनराम उन्नीसवीं सदी के गुजराती नवजागरण और सत्रहवीं सदी के गुजराती भक्ति आंदोलन के बीच न तो किसी निरंतरता का दावा करते हैं और न कोई विशेष संबंध देखते हैं। इसके उल्टे उनकी शिकायत यह है कि सत्रहवीं सदी के संत भक्तों से कोई प्रेरणा न लेकर उन्नीसवीं सदी के हिंदू सुधारक आधुनिक बनने के लिए अंग्रेज़ों की ओर देखते रहते हैं। इस तरह वे अपनी विरासत से अनजान और कटे हुए लगते हैं।

गुजराती नवजागरण से ठीक उल्टी स्थिति है महाराष्ट्रीय नवजागरण की जहाँ नवजागरण के सभी नेता बहुत सचेत रूप से अपनी भक्तिकालीन विरासत से ख़ुद को जोड़ते और उस पर अपना दावा जताते दिखाई देते हैं। महाराष्ट्र समेत भारत के विभिन्न प्रांतों के नवजागरण का संतुलित अध्ययन करने वाले चार्ल्स हिमसेथ ने भक्तों-संतों के आंदोलन के प्रभाव का सवाल उठाते हुए बंगाल के संदर्भ में यह बिल्कुल सही नोट किया है कि भक्ति आंदोलन के साथ वहाँ के नवजागरण का कोई संबंध नहीं दिखता। लेकिन ताज्जुब की बात है कि महाराष्ट्र के संदर्भ में इस प्रश्न पर विचार करने के बावजूद वे इस संबंध को देखने में बिल्कुल असमर्थ रहे। यही वजह है कि उनकी मशहूर किताब *इण्डियन नैशनलिज्म ऐंड हिंदू सोशल रिफ़ॉर्म* से महाराष्ट्रीय नवजागरण की इस महत्त्वपूर्ण चारित्रिक विशेषता का कोई पता नहीं चलता।

ब्राह्मण और ग़ैरब्राह्मण धाराओं के बीच सिर्फ़ यह संघर्ष ही नहीं, इस संघर्ष की तीव्रता भी महाराष्ट्रीय नवजागरण की एक विशेषता है। यह भारत के किसी भी प्रांत में दिखाई नहीं देती। बंगाल में हमें सुधारकों और परम्परावादियों के बीच संघर्ष ब्रह्म समाज और धर्मसभा के संघर्ष के रूप में दिखाई देता है। लेकिन यह विरोध महाराष्ट्रीय नवजागरण में मिलने वाले विरोध से कुछ अलग ढंग का है। बंगाल में इस विरोध के न सिर्फ़ कई मुद्दे अलग थे— जैसे सतीप्रथा और ब्रह्मविवाह विधान, बल्कि इसका जातिगत और वैचारिक आधार भी वैसा सुसंगत नहीं था जैसा महाराष्ट्र में था। बंगाल में नये सुधारों के पक्षधर और उनके विरोधी, दोनों ख़ेमों में ब्राह्मण और ग़ैरब्राह्मण, कई जातियों के लोग एक साथ शामिल थे, जबकि महाराष्ट्र में चितपावन ब्राह्मण एकमात्र मुख्य शक्ति थे— सुधारकों में भी, उनके विरोधी परम्परानिष्ठों में भी। महाराष्ट्र और बंगाल के बीच इससे भी महत्त्वपूर्ण फ़र्क़ इस संघर्ष में शामिल तीसरी धारा ग़ैरब्राह्मण आंदोलन की थी। बंगाल के नवजागरण में यह तीसरी धारा बहुत क्षीण रूप में मिलती है जबकि महाराष्ट्र में यह इतने प्रखर रूप में मौजूद थी कि अपने अकेले दम पर इसने सुधारकों और परम्परानिष्ठों, दोनों तरह के ब्राह्मणों से मोर्चा सँभाल रखा था।

महाराष्ट्रीय नवजागरण में संघर्ष के कई मुद्दे ब्रह्म समाज और आर्य समाज जैसे ही थे, लेकिन भागवत धर्म और महाराष्ट्र धर्म, जातिभेद, वर्ण व्यवस्था तथा मराठा राष्ट्रवाद और महाराष्ट्रीय अस्मिता जैसे मुद्दे न तो बंगाल के नवजागरण में थे और न हिंदी प्रदेश में। बंगाल का नवजागरण बंगाल के कुलीन और सम्पत्तिशाली वर्गों से आये धनी मानी लोगों को आंदोलन था जो मुख्यत: कलकत्ता महानगर में ही प्रभावशाली था। बंगाल की संस्कृति और इतिहास में इसकी जड़ें नहीं थीं और न ही स्थानीय इतिहास और संस्कृति इसके विमर्श के ज्वलंत मुद्दे थे। उदाहरण के लिए जब वे सती प्रथा पर बहस करते हैं तो उसकी जड़ें स्थानीय इतिहास में कम सर्वमान्य हिंदूशास्त्रों के वचनों में ज़्यादा खोजते हैं। इसके विपरीत महाराष्ट्रीय नवजागरण के सुधारक धनीमानी परिवारों से नहीं बल्कि साधारण मध्यवर्गीय परिवारों से आये शिक्षित लोग थे और उनका नवजागरण सिर्फ़ बम्बई नगरी तक सीमित नहीं था। महाराष्ट्र का इतिहास और उसकी संस्कृति इस नवजागरण में तीखी बहस के ज्वलंत मुद्दे थे।

देखें : अरविंद घोष, उपनिवेशवाद विरोधी आंदोलन-1, 2 और 3, गवर्धन राम त्रिपाठी और गुजराती अस्मिता, फ़क़ीर मोहन सेनापति और ओड़िया अस्मिता, बंगाल का नवजागरण, भारतीय आधुनिकता, भारतीय नवजारण : तुलनात्मक परिप्रेक्ष्य, महाराष्ट्र में सुधारणा-1 से 5 तक, मोहनदास कर्मचंद गाँधी-1 से 3 तक, राजा राममोहन राय, युरोपीय पुनर्जागरण, रवींद्रनाथ ठाकुर, बंकिम चंद्र चटर्जी, विवेकानंद।

संदर्भ

1. सुशोभन सरकार (1981), 'नोट्स ऑन द बंगाल रिनेसाँ', *बंगाल रिनेसाँ ऐंड अदर एसेज़,* पीपुल्स पब्लिशिंग हाउस, नयी दिल्ली.
2. शिवनाथ शास्त्री (2002), *अ हिस्ट्री ऑफ़ द रिनेसाँ इन बंगाल,* रिनेसाँ, कोलकाता.
3. चार्ल्स हिमसेथ (1964), *इण्डियन नैशनलिज़्म ऐंड हिंदू सोशल रिफ़ॉर्म,* प्रिंस्टन युनिवर्सिटी प्रेस, प्रिंसटन.
4. जे.वी.नाइक (1997), 'द प्रार्थना समाज ऐंड इट्स क्रिटीक', *वेस्टर्न इण्डिया : हिस्ट्री, सोसाइटी ऐंड कल्चर,* इतिहास शिक्षक महामण्डल, कोल्हापुर.
5. गं.बा. सरदार (1969), *संत पोएट्स ऑफ़ महाराष्ट्र : दियर इम्पैक्ट ऑन सोसाइटी,* ओरिएंट लांगमन, नयी दिल्ली.
6. गणेश तुलसीराम अष्ठेकर (1980), *मराठी संत कवियों की सामाजिक भूमिका,* पंचशील प्रकाशन, जयपुर.

— **वीरभारत तलवार**

भारत में नागर समाज और ग़ैर-दलीय राजनीति-1

चुनावी राजनीति से परे जन-आंदोलन

(Civil Society and Non-Party Politics in India-1)

नागर समाज या सिविल सोसाइटी राजनीतिक दर्शन की एक स्थापित अवधारणा है। भारतीय संदर्भ में स्थिति यह है कि ग़ैर-दलीय राजनीति के क्षेत्र में होने वाली विभिन्न राजनीतिक पहलों और अभियानों को एक विचार में समेट कर नागर समाज की संज्ञा दे दी गयी है। मीडिया और इंटरनेट में भ्रष्टाचार विरोधी आंदोलन का वर्णन करने के लिए इस शब्द का ख़ास तौर पर प्रयोग किया गया है। वैसे नागर समाज का भाग समझे जाने वाले लोग अभी हाल तक ख़ुद को नागर समाज के रूप में नहीं देखते थे। इसके बजाय उनके लिए एनजीओ, स्वैच्छिक संगठन, ग्रासरूट संगठन, सामाजिक आंदोलन आदि शब्दों का प्रयोग किया जाता था। लेकिन आज इन्हें नागर समाज के रूप में पहचाना जा रहा है। औपनिवेशिक और उत्तर-औपनिवेशिक भारत में नागर समाज तीन चरणों में विकसित हुआ है : पहला, आज़ादी के आंदोलन के दौरान, दूसरा, जेपी आंदोलन के दौरान और तीसरा, उत्तर-वैश्वीकरण दौर में। जेपी आंदोलन के बाद देश के विभिन्न भागों में तरह-तरह ग़ैर-सरकारी संगठन (एनजीओ) सामने आये। इसके बाद नागर समाज के विचार को सिर्फ़ भलाई का काम करने वाले संगठनों या विश्वविद्यालय जैसे संगठनों तक सीमित रखना बहुत ही मुश्किल हो गया। आजकल नागर समाज शब्द का उपयोग अपने उस शुरुआती स्तर से आगे जा चुका है जो इस शब्द की पश्चिमी अवधारणा के नज़दीक था। अपने नये अर्थ में नागर समाज शब्द में वे सारी परिघटनाएँ शामिल हैं, जिन्हें हम ग़ैर-दलीय राजनीतिक संगठन की श्रेणी में शामिल करते हैं। ग़ैर-दलीय राजनीतिक संगठन के विचार पर ज़ोर देने से फ़ायदा यह होता है कि इसके तहत आंदोलनों की राजनीतिक अंतर्वस्तु छिपती नहीं। यह अवधारणा भारत में लोकतांत्रिक व्यवहार के विविध रूपों की जटिलता सामने लाने के लिए आवश्यक है।

नब्बे के दशक की शुरुआत में भारत ने भूमण्डलीकृत दुनिया में प्रवेश किया और विश्व-अर्थव्यवस्था से अपने एकीकरण के लिए नयी आर्थिक नीतियाँ अपनायीं। इसके साथ ही इस अभिव्यक्ति का भी चलन बढ़ा। विदेशी फ़ंडिंग एजेंसियों ने अपने सहयोगियों अर्थात् आर्थिक मदद लेने वाले ग़ैर-सरकारी संगठनों (एनजीओ) को नागर समाज संगठन कहना शुरू किया। असल में एनजीओज़ को नागर समाज का अंग बता कर ये विदेशी एजेंसियाँ भारतीय एनजीओज़ के साथ अपने लेन-देन का औचित्य एक हद प्रमाणित कर पायीं। भारत के ग़ैर-सरकारी संगठनों ने भी ख़ुशी-ख़ुशी ख़ुद को नागर समाज का हिस्सा कहलाना स्वीकार किया। इस संदर्भ में एक रोचक बात यह देखी गयी कि राजनीतिक माहौल में बदलाव और एक नये राजनीतिक विमर्श के उभार के साथ पुरानी स्थापित अवधारणा को नये अर्थ मिल सकते हैं और उसका स्थापित अर्थ धुंधला हो सकता है। यहाँ तक कि पहले की तुलना में इसका अर्थ उलट भी सकता है। ऐसा लगता है कि नागर समाज के विचार के साथ भी ऐसा ही कुछ हुआ है।

शीत युद्ध की अंतर्राष्ट्रीय राजनीति के कारण भी नागर समाज की अवधारणा को पानी मिला। ख़ासतौर पर शीत युद्ध की समाप्ति के समय सोवियत बुद्धिजीवियों और राजनीतिक विरोधियों ने नागर समाज शब्द का विचार अपनाया। सोवियत शासन का विरोध कर रहे लोगों ने ज़ोरदार तरीक़े से अपना तर्क रखा। भारत सहित पूरी दुनिया में अमेरिकी अकादमिक जगत ने यह दलील ज़ोर-शोर से पेश की। मोटे तौर पर यह तर्क इस प्रकार था : साम्यवादी राज्य का सिर्फ़ लोगों से

सम्पर्क ही नहीं टूटा, बल्कि वह उनका दुश्मन हो गया। इसका कारण यह था कि इस राज्य में सत्ता एक छोटे समूह में ही केंद्रित हो कर रह गयी थी। राज्य लोगों से बहुत दूर चला गया था। वह लोगों से दूर बैठ कर शासन कर रहा था। सिर्फ़ नागर समाज का पुनः उभार ही राज्य को लोगों तक वापस ला सकता है। दूसरी तरफ़, मार्क्सवादी विश्लेषण में नागर समाज को निष्क्रिय, क्रांति-विरोधी और प्रतिगामी परिघटना के तौर पर देखा जाता है। इसके तहत माना जाता है कि यह बूर्ज़्वा लोकतंत्र से जुड़ा हुआ है।

सोवियत शासन ने लोगों को बहु-दलीय व्यवस्था और राजनीतिक आज़ादियों से वंचित रखा था। सोवियत शासन के विरोधियों का विश्वास था कि एक बहुदलीय लोकतांत्रिक व्यवस्था के उभार और राजनीतिक आज़ादी हासिल करने के लिए राज्य को नागर समाज के अंतर्गत लाना ज़रूरी है। इस तरह सोवियत राज्य विरोधी विमर्श में नागर समाज शब्द ने एक ख़ास अर्थ हासिल किया। अब इसे राज्य के ख़िलाफ़ राजनीतिक कार्रवाई के रूप में देखा जाने लगा। जल्द ही यह भारत के सामाजिक एक्टिविस्टों और अकादमीशियनों की पसंदीदा अवधारणा बन गया। इनमें से बहुतों ने नियमित रूप से 'समाज' की जगह नागर समाज शब्द का प्रयोग बहुत गहराई से विचार किये बग़ैर करना शुरू कर दिया। कई मौक़ों पर इस तरह का प्रयोग पूरी तरह से ग़लत था। जब भ्रष्टाचार विरोधी आंदोलन ने लोगों को अच्छी-ख़ासी संख्या में गोलबंद किया, तो फटाफट इस शब्द को इसके साथ जोड़ दिया गया। इसके उस अर्थ को भी जोड़ा गया जिसमें इसे राज्य के ख़िलाफ़ राजनीतिक कार्रवाई के रूप में देखा जाता है। जब नागर समाज एक अभिव्यक्ति के तौर पर भारतीय राजनीतिक परिदृश्य पर आया, उस समय राज्य की प्रतिनिधिमूलक संस्थाओं (चुनावों और राजनीतिक दलों) के बाहर चलने वाली लोकतांत्रिक राजनीति के बारे में गहरा वाद-विवाद चल रहा था। यह बहस लोकायन आंदोलन से जुड़े एक्टिविस्टों और 'पब्लिक इंटेलेक्चुअल्स' द्वारा शुरू की गयी थी। उन्होंने ग़ैर-दलीय राजनीति की अवधारणा तैयार की और इसे लोकप्रिय बनाया। राजनीति के इस क्षेत्र का वर्णन ग़ैर-दलीय राजनीतिक समूह और आंदोलन के रूप में किया गया। ग़ैर-दलीय राजनीतिक समूहों में ऐसे व्यक्तिगत कर्ता (या एक्टर), सामाजिक एक्टिविस्ट, और समूह शामिल थे जिनका उद्देश्य और कार्यक्रम बुनियादी रूप से राजनीतिक था, लेकिन जो दलों और चुनावों की राजनीति से परहेज़ करते थे।

इस राजनीति का विचार जयप्रकाश नारायण द्वारा 1960 के दशक के शुरुआती वर्षों में विकसित किये गये दलविहीन लोकतंत्र से अलग था। इसमें संसदीय लोकतंत्र की जगह प्रत्यक्ष सहभागी लोकतंत्र लाने की बात नहीं कही गयी थी। लोकायन द्वारा शुरू की बहस का निचोड़ यह था कि संसदीय राजनीति के उस आयाम/क्षेत्र पर प्रकाश डाला जाए, जो लोकतांत्रिक राजनीति की असाधारण दुनिया (फ़ेनोमेनल वर्ल्ड) का प्रतिनिधित्व करता है। लेकिन संस्थाबद्ध राजनीति करने वाले लोगों (दलों से जुड़े राजनीतिकों) ने इस विचार को संदेह की नज़र से देखा। राजनीतिक सिद्धांतकारों के एक तबक़े को ऐसा लगा कि मानो यह लोकतंत्र के पुरातन विचार का प्रतिनिधित्व करता है। शायद उन्होंने इसे उदारतावादी लोकतंत्र के लिए ख़तरा भी माना। इस बहस ने नागरिकों को याद दिलाया कि लोकतांत्रिक राजनीति सिर्फ़ दलों और चुनावों तक ही सीमित नहीं है और न होनी चाहिए।

मोटे तौर पर, ग़ैर-दलीय राजनीति ने जन-हित में ख़ास मुद्दों को बुलंद करके राजनीतिक व्यवस्था तक पहुँचाया। लोगों की गोलबंदी के ज़रिये उसने राजनीतिक व्यवस्था को इन मुद्दों पर कार्रवाई करने के लिए मजबूर किया। ग्रासरूट (या ज़मीनी) आंदोलनों के राज्य स्तरीय समर्थक संगठनों की मुख्य गतिविधि यह थी कि वे राज्य के साथ विरोध और सहयोग का एक द्वंद्वात्मक संबंध क़ायम करते थे। ये लोगों के साथ और लोगों की ओर से काम करते थे। इसमें पूरे देश की अर्थव्यवस्था और समाज में हाशिये पर पड़े लोगों के बहुत से समूह शामिल थे।

राजनीतिक दल इन लोगों की ज़रूरतों और अधिकारों की ओर ध्यान नहीं देते थे; यदि कभी-कभार उनका ध्यान चला भी जाता था तो भी इसे चुनावी राजनीति के लिए महत्त्वपूर्ण नहीं माना जाता था। लोग जिन समस्याओं का सामना कर रहे थे, उनके आधार पर वोट बैंक नहीं बनाया जा सकता था। स्थानीय और ग्रामीण समुदायों के लिए भ्रष्टाचार इतना ज़्यादा बढ़ चुका था कि उसने उनके लिए ज़िंदगी और मौत से जुड़े मुद्दे की शक्ल अख़्तियार कर ली थी।

इस संदर्भ में एमकेएसएस यानी मज़दूर किसान संघर्ष समिति के उदाहरण पर विचार किया जा सकता है। इसका गठन अरुणा राय और उनके सहयोगियों ने किया था। इसने राजस्थान में राजनीतिक दलों से उपेक्षित पड़े लोगों के साथ जुड़ कर काम किया और सरकारी अधिकारियों को मजबूर कर दिया कि वे भ्रष्टाचार-मुक्त तरीक़े से विकास कार्यों का संचालन करें। बाद में इसी ने सरकारी भ्रष्टाचार से लड़ने के साधन के रूप में सूचना के अधिकार की माँग रखी। जल्द ही यह एक बहुत ही व्यापक अभियान बन गया। इस बार भी एमकेएसएस को सफलता मिली। यह राष्ट्रीय स्तर की सफलता थी। दरअसल, लोकायन की ग़ैर-दलीय राजनीतिक समूह की अवधारणा में इसी तरह की प्रक्रियाओं और आंदोलनों की कल्पना की गयी है। इसी तरह का एक और उदाहरण ग़ैर-दलीय समूहों और आंदोलनों का एक नेटवर्क एनयेपीएम (नैशनल अलायंस ऑफ़ पीपल्स मूवमेंट्स) है।

इसका नेतृत्व मेधा पाटकर कर रही हैं। इला बहन भट्ट की संस्था 'सेवा' भी एक अहम आंदोलन है जिसका रूप एनजीओ का न हो कर स्वरोज़गारी स्त्रियों के लिए काम करने वाली ट्रेड यूनियन जैसा है। मधु पूर्णिमा किश्वर के नेतृत्व में चलने वाला मानुषी आंदोलन भी इसी श्रेणी में रखा जा सकता है। इसने ग़रीबों, ख़ास तौर पर रिक्शा चलाने वालों और रेहड़ी-पटरीवालों के आर्थिक अधिकारों के लिए संघर्ष किया है। देश के दूसरे भागों में ज़मीनी स्तर पर इस तरह के बहुत से आंदोलन चल रहे हैं। यहाँ सिर्फ़ कुछ उदाहरणों का ही उल्लेख किया है।

नागर समाज की अभिव्यक्ति के चलन के कारण ग़ैर-दलीय राजनीतिक संगठनों से जुड़ा वाद-विवाद फीका पड़ गया। लेकिन ख़ास बात यह कि एक्टिविस्टों की एक अच्छी-ख़ासी जमात में ज़मीनी स्तर पर 'ग्रासरूट' आंदोलन का विचार 'जन-आंदोलन' के नाम से क़ायम रहा।

देखें : ग़ैर-सरकारी संस्थाएँ, ग़ैर-सरकारी संस्थाएँ : भारत में, ग़ैर-दलीय राजनीति, धीरूभाई शेठ, नागरिकता, नागरिकता : अन्य परिप्रेक्ष्य, नागर समाज, नागर समाज : भारतीय बहस, पार्थ चटर्जी, मानवाधिकार, भारत में नागरिकता-विमर्श-1 से 3 तक, भारत में मानवाधिकार, भारत में मानवाधिकार आंदोलन, भीखू छोटालाल पारिख, रजनी कोठारी, राजनीतिक समाज, सुदीप्त कविराज।

संदर्भ

1. अनुपमा रॉय, 'सिटीज़नशिप', राजीव भार्गव और अशोक आचार्य (सम्पा.) (2008), *पॉलिटिकल थियरी : ऐन इंट्रोडक्शन*, पियर्सन-लोंगमेन, नयी दिल्ली.
2. विल किमलिका (1996), *मल्टीकल्चरल सिटीज़नशिप : अ लिबरल थियरी ऑफ़ माइनॉरिटी राइट्स*, क्लैरेंडन प्रेस, ऑक्सफ़र्ड.
3. सारा रुडिक (1989), *मैटर्नल थिंकिंग : टुवर्ड्स अ पॉलिटिक्स ऑफ़ पीस*, बीकन प्रेस, बोस्टन.
4. एमी बार्थोलोमियु (1990), 'शुड अ मार्क्सिस्ट बिलीव इन मार्क्स ऑन राइट्स', *सोशलिस्ट रजिस्टर*

एचटीटीपी://सोशलिस्टरजिस्टर.कॉम/फ़ाइल्स/एसआर_1990_बार्थोलोमियु.पीडीएफ़

— धीरूभाई शेठ

भारत में नागर समाज और ग़ैर-दलीय राजनीति-2

लोकतंत्र और आधुनिकता का द्वंद्व

(Civil Society and Non-Party Politics in India-2)

राजनीतिक दल 'ग़ैर-दलीय' संगठनों को महत्त्व देने वाले अकादमीशियनों और एक्टिविस्टों से ख़ुश नहीं थे। यहाँ तक कि उन दिनों (1980 के दशक की शुरुआत में) वे यह मानते थे कि इस तरह के आंदोलन और संगठन उनके राजनीतिक महत्त्व को कम करते हैं। वामपंथी दलों, ख़ास तौर पर कम्युनिस्ट पार्टियों ने इसे पूरी तरह नापसंद किया। आरोप लगाया गया कि ग़ैर-दलीय राजनीतिक संगठनों का उदय बूर्ज्वा वर्ग की रणनीति है जिसके द्वारा वे वामपंथ की क्रांतिकारी राजनीति का विरोध करना चाहते हैं। जो भी हो, कुछ लोग यह मानते थे कि इस तरह के संगठनों के उभार में व्यवस्था के लोकतंत्रीकरण की नयी राजनीति के बीज छिपे हुए हैं। इनके कारण लोगों की राजनीतिक भागीदारी और जागरूकता में काफ़ी बढ़ोतरी हुयी। साथ ही, इसने विविध समूहों की राजनीतिक कार्रवाइयों को भी एक नयी ऊर्जा प्रदान की। इससे पूरे देश में अधिकारों की राजनीति का गहन उभार हुआ। यह एक ऐसी परिघटना थी जिसे बाद में विद्याधर नैपॉल ने 'मिलियन म्युटीनीज़' की संज्ञा दी। यह परिघटना स्थापित सार्वजनिक संस्थाओं से बुनियादी रूप से अलग थी।

पारम्परिक रूप से विश्वविद्यालय, कॉलेज़, दान-पुण्य करने वाले, सामाजिक सेवा उपलब्ध कराने वाले और कल्याणकारी समूहों को 'नागर समाज' का हिस्सा माना जाता रहा है। लेकिन ग़ैर-दलीय राजनीतिक संगठन इससे पूरी तरह अलग थे। वामपंथियों को, ख़ास तौर पर कम्युनिस्ट पार्टियों को, उन अकादमीशियनों से कोई दिक़्क़त नहीं थी जो नागर समाज का अर्थ इन्हीं संगठनों तक सीमित रखते थे। नागर समाज के इस सीमित अर्थ से रैडिकल/क्रांतिकारी राजनीति पर वामपंथ के एकाधिकार को कोई ख़तरा नहीं था। दरअसल, इन्हें उन्हीं सार्वजनिक बुद्धिजीवियों और अकादमीशियनों से परेशानी थी जो राजनीति के ग़ैर-वर्चस्वी लोकतांत्रिक रैडिकलाइज़ेशन को मान्यता देते थे (और इनमें से कुछ ने उसका नेतृत्व भी किया)।

सिर्फ़ वाम दलों को ही ग़ैर-दलीय राजनीतिक प्रक्रिया से दिक़्क़त नहीं थी, दूसरे दल भी इसे बहुत आलोचनात्मक नज़रिये से देखते थे। उनकी दिक़्क़तों और आलोचनाओं का कारण काफ़ी स्पष्ट था। तक़रीबन सभी राजनीतिक दलों ने

यह माना कि ग़ैर-दलीय राजनीतिक समूह दलीय-राजनीति द्वारा छोड़ी गयी जगह पर ही अपना क़ब्ज़ा जमायेंगे। ग़ैर-दलीय राजनीतिक समूहों ने राजनीति में नये मुद्दे उठाये। इन्होंने राज्य के सामने स्पष्ट माँगें रखीं और इन माँगों पर राजनीतिक रूप से ज़ोर दिया। सभी प्रक्रियाओं का पालन करते हुए इन्होंने अपनी माँगों को अधिकारों में तब्दील करवाया। राजनीतिक दल संस्थाकृत होने के साथ ही इस तरह के आंदोलन की राजनीति छोड़ चुके थे। जयप्रकाश नारायण के नेतृत्व में चलने वाले आंदोलन से उभरने वाली इस परिघटना के वर्णन और विश्लेषण के लिए कई सैद्धांतिक और अनुभवसिद्ध अनुसंधान किये गये हैं। अस्सी और नब्बे के दशक में इसका विकास और विस्तार ज़मीनी स्तर पर बहुत से छोटे-छोटे आंदोलनों के रूप में हुआ। इन आंदोलनों ने शहरी और ग्रामीण— दोनों ही क्षेत्रों में सामाजिक और आर्थिक रूप से हाशिये पर पड़े समूहों के अधिकारों की राजनीति का मुद्दा उठाया। ज़मीनी स्तर की राजनीति के इस फैलाव ने भारतीय युवाओं को भी राजनीतिक रूप से आकर्षित किया। इसमें विरोध की राजनीति के संदर्भ में तरह-तरह के प्रयोग किये गये। इसमें वैकल्पिक विकास के लिए कार्यक्रम भी तैयार किये गये।

भारतीय विद्वानों, ख़ास तौर पर समाज शास्त्रियों और राजनीति वैज्ञानिकों ने शीत युद्ध ख़त्म होने के बाद गम्भीरता से इस शब्द का प्रयोग करना शुरू किया। एक तरह से उत्तर-आपातकाल के दौर से ही इसके प्रयोग की शुरुआत हो चुकी थी। समाजशास्त्रियों ने इसका उपयोग भारतीय समाज में लोकतांत्रिक राजनीति के कारण आये बदलाव को समझने के लिए किया। राजनीतिक वैज्ञानिकों ने शायद औपचारिक, संस्थात्मक लोकतंत्र के बारे में ज़्यादा चिंता दिखाने और आंदोलनों की तात्त्विक राजनीति की उपेक्षा करने से पैदा हुए शून्य को भरने के लिए इसका उपयोग किया। दरअसल, इस तरह के आंदोलनों की उपेक्षा के कारण ही राजनीतिक सिद्धांत की राजनीतिक शक्ति या सत्ता संबंधी दृष्टिकोण सिर्फ़ आधुनिक लोकतांत्रिक राज्य, ख़ास तौर पर इसकी संस्थाओं तक सिमटी रही है। यह ग़ैर-संस्थात्मक रूपों और प्रक्रियाओं को अपने विश्लेषण में शामिल नहीं कर पाया। सत्ता के इन ग़ैर-संस्थात्मक रूपों का उभार ग़ैर-दलीय लोकतांत्रिक राजनीति से हो रहा था, जो (भारतीय) लोकतंत्र के सिद्धांतीकरण के लिए बहुत ही प्रासंगिक था। नतीजा यह हुआ कि राजनीतिक सिद्धांत ने मुख्य तौर से भारत के लोकतांत्रिक राज्य की आधुनिकता पर ध्यान दिया और उसके लोकतांत्रिक चरित्र पर उतनी गहराई से विचार नहीं किया। इससे लोकतांत्रिक सिद्धांत आधुनिकता के सिद्धांत से बुरी तरह उलझ कर रह गया। इस कारण परिप्रेक्ष्य के गहरे नुक़सान का सामना करना पड़ा। चुनावों और राजनीतिक दलों से अलग होकर सामने आने वाली राजनीतिक भागीदारी के विविध रूपों को मान्यता नहीं दी गयी।

इसके कारण भारत में लोकतंत्र और आधुनिकता के बीच एक ख़ास तरह के द्वंद्व की रचना हुई। लोकतांत्रिक सिद्धांत इसकी उपेक्षा नहीं कर सकता है। इसके अलावा, सिद्धांत ने राजनीतिक सत्ता के ग़ैर (या पूर्व) आधुनिक स्रोतों को आसानी से अपने दायरे में स्वीकार नहीं किया है। दरअसल, ग़ैर-दलीय राजनीति भी ग़ैर (पूर्व) लोकतांत्रिक मानी जाती रही है। बहरहाल, तथ्य यह है कि शक्ति/सत्ता के ग़ैर/पूर्व आधुनिक रूपों का समकालीन रूपों में बदलाव हो गया है। लोकतंत्र की संस्थाओं को नियमित रूप से इनका सामना करना होता है। सत्ता की इस पूर्ववर्ती संरचना में लोकतांत्रिक राजनीति के कारण काफ़ी सुधार और बदलाव हुआ है। लेकिन अब भी यह समकालीन अभिजनों की सत्ता के रूप में मौजूद है। असल में, इस अभिजन सत्ता ने भारतीय आधुनिकीकरण के इंजन के तौर पर काम किया है। लेकिन यह भारत के लोकतंत्रीकरण के लिए बहुत बड़ी चुनौती भी है। यह एक ऐसी ज़बरदस्त चुनौती है जिसने ख़तरे का रूप धारण कर लिया है। इसका कारण यह है कि ऐतिहासिक रूप से मौजूद सत्ता की अभिजन संरचना ने भारत के उदारतावादी लोकतंत्र की संस्थात्मक सत्ता का निर्माण किया है। लेकिन विडम्बना यह भी है कि वही अभिजन इसके आधुनिकीकरण का अग्रदूत रहा है।

भारत में नागर समाज की अवधारणा की बौद्धिक वंशावली की एक धारा राजनीतिक दर्शन में देखी जा सकती है। इसके लिए ध्यान देने की आवश्यकता है कि भारतीय विद्वानों ने मार्क्स, हीगेल और ग्राम्शी का अध्ययन किस रूप में किया, उनकी किस तरह व्याख्या की और उनको नये सिरे से कैसे पढ़ा। इसकी एक दूसरी धारा कुछ ब्रिटिश या उत्तर अमेरिकी विचारकों के लेखन में पायी जा सकती है। इन विचारकों ने लोक-उपकार (फिलेंथ्रॉपी), कल्याण, शिक्षा-स्वास्थ्य और आगे चल कर विकास के क्षेत्र में भी सार्वजनिक संगठनों और संस्थाओं के नागरिक कार्यों की भूमिका पर प्रकाश डाला। इस परिघटना ने भारतीय विद्वानों का ध्यान खींचा। ख़ास तौर पर, 1980 के दशक के आख़िर में समाजशास्त्री और राजनीतिक वैज्ञानिक इस ओर आकर्षित हुए। उन्होंने कमोबेश माना कि भारत के सार्वजनिक जीवन के आधुनिक-सेकुलर क्षेत्र में नागर समाज का अस्तित्व है। इस रूप में इसके उभार का सूत्र औपनिवेशिक आधुनिकता में ढूँढ़ा जा सकता है।

औपनिवेशिक शासन को सरकार, ख़ास तौर पर इसके प्रशानिक संयंत्र को, लोगों से जोड़ने की ज़रूरत महसूस हुई। ऐसे में उसने शासक और शासित के बीच कई मध्यवर्ती संगठनों और संस्थाओं की रचना की। इसका एजेंडा यह था

कि इस विचार को चर्चा में लाया जाए। इसके द्वारा यह प्रांतों में सामाजिक, आर्थिक और कल्याणकारी गतिविधियों की पहल का समर्थन करना चाहता था। वह चाहता था कि इस पूरी प्रक्रिया द्वारा भारतीय जनता के बीच (आधुनिक) औपनिवेशिक शासन के लिए एक सीमा तक राजनीतिक समर्थन क़ायम रहे। इसमें शिक्षा, स्वास्थ्य और कल्याण के क्षेत्र में कई सहकारी समितियों, सार्वजनिक ट्रस्टों और स्वैच्छिक सामाजिक संगठनों का निर्माण भी शामिल था। स्थानीय प्रशासन के क्षेत्र में ज़िला विकास बोर्ड जैसे बहुत से ज़िला स्तरीय संगठनों का निर्माण किया गया। औपनिवेशिक प्रशासन ने इन क्षेत्रों के 'जाने-माने' और 'सम्मानित' लोगों को इसका सदस्य बनाया। यहाँ हम उन्नीसवीं सदी और बीसवीं सदी के भारत की बात कर रहे हैं। इस दौर में औपनिवेशिक शासन ने अंग्रेज़ी शिक्षा का प्रसार किया और पारम्परिक सामाजिक अभिजनों से मिलकर इन नीतियों पर अमल किया। इससे 'कोलोनियल पब्लिक' के बारे में जागरूकता बढ़ी। समाज सुधारकों के एजेंडे में भी मध्यवर्ती निकायों के निर्माण और उसमें भागीदारी की बात शामिल थी। मसलन, गुजरात में नर्मदाशंकर दवे (नर्मद) एक प्रभावशाली समाज-सुधारक थे। इन्हें आधुनिक गुजराती साहित्य का संस्थापक भी माना जाता है। इन्होंने मण्डली बनवाना फ़ायदा (संगठन बनाने के फ़ायदे) शीर्षक से एक छोटा और रोचक निबंध लिखा था। इसमें उन्होंने संगठन बनाने के बहुत से लाभों पर प्रकाश डाला था। इस तरह, जहाँ औपनिवेशिक राज्य ने संगठन बनाने को नीतिगत क़दम के रूप में अपनाया, वहीं समाज सुधारकों ने भी विभिन्न क्षेत्रों में संगठनों को बढ़ावा दिया।

मुख्य बात यह है कि नागर समाज और राज्य का संबंध समझने के लिए औपनिवेशिक आधुनिकता बहुत ही महत्त्वपूर्ण है। अब ऐसा नहीं हो सकता है कि कोई नागर समाज की बात करे और राज्य का उल्लेख न करे। नागर समाज ने तुलनात्मक रूप से स्वायत्त होकर और लोगों के आम हित में काम किया। लेकिन फिर भी यह राज्य की उपच्छाया की तरह सामने आया। समाज-वैज्ञानिकों ने इसे आधुनिक राज्य के दायरे के भीतर अवस्थित किया। उन्होंने इस पर विशिष्ट रूप से सेकुलर संदर्भ में विचार करना शुरू किया। यह माना गया कि जाति और धार्मिक संगठन इसके दायरे से बाहर स्थित हैं। इसलिए इसे सार्वजनिक संगठनों की अर्ध-राजनीतिक (पैरा-पॉलिटिकल) संरचना के रूप में देखा गया, जो राज्य से जुड़ी हुई थी। संक्षेप में, वे यह मानते थे कि नागर समाज प्राथमिक रूप से भारत के सामाजिक और राजनीतिक जीवन के आधुनिक क्षेत्र का प्रतिनिधित्व करता है। इस रूप में यह लोकतंत्र का एक आयाम बना।

आधुनिकता और लोकतंत्र के सिद्धांत एक-दूसरे से नज़दीकी रूप से जुड़े हुए हैं। इस सीमा तक कि एक में होने वाला बदलाव दूसरे को भी प्रभावित करता है, अर्थात् लोकतंत्र का दायरा आधुनिकता से पूरी तरह मिलता-जुलता लगता है। आज की दुनिया में पॉलिटिकल पब्लिक की क़िस्मों में ज़बरदस्त बढ़ोतरी हुई है। ख़ास तौर पर द्वितीय विश्व युद्ध के बाद के लोकतंत्रों में ऐसा हुआ है। इन लोकतंत्रों में नागर समाज राज्य के मुक़ाबले आ गया है। इसका राज्य के साथ टकराव और सहयोग का एक गत्यात्मक संबंध है। नागर समाज के मंथन में दीर्घकालिक आधुनिकतावादी प्रोजेक्ट की पड़ताल की जा रही है। इस प्रोजेक्ट का लक्ष्य एक ऐसे लोकतांत्रिक शासन की स्थापना करना था, जिसके नागरिक अपने अतीत की पहचानों से कटे हों। नागर समाज की राजनीति के कारण राज्य-समाज संबंधों के बारे में एक सरल, 'ब्लैक ऐंड व्हाइट' नज़रिया बनाना भी मुश्किल है। अर्थात् एक ऐसा दृष्टिकोण नहीं अपनाया जा सकता जिसमें नागर समाज का अस्तित्व केवल राज्य द्वारा बनाये गये सेकुलर स्पेस में ही कल्पित किया जाए। मानो नागरिक से परे कोई दूसरा समाज ही न होता हो।

देखें : ग़ैर-सरकारी संस्थाएँ, ग़ैर-सरकारी संस्थाएँ : भारत में, ग़ैर-दलीय राजनीति, धीरूभाई शेठ, नागरिकता, नागरिकता : अन्य परिप्रेक्ष्य, नागर समाज, नागर समाज : भारतीय बहस, पार्थ चटर्जी, मानवाधिकार, भारत में नागरिकता-विमर्श-1 से 3 तक, भारत में मानवाधिकार, भारत में मानवाधिकार आंदोलन, भीखू छोटालाल पारिख, रजनी कोठारी, राजनीतिक समाज, सुदीप्त कविराज।

संदर्भ

1. अनुपमा रॉय (2008), 'सिटीज़नशिप', राजीव भार्गव और अशोक आचार्य (सम्पा.), *पॉलिटिकल थियरी : ऐन इंट्रोडक्शन*, पियर्सन-लोंगमेन, नयी दिल्ली
2. विल किमलिका (1996), *मल्टीकल्चरल सिटीज़नशिप : अ लिबरल थियरी ऑफ़ माइनॉरिटी राइट्स*, क्लैरेंडन प्रेस, ऑक्सफ़र्ड.
3. सारा रुडिक (1989), *मैटर्नल थिंकिंग : टुवर्ड्स अ पॉलिटिक्स ऑफ़ पीस*, बीकन प्रेस, बोस्टन.
4. एमी बार्थोलोमियु (1990), 'शुड अ मार्क्सिस्ट बिलीव इन मार्क्स ऑन राइट्स', *सोशलिस्ट रजिस्टर* एचटीटीपी://सोशलिस्टरजिस्टर.कॉम/फ़ाइल्स/एसआर_1990_बार्थोलोमियु.पीडीएफ़

— धीरूभाई शेठ

भारत में नागर समाज और ग़ैर-दलीय राजनीति-3

वैकल्पिक राजनीति की सम्भावनाएँ

(Civil Society and Non-Party Politics in India-3)

कोई भी लोकतांत्रिक राज्य अपने संगठनों और संस्थाओं तक सीमित नहीं रह सकता है। इसे एक नागर समाज की ज़रूरत होती है, ताकि ऐसी राजनीतिक कार्रवाई, जो अमूमन ग़ैरक़ानूनी और हिंसक हो सकती है, उसे लोकतांत्रिक विरोध और संवाद की रूपरेखा में लाया जाए। यही कारण है कि औपनिवेशिक समय से ही राज्य को विरोध और सहयोग के ऐसे संगठित रूपों की तलाश रही है जिनकी बिना पर वह ऐसी ग़ैर क़ानूनी राजनीतिक कार्रवाईयों का सामना कर सके। राज्य ने ऐसे संगठित रूपों को बढ़ावा भी दिया है। इसने विकासात्मक योजनाएँ लागू करने में ग़ैर-सरकारी और स्वैच्छिक संगठनों की भूमिका को मान्यता दी है। उसने योजना प्रक्रिया में उनके सुझावों का महत्त्व भी स्वीकार किया है। दरअसल, सोनिया गाँधी के नेतृत्व में बनी राष्ट्रीय सलाहकार परिषद् (नैशनल एडवाइज़री कमिटी) इसी प्रक्रिया का नतीजा है। राजनीति में बाज़ार की व्यापक मौजूदगी के कारण एक नया शब्द यानी 'पब्लिक-प्राइवेट पार्टनरशिप' (सार्वजनिक-निजी सहयोग) भी प्रचलन में आया है। यह भी सच है कि जहाँ राज्य पहुँचने में समर्थ नहीं है, वहाँ नागर समाज एक भूमिका निभा रहा है। और जहाँ दोनों ही मौजूद नहीं हैं, वहाँ नक्सलियों का दबदबा है। हम देख सकते हैं कि जयप्रकाश नारायण के नेतृत्व वाले आपातकाल विरोधी आंदोलन के बाद नागर समाज की भूमिका में बहुत ज़्यादा बदलाव हुआ है। अधिकांश समकालीन प्रगतिशील क़ानूनों की शुरुआत नागर समाज से हुई और फिर सरकार ने उसे आगे बढ़ाया। सूचना का अधिकार, शिक्षा का अधिकार आदि जैसे क़ानूनों से यह बात स्पष्ट रूप से सामने आती है।

इस हक़ीक़त से भी इनकार नहीं किया जा सकता कि जातिगत और धार्मिक संगठनों ने अपने सदस्यों के लिए बहुत से सेकुलर काम किये हैं। शिक्षा, स्वास्थ्य और सामान्य कल्याण के क्षेत्र में काफ़ी काम किया गया है। ये संगठन इस तरह की गतिविधियों के दौरान राजनीतिक प्रभावों से अछूते नहीं रहे। उन्होंने कभी भी अपनी गतिविधियों को कर्मकाण्डीय संविधियों और अपने सदस्यों की पवित्र भूमिकाओं तक ही सीमित नहीं किया। इस बात को याद रखने की ज़रूरत है कि आधुनिकता से पहले के ज़मानों में भी सामाजिक और धार्मिक केंद्रों (मंदिरों) में सामाजिक और राजनीतिक कार्य किये जाते थे। ज़ाहिर है कि नागरिक स्पेसों (सिविल स्पेस) की अवधारणा तैयार करने और नागर समाज की सीमा रेखा तय करने का काम अभी बाक़ी है।

अब एक ज़्यादा तात्कालिक सवाल पर ध्यान देने की आवश्यकता है। आज हम भारत में जो ज़बरदस्त राजनीतिक ऊर्जा देख रहे हैं उसका प्राथमिक स्रोत क्या है : लोकतंत्र या आधुनिकता? यदि हम सैद्धांतिक और फ़ेनोमेनोलॉजिकल रूप से लोकतंत्र को आधुनिकता से अलग करना चाहते हैं, तो इस महत्त्वपूर्ण सवाल का जवाब देना ज़रूरी है। इससे हमें नागर समाज को तथाकथित विशिष्ट और निष्क्रिय मध्य वर्ग (अभिजन) के प्रभाव और नेटवर्क की राजनीति के बजाय वर्तमान में जारी अर्ध-संस्थात्मक लोकतांत्रिक राजनीति में अवस्थित करने में भी मदद मिलेगी। नागर समाज की राजनीति किसी भूमिगत दल की राजनीति नहीं है। यह 'फ़ेवर बैंक' की औपचारिक (ग़ैर-संस्थात्मक) राजनीति भी नहीं है। 'फ़ेवर बैंक' में किसी व्यक्ति द्वारा अनाधिकारिक आर्थिक उद्देश्य पूरा करने के लिए अपनी आधिकारिक शक्ति के प्रयोग के दौरान दिये गये या लिये गये 'फेवर' (या अनुचित मदद) के आधार पर लोगों के एकाउंट रखे जाते हैं। लेकिन यह शब्द अनौपचारिक अभिजन राजनीति का वर्णन करने के लिए बहुत ही उपयोगी है, जहाँ नौकरशाह, राजनीतिज्ञ और बिज़नेसमैन अंदरूनी तौर पर एक-दूसरे की मदद (फ़ेवर) करते हैं। इससे इन सबको फ़ायदा होता है। इस तरह की 'म्युचुअल फ़ेवर सोसाइटी' (पारस्परिक मददकारी समाज) में वास्तविक अर्थों में नागरिक सार्वजनिक पहचान नहीं होती। इसे किसी भी अर्थ में नागर समाज नहीं माना जा सकता।

नागर समाज तो एक तीसरे तरह की राजनीति है। यह वोट-बैंक राजनीति और 'फ़ेवर बैंक' राजनीति के बीच स्थान बनाता है और उसका विस्तार करता है। हमें सत्ता के गलियारे में होने वाले आंतरिक षड्यंत्रों और सौदेबाज़ियों के लिए कोई दूसरा नाम खोजना होगा। निश्चित रूप से (काम होने के लिए या काम होने की उम्मीद में) बड़े-बड़े 'तोहफ़ों' के आदान-प्रदान का यह नेटवर्क जब बहुत गहरा और व्यापक हो जाता है, तो यह 'पब्लिक' (या लोगों) की नज़र में आ जाता है। ऐसे में, इसे इसके वास्तविक रूप यानी 'क्रोनी कैपिटलिज़म' के रूप में देखा जाता है। दूसरे संदर्भ में हमने यह देखा है कि नौकरशाह, बड़े बिज़नेसमैन और राजनीतिक नेता आर्थिक और दलीय फ़ायदे के लिए समाजवाद के झण्डे के तले एक हो गये थे। लेकिन फिर भी इसे 'क्रोनी सोशलिज़म' का लक़ब नहीं दिया गया।

दरअसल, यह नागर समाज को समझने का एक तरीक़ा है, जो मुख्य रूप से अकादमीय और विचारधारात्मक विमर्श में सामने आया है। इसकी वास्तविक राजनीति एक

अलग कहानी है— यह विकासशील, खुला और बहुआयामी है। आंशिक रूप से यह कहानी हाशिये पर पड़े लोगों द्वारा गरिमामय ज़िंदगी के अधिकार के लिए किये जाने वाले संघर्ष और आंदोलनों से जुड़ी है। इस प्रक्रिया में यह राज्य की संस्थात्मक संरचना का लोकतंत्रीकरण करती है। संविधान लोकतांत्रिक राजनीति के इस आयाम को मान्यता देता है। लेकिन यह सिर्फ़ सामान्य अर्थ में ही ऐसा करता है, अर्थात् यह इसे व्यक्तियों और समूहों के राजनीतिक अधिकारों के रूप में ही मान्यता देता है। कई बार राज्य द्वारा नागरिकों के अधिकारों का अतिक्रमण किया जाता है या फिर कार्यपालिका की शक्तिशाली संस्थाओं या संसद द्वारा इसकी उपेक्षा की जाती है (आपातकाल के दौरान हमने इसी स्थिति का सामना किया है)। कई मर्तबा ग़ैर-राज्य सत्ता-केंद्रों द्वारा भी नियमित रूप से समाज में साधारण नागरिकों के अधिकारों की उपेक्षा हो सकती है। नागरिकों के इन अधिकारों की हिफ़ाज़त के लिए नियमित रूप से काम करने वाले आंदोलनों को अब भी क़ानूनी और राजनीतिक रूप से अपनी राजनीतिक वैधता स्थापित करनी है। संविधान में तकनीकी रूप से दिये गये अधिकारों को वास्तव में हासिल करने के लिए बहुत से दूसरे संवैधानिक तौर-तरीक़ों और प्रावधानों की आवश्यकता है। लेकिन अभी तक इन्हें तात्त्विक रूप से हासिल नहीं किया जा सका है। इन्हें नागर समाज की मुख्यधारा की राजनीति में शामिल करने की सम्भावना नहीं है। ग़ैर-दलीय राजनीति के आंदोलनों में यह सम्भावना निहित है।

आज लोकतंत्र के युग में भी विरोध की राजनीति को पुराने औपनिवेशिक क़ानूनों द्वारा नियंत्रित किया जाता है। ये औपनिवेशिक क़ानून मोटे तौर भारतीय दण्ड संहिता में निहित हैं। इसमें किसी सभा को ग़ैरक़ानूनी घोषित करने वाले क़ानून भी शामिल हैं। दरअसल, संक्षेप में यह कहा जा सकता है कि ग़ैर-दलीय समूहों और लोकतंत्रों ने भारतीय लोकतंत्र को गहनता और गतिशीलता प्रदान की है। राजनीति को राजनीतिक और सैद्धांतिक वाद-विवादों के केंद्र में लाने की ज़रूरत है। ऐसा होने पर ही नागर समाज की अवधारणा को सही तरह से समझा जा सकता है। फ़िलहाल तो इसकी स्थिति अमीबा जैसी आकारहीन है। उम्मीद की जा सकती है कि ऐसा होने पर यह सिद्धांत को ग़ैर-दलीय राजनीति की दुनिया से जोड़ेगा। अभी तक इस पहलू पर बहुत ही कम ध्यान दिया गया है।

बुनियादी सवाल यह है कि शासितों को किस तरह गवर्नेंस में ज़्यादा-से-ज़्यादा प्रतिनिधित्व मिल सकता है और शासन तक उनकी आवाज़ प्रभावकारी तरीक़े से पहुँच सकती है। प्रतिनिधित्व की अवधारणा पर ज़्यादा गहराई से सैद्धांतिक और दार्शनिक विचार करने की आवश्यकता है। अब चुनावी राजनीति लोकतंत्र की बुनियादी विशेषता बन चुकी है। चुनाव वैधता का सबसे मुख्य स्रोत है। ऐसे में, चुने गये राजनीतिक नेता 'ग़ैर-दलीय' सार्वजनिक नेताओं द्वारा निभायी जाने वाली भूमिका को न तो समझ रहे हैं और न ही वे उसे मान्यता देना चाहते हैं। वे यह नहीं समझ पा रहे हैं कि यह एक अलग तरह की किंतु महत्त्वपूर्ण रूप से लोकतांत्रिक राजनीति है जिसके ज़रिये राजनीति में लोगों को बेहतर प्रतिनिधित्व मिलता है। दरअसल, चुनाव में भागीदारी के बिना उभरे नेताओं द्वारा प्रतिनिधित्व के दावे के संबंध में राजनीतिक दलों के बीच एक संदेह और डर बैठा हुआ है। शायद इसी कारण दलों से जुड़े और मीडिया में सक्रिय कुछ नेताओं ने अण्णा हज़ारे के आंदोलन को भारतीय लोकतांत्रिक व्यवस्था के लिए ख़तरा क़रार दिया है।

इसलिए हमारे पास ऐसे विद्वान और राजनीतिक टीकाकार हैं जो अब भी पारम्परिक पश्चिमी अर्थ में नागर समाज शब्द का उपयोग करते हैं। वे यह पसंद नहीं करते कि इस अवधारणा का विस्तार करते हुए इसमें प्रतिरोध के आंदोलन भी शामिल किये जाएँ। दरअसल, यह बुनियादी रूप से राजनीति के प्रति उनका डर है। जब विरोध के आंदोलन सीधी कार्रवाई का रूप धारण कर लेते हैं तो यह डर एक गहरे आतंक में तब्दील हो जाता है। इसका सामना करने के लिए हमारे पास कोई बना-बनाया ज़रिया नहीं है। हमारे चिंतन में भी इस बारे में पर्याप्त (सैद्धांतिक) स्पष्टता नहीं है कि उस स्थिति में क्या हो सकता है जब लोकतांत्रिक रूप से (चुनावी राजनीति द्वारा) और संविधान द्वारा राजनीतिक सत्ता पाने वाले लोग कार्यपालिका के नाम पर 'ग़ैरक़ानूनी' तरीक़े से काम करने लगें। ऐसा हो सकता है कि वे व्यवस्थित रूप से सरकार की शक्तियों पर अपना एकाधिकार जमाते जाएँ। यह स्थिति तब और ज़्यादा बुरी हो जाती है जब इस सत्ता का प्रयोग एक ऐसे परिवार या वंश द्वारा किया जाता है, जिसका सरकार बनाने वाले दल में प्रभुत्व होता है या जो सरकार बनाने में महत्त्वपूर्ण भूमिका निभा सकता है। इसलिए सिद्धांतकारों और लोकतांत्रिक राजनीति का व्यवहार करने वाले लोगों की सबसे पहली प्राथमिकता यह होनी चाहिए वे संस्थाओं की गिरावट रोकें। मुद्दा यह है कि इस तरह की स्थिति में लोगों के पास किस तरह के राजनीतिक साधन मौजूद हैं। दरअसल, इसी संदर्भ में सीधी राजनीतिक कार्रवाई का विचार प्रासंगिक हो जाता है। इस पर गम्भीर सैद्धांतिक विचार करने की ज़रूरत है। ग़ैर-चुनावी सत्ता कई मर्तबा ग़ैर-लोकतांत्रिक पॉपुलिस्ट (लोकलुभावनवादी) रूप में सामने आ सकती है। कुल मिलाकर व्यावहारिक चुनौती यह है कि किस तरह इसे लोकतांत्रिक अंतर्वस्तु से जोड़ा जाए। इसलिए यह बहुत ही ज़रूरी है कि लोकतांत्रिक राजनीति के व्यवहार के नये रूप और साधन तैयार किये जाएँ। इसके सिद्धांतों और कार्यों की (विविध सामाजिक-सांस्कृतिक और ऐतिहासिक संदर्भों में) तुलनात्मक सैद्धांतिक समझ विकसित करना भी ज़रूरी है।

संस्थाओं का क्षरण रोकने के लिए कम-से-कम यह तो करना ज़रूरी है ही। इससे दीर्घकालिक रूप से प्रतिनिधित्व और भागीदारी के एक व्यापक और वैकल्पिक तरीक़े का विकास किया जा सकता है।

देखें : ग़ैर-सरकारी संस्थाएँ, ग़ैर-सरकारी संस्थाएँ : भारत में, ग़ैर-दलीय राजनीति, धीरूभाई शेठ, नागरिकता, नागरिकता : अन्य परिप्रेक्ष्य, नागर समाज, नागर समाज : भारतीय बहस, पार्थ चटर्जी, मानवाधिकार, भारत में नागरिकता-विमर्श-1 से 3 तक, भारत में मानवाधिकार, भारत में मानवाधिकार आंदोलन, भीखू छोटालाल पारिख, रजनी कोठारी, राजनीतिक समाज, सुदीप्त कविराज।

संदर्भ

1. अनुपमा रॉय (2008), 'सिटीज़नशिप', राजीव भार्गव और अशोक आचार्य (सम्पा.), *पॉलिटिकल थियरी : ऐन इंट्रोडक्शन,* पियर्सन-लोंगमेन, नयी दिल्ली.
2. विल किमलिका (1996), *मल्टीकल्चरल सिटीज़नशिप : अ लिबरल थियरी ऑफ़ माइनॉरिटी राइट्स,* क्लैरेंडन प्रेस, ऑक्सफ़र्ड.
3. सारा रुडिक (1989), *मैटर्नल थिंकिंग : टुवर्ड्स अ पॉलिटिक्स ऑफ़ पीस,* बीकन प्रेस, बोस्टन.
4. एमी बार्थोलोमियु (1990), 'शुड अ मार्क्सिस्ट बिलीव इन मार्क्स ऑन राइट्स', *सोशलिस्ट रजिस्टर* एचटीटीपी://सोशलिस्टरजिस्टर.कॉम/फ़ाइल्स/एसआर_1990_बार्थोलोमियु.पीडीएफ़

— धीरूभाई शेठ

भारत में नागरिकता-विमर्श-1

संवैधानिक संकल्पना पर बहस

(Citizenship Discourse in India-1)

भारत के संविधान की प्रस्तावना 'हम भारत के लोग' से शुरू होती है। इसी प्रस्तावना में 'नागरिक समुदाय' की संकल्पना है। एक ऐसा नागरिक समुदाय जो ख़ुद को सम्बोधित कर रहा है। 'हम भारत के लोग' वे हैं जो ख़ुद भारत का संविधान अपना रहे हैं। इस 'नागरिक समुदाय' की मौजूदगी न तो संविधान से अलग है, न ही संवैधानिक प्रभावों से स्वतंत्र। देखा जाए तो संविधान ही इस 'नागरिक समुदाय' की संकल्पना का उत्पादन भी कर रहा है। औपचारिक रूप से 'भारत का संविधान' और 'नागरिक समुदाय' का जन्म एक साथ ही हुआ था। इसी संविधान में आदर्श भारतीय नागरिक की संकल्पना भी निहित है। संविधान में एक तरफ़ व्यक्तिवादी अधिकार पर आधारित नागरिकता का समर्थन किया गया है, वहीं दूसरी तरफ़ व्यक्ति की सामूहिक पहचान और भारतीय सांस्कृतिक विविधता बनाये रखने की कोशिश। राजनीतिक विचारधारा के मुद्दे पर भी उदारतावादी अधिकारों के दृष्टिकोण का सामंजस्य सामाजिक और आर्थिक अधिकारों के साथ बनाने की कोशिश की गयी है। भारतीय राजनीति का अध्ययन करने वाले कई लेखकों ने भारतीय नागरिकता की संवैधानिक संकल्पना का विश्लेषण किया है। इन सभी ने संविधान और नागरिकता के व्यावहारिक पहलू पर कम ध्यान दिया है। इनकी कोशिश नागरिकता संबंधी प्रावधान व नागरिकता की मानकीय नीति बेहतर करने की है। इनमें नागरिकता की हैसियत के बारे में चर्चा तो है, लेकिन नागरिकता संबंधी रोज़मर्रा के आचरण की नहीं। सवाल यह है कि अगर हम नागरिकता को एक हैसियत न मानकर, एक गतिविधि मानें तो आचरण के रूप में नागरिकता के बारे में हम क्या जानते हैं? ख़ुद नागरिक नागरिकता की संकल्पना को अपने व्यवहार में किस तरह शामिल करते हैं?

भारतीय संविधान भारत के राज्य-क्षेत्र के भीतर रहने वाले लोगों को दो श्रेणियों में बाँटता है : पहला, नागरिक और दूसरा, ग़ैर-नागरिक या बाहरी। नागरिकता की हैसियत और उसके कारण प्राप्त अधिकारों के आधार पर ही इन दोनों श्रेणियों में अंतर किया जाता है। ग़ैर-नागरिकों को दो और श्रेणियों में बाँटा गया है : पहली श्रेणी में वे ग़ैर-नागरिक आते हैं जिनका हमारे प्रति दोस्ताना रवैया है, और दूसरी श्रेणी में वे ग़ैर-नागरिक हैं जो दोस्ताना रवैया नहीं रखते या दुश्मनी रखते हैं। अगर हम अपना मापदण्ड बदल कर नागरिक व्यवहार देखें, तो दो नयी श्रेणियाँ बन सकती हैं। आजकल हम देखते हैं कि कई नागरिकों पर राजद्रोह का आरोप लगा है। इसका मतलब है कि हमारे देश में नागरिकों की भी दो श्रेणियाँ हैं : दोस्ताना नागरिक और राजद्रोही नागरिक। देश के भीतर रहने वाले लोगों को इस तरह विभिन्न श्रेणियों में बाँटना कोई मानसिक प्रयोग नहीं है। विडम्बना यह है कि राज्य इन्हें देशद्रोही समझता है, लेकिन ये ख़ुद ऐसा मानते हैं कि इनकी गतिविधियाँ संवैधानिक विचारों के अनुकूल हैं। अगर संविधान पर इनकी आस्था न होती, तो ये शायद ऐसी गतिविधियों में संलग्न नहीं होते। आज के भारत के कई ऐसे लोग हैं जो बड़े सामाजिक दायरे के लिए 'निष्ठावान नागरिक' हैं लेकिन राज्य की नज़र में 'देशद्रोही' भी! ऐसे में क्या 'उचित नागरिक आचरण' की परिभाषा पर राज्य और नागरिकों की सोच में कोई टकराव दिखता है?

भारत में नागरिकता संबंधी अध्ययन तीन मुख्य प्रकारों से किया गया है। पहला— भारतीय संविधान और भारतीय

नागरिकता का सैद्धांतिक आधार और उसका मूलभूत ढाँचा समझने की कोशिश। दूसरा— कुछ लेखकों ने दर्शाया है कि भारतीय नागरिकता जिन आदर्शों को औपचारिक रूप से अपनाती है, वे आदर्श वास्तविकता में लोगों को प्राप्त नहीं हैं। तीसरा— लेखकों ने नागरिकता के मुद्दे पर संवैधानिक, सैद्धांतिक और राजनीतिक टकरावों को उजागर किया है।

भारतीय संविधान पर राजीव भार्गव ने अपने लेख 'आउटलाइन ऑफ़ अ पॉलिटिकल थियरी ऑफ़ कॉन्स्टीट्यूशन' में भारतीय संविधान सभा की प्रमुख उपलब्धियों पर प्रकाश डाला है। उनका मानना है कि नागरिकता पर जिस प्रकार के प्रावधान अपनाये गये, वे अपने आप में एक उपलब्धि हैं। गहरी सामाजिक असमानताओं के बावजूद, संविधान में नागरिक संबंधी प्रावधान, समानता और न्यायपूर्णता के आधार पर बने थे। भार्गव के अनुसार ऐसा इसलिए हो पाया क्योंकि भारतीय संविधान उदारवादी दृष्टिकोण से काफ़ी प्रेरित था। संविधान में व्यक्ति और समुदाय दोनों के प्रति संवेदनशीलता थी। वे लिखते हैं, 'संविधान पर उदार व्यक्तिवादी विचारों का प्रभाव साफ़ है। यह व्यक्ति को सिर्फ़ समूह क्षेत्र के भीतर ही नहीं, सामूहिक गठन से परे भी समझता है।'

भार्गव के मुताबिक़ 'दूसरी उपलब्धि यह है कि संविधान इन उदार व्यक्तिवादी सिद्धांतों का पुनर्निर्माण भी करता है। व्यक्तिगत नागरिक अधिकारों के मूल्य को सामुदायिक संदर्भ में समझा गया है।' भार्गव का मानना है कि संविधान सभा की चर्चाएँ नागरिकता को समझने का बहुत बड़ा व ज़रूरी संसाधन हैं। ये चर्चाएँ छह दशक पुराना इतिहास ही नहीं बल्कि आज का इतिहास समझने में भी मदद करती हैं। मेरे विचार से नागरिकता का इतिहास समझने के लिए सिर्फ़ संविधान के प्रावधान और संविधान सभा की चर्चाएँ पर्याप्त नहीं हैं। नागरिक समुदाय नागरिकता को कैसे समझता है : यह हमें इन चर्चाओं या प्रावधानों में नहीं मिलेगा। केवल सरकारी दस्तावेज़ों से नागरिकता को समझना इस अवधारणा को संकुचित करता है। अपनी किताब की प्रस्तावना के 'संविधान सभा की बहस का अध्ययन ज़रूरी क्यों है?' शीर्षक वाले भाग में भार्गव अपने चुने हुए तरीक़े का औचित्य समझाते हैं। वे लिखते हैं कि 'मुझे नहीं लगता कि हमारी धारणाएँ, मूल्य, आदर्श इतनी गहराई से बदल गये हैं कि हम संविधान सभा की दुनिया से पूरी तरह जुदा हो चुके हैं। संविधान का इतिहास काफ़ी हद तक हमारे वर्तमान का इतिहास है।'

कई लेखकों ने संविधान की इस एकीकृत और ग़ैर-जटिल समझ का विरोध किया है। उनका तर्क है कि संविधान सभा में कई मूल्यों पर गहरे टकराव थे। न तो संविधान किसी सरलता से हासिल 'आम सहमति' पर आधारित है, न ही संविधान सैद्धांतिक रूप से एकीकृत है। इस 'आम सहमति' के पीछे कुछ ख़ास समूहों की इच्छाएँ हैं जो अपने आपको 'आम सहमति' के रूप में प्रदर्शित करते हैं। जैसे-जैसे सामूहिक पहचान की राजनीति ने ज़ोर पकड़ा वैसे-वैसे संविधान की इस एकीकृत और सार्वभौमिक संकल्पना का चरित्र उजागर होता गया। यदि हम नागरिकता को पल भर के लिए सिर्फ़ उसके मानकीय स्वरूप में देखें तब भी उसके तनावग्रस्त चरित्र को अनदेखा करना मुश्किल है।

आदित्य निगम ने अपने लेख 'अ टेक्स्ट विदाउट ऑथर' में संविधान के इस एकीकृत आंतरिक तर्क और एकात्मक संरचना की समझ को चुनौती दी है, 'मैं कहूँगा कि संविधान सभा की चर्चाओं को अगर एक सरसरी निगाह से भी देखा जाए तो किसी एक दृष्टिकोण की प्रभुता नहीं दिखती। कोई एक प्रबल आवाज़ नहीं मिलती।' उनका मानना है कि 'संविधान सभा में बैठे लोगों को हम विरक्त नहीं आसक्त मानें। इसलिए संविधान बनाने की प्रक्रिया को समझने के लिए हमें संविधान-सभा के सदस्यों की आत्म-समझ पहचाननी होगी। उनके तर्कों में उनके भविष्य की संकल्पना जुड़ी हुई थी। उन्होंने जिस सैद्धांतिक मार्ग का चुनाव किया वह उनके पद, शक्ति, निहित-स्वार्थ, स्वायत्तता से परे नहीं था।' निगम यहाँ जिस आत्म-समझ की बात कर रहे हैं, उसे हम सिर्फ़ संविधान-सभा की बहसें ही नहीं बल्कि नागरिकता को समझने के लिए भी इस्तेमाल कर सकते हैं।

संविधान-सभा के टकरावों के बारे में वेलेरियन रॉड्रिग्ज़ ने भी लिखा है। उन्होंने अपने अनुसंधान में संविधान सभा में हुए वाद-विवाद के उद्धरण दिये हैं। उनके लेखन से यह साबित होता है कि ये चर्चाएँ काफ़ी विवादपूर्ण थीं। इस बहस को देखने से यह भी पता चलता है कि नागरिकता के प्रावधानों में अंदरूनी टकराव क्यों है? रॉड्रिग्ज़ लिखते हैं कि 'सभा में बहुत कम सैद्धांतिक एकता थी। लोगों के बीच विचारों का काफ़ी टकराव रहा। इस कारण नागरिकता संबंधी प्रावधान बहुत बार लिखे गये।' यह सच है कि अंततः ये प्रावधान पारित कर दिये गये, लेकिन इसका यह मतलब बिल्कुल नहीं है कि इन पर लोगों में आम राय थी। इन प्रावधानों में बाद में कुछ ख़ास परिवर्तन भी किये गये हैं। इन बदलावों पर कुछ लेखकों का ध्यान भी गया है। सरसरी निगाह से देखने में ऐसा लग सकता है कि ये परिवर्तन लोकतांत्रिक दिशा में हैं, परंतु गहरी समीक्षा से यह कहानी बदल जाती है। इनमें से कई बदलाव नागरिकों की सुविधा के लिए नहीं बल्कि सत्तावादी चिंताओं के कारण हुए हैं। *सिविल सोसाइटी, पब्लिक स्फ़ियर और सिटीज़नशिप* नाम की किताब में वेलेरियन रॉड्रिग्ज़ और बी.एस. चिमनी ने

नागरिकता संबंधी प्रावधानों में आये बदलावों पर ख़ास ध्यान दिया है। रॉड्रिग्ज़ का तर्क है कि संविधान सभा की संकल्पना बाद में किये गये बदलावों से कहीं ज़्यादा लोकतांत्रिक थी। वे लिखते हैं नागरिकता की संवैधानिक संकल्पना अपेक्षाकृत समावेशी थी लेकिन अब वह लगातार जातीय होती जा रही है। नागरिकता प्राप्त करने में भारतीय माता-पिता का होना अनिवार्य सा होता जा रहा है। भारत सरकार इस बदलाव का औचित्य समझाने के लिए अन्य देशों की नीतियों की तरफ़ इशारा करती है, जबकि ख़ुद भारतीय संविधान में अपनायी नीतियों को दरकिनार करती है। इसी किताब में बी.एस. चिमनी ने अपने निबंध में प्रवासी मज़दूर शरणार्थियों के प्रति भारतीय राज्य के रवैये के बारे में लिखा है। राज्य के इस रवैये के पीछे भारतीय राज्य की सीमाओं को बनाये रखने की चुनौती और नागरिकों में पैदा होते विरोध के स्वर हैं। इन दोनों कारणों से भारतीय राज्य का बर्ताव मनमाना हो गया है। कई प्रवासी गुटों के बीच भारतीय राज्य अपने हित में मनमाने ढंग से बर्ताव करने लगा है।

देखें : ग़ैर-सरकारी संस्थाएँ, ग़ैर-सरकारी संस्थाएँ : भारत में, ग़ैर-दलीय राजनीति, धीरूभाई शेठ, नागरिकता, नागरिकता : अन्य परिप्रेक्ष्य, नागर समाज, नागर समाज : भारतीय बहस, पार्थ चटर्जी, मानवाधिकार, भारत में नागर समाज और ग़ैर-दलीय राजनीति-1 से 3 तक, भारत में मानवाधिकार, भारत में मानवाधिकार आंदोलन, भीखू छोटालाल पारिख, रजनी कोठारी, राजनीतिक समाज, सुदीप्त कविराज।

संदर्भ

1. आदित्य निगम (2008), 'अ टेक्स्ट विदाउट ऑथर : लोकेटिंग द कांस्टीट्युएंट असेम्बली एज़ इवेंट', राजीव भार्गव (सम्पा.), *पॉलिटिक्स ऐंड एथिक्स ऑफ़ कांस्टीट्यूशन*, ऑक्सफ़र्ड युनिवर्सिटी प्रेस, नयी दिल्ली.
2. राजीव भार्गव (सम्पा.)(2008) , *पॉलिटिक्स ऐंड एथिक्स ऑफ़ कांस्टीट्यूशन*, ऑक्सफ़र्ड युनिवर्सिटी प्रेस, नयी दिल्ली.
3. बी.एस. चिमनी (2005), 'आउट साइड द बाउंड्स ऑफ़ सिटीज़नशिप', हेलमेट रीफ़ील्ड और राजीव भार्गव (सम्पा.), *सिविल सोसाइटी, पब्लिक स्फ़ियर ऐंड सिटीज़नशिप*, सेज पब्लिकेशंस, नयी दिल्ली.
4. वेलेरियन रॉड्रिग्स (2008), 'सिटीज़नशिप ऐंड द कांस्टीट्यूशन', राजीव भार्गव (सम्पा.), *पॉलिटिक्स ऐंड एथिक्स ऑफ़ कांस्टीट्यूशन*, ऑक्सफ़र्ड युनिवर्सिटी प्रेस, नयी दिल्ली.
5. *भारत का संविधान* (2008), द्विभाषी संस्करण, चौथा संस्करण, सेंट्रल लॉ पब्लिकेशंस, इलाहाबाद
6. शिवानी किंकर चौबे (1972), *कांस्टीट्युएंट असेम्बली ऑफ़ इण्डिया : स्प्रिंगबोर्ड ऑफ़ अ रैवोल्यूशन*, मनोहर पब्लिशर्स, दिल्ली.

— **अंकिता पांडेय**

भारत में नागरिकता-विमर्श-2

आचरण के रूप में नागरिकता

(Citizenship Discourse in India-2)

वैलेरियन रॉड्रिग्ज़ और बी.एस. चिमनी द्वारा उठाये गये मुद्दों को अनुपमा रॉय ने एक नयी दृष्टि से परखा है। उनकी किताब *मैपिंग सिटीज़नशिप* में नागरिकता प्रावधानों में आये बदलावों के फ़ैसले, और प्रवासी मज़दूर की स्थिति पर ग़ौर किया गया है। वे यह नहीं मानतीं कि नागरिकता संबंधी प्रावधान लगातार सत्तावादी ही होते जा रहे हैं। उनका मानना है कि 'राज्य की नीतियाँ प्रगतिशील / लोकतांत्रिक होने से ले कर हानिकारिक / बाधित होने के बीच झूलती रहती हैं। लोकतांत्रिक विकल्पों को खोलने के साथ ही उन्हें बंद करने का काम भी हो रहा है। इस प्रकार नागरिकता की संकल्पना में एक विरोधाभास है, जो एक तरफ़ इस गतिशील संकल्पना की स्वतंत्रता ज़ाहिर करता है, वहीं दूसरी तरफ़ नागरिकता पर सत्तावादी प्रथाओं (जो सामाजिक और आर्थिक संदर्भ से निकली हैं) को जीवंत भी रखता है।' अनुपमा रॉय की किताब से यह तो साबित हो जाता है कि राज्य की नीतियाँ नागरिकों की रोज़मर्रा की गतिविधियों से प्रभावित हैं, हालाँकि इस किताब में इस आम व्यवहार पर नहीं बल्कि राज्य की बदलती नीतियों का नागरिकता पर असर देखने की कोशिश की गयी है।

इन सभी वृत्तांतों से हम यह तो कह सकते हैं कि रोज़मर्रा का नागरिक व्यवहार नागरिकता के मानक को प्रभावित करता है पर इन प्रावधानों में कौन से बदलाव किस राजनीतिक पल में लाये जा रहे हैं, इसका कारण भी कभी-कभी रोज़मर्रा के नागरिक व्यवहारों में छुपा होता है। जैसे, जब भारतीय संविधान में नागरिकता की परिकल्पना की गयी, तो मौलिक कर्त्तव्यों को उसका हिस्सा नहीं बनाया गया। लेकिन 1970 के दशक में संविधान में इन कर्त्तव्यों की सूची को जोड़ा गया। ज़ाहिर है कि यह बदलाव ख़ुद-ब-ख़ुद नहीं हो सकता था। नागरिकता के सिद्धांत राजनीतिक और सामाजिक दवाबों की वजह से बदले जाते हैं। निश्चित तौर पर इस तरह के बदलावों में नागरिक व्यवहार का दबाव प्रमुख भूमिका निभाता है। लेकिन अभी तक इन व्यवहारों का पर्याप्त अध्ययन नहीं हुआ है।

नागरिकता पर लिखे गये साहित्य, निबंधों व पुस्तकों की समीक्षा करने पर हम पाते हैं कि ये सभी नागरिक की पहचान का पुनः संयोजन करते आये हैं। लेकिन 'नागरिक-पहचान' से 'आचरण के रूप में नागरिकता' तक का सफ़र इनमें नहीं मिलता। ये नागरिक-व्यवहार की तरफ़ संकेत तो

करते हैं लेकिन नागरिक-व्यवहार का अध्ययन नहीं करते। ऐसा अध्ययन करने से हम जान पायेंगे कि नागरिकता की संकल्पना पर राज्य और नागरिकों के बीच क्या टकराव है? राज्य और उसके नागरिकों के विरोधों के मुद्दों पर उज्ज्वल सिंह ने अपनी किताब *पॉलिटिकल प्रिज़नर्स इन इण्डिया* में दिखाया है कि जहाँ राज्य कुछ कार्यकर्ताओं को आम अपराधी के रूप में समझता है, वहीं ये कार्यकर्ता स्वयं को 'राजनीतिक क़ैदी' की संज्ञा देते हैं। सिंह के अनुसार भारतीय राज्य में भी औपनिवेशिक राज्य की तरह राजनीतिक रूप से सक्रिय कार्यकर्ताओं को आम अपराधी समझने की प्रवृत्ति बनी रही है। राज्य का प्रयास हमेशा यह रहा है कि अपने सैद्धांतिक विरोधी को अपराधी क़रार दे दिया जाए। इन 'राजनीतिक क़ैदियों' की ये माँग रही है कि जेल में इन्हें बाक़ी सामान्य अपराधियों से अलग सुविधाएँ, लाभ और रियायतें मिलनी चाहिए। इस किताब से नागरिकों की आत्म-समझ जानने की कोशिश को प्रोत्साहन मिलता है। सिंह लिखते हैं 'आपराधिक क़ैदी से जुदा, राजनीतिक क़ैदी की धारणा भारतीय राष्ट्रवादी धारा की देन है। राष्ट्रवादी समझ में राजनीतिक क़ैदी होना आम अपराधी से अलग दर्जा था।' इन क़ैदियों के दावे से यह दिखता है कि आधिकारिक / राजकीय समझ से नागरिकों की समझ अलग है। स्वतंत्रता के बाद दो महत्त्वपूर्ण क्षणों पर ये हुआ, एक 1940 का तेलंगाना आंदोलन और दूसरा 1960-70 का भारतीय कम्युनिस्ट पार्टी (मार्क्सवादी-लेनिनवादी) का आंदोलन। इन दोनों ही क्षणों में कई कम्युनिस्ट कार्यकर्ताओं को ज़ेल भेजा गया था और इन पार्टियों ने माँग की थी कि इन्हें साधारण क़ैदियों की तरह न रखा जाए। उनकी घोषणा थी कि 'कार्यकर्ताओं को अपराधी नहीं बल्कि नागरिक का दर्जा मिलना चाहिए। उन्हें रहने की सभ्य जगह, खाना-पीना, चिकित्सा सुविधाएँ और परिवारों को भत्ता मुहैया कराया जाना चाहिए।'

इस किताब के अंत में सिंह लिखते हैं कि आज राजनीतिक क़ैदी होना कोई रणनीति नहीं बल्कि विरोध का परिणाम बन चुका है। 'जेल भरो' या गिरफ़्तारी देने की पहले जैसी नैतिक वैधता नहीं रह गयी है। अगर हम राजनीतिक क़ैदियों के इन दावों को नागरिक आचरण और नागरिकता की आत्म-समझ का हिस्सा मानें तो देखना पड़ेगा कि समकालीन भारत में किन गतिविधियों ने इन दावों की जगह ले ली है?

'नागरिक-आचरण' के एथनोग्राफ़िक अध्ययन की भी कुछ लेखकों ने पहल की है। ये सभी लेखक किसी एक सैद्धांतिक गुट का हिस्सा नहीं हैं लेकिन इनकी पद्धति पहले गुट के लेखकों से अलग है। भारतीय संविधान पर हुई अकादमिक चर्चा में उपेंद्र बख़्शी का योगदान ऐसी ही एक पहल है। अपने निबंध 'आउट लाइन ऑफ़ अ थियरी ऑफ़ प्रैक्टिस ऑफ़ इण्डियन कॉन्स्टीट्यूशनलिज़्म' में बख़्शी ने एथनोग्राफ़िक पद्धति अपनाने की ज़ोरदार सिफ़ारिश की है। इनका तर्क है कि नागरिक-आचरण की शक्ति और उसकी प्रथाओं को भारत में उचित महत्त्व नहीं दिया गया है। एक तरफ़ युरोप और अमेरिका में मई, 1968 की घटनाओं और वियतनाम युद्ध विरोधी आंदोलनों को राजनैतिक व सैद्धांतिक चिंतन में समाहित कर लिया गया है। लेकिन ऐसी 'निर्णायक घटनाओं' ने भारतीय संवैधानिक अध्ययन के तरीक़ों पर कोई छाप नहीं छोड़ी है। बख़्शी के अनुसार संविधान समझने की प्रक्रिया में उन लोगों की रोज़मर्रा की गतिविधियों का अध्ययन करने की ज़रूरत है जो संविधान या क़ानून से जुड़े व्यवसायों में हैं। यह लेख नागरिक-आचरण के बारे में कई महत्त्वपूर्ण सवाल उठाता है। मसलन, 'विभिन्न नागरिक संविधान के प्रावधानों को किस प्रकार समझते हैं? हमें नागरिकों के व्यवहार की कितनी समझ है? क्या हम इस अध्ययन में विद्रोही या राजद्रोही गतिविधियाँ शामिल कर सकते हैं? संवैधानिक मूल्यों और उनके रोज़मर्रा के अनुभवों में क्या कोई टकराव है? क्या हम राजनीतिक चिंतन में संविधान की प्रभावशाली प्रथाओं और संविधान से उपजी हाशिये की प्रथाओं की बात कर सकते हैं।' इसी निबंध में बख़्शी ने यह भी कहा है कि भारत में गणतांत्रिक नागरिकता पूरी तरह से ध्वस्त हो चुकी है। भारतीय नागरिक जब भी सरकारी तंत्र से मुख़ातिब होते हैं तो उन्हें ग़ैर-नागरिक सा व्यवहार मिलता है। हिंसात्मक भारतीय राज्य ने लोगों से नागरिकता छीन ली है।

क्या बख़्शी की तरह भारतीय नागरिकता को पूरी तरह से क्षीण समझा जाना चाहिए? यदि हम ऐसे नागरिकों की गतिविधियाँ देखेंगे जो राजनीतिक या सामाजिक रूप से सक्रिय हैं, तो हम नागरिक-आचरण के नये आयाम पायेंगे। परंतु जब तक व्यापक तरीक़े से नागरिक-आचरण का अध्ययन न हो तब तक नागरिकता की विफलता या सफलता का फ़ैसला असामयिक है। इस असहमति के बावजूद बख़्शी का यह लेख हमें 'हैसियत के रूप में नागरिकता' से हट कर 'आचरण के रूप में नागरिकता' की तरफ़ पहल करने की प्रेरणा देता है। ऐसी पहल जो हमें नागरिकों के साथ हो रहे भेदभाव के अलावा उनके रोज़मर्रा के अनुभवों के बारे में भी हमें बताये। ऐसी पहल से हमें शायद नागरिकता के प्रावधानों में संशोधन के कारण भी बेहतर समझ में आयें।

हैसियत के रूप में नागरिकता के आधार पर चिंतन करने वाले विद्वानों की कुछ ऐसी मान्यताएँ हैं जिन पर 'आचरण के रूप में नागरिकता' के परिप्रेक्ष्य से सवाल उठाये जा सकते हैं। उदाहरण के तौर पर पहले क़िस्म के विद्वान राज्य को एकीकृत इकाई मान कर चलते हैं। लेकिन, अगर नागरिकों के आचरण को देखा जाए तो यह साफ़ हो जाएगा कि अपने रोज़मर्रा के जीवन में आम लोग राज्य को स्थानीय

आईने में देखते हैं। उनके लिए राज्य की संस्था सेना हो सकती है या पुलिस स्टेशन, नगर निगम या पोस्ट ऑफ़िस। इससे पता चलता है कि राज्य एकीकृत नहीं खण्डित इकाई का नाम है। राज्य और नागरिक संबंधों के बारे में प्रचलित दो आम धारणाओं को ख़ारिज किया जा सकता है। पहली धारणा तो यह है कि नागरिक की आत्म-समझ पूरी तरह से राज्य की नीतियों द्वारा निर्धारित होती है, और दूसरा नागरिक और राज्य दो पृथक इकाइयाँ हैं, जिनमें परस्पर विरोधाभास है। नागरिक-आचरणों को देखने से पता चल सकता है कि नागरिकों की आत्म-समझ किस हद तक राज्य-निर्धारित है और कितनी नहीं, राज्य का निर्धारण कितना प्रबल है और ऐसे कौन से क्षण हैं जो इस निर्धारण से छूट जाते हैं।

इसी दिशा में एक पहल पार्थ चटर्जी की है। उनका मानना है कि सार्वभौम नागरिकता एवं लोकप्रिय सम्प्रभुता जैसे विचारों का भले ही दुनिया भर में बोलबाला रहा हो, लेकिन उत्तर-औपनिवेशिक दुनिया में इन विचारों का उपयोग कम है। उदारतावादी, समुदायवादी, बहुसांस्कृतिक या नागरिक गणतंत्रवाद— हर अवधारणा में 'सार्वभौम नागरिकता' और 'लोकप्रिय सम्प्रभुता' को प्रमुख माना जाता है। इन सभी अवधारणाओं का यह भी मानना है कि राज्य के प्रभावी ढंग से काम कर पाने के लिए एक नागर समाज की उपस्थिति भी ज़रूरी है। यह नागर समाज संवैधानिक दायरे में रहते हुए स्वतंत्र रूप से काम करता है। चटर्जी ऐसा मानते हैं कि नागर समाज के बाहर भी ऐसी नागरिक गतिविधियाँ हैं जो लोकतंत्र को समझने में सहायक हैं।

देखें : ग़ैर-सरकारी संस्थाएँ, ग़ैर-सरकारी संस्थाएँ : भारत में, ग़ैर-दलीय राजनीति, धीरूभाई शेठ, नागरिकता, नागरिकता : अन्य परिप्रेक्ष्य, नागर समाज, नागर समाज : भारतीय बहस, पार्थ चटर्जी, मानवाधिकार, भारत में नागर समाज और ग़ैर-दलीय राजनीति-1 से 3 तक, भारत में मानवाधिकार, भारत में मानवाधिकार आंदोलन, भीखू छोटालाल पारिख, रजनी कोठारी, राजनीतिक समाज, सुदीप्त कविराज।

संदर्भ

1. अनुपमा रॉय (2010), *मैपिंग सिटीज़नशिप*, ऑक्सफ़र्ड युनिवर्सिटी प्रेस, नयी दिल्ली.
2. उज्ज्वल कुमार सिंह (1998), *पॉलिटिकल प्रिज़नर्स इन इण्डिया*, ऑक्सफ़र्ड युनिवर्सिटी प्रेस, नयी दिल्ली.
3. उपेन्द्र बख़्शी (2008), 'आउटलाइन ऑफ़ अ थियरी ऑफ़ प्रैक्टिस ऑफ़ कांस्टीट्यूशनलिज़म', राजीव भार्गव (सम्पा.), *पॉलिटिक्स ऐंड एथिक्स ऑफ़ कांस्टीट्यूशन*, ऑक्सफ़र्ड युनिवर्सिटी प्रेस, नयी दिल्ली.
4. ग्रैनविले ऑस्टिन (1999), *द कांस्टीट्यूशन : कॉरनर स्टोन ऑफ़ अ नेशन*, ऑक्सफ़र्ड युनिवर्सिटी प्रेस, नयी दिल्ली.
5. पार्थ चटर्जी (2004), *पॉलिटिक्स ऑफ़ गवर्न्ड : रिफ़्लैक्शंस आन पॉलिटिक्स इन मोस्ट ऑफ़ द वर्ल्ड*, परमानेंट ब्लैक, नयी दिल्ली.

— **अंकिता पांडेय**

भारत में नागरिकता-विमर्श-3

विद्रोही नागरिकता

(Citizenship Discourse in India-3)

राजनीतिक नागरिक गतिविधि का एक और क्षेत्र है जिसे पार्थ चटर्जी पॉलिटिकल सोसाइटी या राजनीतिक समाज की संज्ञा देते हैं। इस समाज के गठन के पीछे दो कारण हैं— कल्याणकारी कार्यों पर सरकारी ज़ोर और चुनावी गोलबंदी का बढ़ता दायरा। चटर्जी अनधिकृत बस्तियों और अवैध प्रवासियों का उदाहरण देते हुए लिखते हैं कि नागर समाज के विपरीत राजनीतिक समाज के अपने अलग आंतरिक तर्क हैं। इनकी गतिविधियाँ ऐसी हैं कि हम इन्हें नागर समाज की श्रेणी में शामिल नहीं कर सकते हैं। नागर समाज में नागरिक हैं तो राजनीतिक समाज में सिर्फ़ जनसंख्या। राजनीतिक समाज हमें नागरिकता के उन पहलुओं से अवगत कराता है जो कि नागरिकों के आचरण के अध्ययन से ही सम्भव है।

ऐसा ही एक प्रयास अखिल गुप्ता के शोध में दिखता है। इनका तर्क है कि इन्हीं गतिविधियों और नागरिक व्यवहारों से 'समाज' और 'राज्य' की अवधारणा निर्मित होती है। गुप्ता उदाहरण स्वरूप भ्रष्टाचार के ख़िलाफ़ नागरिक रोष और कार्यवाही को दर्ज करते हैं। इन मुद्दों पर सक्रियता के ज़रिये ही नागरिक अपने लिए एकीकृत राज्य की कल्पना करते हैं। गुप्ता लिखते हैं 'समाज, समुदाय और राज्य की प्रकृति समझने के लिए भ्रष्टाचार के मामलों और उस पर हो रहे विमर्श को समझना महत्त्वपूर्ण है। यह विमर्श दोहरी भूमिका निभाता है। जहाँ एक तरफ़ यह प्रतीकात्मक रूप से राज्य का निर्माण करता है, वहीं दूसरी तरफ़ ख़ुद को नागरिक के रूप में परिभाषित भी करता है।'

अपनी किताब *इनसरजेंट सिटीज़नशिप* में मानवशास्त्री जेम्स होलस्टन ने एक ख़ास तरीक़े की विद्रोही नागरिकता के बारे में लिखा है। इस किताब में इन्होंने शहरी ग़रीब तबक़े की गतिविधियाँ दर्ज की हैं। इनके अनुसार, इस विद्रोही नागरिकता के कारण ब्राज़ील की नागरिकता पहले से ज़्यादा समतावादी हो गयी है। घरों का निर्माण और भूमिहीनों की लड़ाई इन गतिविधियों का हिस्सा है। नागर समाज में रहते हुए ऐसी गतिविधियाँ नामुमकिन हैं, शायद इसीलिए विद्रोही नागरिकता का तरीक़ा अपनाया गया है। अपने नागरिकता अध्ययन में होलस्टन को एक स्थापित और दूसरी उभरती नागरिकता दिखती है। 'आज दुनिया भर में उभरते लोकतांत्रिक नागरिक आचरण के मामलों को देखते हुए लोकतांत्रिक सिद्धांतों का पुन: संयोजन ज़रूरी हो चुका है।'

उनका तर्क है कि ये सभी विद्रोही नागरिकताएँ सार्वभौम नागरिकता की प्रतिक्रियाएँ हैं। सार्वभौम नागरिकता अपनी सदस्यता में तो समान अधिकार देती है, लेकिन वितरणमूलक नीतियों में नहीं। होलस्टन के सूत्रीकरण से यह पता चलता है कि नागरिक-आचरण का अस्तित्व है और नागरिकता के अध्ययन के लिए ज़रूरी भी है। नागरिक-आचरण और नागरिकों की आत्म-छवि राजनीतिशास्त्र में समाहित की जानी चाहिए। अक़्सर नागरिक विद्रोह को सविनय अवज्ञा के माध्यम से समझा जाता है। मतलब किसी कथित अन्यायपूर्ण क़ानून का विरोध, जो होशमंद और सार्वजनिक तरीक़े से व्यक्त किया गया हो। ऐसे लोग क़ानून तोड़ने का दावा करते हैं और सज़ा के लिए तैयार रहते हैं। जिन गतिविधियों/विद्रोह की बात इस निबंध में की जा रही है, वह सविनय अवज्ञा की श्रेणी से पूरी तरह अलग है। यहाँ क़ानून तोड़ने का दावा नहीं, उलटा राज्य/सरकार की नीतियों को अपने नज़रिये से देखने का सवाल है।

इस बात पर भी आम राय नहीं है कि भारत में हुए सविनय अवज्ञा के प्रयोगों से नागरिक विद्रोह की चेतना को बल मिला या वो पहले से ज़्यादा क्षीण हो गयी है। जहाँ एक तरफ़ भीखू पारिख जैसे लेखकों ने 'सविनय अवज्ञा' को एक ऐसी गतिविधि माना जिसमें कई प्रगतिशाली सम्भावनाएँ हैं। अपनी किताब *कोलोनियलिज़म, ट्रेडिशन ऐंड रिफ़ॉर्म* में उन्होंने लिखा है कि सविनय अवज्ञा तीन बेहतरीन स्तम्भों पर टिकी हुई है। मानव जाति की एकता, साधनों और ध्येय की बराबरी, और मानव-स्वभाव के प्रति सकारात्मक दृष्टिकोंण। इन तीन मानकों ने नागरिकों को विद्रोह का एक नया तरीक़ा सुझाया था। दूसरी तरफ़ पार्थ चटर्जी जैसे लेखक मानते हैं कि इस सिद्धांत के पीछे एक रणनीति छुपी हुई है। इस तरीक़े से महज़ विरोधों का प्रबंधन हो सकता था, उनका हल नहीं निकाला जा सकता था। अपनी किताब *नैशनालिस्ट थॉट इन द कोलोनियल वर्ल्ड* में उनका तर्क है कि सविनय अवज्ञा किसानों को वर्ग संघर्ष के लिए तैयार करने के बजाय विरोधाभास से बचने की एक तकनीक बन गयी थी। इस तकनीक से राष्ट्रीय संघर्ष वर्ग संघर्ष में परिवर्तित नहीं हो पाया। यह अलग बात है कि गाँधीवादी संघर्ष की यात्रा गाँधी के साथ ख़त्म नहीं हुई। समकालीन भारत में नागरिक स्वतंत्रताओं और लोकतांत्रिक अधिकारों के लिए काम कर रही संस्थाएँ गाँधीवादी संघर्ष के तरीक़े अपनाती हैं लेकिन वे ख़ुद सविनय अवज्ञा की श्रेणी का इस्तेमाल नहीं करतीं।

भारतीय राजनीति में सरकारी नीति, संवैधानिक सिद्धांतों ने जिस आचरणमूलक नागरिकता की उपेक्षा करनी चाही है, उसकी आत्म-छवि का टकराव आज राज्य से होता दिखाई देता है। आज भारत में संवैधानिक आचरणमूलक नागरिकता अपने लिए संकट पैदा करती दिखती है। भारत में इस प्रकार आचरणमूलक नागरिकता दो समूहों में सामने आती है। एक प्रगतिशील समूह में सामाजिक कार्यकर्ता, वामपंथी कार्यकर्ता और मानवाधिकार कार्यकर्ता इत्यादि हैं। दूसरी तरफ़ इसका एक रूढ़िवादी हिस्सा भी है जिसमें अभिजन और कई दक्षिणपंथी कार्यकर्ता हैं जिनकी निष्ठा कभी राज्य के प्रति तो कभी राष्ट्र के प्रति रहती है। अक्सर इन नागरिकों की गतिविधियाँ एक आदर्श नागरिक व्यवहार से मेल नहीं खातीं। लेकिन इन कार्यकर्ताओं को ऐसा लगता है कि ये संवैधानिक दृष्टिकोण पर अमल कर रहे हैं। अलगाववादियों के विपरीत इनकी आस्था देश के संविधान के प्रति है। इनमें से कई पूर्ण रूप से सामाजिक या राजनीतिक कार्यकर्ता भी नहीं हैं। इन्होंने अपने आचरणमूलक नागरिक व्यवहार को अपनी पेशेवर ज़िम्मेदारियों के साथ जोड़ लिया है। इनकी सक्रिय नागरिकता की संकल्पना इनकी अपनी है।

आचरणमूलक नागरिकता का ऐसा रूप (जिसे ग़ैर-दोस्ताना/विद्रोही समझा गया) कपिल प्रसाद भट्टाचार्य ने पेश किया था। आशिस नंदी ने अपनी किताब *द रोमांस ऑफ़ द स्टेट* में इस कहानी के बारे में लिखा है। उनके हिसाब से कपिल प्रसाद भारत के पहले आधुनिक पर्यावरणविद् थे। इस विद्रोही नागरिक की कहानी 1960 के दामोदर घाटी बाँध परियोजना की आलोचना से शुरू हुई। नंदी लिखते हैं, '1950-60 के माहौल में कपिल प्रसाद भट्टाचार्य दामोदर घाटी की कड़ी निंदा कर रहे थे। वे विशाल बाँधों की सबसे पहली, व्यवस्थित, तकनीकी एवं सामाजिक आलोचना करने वाले पहले नागरिक थे।' जैसा कि अनुमान लगाया जा सकता है भट्टाचार्य के लिखे आलोचनात्मक लेख की वजह से उन्हें देश का दुश्मन क़रार दे दिया गया। 1961 में आनंद बाज़ार पत्रिका में प्रकाशित एक ख़बर के ज़रिये नंदी ने कपिल प्रसाद के प्रति राज्य का रवैया दर्शाया है। पत्रिका में यह ख़बर छपी कि 'केंद्र सरकार को ऐसे हानिकारक प्रचार की जानकारी मिली है जिसमें पश्चिम बंगाल के फरक्का बाँध को बदनाम किया जा रहा है। राज्य सरकार को निर्देश दिये गये हैं कि इस आंदोलन के प्रमुख नेता का पता लगाये। यह भी पता चला है कि पाकिस्तान इस मौक़े का फ़ायदा उठाकर भारत के ख़िलाफ़ अंतर्राष्ट्रीय प्रचार में लग गया है।' यहाँ हम देखते हैं कि भट्टाचार्य के असंतोष या विद्रोह को देश के दुश्मन का सहयोग माना जा रहा है। यह विद्रोह उचित नागरिक-व्यवहार नहीं समझा जा सकता। भट्टाचार्य ने बीस साल तक पर्यावरण संबंधी सामाजिक कार्य करने के बाद अपने जीवन के अंतिम वर्ष मानवाधिकार से संबंधित कार्यों में बिता दिये। 68 साल की उम्र में उन्होंने मानवाधिकार पर काम कर रही संस्था एसोसियेशन फ़ॉर प्रोटेक्शन ऑफ़ डेमॉक्रैटिक राइट्स की सभापति की कुर्सी सँभाली।

नागरिकों के इन व्यवहारों को हम किस प्रकार परिभाषित करें? क्या ये घटनाएँ नागरिकता-अध्ययन से परे हैं? जैसा कि इस निबंध की शुरुआत में लिखा गया है कि, आचरणमूलक नागरिकता नागरिकता की सीमा, विषय-वस्तु या गहराई से संबंधित सवाल नहीं हैं। यह हैसियत के रूप में नागरिकता की श्रेणी में समाहित हो ही नहीं सकती। यह आचरण राज्य को भले ही देशद्रोह लगे लेकिन नागरिकों को संवैधानिक लगता है। नंदी अपने लेख में भी इस बात की पुष्टि करते हैं। वे लिखते हैं कि 'उनकी सिर्फ़ इतनी इच्छा थी कि जल प्रबंधन वैकल्पिक तरीक़ों से हो। देखा जाए तो भट्टाचार्य के लक्ष्य और भारत की औपचारिक विकास नीति के घोषित लक्ष्यों में कुछ ख़ास फ़र्क़ नहीं था।'

कई साल बाद एक अलग संदर्भ में यही क्रम अपने आपको दोहराता नज़र आता है। डॉ. बिनायक सेन अपने आपको सिर्फ़ नागरिक ही नहीं नागरिक कार्यकर्ता के रूप में देखते हैं। वे या तो नीतियों में बदलाव की माँग करते हैं या घोषित नीतियों को बेहतर तरीक़े से लागू करवाना चाहते हैं। उन पर राजद्रोह का आरोप है। उनको न ही अलगाववादी कहा जा सकता है और न ही क़ानून के हाशिये पर रहने वाले 'राजनीतिक समाज' में इनकी गिनती हो सकती है। शोमा चौधरी ने अपने लेख में डॉ. बिनायक सेन की कही हुई बात का, जो उन्होंने न्यायालय से जेल जाते समय कही थी, बयान करते हुए लिखा है, 'अगर ये मुझ जैसे लोगों को गिरफ़्तार करेंगे तो मानवाधिकार पर काम करने वालों की कोई सुनवाई नहीं रह जाएगी... यहाँ की शिकायतें वास्तविक हैं। इस प्रांत में एक अकाल आया हुआ है, यहाँ का शरीर-द्रव्यमान 18.5 से कम है, देश का 40 फ़ीसदी हिस्सा कुपोषण के साथ जी रहा है। अनुसूचित जाति और अनुसूचित जनजातियों में ये संख्या 50-60 फ़ीसदी तक पहुँच जाती है। हमें और ज़्यादा समावेशी विकास के लिए प्रयास करना चाहिए। आप लोगों को दो श्रेणियों में नहीं बाँट सकते। सभी को क़ानूनी सहायता और चिकित्सीय देखभाल का अधिकार है। यह संविधान में लिखा है, यही व्यक्ति के मानवाधिकारों का आधार है।'

यदि कोई यह न जानता हो कि ये डॉ. बिनायक सेन के शब्द हैं— जिन पर देशद्रोह के अलावा आपराधिक षड्यंत्र का आरोप है— तो उसे ये लगेगा कि ये बातें नागरिकता की राजकीय संकल्पना की भावनाओं से संचारित हैं। इनमें हमें संविधान के प्रति आदर और संस्थाओं के प्रति आस्था नज़र आती है। इनमें अधिकारों की जुबान और समानता के प्रति संजीदगी दिखती है। इसमें समावेशी विकास और नागरिक सक्रियता से सरकारी परियोजना को लागू करने के प्रति आशा दिखाई देती है। लेकिन नागरिक के प्रतिमान में यह क्या असंगति है? क्या यह इसलिए उत्पन्न हो रही है क्योंकि नागरिक अपनी इस पहचान को कुछ ज़्यादा ही संजीदगी से समझ रहा है? नागरिकता का मानकीय प्रतिमान अपने ही अधिकार, समानता और सक्रियता की उपज को चुनौती समझने लगा है। इस तरह का नागरिक प्रतिमान ख़ुद के द्वारा उत्पन्न की जाने वाली आत्म-चेतना को समायोजित नहीं कर पा रहा है।

नागरिकता-अध्ययन के इस संकट से हमें नागरिकता को समझने का एक अलग साधन मिलता है। लेखक और सामाजिक कार्यकर्ता अरुंधती रॉय एक ऐसी ही नागरिक हैं। उन पर आरोप है कि वे अपने राज्य विरोधी, राष्ट्र विरोधी लेखों व भाषणों से लोगों के बीच राज्य के प्रति अनासक्ति या नफ़रत का प्रचार कर रही हैं। अपने कई साक्षात्कारों में उन्होंने संविधान के प्रति उत्साह दिखाया है। वे नर्मदा बचाओ आंदोलन में एक ऐसे गुट का हिस्सा थीं जिसने विवाद का समाधान पाने के लिए न्यायपालिका का रास्ता चुना था। 2010 में कथित तौर पर जम्मू-कश्मीर मुद्दे पर एक भाषण के कारण दिल्ली पुलिस ने उन पर राजद्रोह का आरोप लगाया है। अपनी प्रतिक्रिया में रॉय ने कहा, 'शायद भारतीय सरकार को जवाहरलाल नेहरू पर मरणोपरांत देशद्रोह का आरोप लगाना चाहिए। मैंने कश्मीर मुद्दे पर ऐसा कुछ नहीं कहा जो उन्होंने पहले नहीं कहा है।'

आज भारतीय राजनीतिशास्त्र के अध्ययन में अनधिकृत बस्तियाँ, रास्ते, अवैध प्रवासी, शरणार्थी, दिहाड़ी मज़दूर, भूमिहीन सभी के लिए सैद्धांतिक गुंजाइश है। पार्थ चटर्जी के नागर समाज की अवधारणा के ज़रिये लोकतांत्रिक राजनीति के इन उपेक्षित पहलुओं पर संजीदगी से चर्चा की जा रही है। लेकिन इस विद्रोही नागरिक की पहचान न तो नागर समाज के दायरे में पड़ती है, और न ही क़ानून के उस हाशिये पर पायी जाती है जिसे हम पॉलिटिकल सोसाइटी या राजनीतिक समाज की धारणा के ज़रिये समझते हैं। ख़ुद को निष्ठावान नागरिक समझने वालों का विद्रोह आज नागरिकता के अध्ययन में एक प्रश्नचिह्न तो है ही, साथ ही यह एक अवसर के रूप में भी हमारे सामने है।

देखें : ग़ैर-सरकारी संस्थाएँ, ग़ैर-सरकारी संस्थाएँ : भारत में, ग़ैर-दलीय राजनीति, धीरूभाई शेठ, नागरिकता, नागरिकता : अन्य परिप्रेक्ष्य, नागर समाज, नागर समाज : भारतीय बहस, पार्थ चटर्जी, मानवाधिकार, भारत में नागर समाज और ग़ैर-दलीय राजनीति-1 से 3 तक, भारत में मानवाधिकार, भारत में मानवाधिकार आंदोलन, भीखू छोटालाल पारिख, रजनी कोठारी, राजनीतिक समाज, सुदीप्त कविराज।

संदर्भ

1. अखिल गुप्ता (2000), 'वर्ल्ड बाउंड्रीज़ : द डिस्कोर्स ऑफ़ करप्शन, द कल्चर ऑफ़ पॉलिटिक्स ऐंड द इमेजिंड स्टेट', ज़ोया हसन (सम्पा.), *पॉलिटिक्स ऐंड द स्टेट इन इण्डिया,* सेज

पब्लिकेशन्स, नयी दिल्ली.

2. आशिस नंदी (2003), 'द स्कोप ऐंड लिमिट्स ऑफ़ डिसेंट : इण्डियाज़ फ़र्स्ट मॉडर्न इनवायरनमेंटलिस्ट ऐंड हिज़ क्रिटिक ऑफ़ डी.वी.सी.', आशिस नंदी, *रोमांस ऑफ़ द स्टेट : ऐंड द फेट ऑफ़ डिसेंट इन द ट्रॉपिक्स*, ऑक्सफ़र्ड युनिवर्सिटी प्रेस, नयी दिल्ली.
3. इंजन एस. आइसिन और ब्रायन टर्नर (2002) 'सिटीज़नशिप स्टडीज़ : ऐन इंट्रोडक्शन', इंजन एस. आइसिन और ब्रायन टर्नर (सम्पा.), *हैंडबुक ऑफ़ सिटीज़नशिप स्टडीज़*, सेज प्रकाशन, लंदन.
4. ज़ोया हसन, ई. श्रीधरन और अन्य (सम्पा.) (2002), *इण्डियाज़ लिविंग कांस्टीट्यूशन : आइडियाज़, प्रैक्टिसिज़, कंट्रोवर्सीज़*, परमानेंट ब्लैक, दिल्ली.
5. जेम्स होलस्टन (2008), *इनसर्जेंट सिटीज़नशिप : डिसजंक्शंस ऑफ़ डेमॉक्रैसी ऐंड मॉडर्निटी इन ब्राज़ील*, प्रिंसटन युनिवर्सिटी प्रेस, प्रिंसटन.

— अंकिता पांडेय

भारत में नियोजन

(Planning in India)

भारत में स्वतंत्रता प्राप्ति के बाद 1951 से नियोजित विकास की पद्धति अपनायी गयी है। 1951 में बनी पहली पंचवर्षीय योजना से लेकर 2007 में बनी ग्यारहवीं पंचवर्षीय योजना तक नियोजन की भारतीय पद्धति ने कई वैचारिक और राजनीतिक उतार-चढ़ाव देखे हैं। बीच में नियोजन प्रक्रिया विवादग्रस्त हो कर थम भी गयी थी। लेकिन, इस या उस पहलू पर ज़ोर देने के कारण हुए थोड़े-बहुत फेरबदल के साथ उसका मुख्य सैद्धांतिक आधार द्वितीय विश्व-युद्ध के बाद उभरे वैकासिक अर्थशास्त्र से निकले राजनीतिक-आर्थिक विमर्श पर टिका रहा है। इसके मुताबिक़ अगर ग़रीब देशों की कृषि आधारित अर्थव्यवस्थाओं को निर्यात-आयात आधारित वाणिज्य और कारख़ाना उत्पादन का आधार मिल जाए तो उनका आर्थिक कल्याण हो सकता है। वैकासिक अर्थशास्त्र के सिद्धांत दीर्घकाल तक की जाने वाली बचत, उसके निवेश और प्रौद्योगिकीय प्रगति की भूमिका के इर्द-गिर्द सूत्रबद्ध होते हैं। इसमें एक तरफ़ मुक्त व्यापार का रवैया अपनाते हुए बाज़ार की ताक़तों के ज़रिये आर्थिक वृद्धि हासिल करने की कोशिश की जाती है। दूसरी ओर सरकारी हस्तक्षेप और आर्थिक नियोजन का सहारा लिया जाता है।

भारत में नियोजन की छवि बनाने में कुछ प्रचलित धारणाओं का बहुत बड़ा हाथ है। जैसे, यह माना जाता है कि पहले प्रधानमंत्री जवाहरलाल नेहरू ने सोवियत संघ की पंचवर्षीय योजनाओं से प्रभावित हो कर नियोजन का रास्ता अपनाया। असलियत इसके विपरीत है। 1927 में स्तालिनवाद के जन्म से पहले किये गये अपने सोवियत दौरे के बाद ही नेहरू सोवियत अनुभव के राजनीतिक परिणामों की आलोचना करने लगे थे। 1947 के बाद पहले प्रधानमंत्री के रूप में उन्होंने आर्थिक विकास की जो रणनीति उन्होंने अपनायी, उसके पीछे उनका रवैया विचारधारात्मक कम और तात्कालिक परिस्थितियों के मुताबिक़ व्यावहारिक अधिक था। वे सोवियत तर्ज़ पर बाज़ार की जगह नियोजन को स्थापित करने के बजाय योजनागत प्रयासों को बाज़ार के पूरक की तरह इस्तेमाल करना चाहते थे। यह गुंजाइश वैकासिक अर्थशास्त्र के विमर्श में उपलब्ध थी। इस रणनीति को सोवियत अनुभव से भिन्न युरोपीय सामाजिक जनवाद के अधिक नज़दीक समझा जाना चाहिए। दूसरे, भारत में नियोजन प्रक्रिया को निजी क्षेत्र का न केवल समर्थन था, बल्कि देश के बड़े-बड़े औद्योगिक घराने इस पक्ष में थे कि सरकार स्वयं निवेश करके भारी उद्योगों और अधिरचनात्मक निर्माण को बढ़ावा दे। 1944 में ही इन घरानों ने 'बाम्बे प्लान' नामक योजना बना कर कांग्रेस के नेतृत्व के सामने पेश कर दी थी। द्वितीय विश्व-युद्ध ख़त्म होने तक मुख्यत: कृषि प्रधान होने के बावजूद भारत कारख़ाना आधारित माल पैदा करने वाला दुनिया का दसवाँ सबसे बड़ा देश बन चुका था। लेकिन भारत के आकार, ज़रूरतों और सम्भावनाओं को देखते हुए यह औद्योगिक प्रगति बेहद नाकाफ़ी थी। राजनीतिक नेतृत्व के सामने दुविधा यह थी कि विकास की छलांग लगाने के लिए खेती के पारम्परिक आधार को ही अपनाया जाए, या भारी उद्योगों का विकास करके पश्चिमी तर्ज़ पर अर्थव्यवस्था का ढाँचा खड़ा किया जाए।

15 मार्च, 1950 को नेहरू ने अपनी अध्यक्षता में योजना आयोग का गठन करके नियोजन प्रक्रिया की बाक़ायदा शुरुआत की। नेहरू की पूरी कोशिश थी कि योजना आयोग राजनीतिक दबाव से मुक्त रहे। इस अवधि में उन्होंने अमेरिकी विशेषज्ञों पर भरोसा किया जिनकी राय थी कि भारत को अपना विकास कृषि तथा उपभोक्ता माल बनाने वाले उद्योगों में निवेश के ज़रिये करना चाहिए। उन दिनों फ़ोर्ड फ़ाउंडेशन की भारतीय शाखा का नेतृत्व करने वाले अल्बर्ट एंसमिंगर एक कृषि-अर्थशास्त्री ही थे। पहली पंचवर्षीय योजना (1951-1956) पर एंसमिंगर द्वारा नेहरू को दिये गये सुझावों की छाप स्पष्ट रूप से देखी जा सकती थी। इसमें कृषि क्षेत्र और सामुदायिक विकास पर बहुत ज़ोर था। बाँधों और सिंचाई में जम कर निवेश करने का प्रावधान किया गया था। पहली योजना के हिस्से में उद्योगों का हिस्से में केवल 8.4 फ़ीसदी निवेश ही आया था। इसी दौरान भाखड़ा और हीराकुंड बाँधों का निर्माण शुरू हुआ, कई

सिंचाई परियोजनाएँ प्रारम्भ की गयीं, देश भर में पाँच भारतीय प्रौद्योगिकी संस्थानों (आईआईटी) की शुरुआत हुई, विश्वविद्यालय अनुदान आयोग गठित किया गया, शिशु मृत्यु दर घटाने के लिए सघन मुहिम चलाई गयी। इस योजना का लक्ष्य कुल घरेलू उत्पाद में 2.1 प्रतिशत की वृद्धि दर हासिल करने का था, लेकिन इसने 3.6 फ़ीसदी की दर हासिल करके दिखाई। निबल घरेलू उत्पाद में 15 फ़सदी वृद्धि दर्ज की गयी। यह नियोजन के कामयाब कार्यान्वयन का उदाहरण था।

दूसरी पंचवर्षीय योजना (1956-1961) में अमेरिकी विशेषज्ञों की ज़्यादा नहीं सुनी गयी। 1955 में ही सत्तारूढ़ कांग्रेस पार्टी ने 'समाजवादी प्रारूप का समाज' बनाने के लिए अपनी प्रतिबद्धता जता दी थी। इसके लिए उद्योगीकरण पर बल देना आवश्यक समझा जा रहा था। इसलिए दूसरी योजना में पूरा ज़ोर भारी उद्योगों, ख़ास कर सरकारी क्षेत्र में खड़े किये जाने वाले अधिरचनात्मक उद्योगों पर था। लेकिन इसका मतलब यह नहीं था कि पहली योजनाओं की कामयाबियों को सुदृढ़ न किया गया हो। सामुदायिक विकास परियोजना का बहुत बड़े पैमाने पर विस्तार किया गया। देश भर में विकास खण्डों का गठन करके उन्हें पंचायती राज व्यवस्था से जोड़ कर विकेंद्रीकरण को बढ़ावा दिया गया। यह केंद्रीकृत नियोजन के माध्यम से किये गये 'लोकतांत्रिक विकेंद्रीकरण' की मिसाल थी। 1957 में आयी बलवंत राय मेहता कमेटी की चर्चित रपट में इसका ब्योरा दर्ज है। दूसरी पंचवर्षीय योजना के पीछे सांख्यिकीविद् प्रशांत चंद्र महलनोबीस की मुख्य भूमिका थी जिसके कारण इसे महलनोबीस मॉडल की संज्ञा भी दी जाती है। नेहरू 1940 से ही महलनोबीस से परिचित थे। उन्हें लगा कि महलनोबीस उनके राजनीतिक और लक्ष्यों को अर्थनीति की वैज्ञानिक और तकनीकी शब्दावली में व्यक्त कर सकते हैं। शुरू में महलनोबीस को राष्ट्रीय आमदनी के सांख्यकीय आँकड़े जमा करने का काम मिला, लेकिन जल्दी ही नीति-निर्माण में उनकी हैसियत बढ़ती चली गयी। महलनोबीस को एहसास था कि भारत आर्थिक सिद्धांत में दरिद्र है और यहाँ योजना-निर्माण में इस्तेमाल किये जा सकने वाले अर्थशास्त्री भी उपलब्ध नहीं हैं। 1951 में उन्होंने सोवियत संघ की यात्रा की और उसके बाद वे युरोप और अमेरिका की यात्राओं पर निकल गये। उन्होंने उस ज़माने के कई मशहूर अर्थशास्त्रियों (रैग्नैर फ्रिश, जॉन टिन्बर्जन, ऑस्कर लांगे, चार्ल्स बेतेलहम, रिचर्ड स्टोन, जोआन रॉबिंसन, साइमन कुज़्नेट्स और पॉल बरान आदि) से मुलाक़ातें कीं। महलनोबीस के निमंत्रण पर कई अर्थशास्त्री भारत भी आये और नियोजन में योगदान किया। इन्हीं अर्थशास्त्रियों की सोहबत में महलनोबीस ने वैकासिक अर्थशास्त्र का प्रगाढ़ परिचय प्राप्त किया।

दूसरी योजना में निवेश को निर्णायक ढंग से उद्योगों में झोंक दिया गया। इस योजना के पीछे पूर्व-धारणा काम यह कर रही थी कि अर्थव्यवस्था अपने दरवाज़े बंद रखेगी और अधिकतर व्यापार पूँजीगत माल के आयात के इर्द-गिर्द होगा। इसी दौरान भिलाई, दुर्गापुर और राउरकेला जैसे इस्पात संयत्र स्थापित हुए। पनबिजली परियोजनाएँ शुरू हुईं, कोयले का उत्पादन बढ़ा और रेल की पटरियों का जाल और विस्तृत किया गया।

ज़ाहिर है कि दूसरी योजना पहली के मुकाबले बहुत महत्त्वाकांक्षी थी। महलनोबीस का ध्येय-वाक्य था : 'समस्या का मर्म यह है कि सभी आवश्यक दिशाओं को एक साथ संतुलित करते हुए परिवर्तनों को इस प्रकार अंजाम कैसे दिया जाए कि संस्थागत रूपांतरण जल्दी से जल्दी सम्पन्न हो जाए।' इस तरह के आकर्षक इरादों के कारण योजना आयोग की हैसियत काफ़ी बढ़ी। लेकिन, दस साल के बोलबाले के बाद तीसरी पंचवर्षीय योजना (1961-1966) की समाप्ति तक योजना का विचार कुछ-कुछ संकटग्रस्त प्रतीत होने लगा। तीसरी योजना में वृद्धि दर 4.5 फ़ीसदी तय की गयी थी, पर केवल 4.3 फ़ीसदी ही हासिल हो पायी। यह अवधि नेहरू के देहांत के साथ-साथ 1962 के चीन-युद्ध और 1965 के पाक-युद्ध की भी थी। इसलिए प्रतिरक्षा उद्योगों पर ज़ोर देने का रुझान पैदा हुआ। कुल मिला कर महलनोबीस ने भी माना कि जिस आर्थिक और सामाजिक क्रांति का वायदा किया गया था, उसे नियोजन उसे मूर्त रूप देने में नाकाम रहा है। भारतीय अर्थव्यवस्था प्रगति के रास्ते पर 'प्रस्थान' नहीं कर पायी है, न ही उसमें 'स्व-उत्पादक विकास' का आवेग पैदा हो पाया है और न ही 'औद्योगिक क्रांति' हो सकी है। ज़ाहिर है कि नज़ारा नियोजन प्रक्रिया की आधी-अधूरी सफलताओं का ही था। इसके तहत चार सकारात्मक उपलब्धियाँ ज़रूर हुईं : एक साधारण वृद्धि दर प्राप्त हुई, पंजाब में हरित क्रांति का असर गेहूँ के ज़बरदस्त उत्पादन में दिखाई पड़ने लगा, अर्थव्यवस्था की लोकतांत्रिक साख क़ायम रही (ग्रामों में प्राथमिक शिक्षा का प्रसार, पंचायती चुनाव और राज्यों को वैकासिक ज़िम्मेदारियों का आबंटन) और विवेकपूर्ण राजकोषीय प्रबंधन के कारण आर्थिक स्थिरता भंग नहीं हुई।

बहरहाल, तीसरी योजना के बाद नियोजन की साख इस हद तक गिर गयी कि 1966 से 1969 तक योजना-अवकाश घोषित कर दिया गया। दिलचस्प बात यह है कि इसका मतलब नियोजन को पूरी तरह से ख़त्म करने से नहीं था। इंदिरा गाँधी ने प्रधानमंत्री बनने के बाद योजनागत विकास पर फिर से ध्यान दिया और चौथी पंचवर्षीय योजना (1969-1974) बनायी। यह 14 बैंकों के राष्ट्रीयकरण, कोयला-बीमा-बीमार उद्योगों के सरकारीकरण, हरित क्रांति के कारण खाद्यान्न में आत्मनिर्भरता और 1971 के बांग्ला देश युद्ध की अवधि थी। युद्ध के कारण औद्योगिक विकास के लिए तय किये गये धन को प्रतिरक्षा पर

ख़र्च करना पड़ा। पाँचवीं पंचवर्षीय योजना (1974-1979) में रोज़गार बढ़ाने और ग़रीबी कम करने पर ज़ोर था। दोनों योजना-अवधियों के सात-आठ साल समाजवादी प्रभाव समाजवादी प्रभाव के माने जाते हैं। शायद इसलिए कि इंदिरा गाँधी के नेतृत्व ने इस दौर का इस्तेमाल अर्थव्यवस्था में सरकारी हस्तक्षेप की बहुत ज़्यादा बढ़ोतरी और सरकारी क्षेत्र का आकार बढ़ाने में किया। राष्ट्रीय सम्प्रभुता के नाम पर विदेशी निवेश पर प्रतिबंध इसी दौर में लगे। लेकिन समाज में सम्पत्ति और संसाधनों के आबंटन में किसी क़िस्म के रैडिकल परिवर्तन पर कभी विचार तक नहीं किया गया।

प्रशांत चंद्र महलोनबीस (1893-1972)

पाँचवीं योजना ख़त्म होने पहले ही 1977 में पहली ग़ैर-कांग्रेसी केंद्रीय सरकार ने शपथ ली। प्रधानमंत्री मोरारजी देसाई ने 1978 में योजना के कई लक्ष्यों को ठुकरा दिया। लेकिन जनता पार्टी की सरकार नियोजन प्रक्रिया पर अपनी छाप छोड़ने से पहले ही 1979 में गिर गयी। छठी पंचवर्षीय योजना (1979-1985) की रूपरेखा ग़ैर-कांग्रेसी नेतृत्व ने बनायी थी, पर उस पर अमल 1980 में राजनीतिक वापसी करने के बाद इंदिरा गाँधी की सरकार ने किया। यही वह दौर था जब नियोजन का रुख आर्थिक उदारीकरण की तरफ़ धीरे-धीरे मुड़ना शुरू हुआ। क़ीमतों पर लगे नियंत्रण हटाये गये। राशन की दुकानें बंद की जाने लगीं।

सातवीं पंचवर्षीय योजना (1985-1989) नये क़िस्म के कांग्रेसी नेतृत्व (राजीव गाँधी) ने बनायी जिसने भविष्य को इक्कीसवीं सदी में प्रक्षेपित किया और आधुनिक प्रौद्योगिकी पर ज़ोर देते हुए उत्पादकता बढ़ाने को अपना लक्ष्य बनाया। सातवीं योजना के लक्ष्य देखने में बहुत आकर्षक थे। लेकिन उन्हें धरती पर उतारने के लिए एक दीर्घावधि विकास की ज़रूरत थी। मुश्किल यह हुई इसके लिए आवश्यक राजनीतिक स्थिरता कांग्रेस नहीं दे पायी और 1989 से 92 के बीच का समय राजनीतिक अस्थिरता का निकला। ग़ैर-कांग्रेसी गठजोड़ सरकार ने पंचवर्षीय योजना के बजाय सालाना योजनाओं से काम चलाना उचित समझा। 1991 में आये भीषण विदेशी मुद्रा संकट का सामना करते हुए कांग्रेस के नेतृत्व वाली अल्पमतीय सरकार ने पूरी अर्थनीति में उलट-फेर कर डाला। मुक्त बाज़ार को आधार बना कर सुधार किये गये। उदारीकरण और निजीकरण का दौर चल निकला।

पहली सात योजनाओं में पब्लिक सेक्टर में निवेश पर ज़ोर था, पर आठवीं पंचवर्षीय योजना (1992-1997) पूरी तरह से औद्योगिक आधुनिकीकरण, विनिवेश के ज़रिये निजीकरण, प्रौद्योगिकी के विकास, अर्थव्यवस्था के दरवाज़े ग्लोबल पूँजी के लिए खोलने, सामाजिक क्षेत्र में ग़ैर-सरकारी संगठनों को बढ़ावा देने और ऊर्जा के उत्पादन को बढ़ाने के लिए समर्पित थी। इसका लक्ष्य था 5.6 फ़ीसदी वृद्धि दर हासिल करना जिसके मुक़ाबले उसने 6.7 फ़ीसदी वृद्धि दर प्राप्त करके दिखाई। ज़ाहिर है कि नयी नीतियों से नियोजन प्रक्रिया एक बार फिर ढर्रे पर आती लग रही थी। नवीं पंचवर्षीय योजना (1997-2002), दसवीं पंचवर्षीय योजना (2002-2007) और ग्यारहवीं पंचवर्षीय योजना (2007-2012) बाज़ार और सरकार के दोहरे नेतृत्व में चली। 2006 तक कुल घरेलू उत्पाद की वृद्धि दर बढ़ कर आठ फ़ीसदी हो गयी। ग्यारहवीं योजना के अंत तक नौ से दस फ़ीसदी के बीच वृद्धि दर प्राप्त करने की उम्मीद लगायी जा रही है। आज का योजना आयोग भी शुरुआत के योजना आयोग से काफ़ी भिन्न है। प्रधानमंत्री इसका पदेन अध्यक्ष होता है, पर उसका कामकाज काबीना मंत्री स्तर के एक नामज़द उपाध्यक्ष के हाथों में रहता है। महत्त्वपूर्ण विभाग सँभालने वाले मंत्रिपरिषद् के सदस्य इसके अंशकालीन सदस्य होते हैं और अर्थशास्त्र, उद्योग, विज्ञान और सामान्य प्रशासन के विशेषज्ञों को इसका पूर्णकालिक सदस्य बनाया जाता है। भारतीय आर्थिक सेवा से निकले अधिकतर नौकरशाह आयोग का कामकाज सँभालते हैं।

देखें : अमर्त्य कुमार सेन, अंतर्राष्ट्रीय मुद्रा कोष, ढाँचागत समायोजन कार्यक्रम, नियोजन, भूमण्डलीकरण : भारतीय अर्थव्यवस्था का, भारत में बहुराष्ट्रीय निगम, भारत में पेटेंट क़ानून, भारत में शेयर संस्कृति, भूमण्डलीकरण और पूँजी बाज़ार, भूमण्डलीकरण और वित्तीय पूँजी, भूमण्डलीकरण और वित्तीय उपकरण, विश्व बैंक।

संदर्भ

1. सुनील खिलनानी (2001), *भारतनामा*, अनुवाद : अभय कुमार दुबे, दूसरा अध्याय 'भविष्य के मंदिर', राजकमल, नयी दिल्ली.
2. *बलवंत राय मेहता कमेटी रिपोर्ट* (1957), नयी दिल्ली.
3. बी.आर. टॉमलिंसन (1993), *द इकॉनॉमी ऑफ़ मॉडर्न इण्डिया 1860-1970*, केम्ब्रिज.
4. कमल नयन काबरा (1997), *डिवेलपमेंट प्लानिंग इन इण्डिया*, सेज, नयी दिल्ली.
5. सुखमय चक्रवर्ती (1987), *डिवेलपमेंट प्लानिंग, द एक्सपीरिएंस*, क्लैरेंडन प्रेस, ऑक्सफ़र्ड.
4. विजय जोशी और इयन लिटिल (1994), *माक्रोइकॉनॉमिक्स ऐंड पॉलिटिकल इकॉनॉमी 1964-1991*, वाशिंगटन डीसी और नयी दिल्ली.

— अभय कुमार दुबे

भारत में पेटेंट क़ानून

(Patent law in India)

भारत में पेटेंट क़ानून कई युरोपीय देशों से भी पुराना है। इसकी शुरुआत अंग्रेज़ों ने पेटेंट और डिज़ाइन एक्ट के रूप में 1911 में की थी। आज़ादी मिलने के बाद इंग्लैण्ड के तर्ज़ पर बने इस क़ानून को भारत सरकार ने अपनी ज़रूरतों के मुताबिक़ ढालने का निश्चय किया, क्योंकि इसके कारण 90 फ़ीसदी भारतीय पेटेंटों पर विदेशियों का क़ब्ज़ा हो गया था और नब्बे फ़ीसदी पेटेंटों पर भारत में काम ही नहीं होता था। काफ़ी सोच-विचार के बाद बने 1970 के पेटेंट क़ानून में पेटेंट प्रणाली का पश्चिमी मॉडल ही अपनाया गया, लेकिन कुछ भारतीय विशेषताएँ भी जोड़ दी गयीं। 1994 में पारित ट्रिप्स समझौते (बौद्धिक सम्पदा अधिकारों से संबंधित अंतर्राष्ट्रीय संधि) पर दस्तख़त कर देने के बाद अब भारत एक बार फिर 1970 के पहले वाले ज़माने में लौट चुका है। मुश्किल यह है कि इसके कारण हुए राष्ट्रीय परिवर्तनों पर कोई बहस नहीं हुई है। सरकार और संसद में भी इस पर अंतर्विरोध है। भारतीय पेटेंट क़ानून के संदर्भ में 1970 की पेटेंट प्रणाली और ट्रिप्स समझौते के बाद की स्थिति पर एक तुलनात्मक दृष्टि डालने से स्पष्ट हो सकता है कि किस तरह भारत का पेटेंट क़ानून अंतर्राष्ट्रीय दबाव में समाज के पक्ष में होने के बजाय पेटेंटधारकों के पक्ष में झुकता जा रहा है।

अंग्रेज़ों द्वारा बनाये गये पेटेंट क़ानून की भींच निकलने के लिए भारत सरकार ने टेकचंद कमेटी गठित की जिसकी रपट 1949 में आयी। इसके बाद न्यायमूर्ति आयंगार ने अपनी विस्तृत रपट दी। इसकी मुख्य प्रस्थापना यह थी कि मौजूद पेटेंट प्रणाली भारत के भीतर औद्योगिक मक़सदों से आविष्कारों को प्रोत्साहित करने में नाकाम रही है, इसलिए इसका फ़ायदा जनता के व्यापक हिस्सों को नहीं मिल पा रहा है। जस्टिस आयंगार ने पेटेंट प्रणाली रद्द करने की सिफ़ारिश नहीं की क्योंकि उनके पास इसका कोई विकल्प नहीं था। अन्य देशों के पेटेंट क़ानूनों का अध्ययन करने के बाद देखा गया कि विकसित देशों ने भी खाद्य और दवा के क्षेत्रों में पेटेंट देने पर कड़ी पाबंदियाँ लगा रखी हैं। इस लिहाज़ से भारत के लिए भी ऐसी ही सिफ़ारिशें की गयीं। परिणामस्वरूप 1970 के पेटेंट एक्ट बना जिसने जीवन रूपों, कृषि और बाग़बानी संबंधी विधियों को पेटेंट-पात्रता से अलग कर दिया। खाद्य और औषधि से संबंधित पदार्थों को भी पेटेंट से मुक्त कर दिया गया। दवाओं में तरह-तरह के कीटनाशक भी शामिल थे। पोषण और स्वास्थ्य के क्षेत्र में इस क़ानून ने उत्पादों को पेटेंट-मुक्त किया और निर्माण-प्रक्रिया को पेटेंट करने की इजाज़त दी। बाक़ी आविष्कारों के पेटेंट के लिए 14 साल की अवधि निर्धारित की गयी, जबकि खाद्य और दवाओं के मामले में यह अवधि सात साल रखी गयी।

आविष्कारों को भारत में ही प्रोत्साहित करने के लिए शर्त लगायी गयी कि उन पर भारत में ही काम होना चाहिए और पेटेंट का मतलब केवल इजारेदारी के फ़ायदे उठाने तक ही सीमित नहीं रहना चाहिए। यह भी तय हुआ कि अगर तीन साल के बाद भी पेटेंट का फ़ायदा आम जनता तक नहीं पहुँचता है और उसके कारण बना उत्पाद वाजिब दामों में नहीं मिल पा रहा है तो उसे अनिवार्य लाइसेंसिंग के तहत लाया जा सकता है। 'लाइसेंस ऑफ़ राइट्स' नामक प्रावधान किया गया जिसके तहत पेटेंटों के महानियंत्रक से सरकार कह सकती थी कि अगर शर्तें पूरी नहीं हो पा रही हैं तो वह संबंधित पेटेंट पर लाइसेंस ऑफ़ राइट्स की मुहर लगा कर ही भेजे। इस तरह खाद्य और दवा संबंधी पेटेंट व्यावहारिक रूप से तीन साल बाद अपने आप अनिवार्य लाइसेंसिंग के तहत आने लगे। दो साल बाद भी अपेक्षित लाभ न मिलने पर पेटेंट लाइसेंस रद्द कर देने का प्रावधान रखा गया।

पश्चिमी ढाँचा होने के बावजूद यह क़ानून काफ़ी अलग था और इसे विकासशील देशों की ज़रूरतें पूरी कर सकने वाले क़ानून के मॉडल की तरह भी देखा जा सकता था। इसका बुनियादी तर्क था विदेशी कम्पनियों की क़ीमत पर घरेलू उद्योग को, ख़ासकर बुनियादी आवश्यकताओं के क्षेत्र में, प्रोत्साहित करना। उसकी मंशा घरेलू उत्पादकों को मिले इजारेदारी अधिकारों को नियंत्रित करने की थी। इसका सीधा फ़ायदा तब मिला जब साठ के दशक में अन्य देशों के मुक़ाबले भारत में दवाओं के दाम गिर गये। आज़ादी के पहले भारत में दवाओं के दाम दुनिया में सबसे ज़्यादा थे। आज भारत सबसे कम दामों वाला देश है। इसी क़ानून के कारण आज भारत का दवा उद्योग 25 फ़ीसदी से विकसित हो कर इस समय ज़रूरत की दवाओं का क़रीब सत्तर फ़ीसदी बना रहा है। कुछ कम्पनियों ने नयी दवाएँ बनाने में महारत हासिल कर ली है। हालाँकि इस पेटेंट प्रणाली से यह उम्मीद नहीं की जा सकती थी कि वह सभी को औषधियाँ मुहैया कराने में अपनी भूमिका निभायेगी, पर इससे टिकाऊ विकास प्रोत्साहित करने के मामले में सकारात्मक असर ज़रूर पड़ा।

ट्रिप्स समझौते पर दस्तख़त करने के बाद अगर भारत एक जनवरी, 1995 से पेटेंट प्रणाली में परिवर्तनों का पहला दौर लागू कर पाता तो उसे कार्यान्वयन की असाधारण लम्बी अवधि का लाभ मिल सकता था। पर 1970 के एक्ट में संशोधन करने वाला विधेयक राज्यसभा में पारित नहीं हो सका। सरकार ने अध्यादेश जारी किया जो मार्च, 1995 तक चला। संसद और सरकार के बीच हुए इस विवाद के कारण भारत विश्व व्यापार संगठन (डब्ल्यूटीओ) के विवाद निपटान पैनल में विवादग्रस्त होने वाला पहला देश बन गया। अमेरिका ने भारत पर आरोप लगाया कि वह ट्रिप्स समझौते

के अनुच्छेद 70(9) के अनुसार औषधि और कृषि रासायनिक उत्पादों के लिए आवेदन करने और उन आवेदनों को संसाधित करने की प्रणाली लागू नहीं कर पाया है। इस प्रणाली को मेलबॉक्स सिस्टम कहते हैं। भारत का तर्क था कि क़ानून बनाने में उससे कोताही ज़रूर हुई है, पर व्यवहार में यह सुविधा मुहैया करायी जा रही है। इसके बावजूद अपीलेट संस्था ने भारत के ख़िलाफ़ फ़ैसला दिया। फिर इसी मसले पर युरोपीय संघ ने भारत के ख़िलाफ़ शिकायत दर्ज करा दी। आगे चल कर समझौता हुआ और भारत को ट्रिप्स लागू करने के लिए अप्रैल, 1999 तक का समय दे दिया गया। संशोधन विधेयक पास कराने के लिए भारत सरकार को काफ़ी संघर्ष करना पड़ा तब कहीं जा कर आख़िरी क्षण में इस क़ानून पर संसद की मुहर लग पायी। 2002 में यह क़ानून एक बार फिर संशोधित हुआ।

इन तब्दीलियों के कारण हुआ यह है कि 1970 के क़ानून की सारी विशेषताएँ ख़त्म हो गयी हैं। क़ानून समाज के पक्ष में होने के बजाय पेटेंटधारकों के पक्ष में हो गया है। अब अपवादस्वरूप भी पेटेंट की अवधि बीस साल से कम की नहीं हो सकती। लाइसेंस ऑफ़ द राइट्स का प्रावधान भी ख़त्म कर दिया गया है। जन-स्वास्थ्य संरक्षण और पेटेंट से संबंधित उत्पाद के वाजिब दामों के प्रश्न पर सरकार ने अनिवार्य लाइसेंसिंग मज़बूत करने की कोशिश ज़रूर की है। यह एक ऐसा मुक़ाम है जहाँ भारत सरकार ट्रिप्स प्रणाली की गुंजाइशों का लाभ उठाते हुए उसे घरेलू ज़रूरतों के मुताबिक़ ढालने का प्रयास करती हुई दिखती है। दिक़्क़त यह है कि संशोधित क़ानून की ये ख़ूबियाँ पहले से दिये जा चुके पेटेंटों को ही प्रभावित करती हैं। वे आवेदन के स्तर पर असर नहीं डालतीं। वैसे भी अनिवार्य लाइसेंसिंग के दम पर पेटेंट प्रणाली का विषमतामूलक चरित्र दुरुस्त करना मुमकिन नहीं है।

ज़ाहिर है कि आज़ादी के बाद से अब तक कई सामाजिक-आर्थिक हक़ीक़तें बदल चुकी हैं, पर सभी को खाद्य और दवा उपलब्ध कराने की समस्या अभी हल नहीं हुई है। 1970 के पेटेंट एक्ट द्वारा लगायी गयी पाबंदियों की आवश्यकता अभी है। न ही कोई उस एक्ट के सकारात्मक परिणामों से इनकार कर सकता है।

देखें : अंतर्राष्ट्रीय मुद्रा कोष, ढाँचागत समायोजन कार्यक्रम, पेटेंट, ब्रेटन वुड्स प्रणाली, बौद्धिक सम्पदा अधिकार, भारत का भूमण्डलीकरण, भारत में बहुराष्ट्रीय निगम, भारत में शेयर संस्कृति, भूमण्डलीकरण, भूमण्डलीकरण का इतिहास-1 और 2, भूमण्डलीकरण और बेरोज़गारी, भूमण्डलीकरण और ग़रीबी, भूमण्डलीकरण और पूँजी बाज़ार, भूमण्डलीकरण और लोकतंत्र, भूमण्डलीकरण और राज्य, भूमण्डलीकरण और राष्ट्रीय सम्प्रभुता, भूमण्डलीकरण और वित्तीय पूँजी, भूमण्डलीकरण और वित्तीय उपकरण, भूमण्डलीकरण के आलोचक, भूमण्डलीकरण के ख़िलाफ़ प्रतिरोधक विश्व बैंक, विश्व व्यापार संगठन।

संदर्भ

1. *जस्टिस एन. राजगोपाल आयंगर, रिपोर्ट ऑन द रिवीज़न ऑफ़ द पेटेंट लॉ* (1959), सितम्बर.
2. फ़िलिप कुलेट (2008), *बौद्धिक सम्पदा संरक्षण और टिकाऊ विकास,* आलेख : अभय कुमार दुबे, इंस्टीट्यूट फ़ॉर डेमॉक्रैसी ऐंड सस्टेनिबिलिटी, वाणी, नयी दिल्ली.

— अभय कुमार दुबे

भारत में प्रातिनिधिक प्रणाली

(Representative System in India)

भारत में प्रातिनिधिक प्रणाली का ढाँचा ब्रिटेन के नमूने पर खड़ा किया गया है। लेकिन दोनों देशों और उनके मतदाता-मण्डलों के आकार-प्रकार में भारी अंतर होने के कारण इसका विकास और उसके परिणाम एकदम अलग निकले हैं। ब्रिटेन की संसद हाउस ऑफ़ कॉमंस का एक सदस्य ज़्यादा से ज़्यादा सिर्फ़ एक लाख लोगों की नुमाइंदगी करता है, लेकिन भारत में लोकसभा के एक सदस्य को मोटे तौर पर 21 लाख से ज़्यादा मतदाताओं का और किसी प्रमुख राज्य की विधानसभा के सदस्य को दो से पाँच लाख वोटरों का प्रतिनिधित्व करना पड़ता है। प्रतिनिधित्व की मात्रा कई गुना बढ़ जाने के कारण प्रतिनिधियों और उनसे अपना प्रतिनिधित्व करवाने वालों के बीच संबंधों की प्रकृति गुणात्मक रूप से भिन्न हो गयी है। इस भिन्नता का सबसे बड़ा सकारात्मक परिणाम यह है कि राजनीतिक प्रतिनिधि धीरे-धीरे पहले के मुक़ाबले कहीं व्यापक और विशाल सामाजिक दायरे से चुने जाने लगे हैं। अर्थात् प्रतिनिधित्व करने वालों और करवाने वालों के बीच अनुरूपता बढ़ी है। प्रणाली में समाज के सबसे कमज़ोर तबक़ों (ख़ास कर दलितों और आदिवासियों) को उनकी संख्या के मुताबिक़ प्रतिनिधित्व देने की पक्की व्यवस्था है। लेकिन मुसलमान अल्पसंख्यक प्रतिनिधित्व के मामले में इस प्रणाली के कारण घाटे में रहे हैं। प्रतिनिधित्व के काफ़ी प्रसार के बावजूद यह भी मानना पड़ेगा कि यह प्रणाली प्रतिनिधित्व की क्वालिटी बढ़ाने में सफल नहीं हुई है। दलबदल विरोधी क़ानून पारित हो जाने के बाद इस प्रणाली में प्रतिनिधि की प्रातिनिधिक निष्ठा मुख्यत: उसकी राजनीतिक पार्टी के साथ जुड़ गयी है। एक-नेता केंद्रित पार्टियों और उन पर क़ाबिज़ परिवारों के कारण प्रतिनिधि-चयन की प्रक्रिया में कई तरह की विकृतियाँ आयी हैं। दूसरे, मौजूदा परिस्थितियों में निर्णय-प्रक्रिया के केंद्र प्रतिनिधियों के दायरे में ही सीमित नहीं रह

गये हैं। अब फ़ैसले लेने में विधायिकाओं और कार्यपालिका के साथ न्यायपालिका और अन्य स्वतंत्र संस्थाएँ भी भूमिका अदा करने लगी हैं। इस परिवर्तन ने प्रतिनिधि के महत्त्व का एक सीमा तक क्षय किया है।

युरोप की प्रातिनिधिक प्रणालियों के मुक़ाबले एक अंतर तो यह है कि अगर कोई नया व्यक्ति भारत में प्रतिनिधि बनने के लिए निर्वाचन-प्रक्रिया में क़दम रखना चाहता है तो एक गम्भीर उम्मीदवार बनने के लिए उसे बहुत बड़े पैमाने पर संसाधनों और सूचनाओं का जुगाड़ करना पड़ेगा। अर्थात् भारत में किसी नये व्यक्ति का प्रतिनिधि बनने की होड़ में उतरना आसान नहीं है। युरोप की अपेक्षा भारत में मतदाता और पार्टियों के बीच रिश्ता कहीं अधिक तरल है। यहाँ के वोटर पार्टियों के साथ युरोप की तरह बहुत कुछ स्थाई क़िस्म का तादात्म्य अनुभव नहीं करते। चूँकि पड़ने वाले वोटों की मात्रा बहुत ज़्यादा होती है और उसमें उतार-चढ़ाव आते रहते हैं इसलिए गठजोड़ बनने या टूटने की युरोपियन समझ भी भारतीय प्रणाली पर लागू नहीं होती।

प्रतिनिधि-चयन में भागीदारी : सारी दुनिया में मतदान के गिरते हुए आँकड़ों से पैदा हुए चिंता के माहौल में भारतीय प्रातिनिधिक प्रणाली अलग नज़ारा पेश करती है। आज़ादी के बाद पहले दो आम चुनावों में भारतीय मतदान प्रतिशत बढ़ा और फिर उसके बाद स्थिर हो गया। राज्यों के चुनावों में यह प्रतिशत बढ़ा हुआ दिखता है। दूसरे, पश्चिमी प्रणालियों में प्रतिनिधि-चयन का जैसे-जैसे नीचे की तरफ़ सफ़र होता है, मतदाताओं की दिलचस्पी घटती जाती है। लेकिन भारत में लोकसभा और विधानसभा चुनावों के मुक़ाबले स्थानीय निकायों और पंचायतों के चुनाव में यह भागीदारी बढ़ जाती है। आर्थिक-सामाजिक स्थिति और भागीदारी के बीच संबंध की सामान्य समझ भी भारतीय प्रातिनिधिक प्रणाली के ऊपर लागू नहीं होती। समाज के सबसे निचली पायदान पर मौजूद दलित और आदिवासी धीरे-धीरे सबसे ऊँचे पायदान पर खड़े समुदायों के बराबर या उनसे बेहतर संख्या में वोट डालने की स्थिति में आ चुके हैं। आज एक ब्राह्मण के मुक़ाबले एक दलित के वोट डालने की सम्भावना अधिक है। अगर निचले तबक़े वोट की ताक़त में अधिक भरोसा दिखा रहे हैं तो इसे भारतीय प्रातिनिधिक प्रणाली की एक सफलता के रूप में देखा जा सकता है। कमज़ोरों के लिए प्रतिनिधि चुनने के अधिकार का उपभोग केवल एक औज़ार ही नहीं है, बल्कि वे उसे समान नागरिकता की दावेदारी करने के एक अहम मौक़े की तरह भी देखते हैं।

हालाँकि मतदाताओं की एक अच्छी-ख़ासी संख्या वोट नहीं डालती, लेकिन उनका मतदान न करना प्रणाली से उनके लाज़मी तौर पर अलगाव का द्योतक नहीं है। चाहे वोट डालने वाले हों या न डालने वाले, प्रातिनिधिक प्रणाली को ख़ारिज करने के प्रस्ताव को तरजीह देने वालों की संख्या भारत में बहुत ही कम है। दूसरी तरफ़ कमज़ोर तबक़ों के मतदान संबंधी उत्साह का एक नकारात्मक पहलू भी है। वोट डालने के ज़रिये वे अक्सर अपनी सामूहिक या सामुदायिक अस्मिताओं को व्यक्त करते हैं, और इस प्राथमिकता के तले प्रतिनिधि की योग्यता, नीतिगत रुझान और स्वच्छ छवि वग़ैरह के आग्रह दब जाते हैं। कभी-कभी देखने में यह भी लगता है कि प्रतिनिधि चुनने में की गयी यह भागीदारी इन तबक़ों के लोकतंत्र में विनियोग की प्रक्रिया है, और इस विनियोग से एक ऐसी व्यवस्था को वैधता मिल रही है जो वास्तव में इन कमज़ोर समुदायों को बदले में कुछ ख़ास नहीं देती।

सामाजिक प्रभाव : भारतीय प्रातिनिधिक प्रणाली ने एक बेहद दिलचस्प सामाजिक करामात करने में भी सफलता प्राप्त की है। अक्सर कहा जाता है कि प्रतिनिधि का चयन जातिवादी ढर्रे पर होता है। लेकिन बारीकी से अध्ययन करने पर दिखाई पड़ता है कि किसी पार्टी के लिए शुरुआती समर्थन जुटाने में किसी एक जाति की भूमिका ज़रूर होती है, पर कई चुनावों के दौरान उस पार्टी के उठते-गिरते ग्राफ़ की रोशनी में उस जाति की तरफ़दारी उतनी अहम नहीं रह जाती। बजाय इसके कि जातियाँ प्रतिनिधि चुनने की प्रक्रिया को निर्धारित करती हों, निर्वाचन-प्रक्रिया सामाजिक अस्मिताओं को गढ़ने की भूमिका निभाती है। चुनाव में बहुमत हासिल करने की ज़रूरत ने न जाने कितनी जातियों को मिला कर एक बड़े जातिगत समुदाय में बदल डाला है। दलित एक ऐसा ही राजनीतिक समुदाय है जिसके तहत बहुत सी पूर्व-अछूत जातियाँ एक साथ एक साथ अपना प्रतिनिधि चुनने का फ़ैसला करती हैं। दूसरे, इसी आग्रह के तहत कई जातियाँ अपने समान राजनीतिक हितों की पूर्ति के लिए आपसी गठजोड़ भी बना लेती हैं।

प्रातिनिधिक प्रणाली ने जातिगत समुदायों को ही नहीं जातीय समुदायों को भी प्रभावित किया है। राजनीतिक व्यवहार द्वारा आरोपित स्थितियों ने उनकी सदियों से अपेक्षाकृत स्थिर सामाजिक बनावट में तेज़ी से परिवर्तन किये हैं। चुनावी अध्ययन यह भी बताते हैं कि स्त्रियाँ अपना प्रतिनिधि चुनने का फ़ैसला लाज़मी तौर पर परिवार के पुरुषों के निर्देश पर नहीं लेतीं। आम तौर पर प्रचलित मान्यता के विपरीत स्त्रियों द्वारा अपनायी गयी प्रतिनिधि-चयन की भिन्न प्रवृत्तियाँ कई बार यह तय करती पायी गयी हैं कि सत्ता किसे मिलेगी। इस लिहाज़ से प्रतिनिधि-चयन का लैंगिक आयाम अहम है। शहरी भारत में कई बार वर्गीय विभेद प्रतिनिधि-चयन के मामले में जाति या समुदाय पर हावी होते देखे गये हैं। हालाँकि भारत की आबादी में युवाओं की संख्या दुनिया के दूसरे देशों के मुक़ाबले अधिक है, पर यहाँ के युवकों की

प्रतिनिधि संबंधी पसंद पक्की उम्र वालों से कोई ख़ास अलग नहीं दिखाई देती।

प्रतिनिधि-चयन की यह प्रणाली एक तरफ़ आधुनिक राजनीतिक विचारधाराओं से प्रभावित होती है और दूसरी तरफ़ भारतीय समाज के अपने पारम्परिक तौर-तरीक़ों और आस्थाओं का भी उस पर गहरा असर है। इसलिए भारतीय प्रातिनिधिक प्रणाली पर विचारधाराओं का स्पष्ट दबदबा नहीं दिखाई पड़ता। उसे बाएँ या दाएँ बाजू और उदारतावादी और अनुदार राजनीतिक ख़ेमों में बाँट कर नहीं देखा जा सकता। इस प्रणाली ने एक अपनी संकर भाषा विकसित की है जो पश्चिम में प्रचलित विचारधारात्मक आग्रहों में फिट नहीं बैठती।

इन प्रणालीगत विशेषताओं के कारण प्रतिनिधि-चयन की प्रक्रिया ने कुछ सार्थक राजनीतिक परिवर्तनों को अंजाम दिया है। मसलन, शुरू में राजनीति पर केवल कांग्रेस का दबदबा रहता था और हर चुनाव में येन-केन-प्रकारेण वही जीत कर सत्तारूढ़ होती रहती थी। लेकिन यह प्रणाली साठ के दशक के बाद सरकारों को अदलने-बदलने वाली साबित हुई है। इसे प्रातिनिधिक प्रणाली का 'एंटी इनकम्बेंसी' या मौजूद सरकार विरोधी आयाम कह सकते हैं। अगर किसी सरकार की वापसी भी होती है, तो भी अक्सर उसके विधायकों और सांसदों में नये चेहरे दिखाई पड़ते हैं। पुराने प्रतिनिधियों के ख़ारिज हो जाने का अंदेशा रहता है। यानी अपना प्रतिनधित्व करने वाले अक्सर विभिन्न तर्कों के साथ बेहतर प्रतिनिधि की तलाश में रहते हैं। उन्हें संतुष्ट करना उनके निर्वाचित प्रतिनिधियों के लिए उत्तरोत्तर आसान नहीं रह गया है। मगर इस प्रणाली के अध्येता अभी यह तय नहीं कर पाये हैं कि प्रतिनिधियों को बदलने का यह रुझान किन अर्थों का द्योतक है, परिवर्तन में कौन-कौन से कारक काम करते हैं और सार्थक चयन के नज़रिये से इसे किस श्रेणी में रखा जाना चाहिए।

प्रतिनिधि-चयन के रुझानों में आये परिवर्तनों के कारण संविधान प्रदत्त कमज़ोर संघीय प्रणाली के बावजूद पूरी तरह से केंद्राभिमुख न रह कर सत्ता के अंश कुछ-कुछ राज्यों के पास भी पहुँचे हैं। राजनीति में राज्यों का बढ़ता हुआ प्रभाव इसी का परिणाम है। दूसरे, प्रतिनिधि चुनने वाले विधानसभाओं के लिए चयन करते समय अलग मानक अपनाते हैं, और लोकसभा के लिए अपेक्षाकृत राष्ट्रीय चरित्र और चेहरे वाली पार्टियों की तरफ़ उनका रुझान नज़र आता है। प्रतिनिधि-चयन की प्रणाली सार्वजनिक नीति को भी प्रभावित करती है और इसका सबूत चुनाव से पहले घोषित लोकलुभावन योजनाओं के रूप में देखा जा सकता है।

देखें : भारतीय अभिजन, भारतीय आधुनिकता, भारतीय इसलाम, भारतीय उदारतावाद, भारतीय डायसपोरा, भारत में उपनिवेशवाद, भारत में नियोजन, भारत में पृथकतावादी राजनीति, भारत में मतदान-व्यवहार-1 से 6 तक, भारतीय राज्य, भारतीय राष्ट्रवाद, भारतीय लोकतंत्र, भारतीय लोकतंत्र का संस्थानीकरण-1 से 3 तक, भारतीय स्वभाव और राजनीति, भारतीय संविधान-1 से 8 तक, भारतीय सामाजिक आंदोलन।

संदर्भ

1. योगेंद्र यादव (2010), 'रिप्रज़ेंटेशन', नीरजा गोपाल जयल और प्रताप भानु मेहता (सम्पा.), *द ऑक्सफ़र्ड कम्पैनियन टु पॉलिटिक्स इन इण्डिया,* ऑक्सफ़र्ड युनिवर्सिटी प्रेस, नयी दिल्ली.
2. नीरजा गोपाल जयल (2006), *रिप्रज़ेंटिंग इण्डिया : एथनिक डायवर्सिटी ऐंड द गवर्नेंस ऑफ़ पब्लिक इंस्टीट्यूशंस,* पालग्रेव मैकमिलन, लंदन.
3. रजनी कोठारी (सम्पा.) (1970), *कास्ट इन पॉलिटिक्स,* ओरिएंट लोंगमैन, नयी दिल्ली.
4. सुहास पलशीकर और संजय कुमार (2004), 'पार्टिसिपेटिव नॉर्म्स: हाउ ब्रॉड-बेस्ड इज़ इट', *इकॉनॉमिक ऐंड पॉलिटिकल वीकली,* खण्ड 39, अंक 51.

— अभय कुमार दुबे

भारत में पृथकतावादी राजनीति

उत्तर-पूर्व, पंजाब और जम्मू-कश्मीर

(Secessionist Politics in India)

भारतीय राज्य पिछले साठ वर्षों से पृथकतावादी राजनीति के ख़िलाफ़ जूझ रहा है। एक बहुजातीय, बहुसांस्कृतिक, बहुभाषी और बहुधार्मिक देश होने के कारण उसकी राजनीतिक एकता और भारतीयता की पहचान लगातार प्रश्नांकित की जाती रही है। देश के उत्तरी (पंजाब और जम्मू-कश्मीर) और उत्तर-पूर्व के सात राज्यों में अलगाववादी गतिविधियाँ किसी न किसी रूप में और किसी न किसी स्तर पर चलती रहती हैं। भारत का संविधान अपने राज्यों को संघ से पृथक होने का अधिकार नहीं देता। इसलिए पृथकतावाद का झण्डा उठाने वाली ताक़तों के ख़िलाफ़ फ़ौजी कार्रवाई करने में भारतीय राज्य को कोई हिचक नहीं होती। इस टकराव के कारण नागरिकों को जान-माल की भारी क़ीमत चुकानी पड़ती है और मानवाधिकार संबंधी भारतीय रिकॉर्ड दाग़दार हो जाता है।

लेकिन इसका मतलब यह नहीं निकाला जा सकता कि भारतीय राज्य ने अलगाववादी माँगों का सामना हमेशा दमन से ही किया है। अध्येताओं की मान्यता है कि नेहरूयुगीन राजनीति के दौरान पृथकतावाद से निबटने के

लिए भारत सरकार दो तरह के रवैये अपनाती थी। पहला, अलगाववादियों के गरमपंथी हिस्सों की माँगों को पूरी तरह से ठुकराते हुए उनके साथ टकराव का रास्ता अख़्तियार करना। दूसरा, मुमकिन होने पर उनके नरमपंथी तत्त्वों को प्रोत्साहित करते हुए बातचीत और लेन-देन के ज़रिये विवाद को सुलझाने की कोशिश करना। इसी दोहरी नीति के परिणामस्वरूप पचास और साठ के दशक में भारतीय राज्य तमिलनाडु में उभरे द्रविड़ अलगाववाद का शांतिपूर्ण राजनीतिक हल करने में कामयाब रहा, पर उत्तर-पूर्व के अंसतोष का सामना करने के लिए उसने फ़ौज का सहारा लिया। भारतीय राज्य के रणनीतिकारों की मान्यता थी कि उत्तर-पूर्व का प्रश्न राष्ट्रीय सुरक्षा के साथ भी जुड़ा हुआ है इसलिए उस मोर्चे पर किसी तरह की ढील नहीं दिखाई जा सकती। यही थी वह मानसिकता जिसके तहत उत्तर-पूर्व के क्षेत्रों को स्वशासन का अधिकार देने के प्रति नकारात्मक नकारात्मक रवैया दिखाया गया।

नेहरू युग की सबसे बड़ी विशेषता यह थी कि उस ज़माने में केरल के अपवाद को छोड़ कर कांग्रेस और केंद्र सरकार राज्यों में संकीर्ण राजनीतिक उद्देश्यों से हस्तक्षेप करने से बचती थी। नेहरू का रवैया क्षेत्रीय नेतृत्व को पनपने देने का था। एक पार्टी के तौर पर कांग्रेस को अपने वर्चस्व पर भरोसा था। लेकिन नेहरू युग के समापन के बाद इंदिरा गाँधी के नेतृत्व में कांग्रेस ने क्षेत्रीय महत्त्वाकांक्षाओं को राष्ट्र-विरोधी क़रार देने का रवैया अपनाया। कांग्रेस का वर्चस्व कमज़ोर होता चला गया जिसके कारण उसके भीतर असुरक्षा की ग्रंथि पनपने लगी। हर राज्य में कांग्रेस की ताक़तों को बढ़ावा देने के लिए क्षेत्रीय ताक़तों की साख गिराने के दाँव-पेच खेले गये। उग्रवादी राजनीतिक ताक़तों को किनारे धकेलने के बजाय उनके साथ साठ-गाँठ की राजनीति की गयी। परिणामस्वरूप क्षेत्रीय असंतोष और राज्यों की तरफ़ से की जाने वाली अधिक स्वायत्तता की माँगों की परिणति उग्रवादी गोलबंदी में हुई। पंजाब और कश्मीर से उठने वाली पृथकतावादी आवाज़ें इसी तरह की राजनीति की देन हैं।

उत्तर-पूर्व : उत्तर-पूर्व के राज्यों को 'सात विद्रोही बहिनों' के नाम से जाना जाता है। मोटे तौर पर कहा जा सकता है कि वहाँ पृथकतावाद का मुख्य आधार शेष भारत के साथ उनकी जातीय, भाषाई और सामाजिक भिन्नता में निहित है। जिस भारतीय अस्मिता की चर्चा की जाती है, वह उत्तर-पूर्वी चेहरे-मोहरे, जीवन-शैली और राजनीतिक महत्त्वाकांक्षा के लिए गुंजाइश छोड़ने में नाकाम रही है। यह अंतर्विरोध बार-बार की गयी राजनीतिक और प्रशासनिक ग़लतियों के कारण उत्तरोत्तर मुखर होता चला गया है।

उत्तर-पूर्व का सबसे विशाल राज्य असम रहा है। उसकी पेचीदगियाँ भी इस पृथकतावाद की जड़ में हैं। हिंदू बनाम मुसलमान, असमी बनाम बंगाली, मैदान के वासी बनाम पहाड़ी आदिवासी, ग़ैर-आदिवासी बनाम आदिवासी जनता, बहिरागत आबादी बनाम स्थानीय जनता जैसे टकराव असम की राजनीति को सताते रहे हैं। अगर असम की सरकार ने नगा हिल डिस्ट्रिक्ट के बारे में हुए समझौते का उल्लंघन न किया होता और नगा नैशनल कौंसिल को इस इलाक़े की प्रमुख राजनीतिक ताक़त की मान्यता दे दी होती तो शायद नगा समस्या विस्फोटक स्वरूप ग्रहण न करती। इसी तरह पचास के दशक के उत्तरार्ध में पड़े अकाल के दौरान अगर असम सरकार ने मिज़ो इलाक़ों को पर्याप्त राहत दी होती तो मिज़ो अलगाववाद में भी ऐसी बढ़ोतरी न होती। लेकिन इन संगीन ग़लतियों के बावजूद नेहरू की सरकार ने नरमपंथी नगाओं को प्रोत्साहित करके 1960 में पृथक नगालैण्ड की रचना करके इस समस्या के समाधान का श्रेयस्कर प्रयास किया।

1971 में मिज़ोरम को एक केंद्र-शासित प्रदेश बनाया गया। 1984 के बाद राजीव गाँधी की सरकार ने मिज़ो बग़ावती नेता लाल डेंगा के साथ समझौता करके लम्बे अरसे से चले आ रहे अलगाववादी विद्रोह को ख़त्म कर दिया। 1987 में मिज़ोरम को पूर्ण राज्य का दर्जा मिला। असम के बोडो इलाक़ों द्वारा की जाने वाली पृथकता की रक्तरंजित माँग का परिणाम भी अंततः बोडोलैण्ड टेरिटोरियल ऑटोनॉमस कौंसिल के रूप में निकला। इन समाधानों के बावजूद उत्तर-पूर्व में अलगाववादी सशस्त्र विद्रोहों की आग मंद-मंद सुलगती ही रहती है। यूनाइटेड लिबरेशन फ्रंट ऑफ़ असम (उल्फ़ा) की उग्रवादी कार्रवाइयाँ कम ज़रूर हो गयी हैं लेकिन उन्हें पूरी तरह से ख़त्म नहीं माना जा सकता।

उत्तर-पूर्व की एक अन्य उल्लेखनीय समस्या वहाँ की राजनीति और समाज में बंगाल की असाधारण उपस्थिति है। बंगाल ने अपनी विकसित भाषा और संस्कृति के ज़रिये असम और त्रिपुरा को काफ़ी-कुछ दिया है, पर साथ में उसके ख़िलाफ़ राजनीतिक और सांस्कृतिक विक्षोभ भी पैदा हुआ है। अस्सी के दशक की शुरुआत में अखिल असम छात्र संगठन (आसू) द्वारा चलाये गये बहिरागत विरोधी आंदोलन के पीछे असमी समाज में बंगाली विरोधी भावनाओं की भी भूमिका थी। त्रिपुरा में क़रीब चालीस साल पहले बंगाली अल्पसंख्यक हुआ करते थे। आज त्रिपुरा के स्थानीय वासी अल्पसंख्यक हैं और बंगाली बहुसंख्यक हो कर वहाँ की राजनीति और प्रशासन पर छाये हुए हैं। त्रिपुरा में शुरू हुए अलगाववादी हिंसक संघर्ष का प्रमुख कारण इसी विशिष्ट स्थिति में देखा जा सकता है।

पंजाब : धार्मिक आधार पर राजनीतिक गोलबंदी पंजाब की राजनीति की ऐतिहासिक विशेषता रही है। एक अलग धार्मिक समुदाय के रूप में सिक्खों की रचना एक

राजनीतिक प्रक्रिया की ही देन है। 1947 में इस राज्य का पश्चिमी हिस्सा पाकिस्तान में चला गया जिसके कारण भारत के हिस्से में आये पंजाब में मुसलमान आबादी न के बराबर ही रह गयी। आज़ादी के बाद सिक्खों के नेताओं द्वारा की गयी अलग पंजाबी सूबे की माँग नहीं मानी गयी, क्योंकि इसका सीधा मतलब था एक धार्मिक बहुमत वाले राज्य की स्थापना करना। 1966 में हरियाणा और हिमाचल प्रदेश को संयुक्त पंजाब से अलग करके पंजाब राज्य की रचना होने के बाद भी कुछ समस्याएँ अनसुलझी रह गयीं। हरियाणा के साथ पंजाब का नदी जल बँटवारा विवाद नहीं हल हुआ, और चंडीगढ़ के पंजाब के साथ-साथ हरियाणा की राजधानी भी बना रहा।

लेकिन, अस्सी के दशक में उभरे खालिस्तान बनाने के पृथकतावादी आंदोलन के पीछे इन समस्याओं की भूमिका न के बराबर ही थी। साठ के दशक में हुई हरित क्रांति के गर्भ से निकले मध्यवर्गीय सिक्ख किसानों के नवधनाढ्य हिस्से में धीरे-धीरे यह भावना बलवती होती चली गयी कि पंजाब देश को जितना देता है, केंद्र सरकार उसके मुताबिक़ उसके साथ इंसाफ़ नहीं करती। इस धनी किसान वर्ग के राजनीतिक नेता अकाली दल ने अधिक स्वायत्तता की माँगों के रूप में इस असंतोष को अभिव्यक्त करना शुरू किया। आनंदपुर साहिब प्रस्ताव इसी का परिणाम था। इसी दौरान अकाली दल की लोकप्रियता सिक्खों के दायरों से निकल कर ग़ैर-सिक्खों के बीच भी बढ़ने लगी।

दिल्ली में सत्तारूढ़ इंदिरा गाँधी के नेतृत्व वाली कांग्रेस ने अकाली दल (जो मुख्यत: नरमपंथी धार्मिक नेतृत्व की नुमाइंदगी करता था) के ख़िलाफ़ उभरते हुए चरमपंथी और पुनरुत्थानवादी तत्त्वों (संत जनरैल सिंह भिंडराँवाले) को हवा देनी शुरू की। इस घोर अवसरवादी रणनीति का परिणाम अकालियों की क़ीमत पर खालिस्तान समर्थकों का बोलबाला बढ़ने में निकला। इसके बाद चरमपंथियों के हथियारबंद गुटों और भारतीय राज्य के बीच युद्ध शुरू हो गया। इस लम्बे और हिंसक संघर्ष का नतीजा फ़ौज द्वारा स्वर्ण मंदिर पर हमला करके उसे उग्रवादियों से ख़ाली कराने के अभियान में निकला। इस राजनीति ने न केवल अनगिनत निर्दोषों की जान ली, बल्कि प्रधानमंत्री के रूप में इंदिरा गाँधी को इसकी क़ीमत अपने ही सिक्ख अंगरक्षकों की गोलियाँ खा कर चुकानी पड़ी। बाद में इंदिरा गाँधी के उत्तराधिकार राजीव गाँधी ने अकाली नेता संत हरचंद सिंह लोंगोवाल के साथ समझौता करके पंजाब में विधानसभा के चुनाव कराये, और लम्बी जद्दोजहद के बाद यह राज्य राजनीतिक मुख्यधारा में आ पाया।

कश्मीर : क्षेत्रीय अंसतोष के प्रति नेहरू की नीति अगर किसी मामले में नाकाम मानी जाती है, तो वह कश्मीर की समस्या है। आज़ादी से पहले कश्मीर एक देशी रियासत थी जिसके बाशिंदे मुसलमान लेकिन राजा हिंदू था जिसने विभाजन के समय भारत या पाकिस्तान में मिलने के सवाल पर ढुलमुल रवैया अपनाया। उधर पाकिस्तान की फ़ौज 1948 में मार्च करते हुए राजधानी श्रीनगर के पास पहुँच गयी। इस संकटपूर्ण परिस्थिति का नतीजा कश्मीर के विभाजन में निकला। एक छोटा सा हिस्सा पाक-अधिकृत कश्मीर के रूप में पाकिस्तान के पास चला गया, और कश्मीर घाटी, जम्मू और लद्दाख का भारत में विलय हो गया। भारतीय संविधान का अनुच्छेद 370 कश्मीर को भारतीय संघ में विशेष दर्जा प्रदान करता है। कश्मीरियों का हमेशा से मानना रहा है कि वे एक अलग समाज या राष्ट्र हैं। कश्मीरी इसलाम भी भारतीय उपमहाद्वीप में पाये जाने वाले इसलाम के रूपों से अलग है। नेहरू राष्ट्रवाद की धर्म-आधारित अभिव्यक्तियों को शक की निगाह से देखते थे। इसीलिए कश्मीरियों के नेता शेख़ अब्दुल्ला की राजनीति उन्हें पसंद नहीं आयी। अपनी तरफ़ से शेख़ की कोशिश थी कि वे पाकिस्तान और भारत के बीच कश्मीरी अस्मिता (कश्मीरियत) की दावेदारी के आधार पर क्षेत्रीय स्वायत्तता हासिल करें। इस कश्मीरियत पर मुसलमान बहुसंख्या की स्पष्ट छाप भी थी। भाषा और धर्म परस्परव्यापी थे। नेहरू जैसे सेकुलरवादियों को यह ख़ास तरह की स्थिति असहज करने के लिए काफ़ी थी। सम्भवत: इसी कारण से नेहरू ने कश्मीर में असाधारण क़िस्म का हस्तक्षेपकारी रवैया अपनाया। शेख़ अब्दुल्ला को अपदस्थ और नज़रबंद करके वहाँ कांग्रेस को बख़्शी ग़ुलाम मुहम्मद के नेतृत्व में सत्तारूढ़ करवाया गया।

नेहरू के बाद आयी केंद्र सरकारों ने कश्मीरियत की अभिव्यक्तियों के प्रति अविश्वास का रवैया जारी रखा। चुनावों के माध्यम से चलने वाली लोकतांत्रिक प्रक्रिया को भी तरह-तरह के हथकण्डों से अपनी तरफ़ मोड़ने की कोशिशें की गयीं। केंद्र द्वारा निर्देशित राजनीति और आर्थिक अनुदान की मिली-जुली राजनीति ने भारतीय लोकतंत्र और कश्मीर के बीच अविश्वास का रिश्ता बना दिया। शेख़ अब्दुल्ला और फिर उनके बेटे फ़ारूक अब्दुल्ला के नेतृत्व वाली नैशनल कांफ्रेंस के हाशिये पर चले जाने के कारण कश्मीरियत के आधार पर पनपी पृथकतावादी राजनीति का नेतृत्व पहले जम्मू-कश्मीर लिबरेशन फ्रंट और फिर हुर्रियत कांफ्रेंस के हाथ में चला गया। इस विषम परिस्थिति में सीमा पार से भेजे जाने वाले आंतकवादियों के कारण कश्मीरी स्वायत्तता की मुहिम हथियारबंद अलगाववाद के चुंगल में फँस चुकी है। आतंकवाद से पैदा हुए जान-माल के ख़तरे के कारण घाटी से पण्डितों के पलायन ने कश्मीरियत का बचा-खुचा सेकुलर चरित्र भी समाप्त कर दिया है। बीच-बीच में तेज़ी से बदलते हुए घटनाक्रम के कारण लगता है कि शायद कश्मीर समस्या अब समाधान की तरफ़ जा रही है। लेकिन हर बार ये उम्मीदें

खोखली साबित होती हैं। भारतीय राज्य किसी न किसी राजनीतिक ग़लती के कारण कश्मीरी जनता को और अलगाव में डालता चला जाता है। फ़िलहाल न वहाँ राजनीतिक प्रक्रिया काम कर रही है, और न ही फ़ौज की कार्रवाई।

देखें : भारतीय अभिजन, भारतीय आधुनिकता, भारतीय इसलाम, भारतीय उदारतावाद, भारतीय डायसपोरा, भारत में उपनिवेशवाद, भारत में नियोजन, भारत में प्रातिनिधिक प्रणाली, भारत में मतदान-व्यवहार-1 से 6 तक, भारतीय राज्य, भारतीय राष्ट्रवाद, भारतीय लोकतंत्र, भारतीय लोकतंत्र का संस्थानीकरण-1 से 3 तक, भारतीय स्वभाव और राजनीति, भारतीय संविधान-1 से 8 तक, भारतीय सामाजिक आंदोलन।

संदर्भ

1. राजीव भार्गव (2006), 'द इवोल्यूशन ऐंड डिस्टिंक्टिवनेस ऑफ़ इण्डियाज़ लिंग्विस्टिक फ़ेडरलिज़म', डेविड टर्टन (सम्पा.), *एथनिक फ़ेडलरिज़म,* जेम्स करी, ऑक्सफ़र्ड.
2. संजीव बरुआ (2010), 'रीज़नलिज़म ऐंड ससेशनिज़म', नीरजा गोपाल जयल और प्रताप भानु मेहता (सम्पा.), द *ऑक्सफ़र्ड कम्पैनियन टु पॉलिटिक्स इन इण्डिया,* ऑक्सफ़र्ड युनिवर्सिटी प्रेस, नयी दिल्ली.
3. बलराज पुरी (1993), *कश्मीर टुवर्ड्स इंसरजेंसी,* ओरिएंट लोंगमेन, नयी दिल्ली.
4. संजीव बरुआ (2005), *डबल डिसऑर्डर : अंडरस्टेंडिंग द पॉलिटिक्स ऑफ़ नॉर्थईस्ट इण्डिया,* ऑक्सफ़र्ड युनिवर्सिटी प्रेस, नयी दिल्ली.

— अभय कुमार दुबे

भारत में बहुराष्ट्रीय निगम

(Multinational Corporations in India)

भारतीय अर्थव्यवस्था में बहुराष्ट्रीय निगमों की उपस्थिति आज़ादी के पहले से रही है। उपनिवेशवाद विरोधी आंदोलन की विरासत के प्रभाव में स्वतंत्र भारत की सरकार ने आत्मनिर्भर विकास का रास्ता अपनाकर इन कॉरपोरेशनों के प्रति दोहरा रवैया अपनाया। एक तरफ़ तो उसने उन औद्योगिक गतिविधियों के दायरे और विदेशी स्वामित्व को सीमित कर दिया जिनमें बहुराष्ट्रीय कम्पनियों को काम करना था। दूसरी तरफ़ उसने विदेशी निवेश हासिल करने की कोशिश भी जारी रखी ताकि नयी प्रौद्योगिकी मिलती रहे और उसके विदेशी मुद्रा भण्डार की हालत भी दुरुस्त रहे। इन दोनों रवैयों में बाद वाला ज़्यादा टिकाऊ साबित हुआ। विदेशी पूँजी के प्रति शुरुआती अरुचि जल्दी ही सहनशीलता में बदल गयी। 1948 के पहले औद्योगिक नीति वक्तव्य में केवल भारतवासियों को औद्योगिक कम्पनियों का मालिकाना देने का आग्रह शामिल था, पर साल भर बाद ही सरकार सीमित अवधि के लिए किसी कम्पनी पर विदेशी नियंत्रण के लिए राज़ी हो गयी। इसी के बाद से 1959 तक फ़ायरस्टोन, डनलप, बाटा, हिंदुस्तान लीवर जैसी बहुराष्ट्रीय कम्पनियों की उपस्थिति मज़बूत होती चली गयी। विदेशी निवेश की मात्रा भी लगातार बढ़ी। साठ के दशक के मध्य तक बहुराष्ट्रीय कम्पनियाँ भारतीय अर्थव्यवस्था में प्रमुख भूमिका निभाने की हैसियत प्राप्त कर चुकी थीं। इन कम्पनियों के महत्त्व में दूसरा निर्णायक उछाल नब्बे के दशक में आया जब ढाँचागत समायोजन कार्यक्रम और उदारीकरण की नीतियों के कारण इन कम्पनियों के लिए अर्थव्यवस्था ने अपने दरवाज़े पूरी तरह से खोल दिये। ये क़दम इस हक़ीक़त के बावजूद उठाये गये कि देश में कई सामाजिक और राजनीतिक समूह बहुराष्ट्रीय कम्पनियों के बढ़ते प्रभुत्व के ख़िलाफ़ मुहिम चला रहे थे, और यूनियन कारबाइड जैसी कम्पनी भोपाल गैस दुर्घटना के कारण काफ़ी बदनाम हो चुकी थी।

1966 में भारत में कार्यरत सबसे बड़ी 112 कम्पनियों में से 62 का स्वामित्व या नियंत्रण विदेशी हाथों में था। बहुत सी भारतीय फ़र्में उनके साथ उनके साथ तकनीकी सहयोग-समझौतों के ज़रिये जुड़ी हुई थीं। इसी वर्ष रुपये का अवमूल्यन हुआ जिसके कारण विदेशी मुद्रा रुपये के मुक़ाबले महँगी हो गयी। इसके कारण बहुराष्ट्रीय कम्पनियों को कम विदेशी मुद्रा निवेश करने के बावजूद अपना प्रभाव क़ायम करने का मौक़ा मिल गया। सत्तर के दशक में ये कम्पनियाँ भारत में होने वाले मुनाफ़े को भारत में ही निवेश करने के लिए मजबूर हुईं, क्योंकि सरकार का विदेशी मुद्रा क़ानून उन्हें अपना मुनाफ़ा स्वदेश ले जाने से रोकता था। 1973 में पारित विदेशी मुद्रा विनियमन क़ानून (फ़ेरा) के कारण कई कम्पनियों को अपनी शेयर पूँजी घटा कर चालीस फ़ीसदी करनी पड़ी। आईबीएम और कोकाकोला ने ऐसा करना मंज़ूर नहीं किया और वे देश छोड़ कर चली गयीं। पर ज़्यादातर कम्पनियों ने इस क़ानून में भी अपना फ़ायदा देखा। चालीस फ़ीसदी शेयर पूँजी के नाम पर उनका 'भारतीयकरण' हो गया जिसके कारण वे अब विदेशी कम्पनियों पर लगने वाली पाबंदियों से परे जा कर अपना काम फैला सकती थीं। फ़ेरा क़ानून ने इन कम्पनियों को मौक़ा दिया कि वे अपने विदेशी स्वामित्व वाले शेयर भारतीयों को बेचने का बजाय नये शेयर जारी करके उन्हें बिखरे हुए रूप में बेच कर प्रबंधन पर अपना नियंत्रण क़ायम रख सकें।

सत्तर के दशक के अंत में जैसे ही तेल की उछलती हुई क़ीमतों के कारण भारत का तेल आयात बिल चौगुना हुआ, विदेशी मुद्रा संकट ने अर्थव्यवस्था को घेर लिया। भारत

सरकार को अंतर्राष्ट्रीय मुद्रा कोष के पास जाना पड़ा और आज़ादी के बाद का सबसे बड़ा कई अरब डॉलर का विदेशी मुद्रा क़र्ज़ लिया गया। इसके साथ शर्तें लगी हुई थीं कि सरकार को अर्थव्यवस्था में एक समायोजन कार्यक्रम चलाना पड़ेगा। इसका मतलब था सरकार सार्वजनिक क्षेत्र के उद्योगों को समर्थन देना बंद कर देगी और पब्लिक सेक्टर के उद्यम बहुराष्ट्रीय कम्पनियों के साथ गठजोड़ करेंगे। इसी कार्यक्रम के तहत माल और प्रौद्योगिकी का आयात सरल बनाया गया। बहुराष्ट्रीय निगमों को अपनी शेयर-पूँजी बढ़ाने अवसर मिला। निर्यात और प्रौद्योगिकी प्रधान क्षेत्रों में उन्हें सौ फ़ीसदी मिल्कियत रखने का अधिकार मिल गया। सरकार ने कॉरपोरेट आय कर भी घटा दिया जिससे विदेशी निवेश को और प्रोत्साहन मिला।

1981 से 1985 के बीच सुजुकी, दुपोंत, मित्सिबुशी, गुडइयर और सीको जैसे नये बहुराष्ट्रीय निगमों ने भारत में प्रवेश किया। वेस्टिंगहाउस, ज़रोक्स, यूनाइटेड टेक्नॉलॅजी और हनीवेल जैसे निगम भारतीय कम्पनियों से समझौते करके यहाँ के बाज़ार में आ गये। कई अर्थशास्त्रियों का मानना है कि अस्सी के दशक में अपनायी गयी इन नीतियों के कारण ही अर्थव्यवस्था को नब्बे के दशक की शुरुआत में भुगतान घाटे की समस्या का सामना करना पड़ा। 1991 में सरकार फिर से विदेशी मुद्रा क़र्ज़ लेने के लिए ब्रेटन वुड्स संस्थाओं की शरण में गयी और विश्व बैंक व मुद्रा कोष ने एक नया ढाँचागत समायोजन कार्यक्रम चलाने की शर्त लगायी। इसके मुताबिक़ 34 उद्योगों के दरवाज़े 51 फ़ीसदी विदेशी स्वामित्व के लिए खोल देने पड़े। एक उच्चाधिकारसम्पन्न विदेशी निवेश प्रोत्साहन बोर्ड गठित किया गया। मौजूदा बहुराष्ट्रीय कम्पनियों को अपना स्वामित्व 51 फ़ीसदी तक बढ़ाने की इजाज़त दे दी गयी। कुछ क्षेत्रों में सौ फ़ीसदी विदेशी स्वामित्व की अनुमति दी गयी। भारत ने बहुपक्षीय निवेश गारंटी प्रोटोकोल पर दस्तख़त किये ताकि विदेशी निवेश की सुरक्षा सुनिश्चित की जा सके। फ़ेरा क़ानून की कई धाराएँ ढीली कर दी गयीं ताकि चालीस फ़ीसदी से ज़्यादा विदेशी शेयर पूँजी वाली कम्पनियों के साथ भी भारतीय कम्पनियों जैसा ही बर्ताव किया जा सके। विदेशी कम्पनियों को अपने ट्रेडमार्कों का भारतीय बाज़ार में इस्तेमाल करने की इजाज़त भी इन्हीं नीतियों का अंग थी। इसी ढाँचागत समायोजन कार्यक्रम ने विदेशी संस्थागत निवेशकों (एफ़आईआई) के लिए भारतीय स्टॉक एक्सचेंजों के दरवाज़े खोले। आयात पर लगी हुई विदेशी मुद्रा पाबंदियाँ हटा ली गयीं। विदेशी निवेश पर आधारित फ़ास्ट-ट्रैक विद्युत परियोजनाओं पर विवादास्पद काउंटर-गारंटी देने के लिए भी सरकार राजी हो गयी।

इन्हीं नीतियों के परिणामस्वरूप भारत में बहुराष्ट्रीय कम्पनियों की गतिविधियाँ और उनका निवेश नब्बे के दशक के बाद से कई गुना बढ़ चुका है। फ़ेरा क़ानून की वजह से भारत छोड़ कर चले जाने वाले कोकाकोला और आईबीएम भी वापिस आ चुके हैं और उनका धंधा जम कर चल रहा है। खेती के विभिन्न रूपों में भी बहुराष्ट्रीय कम्पनियों ने निवेश और हस्तक्षेप शुरू कर दिया है। इलक्ट्रॉनिक मीडिया में तो उनकी मौजूदगी अब दस साल पुरानी हो चुकी है। बैंक, बीमा और अन्य वित्तीय क्षेत्रों में बहुराष्ट्रीय संस्थाओं की गतिविधियाँ अब भारतीय अर्थव्यवस्था के लिए एक स्वाभाविक तथ्य बन चुकी हैं।

भारतीय बहुराष्ट्रीय कम्पनियों का उदय : बहुराष्ट्रीय निगमों और भारतीय अर्थव्यवस्था की अन्योन्यक्रिया में एक नया पहलू नयी सहस्राब्दी की शुरुआत में जुड़ा है। यह है बड़ी भारतीय कम्पनियों द्वारा बहुराष्ट्रीय स्वरूप ग्रहण करने का सफल प्रयास करना। 2010 में भारत की सबसे बड़ी दूरसंचार कम्पनी भारती एयरटेल ने कुवैत की ज़ाइन नामक दूरसंचार कम्पनी की अफ्रीकी शाखा को पूरा का पूरा ख़रीद लिया है। भारत के ही एक अन्य पुराने औद्योगिक घराने टाटा ने स्टील निर्माता कोरस को ख़रीद कर अपने बहुराष्ट्रीय इरादों को ज़ाहिर कर दिया था। भारती एयरटेल द्वारा ज़ाइन के अफ्रीकी चैप्टर का टेकओवर बताता है कि मार्क्सवादी विद्वानों द्वारा प्रतिपादित निर्भरता सिद्धांत अब भारतीय संदर्भों में पहले की तरह कारगर नहीं रह गया है। भारतीय अर्थव्यवस्था अब विकसित देशों की पिछलग्गू न रह कर स्वयं की पहचान बना कर सुदृढ़ होने लगी है। भारतीय बहुराष्ट्रीय कम्पनियाँ भी दूसरे विकसित देशों की कम्पनियों से बराबर की हैसियत में प्रतियोगिता करने लगी हैं।

इस सिलसिले में सर्वाधिक ध्यान देने योग्य पहलू यह है कि जिन भारतीय कम्पनियों ने पिछले दिनों टेकओवर किये हैं उनके पास अपने घरेलू बाज़ार की ज़बरदस्त ताक़त मौजूद है। उसी मुक़ाम पर खड़े हो कर वे अपना अंतर्राष्ट्रीय विस्तार करने की परियोजना चला रही हैं। पश्चिमी बहुराष्ट्रीय कम्पनियों का चरित्र इस मायने में अलग रहा है। उनका इतिहास बताता है कि वे ओवरसीज़ ऑपरेशंस के दम पर अपना बोलबाला क़ायम करने की योजनाओं पर अमल करती रही हैं। उनका घरेलू बाज़ार मँहगा है और वहाँ होने वाली प्रतियोगिता बहुत कड़ी है। वे एशिया, अफ्रीका और लातीनी अमेरिका के सस्ते श्रम के दम पर अपने उत्पादन की विकेंद्रीकरण करने के ज़रिये टिकी हुई हैं। भारतीय कम्पनियों के सामने ऐसी कोई मजबूरी नहीं है। वे अपने विशाल बाज़ारों को पहले ही नियंत्रण में ले चुकी हैं। भारती द्वारा अफ्रीकी बाज़ार पर क़ब्ज़ा करने की रणनीति इस मायने में अनूठी है कि एक झटके में अफ्रीका के पंद्रह देशों (जिनमें नाइजीरिया का विशाल बाज़ार भी शामिल है) का दूरसंचार व्यवसाय

उसके हाथ में आ गया है।

देखें : अंतर्राष्ट्रीय मुद्रा कोष, ढाँचागत समायोजन कार्यक्रम, पेटेंट, ब्रेटन वुड्स प्रणाली, बौद्धिक सम्पदा अधिकार, भारत का भूमण्डलीकरण, भारत में पेटेंट क़ानून, भारत में शेयर संस्कृति, भूमण्डलीकरण, भूमण्डलीकरण का इतिहास-1 और 2, भूमण्डलीकरण और पूँजी बाज़ार, भूमण्डलीकरण और लोकतंत्र, भूमण्डलीकरण और राज्य, भूमण्डलीकरण और राष्ट्रीय सम्प्रभुता, भूमण्डलीकरण और वित्तीय पूँजी, भूमण्डलीकरण और वित्तीय उपकरण, भूमण्डलीकरण के आलोचक, भूमण्डलीकरण के ख़िलाफ़ प्रतिरोध विश्व बैंक, विश्व व्यापार संगठन।

संदर्भ

1. ज़ेड ग्रिअर और कवलजीत सिंह (1996), *टीएनसीज़ ऐंड इण्डिया,* पब्लिक इंटरेस्ट रिसर्च ग्रुप, नयी दिल्ली.
2. दिलीप एस. स्वामी (1980), *मल्टीनैशनल कॉरपोरेशंस ऐंड वर्ल्ड इकॉनॉमी,* एल्प्स पब्लिशर्स, नयी दिल्ली.
3. विश्वजीत धर (1988), 'स्टेट रेगुलेशन ऑफ़ फ़ॉरेन प्राइवेट कैपिटल सिंस इंडिपेंडेंस', *कॉरपोरेट स्टडीज़ ग्रुप वर्किंग पेपर,* इंस्टीट्यूट ऑफ़ पब्लिक ऐडमिनिस्ट्रेशन, नयी दिल्ली.
4. सोम देव (1986), *मल्टीनैशनल कॉरपोरेशंस ऐंड द थर्ड वर्ल्ड,* आशीष पब्लिशिंग हाउस, नयी दिल्ली.

— अभय कुमार दुबे

भारत में भाषा-नियोजन-1

संवैधानिक स्थिति

(Language Planning in India-1)

यद्यपि आम बोलचाल में हिंदी को राष्ट्र-भाषा की संज्ञा दी जाती है, लेकिन भारतीय संविधान ने हिंदी को संघ की राज-भाषा की हैसियत दी है। राज-भाषा का मतलब सुपरिभाषित रूप से भारतीय संघ के सरकारी कामकाज और इसी मक़सद से राज्यों के बीच सम्पर्क-संवाद की भाषा है। ध्यान देने की बात यह है कि संविधान हिंदी को भारतीय संघ की भाषा का दर्जा देने के बावजूद उसे राज्यों के लिए अनिवार्य नहीं बनाता। उसमें राज्यों की अपनी अलग राज-भाषाओं का प्रावधान है। औपचरिक रूप से अंग्रेज़ी की हैसियत संघ की दूसरी यानी सहयोगी राजभाषा की है। संविधान की आठवीं अनुसूची में संस्कृत, सिंधी, पंजाबी, कोंकणी, मणिपुरी, नेपाली, मलयालम, मराठी, गुजराती, असमिया, उर्दू, उड़िया, कन्नड़, तेलुगु, बंगाली, तमिल, हिंदी, नेपाली, काश्मीरी, डोगरी, मैथिली और संथाली शामिल हैं। मणिपुरी, नेपाली और कोंकणी 1992 में और डोगरी, मैथिली और संथाली 2004 में जोड़ी गयी हैं। संविधान सभा ने अंग्रेज़ी को इस सूची में शामिल करने का प्रस्ताव बिना किसी ख़ास विवाद के ख़ारिज कर दिया था। 1959 में अंग्रेज़ी को शामिल करने का प्रयास दोबारा हुआ, पर पहले की तरह उस समय भी नेहरू उसके पक्ष में नहीं थे। कुल मिला कर संविधान की दृष्टि से कोई भी एक भाषा भारत की राष्ट्र-भाषा नहीं है। दरअसल, आठवीं अनुसूची की हर भाषा राष्ट्र-भाषा कही जा सकती है। ऐसी हर भाषा को अपने विकास के लिए भारतीय राज्य के संसाधनों में से हिस्सा माँगने का हक़ है।

संविधान के सत्रहवें हिस्से में दर्ज अनुच्छेद 341 से 351 तक भाषा के बारे में हैं। अनुच्छेद 343 के अनुसार भारतीय संघ की आधिकारिक भाषा देवनागरी लिपि में लिखी गयी हिंदी में होगी। इसके बाद वाले अनुच्छेद के अनुसार राष्ट्रपति को संविधान लागू होने के पाँच साल बाद और फिर हर दस वर्ष बाद एक आयोग का गठन करना होगा जो उन्हें राज-भाषा हिंदी के बारे में प्रगति की जानकारी और उसे और आगे बढ़ाने के लिए सुझाव भी देगा। अनुच्छेद 345 और 346 राज्यों को अधिकार देता है कि वे राज-भाषा अधिनियम पारित करके किसी भी भाषा या एक से अधिक भाषाओं को किसी ख़ास काम के लिए या सभी सरकारी कामों के लिए इस्तेमाल कर सकते हैं। इस क़ानून के तहत केवल वही भाषा ही अपनायी जा सकती है जिसे राज्य के कम से कम पंद्रह फ़ीसदी लोग बरतते हों। इस लिहाज़ से नगालैण्ड और कुछ केंद्र शासित प्रदेशों ने अंग्रेज़ी को अपनी राज-भाषा घोषित कर रखा है। यह प्रावधान कहता है कि किसी भी राज्य में संविधान पारित होने के ठीक पहले अंग्रेज़ी जिन राजकीय कामों के लिए इस्तेमाल की जा रही थी, उस समय तक इस्तेमाल होती रहेगी जब तक कि क़ानून के ज़रिये ही उसे ऐसा करने से न रोक दिया जाए। अनुच्छेद 346 यह भी कहता है कि दो या दो से अधिक राज्य तय कर सकते हैं कि उनके बीच होने वाला सम्पर्क-संवाद हिंदी में होगा। अनुच्छेद 347 के अनुसार अगर राष्ट्रपति को लगता है और वे संतुष्ट हैं कि किसी राज्य की आबादी का पर्याप्त अंश कोई एक भाषा बरतता है तो वे उसे राज्य की राज-भाषा घोषित करने का निर्देश दे सकते हैं। अनुच्छेद 350(ए) किसी भी भाषाई अल्पसंख्यक समुदाय के बच्चों को उनकी मातृभाषा में प्राथमिक शिक्षा का अधिकार देता है। संविधान में अनुच्छेद 29 के ज़रिये अल्पसंख्यकों को अपनी भाषाओं और संस्कृतियों की संरक्षा का अधिकार मिला हुआ है। अनुच्छेद 351 भारतीय संघ का दायित्व निश्चित करता है और उस प्रक्रिया का प्रावधान करता है जिसके तहत हिंदी को देश की सामासिक संस्कृति के सभी तत्त्वों की अभिव्यक्ति का माध्यम बनना है।

जब राज-भाषा की सुपरिभाषित सीमाओं से परे जा कर लोकप्रिय राजनीति में हिंदी को राष्ट्र-भाषा कहा जाता है तो उसका मतलब क्या होता है? क्या उसका मतलब सारे देश के सभी क्षेत्रों के लिए अनिवार्य किसी ऐसी भाषा से होता है जो युरोप में अंग्रेज़ी, फ्रेंच या स्पेनिश की तरह राष्ट्र-भाषा हैं? नहीं, भारतीय संदर्भ में हिंदी को मिले राष्ट्र-भाषा के अनधिकृत दर्जे का भी अर्थ असल में युरोपीय क़िस्म का नहीं होता। उसका मतलब तो एक ऐसी अनूठी और सर्वभारतीय सम्पर्क-भाषा से होता है जो विभिन्न संस्कृतियों के आर-पार सम्पर्क की भूमिका निभा सके, देश के एक बड़े हिस्से में रोज़मर्रा की बोलचाल की भाषा भी हो, मनोरंजन और समाचार के माध्यमों की भाषा होने के साथ-साथ बौद्धिक-राजनीतिक विमर्श की भाषा भी बने। संविधान ने भारतीय संघ को राज-भाषा बनाने के नाम पर जो निर्देश दिये हैं, उनका मक़सद हिंदी में इसी तरह की बहुमुखी क्षमता पैदा करना है।

इन्हीं उद्देश्यों की पूर्ति के लिए गाँधी ने एक पाँच सूत्रीय फ़ार्मूला दिया था। इसके अनुसार ऐसी भाषा वह होगी जिसे सरकारी अधिकारी आसानी से सीख सकें, जो पूरे भारत में धार्मिक, आर्थिक और राजनीतिक अन्योन्यक्रिया का आपसी माध्यम बनने में सक्षम हो, भारतवासियों का बहुलांश जिसे बोलता हो, पूरा देश जिसे आसानी से सीख सके और जिसका चुनाव अस्थाई या चलताऊ दिलचस्पियों से परे जा कर किया जाए। ध्यान रहे कि गाँधी ने यह फ़ार्मूला 1917 में द्वितीय गुजरात शिक्षा सम्मेलन में राष्ट्र-भाषा के लक्षण बताते हुए दिया था। साथ में गाँधी का यह भी कहना था कि इनमें से एक भी लक्षण अंग्रेज़ी भाषा में तो है ही नहीं, और इस लिहाज़ से हिंदी की होड़ करने वाली और कोई भाषा नहीं है। गाँधी ने ऐसी भाषा के लिए जो गुजराती शब्द प्रयोग किया था, उसका मतलब भी सम्पर्क भाषा ही होता है।

संवैधानिक प्रावधानों के मुताबिक़ अंग्रेज़ी को पंद्रह साल बाद यानी 1965 में सहयोगी राज-भाषा के पद से हटा दिया जाना था। लेकिन जब ऐसा करने की कोशिश की गयी तो उसके अनपेक्षित परिणाम निकले। अंग्रेज़ी हटाना हिंदी थोपने का पर्याय समझा गया। यह रवैया न केवल कुछ ग़ैर-हिंदीभाषी राज्यों के राजनीतिक नेतृत्व ने अपनाया, बल्कि कुछ विद्वानों ने भी इस प्रश्न पर हिंदी विरोधी मुहिम का साथ दिया। राज्यों की राजनीति में आज हिंदी विरोधी मुहिम व्यावहारिक रूप से ख़त्म हो चुकी है, लेकिन समाज-वैज्ञानिक विमर्श में आज तक यह दृष्टिकोण अपनी झलक मारता रहता है। उत्तर प्रदेश, बिहार, मध्य प्रदेश और राजस्थान के मुख्यमंत्रियों ने नब्बे के दशक में जब अपने राज्यों में सरकारी कामकाज की भाषा हिंदी को बनाने का आग्रह किया तो देश के एक प्रमुख राजनीतिशास्त्री ने आरोप लगाया कि चार हिंदी प्रांतों के मुख्यमंत्री चाहते हैं कि राज-काज में जो विशेष लाभ अंग्रेज़ीभाषियों को मिलता है, वह हिंदीभाषियों को मिले। यह एक आधारहीन और मनगढ़ंत आरोप था। किसी मुख्यमंत्री ने ऐसा कोई वक्तव्य नहीं दिया जिसका ऐसा मतलब निकाला जा सके। हिंदी को अपने राज्यों के कामकाज की भाषा बनाने और हिंदी में दूसरे राज्यों से अपनी चिट्ठी-पत्री करने का आग्रह ही इन मुख्यमंत्रियों का नया आग्रह था। प्रशासनिक सेवाओं की परीक्षा में हिंदी और अन्य भारतीय भाषाओं का आगमन तो 1979 में ही हो चुका था।

भारत एक बहुभाषी देश है। आधुनिक राष्ट्र और राज्य के निर्माण के लिए आज़ादी के बाद भारतीय राज्य ने संविधान के निर्देशों के मुताबिक़ जिस भाषा-नियोजन को अपनाया, उसमें और युरोप में होने वाले भाषा-नियोजन के बीच क्या फ़र्क़ था? भाषा-नियोजन का सिद्धांत बताता है कि एक बहुभाषी नज़ारे में विभिन्न भाषाएँ राज्य की मान्यता के लिए संघर्ष करती हैं और राज्य थोड़े-बहुत हीले-हवाले के बाद उन्हें यह मान्यता दे देता है। लेकिन मान्यता देने की इसी प्रक्रिया में वह अपना सुसंगतीकरण (रैशनलाइज़ेशन) करने की ख़ातिर राष्ट्रवाद की प्रौद्योगिकी का इस्तेमाल करके किसी एक भाषा को 'फ़र्स्ट अमंग ईक्वल्स' के दर्जे पर बैठा देता है। इस चरण को मल्टीलिंगुअलिज़्म का नाम दिया गया है। इसके बाद दूसरे चरण की लम्बी प्रक्रिया शुरू होती है जिसमें क़ानूनी और सांस्कृतिक प्रौद्योगिकियों के ज़रिये उस भाषा को दूसरे भाषाभाषी समूहों के गले उतारने का अभियान चलाया जाता है। इस चरण को लेंग्वेज रैशनलाइज़ेशन कहा जाता है। दूसरा चरण जिस समय अपने परिपक्व दौर में पहुँच रहा होता है, उसी दौरान लोकतांत्रिक राज्य एक भाषा के पक्ष में किये जा रहे लेंग्वेज रैशनलाइज़ेशन के कारण दूसरी भाषाओं को हो रहे नुक़सान की भरपाई करने के लिए लेंग्वेज मेंटीनेंस के क़दम उठाता है जिसके तहत पिछड़ रही भाषाओं को केंद्र करके राज्य द्वारा प्रोत्साहन की मुहिमें चलाई जाती हैं।

भाषा-नियोजन का यह पैटर्न फ्रांस, इंग्लैण्ड, स्पेन, जर्मनी, जापान, थाइलैण्ड और चीन जैसे देशों में कामयाब होते हुए देखा जा सकता है। बहुभाषी होने के बावजूद इन देशों में राज्य की ताक़त भाषाई संस्कृतियों की बहुलता पर एक भाषा और एक लिपि आरोपित करने में सफल रही। इस काम में वहाँ के शासकों को राज्य-सुसंगतीकरण के अन्य पहलुओं (जैसे, एक मुद्रा, पूरे देश में फ़ौज में भर्ती के एक ही मानक और एक ही धर्म) पर होने वाले ख़र्च से भी कम संसाधन ख़र्च करने पड़े। इन कोशिशों का बहुत मामूली सा ही विरोध हुआ और थोड़े-बहुत हीले-हवाले के बाद विभिन्न भाषाई पहचानें और उनकी नुमाइंदगी करने वाले क्षेत्रीय अभिजन सरकारी भाषा सीखने की ज़िम्मेदारी उठाने के लिए तैयार हो गये। इन देशों ने जो भाषाई एकरूपता

हासिल की, वह एक जटिल राजनीतिक, सामाजिक और आर्थिक शक्तियों की अन्योन्यक्रिया का परिणाम थी। साथ ही यह भी ध्यान रखा जाना चाहिए कि युरोप में हुआ यह भाषाई नियोजन उस युग की देन था जब वहाँ लोकतंत्र का बोलबाला नहीं हुआ था। फ्रांस के राजा फ्रांस्वा प्रथम ने जिस राजकीय कठोरता से अपने किसानों को फ्रेंच सीखने पर मजबूर किया या स्पेन के राजा फ़िलिप पंचम ने जिस बेलौस ढंग से क्षेत्रीय अभिजनों के गले स्पेनिश उतारी, वह लोकतांत्रिक भारत में सम्भव नहीं था। जर्मनी में फ्रेड्रिख़ द्वितीय को भाषाई सुसंगतीकरण करने का श्रेय जाता है। ये तीनों राजा अपने-अपने ढंग से राष्ट्र-निर्माता थे। हमें नहीं भूलना चाहिए कि फ़िलिप और फ्रेड्रिख़ दोनों ही अपनी भाषा फ्रांसीसी मानते थे। लेकिन उत्तर-औपनिवेशिक परिस्थितियाँ इस तरह के भाषा-नियोजन के अनुकूल साबित नहीं हो सकती थीं।

देखें : 'अंग्रेज़ी हटाओ' आंदोलन, डायग्लॉसिया, भारत में भाषा-नियोजन-1 से 4 तक, भाषा के मार्क्सवादी सिद्धांत, रामविलास शर्मा-1 और 2, सम्पर्क भाषा-1, 2, 3 और 4, संस्कृत काव्यशास्त्र, संविधान सभा में भाषा-विवाद-1, 2 और 3, हिंदी विरोधी आंदोलन, हिंदी जाति-1, 2 और 3, हिंदी-जगत और 'लोकप्रिय'-1 और 2, हिंदी नवजागरण, हिंदी-संस्थाएँ।

संदर्भ

1. सुरेश कुमार शर्मा (सम्पा.) (2006), *लेंग्वेज इन कंटेम्परेरी इण्डिया,* पहला और दूसरा खण्ड, विस्टा इंटरनैशनल पब्लिशिंग हाउस, नयी दिल्ली.
2. सुदीप्त कविराज (2009), 'राइटिंग, स्पीकिंग, बीइंग : लेंग्वेज ऐंड द हिस्टोरिकल फ़ॉर्मेशन ऑफ़ आइडेंटिटीज़ इन इण्डिया', आशा सारंगी (सम्पा.), *लेंग्वेज ऐंड पॉलिटिक्स इन इण्डिया,* ऑक्सफ़र्ड युनिवर्सिटी प्रेस, नयी दिल्ली.
2. हंस आर. दुआ (1993), 'द नैशनल लेंग्वेज ऐंड द एक्स-कोलोनियल लेंग्वेज एज़ राइवल्स : द केस ऑफ़ इण्डिया', *इंटरनैशनल पॉलिटिकल साइंस रिव्यू,* खण्ड 14, अंक 3.
3. ज्योतिरिंद्र दास गुप्ता (1970), *लेंग्वेज कॉन्फ्लिक्ट ऐंड नैशनल डिवेलपमेंट,* युनिवर्सिटी ऑफ़ कैलिफ़ोर्निया प्रेस, बर्कले और लॉस एंजेलस.

— अभय कुमार दुबे

भारत में भाषा-नियोजन-2

युरोप से भिन्न परिघटना

(Language Planning in India-2)

वस्तुतः भारतीय राज्य सचेत रूप से भाषा-नियोजन की किसी धारणा पर नहीं चल रहा था। भाषा-नियोजन शब्द का पहली बार प्रयोग 1953 में उरील वाइनरीख़ ने किया था। 1959 में नार्वे की भाषा-समस्या का विश्लेषण करते हुए इस पद का उल्लेखनीय इस्तेमाल किया गया। 1966 से यह प्रतिमान विकासशील देशों की भाषा-समस्या के लिए प्रयुक्त होने लगा, जबकि भारत में राष्ट्र-निर्माण के लिए भाषा के इस्तेमाल का इतिहास कम से कम सौ साल पुराना है। हालाँकि यह माना जा सकता है कि 1950 के बाद भारतीय राज्य ने जिस तरह से केंद्रीय और क्षेत्रीय स्तरों पर राज-भाषाओं को गढ़ने की परियोजना चलाई, उसके कई पहलू भाषा-नियोजन की प्रचलित धारणा से मिलते-जुलते हैं, लेकिन कुछ अहम पहलू अलग भी हैं।

भारतीय राज्य की उत्तर-औपनिवेशिक पृष्ठभूमि में देखने पर साफ़ हो जाता है कि आज़ादी के बाद भारतीय राज्य द्वारा किये गये भाषा-नियोजन की कहानी युरोप से अलग होनी ही थी। यहाँ यह साफ़ कर देना ज़रूरी है कि भाषा-नियोजन केवल युरोपीय ही नहीं, बल्कि एशियाई परिघटना (जापान, चीन, थाइलैण्ड, इण्डोनेशिया, मलेशिया) भी है। राष्ट्र और राज्य-निर्माण के प्रश्नों पर गाँधी और नेहरू में जो भी मतभेद रहे हों, पर भाषा-नियोजन की ज़रूरतों के मामले में दोनों में एकता प्रतीत होती है। नेहरू की सरकार ने तो भाषा-नियोजन का नेतृत्व किया ही, गाँधी भी भाषा-नियोजन को एक उपयोगी उपकरण की तरह देखते थे। उन्होंने पश्चिमी प्रभुत्व का मुक़ाबला करते हुए जापान द्वारा किये गये भाषा-नियोजन की सराहना की थी। 1942 में गाँधी ने कहा था कि जापानी भाषा के मामले में 'अपनी ऊर्जा का अपव्यय नहीं करते। जिन्हें पश्चिमी भाषाएँ सीखनी होती हैं, वे सीखते हैं ताकि जापानी चिंतन को उन पहलुओं से समृद्ध कर सकें जो केवल पश्चिम से ही मिल सकते हैं ... उनकी तेज़ प्रगति का कारण युरोपीय शैली की शिक्षा को कुछ लोगों तक सीमित करना और जापानियों के बीच नये ज्ञान को अपनी मातृ-भाषा में फैलाना था।' अपने तमाम अधकचरेपन और गड़बड़ियों के बावजूद भारत का भाषा-नियोजन यह युरोपीय देशों में किये गये भाषा-नियोजन की नक़ल में चलाई गयी मुहिम नहीं था।

अगर भारत युरोप के लिहाज़ से चलता तो भारतीय राज्य को अपना भाषा नियोजन तीन चरणों में करना चाहिए

था। लेकिन, भारत एक अलग तरह का देश था। उपनिवेशवाद विरोधी संघर्ष के दौरान यहाँ का राष्ट्रवाद उपराष्ट्रीयताओं के उन बेहद प्रभावी घटकों से मिल कर बना था जो सांस्कृतिक स्वायत्तता के प्रबल दावेदार थे। औपनिवेशिक प्रभुओं की कारिस्तानी के कारण यहाँ का अभिजन दो ख़ानों में बँटा हुआ था : राजनीतिक और नौकरशाह। राजनीतिक अभिजन की बुनियाद उपनिवेशवाद के ख़िलाफ़ संघर्ष के आधार पर पड़ी थी, और नौकरशाह अभिजन की बुनियाद उपनिवेशवाद की सेवा के लिए डाली गयी थी। ज़ाहिर है कि यहाँ भाषा-नियोजन की विधि और उसके परिणाम युरोप और एशिया के अन्य देशों से भिन्न होने लाज़मी थे।

सवाल यह है कि भारतीय संघ की सहयोगी भाषा के रूप में अंग्रेज़ी हटाने का कुछ राज्यों ने विरोध क्यों किया? उपनिवेशवाद विरोधी आंदोलन के नेतृत्व और संविधान-निर्माताओं की भाषाई राजनीति में कई अंतर्विरोध थे लेकिन उनके दृष्टिकोण पर यह आरोप लगाना पूरी तरह से नाजायज़ है कि वे पूरे देश पर एक भाषा थोपना चाहते थे। क्या गाँधी और संविधान-निर्माता तमिल, तेलुगु, बांग्ला, गुजराती और मराठी जैसी भाषाओं को ख़त्म करना चाहते थे? क्या इसीलिए उन्होंने पंद्रह साल के भीतर अंग्रेज़ी की जगह हिंदी लाने का प्रावधान किया था? दरअसल, भाषा-चिंतन की इस उलझन का स्रोत राष्ट्र-भाषा की युरोपीय धारणा के बरक्स राष्ट्र-भाषा की भारतीय धारणा न समझ पाने में निहित है। युरोपीय क़िस्म की राष्ट्र-भाषा का संदर्भ एकभाषिता आरोपित करने का है, जबकि भारतीय क़िस्म की राष्ट्र-भाषा का संदर्भ बहुभाषिता क़ायम रखने का है। इसीलिए गाँधी की भाषा नीति का मर्म केवल यह नहीं था कि हिंदुस्तानी या हिंदी को एक अखिल भारतीय भाषा के रूप में विकसित किया जाना चाहिए। ऐसा कहना तो एक अधूरा सत्य होगा। इस संबंध में गाँधी के निर्देश और उनके मुताबिक़ की गयी उनकी अपील स्पष्ट थी : हिंदी के साथ-साथ सभी क्षेत्रीय भाषाओं के आधुनिकीकरण और विकास की मुहिम चलाई जानी चाहिए। इस मुहिम की शुरुआत के लिए हिंदी और अन्य भाषाई अभिजनों ने आज़ादी मिलने का इंतज़ार नहीं किया। जब स्वाधीनता मिलने की नौबत आयी, ये भाषाएँ आधुनिकीकरण और विकास के रास्ते पर काफ़ी आगे बढ़ चुकी थीं। उनके साहित्यिक और राजनीतिक दायरों की आत्म-छवि का निर्माण हो चुका था। इसलिए आधुनिक भारतीय राज्य को अपना भाषा-नियोजन अलग-अलग चरणों में करने के बजाय एक साथ करना पड़ा। भारतीय संघ के स्तर पर भी भाषा-नियोजन हुआ, और राज्यों के स्तर पर होने वाला भाषा-नियोजन उसके मातहत नहीं था बल्कि वहाँ के भाषा-नियोजनों के केंद्र में क्षेत्रीय भाषाएँ थीं।

इसी मुक़ाम पर यह जाँच कर लेना भी ज़रूरी है कि नागरिकता का वह कौन सा आदर्श भाषाई रूप था जिसे यह नियोजन हासिल करना चाहता था। भारतीय अभिजन के पास न तो युरोप जैसा एक भाषाभाषी राज्य बनाने का विकल्प उपलब्ध था, और न ही वह ऐसा राज्य बनाना चाहता था। नेहरू वग़ैरह के सामने सिर्फ़ दो तरह के भाषाई भारत में से किसी एक को चुनने का मौक़ा था, और ये दोनों बहुभाषिता की ही दो क़िस्में थीं। पहली क़िस्म ऐसे राज्यों की रचना की तरफ़ ले जाती थी जो भाषाई लिहाज़ से मिली-जुली आबादी वाले होने थे, और दूसरी क़िस्म ऐसे राज्यों की रचना का आग्रह करती थी जिनमें किसी एक भाषा की प्रधानता होनी थी लेकिन दूसरी भाषाएँ अल्पसंख्यक के रूप में मौजूद रहनी ही थीं। राज्य दोनों में से कैसे भी बनते, उन्हें आपस में प्रशासनिक रूप से जोड़ने के लिए एक राज-भाषा की ज़रूरत थी और यह आग्रह युरोपीय नहीं था।

राज्य-रचना के युरोपीय मानकों के प्रभावी होने से पहले भी तरह के राज्य किसी न किसी भाषा को राज-भाषा बनाते आ रहे थे। कहीं वह किसी अल्पसंख्यक शासक समुदाय की भाषा होती थी। कहीं-कहीं शासकगण अपनी मातृभाषा की उपेक्षा करके किसी अन्य भाषा को राज-भाषा बनाते थे। कहीं बहुसंख्यकों की भाषा को यह मौक़ा मिलता था। अर्थात् राज-भाषा चुनने का कोई सार्वभौम नियम नहीं था। ऐसे देशों की भी कमी नहीं है जहाँ एक से अधिक भाषाओं को राज-भाषा का दर्जा दिया गया है (जैसे स्विट्ज़रलैण्ड)। आधुनिक युग में राज्य और राष्ट्र का युग्म बना और प्रशासनिक एकता को राष्ट्रीय एकता का नाम दिया जाने लगा। राजशाही के बाद उभरे राष्ट्र-राज्यों की वैधता का स्रोत जनता में देखा जाने लगा, और इस तरह राष्ट्र-राज्यों का युग लोकतंत्र का युग भी बन गया। भारतीय राज्य की संकल्पना भी लोकतंत्र के रूप में ही की गयी थी। इसलिए अंतर-प्रांतीय संवाद-सहयोग की भाषा या व्यापक संचार की भाषा को महज़ प्रशासनिक उपादान के बजाय सांस्कृतिक उपादान के रूप में भी देखने को युरोपीय नक़ल नहीं माना जा सकता। इस सांस्कृतिक औज़ार को पहले से मौजूद समृद्ध भाषाई संस्कृतियों के बीच सम्पर्क-सूत्र की भूमिका निभानी थी, इसीलिए भारतीय संदर्भ में राष्ट्र-भाषा का विचार सम्पर्क-भाषा के रूप में ग्रहण किया गया है। युरोप का एकभाषीपन वहाँ की बहुभाषिता को जबरिया किये गये समरूपीकरण या क्रमशः आत्मसातीकरण के ज़रिये निगल लेने की प्रक्रिया का फल है, जबकि भारत जैसे देश में देशी जड़ों वाली व्यापक संचार की भाषा विकसित करने का उद्यम उपनिवेशवाद विरोधी राष्ट्रीयता और बहुलवाद को क़ायम रखते हुए एकजुटता प्राप्त करने की कामना के गर्भ से निकला है। सारे भारत में एक लिंग्वा-फ्रांका या जन-भाषा या

सम्पर्क-भाषा या राष्ट्र-भाषा की धारणा युरोपीय क़िस्म की राष्ट्र-भाषा जैसी नहीं है। द्विभाषिता और त्रिभाषिता के बीच राष्ट्र-भाषा की भूमिका एकभाषिता के आग्रह के साथ स्थापित की जाने वाली राष्ट्रभाषा से अलग समझी जानी चाहिए, और उसके कारगर होने की कसौटियाँ भी उसी के मुताबिक़ निर्धारित की जानी चाहिए।

देश के आंतरिक मानचित्र की भाषाई रूपरेखा के सवाल पर नेहरू वग़ैरह की भाषाई उलझन समझने का विश्लेषणात्मक परिप्रेक्ष्य भी यही हो सकता है। आज़ादी मिलने से पहले ही कांग्रेस का केंद्रीय नेतृत्व अलग-अलग भाषाई पहचानों की प्रबलता के कारण राष्ट्रीय एकता की सम्भावना पर पड़ सकने वाले नुक़सानदेह असर से चिंतित हो गया था। आज़ादी के तुरंत बाद कांग्रेस नेतृत्व के सामने केंद्रीय प्रश्न यह था कि बहुभाषिता के नज़ारे में भारतीयता का विचार कैसे पनपे? इसके दो ही तरीक़े हो सकते थे : उपराष्ट्रीय स्तर पर किसी प्रधान भाषा को दी गयी मान्यता के तहत बहुभाषिता क़ायम रखना या किसी एक भाषा को प्रधानता दिये बिना बहुभाषिता बनाये रखना। इन दोनों में से बेहतर तरीक़े का चुनाव करने के लिए 1948 में न्यायमूर्ति एस.के. डार की अध्यक्षता में राष्ट्रीय एकता और सक्षम प्रशासन की गारंटी करने के लिए संविधान सभा का एक आयोग बनाया गया। दूसरा आयोग कांग्रेस ने ख़ुद गठित किया जिसकी मिलीजुली बागडोर नेहरू, पटेल और सीतारमैया के हाथ में रही। आयोगों की रपट ने शासक अभिजन के इस डर को और बढ़ा दिया कि भाषाई आधार पर राज्यों का पुनर्गठन एकता के बजाय फूट को ही बढ़ावा देगा। आयोगों का कहना था कि भाषाई एकरूपता के आधार पर राज्यों की चौहद्दी तय करने से नये राज्यों की सीमाओं में नये-नये भाषाई अल्पसंख्यक समूह पैदा हो जाएँगे। आबादी के भाषाई विन्यास को देखते हुए यह दलील आधारहीन नहीं थी। आयोगों ने अपने इस निष्कर्ष के पक्ष में बहुत से तर्क और तथ्य जुटाये जिनकी चर्चा आम तौर से समाज-वैज्ञानिकों के बीच नहीं होती और सीधे-सीधे यह आरोप लगा दिया जाता है कि तत्कालीन सरकार भाषाई आधार पर राज्यों की रचना के अपने पुराने वायदे को भूल गयी। दरअसल, इन्हीं आयोगों की सिफ़ारिशों के आधार पर सरकार ने एकभाषाभाषी राज्यों के बजाय बहुभाषी राज्यों का पक्ष लिया।

संविधान पारित होने के दो साल पहले ही इन दोनों आयोगों ने यह सिफ़ारिश भी की थी कि किसी राज्य की आबादी एकभाषी संरचना पर आधारित नहीं है, इसलिए एक ऐसी देशी भाषा की आवश्यकता है जो उनके बीच सम्पर्क-सूत्र की भूमिका निभा सके। संविधान सभा की कार्रवाई भी इस ख़ूबी के साथ चलाई गयी कि उसमें भाषावार राज्य के गठन का सवाल संविधान-निर्माण के एजेंडे पर ही नहीं आने दिया गया। बहरहाल, राजनीतिक घटनाक्रम कांग्रेस के केंद्रीय नेतृत्व की मर्ज़ी से नहीं चला। बहुभाषी राज्यों की जगह एकभाषी राज्य बनाने के लिए अनशन, आंदोलन, धरना और प्रदर्शन का सिलसिला शुरू हुआ। नेहरू की सरकार को यह माँग माननी पड़ी। नतीजे के तौर पर जो राज्य बने वे पूरी तरह से एकभाषी नहीं थे, पर उन्हें एक भाषा के बहुमत और तीस से चालीस फ़ीसदी तक के मिले-जुले भाषाई अल्पसंख्यकों की मौजूदगी वाले राज्यों की संज्ञा दी जा सकती थी। राज्यों की यह कथित एकभाषिता भी व्यावहारिक रूप से बहुभाषिता ही थी, इसलिए सम्पर्क-भाषा के रूप में राष्ट्र-भाषा की आवश्यकता का उन्मूलन नहीं हुआ।

देखें : 'अंग्रेज़ी हटाओ' आंदोलन, डायग्लॉसिया, भारत में भाषा-नियोजन-1 से 4 तक, भाषा के मार्क्सवादी सिद्धांत, रामविलास शर्मा-1 और 2, सम्पर्क भाषा-1, 2, 3 और 4, संस्कृत काव्यशास्त्र, संविधान सभा में भाषा-विवाद-1, 2 और 3, हिंदी विरोधी आंदोलन, हिंदी जाति-1, 2 और 3, हिंदी-जगत और 'लोकप्रिय'-1 और 2, हिंदी नवजागरण, हिंदी-संस्थाएँ।

संदर्भ

1. जोशुआ फ़िशमैन (1971), 'नैशनलिज़्म ऐंड लेंग्वेज प्लानिंग इन नाइंटींथ सेंचुरी युरोप ऐंड ट्वेंटियथ सेंचुरी एशिया ऐंड अफ़्रीका', जे. रूबिन और बी. जेरनड (सम्पा.), कैन लेंग्वेज बी प्लांड?, ईडब्ल्यूसी प्रेस, होनोलूलू.
2. जोशुआ फ़िशमैन (1973), 'लेंग्वेज मॉडर्नाइज़ेशन ऐंड प्लानिंग इन कम्परीज़न विद अदर टाइप्स ऑफ़ नैशनल मॉडर्नाइजे़शन ऐंड प्लानिंग', *लेंग्वेज इन सोसाइटी,* खण्ड 2, अंक 1..
3. उदय नारायण सिंह (1992), *ऑन लेंग्वेज डिवेलपमेंट ऐंड प्लानिंग : अ प्लूलरिस्टिक पैराडाइम,* आईआईएस, शिमला और मुंशीराम मनोहरलाल, नयी दिल्ली.
4. वी.के.आर.वी. राव (1978), 'मैनी लेंग्वेजिज़, वन नेशन : क्वेस्ट फ़ॉर ऐन आल-इण्डिया लेंग्वेज', इकॉनॉमिक ऐंड पॉलिटिकल वीकली, खण्ड 13, अंक 25.
5. गोपाल राव एकबोटे (1987), *राष्ट्रभाषा विहीन राष्ट्र,* अनु. खण्डेराव कुलकर्णी, मैसर्स एकबोटे ब्रदर्स, हैदराबाद.
6. धीरूभाई शेठ (2009), 'भाषा विवाद बनाम लोकतंत्रीकरण : अंग्रेज़ी का वर्चस्व ख़त्म होना चाहिए, पर कैसे?', अभय कुमार दुबे (प्रस्तुति और सम्पा.), *सत्ता और समाज,* सीएसडीएस-वाणी, नयी दिल्ली.

—अभय कुमार दुबे

भारत में भाषा-नियोजन-3

रघुवीरी परियोजना

(Language Planning in India-3)

संविधान ने जिस भाषा-नियोजन का उद्‌घाटन किया, उसकी कामयाबी के लिए ज़रूरी था कि भारत के राजनीतिक और नौकरशाह अभिजन चूल में चूल मिला कर काम करते। क़ायदे से संविधान की हिदायतों से दोनों बँधे हुए थे। पहली नज़र में यह लगता भी है कि दोनों ने सरकारी कामकाज में हिंदी के प्रयोग को प्रोत्साहित करना शुरू कर दिया। भाषा-वैज्ञानिकों को खेर आयोग के नाम से बना 1955 का राज-भाषा आयोग कुछ ऐसा ही उत्साहपूर्ण संदेश देता है, लेकिन इस आयोग की रपट सरकार के भाषा-नियोजन का शुरुआती नाकामी का प्रमाण है। इस आयोग का गठन संविधान के निर्देशानुसार राज-भाषा की प्रगति का जायज़ा ले कर राष्ट्रपति को उसकी रपट देने के लिए हुआ था।

खेर आयोग बताता है कि मंत्रालयों में पदावली विकसित की जाने लगी। हिंदी फ़ौज में प्रशिक्षण का माध्यम बना दी गयी और सेना के रिकॉर्ड हिंदी में रखे जाने लगे। डाक-तार विभाग ने हिंदी में मोर्स कोड विकसित कर दिखाया। वैज्ञानिक और तकनीकी शब्दावली बोर्ड, केंद्रीय हिंदी निदेशालय और केंद्रीय हिंदी शिक्षण मण्डल ने मिल-जुल कर ग़ैर-हिंदीभाषी इलाक़ों को हिंदी पढ़ाने के कार्यक्रमों का सूत्रीकरण किया। अखिल भारतीय हिंदी संस्था संघ ने सरकार को तरह-तरह के परामर्श दिये कि हिंदी को कैसे बढ़ाया जाए। लेकिन इन विवरणों की असलियत कुछ और थी। 1965 में हिंदी को राज-भाषा के रूप में अंग्रेज़ी का स्थान लेना था, पर वक़्त तेज़ी से गुज़रता जा रहा था लेकिन केंद्र सरकार के विभागों में दरवाज़ों पर लगी नामों की पट्टियों के अलावा राज-काज में हिंदी के प्रयोग की तरफ़ कोई ख़ास प्रगति नहीं हुई थी। 1955 में जब खेर आयोग समीक्षा करने बैठा तो उसने पाया कि कुछ हुआ ही नहीं है, समीक्षा किसकी की जाए! आयोग के बार-बार माँग करने पर भी सरकार हिंदी को राज-भाषा बनाने के किसी कार्यक्रम की संतोषजनक रूपरेखा पेश नहीं कर सकी। न ही सरकार के पास राज-काज में भाषाई परिवर्तन के लिए किसी भी तरह का सुझाव था।

आयोग के अनुसार भारत सरकार के पास ऐसी कोई कार्ययोजना नहीं थी जिसके दायरे में सभी मंत्रालय आते और जिसके पास उनकी अलग-अलग दिक़्क़तों की कोई समझ होती। न ही सरकार के पास ऐसा कोई तख़्मीना था जिसके मुताबिक़ अंदाज़ा लगाया जा सकता कि प्रशासकीय स्टाफ़ का भाषाई माध्यम बदलने के लिए कुल कितना काम करना पड़ेगा। दो साल बाद संसदीय राज-भाषा समिति को भी कुछ ऐसी ही स्थिति का सामना करना पड़ा। मजबूरन ये दोनों मूल्यांकन इस नतीजे पर पहुँचे कि 1965 तक तो हिंदी अंग्रेज़ी का स्थान लेने की स्थिति में नहीं आ पायेगी।

राज-भाषा आयोग ने इस विफलता के लिए केंद्र सरकार की आलोचना भी की जिसके दबाव में 1961 में एक समयबद्ध कार्यक्रम तैयार किया गया। इसका भी कोई नतीजा नहीं निकला। सरकारी महकमों में हिंदी अपनी जगह रुकी रही। केंद्रीय हिंदी समिति का गठन 1965 निकल जाने के दो साल बाद हुआ। तभी समेकित प्रशासन शब्दावली प्रकाशित हो पायी। 1968-69 तक केवल 13 केंद्रीय दफ़्तरों में अनुवादकों की नियुक्ति हो पायी। इस वर्ष गृह मंत्रालय की रपट बताती है कि हिंदी-भाषी राज्यों से मिले 26,487 पत्रों में से 8,611 पत्रों के उत्तर ही हिंदी में दिये गये। 1975 तक केंद्रीय सरकार के महकमों में ज़रूरत के मुताबिक़ हिंदी टाइपराइटर भी उपलब्ध नहीं थे। अधिकारियों ने फ़ाइलों पर हिंदी में नोट लिखने की छूट होते हुए भी इसकी कोई कोशिश नहीं की। आज भी फ़ाइलों पर नोट केवल हिंदी अनुभागों में ही लिखे जाते हैं।

1968-69 के वर्ष के लिए हिंदी-प्रोत्साहन के लिए जो लक्ष्य तय किये गये थे, उन्हें 1987-88 तक बार-बार निर्धारित किया जाता रहा, लेकिन उन्हें वेधने में सफलता नहीं मिली। सरकार की योजना यह थी कि पहले प्रशासन का सारा साहित्य हिंदी में अनूदित कर लिया जाए। 1967 तक केवल 95 अधिनियमों और 64 नियमों का ही हिंदी अनुवाद (केवल 4,343 पृष्ठ) तैयार हो सका। जो अनुवाद हुआ भी, वह अपनी संस्कृतनिष्ठ कृत्रिम पदावली और लम्बे-लम्बे वाक्यों के कारण ज़्यादातर लोगों की समझ से बाहर था। यह एक बेमिसाल नाकामी थी जिसे किसी भी तरह की आँकड़ेबाज़ी से नहीं छिपाया जा सकता, केंद्र के राज-भाषा अधिकारी अपनी सफलता के कितने भी ब्योरे क्यों न देते रहें। हिंदी के पक्ष में हुए सुसंगतीकरण को सराहनीय मानने की मिसाल केवल पाकिस्तान के एक लेखक मुख़्तार ज़माँ की भारत संबंधी रचना में मिलती है जिसमें उसने अफ़सोस व्यक्त किया है कि पाकिस्तानी राज्य उर्दू के पक्ष में ऐसा सुसंगतीकरण नहीं कर सका। हिंदी को भारतीय संघ की भाषा बनाने के प्रयास सही दिशा में थे या ग़लत, इसका पता तो तब लगता जब वास्तव में ऐसी कोशिश की जाती। यह एक ऐतिहासिक भितरघात की कहानी है जिसके दो सिरे हैं। एक सिरा संघीय नौकरशाही ने सँभाल रखा है, और दूसरा सिरा पारिभाषिक शब्दावली बनाने की उस परियोजना से जुड़ा है जिसके शीर्ष पर डॉ. रघुवीर की शख़्सियत थी।

रघुवीरी परियोजना : सरकारी कामकाज के सारे मैनुअल अंग्रेज़ी में थे। सारी विधियाँ और अभिव्यक्तियाँ

अंग्रेज़ी में ही परिकल्पित-संकल्पित की गयी थीं। उनका हिंदी में अनुवाद किया गया। अंग्रेज़ी के हर शब्द की जगह हिंदी के शब्द रखे गये। इसके लिए पारिभाषिक शब्दावली का निर्माण किया गया। प्रधानमंत्री के तौर पर जवाहरलाल नेहरू का आग्रह था कि यह शब्दावली सरल होनी चाहिए। लेकिन जो परिणाम निकला वह उनकी अपेक्षाओं के एकदम उलट था। हिंदी के साहित्यकार अशोक वाजपेयी जब मध्य प्रदेश में कलेक्टर थे, तो उनके पास एक ग्रामीण उन्हीं के प्रशासन द्वारा भेजा गया एक पत्र लेकर आया। वह समझ नहीं पा रहा था कि उसमें क्या लिखा है। अशोक वाजपेयी ने देखा कि वह पत्र हिंदी में है लेकिन वे ख़ुद उसका मतलब उस ग्रामीण को समझाने में असमर्थ रहे। दरअसल, पारिभाषिक शब्दावली के निर्माण की प्रक्रिया एक ख़ास तरह की भाषिक समझ पर आधारित थी जिसे समझने के लिए डॉ. रघुवीर के कुछ विचारों पर निगाह डाली जा सकती है।

उनका कहना था कि अंग्रेज़ी की प्रत्येक अर्थ-छाया के लिए हिंदी भाषा में भी नया शब्द होना चाहिए। मसलन, अंग्रेज़ी के तीन शब्द हैं प्रेरोगेटिव, राइट और प्रिविलेज। साधारण दृष्टि से ये तीनों एक जैसे शब्द हैं, किंतु प्रयोग की दृष्टि से तीनों अलग-अलग। जब अंग्रेज़ी में ये तीन शब्द हैं तो हिंदी में भी इनके लिए कम से कम तीन शब्द होने चाहिए (विशेषाधिकार, अधिकार, परमाधिकार)। रघुवीर के मुताबिक़ जो सामान्य लोग हैं उनका तो एक ही शब्द से काम चल जाएगा, लेकिन जो विशेषज्ञ हैं उनको तीन शब्द ही चाहिए। उनका एक शब्द से काम नहीं चलेगा। रघुवीर की स्पष्ट मान्यता थी कि पारिभाषिक शब्दावली तो कभी सरल हो ही नहीं सकती। यह हो सकता है कि बच्चों को सिखाने के लिए भाषा सरल कर दी जाए। किंतु पारिभाषिक शब्द सरल नहीं हो सकते। रघुवीर का कहना था कि सरल तो उन शब्दों को कहते हैं जो बिना पढ़े-लिखे लोग, कुली, बच्चे, गाँव के लोग आदि बोलते हैं। भाषा सरल करने का अर्थ होगा पारिभाषिक भाषा का पारिभाषिकपन समाप्त करना।

संविधान सभा के बाद के दौर में उसके सदस्य बने रघुवीर के नेतृत्व में ही पारिभाषिक शब्दावली रचने की परियोजना चलाई गयी थी। वे संस्कृत के विद्वान थे और उन्हें यक़ीन था कि संविधान ने हिंदी को नये शब्द देने के लिए संस्कृत को ही मुख्य स्रोत बनाने का निर्देश दिया है। उनका यह यक़ीन इस मान्यता तक चला गया था कि 'यद्यपि संविधान में ऐसा लिखा नहीं गया है लेकिन अन्य भारतीय भाषाओं के लिए भी यही सच है'। इसी आग्रह के तहत उन्होंने हिंदी में नये शब्द बनाने की कारीगरी संस्कृत के 20 उपसर्गों, 80 प्रत्ययों और पाँच सौ धातुओं के ज़रिये की। उन्होंने हिंदुस्तानी, हिंदी की जनपदीय भाषाओं और अन्य भारत की अन्य भाषाओं से शब्द लेने का विरोध किया। एक तरफ़ तो वे पारिभाषिकता और सरलता को एक-दूसरे की एंटीथीसिस समझते थे, और दूसरी ओर उनकी दूसरी मान्यता भी थी कि अनूदित शब्द में मूल भाषा के शब्द का सामान्य अर्थ होने से ही काम नहीं चलेगा, बल्कि उस भाषा में उसकी व्युत्पत्तियों तक का अनुवाद करने का यत्न किया जाना चाहिए। वे चाहते थे कि हर एक अर्थ के लिए अलग शब्द का प्रयोग हो और प्रत्येक प्राथमिक शब्द के लिए अलग-अलग शब्द हों।

इस चक्कर में साधारण तौर पर चलने वाला शब्द सूचना अख़बारी संदर्भ में विसूचना, टीवी के संदर्भ में अभिसूचना, रेडियो के संदर्भ में अनुसूचना और सरकार के संदर्भ में अधिसूचना के रूप में प्रस्तावित किया गया। पारिभाषिक शब्दावली बनाने की नौबत आने से पहले ही रघुवीर की *द ग्रेट इंग्लिश- डिक्शनरी* का प्रकाशन हो चुका था जिसमें उन्होंने अपने इरादे साफ़ कर दिये थे। वे नहर के लिए कुल्या और सड़क के लिए रथ्या जैसे शब्दों का इस्तेमाल करने वाले शब्दकार थे। उन्हें औद्धत्य, औन्नत्य, याथार्थ्य, काठिन्य, ईषत्, आलुलायित केश, प्रनृत्यामान मयूर, गड्डलिका प्रवाह जैसे न जाने कितने भीषण शब्दों के प्रयोग के लिए जाना जाता है। रघुवीर जिस भाषिक प्रवृत्ति का नेतृत्व कर रहे थे उसमें आर्सेनिक को संखिया के बजाय नेपाल्ज, सल्फ़र को गंधक न कह कर शुल्बारि, ऑक्शन को नीलाम न कह कर कोश-विक्रय, ऑक्ट्रॉय को चुंगी न कह कर द्वारादेय, दुरबीन की जगह दूरेक्ष, क्लर्क के स्थान पर लिपिक, चेक के लिए धनादेश, दिवालियापन के लिए नष्टनिधि और तहसील को तहसील न कह कर भुक्ति लिखने पर ज़ोर दिया जाता है। रघुवीर ने बजट के लिए आय-व्ययक, स्टेशन के लिए स्थात्र, पेन के लिए मसीपथ, टिकट के लिए संयानपत्र, बल्ब के लिए विद्युतकंद, एकड़ के लिए प्राहल, इंच के लिए प्रांगुल, यार्ड के लिए यष्टि और टन के लिए प्रवृत्त के इस्तेमाल की सिफ़ारिश की। ज़ाहिर है कि रघुवीर ने जिस सरकारी हिंदी की नींव डाली उसका आग्रह हिंदी से हिंदी को भी निकाल देने का था।

डॉ. रघुवीर द्वारा चलाये गये सभी शब्द बेकार के नहीं थे। आज उनके दिये गये बहुत से पारिभाषिक शब्द प्रचलित हो चुके हैं, जैसे वैध, विधिवत, विधायक, संसद, सांसद, अधीक्षक, निरीक्षक, प्रस्ताव, विधेयक, प्राधिकार। इसी तरह उन्होंने अंग्रेज़ी के सभी उपसर्गों और प्रत्ययों के लिए हिंदी में समानार्थी शब्द दिये जिसके कारण आज अ और ऐन की जगह अन या आ, एन्टि की जगह प्रति, सुपर की जगह अधि, डाई की जगह द्वि, ट्राई की जगह त्रि लगा कर हिंदी के बहुत से शब्द बनाये जाते हैं। शब्द निर्माण की यह युक्ति समाज-विज्ञान के हिंदी-लेखन में भी प्रचलित है। लेकिन उनकी ये सफलताएँ उस विकृति के मुक़ाबले बहुत हल्की हैं जो उनके

कारण सरकारी हिंदी में ख़ास तौर से और व्यापक रूप से सभी तरह की हिंदी में पैदा हुई। रघुवीर के योगदान को प्रशंसा की दृष्टि से देखने और उनके काम को पाणिनि के समकक्ष वाले एक विद्वान ने भी माना है कि अगर उनकी 'शब्दावली में अटपटे शब्दों का समावेश न हो गया होता और यदि उन्होंने संस्कृत की धातुओं, प्रत्ययों, उपसर्गों को अपनाने पर कट्टरपन की सीमा तक बल देने की बजाय कुछ विदेशी शब्द, प्रत्यय अथवा उपसर्ग भी अपना लिए होते, तो वैज्ञानिक शब्दावली के विकास में उनका योगदान अवश्य ही बहुत महत्त्वपूर्ण होता। डॉ. रघुवीर का यह दावा सही नहीं है कि उनके द्वारा प्रदत्त अधिकांश पारिभाषिक शब्द भारतीय भाषाओं के विकास में सहायक होंगे। सभी जानते हैं कि ये शब्द उनके द्वारा तैयार शब्दकोश की शोभा बन कर रह गये हैं और उपहास के लिए उनके नाम पर अनेक शब्द गढ़ लिए गये हैं जो अंततः हिंदी के प्रचार में बाधक साबित होते हैं।'

देखें : 'अंग्रेज़ी हटाओ' आंदोलन, डायग्लॉसिया, भारत में भाषा-नियोजन-1 से 4 तक, भाषा के मार्क्सवादी सिद्धांत, रामविलास शर्मा-1 और 2, सम्पर्क भाषा-1, 2, 3 और 4, संस्कृत काव्यशास्त्र, संविधान सभा में भाषा-विवाद-1, 2 और 3, हिंदी विरोधी आंदोलन, हिंदी जाति-1, 2 और 3, हिंदी-जगत और 'लोकप्रिय'-1 और 2, हिंदी नवजागरण, हिंदी-संस्थाएँ।

संदर्भ

1. बी.जी. खेर (1956), *रिपोर्ट ऑफ़ द ऑफ़िशियल लेंग्वेज कमीशन,* गवर्नमेंट ऑफ़ इण्डिया प्रेस, नयी दिल्ली.
2. बलराज सिंह सिरोही (1987), *संघीय राजभाषा के संदर्भ में पारिभाषिक वैज्ञानिक शब्दावली के निर्माण की समस्याएँ,* वाणी प्रकाशन, दिल्ली.
3. रघुवीर (1998), *हिंदी की ऊर्जा,* अनु. रामचंद्र शर्मा, भगवती प्रकाशन, दिल्ली.
4. पॉल फ़्रीडरिश (1962), 'लेंग्वेज ऐंड पॉलिटिक्स इन इण्डिया', *डेडलस,* अंक 91, ग्रीष्म.

— अभय कुमार दुबे

भारत में भाषा-नियोजन-4

केंद्र में विफलता : राज्यों में सफलता

(Language Planning in India-4)

अनुवाद और संस्कृत के ज़रिये जो सरकारी हिंदी बनी, वह हाहाकारी थी। ऐसी बात नहीं कि सरकार के भीतर आँख बंद करके इस हिंदी को स्वीकार कर लिया हो। इस प्रवृत्ति के ख़िलाफ़ संघर्ष के उल्लेखनीय उदाहरण इस मुक़ाम पर भी मौजूद हैं। भारत सरकार के राज-भाषा विभाग द्वारा प्रकाशित हिंदी के प्रयोग संबंधी आदेशों के संकलन पर निगाह डालने से यह स्पष्ट हो जाता है। सत्तर और अस्सी के दशक में केंद्र सरकार का एक हिस्सा रघुवीरी परियोजना के ख़िलाफ़ जद्दोजहद करते हुए दिखा। गृह मंत्रालय का 1976 में जारी किया गया एक कार्यालय ज्ञापन और फिर 1988 का एक कार्यालय ज्ञापन यह बताता है कि देर से ही सही पर सरकार को अपनी ग़लती समझ में आ गयी थी। ये ज्ञापन साफ़ तौर से कहते हैं कि सरकारी हिंदी लिखते समय न तो संस्कृत लिखने की कोशिश की जाए और न ही देवनागरी लिपि में अंग्रेज़ी। अंग्रेज़ी में मसविदा लिख कर अनुवाद करने के बजाय उसे मूल हिंदी में ही तैयार किया जाए ताकि अनुवाद के अटपटेपन से बचा जा सके। सरकारी हिंदी अलग तरह की नहीं होती, वह भी सरल और सुबोध होनी चाहिए, उसमें आमफ़हम शब्दों का प्रयोग किया जाए, दूसरी भाषाओं के शब्दों के इस्तेमाल से परहेज़ न किया जाए, समझाने के लिए अंग्रेज़ी के शब्दों को कोष्ठक में लिख दिया जाए, वाक्य छोटे और सरल बनाये जाएँ। कुछ इसी तरह की हिदायतें केंद्र-राज्य संबंधों पर बने सरकारिया आयोग ने भी दीं। संविधान पारित होने के साठ साल बाद 2011 में भारत सरकार का राज-भाषा विभाग 2011 सभी मंत्रालयों और विभागों के लिए यह आदेश निकाल पाया है कि सरकारी हिंदी में उर्दू, फ़ारसी और अंग्रेज़ी स्रोतों के आमफ़हम शब्दों का इस्तेमाल करने से परहेज़ नहीं किया जाना चाहिए ताकि सरकारी काम-काज की भाषा सरल और सुबोध बन सके।

संघीय नौकरशाही द्वारा भितरघात : हिंदी को राज-भाषा बनाने की मुहिम ठीक से शुरू ही न होने देने की ज़िम्मेदारी संघीय नौकरशाही की है। अंग्रेज़ी को अपनी 'सांस्कृतिक पूँजी' की तरह ग्रहण करने वाली भारतीय प्रशासनिक सेवा (आईएएस) ने हिंदी को कभी नहीं अपनाया। 1922 से ही अंग्रेज़ों ने भारत में काम करने के लिए नियुक्त सिविल सर्विस के अधिकारियों के लिए देशी भाषाओं का ज्ञान अनिवार्य कर रखा था। लेकिन आज़ादी के बाद जब इस ज्ञान की सबसे ज़्यादा ज़रूरत थी, आईसीएस

के नये संस्करण आईएएस में भर्ती के लिए यह अनिवार्यता ख़त्म कर दी गयी। इन अफ़सरों की एकमात्र भाषा अंग्रेज़ों के ज़माने से भी ज़्यादा अंग्रेज़ी रह गयी। 1965 में दक्षिण में हुए हिंदी विरोधी दंगों के पीछे भी यह अंदेशा था कि मद्रास में अंग्रेज़ी माध्यम के स्कूलों से दी जाने वाली शिक्षा के गर्भ से पैदा हुए आईएएस अफ़सरों की संख्या हिंदी के एकमात्र राज-भाषा बनने से घट जाएगी। देश के इन स्थाई हुक्मरानों ने हिंदी-सेवा के लिए बजट मुहैया कराने और हिंदी की प्रतीकात्मक आराधना करने में कोई कोताही नहीं की। लेकिन, ऊँची नौकरशाही ने अपने दायरे के भीतर हिंदी को लगातार हाशिये पर रखा। अधिकारी-तंत्र के अंदरूनी संचार-तंत्र ने संविधान के निर्देश के अनुसार हिंदी सीखने की कोई कोशिश नहीं की और इस मुक़ाम पर अंग्रेज़ी का दबदबा क़ायम रहा। हिंदी व्यावहारिक रूप से तो क्या, नाममात्र के लिए भी भारतीय संघ की भाषा नहीं बन पायी। सरकारी कामकाज की भाषा बनाने की कई शर्तों में सबसे महत्त्वपूर्ण यही थी कि अधिकारी-तंत्र उसे अपनाता। इस तरह संविधान के प्रावधान धरे रह गये। साथ ही राज्यों के बीच प्रशासनिक संचार हिंदी में करने का मंसूबा भी बेकार हो गया।

डेविड डी. लाइटिन ने संघीय नौकरशाही द्वारा संविधान के प्रावधानों के साथ किये गये इस भितरघात का बारीक अध्ययन किया है। उन्होंने दिखाया है कि युरोपीय राजनीतिक अभिजन को अपने अधिकारी-तंत्र की वफ़ादारी किस तरह प्राप्त थी, और किस तरह भारत के उत्तर-औपनिवेशिक राजनीतिक अभिजन को इस निष्ठा का लाभ प्राप्त नहीं था। उन्होंने संघीय नौकरशाही को राज्यों की नौकरशाही से अलग करके दिखाया है कि राज्यों के नौकरशाहों की भाषिक पृष्ठभूमि क्षेत्रीय भाषाओं की थी जबकि पचास और साठ के दशक में संघीय नौकरशाहों का बहुलांश अंग्रेज़ी में पगा हुआ था। परिणाम यह हुआ कि संघीय स्तर पर नौकरशाही ने राजनीतिक अभिजन के साथ हिंदी को राज-भाषा बनाने में सहयोग नहीं किया, जबकि राज्यों के स्तर पर क्षेत्रीय नौकरशाहों ने क्षेत्रीय राजनीतिक अभिजन की मंशाओं को व्यावहारिक रूप देने में सहयोग किया।

दिलचस्प बात यह है कि भाषाई सुसंगतीकरण की कोशिशें संघीय स्तर पर सौ फ़ीसदी नाकाम होने के साथ-साथ प्रांतीय स्तर पर सौ फ़ीसदी कामयाब साबित हुईं। कुल मिला कर निष्कर्ष निकाला जा सकता है कि राज्यों में भाषा-नियोजन की सफलता में राजनीतिक अभिजन वहाँ के नौकरशाहों का अपनी मर्ज़ी से इस्तेमाल कर पाया। इसमें भाषाई आधार पर राज्यों के पुनर्गठन ने मुख्य भूमिका निभायी है। पचास के दशक में हिंदीभाषी प्रांतों की विधानसभाओं द्वारा एक-एक करके राज-भाषा क़ानून पारित किये गये, जिससे हिंदी-क्षेत्र में अंग्रेज़ी के हटने का आधार बना। भाषाई राज्य बने और उनके नेताओं और स्थानीय अभिजनों ने अपने-अपने दायरे में उसी शिद्दत से क्षेत्रीय प्रशासनों का भाषाई सुसंगतीकरण किया और धीरे-धीरे अंग्रेज़ी को आधुनिकीकृत क्षेत्रीय भाषाओं से प्रतिस्थापित कर दिया। यह मानना गलत होगा कि राज्यों के स्तर पर अंग्रेज़ी आसानी से हट गयी होगी। विभिन्न क्षेत्रीय भाषाओं द्वारा की गयी इस जद्दोजहद की कहानी आज तक नहीं लिखी गयी है।

आज स्थिति यह है कि केवल पश्चिम बंगाल (आज का पश्चिम बंग) के राजकीय मुख्यालय रायटर्स बिल्डिंग में आज तक सारा कामकाज अंग्रेज़ी में होता है और वहाँ बांग्ला पंचायत और स्वशासी निकायों से आगे नहीं बढ़ पायी है। लेकिन इस अपवाद को छोड़ कर अन्य सभी राज्यों में सरकारें अंग्रेज़ी में काम नहीं करतीं। धीरे-धीरे राज्यों में क्षेत्रीय स्तर पर अंग्रेजी राजकाज की भाषा नहीं रह गयी। संघीय नौकरशाही ने एक ख़ास तरह का पैंतरा खेला। साठ के दशक में जब उनके लिए भारतीय भाषाएँ सीखना अनिवार्य बनाया गया, तो वे राज्यों के बीच अंग्रेज़ी को संवाद की भाषा बनाये रखने की शर्त पर क्षेत्रीय भाषाएँ सीखने पर राज़ी हो गये। हिंदी न जानने वाले आईएएस अफ़सर भी हिंदीभाषी इलाक़ों में अपनी नौकरी की ज़रूरतों के अनुसार प्रशासन के लिए हिंदी बरतते नज़र आये, लेकिन हिंदी को राजकाज की एक अखिल भारतीय सम्पर्क-भाषा बनाने में कोई आधिकारिक योगदान देने के लिए वे तैयार नहीं हुए।

विफलता के कारण : भाषाशास्त्रियों ने इस सवाल पर काफ़ी दिमाग़ खपाया है कि आख़िर भारतीय राज्य का भाषा-नियोजन पूरी तरह सफल क्यों नहीं हुआ, और जिस तरह भारतीय भाषाओं ने अंग्रेज़ी को राज्य स्तर पर प्रतिस्थापित कर दिया, उस तरह संघीय स्तर पर अंग्रेज़ी की जगह हिंदी क्यों नहीं ले पायी। हिंदी के पक्ष में किये गये भाषा नियोजन पर पहला आरोप यह लगाया जाता है कि वह भाषा को शुद्ध करने में फँस गया जिसका नतीजा ऐसी संस्कृतनिष्ठता में निकला जिससे सरकारी हिंदी अगम्य और कभी-कभी तो हास्यास्पद क़िस्म की हो गयी। रघुवीरी परियोजना का विश्लेषण बताता है कि इस आरोप में काफ़ी सच्चाई है।

विफलता का दूसरा कारण अन्य भारतीय भाषाओं की अपेक्षा हिंदी के नयेपन और कमतर सांस्कृतिक-साहित्यिक प्रतिष्ठा में देखा जाता है। कभी हिंदी को राष्ट्र-भाषा बनाने के समर्थक रहे सुनीति कुमार चाटुर्ज्या का तर्क था कि हिंदी एक सांस्कृतिक भाषा नहीं है, और न ही उसके पास तमिल या तेलुगु या बांग्ला की तरह समृद्ध साहित्यिक विरासत है। इसलिए उसे सारे देश द्वारा नहीं अपनाया जा सकता। भाषा-नियोजन के आईने में देखने पर यह दलील विशुद्ध सांस्कृतिक राजनीति से ज़्यादा नहीं लगती। युरोप में हुए भाषा-नियोजनों

के रास्ते में सांस्कृतिक-क्षेत्रों की समृद्धि का तर्क कभी नहीं आ पाया। हर जगह उन भाषाओं को ही सरकारी रुतबा मिला जो सांस्कृतिक और साहित्यिक प्रतिष्ठा में अपेक्षाकृत कमज़ोर थीं। मसलन, इंग्लैण्ड में लैटिन और फ्रेंच के मुक़ाबले अंग्रेज़ी की सांस्कृतिक हैसियत कुछ नहीं थी। इसी तरह फ़िनलैण्ड में फ़िनिश भाषा प्रशासनिक कामकाज के लिहाज़ से ही नहीं, बल्कि शब्द-सामर्थ्य के मामले में बेहद दरिद्र थी। स्पेन के सदियों से स्वायत्त रहे ताक़तवर क्षेत्रीय अभिजन स्पेनी नहीं बोलते थे। कैटेलन उनकी पसंदीदा भाषा थी। पर वहाँ स्पेनिश के पक्ष में भाषाई सुसंगतीकरण किया जा सका।

तीसरा कारण भारतीय राष्ट्रवाद की उस संरचना में खोजा गया जो उपराष्ट्रीयताओं का गठजोड़-भर है। यह संरचना समान आयामों पर इतना ज़ोर नहीं देती जितना बल विविधताओं और बहुलताओं पर दिया जाता है। इसीलिए उपराष्ट्रीयताओं के दबाव के कारण इस गठबंधन पर एक सर्वभारतीय चरित्र आरोपित नहीं हो पाता। इसीलिए कई अध्येताओं की यह मान्यता है कि हिंदी को सम्पर्क भाषा बनाने की कोशिश उसी समय नाकामी के लिए अभिशप्त हो गयी थी जब भाषाई आधार पर राज्यों का पुनर्गठन करने के दबाव के सामने नेहरू ने घुटने टेके थे। यह दलील भी सही नहीं है। हिंदी को राज-भाषा बनाने का दृष्टिकोण एकभाषिता से उत्प्रेरित न तो संविधान सभा में था, और न ही उत्तर-औपनिवेशिक भारत में। भाषाई आधार पर राज्य बनाने की माँग में हिंदी के विरोध का एक स्वर भी नहीं था। विद्वानों ने रेखांकित किया है कि इस माँग की जड़ में मुख्यतः तमिल और बांग्ला जैसी अंग्रेज़ों द्वारा 'सुपरऑर्डिनेटिड' बना दी गयी भाषाओं के सांस्कृतिक-प्रशासनिक-राजनीतिक वर्चस्व से छुटकारा प्राप्त करने की मंशा थी।

चौथा कारण यह माना गया कि भाषाई सुसंगतीकरण द्वितीय विश्व-युद्ध से पहले की जिन परिस्थितियों में आसानी से हो पाता था, वे बाद की अवधि में सुलभ नहीं रह गयीं थीं। पाँचवाँ कारण संसदीय लोकतंत्र और वोट की राजनीति के समीकरणों में खोजा जाता है जिनके दबाव के कारण पंद्रह साल बाद अंग्रेज़ी हटाने के संवैधानिक निर्देश का पालन नहीं किया जा सका। छठा कारण भारतीय प्रभुओं की उस भाषागत सुविधाजनक स्थिति में देखा गया जिसके कारण वे राजकाज की किसी समान भाषा की तलाश में थे ही नहीं। यह भूमिका निभाने के लिए उनके पास औपनिवेशिक आधुनिकता द्वारा थमायी गयी अंग्रेज़ी पहले से थी। उपनिवेशवाद विरोधी आंदोलन की विरासत का जो भी दबाव था, उसकी पूर्ति उन्होंने राज्यों में भाषाई सुसंगतीकरण पूरा करके कर दी।

राष्ट्रवाद के व्याख्याकार बेनेडिक्ट ऐंड रसन के इस दुर्लभ उद्धरण की रोशनी में उत्तर-औपनिवेशिक स्थितियों में भाषा-नियोजन की मजबूरियाँ और भी स्पष्ट हो जाती हैं : 'इण्डोनेशिया ... दुनिया का एकमात्र बड़ा उपनिवेश है जिसका प्रशासन (आज़ादी के बाद) किसी एशियाई भाषा में चलाया जाता है। सत्रहवीं सदी में इस उपनिवेश की संस्थापक डच ईस्ट इण्डिया कम्पनी पूरी तरह से किफ़ायती सोच की हामी थी। उसे अपनी नौकरशाही को डच भाषा में प्रशिक्षित करने पर संसाधन ख़र्च करने में कोई दिलचस्पी नहीं थी। दूसरी तरफ़ उसके कई कर्मचारी जर्मन, स्वीडिश और स्कॉट भी थे। ... उसने मलय द्वीप की पिडगिन भाषा ली, उसका रोमनीकरण किया, सरल व्याकरण अपनायी और अपनी मुख्य प्रशासनिक भाषा की तरह उसका इस्तेमाल किया। बीसवीं सदी की शुरुआत तक इण्डोनेशिया में नौकरशाहों को डच सीखने के लिए हतोत्साहित करना जारी रहा।' ज़ाहिर है कि भारतीय औपनिवेशिक प्रभु डचों से अलग थे। उन्होंने उदीयमान भारतीय प्रभु वर्ग को योजनापूर्वक अंग्रेज़ी सिखायी थी। नौकरशाही के मामले में भारत उनके लिए एक ऐसी प्रयोगशाला था जहाँ किये गये आईसीएस के प्रयोग की कामयाबी के बाद ही उन्होंने अपने गृह-देश में नौकरशाहों के प्रशिक्षण की शुरुआत की थी।

भारतीय राज्य के भाषा-नियोजन इस प्रसंग में आख़िरी सवाल यह है कि नेहरू की सरकार ने हिंदी को राज-भाषा बनाने के साथ यह दोहरा भितरघात क्यों होने दिया? नेहरू संविधान सभा में रघुवीर की भूमिका से अच्छी तरह वाकिफ़ थे। उन्हें यह भी पता है कि संविधान के मसविदे का जो हिंदी अनुवाद उनकी बिल्कुल समझ में नहीं आया था, उस पर रघुवीर की कितनी छाप थी। नेहरू से ज़्यादा इस बात को कौन जान सकता था कि उस अनुवाद समिति में हिंदुस्तानी के किसी भी समर्थक को न घुसने देने की रघुवीर ने कितनी कोशिश की थी। दरअसल, भाषा के मामले को धर्म और संस्कृति का मामला मानने वाले रघुवीर संविधान सभा की उस प्रवृत्ति के पक्के नुमाइंदे थे जो 'हिंदी नैशनलिज़्म' की जगह 'संस्कृत नैशनलिज़्म' की हामी थी। फिर भी नेहरू की उस सरकार ने, जिसके शिक्षा मंत्री अबुल क़लाम आज़ाद थे, रघुवीर के हाथ में पारिभाषिक शब्दावली बनाने की ज़िम्मेदारी सौंपना मुनासिब समझा। नेहरू का देहांत 1964 में हुआ और रघुवीर उससे पहले ही अपने भीषण शब्दकोश राज-भाषा हिंदी के सिर पर पटक चुके थे। एक तरह से उन्होंने अपना 'सृजनात्मक विनाश' नेहरू की छत्रछाया में ही किया।

दूसरी तरफ़ यह बात भी सोचने के क़ाबिल है कि संघीय नौकरशाही से नेहरू और पटेल जैसे लोग राज-भाषा के सवाल पर अपनी बात क्यों नहीं मनवा पाये? अगर कांग्रेस का शीर्ष नेतृत्व राज-भाषा के सवाल को लेकर गम्भीर नहीं था, और अंग्रेज़ी को ही क़ायम रखना चाहता था तो उसके सामने 1959 में फिर से मौक़ा आया था जब वह अंग्रेज़ी को आठवीं सूची में शामिल करके उसके विदेशीपन को

संवैधानिक मान्यता के साबुन से धो सकता था। लेकिन, नेहरू व्यक्तिगत रूप से ऐसा करने के विरोधी साबित हुए। क्या संघीय नौकरशाही तकनीकी रूप से न सही, व्यावहारिक तौर पर राजनीतिक नेतृत्व के प्राधिकार से स्वायत्त थी? भाषा के संदर्भ में सम्भवत: इस प्रश्न का उत्तर हाँ में दिया जा सकता है। 1977 में पहली बार जब कांग्रेस को विपक्षी दलों को मिला कर बनायी गयी जनता पार्टी ने केंद्र में अपदस्थ किया, तो उसके टिकट पर संसद का चुनाव जीतने वाले 299 सांसदों में से 221 हिंदी-क्षेत्र से आये थे। इनमें से अधिकतर जनसंघ और समाजवादी आंदोलन की देन थे जो हिंदी की घुट्टी पीकर बड़े हुए थे। लेकिन यह सरकार भी संघीय नौकरशाही को अपनी भाषा बदलने के लिए तैयार करती हुई नहीं दिखी।

देखें : 'अंग्रेज़ी हटाओ' आंदोलन, डायग्लॉसिया, भारत में भाषा-नियोजन-1 से 4 तक, भाषा के मार्क्सवादी सिद्धांत, रामविलास शर्मा-1 और 2, सम्पर्क भाषा-1, 2, 3 और 4, संस्कृत काव्यशास्त्र, संविधान सभा में भाषा-विवाद-1, 2 और 3, हिंदी विरोधी आंदोलन, हिंदी जाति-1, 2 और 3, हिंदी-जगत और 'लोकप्रिय'-1 और 2, हिंदी नवजागरण, हिंदी-संस्थाएँ।

संदर्भ

1. डेविड डी. लाइटिन (1989), 'लेंग्वेज पॉलिसी ऐंड पॉलिटिकल स्ट्रैटजी इन इण्डिया', *पॉलिसी साइंसिज़,* विशेषांक : पॉलिसी मेकिंग इन डिवेलपिंग कंट्रीज़, खण्ड 22, अंक 3/4.
2. जोसेफ़ ई. श्वार्ज़बर्ग (2009), 'फ़ैक्टर्स इन द लिंग्विस्टिक रिऑर्गनाइज़ेशन ऑफ़ स्टेट्स', आशा सारंगी (सम्पा.), *लेंग्वेज ऐंड पॉलिटिक्स इन इण्डिया,* ऑक्सफ़र्ड युनिवर्सिटी प्रेस, नयी दिल्ली.
3. हिंदी के प्रयोग संबंधी आदेशों का संकलन (1986), राज-भाषा विभाग, गृह मंत्रालय, भारत सरकार, तृतीय संस्करण.
4. मोहन कुमार मंगलम (1968), *इण्डियाज़ लेंग्वेज क्राइसिस,* न्यू सेंचुरी बुक हाउस, मद्रास।

—अभय कुमार दुबे

भारत में मतदान-व्यवहार-1

ऐतिहासिक अवलोकन

(Voting-Behaviour in India-1)

भारत में मतदान-व्यवहार मापने और चुनावों के विभिन्न पहलुओं की छानबीन का उद्देश्य कमोबेश दुनिया के दूसरे देशों के ही समान है। हालाँकि इस प्रक्रिया में अपने देश की निजी विशिष्टताओं का भी ख़याल रखा जाता है। परंतु भारत में चुनाव के अध्ययन के लिए जनमत सर्वेक्षण की ज़रूरत पर प्रकाश डालने से पहले हमारे लिए यह जान लेना प्रासंगिक होगा कि आधिकारिक तौर पर चुनाव से संबंधित किस प्रकार की जानकारियाँ एवं किस तरह के आँकड़े उपलब्ध हैं। इसके अतिरिक्त यह जानना भी ज़रूरी है कि भारत के निर्वाचन आयोग ने अपने अभिलेखागार में कब से इन जानकारियों और आँकड़ों को संरक्षित रखा है। भारत का निर्वाचन आयोग आज़ादी के बाद से ही भारत में सम्पन्न सभी आम चुनावों और राज्य विधानसभाओं के चुनावों के परिणामों और आँकड़ों को अपने पास रखता है। ये आँकड़े आम लोगों के लिए भी सुलभ हैं और इनकी इलेक्ट्रॉनिक कॉपी उनकी आधिकारिक वेबसाइट पर उपलब्ध हैं। भारत का निर्वाचन आयोग निम्नलिखित प्रकार की जानकारियाँ उपलब्ध कराता है : प्रथम संसदीय और विधानसभा चुनाव में वोट डालने वाले लोगों की संख्या, अर्थात् वोटर टर्नआउट; दूसरा राष्ट्रीय/राज्य स्तर के चुनावों में भाग लेने वाले उम्मीदवारों की सूची, चुनावों में जीतने वाला उम्मीदवार और उसका प्रमुख प्रतिद्वंद्वी तथा इसके साथ-साथ सभी उम्मीदवारों को प्राप्त मतों का प्रतिशत; तीसरा चुनाव में भाग लेने वाले राजनीतिक दलों की संख्या और उन्हें प्राप्त मत। निर्वाचन आयोग राजनीतिक दलों द्वारा खड़े किये गये उम्मीदवारों और उनमें जीत प्राप्त करने वाले उम्मीदवारों की संख्या भी बताता है। चौथा निर्वाचन आयोग लैंगिक आधार पर विभाजन करके चुनाव में भाग लेने वाले उम्मीदवारों की संख्या और चुनाव जीतने वालों की संख्या भी बताता है। इसके अतिरिक्त वह किसी विशिष्ट चुनाव में अनुसूचित जाति और अनुसूचित जनजाति से जीतने वाले उम्मीदवारों से संबंधित जानकारी भी देता है और अंतत: निर्वाचन आयोग अपने अभिलेखागार में चुनाव में भाग लेने वाले उम्मीदवारों द्वारा भरे गये शपथपत्रों का भी संग्रह रखता है। इन शपथपत्रों में उम्मीदवारों द्वारा भरे गये विवरण, जैसे उनके ख़िलाफ़ चल रहे न्यायिक मामले, उनकी सम्पत्ति और अन्य व्यक्तिगत जानकारियाँ आम लोगों के सूक्ष्म परीक्षण के लिए उपलब्ध होते हैं।

भारत के निर्वाचन आयोग द्वारा उपलब्ध करायी जाने वाली जानकारियाँ चुनाव में मतदान-प्रक्रिया की तथ्यात्मक जानकारियाँ होती हैं। ये सभी जानकारियाँ चुनावी परिणामों को मात्रात्मक रूप में अभिव्यक्त करके दी जाती हैं। यहाँ ध्यान देने वाली बात यह है कि निर्वाचन आयोग मतदाताओं के मतदान-व्यवहार और रुझान से संबंधित कोई भी आँकड़ा उपलब्ध नहीं कराता है। मसलन वह यह नहीं बताता है कि विभिन्न सामाजिक-आर्थिक परिवेश और जाति-समुदाय से संबंध रखने वाले लोगों ने चुनाव में किस प्रकार मतदान किया; उन्होंने किसे वोट दिया या किसे वोट नहीं दिया; और उन्होंने किसी विशिष्ट दल या उम्मीदवार को वोट क्यों दिया? क्या युवा मतदाताओं की राजनीकि वरीयताएँ वृद्ध

मतदाताओं की तुलना में अलग थीं? क्या अधिकांश महिला मतदाताएँ मतदान का निर्णय लेते समय अपने पति द्वारा निर्देशित हुई थीं? किसी विशिष्ट चुनाव के दौरान किस चुनावी मुद्दे ने मतदाताओं के मस्तिष्क को सबसे ज़्यादा प्रभावित किया? इस प्रकार के अनेकों शोध-प्रश्न हैं जिनका जवाब भारत के निर्वाचन आयोग द्वारा उपलब्ध कराये जाने वाले परिणामों/आँकड़ों के आधार पर नहीं दिया जा सकता है। निर्वाचन आयोग द्वारा उपलब्ध कराये जाने वाले आँकड़ों के आधार पर चुनाव से संबंधित कुछ अन्य महत्त्वपूर्ण प्रश्नों के उत्तर भी नहीं ढूँढ़े जा सकते हैं, जैसे, क्या भारत में मुसलमान मतदाता दक्षिणपंथी राजनीतिक दल भाजपा को वोट देते हैं अथवा क्या वे एक रणनीति के तहत संगठित होकर उसे चुनाव में हराने के लिए वोट डालते हैं?

ऊँची जातियों के मतदाताओं को कांग्रेस या भाजपा जैसे राष्ट्रीय दलों का पारम्परिक समर्थक माना जाता है। परंतु प्रश्न यह उठता है कि क्या वे हमेशा राष्ट्रीय दलों को ही वोट डालते हैं या फिर कुछ राज्यों में ऊँची जातियों के मतदाताओं का वोट भी क्षेत्रीय दलों की ओर खिसक रहा है? भारत में दलित और आदिवासी समुदायों के मतदाताओं का मतदान स्वरूप कैसा रहा है? भारत में दलित और आदिवासी समुदायों के मतदाताओं का मतदान स्वरूप कैसा रहा है? क्या अनुसूचित जातियों / जनजातियों की पहचानों पर आधारित राजनीतिक दलों के गठन ने अनुसूचित जातियों/जनजातियों के वोटों को उनके पक्ष में संगठित किया है? क्या मतदाताओं का चुनावी विकल्प उनकी विभिन्न पृष्ठभूमियों (शिक्षित / निरक्षर, ग्रामीण / शहरी, अमीर / ग़रीब) के आधार पर बहुत ज़्यादा बदलता है? इस तरह के प्रश्नों के परिप्रेक्ष्य में भारतीय चुनावों में मतदान के व्यावहारिक या सांदर्भिक पहलुओं का अध्ययन महत्त्वपूर्ण हो जाता है। वस्तुतः चुनावों का अनुभवमूलक अध्ययन करके ही इन प्रश्नों का प्रमाणों पर आधारित जवाब प्राप्त किया जा सकता है, बिना प्रमाण के इन प्रश्नों का जवाब देने की कोशिश करना महज़ अटकलबाजी होगी जो हमें सच्चाई से कोसों दूर ले जा सकती है।

इस पृष्ठभूमि में हमारे लिए यह जानना प्रासंगिक होगा कि क्या भारत में चुनाव की भविष्यवाणियाँ तथा मतदान-व्यवहार और रुझान की व्याख्या करने के लिए जनमत सर्वेक्षण कराना हाल-फ़िलहाल की घटना है जो 21वीं शताब्दी में शुरू हुई है या फिर इसकी जड़ें पिछली शताब्दी में जाती हैं। भारत में मतदाताओं के मतदान-व्यवहार और रुझान को मापने की शुरुआत कब से हुई और इसके पीछे क्या तर्क और उद्देश्य थे? क्या भारत में मतदान-व्यवहार के लिए अपनायी गयी प्रणाली पश्चिम दुनिया से सीधे ली गयी अर्थात् उनकी कार्बन कॉपी थीं या फिर इन प्रणालियों ने भारतीय समाज की विविधता और विजातीयता का ध्यान रखा? वे विभिन्न चरण कौन से हैं जिनसे होकर चुनाव सर्वेक्षण और जनमत सर्वेक्षण की प्रक्रिया को गुज़रना पड़ा और इतना समय बीत जाने के बाद इसमें क्या नये परिवर्तन और विकास हुए हैं, भारत में मतदान-व्यवहार को मापने की अन्य प्रणालियों जैसे - चुनाव क्षेत्र का अध्ययन, इलीट स्टडी, केस स्टडी या एथनोग्राफ़ी अध्ययन की तुलना में सर्वे प्रणाली सबसे ज़्यादा लोकप्रिय क्यों है?

भारत में चुनावी सर्वेक्षण की शुरुआत कोई हाल-फ़िलहाल की घटना नहीं है। भारतीय मतदाताओं के मत और रुझानों को मापने के लिए संस्थात्मक स्तर पर किये जाने वाले जनमत सर्वेक्षण की पहली शुरुआत 1950 के दशक में ही शुरू हो चुकी थी। डॉ. एरिक डिकोस्टा ने अमेरिकी संस्था अमेरिकन इंस्टीट्यूट ऑफ़ पब्लिक ओपिनियन की तर्ज़ पर 1950 के दशक के प्रारम्भ में ही इंस्टीट्यूट ऑफ़ पब्लिक ओपिनियन (आई.आई.पी.ओ) की स्थापना की थी। उन्हें भारत में चुनाव का अध्ययन करने वालों में अगुआ होने का श्रेय दिया जाता है तथा भारत में जनमत सर्वेक्षण का पिता कहा जाता है। वे पेशे से एक अर्थशास्त्री थे जिनकी प्राथमिक रुचि उपभोक्ता से संबंधित अध्ययनों में थी। लेकिन उन्होंने भारत में आर्थिक और राजनीतिक मुद्दों पर जनमत सर्वेक्षण भी प्रारम्भ किया। आई.आई.पी.ओ. ने दिल्ली, पश्चिम बंगाल और केरल में कुछ राजनीतिक अध्ययन किये थे। इन अध्ययनों के नतीजे उस संस्था के प्रथम जर्नल *मंथली पब्लिक ओपिनियन स्टडीज़* (एम.पी.ओ.एस.) में 1995 में प्रकाशित हुए थे। इस प्रकार भारत में चुनावी सर्वेक्षण कराने का मार्ग प्रशस्त हुआ। आई.आई.पी.ओ. भारत का पहला संगठन था जिसने चुनावी सर्वेक्षण किया था। 1957 में दूसरे लोकसभा चुनाव के पूर्व अखिल भारतीय स्तर पर पहला जनमत सर्वेक्षण कराया गया। इस जनमत सर्वेक्षण के आधार पर पहली चुनावी भविष्यवाणी की गयी जो एकदम सटीक साबित हुई। इस सर्वे ने भारतीयों के मतदान-व्यवहार पर केंद्रित किया था और यह दिखाने का प्रयत्न किया था कि मतदाताओं द्वारा मतदान करने के निश्चय में किस प्रकार उनकी आय, धर्म और व्यावसायिक पृष्ठभूमि के आधार पर अंतर होता है। इस सर्वे ने राजनीतिक नेताओं की लोकप्रियता भी जानने की कोशिश की थी और इसके आधार पर दल के नेताओं की लोकप्रियता की एक सूची भी प्रकाशित की गयी थी। इस प्रकार आई.आई.पी.ओ. द्वारा कराये गये चुनावी सर्वेक्षण का मुख्य फ़ोकस इस बात पर था कि मतदाता मतदान करने का निश्चय किस प्रकार करते हैं और उनके वोट देने के निर्णय को जाति, समुदाय, देश के प्रमुख राजनीतिक मुद्दे, नेताओं की लोकप्रियता आदि, किस प्रकार प्रभावित करते हैं।

ऐरिक डिकोस्टा ने आई.आई.पी.ओ. द्वारा कराये गये सर्वेक्षण की समीक्षा करते हुए 1980 में कहा था कि 'उस समय वास्तव में यह भी पता नहीं था कि अखिल भारतीय स्तर पर जनमत सर्वेक्षण करना सच में सम्भव है भी या नहीं। निरक्षरता की समस्या और भारत के कई क्षेत्रों में रैण्डम सैम्पल के संचालन में आ रही समस्याओं के कारण यह बहुत मुश्किल लग रहा था। सच्चाई यह है कि यह प्रयोग असाधारण रूप से सफल सिद्ध होगा यह तब तक प्रमाणित नहीं हुआ जब तक कि 1957 में पहला राष्ट्रीय सर्वेक्षण प्रकाशित नहीं हो गया।' आई.आई.पी.ओ. ने अखिल भारतीय स्तर पर पहला जनमत सर्वेक्षण ही संचालित नहीं किया बल्कि उसने चुनाव परिणामों की भविष्यवाणी भी प्रारम्भ की। डिकोस्टा ने कहा था कि 'जनमत की महान शक्ति पर शोध करके विदेशों में मतदान के निश्चयों और परिणामों की भविष्यवाणी की जाती थी या फिर अनेकों संवदेनशील विषयों पर विचारों को जाना जाता था। 1957 में पहली बार भारत में उसका प्रयोग किया गया। यह कमोबेश एक नये भारतीय आविष्कार के रूप में प्रकट हुआ था।' इस प्रकार आई.आई.पी.ओ. ने 1980 के दशक तक चुनाव सर्वेक्षण कराया परंतु इस संगठन से डिकोस्टा के निकल जाने के बाद इस संगठन की कार्यसूची में चुनावों के लिए जनमत सर्वेक्षण कराने की कोई ख़ास प्राथमिकता नहीं रही और इसकी निरंतरता टूट गयी।

आई.आई.पी.ओ. के अतिरिक्त व्यक्तिगत स्तर पर भी चुनाव के अध्ययन के प्रयास किये गये। वी.एम. सिरसीकर ने 1967 में सम्पन्न आम चुनावों के दौरान सर्वे के आधार पर पुणे लोकसभा निर्वाचन क्षेत्र का अध्ययन किया था। इस अध्ययन से संसदीय निर्वाचन क्षेत्र जैसे छोटे स्तर पर लोकतंत्र, चुनावों, मतदाताओं की राजनीतिक वरीयता और व्यवहार से संबंधित कुछ रोचक बिन्दु पहलु निकल कर सामने आये। इस अध्ययन के मुख्य नतीजे इस प्रकार थे : पहला भारत में अधिकांश लोगों को लोकतंत्र, चुनावों और राजनीतिक दलों में विश्वास था। हालाँकि लोकतंत्र और इसकी प्रक्रियाओं में विश्वास का मतदाताओं की शैक्षणिक उपलब्धि के साथ सीधा संबंध था। जो लोग ज़्यादा शैक्षणिक योग्यता रखते थे उनका लोकतंत्र पर कम विश्वास था जबकि उनकी तुलना में कम शिक्षित लोगों का लोकतंत्र पर ज़्यादा विश्वास था; दूसरा जाति और समुदाय पर आधारित अल्पसंख्यक समूहों के मतदाताओं में कांग्रेस पार्टी सर्वाधिक पसंदीदा विकल्प थी; तीसरा कम शिक्षित परिवारों में परिवार के सदस्यों के मतदान के निर्णय पर परिवार के मुखिया का प्रभाव बहुत ज़्यादा था जबकि ऊँची शिक्षा प्राप्त परिवारों में यह तुलनात्मक रूप से कम था; चौथा, उम्मीदवार, दल और जाति-समुदाय मतदान पर निर्णय लेने में महत्त्वपूर्ण भूमिका अदा करते थे और अंततः मतदाताओं के व्यवसाय, आय और उम्र मतदाताओं के मतदान-व्यवहार और रुझान को प्रभावित नहीं करते थे।

1967 में सम्पन्न आम चुनावों के दौरान कीनी ने व्यक्तिगत स्तर पर साक्षात्कार की एक विस्तृत प्रश्नावली का प्रयोग करके नागपुर में एक पैनल सर्वे संचालित किया। उन्होंने साक्षात्कार में उत्तर देने वाले लोगों की लोकसभा और राज्य विधानसभा के चुनावों के लिए दलों की वरीयताएँ जानने की कोशिश की। उन्होंने इसके लिए 'विभाजित वोट' तकनीक का प्रयोग किया। हालाँकि इसमें सैम्पल छोटा था लेकिन फिर भी नागपुर अध्ययन से चुनावों और मतदाताओं के मतदान-व्यवहार से संबंधित कुछ महत्त्वपूर्ण नतीजे निकलकर सामने आये। इस अध्ययन ने इस तथ्य को उजागर किया कि कांग्रेस पार्टी द्वारा पेश किये गये मज़बूत नेतृत्व के मुद्दे से प्रभावित होकर मतदाताओं ने उसके पक्ष में वोट दिया। वे राष्ट्रीय या क्षेत्रीय मुद्दों के आधार पर मतदान करने का फ़ैसला नहीं करते थे। इस अध्ययन ने मतदान-व्यवहार से संबंधित इस महत्त्वपूर्ण पक्ष को भी उजागर किया कि वे मतदाता जो चुनावी सभाओं और दलों के प्रचार में खुलकर हिस्सा लेते थे, उनके मतदान के निश्चय ज़्यादा अस्थिर होते थे और उनमें बदल जाने की सम्भावना भी ज़्यादा थी। सामाजिक-आर्थिक चरों, जैसे— लिंग, जाति, धर्म, शिक्षा और आय राजनीतिक जागरूकता और प्रभाव के निर्धारण के महत्त्वपूर्ण कारक थे।

देखें : अकाली दल, कांग्रेस 'प्रणाली', ग़ैर-कांग्रेसवाद, गठजोड़ राजनीति, जनता दल और उसकी विरासत-1 और 2, तेलुगु देशम पार्टी, पार्टी-गठजोड़ की राजनीति, भारत में गठजोड़ राजनीति, भारतीय जनता पार्टी-1 और 2, भारतीय राष्ट्रीय कांग्रेस-1 और 2, भारतीय कम्युनिस्ट पार्टी, भारतीय कम्युनिस्ट पार्टी (मार्क्सवादी), राष्ट्रीय जनतांत्रिक गठजोड़, वाम मोर्चा, शिव सेना, समाजवादी पार्टी, बहुजन समाज पार्टी-1 और 2, शिरोमणि अकाली दल, समाजवादी पार्टी, संयुक्त प्रगतिशील गठजोड़।

संदर्भ

1. नोरियो कुण्डु (2003), *पार्लियामेंटरी इलेक्शंस ऑफ़्टर इंडिपेंडेंस : सोशल चेंजेज़ ऐंड इलेक्टोरल पार्टिसिपेशन,* इंस्टीट्यूट ऑफ़ डिवेलपिंग इकॉनॉमिक्स (जेट्रो), चिबा (जापान).
2. ए.एम. शाह (सम्पा.) (2007), द *ग्रासरूट ऑफ़ डेमॉक्रैसी : फ़ील्ड स्टडीज़ ऑफ़ इलेक्शंस,* परमानेंट ब्लैक, नयी दिल्ली.
3. इंस्टीट्यूट ऑफ़ पब्लिक ओपिनियन (1970-71), 'द फ़िफ़्थ लोकसभा इलेक्शन : ऐन एनालिसिस ऑफ़ पॉलिटिकल बिहेवियर', *मंथली पब्लिक ओपिनियन सर्वे,* खण्ड 16, अंक 3.

— संजय कुमार

भारत में मतदान-व्यवहार-2

चुनावी सर्वेक्षण का इतिहास

(Voting-Behaviour in India-2)

भारत में मतदान-व्यवहार मापने की परम्परा को आगे बढ़ाने का श्रेय इल्डसवेल्ड और बशीरुद्दीन अहमद को है। इन दोनों विद्वानों ने 1967 और 1971 में सम्पन्न आम चुनावों का अखिल भारतीय स्तर पर सर्वेक्षण संचालित किया। इसमें संकलित किये गये भारतीय मतदाताओं के मतदान-व्यवहार और रुझानों के आँकड़ों का अंतर-देशीय तुलना के लिए भी प्रयोग किया गया था। इस चुनावी अध्ययन के नतीजों ने इस बात को सच साबित किया कि पुणे अध्ययन के नतीजों को पूरे भारत के लिए लागू किया जा सकता था। इसके साथ ही इस अध्ययन ने देश के मतदाताओं के मतदान-व्यवहार के संबंध में कुछ नयी और भ्रांतियाँ तोड़ने वाली मान्यताओं को भी उसमें जोड़ा। ये नये अवलोकन थे : पहला मतदान-व्यवहार और राजनीतिक वरीयताएँ स्थानों के आधार पर बहुत ज़्यादा नहीं बदली थीं क्योंकि ग्रामीण और शहरी दोनों ने एक समान मत व्यक्त किये थे। दूसरी तरफ़ मतदाताओं के मतदान-व्यवहार और राजनीतिक वरीयताओं में राज्य के आधार पर अंतर थे; दूसरा वाम दलों और जनसंघ के पारम्परिक समर्थक दूसरी पार्टियों के मतदाताओं की तुलना में अपनी पार्टियों द्वारा उठाये गये मुद्दों से ज़्यादा सहमत नज़र आये; अंततः ऊँची जातियों के मतदाताओं और उच्च शिक्षा प्राप्त मतदाताओं की चुनावी राजनीति में कम भागीदारी थी जबकि कम शिक्षित मतदाताओं और दूसरे जाति-समुदायों से संबंध रखने वाले मतदाताओं की भागीदारी तुलनात्मक रूप से ज़्यादा थी।

संस्थात्मक स्तर पर पूरे भारत के सैम्पल सर्वे पर आधारित आम चुनावों के अकादमिक अध्ययन की शुरुआत विकासशील समाज अध्ययन पीठ (सी.एस.डी.एस.), दिल्ली, द्वारा 1960 के दशक में शुरू की गयी। इनका अध्ययन राष्ट्रीय चुनाव-अध्ययन (एन.ई.एस.) के नाम से लोकप्रिय है। पहला राष्ट्रीय चुनाव अध्ययन भारतीय मतदाताओं के राजनीतिक व्यवहार, मत और रुझान के वैज्ञानिक अध्ययन के लिए 1967 में संचालित किया गया था। परंतु इनके अध्ययनों में परोक्ष उद्देश्यों की भी एक व्यापक श्रेणी थी जो भारत में और भारत के बाहर लोकतांत्रिक राजनीति का अध्ययन करने वाले विद्यार्थियों के लिए अत्यंत प्रासंगिक बनी हुई है। 1967 में सम्पन्न राष्ट्रीय चुनाव-अध्ययन ने सी.एस.डी.एस. में सर्वे रिसर्च की परम्परा प्रारम्भ की। इसने चुनावों को ऐसे अवसर या खिड़की के रूप में प्रयोग करना सिखाया जिसके माध्यम से लोकतांत्रिक राजनीति की प्रवृत्तियों और पैटर्नों को समझा जा सकता है। यह कहा जा सकता है कि 1967 में संचालित हुआ राष्ट्रीय चुनाव-अध्ययन भारत में बड़े सैम्पल के आधार पर राजनीतिक व्यवहारों और रुझानों को समझने का पहला राष्ट्रीय स्तर का सर्वे-आधारित अध्ययन था। इसके बाद दूसरा राष्ट्रीय स्तर का अध्ययन 1971 के आम चुनावों के दौरान हुआ। 1980 के लोकसभा चुनावों के दौरान अध्ययन पीठ ने अखिल भारतीय सर्वे के लिए डिज़ाइन तैयार किया और इंस्टीट्यूट ऑफ़ पब्लिक ओपिनियन (आई.आई.पी.ओ), दिल्ली ने फ़ील्डवर्क संचालित किया। हालाँकि यह सर्वे पूरी तरह से राष्ट्रीय चुनाव-अध्ययन की श्रृंखला का हिस्सा नहीं था परंतु फिर भी कुछ हद तक इसका प्रयोग श्रृंखला में आये अंतराल को भरने के लिए किया जा सकता है। इन चुनावी सर्वेक्षणों को सी. एस.डी.एस. के प्रथम पीढ़ी के सर्वे के रूप में वर्गीकृत किया जा सकता है।

इस कालावधि के दौरान कराये गये सर्वेक्षणों को अध्ययन पीठ के सर्वेक्षण की परम्परा के विकास के रूप में चिह्नित किया जा सकता है। इस कालावधि के दौरान संचालित हुए सर्वेक्षणों की मुख्य पहचान सम्भाव्यता सैम्पलिंग, गहन प्रश्नावलियाँ और सख़्त फ़ील्डवर्क था। 1967 में संचालित किये गये सबसे पहले सर्वे ने ही भारत में राष्ट्रीय चुनाव अध्ययन परम्परा के आधारभूत तत्त्वों को सुस्थापित कर दिया क्योंकि इसने स्व-भारित राष्ट्रीय सम्भाव्यता सैम्पल पर बल दिया। इस सैम्पल में विभिन्न चरणों में स्तरीकृत किये गये रैंडम सैम्पलिंग के आधार पर भारतीय मतदाताओं के बीच की सभी विविधताओं को प्रतिनिधित्व दिया गया। दलों की प्रतिस्पर्धा के आधार पर स्तरीकृत करके कुल 55 लोकसभा निर्वाचन क्षेत्रों को चुना गया। इन सैम्पल किये गये लोकसभा निर्वाचन क्षेत्रों के अंदर विधानसभा के खण्डों और मतदान केंद्र के क्षेत्रों का चयन क्षेत्र के आकार और अनुपात में सम्भाव्यता प्रक्रिया के तहत किया गया था। अंततः जवाब देने वालों का चुनाव सैम्पल में चुने गये मतदान केंद्र के क्षेत्रों की मतदाता-सूचियों से रैंडम सैम्पल के आधार पर चुने गये थे। इसमें अ-प्रतिस्थापन पर सख़्त बल दिया गया था।

1967 के राष्ट्रीय चुनाव अध्ययन की एक प्रमुख कमी यह थी कि इस सर्वे में महिला मतदाताओं को शामिल नहीं किया गया था। इसका कारण सर्वे के दौरान फ़ील्ड में आने वाली दिक़्क़तें तो थीं ही, इसके साथ ही उस समय यह भी माना जाता था कि महिला और पुरुष मतदाताओं के मतों के बीच में कोई विशेष अंतर नहीं होता है। हालाँकि इस कमी को बहुत जल्द दूर कर लिया गया और 1971 के राष्ट्रीय चुनाव अध्ययन में महिलाओं को भी सैम्पल में शामिल किया गया था। उस समय चुनाव के अध्ययन के लिए सैम्पल का

आकार वर्तमान समय के सैम्पल के आकर की तुलना में छोटा था। यहाँ यह याद रखना भी महत्त्वपूर्ण है कि यह उस समय के दूसरे राष्ट्रीय अध्ययनों की तुलना में बड़ा था। इसके साथ ही राष्ट्रीय स्तर पर राजनीतिक व्यवहार के प्रवृत्तियों और पैटर्नों तथा रुझानों को मापने के उद्देश्य से यह पर्याप्त था। इसके अतिरिक्त सैम्पल को बहुत मेहनत से बनाया गया था जिससे एक ऐसे सैम्पल का जन्म हुआ जो राष्ट्रीय स्तर पर प्रतिनिधित्व करता था। 1971 में कराये गये सर्वेक्षण का एक विशिष्ट गुण यह था कि इसमें एक ही साथ इलीट सर्वे और क्रॉस सेक्शनल सर्वे कराये गये थे। सैम्पलिंग के अतिरिक्त, 1967 और 1971 के राष्ट्रीय चुनाव अध्ययन ने रिसर्च के उपकरण और फ़ील्डवर्क की प्रथा को भी स्थापित किया।

भारत में हाल के वर्षों में भारतीय मतदाताओं के मतदान-व्यवहार, उनके राजनीतिक मत और रुझानों को मापने के लिए कराये जाने वाले चुनाव सर्वेक्षण बहुत लोकप्रिय हुए हैं। पिछले एक दशक में सम्पन्न हुए चुनावों के दौरान भारतीय मतदाताओं के बीच बड़ी संख्या में कराये गये जनमत सर्वेक्षण इस तथ्य का प्रमाण हैं कि हमारे देश में चुनावी सर्वेक्षण और सर्वेक्षण उद्योग की लोकप्रियता बढ़ी है। वर्ष 2004 और वर्ष 2009 में सम्पन्न हुए पिछले दो आम चुनावों में तो चुनाव पूर्व सर्वेक्षण और एग्ज़िट पोल कराने के लिए भारतीय मीडिया में भीषण प्रतियोगिता देखी गयी। हालाँकि मीडिया के बीच में होड़ अंततः इस बात को लेकर होती है कि सम्भावित चुनावी परिणाम की सबसे सटीक भविष्यवाणी कौन कर सकता है। इसके साथ ही सीटों का सबसे सटीक पूर्वानुमान करके कौन यह बता सकता है कि कौन सी पार्टी चुनाव जीतने जा रही है और मुख्य राजनीतिक दलों को कितनी सीटें प्राप्त हो सकती हैं। परंतु इस के साथ-साथ मीडिया में इस बात को लेकर भी होड़ होती है कि किसके पास कितना बड़ा सैम्पल है और कौन अपने नतीजों को दर्शकों/पाठकों के बीच सबसे पहले परोस सकता है। भारतीय मतदाताओं के मतदान संबंधी निश्चय को सामने लाने के अलावा मीडिया मतदाताओं के मत और रुझान तथा उनके मतदान-व्यवहार से संबंधित नतीजों की बड़े पैमाने पर रिपोर्टिंग करता है। वर्ष 2009 में सम्पन्न हुए आम चुनावों के दौरान मीडिया द्वारा कराये गये चुनाव-पर्व सर्वेक्षण के परिणामों के पंचलाइन/शीर्षक सिर्फ़ राजनीतिक नहीं होते थे। मसलन यह शीर्षक नहीं होता था कि 'यूपीए दौड़ में आगे, लेकिन बहुमत की रेखा तक पहुँचने में विफल', 'यूपीए को लाभ, एनडीए थोड़ा पीछे।' वस्तुतः उनके पंचलाइन/शीर्षक द्वारा समाज के एक वर्ग का मतदान-व्यवहार भी परिलक्षित होता था, जैसे - 'युवाओं का मत दलों का राजनीतिक भाग्य निर्धारित करेगा।' पोलस्टर और सीफ़ॉलॅजिस्ट सिर्फ़ एक ज्योतिषी का किरदार नहीं निभाते। मसलन वे सिर्फ़ इस बात की भविष्यवाणी नहीं करते कि राजनीतिक गठबंधनों, यूपीए, एनडीए, लेफ़्ट फ्रंट और अन्यों को कितनी सीटें मिलेंगी। इसकी बजाय, वे मतदाताओं के मतदान-व्यवहार और रुझानों की भी व्याख्या करने लगते हैं, वे यह भी बताने लगते हैं कि किन मुद्दों का चुनाव पर कितना प्रभाव पड़ेगा।

अध्ययन पीठ द्वारा कराये जाने वाले राष्ट्रीय चुनाव अध्ययन की प्रमुख विशेषता इनके द्वारा सर्वेक्षण के लिए तैयार की गयी विस्तृत प्रश्नावली थी। इन प्रश्नावलियों में 200 से लेकर 300 तक प्रश्न होते थे। इसके लिए आमने-सामने बैठकर एक घंटे से अधिक समय तक बातचीत की जाती थी। इन सूचियों को सिर्फ़ चुनावों के आधार पर नहीं बल्कि राजनीतिक विषयों की व्यापक समझ के साथ डिज़ाइन किया गया था। वस्तुतः ज़्यादा महत्त्व राजनीतिक व्यवहार, मतों और रुझानों की व्यापक विषयवस्तु को दिया गया था और इनके साथ स्थाई मूल्यों से जुड़े कुछ प्रश्न भी थे। उत्तर देने वालों की सामाजिक रूपरेखा का दस्तावेज़ बनाने के लिए व्यापक स्तर पर पृष्ठभूमि से जुड़े कारकों का भी प्रयोग किया गया था। इस सर्वे ने प्रश्नावली को भारत में बोली जाने वाली सभी प्रमुख भाषाओं में सावधानी से अनुवाद करने की प्रथा भी प्रारम्भ की। फ़ील्ड में अनुसंधान करने वालों की भर्ती, उनका प्रशिक्षण, फ़ील्ड वर्क, आँकड़ों का संग्रह और फ़ील्ड वर्क पर्यवेक्षण सीधे अध्ययन पीठ द्वारा संचालित होते थे। 1980 के दशक के दौरान चुनावों और मतदान-व्यवहार के लिए सर्वे रिसर्च कराना प्रमुख विद्वानों की कार्यसूची में विशिष्ट स्थान नहीं पा रहा था और न ही किसी संस्था ने सर्वे की शृंखला को क़ायम रखा। इसके कारण सर्वे के आँकड़ों की शृंखला एक लम्बे समय के लिए टूट गयी। वस्तुतः 1990 के दशक के मध्य में अध्ययन पीठ ने राष्ट्रीय चुनाव अध्ययन की परम्परा को पुनर्जीवित किया और आज भी यह भारत में मतदान-व्यवहार के सबसे प्रतिष्ठित अकादमिक अध्ययन के लिए जानी जाती है।

जनमत-सर्वेक्षण की लोकप्रियता 1980 के दशक में प्रारम्भ हुई जब डॉ. प्रणय रॉय ने भारतीय मतदाताओं के मिज़ाज को जानने के लिए चुनावों के दौरान जनमत-सर्वेक्षण संचालित करना प्रारम्भ किया। डॉ. रॉय की कोशिश थी कि जनमत सर्वेक्षणों को चुनाव के अध्ययन के लिए और सीटों की भविष्यवाणी के लिए वैज्ञानिक तरीक़ा बनाया जाए। इस प्रकार 1989 में डॉ. रॉय ने 'मार्केटिंग ऐंड रिसर्च ग्रुप' के सहयोग से एक एग्ज़िट पोल संचालित किया। इसमें 77, 000 मतदाताओं का मतदान केंद्रों पर वोट डाल कर बाहर आने के तुरंत बाद साक्षात्कार किया गया था। इस सर्वे ने कांग्रेस के जीतने की भविष्यवाणी की थी जो कमोबेश सटीक थी और बाद में चुनाव के परिणामों ने सर्वे के सटीक होने की पुष्टि की। 'वोट स्विंग' एक बहुत ही लोकप्रिय शब्द बन

गया था जिसकी गणना पिछले चुनाव में राजनीतिक दलों को प्राप्त वोटों की तुलना में वोटों के लाभ या हानि के आधार पर की जाती थी। इसके बाद डॉ. रॉय भारत में टेलीविज़न दर्शकों के बीच एक घरेलू नाम बन गये। डॉ. रॉय द्वारा की गयी इस पहल को हाथो-हाथ लिया गया और 1990 के दशक में प्रचुर मात्रा में उभरे इलेक्ट्रॉनिक मीडिया की सहायता से मीडिया और जनमत सर्वेक्षण दोनों विकास के पथ पर अग्रसर हो गये। इस प्रकार मतदाताओं के मत और व्यवहार को मापने के लिए चुनावी सर्वे और एग्ज़िट पोल कराना अत्यंत लोकप्रिय हो गया।

देखें : अकाली दल, कांग्रेस 'प्रणाली', ग़ैर-कांग्रेसवाद, गठजोड़ राजनीति, जनता दल और उसकी विरासत-1 और 2, तेलुगु देशम पार्टी, पार्टी-गठजोड़ की राजनीति, भारत में गठजोड़ राजनीति, भारतीय जनता पार्टी-1 और 2, भारतीय राष्ट्रीय कांग्रेस-1 और 2, भारतीय कम्युनिस्ट पार्टी, भारतीय कम्युनिस्ट पार्टी (मार्क्सवादी), राष्ट्रीय जनतांत्रिक गठजोड़, वाम मोर्चा, शिव सेना, समाजवादी पार्टी, बहुजन समाज पार्टी-1 और 2, शिरोमणि अकाली दल, समाजवादी पार्टी, संयुक्त प्रगतिशील गठजोड़।

संदर्भ

1. लोकनीति टीम (2004), 'नैशनल इलेक्शन स्टडी 2004 : ऐन इंट्रोडक्शन', *इकॉनॉमिक ऐंड पॉलिटिकल वीकली,* खण्ड 39, अंक 51.
2. संजय कुमार और प्रवीण राय (2013), *मैज़रिंग वोटिंग बिहेवियर इन इण्डिया,* सेज पब्लिकेशंस, नयी दिल्ली.
3. संदीप शास्त्री, के.सी. सूरी और योगेंद्र यादव (2009), *इलेक्टोरल पॉलिटिक्स इन स्टेस्ट्स : लोकसभा इलेक्शंस इन 2004 ऐंड बियांड,* ऑक्सफ़र्ड युनिवर्सिटी प्रेस, नयी दिल्ली.

— संजय कुमार

भारत में मतदान-व्यवहार-3

मीडिया और चुनावी सर्वेक्षण

(Voting-Behaviour in India-3)

भारत में 1990 के दशक में चुनावी सर्वे की लोकप्रियता को बढ़ाने में कई कारकों ने योगदान दिया परंतु मुख्य रूप से तीन कारक थे जिसके कारण इसका विस्तार हुआ : पहला इसने मतदाताओं के साथ-साथ राजनीतिक दलों के बीच भी यह जिज्ञासा उत्पन्न की कि चुनाव में कौन जीत सकता है और चुनाव सम्पन्न होने के पहले ही सर्वेक्षण के आधार पर किये जा रहे आकलनों में प्रमुख राजनीतिक दलों को कितनी सीटें प्राप्त हो सकती हैं; दूसरा चुनाव-पूर्व सर्वेक्षणों ने राजनीतिक दलों को विभिन्न वर्गों के मतदाताओं के मतदान-व्यवहार और उनके राजनीतिक पसंदों के संबंध में सूचनाएँ उपलब्ध करायीं। चुनाव के आँकड़ों ने विभिन्न निर्वाचन क्षेत्रों में दलों के जीतने की सम्भावना और उम्मीदवारों के जीतने की सम्भावना के मूल्यांकन के लिए प्रारम्भिक झुकाव का संकेत दे दिया। ये सूचनाएँ न सिर्फ़ विभिन्न सीटों के लिए उम्मीदवारों के चयन में बल्कि उनके चुनावी प्रचार की योजनाओं के निर्माण के लिए भी महत्त्वपूर्ण बन गयीं; और अंततः मीडिया को चुनावी सर्वेक्षणों ने मतदाताओं के मतदान-व्यवहार और रुझानों पर ढेर सारे आँकड़े उपलब्ध कराये। इससे मीडिया को चुनाव की व्याख्या करने में तथा ज़्यादा व्यापक और विस्तृत तरीक़े से सीटों के पूर्वानुमान करने में मदद मिली। मीडिया की मुख्य जिज्ञासा चुनाव के पहले किये गये चुनावी अध्ययन के आधार पर चुनाव के परिणामों को जानने में थी। इसके साथ-साथ चुनाव का पूर्वानुमान और चुनाव के दौरान सीटों की भविष्यवाणी भी काफ़ी प्रचलित और लोकप्रिय हुई।

21 वीं शताब्दी की शुरुआत भारत में जनमत-सर्वेक्षण उद्योग के अगले चरण के विकास का गवाह है। मीडिया ने चुनावों के दौरान सर्वेक्षण संचालित कराने के लिए विभिन्न मार्केट रिसर्च संगठनों को शामिल करना प्रारम्भ कर दिया। इन सर्वेक्षणों का उद्देश्य मतदाताओं के मिज़ाज को जानना और चुनाव के परिणामों की भविष्यवाणी करना था। मार्केट रिसर्च एजेंसियाँ जैसे ए.सी. नील्सन और ओ.आर.जी. मार्ग के अतिरिक्त नये संगठन जैसे सेंटर फ़ॉर मीडिया स्टडीज, डिवलपमेंट ऐंड रिसर्च सर्विसेज, सी वोटर आदि भी जनमत सर्वेक्षणों और एग्ज़िट पोल के इस उद्योग में भारतीय मतदाताओं के मतदान-व्यवहार की व्याख्या करने के लिए शामिल होने लगे। एग्ज़िट पोल एक लोकप्रिय शब्द बन गया। चुनावों का पूर्वानुमान करना तथा राष्ट्रीय और राज्य स्तरीय चुनावों में किन दलों के गठबंधनों को कितनी सीटें प्राप्त होगी, इसकी भविष्यवाणी करना इस दशक की एक सामान्य विशेषता बन गयी। प्रिंट मीडिया के बीच *इण्डिया टुडे* ने पहला जनमत-सर्वेक्षण 1989 में प्रकाशित किया और उसके बाद से चुनाव के पुर्वानुमानों के लिए वह सभी प्रमुख चुनावों के लिए लगातार जनमत सर्वेक्षण संचालित कराती आ रही है। इस दौरान में कराये गये चुनाव पूर्व सर्वेक्षणों ने मुख्यतः मतदाताओं के चुनावी विकल्पों, नेताओं की लोकप्रियता, राजनीतिक मुद्दों पर मतदाताओं के मत और सीटों की भविष्यवाणियों पर फ़ोकस किया। 2004 और 2009 में सम्पन्न अंतिम दो आम चुनावों में लगभग सभी प्रमुख न्यूज़ चैनलों और प्रिंट मीडिया ने जनमत-सर्वेक्षण के संचालन के लिए मार्केट रिसर्च एजेंसियों या फिर दूसरे सर्वेक्षण एजेंसियों का प्रयोग किया। सर्वे के आँकड़ों के आधार पर तथा पोलस्टरों

और सीफ़ॉलॅजिस्टों की विशेषज्ञता का प्रयोग करके सीटों की भविष्यवाणियाँ की गयीं जो 2004 में पूर्णत: ग़लत साबित हुईं और 2009 में भी सटीक तो नहीं हुईं परंतु कम से कम इसने चुनाव के परिणामों को सही दिशा में दिखाया।

मतदाताओं के मतों और रुझानों को जानने के लिए चुनावी सर्वेक्षण कराने की प्रक्रिया को 1990 के दशक में राजनीतिक दलों ने भी अपना लिया। राजनीतिक दलों ने सर्वेक्षण संचालित कराने और ज़मीनी स्तर पर मौजूद सच्चाई के बारे में विस्तृत रिपोर्ट जानने के लिए सर्वेक्षण एजेंसियों को भाड़े पर लिया। कांग्रेस पार्टी ने 1996 में अपने वोटों के परिदृश्य को जानने के लिए अखिल भारतीय स्तर पर सर्वेक्षण का संचालन गुप्त रूप से करवाया। परिणामस्वरूप यह मीडिया में लीक हो गया और इसने ढेर सारे विवादों और नीरसता को जन्म दिया। उसके बाद भाजपा ने अपने पार्टी के लिए एक आंतरिक सर्वेक्षण संचालित किया और पहली बार सावर्जनिक तौर पर उसने उसे स्वीकार भी किया। राजनीतिक दलों द्वारा जनमत सर्वेक्षणों को संचालित कराने के कारणों को संक्षेप में और सबसे बेहतर तरीक़े से स्वर्गीय प्रमोद महाजन ने अभिव्यक्त किया था। उन्होंने कहा था कि चुनावों में मार्केट सर्वेक्षणों का प्रयोग बढ़ता चला जाएगा और इसके साथ ही उन्होंने यह विश्वास भी व्यक्त किया था कि इस प्रकार के सर्वेक्षण अनिवार्य सूचनाओं को एकत्रित करने के लिए स्वतंत्र और वैज्ञानिक पद्धति हैं। ये सर्वे पार्टी के नेटवर्कों से ज़्यादा स्वतंत्र होते हैं क्योंकि पार्टी का नेटवर्क ज़्यादातर वही बताता है जो पार्टी को पहले से पता होता है। जबकि मार्केट सर्वे हमें बताता है कि प्रमुख मुद्दे क्या हैं, किन निर्वाचन-क्षेत्रों में पार्टी की मज़बूत पकड़ है और कहाँ पार्टी कमज़ोर है। इन भविष्यवाणियों के आधार पर पार्टियाँ जनसभाओं का आयोजन करती हैं, विज्ञापन-अभियान चलाती हैं व इसी प्रकार के अन्य काम करती हैं। हालाँकि योगेन्द्र यादव ने चुनावों के दौरान राजनीतिक दलों द्वारा जनमत-सर्वेक्षण का सहारा लेने के कारणों के लिए जो तर्क दिया है वह प्रमोद महाजन द्वारा अभिव्यक्त किये गये विचारों से एकदम अलग और विपरीत है। योगेन्द्र यादव के अनुसार जब राजनीतिक प्रक्रियाएँ विफल हो जाती हैं तभी मार्केट का सहारा लिया जाता है. उनके अनुसार लोकतांत्रिक राजनीति के नियमित प्रक्रियाओं ने सुचारू रूप से कार्य करना बंद कर दिया है और नेताओं को जनता के बारे में बहुत ही कम जानकारी होती है क्योंकि इस प्रकार का कोई पार्टी संयंत्र नहीं है। ज़मीनी स्तर के सूचनाओं का स्रोत दिनोंदिन सिकुड़ता जा रहा है। ऐसे में सबसे ज़्यादा ज़रूरत एक वस्तुगत सर्वे की है ताकि सच्चाई का पता चल सके।

इस प्रकार कई राजनीतिक दलों ने ज़मीनी सच्चाइयों को जानने के लिए सर्वेक्षण कराना प्रारम्भ किया। परंतु हाल के वर्षों में कुछ नेताओं ने व्यक्तिगत स्तर पर भी अपने निर्वाचन क्षेत्रों में सर्वे कराने की शुरुआत की है। हालाँकि इन नेताओं द्वारा सर्वे के नतीजों को कभी-कभी किसी निर्वाचन क्षेत्र में अपनी लोकप्रियता के सबूत के रूप में भी पेश किया जाता है ताकि उसे टिकट मिल सके। इसके साथ ही राजनीतिक दलों और उम्मीदवारों द्वारा जनमत सर्वेक्षणों का दुरुपयोग छल-कपट के लिए भी किया जाता है। सेंटर फ़ॉर द मीडिया स्टडी के एन. भास्कर राव कहते हैं कि जनमत-सर्वेक्षण के व्यावसाय में इसके दुरुपयोग किये जाने की भी अत्यधिक सम्भावना है। प्राय: नेताओं द्वारा अपने वांछनीय निष्कर्षों को साबित करने के लिए जनमत-सर्वेक्षणों को महज़ एक हथियार के रूप में इस्तेमाल किया जाता है। इन लोगों के लिए जनमत सर्वेक्षण व्यवसायिक कार्य न होकर रुपया कमाने का ज़रिया बन गया है। जनमत सर्वेक्षणों के लिए जिन पद्धतियों का प्रयोग किया जा रहा है उनमें कुछ ज़रूरी सुधार की ज़रूरत है। कभी-कभी तो सर्वेक्षण करने वाले सैम्पल का आकार तक नहीं बताते हैं और छोटे-से अध्ययन के आधार पर उसे सम्पूर्ण भारत के परिणाम के रूप में दर्शाने की कोशिश करते हैं। वास्तव में कुछ शक्तिशाली लोग पार्टी में प्रभाव अर्जित करने के लिए इस प्रकार के अध्ययनों को एक माध्यम के रूप में प्रयोग करते हैं और इसमें बहुत बड़ी मात्रा में उनका रुपया भी लगा होता है।

अध्ययन पीठ के चुनावी अध्ययन जिसकी निरंतरता 1980 के दशक में टूट गयी थी, वह 1990 के दशक के मध्य में बड़े व्यापक रूप में पुनर्जीवित हुई। अध्ययन पीठ में लोकतंत्र के तुलनात्मक अध्ययन के लिए एक प्रोग्राम के रूप में लोकनीति का गठन और 1995 में राजनीतिक वैज्ञानिकों के एक अखिल भारतीय नेटवर्क के सृजन ने 1996 में राष्ट्रीय चुनाव अध्ययन के संचालन के लिए मार्ग प्रशस्त कर दिया। इस बार पैनल डिज़ाइन सैम्पल का प्रयोग करके अध्ययन को तीन दौर में अर्थात् चुनाव-पूर्व, चुनाव प्रचार के बीच में और मतदान के बाद सम्पन्न कराने की जिम्मेवारी ली गयी। पैनल सैम्पल से तात्पर्य है पिछले चुनाव में जिन मतदाताओं से साक्षात्कार किया गया, उन्हीं मतदाताओं के पास साक्षात्कार के लिए दुबारा जाना। इसके अतिरिक्त लोकनीति ने 17, 604 वोटरों के बड़े सैम्पल के साथ एक एग्ज़िट पोल भी प्रारम्भ किया। यह अध्ययन अकादमिक क्षेत्रों और मीडिया दोनों में व्यापक स्तर पर प्रकाशित हुए। यह अनेकों शोध-प्रकाशनों का आधार था और विद्वानों द्वारा भारतीय राजनीति को सामान्य रूप से समझने के लिए और विशिष्ट रूप से इसकी चुनावी राजनीति को समझने के लिए अक्सर इसका इस्तेमाल किया जाता है। 1998 के लोकसभा चुनाव के समय सर्वे के दो दौर अर्थात् चुनाव-पूर्व सर्वे और मतदान के बाद सर्वे, 1998 के राष्ट्रीय चुनाव अध्ययन के भाग के रूप में कराये गये थे। इसमें 1996 के राष्ट्रीय चुनाव अध्ययन में जिन लोगों

की प्रतिक्रिया ली गयी थी उनके पास जाकर प्रतिक्रिया लेना सम्मिलित था। 1999 के अगले आम चुनाव में यह संस्था सिर्फ़ पोस्ट-पोल सर्वे कराने की अपनी पुरानी प्रथा पर वापस लौट आयी। इसका कारण यह नहीं था कि सी.एस.डी.एस का चुनाव पूर्व सर्वेक्षण पर भरोसा कम हो गया था, या इसमें दिलचस्पी कम हो गयी थी। इसका एकमात्र कारण आर्थिक संसाधनों की कमी थी। राष्ट्रव्यापी बड़े सैम्पल के सर्वे कराने के लिए बड़ी मात्रा में आर्थिक संसाधनों की जरूरत होती है। सन् 1996 के बाद लगातार लोकसभा चुनाव होने के कारण, 1999 में उतना संसाधन जुड़ा पाना सम्भव नहीं हो पाया और सी.एस.डी.एस ने सीमित आर्थिक संसाधन में सिर्फ़ पोस्ट-पोल सर्वे करने का निर्णय लिया। इस प्रकार इसने टिकाऊ मूल्यों वाले आँकड़ों के सेट को जन्म दिया। 1999 के राष्ट्रीय चुनाव अध्ययन के दौरान उसी पैनल का साक्षात्कार फिर से किया गया जिनका चयन 1996 और 1998 के राष्ट्रीय चुनाव अध्ययन के लिए किया गया था। इस प्रकार महज़ तीन वर्षों के छोटे से अंतराल में मतदाताओं के राष्ट्रीय स्तर पर प्रतिनिधित्व करने वाले सैम्पल का प्रयोग करते हुए सर्वे के कुल छह दौर कराये गये।

देखें : अकाली दल, कांग्रेस 'प्रणाली', ग़ैर-कांग्रेसवाद, गठजोड़ राजनीति, जनता दल और उसकी विरासत-1 और 2, तेलुगु देशम पार्टी, पार्टी-गठजोड़ की राजनीति, भारत में गठजोड़ राजनीति, भारतीय जनता पार्टी-1 और 2, भारतीय राष्ट्रीय कांग्रेस-1 और 2, भारतीय कम्युनिस्ट पार्टी, भारतीय कम्युनिस्ट पार्टी (मार्क्सवादी), राष्ट्रीय जनतांत्रिक गठजोड़, वाम मोर्चा, शिव सेना, समाजवादी पार्टी, बहुजन समाज पार्टी-1 और 2, शिरोमणि अकाली दल, समाजवादी पार्टी, संयुक्त प्रगतिशील गठजोड़।

संदर्भ

1. संजय कुमार और प्रवीण राय (2013), *मैज़रिंग वोटिंग बिहेवियर इन इण्डिया*, सेज पब्लिकेशंस, नयी दिल्ली.
2. अरविंद मोहन (सम्पा.) (2009), *लोकतंत्र का नया लोक : चुनावी राजनीति में राज्यों का उभार,* वाणी-लोकनीति-सीएसडीएस, नयी दिल्ली.
3. भास्कर राव (2009), *अ हैंड बुक ऑफ़ पोल सर्वेज़ इन मीडिया: ऐन पर्सपेक्टिव,* ज्ञान पब्लिकेशंस, नयी दिल्ली.

— संजय कुमार

भारत में मतदान-व्यवहार-4

अध्ययन पीठ की प्रणाली और उसका विकास

(Voting-Behaviour in India-4)

विकासशील समाज अध्ययन पीठ (सीएसडीएस) में सर्वे की परम्परा के विकास को समझने के लिए इसके द्वारा भारत में संचालित राष्ट्रीय चुनाव अध्ययन की शृंखला को तीन पीढ़ियों में बाँट कर देखना होगा। 1967, 1971 और 1980 के राष्ट्रीय चुनाव अध्ययन पहली पीढ़ी के सर्वेक्षण थे जिन्हें सी.एस.डी.एस में चुनावी अध्ययनों की शुरुआत कहा जा सकता है। 1996 से 1999 तक के राष्ट्रीय चुनाव अध्ययन की शृंखला को दूसरी पीढ़ी के अध्ययन की संज्ञा दी जा सकती है। 2004 और 2009 के राष्ट्रीय चुनाव अध्ययन को अध्ययन पीठ की परम्परा के चुनावी सर्वेक्षणों की तीसरी पीढ़ी का एक भाग माना जा सकता है। दूसरी पीढ़ी के राष्ट्रीय चुनाव अध्ययन (1996-1999) का निर्माण पहली पीढ़ी के चुनावी सर्वेक्षणों के ढाँचे पर ही किया गया था, हालाँकि इसमें कुछ नयी विशेषताओं को भी जोड़ा गया था। पहला और सबसे अधिक ध्यान देने वाला परिवर्तन सैम्पल का आकार था क्योंकि अब सैम्पल का आकार पहली पीढ़ी के सर्वे की तुलना में दो गुना से भी ज़्यादा बड़ा था। एक स्व-भारित राष्ट्रीय सम्भाव्यता सैम्पल बनाया गया था। इस बड़े और विस्तृत सैम्पल में सभी महत्त्वपूर्ण राज्यों के प्रतिनिधित्व को सुनिश्चित करने के साथ-साथ राष्ट्रीय प्रतिनिधित्व को भी सुनिश्चित किया गया था। जबकि पहले, 'प्रोबेबिलिटी प्रोपोर्सनेट टू साइज' प्रक्रिया का प्रयोग करके संसदीय निर्वाचन क्षेत्रों और विधानसभा क्षेत्रों की सैम्पलिंग की जाती थी। दूसरा परिवर्तन पैनल डिज़ाइन के साथ कई दौर में सर्वे का प्रयोग करना था। अकेले 1996 के राष्ट्रीय चुनाव अध्ययन में तीन दौर का सर्वे - चुनाव-पूर्व, चुनाव-प्रचार के बीच में और मतदान के पश्चात् सर्वे सम्मिलित था। चूँकि लोकसभा के दो चुनाव बहुत ही कम अंतराल पर हुए इसलिए एक ही पैनल को 1998 और 1999 के राष्ट्रीय चुनाव अध्ययन के लिए बढ़ा दिया गया था। तीसरा महत्त्वपूर्ण अंतर सर्वेक्षण की प्रक्रिया से जुड़ा था। द्वितीय पीढ़ी के राष्ट्रीय चुनाव अध्ययन ने मतदाताओं के मतों की वरीयता का पता लगाने के लिए नक़ली गुप्त मतदान-पत्र और नक़ली मतदान के बक्से का प्रयोग किया। इस नयी पहल ने पार्टियों को मिलने वाले वोटों का अनुमान लगाने में पहली पीढ़ी की तुलना में बहुत ज़्यादा शुद्धता ला दी।

दूसरी पीढ़ी के सर्वेक्षणों के साथ ही राष्ट्रीय चुनाव अध्ययन केवल अनुदानों पर निर्भर नहीं रहा बल्कि उसे

मीडिया से भी सफलतापूर्वक फण्ड मिलने लगा। कुछ अग्रणी मीडिया प्रकाशनों जैसे *द हिंदू, इण्डिया टुडे, फ्रंट लाइन* और *इकॉनॉमिस्ट* ने 1996 और 1999 के बीच के राष्ट्रीय चुनाव अध्ययन की मदद की। मीडिया की मदद ने राष्ट्रीय चुनाव अध्ययन की श्रृंखला को ज़्यादा प्रकाश में ला दिया। हालाँकि इसके साथ उसकी ज़िम्मेदारी भी बढ़ गयी और उसे सर्वे पूरा करने के लिए बहुत ही कम समय मिलने लगा। 2004 के राष्ट्रीय चुनाव अध्ययन ने अध्ययन पीठ की तीसरी पीढ़ी के सर्वे की शुरुआत का संकेत दिया। हालाँकि सैम्पल के आकार को बड़ा किया गया था लेकिन पहले प्रयोग में लाये जा रहे स्व-भारित राष्ट्रीय सम्भाव्यता सैम्पल के स्थान पर अब राज्य के स्तर पर सम्भाव्यता सैम्पल बनाया गया था। वस्तुत: सैम्पलिंग का ढाँचा राजनीति में आये परिवर्तन की वास्तविकता को प्रतिबिम्बित कर रहा था। इसमें राज्यों के स्तर पर बनाये गये सम्भाव्यता सैम्पलों के समुच्चय के आधार पर राष्ट्रीय स्तर पर सैम्पल का प्रतिनिधित्व प्राप्त करने की कोशिश की गयी थी। इसके लिए सैम्पल के आकार को दूसरी पीढ़ी के राष्ट्रीय चुनाव अध्ययन की तुलना में क़रीब तीन गुणा बड़ा किया गया था ताकि छोटे स्तर के राज्यों को भी सैम्पल में प्रतिनिधित्व दिया जा सके। बेहतर प्रतिनिधित्व प्राप्त करने के लिए एक ही मतदान केंद्र से सैम्पल में कम लोगों को शामिल किया जाने लगा ताकि एक ही जगह के झुण्ड के प्रभावों से बचा जा सके। विश्लेषणात्मक अर्थ में, स्व-भारित सैम्पल को त्यागने का मतलब था आँकड़ों के समूह के विश्लेषण के लिए राष्ट्रीय स्तर पर भारण का प्रयोग करना। राष्ट्रीय चुनाव अध्ययन में कुछ अन्य तरीक़ों से भी विस्तार किया गया था। प्रश्नावली का अनुवाद पहले जितनी भाषाओं में होता था, उसकी संख्या में भी वृद्धि की गयी। पहली बार, प्रमुख भाषाओं की 'बोलियों' के मुद्दे पर व्यवस्थित तरीक़े से ध्यान दिया गया था। राष्ट्रीय चुनाव अध्ययन की श्रृंखला में पहली बार, राज्य की राजनीति और समस्याओं से संबंधित प्रश्नों को शामिल किया गया था, ताकि सर्वेक्षण के आँकड़ों से राज्य-स्तरीय व्याख्या में मदद मिले। अध्ययन पीठ द्वारा संचालित किया गया 2009 का राष्ट्रीय चुनाव अध्ययन अब तक के किसी भारतीय आम चुनाव का और शायद दुनिया के किसी भी चुनाव का सबसे बड़ा और सबसे विस्तृत सामाजिक वैज्ञानिक सर्वे है। मतदाता सूची चुने गये सभी 59, 650 लोगों तक पहुँचाई गयी थी और 37, 365 साक्षात्कारों को पूरा किया गया था। इस विशालकाय सैम्पल के आकार के अतिरिक्त 2009 के इस चुनाव सर्वे ने कुछ नये बदलावों की भी शुरुआत की। ये थे— पहला-पहली बार किसी राष्ट्रीय स्तर के सर्वे में सैम्पल में शामिल लोगों को 'विभाजित सैम्पल' के साथ प्रश्नावलियों के पाँच सेट रैंडमली वितरित किये गये थे। दूसरा प्रश्नावलियों में व्यापक स्तर पर दूसरी विषयवस्तु से जुड़े कुछ अतिरिक्त सर्वेक्षण के मानदण्डों को भी शामिल किया गया था। इसमें अर्थव्यवस्था, सुरक्षा, सम्प्रदायवाद, लोकतंत्र और सामाजिक मूल्यों जैसे विषयों को शामिल किया गया था; और अंतत: सैम्पल में प्रतिक्रिया देने के लिए जिन लोगों का चयन किया गया था, उनके नहीं मिलने पर उनके स्थान पर दूसरे व्यक्ति की प्रतिक्रिया को 2004 के सर्वेक्षणों के दौरान तो स्वीकार कर लिया गया था परंतु 2009 के सर्वेक्षण के दौरान उसे किसी भी परिस्थिति में स्वीकार नहीं किया गया। उत्तरदाता के प्रतिस्थापन विधि जो 2004 के सर्वे में अपनाया गया था उसे 2009 में अस्वीकार करने की मुख्य वजह यह थी कि इससे सैम्पल के स्वरूप के बिगड़ने की सम्भावना ज़्यादा हो जाती है।

1990 के दशक में और 21वीं शताब्दी के प्रारम्भ में संचालित हुए राष्ट्रीय चुनाव अध्ययन की श्रृंखला ने कई नये परिवर्तनों की शुरुआत की। रिसर्च की इन नयी तकनीकों ने भारतीय चुनावों के अध्ययन की कला को एक मानक बना दिया। भारतीय मतदाताओं के राजनीतिक मतों, रुझानों और मतदान-व्यवहार को सिर्फ़ मौजूदा समाजशास्त्रीय और राजनीतिक पाराडाइम के अंतर्गत नहीं मापा गया था बल्कि विभिन्न दृष्टिकोण और मापदण्डों के साथ इनका विश्लेषण भी किया गया था। अध्ययन पीठ ने राष्ट्रीय चुनाव अध्ययन की श्रृंखला के अलावा पिछले दशक में राज्य विधानसभा के चुनावों के लिए भी जनमत सर्वेक्षण कराना प्रारम्भ किया। 1996 और 2009 के बीच राज्य स्तर पर मतदाताओं के मतदान-व्यवहार के निर्धारण के लिए कुछ राज्यों को छोड़कर सभी प्रमुख राज्यों में चुनावी सर्वेक्षण का कम-से-कम एक दौर संचालित किया गया। मतदाताओं के मतदान-व्यवहार को मापने के लिए इन विस्तृत चुनावी अध्ययनों के अतिरिक्त अध्ययन पीठ 2004 से लेकर 2009 तक के चुनावों में भी शामिल रहा। पिछले 5 वर्षों में अध्ययन पीठ द्वारा चुनावी भविष्यिवाणियों का सीटों के पूर्वानुमान में 70 प्रतिशत सटीकता की सफलता दर के साथ मिश्रित परिणाम रहा था।

चुनावी अध्ययनों का ऐतिहासिक अवलोकन बताता है कि चुनावों के अध्ययन के लिए सर्वेक्षण की प्रणाली भारत में मतदाताओं के मतदान-व्यवहार और रुझान को मापने के लिए सबसे लोकप्रिय हथियार रहा है और आज भी बना हुआ है। सर्वे प्रणाली के अलावा मतदान-व्यवहार और रुझानों के अध्ययन के लिए कुछ निर्वाचन क्षेत्र स्तर के अध्ययन और एथनोग्राफ़िक अध्ययनों का संचालन होता रहा है। भारत में राजनीतिक वैज्ञानिकों ने ज़्यादातर मतदाताओं के निर्वाचन क्षेत्र का अध्ययन संचालित किया है जबकि चुनाव में भाग लेने वालों के अवलोकन की पद्धति पर आधारित एथनोग्राफ़िक अध्ययन ज़्यादातर सामाजिक मानव-विज्ञानियों और समाजशास्त्रियों द्वारा किया गया है। पॉल ब्रास उन पहले

व्यक्तियों में से थे जिन्होंने 1977 और 1980 के उत्तर प्रदेश के चुनावों के लिए केस स्टडी पद्धति का प्रयोग किया था। उन्होंने राज्य के पाँच चुने हुए निर्वाचन क्षेत्रों में विस्तृत पर्यवेक्षण पर आधारित फ़ील्ड वर्क रिसर्च संचालित की थी। सुब्रत मित्रा ने भी 1980 के लोकसभा और विधानसभा के चुनावों में ओडीशा के गाँव में केस स्टडी संचालित की थी। ये दोनों केस स्टडीज़ बताती हैं कि यह पद्धति हमें चुनावों का ज़्यादा व्यापक और स्थानीय स्तर पर सूक्ष्म वर्णन मुहैया कराती है।

अग्रणी समाजशास्त्री एम.एन. श्रीनिवास और ए.एम. शाह ने 1960 के दशक के अंत में मतदान-व्यवहार का सहभागी प्रेक्षण संचालित किया। मानव-विज्ञानियों ने भी चुनावों के अवलोकन और मतदाताओं के मतदान-व्यवहार के अध्ययन के लिए तथा विशेषकर चुनाव के सांकेतिक पहलुओं और इससे जुड़े विभिन्न कर्मकाण्डों के अध्ययन के लिए चुनावों का एथनोग्राफ़िक अध्ययन संचालित किया। हौसर और सिंगर ने बिहार में 1980 के दशक के दो चुनावों के पर्यवेक्षण पर आधारित अध्ययन संचालित किया। मुकुलिका बनर्जी ने भी पश्चिम बंगाल में 2007 के विधानसभा के चुनावों के दौरान वहाँ एक गाँव में मानव-विज्ञानकीय अध्ययन संचालित किया। इन अध्ययनों ने मतदाताओं के मतदान-व्यवहार के सहभागी प्रेक्षण और चुनावों के गुणात्मक पहलुओं पर ज़्यादा फ़ोकस किया था। इन स्थानीय एथनोग्राफ़िक अध्ययनों के नतीजों का दायरा सीमित था, क्योंकि यह चुनावों के प्रक्रियाओं और गति की व्याख्या बड़े पैमाने पर नहीं कर सकता था। ये अध्ययन चुनाव के मुख्य स्टेकहोल्डरों के मतों को समझने में और साथ ही मतदाताओं के मतदान-व्यवहार को मात्रात्मक रूप में मापने में भी विफल रहे। जब मानव-विज्ञानियों ने विशिष्ट रूप से चुनावों को अध्ययन के लिए चुना तो उन्होंने सभी मात्रात्मक आँकड़ों को नज़रअंदाज़ कर दिया, यहाँ तक कि उन्होंने जनसंख्या के आकार और सामाजिक-आर्थिक स्थिति से संबंधित सबसे ज़रूरी सूचनाओं को भी भुला दिया।

2009 के आम चुनावों के दौरान एक नयी पद्धति से चुनावों का अध्ययन करने की कोशिश की गयी थी। यह अध्ययन पूरे भारत के 12 स्थानों में विस्तृत चुनावी एथनोग्राफ़ी पर आधारित था। इस 'कम्पेरेटिव इलेक्टोरल एथनोग्राफ़ी प्रोजेक्ट' का संचालन युनिवर्सिटी कॉलेज, लंदन, की डॉ. मुकुलिका बनर्जी ने विकासशील समाज अध्ययन पीठ, दिल्ली, की लोकनीति प्रोग्राम के सहयोग से किया था। इस अध्ययन के संचालन का उद्देश्य भारतीय चुनावों के बड़े पैमाने पर किये सर्वेक्षणों और स्थानीय स्तर पर किये गये सहभागितामूलक अनुसंधानों की शक्तियों को एक साथ मिलाकर तुलनात्मक अध्ययन करना था। डॉ. बनर्जी के अनुसार 'कम्पेरेटिव इलेक्टोरल एथनोग्राफ़ी स्टडी' का लाभ इस तथ्य से उभरता है कि इसमें भारतीय चुनावों के अध्ययन के लिए मात्रात्मक और गुणात्मक दोनों पद्धतियों की विषयगत शक्तियों और प्रणालीगत पद्धतियों के योग का प्रयोग किया जाता है। जहाँ सर्वेक्षणों से महत्त्वपूर्ण पैटर्नों और विरोधाभासों की पहचान की जाती है वहीं एथनोग्राफरों की सतर्कता, कम संसाधनों में प्रबंधन करने की क्षमता और व्यापक स्तर पर मेलजोल करने की क्षमता एक साथ मिलकर चुनावी अनुभवों और इसके अर्थों को अनुपूरक बनाती है और प्राय: इसे एक नयी अंतर्दृष्टि प्रदान करती हैं। भारतीय चुनावों के अध्ययन को इन दोनों पद्धतियों की विशेषताओं के ज़रूरत हैं ताकि अलग-अलग पद्धतियों और विशेषज्ञताओं की एक साथ मिलकर कार्य करने की स्थिति उत्पन्न की जा सके।

डॉ. बनर्जी के अनुसार इस प्रोजेक्ट में चुनावों का अध्ययन 'नम्बर गेम' और परिणामों पर फ़ोकस करने वाले नीरस सांख्यिकीय विषय के रूप में नहीं किया गया है। इसके बजाय, पूर्ण सांस्कृतिक और सार्वभौमिक अर्थ में किया जाता है, मानो यह भारतीय लोकतंत्र का सर्वाधिक महत्त्वपूर्ण, आधुनिक और सेकुलर पर्व हो। इस प्रकार इस अध्ययन ने भारत में चुनावों के सामाजिक, राजनीतिक और सांस्कृतिक जीवन में नयी तुलनात्मक समझदारियों और सामूहिक अंतर्दृष्टि को जन्म दिया है। समग्र रूप से यह अध्ययन समकालीन भारत में विशाल क्षेत्रीय भिन्नताओं के बावजूद लोकतंत्र की एक नयी समझ का नेतृत्व करेगा। इस अध्ययन का उद्देश्य भारत में विभिन्न क्षेत्रों के चुनावी अनुभवों की विविधता को सम्मिलित करना है। इसके लिए इस समकालिक अध्ययन में भाग लेने वाले निरीक्षकों की एक टीम द्वारा विभिन्न स्थानों से चुनावी प्रक्रिया और लोकप्रिय सहभागिता के सभी पहलुओं का अध्ययन किया जाता है। इसका उद्देश्य चुनावी प्रतिस्पर्धा के सभी पहलुओं— नामांकन, प्रचार, मीडिया कवरेज से लेकर मतदान और परिणामों की घोषणा तक का अध्ययन करना है।

देखें : अकाली दल, कांग्रेस 'प्रणाली', ग़ैर-कांग्रेसवाद, गठजोड़ राजनीति, जनता दल और उसकी विरासत-1 और 2, तेलुगु देशम पार्टी, पार्टी-गठजोड़ की राजनीति, भारत में गठजोड़ राजनीति, भारतीय जनता पार्टी-1 और 2, भारतीय राष्ट्रीय कांग्रेस-1 और 2, भारतीय कम्युनिस्ट पार्टी, भारतीय कम्युनिस्ट पार्टी (मार्क्सवादी), राष्ट्रीय जनतांत्रिक गठज़ोड़, वाम मोर्चा, शिव सेना, समाजवादी पार्टी, बहुजन समाज पार्टी-1 और 2, शिरोमणि अकाली दल, समाजवादी पार्टी, संयुक्त प्रगतिशील गठजोड़।

संदर्भ

1. योगेंद्र यादव (2007), 'इंवीटेशन टू ए डॉयलॉग : ह्वाट वर 'फ़ील्डवर्क' डू इन द फ़ील्ड ऑफ़ इलेक्शंस?, एम.एन. श्रीनिवास

और ए.एम. शाह (सम्पा.) (2007), *द ग्रासरूट ऑफ़ डेमॉक्रैसी: .फ़ील्ड स्टडीज़ ऑफ़ इलेक्शंस,* परमानेंट ब्लैक, नयी दिल्ली.

2. ए.एम. शाह (सम्पा.) (2007), द *ग्रासरूट ऑफ़ डेमॉक्रैसी : .फ़ील्ड स्टडीज़ ऑफ़ इलेक्शंस,* परमानेंट ब्लैक, नयी दिल्ली.
3. योगेंद्र यादव (2008), 'विदर सर्वे रिसर्च? रिफ़्लेक्शंस ऑन द स्टेट ऑफ़ सर्वे रिसर्च ऑन पॉलिटिक्स इन मोस्ट ऑफ़ द वर्ल्ड', मेलकॅम आदिशेषैया स्मृति व्याख्यान, चेन्नई.
4. मुकुलिका बनर्जी (2007), 'सेकरेड इलेक्शंस', *इकॉनॉमिक ऐंड पॉलिटिकल वीकली,* खण्ड 42, अंक 17.
5. सुहास पलशीकर (2007), 'द इमैजिंड डिबेट बिटवीन पोल्स्टर ऐंड एथ्नोग्राफ़र', *इकॉनॉमिक ऐंड पॉलिटिकल वीकली,* खण्ड 42, अंक 43.

— संजय कुमार

भारत में मतदान-व्यवहार-5

आलोचनाएँ और चुनौतियाँ

(Voting-Behaviour in India-5)

जनमत-सर्वेक्षण पर आधारित चुनाव के अध्ययनों की सीमाएँ और इसकी आलोचनाओं की शुरुआत 1970 के दशक में ही हुई। विद्वानों ने इस बात की तरफ़ इशारा किया कि पिछले दो दशक में हुए चुनावों के सर्वे भारतीय मतदाताओं के मतदान-व्यवहार को समझने और उसकी व्याख्या में किसी भी प्रकार की विशेषज्ञता हासिल करने में असफल रहे हैं। चुनावी अध्ययनों पर लगाया गया सबसे बड़ा आरोप यह था कि भारतीय मतदाताओं के राजनीतिक व्यवहार से संबंधित किसी भी तरह के सुनिश्चित सूत्रीकरण तक पहुँचने में इसका बहुत सीमित योगदान रहा है। 1990 के दशक ने चुनावों में सिर्फ़ जनमत सर्वेक्षण उद्योग के विकास को ही नहीं देखा बल्कि भारत में मतदान-व्यवहार के मापन में सर्वे रिसर्च की ज़्यादा आलोचनाओं और सीमाओं को भी देखा। चुनावी सर्वे के दायरे और प्रासंगिकता पर विद्वानों द्वारा पूछे गये प्रश्नों के अतिरिक्त सर्वेक्षण उद्योग पर विवादों और संदेहों के कारण सार्वजनिक तौर पर भी कीचड़ उछाला गया। सर्वेक्षणों पर मतदान-व्यवहार को प्रभावित करने का आरोप लगाया गया। इसका परिणाम यह हुआ कि भारत के निर्वाचन आयोग ने मतदान के 48 घंटे पहले से लेकर आख़िरी मत पड़ने तक के बीच में चुनावी सर्वे के प्रचार-प्रसार पर प्रतिबंध लगा दिया।

प्रारम्भिक चरण की चुनौतियाँ : भारत में जनमत-सर्वेक्षण का प्रयोग करके मतदान-व्यवहार मापने के प्रारम्भिक चरण को अत्यधिक उत्साह और जोश के लिए जाना जाता है परंतु इसके साथ कई महत्त्वपूर्ण समस्याएँ और चुनौतियाँ भी जुड़ी हुई थीं। जिस प्रकार स्वतंत्र भारत में किसी नये उद्यम या उद्योग ने शुरुआत के वक़्त आधारभूत संरचनाओं के अभाव के साथ-साथ वित्तीय समस्याओं का सामना किया था, वैसे ही सर्वेक्षण उद्योग के लिए भी स्थिति इनसे अलग बिल्कुल नहीं थी। चुनावों के जनमत सर्वेक्षण के लिए न तो इस क्षेत्र का ज्ञान या विशेषज्ञता उपलब्ध थी और न ही इसे सहायता देने के लिए वित्तीय संसाधन उपलब्ध थे। चुनावी सर्वेक्षण के संचालन के लिए आवश्यक पद्धतियों, प्रक्रियाओं और अभ्यासों की कमी के कारण चुनावी सर्वे रिसर्च में रुचि रखने वाले लोगों के समक्ष अमेरिका या ग्रेट ब्रिटेन जाकर सर्वे रिसर्च की पद्धतियों और तकनीकों को सीखने के अलावा और कोई विकल्प नहीं था। इसी कारण आई.आई.पी.ओ. को 1957 में अपने पहले चुनावी सर्वेक्षण के संचालन के लिए अमेरिका के गैलप इंटरनेशनल से विशेषज्ञों और तकनीकों की मदद के साथ-साथ वित्तीय मदद भी लेनी पड़ी थी।

इस कालावधि के दौरान सर्वेक्षण का डिज़ाइन तैयार करना, उसका क्रियान्वयन और मतदान-व्यवहार को मापना भी महत्त्वपूर्ण चुनौतियाँ थीं। अखिल भारतीय चुनावी सर्वेक्षण के डिज़ाइन की अवस्था ने ही गम्भीर चुनौती उत्पन्न कर दी, क्योंकि इस देश के मतदाता विविध भाषाओं और बोलियों को बोलते थे। इसके लिए साक्षात्कार की प्रश्नावली का अनुवाद करने की आवश्यकता थी। साक्षात्कार की प्रश्नावली और अन्य सामग्रियों को सारी भाषाओं और बोलियों में अनुवाद करना ही अपने आप में बहुत मुश्किल और समय ख़र्च करने वाला कार्य था। अपने उपकरणों का मानक स्तर बनाये रखने के लिए प्रश्नावलियों का अनुवाद करते समय यह सावधानी बरतने की भी आवश्यकता थी कि कहीं इससे शब्दों या प्रश्नों के वास्तविक अर्थ ही न बदल जाएँ। प्रश्नावलियों का विभिन्न भाषाओं और बोलियों में अनुवाद करना न सिर्फ़ एक मुश्किल कार्य था बल्कि इसके लिए बहुत ज़्यादा ख़र्च और निवेश की भी ज़रूरत थी।

सर्वे के उपकरणों का डिज़ाइन तैयार करने और उसका परीक्षण करने के बाद दूसरा चरण आँकड़ों के संग्रह के लिए फ़ील्ड वर्क संचालित करने का था। इस चरण के दौरान फ़ील्ड वर्क में दो प्रमुख अड़चनें थीं। पहला, फ़ील्ड वर्क के लिए ऐसे कर्मचारियों की ज़रूरत थी जिन्हें सर्वे रिसर्च और साक्षात्कार की तकनीकों का थोड़ा अनुभव हो। हालाँकि उस समय सर्वे रिसर्च में प्रशिक्षित मानव-संसाधन का अभाव था क्योंकि भारत में सर्वे रिसर्च का उद्घाटन एकदम नया था। चूँकि सर्वे के संचालन के लिए उपलब्ध

संसाधन बिल्कुल सीमित थे इसलिए प्रशिक्षण में निवेश करना भी लगभग असम्भव था। फ़ील्ड में सर्वे करने वालों में उपयुक्त प्रशिक्षण की कमी के कारण सर्वेक्षण के दौरान साक्षात्कारकर्ताओं का पूर्वग्रह और आत्मनिष्ठता भी सामने आयी। इसके परिणामस्वरूप प्रारम्भिक चरणों में संचालित किये गये चुनावी सर्वेक्षणों में मापन त्रुटियाँ और दूसरे प्रकार की त्रुटियों की गुंजाइश बहुत ज़्यादा थी। दूसरा, आधारभूत संरचना से जुड़ी सुविधा जैसे संचार-व्यवस्था बहुत ख़राब थी। इसके कारण फ़ील्ड अनुसंधान कर्ताओं की टीम को आवागमन में और सैम्पल में शामिल लोगों से सम्पर्क स्थापित करके साक्षात्कार करने में काफ़ी दिक़्क़तें आयीं। इसके परिणामस्वरूप चुनावी सर्वेक्षणों में प्रतिक्रिया की त्रुटियाँ बहुत ज़्यादा हुईं।

इस कालावधि के दौरान संग्रहित किये गये आँकड़ों की गणना करना और उसका विश्लेषण करना भी एक प्रमुख समस्या थी। उस समय आज की तरह आँकड़ों के विश्लेषण के लिए कम्प्यूटर और सॉफ़्टवेयर जैसी आधुनिक तकनीकों का अभाव था। इस कारण आँकड़ों का मिलान करना और उनका विश्लेषण करना एक बोझिल प्रक्रिया होती थी। यह पूरी प्रक्रिया या तो शारीरिक श्रम से या फिर टेप्स के द्वारा की जाती थी। इसलिए यह बहुत ज़्यादा समय लेने वाला और श्रमसाध्य काम होता था। इसके साथ ही इसमें गणना और विश्लेषण की त्रुटियों का ख़तरा भी ज़्यादा रहता था।

भारत में मतदान-व्यवहार के अध्ययन के लिए इस कालावधि के दौरान संचालित किये गये जनमत सर्वेक्षणों की कई आधारों पर आलोचनाएँ की गयीं। पहला भारत के राजनीतिक वैज्ञानिकों ने पश्चिम के व्यवहारवाद को इसकी प्रणालीगत मुश्किलों और तकनीकी जटिलताओं को समझे बिना अपना लिया। वस्तुत: इस समय पश्चिमी शोधकर्ताओं पर निर्भर रहने और पश्चिमी देशों में चुनाव के अध्ययन के क्षेत्र में महत्त्वपूर्ण स्थान रखने वाली तकनीकों और प्रणालियों की बराबरी करने की प्रवृत्ति थी। इस आलोचना का आधार यह है कि इस कालविधि के दौरान संचालित किये गये चुनावी अध्ययनों ने सर्वे तकनीक और पद्धतियाँ मुख्य रूप से युनिवर्सिटी ऑफ़ मिशीगन और अमेरिकन इंस्टीट्यूट ऑफ़ पब्लिक ओपिनियन से उधार ली थीं। हालाँकि अमेरिका में प्रयोग में लाये जा रहे इन सर्वे तकनीकों को इस आधार पर जाँचने की कोशिश की गयी थी कि यह भारतीय संदर्भ में कितनी उपयुक्त थीं। वस्तुत: भारत में मतदान-व्यवहार और इसकी प्रवृत्तियों को मापने के लिए इन रिसर्च तकनीकों को समुचित संशोधन और अनुकूलन के बाद ही अपनाया गया था।

दूसरा पिछले दो दशकों में प्रचुर मात्रा में चुनावी अध्ययन हुए परंतु वे विशेषज्ञता के साथ चुनावी परिणामों के अनुमान और भविष्यवाणी करने में या फिर सामान्य रूप में चुनावी प्रक्रियाओं को समझने में असफल रहे। दरअसल, पहला आरोप न सिर्फ़ इस कालावधि के लिए बल्कि वर्तमान समय के लिए भी सही है कि जनमत सर्वेक्षण पर आधारित चुनावी अध्ययन, चुनावी परिणामों की भविष्यवाणी के लिए आवश्यक किसी भी प्रकार की विशेषज्ञता और विशिष्ट कौशल को सामने लाने में असफल रहा है। दूसरी आलोचना में यह कहा गया है कि चुनावी अध्ययन भारतीय मतदाताओं के मतदान-व्यवहार को समझने और उसकी व्याख्या करने के अपने प्रयासों में विफल रहा है। इस आलोचना को पूरी तरह सच नहीं माना जा सकता। अहमद ने स्वयं, अपने उसी लेख में यह कहा है कि वे भारत में चुनावी अध्ययनों को त्याग देने की वकालत नहीं कर रहे हैं। वे कहते हैं कि यद्यपि इसकी भविष्यवाणी करने की क्षमता सीमित है परंतु इसके बावजूद यह मतदाताओं के राजनीतीकरण की प्रक्रियाओं और भारतीय राजनीतिक व्यवस्था के विकास के लिए एक संचयी और टिकाऊ दृष्टिकोण उपलब्ध करा सकता है।

अंतत: चुनावी अध्ययनों की सबसे बड़ी सीमा यह है कि भारतीय मतदाताओं के मतदान-व्यवहार के लिए किसी भी परिशुद्ध सूत्रीकरण तक पहुँचने में इसका योगदान न्यूनतम और सीमित रहा है। चुनावी अध्ययनों की ये आलोचनाएँ और इस कालावधि में मतदान-व्यवहार को मापने में इनकी सीमाएँ महत्त्वपूर्ण और प्रासंगिक हैं। परंतु यहाँ यह भी याद रखा जाना चाहिए कि भारत में चुनावी अध्ययनों की यह प्रारम्भिक अवस्था थी और एक विषय बनने के लिए किसी भी उपक्रम को एक गर्भावधि काल की आवश्यकता पड़ती है तथा वर्षों तक इस पर शोध और इसके विकास का प्रयास करते रहना पड़ता है।

1990 के बाद भारत में मतदान-व्यवहार को मापने में चुनौतियाँ पहले चरण की तुलना में ज़्यादा जटिल और कठिन हो गयीं। भारतीय मतदाताओं के मतदान-व्यवहार और रुझानों को मापने में इस बढ़ती हुई जटिलता और पेचीदगी के लिए कई कारक ज़िम्मेवार हैं। इनमें से दो प्रमुख कारक जिन्होंने भारत में मतदान-व्यवहार के कार्य को कठिन बना दिया, वे थे : पहला, भारत में लोकतांत्रिक राजनीति की बदलती हुई प्रकृति और दूसरा, चुनावी सर्वेक्षण करने वाले सर्वेक्षण उद्योग के फ़ोकस और प्राथमिकता में आया परिवर्तन। इस दौरान चुनावी राजनीति में कुछ नये विकास हुए, जैसे— प्रतिस्पर्धाओं की बहुध्रुवीयता, दलीय गठबंधनों का विकास और इन गठबंधनों के बीच एक-दूसरे के वोटों का हस्तांतरण तथा राजनीतिक दलों के लिए भौगोलिक आधार पर वोटों का संकेद्रण। इस कालावधि में चुनावी प्रतिस्पर्धा के कारण राजनीतिक दलों में भीषण गुटबाजी,

बहुत बड़ी संख्या में बाग़ी उम्मीदवारों की उपस्थिति और क्षेत्रीय स्तर पर जोड़-तोड़ को भी देखा गया। इनका चुनावी सर्वेक्षण के द्वारा पता लगाना असम्भव है। इस कालावधि में बहुत बड़ी संख्या में मीडिया की उपस्थिति और उनकी चुनावी सर्वेक्षण और परिणाम के पूर्वानुमान के प्रति अभिरुचि के कारण भी चुनावी सर्वेक्षण उद्योग में परिवर्तन आया। चुनावी सर्वेक्षण का मुख्य केंद्र अब भारतीय मतदाताओं के मतदान-व्यवहार को मापने से परिवर्तित होकर सीटों की भविष्यवाणियाँ और चुनावी पूर्वानुमान हो गया।

देखें : अकाली दल, कांग्रेस 'प्रणाली', ग़ैर-कांग्रेसवाद, गठजोड़ राजनीति, जनता दल और उसकी विरासत-1 और 2, तेलुगु देशम पार्टी, पार्टी-गठजोड़ की राजनीति, भारत में गठजोड़ राजनीति, भारतीय जनता पार्टी-1 और 2, भारतीय राष्ट्रीय कांग्रेस-1 और 2, भारतीय कम्युनिस्ट पार्टी, भारतीय कम्युनिस्ट पार्टी (मार्क्सवादी), राष्ट्रीय जनतांत्रिक गठजोड़, वाम मोर्चा, शिव सेना, समाजवादी पार्टी, बहुजन समाज पार्टी-1 और 2, शिरोमणि अकाली दल, समाजवादी पार्टी, संयुक्त प्रगतिशील गठजोड़।

संदर्भ

1. योगेंद्र यादव (2008), 'विदर सर्वे रिसर्च? रिफ़्लेक्शंस ऑन द स्टेट ऑफ़ सर्वे रिसर्च ऑन पॉलिटिक्स इन मोस्ट ऑफ़ द वर्ल्ड', मेलकॅम आदिशेषैया स्मृति व्याख्यान, चेन्नई.
2. ए.एम. शाह (सम्पा.) (2007), *द ग्रासरूट ऑफ़ डेमॉक्रैसी : फ़ील्ड स्टडीज़ ऑफ़ इलेक्शंस*, परमानेंट ब्लैक, नयी दिल्ली.
3. बशीरुद्दीन अहमद, 'द इलेक्टोरेट', *सेमिनार*, खण्ड 212.

— संजय कुमार

भारत में मतदान-व्यवहार-6

आलोचनाएँ और चुनौतियाँ

(Voting-Behaviour in India-6)

भारत में द्वितीय चरण में मतदान-व्यवहार के अध्ययन के लिए प्रमुख चुनौती दलीय प्रतिस्पर्धा की प्रकृति ने प्रस्तुत की है। ऐसे राज्य जहाँ दो ही प्रमुख राजनीतिक दल हैं वहाँ अगर सर्वेक्षण ने मतों में उनकी हिस्सेदारी को ठीक तरह से मापा है तो फिर चुनाव के परिणामों का पूर्वानुमान करना बहुत आसान है। दूसरी तरफ़ वैसे राज्यों में जहाँ बहु-दलीय प्रतिस्पर्धा है वहाँ के चुनावों में सीटों की भविष्यवाणियाँ करना बिल्कुल ही मुश्किल हो जाता है। किसी दल के वोटों की हिस्सेदारी के आकलन में मामूली-सी ग़लती भी पूर्वानुमान को पूरी तरह से उलट सकती है। इस तरह की घटना का एक आदर्श उदाहरण उत्तर प्रदेश राज्य में 2007 के विधानसभा चुनाव के दौरान घटित हुआ था। अधिकांश सर्वेक्षण एजेंसियों ने बसपा को वास्तव में प्राप्त मतों के हिस्सेदारी से सिर्फ़ दो प्रतिशत कम मतों की पूर्वानुमान किया था। मतों की हिस्सेदारी में दो प्रतिशत का यह छोटा-सा अंतराल सर्वेक्षण उद्योग के पूर्वानुमान को उलट देने के लिए पर्याप्त था क्योंकि अधिकांश सर्वेक्षण यह भविष्यवाणी करने में विफल रहा था कि बसपा स्पष्ट बहुमत के साथ चुनाव जीत सकती है।

प्रारम्भिक वर्षों में संचालित किये गये चुनावी अध्ययन यह दिखाते हैं कि भारतीय मतदाता सामाजिक-सांस्कृतिक और जनसांख्यिकीय पृष्ठभूमियों के आधार पर बहुत ज़्यादा विविधतापूर्ण हैं। यह विविधता उनके विविध मतदान-पैटर्नों और वरीयताओं में प्रतिबिम्बित होती है। भारतीय मतदाताओं की भाषा, क्षेत्र, जाति-समुदाय और धर्म की पहचान पर आधारित बहुल-पहचान एक-दूसरे से जुड़ी हुई है। इस कारण उनके राजनीतिक जुड़ाव और मतदान-व्यवहार की प्रवृत्ति का पता लगाना बहुत मुश्किल हो जाता है। उदाहरण के लिए पिछले दशक में उत्तर प्रदेश राज्य में संचालित किये गये विभिन्न क्षेत्रों में रहने वाले मुसलमान मतदाताओं के मतदान-व्यवहार में विभिन्नताओं को सही तरीक़े से प्रतिबिम्बित नहीं करता। इसका कारण यह है कि उत्तर प्रदेश में मुसलमान कोई एक समरूप इकाई का निर्माण नहीं करते हैं जो एकमुश्त वोट डालते हों बल्कि क्षेत्र, भाषा और पंथ के आधार पर इनके मतदान के पैटर्नों में भी अंतर है। अतीत में संचालित हुए कुछ बड़े आकार के सैम्पल सर्वेक्षणों ने यह दिखाया है कि इस राज्य के मुसलमानों के कुछ वर्गों ने कुछ क्षेत्रों में भाजपा को भी वोट दिया है। मतदाताओं की बहुसांस्कृतिकता और अंतर-सामुदायिक विविधता भारत में मतदाताओं के मतों और रुझानों को मापने में आज भी एक प्रमुख चुनौती बनी हुई है। भारतीय मतदाताओं की इस बहुस्तरीय विविधता और जटिलता को समाहित करने का एक मात्र तरीक़ा यह है कि बड़े आकार के सैम्पल सर्वे किये जाएँ। यह बहुत चुनौतीपूर्ण कार्य नहीं है लेकिन इसके लिए बहुत ज़्यादा मानव-शक्ति और पूँजी की आवश्यकता पड़ेगी।

चुनावी राजनीति और सर्वेक्षण-उद्योग में परिवर्तन के अनुरूप ही भारतीय मतदाताओं के मतदान-व्यवहार में भी परिवर्तन हो गया। 1990 के दशक में प्रारम्भ हुई पहचान की राजनीति और तीक्ष्ण सामाजिक-राजनीतिक दरारों के कारण मतदाताओं के मतदान-व्यवहार में महत्त्वपूर्ण परिवर्तन प्रारम्भ हुए। मण्डल कमीशन आंदोलन और राम जन्मभूमि विवाद ने जाति-समुदाय और धर्म के आधार पर मतदाताओं का

ध्रुवीकरण कर दिया। जाति और समुदाय की रेखा के इर्द-गिर्द मतदाताओं के ध्रुवीकरण ने एक विलक्षण समस्या उत्पन्न कर दी। वे भारतीय मतदाता जो पहले चरण में चुनाव-सर्वेक्षकों को अपने मतदान के निश्चय के बारे में सच-सच बता देते थे, अब वे खुले में मतदान के बारे में पूछे जाने पर सच बोलने में संकोच करने लगे। यह इस डर के कारण उत्पन्न हुआ था कि अगर उन्होंने सच-सच बता दिया कि उन्होंने किस पार्टी को वोट दिया है तो इसका प्रयोग दूसरे राजनीतिक दलों द्वारा उन्हें व्यक्तिगत रूप से पहचानने और निशाना बनाने के लिए किया जा सकता है। यह ज़्यादातर पिछड़े और हाशिये पर पड़े वर्गों के मतदाताओं के साथ हुआ। हालाँकि कुछ परिस्थितियों में अपने मतदान के निश्चयों को छिपाने की यह घटना भारत में प्रभुत्वशाली ऊँची जातियों के बीच भी हुई। इस तरह की घटना का एक आदर्श उदाहरण 2007 में उत्तर प्रदेश के विधानसभा चुनावों के दौरान देखा गया। इस चुनाव में ऊँची जातियों के मतदाताओं की एक बड़ी संख्या ने बसपा (दलित पार्टी) को वोट दिया परंतु उन्होंने जातिगत पूर्वग्रह और अपने जाति-समुदाय के लोगों द्वारा प्रतिशोध के डर से चुनावी सर्वेक्षणों के दौरान इसकी सूचना नहीं दी। इसके परिणामस्वरूप इस चुनाव के दौरान संचालित किये गये अधिकांश चुनावी सर्वेक्षण बसपा के लिए मतों की हिस्सेदारी का पता लगाने और उसकी जीत की भविष्यवाणी करने में असफल रहे।

इस दौरान भारतीय मतदाताओं के बीच चंचलता भी देखी गयी और अस्थिर मतदाताओं की संख्या में भी व्यापक वृद्धि हुई। चुनाव-प्रचार के दौरान संचालित किये गये चुनावी अध्ययन बताते हैं कि लगभग एक चौथाई मतदाताओं ने यह निर्णय नहीं लिया था कि किसे वोट देना है और वे अभी तक निर्णय लेने की प्रक्रिया से ही गुज़र रहे थे। अस्थिर मतदाता चुनाव प्रचार के ख़त्म हो जाने के बाद मतदान का निश्चय करते हैं और अगर किसी विशिष्ट राजनीतिक दल के पक्ष में हवा चल रही हो तो फिर दूसरे राजनीतिक दलों के वोटों में हिस्सेदारी मापना न सिर्फ़ कठिन हो जाता है बल्कि यह चुनौतीपूर्ण और जटिल भी हो जाता है। इसी प्रकार भारत में मतदाताओं के वोटिंग स्वरूप हमें बताते हैं कि कुछ मुद्दे मतदाताओं को भिन्न-भिन्न तरह से और प्रांतीय आधार पर प्रभावित करते हैं। उदाहरण के लिए चुनावों में कुछ मुद्दों की क्षेत्रीय और प्रांतीय अपील हो सकता है और यह उनके मतदान के निर्णय का आधार भी बन सकती है। यह सम्भव है कि दूसरे प्रांत के मतदाताओं के लिए इस अपील का कोई महत्त्व नहीं हो और उनके मतदान के निर्णयों को यह किसी भी प्रकार से प्रभावित नहीं करे। इस प्रकार सैम्पल सर्वे द्वारा मतदाताओं को प्रभावित करने वाले प्रांतीय या स्थानीय मुद्दों का पता लगाने में विफल रहना, इस पद्धति की प्रमुख कमी और सीमा है।

मतदान-व्यवहार को मापने में अन्य प्रमुख चुनौती सैम्पलिंग के रूप में और सैम्पल के आकार के रूप में आती है। भारत में अधिकांश सर्वेक्षण एजेंसियों द्वारा चुनावी सर्वेक्षण में सैम्पलिंग की जिस पद्धति का प्रयोग किया जाता है, वह ठीक/उपयुक्त नहीं होती है। इनके सैम्पल में सभी प्रकार के मतदाताओं का प्रतिनिधित्व भी नहीं होता है। अतीत में किये गये चुनावी अध्ययन बताते हैं कि विभिन्न सामाजिक-आर्थिक समूहों और जाति-समुदायों से संबंध रखने वाले लोगों की मतदान में वरीयता अलग-अलग होती है। उदाहरण के लिए उत्तर प्रदेश राज्य में अधिकांश दलित, मुख्यत: जाटव बसपा के समर्थक रहे हैं जबकि ऊँची जाति के मतदाताओं में अधिकांश लोग भाजपा और कांग्रेस के समर्थक रहे हैं। इसी प्रकार यादव समुदाय के मतदाता समाजवादी पार्टी के कट्टर समर्थक रहे हैं। उत्तर प्रदेश राज्य के सैम्पल में इन जाति और समुदायों के प्रतिनिधित्व का प्रतिशत इस राज्य की जनसंख्या में इनके वास्तविक प्रतिशत के लगभग बराबर होना चाहिए। राजनीतिक विश्लेषक योगेंद्र यादव कहते हैं कि सैम्पल का आकार नहीं बल्कि वह पद्धति निर्णायक होती है जिसके द्वारा सैम्पल को चुना गया है। अधिकांश भारतीय सर्वेक्षण ग़लत होते हैं क्योंकि इनकी सैम्पलिंग की पद्धति बहुत कमज़ोर है जिसके कारण इनके सैम्पल के प्रोफ़ाइल में सबका प्रतिनिधित्व नहीं हो पाता है। इस प्रकार इस कालावधि के दौरान भारत में चुनावी सर्वेक्षणों के लिए सबसे महत्त्वपूर्ण चुनौती इनके द्वारा मतदाताओं के मतदान-व्यवहार को मापने के लिए वैज्ञानिक पद्धति और सबका प्रतिनिधित्व करने वाले सैम्पल को अपनाने में विफल रहना है।

इस दौरान उत्पन्न हुई दूसरी महत्त्वपूर्ण चुनौती यह थी कि राजनीतिक दलों की मतों में सही अनुमान कर लेने के बावजूद उसके आधार पर दलों के लिए सीटों का अनुमान लगाना मुश्किल था। परंतु यह चुनौती प्रत्यक्ष तौर पर मतदान-व्यवहार के मापन से जुड़ी हुई नहीं थी। वस्तुत: इस कालावधि के दौरान अधिकांश चुनावी सर्वेक्षणों ने राजनीतिक दलों के लिए मतों में हिस्सेदारी का आकलन लगभग सही किया था, फिर भी कुछ अवसरों पर वे चुनाव के परिणामों के सही आकलन में विफल रहे। विभिन्न राजनीतिक दलों के लिए सीटों के ग़लत अनुमान के लिए कई कारण ज़िम्मेवार हैं। पहला कारण तो यह है कि कई चुनावों में राजनीतिक दलों ने एक-दूसरे के साथ गठबंधन करके प्रतिस्पर्धा की। गठबंधन करके प्रतिस्पर्धा करने का मतलब है कि दोनों दल प्रतिस्पर्धा में एक-दूसरे के वोटों का हस्तांतरण करेंगे। इसने एक गम्भीर चुनौती उत्पन्न की, क्योंकि एक-दूसरे के वोटों के हस्तांतरण का सही आकलन करना और गठबंधन के प्रत्येक साझेदार के लिए सीटों की भविष्यवाणी करना बहुत

मुश्किल है। इसके अतिरिक्त राज्यों में भौगोलिक आधार पर उसके कुछ क्षेत्रों में कुछ दलों के लिए वोटों के केंद्रीकरण ने भी सीटों की भविष्यवाणी करना मुश्किल बना दिया। 2008 में सम्पन्न कर्नाटक विधानसभा चुनाव का परिणाम इस तथ्य का प्रमाण-पत्र है। इस राज्य में संचालित सर्वेक्षणों ने यह बताया था कि चुनावों में भाजपा के मतों की हिस्सेदारी कांग्रेस के मतों की हिस्सेदारी की तुलना में कम रहेगी। परंतु चुनावी सर्वेक्षण यह पूर्वानुमान करने में असमर्थ रहे कि भाजपा के वोट इस राज्य के कुछ क्षेत्रों में केंद्रित थे जिसने भाजपा को ज़्यादा सीटों पर जीत दिलायी। दूसरी तरफ़ कांग्रेस के वोट पूरे राज्य में समान रूप से वितरित थे और कई स्थानों पर ये वोट सीटों की जीत में तब्दील नहीं हो सके।

भारत में मतदान-व्यवहार के अध्ययन के लिए संचालित जनमत सर्वेक्षण की इस कालावधि में भी भारतीय विद्वानों द्वारा आलोचना की गयी। पहले के समय की तरह चुनाव-सर्वेक्षणों की अब भी इस आधार पर आलोचना होती है कि इसे पश्चिमी दुनिया से सीधे आयात कर लिया गया है जो मतदान-व्यवहार के अध्ययन के लिए उपयुक्त नहीं है। भारत की सामाजिक-सांस्कृतिक विशिष्टताएँ और चुनावी राजनीति की स्थितियाँ अलग हैं। और एक हथियार के रूप में चुनावी सर्वेक्षण इन जटिलताओं को समाहित करने में विफल रहा है। तीसरी दुनिया में आज 'सर्वे रिसर्च' को सबसे ज़्यादा अनुपयुक्त माना जाता है। वस्तुतः यह अमेरिकन विज्ञान की राजनीति का अनुकरण है। यह प्रणालीगत स्तर पर बहुत कमज़ोर, राजनीतिक स्तर पर रूढ़िवादी और सांस्कृतिक स्तर पर अप्रामाणिक था। चुनावी सर्वेक्षणों की आलोचना उन लोगों द्वारा भी की गयी जिन्होंने मैदान में जाकर गुणात्मक अध्ययन किया था। इनके अनुसार चुनावी सर्वेक्षण मतदान-व्यवहार का व्यापक स्वरूप मात्रात्मक रूप में बताता है। व्यक्तिगत मतदाताओं के मत और रुझान कुछ सामान्य पैटर्नों को बताते हैं और राजनीतिक विकास की विशिष्टताओं को बताने में चूक जाते हैं। इस प्रकार सर्वे पद्धति की प्रमुख सीमा यह है कि छोटे समुदायों के मतदान-व्यवहार पर स्थानीय राजनीति के प्रभाव का वर्णन करने में इसकी असमर्थता दिखाई देती है। व्यक्तिगत मतदाताओं को दी गयी प्रश्नावली व्यक्तिगत मतों और रुझानों के बारे में सूचना को सामने ला सकती है। लेकिन यह घटनाओं की व्यापक वास्तविकता को जिसमें व्यक्तियों के समूह लम्बे समय से कार्य कर रहे होते हैं, का वर्णन नहीं कर सकता है।

देखें : अकाली दल, कांग्रेस 'प्रणाली', ग़ैर-कांग्रेसवाद, गठजोड़ राजनीति, जनता दल और उसकी विरासत-1 और 2, तेलुगु देशम पार्टी, पार्टी-गठजोड़ की राजनीति, भारत में गठजोड़ राजनीति, भारतीय जनता पार्टी-1 और 2, भारतीय राष्ट्रीय कांग्रेस-1 और 2, भारतीय कम्युनिस्ट पार्टी, भारतीय कम्युनिस्ट पार्टी (मार्क्सवादी), राष्ट्रीय जनतांत्रिक गठजोड़, वाम मोर्चा, शिव सेना, समाजवादी पार्टी, बहुजन समाज पार्टी-1 और 2, शिरोमणि अकाली दल, समाजवादी पार्टी, संयुक्त प्रगतिशील गठजोड़।

संदर्भ

1. बशीरुद्दीन अहमद (1997), 'पॉपुलर प्रेशर फ़ॉर अ नॉर्मेटिव चेंज इन पॉलिटिक्स : 1983 इलेक्शन इन आंध्र प्रदेश ऐंड कर्नाटका', जॉर्ज मैथ्यू (सम्पा.), *शिफ़्ट इन पॉलिटिक्स*, क्रिश्चियन इंस्टीट्यूट फ़ॉर द स्टडी ऑफ़ रिलीजन ऐंड सोसाइटी, नयी दिल्ली.
2. डेविड बटलर, अशोक लाहिड़ी और प्रणय राय (1995), *इण्डिया डिसाइड्स : इलेक्शंस 1952-1995*, बुक्स ऐंड थिंग्ज़, नयी दिल्ली.
3. भास्कर राव (2009), *अ हैंडबुक ऑफ़ पोल सर्वेज़ इन मीडिया : ऐन पर्सपेक्टिव*, ज्ञान पब्लिकेशंस, नयी दिल्ली.

— संजय कुमार

भारत में मानवाधिकार

(Human Rights in India)

भारत का संविधान अपने नागरिकों को उन तमाम बुनियादी अधिकारों की गारंटी देता है जो संयुक्त राष्ट्र की सार्वभौम मानवाधिकार उद्घोषणा के अंग हैं। अंतर्राष्ट्रीय स्तर पर मानवाधिकार मुद्दे के इर्द-गिर्द राजनीतिक सक्रियता में उछाल अस्सी के दशक में आया, लेकिन भारत के संविधान निर्माता उससे बहुत पहले ही अल्पसंख्यकों के प्रति अपने सरोकारों का प्रमाण उनके सांस्कृतिक अधिकारों को मूलभूत श्रेणी में रख कर दे चुके थे। दरअसल, भारतीय संविधान अपने पाठ में न केवल संयुक्त राष्ट्र उद्घोषणा का स्पष्ट रूप से विनियोग करता है, बल्कि अल्पसंख्यकों के सांस्कृतिक अधिकारों को बुलंद करने वाला वह दुनिया का पहला संविधान है। राज्य की नीति के निर्देशक सिद्धांतों के तहत संविधान भविष्य में इन अधिकारों के विस्तार का प्रावधान भी करता है। अदालतों ने भी समय-समय पर किये गये अपने हस्तक्षेप के माध्यम से भारतीय राज्य पर ज़िम्मेदारी डाली है कि वह निर्देशक सिद्धांतों के तहत अपनी प्रतिबद्धताओं की पूर्ति करेगा। मानवाधिकारों पर अमल को संस्थागत रूप देने के लिए भारत में एक राष्ट्रीय मानवाधिकार आयोग भी गठित किया गया है। प्रांतीय सरकारों के स्तर पर भी मानवाधिकार आयोग गठित किये गये हैं। अल्पसंख्यकों के अधिकारों के हनन की घटनाओं की रोशनी में राष्ट्रीय अल्पसंख्यक आयोग भी बनाया गया है। अनुसूचित जातियों और अनुसूचित

जनजातियों के राष्ट्रीय आयोग और राष्ट्रीय महिला आयोग जैसी संस्थाएँ भी अपने-अपने क्षेत्रों में मानवाधिकारों को सुनिश्चित करने संबंधी कार्यभार पूरे करती हैं।

संविधान प्रदत्त बुनियादी अधिकारों को मोटे तौर पर पाँच श्रेणियों में बाँट कर देखा जा सकता है। पहली श्रेणी समानता के अधिकार की है जिसके तहत क़ानून की निगाह में सभी को बराबर मानने का आग्रह प्रमुख है। इस श्रेणी में अवसरों की समानता के साथ-साथ नस्ल, धर्म, जाति, लिंग और जन्म-स्थान के आधार पर किसी से भेदभाव न करने की प्रतिबद्धता भी दर्ज है। इस श्रेणी की विशेषता है सामाजिक और शैक्षिक रूप से पिछड़े हुए वर्गों, अनुसूचित जातियों और अनुसूचित जनजातियों के लिए विशेष सुविधाओं का प्रावधान जो समानता की भारतीय अवधारणा को रैडिकल आभा प्रदान कर देता है।

विट्ठल महादेव तारकुंडे
(1909-2004)

दूसरी श्रेणी का ताल्लुक़ स्वतंत्रता के अधिकार से है। संविधान के तीसरे हिस्से में मूलाधिकारों के तहत स्वतंत्रता की चर्चा की मिलती है। ये मूलाधिकार राज्य को दी जाने वाली सकारात्मक हिदायतों के रूप में न हो कर राज्य पर लगायी गयी कुछ पाबंदियों के नकारात्मक रूप में हैं। ये अधिकार मूल होने के बावजूद निर्बाध नहीं हैं। इनके तहत संविधान भाषण, अभिव्यक्ति, विश्वास, धर्म और उपासना की स्वतंत्रता देता है। इसके ज़रिये राजनीतिक स्वतंत्रता की शर्तें पूरी हो जाती हैं। इस श्रेणी में देश भर में कहीं भी रहने और काम करने की स्वतंत्रता भी शामिल है। चूँकि भारत एक बहुधार्मिक देश है इसलिए किसी एक धर्म को प्राथमिकता न देते हुए सभी तरह के धर्मावलम्बियों को अपनी पसंद के आधार पर धर्म प्रचार और पूजा पद्धति अपनाने की स्वतंत्रता भी मुहैया करायी गयी है।

तीसरी श्रेणी है जीवन के अधिकार की। संविधान के अनुच्छेद 19 में विभिन्न स्वतंत्रताओं का ज़िक्र है और अनुच्छेद 21 स्वाधीनता के सिद्धांत के दायरे को परिभाषित करता है। इक्कीसवाँ अनुच्छेद कहता है : *क़ानून द्वारा स्थापित क्रियाविधि को छोड़ कर किसी और तरीक़े से किसी व्यक्ति को उसके जीवन या निजी स्वतंत्रता से वंचित नहीं किया जाएगा।* मूलाधिकारों के परिच्छेद में यह अकेला सूत्रीकरण है जिसके कार्यान्वयन में किसी अपवाद या शर्त का उल्लेख नहीं है। अर्थात् अनुच्छेद 21 के मुताबिक़ भारतीय संविधान जीवन के अधिकार और निजी स्वतंत्रता को मानव अधिकार के स्तर पर ले जाता है। इसका उपभोग करने के लिए भारत का नागरिक होना भी ज़रूरी नहीं है। यह अधिकार नागरिकों को मनमानी नज़रबंदी या गिरफ़्तारी के ख़िलाफ़ सुरक्षा और क़ानूनी सहायता प्राप्त करने का हक़ देता है। भारत में मानवाधिकार कार्यकर्ताओं ने इस पहलू की तरफ़ विशेष ध्यान दिया है। आंतरिक सुरक्षा के नाम पर और आतंकवाद की रोकथाम के लिए अक्सर व्यक्तियों को निवारक नज़रबंदी क़ानून की गिरफ़्त में आना पड़ता है जिससे उन्हें सामान्य तौर से मिलने वाली क़ानूनी हिफ़ाज़त भी नसीब नहीं हो पाती। मानवाधिकार संगठनों और कार्यकर्ताओं ने इस सिलसिले में टेररिस्ट ऐंड डिसरप्टिव एक्टिविटी एक्ट (टाडा) और प्रिवेंशन ऑफ़ टेररिस्ट एक्टिविटी एक्ट (पोटा) के ख़िलाफ़ कामयाब मुहिमें चलाई हैं।

चौथी श्रेणी समूह या सामुदायिक अधिकारों की है। अस्पसंख्यक समुदायों के लिए कुछ शैक्षिक और सांस्कृतिक अधिकारों का प्रावधान किया गया है। संविधान का अनुच्छेद 29 और 30 धार्मिक अथवा भाषाई आधार पर परिभाषित अल्पसंख्यक समूहों को अपने शिक्षा संस्थान खोलने की इजाज़त देता है। इस संबंध में राज्य के कंधों पर कोई विशेष ज़िम्मेदारी नहीं डाली गयी है, लेकिन राज्य इन संस्थानों को आर्थिक मदद देने में किसी क़िस्म का भेदभाव नहीं कर सकता। दूसरी तरफ़ राज्य के धन से चलने वाली संस्थाओं में धार्मिक शिक्षा प्रतिबंधित है। आज़ादी के बाद से सुप्रीम कोर्ट द्वारा किये गये हस्तक्षेपों ने अल्पसंख्यक शिक्षा संस्थानों की स्वायत्तता को विस्तार किया है।

पाँचवीं और बेहद महत्त्वपूर्ण श्रेणी है न्यायिक समाधान के अधिकार की। इसके तहत मूलभूत अधिकारों का उल्लंघन होने पर नागरिकों को अदालतों की शरण में जाने का अधिकार है। संविधान के चौथे हिस्से में मौजूद राज्य की नीति के निर्देशक सिद्धांतों के ज़रिये नागरिक किसी अधिकार की अपने बुनियादी अधिकार की तरह अदालतों में दावेदारी कर सकते हैं। ये निर्देशक सिद्धांत नीति निर्माण में शासन की मदद करते हैं। एक तरह से इनके ज़रिये संविधान शासन पर दायित्व डालता है, भले ही किन्हीं मजबूरियों (जैसे संसाधनों की कमी) के कारण शासन उन दायित्वों को तुरंत पूरा करने में असमर्थ हो। संविधान के इस हिस्से में कई अधिकार दर्ज हैं : जैसे, मानवीय और न्यायसंगत परिस्थितियों में काम का अधिकार, रोज़ी-रोटी चलाने लायक मज़दूरी पाने का अधिकार, बेरोज़गारी, बुढ़ापे और बीमारी की स्थिति में सरकारी मदद पाने का अधिकार, शिक्षा का अधिकार, चौदह साल की उम्र तक के बच्चों के लिए अनिवार्य और मुफ़्त शिक्षा का अधिकार, प्रदूषण रहित पर्यावरण का अधिकार।

राष्ट्रीय मानवाधिकार आयोग : 1993 के मानवाधिकार संरक्षा अधिनियम के तहत 12 अक्टूबर, 1993

को स्थापित की गयी यह स्वायत्त संस्था दक्षिण एशियाई देशों में अनूठी है। इस क़ानून का अनुच्छेद 2(1)(डी) मानवाधिकारों की परिभाषा व्यक्ति के जीवन, स्वतंत्रता, समानता और गरिमा के अधिकारों के रूप में करता है। यह आयोग मानवाधिकारों के किसी भी उल्लंघन की जाँच कर सकता है, किसी भी संबंधित मामले में अदालत की कार्रवाई में हस्तक्षेप कर सकता है, कारागार का निरीक्षण कर सकता है, मानवाधिकारों से संबंधित राष्ट्रीय और अंतर्राष्ट्रीय संधियों की जाँच कर सकता है, उनके प्रभावी कार्यान्वयन के लिए केंद्र सरकार से सिफ़ारिशें कर सकता है।

आयोग की संरचना इस तरह बनायी गयी है जिससे उसका नैरंतर्य और स्वायत्तता क़ायम रहे। केवल ऐसा व्यक्ति ही इसका अध्यक्ष बनाया जा सकता है जो सुप्रीम कोर्ट का मुख्य न्यायाधीश रह चुका हो। इसका एक सदस्य अनिवार्य तौर पर सुप्रीम कोर्ट का मौजूदा या पूर्व जज होना ज़रूरी है। इसी तरह दूसरे सदस्य के लिए किसी न किसी हाई कोर्ट का मुख्य न्यायाधीश रह चुकने की शर्त है। दो अन्य सदस्यों को मानवाधिकारों के क्षेत्र में विशेष योग्यता या अनुभव के आधार पर नियुक्त किया जाता है। इसके अलावा अनुसूचित जाति और जनजातियों के राष्ट्रीय आयोग, राष्ट्रीय अल्पसंख्यक आयोग और राष्ट्रीय महिला आयोग के अध्यक्ष इसके पदेन सदस्य होते हैं। इन सभी की नियुक्ति एक कमेटी की सिफ़ारिश पर राष्ट्रपति द्वारा की जाती है। इस कमेटी की बागडोर प्रधानमंत्री के हाथों में होती है और लोकसभा अध्यक्ष, गृह मंत्री, लोकसभा और राज्यसभा में विपक्ष के नेता और राज्यसभा की उपाध्यक्ष इसके सदस्य होते हैं। आयोग में नियुक्तियाँ पाँच साल के लिए होती हैं। इससे पहले उन्हें हटाने के लिए एक्ट में बहुत कड़ी प्रक्रिया का प्रावधान है। सत्तर साल से ऊपर का कोई व्यक्ति इसका सदस्य नहीं रह सकता। आयोग के सदस्यों को कार्यकाल ख़त्म होने के बाद केंद्र या राज्य सरकार में किसी पद पर नियुक्ति नहीं मिल सकती।

आयोग के गठन के समय कई हलकों में उसकी प्रासंगिकता और प्रभावकारिता को लेकर संदेह व्यक्त किया गया था। अंदेशे जताये गये थे कि यह आयोग 'दंतविहीन व्याघ्र', शिकायतों का 'पोस्ट ऑफ़िस', या महज़ एक और 'सरकारी संस्था' बन कर रह जाएगा। यह भी कहा गया था कि सरकार के ग़लत कामों पर लीपा-पोती के लिए इस आयोग का इस्तेमाल होगा। लेकिन पिछले डेढ़ दशक का अनुभव बताता है कि राष्ट्रीय मानवाधिकार आयोग गठित करने का प्रयोग कामयाब रहा है। इस संस्था ने मानवाधिकारों के लिए चलाये जाने वाले संघर्ष में केंद्रीय भूमिका का निर्वाह किया है। चाहे हिरासत में दी जाने वाली यातनाओं और मौतों का मसला हो, या ओडीशा में भुखमरी के कारण होने वाली मौतों की त्रासदी हो, या फिर गुजरात में अल्पसंख्यकों के ख़िलाफ़ होने वाली हिंसा हो, आयोग ऐसे तमाम मामलों में प्रभावी हस्तक्षेप करने में समर्थ रहा है।

देखें : ग़ैर-सरकारी संस्थाएँ, ग़ैर-सरकारी संस्थाएँ : भारत में, ग़ैर-दलीय राजनीति, धीरूभाई शेठ, मानवाधिकार, भारत में मानवाधिकार आंदोलन, रजनी कोठारी।

संदर्भ

1. मनीषा प्रियम , कृष्णा मेनन और मधूलिका बनर्जी(2009), 'ह्यूमैन राइट्स, लॉज़ ऐंड इंस्टीट्यूशंस : द नैशनल कॉन्टेक्स्ट' *ह्यूमैन राइट्स, जेंडर ऐंड एनवायरनमेंट,* , पियर्सन लोंगमेन, नयी दिल्ली.
2. वी. दयाल, 'इवोल्यूशन ऑफ़ द नैशनल ह्यूमैन राइट्स कमीशन, 1993-2002 : अ डेसिनियल रिव्यू', *जरनल ऑफ़ द एनएचआरसी 1.*
3. एम.के. सिन्हा, 'द रोल ऑफ़ द नैशनल ह्यूमैन राइट्स कमीशन ऑफ़ इण्डिया इन द इम्प्लीमेंटेशन ऑफ़ ह्यूमैन राइट्स, *नीदरलैण्ड क्वार्टरली ऑफ़ ह्यूमैन राइट्स,* खण्ड 16, अंक 1.

— अभय कुमार दुबे

भारत में मानवाधिकार आंदोलन

(Human Right Movement in India)

भारत में मानवाधिकार और जन-अधिकार एक-दूसरे के पर्याय की तरह समझे जाते हैं। इन अधिकारों के प्रति राजनीतिक और सामाजिक चेतना की नींव उपनिवेशवाद विरोधी आंदोलन के दौरान पड़ी थी। लेकिन आज़ादी के बाद की परिस्थितियों में कम से कम पच्चीस वर्ष तक ये सरोकार दबे रहे। 1975 में लगाये गये आंतरिक आपातकाल की अनुक्रिया में एक बार फिर मानवाधिकारों के प्रति चिंता मुखर हुई और बाक़ायदा एक मानवाधिकार आंदोलन का विकास होना शुरू हुआ। आज मानवाधिकारों का विमर्श भी भारतीय राजनीति के स्थापित विमर्शों में से एक है। मानवाधिकार और जनाधिकार संगठनों की कार्रवाइयाँ जनमत पर प्रभाव डालती हैं। इन संगठनों की आपसी बहस और उनके रुझानों पर अन्य राजनीतिक ताक़तों की प्रतिक्रिया पर समाज-विज्ञान के हलकों में ख़ास तौर से ध्यान दिया जाता है। अस्सी के दशक को इस आंदोलन के लिए सबसे अधिक उर्वर माना जाता है, पर ऐसा प्रतीत होता है कि उसके बाद की राजनीतिक परिस्थितियों में मानवाधिकारों का विमर्श व्यावहारिक कार्रवाई की ज़मीन पर बहुत अधिक प्रभावी नहीं रह गया है।

इतिहास बताता है कि सात नवम्बर, 1936 को कलकत्ता में सिविल लिबर्टी यूनियन का उद्‌घाटन जवाहरलाल नेहरू ने किया था। इस मौक़े पर दिये गये अपने भाषण में नेहरू ने अंग्रेज़ी हुकूमत के तहत हालात पर अफ़सोस व्यक्त करते हुए कहा था कि हम लोग जन-अधिकारों के दमन के आदी हो गये हैं। कभी अफ़सोस व्यक्त किया जाता है, तो कभी रोज़, लेकिन जल्दी ही हम दमन के अभ्यस्त हो जाते हैं। उनके कारण हमें कोई छटपटाहट नहीं होती। नेहरू का केंद्रीय आग्रह था : मानवाधिकारों का अर्थ है राज्य की कार्रवाइयों के विरोध का अधिकार। नेहरू की कोशिशों से बने इस संगठन का उद्‌घाटन अधिवेशन बम्बई में हुआ जिसकी अध्यक्षता रवींद्र नाथ ठाकुर ने की और कार्यकारी अध्यक्षता सरोजिनी नायडू को मिली। इस संगठन ने ब्रिटिश जेलों और देशी रियासतों के कारागार में राजनीतिक क़ैदियों के साथ होने वाली बदसुलूकी का प्रश्न उठाया। यूनियन की गतिविधियों ने उपनिवेशवाद विरोधी आंदोलन का नेतृत्व कर रही कांग्रेस के भीतर नागरिक अधिकारों के प्रति एक नयी चेतना की नींव डाली। इसलिए साल भर बाद जब कांग्रेस प्रांतीय एसेम्बिलियों का चुनाव जीत कर सत्ता में आयी तो उसकी सरकारों ने नागरिक अधिकारों की हिफ़ाज़त सुनिश्चित करने के लिए परिपत्र जारी किये।

विडम्बना यह है कि स्वतंत्रता मिलने के बाद जब यह सिविल लिबर्टी यूनियन भंग की गयी तो उस समय नेहरू के हाथ में ही भारत की बागडोर थी। उस समय माना गया कि अंग्रेज़ महाप्रभुओं का भेदभावपूर्ण शासन जा चुका है। एक 'प्रगतिशील' संविधान, नियमित और जीवंत चुनाव प्रक्रिया, बहुदलीय लोकतंत्र, आज़ाद प्रेस और स्वतंत्र न्यायपालिका वाले स्वाधीन देश के लिए अलग से मानवाधिकार आंदोलन अनावश्यक है। परिणाम यह हुआ कि पचास के दशक में जब तेलंगाना का किसान संघर्ष कुचला गया, कम्युनिस्ट पार्टी प्रतिबंधित की गयी, केरल की निर्वाचित सरकार बर्ख़ास्त करने का क़दम उठाया गया, पूर्वोत्तर प्रांतों की जनता तक़रीबन फ़ौज के हवाले कर दी गयी और साठ के दशक में फ़र्ज़ी मुठभेड़ों के ज़रिये नक्सलवादी आंदोलन का जम कर दमन किया गया तो मानवाधिकारों के हनन की तरफ़ ध्यान आकर्षित करने के लिए भारत में कोई व्यावहारिक मानवाधिकार आंदोलन था ही नहीं। पश्चिम बंगाल में कम्युनिस्ट आंदोलन पर सरकारी दमन के ख़िलाफ़ मेघनाद साहा और एन.सी. चटर्जी के नेतृत्व में गठित हुई सिविल लिबर्टी कमेटी ने आवाज़ ज़रूर उठायी, पर जैसे ही कम्युनिस्ट पार्टी पर लगा प्रतिबंध उठाया गया और उसके नेता रिहा हुए, इस कमेटी का काम-काज भी ठंडा पड़ गया।

1975 में मानवाधिकार आंदोलन की नींद उस समय टूटी जब आंतरिक आपातकाल के तहत सरकारी दमन ने राजनीतिक अभिजनों के ही एक बड़े हिस्से को अपनी चपेट में ले लिया। इस दौर में जयप्रकाश नारायण के नेतृत्व में पीपुल्स यूनियन फ़ॉर सिविल लिबर्टीज़ ऐंड डेमॉक्रैटिक राइट्स (पीयूसीएलडीआर) ने संघर्ष की बागडोर सँभाली। आपातकाल ने यह भी स्पष्ट कर दिया कि मानवाधिकारों की सुरक्षा के लिए सतर्क और शक्तिशाली आंदोलन के बिना संवैधानिक गारंटियों का कोई मतलब नहीं होता। आपात काल के बाद जनता पार्टी की सरकार आयी जिसे कई लोगों ने ग़लती से 'जनता की सरकार' समझ लिया। उसके शासन में बेलछी जैसे काण्ड हुए। दलितों और जनजातियों के उत्पीड़न की घटनाएँ हुईं। जिस तरह पचास और साठ के दशक में हुए मानवाधिकार-हनन को सिर्फ़ भटकाव कह दिया गया था, उसी प्रकार जनता पार्टी के शासन में हुई इन घटनाओं के साथ भी यही रवैया अपनाया गया। दरअसल, 1977 से 1980 के बीच का दौर मानवाधिकार आंदोलन के भीतर अधिकारों की अवधारणा को लेकर तीखी बहसों का रहा। विवाद इस बात पर था कि मानवाधिकारों को नागरिक अधिकारों तक सीमित रखा जाए या लोकतांत्रिक अधिकारों तक उनका विस्तार किया जाए। इस संदर्भ में नागरिक अधिकारों का मतलब था क़ानून और संविधान द्वारा परिभाषित अधिकार; लोकतांत्रिक अधिकारों का मतलब था प्रभुत्व और उत्पीड़न की संरचनाओं का प्रतिरोध करने वाली ताक़तों के साथ खड़ा होना।

इस बहस ने 1980 में पीयूसीएलडीआर को दो भागों में बाँट दिया : भारतीय जन-अधिकार संघ (पीयूसीएल) और पीपुल्स यूनियन फ़ॉर डेमौक्रेटिक राइट्स (पीयूडीआर)। आंध्र प्रदेश सिविल लिबर्टीज़ कमेटी का 1974 में ही नक्सली आंदोलन पर बरपाये गये सरकारी कहर का विरोध करने के लिए गठन हो चुका था। पश्चिम बंगाल में एसोसिएशन फ़ॉर द प्रोटेक्शन ऑफ़ डेमॉक्रैटिक राइट्स, महाराष्ट्र में कमेटी फ़ॉर द प्रोटेक्शन ऑफ़ डेमॉक्रैटिक राइट्स और गुजरात में मानव अधिकार संघ जैसे संगठन सक्रिय हो गये। दरअसल, इंदिरा गाँधी की सत्ता में वापसी ने भी मानवाधिकार आंदोलनों को नींद से झिंझोड़ कर जगाने में उल्लेखनीय भूमिका का निर्वाह किया। मानवाधिकार कार्यकर्ताओं और रैडिकल संगठनों का आकलन था कि इंदिरा गाँधी के नेतृत्व में एक निरंकुशता की अंतरधारा मौजूद है जिसकी अभिव्यक्ति समय के साथ अवश्य होगी। इस दशक में मानवाधिकार संगठनों द्वारा सरकारी दमन और काले क़ानूनों के ख़िलाफ़ विरोध प्रदर्शन करना और पीड़ितों को राहत दिलाने के कार्यभार को गम्भीरता से लेने की शुरुआत की गयी।

मानवाधिकार आंदोलन की इस करवट का नतीजा यह हुआ कि बंधुआ मज़दूरी और बाल मज़दूरी के ख़िलाफ़, स्त्रियों के ख़िलाफ़ होने वाली नाइंसाफ़ियों के विरोध में, हर तरह के

अल्पसंख्यकों के अधिकारों की हिफ़ाज़त के लिए और विकास परियोजना के विस्थापितों के पक्ष में एक तरह की सामाजिक-राजनीतिक एकता का नज़ारा बनने लगा। मानवाधिकार संगठनों के साथ ग़ैर-सरकारी संगठन, जन-प्रतिबद्ध मीडिया और ज़मीनी राजनीति की ताक़तें भी जुड़ गयीं। दमनकारी निज़ाम और अधिकार-वंचित जनता के बीच बहुमुखी संघर्ष का बिम्ब बना। जनता को अधिकार-सम्पन्न कराने की लड़ाई मानवाधिकार आंदोलन का मूल मंत्र बन गया। 1984 में दिल्ली और देश के दूसरे हिस्सों में हुए सिक्ख विरोधी हत्याकाण्ड की जाँच रपट *हू आर द गिल्टी ?* इस आंदोलन की विशेष उपलब्धि थी। इसी तरह की गतिविधियों से नागर समाज को वी.एम. तारकुंडे, गोविंद मुखौटी और रजनी कोठारी जैसे मानवाधिकारों के नेता और व्याख्याकार मिले।

अस्सी का दशक मानवाधिकार आंदोलन का स्वर्णिम दौर था। लेकिन, इस दशक के अंत और नये दशक की शुरुआत में राजनीतिक परिस्थिति बदल गयी। तीन मकारों (मण्डलीकरण, मंदिर राजनीति और भूमण्डलीकरण) के प्रभाव में नागर समाज की शक्ल-सूरत पहले जैसी नहीं रह गयी। मध्य वर्ग या तो साम्प्रदायिक विचारधारा के फेर में फँस गया, या फिर उसके प्रतिनिधियों को राजनीतिक जोड़-तोड़ के ज़रिये सत्ता में पहुँचना अधिक आसान लगने लगा, या उपभोक्तावाद की चमक ने उसे चौंधिया दिया। भारतीय राज्य द्वारा अपनाये जाने वाले ग़ैर-लोकतांत्रिक हथकण्डों (यातना, ग़ैरक़ानूनी नज़रबंदी, बेबात फ़ायरिंग, फ़र्ज़ी मुठभेड़ों में हत्या, दमनकारी क़ानूनों के बेज़ा इस्तेमाल, मनमानी गिरफ़्तारियाँ) के ख़िलाफ़ मानवाधिकार आंदोलनों की पहलक़दमियाँ सुस्त पड़ गयीं। आज स्थिति यह है कि सशस्त्र सेना विशेष अधिकार क़ानून और आतंकवाद के नाम पर कई तरह के निरोधक क़ानून नये-नये क्षेत्रों में लागू होते रहते हैं, लेकिन न तो सांसदों को कोई चिंता होती है, और न ही मीडिया को। हाँ, विदेशी मंचों पर ये मसले कभी-कभी ज़रूर उठाये जाते हैं।

मानवाधिकार आंदोलन की मौजूदा स्थिति परिस्थितियों की माँग के मुताबिक़ आश्वस्तिकारक नहीं है। आतंकवाद की राष्ट्रीय-अंतर्राष्ट्रीय परिघटना ने अल्पसंख्यक समूहों को सरकारी एजेंसियों के दमन के अंदेशे का शिकार बना दिया है। दूसरी तरफ़ आदिवासी इलाक़ों में माओवादी हिंसा के ख़िलाफ़ सुरक्षा एजेंसियों की कार्रवाइयाँ (जैसे ऑपरेशन ग्रीन हंट) जारी हैं। तीसरी तरफ़ जातिगत पंचायतें और अन्य पारम्परिक रीति-रिवाज़ और प्रथाएँ, संविधान प्रदत्त व्यक्ति स्वातंत्र्य को ठेस पहुँचाने में लगे हुए हैं। मानवाधिकार आंदोलनों जब तक इन हालात की रोशनी में अपने भीतर एक बार फिर बहस चला कर अपने कार्यक्रम का पुनः संस्कार नहीं करते, उनकी राजनीति और विमर्श को नया उछाल नहीं मिल सकता।

देखें : ग़ैर-सरकारी संस्थाएँ, ग़ैर-सरकारी संस्थाएँ : भारत में, ग़ैर-दलीय राजनीति, धीरूभाई शेठ, मानवाधिकार, भारत में मानवाधिकार, रजनी कोठारी।

संदर्भ

1. धीरूभाई शेठ और हर्ष सेठी (2009), 'मानवाधिकार : दुविधा और चुनौती', अभय कुमार दुबे (सम्पा.), *सत्ता और समाज : धीरूभाई शेठ का कृतित्व,* सीएसडीएस-वाणी, नयी दिल्ली.
2. के. बालगोपाल (1997), 'द ह्यूमैन राइट्स मूवमेंट : इट्स कांटेक्स्ट ऐंड इट्स कम्पर्न्स', *जरनल ऑफ़ ह्यूमैन राइट्स* खण्ड 1, अंक 1.
3. रजनी कोठारी (1991), 'ह्यूमैन राइट्स— मूवमेंट इन सर्च ऑफ़ अ थियरी', स्मितु कोठारी और हर्ष सेठी (सम्पा.), *रिथिंकिंग ह्यूमैन राइट्स : चैलेंजिज़ फ़ॉर थियरी ऐंड एक्शन,* न्यू होराइज़न प्रेस और लोकायन, न्यूयॉर्क और नयी दिल्ली.
4. हर्ष सेठी और स्मितु कोठारी (1991), 'बियॉन्ड द फ्रेगमेंट्स : द सिविल राइट्स ग्रुप टुडे', *रिथिंकिंग ह्यूमैन राइट्स : चैलेंजिज़ फ़ॉर थियरी ऐंड एक्शन* (सम्पा.) न्यू होराइज़न प्रेस और लोकायन, न्यूयॉर्क और नयी दिल्ली.

— अभय कुमार दुबे

भारत में संचार-क्रांति

(Communication Revolution in India)

अस्सी के दशक तक भारत को दूरसंचार की दृष्टि से अल्पविकसित माना जाता था। फ़ोन के कनेक्शन के लिए लोगों को काफ़ी इंतज़ार करना पड़ता था, सेवाओं का स्तर घटिया था और उनकी पहुँच काफ़ी सीमित थी। लेकिन इक्कीसवीं सदी के पहले दशक के ख़त्म होते-होते भारत संचार के लिहाज़ से दुनिया का सबसे तेज़ रफ़्तार से विकसित होने वाला देश बन चुका है। लैण्डलाइन और मोबाइल उपभोक्ताओं की संख्या 69 करोड़ के आसपास पहुँच चुकी है। चीन के बाद वायरलैस नेटवर्क के मामले में भारत सबसे बड़ा देश है। समझा जाता है कि 2013 तक भारत में साढ़े ग्यारह अरब मोबाइल उपभोक्ता होंगे। इस ज़बरदस्त दूरसंचार क्रांति का श्रेय उन सरकारी नीतियों को जाता है जिनके तहत अस्सी के दशक के मध्य से स्वदेशी प्रौद्योगिकी को प्रोत्साहन देने के ज़रिये इस प्रणाली के आधुनिकीकरण का कार्यक्रम चलाया गया। इस प्रक्रिया में निजी क्षेत्र की भागीदारी भी शुरू से ही प्रोत्साहित की गयी।

इसका नेतृत्व दूरसंचार विभाग, सेंटर फ़ॉर द डिवेलपमेंट ऑफ़ टेक्नॉलजी (सी-डॉट), टेलिकॉम रिसर्च

सेंटर और टेलिफ़ोन इंस्टीट्यूट ने किया। सरकार ने 1994 में राष्ट्रीय दूरसंचार नीति घोषित की और मार्च, 1997 में टेलिकॉम रेगुलेटरी एथॉरिटी ऑफ़ इण्डिया (ट्राइ) की स्थापना की। उल्लेखनीय है कि दूरसंचार क्रांति के रफ़्तार पकड़ने से पहले इस प्रौद्योगिकी का स्वदेशी उत्पादन आधार विकसित करने और विदेशी पूँजी के पैरोकारों के बीच एक तरह की होड़ भी चली थी। पहले इंदिरा गाँधी और फिर राजीव गाँधी ने प्रधानमंत्री के तौर पर स्वदेशी प्रौद्योगिकी को बढ़ावा देने का रुख अपनाया। इसकी ज़िम्मेदारी सैम पितरोदा को दी गयी। सी-डॉट दरअसल उनके नेतृत्व में ही स्थापित किया गया था। लेकिन राजनीतिक और नौकरशाहाना हलक़ों के एक हिस्से ने विदेशी बहुराष्ट्रीय कम्पनियों का समर्थन किया जिसके कारण पितरोदा की कोशिशों का वह परिणाम नहीं निकला जिसकी उम्मीद थी।

भारत में दूरसंचार की सामाजिक उपयोगिता पश्चिमी दुनिया के तर्ज़ पर ही विकसित हुई है। भारत में भी शुरू में टेलिफ़ोन का कनेक्शन केवल वे लोग लेते थे जिन्हें सरकारी और सामाजिक सम्पर्कों की पेशेवराना नज़रिये से ज़रूरत होती थी। सामान्य मध्यवर्गीय जीवन में टेलिफ़ोन का स्थान रंग-रुतबे का पर्याय समझा जाता था। साठ और सत्तर के दशक तक एक पूरे मुहल्ले में ज़्यादा से ज़्यादा दो या तीन घरों में ही फ़ोन का कनेक्शन पाया जाता था। पश्चिम में दूरसंचार का इतिहास बताता है कि बीसवीं सदी के शुरुआत में टेलिफ़ोन को लोकप्रिय बनाने के लिए जारी किये जाने वाले विज्ञापनों में केवल इस यंत्र की व्यावसायिक उपयोगिता ही रेखांकित की जाती थी। निजी जीवन के लिए टेलिफ़ोन का महत्त्व केवल इतना बताया जाता था कि इसके माध्यम से घर बैठे कई चीज़ें मँगायी जा सकती हैं। लेकिन, बीस के दशक के आख़िरी वर्षों से इस यंत्र के सामाजिक आयामों पर ज़ोर देने का सिलसिला शुरू हुआ। टेलिफ़ोन के विज्ञापनों की विषयवस्तु बदलने लगी। उनके केंद्र में उपभोक्ताओं के मनोभाव को स्पर्श करने वाले फ़िकरे आने लगे। टेलिफ़ोन को सामाजिक वार्तालाप के माध्यम की तरह पेश किया जाने लगा। लोगों को समझाया जाने लगा कि वे टेलिफ़ोन का इस्तेमाल करके परिजनों और दोस्तों के सम्पर्क में रह सकते हैं। इस तरह से कनेक्विटी के विचार का जन्म हुआ। दूरसंचार क्रांति के बाद आज ऐसा लगता है कि समूचा भारत कनेक्टिविटी के ज्वर की गिरफ़्त है। साधारण से साधारण व्यक्ति के हाथ में मोबाइल देखा जा सकता है। सांस्कृतिक अर्थों में दूरसंचार ने संगीत और फ़िल्मों तक आम लोगों की पहुँच बढ़ाने के मामले में क्रांतिकारी योगदान किया है।

ज़ाहिर है कि इस संचार क्रांति की सफलता अपने-आप में असंदिग्ध है। कम्प्यूटर और इंटरनेट समेत मीडिया के विभिन्न रूपों, शहरीकरण की प्रक्रिया, व्यक्तिगत और सामुदायिक संबंधों पर उसका निर्णायक असर पड़ा है। दूरसंचार की अधिरचना और आर्थिक विकास के बीच सीधा संबंध है, इसलिए भारतीय कम्पनियाँ इसका लाभ उठा कर अपने व्यावसायिक नेटवर्कों का प्रसार करने में कामयाब रही हैं। लेकिन, समाज-विज्ञान के सामने प्रश्न यह है कि इस विकास-क्रम के वैचारिक, सामाजिक और राजनीतिक तात्पर्य क्या हैं ?

भारत में साइबर-स्पेस के विमर्शकार रवि सुंदरम के अनुसार अस्सी के दशक में चली 'राष्ट्रीय' और 'भूमण्डलीकरण' की अन्योन्यक्रिया के हाथों हमारी राष्ट्रवादी कल्पनाशीलता नये सिरे से विन्यस्त हुई है। इससे पहले राष्ट्र-निर्माण के लिए इस्पात, कोयला और ऊर्जा जैसे भौतिक संचय पर ज़ोर रहता था। विकास के मुद्दे इसी तर्ज़ पर हल किये जाते थे। लेकिन नयी कल्पना के केंद्र में कम्प्यूटर था जो निराकार दायरे की आभासी प्रतिलिपियाँ बनाने में लगा हुआ था। इससे नेटवर्क नामक अमूर्त संरचना निकल रही थी। इसी कल्पना के तहत एक राष्ट्रीय नेटवर्क की स्थापना होनी थी और उसके माध्यम से सभी प्रमुख जिला-केंद्रों और प्रदेशों की राजधानियों को आपस में जुड़ना था। इसे विकास और प्रशासन से संबंधित सूचनाओं का विशाल आगार बनना था। यह लक्ष्य पूरा करने के लिए नैशनल इंफ़ोमेटिक्स सेंटर का इस्तेमाल किया गया जो सत्तर के दशक में स्थापित किया गया था, लेकिन बेकार पड़ा हुआ था। अस्सी में कृत्रिम उपग्रह से जुड़े हए निकनेट नामक नेटवर्क के उद्घाटन के बाद यह सेंटर उपयोगी बनता चला गया। आज निकनेट देश का सबसे बड़ा सूचना-नेटवर्क है। इसमें समाज-विज्ञान, चिकित्सा-विज्ञान और क़ानून संबंधी आँकड़ों का विशाल भण्डार समाया हुआ है।

सुंदरम की मान्यता है कि निकनेट के संचालक कुछ भी कहते रहें पर वास्तव में वे उसके ज़रिये सत्ता की पूरी प्रौद्योगिकी को बदल देना चाहते हैं। उन्हें लगता है कि जनता पर निगरानी रखने के पुराने तरीक़ों की उपयोगिता ख़त्म हो चुकी है, इसलिए नेहरूवाद के तहत बनाये गये पुराने आधुनिकतावादी संजाल को नया रूप दिया जाना चाहिए। इंफ़ोमेटिक्स सेंटर (निक) के नेटवर्कों ने अस्सी के दशक से पहले की सत्ता-प्रौद्योगिकी के कई तत्त्वों को क़ायम रखते हुए विकास, राष्ट्र के नवीकरण और भौतिक प्रगति की रफ़्तार तेज़ करने के आग्रहों पर नये सिरे से बल दिया। इन नेटवर्कों ने एक ऐसा दायरा बनाने में कामयाबी हासिल की जो पूरी परियोजना को आवेग प्रदान करने की वह ज़िम्मेदारी निभा सकता था जो पुराने सरअंजाम की क्षमताओं से बाहर थी।

सुंदरम के अनुसार दूरसंचार की नयी प्रौद्योगिकी नव-राष्ट्रवादी दायरे का निर्माण करते हुई नज़र आती है। पर,

उसके मायाजाल को दो तरह की समस्याओं का सामना करना पड़ रहा है। पहली बात तो यह है कि भारत अपनी सम्मानजनक विकास-दर के बावजूद अभी विश्व-अर्थव्यवस्था के हाशिये पर ही है। इसके कारण कनेक्शन टूटे बिना 'ऑन लाइन' बने रहना एक तरह की समस्या है, हालाँकि इंटरनेट सेवाओं का निजीकरण हो चुका है और सक्षम सेवा देने वाला ब्रॉडबैंड उपलब्ध है। संचार बाधारहित न रहने के अलावा दूसरी समस्या यह है कि सरकारी साइबर-स्पेस बनाने और सत्ता की नयी प्रौद्योगिकी रचने के लिए बनाये गये नेटवर्क को अन्य नेटवर्कों से भी प्रतियोगिता करनी पड़ती है जिसके कारण सत्ता पर उसकी इजारेदारी साँसत में पड़ जाती है।

देखें : अभिलेखागार, आख्यान, इंटरएक्टिविटी-प्रौद्योगिकीय विमर्श, इंटरएक्टिविटी-सामाजिक विमर्श, इंटरफ़ेस, एक्टर-नेटवर्क थियरी, डिजिटल डिवायड, दिन-प्रति दिन के अभिलेखागार, नया मीडिया, नेटवर्क, नेटवर्क सोसाइटी, प्रेस की स्वतंत्रता, प्रोपेगंडा, बाज़ारू संस्कृति, भारतीय मीडिया-1, 2 और 3, भारतीय मीडिया स्फ़ेयर, मास मीडिया, मीडिया और सरकार, मीडिया-पक्षधरता, मीडिया-स्टडीज़, संचार, संचार-क्रांति, स्मृति और अभिलेखागार, सोशल नेटवर्क विश्लेषण, सूचना, सूचना-समाज, वैकल्पिक मीडिया।

संदर्भ

1. रवि सुंदरम (2003), 'राष्ट्रवाद का कारागार और निराकार साइबर स्पेस की बगावत', अभय कुमार दुबे (सम्पा.), *भारत का भूमण्डलीकरण,* सीएसडीएस-वाणी, नयी दिल्ली.
2. निकनेट (1994), *टेन इयर्स ऑफ़ द नैशनल इंफ़ोर्मेटिक्स सेंटर,* एनआईसी, नयी दिल्ली,.
3. डिपार्टमेंट ऑफ़ टेलिकम्युनिकेशंस (1987), *टेलिकॉम मिशन ड्राफ़्ट रिपोर्ट,* गवर्नमेंट ऑफ़ इण्डिया, नयी दिल्ली.

— अभय कुमार दुबे

भारत में सार्विक मताधिकार

(Universal Franchise in India)

संविधान निर्माण से पहले भारत में सीमित मताधिकार का प्रचलन था। इसका सैद्धांतिक आधार यह था कि वोट देने का अधिकार केवल उन लोगों को मिलना चाहिए जो शासन करने के योग्य हों और इस कारण से जिन्हें नागरिकता प्राप्त करने का अधिकार हो, ताकि लोकतंत्र को भीड़-तंत्र में बदलने से रोका जा सके। लेकिन, संविधान निर्माताओं और निर्मात्रियों ने मताधिकार के लिए सर्वसमावेशी उसूल अपनाया और समाज के प्रत्येक वयस्क सदस्य को सम्पूर्ण नागरिकता देने का फ़ैसला किया। इस लिहाज़ से प्रत्येक वयस्क को बिना जाति, धर्म, नस्ल और लिंगगत भेदभाव के वोट देने का हक़ प्राप्त हो गया। सवाल यह है कि सैकड़ों वर्षों से चली आ रही सामाजिक विषमताओं और स्त्रियों की अधीनस्थ हैसियत की भींच में फँसे समाज में सार्विक मताधिकार की संकल्पना के इस कार्यान्वयन के पीछे क्या कारण रहे होंगे? इसी से जुड़ा सवाल यह है कि जो सार्विक मताधिकार पश्चिमी लोकतंत्रों में क्रमशः दिया गया, उसे भारत की जनता को एक ही बार में दिये जाने के फलितार्थ क्या हुए?

इन प्रश्नों पर काफ़ी विचार-विमर्श हुआ है। विद्वानों का मानना है कि सार्विक मताधिकार देने के पीछे संविधान निर्माताओं के बीच सम्भवतः मोटे तौर पर तीन तरह के रुझान काम कर रहे थे। पहला रुझान व्यक्तिवाद को प्रमुखता देने वाला उदारतावादी चिंतन हो सकता था। इस विचार के मुताबिक़ व्यक्ति की इयत्ता के विधेयक तत्त्वों की रचना समूहगत या समुदायगत न हो कर उससे अलग कहीं अमूर्तन में होती है। इसलिए संविधान सभा के कुछ सदस्यों ने सोचा होगा कि वोट देने के अधिकार का फ़ैसला करते समय भारतवासियों को सांस्कृतिक समुदाय के सदस्यों के बजाय व्यक्तिगत इकाइयों की तरह समझा जाना चाहिए। दूसरा रुझान राजनीतिक प्रक्रिया के सीमित हो जाने और परिणामस्वरूप संख्याओं के खेल पर निर्भर चुनावी राजनीति में हिंदुओं का प्रभाव कमज़ोर हो जाने के डर की देन हो सकता था। चूँकि देश की ज़्यादातर आबादी ग़रीब, अशिक्षित, पिछड़ी और अंत्यज जातियों के किसानों से बनी थी, इसलिए सीमित मताधिकार के कारण केवल थोड़े से ऊपरी प्रतिशत के लिए ही यह अधिकार सुनिश्चित हो पाता। ऐसे में हिंदू समाज के अधिकतर सदस्य चुनाव को प्रभावित करने की क्षमता से वंचित हो जाते। एक तरफ़ लोकतंत्र की वैधता का आधार सीमित होता, और दूसरी तरफ़ हिंदू और ग़ैर-हिंदू अभिजनों के बीच मोटे तौर पर संख्यात्मक समकक्षता की स्थिति आ जाती। तीसरा रुझान राष्ट्रवाद की विकास-प्रक्रिया से प्रभावित हो सकता था। राष्ट्रवाद का सिद्धांत आग्रह करता है कि जिन लोगों से मिल कर राष्ट्र बना है उन्हें एक समान समझा जाना चाहिए। चूँकि संविधान सभा एक लोकतांत्रिक राज्य के लिए संविधान बना रही थी, इसलिए राष्ट्र का कोई सदस्य नागरिकता से वंचित नहीं रखा जा सकता था।

इन तीनों कारणों पर गहराई से ग़ौर करने पर पहली दो सम्भावनाएँ कुछ कमज़ोर नज़र आती हैं। संविधान सभा के ज़्यादातर प्रमुख सदस्य आज़ादी के आंदोलन में जन-नेता की भूमिका भी निभा चुके थे। उन्हें यह एहसास ज़रूर रहा होगा कि व्यक्तिगत इयत्ता की समुदाय से इतर रचना का सिद्धांत भारतीय समाज के संदर्भ में कितना व्यावहारिक है।

उन्होंने स्वयं भाषाई, सांस्कृतिक और सामुदायिक आह्वानों के ज़रिये उपनिवेशवाद विरोधी गोलबंदी को अंजाम दिया था। दूसरे, लोकतंत्र की वैधता का आधार सीमित हो जाने का डर तो जायज़ लगता है, पर यह तर्क उपनिवेशवादी आंदोलन के अनुभव में फिट नहीं होता कि सार्विक मताधिकार देने के पीछे साम्प्रदायिक क़िस्म के आग्रह रहे होंगे। अधिकतर संविधान निर्माता सेकुलर मूल्यों में विश्वास करने वाले थे, और उनकी पूरी राजनीति ही धर्म के आधार पर विभेद करने की प्रवृत्तियों के ख़िलाफ़ विकसित हुई थी।

तीसरा सम्भव रुझान राष्ट्रवाद और लोकतंत्र को एक-दूसरे का पर्याय बताने के आधार पर खड़ा हुआ है। उपनिवेशवाद विरोधी आंदोलन के इतिहास पर एक सरसरी नज़र डालने से ही यह साफ़ हो जाता है। 1895 में भारत के लिए संविधान लिखने का पहला ग़ैर-सरकारी प्रयास 'कांस्टीट्यूशन ऑफ़ इण्डिया बिल' के रूप में सामने आया। इसमें दावा किया गया था कि भारत में पैदा हुए हर व्यक्ति को नागरिक समझा जाना चाहिए और उसे सरकार चलाने के कामकाज में भागीदारी करने का अधिकार भी मिलना चाहिए। 1916 तक आते-आते राष्ट्रीय स्वाभिमान की भावना और धारणा सुशासन और उसमें भारतवासियों की भागीदारी के दोहरे आधार पर ही निर्मित होने लगी। इसके पीछे सोलहवीं सदी में विकसित हुआ राष्ट्र का विचार था। तेरहवीं सदी में राष्ट्र का मतलब था एक ऐसी संरचना जिस पर सांस्कृतिक और राजनीतिक रंग-रुतबा रखने वाले समूहों के प्रतिनिधियों यानी सामाजिक अभिजनों का अधिपत्य हो। लेकिन, सोलहवीं सदी में राष्ट्र का यह विचार बदला और उसे 'पीपुल' या जन-गणों का पर्याय मान लिया गया। अर्थात् एक राष्ट्र की भू-क्षेत्रीय परिधि में आने वाला प्रत्येक व्यक्ति राष्ट्रीय समुदाय का सदस्य मान लिया गया। प्रतीकात्मक रूप से ही सही, पर राष्ट्र की अवधारणा में हुए इस परिवर्तन का मतलब था जन-साधारण का अभिजनों के समकक्ष आ जाना, हाशियाग्रस्तों का केंद्रीय मंच पर अवतरण हो जाना। इस लिहाज़ से आधुनिक राष्ट्र सैद्धांतिक रूप से एक ऐसी संरचना के रूप में कल्पित किया जाने लगा जो पदानुक्रम से बँधे समुदायों के बजाय स्वतंत्र और समान व्यक्तियों के नेटवर्कों द्वारा संचालित होगा। हालाँकि यह दावा व्यवहार में पूरी तरह कार्यान्वित नहीं हो पता है, पर इस सैद्धांतिक स्थापना को मान्यता मिल जाने के बाद यह लाज़मी हो गया कि ख़ुद को आधुनिक राष्ट्र मानने वाला प्रत्येक समुदाय अपने सभी सदस्यों को समान माने, उन्हें नागरिकता और वोट का अधिकार दे। 1928 की मोतीलाल नेहरू की रपट ने नागरिकता की अवधारणा की पुष्टि की। रपट के अनुच्छेद नौ में स्पष्ट किया गया था कि 21 साल के किसी भी स्त्री और पुरुष को संसद के लिए मत देने का अधिकार मिलना चाहिए। 1937 में दो साल पहले बने गवर्नमेंट ऑफ़ इण्डिया एक्ट का जवाहरलाल नेहरू ने इसी आधार पर विरोध किया था कि वह राष्ट्र की अभिलाषा का प्रतिनिधित्व नहीं करता। नेहरू का कहना था कि कांग्रेस एक ऐसे लोकतांत्रिक राष्ट्र की रचना के लिए प्रतिबद्ध है जिसमें राजनीतिक सत्ता समग्र जनता के हवाले कर दी जाएगी। इससे पता चलता है कि कुछ राष्ट्रों में यह प्रक्रिया धीरे-धीरे ज़रूर सम्पन्न हुई, पर भारत के संविधान निर्माताओं ने क्यों इसे एक ही बार में पूरा कर दिया।

भारतीय संदर्भ में वोट का यह अधिकार एक ही बार में इसलिए भी दिया गया क्योंकि राष्ट्र के तौर पर भारत की संकल्पना उसके स्वतंत्र और सम्प्रभु राज्य बनने से पहले ही कर ली गयी थी। अर्थात् भारत स्वतंत्र बाद में हुआ, पर वह राष्ट्र पहले ही बन चुका था। भारतीय अभिजनों की आत्म-छवि उन दलीलों, नारों और दावेदारियों के आधार पर निर्मित हुई थी जो उन्होंने उपनिवेशवादियों से बहस करते हुए विकसित की थीं। इन दलीलों का मर्म था भारत की एक राष्ट्र के रूप में दावेदारी। एक बार जब उपनिवेशवाद विरोधी आंदोलन के दौरान राष्ट्र का विचार अभिजनों के बीच जड़ पकड़ गया, तो इस प्रकार की धारणा बननी स्वाभाविक ही थी कि इस राष्ट्र का प्रत्येक सदस्य अंग्रेज़ों के ख़िलाफ़ इसलिए लड़ रहा है ताकि अपनी हुकूमत स्थापित कर सके। इस तरह का आंदोलन जिस राष्ट्रवाद को जन्म देता है उसके गर्भ में लोकतंत्र का विचार भी स्वाभाविक रूप से पनपता रहता है। इसलिए ऐसा राष्ट्र सैद्धांतिक रूप से केवल अभिजनों और उनके नेतृत्व में कुछ मुट्ठी भर प्रभु वर्गों का राज्य नहीं हो सकता। उसे सर्वसमावेशी राजनीतिक समानता के सिद्धांत पर आधारित होना ही था। इसीलिए संविधान सभा ने अमीर-ग़रीब, शिक्षित-अशिक्षित, अल्पसंख्यक-बहुसंख्यक, स्त्री-पुरुष और किसी भी तरह के ऊँच-नीच को ख़ारिज करते हुए राष्ट्रीय भू-क्षेत्रीयता के दायरे में आने वाले हर वयस्क को नागरिक मानने और परिणामस्वरूप वोट का अधिकार देने का निर्णय किया।

देखें : ग़ैर-सरकारी संस्थाएँ, ग़ैर-सरकारी संस्थाएँ : भारत में, ग़ैर-दलीय राजनीति, धीरूभाई शेठ, नागरिकता, नागरिकता : अन्य परिप्रेक्ष्य, नागर समाज, नागर समाज : भारतीय बहस, पार्थ चटर्जी, मानवाधिकार, भारत में नागर समाज और ग़ैर-दलीय राजनीति-1 से 3 तक, भारत में नागरिकता-विमर्श-1 से 3 तक, भारत में मानवाधिकार, भारत में मानवाधिकार आंदोलन, भीखू छोटालाल पारिख, रजनी कोठारी, राजनीतिक समाज, सुदीप्त कविराज।

संदर्भ

1. राजीव भार्गव (2000), 'डेमॉक्रैटिक विज़न ऑफ़ अ न्यू रिपब्लिक', फ्रांसिस आर. फ्रेंकेल वैगरह (सम्पा.), *ट्रांसफ़ॉर्मिंग इण्डिया : सोशल ऐंड पॉलिटिकल डायनामिक्स ऑफ़ डेमॉक्रैसी*, ऑक्सफ़र्ड युनिवर्सिटी प्रेस, नयी दिल्ली.

2. लियाह ग्रीनफ़ील्ड (1992), *नैशनलिज़म : फ़ाइव रोड्स टु मॉडर्निटी*, हार्वर्ड युनिवर्सिटी प्रेस, केम्ब्रिज.

3. बी. शिवा राव (सम्पा.) (1967), *द फ़्रेमिंग ऑफ़ द कांस्टीट्यूशन: सलेक्ट डॉक्यूमेंट्स*, खण्ड 1 और 2, नयी दिल्ली, आईआईपीए.

— अभय कुमार दुबे

भारत में स्त्री-आरक्षण-1

73वाँ और 74वाँ संविधान संशोधन

(Women Reservation in India-1)

भारत में स्त्री-आरक्षण का प्रश्न एक गहरी दुविधा और विरोधाभास का रूप ले चुका है जिसकी अभिव्यक्ति न केवल राजनीति के दायरे में, बल्कि नारीवादी आंदोलन में भी दिखाई पड़ती है। भारतीय संविधान ने 1950 में स्त्रियों को मतदान का अधिकार तो दिया, लेकिन समाज में उनकी दुर्बल स्थिति को देखते हुए भी जेंडर के आधार पर किसी विशेष प्रोत्साहन का प्रावधान नहीं किया। नतीजतन ग्राम पंचायतों और स्थानीय स्तर पर काम करने वाली स्वशासी संस्थाओं के साथ-साथ विधानसभाओं और लोकसभा जैसी विधायी संस्थाओं में भी स्त्रियों का प्रतिनिधित्व आबादी में उनकी संख्या की तुलना में बहुत कम बना रहा। 1967 में लोकसभा में स्त्री-सांसदों की संख्या 5.9 प्रतिशत थी जो 1997 तक बढ़ कर केवल सात फ़ीसदी ही हो पायी। स्त्रियाँ अपने प्रतिनिधि के रूप में पुरुषों को चुनने के लिए मजबूर रहीं। प्रातिनिधिक संस्थाओं में स्त्रियों की सहभागिता बढ़ाने के लिए पहला संस्थागत प्रयास 1992-93 में 73 और 74वें संविधान संशोधन के रूप में किया गया जिसके तहत पंचायतों और स्थानीय निकायों में एक-तिहाई सीटें स्त्रियों के लिए सुरक्षित कर दी गयीं। दिलचस्प बात यह है कि इस स्तर पर आरक्षण देने के सवाल पर न कोई ख़ास विवाद हुआ, और न ही कोई बहस। ऐसा लगा कि जैसे सभी तरह की राजनीतिक शक्तियाँ स्त्रियों के साथ होने वाली नाइंसाफ़ी को ठीक करने के लिए तैयार बैठी हों।

लेकिन जून, 1996 में एच.डी. देवेगौड़ा के प्रधानमंत्रित्व वाली संयुक्त मोर्चा सरकार ने अपने न्यूनतम साझा कार्यक्रम में दिये गये आश्वासन के मुताबिक़ संसद और विधानसभाओं में जेंडर के आधार पर 33 फ़ीसदी आरक्षण का प्रावधान करने वाला 81वाँ संविधान संशोधन विधेयक जैसे ही पेश किया, यह प्रश्न उस दुविधा का शिकार हो गया जिसका समाधान आज तक नहीं हो पाया है। विधेयक पर संसद में जम कर बहस-मुबाहिसा हुआ। लेकिन, सरकार के घटक दलों में इस सवाल पर एकता न होने के कारण इसे संसद की संयुक्त प्रवर समिति के हवाले कर दिया गया। 1998 में यही विधेयक 84वें संविधान संशोधन के रूप में पेश किया गया। फिर 1999 में इसका एक और संस्करण 85वें संशोधन विधेयक के रूप में रखा गया। लेकिन विभिन्न बाधाओं के कारण इसे पारित नहीं किया जा सका। राजनीतिक दलों में इस प्रश्न पर सहमति है कि औरतों को राजनीतिक आरक्षण दिया जाना चाहिए लेकिन उसे देने की विधियों पर उनके बीच मतभेद हैं। फ़िलहाल स्थिति यह है कि संविधान में 108वाँ संशोधन प्रस्तावित करने वाला महिला आरक्षण विधेयक राज्यसभा द्वारा 9 मार्च, 2010 को पारित कर दिया गया है। लोकसभा के अनुमोदन के बाद पूर्ण क़ानून का दर्जा प्राप्त करने के बाद इसे राज्य विधानसभाओं की सहमति की आवश्यकता पड़ेगी।

स्त्री-आरक्षण के प्रति इस दुविधा और विरोधाभास का अर्थ ग्रहण करने के लिए इसके इतिहास पर एक नज़र डालना आवश्यक है।

इतिहास : स्त्री-आरक्षण पर दुविधा के सैद्धांतिक रूपों की पहली शिनाख़्त भारतीय नारीवादी आंदोलन के शुरुआती दौर में ही की जा सकती है। सरोजिनी नायडू ने 1918 में ही स्त्रियों को मतदान का अधिकार देने की माँग उठाने के लिए कांग्रेस को राज़ी कर लिया था। तीस के दशक तक स्त्रियों के सभी संगठन, होम रूल लीग, कांग्रेस, मुसलिम लीग और गाँधी स्त्रियों के लिए वोट के अधिकार की पैरोकारी करने लगे थे। लेकिन 1930 में बम्बई में हुए आल इण्डिया वुमंस कांफ्रेंस के जलसे को सम्बोधित करते हुए सरोजिनी नायडू ने कहा कि स्त्रियों के लिए किसी भी तरह की विशेष सुविधा (आरक्षण या नामज़दगी) की माँग करना उनकी कमतर हैसियत को स्वींकार कर लेना होगा। लेकिन सभी स्त्रियाँ नायडू के इस दावे से सहमत नहीं थीं। लेकिन वुमंस एसोसिएशन की तरफ़ से मद्रास विधान परिषद् में नामज़द हुई डॉ. मुत्थुलक्ष्मी रेड्डी की मान्यता थी कि स्त्रियों के नज़रिये को सामने लाने के लिए आरक्षण ज़रूरी है। रेड्डी ने तत्कालीन परिस्थितियों में स्त्रियों के लिए पृथक मतदातामण्डलों की आवश्यकता को भी रेखांकित किया। दरअसल, नारीवादी संगठनों का एक हिस्सा 'स्त्री-उत्थान' का पक्षधर था, पर दूसरा 'समान अधिकारों' की वकालत करता था। धीरे-धीरे समान अधिकारों की माँग व्यावहारिक रूप से 'समानता लेकिन कोई विशेष सुविधा नहीं' के रूप में सूत्रबद्ध होती चली गयी।

1932 तक प्रांतीय विधायिकाओं और स्थानीय निकायों से पृथक मतदातामण्डलों की माँग उठने के बावजूद तीनों बड़े स्त्री-संगठन इसी सूत्रीकरण के पक्ष में झुक चुके

थे। दूसरी गोलमेज़ कांफ्रेंस के परिणामस्वरूप जब अंग्रेज़ों ने ईसाइयों, मुसलमानों, सिक्खों, एंग्लो-इण्डियनों और दबे हुए वर्गों के लिए पृथक मतदातामण्डल स्वीकृत किये तो अरुणा आसफ़ अली और राजकुमारी अमृत कौर जैसी महिला नेताओं ने स्त्रियों की एकता के नाम पर इसका विरोध किया ताकि किसी भी क़िस्म की साम्प्रदायिक गोलबंदी उसे गड़बड़ा न सके। पर मुसलमान समाज से आयी स्त्री-प्रतिनिधियों ने आल इण्डिया वुमंस कांफ्रेंस में रखे गये इस प्रस्ताव का विरोध किया। कुल मिला कर जाति और धर्म के प्रश्न पर स्त्री-नेतृत्व का आग्रह सभी औरतों की स्थिति को समान मानने के इर्द-गिर्द गोलबंद होता चला गया।

यह रुझान मोटे तौर पर आज़ादी के बाद भी जारी रहा और 1974 में स्त्रियों के हालात की जाँच-पड़ताल करने के लिए बनायी गयी कमेटी ने विधायी संस्थाओं में औरतों के लिए सीटें आरक्षित करने के प्रस्ताव को बहुमत से ख़ारिज कर दिया। हालाँकि इस कमेटी की रपट *टुवड्र्स ईक्वलिटी* से यह जानकारी भी मिल रही थी कि स्त्री-विधिकर्ताओं की संख्या घटती जा रही है और राजनीतिक पार्टियाँ औरतों को टिकट देने में हिचकती हैं।

स्त्रियों को आरक्षण का प्रश्न 1988 में फिर से उभरा जब स्त्रियों के लिए बनायी गयी राष्ट्रीय परिप्रेक्ष्य योजना ने लैंगिक आधार पर तीस फ़ीसदी आरक्षण का सुझाव दिया। इसके पीछे तर्क यह था कि स्त्रियों के बड़े पैमाने पर राजनीति में आने से उसके मौजूदा ढाँचे में भिन्न मूल्यों, प्राथमिकताओं और परिप्रेक्ष्यों का समावेश होगा। राजनीतिक दलों के एजेंडे पर स्त्रियों के मसले प्रमुखता प्राप्त करेंगे। निर्णयकारी हैसियत में स्त्रियों के पहुँचने से उनके ख़िलाफ़ होने वाले भेदभाव की मात्रा घटेगी। नब्बे का दशक भारतीय राजनीति में 'जाति' और 'समुदाय' के साथ-साथ जेंडर की श्रेणी को अलग से रेखांकित करने वाला साबित हुआ। सबसे पहले महाराष्ट्र की सरकार ने 1990 में स्थानीय निकायों में स्त्रियों को 30 फ़ीसदी आरक्षण दे कर इस प्रक्रिया की शुरुआत की। 1992 में 73वाँ संविधान संशोधन हुआ जिसके तहत ज़िला, ब्लॉक और ग्राम पंचायतों में अनुसूचित जातियों, अनुसूचित जनजातियों को उनकी जनसंख्या के अनुपात में और स्त्रियों को एक-तिहाई आरक्षण का प्रावधान किया गया। इसके बाद हुए 74वें संशोधन के तहत आरक्षण की यही व्यवस्था स्थानीय निकायों में की गयी।

यह मानना पड़ेगा कि इन दोनों संविधान संशोधनों के लिए दबाव पैदा करने में भारत के नारीवादी आंदोलन की भूमिका न के बराबर ही रही। न ही इस प्रश्न पर कोई राष्ट्रीय बहस हुई। इस आरक्षण का स्त्री-सशक्तीकरण की प्रक्रिया के साथ-साथ व्यापक राजनीति पर किस तरह का असर पड़ सकता है, इसका भी कोई पूर्व अध्ययन नहीं किया गया। देखते-देखते अचानक क़रीब दस लाख स्त्रियों के लिए निचले स्तर की प्रातिनिधिक संस्थाओं में प्रवेश का दरवाज़ा खुल गया। न तो इसके लिए पार्टियाँ तैयार थीं, और न ही स्त्री-संगठन। दिलचस्प बात यह है कि इस संदर्भ में ताज़े इतिहास पर नज़र डालने से यह नहीं पता चलता कि इन संविधान संशोधनों की पहलक़दमी का उद्गम कौन सा था।

इस आरक्षण के पंद्रह साल बाद कुछ रुझान सामने आये हैं जिनके आईने में इन संविधान संशोधनों के प्रभावों का कुछ अंदाज़ा लगाया जा सकता है। पंचायती राज और स्थानीय निकाय संस्थाओं में आरक्षण के ज़रिये चुनी गयी स्त्रियों में राजनीतिक कार्यकर्ताओं की संख्या कम और पुरुष नेताओं की परिजन स्त्रियों की संख्या ज़्यादा देखी गयी। इनमें कई अनिच्छापूर्वक चुनाव लड़ीं क्योंकि उनके ख़ानदान को अपना राजनीतिक रंग-रुतबा बरक़रार रखना था। दूसरे, इनकी पहली प्राथमिकता व्यापक स्त्री-समाज के प्रति न हो कर पितृसत्तात्मक हितों की ताबेदारी थी। चुनी गयी स्त्रियों का बहुत ही छोटा हिस्सा नारीवादी आंदोलन से ताल्लुक़ रखता था। अभी यह अध्ययन किया जाना शेष है कि क्या स्त्री-प्रतिनिधियों की राजनीति पुरुष-प्रतिनिधियों के मुक़ाबले किस स्तर पर भिन्न होती है : क्या वे पुरुषों की अपेक्षा सत्ता से कम चिपकने की कोशिश करती हैं, कम भ्रष्ट होती हैं, उनकी कार्यशैली अपेक्षाकृत अधिक लोकतांत्रिक होती है, उनकी राजनीतिक महत्त्वाकांक्षा का स्तर क्या है और कुल मिला कर उनके ज़रिये होने वाले राजनीतीकरण का पूरे समाज और मानवीय संबंधों की संरचना पर क्या असर पड़ रहा है ?

लेकिन नकारात्मक आयामों के साथ-साथ ऐसे कई उदाहरण भी सामने आये हैं जिनमें महिला कॉरपोरेटरों और पंचों ने राजनीतिक सफलता के ज़रिये अपने परिवार और परिवेश के भीतर लैंगिक श्रेणीक्रम के तहत स्त्री की अधीनता को उलटा है। स्त्री-मेयरों के कामकाज का अध्ययन करने से पता चला है कि उनके नेतृत्व में स्त्री-हितों का ख़याल रखने वाले मुद्दों और कार्यक्रमों को पहले के मुक़ाबले प्राथमिकता प्राप्त हुई। इस बात के भी स्पष्ट संकेत हैं कि आरक्षण के कारण चुनी गयी स्त्रियों की चौथी और पाँचवीं पीढ़ी पहली और दूसरी पीढ़ी के मुक़ाबले अधिक जागरूक, स्वायत्त और पुरुषों के ऊपर कम निर्भर साबित हो रही हैं।

देखें : अश्वेत नारीवाद, आनंदीबाई जोशी, इसलामिक नारीवाद, गायत्री चक्रवर्ती स्पिवाक, चिपको आंदोलन, जूडिथ बटलर, जेंडर, दलित नारीवाद, देवदासी, देवकी जैन, नारीवाद, नारीवाद की पहली लहर, नारीवाद की दूसरी लहर, नारीवाद की तीसरी लहर, नारीवाद और अर्थशास्त्र, नारीवादी फ़िल्म-सिद्धांत, नारीवादी इतिहास-लेखन, नारीवाद और अर्थशास्त्र, नारीवादी दर्शन, नारीवाद और साम्प्रदायिकता,

नैंसी शोदॅरौ, पर्यावरणीय नारीवाद, पब्लिक-प्राइवेट, पण्डिता रमाबाई सरस्वती, पितृसत्ता, प्रेम, प्रेम-अध्ययन और नारीवादी दर्शन, महादेवी वर्मा, मैरी वोल्सनक्रॉफ़्ट, राजनीतिक दर्शन के नारीवादी आयाम, रमाबाई रानाडे, ल्यूस इरिगरे, स्त्री और साम्प्रदायिकता, स्त्री-श्रम, सम्पत्ति : नारीवादी परिप्रेक्ष्य, सिमोन द बोउवार, स्त्री-आरक्षण, हेलन सिचू।

संदर्भ

1. मैरी जॉन (2000), 'आल्टरनेटिव मॉडर्निटीज़? रिज़र्वेशन ऐंड वुमंस मूवमेंट इन ट्वेंटियथ सेंचुरी इण्डिया', *इकॉनॉमिक ऐंड पॉलिटिकल वीकली,* खण्ड 35, अंक 43/44.
2. मेधा नानीवाडेकर (1998), 'रिज़र्वेशन फ़ॉर वुमॅन : चैलेंज ऑफ़ टैकलिंग काउंटर-प्रोडक्टिव ट्रेंड्स', *इकॉनॉमिक ऐंड पॉलिटिकल वीकली,* खण्ड 33, अंक 28.
3. युहान रेडलुंद (2008), *वुमॅन इन पंचायत्स : अ स्टडी ऑफ़ जेंडर स्ट्रक्चर्स ऐंड द इम्पेक्ट्स ऑफ़ द 73र्ड एमेंडमेंट ऑफ़ द कांस्टीट्युशन,* लुंद युनिवर्सिटी शोध-पत्र।
4. जोकिम परसन (2008), *द इम्पेक्ट ऑफ़ अ कोटा सिस्टम ऑफ़ वुमंस इम्पॉवरमेंट : अ फ़ील्ड स्टडी इन वेस्ट बंगाल,* लुंद युनिवर्सिटी शोध-पत्र, 2008

— अभय कुमार दुबे

भारत में स्त्री-आरक्षण-2

संसद और विधानसभाएँ

(Women Reservation in India-2)

स्त्रियों को पंचायती राज संस्थाओं और स्थानीय निकायों में राजनीतिक आरक्षण मिल जाने के बाद डेढ़ दशक बाद भी यह प्रक्रिया अपने तार्किक निष्कर्ष तक नहीं पहुँच पायी है। देश की सर्वोच्च प्रातिनिधिक संस्थाओं में औरतों के लिए सीटें आरक्षित करने वाला 108वाँ संविधान संशोधन विधेयक अभी संसद द्वारा पारित किया जाना बाक़ी है। राजनीतिक दलों के बीच और उनके भीतर गम्भीर मतभेदों के कारण लोकसभा में लटके हुए, लेकिन राज्यसभा द्वारा 9 मार्च, 2010 को स्वीकृत किये गये इस विधेयक के मुख्य प्रावधान इस प्रकार हैं : लोकसभा और राज्य विधानसभाओं में कम से कम एक-तिहाई सीटों का स्त्रियों के लिए आरक्षण, अनुसूचित जातियों और जनजातियों के लिए सुरक्षित सीटों में से एक-तिहाई का स्त्रियों के लिए आरक्षण, अपनी शुरुआत के 15 साल बाद यह आरक्षण स्वत: समाप्त और लाटरी के आधार पर हर चुनाव में एक-तिहाई सीटों का चयन अर्थात् पंद्रह वर्ष के भीतर तीन बार में देश के प्रत्येक निर्वाचन-क्षेत्र का कम से कम एक बार स्त्रियों के लिए आरक्षित होना। विधेयक में राज्यसभा और विधान परिषदों में स्त्री-आरक्षण का प्रावधान नहीं है। विधेयक के समर्थकों और विरोधियों के बीच होने वाली यह बहस विधेयक के पक्ष-विपक्ष में कई मानीख़ेज़ और व्यावहारिक लगने वाली दलीलों और सुझावों के रूप में सामने आयी है।

विधेयक के समर्थकों का सीधा तर्क है कि स्त्रियों को एक अलग सामाजिक श्रेणी के रूप में देखने को प्राथमिकता दी जानी चाहिए ताकि संसद में स्त्रियों की संख्या बढ़ने से विचार-विमर्श और नीति संबंधी दिशा जेंडर-संवेदनशील हो सके। समर्थकों के मुताबिक़ स्त्री-समाज के बीच विभेदीकरण के पहलू उन्हें संसद और विधायिकाओं में समुचित प्रतिनिधित्व दिलाने के संदर्भ में प्रासंगिक नहीं हैं। जब स्त्रियों को 33 फ़ीसदी प्रतिनिधित्व मिल जाएगा तो समाज के वंचित और पिछड़े तबक़ों की स्त्रियों को भी उसके सामाजिक और राजनीतिक लाभ होंगे। सत्ता और प्राधिकार के मुक़ामों तक उनके पहुँचने का रास्ता भी साफ़ हो जाएगा। ज़ाहिर है कि विधेयक के समर्थक जाति, जातीयता, वर्ग और धर्म संबंधी उत्पीड़न के ऊपर जेंडर संबंधी उत्पीड़न को प्रबल प्राथमिकता देने के पक्ष हैं। वे इस तरह के कई बारीक प्रश्नों पर पहले विचार करने के बजाय आरक्षण का कुछ अनुभव प्राप्त कर लेने के बाद उसकी रोशनी में ग़ौर करना चाहते हैं।

विधेयक के विरोधियों की कई श्रेणियाँ हैं। पहली श्रेणी उनकी है जो आरक्षण का ही विरोध करते हैं। उनका कहना है कि जेंडर के आधार पर आरक्षण का प्रावधान संविधान प्रदत्त समानता के सिद्धांत के ख़िलाफ़ जाता है। दूसरे, स्त्रियों को सामाजिक रूप से समरूप श्रेणी की संज्ञा नहीं दी जा सकती और न ही उनके हितों को अन्य आर्थिक, सामाजिक और राजनीतिक तबक़ों से अलग करके देखा जा सकता है। अगर स्त्रियों को आरक्षण दे दिया गया तो इसी तरह की माँगें अन्य समूहों और समुदायों की तरफ़ से आयेगी जिससे राष्ट्रीय एकता को नुक़सान पहुँचेगा।

दूसरी श्रेणी उनकी है जो स्त्री-आरक्षण के तो पक्ष में हैं पर इसके लिए लाये गये सरकारी विधेयक को नापसंद करते हैं। इनमें पहली श्रेणी के सुझाव वे हैं जिनका मुख्य मक़सद स्त्री-आरक्षण के बावजूद पुरुष-सांसदों की संख्या कम न होने देने का है। इनमें एक संसद में सीटों की संख्या बढ़ाने का है। 2001 की जनगणना के मुताबिक़ देश की आबादी एक अरब से अधिक हो चुकी है। इसलिए संविधान के मुताबिक़ लोकसभा की सदस्य संख्या बढ़ा कर 750 तक की जा सकती है और बढ़ी हुई दो सौ के आसपास सीटों को स्त्रियों के लिए रखा जा सकता है। दूसरा सुझाव दोहरी सदस्यता वाले निर्वाचन-क्षेत्रों के प्रावधान का है। इसके मुताबिक़ कुल सीटों में से एक-तिहाई (181) पर एक पुरुष

और एक स्त्री सांसद चुनने का प्रावधान होना चाहिए।

दूसरी श्रेणी का संबंध एक बेहद पेचीदा आलोचना से है। यह उन बुद्धिजीवियों और एक्टिविस्टों की तरफ़ से आयी है जो आरक्षण का समर्थन करने के बावजूद इस विधेयक के आईने में उच्च जातियों और नारीवाद के बीच अघोषित गठजोड़ देख कर बेचैन हो गये हैं। इनकी मान्यता है कि पिछड़ी जातियों के राजनीति में बढ़ते हुए प्रभाव को रोकने के लिए स्त्री-आरक्षण के उपाय का इस्तेमाल किया जा रहा है। इस तर्क का एक मतलब यह भी निकाला जा सकता है कि ऊँची जातियाँ अपने हाथ से फिसलती सत्ता की बागडोर थामने के लिए नारीवाद का इस्तेमाल कर रही हैं।

पिछड़ों और अल्पसंख्यकों के हितों का सवाल उठाने वालों का कहना है कि विधेयक में अन्य पिछड़े वर्गों और अल्पसंख्यकों के लिए आरक्षण की कोई अलग से व्यवस्था नहीं है, इसलिए इसके कारण पिछड़े वर्ग के प्रतिनिधित्व को चोट लगेगी। इनकी माँग है कि स्त्रियों को मिलने वाले 33 फ़ीसदी आरक्षण के भीतर पिछड़ों और अल्पसंख्यकों का कोटा निर्धारित किया जाना चाहिए। यह एक ऐसा सवाल है जिसके आधार पर भारतीय कम्युनिस्ट पार्टी और मार्क्सवादी कम्युनिस्ट पार्टी को छोड़ कर सभी राजनीतिक दलों में विधेयक को लेकर मतभेद हो गये हैं। भाजपा एक दल के रूप में विधेयक के मौजूदा रूप के पक्ष में है, पर उसके पिछड़े सांसदों को आपत्ति है।

मोटे तौर पर समतामूलक लगने वाली इस दलील के साथ दिक़्क़त यह है कि संविधान पिछड़ी जातियों और धार्मिक अल्पसंख्यकों राजनीतिक आरक्षण देने के पक्ष में नहीं है। इसलिए विधेयक में ऐसा कोई प्रावधान संवैधानिक रूप से सम्भव ही नहीं था। पिछड़ी जातियों और मुसलमानों के लिए अलग से कोटा निर्धारित करने की माँग करने वाली राजनीतिक पार्टियाँ और नेतागण इस आधार पर विधेयक के पारित होने में अड़ंगा तो लगाते हैं, पर वे लोकसभा में पिछड़ों और मुसलमानों को भी राजनीतिक आरक्षण देने के लिए संविधान संशोधन का प्रस्ताव कभी नहीं लाते। दरअसल, वर्तमान लोकसभा में पिछड़ी जातियों से आये सांसदों की संख्या बिना किसी राजनीतिक आरक्षण के दो सौ से ऊपर पहुँच चुकी है जिसके कारण इस तरह के संविधान संशोधन का तर्क अपने-आप में कमज़ोर हो जाता है। लगता है कि स्त्री-आरक्षण के ज़रिये ये शक्तियाँ पिछले दरवाज़े से राजनीतिक आरक्षण प्राप्त करने की कोशिश कर रही हैं।

विधेयक के आलोचकों में से एक प्रतिक्रिया उन लोगों की है जिन्हें अंदेशा है कि आरक्षण के तहत चुनी जाने वाली स्त्रियों में से अधिकतर या धनी-मानी और सत्तारूढ़ परिवारों की होंगी, या फिर पुरुष नेताओं की 'बहू-बेटी ब्रिगेड' में से आएँगी। आलोचकों का यह भी कहना है कि हर बार लॉटरी के ज़रिये एक-तिहाई सीटें तय करने के नियम की आलोचना से जुड़ी है। इसका कहना है कि आरक्षित सीटें चुनने की यह पद्धति सांसद और उसके निर्वाचन-क्षेत्र के बीच एक दीर्घ और जीवंत रिश्ता नहीं बनने देगी।

विधेयक के समर्थकों के पास इन आलोचनाओं के जवाब हैं। उनका तर्क है कि अन्य पिछड़े वर्ग के पुरुष सांसद जिस तरह से चुनाव में जीत कर आते हैं, उसी तरह से उस वर्ग के स्त्री-उम्मीदवार भी चुनाव जीत सकते हैं। फ़र्क़ केवल यह पड़ेगा कि पिछड़ी जातियों के पुरुष-सांसदों की संख्या कम हो जाएगी और उनकी जगह स्त्री-सांसदों की संख्या बढ़ जाएगी। इसलिए संविधान की एक बुनियादी मान्यता का उल्लंघन करके पिछड़ों को आरक्षण के भीतर आरक्षण देने की कोई आवश्यकता नहीं है। धार्मिक अल्पसंख्यकों के लिए अलग से कोटा तय करने का मतलब होगा धार्मिक आधार पर आरक्षण को मान्यता देना जिससे इस नीति के सेकुलर चरित्र का हनन हो जाएगा। 'बहू-बेटी ब्रिगेड' वाली आलोचना के उत्तर में विधेयक के समर्थकों का तर्क है कि राजनीतिक नेटवर्क और पारिवारिक प्रभाव से पुरुष-राजनीति भी मुक्त नहीं है। स्त्री-उम्मीदवारों पर भी इसका प्रभाव पड़ेगा और प्रारम्भ में कुछ ज़्यादा ही पड़ सकता है। लेकिन आरक्षण के पंद्रह वर्षों के दौरान स्त्री-समाज के बीच चलने वाली राजनीतीकरण की सघन प्रक्रिया स्वतंत्र और स्वायत्त स्त्री-राजनेताओं और कार्यकर्ताओं के उभार की दूरगामी सम्भावनाओं से लैस है। निर्वाचन-क्षेत्र और उसके प्रतिनिधि के बीच संबंध टूट जाने के अंदेशे के जवाब में समर्थकों का कहना है कि ऐसे कई राजनेता हैं जो अपनी मर्ज़ी और सुविधा के मुताबिक़ अपने चुनाव-क्षेत्र बार-बार बदलते रहे हैं। पार्टियाँ भी अपनी रणनीतिक डिज़ाइन के मुताबिक़ उम्मीदवार बदलती रहती हैं। दूसरे, दलीय प्रणाली में पार्टियों की यह जिम्मेदारी बनती है वे अपनी कार्यकर्ता मशीनरी के ज़रिये निर्वाचन-क्षेत्रों का ख़याल रखें।

वैकल्पिक विधेयक : स्त्री-आरक्षण के प्रश्न पर एक उल्लेखनीय हस्तक्षेप सन् 2000 में एक वैकल्पिक विधेयक के रूप में सामने आ चुका है। *मानुषी* पत्रिका की सम्पादक मधु किश्वर ने अपने इस प्रस्ताव के पक्ष में जम कर मुहिम चलाई और फ़ोरम फ़ॉर डेमॉक्रैटिक रिफ़ॉर्म द्वारा भी उसे अपनाया गया। विधेयक का मसविदा तैयार करने में जयप्रकाश नारायण, योगेंद्र यादव और धीरूभाई शेठ की भी भूमिका थी। शेतकरी संगठन के नेता शरद जोशी के समर्थन वाले इस विधेयक को तृणमूल कांग्रेस की सांसद कृष्णा बोस ने लोकसभा में प्राइवेट बिल के रूप में पेश किया। तत्कालीन मुख्य चुनाव आयुक्त मोहिंदर सिंह गिल ने भी इसके प्रावधानों के पक्ष में वक्तव्य दिया।

विधेयक के महत्त्वपूर्ण आयाम इस प्रकार थे : निर्वाचन क्षेत्रों को स्त्रियों के लिए सुरक्षित करने के बजाय 1951 के जन-प्रतिनिधित्व क़ानून में संशोधन किया जाए ताकि प्रत्येक मान्यता प्राप्त राजनीतिक दल के लिए एक-तिहाई निर्वाचन क्षेत्रों में स्त्रियों को उम्मीदवार बनाना अनिवार्य हो जाए। अगर कोई पार्टी एक स्त्री को कम टिकट दे तो दण्डस्वरूप उसके दो पुरुष उम्मीदवारों से पार्टी का चुनाव-चिह्न और आयोग की मान्यता से संबंधित सभी सुविधाएँ छीन ली जाएँ। मधु किश्वर के विधेयक में इस बात का ध्यान भी रखा गया था कि पार्टियाँ ख़ानापूरी के लिए स्त्रियों को केवल ऐसे क्षेत्रों से ही टिकट देकर काम न चला लें जहाँ से वे नहीं जीत सकतीं।

देखें : अश्वेत नारीवाद, आनंदीबाई जोशी, इसलामिक नारीवाद, गायत्री चक्रवर्ती स्पिवाक, चिपको आंदोलन, जूडिथ बटलर, जेंडर, दलित नारीवाद, देवदासी, देवकी जैन, नारीवाद, नारीवाद की पहली लहर, नारीवाद की दूसरी लहर, नारीवाद की तीसरी लहर, नारीवाद और अर्थशास्त्र, नारीवादी फ़िल्म-सिद्धांत, नारीवादी इतिहास-लेखन, नारीवाद और अर्थशास्त्र, नारीवादी दर्शन, नारीवाद और साम्प्रदायिकता, नैंसी शोदॅरो, पर्यावरणीय नारीवाद, पब्लिक-प्राइवेट, पण्डिता रमाबाई सरस्वती, पितृसत्ता, प्रेम, प्रेम-अध्ययन और नारीवादी दर्शन, महादेवी वर्मा, मैरी वोल्सनक्रॉफ़्ट, राजनीतिक दर्शन के नारीवादी आयाम, रमाबाई रानाडे, ल्यूस इरिगरे, स्त्री और साम्प्रदायिकता, स्त्री-श्रम, सम्पत्ति : नारीवादी परिप्रेक्ष्य, सिमोन द बोउवार, स्त्री-आरक्षण, हेलन सिचू।

संदर्भ

1. निवेदिता मेनन (2000), 'इल्यूसिव 'वुमॅन' : फ़ेमिनिज़म ऐंड वुमंस रिज़र्वेशन बिल', *इकॉनॉमिक ऐंड पॉलिटिकल वीकली,* 21 अक्टूबर-3 नवम्बर 2000,
2. मधु किश्वर (1996), 'वुमॅन ऐंड पॉलिटिक्स : बियोंड कोटाज़', *इकॉनॉमिक ऐंड पॉलिटिकल वीकली,* खण्ड 31, अंक 43.
3. एस. इरुडाया राजन और जे. रत्नाकुमार (2005), 'वुमंस रिज़र्वेशन बिल : सम इमर्जिंग इशूज़', *इकॉनॉमिक ऐंड पॉलिटिकल वीकली,* खण्ड 40, अंक 39.
4. मधु किश्वर, योगेंद्र यादव, जयप्रकाश नारायण और धीरूभाई शेठ (2000), 'इनहेंसिंग वुमंस रिप्रज़ेंटेशन इन द लेजिस्लेचर्स : ऐन आल्टरनेटिव टु गवर्नमेंट बिल फ़ॉर वुमंस रिज़र्वेशन', *मानुषी,* 116.
5. मेधा नानीवाडेकर (2003), 'डुअल मेम्बर कांस्टीट्वेंसीज़ : रिज़ोल्विंग डेडलॉक ऑन वुमंस रिज़र्वेशन', *इकॉनॉमिक ऐंड पॉलिटिकल वीकली,* खण्ड 38, अंक 43.
6. आर. गीता (2004), 'वुमंस रिप्रज़ेंटेशन इन पार्लियामेंट ऐंड लेजिस्लेचर्स', *इंटरनैशनल साउथ एशिया फ़ोरम बुलेटिन,* नं. 27.

— अभय कुमार दुबे

भारत में शेयर-संस्कृति

(Share Market Culture in India)

अमेरिकी गृहयुद्ध ख़त्म होने से कपास के निर्यात से होने वाली आमदनी के रुक जाने के कारण व्यापारियों और दलालों को लगे झटके के गर्भ से भारतीय शेयर बाज़ार का जन्म हुआ। दरअसल, 1860 से 1865 के बीच अमेरिका में गृह युद्ध के कारण शेयरों की क़ीमतों में असाधारण उछाल आया था। पाँच हज़ार रुपये में बिकने वाला बेकवे रिक्लेमेशन कम्पनी का शेयर पचास हज़ार रुपये में बिकने लगा था। लेकिन इसके बाद जैसे ही गृह युद्ध ख़त्म हुआ, यह बुलबुला फूट गया और यही शेयर घट कर 1750 रुपये का हो गया। बाक़ी शेयरों की भी यही हालत हुई। इसका असर बम्बई में सक्रिय क़रीब ढाई सौ दलालों के छोटे से समुदाय पर भी पड़ा। गृह युद्ध के कारण अंग्रेज़ों की सूत मिलों को अमेरिका से होने वाली कपास की आमद रुक जाने के कारण उसकी भरपाई बम्बई से हो रही थी और इस व्यापार का भुगतान सोने और चाँदी में होता था। बम्बई के व्यापारियों ने इससे पैसा कमाया, नयी-नयी कम्पनियाँ बनायीं और सट्टेबाज़ी में जुट गये। पर गृह युद्ध ख़त्म होते ही, अंग्रेज़ों की सूत मिलों ने बम्बई से कपास लेना बंद कर दिया। इस घटना के दस साल बाद इसी तरह के झटकों से मिल-जुल कर निबटने के लिए 1875 की जुलाई में बम्बई के दलालों ने एक एसोसिएशन बनायी जिसे आज हम बम्बई स्टाक एक्सचेंज के नाम से जानते हैं। अहमदाबाद, कलकत्ता, मद्रास, इंदौर, हैदराबाद और दिल्ली के दलालों ने भी बम्बई का अनुसरण किया। यह इतिहास बताता है कि भारत में स्टाक एक्सचेंज संस्कृति का जन्म उद्योगों के लिए पूँजी जुटाने के मक़सद से नहीं हुआ था। न ही वे जनता की बचत उद्योगों तक पहुँचाने का ज़रिया थे। दलालों ने अपनी सुरक्षा व्यवस्था के लिए उन्हें स्थापित किया था। तभी से इन संस्थाओं पर दलालों का वर्चस्व चला आ रहा है।

भारत के उद्योगीकरण के लिए राष्ट्रीय नेतृत्व ने शेयर बाज़ार संस्कृति पर कभी भरोसा नहीं किया। 1948 में औद्योगिक वित्त पर राष्ट्रीय नियोजन कमेटी की बैठक में जवाहरलाल नेहरू ने कहा था : 'आम तौर पर लोग समझते हैं कि शेयर बाज़ार उद्योगों के लिए पूँजी जुटाने का काम करते हैं ... नज़दीक से देखने पर किसी तरह नहीं लगता कि भारतीय स्टॉक एक्सचेंजों को दीर्घावधि औद्योगिक ऋण और अल्पावधि कार्य-पूँजी उपलब्ध कराने में विशेषज्ञता हासिल है। ... ये संस्थान सट्टेबाज़ों के प्रिय अड्डे हैं ... ये दिन-दहाड़े जुएबाज़ी की सुविधा देने वाली सर्वाधिक प्रतिष्ठित संस्थाएँ

हैं ... औद्योगीकरण के प्रसार के लिए पूँजी जुटाने हेतु हम इस तरह के सामाजिक फोड़ों पर भरोसा नहीं कर सकते।' दलालों के प्रभुत्व वाली शेयर बाज़ार संस्थाओं को अर्थव्यवस्था की मुख्यधारा से हमेशा दूर रखा गया। घरेलू बचत पर सट्टा बाज़ार का साया कभी नहीं पड़ पाया।

शेयर बाज़ार संस्कृति पर भारत के नीति निर्माताओं ने अस्सी के दशक में पहली बार भरोसा दिखाया। 1980 में सत्ता में अपनी दोबारा वापसी के बाद इंदिरा गाँधी ने अंतर्राष्ट्रीय मुद्रा कोष से एक भारी क़र्ज़ लेने का फ़ैसला किया। उस समय न तो भारत का विदेशी मुद्रा भण्डार कोई ख़ास कमज़ोर था, न ही भारत के पास पेट्रोलियम का संकट था और विदेशी क़र्ज़ भी चिंताजनक नहीं था। इस लिहाज़ से आईएमएफ़ से क़र्ज़ लेना एक नीतिगत फ़ैसला था। यह एक संकेत था कि अब भारत विदेशी पूँजी और प्रौद्योगिकी के साथ गठजोड़ करना चाहता है।

भारत का पूँजीपति वर्ग पब्लिक सेक्टर के ज़रिये मुहैया करायी जाने वाली सस्ती अधिसंरचनात्मक सुविधाओं के आधार पर होने वाले सीमित मुनाफ़े से परे जाना चाहता था। आईएमएफ़ से लिया जाने वाले क़र्ज़ के बाद ही भारत सरकार ने पब्लिक सेक्टर और आयात-प्रतिस्थापन की जगह प्राइवेट सेक्टर और निर्यात प्रोत्साहन की तरफ़ रुझान दिखाना शुरू कर दिया। इंदिरा गाँधी की हत्या के बाद राजीव गाँधी की सरकार ने विदेशी पूँजी के आगमन पर लगे प्रतिबंध हटाने शुरू किये, कई उद्योगों को लाइसेंसों के बंधन से मुक्त कर दिया गया, कई क्षेत्रों के दरवाज़े प्राइवेट सेक्टर के लिए खोल दिये गये, निजी और कॉरपोरेट टैक्स की दरें गिरा दी गयीं, एमआरटीपी के तहत इजारेदारी सम्पत्ति-सीमा बढ़ा दी गयी, ज़्यादा से ज़्यादा आयात ओपन जनरल लाइसेंस के तहत लाया गया, विदेशी प्रौद्योगिकी से सहयोग-समझौतों के मामले में उदारता बरती जाने लगी और बड़ी-बड़ी कम्पनियों को विविधीकरण की इजाज़त मिलने लगी। इन क़दमों के साथ देशी पूँजी बाज़ार का चेहरा स्वाभाविक तौर पर बदलने लगा। नयी अर्थव्यवस्था के लिए केवल वित्तीय संस्थानों और बैंकों से पूँजी की आपूर्ति होनी मुश्किल थी। जनता के पास पड़ा पैसा बचत बैंकों से निकल कर शेयर पूँजी की तरफ़ आकर्षित हो, इसलिए डिबेंचरों पर ब्याज दरें बढ़ा दी गयीं, नये शेयरों में निवेश से संबंधित टैक्स रियायतों को बढ़ा दिया गया। 1985 में विश्व बैंक ने 'इण्डिया : स्ट्रक्चरल चेंज ऐंड डिवेलपमेंट पर्सपेक्टिव-खण्ड 1' शीर्षक से प्रकाशित रपट में भारतीय बैंकों की आलोचना की और शेयर मार्केट को औद्योगिक पूँजी के वैकल्पिक स्रोत के रूप में पेश किया।

देखते-देखते शेयर बाज़ार संस्कृति का प्रसार होने लगा। पाँचवीं योजना (1974-1979) में निजी क्षेत्र ने शेयर जारी करके 551 करोड़ रुपये हासिल किये थे, लेकिन छठी योजना (1980-1985) में यह रकम 3,394 करोड़ तक पहुँच गयी। सातवीं योजना में यह आँकड़ा चार गुने से भी अधिक हो कर 14,950 करोड़ हो गया। शेयर धारकों की संख्या भी बढ़ी। 1975 में जो संख्या केवल 12 लाख थी, 1990 में 90 लाख हो गयी। केवल 1991-92 में शेयर बाज़ार से डेढ़ करोड़ नये लोग जुड़े। 1980 में स्टॉक एक्सचेंजों की संख्या नौ थी जो दस साल में 19 हो गयी। एक्सचेंज में अधिसूचित होने वाली कम्पनियों की संख्या में वृद्धि का प्रतिशत 42 से बढ़ कर 163 हो गया।

शेयर बाज़ार ने भारत के फैलते हुए मध्यवर्ग के सामने रातों-रात अमीर बन जाने का नुस्ख़ा पेश किया। 1971-1980 के बीच शेयरों की क़ीमतों में कुल 119 फ़ीसदी बढ़ोतरी हुई थी, पर अगले दस में यह वृद्धि 599 फ़ीसदी तक पहुँची। 1990 के बाद तो 15 महीने में शेयरों और प्रतिभूतियों की क़ीमतें बढ़ने से एक्सचेंज में क़रीब 15 खरब रुपये पैदा हुए। इस उछाल में तेज़ड़िये दलालों (जैसे बिग बुल के नाम से मशहूर हर्षद मेहता) द्वारा की गयी अनियमितताओं की प्रमुख भूमिका थी। अर्थव्यवस्था के नियामकों ने इस 'बूम' को नज़रअंदाज़ करना जारी रखा। इसका नतीजा कुख्यात घोटाले में निकला और देखते-देखते निवेशकों का क़रीब आठ खरब रुपया डूब गया। तभी से भारतीय स्टॉक एक्सचेंज 'बूम और बस्ट' के चक्र में चढ़ता-उतरता रहता है। उसकी गतिविधियों पर नियंत्रण के लिए विनियमन संस्थाओं का गठन भी किया गया है, पर अभी तक शेयर बाज़ार पर दलालों के प्रभुत्व को कम करने के नीतिगत उपाय नहीं किये जा सके हैं।

शेयर बाज़ार संस्कृति के परवान चढ़ने की राजनीतिक अभिव्यक्ति भी होने लगी है। 2004 में संसदीय चुनाव परिणाम आते ही भारतीय स्टॉक एक्सचेंज में भारी उथल-पुथल देखी गयी। यह बेचैनी दक्षिणपंथी राष्ट्रीय जनतांत्रिक गठजोड़ (एनडीए) की सरकार के पराजित होने और वामपंथियों के समर्थन से संयुक्त प्रगतिशील गठबंधन (यूपीए) के सरकार में आने के कारण दिखाई पड़ी थी। निवेशक समुदाय और उसे अपनी उँगलियों पर नचाने वाले दलालों को डर था कि वामपंथी पार्टियाँ सरकार पर अपने प्रभाव का इस्तेमाल करके अर्थव्यवस्था का रुख बदलने का प्रयास करेंगी। अब केंद्र सरकार स्वयं म्यूचुअल फ़ंडों में निवेश पर छूट दे कर शेयर बाज़ार में निवेश को अप्रत्यक्ष प्रोत्साहन देने लगी है। इसी तरह बीमा पॉलिसियों को भी इक्विटी निवेश से जोड़ दिया गया है। इस तरह की योजनाएँ बहुत सफल भी रही हैं। 2012-13 में राजीव गाँधी इक्विटी स्कीम घोषित करके सरकार ने शेयर बाज़ार में प्रत्यक्ष निवेश को बढ़ावा दिया है। सरकार की कोशिश है कि सेबी (एसईबीआई) की देखरेख में शेयर बाज़ार निवेशकों के लिए अधिकाधिक सुरक्षित किया जाए।

देखें : अंतर्राष्ट्रीय मुद्रा कोष, ढाँचागत समायोजन कार्यक्रम, पेटेंट, ब्रेटन वुड्स प्रणाली, बौद्धिक सम्पदा अधिकार, भारत का भूमण्डलीकरण, भारत में पेटेंट क़ानून, भारत में बहुराष्ट्रीय निगम, भूमण्डलीकरण, भूमण्डलीकरण का इतिहास–1 और 2।

संदर्भ

1. आलोक पुराणिक, 'रोल ऑफ़ स्टॉक एक्सचेंजिज़ इन मोबिलाइज़िंग इंडस्ट्रियल फ़ाइनेंस ऐंड इंवेस्टमेंट', अप्रकाशित, दिल्ली।
1. अभय कुमार दुबे (1992, *घोटाले में घोटाला,* पब्लिक इंटरेस्ट ग्रुप, नयी दिल्ली.
2. अरुण कुमार (1992), *फ़ाइनेंशियल स्कैम : वेजिज़ ऑफ़ डिरेगुलेशन,* पब्लिक इंटरेस्ट ग्रुप, नयी दिल्ली.
3. कवलजीत सिंह (1999), *पूँजी का भूमण्डलीकरण,* ऋतिका प्रकाशन, नयी दिल्ली.

— अभय कुमार दुबे

भारतीय अभिजन

(Indian Elite)

भारत के बुद्धिजीवी हलक़ों में अभिजन, प्रभु वर्ग, शासक वर्ग या इलीट जैसी अभिव्यक्तियों का प्रयोग धड़ल्ले से होता है। पिछले दिनों सोच–विचार की एक नयी प्रवृत्ति यह भी पैदा हुई है कि अगल–अलग समुदायों के भीतर अभिजन रचना पर ग़ौर किया जाने लगा है : दलित इलीट, ओबीसी इलीट या मुसलमान इलीट। इस तरह के अध्ययनों से भारतीय अभिजन की एक आंशिक समझ मिलती है, पर उसका समग्र अध्ययन एक भिन्न प्रकार के बौद्धिक उद्यम की माँग करता है। आधुनिक भारत के अभिजन की रचना उपनिवेशवाद विरोधी आंदोलन के लम्बे दौर में हुई। पहली बार भारत में एक ऐसा अभिजन उभरा जो अपने चरित्र में राष्ट्रीय था। इसने सम्प्रभुता सम्पन्न आधुनिक भारतीय राज्य की स्थापना की जिसके कारण राजनीतिक पहलक़दमी स्थानीयताओं से हट कर केंद्र में पहुँच गयी। पहले होता यह था कि पारम्परिक व्यवस्था पर छाये हुए विशिष्ट जन सामाजिक और निजी विवाद निबटाते रहते थे, या फिर पश्चिमीकरण के शुरुआती दौर में जगह–जगह बिखरी हुई जागरूक हस्तियाँ सुधारों के लिए काम करती रहती थीं। पर यह अभिजन राष्ट्रीय संदर्भ में बोलता हुआ, राष्ट्रीय चेतना की बात करता हुआ एक राष्ट्र के रूप में भारत के भविष्य की चर्चा करता था। इस अभिजन के सदस्य उद्देश्यों, लक्ष्यों और विचारधारा की बात करते थे। हालाँकि ब्रिटिश प्रशासक और शिक्षाविद् यह मानने के लिए तैयार नहीं थे कि भारतवासी संसदीय लोकतंत्र की पेचीदगियों पर महारत हासिल कर पायेंगे, लेकिन इस अभिजन ने वह कर दिखाया जिसकी पहले कल्पना भी नहीं की जा सकती थी। ख़ास बात यह है कि आज का भारतीय अभिजन आज़ादी के समय मौजूद अभिजन संरचना की ही विकसित रूप है। अर्थात् भारतीय अभिजन को पूरी तरह से प्रतिस्थपित करने वाले किसी प्रति–अभिजन ने अभी तक राष्ट्रीय मंच पर अपनी दावेदारी पेश नहीं की है। भारतीय इतिहास के लिए सर्वथा नवीन इस अभिजन की रचना–प्रक्रिया का अर्थग्रहण करने के दो मॉडल प्रचलित हैं।

पहला मॉडल इसे दो चरणों में समझता है। इसके मुताबिक़ भारतीय अभिजन का शुरुआती संस्करण मुख्यत: ऊँची जातियों के शहरी और शिक्षित हिस्से से निकला था। उसकी आधुनिकता पश्चिमी शिक्षा और औपनिवेशिक संसर्ग का नतीजा थी। इसमें अंग्रेज़ों के ख़िलाफ़ लड़ाई का नेतृत्व करने वाले राजनेता, अंग्रेज़ों द्वारा स्थापित सिविल सर्विस के तहत प्रशिक्षित बड़े अफ़सर, मुख्यत: वैश्य समाज से आये भारतीय पूँजीपति, पश्चिमी शिक्षा प्राप्त करने वाले पेशेवर तबक़ों और पारम्परिक कुलीनों (राजे–रजवाड़ों और ज़मींदारों) के प्रतिनिधि शामिल थे। अभिजन का यह सामाजिक विन्यास बताता है कि इसके सभी सदस्य अनिवार्यत: और स्पष्ट रूप से ब्रिटिश विरोधी नहीं थे। इसका एक हिस्सा अपने तत्कालीन हितों को साधने की दृष्टि से राष्ट्रीय आंदोलन के विरोध में रहता था।

अभिजन के बीच कई मुद्दों पर आपसी बहस और अंतर्विरोध था, पर समाज के आधुनिकीकरण की परियोजना के प्रश्न पर इसके बीच व्यापक एकता और अंत:सूत्र भी पाया जाता था। अपने दरवाज़े खोलने–बंद करने के मामले में यह कम से कम इतना लचीला ज़रूर था कि इसमें इक्का–दुक्का अल्पसंख्यक और दलित प्रतिनिधि को भी नाममात्र के लिए जगह मिल जाती थी। स्वतंत्र भारतीय राज्य की स्थापना के बाद सत्ता इसी मिले–जुले अभिजन को मिली। लोकतंत्रीकरण की प्रक्रिया ने जब गति पकड़ी तो राजनीतिक मंच पर नये निचली जातियों के प्रतिनिधियों ने अपने संख्याबल के आधार पर इस अभिजन के प्रभुत्व को चुनौती पेश की जिसके परिणामस्वरूप इसकी संकीर्ण संरचना में तब्दीलियाँ शुरू हुईं। आज इस अभिजन का आकार पहले के मुक़ाबले काफ़ी बढ़ चुका है। इसकी आंतरिक विविधता में भी काफ़ी बढ़ोतरी हुई है। ऊँची जाति के शहरी प्रतिनिधि आज भी इस पर हावी हैं, पर निचली जातियों, ग्रामीण भारत के प्रतिनिधियों, अल्पसंख्यकों और भूमण्डलीकरण की प्रक्रिया का लाभ उठा कर सामाजिक कल्पनाशीलता पर छा जाने वाले नये पूँजीपतियों ने भी इस अभिजन के दूसरे संस्करण में अच्छी–

ख़ासी हिस्सेदारी हासिल कर ली है।

अपेक्षाकृत सहज क़िस्म की इस लोकप्रिय समझ के उदाहरण मीडिया के टिप्पणीकारों और सार्वजनिक जीवन में सक्रिय बुद्धिजीवियों के लेखन में आसानी से मिल जाते हैं। लेकिन दूसरा मॉडल इससे काफ़ी अलग है और भारतीय अभिजन की रचना प्रक्रिया को उसकी समग्र जटिलता में समझने का प्रयास करता है। इस मॉडल की व्याख्या रजनी कोठारी की विख्यात रचना *भारत में राजनीति : कल और आज* में दर्ज है। कोठारी भी सहमत हैं कि देश को आधुनिकीकरण के रास्ते पर चलाने वाले राष्ट्रीय अभिजन मुख्यतः शहरी, शिक्षित और ऊँची जातियों से ही आये थे। लेकिन इसी मुक़ाम के बाद उनकी विवेचना अलग हो जाती है। वे राष्ट्रीय अभिजनों के साथ दो अन्य अभिजनों की भी शिनाख़्त करते हैं। इस तरह उनका मॉडल तीन तरह के अभिजनों की आपसी अन्योन्यक्रिया का अध्ययन करने पर आधारित है। इनमें पहला है राष्ट्रीय अभिजन, दूसरा है स्थानीय अभिजन और तीसरा है इन दोनों के बीच सक्रिय मध्यवर्ती अभिजन।

राष्ट्रीय अभिजन : कोठारी राष्ट्रीय अभिजन का उद्‌गम भारत की सभ्यतामूलक विशेषताओं और उदीयमान आधुनिकता के बेहतरीन संसर्ग में निहित मानते हैं। इसी कारण से यह अभिजन विभाजन के ऊपर एकीकरण, खण्डन के ऊपर समायोजन और टकराव के ऊपर सहमति को प्राथमिकता देते हुए आज़ादी के बाद राष्ट्रीय लक्ष्यों के लिए समाज के विभिन्न तबक़ों को गोलबंद कर पाया।

कोठारी उपनिवेशवाद विरोधी आंदोलन और उन्नीसवीं सदी से जारी भारतीय आधुनिकता के सिलसिले में ब्राह्मण जाति के प्रतिनिधियों के योगदान को सकारात्मक दृष्टि से देखते हैं। वे कहते हैं कि पारम्परिक अभिजनों के रूप में ब्राह्मणों ने हमेशा से समाज की लघु परम्पराओं को महा-परम्परा के जोड़ने की भूमिका निभायी है। यह पारम्परिक अभिजन नये ज़माने में भी नेतृत्व देने के लिए उपलब्ध रहा। उसने अंग्रेज़ी भाषा, क़ानून की पेचीदगियों और नये सांस्कृतिक प्राधिकार को ग्रहण करने में कोई देरी नहीं की। ब्राह्मणों के नेतृत्वकारी उद्यम के कारण आधुनिकीकरण की प्रक्रिया फटाफट आगे बढ़ी। ब्राह्मणों के कारण न तो राष्ट्रीय आंदोलन को नेताओं की कमी पड़ी और न ही नये राष्ट्र को। विविधताओं के ऊपर एक तरह की शैलीगत समरूपता भी ब्राह्मणों के कारण ही स्थापित की जा सकी। ब्राह्मणों के वर्चस्व वाले इस अभिजन की शुरुआती कामयाबी का कारण कोठारी ने हिंदू समाज और उसकी जाति व्यवस्था की प्रवृत्तियों में खोजा है। चूँकि जाति प्रथा अलग-अलग सामाजिक भूमिकाओं का प्रावधान करती थी (जिसके तहत शासन करने वाले और उसका अनुपालन करने वाले की भूमिका तय थी) इसलिए नये शासकों के प्राधिकार को आसानी से चुनौती नहीं मिल पायी। दूसरी तरफ़ हिंदू मानस पर धर्मशास्त्रीय आग्रह हावी नहीं थे इसलिए नेताओं के लिए परम्परा की आवश्यकतानुसार व्याख्या करना आसान था। इन दोनों पहलुओं ने मिल कर नये आधुनिक अभिजनों को परिवर्तन, आत्मसातीकरण और रूपांतरण के ज़रिये आम जनता को अपनी विचारधारा का कायल करने की सुविधा प्रदान की।

इस राष्ट्रीय अभिजन ने अपने वर्चस्व का लाभ उठाते हुए सामंती अधिकारों का क़ानूनी रूप से उन्मूलन कर दिया, दूरगामी असर वाले श्रम क़ानून बनाये, पिछड़े तबक़ों और दलितों को विशेष सुविधाएँ दीं, हिंदू सिविल कोड के ज़रिये विषमताएँ मिटायीं, सम्पत्ति संबंधी अधिकारों की पुरानी व्याख्याओं से निबटने के लिए संविधान संशोधन किये, भाषाई तनावों को ख़त्म करने के लिए राज्यों का बड़े पैमाने पर पुनर्गठन किया, अलगाववादी आंदोलनों पर विधायी सीमाएँ सीमाएँ आरोपित कीं और राष्ट्रविरोधी आंदोलनों को सख़्ती से दबाने में कोताही नहीं की। इन क़दमों से स्पष्ट है कि भारतीय समाज के जो हिस्से परम्परा के रखवाले थे, उन्होंने ही आधुनिकता के रखवालों की भूमिका अपना ली।

स्थानीय अभिजन : भाषाई, क्षेत्रीय और जातीय शक्तियाँ कोठारी की निगाह में स्थानीय अभिजन का निर्माण करती हैं। यह वही 'प्रादेशिक' अभिजन था जिसका समर्थन पाये बिना कांग्रेस उपनिवेशवाद विरोधी आंदोलन सफलतापूर्वक नहीं चला सकती थी। दरअसल, इसे प्राथमिकता दे कर ही गाँधी ने बीस के दशक में असहयोग आंदोलन की सफलता की गारंटी की थी। अंग्रेज़ों से पहले का भारत 21 प्रशासनिक इकाइयों (सूबों) में बँटा हुआ था। इनमें से कई सूबों की सांस्कृतिक पहचान सुस्पष्ट थी और कुछ में संस्कृतियों का मिश्रण था। लेकिन भारत को अपना उपनिवेश बनाने के बाद अंग्रेज़ों ने प्रशासनिक सुविधा का ख़याल करते हुए मनमाने तरीक़े से भारत को नये सिरे से बड़े-बड़े प्रांतों में बाँटा। एक भाषा बोलने वालों की भू-क्षेत्रीय समरसता पूरी तरह भंग कर दी गयी। बहुभाषी व बहुजातीय प्रांत बनाये गये। बीस के दशक में जैसे ही गाँधी के हाथ में कांग्रेस का नेतृत्व आया, आज़ादी के आंदोलन की अगुआयी करने वाले अभिजनों को लगा कि जातीय-भाषाई अस्मिताओं पर ज़ोर देकर वे उपनिवेशवाद विरोधी मुहिम को एक लोकप्रिय जनाधार दे सकते हैं। इससे पहले कांग्रेस मुख्यतः प्रतिवेदनों और ज्ञापनों के ज़रिये अंग्रेज़ों के सामने हुकूमत में अपनी भागीदारी की दावेदारियाँ पेश करती थी। वह मुख्यतः इंग्लैण्ड से पढ़-लिख कर आये लोगों, उदीयमान शहरी अभिजनों, ज़मींदारों और पारम्परिक भद्र वर्गों की पार्टी

थी। उसका चरित्र दबाव-गुट जैसा था। इस परिदृश्य को बदल कर आम जनता की पार्टी बनने के लिए कांग्रेस ने अंग्रेज़ों द्वारा रचे गये 'औपनिवेशिक प्रांत' की जगह ख़ुद को 'प्रदेश' नामक प्रशासनिक इकाई के इर्द-गिर्द संगठित किया।

प्रदेशों में अपना वर्चस्व स्थापित करने वाले इस अभिजन के पास गहरी सांस्कृतिक जड़ें थीं। मँझोली किसान जातियों से आने वाले प्रतिनिधियों को भी इसके दायरे में स्थान मिला था। उपनिवेशवाद विरोधी आंदोलन में प्रमुख भूमिका निभाने के कारण यह ख़ुद को राष्ट्रीय अभिजन के समकक्ष मानता था। आज़ादी के बाद केंद्र और परिधि के बीच संबंधों का जो विन्यास तैयार हुआ, उसमें इस अभिजन ने परिधि पर अपना दबदबा क़ायम किया। उन्हें कांग्रेस का सूबेदार कहा गया और उन्होंने प्रकारांतर से केंद्र पर क़ाबिज़ राष्ट्रीय अभिजन के लिए पूरक भूमिका निभायी।

मध्यवर्ती अभिजन : बात केवल यही नहीं थी कि राष्ट्रीय अभिजन ऊपर से नीचे की ओर यानी शीर्ष से आधार की तरफ़ अपना प्रभाव बढ़ाना चाहते थे, और स्थानीय अभिजन अपने आधारभूत प्रभाव का इस्तेमाल करके शीर्ष की तरफ़ गति करना चाहते थे। दरअसल, इन दोनों के बीच एक मध्यवर्ती अभिजन भी सक्रिय था जिसकी गति ऊपर और नीचे दोनों तरफ़ थी। ये मध्यवर्ती अभिजन जनता, उनके स्थानीय और शीर्ष नेताओं के बीच सम्पर्क सूत्र का काम करने वाले थे। इन बीच के नेताओं में परम्परा और आधुनिकता के बीच आवागमन करने की असाधारण क्षमता थी। उन्होंने पाने-गँवाने के आधार पर राजनीति करना पसंद किया। इन लोगों को 'दलाल' कहना उचित नहीं होगा। दो राजनीतिक पक्षों के बीच तीसरे पक्ष द्वारा समझौता कराने की प्रक्रिया ने भारतीय राजनीति में पंच फ़ैसले की परम्परा का सूत्रपात किया। कुल मिला कर बीच के ये नेता दरअसल राज्य व्यवस्था की दृष्टि से जनगोलबंदी के बहुत बड़े वाहक थे। रजनी कोठारी ने इन बीच के नेताओं को 'राजनीति का नया उद्यमी' क़रार दिया है। लोकतंत्रीकरण की प्रक्रिया तेज़ होने और आरक्षण के ज़रिये हुए सबलीकरण ने इस तीसरे अभिजन का महत्त्व काफ़ी बढ़ा दिया है।

कोठारी की मान्यता है कि राजनीतिक विकास के शुरुआती दौर में अभिजन की यह त्रिस्तरीय संरचना 'इनपुट-आउटपुट मॉडल' की तरह काम करती थी। वैचारिक और नीतिगत इनपुट राष्ट्रीय अभिजन की तरफ़ से आता था, और उसके ऊपर जनता व समाज की प्रतिक्रिया बाक़ी दोनों अभिजनों के ज़रिये संसाधित होती थी। इन तीन तरह के अभिजनों ने मिल कर एकीकरण का एक विशिष्ट मॉडल विकसित किया जो न तो पश्चिमी लोकतंत्रों में प्रचलित विभिन्न हितों के समूहन जैसा था, न ही यह पारम्परिक राज्य प्रणालियों में चलने वाला विभाजित हितों और निष्ठाओं वाला मॉडल था। इस नये एकीकरण में सत्ता की बिखरी हुई संरचनाएँ मध्यवर्ती नेटवर्कों में एक साथ आ कर स्वायत्त उपप्रणालियों की तरह बृहत्तर राजनीतिक प्रणाली का अंग बनने लगीं। इस तरह से इस मॉडल को मध्यवर्ती समूहन का मॉडल कहा जा सकता है।

देखें : अनुसूचित जातियाँ, अनुसूचित जनजातियाँ, अन्य पिछड़े वर्ग, आरक्षण, आधुनिकता, अरविंद घोष, आधुनिकीकरण, कन्हैयालाल माणिकलाल मुंशी, जवाहरलाल नेहरू, जातियों का राजनीतीकरण, बंगाल का नवजागरण, भारतीय अभिजन, भारतीय आधुनिकता, भारतीय इसलाम, भारतीय उदारतावाद, भारतीय डायसपोरा, भारत में उपनिवेशवाद, भारतीय नवजागरण : तुलनात्मक परिप्रेक्ष्य, भारत में नियोजन, भारत में प्रातिनिधिक प्रणाली, भारत में पृथकतावादी राजनीति, भारत में मतदान-व्यवहार-1 से 6 तक, भारत में सामाजिक आंदोलन, भारतीय राज्य, भारतीय राष्ट्रवाद, भारतीय लोकतंत्र, भारतीय लोकतंत्र का संस्थानीकरण-1 से 3 तक, भारतीय स्वभाव और राजनीति, भारतीय संविधान-1 से 8 तक, भारतीय सामाजिक आंदोलन, भीमराव रामजी आम्बेडकर, राजा राममोहन राय, विवेकानंद, विनायक दामोदर सावरकर, संविधान सभा में भाषा-विवाद-1 से 3 तक, सामाजिक आंदोलन।

संदर्भ

1. रजनी कोठारी (2005), *भारत में राजनीति : कल और आज,* हिंदी प्रस्तुति और सम्पादन : अभय कुमार दुबे, लोक-चिंतक ग्रंथमाला, वाणी-सीएसडीएस, नयी दिल्ली.

— अभय कुमार दुबे

भारतीय आधुनिकता

(Indian Modernity)

भारतीय समाज के आधुनिक होने की प्रक्रिया उसके राजनीतीकरण के माध्यम से चली है। राज्य-तंत्र पर आधारित विकास, राष्ट्रवाद और लोकतंत्र की त्रयी भारतीय आधुनिकता के मर्म में है। बीसवीं सदी के दूसरे दशक में गाँधी के नेतृत्व में उपनिवेशवाद विरोधी संघर्ष जनांदोलन में बदला और उसी के साथ राजनीतीकरण का आगाज़ हुआ। आज़ादी मिलने के बाद संस्थागत संसदीय राजनीति के ज़रिये राजनीतीकरण की व्यापक और बहुमुखी प्रक्रिया ने पारम्परिक भारतीय समाज को बदलने में निर्णायक भूमिका का निर्वाह किया। चूँकि

भारत में आधुनिकता राजनीति के औज़ारों से बनी, इसलिए इसे राजनीतिक आधुनिकता का नाम भी दिया जा सकता है। लेकिन, यह नामकरण अपर्याप्त है। भारतीय ज़मीन पर राजनीति और आधुनिकता की द्वंद्वात्मक अन्योन्यक्रिया की ऐतिहासिक जाँच-पड़ताल करने पर पता लगता है कि उसके उद्‌गम के पीछे एक भिन्न कल्पनाशीलता काम कर रही थी, एक ऐसी कल्पनाशीलता जो शुरू से ही भारतीय आधुनिकता को पश्चिमी मॉडल की अनुकृति बनाने से इनकार करती रही।

भारतीय समाज की भिन्नता : भारत में औपनिवेशिक शासन की संरचनाएँ जिस समय स्थापित की गयीं, उस समय भारतीय राजनीतिक जीवन का केंद्रीय तत्त्व पश्चिम की तरह वर्ग-संघर्ष नहीं था। सामाजिक संरचनाएँ भी सेकुलरीकृत नहीं थीं। सामूहिक अस्मिताओं का मुख्य आधार धर्म था। समाज पश्चिम की तरह एक भाषा-भाषी समरूप सांस्कृतिक बंधनों में भी नहीं बँधा था। समाज की इसी भिन्नता के कारण अंग्रेज़ों ने तय किया कि वे राजनीतिक दायरे को तो अपने नियंत्रण में रखेंगे, पर पारम्परिक ढाँचे में कोई ख़ास हस्तक्षेप करने से परहेज़ करेंगे। जो हस्तक्षेप हुआ भी, उसका ज़्यादातर हिस्सा औपनिवेशिक ज्ञान के वाहक बुद्धिजीवियों और ईसाई मिशनरियों यानी ग़ैर-राजकीय हलक़ों के हिस्से में आया। लातीनी अमेरिका और अफ़्रीका में औपनिवेशिकता और ईसाई गतिविधियों के मिले-जुले प्रभाव के कारण स्थानीय धर्म नष्ट हो गये थे और उनकी जगह ईसाइयत ने ले ली थी। भारत में हिंदू धर्म और इसलाम को यह हस्तक्षेप अपनी जगह से तो नहीं हिला सका, पर उसने कम से कम हिंदू धर्म के भीतर कई चिंतन के स्तर पर कई दूरगामी परिवर्तन किये। औपनिवेशिक आधुनिकता के बुद्धिवादी प्रभाव और ईसाई मिशनरियों के संसर्ग के तहत हिंदू विमर्श से गहन सकारात्मक संबंध रखने वाले बुद्धिजीवियों, राजनीतिक अभिजनों और सांस्कृतिक नेताओं ने जाति प्रथा को आधुनिकीकरण में बाधक के तौर पर देखना शुरू किया। हिंदू विमर्श के आधुनिक पैरोकारों की इस प्रतीति ने समाज के बौद्धिक जीवन के धार्मिक आधारों की बुद्धिसंगत व्याख्या का रास्ता खोला। इस कार्यभार को अखिल भारतीय स्तर पर जिन तीन हस्तियों ने मुख्य रूप से अंजाम दिया, वे थीं विवेकानंद, गाँधी और रवींद्रनाथ ठाकुर। यह बुद्धिसंगत व्याख्या भारतीय शर्तों पर की गयी। इसने सावधानीपूर्वक तय किया कि पश्चिमी आधुनिकता से क्या लिया जा सकता है और क्या नहीं। यह भारतीय रवैया एडवर्ड सईद के उस आग्रह को झुठलाने वाला था कि प्राच्यवाद के कारण सभी उपनिवेशीकृत समाज बौद्धिक समर्पण और ख़ामोशी की खाइयों में गिरते चले गये।

नयी कल्पनाशीलता : औपनिवेशिक प्रभाव और ईसाइयत के सामने समर्पण करने के बजाय भारतीय अभिजनों ने पश्चिमी आधुनिकता के तीन आयामों पर महारत करने की कोशिश की। उन्होंने आधुनिक ज्ञान में पारंगत होने का अभियान चलाया, आधुनिक संस्थाओं को रचने और चलाने के तौर-तरीक़े सीखे और राष्ट्रवाद के रूप में सामूहिक एकजुटता की भावना का विकास किया। औपनिवेशिक सत्ता द्वारा अपनायी गयी अप्रत्यक्ष शासन की पद्धति और संवैधानिक सुधारों की लम्बी शिक्षाप्रद प्रक्रिया ने भी भारतीय अभिजनों की इस कार्यभार में मदद की।

इसी दौरान जाति प्रथा को औपनिवेशिक आधुनिकता के प्रभावों और उपनिवेशवादी विरोधी राजनीति के साथ अन्योन्यक्रिया करनी पड़ी जिसके गर्भ से नागर समाज का भारतीय संस्करण निकला। जाति सभाएँ आधुनिक पैमाने पर संगठित हुईं जिसके कारण जातियों का परस्पर कर्मकाण्डीय अलगाव टूटने की शुरुआत हुई। दूसरी तरफ़ मुसलमान अभिजनों ने हिंदुओं के साथ सम-मूल्यता का तर्क दिया जिसके कई बुरे परिणामों में से एक द्वि-राष्ट्र सिद्धांत था। इसकी एक सकारात्मक परिणति आगे चल कर अल्पसंख्यकों को सुरक्षा के आश्वासन में भी निकल सकती थी।

गाँधी ने उपनिवेशवाद विरोधी संघर्ष को नये सिरे से भाषाई आधार पर संगठित करके भारत की सांस्कृतिक बहुलता को राष्ट्रवादी कल्पनाशीलता के कच्चे माल के रूप में पेश कर दिया। पहले असहयोग आंदोलन की सफलता ने स्पष्ट कर दिया कि भारतीय आधुनिकता को पश्चिम की नक़ल करने की ज़रूरत नहीं है। गाँधी, रवींद्रनाथ और नेहरू ने किसी एक संस्कृति या भाषा या धर्म के आधार पर भारतीय राष्ट्रवाद को कल्पित करने से इनकार कर दिया। गाँधी और रवींद्रनाथ का तर्क था कि आधुनिक संस्थाओं की कामयाबी समाज की पारम्परिक समझ के साथ समरस रहने पर निर्भर है। रवींद्रनाथ ने युरोपियन अनुभव की अनुकृति करने के प्रस्ताव को ठुकराते हुए कहा कि आधुनिकता का विधेयक तत्त्व विवेक की स्वायत्तता है। जवाहरलाल नेहरू ने भारतीय बहुलता को आधुनिकता की सफलता के तर्क में बदल दिया। उन्होंने रवींद्रनाथ के तर्ज़ पर कहा कि अगर हमने राष्ट्र-राज्य का समरूपीकरण का मॉडल आरोपित किया तो धार्मिक और क्षत्रीय अल्पसंख्यकों को उनके आत्मसात किये जाने का डर सताने लगेगा। रवींद्रनाथ पहले ही कह चुके थे कि भारत की सांस्कृतिक बहुलता भारतीय क़िस्म के राष्ट्रवाद के लिए नुक़सानदेह होने के बजाय फ़ायदेमंद है। इस तरह गाँधी-रवींद्रनाथ-नेहरू की मिली-जुली कल्पनाशीलता के आधार पर भारतीय आधुनिकता की भित्ति निर्मित हुई। देशभक्ति और अस्मिता का भारतीय विचार पश्चिम के मुक़ाबले बहुआयामी था। भारतीय होने से पहले तमिल, मराठा या बंगाली होना

भारतीयता की कमज़ोरी की निशानी नहीं था। भारतीयता दूसरे दर्जे की अस्मिता होने के बावजूद किसी तरह की खोखली, छलपूर्ण या कृत्रिम पहचान नहीं थी।

आज़ादी के बाद : 15 अगस्त, 1947 के उपरांत उपनिवेशवाद के ख़िलाफ़ जद्दोजहद के रूप में चलने वाली सभी प्रक्रियाएँ लोकतांत्रिक राज्य की रचना के मातहत हो गयीं। आधुनिकता ने राजनीतिक आधुनिकता का रूप ग्रहण कर लिया जिसकी संस्थागत अभिव्यक्ति संविधान निर्माण की प्रक्रिया में हुई। आम्बेडकर के नेतृत्व में संविधान-निर्माताओं ने एक उदारतावादी और सेकुलर राज्य के सिद्धांतों को संस्थाबद्ध रूप दिया। सामाजिक वैयक्तीयन के अभाव को समझते हुए भारतीय उदारतावाद ने व्यक्तिगत के साथ-साथ सामुदायिक अधिकारों को भी अपनाने का नवाचार किया। उस ज़माने में उदारतावादी सिद्धांत को सामुदायिक अधिकारों के संदर्भ में स्वीकार करना बड़ी जुर्रत का काम था। क़लम की एक ही जुम्बिश से समाज के हर व्यक्ति को वर्ग-जाति-लिंगभेद की परवाह किये बिना नागरिक अधिकारों से सम्पन्न कर दिया गया, जबकि पश्चिम में ये अधिकार बहुत धीरे-धीरे लम्बी अवधि में प्राप्त हुए थे। सेकुलरवाद के मामले में भी संविधान सभा ने साहसपूर्ण नवाचार किया, और अल्पसंख्यकों के धार्मिक अधिकारों की रक्षा की ज़िम्मेदारी राज्य को सौंपी। पश्चिम जिस सेकुलरवाद को राज्य और धर्म के पार्थक्य के रूप में समझता था, भारत में वही सेकुलरवाद राज्य और धर्म के बीच उसूली फ़ासले के सिद्धांत की तरह विकसित हुआ। संविधान सभा ने सामाजिक ढाँचे की विषमताओं को दुरुस्त करने के लिए अनुसूचित जातियों (पूर्व अछूतों), अनुसूचित जनजातियों (आदिवासियों) और पिछड़े वर्गों (वर्णाश्रम के तहत शूद्र समझी जाने वाली जातियाँ) के किये विशेष अवसरों के प्रावधानों का सूत्रीकरण करके एक दूरगामी सोशल इंजीनियरिंग का सूत्रपात करने में भी सफलता प्राप्त की। संविधान सभा द्वारा रखी गयी इस अनूठी आधारशिला पर खड़े हो कर भारतीय राज्य ने गाँधी-रवींद्रनाथ-नेहरू की त्रयी द्वारा कल्पित आधुनिकता को धरती पर उतारने का बीड़ा उठाया। यह एक विराट परियोजना थी जिसमें एक साथ राजनीतिक और आर्थिक ढाँचे का तीव्र विकास करते हुए हज़ारों साल से जमी हुई पारम्परिक सामाजिक संरचना को बदलाव की तरफ़ ले जाना था। ये तीनों काम किसी आधुनिक राज्य ने एक साथ पहले कभी नहीं किये थे।

नेहरू के प्रधानमंत्रित्व में लोकतांत्रिक राजनीति का ऊपरी स्वरूप पश्चिम जैसा ही था। राजनीति का मुहावरा वर्गीय और विचारधारात्मक प्रतीत होता था। संसद और अन्य विधायिकाओं में होने वाली बहस ब्रिटिश और अमेरिकी संसद द्वारा अपनायी जाने वाली मर्यादाओं और शैली के मुताबिक़ थी। लेकिन, जैसे-जैसे लोकतांत्रिक चेतना ग्रामीण क्षेत्रों तक फैली, निचले तबक़ों और नीची समझी जाने वाली जातियों ने राजनीति के मंच से अपनी आकांक्षाएँ व्यक्त करनी शुरू कर दीं। इनकी भाषा वर्गीय और विचारधारात्मक नहीं थी। उन्होंने जातिगत पदावली और गोलबंदी का सहारा ले कर राजनीति का नया मुहावरा रचा। राजनीति उनके लिए एक वैचारिक आदर्श न हो कर अपने जीवन और हैसियत को सँवारने का उद्यम था। ये लोग 'भारतीय राजनीति के नये उद्यमी' थे। इनके प्रभाव में भारतीय राजनीति और जातिप्रथा के बीच नवीन विनिमय की शुरुआत हुई, जिसके भदेसपन से व्यथित हो कर माना गया कि राजनीति जातिवाद से ग्रस्त होने लगी है। दरअसल, यह 'जातियों के राजनीतीकरण' की प्रक्रिया थी जिसने अगले कुछ दशकों में भारतीय समाज को बहुत बड़े पैमाने पर बदल कर आधुनिकीकरण के रास्ते पर चलाया। शिक्षा और आरक्षण के अवसरों का लाभ उठा कर वंचित जातियों के बहुत से लोग तेज़ी से बढ़ते हुए मध्य वर्ग का हिस्सा बने। भूमण्डलीकरण और नये आर्थिक सुधारों के कारण अर्थव्यवस्था को मिली बाज़ारीकरण की भारी खुराक के आधार पर जब भारतीय समाज ने आधुनिकता के नये चरण में प्रवेश किया तो यह मध्य वर्ग उसे हाथों-हाथ लेने के लिए तैयार खड़ा था।

देखें : अनुसूचित जातियाँ, अनुसूचित जनजातियाँ, अन्य पिछड़े वर्ग, आरक्षण, आधुनिकता, अरविंद घोष, आधुनिकीकरण, कन्हैयालाल माणिकलाल मुंशी, जवाहरलाल नेहरू, जातियों का राजनीतिकरकरण, बंगाल का नवजागरण, भारतीय अभिजन, भारतीय इसलाम, भारतीय उदारतावाद, भारतीय डायसपोरा, भारत में उपनिवेशवाद, भारतीय नवजागरण : तुलनात्मक परिप्रेक्ष्य, भारत में नियोजन, भारत में प्रातिनिधिक प्रणाली, भारत में पृथकतावादी राजनीति, भारत में मतदान-व्यवहार-1 से 6 तक, भारतीय राज्य, भारतीय राष्ट्रवाद, भारतीय लोकतंत्र, भारतीय लोकतंत्र का संस्थानीकरण-1 से 3 तक, भारतीय स्वभाव और राजनीति, भारतीय संविधान-1 से 8 तक, भारतीय सामाजिक आंदोलन, भीमराव रामजी आम्बेडकर, राजा राममोहन राय, विवेकानंद, संविधान सभा में भाषा-विवाद-1 से 3 तक।

संदर्भ

1. रजनी कोठारी (2005), *भारत में राजनीति : कल और आज,* सम्पादन और प्रस्तुति : अभय कुमार दुबे, वाणी प्रकाशन, दिल्ली.
2. जावीद आलम (1999), *इण्डिया : लिविंग विद मॉडर्निटी,* ऑक्सफ़र्ड युनिवर्सिटी प्रेस, नयी दिल्ली.
3. लॉयड आई. रुडोल्फ़ (1965), 'द मॉडर्निटी ऑफ़ ट्रेडिशन : द डेमॉक्रैटिक इनकारनेशन ऑफ़ कास्ट इन इण्डिया', द *अमेरिकन पॉलिटिकल साइंस रिव्यू,* खण्ड 59, अंक 4, दिसम्बर, पृष्ठ 975-989
4. सुनील खिलनानी (1995), *भारतनामा* (*द आइडिया ऑफ़ इण्डिया* का अनुवाद : अभय कुमार दुबे), राजकमल प्रकाशन, दिल्ली.

—अभय कुमार दुबे

भारतीय इतिहास-लेखन-1

प्राच्यवादी धारा

(Indian Historiography/Orientalist-1)

अट्ठारहवीं सदी में ईस्ट इण्डिया कम्पनी की बंगाल-विजय (1757) के बाद से अंग्रेज़ों ने भारत का इतिहास लिखना शुरू किया। विजित प्रदेश पर हुकूमत करने के लिए कम्पनी के प्रशासकों को वहाँ के समाज और लोगों के बारे में जानकारी हासिल करने की ज़रूरत पड़ी। इसी की भरपाई के लिए अंग्रेज़ फ़ौजी अफ़सरों और हुक्मरानों ने व्यवस्थित रूप से फ़ारसी और संस्कृत का अध्ययन शुरू किया। जल्दी ही इस ज्ञान के आधार पर रचित और अनूदित ऐतिहासिक वृत्तांत प्रकाशित होने लगे। एक सैनिक अधिकारी एलेक्ज़ेंडर डाउ ने 1768 से 1771 के बीच फ़ारसी में रचित भारतीय इतिहास की एक मानक पुस्तक का अंग्रेज़ी अनुवाद कर डाला और *द हिस्ट्री ऑफ़ हिंदोस्तान* का प्रकाशन हुआ। 1776 में एन.बी. हैलहेड ने संस्कृत के धर्मशास्त्रों का संकलन और अनुवाद किया जिसका नतीजा *अ कोड ऑफ़ जेंटू लाज़, ऑर ओर्डीनेंशंस ऑफ़ द पंडित्स* के रूप में सामने आया।

विलियम जोंस (1746-1794)

इस इतिहास-लेखन की व्यावहारिक ज़रूरतें पश्चिमी प्राच्यवाद की वैचारिकता के तारों से आपस में गुँथी हुई थीं। अंग्रेज़ों को पूरा यक़ीन था कि वे जो कुछ कर रहे हैं वह निर्विवाद रूप से प्रामाणिक है। इस इतिहास में जो छवियाँ अंकित की जा रही थीं, वह अंग्रेज़ों की निगाह में भारतीय समाज के उस सारतत्त्व के मुताबिक़ थीं जिसे वे ऐतिहासिक परिवर्तनों से परे स्थावर समझते थे। यह शासक द्वारा लिखा गया शासितों का इतिहास था। सभी इतिहास लेखक युरोपियन थे। उनकी रचनाएँ युरोपीय पाठकों को ध्यान में रख कर तैयार की गयी थीं। भारत और भारतवासियों की हैसियत ज्ञान के निष्क्रिय विषय से अधिक नहीं थी। ये प्राच्यवादी इतिहासकार अपनी वाणी में भारत को अभिव्यक्त और निरूपित कर रहे थे। उनके लिए ब्रिटेन बुद्धिसंगत और भौतिकवादी होने के नाते ऊर्ध्वोन्मुखी, और भारत भावुक और आध्यात्मिक होने के नाते परिवर्तन-विरोधी था। पूर्व और पश्चिम का यह द्विभाजन एक तरफ़ तो उपनिवेशवाद के ज़रिये एकतरफ़ा सम्भव हो रहा था, दूसरी ओर वह भारत पर थोपी गयी औपनिवेशिक हुकूमत को न्यायसंगत ठहराने की भूमिका भी निभा रहा था। यह दूसरी बात है कि इतिहास-लेखन में निहित ज्ञान की राजनीति का विशिष्ट लहज़ा उसे पृष्ठभूमि में धकेल देती थी। ऐतिहासिक वृत्तांत कुछ इस तरह से पेश किये जा रहे थे मानो ज्ञान के इस उत्पादन का औपनिवेशिक प्रभुत्व से कोई ताल्लुक़ ही न हो।

प्राच्यवादी भारतीय इतिहासकारों की शृंखला में जल्दी ही कई नये नाम भी जुड़ गये जिनमें विलियम जोंस, एच.टी. कोलब्रुक, जॉन शोर और फ्रांसिस ग्लैडविन का नाम उल्लेखनीय है। संस्कृत और फ़ारसी सीखने एवं अनुवाद और टीकाओं के प्रकाशन ने जैसे-जैसे गति पकड़ी, इतिहास-लेखन और अनुसंधान के संस्थागत बंदोबस्त की ज़रूरत पैदा हुई। इसी के तहत जोंस के प्रयासों से 1884 में एशियाटिक सोसाइटी ऑफ़ बंगाल की स्थापना की गयी। कई अनुसंधान पत्रिकाओं का प्रकाशन शुरू हुआ : *एशियाटिक रिसर्चिज़* (1788), *क्वार्टरली जरनल* (1821) और *जरनल ऑफ़ द एशियाटिक सोसाइटी* (1832)।

इस प्रक्रिया में उत्पादित प्राच्यवादी ज्ञान का प्रसार युरोपीय विश्वविद्यालयों तक भी हुआ। भारत के साथ सीधे सम्पर्क में न रहने वाले विद्वानों ने युरोप के उद्‌गम या शैशव को भारत के इतिहास में देखना शुरू किया। इनमें मैक्स म्यूलर प्रमुख थे। फलस्वरूप जो विमर्श निकला, उसने संस्कृत और युरोपीय भाषाओं के बीच समानताओं की खोज के माध्यम से एक 'आर्य नस्ल' की कल्पनाओं में अपनी आस्था का निवेश किया। दावा किया गया कि युरोपवासी और भारत के ब्राह्मण इसी आर्य नस्ल की देन हैं।

संस्कृत, ब्राह्मणों और प्राचीन ग्रंथों में युरोप के उद्‌गम की खोज के परिणामस्वरूप भारत और पश्चिम के बीच की दूरियाँ घटने के बजाय और बढ़ीं। युरोप ने भारत के अतीत में अपना बचपन मूर्तिमान होते तो देख लिया, पर भारत का वर्तमान युरोप के वर्तमान से पूरी तरह पृथक हो गया। भारतीय अतीत की जो गढ़ंत तैयार हुई वह भाषा और ग्रंथों की सामग्री से बनी थी। यह भारत के सार को युरोप से पृथक, परिवर्तन-विरोधी और तात्त्विकतावादी दृष्टि से समझने का बौद्धिक उपक्रम था। दिलचस्प बात यह है कि प्राच्यवादी भारतीय इतिहास-लेखन के इस पहले दौर का नेतृत्व भारत के भीतर विलियम जोंस और बाहर मैक्सम्यूलर जैसे अधिकारियों, विद्वानों और अनुसंधानकर्ताओं के हाथ में था। पूर्वी सभ्यताओं और जन-जीवन के प्रति निजी लगाव, एक हमदर्द निगाह और दिलचस्पी के चलते इन हस्तियों ने अपनी बौद्धिक परियोजना से प्रकट उपनिवेशिवादी तल्ख़ियों को दूर रखने में कामयाबी हासिल की।

लेकिन, प्राच्यवादी भारतीय इतिहास-लेखन का दूसरा दौर ऐसा नहीं थी जिसका प्रतिनिधित्व जेम्स मिल (1817 में

प्रकाशित द *हिस्ट्री ऑफ़ ब्रिटिश इण्डिया*) का उपयोगितावादी और ठंडा रवैया करता है। इसके साथ जैसे ही ईसाई मिशनरियों का तिरस्कारपूर्ण रवैया जुड़ा, प्राच्यवाद की तस्वीर पूरी तरह से बदल गयी। संस्कृत भाषा, ब्राह्मण और उनकी जीवन-शैली तथा प्राचीन ग्रंथ आकर्षक नहीं रह गये। उनकी जगह उदारतावादी सुधारकों और आलोचकों की कठोर टिप्पणियों ने ले ली। इन इतिहासकारों ने दावा किया कि भारत सभ्यता से वंचित, नैतिक दायित्वों की पूर्ति में अक्षम, सुशासन की अवधारणा से रहित और ऐतिहासिक परिवर्तन से अछूता है। भू-राजस्व के बंदोबस्त, शैक्षिक और प्रशासनिक नीतियों, ईस्ट इण्डिया कम्पनी के चार्टर के नवीकरण से संबंधित बहसों के दौरान इन इतिहासकारों ने तत्कालीन युरोप में प्रचलित विचारों की भारत के लिए तजवीज़ की। ज़ाहिर है कि प्राच्यवाद के लिए भारत का छवि-निरूपण अतीत से हट कर वर्तमान में आ चुका था। यह दौर उन्नीसवीं सदी के पहले पचास सालों में मौक़े पर तैयार की गयी सरकारी रपटों, संसदीय जाँच रपटों और विस्तृत सर्वेक्षणों का था। इसका परिणाम नियमित रूप से प्रकाशित होने वाले भाषाई, जातीय, पुरातात्विक, जनगणना संबंधी सर्वेक्षणों और ज़िलावार गज़टों में निकला। संस्कृत, धर्मशास्त्रों और ब्राह्मणों के बजाय किसान, राजस्व, लगान, जाति, रीति-रिवाज़, क़बीले, जनता का धार्मिक आचरण, भाषाई, विविधता, खेतिहर बंदोबस्त, स्त्री-पुरुष आबादी जैसे विषय केंद्र में आ गये।

अंग्रेज़ों का दावा था कि उनकी हुकूमत तथ्यों की सटीक जानकारी के हिसाब से चलती है। उपनिवेशवादियों के इस आग्रह का परिणाम यह हुआ कि उन्होंने भारतीय समाज को उन्नीसवीं सदी के आख़िर और बीसवीं सदी के शुरू में प्रकाशित जनगणनाओं के आँकड़ों के ज़रिये समझना शुरू किया। उनके सामने समाज व्यक्तियों, समुदायों, समूहों और पारिवारिक इकाइयों में बँटा हुआ खुला पड़ा था। ज्ञान की इस पद्धति को वे वस्तुनिष्ट और तटस्थ मानते थे। भारतीय ग्राम्य समुदाय की प्रकृति पर हुई ऐसी ही बहसों के गर्भ से बैडन-पावेल की 1892 की रचना द *लैण्ड सिस्टम ऑफ़ ब्रिटिश इण्डिया* ने जन्म लिया। ज्ञान-रचना की इस प्राच्यवादी प्रक्रिया ने ब्रिटिश शासन की प्रकृति बदल दी। गाँव और जाति के नेताओं के हाथ में समाज की बुनियादी संरचनाओं का नियंत्रण छोड़ने के बजाय अब उन्होंने जाति और जनजाति के हैसियतवान लोगों तक सीधे पहुँचना शुरू कर दिया। यही वह मुक़ाम था जब अंग्रेज़ों ने राजनीति और अर्थनीति के क्षेत्रों में महत्त्वपूर्ण हस्तक्षेपों की शुरुआत की, क्योंकि प्राच्यवादी ज्ञान ने उन्हें यक़ीन दिला दिया था कि भारतीय समाज व्यवस्था और उसके अंतर्निहित विचार इन क्षेत्रों का संचालन करने की क्षमता से सम्पन्न नहीं हैं।

देखें : आनंद केंटिश कुमारस्वामी, आर्य-अवधारणा, आर्थर लेवेलिन बाशम, एडवर्ड विलियम सईद, काशी प्रसाद जायसवाल, बिपन चंद्र-1 और 2, दामोदर धर्मानंद कोसम्बी-1 और 2, प्राच्यवाद, रमेश चंद्र दत्त, रमेश चंद्र मजूमदार, रणजीत गुहा, रामकृष्ण गोपाल भण्डारकर, राम शरण शर्मा, रोमिला थापर, वासुदेव शरण अग्रवाल, पांडुरंग वामन काणे, विश्वनाथ काशीनाथ राजवाड़े-1 और 2, सखाराम गणेश देउस्कर, सामंतवाद : एक बहस।

संदर्भ

1. बर्नार्ड एस. कॉन (1968), 'नोट्स ऑन द हिस्ट्री ऑफ़ द स्टडी ऑफ़ सोसाइटी ऐंड कल्चर', मिल्टन सिंगर और बर्नार्ड एस. सिंगर (सम्पा.), *स्ट्रक्चर ऐंड चेंज इन सोसाइटी*, एल्डाइन, शिकागो.
2. मोहिब्बुल हसन (सम्पा.) (1968), *हिस्टोरियंस ऑफ़ मिडीवल इण्डिया*, मीनाक्षी पब्लिशर्स, मेरठ.
3. रणजीत गुहा, *अ रूल ऑफ़ प्रॉपर्टी फ़ार बंगाल : अ एसे ऑन द आइडिया ऑफ़ परमानेंट सेटलमेंट*, माउटन, पेरिस.
4. एरिक स्टोक्स (1959), *द इंग्लिश यूटेलिटेरियंस ऐंड इण्डिया*, क्लैरंडन प्रैस, ऑक्सफ़र्ड.

— अभय कुमार दुबे

भारतीय इतिहास-लेखन-2

राष्ट्रवादी धारा

(Indian Historiography/Nationalist-2)

पश्चिम की प्राच्यवादी विचारधारा के आधार पर भारत का इतिहास लिखने की प्रवृत्तियों को बीसवीं सदी में राष्ट्रवादी इतिहास-लेखन द्वारा पहली अहम चुनौती मिली। 1901 में प्रकाशित आर.सी. दत्त रचित द *इकॉनॉमिक हिस्ट्री ऑफ़ इण्डिया* (दो खण्ड) जैसे क्लासिक ग्रंथ ने इसकी पूर्वपीठिका तैयार की। बीस और तीस के दशक में गाँधी के नेतृत्व में उपनिवेशवाद विरोधी राजनीति जनांदोलन में विकसित हुई और तभी इस पूर्वपीठिका पर एच.सी. रायचौधुरी, काशी प्रसाद जायसवाल, बेनी प्रसाद, आर.सी. मजूमदार और आर.के. मुखर्जी जैसे पेशेवर इतिहासकारों ने अपनी इबारतें भी लिखीं।

इतिहास-लेखन के क्षेत्र में प्राच्यवाद और राष्ट्रवाद के बीच हुई यह होड़ एक तरह के अंतर्विरोध से भी ग्रस्त थी। राष्ट्रवादियों ने प्राच्यवादियों की कई बुनियादी स्थापनाओं को मान लिया। उन्होंने भी भारत और युरोप को तात्त्विकतावादी ख़ानों में बाँट कर अलग-अलग देखा। भारत के इतिहास को हिंदू अर्थात् प्राचीन, मुसलमान अर्थात् मध्ययुगीन और ब्रिटिश

अर्थात् आधुनिक अवधियों में बाँट कर अध्ययन करने की पद्धति भी स्वीकार कर ली। जाति की परिघटना को समाज के ख़ाने में डाल कर राजनीति के संदर्भ से काट कर अध्ययन करने का रवैया भी अपना लिया। भारतीय सभ्यता के संस्कृतीय आख्यान के अपरिवर्तनीय अस्तित्व को भी मान्यता मिल गयी। ज़ाहिर था कि राष्ट्रवादियों की निगाह में प्राच्यवाद की प्रामाणिकता संदिग्ध नहीं थी। लेकिन उनके ज्ञान का विषय यानी भारत अंग्रेज़ों के भारत की तरह निष्क्रिय, सम्प्रभुताहीन, जड़ और तर्कबुद्धि से वंचित नहीं था। उनका भारत पहलक़दमी करता हुआ अपने अतीत में भविष्य की खोज करता हुआ दिख रहा था।

शुरुआती प्राच्यवादी इतिहासकारों ने भारत के प्राचीन अतीत में युरोप का शैशव देखा था। राष्ट्रवादियों ने इसी अतीत में आधुनिक भारतीय राष्ट्र की आहटें सुनीं। मैक्सम्यूलर के अध्ययनों में मौजूद हमदर्द टीका-टिप्पणियों को इन इतिहासकारों ने वस्तुनिष्ठ और प्रामाणिक वक्तव्यों की तरह ग्रहण किया। वे एक महान और स्वर्णिम प्राचीनता कल्पित करने के उद्यम में लग गये। उन्होंने दावा किया कि भारत की आध्यात्मिकता, उसका आर्य उद्‌गम, राजनीतिक विचार और कला पूरी तरह देशज है। दक्षिण-पूर्वी सभ्यताओं को भारतीय सभ्यता की उपलब्धियाँ मान लिया गया। 320 से 540 ईस्वी गुप्त साम्राज्य (320-540 ईस्वी) को भारत का स्वर्ण युग बता कर इन इतिहासकारों ने दिखाया कि किस प्रकार इस युग में हिंदू धर्म परवान चढ़ा, राष्ट्रीय एकता मज़बूत हुई, आर्थिक सम्पदा में वृद्धि हुई, सामाजिक समरसता बेहतर हुई और सांस्कृतिक उपलब्धियाँ शिखर पर पहुँच गयीं। इन इतिहासकारों ने यह दावा भी किया कि ग्यारहवीं और बारहवीं सदी में मुसलमानों के आगमन के साथ ही पतन और पराभव की शुरुआत हुई।

लेकिन, राष्ट्रवादी इतिहास का मतलब केवल यही नहीं था। इन इतिहासकारों ने सामग्री और स्रोतों पर बहस को खोला। ऐसी बहुत सी बातें खोज निकालीं जो अनजान पड़ी हुई थीं। इस प्रक्रिया में क्षेत्रों के इतिहास पर रोशनी पड़ी। इस मान्यता को भी चुनौती मिली कि यूनानी सभ्यता की सभी उपलब्धियाँ लाजवाब और बेशक़ीमती हैं। प्राच्यवादियों की कई मान्यताओं को मानने के बावजूद भारत का प्रतिनिधित्व करने का उनका दावा झुठलाया गया। इसी तरह हिंदू उग्रवादी व्याख्याओं को भी प्रश्नांकित किया गया। जवाहरलाल नेहरू ने द *डिस्कवरी ऑफ़ इण्डिया* (1946) में तर्क दिया कि भारतीय संस्कृति हिंदू या हिंदूवाद का पर्याय नहीं है। उनका ज़ोर सांस्कृतिक और ऐतिहासिक विविधता पर था। हालाँकि नेहरू भी आध्यात्मिकता को भारतीय अतीत का सार मानते थे और गुप्त साम्राज्य उनकी निगाहों में भी राष्ट्रवाद के पनपने की अवधि थी, लेकिन हिंदू पुनरुत्थानवादी इतिहास-लेखन उनके सेकुलर और सार्वदेशिक नज़रिये में फिट नहीं होता था। उन्होंने जो सेकुलर भारत खोजा उसके पालने में कई धर्मों और सम्प्रदायों का लालन-पालन हुआ था। अनगिनत आक्रमणों और संघर्षों से गुज़रता हुआ नेहरू का यह भारत एक हद तक एकता की उपलब्धि कर चुका था। नेहरू का विचार था कि उपनिवेशवाद विरोधी आंदोलन इसी एकता को ग़ुलामी की जकड़ से मुक्त करने का उद्यम है ताकि भारत एक बार फिर दुनिया के पैमाने पर अन्य सभ्यताओं के साथ क़दम मिलाता हुआ आधुनिकता की मंज़िल की तरफ़ कूच कर सके।

कुल मिला कर राष्ट्रवादी आंदोलन की दोनों प्रवृत्तियों (हिंदू और सेकुलर) में एक बात पर मतैक्य था : भारत अविभाजित है और हमेशा से रहा है। एकात्मक इयत्ता से सम्पन्न होने के कारण उसकी आत्मपरकता स्वायत्तता और सम्प्रभुता का दावा करने योग्य है। लेकिन इसके लिए उसे औपनिवेशिक नियंत्रण से ख़ुद को मुक्त करना होगा। इतिहास के उद्यम की इस तरह शिनाख़्त करने के बाद राष्ट्रवादियों ने बीसवीं सदी के पहले दशक से ही प्राच्यवादी विद्वत्ता के आख्यानों को ख़ारिज करने की शुरुआत कर दी और अपनी परियोजना के मुताबिक़ नये चित्र पेश किये। उत्तर भारत में हुए 1857 के विद्रोह की घटनाओं को केंद्र बना कर 1909 में हिंदू राष्ट्रवादी विचारक विनायक दामोदर सावरकर ने द *वार ऑफ़ इंडिपेंडेंस, 1857* की रचना की। प्राच्यवादियों द्वारा इस विद्रोह को म्यूटिनी (सिपाही विद्रोह या गदर) क़रार देने की आलोचना करते हुए सावरकर ने दावा किया कि यह एक राष्ट्रीय विद्रोह था। यह एक दिलचस्प तथ्य है कि आगे चल कर सावरकर की यह थीसिस मोटे तौर पर ऐसे लोगों ने भी जज़्ब कर ली जो हिंदू राष्ट्रवाद के मुक़ाबले विपरीत मुक़ाम पर खड़े हुए थे। मसलन, 1959 में सोवियत कम्युनिस्ट पार्टी ने इसी विद्रोह से संबंधित मार्क्स और एंगेल्स की रचनाओं का संकलन सम्पादित किया। विदेशी प्रकाशन गृह, मास्को द्वारा छापे गये इस संकलन का शीर्षक था : द *फ़र्स्ट वार ऑफ़ इंडिपेंडेंस 1857-59*।

सावरकर के इस प्रयास और ऐसे ही अन्य उद्यमों में एक ख़ास बात पढ़ी जा सकती है। राष्ट्रवादियों की कोशिश थी कि इण्डोलॅजी या भारतविद्या को महज़ एक युरोपीय उद्यम की खाँचे से निकाल लाया जाए, और भारत को एक ऐसे सत्तामूलक अस्तित्व की तरह पेश किया जाए जो बहुत थोड़ा दृश्यमान होने और अधिकांशत: शृंखलाओं में जकड़ा रहने के बावजूद ऐतिहासिक घटनाओं और उनके अभिनेताओं का तात्पर्य-निरूपण कर सकता हो। इसी ऐतिहासिक उद्यम की भित्ति पर खड़े हो कर उपनिवेशवाद विरोधी संग्राम के नेताओं ने जनसाधारण से कुछ ऐसे लहज़े में अपील की जैसे कि राष्ट्र तो पहले से मौजूद है, बस ज़रूरत उसके प्रति सचेत होने की है। 15 अगस्त, 1947 को मिली राजनीतिक आज़ादी के साथ ही राष्ट्रवादी इतिहास-लेखन की परियोजना सफलीभूत हुई।

उपनिवेशवाद विरोधी राष्ट्रवादी नज़रिये से इतिहास-लेखन करने की इस परियोजना ने प्रभावशाली विद्वत्ता से परिपूर्ण रचनाएँ पेश कीं। भारत से ब्रिटेन ले जायी जाने वाली सम्पत्ति (ड्रेन थियरी), ब्रिटिश मैन्युफ़ेक्चरिंग स्वार्थों द्वारा भारत का औद्योगिकीकरण, भारत के औद्योगिकीकरण की उपेक्षा जैसे प्रश्न उनके प्रिय विषय थे। प्राच्यवादियों की कई प्रवृत्तियाँ अपना लेने और कई अन्य ख़ामियों के बावजूद मूलत: राष्ट्रवादी इतिहास भी इतिहास-लेखन के क्षेत्र में तीसरी दुनिया द्वारा अपनी नुमाइंदगी ख़ुद करने का ही एक प्रयास था।

देखें : आनंद केंटिश कुमारस्वामी, आर्य-अवधारणा, आर्थर लेवेलिन बाशम, एडवर्ड विलियम सईद, काशी प्रसाद जायसवाल, बिपन चंद्र-1 और 2, दामोदर धर्मानंद कोसम्बी-1 और 2, प्राच्यवाद, रमेश चंद्र दत्त, रमेश चंद्र मजूमदार, रणजीत गुहा, रामकृष्ण गोपाल भण्डारकर, राम शरण शर्मा, रोमिला थापर, वासुदेव शरण अग्रवाल, पांडुरंग वामन काणे, विश्वनाथ काशीनाथ राजवाड़े-1 और 2, सखाराम गणेश देउस्कर, सामंतवाद : एक बहस।

संदर्भ

1. रोमिला थापर (1968), 'इंटरप्रिटेशंस ऑफ़ एंशिएंट हिस्ट्री', *हिस्ट्री ऐंड थियरी,* खण्ड 7, अंक 3.
2. एस.पी. सेन (सम्पा.) (1973), *हिस्टोरियन ऐंड हिस्टोरियोग्राफ़ी इन मॉडर्न इण्डिया,* इंस्टीट्यूट ऑफ़ हिस्टोरिकल स्टडीज़, कलकत्ता.
3. पार्थ चटर्जी (1986), *नैशनलिस्ट थॉट ऐंड द कोलोनियल वर्ल्ड: अ डेरिवेटिव डिस्कोर्स?,* ज़ेड बुक्स, लंदन.

— अभय कुमार दुबे

भारतीय इतिहास-लेखन-3

स्वातंत्र्योत्तर धारा

(Indian Historiography / Post-independence-3)

आज़ादी मिलने के बाद भारत संबंधी इतिहास-लेखन ने नये दौर में प्रवेश किया। इसकी मुख्य प्रवृत्तियों पर मानवशास्त्रीय अध्ययनों का प्रभाव था। यह दौर द्वितीय विश्व युद्ध के उपरांत उपनिवेशवाद विरोधी भावनाओं के उभार का था। नव-उपनिवेशवाद के ख़िलाफ़ चिंतन भी इसी ज़माने में परवान चढ़ा। इस सब ने मिल कर जिस बौद्धिक माहौल की रचना की उसमें समाज की ज़मीनी हक़ीक़तों पर ध्यान देने के रुझान पैदा हुए। पचास के दशक में अमेरिका में शुरू हुए दक्षिण एशिया अध्ययन कार्यक्रम ने इसे संस्थागत गति दी। फ्रांसीसी मानवशास्त्री लुई दूमों द्वारा किये गये भारतीय जाति व्यवस्था के अध्ययन *होमो हाइरारकिस* (1970) की प्रस्थापनाओं के इर्द-गिर्द जातियों और समुदायों का सामाजिक इतिहास रचा जाने लगा। सामाजिक और सांस्कृतिक मानवशास्त्रियों ने नयी ज़मीन तोड़नी शुरू कर दी।

मानवशास्त्र की दिलचस्पी ग्रंथों या भाषाओं के बजाय लोगों और संस्कृतियों के अध्ययन में थी। दूमों का तर्क था कि अगर भारत के सार का पता लगाना है तो जाति प्रथा की प्रमुख भूमिका को नज़रअंदाज़ नहीं किया जाना चाहिए। इस आग्रह के आस-पास ही सारी बहस गोलबंद हुई। यह दलील इतनी प्रभावशाली साबित हुई कि दूमों का अंग्रेज़ी अनुवाद आने के बाद जातिगत संरचनाओं को अधिसंरचनात्मक या भ्रांत चेतना मानने वाले मार्क्सवादी भी भारतीय समाज और इतिहास के विश्लेषण में जाति को उसकी अहम जगह देने के लिए मजबूर हो गये। बहुत से पहलुओं को अपने दायरे में समेट लेने वाला दूमों की प्रस्थापना उन इतिहासकारों के लिए उपयोगी साबित हुई जो भारत को अपरिवर्तनीयता के आरोप से बचाते हुए निरंतरता के चश्मे से देखना चाहते थे।

जातियों के अध्ययन को केंद्र में रख कर लिखे गये इतिहास की सबसे बड़ी उपलब्धि यही थी कि उसने जाति के अध्ययनों को राजनीति, राजनीतिकरण की प्रक्रिया और राजतंत्र के साथ जोड़ कर भारतीय समाज व्यवस्था की अपरिवर्तनीयता के मिथक को भंग कर दिया। जातियों की गतिशीलता और कुछ निचली जातियों की ऊर्ध्वगामिता के प्रमाण खोज लिए गये। इस उपलब्धि ने भारतीय आत्मपरकता के स्वायत्त और एकात्मक चरित्र के आग्रह को और मज़बूत किया।

पचास के दशक से लेकर सत्तर के दशक के अंत तक मानवशास्त्र और इतिहास के संश्रय से उपजी विद्वत्ता के कई श्रेष्ठ नमूने सामने आये। फ्रेड्रिख़ जे. बायली द्वारा रचित *कास्ट ऐंड द इकॉनॉमिक फ्रंटियर* (1957), एम.एन. श्रीनिवास रचित *सोशल चेंज इन मॉडर्न इण्डिया* (1966) और डेविड जी. मेंदलबाम द्वारा दो खण्डों में रचित *सोसाइटी इन इण्डिया* (1970) अगर दूमों से पहले की कृतियाँ थीं, तो दूमों के बाद रोनाल्ड बी. इण्डेन, फ्रेंक एफ़. कोलोन और कैरेन आई. लियोनार्ड द्वारा किये गये बेहतरीन ऐतिहासिक अध्ययन प्रकाशित हुए।

दरअसल, इतिहास-लेखन की ये प्रवृत्तियाँ उपनिवेशवाद के पराभव के बाद बने भारत जैसे स्वतंत्र और सम्प्रभु राष्ट्र की कई ज़रूरतों को पूरा करने वाली थीं। औपनिवेशिक आधुनिकता की पुरानी परियोजना का आर्थिक विकास, विज्ञान और प्रौद्योगिकी के पैकेज के ज़रिये नवीकरण हो रहा था। आधुनिकीकरण के उद्यम को आगे बढ़ाने के लिए

लुई दूमों (1911-1998)

आवश्यक था कि पारम्परिक समाज की संरचनाओं और उसकी अंतर्निहित आस्थाओं का सामाजिक-वैज्ञानिक ज्ञान अर्जित किया जाए। इसी मक़सद को ध्यान में रखते हुए अमेरिकी शैली के एरिया स्टडीज़ प्रोजेक्ट में समाज-विज्ञान के विविध आयाम बहुअनुशासनीय रूप ले कर जुड़ते चले गये। मानवशास्त्र और इतिहास-लेखन के साथ अर्थशास्त्र और वैकासिक अध्ययन भी जुड़ गये। इस नये परिवर्तन ने इतिहास के अनुशासन को पूर्व-पश्चिम की सीमाओं और ओरिएंट-ऑक्सीडेंट के ख़ानों से निकालने का रास्ता खोला।

इन सकारात्मक पहलुओं के साथ-साथ इस इतिहास-लेखन के साथ कुछ समस्याएँ भी जुड़ी हुई थीं। साठ के दशक में उभरे आधुनिकीकरण के सिद्धांत के परिणामस्वरूप जाति आधारित संरचनाओं को 'पारम्परिक भारत' का लक़ब मिल गया था। इस प्रक्रिया में एक दूसरे भारत को कल्पित किया जाने लगा जो आधुनिकीकरण में संलग्न था। हालाँकि इतिहास-लेखन की ये प्रवृत्तियाँ प्राच्यवादी और राष्ट्रवादी उद्यमों से काफ़ी भिन्न थीं, पर इनके भीतर भी एक प्रामाणिक भारत की खोज का आग्रह निहित था। प्रामाणिकता का यह आग्रह इतिहास के अनुशासन को एक बार फिर उसी तरह के मूलतत्त्ववादी रवैये की तरफ़ धकेलने लगा जो प्राच्यवादियों और राष्ट्रवादियों ने अपना रखा था। पुराने द्विभाजनों को लाँघने के बावजूद पारम्परिक के मुक़ाबले आधुनिक का एक नया द्विभाजन उभरा जिसके केंद्र में विकासवाद था।

विकासवाद ने आधुनिकीकरण की प्रक्रिया को उसकी वैचारिकता भी दी और उसकी प्रौद्योगिकी भी। यह प्रौद्योगिकी समाज का आधुनिकीकरण करने में आंशिक तौर से ही कामयाब रही जिसके कारण मार्क्सवादियों को हस्तक्षेप करने का मौक़ा मिला। उन्होंने उपनिवेशवाद पर तो यह आरोप लगाया ही कि वह समाज को आधुनिक बनाने का लक्ष्य भेदने में नाकाम रहा है, इसी कसौटी पर कसते हुए उन्होंने राष्ट्रवाद को भी आड़े हाथों लिया। आलोचना के इन स्वरों ने एक नयी बहस को जन्म दिया जिसकी रोशनी में भारतीय इतिहास-लेखन के मार्क्सवादी उद्यम को देखा जा सकता है।

देखें : आनंद केंटिश कुमारस्वामी, आर्य-अवधारणा, आर्थर लेवेलिन बाशम, एडवर्ड विलियम सईद, काशी प्रसाद जायसवाल, बिपन चंद्र-1 और 2, दामोदर धर्मानंद कोसम्बी-1 और 2, प्राच्यवाद, रमेश चंद्र दत्त, रमेश चंद्र मजूमदार, रणजीत गुहा, रामकृष्ण गोपाल भण्डारकर, राम शरण शर्मा, रोमिला थापर, वासुदेव शरण अग्रवाल, पांडुरंग वामन काणे, विश्वनाथ काशीनाथ राजवाड़े-1 और 2, सखाराम गणेश देउस्कर, सामंतवाद : एक बहस।

संदर्भ

1. लुई दूमों (1970), *होमो हाइरारकस,* युनिवर्सिटी ऑफ़ शिकागो प्रेस, शिकागो.
2. एम.एन. श्रीनिवास (1966), *सोशल चेंज इन मॉडर्न इण्डिया,* युनिवर्सिटी ऑफ़ कैलिफ़ोर्निया प्रेस, बर्कले.
3. डोनाल्ड ई. ब्राउन (1988), *हाइरार्की, हिस्ट्री, ऐंड ह्यूमन नेचर,* युनिवर्सिटी ऑफ़ अरिज़ोना प्रेस, टस्कन.

— अभय कुमार दुबे

भारतीय इतिहास-लेखन-4

मार्क्सवादी और सबाल्टर्न धाराएँ

(Indian Historiography/Marxist and Subaltern-4)

प्राच्यवादी, राष्ट्रवादी और उत्तर-राष्ट्रवादी इतिहास-लेखन का मुख्य दावा यह था कि भारत एक अविभाज्य अस्तित्व से सम्पन्न है और रहा है। ये तीनों प्रवृत्तियाँ भारत के बरक्स युरोप को भी उसी तरह अविभाज्य और एकात्मक मानती थीं। मार्क्सवादियों ने इसके ख़िलाफ़ तर्क दिया कि यह दृष्टि अपने पीछे वर्ग-संबंधों की हक़ीक़त छिपा लेती है। उनके मुताबिक़ जब युरोप अविभाज्य और एकात्मक नहीं है, तो भारत कैसे हो सकता है। मार्क्सवादी नज़रिये के मुताबिक़ वर्ग-संबंधों के

कारण ही भारत ऊँचे-नीचे विकास की उलझन का शिकार था जिसका समाधान न उपनिवेशवादी कर पाये और न ही आज़ाद भारत के हुक्मरान। इसी टेक पर सत्तर और अस्सी के दशक में मार्क्सवादी इतिहास-लेखन ने अपनी आवाज़ उठायी। इसके कुछ बाद में सामने आया वैश्विक इतिहास का परिप्रेक्ष्य भी काफ़ी-कुछ मार्क्सवादियों के तर्ज़ पर ही भारत को समझने की चेष्टा कर रहा था। दोनों प्रवृत्तियाँ विश्व-इतिहास में हो रहे संक्रमण के आईने में भारत को देखना चाहती थीं और दोनों का ज़ोर राजनीतिक अर्थशास्त्र पर था। भारत की उत्पादन प्रणालियों और राजनीतिक नियंत्रण की व्याख्या करके ये इतिहासकार उसकी वह हैसियत उभारना चाहते थे जो उसे तीसरी दुनिया का सदस्य बनाती थी।

मार्क्सवादी इतिहासकारों ने इण्डोलॅजी या भारतविद्या के अनुशासन और दक्षिण एशियाई एरिया स्टडीज़ को भी आड़े हाथों लेते हुए कहा कि इन उद्यमों के फलस्वरूप रचा गया वर्गेतर इतिहास उत्पीड़ितों के इतिहास को पृष्ठभूमि में धकेल देता है और टकराव के ऊपर सहमति को प्राथमिकता देने में यक़ीन करता है। इस विचार के तहत जो इतिहास लिखा गया वह वर्गों का था। यह मार्क्स के भारत संबंधी लेखन से भी बहस करता था, और इसके कारण अविभाज्य भारत नामक शै की तस्वीर में भी दरारें पड़ जाती थीं। प्रभुत्व की आलोचना करने वाला, विद्रोहों और आंदोलनों का समर्थन करने वाला इतिहास लिखते हुए मार्क्सवादी दूसरे इतिहासों के पूर्वग्रहों की शिनाख़्त करने लगे और अपने पूर्वग्रह को उन्होंने यथार्थ के सर्वाधिक नज़दीक बताया। प्राचीन काल से चली आ रही समरूप भारतीय सभ्यता के आग्रह के मुक़ाबले इन इतिहासकारों ने विविधता, परिवर्तन और प्रतिरोध को रेखांकित किया। दामोदर धर्मानंद कोसम्बी, रोमिला थापर, डी.एन. झा और राम शरण शर्मा ने प्राचीन भारत के अपने बेमिसाल अध्ययनों से इस प्रकार के इतिहास-लेखन को काफ़ी समृद्ध किया। पूरन चंद जोशी द्वारा 1857 के विद्रोह को एक लोकप्रिय क्रांतिकारी आंदोलन के रूप में पेश करने का उद्यम किया गया। ए.आर. देसाई और डी.एन. धनगरे किसान संघर्षों को प्रमुखता देने वाली रचनाएँ लेकर सामने आये। इरफ़ान हबीब ने मुग़लकालीन भारत की खेतिहर प्रणाली का इतिहास लिखते हुए तर्क दिया कि स्थानीय स्तर पर होने वाले विद्रोहों के कारण अट्ठारहवीं सदी में मुग़ल साम्राज्य लकवाग्रस्त हो गया था।

चूँकि यह जाँच-पड़ताल उत्पादन की विधियों में होने वाले बदलावों को केंद्र बना कर की जा रही थी, इसलिए सारे ऐतिहासिक आख्यान पूँजीवाद की तरफ़ बढ़ने वाले क़दमों के संदर्भ में तैयार किये जाते थे। ये आख्यान अधिकतर इसी नतीजे पर पहुँचते थे कि पूँजीवादी आधुनिकीकरण की प्रक्रिया बीच में ही गड़बड़ा गयी है। इसी विचार के तहत मार्क्सवादियों ने बंगाल के नवजागरण को आधुनिकीकरण की सफल कोशिश के रूप में देखने से इनकार कर दिया। सुमित सरकार (राममोहन राय ऐंड ब्रेक विद द पास्ट), वरुण डे (द कोलोनियल कंटेक्स्ट ऑफ़ द बंगाल रिनेसाँ) और अशोक सेन (सोसाइटी ऐंड द बिगिनिंग्स ऑफ़ द मॉडर्नाइज़ेशन) की रचनाएँ यह कहती हुई नज़र आयीं कि देशज ज़मीन पर जो बुद्धिवाद विकसित हो रहा था, वह पश्चिमी संसर्ग के कारण परम्परानिष्ठता में पतित हो गया। अगर कोई आधुनिकता थी भी, तो वह औपनिवेशिक आधुनिकता ही थी जिसे नाकाम होना ही था। बंगाल के नवजागरण की यह मार्क्सवादी व्याख्या एक बार फिर भारत के तीसरी दुनियापने को ही प्रमाणित करती नज़र आ रही थी।

वैश्विक इतिहास के दृष्टिकोण से सम्पन्न इतिहासकारों ने अट्ठारहवीं सदी पर ध्यान केंद्रित करके भारत को उन तटीय इलाक़ों के देश के रूप में पेश किया जो बाहर की तरफ़ देख रहे थे। इन तटों के पीछे सामाजिक-राजनीतिक हितों, तिजारती और खेतिहर भारत का सघन संसार था जो तटीय इलाक़ों के साथ कटता-जुड़ता तो रहता था, पर हितों और परिप्रेक्ष्यों की अनेकता किसी भी तरह से एकजुट भारत की तस्वीर पेश नहीं होने देती थी। इसी सदी के उत्तर भारतीय समाज का सी.ए. बायली द्वारा लिखा गया इतिहास इस शैली की सर्वश्रेष्ठ और अत्यंत समृद्ध रचना मानी जाती है। बायली का विवरण बताता है कि अंग्रेज़ प्रौद्योगिकीय श्रेष्ठता के कारण नहीं जीते। आर्थिक संगठन और प्रौद्योगिकी के लिहाज़ से भारत और अंग्रेज़ों के बीच कोई विशेष ऊँच-नीच नहीं थी, पर कुछ ख़ास तरह की सामाजिक, आर्थिक और राजनीतिक परिस्थितियों ने ब्रिटिश साम्राज्य को सम्भव बनाया। बायली का ब्योरा बताता है कि किस तरह उत्तर भारतीय समाज ने अपने कुछ विशिष्ट रुझानों के तहत ईस्ट इण्डिया कम्पनी के साथ अन्योन्यक्रिया की जिसका नतीजा न केवल अंग्रजों के राज्य की स्थापना में निकला, बल्कि उन्नीसवीं सदी के मध्य तक आते-आते एक क्लासिकल क़िस्म का औपनिवेशिक संबंध तैयार हो गया जिसे एक आधुनिक राष्ट्र के उदय की ऐतिहासिक पूर्वपीठिका के रूप में देखा जा सकता है। ज़ाहिर है कि बायली का वृत्तांत जिस भारतीय राष्ट्र का उदय दिखा रहा था वह पहले से मौजूद न हो कर इतिहास की कृति था। बाद में कई मार्क्सवादी इतिहासकारों की रचनाओं ने भी बायली के इस दावे की पुष्टि की।

सबाल्टर्न धारा : प्राच्यवादी, राष्ट्रवादी, उत्तर-राष्ट्रवादी और मार्क्सवादी इतिहास-लेखन में परस्पर भिन्नताएँ होते हुए भी एक बात समान थी कि ये सभी इतिहास किसी न किसी अस्मिता की बुनियाद पर खड़े थे। प्राच्यवादी सभ्यतामूलक अस्मिता की गिरफ़्त में थे। राष्ट्रवादी इतिहासकार समकालीन राष्ट्रवादी विचारधारा के आईने से

बाहर देखने के लिए तैयार नहीं हो सकते थे। उत्तर-राष्ट्रवादियों ने मानवशास्त्र के साथ गठजोड़ करके ख़ुद को जातिगत और सामुदायिक इतिहास और आधुनिकीकरण के लक्ष्य तक सीमित कर लिया था। मार्क्सवादियों का प्रत्येक आख्यान पूँजीवाद के विकास को प्रमाणित या अप्रमाणित करने के मक़सद से तैयार किया जाता था। इन अस्मिताओं से बँध कर इतिहास-लेखन की ये प्रवृत्तियाँ एक सीमा तक ही विविधतामूलक हो सकती थीं। इन तमाम इतिहासों के पास एक औपनिवेशिक, राष्ट्रवादी या मार्क्सवादी प्रयोजनमूलकता थी जिसके आधार पर गढ़ी गयी श्रेणियों से परे जाना इनके बस की बात नहीं थी। अपनी आधारभूत अस्मिताओं में निहित विकल्प की सम्भावनाओं का संधान करना उनके एजेंडे पर नहीं था। एक आधुनिक पूँजीवादी-औपनिवेशिक राष्ट्र के उदय का वास्तविक इतिहास लिखने के लिए इस बुनियादपरस्ती को अस्थिर करके इन सभी श्रेणियों के परे जाने वाली ऐतिहासिक दृष्टि की रचना ज़रूरी थी। 1978 में प्रकाशित एडवर्ड विलियम सईद की कृति *ओरिएंटलिज़्म* ने इस नयी दृष्टि के लिए रास्ता साफ़ किया। अस्सी के दशक में एक नया पद प्रचलित हुआ जिसे एंटोनियो ग्राम्शी के तर्ज़ पर सबाल्टर्न या निम्नवर्गीय इतिहास कहा गया।

तीसरी दुनिया के इतिहास-लेखन की विधा में अन्यतम समझे जाने वाले इस योगदान का श्रेय कुछ ऐसे समाजवैज्ञानिकों को जाता है जिन्होंने अपनी यात्रा मार्क्सवाद से शुरू की थी। भारत, ब्रिटेन और ऑस्ट्रेलिया के बीच बिखरे हुए इन असंतुष्ट मार्क्सवादियों ने सबाल्टर्न स्टडीज़ के रूप में अपनी कृतियों की श्रृंखला प्रकाशित करनी शुरू की। ये इतिहासकार अंग्रेज़ों के ख़िलाफ़ होने वाले सभी विद्रोहों को राष्ट्रीय चेतना की मंज़िल की तरफ़ ले जाने वाला मानने के लिए तैयार नहीं थे। न ही उन्हें हर ऐतिहासिक आख्यान में वर्ग चेतना की सम्पूर्णता उपलब्ध होती हुई दिखाई पड़ती थी। उन्होंने वर्ग की जगह अपना रवैया सबाल्टर्नीयता की अवधारणा के इर्द-गिर्द बुना। सबाल्टर्नीयता के माध्यम से उन्होंने भाषाई, आर्थिक, सामाजिक और सांस्कृतिक मुक़ामों पर सत्ता संबंधों की जाँच-पड़ताल की। इतिहास-लेखन की इस शैली का परिणाम यह हुआ कि सभ्यता, राष्ट्र, व्यक्ति, समुदाय और वर्ग की पूर्व-स्थापित श्रेणियाँ गड़बड़ा गयीं। सबाल्टर्न सीरीज़ के सम्पादक रणजीत गुहा ने 1983 में प्रकाशित *एलीमेंटरी आस्पेक्ट्स ऑफ़ पीज़ेंट इंसर्जेंसी इन कोलोनियल इण्डिया* में इन नयी विधा का बेहतरीन प्रतिपादन किया। रणजीत गुहा ने निम्नवर्ग के इतिहास को औपनिवेशिक, राष्ट्रवादी या अन्य अभिजनों की छाया से निकाल कर उसे अपने क़िस्म की राजनीतिक चेतना से सम्पन्न क़रार दिया। रणजीत गुहा इस थियरी के आदिगुरु की हैसियत प्राप्त कर चुके हैं। पार्थ चटर्जी, ज्ञानेंद्र पांडेय, शाहिद अमीन, दीपेश चक्रवर्ती, गौतम भद्र, अजय सरकारिया और शैल मायाराम जैसे प्रमुख हस्ताक्षरों के रूप में इस परियोजना में भारतीय इतिहासकारों की भागीदारी विशेष तौर से उल्लेखनीय है।

चूँकि सबाल्टर्न प्रोजेक्ट में अस्मिताएँ विभेदीकरण पर निर्भर थीं, इसलिए स्वायत्त और सम्प्रभु आत्मपरकता का विखण्डन उसके लिए ज़रूरी था। ज़ाहिर है इस बौद्धिक परियोजना ने फ्रांसीसी और सोवियत संरचनावाद से प्रभाव ग्रहण किया। अमेरिका में उत्तर-संरचनावाद के उभार ने इतिहास-लेखन की सबाल्टर्न पद्धति को विश्वस्तर पर मान्यता दिलायी। सबाल्टर्न स्टडीज़ ने हर मुक़ाम पर एक भिन्नता उपलब्ध की। उसने औपनिवेशिक प्रभुत्व के ख़िलाफ़ होने वाले संघर्षों का आख्यान इस तर्ज़ पर रचा कि राष्ट्रवादी अस्मिता के नीचे दब जाने वाले विभेद उभर आये और सत्ता संबंध स्पष्ट हो गये। अपराधी कही जाने वाली जनजातियों के इतिहास में उतरते हुए उन्होंने बताया कि उन्हें जरायमपेशा घोषित करने के पीछे असली कारण क्या थे। सती की परिघटना से संबंधित शोध के दौरान उन्होंने दिखाया कि समाज सुधार मुहिमों की प्रक्रिया में किस तरह जेंडरीकृत विचारों का सूत्रीकरण हुआ जिनका इस्तेमाल अंग्रेज़ हुक्मरानों और सती को प्रश्नांकित करने वाले समाज सुधारकों द्वारा किया गया।

अतीत की जिन घटनाओं पर स्वीकारात्मक मुहर लग चुकी थी, उन्हें इस इतिहास ने फिर से कुरेदा। सबाल्टर्न के पैरोकारों ने दिखाया कि भारत बनाम ब्रिटेन, अपराध बनाम क़ानून-व्यवस्था, परम्परा बनाम आधुनिक, सेकुलर बनाम धार्मिक, वर्गचेतना बनाम सामुदायिक चेतना, भौतिकवाद बनाम अध्यात्मवाद, प्रतिक्रियावादी बनाम प्रगतिशील, स्त्री की अधीनस्थता बनाम स्त्री की मुक्ति के द्विभाजनों को स्थापित करने की प्रक्रिया में इतिहास-लेखन क्या-क्या छिपा ले गया और कौन-कौन से पहलुओं पर कम ज़ोर दिया गया।

दिलचस्प बात यह है कि सबाल्टर्न में अंतर्निहित अवधारणा एक जगह नहीं रुकी। उसका लगातार विकास होता रहा। उसने शुरुआत मार्क्सवाद और उत्तर-संरचनावाद के संश्रय से की थी। गायत्री चक्रवर्ती स्पिवाक के ज़रिये उसके साथ उसके साथ नारीवाद भी जुड़ा। रणजीत गुहा और स्पिवाक ने मिल कर सबाल्टर्न सीरीज़ की एक कड़ी सम्पादित की जिसमें फ़ूको के विचारों के साथ उनका ताल्लुक़ स्पष्ट रूप से सामने आता है। कुल मिला कर सबाल्टर्न पद्धति इतिहास-लेखन के बेहद नफ़ीस सिद्धांत के रूप में विकसित हो चुकी है।

देखें : आनंद केंटिश कुमारस्वामी, आर्य-अवधारणा, आर्थर लेवेलिन

बाशम, एडवर्ड विलियम सईद, काशी प्रसाद जायसवाल, बिपन चंद्र-1 और 2, दामोदर धर्मानंद कोसम्बी-1 और 2, प्राच्यवाद, रमेश चंद्र दत्त, रमेश चंद्र मजूमदार, रणजीत गुहा, रामकृष्ण गोपाल भण्डारकर, राम शरण शर्मा, रोमिला थापर, वासुदेव शरण अग्रवाल, पांडुरंग वामन काणे, विश्वनाथ काशीनाथ राजवाड़े-1 और 2, सखाराम गणेश देउस्कर, सामंतवाद : एक बहस।

संदर्भ

1. डी.डी. कोसम्बी (1965), *कल्चर ऐंड सिविलाइज़ेशन ऑफ़ एंशिएंट इण्डिया इन हिस्टोरिकल आउटलाइन,* रॉटलेज ऐंड कीगन पाल, लंदन.
2. इरफ़ान हबीब (1962), *द एग्रेरियन सिस्टम ऑफ़ मुग़ल इण्डिया,* एशिया पब्लिशिंग हाउस, लंदन.
3. वी.सी. जोशी (सम्पा.) (1975), *राममोहन राय ऐंड द प्रोसेस ऑफ़ मॉडर्नाइज़ेशन इन इण्डिया,* विकास, नयी दिल्ली.
3. ज्ञान प्रकाश (1990), 'राइटिंग पोस्ट-ओरिएंटलिस्ट हिस्ट्रीज़ ऑफ़ थर्ड वर्ल्ड : पर्सपेक्टिव फ़्रॉम हिस्टोरियोग्राफ़ी', *कम्परेटिव स्टडीज़ इन सोसाइटी ऐंड हिस्ट्री,* खण्ड 32, अंक 2.
4. रणजीत गुहा (1983), *एलीमेंटरी आस्पेक्ट्स ऑफ़ पीज़ेंट इंसर्जेंसी इन कोलोनियल इण्डिया,* ऑक्सफ़र्ड युनिवर्सिटी प्रेस, नयी दिल्ली.
5. गायत्री चक्रवर्ती स्पिवाक (1988), 'कैन सबाल्टर्न स्पीक?', कैरी नेल्सन और लैरी ग्रोसबर्ग (सम्पा.), *मार्क्सिज़्म ऐंड इंटरप्रिटेशन ऑफ़ कल्चर,* युनिवर्सिटी ऑफ़ इलिनॉय प्रेस, अरबाना ऐंड शिकागो.
6. रणजीत गुहा (सम्पा.) (182-85), *सबाल्टर्न स्टडीज़,* खण्ड 1-5, ऑक्सफ़र्ड युनिवर्सिटी प्रेस, नयी दिल्ली.

— अभय कुमार दुबे

भारतीय इसलाम

(Indian Islam)

भारतीय इसलाम की अवधारणा दो विरोधाभासी प्रवृत्तियाँ उजागर करती है। पहली है भारत को केंद्र में रख कर इसलाम को देखना, और दूसरी है इसलाम की पृष्ठभूमि में भारत के मायने तलाशना। इन दो विरोधाभासी रुझानों ने ही भारतीय इसलाम को अकादमिक और राजनीतिक विमर्श के तौर पर स्थापित किया है। पहली प्रवृत्ति इसलाम की सार्वभौमिकता को विशिष्ट संदर्भ में समेटते हुए उसे एक सांस्कृतिक आधार देती है। इससे इसलाम का एक ख़ास भारतीय चेहरा प्रकट होता है जो इसलाम के अन्य भौगोलिक सांस्कृतिक चेहरों के साथ मिलकर ग्लोबल इसलाम की रंगीन तस्वीर पेश करता है। इसके बरक्स दूसरी प्रवृत्ति के तहत ऐसा लगता है कि मानो इसलाम की सार्वभौमिकता संदर्भ और काल जैसी श्रेणियों से कहीं ऊपर उठ कर एक ऐसे क्षेत्र का निर्माण कर रही हो जिसमें 'भारत' नाम का तत्त्व पूरी तरह विलीन हो गया है। यह प्रवृत्ति बताती है कि दरअसल इसलाम एक ऐसी सम्पूर्णता है जिसमें संस्कृति, जाति और वर्ग जैसी विभिन्नताएँ संदर्भों से विमुक्त होकर पूरी तरह समा जाती हैं।

एक पद के रूप में भारतीय इसलाम का उदय उपनिवेशवाद के ज़माने में हुआ था। इसका सीधा कारण यह था कि ब्रिटिश औपनिवेशिक विमर्श के लिए 'इसलाम' और 'भारत' दो बिल्कुल विपरीत चीज़ें थी। ब्रिटिश और अगर व्यापक तौर पर कहें तो युरोपीय औपनिवेशिक ताक़तें इसलाम से सीधे तौर पर परिचित थीं। उनके लिए इसलाम एक राजनीतिक चुनौती रह चुका था और उनके अपने उदीयमान आधुनिक विमर्श में इसलाम और ईसाइयत संगठित राजनीतिक श्रेणियाँ थी। इसके बिल्कुल विपरीत भारत एक ऐसी विचित्र राजनीतिक इकाई था जहाँ धर्म और राजनीति का न तो मध्यकालीन युरोपीय मॉडल लागू हो सकता था और न ही ख़लीफ़ा शासित ऑटोमन साम्राज्य का मॉडल। यहाँ धर्म और राजनीति आपस में मिले होकर भी सामाजिक संरचनाओं, विशेषकर जाति संरचनाओं, से संचालित होते थे। ऐसे में इसलाम के अनुयायियों और मुसलमान शासकों के बीच एक ख़ास अंतर था। यह उतना ही बड़ा अंतर था जितना ग़ैर-मुसलमान जातियों और मुसलमान शासकों के बीच। सुदीप्त कविराज के शब्दों में कहें तो 'भारत' नाम के तत्त्व का निर्माण औपनिवेशिक विमर्श ने कुछ इस प्रकार किया कि समुदाय-रचना के सिद्धांत बिल्कुल बदल गये। कविराज बताते हैं कि प्राक्-औपनिवेशिक संदर्भ में समुदायों की बनावट और समुदाय की अपनी छवि दो तरह से अस्पष्ट थी। पहला, जाति, गाँव और धर्म की जटिल पहचानों के बीच सीधी अवधारणात्मक रेखाएँ नहीं थीं। ऐसे में व्यक्ति की पहचान इन सब पहचानों का एक ऐसा समुच्चय था जिसे तोड़ कर नहीं देखा जा सकता था। दूसरे, उस समय तक समुदायों की गणना नहीं हुई थी। ऐसे में किस समुदाय के कितने सदस्य हैं, या कौन सा समुदाय बहुसंख्यक है या अल्पसंख्यक, तय नहीं हुआ था। परिणामस्वरूप समुदायों के बीच के रिश्ते व्यावहारिक थे और आपसी समझ और विवादों का क्षेत्र भी अत्यंत सीमित था। लेकिन ब्रिटिश उपनिवेशवाद ने इन संरचनाओं को नयी श्रेणियों में विभाजित कर दिया। समुदायों की धर्म और जाति के आधार पर गिनती ने उन्हें तयशुदा और बंद पहचानें दीं और इस तरह भारतीय मुसलमान नामक श्रेणी का जन्म हुआ। साथ ही यह भी पता लगा कि दरअसल भारतीय मुसलमान इस देश के अल्पसंख्यक हैं। मुसलमानों का भारत में आना, उनके द्वारा स्थापित शासन पद्धतियाँ, उनके मज़हब, रीति-रिवाज़ और उनके भारत के बाहर मौजूद इसलामिक विमर्श से भारतीय

समाज का संबंध एक राजनीतिक प्रश्न बन गया। भारतीय इसलाम का अकादमिक विमर्श भी इन्हीं प्रश्नों से जुड़ता रहा है। दिलचस्प यह है कि इस सतत प्रयास ने जिस साहित्य की रचना की है वह अत्यंत रोचक ही नहीं है, बल्कि ग्लोबल इसलाम के विमर्श को एक नयी दिशा भी देता है।

यदि औपनिवेशिक भारत पर नज़र डाले तो अमीर अली की कुछ महत्त्वपूर्ण कृतियाँ नज़र आती हैं जिनका मूल उद्देश्य ब्रिटिश सरकार और अंग्रेज़ अभिजन को इसलाम के मूल सिद्धान्तों से परिचित कराना है। इन पुस्तकों में 1847 की *अ शॉर्ट हिस्ट्री ऑफ़ क़ारसेंस* और 1890 की द *लाइफ़ ऑफ़ मुहम्मद* उल्लेखनीय है। ये पुस्तकें भारतीय इसलाम को इसलाम के व्यापक इतिहास में रख कर देखती हैं। यही कारण है कि भारत में मुसलमान शासन का हवाला इन कृतियों में यदा-कदा ही मिलता है।

यही प्रवृत्ति आगे चलकर मुहम्मद इक़बाल के लेखन में भी मिलती है। हालाँकि इक़बाल की शायरी में भारत एक महत्त्वपूर्ण स्थान रखता है, परन्तु 1930 में प्रकाशित उनकी दार्शनिक कृति *रिकंस्ट्रक्शन ऑफ़ रिलीजस थॉट इन इसलाम* एक ऐसी धार्मिक संस्कृति का तर्क स्थापित करती है जिसकी रोशनी में तमाम मुसलमान को एक इकाई में बदलते दिखते हैं।

मौलाना अबुल क़लाम आज़ाद और व्यापक तौर पर कहें तो जमीयत उलेमा-ए-हिन्द ने इस प्रवृत्ति को एक दूसरी दिशा दी है। आज़ाद के लेखन में भी इसलाम की व्यापकता और राष्ट्रवाद के बीच एक वैचारिक साम्य बैठाने की कोशिश दिखती है। लेकिन राष्ट्रवाद किसी भी तरह भारतीय सामाजिक संरचनाओं में मौजूद इसलामी प्रभावों पर आधारित नहीं हैं। बल्कि इस तरह के लेखन में यह बताया गया है कि दरअसल इसलाम की व्यापकता में राष्ट्रवाद या यूँ कहें कि भारतीय राष्ट्रवाद के लिए एक जगह मौजूद है। मुसलमान और भारत के बीच एक साम्य हो सकता है जिसे आज़ाद की विचारधारा 'दारुल-सुलह' का नाम देती है।

भारतीय इसलाम पर विशुद्ध अकादमिक विमर्श की शुरुआत चालीस और पचास के दशकों से होती है। डब्ल्यू.सी. स्मिथ की कृतियाँ नये सिरे से इसलामी बहुलताओं और मुसलमान राजनीति को देखने की कोशिश करती हैं। 1957 में प्रकाशित स्मिथ की पुस्तक *इसलाम इन मॉडर्न हिस्ट्री* में भारतीय इसलाम की विविधताओं और विशेषताओं का विस्तृत विश्लेषण किया गया है। इसी बहुलता का एक सटीक चित्र अज़ीज़ अहमद के लेखन में मिलता है। अज़ीज़ अहमद की दो पुस्तकें *स्टडीज़ इन इसलामिक कल्चर इन एनवायरनमेंट* (1964) और *इसलामिक मॉडर्निज़म इन इण्डिया ऐंड पाकिस्तान* (1967) दक्षिण एशियाई भारतीय इसलाम का ऐतिहासिक विश्लेषण करती हैं।

इसलामिक बहुलता का समाजशास्त्रीय अध्ययन 1960 के अंतिम वर्षों में प्रारम्भ हुआ। इम्तियाज़ अहमद, त्रिलोकी नाथ मदन एवं पॉल ब्रास ने भारतीय इसलाम की बहस को एक नयी दिशा दी। इम्तियाज़ अहमद ने चार खण्डों के एक ऐसे ग्रंथ का सम्पादन किया जिसने मुसलमानों और इसलाम के विविध स्वरूपों और मुसलमानों के रीति-रिवाज़ों और सामाजिक प्रक्रियाओं का ज़मीनी विश्लेषण पेश किया। ब्रास के काम ने यह साबित किया कि किस प्रकार उर्दू का विमर्श मुसलमान राजनीति का प्रतीकात्मक चिह्न बन गया। मदन ने कश्मीरी इसलाम की पेचीदगियों की एक समाजशास्त्रीय व्याख्या प्रस्तुत की। इन सभी विश्लेषणों ने एक परिपेक्ष्य का निर्माण किया जिसे आत्मसातीकरण की थीसिस कहा जा सकता है।

सत्तर के दशक में इस थीसिस के बरक्स एक नये अकादमीय दृष्टिकोण की शुरुआत हुई। फ्रांसिस रॉबिंसन ने आधुनिक मुसलमान इतिहास का पुनरावलोकन करते हुए बताया कि मुसलमान समुदायों मे इसलाम के प्रति रुझान उनकी राजनीतिक पहचान को निर्धारित करता है। ऐसे में आत्मसातीकरण की थीसिस में निहित बहुलता मुसलमान पृथकतावाद की सही व्याख्या नहीं करती। रॉबिन्सन की इसी परम्परा को फ़रज़ाना शेख़ ने आगे बढ़ाया। शेख़ की पुस्तक *कम्युनिटी ऐंड कम्पर्न इन इसलाम : मुसलमान रिप्रज़ेंटेशन इन कोलोनियल इण्डिया* (1989) मुसलमान प्रतिनिधित्व की पूरी बहस इसलाम को एक राजनीतिक समुदाय के तौर पर स्थापित करती है। रॉबिंसन और शेख़ के आलोचनात्मक ऐतिहासिक विश्लेषणों ने भारतीय इसलाम को जिस परिप्रेक्ष्य से प्रस्तुत किया उसे प्राइमोर्डियल पर्सपेक्टिव या मूलात्मक थीसिस कहा जा सकता है।

भारतीय इसलाम के इन दो परिप्रेक्ष्यों के बीच एक नये मध्यमार्गी विमर्श का जन्म हो रहा है। इसमें इतिहासकार रिचर्ड ईटन, शैल मायाराम और योगिंदर सिकंद के नाम उल्लेखनीय है। ईटन ने मध्यकालीन इसलाम का विश्लेषण करते हुए बताया कि दरअसल भारतीय इसलाम की पहचान परस्पर विपरीत चलने वाली प्रक्रियाओं से तय होती है। एक प्रक्रिया मुसलमान समुदायों को इसलाम के केंद्रों से जोड़ कर स्थानीय सांस्कृतिक समुदायों का इसलामीकरण करती है, वहीं दूसरी प्रक्रिया इसलामी सिद्धांतों को स्थानीय संस्कृतियों की नज़र से परिमार्जित करके उनका स्थानीयकरण करती है। इस तरह मुसलमान 'स्थानीय' होकर भी इसलामिक होते हैं, वहीं इसलाम व्यापक होकर भी मुसलमान स्त्रियों, मुसलमान दलितों और ऐसी जातियों, जिनको इसलाम और हिंदू धर्म जैसी श्रेणियों में नहीं बाँटा जा सकता, का अध्ययन करके भारतीय इसलाम के विमर्श की जटिलता को दर्शाता है।

पिछले डेढ़ दशक से दलित-मुसलमान/पसमंदा मुसलमान परिप्रेक्ष्य को भी इसी श्रेणी में रखा जाना चाहिए, जिसने भारतीय इसलाम की विशिष्ट जातिगतसंरचनाओं को राजनीतिक विमर्श का आधार बनाया है। संक्षेप में कहें तो भारतीय इसलाम एक ऐसे गतिमान विमर्श का नाम है जिस की गति पेंडुलम की तरह है। इस पेंडुलम के एक सिरे पर इसलाम के सिद्धांत हैं, इसलाम के केंद्र हैं और इसलाम की एकरूपता है, वहीं दूसरे सिरे पर मुसलमान संस्कृतियाँ, विविधताएँ और स्थानीयताएँ हैं।

देखें : अल-किंदी, अल-ग़ज़ाली, अबू-अला मौदूदी, इब्न ख़ाल्दून, इब्न-रश्द, प्रारम्भिक इसलाम, जिहाद, दलित-पसमंदा मुसलमान, प्रारंभिक इसलाम, फलसिफ़ा और कलाम, मसजिद, हज़रत मुहम्मद-1 और 2, मुहम्मद अली जिन्ना, मुहम्मद इक़बाल, सैयद अहमद खाँ।

संदर्भ

1. विलफ्रेड कैंटवेल स्मिथ (1961), *मॉडर्न मुसलमान हिस्टोरिकल राइटिंग्ज़ इन इंग्लिश*, सी.एच. फ़िलिप्स (सम्पा.), *हिस्टोरियंस ऑफ़ इण्डिया, पाकिस्तान ऐंड सीलोन*, ऑक्सफ़र्ड युनिवर्सिटी प्रेस, लंदन.
2. अज़ीज़ अहमद (1964), *स्टडीज़ इन इसलामिक कल्चर इन एनवायरनमेंट*, ऑक्सफ़र्ड युनिवर्सिटी प्रेस, ऑक्सफ़र्ड.
3. इम्तियाज़ अहमद (सम्पा.) (1983), *मॉडर्नाइज़ेशन ऐंड सोशल चेंज एमंग मुस्लिम्स इन इण्डिया*, मनोहर, नयी दिल्ली.
4. योगिंदर सिकंद (2004), *मुस्लिम्स सिंस 1947 : इसलामिक पर्सपेक्टिव्ज़ ऑन इंटर-फ़ेथ रिलेशंस*, रॉटलेज क़र्ज़न, लंदन और न्यूयॉर्क.

— हिलाल अहमद

भारतीय उदारतावाद

(Indian Liberalism)

क्या उदारतावाद की कोई भारतीय क़िस्म भी है? यह एक ऐसा प्रश्न है जिसका उत्तर पाने के लिए समाज-विज्ञान की दुनिया लम्बे अरसे से बहस करती रही है। इस विवाद के तीन आयाम हैं : पहला, भारत में उदारतावाद सम्भव ही नहीं है क्योंकि इस यहाँ की परम्परा और संस्कृति के लिए यह एक विजातीय विचार है। दूसरा, भारत में उदारतावाद तो है, पर वह शुरू से ही विकलांगता का शिकार रहा है इसीलिए उदारतावादी लोकतंत्र और उसकी संस्थाएँ हमेशा संकट का शिकार रहती हैं। तीसरा, भारतीय लोकतंत्र, राजनीति और समाज ने उदारतावाद को न केवल सहज रूप से अपनाया है, बल्कि बेहतरीन क़िस्म के नवाचार करते हुए अपनी परिस्थितियों में उसका एक ऐसा अनुवाद कर दिखाया है जिसे भारतीय उदारतावाद की संज्ञा दी जा सकती है।

पहले दोनों आयामों के तर्क थोड़े-बहुत फ़र्क़ के साथ तक़रीबन एक जैसे हैं। इनके अनुसार भारत में उदारतावाद उपयोगितावाद के ज़रिये आया और उसे एक ऐसी अजनबी संस्कृति के खाँचे में फिट किया गया जिसमें व्यक्ति और उसकी स्वायत्तता के विकास के लिए कोई जगह नहीं थी। अगर प्राकृतिक अधिकारों का विचार आधुनिक उदारतावाद के मर्म में है, तो भारतीय राष्ट्रवाद में इसकी अभिव्यक्ति बेहद कमज़ोर है। कांग्रेस का राष्ट्रवाद बीस के दशक से लेकर चालीस के दशक तक जिस तरह की बहसों में फँसा रहा, उनके लिए उदारतावादी प्रतिबद्धताओं की कोई प्रासंगिकता नहीं थी। स्वतंत्रता इस राष्ट्र के लिए व्यक्तिगत अधिकार की तरह न होकर आत्म-निर्णय के सामूहिक अधिकार की तरह सामने आती है। अधिकारों के विमर्श के केंद्र में व्यक्ति न हो कर सामूहिकता और धार्मिक आधारों पर गठित समुदाय हैं। भारत में उदारतावाद की ग़ैर-मौजूदगी या उसकी नैसर्गिक कमज़ोरी को रेखांकित करने वाला यह तर्क समकालीन भारत में होने वाले राजनीतिक संघर्षों, राजनीति करने की भद्दी शैलियों और पश्चिमी लोकतंत्रों की कसौटियों पर खरे न उतर पाने के उदाहरण देता है।

इसके विपरीत भारतीय उदारतावाद के पैरोकार तर्क देते हैं कि इस लोकतंत्र के समकालीन संकट उदारतावाद के लिहाज़ से उसकी कामयाबी की ही देन हैं। उनका दावा है कि भारतीय उदारतावाद का इतिहास उन्नीसवीं सदी की शुरुआत से ही राममोहन राय की गतिविधियों के साथ शुरू हुआ। फिर स्वामी विवेकानंद के ज़रिये हिंदुओं के धार्मिक जीवन में सामाजिक न्याय का परिप्रेक्ष्य जुड़ने से इस दृष्टिकोण को नया आयाम प्राप्त होता है। इसके बाद उदारतावाद के राजनीतिक संस्करण का सफ़र दादाभाई नौरोजी, सुरेंद्रनाथ बनर्जी, फ़ीरोज़शाह मेहता, रानाडे, गोपाल गणेश आगरकर और गोखले से होता हुआ गाँधी तक पहुँचा। बंगाल में भद्रलोक, मद्रास में ब्राह्मण और बाम्बे प्रेसीडेंसी में ब्राह्मणों और प्रभुओं के रूप में इन हस्तियों के नेतृत्व में वह पढ़ा-लिखा सामाजिक वर्ग उभरा जिसकी विचारधारा उदारतावाद थी। पारम्परिक अभिजन और ऊँची जातियों से बने इस वर्ग भारतीय समाज और औपनिवेशिक राज्य की उदार आलोचना करते हुए समाज और राज्य-व्यवस्था के रूपांतरण का ब्लूप्रिंट पेश किया।

यह सही है कि कांग्रेस ने ब्रिटिश उपनिवेशवाद के ख़िलाफ़ संस्थागत प्रतिरोध के बजाय जन-प्रतिरोध की रणनीति अपनायी, लेकिन इसे उदारतावादी रुझानों के ख़िलाफ़ नहीं समझा जाना चाहिए। उदारतावाद दृष्टि रखने

वाले और उदारतावादी राज्य की स्थापना के इच्छुक नेताओं को कई बार अवैध शासन के ख़िलाफ़ हिंसक प्रतिरोध तक आयोजित करने पड़े हैं। अमेरिकी स्वतंत्रता संग्राम और फ्रांसीसी क्रांति के उदाहरण इसके सबूत हैं। यह भी सही है कि भारत में उदारतावाद का आगमन विचारधारात्मक शिक्षा की मानक प्रक्रियाओं के तहत नहीं हुआ, पर यह अंग्रेज़ों द्वारा बनायी गयी संस्थाओं और शासन की प्रौद्योगिकियों के साथ जुड़े हुए आचरणों में निहित द्वंद्वात्मकता से उद्भूत हुआ। अंग्रेज़ों ने अपनी सुविधाओं के लिए जो कुछ किया (रेलवे, डाक-तार और आधुनिक शिक्षा आदि), वह समय के साथ उपनिवेशवाद विरोधी चेतना की संरचना में सहायक होता चला गया। इसी तरह उपयोगितावाद में निहित सामूहिकता के प्रति आग्रहों ने भी उदारतावाद के लिए ज़मीन तैयार की। इस सामूहिकतावाद ने भारतीय परम्परा द्वारा स्थापित विषमतामूलक सामूहिकता को अस्थिर किया। उसने सुख और ख़ुशहाली पर बल दिया और कष्टभोगी रवैये को श्रेयस्कर मानने के नज़रिये का खण्डन किया। सामाजिक दर्जे या किसी तत्त्वमीमांसक आग्रह के तहत कामनाओं का दमन करने की प्रवृत्तियों को भी उपयोगितावाद के कारण चुनौती मिली।

जहाँ तक अधिकारों के विमर्श का सवाल है, भारतीय संविधान में दर्ज मूलाधिकारों वाले हिस्से में नागरिक स्वतंत्रताएँ न केवल व्यक्ति के स्तर पर ही प्रदान की गयी हैं, बल्कि वह इन मूल्यों के प्रश्न पर कोई समझौता करने के लिए तैयार नहीं है। उदारतावादी न्याय की संकल्पना संविधान प्रदत्त आरक्षण के प्रावधानों में देखी जा सकती है। यह कार्यक्रम भारतीय समाज रचना में अंतर्निहित मूलभूत विषमताओं को दुरुस्त करने के लिए संस्थागत रूप से तैयार किया गया है। अगर संविधान केवल वोट और समानता का अधिकार देता, तो एक सार्थक और प्रभावी राजनीतिक-सामाजिक समानता की तरफ़ क़दम नहीं बढ़ाये जा सकते थे। इन उपायों को अनुसूचित जातियों, जनजातियों और पिछड़े वर्गों को भविष्य में अवसरों की समानता उपलब्ध करने के उदारतावादी क़दम के रूप में परिभाषित किया जा सकता है।

इसी तरह से भारतीय उदारतावाद के पैरोकार आत्म-निर्णय के सामूहिक अधिकार और स्वतंत्रता के व्यक्तिगत अधिकार को भी एक-दूसरे की एंटीथीसिस के रूप में देखने के लिए तैयार नहीं हैं। उनकी दलील है कि कुछ अधिकार अपनी बुनियादी प्रवृत्तियों में सामूहिक ही होते हैं, जैसे आत्म-निर्णय का अधिकार और अन्य सांस्कृतिक समुदायों की तरफ़ से आने वाले ख़तरे के मुक़ाबले अपने सांस्कृतिक समुदाय की हिफ़ाज़त करने का अधिकार। स्थिति यह है कि पारम्परिक भारतीय समाज और शहरी मध्यवर्गीय भारत में पिछली एक सदी से लगातार परम्परागत समुदायवादी और आधुनिक व्यक्तिवादी रुझानों का सामंजस्य निकालने की कोशिश चल रही है। इसलिए यह मान लेना ग़लत होगा कि समुदायवाद ने व्यक्तिवाद को परास्त कर दिया है।

समूहगत अधिकारों के प्रश्न पर कहा जा सकता है कि यह सामुदायगत समतामूलकता क़ायम करने की कोशिश है। क्लासिकल उदारतावाद व्यक्ति के स्तर पर समतामूलकता की वकालत करता है, पर इस भारतीय नवाचार का मक़सद समुदायों को एक-दूसरे के समकक्ष लाने का है ताकि समुदायों के बीच का ऊँच-नीच ख़त्म की जा सके। चूँकि समुदायों के बीच के विभेद ख़त्म नहीं किये जा सकते, इसलिए बेहतर यही होगा कि सांस्कृतिक समुदायों को एक-दूसरे का सम्मान करने और सहअस्तित्व में रहने की परिस्थितियाँ मुहैया करायी जाएँ। इसके पीछे यह मान्यता भी निहित है कि सांस्कृतिक रूप से तटस्थ और सिर्फ़ अपनी इयत्ता के आधार पर गतिविधियाँ करने वाले व्यक्तियों का समाज बनाना असम्भव है। भारतीय उदारतावाद के इस विशिष्ट पहलू को समझने के लिए बहुमत-अल्पमत की सैद्धांतिक संकल्पना पर ग़ौर करना उपयोगी हो सकता है। इसी तरह सेकुलरवाद की विशिष्ट भारतीय संरचना की समझ भी भारतीय उदारतावाद के नवाचारों पर रोशनी डाल सकती है। सार्विक मताधिकार के सांविधिक आग्रह की भूमिका भी इस सिलसिले में अहम है। आधुनिकता, आधुनिकीकरण और भारतीय उदारतावाद को संसाधित करने के संदर्भ में भारतीय राष्ट्रवाद की विकास-प्रक्रिया पर रोशनी डालना भी आवश्यक है।

देखें : अनुसूचित जातियाँ, अनुसूचित जनजातियाँ, अन्य पिछड़े वर्ग, आरक्षण, आधुनिकता, अरविंद घोष, आधुनिकीकरण, कन्हैयालाल माणिकलाल मुंशी, जवाहरलाल नेहरू, जातियों का राजनीतिकरकरण, धीरूभाई शेठ, पार्थ चटर्जी, बंगाल का नवजागरण, भारतीय अभिजन, भारतीय आधुनिकता, भारतीय इसलाम, भारतीय डायसपोरा, भारत में उपनिवेशवाद, भारतीय नवजागरण : तुलनात्मक परिप्रेक्ष्य, भारत में नियोजन, भारत में प्रातिनिधिक प्रणाली, भारत में पृथकतावादी राजनीति, भारत में मतदान-व्यवहार-1 से 6 तक, भारत में सामाजिक आंदोलन, भारतीय राज्य, भारतीय राष्ट्रवाद, भारतीय लोकतंत्र, भारतीय लोकतंत्र का संस्थानीकरण-1 से 3 तक, भारतीय स्वभाव और राजनीति, भारतीय संविधान-1 से 8 तक, भारतीय सामाजिक आंदोलन, भीमराव रामजी आम्बेडकर, रजनी कोठारी, राज्य, राज्य की मार्क्सवादी अवधारणा, राजा राममोहन राय, विवेकानंद, विनायक दामोदर सावरकर, सुदीप्त कविराज, संविधान सभा में भाषा-विवाद-1 से 3 तक, सामाजिक आंदोलन।

संदर्भ

1. के.एम. पनिक्कर (1962), *इन डिफ़ेंस ऑफ़ लिबरलिज़्म,* एशिया पब्लिशिंग हाउस, बम्बई.
2. राजीव भार्गव (2000), 'डेमॉक्रैटिक विज़न ऑफ़ अ न्यू

रिपब्लिक', फ्रांसिस आर. फ्रेंकेल वग़ैरह (सम्पा.), *ट्रांसफ़ॉर्मिंग इण्डिया : सोशल ऐंड पॉलिटिकल डायनामिक्स ऑफ़ डेमॉक्रैसी,* ऑक्सफ़र्ड युनिवर्सिटी प्रेस, नयी दिल्ली.

3. सुनील खिलनानी (1999), *भारतनामा,* अनु. : अभय कुमार दुबे, राजकमल, नयी दिल्ली.
4. बी. शिवा राव (1867), *द फ्रेमिंग ऑफ़ द कांस्टीट्यूशन : सिलेक्ट डॉक्यूमेंट्स,* खण्ड 1 और 2, नयी दिल्ली, आईआईपीए.

— अभय कुमार दुबे

भारतीय कम्युनिस्ट पार्टी

(Communist Party of India)

भारतीय कम्युनिस्ट पार्टी (भाकपा) भारत की सबसे पुरानी कम्युनिस्ट पार्टी है। चुनाव आयोग द्वारा इसे राष्ट्रीय दल के रूप में मान्यता प्राप्त है। कम्युनिस्ट आंदोलन में भाकपा की स्थापना तिथि को लेकर कुछ विवाद है। ख़ुद भाकपा का मानना है कि उसका गठन 25 दिसम्बर, 1925 को कानपुर में हुई पार्टी कांग्रेस में हुआ था। लेकिन मार्क्सवादी कम्युनिस्ट पार्टी, जो 1964 में हुए पार्टी-विभाजन के बाद बनी थी, का मानना है कि पार्टी का गठन 1920 में हुआ था। माकपा के दावे के अनुसार भारत की इस सबसे पुरानी कम्युनिस्ट पार्टी का गठन 17 अक्टूबर, 1920 को कम्युनिस्ट इंटरनैशनल की दूसरी कांग्रेस के तुरंत बाद हुआ था। बहरहाल, यह कहा जा सकता है कि 1920 से ही पार्टी के गठन की प्रक्रिया चल रही थी और इस संबंध में कई समूह भी उभर कर सामने आये थे। लेकिन औपचारिक रूप से 1925 में ही पार्टी का गठन हुआ। इसके शुरुआती नेताओं में मानवेंद्र नाथ राय, अबनी मुखर्जी, मोहम्मद अली और शफ़ीक़ सिद्दीकी आदि प्रमुख थे।

शुरुआती दौर में पार्टी की जड़ें मज़बूत करने की कोशिश में एम.एन. राय ने देश के दूसरे हिस्सों में सक्रिय कम्युनिस्ट समूहों से सम्पर्क किया। देश के कई शहरों में छोटे-छोटे कम्यूनिस्ट समूह थे, लेकिन ये सभी भाकपा का अंग नहीं बने। 1920 और 1930 के दशक के दौरान पार्टी का संगठन कमज़ोर हालत में रहा। भाकपा के औपचारिक रूप से गठन होने से पहले ही अंग्रेजों ने कई सक्रिय कम्युनिस्टों के ख़िलाफ़ कानपुर बोल्शेविक षड़यंत्र के अंतर्गत मुक़दमा दायर कर दिया था। एम.एन. राय, एस.ए. डांगे सहित कई कम्युनिस्टों पर राजद्रोह के आरोप लगाये गये। इससे कम्युनिस्ट चर्चित हो गये और पहली बार भारत में आम लोगों को इनके बारे में पता चला। 20 मार्च, 1929 को भाकपा से जुड़े बहुत से महत्त्वपूर्ण नेताओं को मेरठ षड़यंत्र केस में गिरफ़्तार कर लिया गया। नतीजे के तौर पर पार्टी नेतृत्वविहीन हो गयी।

1933 में प्रमुख नेताओं के मेरठ षड़यंत्र केस से रिहा होने के बाद पार्टी का पुनर्गठन किया गया। इसकी केंद्रीय समिति बनी और 1934 में इसे कम्युनिस्ट इंटरनैशनल के भारतीय भाग के रूप में स्वीकार किया गया। 1934 में कांग्रेस के भीतर वामपंथी रुझान रखने वाले नेताओं ने कांग्रेस सोशलिस्ट पार्टी (सीएसपी) का गठन किया। इसके गठन के समय भाकपा के नेताओं ने इसे सामाजिक फ़ासीवाद की संज्ञा दी। लेकिन कॉमिन्टर्न द्वारा उपनिवेशों में भारतीय राष्ट्रीय कांग्रेस जैसे दलों के प्रति दृष्टिकोण बदलने से भाकपा के कांग्रेस के प्रति दृष्टिकोण में भी बदलाव आया। अब भाकपा कांग्रेस की राजनीति को प्रगतिशील मानने लगी। इसके सदस्यों ने कांग्रेस की वामपंथी धारा अर्थात् सीएसपी की सदस्यता ग्रहण की। 1936-1937 के दौरान सोशलिस्टों और कम्युनिस्टों के बीच में आपसी सहयोग काफ़ी बढ़ गया। जनवरी 1936 में सीएसपी की दूसरी कांग्रेस में यह थीसिस स्वीकार की गयी कि मार्क्सवाद-लेनिनवाद के आधार पर एक संयुक्त भारतीय सोशलिस्ट पार्टी की स्थापना की आवश्यकता है। इसी तरह, सीएसपी की तीसरी कांग्रेस के बाद बनी राष्ट्रीय कार्यकारणी समिति में कई कम्युनिस्टों को शामिल किया गया।

बहरहाल, यह नज़दीकी लम्बे समय तक नहीं चल पायी। 1940 में कांग्रेस के रामगढ़ अधिवेशन में भाकपा ने *प्रॉलिटेरियन पथ* शीर्षक से एक दस्तावेज़ जारी किया। इसमें युद्ध के कारण औपनिवेशिक राज्य की कमज़ोर हालत का हवाला देते हुए उसके ख़िलाफ़ सशस्त्र आंदोलन छेड़ने की बात की। भाकपा की इस इकतरफ़ा घोषणा से नाराज़ होकर सीएसपी ने कम्युनिस्ट सदस्यों को अपनी पार्टी से बाहर कर दिया। इस बीच, द्वितीय विश्व-युद्ध में सोवियत यूनियन और ब्रिटेन के संबंधों के अच्छे होने के कारण जुलाई,1942 में इस पर लगी पाबंदी हटा दी गयी। इसने कांग्रेस की उपनिवेशवाद विरोधी रणनीति का विरोध करना शुरू कर दिया। इसने 1942 के भारत छोड़ो आंदोलन की आलोचना की और सुभाष चंद्र बोस की तीखी निंदा की। इस दौर में भाकपा की एक महत्त्वपूर्ण उपलब्धि यह भी रही कि उसने कांग्रेस के मजदूर संगठन आल इण्डिया ट्रेड यूनियन कांग्रेस पर अपना वर्चस्व क़ायम कर लिया। भाकपा ने 1946 में हुए प्रांतीय चुनावों में भागीदारी की लेकिन इसे पूरे देश के 1585 प्रांतीय विधानसभा की सीटों में से कुल आठ सीटों पर जीत मिली।

अपने गठन के बाद से देश की आज़ादी तक भाकपा

की राजनीति में कई उतार-चढ़ाव आये। इसने एक समय कांग्रेस और महात्मा गाँधी को प्रतिक्रियावादी की संज्ञा दी। फिर उनके साथ मिलकर काम भी किया और दुबारा उनसे अलग होकर उनकी राजनीति का विरोध किया। यह विरोध इस सीमा तक पहुँच गया कि उन्होंने भारत छोड़ो आंदोलन के समय ब्रिटिश शासन का समर्थन कर डाला। इसके पीछे एक मुख्य कारण यह भी था कि भाकपा की राजनीति में भारतीय परिस्थितियों को कम अहमियत दी जाती थी। अधिकांश मौक़ों पर कम्युनिस्ट इंटरनैशनल या सोवियत यूनियन के निर्देशों ने पार्टी की रणनीति तय करने का काम किया। इसी कारण कई बार इसकी रणनीतियाँ उल्टी दिशा में आगे बढ़ीं।

श्रीपाद अमृत डांगे (1899-1991)

इन गड़बड़ियों के बावजूद कांग्रेस के मज़दूर संगठन और देश के कुछ भागों में इसकी स्थिति काफ़ी मज़बूत हो गयी थी। बंगाल में हुए तेभागा आंदोलन और आंध्र में हुए तेलंगाना आंदोलन में भी कम्युनिस्टों ने महत्त्वपूर्ण भूमिका निभायी। 1946 में हुए तेभागा आंदोलन में बंगाल के जोतदारों ने इस बात के लिए संघर्ष किया कि उनके पास अपनी खेती के उत्पाद का दो-तिहाई भाग होना चाहिए। इस आंदोलन में भाकपा के किसान मोर्चे किसान सभा ने महत्त्वपूर्ण भूमिका निभायी। कुछ जगहों पर यह आंदोलन हिंसक भी हो गया। आंदोलन सफल रहा और राज्य की मुसलिम लीग सरकार ने यह क़ानून बनाया कि जमींदारों को कुल उत्पाद के एक-तिहाई से ज़्यादा हिस्सा नहीं दिया जाएगा। लेकिन यह क़ानून सही तरीक़े से लागू नहीं हुआ।

तेलंगाना आंदोलन हैदराबाद रजवाड़े में हुआ। यहाँ आंध्र महासभा के बैनर तले हैदराबाद के निज़ाम के ख़िलाफ़ पहले ही आंदोलन चल रहा था। आंध्र महासभा में कम्युनिस्टों की अच्छी-ख़ासी उपस्थिति थी। इन्होंने किसानों को निज़ाम और स्थानीय ज़मींदारों (जिन्हें देशमुख के नाम से जाना जाता था) के ख़िलाफ़ जागरूक बनाया। नालगोंडा, वारंगल और खम्मम जिलों में किसानों ने क़र्ज़ माफ़ी, बंधुआ मज़दूरी ख़त्म करने और भूमि पुनर्वितरण के लिए आंदोलन चलाया। यह आंदोलन 1945 में शुरू हुआ और 1946 आते-आते इसने काफ़ी ज़ोर पकड़ लिया। निज़ाम की सेनाओं और ज़मींदारों के लठैतों ने इसका क्रूरता से दमन किया। हज़ारों किसानों की हत्या कर दी गयी। लेकिन किसानों के सशस्त्र दस्तों ने जम कर इस दमन का मुक़ाबला किया। इन दस्तों का बहुत से गाँवों पर नियंत्रण हो गया और उन्होंने वहाँ भूमि सुधार की नीतियों पर अमल किया। 1948 तक उन्होंने 3,000 गाँवों की तक़रीबन 16,000 वर्ग मील भूमि को मुक्त करा लिया और उसका गाँव के लोगों के बीच वितरण कर दिया। सितम्बर, 1948 में भारतीय सेना के दख़ल से निज़ाम के शासन का अंत हो गया। इसके बावजूद किसानों का विद्रोह जारी रहा। भारतीय सेना ने भी इसका हिंसक दमन किया। आख़िरकार, 1951 में भाकपा द्वारा आधिकारिक रूप से यह आंदोलन वापस ले लिया गया। इसके बाद यह आंदोलन धीमा पड़ते हुए ख़त्म हो गया। तेभागा और तेलंगाना आंदोलन का भारतीय वामपंथ के इतिहास में काफ़ी महत्त्व है। इसने ज़मीनी स्तर पर कम्युनिस्टों के प्रभाव को दिखाया। वर्तमान में कम्युनिस्टों के सभी समूह इन आंदोलनों की विरासत का दावा करते हैं।

देश की आज़ादी के समय आज़ादी और भारतीय राज्य की प्रकृति के बारे में भाकपा में गहन और रोचक वाद-विवाद हुआ। इसी कारण पार्टी ने संविधान सभा में भी भाग नहीं लिया। जब भारत को आज़ादी मिली उस समय पी.सी. जोशी भाकपा के महासचिव थे। उन्होंने इस बात पर ज़ोर दिया कि सत्ता का हस्तांतरण वास्तविक है और नेहरू की सरकार से यह स्पष्ट संकेत मिलता है कि वह साम्राज्यवाद-विरोधी ताक़तों का प्रतिनिधित्व करती है। इसलिए उन्होंने आग्रह किया कि भाकपा को कांग्रेस के बारे में अपने विचारों का पुनर्मूल्यांकन करना चाहिए। लेकिन पार्टी के भीतर इसे पर्याप्त समर्थन नहीं मिला। बी.टी. रणदिवे के नेतृत्व में एक ख़ेमे ने यह तर्क दिया कि भारत में जन-विद्रोह ज़ोर पकड़ रहा है। इसलिए भाकपा लोकतांत्रिक और समाजवादी चरणों को मिला कर पूरे राष्ट्र में मज़दूरों के सशस्त्र संघर्ष द्वारा सत्ता पर क़ब्ज़ा करने की कोशिश कर सकती है। पार्टी के भीतर कुछ लोगों ने तेलंगाना अनुभव की तुलना चीन में माओ के संघर्ष से की और भारतीय राज्य के ख़िलाफ़ लोक-युद्ध छेड़ने की वकालत की। इसे 'आंध्रा लाइन' कहा गया। 1948 की कलकत्ता कांग्रेस में रणदिवे लाइन की जीत हुई। लेकिन दूसरी ओर भारत में नेहरू सरकार द्वारा तेलंगाना आंदोलन के सशस्त्र दमन की इजाज़त देने और दूसरी ओर चीनी क्रांति के सफल होने के कारण पार्टी में 'आंध्रा लाइन' की स्थिति मज़बूत हो गयी। इसके चलते 1950 में आंध्र के नेता सी. राजेश्वर राव ने पार्टी का नेतृत्व सम्भाला। लेकिन पार्टी के भीतर पी.सी. जोशी ख़ेमे ने इस तरह के क़दम को 'वामपंथी भटकाव' की संज्ञा दी। इस ख़ेमे ने 'आँख मूँदकर' और कट्टर तरीक़े से चीनी रास्ते का अनुसरण करने की आलोचना की। जोशी ने नेहरू सरकार की देशी-विदेशी नीति का विश्लेषण करते हुए यह साबित करने की कोशिश की कि इसमें साम्राज्यवाद-विरोधी प्रवृत्ति है।

पार्टी के इस आंतरिक विवाद को सुलझाने के लिए पार्टी के कुछ वरिष्ठ नेता मास्को गये और वहाँ के कम्युनिस्ट पार्टी नेताओं से लम्बी चर्चा की। इसके बाद तीन दस्तावेज़ तैयार हुए। इन दस्तावेज़ों में यह स्पष्ट किया गया कि भारत एक निर्भर और अर्ध-औपनिवेशिक देश है और नेहरू सरकार ज़मींदारों, बड़े एकाधिकारवादी बूर्ज़्वा और ब्रिटिश साम्राज्यवाद के हितों को पूरा कर रही है। भारतीय बूर्ज़्वा की प्रकृति स्पष्ट करते हुए यह कहा गया कि प्राथमिक रूप से साम्राज्यवादी बूर्ज़्वा पर निर्भर होने के बावजूद इसमें राष्ट्रवादी और अ-सहयोगी (नॉन-कोलैबॅरेटिव) तत्त्व मौजूद हैं। इसके बाद मध्यमार्गी नेता अजय घोष ने पार्टी की कमान सम्भाली। इस दौर में पार्टी ने भारत की आज़ादी को मान्यता दी और संविधान को स्वीकार करते हुए चुनावों में भाग लेने का फ़ैसला किया गया।

मुज़फ़्फ़र अहमद (1889-1973)

पहले आम चुनावों में पार्टी का प्रदर्शन बहुत शानदार नहीं माना जा सकता, लेकिन लोकसभा में 16 सीटों पर जीत हासिल करके यह मुख्य विपक्षी दल के रूप में उभरी। भाकपा ने ख़ासतौर पर संगठित क्षेत्र में काम करने वाले मज़दूरों के बीच अपनी स्थिति मज़बूत करने पर ध्यान दिया। इसके मज़दूर संगठन ऑल इण्डिया ट्रेड यूनियन कांग्रेस की मज़दूरों के बीच में अच्छी पैठ थी। लेकिन उस समय देश की राजनीति में कांग्रेस और नेहरू के वर्चस्व को चुनौती देना मुश्किल था। फिर भी भाकपा ने कुछ राज्यों में अपनी स्थिति मज़बूत कर ली। दूसरे आम चुनावों में फिर से कांग्रेस को स्पष्ट बहुमत मिला, लेकिन भाकपा की सीटों में भी बढ़ोतरी हुई। इन चुनावों में इसे 27 लोकसभा क्षेत्रों में जीत मिली। केरल में 1957 के विधानसभा चुनावों के बाद ई.एम.एस. नम्बूदरीपाद के नेतृत्व में भाकपा की सरकार बनी। यह विश्व की पहली चुनी हुई कम्युनिस्ट सरकार थी। लेकिन 1959 में नेहरू सरकार ने इसे बर्ख़ास्त कर दिया। इससे भाकपा के एक धड़े के भीतर नेहरू के प्रति काफ़ी नाराज़गी पैदा हो गयी। लेकिन इस समय भाकपा के कार्यकर्ता भ्रम की स्थिति में थे, क्योंकि नेहरू सरकार का सोवियत यूनियन के साथ काफ़ी अच्छा संबंध था। सोवियत पार्टी की यह अपेक्षा थी कि भाकपा नेहरू सरकार के प्रति नरम रवैया अपनाये। इस बीच अंतर्राष्ट्रीय स्तर पर ऐसी घटनाएँ घटीं जिसके कारण न सिर्फ़ अंतर्राष्ट्रीय कम्युनिस्ट एकता प्रभावित हुई, बल्कि भाकपा का भी विभाजन हो गया।

साठ का दशक आते-आते तक सोवियत यूनियन की कम्युनिस्ट पार्टी और चीन की कम्युनिस्ट पार्टी के बीच के संबंध ख़राब होने लगे। चीन की कम्युनिस्ट पार्टी ने सोवियत यूनियन की कम्युनिस्ट पार्टी पर आरोप लगाया कि वह संशोधनवादी हो कर मार्क्सवाद-लेनिनवाद के रास्ते से भटक चुकी है। इधर चीन और भारत के संबंध भी काफ़ी ख़राब हो गये। सीमा विवाद के कारण 1962 में भारत-चीन के बीच युद्ध भी हुआ। भाकपा के एक धड़े ने भारत सरकार की नीति का समर्थन किया। वहीं पार्टी के एक दूसरे धड़े ने यह दावा किया कि यह समाजवादी और पूँजीवादी राज्य के बीच टकराव है। असल में, भाकपा के इन धड़ों की रणनीति में अंतर्राष्ट्रीय स्तर पर कम्युनिस्टों के बीच चल रही तनातनी की भी महत्त्वपूर्ण भूमिका रही। भाकपा के सोवियत समर्थक धड़े ने उस समय की सत्ताधारी पार्टी भारतीय राष्ट्रीय कांग्रेस के साथ सहयोग करने के विचार को आगे बढ़ाया। लेकिन भाकपा के एक दूसरे धड़े, जो आगे चलकर माकपा बनी, ने इसे वर्ग-सहयोग के संशोधनवादी विचार की संज्ञा दी। ग़ौरतलब है कि भारत के तीसरे आम चुनावों में भाकपा को 29 सीटों पर जीत मिली। भाकपा अब भी संसद में कांग्रेस के बाद दूसरी सबसे बड़ी पार्टी थी। लेकिन पार्टी के एक खेमे के भीतर यह विश्वास प्रबल हो गया था कि असल में नेहरू सरकार के प्रति ज़्यादा सख़्त रवैया न रखने कारण ही भाकपा का प्रसार नहीं हो रहा है। एक समय के बाद यह टकराव काफ़ी बढ़ गया। 1964 में भाकपा का विभाजन हो गया और एक नयी पार्टी माकपा का उभार हुआ। भाकपा के कई जुझारू नेता मसलन नम्बूदरीपाद, ज्योति बसु, हरकिशन सिंह सुरजीत आदि माकपा में शामिल हो गये। इससे पश्चिम बंगाल जैसे राज्यों में भाकपा के आधार पर नकारात्मक प्रभाव पड़ा। केरल में पार्टी के विभाजन के शुरुआती कुछ दशकों तक भाकपा का भी अच्छा-ख़ासा प्रभाव रहा। 1970-77 के बीच भाकपा ने कांग्रेस से गठजोड़ किया और उसके साथ मिलकर सरकार भी बनायी जिसमें भाकपा के सी. अच्युत मेनन राज्य के मुख्यमंत्री बने (4 अक्टूबर, 1970-25 मार्च, 1977)। इसके बाद, किसी राज्य में भाकपा को सत्ता में आने का मौक़ा नहीं मिला। 1970-77 के दौर में कांग्रेस से गठजोड़ होने के कारण भाकपा ने इंदिरा गाँधी की कांग्रेस द्वारा लगाये गये आपातकाल का समर्थन किया। लेकिन अस्सी का दशक आते-आते माकपा ज़्यादा मज़बूत कम्युनिस्ट पार्टी बन गयी। देश के दूसरे कई भागों में भाकपा की अच्छी उपस्थिति रही, लेकिन कुछ क्षेत्रों में ज़्यादा मज़बूत उपस्थिति के कारण माकपा आगे निकल गयी। 1977 के बाद भाकपा ने माकपा और दूसरी छोटी कम्युनिस्ट पार्टियों के साथ मिलकर वाम मोर्चे का गठन किया। व्यावहारिक तौर पर केरल सहित अधिकांश जगहों पर यह पार्टी माकपा के एक छोटे सहयोगी

दल में बदल गयी। अधिकांश मौक़ों पर इसका प्रदर्शन वाम मोर्चे के प्रदर्शन पर निर्भर रहा।

नब्बे के बाद के दौर में भाकपा ने सेकुलर और ग़ैर-भाजपा, ग़ैर-कांग्रेस दलों की राजनीति को मज़बूती देने पर काफ़ी ध्यान दिया है। माकपा के नेतृत्व वाले वाम मोर्चे के साथ मिलकर इसने कांग्रेस की नव-उदारवादी नीतियों का विरोध किया। 1996 के लोकसभा चुनावों के बाद किसी दल को बहुमत नहीं मिला। सबसे बड़ी पार्टी भाजपा की सरकार लोकसभा में अपना बहुमत साबित नहीं कर पायी। इसके बाद एच.डी. देवेगौड़ा के नेतृत्व में संयुक्त मोर्चे की सरकार बनी। भाकपा ने एक ऐतिहासिक फ़ैसला लेते हुए इस सरकार में शामिल होने का फ़ैसला किया। यह फ़ैसला माकपा के फ़ैसले से काफ़ी अलग था जिसने ज्योति बसु को प्रधानमंत्री बनाने का प्रस्ताव ठुकरा दिया था। इस तरह वाम मोर्चे का भाग होते हुए भी इसने अपनी राजनीतिक स्वायत्ता प्रदर्शित की। संयुक्त मोर्चे की दोनों सरकारों (एच.डी. देवेगौड़ा और इंद्र कुमार गुजराल) की सरकार में इसके नेता शामिल हुए और उन्होंने गृह मंत्रालय (इंद्रजीत गुप्त) और कृषि मंत्रालय (चतुरानन मिश्र) जैसे महत्त्वपूर्ण मंत्रालय सम्भाले। संयुक्त मोर्चे की सरकार के पतन के बाद केंद्र में राजग की सरकार बनी। इस सरकार के कार्यकाल (1998-2004) के दौरान भाकपा ने वाम मोर्चे के एक घटक के रूप में ज़िम्मेदार विपक्ष की भूमिका निभायी। 2004 संयुक्त प्रगतिशील गठबंधन (संप्रग) की सरकार को वाम मोर्चे ने समर्थन दिया। इसने यह सुनिश्चित करने की कोशिश की यह सरकार अपने न्यूनतम साझा कार्यक्रम के अनुसार ही काम करे। इस दौरान भाकपा ने भी सरकार पर कई जनोन्मुखी कार्यक्रम अपनाने का दबाव बनाया। आमतौर प्रेक्षक यह मानते रहे हैं कि संप्रग-एक की सरकार के दौरान बने बहुत प्रगतिशील और जनोन्मुखी क़ानूनों के पीछे वाम मोर्चे के दबाव की महत्त्वपूर्ण भूमिका रही। 2008 में वाम मोर्चे ने संयुक्त राज्य अमेरिका से परमाणु समझौते के मुद्दे पर सप्रंग सरकार से समर्थन वापस ले लिया। 2009 के आम चुनावों में वाम मोर्चे का प्रदर्शन 2004 के आम चुनावों की तुलना में काफ़ी ख़राब रहा। इसका कारण था कि पश्चिम बंगाल में वाम मोर्चे के प्रदर्शन में आयी गिरावट। ख़ासतौर पर सिंगूर और नंदीग्राम जैसी जगहों में राज्य सरकार द्वारा ज़बरदस्ती भूमि अधिग्रहण की कोशिश और उसके विरोध का बल-प्रयोग द्वारा दमन करने जैसी घटनाओं ने वाम मोर्चे की छवि काफ़ी ख़राब की। इसका असर भाकपा के चुनावी प्रदर्शन पर भी पड़ा और इसे लोकसभा में 2004 की 10 की तुलना में सिर्फ़ 4 सीटों पर ही जीत मिली।

भाकपा की राजनीति की कई सीमाएँ अब स्पष्ट हो चुकी हैं : पहला, भाकपा ने वाम मोर्चे की राजनीति में ख़ुद का इस तरह समाहित कर लिया है कि कई गम्भीर मसलों पर भी इसने एक सीमा से ज़्यादा माकपा का विरोध नहीं किया है। सिर्फ़ कुछ मौक़ों पर ही इसने अपनी स्वायत्तता दिखाई है, लेकिन अधिकांश मसलों पर इसकी रणनीति वाम मोर्चे की रणनीति का भाग होती है। दूसरा, यद्यपि माकपा देश के तीन राज्यों में काफ़ी मज़बूत स्थिति में है, लेकिन भाकपा का विस्तार देश के दूसरे भागों में ज़्यादा रहा है। मसलन, बिहार, छत्तीसगढ़, और तमिलनाडु जैसे राज्यों में भी भाकपा की मज़बूत उपस्थिति रही है। लेकिन बिहार जैसे राज्यों में इसने अपना आधार काफ़ी हद तक खो दिया है, क्योंकि अब पहचान की राजनीति के सामने वह अपनी प्रासंगिकता साबित करने में नाकाम रही है। तीसरा, भाकपा दूसरे संसदीय वामपंथी दलों की तरह ही नये क्षेत्रों में अपना विस्तार करने में नाकाम रही है। यह एक तरह से ठहरी हुई पार्टी बन गयी है। या तो यह कुछ जगहों पर अपना आधार बचाने में सफल रही है, या उस आधार को भी खो रही है। नये क्षेत्रों में भाकपा का प्रसार नहीं हो रहा है। 1980 के बाद हुए लोकसभा के हर चुनाव में इसे 15 से कम सीटों पर ही जीत मिली। मसलन, 1980 के संसदीय चुनावों में 11, 1984 में 6, 1989 में 12, 1991 में 14, 1996 में 12, 1998 में 9, 1999 में 4, 2004 में 10 और 2009 में 4 सीटों पर जीत हासिल हुई। चौथा, यह भी आरोप लगाया जाता है कि भाकपा ने ज़मीनी स्तर पर संघर्ष की राजनीति से मुँह मोड़ लिया है। यद्यपि इस आलोचना को पूरी तरह से सही नहीं माना जा सकता, क्योंकि जिन क्षेत्रों में भाकपा का अस्तित्व है, वहाँ उसने राज्य दमन के ख़िलाफ़ काफ़ी संघर्ष किया है। मसलन, छत्तीसगढ़ के दंतेवाड़ा जिले में भाकपा ने राज्य प्रायोजित सलवा जुडूम अभियान का तीखा प्रतिरोध किया। पाँचवाँ, भाकपा की राजनीति की आलोचना का एक आधार यह भी रहा है कि इसने पूँजीवादी राज्य की लोकतांत्रिक व्यवस्था को पूरी तरह स्वीकार कर लिया है। अब यह राष्ट्रवादी रूपरेखा के भीतर ही काम कर रही है और पूँजीवादी राज्य को उखाड़ फेंकने जैसी रणनीति इसकी राजनीति का भाग नहीं है।

बहरहाल, इन आलोचनाओं के बावजूद इस बात से इनकार नहीं किया जा सकता है कि भारतीय राजनीति में भाकपा के पास एक लम्बी विरासत है। भारतीय कम्युनिस्ट राजनीति की अधिकांश धाराएँ इसी पार्टी से निकलीं। इसने संसदीय राजनीति मे वामपंथी दलों के बीच एकजुटता क़ायम करने के भी गम्भीर प्रयास किये हैं। इसकी कोशिश रही है कि भारत में ग़ैर-कांग्रेसी, ग़ैर-भाजपायी राजनीति को मज़बूती और आम लोगों के हितों को बढ़ावा मिले। भ्रष्टाचार जैसे आरोपों से भाकपा हर स्तर पर पूरी तरह से मुक्त रही है। असल में, भाकपा की मुख्य चुनौती यह है कि यह वाम मोर्चे का भाग होते हुए भी माकपा की 'फ़ोटो कॉपी' या छोटा

सहयोगी होने से बचे और अपनी स्वायत्त राजनीति क़ायम करे। इसके अलावा, देश के विभिन्न भागों अपना प्रसार करना भी भाकपा के लिए एक बड़ी चुनौती है।

देखें : एलमकुलम मनक्कल शंकरन नम्बूदिरीपाद, कांग्रेस 'प्रणाली', ग़ैर-कांग्रेसवाद, केरल, गठजोड़ राजनीति, जनता दल और उसकी विरासत-1 और 2, तेलुगु देशम पार्टी, पश्चिम बंग, पार्टी-गठजोड़ की राजनीति, भारतीय जनता पार्टी-1 और 2, भारत में मतदान-व्यवहार-1, 2, 3, 4, 5 और 6, भारतीय राष्ट्रीय कांग्रेस-1 और 2, भारतीय कम्युनिस्ट पार्टी (मार्क्सवादी), मानवेंद्र नाथ राय, राष्ट्रीय जनतांत्रिक गठजोड़, वाम मोर्चा, शिव सेना, समाजवादी पार्टी, बहुजन समाज पार्टी-1 और 2, शिरोमणि अकाली दल, समाजवादी पार्टी, संयुक्त प्रगतिशील गठजोड़, त्रिपुरा।

संदर्भ

1. मनोरंजन मोहंती (1986) 'आइडियॉलॅजी ऐंड स्ट्रैटेजी ऑफ़ कम्युनिस्ट मूवमेंट इन इण्डिया', थॉमस पैंथम और कैनेथ एल. ड्युश (सम्पा.), *पॉलिटिकल थॉट इन मॉडर्न इण्डिया*, सेज, नयी दिल्ली.
2. मोहन राम (1969), *कम्युनिज़्म : स्प्लिट विदिन अ स्प्लिट*, विकास, नयी दिल्ली.
3. बिपन चंद्रा (1983), *लेफ्ट : अ क्रिटिकल अप्रेज़ल*, विकास, नयी दिल्ली.

—कमल नयन चौबे

भारतीय कम्युनिस्ट पार्टी (मार्क्सवादी)

(Communist Party of India-Marxist)

भारतीय वामपंथ का सबसे ताक़तवर और प्रभावशाली राजनीतिक दल भारतीय कम्युनिस्ट पार्टी (मार्क्सवादी) है जिसे चुनाव आयोग द्वारा राष्ट्रीय पार्टी का दर्जा मिला हुआ है। राष्ट्रीय स्तर पर कई वामपंथी दलों को मिला कर बने वाम मोर्चे का नेतृत्व इसी पार्टी के हाथों में है। माकपा का गठन 1964 में भारतीय कम्युनिस्ट पार्टी (भाकपा) के विभाजन के बाद हुआ था। पिछले पचास साल की राजनीति में माकपा ने भारतीय लोकतंत्र को सेकुलर, जनोन्मुखी और प्रगतिशील दिशा देने में संजीदा भूमिका निभायी है। हालाँकि इसका विस्तार केवल तीन राज्यों तक ही सीमित है, लेकिन इसका सैद्धांतिक विमर्श या इसके द्वारा उठाये जाने वाले मुद्दे राष्ट्रीय और अंतर्राष्ट्रीय चिंताओं को भी समेटते हैं। माकपा का एक महत्त्वपूर्ण योगदान यह भी है कि इसने भारत में गठबंधन की राजनीति को सही आकार दिया। पश्चिम बंगाल और केरल में सबसे बड़े दल होने या अकेले बहुमत होने पर भी इसने वाम मोर्चे की शक्ल में अपने गठजोड़ से जुड़े छोटे दलों को पर्याप्त महत्त्व दिया और अपने साथ जोड़ कर रखा। केंद्रीय स्तर पर भी उसने यह दिखाया किसी गठबंधन सरकार को बाहर से समर्थन देने और तुलनात्मक रूप से छोटा दल होने का मतलब यह नहीं है कि सत्तारूढ़ दल को मनमानी करने की खुली छूट दे दी जाए। 2004-2009 के दौरान केंद्र की संयुक्त प्रगतिशील मोर्चे की सरकार को समर्थन देते हुए उसने सरकार को नीतिगत दिशा देने का काम किया। पहले के राष्ट्रीय मोर्चे और वाम मोर्चे की' सरकारों में भी इसने यही भूमिका निभायी। स्पष्टत: माकपा भारतीय लोकतंत्र का एक मज़बूत आधारस्तम्भ है और इसकी मौजूदगी और मज़बूती लोकतंत्र को एक सही दिशा दे सकती है। लेकिन इसके लिए ज़रूरी है कि वह अपना प्रसार करे और विभिन्न मुद्दों पर ज़्यादा स्पष्टता और संवेदनशीलता से अपनी रणनीति तय करे।

द्वितीय विश्व-युद्ध के बाद अविभाजित भारतीय कम्युनिस्ट पार्टी के भीतर भारतीय राज्य की प्रकृति और पार्टी की रणनीति के संबंध में विवाद हुआ। तेलंगाना और देश के कुछ दूसरे भागों में सशस्त्र संघर्ष का शुरुआती समर्थन करने के बाद जल्दी ही अविभाजित पार्टी ने यह रणनीति छोड़ दी और संसदीय राजनीति में भाग लेने का फ़ैसला किया। बाद के वर्षों में जवाहरलाल नेहरू की सरकार ने सोवियत संघ के साथ नज़दीकी संबंध बनाये। सोवियत कम्युनिस्ट पार्टी ने भारतीय कम्युनिस्टों से यह भी उम्मीद की कि वे नेहरू सरकार की ज़्यादा आलोचना न करके उसके प्रति एक तरह का दोस्ताना व्यवहार रखें। सोवियत संघ भाकपा को अपनी अंतर्राष्ट्रीय राजनीति के मुताबिक़ चलाना चाहता था। इस दबाव के विपरीत भाकपा का एक प्रभावी हिस्सा मानता रहा कि भारत अभी भी एक अर्द्ध-सामंती देश है और यहाँ का राष्ट्रीय बूर्ज्वा वर्ग बहुत कमज़ोर स्थिति में है। इस तरह की सोच रखने वाले लोग यह भी मानते थे कि वर्ग-संघर्ष आवश्यक है और सोवियत यूनियन के आग्रहों की ख़ातिर इसे ठंडे बस्ते में नहीं डाला जा सकता। इसके अलावा, ये कम्युनिस्ट यह भी देख रहे थे कि उन्हें नेहरू सरकार के दमन का सामना भी करना पड़ता है। तेलंगाना आंदोलन का दमन इसका एक उदाहरण था। दूसरे, जब केरल में ई.एम.एस. नम्बूदरीपाद के नेतृत्व में भाकपा की सरकार बनी, तो नेहरू सरकार ने 1959 में इसे बर्ख़ास्त कर राष्ट्रपति शासन लागू कर दिया था।

इसी बीच सोवियत यूनियन की कम्युनिस्ट पार्टी और चीन की कम्युनिस्ट पार्टी के बीच के संबंध भी ख़राब हो गये। 1960 के दशक की शुरुआत में चीन की कम्युनिस्ट पार्टी ने सोवियत पार्टी पर संशोधनवादी होने और मार्क्सवाद-लेनिनवाद के रास्ते से भटकने का आरोप लगाया। दूसरी तरफ़

ज्योति बसु (1914-2010)

चीन और भारत के संबंध सीमा विवाद के कारण 1962 में ख़राब हो गये। भारत-चीन युद्ध के समय भारतीय कम्युनिस्टों के एक धड़े ने भारत सरकार की नीति का समर्थन किया। लेकिन पार्टी के एक दूसरे धड़े ने यह दावा किया कि यह समाजवादी और पूँजीवादी राज्य के बीच टकराव है। असल में भाकपा के इन दो धड़ों के बीच का टकराव विचारधारात्मक भी था। इसकी बुनियाद में भारतीय परिस्थितियों के मूल्यांकन और पार्टी कार्यक्रम के विकास से जुड़े मुद्दे भी शामिल थे।

अंतर्राष्ट्रीय स्तर पर इसी तरह का वाद-विवाद सोवियत संघ और चीन की कम्युनिस्ट पार्टियों के बीच चल रहा था। भाकपा के सोवियत समर्थक धड़े ने तत्कालीन सत्ताधारी कांग्रेस के साथ सहयोग करने का विचार आगे बढ़ाया। लेकिन भाकपा के एक दूसरे धड़े ने इसे वर्ग-सहयोग के संशोधनवादी विचार की संज्ञा दी। धीरे-धीरे यह टकराव काफ़ी बढ़ गया। अंतर्राष्ट्रीय स्तर पर सोवियत संघ और चीन के संबंधों में खटास आयी और भारत में भाकपा का विभाजन हो गया। एक नयी पार्टी भारतीय कम्युनिस्ट पार्टी (मार्क्सवादी) का उभार हुआ।

1967 में बंगाल में अजय मुखर्जी के नेतृत्व में बने संयुक्त मोर्चे की सरकार (1967-1969) में माकपा भी शामिल हुई और इसके नेता ज्योति बसु उप-मुख्यमंत्री बने। इसी तरह, माकपा नेता ई.एम.एस. नम्बूदरीपाद ने केरल में एक गठबंधन सरकार का नेतृत्व किया (1967-1969)। लेकिन कुछ समय बाद ही भाकपा के कांग्रेस से गठजोड़ हो जाने के बाद पार्टी केरल में लम्बे समय के लिए सत्ता से बाहर हो गयी। 1967 में नक्सलबाड़ी आंदोलन छिड़ने के बाद रैडिकल भूमि सुधारों के प्रश्न पर माकपा को भी विभाजन का सामना करना पड़ा। ग़ैर-संसदीय और रैडिकल राजनीति में विश्वास करने वाले इसके बहुत से सदस्यों ने चारु मजूमदार के नेतृत्व में 'वर्ग-शत्रु का ख़ात्मा ही वर्ग-संघर्ष की चरम अभिव्यक्ति है' का नारा दे कर भारतीय क्रांति के लिए चीन का रास्ता (देहात में लाल आधार इलाक़ा बना कर शहरों को घेरने की रणनीति) अपनाने का आह्वान किया। माकपा ने ऐसे नेताओं को न सिर्फ़ पार्टी से बाहर कर दिया, बल्कि राज्य द्वारा इनके दमन का भी समर्थन किया। नक्सलवाद का विरोध करने की प्रक्रिया और पश्चिम बंगाल, केरल और त्रिपुरा में चुनावी राजनीति में सफलता मिलने की प्रक्रिया कमोबेश साथ-साथ चली। समय बीतने के साथ माकपा की राजनीति भाकपा की राजनीति के नज़दीक होती गयी। दोनों ही पार्टियाँ भारतीय राज्य की बूर्ज़्वा प्रकृति के बावजूद लोकतांत्रिक संघर्ष और चुनावी होड़ को जनवादी क्रांति का एक महत्त्वपूर्ण रास्ता मानने के मुक़ाम पर पहुँच गयीं। माकपा ने अपने संविधान के पैरा 112 के ज़रिये एक दलील विकसित की कि उसे जन-साधारण को थोड़ी-बहुत राहत पहुँचाने के लिए बूर्ज़्वा लोकतंत्र की सत्ता-संरचनाओं में भागीदारी करनी चाहिए।

1977 में कांग्रेस-भाकपा गठजोड़ टूटने के बाद भाकपा और माकपा एक-दूसरे के काफ़ी नजदीक आ गयीं और इन्होंने कुछ छोटे वाम दलों को मिलाकर एक वाम मोर्चा का गठन किया। 1977 में पश्चिम बंगाल में वाम मोर्चे की सरकार बनी, जिसमें माकपा सबसे बड़ा घटक दल था और ज्योति बसु राज्य के मुख्यमंत्री बने। बसु ने भूमि सुधारों (ऑपरेशन बर्गा) द्वारा ग्रामीण जनता में पैठ बनायी और रिकॉर्ड समय तक राज्य के मुख्यमंत्री रहे। इसके बाद, बुद्धदेव भट्टाचार्य ने सरकार की कमान सम्भाली। लेकिन 2011 के विधानसभा चुनावों में वाम-मोर्चे को हार का सामना करना पड़ा। इसके अलावा, 1978 में केरल में भी वाम-मोर्चे की सरकार बनी। बाद में अस्सी के दशक के बाद से यहाँ कांग्रेस के नेतृत्व वाले गठबंधन और माकपा के नेतृत्व वाले गठबंधन के बीच सीधा मुक़ाबला होता रहा। यहाँ भी वाम मोर्चे ने कई बार अपनी सरकार बनायी है। इसके अलावा, त्रिपुरा में तो माकपा के नेतृत्व वाले वाम-मोर्चे की स्थिति कांग्रेस के मुक़ाबले काफ़ी मज़बूत है।

माकपा ने केंद्र की राजनीति में ग़ैर-कांग्रेस और ग़ैर-भाजपा दलों को मिलाकर तीसरे मोर्चे को संगठित करने की कोशिश की है। इसने ग़ैर-कांग्रेसवादी राजनीति को मज़बूत

हरकिशन सिंह सुरजीत (1916-2008)

करने के लिए 1989 के आम चुनावों के बाद विश्वनाथ प्रताप सिंह के नेतृत्व में बनी राष्ट्रीय मोर्चा सरकार को समर्थन प्रदान किया। 1992 में अयोध्या में बाबरी मसजिद गिराये जाने के बाद माकपा ने पूरी ऊर्जा लगाकर भाजपा की साम्प्रदायिक राजनीति का विरोध किया। ग़ौरतलब है कि जिन राज्यों में माकपा का वर्चस्व है, वहाँ भाजपा अपना प्रभाव नहीं बढ़ा पायी। साथ ही माकपा नेतृत्व ने यह पहलक़दमी भी ली कि केंद्र स्तर पर भी ग़ैर-साम्प्रदायिक दलों की स्थिति मज़बूत हो। 1996 के चुनावों के बाद केंद्र में ग़ैर-भाजपायी सरकार के गठन में माकपा के महासचिव हरकिशन सिंह सुरजीत की महत्त्वपूर्ण भूमिका रही। माकपा ने इन सरकारों का न्यूनतम साझा कार्यक्रम बनाने में काफ़ी संजीदा भूमिका निभायी। लेकिन उसने इन सरकारों में भागीदारी नहीं की। यहाँ तक कि तीसरे मोर्चे की ओर से इसके नेता ज्योति बसु को प्रधानमंत्री बनाने का प्रस्ताव आया तो पार्टी ने उसे नामंजूर कर दिया। यह अलग बात है कि पार्टी का एक धड़ा, जिसमें ख़ुद ज्योति बसु भी शामिल थे, यह मानता रहा कि यह बहुत समझदारी वाला फ़ैसला नहीं था।

बहरहाल, केंद्र में अटल बिहारी वाजपेयी के नेतृत्व में राष्ट्रीय जनतांत्रिक गठबंधन (राजग) की सरकार के कार्यकाल (1998-2004) के दौरान माकपा ने शिद्दत से विपक्षी दल के दायित्व को निभाया। 2004 के आम चुनावों में वाम मोर्चे और ख़ास तौर पर माकपा को अच्छी सफलता मिली। केंद्र में कांग्रेस नेता मनमोहन सिंह के नेतृत्व में बनी संयुक्त प्रगतिशील गठबंधन (संप्रग) की सरकार को वाम मोर्चे ने बाहर से समर्थन दिया। माकपा ने यह सुनिश्चित करने की कोशिश की कि संप्रग सरकार न्यूनतम साझा कार्यक्रम के अनुसार ही काम करे। इस सरकार द्वारा सूचना का अधिकार, वन अधिकार क़ानून जैसे प्रगतिशील क़ानून बनाये गये, जिससे आम लोगों और आदिवासियों को अधिकार मिला। इसके अलावा, संप्रग सरकार ने राष्ट्रीय ग्रामीण रोज़गार गारंटी अधिनियम भी लागू किया। तक़रीबन सभी प्रेक्षकों में सहमति है कि संप्रग की पहली सरकार के इन प्रगतिशील क़दमों के पीछे वाम मोर्चे की काफ़ी महत्त्वपूर्ण भूमिका थी। 2008 में अमेरिका के साथ हुए परमाणु समझौते को आधार बनाकर माकपा के नेतृत्व में वाम मोर्चे ने संप्रग सरकार से अपना समर्थन वापस ले लिया। लेकिन 2009 के आम चुनावों में इसे 2004 की तुलना में काफ़ी कम सीटें मिलीं। इसका एक बड़ा कारण यह था कि बंगाल और केरल में इसका प्रदर्शन आशा के अनुरूप नहीं रहा।

उल्लेखनीय है कि माकपा ने अपने शासन वाले पश्चिम बंगाल में आर्थिक बदलाव के लिए पूँजी निवेश की नीति अपनायी। ज्योति बसु के शासनकाल में भूमि सुधार तो हुए लेकिन बंगाल औद्योगिकीकरण के मामले में कई अन्य राज्यों से पिछड़ता चला गया। ज्योति बसु के बाद राज्य में मुख्यमंत्री बने बुद्धदेव भट्टाचार्य ने 2006 के चुनावों में जीत के बाद निजी पूँजी को रियायतें देने और औद्योगिकीकरण के लिए किसानों की ज़मीन के अधिग्रहण की नीति को बढ़ावा दिया। स्थानीय स्तर पर इसका ज़बरदस्त विरोध हुआ। सिंगूर और नंदीग्राम जैसी जगहों पर स्थानीय लोगों ने ज़मीन अधिग्रहण का विरोध किया। राज्य सरकार ने बल प्रयोग द्वारा विरोध को दबाने की कोशिश की। माकपा ने अपनी स्थानीय सांगठनिक इकाइयों को आंदोलनकारियों के ख़िलाफ़ मैदान में उतारा और इन इलाक़ों में गृह युद्ध जैसी स्थिति बन गयी।

माकपा के लिए स्थिति इसलिए भी ज़्यादा ख़राब हो गयी, क्योंकि कई मार्क्सवादी बुद्धिजीवियों ने भी ग्रामीणों के खिलाफ़ बल प्रयोग की निंदा की। बंगाल में राज्य सरकार की इस नीति का 2009 के आम चुनावों और 2011 के राज्य विधानसभा चुनावों पर भी साफ़ असर दिखा। लोकसभा में माकपा की सीटें काफ़ी कम हुईं और विधानसभा चुनावों के बाद पश्चिम बंगाल में सत्ता से बाहर होना पड़ा। माकपा का त्रिपुरा और केरल में अच्छा प्रभाव है। त्रिपुरा में इसके नेता माणिक सरकार के नेतृत्व में लम्बे समय से वाम मोर्चा की सरकार है (1998-अब तक)। केरल में उसे कांग्रेस के नेतृत्व वाले गठजोड़ से ज़बरदस्त चुनौती का सामना करना पड़ता है। आमतौर पर यहाँ हर पाँच साल बाद इन दोनों गठबंधनों के बीच सत्ता बदलती रही है।

माकपा की राजनीति की एक बड़ी सीमा यह रही है

कि यह अपना विस्तार करने में नाकाम रही है। देश के कुल तीन राज्यों में ही इसका ठीक-ठाक प्रभाव है। हिंदी प्रदेशों की राजनीति में यह पूरी तरह से हाशिये पर है। इन राज्यों में बहुत मुश्किल से कभी-कभार इसे एक या दो सीटें मिल जाती हैं। इसी तरह, महाराष्ट्र, गुजरात या केरल के अलावा दक्षिण भारत के दूसरे राज्यों या त्रिपुरा के अलावा उत्तर-पूर्व के दूसरे राज्यों में इसकी उपस्थिति नगण्य है। पिछले कई दशकों में इस बात का कोई संकेत नहीं मिला है कि पार्टी का दूसरे क्षेत्रों में विस्तार हो रहा है। दूसरा, आर्थिक नीतियों के संदर्भ में भी माकपा कोई वैकल्पिक रूपरेखा पेश करने में नाकाम रही है। इसने निजीकरण और आर्थिक उदारीकरण की नीतियों का विरोध किया। लेकिन पश्चिम बंगाल 2006 के बाद इसने ऐसी ही नीतियों को प्रोत्साहन दिया और उन्हें बढ़ावा देने के लिए राज्य की हिंसा का भी खुलकर प्रयोग किया। इसने उसकी छवि को गहरा नुक़सान पहुँचाया। भारतीय कम्युनिस्ट पार्टी (मार्क्सवादी-लेनिनवादी) और भारतीय कम्युनिस्ट पार्टी (माओवादी) जैसे दलों की मुख्य दलील यह है कि माकपा दूसरे बूर्ज्वा दलों की तरह ही व्यवहार करती है और इसका ज़मीनी स्तर की राजनीति से कोई ख़ास लेना-देना नहीं रह गया है।

देखें : एलमकुलम मनक्कल शंकरन नम्बूदिरीपाद, कांग्रेस 'प्रणाली', ग़ैर-कांग्रेसवाद, केरल, गठजोड़ राजनीति, जनता दल और उसकी विरासत-1 और 2, तेलुगु देशम पार्टी, पश्चिम बंग, पार्टी-गठजोड़ की राजनीति, भारतीय जनता पार्टी-1 और 2, भारत में मतदान-व्यवहार-1, 2, 3, 4, 5 और 6, भारतीय राष्ट्रीय कांग्रेस-1 और 2, भारतीय कम्युनिस्ट पार्टी, मानवेंद्र नाथ राय, राष्ट्रीय जनतांत्रिक गठजोड़, वाम मोर्चा, शिव सेना, समाजवादी पार्टी, बहुजन समाज पार्टी-1 और 2, शिरोमणि अकाली दल, समाजवादी पार्टी, संयुक्त प्रगतिशील गठजोड़, त्रिपुरा।

संदर्भ

1. मनोरंजन मोहंती (1986) 'आइडियॉलॅजी ऐंड स्ट्रैटेजी ऑफ़ कम्युनिस्ट मूवमेंट इन इण्डिया', थॉमस पैंथम और कैनेथ एल. ड्युश (सम्पा.), *पॉलिटिकल थॉट इन मॉडर्न इण्डिया,* सेज, नयी दिल्ली.
2. दीपंकर राय चौधरी और सत्या शिवरमन (2007) 'नंदीग्राम : सिक्स मंथ्स लेटर', *इकॉनॉमिक ऐंड पॉलिटिकल वीकली,* खण्ड 42, अंक 41
3. उत्सा पटनायक (2010), 'ज्योति बसु ऐंड बंगाल', *सोशल साइंटिस्ट,* खण्ड 38, अंक 7/8.
4. आदित्य निगम (2000), 'लॉजिक ऑफ़ फेल्ड रिवोल्यूशन : फेडेरलाइज़ेशन ऑफ़ सीपीआई(एम)', *इकॉनॉमिक ऐंड पॉलिटिकल वीकली,* खण्ड 35, अंक 5.

— कमल नयन चौबे

भारतीय जनता पार्टी-1

जनसंघ से भाजपा तक

(Bhartiya Janata Party-1)

भारतीय राजनीति में दक्षिणपंथी रुझान का प्रतिनिधित्व करने वाली भारतीय जनता पार्टी (भाजपा) समकालीन दलीय प्रणाली में कांग्रेस के बाद दूसरा सबसे बड़ा दल है। 1996, 1998 और 1999 के लोकसभा चुनावों में इसे कांग्रेस से भी ज़्यादा सीटें मिली थीं। भाजपा की राजनीति पर उग्र हिंदुत्व हावी हुआ है और इसने ख़ुद को केंद्रवादी राजनीति के क़रीब लाने की कोशिश की है। नब्बे के दशक के बाद के दौर में भाजपा का एक मुख्य योगदान सफल गठबंधन सरकार चलाना रहा है। इसने बहुत से क्षेत्रीय दलों को मिलाकर राष्ट्रीय जनतांत्रिक गठबंधन (राजग) का गठन किया और केंद्र में पहली स्थिर ग़ैर-कांग्रेसी सरकार दी। दरअसल, राजग के सफल प्रयोग ने ही कांग्रेस को संयुक्त प्रगतिशील गठबंधन (संप्रग) बनाने के लिए प्रेरित किया।

भाजपा का गठन 6 अप्रैल, 1980 को भारतीय जनसंघ के नये अवतार के रूप में हुआ। 1951 में डॉ. श्यामा प्रसाद मुखर्जी के नेतृत्व में 'राष्ट्रवादी' लक्ष्यों को हासिल करने के लिए राष्ट्रीय स्वयंसेवक संघ के राजनीतिक मोर्चे के तौर पर भारतीय जनसंघ की स्थापना हुई थी। जनसंघ का राष्ट्रवाद विनायक दामोदर सावरकर द्वारा प्रतिपादित हिंदुत्व की विचारधारा के आईने में परिभाषित होता था। उसकी मान्यता थी कि 'हिंदू का अर्थ है वह व्यक्ति जो सिंधु से लेकर सागरों तक फैले भारतवर्ष को अपनी पितृभूमि और अपनी पुण्यभूमि दोनों मानता हो।' सावरकर ने धरती को माता समझ कर पूजने वाली भारतीय संस्कृति पर पितृभूमि की कल्पना युरोपीय राष्ट्रवाद से उधार लेकर आरोपित की थी। पितृभूमि और पुण्यभूमि के बीच अंतर करने की वैचारिक प्रविधि जनसंघ को भारत के अल्पसंख्यक धर्मावलम्बियों की राजनीतिक-सामाजिक दावेदारियों के प्रति संदिग्ध कर देती थी। जनसंघ के पहले हिंदू राष्ट्रवादी कार्यक्रम के आधार पर चुनाव लड़ने वाली पार्टी सावरकर की हिंदू महासभा ही थी। जनसंघ के पहले अध्यक्ष मुखर्जी भी इसी पृष्ठभूमि से आये थे। सांगठनिक तौर पर जनसंघ का संचालन संघ के स्वयंसेवकों के हाथ में रहा। संघ की नीतियों के अनुरूप जनसंघ ने भी कांग्रेस सरकार द्वारा अपनायी गयी नीतियों को मुसलमानों का 'तुष्टीकरण' क़रार दिया। उसने कांग्रेस पर लगातार आरोप लगाया कि वह राष्ट्रीय एकता, अखण्डता और पहचान के मुद्दों पर ढुलमुल और समझौतापरस्त नीतियाँ अपना रही है।

अटल बिहारी वाजपेयी (1924-)

1953 में कश्मीर के भारत में 'पूर्ण एकीकरण' के लिए आंदोलन करते वक़्त जेल में श्यामा प्रसाद मुखर्जी का देहांत हो गया। इसके बाद जनसंघ की बागडोर दीनदयाल उपाध्याय के युवा कंधों पर आ गयी। मुखर्जी की पृष्ठभूमि अगर हिंदू महासभा वाली थी, तो उपाध्याय सीधे संघ की क़तारों से आये थे। उन्होंने तक़रीबन 15 वर्षों तक पार्टी के लिए नये कार्यकर्ता तैयार करते हुए उसके जनाधार का प्रसार करने की कोशिश की। उपाध्याय से पहले जनसंघ को छोटे व्यापारियों, राजों-रजवाड़ों और अल्पसंख्यक विरोधी राष्ट्रवाद को पसंद करने वाले ऊँची जाति के कुछ हिस्सों की पार्टी माना जाता था। पर उपाध्याय की कोशिशों से चले सुदृढ़ीकरण की इस प्रक्रिया ने एक तरफ़ तो जनसंघ को ऊँची जातियों की पार्टी होने की सीमा से निकाल कर पिछड़ी जातियों के एक हिस्से की निष्ठा जीतने वाला दल बनाया, तो दूसरी ओर उसका सांगठनिक ढाँचा संघ से मुक्त होने के बजाय उत्तरोत्तर उस पर निर्भर होता चला गया। जनसंघ अपने संचालन के लिए जिन संगठन मंत्रियों पर निर्भर करता था, वे संघ द्वारा भेजे गये प्रचारक ही होते थे। यह परम्परा बाद में भाजपा में भी जारी रही और इस ढाँचे को पार्टी के संविधान में औपचारिक रूप दे दिया गया।

संसद में जनसंघ के चुनिंदा सांसदों ने प्रभावकारी तरीक़े से पार्टी के मुद्दे उठा कर अपनी छाप छोड़ी। जनसंघ ने समान नागरिक संहिता, गो-हत्या पर पाबंदी और कश्मीर के लिए विशेष प्रावधान ख़त्म करने जैसे मुद्दे उठाये। इस संसदीय राजनीति में अटल बिहारी वाजपेयी का नाम एक कुशल सांसद और वक्ता के रूप में चमका और इसी के कारण हिंदुत्ववादी अर्थों में ख़ुद को राष्ट्रवादी मानने वाले हिंदुओं के एक ख़ास तबक़े की हमदर्दी भी मिली। लेकिन जनसंघ को चुनावी मैदान में तब तक सफलता नहीं मिली जब तक उसने समाजवादियों समेत अपने अन्य विचारधारात्मक विरोधियों के साथ मिल कर गठजोड़ राजनीति करने की नीति नहीं अपना ली। 1967 में पार्टी ने ग़ैर-कांग्रेसवाद के नाम पर दूसरे कई दलों से तालमेल किया। नतीजतन उसे पहली बार उत्तर प्रदेश जैसे कुछ राज्यों में सत्ता में आने का मौक़ा मिला। संयुक्त विधायक दलों का यह प्रयोग बहुत सफल नहीं हुआ। राज्यों की सत्ता का स्वाद चखने के बावजूद जनसंघ की चुनावी राजनीति को राष्ट्रीय स्तर पर सत्तर के दशक के मध्य तक कामयाब नहीं कहा जा सकता। 1952 से 1970 तक उसे अधिकतम 9.4 फ़ीसदी वोट ही मिल सके थे। यह तस्वीर कुछ-कुछ सत्तर के दशक के मध्य से बदलनी शुरू हुई।

1974 के जयप्रकाश आंदोलन में जनसंघ के कार्यकर्ताओं ने भागीदारी की। 1975 में इंदिरा गाँधी की सरकार द्वारा देश में आंतरिक आपातकाल लागू किये जाने पर होने वाली गिरफ़्तारियों में जनसंघ का शीर्ष नेतृत्व भी था। इसका लाभ जनसंघ को छवि के स्तर पर हुआ। आपातकाल से नाराज़ मध्यवर्ग ने देखा कि भारतीय कम्युनिस्ट पार्टी ने तो आपातकाल का समर्थन किया, और मार्क्सवादी कम्युनिस्ट पार्टी ने उसका कमज़ोर क़िस्म का विरोध। इस नज़ारे ने मध्यवर्ग में जनसंघ के प्रति आकर्षण पैदा किया। 1977 में आपातकाल ख़त्म होने के बाद होने वाले चुनावों से पहले जयप्रकाश नारायण के कहने पर ग़ैर-कम्युनिस्ट और ग़ैर-कांग्रेसी दलों ने एक नये दल जनता पार्टी का निर्माण किया। जनसंघ इस पार्टी में अपना विलय करने पर राज़ी हो गया। इन चुनावों में जनसंघ की पृष्ठभूमि वाले उम्मीदवारों को 14 फ़ीसदी राष्ट्रीय वोट मिले। 92 सीटें जीतना उसके लिए एक बहुत बड़ी संसदीय प्रगति थी।

चुनावों में जनता पार्टी को बहुमत मिला और मोरारजी देसाई के नेतृत्व में सरकार बनी। इस सरकार में पहली बार जनसंघ की पृष्ठभूमि वाले नेता केंद्र में मंत्री बने। अटलबिहारी वाजपेयी विदेश मंत्री और लालकृष्ण आडवाणी सूचना एवं प्रसारण मंत्री हुए। जनता पार्टी की यह सरकार कई तरह के विरोधाभासों से घिरी हुई थी। इनमें एक विरोधाभास यह भी था कि इसमें शामिल जनसंघ के सदस्यों ने संघ की अपनी सदस्यता नहीं छोड़ी थी। इस विरोधाभास से दोहरी निष्ठा का मुद्दा पैदा किया। मधु लिमये के नेतृत्व में कुछ समाजवादी नेताओं ने पूर्व-जनसंघ के नेताओं से संघ की सदस्यता छोड़ने की माँग की। लेकिन पूर्व-जनसंघ के नेताओं ने संघ से नाता तोड़ने की बजाय जनता पार्टी और इसकी सरकार से अलग होना बेहतर समझा। मुख्य रूप से इसी विवाद के कारण मोरारजी देसाई के नेतृत्व वाली जनता पार्टी सरकार का पतन

लाल कृष्ण आडवाणी (1927-)

हो गया। जनता पार्टी से अलग हुए पूर्व-जनसंघ के नेताओं ने ही अप्रैल, 1980 में भारतीय जनता पार्टी का गठन किया। विद्वानों की मान्यता है कि जनसंघ ने जनता पार्टी के प्रयोग से काफ़ी-कुछ सीखा और जनसंघ को पुनर्जीवित करने के बजाय एक नयी पार्टी के गठन का निर्णय लिया ताकि वे राष्ट्रीय राजनीति में एक नये पैंतरे के साथ उभर सकें।

अटल बिहारी वाजपेयी भाजपा के पहले राष्ट्रीय अध्यक्ष बने। जनसंघ की तरह भाजपा का भी अपनी स्थापना के समय से ही संघ से अभिन्न संबंध बना रहा। लेकिन संघ की विचारधारात्मक और सांगठनिक गिरफ़्त के बावजूद अटल बिहारी वाजपेयी के नेतृत्व में नयी पार्टी ने जनसंघ के रवैये से कुछ हटते हुए अपनी विचारधारा में हिंदुत्ववादी सांस्कृतिक राष्ट्रवाद और दीनदयाल उपाध्याय द्वारा प्रतिपादित 'एकात्म मानववाद' के सिद्धांत के साथ-साथ गाँधीवादी समाजवाद को स्थापित किया। पार्टी ने आर्थिक मोर्चे पर आत्म-निर्भरता और स्वदेशी की नीति का समर्थन किया। विदेश नीति के स्तर पर गुटनिरपेक्षता जैसी नीतियों से ज़्यादा राष्ट्रीय हित को रेखांकित। इसी वैचारिक परिवर्तन के प्रभाव में भाजपा ने अपने गठन के शुरुआती सालों में किसी ख़ास हिंदुत्वादी मुद्दे को ज़ोर-शोर से नहीं उठाया। 1980 के आम चुनाव में भाजपा 1977 वाली कामयाबी नहीं दोहरा सकी। उसके वोट घट कर 8.6 फ़ीसदी रह गये और उसे केवल 16 सीटों पर जीत मिली। इंदिरा गाँधी की सत्ता में वापसी हुई। विपक्षी पार्टी के तौर पर इंदिरा सरकार की विविध नीतियों, ख़ासकर उसकी पंजाब नीति की भाजपा ने ज़बरदस्त आलोचना की।

1984 में इंदिरा गाँधी की हत्या के बाद हुए आम चुनावों में कांग्रेस समर्थक हमदर्दी की लहर के कारण भाजपा को करारी हार का सामना करना पड़ा। पूरे देश में उसे सिर्फ़ दो लोकसभा सीटों पर ही जीत मिली और उसके वोट घट कर 7.4 फ़ीसदी पर आ गये। इस भीषण पराजय के बाद भाजपा में ऊहापोह शुरू हुआ जिसका नतीजा हार के कारणों की जाँच के लिए कृष्णलाल शर्मा कमेटी की नियुक्ति में निकला। इस समिति ने अपनी पड़ताल द्वारा बताया कि भाजपा को निराश नहीं होना चाहिए, क्योंकि उसे जितने वोट मिले हैं उनकी गिनती सारे देश में भाजपा को वैचारिक समर्थन देने वाले वोटों की तरह की जानी चाहिए यानी पार्टी ने अपना बुनियादी समर्थन आधार नहीं खोया है। इस निष्कर्ष का संदेश साफ़ था कि अगर पार्टी चाहे तो हिंदुत्ववादी मुद्दों पर लौट कर अपनी प्रभावकारिता बढ़ा सकती है। कई राजनीतिक समीक्षकों की राय है कि शर्मा कमेटी की सिफ़ारिशों के बाद पार्टी लालकृष्ण आडवाणी के नेतृत्व में दोबारा हिंदुत्ववादी राजनीति की तरफ़ लौटी। दूसरी तरफ़ इस विश्लेषण की सटीकता पर संदेह पैदा करने वाले कुछ तथ्य भी दृष्टव्य हैं। इनमें सबसे महत्त्वपूर्ण यह है कि संघ पार्टी की आधारभूत विचारधारा में गाँधीवादी समाजवाद जोड़ने से प्रसन्न नहीं था। कहा जाता है कि इसी कारण से उसने नीति बनायी कि उसके स्वयंसेवकों को 1984 के चुनाव में भाजपा का साथ नहीं देना चाहिए। अगर इस हक़ीक़त को निगाह में रखा जाए तो शर्मा कमेटी द्वारा भाजपा को मिले लगभग चार फ़ीसदी वोटों को हिंदुत्ववादी वोट मानना मुश्किल होगा।

बहरहाल, इस बात से इनकार नहीं किया जा सकता कि 1984 की पराजय के बाद भाजपा ने हिंदुत्वादी मुद्दों पर ध्यान देना शुरू कर दिया। संघ के विभिन्न संगठनों ने इस तरह के मुद्दों की पहचान करने और उन्हें गरमाने में भाजपा की मदद की। 1985 में शाहबानो मामले में कांग्रेस की केंद्र सरकार द्वारा सर्वोच्च न्यायालय के फ़ैसले के बावजूद मुसलमान कट्टरपंथ के सामने झुक जाने की भाजपा ने जम कर आलोचना की। उसने देश के सभी समुदायों के लिए संविधान में निर्देशित समान नागरिक संहिता बनाने की माँग की। इस प्रक्रिया में आडवाणी के नेतृत्व में भाजपा को वास्तविक सेकुलरवाद बनाम छद्म सेकुलरवाद की बहस छेड़ने का मौक़ा मिला। ध्यान रहे कि यह वह समय था जब समाज-विज्ञान की दुनिया में भी सेकुलरवाद के प्रश्न पर जम कर बहस हो रही थी। भाजपा ने मध्यवर्ग के एक ख़ासे बड़े हिस्से को यह समझाने में कामयाबी हासिल की कि कांग्रेस का सेकुलरवाद मुख्य रूप से हिंदू

विरोधी है, और उसका मक़सद केवल मुसलमानों का तुष्टीकरण है ताकि उनके वोट उसे मिलते रहें।

अस्सी का दशक रामजन्मभूमि आंदोलन के लिए ज़मीन बनाने वाला भी साबित हुआ। इसमें राजीव गाँधी के नेतृत्व वाली कांग्रेस की भूमिका को नज़रअंदाज़ नहीं किया जा सकता। भाजपा के नेता अटल बिहारी वाजपेयी का वह वक्तव्य नहीं भुलाया जा सकता जिसमें उन्होंने कहा था कि 'भाजपा ने अयोध्या का मुद्दा ज्वलंत नहीं बनाया। यह तो कांग्रेस का किया-धरा है। उसने ही शिलान्यास कार्यक्रम की इजाज़त दी थी। यह राजीव गाँधी ही थे जिन्होंने फ़ैज़ाबाद से अपनी चुनावी मुहिम शुरू की और रामराज्य लाने के नाम पर वोट माँगे। भाजपा को इस रणनीति का जवाब तो देना ही था।' दरअसल, रामजन्मभूमि के मुद्दे के इर्द-गिर्द कांग्रेस और भाजपा दोनों ने ही अस्सी के दशक में हिंदू वोट बैंक बनाने की राजनीति की। एक बार जब यह मुद्दा बन गया तो भाजपा के सहयोगी हिंदुत्ववादी संगठनों, ख़ास कर विश्व हिंदू परिषद् ने समझा कि कांग्रेस के मुक़ाबले इसके दोहन की क्षमता उसमें अधिक है। उसका रवैया हमलावर होता चला गया। उसने नारा दिया कि जब तक मंदिर नहीं बनेगा, तब तक यह संघर्ष चलेगा। जब कांग्रेस ने देखा कि परिषद् की राजनीति परवान चढ़ती चली जा रही है, उसने 1989 में हिंदुओं को अपनी ओर खींचने के लिए विवादित स्थल के निकट राम मंदिर का शिलान्यास करने की इजाज़त दे दी। शिलान्यास के बाद विहिप ने दावा किया कि इस शिलान्यास में केवल प्रस्तावित राम मंदिर की नींव ही नहीं रखी गयी है बल्कि लोगों के हृदय में हिंदू राष्ट्र की नींव पड़ गयी है। शिलान्यास करवाना कांग्रेस की तरफ़ से हिंदू कार्ड खेलने की अंतिम कोशिश थी। इसके बाद यह मुद्दा पूरी तरह से संघ परिवार की हिंदुत्ववादी महत्त्वाकांक्षाओं की भेंट चढ़ गया। सभी तरह के व्यावहारिक नज़रिये से भाजपा इस आंदोलन के साथ जुड़ी हुई थी। दरअसल, वह इसमें घोषित भागीदारी और उसका नेतृत्व अपने हाथ में लेने के लिए सही मौक़े के इंतज़ार में थी। 1989 के चुनाव में मिली कहीं बेहतर सफलता ने भाजपा को वह मौक़ा प्रदान कर दिया।

देखें : हिंदू राष्ट्रवाद, हिंदू राजनीतिक विचार, आधुनिक भारत में मुसलमान राजनीतिक विचार, बहुसंख्यकवाद, बहुसंख्यक-अल्पसंख्यक, विनायक दामोदर सावरकर, राष्ट्रीय स्वयंसेवक संघ, केशवराम बलिराम हेडगेवार, माधवराव सदाशिवराव गोलवलकर, रामजन्मभूमि आंदोलन-1, 2 और 3.

संदर्भ

1. बी. ग्राहम (1990), *हिंदू नैशनलिज़म ऐंड पॉलिटिक्स : द ऑरिजिन ऐंड डिवलपमेंट ऑफ़ भारतीय जनसंघ,* केम्ब्रिज युनिवर्सिटी प्रेस, केम्ब्रिज.
2. क्रेग बेक्सटर (1969), *जनसंघ : अ बायोग्राफ़ी ऑफ़ अ पॉलिटिकल पार्टी,* युनिवर्सिटी ऑफ़ पेंसिलवैनिया.
3. वी.बी. सिंह और योगेंद्र मलिक, *हिंदू नैशनलिज़म इन इण्डिया : द राइज़ ऑफ़ भारतीय जनता पार्टी,* वेस्ट न्यू प्रेस, यू.एस.ए.
4. क्रिस्टोफ़ ज़ेफ्रलो (1999), *द हिंदू नैशनलिस्ट मूवमेंट ऐंड पॉलिटिक्स,* पेंगुइन, नयी दिल्ली.
5. क्रिस्टोफ़ ज़ेफ्रलो (2007), *हिंदू नैशनलिज़म : अ रीडर,* प्रिंसटन युनिवर्सिटी प्रेस, प्रिंसटन.
6. आशिस नंदी, शैल मायाराम, शिखा त्रिवेदी, अच्युत यागिनक (1995), *द रामजन्मभूमि मूवमेंट ऐंड द फ़ियर ऑफ़ द सेल्फ़,* ऑक्सफ़र्ड युनिवर्सिटी प्रेस, नयी दिल्ली.
7. क्रिस्टोफ़ ज़ेफ्रलो (2001), 'हिंदू नैशनलिज़म ऐंड डेमॉक्रैसी', नीरजा गोपाल जयल (सम्पा.), *डेमॉक्रैसी इन इण्डिया,* नयी दिल्ली: ऑक्सफ़र्ड युनिवर्सिटी प्रेस.

— कमल नयन चौबे

भारतीय जनता पार्टी-2

साम्प्रदायिक ध्रुवीकरण से गठजोड़ राजनीति तक

(Bhartiya Janata Party-2)

1984 की पराजय के बाद भारतीय जनता पार्टी ने गाँधीवादी समाजवाद का पल्ला छोड़ कर उग्र हिंदूवादी मुद्रा अपनायी। दरअसल, उसे लग रहा था कि कांग्रेस उसका द्विज समर्थन आधार उससे छीने ले रही है। आपातकाल के बाद से ही कांग्रेस के हाथ से मुसलमानों, सिक्खों और अनुसूचित जातियों के वोट निकले जा रहे थे, और वह इनकी भरपाई शहरी वोटों से कर रही थी। राजीव गाँधी की ज़बरदस्त जीत का श्रेय ऊँची जाति के उन वोटरों को दिया जा रहा था जिन्होंने इससे पहले के चुनावों में भाजपा की तरफ़ रुझान दिखाया था। 1989 के लोकसभा चुनावों से पहले बोफ़र्स तोपों और एचडीडब्ल्यू पनडुब्बियों के लिए हुए ख़रीद सौदों में खायी गयी दलाली के कारण राष्ट्रीय राजनीति में भ्रष्टाचार एक बड़ा मुद्दा बन चुका था। कांग्रेस से टूट कर अलग हुए विश्वनाथ प्रताप सिंह अपनी पारदर्शी छवि के कारण विपक्षी राजनीति के प्रतीक बन गये थे। उनके और जनता दल के उभार ने कांग्रेस को ज़बरदस्त चुनौती दी। ऐसे में 1989 के लोकसभा चुनाव में भाजपा ने जनता दल के साथ परोक्ष सहमति के साथ लड़ा। उसकी सीटों में काफ़ी इज़ाफ़ा हुआ और लोकसभा में उसके सीटों की संख्या दो से बढ़कर 89 हो गयी।

नतीजे आने के बाद भाजपा ने लोकसभा में कम्युनिस्ट

पार्टियों के नेतृत्व वाले वाम मोर्चे के साथ जनता दल के नेतृत्व वाले राष्ट्रीय मोर्चे को अल्पसंख्यक सरकार बनाने के लिए समर्थन देना तय किया। ज़ाहिर था कि वामपंथी और भाजपा दोनों मिल कर कांग्रेस को सत्ता से बाहर रखना चाहते थे। उन्हें पता था कि वी.पी. सिंह की सरकार ज़्यादा नहीं चलेगी और जल्दी ही मध्यावधि चुनाव होंगे। इसके अलावा, इसने उत्तर प्रदेश और बिहार जैसे राज्यों में भी जनता दल सरकार को समर्थन दिया। जनता दल की भीतरी राजनीति के कारण बन रहे दबाव से निबटने के लिए वी.पी. सिंह ने ठंडे बस्ते में पड़ी मण्डल आयोग की रपट को लागू करके पिछड़े वर्गों को नौकरियों में आरक्षण देने का फ़ैसला किया। भाजपा को लगा कि इस क़दम से उसके हिंदू चुनावी आधार की जड़ पर प्रहार होगा। उसकी दुविधा स्पष्ट थी। वह पिछड़ों को आरक्षण का विरोध नहीं कर सकती थी, और न ही आरक्षण के ख़िलाफ़ ऊँची जातियों में हुई तीखी प्रतिक्रिया के ख़िलाफ़ खड़ी हो सकती थी। इसी दोहरी जकड़ से निकलने के लिए लालकृष्ण आडवाणी ने राम मंदिर के मुद्दे पर गुजरात में सोमनाथ से उप्र में अयोध्या तक रथयात्रा करने की योजना बनायी। रथयात्रा असाधारण रूप से कामयाब रही। जगह-जगह आडवाणी का भव्य स्वागत हुआ। पर उनका रथ अपने पीछे साम्प्रदायिक तनाव और हिंसा छोड़ता गया। इस रथयात्रा ने पूरे देश का माहौल साम्प्रदायिक कर दिया। आडवाणी को बिहार में लालू यादव की सरकार ने गिरफ़्तार किया और बदले में भाजपा ने केंद्र सरकार से समर्थन वापिस लेकर ग्यारह महीने पुरानी विश्वनाथ प्रताप सिंह सरकार गिरा दी।

इसके बाद केंद्र में तक़रीबन चार महीने तक चंद्रशेखर के नेतृत्व में समाजवादी जनता पार्टी की सरकार रही। कांग्रेस ने इसे बाहर से समर्थन दिया था। कांग्रेस द्वारा समर्थन वापस ले लिए जाने के बाद 1991 में फिर से चुनाव हुए। इस दौरान कांग्रेस अध्यक्ष राजीव गांधी की तमिलनाडु में एलटीटीई के आत्मघाती दस्ते द्वारा हत्या कर दी गयी। चुनावों में कांग्रेस को इस घटना का फ़ायदा मिला और वह सबसे बड़े दल के रूप में उभरी। मंदिर राजनीति को गरमाने के कारण भाजपा को भी इस चुनावों में अच्छी सफलता मिली और उसे लोकसभा में कुल 121 सीटों पर जीत हासिल हुई। इस दौर में भाजपा ने राम मंदिर के साथ-ही-साथ समान नागरिक संहिता बनाने और कश्मीर को विशेष दर्जा देने वाले संविधान की धारा 370 को ख़त्म करने के मुद्दे को भी ज़ोर-शोर से उठाया। इसके साथ ही संघ की विविध शाखाओं द्वारा ज़मीनी स्तर पर किये जाने वाले काम के कारण मध्य प्रदेश, उत्तर प्रदेश, राजस्थान और हिमाचल प्रदेश जैसे राज्यों में भाजपा की स्थिति काफ़ी मज़बूत हो गयी। इन राज्यों में भाजपा को अपनी सरकार बनाने में भी सफलता मिली।

1991 के चुनावों में केंद्र और कुछ राज्यों में ज़बरदस्त सफलता से उत्साहित भाजपा नेतृत्व को यह लगा कि राम मंदिर और उग्र हिंदुत्व का मुद्दा उसके लिए कारगर है। इसलिए उसने इन मुद्दों को और भी ज़्यादा गरमाने की रणनीति अपनायी। इसी सिलसिले 1992 के दिसम्बर महीने के पहले हफ़्ते में अयोध्या में कारसेवा का आयोजन किया गया। घटनाक्रम का नतीजा छह दिसम्बर को अयोध्या में कारसेवकों द्वारा बाबरी मसजिद ढहाने में निकला। इस दौरान लालकृष्ण आडवाणी, मुरली मनोहर जोशी और उभा भारती जैसे भाजपा के नेता अयोध्या में मौजूद थे। उत्तर प्रदेश के मुख्यमंत्री कल्याण सिंह ने मसजिद की सुरक्षा के लिए कुछ भी नहीं किया। वहाँ खड़े पुलिस के लोग इस पूरे मामले में तमाशाई बने रहे। बाबरी मसजिद गिराने के कारण पूरे देश में भयंकर दंगे हुए। पी.वी. नरसिंह राव की केंद्र सरकार ने भाजपा शासन वाली सभी राज्य सरकारों को बर्ख़ास्त कर दिया।

साम्प्रदायिक ध्रुवीकरण की भाजपा की रणनीति सफल तो हुई, लेकिन इसने राजनीतिक रूप से भाजपा को पूरी तरह अकेला कर दिया। यानी सेकुलरवाद और अल्पसंख्यक वोटों की परवाह करने वाला कोई भी दल अब भाजपा से जुड़ने के लिए तैयार नहीं था। चुनावी राजनीति में भी इसे कुछ झटके खाने पड़े। मसलन, 1993 में हुए विधानसभा चुनावों में इसे उत्तर प्रदेश और मध्य प्रदेश में हार का मुँह देखना पड़ा। लेकिन भाजपा के कई नेताओं ने यह दिखाने की कोशिश की वे राम मंदिर के लिए सत्ता की परवाह नहीं करते हैं।

बहरहाल, 1992 के बाद भाजपा ने तीन स्तरीय रणनीति अपनायी : पहला, इसने उग्र हिंदुत्व की राजनीति से मिले फ़ायदों को क़ायम रखने की कोशिश की। इसके बहुत से नेता राम मंदिर बनाने की माँग दुहराते रहे। समान नागरिक संहिता बनाने और संविधान की धारा 370 ख़त्म करने पर भी ज़ोर दिया जाता रहा। दूसरा, इसने पार्टी में पिछड़ी जातियों को जोड़ने के लिए सोशल इंजीनियरिंग की रणनीति अपनायी। अर्थात् इसने पार्टी के भीतर और जिन राज्यों में यह सत्ता में थी वहाँ सरकार में पिछड़ी जातियों को पर्याप्त महत्त्व दिया। अमूमन इस पार्टी की छवि हिंदुत्व की राजनीति करने वाली ब्राह्मण-बनिया पार्टी की रही है। भाजपा ने सोशल इंजीनीयरिंग द्वारा इस कमी को दूर करने की कोशिश की। तीसरा, इसने यह साबित करने की कोशिश की कि इसका 'चाल, चेहरा और चरित्र' दूसरे दलों से अलग है। यानी यह भ्रष्टाचार, जातिवाद से परे राष्ट्रवाद की समर्थक पार्टी है। नरसिंह राव सरकार के ऊपर लगने वाले भ्रष्टाचार के आरोपों ने भाजपा के इस दावे को मज़बूती प्रदान की। इसके साथ ही, भाजपा ने अटल बिहारी वाजपेयी को अपने प्रधानमंत्री पद के उम्मीदवार के रूप में आगे बढ़ाया। वाजपेयी की छवि उदार मानी जाती थी। उन पर भ्रष्टाचार को कोई आरोप नहीं लगा था। उस समय तक वे देश के सबसे लोकप्रिय नेता बन चुके

थे। संसदीय राजनीति में लम्बे अनुभव के कारण सभी दलों के नेता उनका सम्मान भी करते थे। वाजपेयी की लोकप्रियता और राव सरकार की नाकामियों के कारण 1996 के लोकसभा चुनावों में भाजपा सबसे बड़े दल के रूप में उभरी। इसे लोकसभा की कुल 161 सीटों पर जीत मिली। इसके नेता अटल बिहारी वाजपेयी के नेतृत्व में केंद्र में भाजपा की सरकार बनी। लेकिन इसे दूसरे दलों की समर्थन नहीं मिला। इस कारण तेरह दिनों के बाद वाजपेयी को इस्तीफ़ा देना पड़ा। केंद्र में संयुक्त मोर्चे की सरकार बनी, जिसे बाहर से कांग्रेस ने समर्थन दिया। लेकिन ये सरकारें लम्बे समय तक नहीं चलीं। 1998 में फिर से लोकसभा चुनाव हुए।

1996 में तेरह दिन की सरकार बनाने के कड़वे अनुभव से सबक लेते हुए भाजपा ने क्षेत्रीय दलों से गठजोड़ बनाने की रणनीति अपनायी। इस संदर्भ में उसने बिहार में समता पाटी, जो बाद में जनता दल (एकीकृत) बनी, से गठबंधन किया। पंजाब में अकाली दल और महाराष्ट्र में शिव सेना की हमदर्दियाँ भी उसके साथ थीं। 1998 के चुनावों के बाद भाजपा एक बार फिर से सबसे बड़े दल के रूप में उभरी। अप्रैल, 1998 में कई क्षेत्रीय दलों के साथ मिल कर उसने राष्ट्रीय जनतांत्रिक गठबंधन (या राजग) का निर्माण किया। लेकिन ऐसा करने के लिए भाजपा को अपने घटक दलों को आश्वासन देना पड़ा कि वह अपने तीन उग्र हिंदुत्ववादी मुद्दों यानी राममंदिर, समान नागरिक संहिता और धारा 370 को ठंडे बस्ते में डाल देगी। भाजपा की यह सरकार भी सिर्फ़ तेरह महीने तक ही शासन में रह सकी। जयललिता के नेतृत्व में अन्नाद्रमुक के समर्थन वापस ले लेने के कारण यह सरकार गिर गयी।

इसके बाद भाजपा ने 1999 में हुए लोकसभा चुनाव राष्ट्रीय जनतांत्रिक गठबंधन (या राजग) के रूप में लड़ा। उसने अपनी पार्टी का अलग घोषणापत्र जारी करने से भी इनकार कर दिया और राजग के घोषणापत्र को ही अपना लिया। गठजोड़ राजनीति का यह एक नया आयाम था। इन चुनावों में राजग को अच्छी सफलता मिली। भाजपा 182 सीटों के साथ सबसे बड़े दल के रूप में सामने आयी और राजग लोकसभा में बहुमत के काफ़ी क़रीब पहुँच गया। केंद्र में अटल बिहारी वाजपेयी के नेतृत्व में सरकार बनी। यह सरकार सफलता से चली। वाजपेयी के नेतृत्व में भाजपा ने उग्र हिंदुत्ववादी मुद्दों की उपेक्षा की। इसके अलावा, इसने स्वदेशी की उपेक्षा करते हुए नरसिंह राव सरकार द्वारा अपनायी गयी आर्थिक सुधार की नीतियाँ जारी रखीं। सुधारों को आगे बढ़ाने के लिए इसने बाक़ायदा सरकार में एक विनिवेश विभाग का गठन किया। विदेश नीति के संदर्भ में इसने एक महत्त्वपूर्ण बदलाव यह किया कि भारत और संयुक्त राज्य अमेरिका के बीच नज़दीकी संबंध बढ़ाने की कोशिश की।

उग्र हिंदुत्व के मुद्दों की उपेक्षा करने के कारण उत्तर प्रदेश जैसे राज्यों में भाजपा को नुक़सान का भी सामना करना पड़ा। पार्टी के भीतर भी एक मज़बूत धड़े ने हिंदुत्व के मुद्दे को फिर से पार्टी के एंजेंडे पर वापस लाने की माँग की। गुजरात में फ़रवरी, 2002 में हुई अल्पसंख्यक विरोधी हिंसा में नरेंद्र मोदी के नेतृत्व वाली भाजपा की सरकार की भूमिका उसे शह देने वाली रही। दरअसल नरेंद्र मोदी और गुजरात भाजपा का इरादा इस घटनाक्रम का लाभ उठा कर हिंदू वोटों का ध्रुवीकरण करने का था। इसमें उन्हें सफलता भी मिली। गुजरात में हुए विधानसभा चुनावों में उन्हें जीत हासिल हुई। लेकिन राष्ट्रीय स्तर पर इससे भाजपा को नुक़सान हुआ। यह नुक़सान 2004 के लोकसभा चुनावों में पुख़्ता रूप में सामने आया। भाजपा ने 'इण्डिया शाइनिंग' के नारे के साथ यह चुनाव लड़ा। लेकिन उसे हार का सामना करना पड़ा। इन चुनावों में भाजपा को पिछले चुनाव से 44 कम यानी कुल 138 सीटों पर जीत मिली। राजग को कुल 181 सीटें मिली और पिछले चुनाव की तुलना में उसे 89 सीटों का नुक़सान हुआ। चुनावों के बाद केंद्र में मनमोहन सिंह के नेतृत्व में संयक्त प्रगतिशील गठबंधन की सरकार बनी। भाजपा और राजग विपक्ष में रहे। भाजपा ने एक सक्रिय विपक्ष की भूमिका निभाने की कोशिश की। लेकिन वाजपेयी के बाद एक सर्वस्वीकार्य और पूरे देश में जनाधार रखने वाले नेता के अभाव में वह कोई ख़ास प्रभाव नहीं छोड़ पायी। इस कारण 2009 के चुनावों में उसे 2004 से भी ज़्यादा बड़ी पराजय का सामना करना पड़ा। उसे 22 सीटें कम मिलीं यानी इसे कुल 116 सीटों पर जीत मिली। एक गठबंधन के रूप में भाजपा के नेतृत्व वाले राजग को कुल 159 सीटें मिलीं, जो पिछले चुनावों से 17 कम थीं।

केंद्र में गठजोड़ राजनीति को वैधता दिलाने का श्रेय भाजपा को ही जाता है। लेकिन इस पार्टी के सामने अभी कई तरह की समस्याएँ मौजूद हैं : पहली समस्या तो यह है कि पार्टी के भीतर हिंदुत्ववादी मुद्दों को लेकर एक दुविधा की स्थिति हमेशा बनी रहती है। पार्टी के एक कट्टर धड़े ने हमेशा ही इन मुद्दों पर ज़ोर देने की कोशिश की है। मसलन, 2002 के बाद पार्टी में नरेंद्र मोदी का क़द लगातार बढ़ता गया है। उग्र हिंदुत्ववादी नीति के पैरोकारों ने उन्हें अपने नेता के तौर पर देखा। एक पार्टी के रूप में अगर भाजपा उग्र हिंदुत्व की राजनीति अपनाती है, तो उसे अपने कई गठबंधन सहयोगियों का साथ खोना पड़ सकता है। उदाहरण के तौर पर जनता दल (एकीकृत) जैसे घटकों ने स्पष्ट रूप से भाजपा के हिंदुत्ववादी राजनीति की ओर वापस जाने और राजग की न्यूनतम सहमति की उपेक्षा करने का विरोध किया है। दूसरे, भाजपा की एक बहुत बड़ी समस्या यह भी है कि वह संघ से अलग अपनी पहचान बना पाने में नाकाम रही है। आज

भी संघ के समर्थन के बग़ैर कोई नेता इस पार्टी का अध्यक्ष नहीं बन सकता है। तीसरे, भाजपा दक्षिण और उत्तर-पूर्व भारत में अपना कोई ख़ास विस्तार कर पाने में नाकाम रही है। कर्नाटक में अपनी सरकार बनाने और उसे चलाने का उसका प्रयोग बुरी तरह से नाकाम रहा है। दक्षिण के दूसरे कई राज्यों में इसकी स्थिति डाँवाँडोल ही है। उत्तर-पूर्व के राज्यों में भाजपा की स्थिति के बारे में भी यही बात कही जा सकती है। चौथे, सत्ता में रहने के कारण भाजपा के कई नेताओं पर भ्रष्टाचार के आरोप लगे हैं। इससे एक अलग तरह की पार्टी होने का उसका दावा कमज़ोर हुआ है। पाँचवाँ, आर्थिक मसलों पर भाजपा एक वैकल्पिक राजनीति की रूपरेखा दे पाने में नाकाम रही है। यद्यपि शुरुआत में इसने स्वदेशी पर ज़ोर दिया था। लेकिन सत्ता में आने पर इसने भी कांग्रेस की आर्थिक सुधारों की नीतियों को ही आगे बढ़ाया। इसलिए देश की मुख्य विपक्षी पार्टी और एक बड़े गठजोड़ (राजग) का नेतृत्व करने के बावजूद भाजपा के सामने कई बड़ी चुनौतियाँ हैं। इसकी भविष्य की सम्भावनाएँ इस बात पर निर्भर हैं कि यह किस सीमा तक इन चुनौतियों से उबर पाती है।

देखें : हिंदू राष्ट्रवाद, हिंदू राजनीतिक विचार, आधुनिक भारत मे मुसलमान राजनीतिक विचार, बहुसंख्यकवाद, बहुसंख्यक-अल्पसंख्यक, विनायक दामोदर सावरकर, राष्ट्रीय स्वयंसेवक संघ, केशवराम बलिराम हेडगेवार, माधवराव सदाशिवराव गोलवलकर, रामजन्मभूमि आंदोलन-1, 2 और 3।

संदर्भ

1. ऑलिवर हीथ (2002), 'ऐनाटॉमी ऑफ़ बीजेपीज़ राइज़ टू पावर: सोशल, रीजनल ऐंड पॉलिटिकल एक्सपेंशन इन 1990ज़', ज़ोया हसन (सम्पा.), *पार्टीज़ ऐंड पॉलिटिक्स इन इण्डिया,* ऑक्सफ़र्ड पेपरबैक्स, नयी दिल्ली.
2. अभय कुमार दुबे (2009), 'मैजोरिटेरियनिज़म अनपैक्ड : ट्रायल्स ऐंड टर्बुलेशन ऑफ़ भारतीय जनता पार्टी इन उत्तर प्रदेश', सुधा पै (सम्पा.), *पॉलिटिक्स ऐंड कल्चर ऑफ़ उत्तर प्रदेश,* पियर्सन, नयी दिल्ली.
3. शिव विश्वनाथन (2000), 'पॉलिटिक्स ऑफ़ परफ़ॉर्मेंस : बीजेपी इन पॉवर', *इकॉनॉमिक ऐंड पॉलिटिकल वीकली,* खण्ड 35, अंक 42.
4. जंगम चिन्नैया (2003), 'बीजेपी ऐंड रिज़र्वेशन : कोटा पॉलिटिक्स ऑल इलेक्ट्रोरल कनवीनियेंस', *इकॉनॉमिक ऐंड पॉलिटिकल वीकली,* खण्ड 38, अंक 30.

— कमल नयन चौबे

भारतीय डायसपोरा

(Indian Diaspora)

दुनिया का सबसे बड़ा डायसपोरा भारतवंशियों का है। क़रीब तीन करोड़ की संख्या वाला यह डायसपोरा विश्व के 28 देशों में फैला हुआ है। भारतीय समाज की ही तरह यह डायसपोरा भी बहुधर्मी (हिंदू, मुसलमान, सिक्ख, ईसाई, बौद्ध, जैन और पारसी), बहुजातीय (भारत की लगभग सभी जातीयताएँ) और बहुभाषी है। अगर डायसपोरा की तीन प्रमुख श्रेणियाँ (उत्पीड़ित डायसपोरा, श्रमिक डायसपोरा और तिजारती डायसपोरा) मानी जाएँ तो भारतीय डायसपोरा तीनों श्रेणियों का निर्माण करता है। जिप्सी भारतवंशी माने जाते हैं और सारी दुनिया में उनके ख़िलाफ़ उत्पीड़न के प्रमाण बड़े पैमाने पर उपलब्ध हैं। उपनिवेशवाद और साम्राज्यवाद के कारण उन्नीसवीं सदी में बहुत बड़ी संख्या में भारतवासियों को अनुबंध की शर्तों में बँधे हुए बँधुआ श्रमिक के तौर पर ब्रिटिश उपनिवेशों के बाग़ानों में काम करने के लिए भेजा गया था। इस डायसपोरा का एक हिस्सा ऐसा भी है जिसे तिजारती श्रेणी में रखा जाएगा। इसके तहत वे भारतवंशी आते हैं जो अपनी व्यापार और व्यवसायगत योग्यताओं के आधार पर विदेशों में बेहतर अवसरों की तलाश में गये थे। इनमें शारीरिक श्रम करने वाले श्रमिकों, कारीगरों, डॉक्टरों, इंजीनियरों और व्यापारियों को रखा जा सकता है। भारतीय डायसपोरा न केवल सामाजिक दृष्टि से महत्त्वपूर्ण है, बल्कि राजनीतिक नज़रिये से भी उसकी अहमियत दुनिया के दूसरे डायसपोरा समाजों से अधिक है। उपनिवेशवाद विरोधी आंदोलन का इतिहास गवाह है कि दक्षिण अफ़्रीका के भारतीयों के बीच ही गाँधी ने अहिंसक आंदोलन और सत्याग्रह के सबसे पहले प्रयोग किये थे। श्रीलंका में हिंसक अलगाववादी आंदोलन चलाने वाला ईलम संगठन भारतवंशी तमिलों का ही है। उत्तरी अमेरिका के भारतीय भारत में चलने वाली वामपंथी (पीपुल्स एसोसिएशन ऑफ़ नॉर्थ अमेरिका के भारत के नक्सलवादी गुटों के साथ संबंध रहे हैं) और दक्षिणपंथी (अमेरिका, ब्रिटेन और कनाडा के प्रवासी भारतीय विश्व हिंदू परिषद् के हिंदुत्ववादी कार्यक्रम का समर्थन करते रहे हैं) वे दोनों तरह की राजनीति से जुड़े हुए हैं। प्रवासी भारतीय हिंदू धर्म के भूमण्डलीकरण की प्रक्रिया और उसके ज़रिये उसमें आने वाले परिवर्तनों के भी ज़िम्मेदार माने जाते हैं।

भारत सरकार इस डायसपोरा समाज को दो तकनीकी श्रेणियों में रख कर परिभाषित करती है : अनिवासी भारतीय या प्रवासी भारतीय (एनआरआई) और भारतीय मूल का व्यक्ति (पीआईओ)। नॉन रेजीडेंड का मतलब है प्रवासी

भारतीय जो भारतवंशी तो है पर भारत के बाहर पैदा हुआ है और स्थाई रूप से बाहर ही रहता है और अपनी रिहाइश के देश का नागरिक है। परसन ऑफ़ इण्डियन ऑरिजन का मतलब है भारतीय मूल का वह व्यक्ति जो भारत का नागरिक नहीं है। कम से कम चार पीढ़ियों से विदेश में रहने वाले व्यक्ति को पीआईओ का दर्जा मिल सकता है। पीआईओ कार्ड रखने वाले पुरुष की पत्नी भी वह कार्ड रख सकती है, भले ही वह भारतीय मूल की न हो। पीआईओ कार्डधारकों पर वे पाबंदियाँ नहीं होतीं जो विदेशी नागरिकों पर लगायी जाती हैं। यानी उन्हें वीज़ा और काम करने के परमिट पर कोई रोक नहीं है। न ही उन पर किसी तरह के आर्थिक प्रतिबंध लगाये जाते हैं।

जनवरी, 2006 से भारत सरकार ने 'ओवरसीज़ सिटीज़नशिप ऑफ़ इण्डिया' (ओसीआई) की स्कीम शुरू की है जिसके तहत प्रवासियों को आज़ादी के बाद पहली बार एनआरआई और पीआईओ को सीमित क़िस्म की दोहरी नागरिकता देने का प्रावधान किया गया है। समझा जाता है कि धीरे-धीरे ओसीआई स्कीम पीआईओ स्कीम की जगह ले लेगी।

इतिहास को देखा जाए तो रोमानी लोगों या जिप्सियों की बड़ी संख्या के भारत से जा कर दूसरे देशों में बसने से भारतीय डायसपोरा की शुरुआत होती है। भाषाई और जेनेटिक प्रमाण बताते हैं कि जिप्सियों का उद्गम मध्य भारत में है। ग्यारहवीं सदी में वे यहीं से उत्तर-पश्चिम की तरफ़ बढ़े और ईसा से ढाई सौ साल पहले उन्होंने पंजाब के इलाक़े में कई सदियाँ बितायीं। 500 से 1000 ईस्वी के बीच कई लहरों में रोमानी लोगों ने दुनिया के पश्चिमी हिस्से की तरफ़ गमन किया। मध्य एशिया के डोम और भारत के बंजारे रोमानी समाज के बचे हुए प्रतिनिधि ही माने जाते हैं। चोल राजाओं और बौद्धों की फ़ौजी मुहिमों के कारण भारतीय प्रभाव दक्षिण-पूर्वी एशिया तक पहुँचा और सुमात्रा, मलय द्वीप और बाली में भारतीय डायसपोरा का आधार बना। सोलहवीं सदी के मध्य में भारतीय व्यापारी मध्य एशिया और फ्रांस के इलाक़ों में पहुँचे और उनका एक हिस्सा वहीं बस गया। अट्ठारहवीं सदी तक मास्को और सेंट पीटर्सबर्ग में भी भारतीय मौजूदगी दिखाई पड़ती है। उन्नीसवीं सदी से ब्रिटिश राज के ख़ात्मे तक भारतीय श्रमिकों को क़रारबंद करके बँधुआ मज़दूरों के रूप में मॉरीशस, गुयाना, कैरीबियाई द्वीपों, फ़ीज़ी, सूरीनाम और पूर्वी अफ़्रीका के बाग़ानों में काम करने के लिए ले जाया जाने लगा। चूँकि ब्रिटिश संसद ने 1834 में दास प्रथा का उन्मूलन कर दिया था, इसलिए इन बाग़ानों में श्रमिकों की कमी पड़ने लगी थी। भारतीय श्रमिकों ने इनकी जगह ली। अंग्रेज़ उपनिवेशवादी भारतीय श्रमिकों को श्रीलंका, बर्मा और ब्रिटिश मलाया के चाय बागानों में काम करने के लिए भी ले गये।

आज़ादी के बाद अमेरिकी और युरोपीय अर्थव्यवस्थाओं द्वारा दिये गये अवसरों का लाभ उठाने के लिए डॉक्टरों और अन्य पेशों में प्रशिक्षित भारतवासी विदेश गये। सत्तर के दशक में मध्य-पूर्व के देशों में आये तेल बूम से पैदा हुए अवसरों का लाभ उठाने के लिए बड़ी संख्या में भारतवासी खाड़ी देशों में काम करने के लिए गये। नब्बे के दशक में आये सॉफ़्ट वेयर बूम के चलते अमेरिकी और पश्चिमी देशों की अर्थव्यवस्थाओं ने भी बहुत से प्रशिक्षित भारतीयों को अपनी ओर आकर्षित किया।

भारतवंशियों को अपनी रिहाइश के देशों में बसने के लिए काफ़ी संघर्ष करना पड़ा है। युगांडा में ईदी अमीन की सरकार द्वारा एशियाइयों के ख़िलाफ़ चलाई गयी मुहिम के दौरान भारतीयों को सबसे ज़्यादा नुक़सान उठाना पड़ा था। फ़ीज़ी में भारतवासी मूल निवासियों के राजनीतिक कोप का सामना कर चुके हैं। ब्रिटेन, कनाडा और अमेरिका में उन्हें गोरों की नस्ली घृणा का मुक़ाबला करना पड़ा है। ऑस्ट्रेलिया में 2009-10 के दौरान भारतीय छात्रों ने अमानवीय हिंसा के घाव झेले हैं।

कहा जाता है कि ऑस्ट्रेलिया में भारतीयों का आगमन उस ज़माने में हुआ था जब वहाँ ऊँटों के ज़रिये संचार व्यवस्था चलती थी। इन भारतीयों को अफ़ग़ान कहा जाता था और वे मेलबर्न और अन्य ऑस्ट्रेलियायी केंद्रों के बीच सूत्र की भूमिका निभाते थे। आज ऑस्ट्रेलिया में क़रीब 2,60,000 भारतीय रहते हैं जिनमें ज़्यादातर हिंदू और सिक्ख हैं। कनाडा में भारतीयों का आगमन उन्नीसवीं सदी में शुरू हुआ। उन्हें गोरी चमड़ी के कनाडियनों के नस्ली हमलों का सामना करना पड़ा। 1919 तक कनाडा की सरकार इन्हें अपनी पत्नी और बच्चों को लाने की इजाज़त नहीं देती थी। इसके बाद भारतीयों पर कोटा सिस्टम थोपा गया जो 1967 तक जारी रहा। आज चीनियों के बाद भारतीय कनाडा में हर साल आने वाले विदेशियों में सबसे ज़्यादा हैं। कैरीबियन द्वीप समूहों में 1838 से 1917 के बीच पचास लाख से ज़्यादा भारतीय क़रारबंद श्रमिकों के रूप में बाग़ानों में काम करने के लिए लाये गये। इनमें से ज़्यादातर पूर्वी उत्तर प्रदेश और पश्चिमी बिहार के थे। आज जमैका और सेंट विंसेंट जैसे देशों में भारतीय-कैरेबियन मूल के लोग सबसे बड़े जातीय समूहों की रचना करते हैं। बहामा, बारबाडोस, बेलिज़, फ्रेंच गुआना, ग्रेनेडा, पनामा, सेंट लूसिया और हैती में भी उनकी आबादी है। इन भारतीयों ने तरह-तरह की कठिनाइयों का सामना करते हुए इन द्वीपों के विकास में उल्लेखनीय भूमिका का निर्वाह किया है।

ब्रिटेन में रहने वाला प्रवासी भारतीय समुदाय मोटे तौर पर तीसरी पीढ़ी से गुज़र रहा है और आबादी के लिहाज़ से दूसरे नम्बर पर आता है। उनसे ज़्यादा आबादी केवल

अमेरिका और कनाडा के भारतवंशियों की ही है। अप्रैल, 2001 की जनगणना के अनुसार वहाँ 4,051,0800 भारतीय रहते हैं जिनमें सत्तर फ़ीसदी संख्या पंजाबियों की है। बाक़ी 30 फ़ीसदी में ज़्यादातर बंगाली और गुजराती हैं। अधिकतर भारतीय लंदन, मिडलैण्ड, नॉर्थ वेस्ट और यार्कशायर में रहते हैं। इंग्लैण्ड में अंग्रेज़ी के बाद सबसे ज़्यादा बरती जाने वाली भाषा पंजाबी है। ब्रिटिश संस्कृति और खान-पान पर भारतीय प्रभाव भी दिखने लगा है।

उत्तरी अमेरिका में भारतीय समुदाय की रिहाइश अब सौ साल से ज़्यादा पुरानी हो चुकी है। शुरुआती प्रवासियों में ज़्यादातर सिक्ख थे। 1889 में पहला हिंदू परिवार अमेरिका पहुँचा तो वहाँ की सरकार ने उसके लिए मंदिर का निर्माण करवाया। इससे आकर्षित हो कर और हिंदुओं ने अमेरिका की राह पकड़ी। इसके बाद अमेरिका में कई मंदिर दिखने लगे। लेकिन, सरकार ने सिक्खों को अपने गुरुद्वारे बनाने की यह मान कर इजाज़त नहीं दी कि उनका सम्प्रदाय हिंदू धर्म से ही निकला है इसलिए अगर वे पूजा करना चाहें तो मंदिरों में कर सकते हैं। 1911 में कनाडा में पहला गुरुद्वारा बना। आज कनाडा में कई गुरुद्वारे हैं, पर अमेरिका में अब भी उनकी संख्या बहुत कम है। शुरू में एशियाई स्त्रियों को अमेरिका आने की अनुमति नहीं थी, इसलिए बहुत दक्षिण ऐशियाई पुरुषों ने मैक्सिकन औरतों से शादियाँ कीं। प्रवासियों को इस दौर में अमेरिकन नागरिकता नहीं दी गयी। द्वितीय विश्व युद्ध के बाद अमेरिकन आव्रजन नीति में परिवर्तन हुआ और तक़रीबन आधी सदी के बाद भारतवंशियों को अपने परिवार बुलाने और नागरिकता समेत वोट डालने के अधिकार मिले। इसके बाद परिस्थिति अनुकूल हो जाने के बाद पचास, साठ, सत्तर और अस्सी के दशक में विभिन्न चरणों में भारतीय छात्रों, डॉक्टरों, इंजीनियरों और अन्य हुनरमंद कर्मचारियों के रूप में अमेरिका गये और वहीं बस गये। शुरुआत में सिक्ख और पंजाबी ज़्यादा थे, पर बाद के चरणों में गुजराती और दक्षिण भारतीय प्रवासी बने। नब्बे के दशक और नयी सदी के शुरुआती सालों में हुई सूचना क्रांति ने सबसे बड़ी संख्या में भारतीयों को अमेरिका की तरफ़ आकर्षित किया। आज अमेरिकी सार्वजनिक जीवन में भी भारतीयों की अच्छी-ख़ासी उपस्थिति है। न्यूयॉर्क में सबसे ज़्यादा भारतीय रहते हैं और ऐसा कोई महानगरीय क्षेत्र नहीं है जिसमें भारतीय समुदाय मौजूद न हो।

देखें : अनुसूचित जातियाँ, अनुसूचित जनजातियाँ, अन्य पिछड़े वर्ग, आरक्षण, आधुनिकता, अरविंद घोष, आधुनिकीकरण, कन्हैयालाल माणिकलाल मुंशी, जवाहरलाल नेहरू, जातियों का राजनीतीकरण, डायसपोरा, बंगाल का नवजागरण, भारतीय अभिजन, भारतीय आधुनिकता, भारतीय इसलाम, भारतीय उदारतावाद, भारत में उपनिवेशवाद, भारतीय नवजागरण : तुलनात्मक परिप्रेक्ष्य, भारत में नियोजन, भारत में प्रातिनिधिक प्रणाली, भारत में पृथकतावादी राजनीति, भारत में मतदान-व्यवहार-1 से 6 तक, भारत में सामाजिक आंदोलन, भारतीय राज्य, भारतीय राष्ट्रवाद, भारतीय लोकतंत्र, भारतीय लोकतंत्र का संस्थानीकरण-1 से 3 तक, भारतीय स्वभाव और राजनीति, भारतीय संविधान-1 से 8 तक, भारतीय सामाजिक आंदोलन, भीमराव रामजी आम्बेडकर, राजा राममोहन राय, विवेकानंद, विनायक दामोदर सावरकर, संविधान सभा में भाषा-विवाद-1 से 3 तक, सामाजिक आंदोलन।

संदर्भ

1. जी. ओंक (2007), *ग्लोबल डायसपोरा : ट्रैजेक्टरीज़ ऑफ़ माइग्रेशन ऐंड थियरी,* एमस्टर्डम युनिवर्सिटी प्रेस, 2007
2. डायसपोरा : *द नैशनल पोर्टल ऑफ़ गवर्नमेंट ऑफ़ इण्डिया,* (एचटीटीपी://इण्डिया.जीओवी.इन/ओवरसीज़/डायसपोरा/एनआर आई.पीएचपी)

— अभय कुमार दुबे

भारतीय फ़िल्म-अध्ययन

पुरोदर्शन का सिद्धांत

(Indian Film Studies: Frontality Thesis)

पश्चिम के फ़िल्म-सिद्धांतकारों का ध्यान भारतीय सिनेमा की ओर 1956 में गया जब सत्यजीत राय की फ़िल्म 'पाथेर पांचाली' प्रदर्शित हुई। उस क्षण से लेकर अस्सी और नब्बे के दशक में देशी फ़िल्म-अध्येताओं द्वारा सिनेमा के ज़रिये हमारी सौंदर्यमूलक आधुनिकता के असाधारण सिद्धांतीकरण तक भारतीय फ़िल्म-अध्ययन का सफ़र एक सार्थक यात्रा कर चुका है। आज यह अनुशासन एक ऐसे मुक़ाम पर खड़ा है जहाँ वह आधुनिकता के विशिष्ट भारतीय रूप के तहत सांस्कृतिक उत्पादन के राजनीतिक आयामों की शिनाख़्त करने का दावा कर सकता है।

भारतीय सिनेमा के अध्ययन की शुरुआत मुख्यत: दो दृष्टिकोणों के साथ हुई थी। पहले नज़रिये का दावा था कि पश्चिम में विकसित सिनेमाई सौंदर्यशास्त्र के इर्द-गिर्द बुने गये विमर्श के मुताबिक़ राय से पहले की भारतीय फ़िल्मों को सच्चे सिनेमा की श्रेणी में माना ही नहीं जा सकता। जो फ़िल्म-संस्कृति कला-सिनेमा की कसौटियों पर खरी नहीं उतरती, वह असल में सिनेमा है नहीं। ज़्यादा से ज़्यादा वह सिनेमा बनने की प्रक्रिया में है। इस पश्चिमी आग्रह के दो प्रभाव पड़े। पहला, मूक फ़िल्मों और उसके बाद सवाक् फ़िल्मों के भारतीय अध्याय का यत्र-तत्र ज़िक्र भर किया

गया, पर उसे समझने के लिए किसी तरह का ऐतिहासिक और राजनीतिक परिप्रेक्ष्य विकसित करने की कोशिश नहीं की गयी। दूसरा, भारतीय फ़िल्म उद्योग के व्यावसायिक पक्ष, विविध सिनेमा संस्कृतियों और राष्ट्रनिर्माण की सांस्कृतिक राजनीति का अर्थग्रहण करने वाले अध्ययन नहीं किये गये। परिणामस्वरूप लम्बे समय तक भारतीय फ़िल्मों का अध्ययन सत्यजीत राय, ऋत्विक घटक और ऐसे ही कुछ श्रेष्ठ फ़िल्मकारों की कृतियों पर किये गये लेखन तक सीमित रहा। पश्चिम में राय और घटक के प्रशंसकों की संख्या बढ़ती रही। पश्चिमी अध्येताओं द्वारा घटिया समझे जाने वाले भारतीय सिनेमा की पृष्ठभूमि में भारतीय कला-सिनेमा के इन हस्ताक्षरों का सितारा और भी ज़्यादा चमकता दिखाई दिया।

पश्चिमी फ़िल्म-अध्ययन का दूसरा नज़रिया यह था कि व्यावसायिक भारतीय फ़िल्मों को हॉलीवुड में विकसित हुई फ़िल्म-निर्माण संहिताओं की रोशनी में ही देखा जाना चाहिए। भारतीय सिनेमाई यथार्थवाद वैसा ही होना चाहिए था, जैसा हॉलीवुड द्वारा स्थापित कर दिया गया है।

भारतीय फ़िल्मों के अध्ययन की एक अन्य प्रवृत्ति भारत के और भारत के ऊपर काम करने वाले मानवशास्त्रियों, भारतविद्याविदों और समाज-मनोविदों के लेखन से सामने आयी। वैसे तो फ़िल्म-अध्ययन इन विद्वानों के अकादमीय एजेंडे के हाशिये पर ही था, पर फिर भी उनके हस्तक्षेप ने लोकप्रिय सिनेमा पर गम्भीर चिंतन-मनन करने की ज़रूरत की तरफ़ ध्यान खींचा। इन लोगों की निगाह में लोकप्रिय व्यावसायिक सिनेमा भारतीय संस्कृति की एक अभंग निरंतरता का प्रमाण था। उन्होंने तर्क दिया कि ये फ़िल्में आधुनिकता के आक्रमण के ख़िलाफ़ भारत के सांस्कृतिक जीवट की वाहक हैं। नृजातिवर्णन के औज़ारों का इस्तेमाल करते हुए इसी श्रेणी के कुछ अध्येताओं ने लोकप्रिय फ़िल्म संस्कृतियों को अभिग्रहण (रिसेप्शन) के आईने में देखा। इन विद्वानों ने पहले तो जनसाधारण के बीच से उभरे दर्शक वर्ग की एक ऐसे तबक़े के रूप में संकल्पना की जो अपने आधुनिकीकृत होते हुए पर्यावरण के प्रति असहज है, और फिर इस नतीजे पर पहुँचे कि व्यावसायिक फ़िल्में इस दर्शक की विचारधारात्मक और सांस्कृतिक ज़रूरतें पूरा करने में कामयाब हैं।

भारतीय फ़िल्म-अध्ययन की पहली प्रवृत्ति कला सिनेमा तक सीमित ज़रूर थी, पर वह राय और घटक के भारतीय आधुनिकता से संबंधित परिप्रेक्ष्य और राजनीतिक सरोकारों के प्रति सचेत भी थी। पर व्यावसायिक सिनेमा को सम्बोधित करने वाली दूसरी प्रवृत्ति ने (जिसमें बहुत से भारतीय विद्वानों की भी भागीदारी थी) इस पहलू को स्पर्श नहीं किया। वे अपनी अधिकतर गवेषणा भारतीय संस्कृति में निहित मिथक-रचना की क्षमता और स्वायत्त लोक-संस्कृति के रूपों के संदर्भ में ही करते रहे। इस तरह फ़िल्म-अध्ययन की इन प्रवृत्तियों ने भारतीय सिनेमा को दो ध्रुवों में बाँट दिया। एक तरफ़ कला सिनेमा था जिसके सरोकारों के केंद्र में बनते हुए आधुनिक राष्ट्र-राज्य की समस्याएँ थीं। दूसरी तरफ़ व्यावसायिक सिनेमा था जो न केवल परम्परा, वाचिकता और लोक के दायरे में परिभाषित किया जा रहा था, बल्कि उसके भीतर आधुनिकता के प्रति असहजता और यहाँ तक कि शत्रुभाव की भी शिनाख़्त की जा रही थी।

वस्तुस्थिति यह थी कि व्यावसायिक सिनेमा और उसे सफल बनाने वाला दर्शक वर्ग पूँजीवादी अर्थव्यवस्था के आधार पर संरचित फ़िल्म उद्योग और बाज़ार के हाथों संसाधित हो रहा था। इसके साथ-साथ उसमें कई और पहलू शामिल थे। व्यावसायिक सिनेमा आधुनिक प्रौद्योगिकी, हॉलीवुडीय सिनेमा के प्रभाव, आधुनिक राज्य के वर्चस्व, आधुनिकीकरण-सेकुलरीकरण-शहरीकरण की निरंतर जारी प्रक्रिया के कारण जन-साधारण की कामनाओं के बदलते हुए संसार को भी अभिव्यक्त कर रहा था। इस रोशनी में व्यावसायिक सिनेमा के अध्ययन की शुरुआत अस्सी के दशक के उत्तरार्ध और नब्बे के दशक में हुई। तेलुगु के सुपरस्टार नंदमूरि तारक रामराव की राजनीतिक सफलताओं को जनमानस पर सिनेमा की गिरफ़्त के रूप में देखने वाली चिदानंद दासगुप्ता की कृति 'द पेंटिड फ़ेस' का प्रकाशन हुआ। सुमिता एस. चक्रवर्ती ने अपनी कृति 'नैशनल आइडेंटिटी इन पॉप्युलर सिनेमा' में व्यावसायिक फ़िल्मों को आधुनिक राष्ट्र-राज्य के परिप्रेक्ष्य में स्थित करके अभिव्यक्ति की समकालीन विधि के रूप में विश्लेषित किया। इसके अलावा *जर्नल ऑफ़ आर्ट्स ऐंड आइडियाज़* में लिखने वाले कई अध्येताओं (आशीष राज्याध्यक्ष, गीता कपूर, अनुराधा कपूर, रवि वासुदेवन, एम. माधव प्रसाद, विवेक धारेश्वर, तेज़स्विनी निरंजना) ने भारतीय आधुनिकता की जाँच-पड़ताल को केंद्र में रख कर एक मीडिया के तौर पर व्यावसायिक सिनेमा पर प्रभावशाली और नयी ज़मीन तोड़ने वाला लेखन किया।

इन विद्वानों ने सबसे पहले तो यह मानने से इनकार कर दिया कि फ़िल्में एक ही तरह से (पश्चिम द्वारा स्थापित तरीक़ों) बनायी जानी चाहिए। उन्होंने भारत में प्रचलित फ़िल्म-निर्माण की नाना प्रकार की विधियों को सकारात्मक दृष्टि से देखा और इसे 'हेटरोजेनिटी ऑफ़ प्रोडक्शन' के तौर पर मान्यता दी। दूसरे उन्होंने मेलोड्रामा (अतिनाटकीयता) के महत्त्व और प्रभाव की पड़ताल करते हुए उसके अध्ययन में विशिष्ट योगदान किया। इन विद्वानों के काम का तीसरा और सबसे प्रभावशाली पहलू यह था कि उन्होंने भारत के आधुनिक सौंदर्यमूलक रूपों के विकास का इतिहास उन्नीसवीं सदी से रंगमंच, कला और सिनेमा के संसार में

खोजना शुरू किया। विशेष रूप से गीता कपूर ने भारत में कलात्मक निरूपण की विधि पहचानते हुए पुरोदर्शन (फ्रंटलिटी) की थीसिस का सूत्रीकरण किया। विद्वानों की यह मण्डली आजकल भारतीय फ़िल्मों की संगीतात्मकता (म्यूज़िकलिटी) के अध्ययन की पेशबंदी में लगी हुई है।

पुरोदर्शन के सिद्धांत के दो स्रोत थे। सिनेमा के एकदम शुरुआती सालों में हॉलीवुड भी पुरोदर्शन को मान्यता देता था। दर्शक को सीधे सम्बोधित करने वाली इस विधि को 'मोड ऑफ़ डायरेक्ट एड्रेस' की संज्ञा दी गयी। पर बीसवीं सदी के शुरुआती दशक के बाद जब वहाँ फ़िल्म-निर्माण की संहिताएँ बननी शुरू हुईं तो निरूपण की जिस विधि पर पूरी तरह से पाबंदी लगा दी गयी वह पुरोदर्शन ही था। दूसरे, यह सिद्धांत भारतीय रंगमंच के क्षेत्र में पनपी परम्पराओं की देन भी था।

सिनेमा के लिए पुरोदर्शन या फ्रंटलिटी का मतलब होता है अभिनेता का दर्शक से सीधा साक्षात्कार यानी कैमरे में देख कर अभिनय करना। हॉलीवुड का अभिनेता ऐसा नहीं कर सकता। उसे फ़िल्म के सेट पर मौजूद अन्य पात्रों या परिस्थितियों की तरफ़ मुँह करके अभिनय करना होता है ताकि पर्दे पर 'यथार्थ' का अंकन हो सके। हॉलीवुड के लिए यथार्थ पर्दे और उसके नेपथ्य को मिला कर बनने वाला सीलबंद स्पेस है। दर्शक के साथ पात्रों की निगाह की अन्योन्यक्रिया उस स्पेस का अतिक्रमण कर सकती है जिससे यथार्थ की शुद्धता भंग हो जाने का ख़तरा पैदा होने का अंदेशा रहता है। भारतीय फ़िल्में सिनेमाई यथार्थ की खोज रंगमंच की परम्परा से प्राप्त निरूपण की विधियों के ज़रिये करती हैं जिनमें पुरोदर्शन मुख्य है।

पुराने ज़माने के खुले रंगमंच में पुरोदर्शन के कई तात्पर्य हो सकते थे। अभिनेता जब अपनी दैहिक-मुद्रा दर्शकों की तरफ़ मोड़ता था तो दर्शक और उसकी नज़रें एक-दूसरे की तरफ़ बेबाक देखती थीं। दोनों अपनी-अपनी जगह अस्तित्ववान रहते थे। आगे चल कर केवल सामने से देखने (अग्रदर्शन) के लिए बने थिएटरों में मंचित होने वाले नाटकों में अपनी कला का प्रदर्शन करते हुए पारसी थिएटर के अभिनेता और दर्शक के बीच एक चौथी काल्पनिक दीवार भी रहती थी (ठीक उस जगह जहाँ मंच का अंत होता था और दर्शकों की क़तारें शुरू होती थीं)। लेकिन इसके बावजूद पारसी थिएटर का कलाकार दर्शकों से अपना सम्पर्क और तादात्म्य उसी तरह क़ायम करता रहा जिस तरह पहले वाले खुले मंच के अभिनेता करते थे।

पश्चिम द्वारा प्रतिपादित निरूपण की यथार्थवादी विधि के मुक़ाबले यह एक नये तरह के निरूपण का विमर्श था। राज्याध्यक्ष वग़ैरह ने यह समझने की कोशिश की रंगमंचीय पुरोदर्शन ने जब सिनेमैटोग्राफ़ी की नयी प्रौद्योगिकी पर महारत हासिल करने की कोशिश की तो किस तरह का रचनात्मक संकट पैदा हुआ, फ़िल्म-दृश्य के फ्रेम में प्रवेश करने की समस्याओं का समाधान कैसे हुआ और 'यथार्थ' को 'प्रत्यक्षत:' पकड़ने की प्रक्रिया के मानक किस तरह प्राप्त किये गये। इस विद्वत्तापूर्ण उद्यम से निकले आख्यानों में कभी तो प्रौद्योगिकी के प्रश्न को राजनीति के मुक़ाबले अधिक महत्त्व मिला और कभी उन राजनीतिक मर्यादाओं पर गहराई और विस्तार से विचार किया गया जो शुरुआती भारतीय सिनेमा के पाठ से स्पष्ट होती थीं।

इन्हीं विद्वानों की मण्डली के एक सदस्य एम. माधव प्रसाद ने यथार्थवाद के सौंदर्यशास्त्र और पुरोदर्शन के सौंदर्यशास्त्र के बीच अंतर की परिभाषा इस तरह की है : रंगमंच सरीखी पुरोदर्शनीयता की स्थिति में अभिनेता प्रतीकात्मक संरचनाओं से संदेश ग्रहण करके उसके वाहक की भूमिका निभाता है। उसके प्रदर्शन के माध्यम से उस संदेश का संचार दर्शक तक होता है। इस प्रक्रिया में अभिनेता और दर्शक के बीच वही सीधा संबंध-सूत्र रहता है जो थिएटर की स्थितियों में बनता था। दूसरी तरफ़ यथार्थवादी फ़िल्मांकन में प्रतीकात्मक संरचना की नुमाइंदगी वह दर्शक करता है जो असल में नागरिक है। यह नागरिक-दर्शक एक ऐसे व्याख्यात्मक प्राधिकार से सम्पन्न रहता है जो निरूपण के फ्रेम के भीतर से मिलने वाली कोई भी चुनौती बर्दाश्त करने के लिए तैयार नहीं होता। अर्थात् पुरोदर्शन के तहत प्रदर्शन संदेशवाहक होता है और दर्शक उसे ग्रहण करता है। यथार्थवाद के तहत फ़िल्म का पाठ कच्चे माल की तरह मौजूद रहता है जिसकी व्याख्या करके अर्थग्रहण का काम नागरिक-दर्शक का है।

भारतीय फ़िल्म-अध्ययन पुरोदर्शन को केवल फ़िल्मों के दायरे में ही प्रासंगिक नहीं मानता। उसकी मान्यता है कि यह चाक्षुष कला की सभी विधाओं की प्रमुख भारतीय प्रवृत्ति है। अध्येताओं ने अपने विमर्श में इस बात को ज़ोर दे कर रेखांकित किया है कि पुरोदर्शन की विधि हॉलीवुड के निषेध के बावजूद भी भारत में शुरू से आज तक अपनायी जाती रही है। यहाँ तक कि पश्चिम में विकसित सिनेमाई यथार्थवाद से प्रेरित सत्यजीत राय जैसे फ़िल्मकारों की कृतियों में भी इसका भरपूर इस्तेमाल किया गया है। ऋत्विक घटक जैसे अनूठे फ़िल्मकार ने पुरोदर्शन को आत्मसात किया है। आज के नये फ़िल्मकार भी किसी न किसी प्रकार सिनेमाई निरूपण की इस विधि के दायरे में ही फ़िल्में बना रहे हैं।

देखें : अतिनाटकीयता, अनुपस्थिति-उपस्थिति, कला सिनेमा, अवाँगार्द और प्रति-सिनेमा, टीवी और समाचार, टीवी और सेक्शुअलिटी, टीवी और टीवी-अध्ययन, तीसरा सिनेमा, तीसरी दुनिया का सिनेमा, दक्षिण भारतीय सिनेमा और राजनीति, दर्शक, श्रोता और पाठक, नारीवादी

फ़िल्म-सिद्धांत, फ़िल्म और सेक्शुअलिटी, फ़िल्म और टीवी सेंसरशिप, फ़िल्मांतरण, फ़िल्म-सिद्धांत, फ़्लैश-बैक, भारतीय सिनेमा-1, 2 और 3, भारतीय स्टार सिस्टम, रियलिटी टीवी, विचारधारा और हिंदी सिनेमा, वृत्त-चित्र, सेलेब्रिटी, सोप ओपेरा, सिनेमाई यथार्थवाद, नव-यथार्थवाद, सोवियत सिनेमा, स्टार, हिंदी सिनेमा का समाजशास्त्र।

संदर्भ

1. एम. माधव प्रसाद (1998), 'इंट्रोडक्शन : द आइडियॉलॅजी ऑफ़ फ़ॉर्मल सब्सम्पशन', *आइडियॉलॅजी ऑफ़ हिंदी फ़िल्म : अ हिस्टोरिकल कंस्ट्रक्शन,* ऑक्सफ़र्ड युनिवर्सिटी प्रेस, नयी दिल्ली.
2. चिदानंद दासगुप्ता (1991), *पेंटिड फ़ेस : स्टडीज़ इन इण्डियाज़ पॉप्युलर सिनेमा,* रोली बुक्स, नयी दिल्ली.
3. सुमिता एस. चक्रवर्ती (1993), *नैशनल आइडेंटिटी इन पॉप्युलर सिनेमा, 1947-1987,* युनिवर्सिटी ऑफ़ टेक्सास प्रेस, ऑस्टिन.

— अभय कुमार दुबे

भारतीय मीडिया-1

औपनिवेशिक बनाम राष्ट्रीय

(Indian Media-1)

भारत में मीडिया का विकास तीन चरणों में हुआ। पहले दौर की नींव उन्नीसवीं सदी में उस समय पड़ी जब औपनिवेशिक आधुनिकता के संसर्ग और औपनिवेशिक हुकूमत के ख़िलाफ़ असंतोष की अंतर्विरोधी छाया में हमारे सार्वजनिक जीवन की रूपरेखा बन रही थी। इस प्रक्रिया के तहत मीडिया दो ध्रुवों में बँट गया। उसका एक हिस्सा औपनिवेशिक शासन का समर्थक निकला, और दूसरे हिस्से ने आज़ादी का झण्डा बुलंद करने वालों का साथ दिया। राष्ट्रवाद बनाम उपनिवेशवाद का यह दौर 1947 तक चलता रहा। इस बीच अंग्रेज़ी के साथ-साथ भारतीय भाषाओं में पत्र-पत्रिकाओं के प्रकाशन की समृद्ध परम्परा पड़ी और अंग्रेज़ों के नियंत्रण में रेडियो-प्रसारण की शुरुआत हुई। दूसरा दौर आज़ादी मिलने के साथ प्रारम्भ हुआ और अस्सी के दशक तक चला। इस लम्बी अवधि में मीडिया के प्रसार और गुणवत्ता में ज़बरदस्त बढ़ोतरी हुई। उसके विभिन्न रूप भारत को आधुनिक राष्ट्र-राज्य बनाने के लक्ष्य के इर्द-गिर्द गढ़ी गयी अखिल भारतीय सहमति को धरती पर उतारने की महा-परियोजना में भागीदारी करते हुए दिखाई पड़े। इसी दौर में टीवी का आगमन हुआ। मुद्रित मीडिया मुख्यत: निजी क्षेत्र के हाथ में, और रेडियो-टीवी की लगाम सरकार के हाथ में रही।

नब्बे के दशक में भूमण्डलीकरण के आगमन के साथ तीसरे दौर की शुरुआत हुई जो आज तक जारी है। यह राष्ट्र-निर्माण और जन-राजनीति के प्रचलित मुहावरे में हुए आमूल-चूल परिवर्तन का समय था जिसके कारण मीडिया की शक्ल-सूरत और रुझानों में भारी तब्दीलियाँ आयीं। टीवी और रेडियो पर सरकारी जकड़ ढीली पड़ी। निजी क्षेत्र में चौबीस घंटे चलने वाले उपग्रहीय टीवी चैनलों और एफ़एम रेडियो चैनलों का बहुत तेज़ी से प्रसार हुआ। बढ़ती हुई साक्षरता और निरंतर जारी आधुनिकीकरण के तहत भारतीय भाषाओं के मीडिया ने अंग्रेज़ी-मीडिया को प्रसार और लोकप्रियता में बहुत पीछे छोड़ दिया। मीडिया का कुल आकार अभूतपूर्व ढंग से बढ़ा। नयी मीडिया प्रौद्योगिकियों का इस्तेमाल करने वाले लोगों की संख्या में ज़बरदस्त बढ़ोतरी हुई। महज़ दस साल के भीतर-भीतर भारत में भी तक़रीबन वही स्थिति बन गयी जिसे पश्चिम में 'मीडियास्फ़ेयर' कहा जाता है।

भारत में मीडिया के विकास के पहले चरण को तीन हिस्सों में बाँट कर समझा जा सकता है। पंद्रहवीं और सोलहवीं सदी में ईसाई मिशनरी धार्मिक साहित्य का प्रकाशन करने के लिए भारत में प्रिंटिंग प्रेस ला चुके थे। भारत का पहला अख़बार *बंगाल गज़ट* भी 29 जनवरी, 1780 को एक अंग्रेज़ जेम्स ऑगस्टस हिकी ने ही निकाला। चूँकि हिकी इस साप्ताहिक के ज़रिये भारत में ब्रिटिश समुदाय के अंतर्विरोधों को कटाक्ष भरी भाषा में व्यक्त करते थे, इसलिए जल्दी ही उन्हें गिरफ़्तार कर लिया गया और दो साल में अख़बार का प्रकाशन बंद हो गया। हिकी के बाद किसी अंग्रेज़ ने औपनिवेशिक हितों पर चोट करने वाला प्रकाशन नहीं किया।

उन्नीसवीं सदी के दूसरे दशक में कलकत्ता के पास श्रीरामपुर के मिशनरियों ने और तीसरे दशक में राजा राममोहन राय ने साप्ताहिक, मासिक और द्वैमासिक पत्र-पत्रिकाओं का प्रकाशन प्रारम्भ किया। पत्रकारिता के ज़रिये यह दो दृष्टिकोणों का टकराव था। श्रीरामपुर के मिशनरी भारतीय परम्परा को गर्हित साबित करते हुए ईसाइयत की श्रेष्ठता स्थापित करना चाहते थे, जबकि राजा राममोहन राय की भूमिका हिंदू धर्म और भारतीय समाज के आंतरिक आलोचक की थी। वे परम्परा के उन रूपों की आलोचना कर रहे थे जो आधुनिकता के प्रति सहज नहीं थे। साथ में राजा राममोहन परम्परा के उपयोगी आयामों को ईसाई प्रेरणाओं से जोड़ कर एक नये धर्म की स्थापना की कोशिश में भी लगे थे। इस अवधि में मीडिया की सारवस्तु पर धार्मिक प्रश्नों और समाज सुधार के आग्रहों से संबंधित विश्लेषण और बहसें हावी रहीं।

समाज सुधार के प्रश्न पर व्यक्त होने वाला मीडिया का यह द्वि-ध्रुवीय चरित्र आगे चल कर औपनिवेशिक बनाम राष्ट्रीय के स्पष्ट विरोधाभास में विकसित हो गया और 1947 में सत्ता के हस्तांतरण तक क़ायम रहा। तीस के दशक तक अंग्रेज़ी के ऐसे अख़बारों की संख्या बढ़ती रही जिनका मक़सद अंग्रेज़ों के शासन की तरफ़दारी करना था। इनका स्वामित्व भी अंग्रेज़ों के हाथ में ही था। 1861 में बम्बई के तीन अख़बारों का विलय करके *टाइम्स ऑफ़ इण्डिया* की स्थापना भी ब्रिटिश हितों की सेवा करने के लिए रॉबर्ट नाइट ने की थी।

1849 में गिरीश चंद्र घोष ने पहला *बंगाल रिकॉर्डर* नाम से ऐसा पहला अख़बार निकाला जिसका स्वामित्व भारतीय हाथों में था। 1853 में इसका नाम बदल कर *हिंदू पैट्रियट* हो गया। हरिश्चंद्र मुखर्जी के पराक्रमी सम्पादन में निकलने वाले इस पत्र ने विभिन्न प्रश्नों पर ब्रिटिश हुकूमत की कड़ी आलोचना की परम्परा का सूत्रपात किया। सदी के अंत तक एक तरफ़ तो उपनिवेशवाद विरोधी राष्ट्रीय नेतृत्व का आधार बन चुका था, और दूसरी तरफ़ स्वाधीनता की कामना का संचार करने के लिए सारे देश में विभिन्न भाषाओं में पत्र-पत्रिकाओं का प्रकाशन होने लगा था। भारतीय भाषाओं की पत्रकारिता ब्रिटिश शासन को आड़े हाथों लेने में कतई नहीं चूकती थी। इसी वजह से 1878 में अंग्रेज़ों ने वरनाकुलर प्रेस एक्ट बनाया ताकि अपनी आलोचना करने वाले प्रेस का मुँह बंद कर सकें। इसका भारत और ब्रिटेन में जम कर विरोध हुआ। 1885 में भारतीय राष्ट्रीय कांग्रेस का गठन हुआ जिसकी गतिविधियाँ उत्तरोत्तर मुखर राष्ट्रवाद की तरफ़ झुकती चली गयीं। भारतीय भाषाओं के प्रेस ने भी इसी रुझान के साथ ताल में ताल मिला कर अपना विकास किया।

मीडिया के लिहाज़ से बीसवीं सदी को एक उल्लेखनीय विरासत मिली जिसके तहत तिलक, गोखले, दादाभाई नौरोजी, सुरेंद्रनाथ बनर्जी, मदनमोहन मालवीय और रवींद्रनाथ ठाकुर के नेतृत्व में अख़बारों और पत्रिकाओं का प्रकाशन हो रहा था। बीस के दशक में गाँधी के दिशा-निर्देश में कांग्रेस एक जनांदोलन में बदल गयी। ख़ुद गाँधी ने राष्ट्रीय पत्रकारिता में तीन-तीन अख़बार निकाल कर योगदान दिया। लेकिन इस विकासक्रम का एक दूसरा ध्रुव भी था। अगर इन राष्ट्रीय हस्तियों के नेतृत्व में *मराठा, केसरी, बेंगाली, हरिजन, नवजीवन, यंग इण्डिया, अमृत बाज़ार पत्रिका, हिंदुस्तानी, एडवोकेट, ट्रिब्यून, अख़बार-ए-आम, साधना, प्रबासी, हिंदुस्तान रिव्यू, रिव्यू* और *अभ्युदय* जैसे प्रकाशन उपनिवेशवाद विरोधी तर्कों और स्वाधीनता के विचार को अपना आधार बना रहे थे, तो कलकत्ता का *स्टेट्समैन*, बम्बई का *टाइम्स ऑफ़ इण्डिया*, मद्रास का *मेल*, लाहौर का *सिविल ऐंड मिलिट्री गज़ट* और इलाहाबाद का *पायनियर* खुले तौर पर अंग्रेज़ी शासन के गुण गाने में विश्वास करता था।

मीडिया-संस्कृति का यह द्विभाजन भाषाई आधार पर ही और आगे बढ़ा। राष्ट्रीय भावनाओं की पैरोकारी करने वाले अंग्रेज़ी के अख़बारों की संख्या गिनी-चुनी ही रह गयी। बाक़ी अंग्रेज़ी के अख़बार अंग्रजों के पिट्ठू बन गये। भारतीय भाषाओं के अख़बारों ने खुल कर उपनिवेशवाद विरोधी आवाज़ उठानी शुरू कर दी। अंग्रेज़ समर्थक अख़बारों के पत्रकारों के वेतन और सुविधाओं का स्तर भारतीय भाषाओं के प्रकाशनों में कार्यरत पत्रकारों के वेतन वग़ैरह से बहुत अच्छा था। ब्रिटिश समर्थक अख़बारों को ख़ूब विज्ञापन मिलते थे और उनके लिए संसाधनों की कोई कमी न थी। उपनिवेशवाद विरोधी अख़बारों का पूँजी-आधार कमज़ोर था। बहरहाल, अंग्रेज़ी पत्रकारिता के महत्त्व को देखते हुए जल्दी ही मालवीय, मुहम्मद अली, ऐनी बेसेंट, मोतीलाल नेहरू आदि ने राष्ट्रवादी विचारों वाले अंग्रेज़ी अख़बारों (*लीडर, कॉमरेड, मद्रास स्टेंडर्ड, न्यूज, इंडिपेंडेंट, सिंध ऑब्ज़र्वर*) की शुरुआत की। दिल्ली से 1923 में कांग्रेस का समर्थन करने वाले भारतीय पूँजीपति घनश्याम दास बिड़ला ने द *हिंदुस्तान टाइम्स* का प्रकाशन शुरू किया। 1938 में जवाहरलाल नेहरू ने अंग्रेज़ी के राष्ट्रवादी अख़बार *नैशनल हैरल्ड* की स्थापना की।

1826 में कलकत्ता से जुगल किशोर सुकुल ने *उदंत मार्तण्ड* नामक पहला हिंदी अख़बार प्रकाशित किया था। हिंदी मीडिया ने अपनी दावेदारी बीसवीं सदी के पूर्वार्ध में पेश की जब हिंदी गणेश शंकर विद्यार्थी ने *प्रताप*, बालमुकुंद गुप्त और अम्बिका शरण वाजपेयी ने *भारत मित्र*, महेशचंद्र अग्रवाल ने *विश्वमित्र* और शिवप्रसाद गुप्त ने *आज* की स्थापना की। एक तरह से यह हिंदी-प्रेस की शुरुआत थी। इसी दौरान उर्दू-प्रेस की नींव पड़ी। अबुल कलाम आज़ाद ने *अल-हिलाल* और *अल-बिलाग़* का प्रकाशन शुरू किया, मुहम्मद अली ने *हमदर्द* का। लखनऊ से *ह.क़ी.क़त*, लाहौर से *प्रताप* और *मिलाप* और दिल्ली से *तेज़* का प्रकाशन होने लगा। बांग्ला में *संध्या, नायक, बसुमती, हितबादी, नबशक्ति, आनंद बाज़ार पत्रिका, जुगांतर, कृषक* और *नबजुग* जैसे प्रकाशन अपने-अपने दृष्टिकोणों से उपनिवेशवाद विरोधी अभियान में भागीदारी कर रहे थे। मराठी में *इंदुप्रकाश, नवकाल, नवशक्ति और लोकमान्य*; गुजराती में *गुजराती पंच, सेवक, गुजराती* और *समाचार, वंदेमातरम्*; दक्षिण भारत में *मलयाला मनोरमा, मातृभूमि, स्वराज, अल-अमीन, मलयाला राज्यम, देशाभिमानी, संयुक्त कर्नाटक, आंध्र पत्रिका, कल्कि, तंति, स्वदेशमित्रम्, देशोभक्तम्* और *दिनामणि* यही भूमिका निभा रहे थे।

यहाँ एक सवाल उठ सकता है कि यह राष्ट्रीय मीडिया किन मायनों में राष्ट्रीय था? इसमें कोई शक नहीं कि ये सभी पत्र-पत्रिकाएँ ब्रिटिश शासन की विरोधी थीं, लेकिन

उपनिवेशवाद विरोधी आंदोलन की दशा और दिशा को लेकर उनके बीच वैसे ही मतभेद थे जैसे कांग्रेस और अन्य राजनीतिक शक्तियों के बीच दिखाई पड़ते थे। ब्रिटिश प्रशासन ने 1924 में मद्रास में एक शौकिया रेडियो क्लब बनाने की अनुमति दी। तीन साल बाद निजी क्षेत्र में ब्रॉडकास्ट कम्पनी ने बम्बई और कलकत्ता में नियमित रेडियो प्रसारण शुरू किया। लेकिन साथ में शौकिया रेडियो क्लब भी चलते रहे। प्रेक्षकों की मान्यता है कि जिस तरह इन शौकिया क्लबों के कारण अंग्रेज़ों को रेडियो की बाक़ायदा स्थापना करनी पड़ी, कुछ-कुछ इसी तर्ज़ पर प्राइवेट केबिल ऑपरेटरों के कारण नब्बे के दशक में सरकार को टेलिविज़न का आंशिक निजीकरण करने की इजाज़त देनी पड़ी।

बहरहाल, औपनिवेशिक सरकार ने 1930 में ब्रॉडकास्टिंग को अपने हाथ में ले लिया और 1936 में उसका नामकरण 'आल इण्डिया रेडियो' या 'आकाशवाणी' कर दिया गया। हैदराबाद, ट्रावणकोर, मैसूर, बड़ोदरा, त्रिवेंद्रम और औरंगाबाद जैसी देशी रियासतों में भी प्रसारण चालू हो गया। रेडियो पूरी तरह से अंग्रेज़ सरकार के प्रचारतंत्र का अंग था। सेंसरशिप, सलाहकार बोर्ड और विभागीय निगरानी जैसे संस्थागत नियंत्रक उपायों द्वारा अंग्रेज़ों ने यह सुनिश्चित किया कि उपनिवेशवाद विरोधी राजनीति के पक्ष में रेडियो से एक शब्द भी प्रसारित न होने पाये। दिलचस्प बात यह है कि यह अंग्रेज़ी विरासत भारत के आज़ाद होने के बाद भी जारी रही। अंग्रेज़ों के बाद आकाशवाणी को भारत सरकार ने उस समय तक अपना ताबेदार बनाये रखा जब तक 1997 में आकाशवाणी एक स्वायत्त संगठन का अंग नहीं बन गयी।

देखें : अभिलेखागार, आख्यान, इंटरएक्टिविटी-प्रौद्योगिकीय विमर्श, इंटरएक्टिविटी-सामाजिक विमर्श, इंटरफ़ेस, एक्टर-नेटवर्क थियरी, डिजिटल डिवायड, दिन-प्रति दिन के अभिलेखागार, नया मीडिया, नेटवर्क, नेटवर्क सोसाइटी, प्रेस की स्वतंत्रता, प्रोपेगंडा, बाज़ारू संस्कृति, भारत में संचार-क्रांति, भारतीय मीडिया स्फ़ेयर, मास मीडिया, मीडिया और सरकार, मीडिया-पक्षधरता, मीडिया-स्टडीज़, संचार, संचार-क्रांति, स्मृति और अभिलेखागार, सोशल नेटवर्क विश्लेषण, सूचना, सूचना-समाज, वैकल्पिक मीडिया।

संदर्भ

1. अम्बिका प्रसाद वाजपेयी (1986), *समाचारपत्रों का इतिहास,* ज्ञानमण्डल, वाराणसी.
2. हिरण्यमय कार्लेकर (2002), 'द मीडिया : इवोल्यूशन, रोल ऐंड रिस्पांसिबिलिटी', एन.एन. वोहरा और सव्यसाची भट्टाचार्य (सम्पा.), *लुकिंग बैक : इण्डिया इन ट्वेंटियथ सेंचुरी,* एनबीटी और आईआईसी, नयी दिल्ली.
3. मोहित मोइत्रा (1993), *अ हिस्ट्री ऑफ़ जर्नलिज़म,* नैशनल बुक एजेंसी, कोलकाता.

— अभय कुमार दुबे

भारतीय मीडिया-2

राष्ट्र-निर्माण में 'सतर्क' साझेदारी

(Indian Media-2)

चूँकि भारतीय मीडिया के दोनों ध्रुवों ने उपनिवेशवाद विरोधी संघर्ष के पक्ष या विपक्ष में रह कर ही अपनी पहचान बनायी थी, इसलिए स्वाभाविक रूप से राजनीति उसका केंद्रीय सरोकार बनती चली गयी। 15 अगस्त, 1947 को जैसे ही सत्ता का हस्तांतरण हुआ और अंग्रेज़ भारत से जाने के लिए अपना बोरिया-बिस्तर समेटने लगे, मीडिया और सरकार के संबंध बुनियादी तौर से बदल गये। एक तरफ़ तो अंग्रेज़ों द्वारा लगायी गयी पाबंदियाँ प्रभावी नहीं रह गयीं, और दूसरी तरफ़ ब्रिटिश शासन की पैरोकारी करने वाले ज़्यादातर अख़बारों का स्वामित्व भारतीयों के हाथ में चल गया। लेकिन इससे भी ज़्यादा महत्त्वपूर्ण यह था कि मीडिया ने राजनीतिक नेतृत्व के साथ कंधे से कंधा मिला कर आधुनिक भारतीय राष्ट्र का शीराज़ा खड़ा करना शुरू किया। मीडिया के विकास का यह दूसरा चरण अस्सी के दशक तक जारी रहा। इस लम्बे दौर के चार उल्लेखनीय आयाम थे : एक सुपरिभाषित 'राष्ट्र-हित' के आधार पर आधुनिक भारत के निर्माण में सचेत और सतर्क भागीदारी की परियोजना, अभिव्यक्ति की स्वतंत्रता में कटौती करने की सरकारी कोशिशों के ख़िलाफ़ संघर्ष, विविधता एवं प्रसार की ज़बरदस्त उपलब्धि के साथ-साथ भाषाई पत्रकारिता द्वारा अपने महत्त्व और श्रेष्ठता की स्थापना, और प्रसारण-मीडिया की सरकारी नियंत्रण से एक सीमा तक मुक्ति।

आज़ाद भारत में सरकार को गिराने या बदनाम करने में प्रेस ने कोई दिलचस्पी नहीं दिखाई। लेकिन साथ ही वह हुकूमत का ताबेदार बनने के लिए तैयार नहीं था। उसका रवैया रेडियो और टीवी से अलग तरह का था। रेडियो-प्रसारण करने वाली आकाशवाणी पूरी तरह से सरकार के हाथ में थी। 1959 में 'शिक्षात्मक उद्देश्यों' से शुरू हुए टेलिविज़न (दूरदर्शन) की प्रोग्रामिंग की ज़िम्मेदारी भी रेडियो को थमा दी गयी थी। इसके विपरीत शुरू से ही निजी क्षेत्र के स्वामित्व में विकसित हुए प्रेस ने सरकार, सत्तारूढ़ कांग्रेस, विपक्षी दलों और अधिकारीतंत्र को बार-बार स्व-परिभाषित राष्ट्र-हित की कसौटी पर कस कर देखा। यह प्रक्रिया उसे व्यवस्था का अंग बन कर उसकी आंतरिक आलोचना करने वाली सतर्क एजेंसी की भूमिका में ले गयी। भारतीय मीडिया के कुछ अध्येताओं ने माना भी है कि अंग्रेज़ों के बाद सरकार को दिया गया प्रेस का समर्थन एक 'सतर्क समर्थन' ही था।

प्रेस ने 'राष्ट्र-हित' की एक सर्वमान्य परिभाषा तैयार की जिसे मनवाने के लिए न कोई मीटिंग की गयी और न ही कोई दस्तावेज़ पारित किया गया। पर इस बारे में कोई मतभेद नहीं था कि उदीयमान राष्ट्र-राज्य जिस ढाँचे के आधार पर खड़ा होगा, उसका चरित्र लोकतांत्रिक और सेकुलर ही होना चाहिए। उसने यह भी मान लिया था कि ऐसा करने के लिए उत्पीड़ित सामाजिक तबक़ों और समुदायों का लगातार सबलीकरण अनिवार्य है। प्रेस-मालिक, प्रबंधक और प्रमुख पत्रकार अपने-अपने ढंग से यह भी मानते थे कि इस लक्ष्य को वेधने के लिए ग़रीबी को समृद्धि में बदलना पड़ेगा जिसका रास्ता वैकासिक अर्थशास्त्र और मिश्रित अर्थव्यवस्था से हो कर जाता है। आज़ाद भारत की विदेश नीति (गुटनिरपेक्षता और अन्य देशों के साथ शांतिपूर्ण सह-अस्तित्व) के प्रति भी मीडिया ने सकारात्मक सहमति दर्ज करायी।

दूसरी तरफ़ सरकार ने अपनी तरफ़ से प्रेस के कामकाज को विनियमित करने के लिए एक संस्थागत ढाँचा बनाना शुरू कर दिया। 1952 और 1977 में दो प्रेस आयोग गठित किये गये। 1965 में एक संविधानगत संस्था प्रेस परिषद् की स्थापना हुई। 1956 में रजिस्ट्रेशन ऑफ़ बुक्स एक्ट के तहत प्रेस रजिस्ट्रार ऑफ़ इण्डिया की स्थापना की गयी। इन उपायों में प्रेस की आज़ादी को सीमित करने के अंदेशे भी देखे जा सकते थे, पर प्रेस ने इन क़दमों पर आपत्ति नहीं की। उसे यक़ीन था कि सरकार किसी भी परिस्थिति में संविधान के अनुच्छेद 19(1)(ए) के तहत मिलने वाली अभिव्यक्ति की स्वतंत्रता की गारंटी का उल्लंघन नहीं करेगी। संविधान में स्पष्ट उल्लेख न होने के बावजूद सुप्रीम कोर्ट ने इस गारंटी में प्रेस की स्वतंत्रता को भी शामिल मान लिया था। लेकिन प्रेस का यह यक़ीन 1975 में टूट गया जब तत्कालीन प्रधानमंत्री इंदिरा गाँधी ने अपने राजनीतिक संकट से उबरने के लिए देश पर आंतरिक आपातकाल थोप दिया। नतीजे के तौर पर नागरिक अधिकार मुल्तवी कर दिये गये, स्वतंत्र अभिव्यक्ति और प्रेस पर पाबंदियाँ लगा दी गयीं। 253 पत्रकार नज़रबंद किये गये, सात विदेशी संवाददाता निष्कासित कर दिये गये, सेंसरशिप थोपी गयी और प्रेस परिषद् भंग कर दी गयी। भारतीय प्रेस अपने ऊपर होने वाले इस आक्रमण का उतना विरोध नहीं कर पाया, जितना उसे करना चाहिए था। कुछ ने सरकार के सामने घुटने टेक दिये, पर कुछ ने नुक़सान सह कर भी आपातकाल की पाबंदियों का प्रतिरोध किया।

उन्नीस महीने बाद यह आपातकाल चुनाव की कसौटी पर पराजित हो गया, पर इस झटके के कारण पहली बार भारतीय प्रेस ने अपनी आज़ादी के लिए लड़ने की ज़रूरत महसूस की। राष्ट्र-निर्माण की प्रक्रिया में हिस्सेदारी करने की उसकी भूमिका पहले से भी अधिक 'सतर्क' हो गयी। पत्रकारों की सतर्क निगाह ने देखा कि आपातकाल की पराजय के बाद भी राजनीतिक और सत्ता प्रतिष्ठान में प्रेस की स्वतंत्रता में कटौती करने की प्रवृत्ति ख़त्म नहीं हुई है। इसके बाद अस्सी का दशक अभिव्यक्ति की स्वतंत्रता की रक्षा करने के लिए चलाये गये संघर्षों का दशक साबित हुआ। 1982 में बिहार प्रेस विधेयक और 1988 में लोकसभा द्वारा पारित किये गये मानहानि विधेयक को राजसत्ता पत्रकारों द्वारा किये गये आंदोलनों के कारण क़ानून में नहीं बदल पाये। दूसरी तरफ़ इंदिरा गाँधी की सरकार द्वारा एक्सप्रेस समाचार-पत्र समूह को सताने के लिए चलाये गये अभियान से यह भी साफ़ हुआ कि किसी अख़बार द्वारा किये जा रहे विरोध को दबाने के लिए क़ानून बदलने के बजाय सत्ता का थोड़ा सा दुरुपयोग ही काफ़ी है।

आपातकाल के ख़िलाफ़ चले लोकप्रिय संघर्ष के परिणामस्वरूप सारे देश में राजनीतीकरण की प्रक्रिया पहले के मुक़ाबले कहीं तेज़ हो गयी। लोकतंत्र और उसकी अनिवार्यता के प्रति नयी जागरूकता ने अख़बारों की तरफ़ नये पाठकों का ध्यान आकर्षित किया। ये नये पाठक निरंतर बढ़ती जा रही साक्षरता की देन थे। बढ़ती हुई प्रसार संख्याओं के फलस्वरूप मुद्रित मीडिया का नज़रिया पेशेवराना और बाज़ारोन्मुख हुआ। राजनीतीकरण, साक्षरता और पेशेवराना दृष्टिकोण के साथ इसी समय एक सुखद संयोग के रूप में नयी प्रिंटिंग प्रौद्योगिकी जुड़ गयी। डेक्स-टॉप पब्लिशिंग सिस्टम और कम्प्यूटर आधारित डिज़ाइनिंग ने अख़बारों और पत्रिकाओं के प्रस्तुतीकरण में नया आकर्षण पैदा कर दिया। इस प्रक्रिया ने विज्ञापन से होने वाली आमदनी में बढ़ोतरी की। अस्सी के दशक के दौरान हुए इन परिवर्तनों में सबसे महत्त्वपूर्ण था भाषाई पत्रकारिता का विकास। हिंदी, पंजाबी, मराठी, गुजराती, बांग्ला, असमिया और दक्षिण भारतीय भाषाओं के अख़बारों को इस नयी परिस्थिति का सबसे ज़्यादा लाभ हुआ। अस्सी का दशक इन भाषाई क्षेत्रों में नये पत्रकारों के उदय का दशक भी था। इस विकासक्रम के बाद भाषाई पत्रकारिता ने फिर पीछे मुड़ कर नहीं देखा। नयी सदी में राष्ट्रीय पाठक सर्वेक्षण के आँकड़ों ने बताया कि अब अंग्रेज़ी प्रेस के हाथों में मीडिया की लगाम नहीं रह गयी है। सबसे ज़्यादा प्रसार संख्या वाले पहले दस अख़बारों में अंग्रेज़ी का केवल एक ही पत्र रह गया, वह भी नीचे से दूसरे स्थान पर।

अस्सी के दशक में ही प्रसारण-मीडिया के लिए एक सीमा तक सरकारी नियंत्रण से मुक्त होने की परिस्थितियाँ बनीं। 1948 में संविधान सभा में बोलते हुए जवाहरलाल नेहरू ने वायदा किया था कि आज़ाद भारत में ब्रॉडकास्टिंग का ढाँचा ब्रिटिश ब्रॉडकास्टिंग कॉरपोरेशन (बीबीसी) के तर्ज़ पर होगा। यह आश्वासन पूरा करने में आज़ाद भारत की सरकारों को पूरे 42 साल लग गये। इसके पीछे रेडियो और

टीवी को सरकार द्वारा निर्देशित राजनीतिक-सामाजिक परिवर्तन के लिए ही इस्तेमाल करने की नीति थी। इस नीति के प्रभाव में रेडियो का तो एक माध्यम के रूप में थोड़ा-बहुत विकास हुआ, पर टीवी आगे नहीं बढ़ पाया। इतना ज़रूर हुआ कि 1975-76 में भारतीय अंतरिक्ष अनुसंधान संगठन (इसरो) ने अमेरिका से एक सेटेलाइट उधार लिया ताकि देश के विभिन्न हिस्सों में 2,400 गाँवों में कार्यक्रमों का प्रसारण हो सके। इसे सेटेलाइट इंस्ट्रक्शनल टेलिविज़न एक्सपेरीमेंट (साइट) कहा गया। इसकी सफलता से विभिन्न भाषाओं में टीवी कार्यक्रमों के निर्माण और प्रसारण की सम्भावनाएँ खुलीं। फिर 1982 में दिल्ली एशियाड का प्रसारण करने के लिए रंगीन टीवी की शुरुआत हुई। इसके कारण टीवी के प्रसार की गति बढ़ी। 1990 तक उसके ट्रांसमीटरों की संख्या 519 और 1997 तक 900 हो गयी।

बीबीसी जैसा स्वायत्त कॉरपोरेशन बनाने के संदर्भ में 1966 तक केवल इतनी प्रगति हो पायी कि भारत के पूर्व महालेखा नियंत्रक ए.के. चंदा के नेतृत्व में बनी कमेटी द्वारा आकाशवाणी और दूरदर्शन को दो स्वायत्त निगमों के रूप में गठित करने की सिफ़ारिश कर दी गयी। बारह साल तक यह सिफ़ारिश भी ठंडे बस्ते में पड़ी रही। 1978 में बी.जी. वर्गीज की अध्यक्षता में गठित किये गये एक कार्यदल ने आकाश भारती नामक संस्था गठित करने का सुझाव दिया। साल भार बाद मई, 1979 में प्रसार भारती नामक कॉरपोरेशन बनाने का विधेयक संसद में लाया गया जिसके तहत आकाशवाणी और दूरदर्शन को काम करना था। प्रस्तावित कॉरपोरेशन के लिए वर्गीज कमेटी द्वारा सुझाये गये आकाश भारती के मुक़ाबले कम अधिकारों का प्रावधान किया गया था। जो भी हो, जनता पार्टी की सरकार गिर जाने के कारण यह विधेयक पारित नहीं हो पाया।

1985 से 1988 के बीच दूरदर्शन को आज़ादी का एक हल्का सा झोंका नसीब हुआ। इसका श्रेय भारतीय प्रशासनिक सेवा के अधिकारी भास्कर घोष को जाता है जो इस दौरान दूरदर्शन के महानिदेशक रहे। प्रसार भारती विधेयक पारित कराने की ज़िम्मेदारी विश्वनाथ प्रताप सिंह की राष्ट्रीय मोर्चा सरकार ने 1990 में पूरी की। लेकिन प्रसार भारती गठित होते-होते सात साल और गुज़र गये। तकनीकी रूप से कहा जा सकता है कि आज दूरदर्शन और आकाशवाणी स्वायत्त हो गये हैं। लेकिन हक़ीक़त में सूचना और प्रसारण मंत्रालय का एक अतिरिक्त सचिव ही प्रसार भारती का मुख्य कार्यकारी अधिकारी (सीईओ) होता है। अगर यह स्वायत्तता है तो बहुत सीमित क़िस्म की।

देखें : अभिलेखागार, आख्यान, इंटरएक्टिविटी-प्रौद्योगिकीय विमर्श, इंटरएक्टिविटी-सामाजिक विमर्श, इंटरफ़ेस, एक्टर-नेटवर्क थियरी, डिजिटल डिवायड, दिन-प्रति दिन के अभिलेखागार, नया मीडिया, नेटवर्क, नेटवर्क सोसाइटी, प्रेस की स्वतंत्रता, प्रोपेगंडा, बाज़ारू संस्कृति, भारत में संचार-क्रांति, भारतीय मीडिया स्फ़ेयर, मास मीडिया, मीडिया और सरकार, मीडिया-पक्षधरता, मीडिया-स्टडीज़, संचार, संचार-क्रांति, स्मृति और अभिलेखागार, सोशल नेटवर्क विश्लेषण, सूचना, सूचना-समाज, वैकल्पिक मीडिया।

संदर्भ

1. आर. पार्थसारथी (1989), *जर्नलिज़म इन इण्डिया : फ़्रॉम द अर्लिएस्ट टाइम्स टु प्रज़ेंट डे,* स्टर्लिंग पब्लिशर्स, नयी दिल्ली.
2. एस.पी. शर्मा (1996), *द प्रेस : सोसियो-पॉलिटिकल अवेकनिंग,* मोहित पब्लिकेशंस, नयी दिल्ली.
3. के. सियुनी (1992), डब्ल्यू. टुएट्शलर और द युरोमीडिया रिसर्च ग्रुप, *डायनामिक्स ऑफ़ मीडिया पॉलिटिक्स,* सेज पब्लिकेशंस, लंदन.
4. पी.सी. चटर्जी (1987), *ब्रॉडकास्टिंग इन इण्डिया,* सेज पब्लिकेशंस, नयी दिल्ली.

— अभय कुमार दुबे

भारतीय मीडिया-3

भूमण्डलीकरण की ओर

(Indian Media-3)

नब्बे के दशक में क़दम रखने के साथ ही भारतीय मीडिया को बहुत बड़ी हद तक बदली हुई दुनिया का साक्षात्कार करना पड़ा। इस परिवर्तन के केंद्र में 1990-91 की तीन परिघटनाएँ थीं : मण्डल आयोग की सिफ़ारिशों से निकली राजनीति, मंदिर आंदोलन की राजनीति और भूमण्डलीकरण के तहत होने वाले आर्थिक सुधार। इन तीनों ने मिल कर सार्वजनिक जीवन के वामोन्मुख रुझानों को नेपथ्य में धकेल दिया और दक्षिणपंथी लहज़ा मंच पर आ गया। यही वह क्षण था जब सरकार ने प्रसारण के क्षेत्र में 'खुले आसमान' की नीति अपनानी शुरू की। नब्बे के दशक में उसने न केवल प्रसार भारती निगम बना कर आकाशवाणी और दूरदर्शन को एक हद तक स्वायत्तता दी, बल्कि स्वदेशी निजी पूँजी और विदेशी पूँजी को प्रसारण के क्षेत्र में क़दम रखने की अनुमति भी दी। प्रिंट मीडिया में विदेशी पूँजी को प्रवेश करने का रास्ता खोलने में उसे कुछ वक़्त लगा लेकिन इक्कीसवीं सदी के पहले दशक में उसने यह फ़ैसला भी ले लिया। मीडिया अब पहले की तरह 'सिंगल-सेक्टर' यानी मुद्रण-प्रधान नहीं रह गया। उपभोक्ता-क्रांति के कारण विज्ञापन से होने वाली आमदनी में कई गुना बढ़ोतरी हुई जिससे हर तरह के मीडिया

के लिए विस्तार हेतु पूँजी की कोई कमी नहीं रह गयी।

सेटेलाइट टीवी पहले केबिल टीवी के ज़रिये दर्शकों तक पहुँचा जो प्रौद्योगिकी और उद्यमशीलता के लिहाज़ से स्थानीय पहलक़दमी और प्रतिभा का असाधारण नमूना था। इसके बाद आयी डीटीएच प्रौद्योगिकी जिसने समाचार प्रसारण और मनोरंजन की दुनिया को पूरी तरह से बदल डाला। एफ़एम रेडियो चैनलों की कामयाबी से रेडियो का माध्यम मोटर वाहनों से आक्रांत नागर संस्कृति का एक पर्याय बन गया। 1995 में भारत में इंटरनेट की शुरुआत हुई और इक्कीसवीं सदी के पहले दशक के अंत तक बड़ी संख्या में लोगों के निजी और व्यावसायिक जीवन का एक अहम हिस्सा नेट के ज़रिये संसाधित होने लगा। नयी मीडिया प्रौद्योगिकियों ने अपने उपभोक्ताओं को 'कनवर्जेंस' का उपहार दिया जो जादू की डिबिया की तरह हाथ में थमे मोबाइल फ़ोन के ज़रिये उन तक पहुँचने लगा। इन तमाम पहलुओं ने मिल कर मीडिया का दायरा इतना बड़ा और विविध बना दिया कि उसके आग़ोश में सार्वजनिक जीवन के अधिकतर आयाम आ गये। इसे 'मीडियास्फ़ेयर' जैसी स्थिति का नाम दिया गया।

प्रिंट मीडिया में विदेशी पूँजी को इजाज़त मिलने का पहला असर यह पड़ा कि र्यूतर, सीएनयेन और बीबीसी जैसे विदेशी मीडिया संगठन भारतीय मीडियास्फ़ेयर की तरफ़ आकर्षित होने लगे। उन्होंने देखा कि भारत में श्रम का बाज़ार बहुत सस्ता है और अंतराष्ट्रीय मानकों के मुक़ाबले यहाँ तनख़्वाहों पर ज़्यादा से ज़्यादा एक-चौथाई ही ख़र्च करना पड़ता है। इसलिए इन ग्लोबल संस्थाओं ने भारत को अपने मीडिया प्रोजेक्टों के लिए आउटसोर्सिंग का केंद्र बनाया भारतीय बाज़ार में मौजूद मीडिया के विशाल और असाधारण टेलेंट-पूल का ग्लोबल बाज़ार के लिए दोहन होने लगा। दूसरी तरफ़ भारत की प्रमुख मीडिया कम्पनियाँ (टाइम्स ग्रुप, आनंद बाज़ार पत्रिका, जागरण, भास्कर, हिंदुस्तान टाइम्स) वाल स्ट्रीट जरनल, बीबीसी, फ़ाइनेंसियल टाइम्स, इंडिपेंडेंट न्यूज़ ऐंड मीडिया और ऑस्ट्रेलियाई प्रकाशनों के साथ सहयोग-समझौते करती नज़र आयीं। घराना-संचालित कम्पनियों पर आधारित मीडिया बिज़नेस ने पूँजी बाज़ार में जा कर अपने-अपने इनीशियल पब्लिक ऑफ़रिंग्स अर्थात् आईपीओ प्रस्ताव जारी करने शुरू कर दिये। इनकी शुरुआत पहले एनडीटीवी, टीवी टुडे, ज़ी टेलिफ़िल्म्स जैसे दृश्य-मीडिया ने की। इलेक्ट्रॉनिक मीडिया के तर्ज़ पर प्रिंट-मीडिया ने भी पूँजी बाज़ार में छलाँग लगायी और अपने विस्तार के लिए निवेश हासिल करने में जुट गया। ऐसा पहला प्रयास 'द डेकन क्रॉनिकल' ने किया जिसकी सफलता ने प्रिंट-मीडिया के लिए पूँजी का संकट काफ़ी-कुछ हल कर दिया।

दूसरी तरफ़ बाज़ारवाद के बढ़ते हुए प्रभाव और उपभोक्ता क्रांति में आये उछाल के परिणामस्वरूप विज्ञापन-जगत में दिन-दूनी-रात-चौगुनी बढ़ोतरी हुई। चालीस के दशक की शुरुआत में विज्ञापन एजेंसियों की संख्या चौदह से बीस के आस-पास रही होगी। 1979-80 में न्यूज़पेपर सोसाइटी (आईएनएस) की मान्यता प्राप्त एजेंसियों की संख्या केवल 168 तक ही बढ़ सकी थी। लेकिन, भूमण्डलीकरण की प्रक्रिया ने अगले दो दशकों में उनकी संख्या 750 कर दी जो चार सौ करोड़ रुपये सालाना का धंधा कर रही थीं। 1997-98 में सबसे बड़ी पंद्रह विज्ञापन एजेंसियों ने ही कुल 4,105.58 करोड़ रुपये के बिल काटे। इससे अंदाज़ा लगाया जा सकता है कि उपभोक्ता-क्रांति का चक्का कितनी तेज़ी से घूम रहा था। विज्ञापन की रंगीन और मोहक हवाओं पर सवार हो कर दूर-दूर तक फैलते उपभोग के संदेशों ने उच्च वर्ग, उच्च-मध्यम वर्ग, समूचे मध्य वर्ग और मज़दूर वर्ग के ख़ुशहाल होते हुए महत्त्वाकांक्षी हिस्से को अपनी बाँहों में समेट लिया। मीडिया का विस्तार विज्ञापनों में हुई ज़बरदस्त बढ़ोतरी के बिना सम्भव नहीं था।

प्रिंट-मीडिया और रेडियो विज्ञापनों को उतना असरदार कभी नहीं बना सकता था जितना टीवी ने बनाया। टीवी का प्रसार भारत में देर से ज़रूर हुआ, लेकिन एक बार शुरुआत होने पर उसने मीडिया की दुनिया में पहले से स्थापित मुद्रित-माध्यम को जल्दी ही व्यावसायिक रूप से असुरक्षाग्रस्त कर दिया। इस प्रक्रिया में केबिल और डीटीएच के योगदान का उल्लेख करना आवश्यक है। केबिल टीवी का प्रसार और सफलता भारतीयों की उद्यमी प्रतिभा का ज़ोरदार नमूना है। सरकार के पास चूँकि किसी सुसंगत संचार नीति का अभाव था इसलिए नब्बे के दशक की शुरुआत में बहुमंज़िली इमारतों में रहने वाली मध्यवर्गीय और निम्न-मध्यवर्गीय आबादियों में कुछ उत्साही और चतुर लोगों ने अपनी निजी पहलक़दमी पर क्लोज़ सरकिट टेलिविज़न प्रसारण का बंदोबस्त किया जिसका केंद्र एक सेंट्रल कंट्रोल रूम हुआ करता था। इन लोगों ने वीडियो प्लेयरों के ज़रिये भारतीय और विदेशी फ़िल्में दिखाने की शुरुआत की। साथ में दर्शकों को मनोरंजन की चौबीस घंटे चलने वाली खुराक देने वाले विदेशी-देशी सेटेलाइट चैनल भी देखने को मिलते थे। जनवरी, 1992 में केबिल नेटवर्क के पास केवल 41 लाख ग्राहक थे। लेकिन केवल चार साल के भीतर 1996 में यह संख्या बानवे लाख हो गयी। अगले साल तक पूरे देश में टीवी वाले घरों में से 31 फ़ीसदी घरों में केबिल प्रसारण देखा जा रहा था। सदी के अंत तक बड़े आकार के गाँवों और कस्बों के टीवी दर्शकों तक केबिल की पहुँच हो चुकी थी। केबिल और उपग्रहीय टीवी चैनलों की लोकप्रियता देख कर प्रमुख मीडिया कम्पनियों ने टीवी कार्यक्रम-निर्माण के

व्यापार में छलाँग लगा दी। वे पब्लिक और प्राइवेट टीवी चैनलों को कार्यक्रमों की सप्लाई करने लगे।

ज़ाहिर है कि केबिल और डीटीएच के क़दम तभी जम सकते थे, जब पहले पब्लिक (सरकारी) और प्राइवेट (निजी पूँजी के स्वामित्व में) टेलिविज़न प्रसारण में हुई वृद्धि ने ज़मीन बना दी हो। 1982 में दिल्ली एशियाड के मार्फ़त रंगीन टीवी के क़दम पड़ते ही भारत में टीवी ट्रांसमीटरों की संख्या तेज़ी से बढ़ी। पब्लिक टीवी के प्रसारण नेटवर्क दूरदर्शन ने नौ सौ ट्रांसमीटरों और तीन विभिन्न सेटेलाइटों की मदद से देश के 70 फ़ीसदी भौगोलिक क्षेत्र को और 87 फ़ीसदी आबादी को अपने दायरे में ले लिया (पंद्रह साल में 230 फ़ीसदी की वृद्धि)। उसका मुख्य चैनल डीडी-वन तीस करोड़ लोगों (यानी अमेरिका की आबादी से भी ज़्यादा) तक पहुँचने का दावा करने लगा। प्राइवेट टीवी प्रसारण केबिल और डीटीएच के ज़रिये अपनी पहुँच लगातार बढ़ा रहा है। लगभग सभी ग्लोबल टीवी नेटवर्क अपनी दम पर या स्थानीय पार्टनरों के साथ अपने प्रसारण का विस्तार कर रहे हैं। भारतीय चैनल भी पीछे नहीं हैं और उनके साथ अहर्निश प्रतियोगिता में लगे हुए हैं। अंग्रेज़ी और हिंदी के चैनलों के साथ-साथ क्षेत्रीय भाषाओं (विशेषकर दक्षिण भारतीय) के मनोरंजन और न्यूज़ चैनलों की लोकप्रियता और व्यावसायिक कामयाबी भी उल्लेखनीय है। सरकार की टेलिकॉम नीति इन मीडिया कम्पनियों को इजाज़त देती है कि वे सेटेलाइट के साथ सीधे अपलिंकिंग करके प्रसारण कर सकते हैं। अब उन्हें अपनी सामग्री विदेश संचार निगम (वीएसएनयेल) के रास्ते लाने की मजबूरी का सामना नहीं करना पड़ता।

अगस्त, 1995 से नवम्बर, 1998 के बीच सरकारी संस्था विदेश संचार निगम लिमिटेड (वीएसएनयेल) द्वारा ही इंटरनेट सेवाएँ मुहैया करायी जाती थीं। यह संस्था कलकत्ता, बम्बई, मद्रास और नयी दिल्ली स्थित चार इंटरनैशनल टेलिकम्युनिकेशन गेटवेज़ के माध्यम से काम करती थी। नैशनल इंफ़ोमेटिक्स सेंटर (एनआईसीनेट) और एजुकेशनल ऐंड रिसर्च नेटवर्क ऑफ़ द डिपार्टमेंट ऑफ़ इलेक्ट्रॉनिक्स (ईआरएनयीटी) कुछ ख़ास तरह के क्लोज़्ड यूज़र ग्रुप्स को ये सेवाएँ प्रदान करते थे। दिसम्बर, 1998 में दूरसंचार विभाग ने बीस प्राइवेट ऑपरेटरों को आईएसपी लाइसेंस प्रदान करके इस क्षेत्र का निजीकरण कर दिया। 1999 तक सरकार के तहत चलने वाले महानगर टेलिफ़ोन निगम समेत 116 आईएसपी कम्पनियाँ सक्रिय हो चुकी थीं। केबिल सर्विस देने वाले भी इंटरनेट मुहैया करा रहे थे।

जैसे-जैसे बीएसएनएल ने अपना शुल्क घटाया, इंटरनेट सेवाएँ सस्ती होती चली गयीं। देश भर में इंटरनेट कैफ़े दिखने लगे। जुलाई, 1999 तक भारत में 114,062 इंटरनेट होस्ट्स की शिनाख़्त हो चुकी थी। इनकी संख्या में 94 फ़ीसदी की दर से बढ़ोतरी दर्ज की गयी। नयी सदी में क़दम रखते ही सारे देश में कम्प्यूटर बूम की आहटें सुनी जाने लगीं। पर्सनल कम्प्यूटरों की संख्या तेज़ी से बढ़ने लगी और साथ ही इंटरनेट यूज़रों की संख्या भी। ई-कॉमर्स की ज़मीन तैयार होने लगी और बैंकों ने उसे प्रोत्साहित करना शुरू किया। देश के प्रमुख अख़बार ऑन लाइन संस्करण प्रकाशित करने लगे। विज्ञापन एजेंसियाँ भी अपने उत्पादों को नेट पर बेचने लगीं। नेट ने व्यक्तिगत जीवन की क्वालिटी में एक नये आयाम का समावेश किया। रेलवे और हवाई जहाज़ के टिकट बुक कराने से लेकर घर में लीक होती छत को दुरुस्त करने के लिए नेट की मदद ली जाने लगी। नौकरी दिलाने वाली और शादी-ब्याह संबंधी वेबसाइट्स अत्यंत लोकप्रिय साबित हुईं। वर-वधु खोजने में इंटरनेट एक बड़ा मददगार साबित हुआ। सोशल नेटवर्किंग साइट्स के सहारे नेट आधारित निजी रिश्तों की दुनिया में नये रूपों का समावेश हुआ।

देखें : अभिलेखागार, आख्यान, इंटरएक्टिविटी-प्रौद्योगिकीय विमर्श, इंटरएक्टिविटी-सामाजिक विमर्श, इंटरफ़ेस, एक्टर-नेटवर्क थियरी, डिजिटल डिवायड, दिन-प्रति दिन के अभिलेखागार, नया मीडिया, नेटवर्क, नेटवर्क सोसाइटी, प्रेस की स्वतंत्रता, प्रोपेगंडा, बाज़ारू संस्कृति, भारत में संचार-क्रांति, भारतीय मीडिया स्फ़ेयर, मास मीडिया, मीडिया और सरकार, मीडिया-पक्षधरता, मीडिया-स्टडीज़, संचार, संचार-क्रांति, स्मृति और अभिलेखागार, सोशल नेटवर्क विश्लेषण, सूचना, सूचना-समाज, वैकल्पिक मीडिया।

संदर्भ

1. के. बालासुब्रह्मण्यम (1999), द *इम्पेक्ट ऑफ़ ग्लोबलाइज़ेशन ऑफ़ मीडिया ऑन मीडिया इमेजिज़ : अ स्टडी ऑफ़ मीडिया इमेजिज़ बिटवीन 1987-1997,* अप्रकाशित थीसिस, ओहाइयो स्टेट युनिवर्सिटी, कोलम्बस.
2. यू.वी. रेड्डी (1995), 'रिप वान विंकल : अ स्टोरी ऑफ़ इण्डिया टेलिविज़न', डी. फ्रेंच और एम. रिचर्ड्स (सम्पा.), *कंटम्परेरी टेलिविज़न : ईस्टर्न पर्सपेक्टिव्ज़,* सेज, नयी दिल्ली,
3. पी.सी. चटर्जी (1987), *ब्रॉडकास्टिंग इन इण्डिया,* सेज पब्लिकेशंस, नयी दिल्ली.
4. के.एस. नायर (1998), 'ग्रेजुएटिंग फ़्रॉम इनफ़ॉरमेशन साइडवॉक टु हाईवे', *इण्डिया एब्रॉड,* 9 अक्टूबर.

— अभय कुमार दुबे

भारतीय मीडियास्फ़ेयर

(Indian Mediasphare)

व्यक्ति और समाज के जीवन पर मीडिया के प्रभाव में हुई अनाप-शनाप बढ़ोतरी के प्रभाव को समझना हो तो भारतीय शहरों और मीडिया के गहरे अंतर्संबंधों के ताज़े नज़ारे पर ग़ौर करना चाहिए। प्रिंट-मीडिया, टेलिविज़न, रेडियो, इंटरनेट और मीडिया-कनवर्जेंस से निकले विविध रूपों के कारण भारत के महानगरों में बिम्बों, प्रौद्योगिकियों और अनुभवों का वह मिला-जुला संसार दिखता है जिसके ज़रिये समकालीन शहरों के नये जीवन को परिभाषित किया जा सकता है। मीडिया की व्याप्ति ने सार्वजनिक जीवन के लगभग सभी रूपों को अपने दायरे में ले लिया है जिससे 'मीडियास्फ़ेयर' की रचना हो गयी है। मीडियास्फ़ेयर की धारणा नब्बे के दशक के मध्य में जे. हार्टली और ए. मैककी ने ऑस्ट्रेलियायी मीडिया का अध्ययन करते हुए सूत्रबद्ध की थी। इसके पीछे यूरी लोटमैन द्वारा इसी दशक के प्रारम्भ में विकसित 'सीमियोस्फ़ेयर' का विचार था। लोटमैन के मुताबिक़ सीमियोस्फ़ेयर में किसी संस्कृति का समग्र सांस्कृतिक जगत (भाषा, बोली, संचार, साहित्य, मिथक) आ जाता है। हार्टली और मैककी की मान्यता थी कि मीडियास्फ़ेयर इसी सीमियोस्फ़ेयर के भीतर विकसित होने वाला स्फ़ेयर है जो मास-मीडिया के कल्पनागत और तथ्यगत उत्पादों के साथ-साथ 'पब्लिक स्फ़ेयर' के अधिकतर आयामों को भी समेट लेता है। उनके मुताबिक़ मीडियास्फ़ेयर की विशेषता यह है कि वह सांस्कृतिक तात्पर्य और सार्वजनिक जीवन के बीच आगे-पीछे के संचार-सूत्र क़ायम कर देता है।

रवि सुंदरम ने अपनी रचना *पाइरेट मॉडर्निटी* में दावा किया है कि आधुनिक शहरी जीवन को मीडिया अनुभव से काट कर नहीं समझा सकता। वे दक्षिण एशिया के उत्तर-औपनिवेशिक संदर्भ में मीडिया बूम और शहरी बूम हाल के वर्षों में एक साथ घटित होने की हक़ीक़त को विशेष रूप से रेखांकित करते हैं। सुंदरम के अनुसार प्रौद्योगिकीय संस्कृति बूम संस्कृति और शहरी टकराव के व्यापक सामाजिक रंगमंच का अंग बन गयी है। बीसवीं सदी के शहर के बारे में हाल ही में रचे गये ज़्यादातर सांस्कृतिक इतिहासों का व्याख्यात्मक दायरा संवेदी और बिम्बात्मक संसार से सम्पन्न है। फ्रैंकफ़र्ट स्कूल से जुड़े रहे चिंतक वाल्टर बेंजामिन ने जिस दैहिक शहरी अनुभव का विचार पेश किया है, वह देह व प्रौद्योगिकी के उत्तरोत्तर अंतर्गुंफ़न की तरफ़ इशारा करता है। इस दायरे में शहर के बाशिंदों द्वारा कई तरह के चौंका देने वाले चाक्षुष उद्दीपन संसाधित किये जाते हैं। कई अनुशासनकारी तकनीकें विकसित की जाती हैं ताकि दुचित्तेपन से निबटा जा सके। साथ ही एक साथ बहुत से बिम्बों का स्पर्शी और ज़िंदादिल विनियोग भी होता चलता है। मीडिया द्वारा पैदा किये गये नज़दीकियों और दूरियों के इस बदले हुए दृश्य-प्रपंच की ख़ास बात यह है कि उत्पादक क्षमताओं से सम्पन्न होने के साथ-साथ इसमें एक उतनी ही रहस्यमय भीतरी ख़ूबी भी है जो चिंतन की स्थिर विधियों को तहस-नहस कर डालती है। झिलमिलाती हुई फ़िल्मों, टेलिविज़न, विज्ञापन और मोबाइल स्क्रीनों का नाटकीय 'लाइव' अनुभव न केवल स्पेस को छितरा देता है, बल्कि ऐसे नये समुच्चयों को जन्म देता है जो अक्सर सांस्कृतिक और प्रौद्योगिकीय विनिमय के रैखिक नेटवर्कों से कतरा कर निकल जाते हैं।

सुंदरम के मुताबिक़ 1947 में आज़ादी मिलने के बाद राष्ट्रवादी शासन ने 'मीडिया', ख़ासकर पहले रेडियो और बाद में टेलिविज़न, को मुख्यत: शैक्षिक उद्देश्यों के लिए इस्तेमाल की जाने वाली संस्थाओं की तरह देखा ताकि उनके ज़रिये नागरिकता के शिशुवत् रूपों को पालपोस कर आकार दिया जा सके। सिनेमा की भूमिका मुख्य मीडिया-उत्पादक की थी। शासन ने उसके साथ इसी तरह के संबंध बनाये और वहीं इस मॉडल की ख़ासी परीक्षा हुई। एक तरफ़ हुकूमत ने सिनेमा को 'व्यावसायिक मनोरंजन' के रूप में देख कर उसे सेंसरशिप और टैक्सों के ज़रिये नियंत्रित करने की कोशिशें कीं। दूसरी ओर फ़िल्म उद्योग के स्वतंत्र दर्जे के कारण राज्य नियंत्रण की प्रक्रिया जटिल हो गयी। सिनेमा का थिएटर एक दैहिक आकर्षण का स्रोत बन कर उभरा जो अपनी तरफ़ दर्शकों की भारी भीड़ खींचने लगा। चूँकि 'राष्ट्रीय सांस्कृतिक मूल्य' बनने की कसौटियों पर यह सिनेमा हमेशा ही खरा नहीं उतर सकता था इसलिए राज्य ने सिनेमा को अक्सर दर्शकों की भीड़ के आईने में ही देखा। उसे लगा कि यह तो अनैतिकता और जोखिम की ज़मीन है, एक ऐसी मशीन जो दुचित्तेपन और आकर्षण को एक साथ पैदा करती है। राज्य ने सिनेमा को ऐसी जनता के प्रतीक के रूप में लिया जो बूर्ज्वा नागरिकता को गड़बड़ाती है। आम लोगों की फ़िल्मी कामनाओं को राजकीय नीति द्वारा पूरी तरह से हस्तगत करने की कोशिश करने के बजाय उसे प्रबंधित करना ज़रूरी समझा गया। सिनेमा के बाहर जो मीडिया था, वह अधिक मज़बूती के साथ विकासवाद के अधीन था। 1966 में रेडियो और टेलिविज़न पर बनी चंदा कमेटी की रपट से यह हक़ीक़त और स्पष्ट हो जाती है। एक तकनीकशाही अभिजन द्वारा संचालित राज्य-नियंत्रित रेडियो और टेलिविज़न शहर के दायरे से बाहर रहने के लिए ही डिज़ाइन किया गया था।

अस्सी के दशक में राज्य के नियंत्रण जैसे ही ढीले होने शुरू हुए, इस नज़ारे में उल्लेखनीय परिवर्तन आ गया।

अर्थव्यवस्था ने उदारीकरण और ग्लोबल आर्थिक निज़ाम के साथ और गहराई के साथ जुड़ने की प्रक्रिया शुरू कर दी। भारत के करोड़ों शहरातियों के लिए यह सिलसिला मीडिया और नागर अनुभव के फ़र्क़ को धुँधला कर देने वाला साबित हुआ।

गुजरे हुए दशकों के मुक़ाबले नब्बे ने तेज़ रफ़्तार के स्पर्श्य मीडिया को जन्म दिया। कम लागत के कम्प्यूटरों, विज्ञापन, मोबाइल फ़ोन और डिजिटल छवियों ने शहरी जीवन को रूपांतरित कर दिया। शहरियों को होने वाला यह नया अनुभव अधिक ग्लोबल क़िस्म का है। इसकी रचना में डिज़ाइन, टेलिकॉम नेटवर्क, स्थापत्य, सॉफ़्टवेयर व मीडिया उद्योग, सर्विस देने वालों, निजी मीडिया वस्तुओं और तरह-तरह के बहु-संवेदी पर्यावरणों की भूमिका है। शहर के अभिजन उपनगरों में 'गेटिड कम्युनिटीज़' की तर्ज़ पर बस्तियाँ बनने लगीं ताकि अमीर लोग ख़ुद शहरी संकट से बचने के लिए इनके बड़े-बड़े फ़ाटकों के पीछे शरण ले सकें।

सुंदरम का आकलन है कि इन नयी अभिजन बस्तियों और शक्तिशाली मीडिया उद्योग के बावजूद भारत का मीडिया-शहरीपन अभी तक पश्चिम और पूर्वी एशियाई मीडिया की दर्शनीय ताक़त का मुज़ाहिरा करने में नाकाम रहा है। इस दुनिया में रहने वाले ज़्यादातर भारतवासी कम लागत के मीडिया रूपों में ही डूबे हुए हैं। उनके लिए यही मानक बना हुआ है। जिन नये रूपों की शिनाख़्त अहम है उनमें पब्लिसिटी शामिल है। भीड़ों से भर चुकी सड़कें, दीवारें और बसें हैं। इलेक्ट्रानिक्स की ताक़त के दम गूँजती हुई आवाज़ें हैं (संगीत, राजनीतिक मुहिमें, धार्मिक कार्यक्रमों और कार के भोंपुओं की ध्वनियाँ) जिन्होंने सड़कों और पास-पड़ोस के स्पेस पर क़ब्ज़ा कर लिया है। मीडिया की इस संवेदी दुनिया का अनुभव अक्सर मिले-जुले स्पेस में होता है। मज़दूरवर्गीय इलाक़ों में सस्ते वीडियो प्लेयरों के ज़रिये फ़िल्में दिखाने वाले कामचलाऊ मूवी थिएटर भी इन स्पेसों में शामिल हैं। भारतीय शहरों का महा-अभिलेखागार यानी सिनेमा भी बुनियादी रूपांतरण के दौर से गुज़र कर नयी-नयी अनपेक्षित संरचनाओं में टूट गया है। पहले सिनेमा का मतलब था एक नियंत्रित 'जनता' जो डराती थी, लेकिन अब यह मीडिया-पब्लिक न तो उस तरह से क़ानूनी रह गयी है और न ही इसे शासित बनाया जा सकता है। यह बिखरी हुई जनता आगे भी 'मीडिया के भविष्य का केंद्रीय आयाम' बनी रहेगी।

देखें : अभिलेखागार, आख्यान, इंटरएक्टिविटी-प्रौद्योगिकीय विमर्श, इंटरएक्टिविटी-सामाजिक विमर्श, इंटरफ़ेस, एक्टर-नेटवर्क थियरी, डिजिटल डिवायड, दिन-प्रति दिन के अभिलेखागार, नया मीडिया, नेटवर्क, नेटवर्क सोसाइटी, प्रेस की स्वतंत्रता, प्रोपेगंडा, बाज़ारू संस्कृति, भारत में संचार-क्रांति, भारतीय मीडिया-1 से 3 तक, मास मीडिया, मीडिया और सरकार, मीडिया-पक्षधरता, मीडिया-स्टडीज़, संचार, संचार-क्रांति, स्मृति और अभिलेखागार, सोशल नेटवर्क विश्लेषण, सूचना, सूचना-समाज, वैकल्पिक मीडिया।

संदर्भ

1. रवि सुंदरम (2009), *द पाइरेट सिटी,* रॉटलेज, लंदन और नयी दिल्ली.
2. जे. हार्टली और जे. मैककी (2000), *द इण्डीजीनियस पब्लिक स्फ़ेयर : द रिपोर्टिंग ऐंड रिसेप्शन ऑफ़ एब्रोजिनल इशूज़ इन ऑस्ट्रेलियन मीडिया,* ऑक्सफ़र्ड युनिवर्सिटी प्रेस, ऑक्सफ़र्ड.
3. यूरी लोटमैन (1990), *द युनिवर्स ऑफ़ द माइंड : अ सीमियोटिक थियरी ऑफ़ कल्चर,* इण्डियाना युनिवर्सिटी प्रेस, ब्लूमिंगटन.

— अभय कुमार दुबे

भारतीय रंगमंच

(Indian Theatre)

भारतीय रंगमंच भारत की तरह ही विविध छवियों का जटिल मिश्रण है। कई तरह की रंग परम्पराएँ मिल कर भारतीय रंगमंच का जो स्वरूप बनाती हैं उसमें स्थानगत, समयगत, शैलीगत, कथ्यगत विविधता तो है ही, आंतरिक एकता का सूत्र भी है। भारतीय रंगमंच का उत्स संस्कृत रंगमंच में है जिसकी परम्परा अत्यंत प्राचीन है। *नाट्यशास्त्र* में नाट्योत्पति का संदर्भ है कि ब्रह्मा के आदेश पर भरत मुनि ने ऋग्वेद से पाठ, यजुर्वेद से अभिनय, सामवेद से संगीत और अथर्ववेद से रस लेकर नाट्यरचना की। इसे पाँचवाँ वेद कहा गया क्योंकि अन्य वेदों के विपरीत यह सभी वर्णों के लिए था। नाट्य परम्परा भरत के पहले भी विकसित रही होगी क्योंकि *नाट्यशास्त्र* में सैकड़ों ऐसी नाट्यरूढ़ियाँ बतायी गयी हैं जो बिना दीर्घकाल के परम्परा बन ही नहीं सकती थीं। हज़ारवीं सदी तक संस्कृत रंगमंच का अवसान हुआ जिसके कतिपय कारण थे। अपभ्रंश भाषाओं के विकास के साथ ही संस्कृत का, जो पहले से भी जनभाषा नहीं थी, क्षेत्र संकुचित हो गया। अपभ्रंश भाषाओं में भी साहित्यिक रचना होने लगी। इसके साथ ही क्षेत्रीय भाषाओं में भी रंगमंच का विकास हुआ जिसने संस्कृत रंगमंच की विशेषताओं को भी अपनाया। जनभाषा में होने के कारण इन नाट्यरूपों को अधिक लोकप्रियता मिली। कुछ विद्वान संस्कृत रंगमंच के अवसान के लिए राजनीतिक परिस्थितियों को भी ज़िम्मेदार ठहराते हैं।

पश्चिमी प्राच्य विद्वानों के लिए भारतीय रंगमंच का अर्थ संस्कृत रंगमंच ही था। भरत के *नाट्यशास्त्र* और संस्कृत के नाटकों की खोज भी तब हुई जब प्राच्यविदों ने भारतीय ग्रंथों की खोज का काम शुरू किया। विलियम जोंस ने कालिदास के नाटक *अभिज्ञानशाकुंतलम* की खोज की और 1789 में इसका अनुवाद प्रकाशित किया। कालिदास के पूर्ववर्ती नाटककार भास के नाटक बीसवीं सदी में खोजे गये। संस्कृत का रंगमंच शास्त्रबद्ध था जिसमें नाट्यप्रकारों, रंग-स्थल, अभिनय, मंच सज्जा, रंगोपकरणों के साथ शैली की भी परिभाषा निर्धारित थी। रस इसका केंद्रीय तत्त्व था। वैसे यह अलग बात है कि भास ने शास्त्र की सीमा का बार-बार उल्लंघन किया। शूद्रक, भवभूति, हर्ष, विशाखदत्त संस्कृत के उल्लेखनीय नाटककार हुए हैं।

जयशंकर प्रसाद (1889-1937)

भारतीय रंगमंच की दूसरी परम्परा लोकनाट्यों की है। जगदीशचंद्र माथुर इन्हें परम्पराशील नाट्य कहने पर बल देते हैं। इनके उद्भव के उन्होंने चार कारण गिनाये हैं। पहला, भागवत धर्म का अखिल भारतीय प्रसार; दूसरा, रंगमंच का मंदिर, धार्मिक स्थलों, मेलों में आश्रय; तीसरा, संस्कृत का जनसाधारण से अलगाव और भाषा-गीतों का नाटकों में समावेश; और चौथा गीतात्मक प्रस्तुति शैली। परम्पराशील रंगमंच की मुख्यत: दो प्रवृत्तियाँ हैं : पहली, धार्मिक जिसमें रासलीला, रामलीला, कुट्टियाट्टम, अंकिया नाट, थेरुकुट्टु, यक्षगान जैसी शैलियाँ हैं। इनके कथानक के आधार और प्रक्रिया धार्मिक हैं। दूसरा है लौकिक, जिनमें स्वांग, ख़याल, नौटंकी, नाचा, माच जैसी शैलियाँ मिलती हैं। इनके कथा-स्रोत सामान्य जन जीवन में निहित हैं।

हबीब तनवीर (1923-2009)

अपने-अपने क्षेत्रों में परम्पराशील नाट्य निर्विवाद रूप से लोकप्रिय हुए। उन्नीसवीं सदी में एक भिन्न राजनीतिक, आर्थिक, सामाजिक व्यवस्था के आगमन और उसके वर्चस्व ने भारतीय संस्कृति को प्रभावित किया। निरंतर पुनरावृत्ति, प्रेरणा की कमी, लौकिक नाटकों के कथानक की आवृत्ति और क़वायद में तब्दील होते चले जाने की वजह से इस रंगमंच में ठहराव आ गया। नवीन चेतना सम्पन्न बौद्धिकों को यह नाट्य रूप जड़ और भ्रष्ट प्रतीत हुआ और उनका सान्निध्य इन्हें नहीं मिला। पूर्व-आधुनिक कला रूप होने के कारण यह मान लिया गया कि इनमें आधुनिक जीवन की अभिव्यक्ति नहीं हो सकती।

औपनिवेशिक काल में अंग्रेज़ों द्वारा अपने मनोरंजन के लिए आयातित रंगमंच, शासन व्यवस्था, शिक्षा और प्रिंट जैसे आविष्कारों के प्रभाव तथा रंगमंच में प्रोसेनियम थिएटर और शेक्सपीयर के परिचय से एक नितांत भिन्न रंगमंच का आविर्भाव हुआ जिसकी परम्परा भारतीय रंगमंच में नहीं थी। इसके ज़रिये नाट्य-लेखन, प्रस्तुति और देखने की एक नयी शैली प्रचलन में आयी। अब प्रदर्शन का मतलब हो गया लिखित या छपे हुए नाट्य पाठ को प्रोसेनियम मंच पर अभिनेताओं द्वारा खेला जाना। नाटक देखने का शुल्क लगने लगा, इसे अब केवल सामने से देखा जा सकता था। दर्शक और अभिनेता की बीच एक आभासी दीवार आ गयी थी। रंगमंच अब सामुदायिक नहीं था, जिसमें दर्शक और अभिनेता एक ही समुदाय के अंग होते थे। परम्पराशील रंगमंच में नाटक *इम्प्रोवाइज़ेशन* के ज़रिये खेले जाते थे और रात भर चलते थे, वहीं आधुनिक प्रदर्शनों की समय सीमा निश्चित थी।

इसी प्रक्रिया में भारत में व्यावसायिक रंगमंच का उद्भव हुआ। इसमें एक पारसी रंगमंच था जिसके मालिक पारसी थे। इन्होंने कम्पनियाँ बनायीं जो व्यवसाय के लिए प्रस्तुति करती थीं और देश के विभिन्न हिस्सों में घूमती थीं। भारत की विभिन्न भाषाओं में ये कम्पनियाँ बनीं। मुख्यत: यह विक्टोरियन रंगमंच की नक़ल था जिसमें पृष्ठभूमि के लिए रँगे पर्दों का इस्तेमाल होता था। प्रस्तुति गीत-संगीत-नृत्य से युक्त और अभिनय मेलोड्रामाई था। मुनाफ़े के मुख्य ध्येय को अर्जित करने के लिए यह रंगमंच तमाम तरह के लटकों-झटकों पर आश्रित होता गया और सवाक् सिनेमा के आगमन के बाद इसका अवसान हो गया, क्योंकि इसकी बहुत सारी विशेषताएँ सिनेमा ने अपना लीं।

बांग्ला में और उसके बाद मराठी में अभिजात्य-संरक्षण में रंगमंच का विकास हुआ। पारसी से अलग इसने अंग्रेज़ी रंगमंच के सौंदर्यबोध से युक्त प्रस्तुति की। सम्पूर्ण भारत में व्यावसायिक रंग मण्डलियाँ बनीं। मराठी और बांग्ला की व्यावसायिक रंग-मण्डलियों का प्रभाव देशव्यापी रहा। भारतीय नवजागरण का आरम्भिक आगमन बांग्ला और

मराठी में हुआ था इसलिए यहाँ के रंगमंच ने अपने को इस आंदोलन से जोड़ा। माइकल मधुसूदन दत्त के *मेघनाद वध,* दीनबंधु मित्र के *नीलदर्पण* जैसे नाटकों ने समकालीन समय को अभिव्यक्त किया। हिंदी में और सम्भवत: भारतीय रंगमंच में पहली बार भारतेंदु हरिश्चंद्र ने विधिवत रूप से साहित्यिक रंगमंच की स्थापना का प्रयास किया जिसने रंगमंच को राष्ट्रीय चेतना से जोड़ने का प्रयास किया। लेकिन बांग्ला और मराठी, जिसमें गिरीश चंद्र घोष, शिशिर नाथ भादुड़ी, बाल गंधर्व जैसे रंगकर्मी थे, की तरह हिंदी में ऐसी परम्परा नहीं स्थापित हो सकी।

शंभू मित्रा (1915–1997)

औपनिवेशक आधुनिकता वाले रंगमंच की शैली यथार्थवादी थी। जिसमें संकलन त्रय (स्थान , समय और क्रिया) का निर्वाह और यथार्थवादी दृश्यविधान में प्रस्तुति होने लगी। संघर्ष केंद्रीय तत्त्व था। अधिकतर नाटक तीन अंकीय थे। इनमें गीत-संगीत गौण था, जबकि पारसी रंगमंच और मराठी रंगमंच पर संगीत की उपस्थिति थी। रवींद्रनाथ ठाकुर (बांग्ला) और जयशंकर प्रसाद (हिंदी) ने अपने नाटकों के माध्यम से यथार्थवादी शैली का विकल्प तलाशा और भारतीय प्रदर्शन शैली में नाटक लिखे। रवींद्रनाथ ने जहाँ इसमें नृत्य, गीत संगीत से युक्त नाटक लिखे, वहीं प्रसाद ने संकलन त्रय के बंधन से मुक्त नाटक लिखा और रस एवं संघर्ष का समन्वय किया। लेकिन यथार्थवादी रंगमंच में इनकी समायी न हो सकी।

यक्षगान

स्वातंत्र्योत्तर भारत में राष्ट्रीय पहचान निर्मित करने में रंगमंच की भूमिका को भी महत्त्वपूर्ण मान कर राष्ट्रीय रंगमंच की स्थापना की राजकीय पहल हुई। आज़ादी के पहले ही भारतीय जननाट्य संघ (इप्टा) ने अपने प्रयासों से एक अखिल भारतीय रंगमंच खड़ा किया। राजनीतिक और जन सरोकारों से युक्त नाटक करने के लिए इन्होंने रंगमंच को प्रोसेनियम से बाहर निकाला और परम्पराशील नाट्यशैलियों की ओर उन्मुख हुए। आज़ादी के बाद इसका आंदोलनात्मक स्वरूप क्षीण हुआ लेकिन इससे जुड़े अनेक रंगकर्मी स्वातंत्र्योत्तर भारतीय रगमंच के सूत्रधार बने। औपनिवेशिक रंगमंच की परम्परा आज़ादी के बाद भी रही जिसे मुख्यत: शहरी अभिजात / मध्यवर्गीय रंगकर्मियों ने आगे बढ़ाया। यथार्थवाद आधुनिकता की उपज थी इसलिए यह मान लिया गया था कि शहर और आधुनिक जीवन की विसंगतियों को यथार्थवाद ही व्यक्त कर सकता है।

शंभु मित्रा और हबीब तनवीर और बाद में के.एम. पणिक्कर, रतन थियम जैसे निर्देशकों और गिरीश कार्नाड, विजय तेंदुलकर जैसे नाटककारों ने यथार्थवाद से अलग रास्ता निकाला। मित्रा और तनवीर ने माना कि भारतीय परम्परा से जुड़े बिना असली भारतीय रंगमंच नहीं हो सकता। इसलिए अनुकरण की मानसिकता को त्याग कर नृत्य-संगीत, और संकलन त्रय के बंधन से मुक्त नाटक लिखे जाने चाहिए ताकि उन्हें व्यापक दर्शकों तक पहुँचा जा सके। इसके लिए परम्पराशील प्रदर्शन शैली से रंगमंच को जोड़ा जाना चाहिए। यह रवींद्रनाथ और भारतेंदु का दिखाया रास्ता था।

यथार्थवादी मुहावरे के पक्षधरों का कहना था कि इसकी भी परम्परा सौ वर्ष की है और शहर में भी एक लोक विकसित हो चुका है इसलिए इस मुहावरे को त्यागा नहीं जा सकता। मोहन राकेश और महेश एलकुंचवार इसके समर्थक थे। सत्तर के दशक में यथार्थवादी उपकरणों को अभारतीय बताते हुए जड़ों के रंगमंच का नारा सामने आया और जड़ों से जुड़ने के लिए परम्पराशील रंगमंच संस्कृत नाटक और ब्रेख़्त की ओर ध्यान गया । यथार्थवादी नाटककारों ने शंका जतायी कि ये शैलियाँ एक ख़ास परम्परा की उपज हैं। इनके आलंकारिक इस्तेमाल से एक नक़ली रंगमंच विकसित होगा और यह रंगमंच को आधुनिक मूल्यों की ओर जाने से रोकेगा। लेकिन परम्पराशील मुहावरे ने यथार्थवादी रंगमंच को अपदस्थ कर दिया।

नब्बे के बाद भारतीय रंगमंच में स्त्री-निर्देशकों का काम उभरा जिन्होंने जेंडरीकरण की प्रक्रिया दिखाने के लिए रंगमंच पर शिल्प और वस्तु दोनों को बदला। उपलब्ध आलेखों को भी इन्होंने नितांत नयी शैली, नये आख्यान में प्रस्तुत किया। इस दौरान रंगमंच पर तकनीक का भी आगमन हुआ जिसमें डिजिटल छवियों, ध्वनियों, प्रकाश उपकरणों इत्यादि ने प्रस्तुति की सरंचना को बदल दिया।

पूर्व-आधुनिक प्रकार का भारतीय रंगमंच उत्सव प्रधान था और सामुदायिक जीवन के उल्लास से जुड़ा था, वहीं आधुनिक रंगमंच में या एक ओर व्यावसायिक मूल्य

हावी रहा तो दूसरी तरफ़ उसमें अपने समकालीन जीवन से जूझने की ललक भी रही। इसी ललक में रंगमंच अंग्रेज़ी शासन के प्रतिरोध के स्वरूप में उभरा था जिसे दबाने के लिए अंग्रेज़ी राज्य ने 1876 का ड्रामेटिक परफ़ार्मेंस एक्ट लागू किया था। इससे बचने के लिए अभिव्यक्ति की रणनीतियों को बदला गया था। इप्टा का जन्म ही साम्राज्यवादी गतिविधियों के प्रतिरोध के लिए हुआ था। इसने अंग्रेज़ी राज्य और आज़ाद भारतीय राज्य दोनों की आलोचना की। नुक्कड़ नाटक के रूप में अनोखी शैली भारतीय रंगमंच में आयी जिसमें रंगमंच जनता तक पहुँचता था। समकालीनता की अभिव्यक्ति के लिए लोकप्रिय शैली के रूप में सत्तर के दशक में इसमें गति आयी। भारत के विविध क्षेत्रों में नुक्कड़ नाटक मण्डलियाँ गठित हुईं। बादल सरकार ने अपने परवर्ती नाटक इसी शैली के लिए लिखे और तीसरे रंगमंच की प्रस्तावना की। सफ़दर हाशमी ने नुक्कड़ नाटक को राजनीतिक ओज दिया।

भारतीय रंगमंच इस तरह से विविध रंग छवियों का कोलॉज है भारतीय रस की केंद्रीयता है तो पाश्चात्य संघर्ष भी है। परम्परा से नितांत भिन्न औपनिवेशिक रंगमंच है तो अपनी परम्परा से जुड़ने का प्रयास करता उत्तर औपनिवेशिक रंगमंच भी है। इसमें अभिजात का मनोरंजन है, तो जनप्रतिरोध का स्वर भी है। भारतीय रंगमंच की इस विविधता ने ही विदेशी रंगकर्मियों को आकर्षित किया है। स्तानिस्लावस्की, ब्रेख़्त, रिचर्ड शेख़नर, पीटर ब्रुक, ग्रोतोवोस्की इत्यादि के रंग-विचारों का भारतीय रंगमंच का प्रभाव देखा जा सकता है।

देखें : आधुनिक हिंदी रंगमंच-1 और 2, कोंस्तांतिन स्तानिस्लाव्स्की, बर्तोल्त ब्रेख़्त, प्रगतिवाद, भारतेंदु हरिश्चंद्र, भारतेंदु युग-1 और 2.

संदर्भ

1. सिल्विया लेवी (1978), *द थिएटर ऑफ़ इण्डिया,* खण्ड-2, अ रायटर्स वर्कशाप पब्लिकेशन, कलकत्ता.
2. सुरेंद्रनाथ दीक्षित (1970), *भरत और भारतीय नाट्यकला,* राजकमल प्रकाशन, दिल्ली.
3. हजारीप्रसाद द्विवेदी (1963) *प्राचीन भारत के कलात्मक विनोद,* राजकमल प्रकाशन, नयी दिल्ली.
4. वी राघवन और आद्य रंगाचार्य (1971), द *थिएटर,* नैशनल बुक ट्रस्ट, दिल्ली.

— अमितेश कुमार

भारतीय राष्ट्रवाद

(Indian Nationalism)

भारतीय राष्ट्र और राष्ट्रवाद उपनिवेशवाद विरोधी राजनीति की देन है। इसमें भौगोलिक, भाषाई, सेकुलर, धार्मिक, भू-क्षेत्रीय और तीसरी दुनिया में उभरे राष्ट्रवाद के आयाम समाहित हैं। अपने दक्षिण एशियाई पड़ोसियों (बांग्लादेश, भूटान, नेपाल, पाकिस्तान और श्रीलंका) के विपरीत भारतीय राष्ट्रवाद की विशेषता यह है कि उसके तहत भारतीय राज्य ने किसी एक धर्म को अपना राजकीय धर्म घोषित करने से परहेज किया है। चार देशों का राष्ट्रवाद एक धर्म के साथ एक ही राजभाषा को मान्यता देता है। श्रीलंका दो भाषाओं को राजभाषा मानता है। जबकि भारत ने अपनी 24 भाषाओं को राजभाषा की मान्यता दे कर अपने राष्ट्रवाद को बहुधार्मिक और बहुभाषी स्वरूप दिया है। भारतीय राष्ट्र की दूसरी विशेषता है सांस्कृतिक रूप से विशिष्ट इकाइयों की परस्पर निर्भर राजनीतिक-आर्थिक एकता जिसका नतीजा संघात्मक बंदोबस्त में निकला है। इसकी तीसरी विशेषता है व्यक्ति और नागरिकता के समीकरण को अपनाते हुए भी उसके परे जा कर एक सम्प्रभु राज्य के भीतर सामुदायिक अधिकारों का प्रावधान। इस तरह भारतीय राष्ट्रवाद राजनीतिक संघवाद और सांस्कृतिक बहुलवाद की एक साथ गारंटी करता है।

जहाँ तक आधुनिक राष्ट्रीय चेतना के राजनीतिक विकास का प्रश्न है, इसकी शुरुआती अभिव्यक्ति उन्नीसवीं सदी में आर्थिक राष्ट्रवाद के उभार में दिखाई पड़ती है जब दादाभाई नौरोजी ने भारत में 'अन-ब्रिटिश रूल' की आलोचना पेश की थी। इसी दौरान औपनिवेशिक आधुनिकता के संसर्ग में राष्ट्रवाद की शुरुआती सांस्कृतिक और बौद्धिक अभिव्यक्तियाँ बंकिम चंद्र चट्टोपाध्याय की रचनाओं और बंगाल रेनाँसा के दौरान राजा राममोहन राय के नेतृत्व में हुए नवोन्मेष के रूप में सामने आयीं। इस समग्र प्रक्रिया का विकास भारतीय राष्ट्रीय कांग्रेस के गठन में हुआ जिसने आगे चल कर भाषाई अस्मिताओं पर आधारित भू-क्षेत्रीय राष्ट्रीयताओं की एकजुटता के आधार पर उपनिवेशवाद विरोधी आंदोलन को नेतृत्व दिया और भविष्य के भारतीय राष्ट्रवाद की भित्ति तैयार हुई।

लेकिन, अपने इस प्रयास में कामयाब होने के लिए उपनिवेशवाद विरोधी नेतृत्व को भारतीय राष्ट्रवाद की कई वैचारिक संकल्पनाओं से टकराना पड़ा। दरअसल, वैचारिक रूप में भारतीय राष्ट्रवाद की यात्रा तरह-तरह की पेचीदगियों और द्वंद्वों से भरी हुई है। अलग-अलग दृष्टिकोणों के आधार

पर इसे एक प्राचीन सभ्यता के रूप में, सामासिक संस्कृति के रूप में, राजनीतिक रूप में, धार्मिक रूप में, एक विशिष्ट सांस्कृतिक परिवेश से सम्पन्न भौगोलिक/भू-क्षेत्रीय एकता के रूप में, कई भाषाई समुदायों की एकता के रूप में और एक बड़े व कई छोटे-छोटे राष्ट्रों की एकजुटता और द्वंद्व के रूप में परिभाषित किया जाता रहा है। पहली तीन परिभाषाओं का सूत्रीकरण मुख्यत: विभाजन से पहले हुआ था। चौथी परिभाषा ने विभाजन की नींव डाली और अपने मक़सद में कामयाब हुई। आज भी यह परिभाषा पाकिस्तान और बांग्लादेश के लिए राष्ट्रवादी वैधता का स्रोत बनी हुई है। पाँचवीं, छठीं और सातवीं परिभाषाएँ मोटे तौर पर विभाजन के बाद की परिस्थिति से संबंधित मानी जा सकती हैं। इस कमोबेश साफ़-सुथरे लगने वाले वर्गीकरण के साथ यह भी कहा जा सकता है कि ये परिभाषाएँ लाज़मी तौर पर इसी क्रम से नहीं उभरीं। इनमें से कुछ का सह-अस्तित्व रहा है और उनके बीच प्रधानता हासिल करने के लिए आपसी होड़ होती रही है।

इन सभी परिभाषाओं में कोई न कोई झोल है। भारतीय राष्ट्रवाद के जो पैरोकार इसे प्राचीन सभ्यता के आईने में देखना चाहते हैं उनका मक़सद भारतीय राष्ट्र का उद्गम मुसलमानों और अंग्रेज़ों के आगमन से पहले दिखाना है। वे भारतीय राष्ट्र में मुसलमानों और ब्रिटिश शासन के योगदान को मोटे तौर पर नज़रअंदाज़ करने के पक्ष में हैं। ये लोग प्राचीन काल से भारत के भीतर जिस भौगोलिक एकता की आकांक्षा का ज़िक्र करते हैं, उसका स्रोत हिंदू संस्कृति है। उनकी निगाह में मुसलमान और अंग्रेज़ विजातीय हैं जिन्होंने इस राजनीतिक और सांस्कृतिक एकता को गड़बड़ाने की भूमिका निभायी। ये व्याख्याकार नहीं मानते कि भारतीय उपमहाद्वीप जैसे विशाल सभ्यतामूलक क्षेत्र में लाज़मी तौर पर एक नहीं बल्कि कई राष्ट्रों और राज्यों का सह-अस्तित्व हो सकता है। इन लोगों के अनुसार हिंदू संस्कृति का आदि आर्यों के आगमन में निहित है। आर्यों से पहले का इतिहास इन विद्वानों के लिए तक़रीबन नामौजूद है। कुल मिला कर भारतीय राष्ट्रवाद की यह अवधारणा न केवल मुसलमानों और अंग्रेज़ों की भूमिका नकारती है, बल्कि द्रविड़ समुदायों और सभी ग़ैर-आर्य समुदायों को परिदृश्य से ग़ायब कर देती है।

भारतीय राष्ट्र को सामासिक संस्कृति की देन मानने वालों का मुख्य ज़ोर हिंदू और इसलामिक संस्कृतियों का सम्मिलन दिखाने पर रहता है। वे कहते हैं कि यह सामासिकता द्वंद्व और संश्लेषण की प्रक्रिया के ज़रिये हासिल की गयी। मुसलमानों के हमले की पहली लहर अपने साथ हिंसा, लूट-पाट और तबाही लेकर आयी। पर इस ज्वार के उतरने के बाद हिंदू-मुसलमानों के सामासिक समुदायीकरण की दीर्घकालीन प्रक्रिया शुरू हुई जिसके प्रमाण कबीर की कविता और सम्राट अकबर द्वारा एक सामासिक धर्म की स्थापना करने की कोशिशों में दिखाई पड़ते हैं। सिंहावलोकनात्मक दृष्टि अपनाने पर लगता है कि भारतीय संस्कृति को सामासिक क़रार देना अपने आप में एक राजनीतिक परियोजना थी जिसका मक़सद विभाजन की दुर्घटना को रोकना था। लेकिन, अपने तमाम नेक इरादों के बावजूद यह दो राष्ट्रों के सिद्धांत को पनपने से नहीं रोक पायी। सामासिकता के पैरोकार यह नहीं देख पाये कि वे सम्मिलन और परस्पर आत्मसातीकरण की बात कह रहे हैं जो बहुलतामूलकता से अलग है। बहुलता संस्कृतियों की विभिन्नता के सह-अस्तित्व को प्रामाणिक मानती है। कुल मिला कर कालांतर में 'सिंक्रेटिक' नज़रिया 'सिंथेटिक' साबित हुआ जिसके कारण भारतीय राष्ट्र स्वाभाविक कम और राजनीतिक रूप से गढ़ा हुआ ज़्यादा लगने लगा।

उपनिवेशवाद विरोधी संघर्ष के दौरान राष्ट्र भविष्य के नागरिकों के लिए संकल्पित किया जा रहा था। जैसे-जैसे अंग्रेज़ों के भारत छोड़ने का समय नज़दीक आया, राष्ट्रवादी नेतृत्व ने भारतीय राष्ट्र और आज़ादी के बाद बनने वाले राज्य को एक-दूसरे का पर्याय बनाने का प्रयास किया। भारत को एक बहुराष्ट्रीय राज्य मानने वाले मार्क्सवादियों में भी राष्ट्र और राज्य को अलग-अलग न देखने का रुझान है। चाहे कृषि का विकास हो, धार्मिक सुधार हों, या स्त्रियों की हालत में सुधार की कोशिश हो, वे हर चीज़ को राष्ट्रवादी चेतना की अभिव्यक्ति की तरह ग्रहण करते हैं। भारतीय राष्ट्र को विभिन्न भाषाओं के सह-अस्तित्व की तरह देखने वाले कुछ भाषाओं को सुप्त और कुछ को जाग्रत दिखाते हैं। कुछ सुप्त भाषाएँ उनकी निगाह में जाग्रत होने की तरफ़ बढ़ रही थीं। इस तरह वे लोग भाषाई राष्ट्रीयताओं का एक पदानुक्रम तैयार कर देते हैं।

द्वि-राष्ट्र सिद्धांत का सूत्रीकरण भी कई तरह से किया गया है। मुसलिम लीग के नेता मुहम्मद अली जिन्ना के हिसाब से भारत बारह सौ साल से हिंदू-भारत और मुसलमान-भारत में बँटा रहा है और दोनों के बीच कभी एकता नहीं हो पायी। राष्ट्रीय स्वयंसेवक संघ के सिद्धांतकार माधवराव सदाशिवराव गोलवलकर का कहना है कि वास्तविक द्वंद्व भारतीय मूल वाले धर्मों (हिंदू, जैन, बौद्ध और सिक्ख) और विदेशी मूल वाले धर्मों (इसलाम, ईसाइयत, यहूदी धर्म, ज़रथ्रुस्तवादी और बहाई) के बीच है। गोलवलकर के लिहाज़ से यह संघर्ष विजातीय धर्मों और सजातीय धर्मों के बीच है। ज़ाहिर है कि जिन्ना और गोलवलकर की दावेदारियाँ राष्ट्र के भाषाई पहलुओं की उपेक्षा कर देती हैं। न तो भारत के मुसलमान एक भाषा-भाषी

हैं और न ही हिंदू। ये दोनों नेता अपने-अपने राष्ट्रवाद के लिए स्वर्णिम अतीतों की शिनाख़्त करते नज़र आते हैं। गोलवलकर के लिए गुप्त साम्राज्य यही भूमिका निभाता है और जिन्ना के लिए मध्ययुगीन मुसलमान साम्राज्य। इन दोनों के विपरीत धर्म के आधार पर अलग राष्ट्र की तीसरी दावेदारी सिक्खों द्वारा भी की जा चुकी है। उनके प्रतिनिधियों ने यह माँग 1946 में की थी।

उपनिवेशवाद विरोधी आंदोलन के नेतृत्व ने धर्म आधारित अलग राष्ट्र की इस माँग को कभी मान्यता नहीं दी। गाँधी ने स्पष्ट रूप से कहा : अगर हिंदू अपना अकेला राष्ट्र बनाना चाहते हैं तो ऐसा वे केवल कल्पनाजगत में ही कर सकते हैं। भारत को अपना देश बनाने वाले हिंदू, पारसी, मुसलमान और ईसाइयों यहाँ के नागरिक हैं। दुनिया के किसी भी देश में राष्ट्रीयता और एक धर्म पर्यायवाची नहीं हैं और भारत में भी कभी ऐसा नहीं था।

राष्ट्रवाद संबंधी इन तमाम विचारों के विपरीत कांग्रेस ने गाँधी के निर्देशन में बीस के दशक की शुरुआत में ही भाषाई समरूपता के आधार पर देश को अपने हिसाब से बाँटा और अंग्रेज़ों द्वारा प्रशासनिक सुविधा के लिए किये गये बँटवारे को ख़ारिज कर दिया। असहयोग आंदोलन के लिए की गयी गोलबंदी की असाधारण कामयाबी के पीछे भाषाई राष्ट्रीयताओं को समग्र भारतीय राष्ट्रवाद के घटकों के रूप में पेश करने की इस सृजनात्मक रणनीति का ज़बरदस्त हाथ था। 1928 में जवाहरलाल नेहरू रपट ने भाषाई प्रांतों की रचना को वांछनीय क़रार दिया।

विडम्बना यह रही कि भाषाई आधार पर अंग्रेज़ विरोधी आंदोलन खड़ा करने वाले गाँधी के उत्तराधिकारी जवाहरलाल नेहरू ही 1947 के बाद प्रधानमंत्री के रूप में भाषाई प्रांतों को राष्ट्रीय एकता के लिए ख़तरा मानने लगे, हालाँकि संविधान सभा भाषाई उसूल को मान्यता दे चुकी थी। नेहरू की हिचक और उसके ख़िलाफ़ हुए लोकप्रिय जन-संघर्षों के बाद 1955 में पहला राज्य पुनर्गठन आयोग गठित हुआ जिसने भाषाई आधार पर राज्यों की रचना की। दरअसल, यह भारतीय राष्ट्रवाद का व्यावहारिक रूप था। इसके मुताबिक़ स्वतंत्र और सम्प्रभु भारत का राष्ट्रवाद क्षेत्रीय आधार वाले समरूप भाषाई समुदायों की एकजुटता के रूप में ख़ुद को व्यक्त करता हुआ दिखाई दिया। भारतीय राष्ट्रवाद के इस प्रयोग ने यह भी दिखाया कि अगर विभिन्न राष्ट्रीयताओं को एक संघात्मक ढाँचे के तहत प्रांतीय स्वायत्तता दी जाए तो पृथक सम्प्रभु राष्ट्र की माँगें धीरे-धीरे राजनीतिक रूप से अव्यावहारिक हो जाती हैं।

लेकिन, भारतीय राष्ट्रवाद की पेचीदगी यहीं ख़त्म नहीं होती। मुख्यत: उत्तर-पूर्व भारत के आदिवासी प्रश्न ने छोटी राष्ट्रीयताओं के प्रश्न के साथ जुड़ कर अखिल भारतीय राष्ट्रवाद को चुनौती देना जारी रखा। इसके लिए बड़े भारतीय राष्ट्रवाद द्वारा छोटी राष्ट्रीयताओं के आंतरिक उपनिवेशीकरण के सिद्धांत का इस्तेमाल किया गया। कहा गया कि भारतीय पूँजीपति वर्ग भारतीय राज्य की मदद से बाज़ार पर क़ब्ज़ा करने के मक़सद से बृहद राष्ट्रवाद की राजनीति के तहत छोटी राष्ट्रीयताओं के अधिकारों का हनन कर रहा है। इस विचार ने क्षेत्रीय और छोटे पूँजीपति की विचारधारा को 'लघु राष्ट्रवाद' की संज्ञा दी। जनजातीय और छोटी राष्ट्रीयताओं के मसले के कुछ अध्येताओं की मान्यता है कि असमान आर्थिक विकास और अधिकतर जनजातीय क्षेत्रों के अलग-थलग पड़े रहने के कारण यह समस्या और जटिल हुई है। भारतीय राष्ट्रवाद ने स्वायत्तता और स्व-शासन के विभिन्न रूपों को अपना कर एक सीमा तक इस तनाव का शमन करने कोशिश की है, पर वह पूरी कामयाबी से अभी काफ़ी दूर है।

देखें : अनुसूचित जातियाँ, अनुसूचित जनजातियाँ, अन्य पिछड़े वर्ग, आरक्षण, आधुनिकता, अरविंद घोष, आधुनिकीकरण, कन्हैयालाल माणिकलाल मुंशी, जवाहरलाल नेहरू, जातियों का राजनीतिकरकरण, बंगाल का नवजागरण, भारतीय अभिजन, भारतीय आधुनिकता, भारतीय इसलाम, भारतीय उदारतावाद, भारतीय डायसपोरा, भारत में उपनिवेशवाद, भारतीय नवजागरण : तुलनात्मक परिप्रेक्ष्य, भारत में नियोजन, भारत में प्रातिनिधिक प्रणाली, भारत में पृथकतावादी राजनीति, भारत में मतदान-व्यवहार-1 से 6 तक, भारतीय राज्य, भारतीय लोकतंत्र, भारतीय लोकतंत्र का संस्थानीकरण-1 से 3 तक, भारतीय स्वभाव और राजनीति, भारतीय संविधान-1 से 8 तक, भारतीय सामाजिक आंदोलन, भीमराव रामजी आम्बेडकर, राजा राममोहन राय, विवेकानंद, विनायक दामोदर सावरकर, संविधान सभा में भाषा-विवाद-1 से 3 तक।

संदर्भ

1. पार्थ चटर्जी (1986), *नैशनलिस्ट थॉट ऐंड द कोलोनियल वर्ल्ड : ए डेरिवेटिव डिस्कोर्स ?,* ऑक्सफ़र्ड युनिवर्सिटी प्रेस, नयी दिल्ली.
2. ज्ञानेंद्र पांडेय (1990), द *कंस्ट्रक्शन ऑफ़ कम्युनलिज़्म इन कोलोनियल नॉर्थ इण्डिया,* ऑक्सफ़र्ड युनिवर्सिटी प्रेस, नयी दिल्ली.
3. बी.के. रॉय बर्मन (47), 'नैशनल मूवमेंट एमंग ट्राइब्स', *सेकुलर डेमॉक्रैसी,* अंक 47 (3 और 4).
4. ए.आर. देसाई (1948), द *सोशल बैकग्राउंड ऑफ़ नैशनलिज़्म,* पॉप्युलर प्रकाशन, बम्बई.

— अभय कुमार दुबे

भारतीय राजनीतिक संस्कृति

(Indian Political Culture)

भारतीय राजनीतिक संस्कृति और उसके विकास को समझने के लिए मुख्यत: तीन तरह के रवैये अपनाये जाते हैं। पहला रवैया उन लोगों का है जो भारतीय समाज और राजनीति का आकलन पश्चिमी समाजों के राजनीतिक विकास के आधार पर करते हैं। उन्हें लगता रहा है कि भारत की राजनीतिक संस्कृति में उसकी सामाजिक परम्परा का हस्तक्षेप कुछ ज़्यादा ही है। इसीलिए यहाँ लोकतंत्र और राष्ट्र-निर्माण की प्रक्रिया संकटग्रस्त होने के लिए अभिशप्त हो जाती है। दूसरा रवैया उन लोगों का है जो मानते हैं कि भारत का सारतत्त्व मुख्यत: सांस्कृतिक है, इसलिए समाज-परिवर्तन के नाम पर केवल राजनीतिक पहलुओं की श्रेष्ठता स्वीकार करने के आधार पर बनी कोई भी राजनीतिक संस्कृति उसे रास नहीं आ सकती थी। इसलिए इन विद्वानों ने परम्परा और आधुनिकता को एक-दूसरे के साथ स्पर्धारत देखने के बजाय परस्पर अन्योन्यक्रिया करते हुए देखा। नतीजे के तौर पर इन लोगों ने भारतीय राजनीतिक संस्कृति को एक अनूठी संरचना के रूप में ग्रहण किया। तीसरा रवैया उन लोगों का है जो मानते हैं आधुनिकता और राष्ट्रवाद ने भारत के सारतत्त्व को नुक़सान पहुँचा कर एक ऐसी राजनीतिक संस्कृति को जन्म दिया है जिसने राज्य की संस्था को समाज के ऊपर प्रधानता दे दी है। यह परिस्थिति भारतीय स्वभाव से मेल नहीं खाती, इसीलिए भारतीय समाज नयी राजनीतिक संस्कृति के साथ तालमेल बैठाने के चक्कर में थकान का शिकार होता जा रहा है।

पश्चिमी अनुभव को मानक के रूप में ग्रहण करने वाले प्रेक्षकों को यह समझ में नहीं आता कि भारत में राष्ट्रीय पहचान वैसे समूहन (एग्रीगेशन) के आधार पर क्यों नहीं बनी जैसा युरोप और अमेरिका में घटित हुआ है? ये लोग राजनीतिक आधुनिकीकरण की प्रक्रिया में उभरी क्षेत्रीय और भाषाई पहचानों को लोकतंत्र और राष्ट्र के लिए संकट के रूप में देखते हैं। वे पश्चिमी संस्कृतियों को अभिकेंद्रीय मानते हैं और उसके बरक्स भारतीय पक्ष उन्हें अपकेंद्रीय लगता है। वे यह सवाल भी उठाते हैं कि भारतवासी सभी को समेट लेने वाली सेकुलर अस्मिता से सम्पन्न क्यों नहीं हैं? उनके भीतर सेकुलर प्राधिकार के प्रति नकारात्मक रुझान क्यों हैं? पश्चिमी मानक के आईने में भारतीय राजनीतिक संस्कृति को देखने वाले परम्परा और आधुनिकता को दो विरोधी ध्रुवों के रूप में देखते हैं। इस दृष्टि से हट कर परम्परा और आधुनिकता में सामंजस्य के पहलू देखने वाले विद्वानों ने राजनीतिक संस्कृति का सूत्रीकरण एक भिन्न मॉडल के रूप में किया है।

राजनीतिक संस्कृति के विशिष्ट भारतीय मॉडल की रचना का श्रेय रजनी कोठारी को जाता है। हालाँकि कोठारी मूलत: राजनीतिकशास्त्री हैं, पर उन्होंने साठ के दशक में किये गये अपने अध्ययनों के आधार पर लिखी गयी एक बहु-अनुशासनीय पुस्तक *पॉलिटिक्स इन इण्डिया* (1969) में इसे पेश किया था। अपनी इस अनूठी रचना में कोठारी ने परम्परा को तीन हिस्सों में बाँट कर विश्लेषित किया है : भारतीय संस्कृति की 'महान परम्परा' और ग्रामीण संस्कृति की 'लघु परम्पराओं' के साथ-साथ बहु-सामाजिक और बहु-क्षेत्रीय राजनीतिक संस्कृति की 'मध्यवर्ती परम्पराएँ'। वे मानते हैं कि भारत में समूहन की प्रक्रिया इन्हीं मध्यवर्ती परम्पराओं के इर्द-गिर्द सम्पन्न हुई है।

कोठारी ने भारतीय राजनीतिक संस्कृति के जिन चार आधारों चर्चा की उनमें पहला है अस्पष्टता के प्रति सहिष्णुता। वे कहते हैं कि भारतीय समाज अस्मिता-बहुल है और ये अस्मिताएँ एक-दूसरे में घुली-मिली हैं जिसके कारण आस्थाओं में अस्पष्टता की स्थिति बनी रहती है। समाज इस अस्पष्टता के साथ जीना सीख चुका है। इसके लिए वह सहअस्तित्व और संश्लेषण का सिद्धांत अपनाता है। यही रवैया परम्परा और आधुनिकता को लाज़मी तौर पर अंतर्विरोधी न मान कर उन्हें संश्लेषण की तरफ़ ले जाता है। नतीजे के तौर पर भारतीय मानस व्यक्तिगत आज़ादी और सामुदायिकता के बीच, वैचारिक लचीलेपन और समाज को नियंत्रित करने वाली औपचारिक संरचनाओं के आग्रह के बीच, राजनीतिक केंद्र की अनिवार्य ज़रूरत और कई तरह की प्रणालियों की स्वायत्तता के बीच तालमेल बैठाने में कामयाब रहता है। अल्पसंख्यकों के प्रति उसके रवैये, राजनीतिक गठजोड़ बनाने की रणनीतियों, मतभेद और विरोध के प्रति सहनशीलता का स्रोत इसी में निहित है। अस्पष्टता के प्रति सहिष्णुता और वैचारिक लचीलेपन का इस्तेमाल करके भारतीय समाज ने आधुनिकता की ऐतिहासिक चुनौती का अपने तरीक़े से सामना किया है।

कोठारी ने दूसरे आधार की शिनाख़्त सत्ता के विखण्डित स्वभाव के रूप में की है। वे कहते हैं कि भारत में अभिजनों की भूमिका मध्यस्थ की रही है। सामाजिक बंदोबस्त में उलझाव पैदा होने पर ही अभिजन हस्तक्षेप करते थे। प्राधिकार का इस्तेमाल यदा-कदा होने के कारण उसकी प्रकृति अस्थाई और सीमित हो जाती थी। सीमित इन अर्थों में कि राजा या केवल उन्हीं मामलों में हाथ डालता था जो उसके सामने पेश किये जाते थे। बाक़ी मामले समाज अपने स्तर पर निबटाता रहता था। आधुनिक युग में समाज राजनेता से भी इसी रवैये की अपेक्षा करता है। लोकतंत्र की स्थापना ने भारतीय समाज

में राजनीतिक केंद्र के निर्माण का मार्ग प्रशस्त किया जिसने लोगों को मौक़ा दिया कि वे झगड़े सुलझाने के लिए स्थानीय ताक़तों की मनमानी और उत्पीड़नकारी भूमिका से बच सकें। कांग्रेस से जुड़े स्थानीय नेताओं ने सामाजिक और व्यक्तिगत विवादों में नये मध्यस्थों की भूमिका निभानी शुरू कर दी। आधुनिक प्राधिकार के राजनीतिक प्रतिनिधि भी मध्यस्थ बन गये। बड़े नेता भी धीमी रफ़्तार से सुलह-समझौता और बीच-बचाव का सिलसिला चलाते हैं। धीरे-धीरे विभिन्न पक्षों के बीच एक सौदा उभरता है। इसका संस्थागत रूप भी निम्न स्तर का रहता है। सरकार परिवर्तन की वाहक तो बनती है, पर बदलाव थोपने की बजाय मौजूदा संबंधों के बीच मध्यस्थता करके उसके लिए रास्ता साफ़ करती है। इस तरह नयी राजनीति एक समाज की सांस्कृतिक जीवन-शैली के खाँचे में ढल कर अपनी शक्ल-सूरत प्राप्त करती रहती है।

राजनीतिक संस्कृति का तीसरा आधार विचारधारा और राजनीति के बीच संबंध की शक्ल में सामने आता है। कोठारी के मुताबिक़ भारतीय समाज चीन से इस मायने में भिन्न है कि चीन में राज्य समाज की अच्छाइयों का रक्षक माना जाता है। पर भारत में समाज राज्य से स्वायत्त है। नैतिकताओं पर समाज की इजारेदारी नहीं चलती। आधुनिकता के आगमन के बाद सामाजिक जीवन में नेता का महत्त्व बढ़ा है और राज्य के नुमाइंदे के रूप में वह समाज से पहले के किन्हीं वक़्तों के मुक़ाबले अधिक अंतरंग भी हुआ है। समाज उसके भीतर विचार और कर्म की एकता देखना चाहता है। उससे अपेक्षित है कि वह संस्कृति और सद्‌गुणों की वाहक भी हो। समाज के इसी दबाव में नेता ऐसे-ऐसे वायदे करता है जिन्हें पूरा करने की उम्मीद तार्किक रूप से नहीं की जा सकती। यही रवैया विचारधारा के प्रति है। एक तरफ़ ऊँचे आदर्शों की बात और सांस्कृतिक मूल्यों व नैतिकता की प्रतिष्ठा का दावा बना रहता है, और दूसरी ओर यदि सामाजिक जीवन में यह सब नहीं हो पाता तो उसे सहन भी कर लिया जाता है। किसी को शर्म और पराजय की अनुभूति भी नहीं होती। पाखण्ड के प्रति सहिष्णुता के साथ यह मान्यता भी काम करती रहती है कि पाखण्ड कुछ न कुछ रहेगा भी।

चौथा आधार विश्वास और अविश्वास से संबंधित है। ईसाई धारणा व्यक्ति को नैसर्गिक रूप से पापी मानती है। चीन में कनफ़्यूशस का विचार मानव की बुनियादी अच्छाई पर ज़ोर देता है। पर भारतीय कर्म की धारणा पर यक़ीन करते हैं। न ही वे ईसाइयों की भाँति इनसान की ख़ुदगर्ज़ी को क़ाबू में करने की कोशिश करते हैं और न ही चीनियों की तरह सामाजिकीकरण के ज़रिये उसकी अच्छाइयों को सामने लाने के फेर में रहते हैं। कर्मों के जमा-ख़र्च की धारणा के तहत जीवन चलता रहता है। कर्म सिद्धांत के मुताबिक़ निजी स्तर पर अच्छे कर्म करके मोक्ष की प्राप्ति की जा सकती है, इसलिए सामूहिक धरातल पर मिल-जुल कर उपलब्धियाँ करना आवश्यक नहीं रह जाता। टीम-वर्ग की प्रवृत्ति कमज़ोर हो जाती है, दूसरों पर संदेह का रवैया पनपता है, प्राधिकार पर शक रहता है और सामूहिक काम करने वाले हर व्यक्ति पर (चाहे वह अभिजन हो, नेता हो, अफ़सर हो या विशेषज्ञ हो) अविश्वास रहता है। इस स्थिति में समानता के आधार पर नहीं बल्कि वरिष्ठता और कनिष्ठता के आधार पर काम करना ज़्यादा स्वाभाविक लगता है। जब तक चमत्कारी नेता या आध्यात्मिक गुरु न हो, भारतीय समाज में उसके प्रति समर्पण की भावना पैदा नहीं हो पाती। आधुनिक जीवन के दबावों में यह प्रवृत्ति बदलनी शुरू हुई है। गठजोड़ राजनीति की मजबूरियों ने भी इस प्रवृत्ति में कुछ संशोधन किये हैं।

कोठारी के इस मॉडल से लगता है कि वे राजनीतिक संस्कृति के भारतीय रूप के प्रति काफ़ी आश्वस्त हैं। पर वे इस मॉडल के उन पहलुओं को भी नज़रअंदाज़ नहीं करते जो उनके विचार से नकारात्मक हैं और आधुनिक राजनीति को परवान चढ़ाने में बाधक हो सकते हैं। उनका ख़याल है कि जन्मना आरोपित पदानुक्रम के मुताबिक़ असहमति और विविधता को संसाधित करने की भारतीय प्रवृत्ति का आज़ादी के आंदोलन के दौरान सफल और सचेत मुक़ाबला किया गया था। पर, जैसे-जैसे नयी राजनीतिक प्रणाली मज़बूत हुई और उसे नौकरशाहाना नियमों और कार्यविधियों का आधार मिला, वैसे-वैसे तरह-तरह की औपचारिकताओं और शासकीय कर्मकाण्डों की शक्ल में इसी रवैये ने फिर जड़ जमा ली। इससे पहले कि आधुनिक सेकुलर मूल्य क़दम जमा पाते, पदानुक्रम आधारित मूल्यों ने माहौल प्रभावित करना शुरू कर दिया। आधुनिक क्षेत्र में भी पारम्परिक पदानुक्रम ने एक सामूहिक मूल्य का दर्जा प्राप्त कर लिया।

दिलचस्प बात यह है कि कोठारी द्वारा प्रतिपादित भारतीय राजनीतिक संस्कृति के इस मॉडल की आलोचना मार्क्सवादियों द्वारा न के बराबर की गयी। एक तरह से उन्होंने कोठारी से उलझना मुनासिब नहीं समझा, बावजूद इसके कि वे सेकुलरीकरण और आधुनिकीकरण के भिन्न मॉडल के पैरोकार थे। लेकिन, राजनीतीकरण के इस मॉडल से बहुत ज़्यादा असहमत न होते हुए कोठारी के ही एक घनिष्ठ सहयोगी विद्वान आशिस नंदी ने अलग परिप्रेक्ष्य पेश किया जो अंततः कोठारी के आशावाद से सहमत नहीं था। उनका यह प्रतिपादन भारतीय राजनीतिक संस्कृति पर लिखी गयी एक रचना *पॉलिटिकल कल्चर ऑफ़ स्टेट* में सामने आया। नंदी आधुनिकता, सेकुलरवाद और राष्ट्र-राज्य के आलोचक के रूप में विख्यात हैं। कोठारी ने भारतीय परम्परा के जिन सकारात्मक रूपों की शिनाख़्त की थी, नंदी ने उससे असहमति व्यक्त नहीं की, पर उन्होंने कहा कि परम्परागत भारतीय राज्य जिस सांस्कृतिक बहुलता से शक्ति प्राप्त करता

था, आधुनिक राष्ट्र-राज्य उसकी जगह अमेरिकी क़िस्म की 'मेल्टिंग पॉट' जैसी बहुलता को आधार बनाना चाहता है। संक्रमण की इसी कोशिश के गर्भ से नयी राजनीतिक संस्कृति निकल रही है। इसके तहत राज्य का विकास और शक्ति ही समाज के विकास और मज़बूती का पर्याय बन गयी है। राज्य के हाथ में जातीय और धार्मिक विवादों की मध्यस्थता चली गयी है, भले ही उसका रवैया कितना भी भेदभावपूर्ण क्यों न हो। इस नयी संस्कृति में हमारी विविधता निम्न स्तर की समरूपता में बदल गयी है जिसके कारण इतिहास के ढलान पर पूरा भारतीय समाज हाँफता चला जा रहा है।

देखें : अनुसूचित जातियाँ, अनुसूचित जनजातियाँ, अन्य पिछड़े वर्ग, आरक्षण, कन्हैयालाल माणिकलाल मुंशी, जवाहरलाल नेहरू, भारतीय अभिजन, भारतीय आधुनिकता, भारतीय इसलाम, भारतीय उदारतावाद, भारतीय डायसपोरा, भारत में उपनिवेशवाद, भारत में नियोजन, भारत में प्रातिनिधिक प्रणाली, भारत में पृथकतावादी राजनीति, भारत में मतदान-व्यवहार-1 से 6 तक, भारतीय राज्य, भारतीय राष्ट्रवाद, भारतीय लोकतंत्र, भारतीय लोकतंत्र का संस्थानीकरण-1 से 3 तक, भारतीय स्वभाव और राजनीति, भारतीय संविधान-1 से 8 तक, भारतीय सामाजिक आंदोलन, भीमराव रामजी आम्बेडकर, संविधान सभा में भाषा-विवाद-1 से 3 तक।

संदर्भ

1. रजनी कोठारी (2003), 'राजनीतिक संस्कृति और भारतीय व्यक्ति की राजनीतिक शख़्सियत का विकास', अभय कुमार दुबे (सम्पा.), *राजनीति की किताब : रजनी कोठारी का कृतित्व*, सीएसडीए-वाणी, नयी दिल्ली.
2. आशिस नंदी (2003), 'नयी राजनीतिक संस्कृति : समाज और लोकतंत्र', अभय कुमार दुबे (सम्पा.), लोकतंत्र के सात अध्याय, सीएसडीएस-वाणी, नयी दिल्ली.

— अभय कुमार दुबे

भारतीय राज्य

(Indian State)

1950 में संवैधानिक गणराज्य के रूप में जिस भारतीय राज्य की नींव पड़ी, उसकी बनावट कई नये और कई पुराने तत्त्वों से मिल कर तैयार हुई थी। इसके चरित्र की व्याख्या करने वाले कई मॉडल समाज-विज्ञान में प्रचलित हैं। पिछले साठ साल में भारतीय राज्य कई तरह के परिवर्तनों और विकास-क्रमों से गुज़रा है, और इस प्रक्रिया में उसकी संरचना पहले से कहीं ज़्यादा पेचीदा हो गयी है।

अपने उद्घाटन के समय इस राज्य के नये आयाम इस प्रकार थे : सार्विक मताधिकार के आधार पर निर्वाचित सम्प्रभु विधायिका (सामुदायिक प्रतिनिधित्व का प्रावधान न होने के बावजूद इसमें अनुसूचित जातियों और जनजातियों के लिए आरक्षण की व्यवस्था थी), सभी नागरिकों के मूलाधिकारों की संविधान द्वारा गारंटी, शासन की संसदीय प्रणाली (संसद के प्रति जवाबदेह कार्यपालिका और अप्रत्यक्ष निर्वाचन के ज़रिये चुना गया राष्ट्रपति), स्वतंत्र न्यायपालिका (संसद द्वारा बनाये गये क़ानूनों की समीक्षा करने के अधिकार से सम्पन्न) और केंद्राभिमुख संघात्मक प्रणाली (राज्य सरकारें अपनी विधानसभाओं के प्रति उत्तरदायी, लेकिन शक्तियों के बँटवारे में पलड़ा केंद्र की तरफ़ झुका हुआ)।

इस राज्य के पुराने पहलुओं में सर्वाधिक उल्लेखनीय अंग्रेज़ों की विरासत के रूप में मिला प्रशासकीय ढाँचा था। बावजूद इसके कि आज़ाद भारत का आकार औपनिवेशिक भारत के मुक़ाबले काफ़ी बड़ा था, अंग्रेज़ों के ज़माने में जिस आईसीएस के हाथों में प्रशासन की बागडोर रहती थी, उसी तर्ज़ पर आईएएस (भारतीय प्रशासनिक सेवा) का गठन किया गया। साथ में अंग्रेज़ों के ही नमूने पर पीसीएस (प्रांतीय प्रशासनिक सेवा) भी बनायी गयी। मुख्य प्रशासनिक इकाई भी ज़िले को ही बनाया गया और पहले की ही तरह एक आईएएस अफ़सर को ज़िले की क़ानून-व्यवस्था क़ायम रखने और वैकासिक कार्यों की देखरेख करने की ज़िम्मेदारी दी गयी। इस अफ़सर को ज़िले का मुख्य राजस्व अधिकारी या कलेक्टर तो होना ही था, साथ ही वह मुख्य न्यायाधिकारी या ज़िला मजिस्ट्रेट भी था। फ़ौजदारी और दीवानी क़ानून भी अंग्रेज़ों वाला ही रहा। उच्च न्यायालयों और ज़िला अदालतों ने अंग्रेज़ों द्वारा स्थापित क़ानूनी परम्पराओं और रिवाज़ों का पालन करना जारी रखा। इसमें नयी बात केवल सर्वोच्च न्यायालय की स्थापना और नयी संवैधानिक प्रणाली में उसकी विशेष स्थिति थी। अंग्रेज़ों द्वारा प्रदत्त फ़ौज का पेशेवर और ग़ैर-राजनीतिक चरित्र सुरक्षित रखा गया। उसकी बाग़डोर उसी तरह राजनीतिक नेतृत्व के हाथ में रखी गयी।

समाज-विज्ञान में सत्तर के दशक तक भारतीय राज्य की मुख्यत: चार तरह की व्याख्याएँ सामने आ चुकी थीं। पहली व्याख्या आधुनिकीकरण के उदारतावादी सिद्धांत के पैरोकारों की थी। भारतीय प्रयोग को सराहना और उम्मीद के साथ देखते हुए इन विद्वानों की मान्यता थी कि जैसे-जैसे लोकतांत्रिक संवैधानिक प्रणाली का विकास होगा, वैसे-वैसे बुद्धिसंगत प्रशासनिक और निर्णय प्रक्रिया के प्रभाव में जातिगत, धार्मिक और जातीय निष्ठाओं की जगह आधुनिक नागरिकता के क़दम जमते चले जाएँगे। लेकिन जब ऐसा होता हुआ नहीं दिखा और भारतीय राज्य ने पश्चिम की प्रतिकृति बनने से इनकार कर दिया तो ये विद्वजन निराश हो

गये। दूसरी व्याख्या भी आधुनिकीकरण के सिद्धांत से प्रवाहित हुई लेकिन इसके साथ भारतीय समाज की बेहतर समझ जुड़ी हुई थी। इसके पैरोकार मानते थे कि जातिगत और धार्मिक संरचनाएँ नष्ट होने के बजाय आधुनिक राज्य की संस्थाओं में अपनी जगह बनायेंगी, उसकी ज़रूरतों के मुताबिक़ ख़ुद को बदलेंगी और इस प्रकार राजनीतिक आधुनिकता को एक नया रूप दे देंगी।

तीसरी व्याख्या मार्क्सवादियों की थी जिसने भारतीय राज्य को जनविरोधी वर्गों के एजेंट के रूप में दिखा कर आग्रह किया कि सरकारी ताक़त का दमनकारी ढंग से इस्तेमाल करना इस राज्य की प्रणालीगत विशेषता है। शुरू में मार्क्सवादियों का यह विश्लेषण राज्य के वर्ग-चरित्र पर होने वाली बेजान बहस में फँस गया। सत्तर के दशक में उन्होंने कुछ अधिक नफ़ासत का परिचय देते हुए दावा किया कि भारतीय गणराज्य का संवैधानिक रूप तो उदारतावादी लोकतंत्र जैसा है, पर उसका चरित्र युरोपीय या अमेरिकी राज्यों की तरह नहीं है। इसकी वजह मार्क्सवादियों ने यह बतायी कि भारतीय पूँजीपति वर्ग के पास अपना वर्चस्व स्थापित करने के लिए आवश्यक सामाजिक ताक़त का अभाव है। मार्क्सवादियों के बीच से उभरी नक्सलवादी धारा के विमर्शकारों ने भारतीय राज्य के लोकतंत्र संबंधी दावों को पूरी तरह से ख़ारिज करते हुए उसे साम्राज्यवादी पूँजी का दलाल और नौकरशाही पूँजी (पब्लिक सेक्टर) का प्रतिनिधि क़रार दिया। राष्ट्रीय राजनीति में सक्रिय तमाम राजनीतिक शक्तियों में केवल नक्सलवादी ही थे जिन्होंने भारतीय राज्य का तख़्ता पलटने का आह्वान किया और इसके लिए एक विफल हिंसक मुहिम भी चलाई।

चौथी व्याख्या रजनी कोठारी की देन थी। उन्होंने संस्थागत विन्यास को समझने के लिए स्ट्रक्चरल-फ़ंक्शनल मॉडल का सहारा लेते हुए दिखाया कि भारत में राजनीतिक प्रणाली संस्थाओं के एक 'गतिशील केंद्रक' के इर्द-गिर्द काम करती है। कोठारी के मुताबिक़ प्रणाली और उसके संचालन की प्रक्रिया पर कांग्रेस पार्टी का वर्चस्व हावी रहता है। यह प्रणाली गाँव, कस्बे, शहर, ज़िले, प्रांत और केंद्र की परिस्थितियों में अलग-अलग ढंग से काम करते हुए दो समांतर स्तरों पर प्रभावी रहती है : पार्टी के स्तर पर और सरकार के स्तर पर। कोठारी ने विश्लेषण करके दिखाया कि इसके परिणामस्वरूप राजनीतिक केंद्र अपना दबदबा क़ायम रख पाता है और व्यवस्था के हाशियों से उभरने वाले असंतोष को कांग्रेस पार्टी अपने तरीक़े से संसाधित करती रहती है। कोठारी के मॉडल में जिस पहलू पर ज़ोर दिया गया था वह थी गठजोड़ और सहमति-निर्माण की प्रक्रिया।

कोठारी का यह मॉडल प्रभावशाली था और सत्तर के दशक तक ऐसा लगता भी रहा कि भारतीय राज्य इसी तरह से काम कर रहा है। लेकिन जल्दी ही नये घटनाक्रम ने इस मॉडल की आलोचनाओं की तरफ़ ध्यान खींचा जिनमें कहा गया था कि कोठारी कांग्रेस 'प्रणाली' के सहमतिमूलक चरित्र के प्रति कुछ ज़्यादा ही आश्वस्त हैं और उनमें भारतीय अभिजनों की स्वायत्तता को बढ़ा-चढ़ा कर देखने की प्रवृत्ति है। साथ ही वे आर्थिक और सामाजिक परिवर्तन को क्रमिक विकास के परिप्रेक्ष्य में ही देख रहे हैं। दरअसल, कोठारी ने भी अपनी तरफ़ से सत्तर के दशक में उभरे जुझारू विपक्षी आंदोलनों, उनके ख़िलाफ़ चलाई गयी दमनकारी प्रक्रिया, आपातकाल और फिर कांग्रेस की पराजय की रोशनी में अपने मॉडल की पुनरीक्षा शुरू कर दी थी।

उन्हें दिखने लगा था कि कांग्रेस 'प्रणाली' अब पहले की तरह काम नहीं कर पा रही है। नयी परिस्थितियों में सहमति बनाने और गठजोड़ के रूप में काम करने की कांग्रेस की क्षमता का क्षय हो रहा है जिसके कारण राज्य-व्यवस्था आंतरिक तनावों की शिकार होती जा रही है। इंदिरा गाँधी के नेतृत्व में कांग्रेस ने अपना रवैया बदला और पहले की तरह संगठन-आधारित राजनीति न करके आर्थिक नीतियों के दम पर सीधे जनता तक पहुँचने का रास्ता अपनाया। शुरू में इंदिरा गाँधी को कामयाबी भी मिली। लेकिन उन्होंने जनता की उम्मीदें बहुत बढ़ा दीं और भारतीय राज्य की क्षमताओं का पूरा इस्तेमाल अपने लोकलुभावन वायदों को पूरा कर पाने में नहीं कर पायीं। इस कारण से जन-विक्षोभ और उसकी नुमाइंदगी करने वाले विपक्षी आंदोलनों का सिलसिला शुरू हो गया।

अस्सी के दशक में कोठारी ने पाया कि धीरे-धीरे एक तकनीकशाही-प्रबंधकीय राज्य उभर आया है जो राजनीतिक प्रक्रिया के ज़रिये समस्याओं को समाधान की तरफ़ ले जाने के बजाय चंद विशेषज्ञों की मदद से देश को नयी सदी में ले जाने की योजना बना रहा है। इस मौक़े पर कोठारी ने सूत्रीकरण किया कि पहले तो इंदिरा गाँधी ने अपने निजी करिश्मे पर भरोसा किया और अपनी राजनीति के लोकलुभावनवादी चरित्र से भारतीय राज्य के बहुलवादी चरित्र का क्षय किया। फिर उनके बेटे राजीव गाँधी के नेतृत्व में लोकतंत्र को अभिजनोन्मुख, प्रौद्योगिकीपरस्त, विकृत और विविधता विरोधी बना दिया गया। कोठारी का निष्कर्ष यह था कि आज का भारतीय राज्य राष्ट्र-निर्माण के अगले चरण की ओर तो संक्रमण कर रहा है, पर न तो वह अपने संस्थागत क्षरण को रोक पा रहा है और न ही नयी संस्थागत संरचना करने में समर्थ है। कोठारी मानते हैं कि भूमण्डलीकरण की प्रक्रिया ने इन विकृतियों में और इज़ाफ़ा किया है। अंतर्राष्ट्रीय वित्तीय पूँजी के प्रभाव के तहत भारतीय राज्य ने अपनी लोकहितकारी नीतियों को त्याग दिया है। वर्तमान भारतीय

राज्य को ग़रीबों, वंचितों और हाशियाग्रस्त तबक़ों की कोई फ़िक्र ही नहीं है। आर्थिक विकास की होड़ में इन तबक़ों को अवांछित और छँटनी करने लायक मान लिया गया है। जो लोग बाज़ार की प्रतियोगिता में नहीं टिक पाएँगे उन्हें नष्ट हो जाना पड़ेगा।

सत्तर और अस्सी के दशक के घटनाक्रम के कारण कई विश्लेषकों ने भारतीय राज्य के बारे में अपने पुराने विचार बदले। हरित क्रांति के गर्भ से निकले धनी किसानों (ग्रामीण पूँजीपतियों) की बढ़ती हुई राजनीतिक ताक़त और मँझोली व दलित जातियों की प्रबल होती हुई गोलबंदी ने उन्हें अपनी प्रस्थापनाओं पर नये सिरे से सोचने के लिए मजबूर किया। आख़िरकार भारतीय राज्य को इन नये महत्त्वकांक्षी तबक़ों की माँगों के प्रति अनुक्रिया करनी ही थी। मार्क्सवादियों ने अपने विश्लेषण को और समृद्ध किया। उन्होंने पूँजीपतियों, धनी किसानों और अधिकारीतंत्र को तीन प्रभुत्वशाली वर्गों के रूप में चिह्नित करके दिखाया कि उनके बीच होड़ और गठजोड़ की प्रक्रिया उस राजनीतिक स्पेस में चल रही है जिसकी बागडोर अपेक्षाकृत स्वायत्त भारतीय राज्य के हाथों में है। इस मॉडल को सैद्धांतिक रूप देने का श्रेय सुदीप्त कविराज को है जिन्होंने ग्राम्शी द्वारा प्रतिपादित 'पैसिल रेवोल्यूशन' की रोशनी में अपना सूत्रीकरण किया। पूँजी की ताक़तों द्वारा की गयी पैसिव रेवोल्यूशन का यह मॉडल पश्चिम में पूँजीपति वर्ग के नेतृत्व में स्थापित क्लासिकल लोकतंत्र के मॉडल से भिन्न है। यह अलग बात है कि पश्चिम में बूर्ज्वा लोकतंत्र की कामयाबियों ने क्लासिकल मॉडल को एक ग्लोबल मानक की हैसियत प्रदान कर दी है, जबकि भारत का यह मॉडल एक संक्रमणकारी स्थिति का ही प्रतिनिधित्व कर रहा है। विद्वान अभी यह तय नहीं कर पाये हैं कि भारतीय राज्य अंततः किस दिशा में जाएगा और उसका प्रामाणिक स्थिर स्वरूप कैसा होगा।

भारतीय राज्य के बदलते हुए चरित्र की सबसे ताज़ा शिनाख़्त पार्थ चटर्जी ने राजनीतिक समाज की धारणा के सूत्रीकरण के ज़रिये की है। वे कहते हैं भारतीय राज्य अब स्वायत्त न रह कर कॉरपोरेट पूँजी के नैतिक-राजनीतिक वर्चस्व के तले आ गया है। उनके मुताबिक़ केंद्र और राज्यों की सरकारों पर नियंत्रण करने के लिए कॉरपोरेट पूँजी राजनीतिक दलों और चुनावी गोलबंदी के बजाय नौकरशाह-प्रबंधकों, मुद्रित व दृश्य-श्रव्य मीडिया और न्यायपालिका वग़ैरह का इस्तेमाल करती है। राजकीय क्षेत्र पर इस पूँजी का रुतबा इस क़दर ग़ालिब हो गया है कि मार्क्सवादी समेत तक़रीबन सभी तरह की पार्टियाँ निजी निवेश पर आधारित तेज़ आर्थिक विकास की रणनीति पर सहमत हो गयी हैं।

देखें : अनुसूचित जातियाँ, अनुसूचित जनजातियाँ, अन्य पिछड़े वर्ग, आरक्षण, आधुनिकता, अरविंद घोष, आधुनिकीकरण, कन्हैयालाल माणिकलाल मुंशी, जवाहरलाल नेहरू, जातियों का राजनीतिकरकरण, धीरूभाई शेठ, पार्थ चटर्जी, बंगाल का नवजागरण, भारतीय अभिजन, भारतीय आधुनिकता, भारतीय इसलाम, भारतीय उदारतावाद, भारतीय डायसपोरा, भारत में उपनिवेशवाद, भारतीय नवजागरण : तुलनात्मक परिप्रेक्ष्य, भारत में नियोजन, भारत में प्रातिनिधिक प्रणाली, भारत में पृथकतावादी राजनीति, भारत में मतदान-व्यवहार-1 से 6 तक, भारत में सामाजिक आंदोलन, भारतीय राष्ट्रवाद, भारतीय लोकतंत्र, भारतीय लोकतंत्र का संस्थानीकरण-1 से 3 तक, भारतीय स्वभाव और राजनीति, भारतीय संविधान-1 से 8 तक, भारतीय सामाजिक आंदोलन, भीमराव रामजी आम्बेडकर, रजनी कोठारी, राज्य, राज्य की मार्क्सवादी अवधारणा, राजा राममोहन राय, विवेकानंद, विनायक दामोदर सावरकर, सुदीप्त कविराज, संविधान सभा में भाषा-विवाद-1 से 3 तक, सामाजिक आंदोलन।

संदर्भ

1. पार्थ चटर्जी (2010), 'द स्टेट', नीरजा गोपाल जयल और प्रताप भानु मेहता (सम्पा.), द *ऑक्सफ़र्ड कम्पैनियन टु पॉलिटिक्स इन इण्डिया,* नयी दिल्ली.
2. रजनी कोठारी (2005), *भारत में राजनीति : कल और आज,* अभय कुमार दुबे (हिंदी प्रस्तुति और सम्पादन), सीएसडीएस-वाणी, नयी दिल्ली.
3. लॉयड आई. रुडोल्फ़ और सूज़न एच. रुडोल्फ़ (1987), *इन परसूट ऑफ़ लक्ष्मी : द पॉलिटिकल इकॉनॉमी ऑफ़ स्टेट,* युनिवर्सिटी ऑफ़ शिकागो प्रेस, शिकागो.
4. सुदीप्त कविराज (1988), 'अ क्रिटीक ऑफ़ पैसिव रेवोल्यूशन', *इकॉनॉमिक ऐंड पॉलिटिकल वीकली,* खण्ड 23, अंक 45-7.

— अभय कुमार दुबे

भारतीय लोकतंत्र

(Indian Democracy)

भारतीय लोकतंत्र मध्यमार्गी प्रवृत्तियों से सम्पन्न उदारतावाद की श्रेणी में आता है। उसकी प्रणाली सार्विक मताधिकार पर आधारित सावधि निर्वाचन और हितों की होड़ पर आधारित बहुलतावाद के ज़रिये संचालित होती है। पश्चिमी राजनीतिक चिंतन के प्रगतिशील आयामों से मिलने वाली सैद्धांतिक प्रेरणा के साथ-साथ इसके साथ यह व्यावहारिक समझ भी जुड़ी हुई है कि भारत जैसे विविधतामूलक समाज में इसी मॉडल के कामयाब होने की गुंजाइश सबसे ज़्यादा मानी जा सकती है। समय के साथ-साथ इस मॉडल ने दिखाया है कि लोकतांत्रिक राजनीति के प्रभाव में तेज़ी से राजनीतिकृत होते हुए भारतवासियों की सामाजिक ऊर्जा का सर्वाधिक रचनात्मक उपयोग इसी प्रकार हो सकता है। भारतीय लोकतंत्र का यह

मॉडल सफल होगा या नहीं, इस बात पर काफ़ी विवाद होता रहा है। लेकिन, इन विवादों से परे जा कर भारतीय लोकतंत्र पश्चिम के विकसित देशों के लोकतंत्र की ही तरह स्थिर और उत्तरोत्तर विकासमान है। ऐसी बात नहीं कि इसमें ख़ामियाँ नहीं हैं, पर इसने अपनी कमियों को समझ कर उनका परिष्कार करने का माद्दा भी दिखाया है। इसकी गति धीमी है जिसके कारण यह आलोचनाओं में घिरा रहता है, पर सकारात्मक दिशा में बढ़ने के कारण हर बार यह मॉडल अपने टिकाऊपन के प्रमाण देता रहता है।

आदर्श रूप में देखा जाए तो भारतीय लोकतंत्र का यह मॉडल दो चुनावों की अवधि में होने वाली एक ख़ास तरह की राजनीति से संचालित होता है। इस बीच के दौर में विभिन्न हितों के प्रतिनिधि संगठन दबाव और तालमेल के ज़रिये राजकीय राजनीति को अपने पक्ष में मोड़ने की कोशिश करते हैं। हितों की बेरोकटोक अभिव्यक्ति होने दी जाती है और इसका परिणाम सौदेबाज़ी, समझौतों और तालमेल को जन्म देता है। तरह-तरह की गोलबंदियों का सहारा लिया जाता है जो मुख्यत: धन, समय और संख्यात्मक समर्थन की माँग करती हैं। यह तिहरी शर्त सभी तरह की ताक़तें एक साथ पूरी नहीं कर सकतीं। जिसके पास धन है, उसके पास समय और संख्या का अभाव होता है। अर्थात् भारत जैसे बहुलतावादी लोकतंत्र की आदर्श स्थिति माँग करती है कि राजनीतिक प्रक्रिया पर कोई एक व्यक्ति, कोई एक तबक़ा और कोई एक हित लम्बे समय तक क़ाबिज़ नहीं रह पायेगा। कोई भी हो, उसकी सत्ता का दौर तभी तक लम्बा खिंच सकता है जब वह राजनीति में अपेक्षाकृत कमज़ोर भागीदारों के हितों का भी ख़याल रखे। इस मजबूरी के गर्भ से एक समझौता निकलेगा जिसके आधार पर बनी राजकीय नीति के ढाँचे में सभी तरह के भागीदारों के लिए कोई न कोई गुंजाइश बनी रहेगी।

इस मॉडल के व्याख्याकारों के सरोकार मुख्यत: प्रतिनिधित्व के सिद्धांत के इर्द-गिर्द गोलबंद होते हैं। लोकतंत्र के स्वास्थ्य के पता लगाने के लिए वे जनता के प्रतिनिधि और उसे चुनने वाले मतदाता के बीच संबंधों की समय-समय पर जाँच करते रहते हैं। स्थानीय स्तर पर प्रतिनिधि और जनता का रिश्ता जनसमस्याएँ सुलझाने, विकास कार्य सम्पन्न करने और अपने समर्थकों के साथ आत्मीयता बढ़ाने की कसौटी पर कस कर देखा जाता है। व्यापक और समष्टिगत स्तर पर यह रिश्ता प्रतिनिधि की वैचारिक दृष्टि, दलीय प्रणाली और प्रतिनिधि की पार्टी के योगदान के संदर्भ में परखा जाता है। माना जाता है कि चुनाव में फ़ैसला करते समय मतदाता आदर्श रूप से इन दोनों पहलुओं का ध्यान रखेगा।

आदर्श और व्यवहार में सदैव मौजूद रहने वाले अंतर के कारण इस पूरी प्रक्रिया में मतभेद और तनाव स्वाभाविक परिणामों की तरह प्रकट होते हैं। जब तक एक हित की पूर्ति दूसरे हित को ठेस लगाये बिना होती रहती है, तब तक व्यवस्था शांतिपूर्वक चलती रहती है। ऐसा न हो पाने की दशा में टकराव होता है। टकराव के इसी अंदेशे को ध्यान में रख कर इस मॉडल में लोकतांत्रिक संस्थाओं को इस तर्ज़ पर नियोजित किया जाता है कि टकराव व्यवस्था के लिए ख़तरा बनने से पहले ही सामाजिक, राजनीतिक और आर्थिक उपायों के ज़रिये मंद कर दिया जाए या पचा लिया जाए।

इस प्रणाली को तरह-तरह से समझा गया और इससे कई क़िस्म की उम्मीदें लगायी गयीं। इसकी कहानी आज़ादी के बाद चले छह विमर्शों की रोशनी में पढ़ी जा सकती है। ये विमर्श हैं : विनाश की भविष्यवाणियाँ करने वाला औपनिवेशिक विमर्श, भारतीय समाज को बदल डालने पर आमादा राष्ट्रवादी विमर्श, सामाजिक लोकतंत्र का विमर्श, हिंदुत्ववादी विमर्श, कम्युनिस्ट विमर्श और गाँधी से प्रभावित विमर्श।

आज़ादी मिलने के तीन-चार साल बाद से ही कई तरह के समीक्षकों और प्रेक्षकों ने इस लोकतंत्र के भविष्य को अंधकारमय मान कर विनाश की भविष्यवाणियाँ करनी शुरू कर दी थीं। यह निराशाजनक दृष्टिकोण साठ के दशक के आख़िर तक अपने चरम पर पहुँच गया। साठ और सत्तर के दशक की संक्रमणकारी स्थितियों का नकारात्मक पाठ करके सेलिग हैरिसन, मैक्सवेल और रोनाल्ड सेगल जैसे विद्वानों ने दावा किया कि 1967 का आम चुनाव भारत का आख़िरी होगा क्योंकि उसके बाद क्षेत्रीय, भाषाई, जातीय और साम्प्रदायिक दबावों के साथ-साथ आर्थिक संकट के कारण भारत का राजनीतिक केंद्र बिखर जाएगा। विद्याधर नैपॉल जैसे अनिवासी व्याख्याकारों ने इंदिरा गाँधी द्वारा थोपे गये आपातकाल को भारतीय लोकतंत्र की शोकांतिका घोषित कर दिया। उन्होंने व्यवस्था की समस्याओं को भारतीय सभ्यता के व्यापक संकट से जोड़ कर 'अंधकार का क्षेत्र' जैसे ख़ौफ़नाक सूत्रीकरण कर डाले। नैपॉल का कहना था कि आज भारत अकेला खड़ा है और उसकी पतनशील सभ्यता के पास न कोई विचार है और न ही कोई विदेशी विजेता जो उसके समाज को शांति और व्यवस्था का अवदान दे सके। ज़ाहिर है कि आज 'प्रलय' की ये सभी 'भविष्यवाणियाँ' ग़लत साबित हो चुकी हैं।

राष्ट्रवादी विमर्श के शीर्ष पर जवाहरलाल नेहरू थे। इसमें भारतीय समाज से असंतुष्ट और उसे आमूल बदलने के लिए कटिबद्ध बौद्धिक धाराओं की प्रधानता थी। संविधानसम्मत कार्यविधिक लोकतंत्र और वैकासिक रणनीति के ज़रिये ये लोग जातियों, राष्ट्रीयताओं, भाषाओं और

संस्कृतियों के ख़ानों में बँटे हुए समाज को उसकी बहुलता और विविधता का सम्मान करते हुए परिवर्तन की डगर पर चलाने का सपना देख रहे थे। चूँकि इन लोगों के पास सत्ता भी थी, इसलिए उन्हें अपना एजेंडा लागू करने का मौक़ा भी मिला। इस एजेंडे की सफलताओं और विफलताओं के सिंहावलोकनात्मक आकलन का ठीकरा नेहरू और उनकी मण्डली के सिर पर ही फोड़ा जाता है।

भीमराव आम्बेडकर और उनके विचार सामाजिक लोकतंत्र के विमर्श के शीर्ष पर थे। हालाँकि लोकतंत्र को संविधान का जामा पहनाने में उनकी प्रमुख भूमिका थी, पर वे राजनीतिक स्वतंत्रता को सामाजिक स्वतंत्रता में बदलने के सवाल पर आशंकित थे। उन्हें डर था कि लोकतंत्र के सांविधिक राजनीतिक उसूलों और कर्मकाण्डीय आधारों पर खड़ी श्रेणीबद्ध जाति व्यवस्था के बीच टकराव हो जाने के कारण भारत अंतरर्विरोधों की दुनिया में खोता चला जाएगा।

हिंदुत्ववादी विमर्श का प्रतिपादन करने का श्रेय विनायक दामोदर सावरकर को जाता है। राजनीतिक हिंदुत्व के इस सिद्धांतकार को ऐसा बहुलतावादी लोकतंत्र स्वीकार नहीं था जिसमें अल्पसंख्यकों को बराबर के अधिकार हों।

कम्युनिस्ट विमर्श वर्ग सिद्धांत के प्रभाव में बहुलतावादी लोकतंत्र को पूँजीपति वर्ग की तानाशाही के रूप में पेश करने के लिए मजबूर था। उसके पैरोकार किसानों और मज़दूरों का मोर्चा बना कर उसके नेतृत्व में पूँजीवादी क्रांति करने का कार्यक्रम दे रहे थे। अधिकतर कम्युनिस्ट मानते थे कि भारतीय समाज गतिहीन और परिवर्तनविरोधी है और राष्ट्रीय आंदोलन के निकले अभिजन इतने स्वतंत्रचेता और राष्ट्रभक्त नहीं हैं कि पूँजीवादी क्रांति कर सकें, इसलिए इस क्रांति को मज़दूरों और किसानों की अगुआयी की ज़रूरत पड़ेगी।

ख़ास बात यह थी कि अलग-अलग चिंतन के बावजूद ये पाँचों विमर्श मानते थे कि जातियों को मिटाये बिना भारतीय लोकतंत्र कामयाब नहीं हो सकता। उनकी मुख्य टेक यह थी कि भारतीय समाज लोकतंत्र के योग्य नहीं है इसलिए उसे बदलना होगा।

छठी धारा गाँधी से प्रभावित हो कर अलग तरह से सोचती थी। सावरकरवादियों और कम्युनिस्टों की तरह उन्हें लोकतंत्र में एक विचार के तौर पर अविश्वास नहीं था। न ही वे आम्बेडकर की तरह सामाजिक समानता के दायरे में लोकतंत्र की क्षमताओं को संदिग्ध मानते थे। न ही वे नेहरू की तरह मानते थे कि विकास और सेकुलरीकरण के ज़रिये नया समाज पैदा किया जा सकता है। यह विमर्श लोकतंत्र के हिसाब से समाज को बदलने के बजाय जनता की ज़रूरतों के हिसाब से लोकतंत्र को बदलनें का पक्षधर था। भारतीय लोकतंत्र की सबसे बेहतर समझ इसी धारा के प्रतिपादकों ने बनायी। पचास के दशक में राजनीतिशास्त्र के अध्येता रजनी कोठारी ने निष्कर्ष निकाला कि कांग्रेस सिर्फ़ एक पार्टी नहीं बल्कि एक प्रणाली है जो भारतीय समाज के संरचनात्मक चरित्र को समझ कर ही उस पर लम्बे समय तक शासन कर सकी। उन्होंने इसे 'कांग्रेस सिस्टम' की संज्ञा दी। इसके बाद उन्होंने जातियों के राजनीतीकरण की धारणा सूत्रबद्ध की जिसके सहारे राजनीतिक होड़, आधुनिकीकरण, शहरीकरण, भूमि सुधार और आरक्षण जैसे सकारात्मक हस्तक्षेपों के ज़रिये आ रहे सामाजिक बदलावों की व्याख्या की जा सकी। इस विमर्श के प्रवक्ताओं ने यह भी देखा कि कांग्रेस जैसे-जैसे अपने समष्टिगत चरित्र को बदल कर एकनिष्ठता की तरफ़ गयी, वैसे-वैसे वह एक प्रणाली से घट कर महज़ पार्टी रह गयी। दूसरी तरफ़ जातियों को आधार बना कर हुई राजनीतिक गोलबंदी के कारण राजनीतिक सत्ता का आधार विकेंद्रित होता चला गया। शुरुआती अस्थिरताओं के बाद इस प्रक्रिया के गर्भ से गठजोड़ राजनीति निकली जिसने पश्चिमी लोकतंत्र की प्रेरणाओं के आधार पर बनी लोकतांत्रिक भित्ति को भारतीय पहचान देने में प्रमुख भूमिका का निर्वाह किया।

देखें : अनुसूचित जातियाँ, अनुसूचित जनजातियाँ, अन्य पिछड़े वर्ग, आरक्षण, कन्हैयालाल माणिकलाल मुंशी, जवाहरलाल नेहरू, भारतीय अभिजन, भारतीय आधुनिकता, भारतीय इसलाम, भारतीय उदारतावाद, भारतीय डायसपोरा, भारत में उपनिवेशवाद, भारत में नियोजन, भारत में प्रातिनिधिक प्रणाली, भारत में पृथकतावादी राजनीति, भारत में मतदान-व्यवहार-1 से 6 तक, भारतीय राज्य, भारतीय राष्ट्रवाद, भारतीय लोकतंत्र का संस्थानीकरण-1 से 3 तक, भारतीय स्वभाव और राजनीति, भारतीय संविधान-1 से 8 तक, भारतीय सामाजिक आंदोलन, भीमराव रामजी आम्बेडकर, संविधान सभा में भाषा-विवाद-1 से 3 तक।

संदर्भ

1. अभय कुमार दुबे (सम्पा.) (2002), *लोकतंत्र के सात अध्याय,* वाणी प्रकाशन, नयी दिल्ली.
2. रजनी कोठारी (2005), *भारत में राजनीति : कल और आज,* (प्रस्तुति और सम्पादन : अभय कुमार दुबे), जाति और राजनीति के साथ-साथ दलीय प्रणाली से संबंधित अध्याय देखें, वाणी प्रकाशन, नयी दिल्ली.
3. योगेंद्र यादव (2002), 'कायापलट की कहानी', अभय कुमार दुबे (सम्पा.), *लोकतंत्र के सात अध्याय,* वाणी प्रकाशन, नयी दिल्ली.
4. जावीद आलम (2002), 'ग़रीबों का लोकतंत्र', अभय कुमार दुबे (सम्पा.), *लोकतंत्र के सात अध्याय,* वाणी प्रकाशन, नयी दिल्ली.

— अभय कुमार दुबे

भारतीय लोकतंत्र का संस्थानीकरण-1

आधारभूत विरासत और विकेंद्रीकरण

(Institutionalisation of Indian Democracy-1)

भारतीय लोकतंत्र की स्थापना तो 15 अगस्त, 1947 में हुई और उसका संविधान 26 जनवरी, 1950 को पारित हुआ, लेकिन उसके संस्थानीकरण की अनौपचारिक शुरुआत उपनिवेशवाद विरोधी आंदोलन के दौरान ही हो गयी थी। अध्येताओं की मान्यता है कि 1928 में कांग्रेस के नेतृत्व द्वारा गठित मोतीलाल नेहरू कमेटी की रपट ने आज़ाद भारत की राज्य व्यवस्था के विभिन्न पहलुओं का खाका तैयार कर दिया था। यही वह आधार था जिस पर आगे चल कर लोकतंत्र को मज़बूत संस्थागत स्वरूप दिया गया। अध्येताओं ने संस्थानीकरण की इस प्रक्रिया को दो भागों में बाँट कर देखा है। संस्थानीकरण का पहला चरण 1947 से 1970 तक चला, और दूसरा उसके बाद से अभी तक जारी है। पहले चरण में लम्बे औपनिवेशिक शासन और उसके ख़िलाफ़ चले लम्बे राष्ट्रीय आंदोलन की विरासत से प्राप्त राष्ट्रीय एकीकरण के ढाँचे पर आधारित हो कर संविधान रचा गया और ब्रिटिश नमूने की काबीना प्रणाली अपनायी गयी। राज्यों का पुनर्गठन, योजना आयोग का गठन, औद्योगिकीकरण, सामुदायिक विकास कार्यक्रम और पंचायती राज पर अमल इस दौर की प्रमुख उपलब्धियाँ थीं। समझा जाता है कि क़रीब बीस साल तक एक सतत प्रवाहमान प्रक्रिया के रूप में कांग्रेस की देखरेख में संस्थानीकरण के ये सोपान हासिल किये गये। इसके ज़रिये सत्ता हस्तांतरण के समय बना केंद्र एक विशाल राष्ट्र-राज्य की परिधि तक पहुँचने का यत्न करता रहा।

संस्थानीकरण की विवरण देने से पहले एक बात स्पष्ट कर देना ज़रूरी है। यह संस्थानीकरण कोई पहले से तयशुदा काग़ज़ पर लिख कर तैयार कर ली गयी योजना नहीं थी। न ही यह कोई सुचिंतित गणितीय फ़ार्मूला था जिसे कुछ लोगों ने ऊपर से निर्देशित करते हुए लागू किया हो। राष्ट्र-निर्माण के जिस मॉडल को संस्थानीकरण के ज़रिये धरती पर उतारा जा रहा था, वह तो एक निराकार और काफ़ी हद तक औपचारिक परिभाषाओं से परे एक स्वप्न की तरह था। इस स्वप्न को हर नेता अपने-अपने ढंग से अलग-अलग देखता था। लेकिन इन तमाम स्वप्नों के बीच कुछ बातें मुश्तकरका थीं जिन पर बिना किसी ख़ास दिक़्क़त के आम-सहमति बन जाती थी। कहना न होगा कि संस्थानीकरण की यह प्रक्रिया राजनीतिक घटनाक्रम के हिसाब से ही चलनी थी। उसके दृश्य-अदृश्य तर्क थे जिनसे नहीं बचा जा सकता था। सबसे बड़ा सवाल यह था कि भारत की विशाल जनता लोकतंत्र के विचार को किस तरह ग्रहण करती है। सब कुछ इसी बात पर निर्भर था।

मोतीलाल नेहरू रपट पर चर्चा करने से पहले ज़रूरी है कि उसकी पृष्ठभूमि पर ग़ौर कर लिया जाए। उपनिवेशवाद विरोधी आंदोलन के इतिहास पर एक सरसरी नज़र डालने से ही यह साफ हो जाता है। 1895 में भारत के लिए संविधान लिखने का पहला ग़ैर-सरकारी प्रयास 'कांस्टीट्यूशन ऑफ़ इण्डिया बिल' के रूप में सामने आया। इसमें दावा किया गया था कि भारत में पैदा हुए हर व्यक्ति को नागरिक समझा जाना चाहिए और उसे सरकार चलाने के कामकाज में भागीदारी करने का अधिकार भी मिलना चाहिए। 1916 तक आते-आते राष्ट्रीय स्वाभिमान की भावना और धारणा सुशासन और उसमें भारतवासियों की भागीदारी के दोहरे आधार पर ही निर्मित होने लगी। इसके पीछे पश्चिम में सोलहवीं सदी के दौरान विकसित हुआ राष्ट्र का विचार था। इससे पहले तेरहवीं सदी में राष्ट्र का मतलब था एक ऐसी संरचना जिस पर सांस्कृतिक और राजनीतिक रंग-रुतबा रखने वाले समूहों के प्रतिनिधियों यानी सामाजिक अभिजनों का अधिपत्य हो। लेकिन, सोलहवीं सदी में राष्ट्र का यह विचार बदला और उसे 'पीपुल' या जन-गणों का पर्याय मान लिया गया। अर्थात् एक राष्ट्र की भू-क्षेत्रीय परिधि में आने वाला प्रत्येक व्यक्ति राष्ट्रीय समुदाय का सदस्य मान लिया गया। प्रतीकात्मक रूप से ही सही, पर राष्ट्र की अवधारणा में हुए इस परिवर्तन का मतलब था जन-साधारण का अभिजनों के समकक्ष आ जाना, हाशियाग्रस्तों का केंद्रीय मंच पर अवतरण हो जाना। इस लिहाज़ से आधुनिक राष्ट्र सैद्धांतिक रूप से एक ऐसी संरचना के रूप में कल्पित किया जाने लगा जो पदानुक्रम से बँधे समुदायों के बजाय स्वतंत्र और समान व्यक्तियों के नेटवर्कों द्वारा संचालित होगा। हालाँकि यह दावा व्यवहार में पूरी तरह कार्यान्वित नहीं हो पाता है, पर इस सैद्धांतिक स्थापना को मान्यता मिल जाने के बाद यह लाज़मी हो गया कि ख़ुद को आधुनिक राष्ट्र मानने वाला प्रत्येक समुदाय अपने सभी सदस्यों को समान माने, उन्हें नागरिकता और वोट का अधिकार दे।

मोतीलाल नेहरू रपट ने नागरिकता की इसी अवधारणा की पुष्टि की। रपट के अनुच्छेद नौ में स्पष्ट किया गया था कि 21 साल के किसी भी स्त्री और पुरुष को संसद के लिए मत देने का अधिकार मिलना चाहिए। 1937 में दो साल पहले बने गवर्नमेंट ऑफ़ इण्डिया एक्ट का जवाहरलाल नेहरू ने इसी आधार पर विरोध किया था कि वह राष्ट्र की अभिलाषा का प्रतिनिधित्व नहीं करता। नेहरू का कहना था कि कांग्रेस एक ऐसे लोकतांत्रिक राष्ट्र की रचना के लिए

प्रतिबद्ध है जिसमें राजनीतिकि सत्ता समग्र जनता के हवाले कर दी जाएगी। इससे पता चलता है कि कुछ राष्ट्रों में यह प्रक्रिया धीरे-धीरे ज़रूर सम्पन्न हुई, पर भारत के संविधान निर्माताओं ने क्यों इसे एक ही बार में पूरा कर दिया।

मोतीलाल नेहरू कमेटी ने जिन बातों की सिफ़ारिश की थी उसके आधार में राष्ट्रवाद और लोकतंत्र को एक-दूसरे का पर्याय मानने का आग्रह मौजूद था। इसीलिए उसकी रपट में संसद, सरकार का संघीय ढाँचा और मूलाधिकारों की विस्तृत सूची शामिल थी। परिणामस्वरूप 1947 से 1949 तक संविधान-निर्माता जब विचार-विमर्श के लिए बैठे तो उनके पास नयी राज्य-व्यवस्था के चरित्र के बारे में पहले से ही एक आम-सहमति मौजूद थी। बहस के दौरान इस सहमति पर प्रश्न उठाने वाले को टोक कर समझाया जाता था कि वह पहले से तयशुदा बातों पर बहस करके वक़्त क्यों ज़ाया कर रहा है। सम्भवतः यह पूर्व-सहमति ही थी जिसने भारत को एशिया और अफ़्रीका के नवस्वाधीन राष्ट्रों के मुक़ाबले संविधान-रचना और उसके आधार पर संस्थानीकरण करने की बेहतर सुविधा प्रदान की। अन्य नवस्वाधीन राष्ट्रों की लोकतंत्र संबंधी नाकामियों और भारत की लोकतंत्र संबंधी कामयाबियों के मर्म में यही पूर्व-सहमति काम कर रही थी।

ऐसी बात नहीं कि संविधान सभा ने मोतीलाल नेहरू कमेटी की सिफ़ारिशों के विकल्पों पर विचार न किया हो। कुछ सदस्य इस पक्ष में थे कि प्राचीन भारत में प्रचलित संस्थाओं को थोड़े-बहुत हेरफेर साथ अपना लिया जाना चाहिए। इन लोगों का कहना था कि सार्विक मताधिकार और निर्वाचित सरकार जैसे प्रावधान भारत की ग़रीब और अशिक्षित जनता के योग्य नहीं हैं। लेकिन इस तरह के सुझावों को संविधान सभा ने विशाल बहुमत से ख़ारिज कर दिया। लोगों की ग़रीबी और अशिक्षा को बाधा मानने वालों का रवैया अंग्रेज़ों जैसा ही माना गया क्योंकि अंग्रेज़ इन्हीं तर्कों के आधार पर भारत को स्व-शासन के अनुपयुक्त मानते थे। संविधान-निर्माताओं ने ख़ुद से यह भी कहा कि वे लोकतांत्रिक संस्थाओं को आयातित नहीं मानेंगे, क्योंकि एक समूची भारतीय पीढ़ी को इनका थोड़ा-बहुत अनुभव हो चुका है। कांग्रेस का आंदोलन अंग्रेज़ों से बार-बार स्व-शासन संबंधी रियायतें लेने में सफल रहा था और पार्टी पहले से ही संसदीय सरकार और वयस्क मताधिकार की माँग कर रही थी। संविधान सभा की स्पष्ट मान्यता थी कि संसदीय परम्पराएँ किसी एक देश की इजारेदारी नहीं हैं और उन्हें अपनाने से हमारी भारतीयता ख़तरे में नहीं पड़ेगी।

इस समझ के बावजूद कई मुद्दों पर दिक़्क़तें आयीं और गम्भीर मतभेद उभरे। केंद्र के मुक़ाबले राज्यों के अधिकार, संविधान की व्याख्या करने के न्यायपालिका के अधिकार, राज्यों द्वारा निर्णय लेने की उचित प्रक्रिया के सवाल, व्यक्तिगत आज़ादी और राष्ट्रीय एकता के बीच आ सकने वाले सम्भावित अंतर्विरोध, निजी सम्पत्ति और सामाजिक-आर्थिक विकास के बीच के अंतर्विरोध, निचले स्तर तक राज्य-व्यवस्था के विकेंद्रीकरण के सवाल, एक व्यक्ति-एक वोट के उसूल के मुक़ाबले अल्पसंख्यकों, दलितों और आदिवासियों को विशेष सुविधाओं के सवाल संविधान सभा को काफ़ी परेशान करते रहे। विभाजन की पृष्ठभूमि में संविधान सभा को लग रहा था कि देश की एकता बचाये रखने के लिए केंद्र को अधिक अधिकारों से लैस करना ज़रूरी है। इसी चक्कर में निवारक नज़रबंदी के प्रावधान को एक अनिवार्य बुराई के तौर पर स्वीकार कर लिया गया। संसदीय प्रणाली पर हुई बहस में प्रतियोगिता अमेरिकी की राष्ट्रपति की प्रधानता वाली प्रणाली और ब्रिटेन की प्रणाली के बीच होड़ हुई। इसमें ब्रिटिश प्रणाली जीती, लेकिन भारतीय संविधान ने राष्ट्रपति को ब्रिटेन के राजा के मुक़ाबले कहीं ताक़तवर बना दिया।

संस्थानीकरण के व्यावहारिक क़दमों में सम्भवतः पहला क़दम वह था जब वल्लभभाई पटेल ने अंग्रेज़ों के ज़माने में राष्ट्रवादी आंदोलन का दमन करने के कारण नयी परिस्थितियों में असुरक्षित महसूस करने वाले अधिकारीतंत्र को आश्वासन दिया कि न केवल उनकी हैसियत नयी सरकार में पहले जैसी ही रहेगी, बल्कि नेता उनके कामकाज में दख़ल भी नहीं देंगे। शुरुआती दौर में आईसीएस अफ़सरों की क्षमता का इस्तेमाल करके प्रशासनिक और राजनीतिक सुदृढ़ीकरण किया जा सका। सामाजिक-आर्थिक मोर्चे पर विकास के लिए 1950 में योजना आयोग गठित किया गया। श्रम क़ानूनों का ढाँचा बना कर मज़दूर वर्ग के साथ टकराव के अंदेशे हल्के कर लिए गये। पचास और साठ के दशक में राज्यों के पुनर्गठन की कार्रवाई चलती रही। समझने की बात यह है कि यह सब करते हुए पहले बीस साल में भारतीय राज्य ने विभाजन के शरणार्थियों की समस्या, तेलंगाना में किसान विद्रोह, कश्मीर में क़बीलियों के पाकिस्तान समर्थित आक्रमण और राज्यों के भाषावार पुनर्गठन के सवाल पर होने वाले जुझारू आंदोलनों का भी मुक़ाबला किया।

यह सब करते हुए भी भारतीय राज्य ने 1956 तक पहली पंचवर्षीय योजना पूरी करके दूसरी शुरू कर दी। 1948 के औद्योगिक नीति प्रस्ताव के बाद 1956 में पहली विस्तृत औद्योगिक नीति तैयार की गयी। 1952 में पूरे देश को विकासखण्डों में बाँट दिया गया जिसके आधार पर बाद में पंचायती राज कार्यक्रम बना। 1957 तक देश में दो आम चुनाव और कई स्थानीय चुनाव हो चुके थे। निर्वाचित होने, सत्ता मिलने और सत्ता से बेदख़ल होने की लोकतांत्रिक प्रक्रियाओं का पहला परिचय भारतवासियों को होने लगा।

देखें : अनुसूचित जातियाँ, अनुसूचित जनजातियाँ, अन्य पिछड़े वर्ग, आरक्षण, कन्हैयालाल माणिकलाल मुंशी, जवाहरलाल नेहरू, भारतीय अभिजन, भारतीय आधुनिकता, भारतीय इसलाम, भारतीय उदारतावाद, भारतीय डायसपोरा, भारत में उपनिवेशवाद, भारत में नियोजन, भारत में प्रातिनिधिक प्रणाली, भारत में पृथकतावादी राजनीति, भारत में मतदान-व्यवहार-1 से 6 तक, भारतीय राज्य, भारतीय राष्ट्रवाद, भारतीय लोकतंत्र, भारतीय स्वभाव और राजनीति, भारतीय संविधान-1 से 8 तक, भारतीय सामाजिक आंदोलन, भीमराव रामजी आम्बेडकर, संविधान सभा में भाषा-विवाद-1 से 3 तक।

संदर्भ

1. रजनी कोठारी (2005), 'संस्थानीकरण की रणनीति', भारत में राजनीति : कल और आज, (हिंदी प्रस्तुति और सम्पादन : अभय कुमार दुबे), सीएसडीएस-वाणी, नयी दिल्ली.
2. सुनील खिलनानी (2001), *भारतनामा,* अनुवाद : अभय कुमार दुबे, राजकमल प्रकाशन, नयी दिल्ली.
3. जितेंद्र सिंह (1964), 'ए न्यू लेजिटिमेसी', *सेमिनार,* नवंबर.
4. रिचर्ड एल. पार्क और आइरीन टिंकर (1958), *लीडरशिप ऐंड पॉलिटिकल इंस्टीट्यूशंस इन इण्डिया,* प्रिंसटन युनिवर्सिटी प्रेस, प्रिंसटन.

— अभय कुमार दुबे

भारतीय लोकतंत्र का संस्थानीकरण-2

ज़िला और पंचायत

(Institutionalisation of Indian Democracy-2)

केंद्र और परिधि के बीच राजनीतिक प्रणाली का संस्थानीकरण लगातार जारी था। इसके तीन स्तर थे : राष्ट्रीय, राज्य और ज़िला। अधिकांश हिस्से में प्रशासन राज्यों के हाथ में था। उन्होंने लगातार अपनी सत्ता का सुदृढ़ीकरण किया और अधिकारों की दावेदारी जारी रखी। मुख्यमंत्री की राज्य में वही हैसियत थी जो केंद्र में प्रधानमंत्री की थी। धीरे-धीरे मुख्यमंत्रियों का राष्ट्रीय महत्त्व साफ़ होने लगा। चाहे प्रधानमंत्री के उत्तराधिकार का सवाल हो, या फिर कांग्रेस अध्यक्ष की नियुक्ति हो, उनसे सलाह-मशविरा होने लगा। कई राज्यों के मुख्यमंत्री तो इतने ताक़तवर हो गये कि प्रधानमंत्री उन्हें अपनी जगह से हिलाने के बारे में सोच भी नहीं सकते थे। राज्य केंद्र पर वित्तीय अनुदान वग़ैरह के मामले में निर्भर थे, पर साथ में यह भी एक हक़ीक़त थी कि केंद्र अपने कार्यक्रमों को लागू करने के लिए काफ़ी-कुछ उन पर निर्भर था। भारतीय मसलों के एक विद्वान पॉल एपलबाई ने तो एक अतिवादी क़िस्म का निष्कर्ष तक निकाल लिया था कि केंद्र एक तरह से राज्यों की दया पर निर्भर है। केंद्रीय योजना को सफल बनाने के लिए ज़रूरी था कि राज्यों में राजनीतिक सत्ता का विकेंद्रीकरण हो। इसके लिए ज़िला विकास परिषदों को मज़बूत किया गया। सामुदायिक विकास खण्ड जैसे नये प्राधिकार खड़े किये गये। वैकासिक संस्थाएँ, क़र्ज़ा देने वाली सहकारी समितियाँ और पंचायतें गठित की गयीं। राजकीय संरक्षण का एक बड़ा जाल बुना गया जिसके सूत्र देहातों तक जाते थे। इनके ज़रिये नयी नौकरियाँ मिलती थीं, ऋण दिये जाते थे और फ़ायदों का बँटवारा होता था। चूँकि सत्ता में बने रहने के लिए राज्य के सत्तारूढ़ गुट ग्रामीण वोटों पर अधिकाधिक निर्भर होते जा रहे थे, इसलिए उन्होंने अपने राजकीय संरक्षण का जाल दूर-दूर तक फैलाया। उन्होंने सरकारी अधिकारियों, शिक्षण संस्थाओं और अहम स्वयंसेवी संस्थाओं समेत अन्य वैकासिक एजेंसियों को अपने दायरे में समेट लिया। संस्थागत सत्ता नीचे तक गयी और उस प्रक्रिया से ऐसे लोग निकले जिन्होंने स्थानीय स्तर पर इस नेटवर्क की कमान सँभाल ली।

एक बहुस्तरीय चुनाव प्रणाली कारगर रूप से अपना काम कर ही रही थी। संसद, विधानसभाओं, ज़िला, ब्लाक और ग्राम पंचायतों एवं कस्बों की नगर पालिका तक चुनाव होते रहते थे। सहकारी बैंकों, कई तरह की उत्पादक और विपणन सहकारी समितियों वग़ैरह के भी चुनाव होते थे। एक नयी राजनीति बन रही थी जिसकी अभिव्यक्ति केंद्र और राज्य के स्तर पर ही नहीं, बल्कि एकदम निचले स्तर पर भी होने लगी थी। यह विकेंद्रित प्रक्रिया भारतीय लोकतंत्र के संस्थानीकरण को एक नयी शक्ल-सूरत दे रही थी।

संस्थानीकरण की इस प्रक्रिया के केंद्र में था ज़िला और उसका प्रशासन। अंग्रेज़ों के ज़माने से ही नहीं बल्कि मुग़लों के ज़माने से ज़िला एक ऐसी इकाई के रूप में स्थापित होता जा रहा था जिसका आकार न तो ज़्यादा बड़ा होता था, न ही बहुत छोटा। साठ के दशक तक उसकी औसत आबादी पंद्रह लाख के आसपास होती थी। प्रशासनिक, राजनीतिक और सामाजिक गतिविधियों के केंद्र के रूप में ज़िले के अस्तित्व के पीछे प्रशासनिक सक्षमता और स्वायत्तता, संसाधन और प्रौद्योगिकी जानकारी की जुगाड़ कर पाने की गुंजाइश के साथ-साथ हर ज़िले के पास उसका अपना अलग राजनीतिक अभिजन होना था। रजनी कोठारी ने लोकतंत्र संस्थानीकरण के संदर्भ में ज़िलों की भूमिका को विशेष महत्त्व देते हुए लिखा है कि ज़िलों से मिलने वाले समर्थन के आधार पर ही राज्य का मंत्रिमण्डल और सत्तारूढ़ पार्टी की संरचना बनती थी। ज़िला कलक्टर (आईएएस अफ़सर)

प्रशासनिक सत्ता का केंद्र होता था, इसलिए उसके आसपास प्राधिकार, निर्भरता और विश्वास का प्रभामण्डल आसानी से बन जाता था। ज़िले के राजनीतिक अभिजन की संरचना जहाँ स्थाई थी, कलक्टर बदलता रहता था। लेकिन हर नये आने वाले कलक्टर को इस अभिजन के साथ अपना रिश्ता एक स्थाई भाव से ही परिभाषित करना पड़ता था।

आर्थिक और सामाजिक संरचनाओं ने भी ज़िलों के समय रहते अपना समायोजन कर लिया। व्यक्ति अपनी शिनाख़्त ज़िलों के साथ करने लगे। जाति-सभाओं, सामाजिक संचार की पहले से चली आ रही प्रणालियों, अभिजनों के बीच होने वाले गठजोड़ों और प्रादेशिक राजनीति में सक्रिय सामाजिक धड़ों की अभिव्यक्ति भी ज़िले के स्तर पर होने लगी। शहरी केंद्र, व्यापारिक मार्ग, अदालतें, शिक्षा संस्थान और वाणिज्यिक केंद्रों की कल्पनाएँ ज़िलों को केंद्र बना कर ही होने लगीं। ज़िलों का महत्त्व बढ़ता चला गया, क्योंकि वहाँ सहकारी बैंक थे, भूमि विकास बैंक थे, तरह-तरह लाइसेंस और ऋण देने वाली एजेंसियों के दफ़्तर थे, कृषि और वानिकी विभाग थे। सत्ता और राज्य की संस्थाओं का एक पूरा ढाँचा ज़िला स्तर पर एक आपस में जुड़ी इकाई की तरह काम करने लगा। इसकी बागडोर दो लोगों के हाथ में रहती थी। कलक्टर और सत्तारूढ़ पार्टी के ज़िला अध्यक्ष के हाथों में। यह पार्टी सत्तर के दशक तक आम तौर पर कांग्रेस ही हुआ करती थी।

दरअसल, ज़िला कलक्टर की हैसियत, रुतबे और संस्थागत प्राधिकार की जो स्थिति भारत में हो गयी है, उसकी मिसाल दुनिया के किसी और देश में नहीं मिलती। ज़िलों के ग़ैर-कलक्टरीकरण की बातें तो बहुत की गयी हैं, कुछ कोशिशें भी हुई हैं, लेकिन कामयाबी आज तक किसी को नहीं मिली है। कुछ प्रदेशों में ज़िलों में विकास-प्रक्रिया का इंचार्ज कलक्टर के अलावा किसी और अफ़सर को बनाने का प्रयोग भी हुआ, लेकिन ज़िले और कलक्टर की छवियों को अलग-अलग नहीं किया जा सका। सामुदायिक विकास और पंचायती राज ने भी ज़िलों की अहमियत में इज़ाफ़ा किया, क्योंकि इनके संचालन और कार्यान्वयन के लिए जानकारी और सामग्री भी ज़िला मुख्यालयों से ही मुहैया करायी जाती थी।

लोकतंत्र के संस्थानीकरण में ज़िले के बाद दूसरी बड़ी भूमिका पंचायती राज की थी। इससे पहले 1952 में सामुदायिक विकास कार्यक्रम शुरू किया गया था जिससे उम्मीद थी कि वह ग्रामीण समाज और सरकारी ढाँचे के बीच की खाई पाटेगा। यह पहली पंचवर्षीय योजना (1951-1956) का प्रमुख पहलू था जिस पर फ़र्ड फ़ाउंडेशन के भारतीय अध्याय के कर्ताधर्ता और कृषि अर्थशास्त्री अल्बर्ट एंसमिंगर द्वारा नेहरू को दिये गये सुझावों की छाप स्पष्ट रूप से देखी जा सकती थी। इस योजना में कृषि क्षेत्र और सामुदायिक विकास पर बहुत ज़ोर था। पर वह पूरी तरह से ऐसा नहीं कर पाया। चूँकि सरकार की प्राथमिकता उद्योगीकरण थी, इसलिए वह सामुदायिक विकास के लिए संसाधन जारी करने में भी कोताही करती थी। ब्लाक डिवेलपमेंट दफ़्तर भी बन जाते थे, उनमें अफ़सरों की नियुक्तियाँ भी हो जाती थीं लेकिन जन-भागीदारी के लक्ष्यों की पूर्ति नहीं पाती थी। जब शिकायतें आयीं और उनकी जाँच हुई तो पता चला कि सामुदायिक विकास के ज़्यादातर काम इसलिए अधूरे रह जाते हैं कि उनमें स्थानीय अभिजन हिस्सा नहीं लेते। सरकारी अधिकारी उनके हाथ में पहलक़दमी नहीं देते।

इन ख़ामियों की भरपाई करने के मक़सद से पंचायती राज का प्रयोग शुरू किया गया। पंचायती राज की परियोजना दूसरी पंचवर्षीय योजना (1956-1961) के तहत धरती पर उतारी गयी। ध्यान रहे कि इस पंचवर्षीय योजना में अमेरिकी विशेषज्ञों की ज़्यादा नहीं सुनी गयी। 1955 में ही सत्तारूढ़ कांग्रेस पार्टी ने 'समाजवादी प्रारूप का समाज' समाज बनाने के लिए अपनी प्रतिबद्धता जता दी थी। इसके लिए उद्योगीकरण पर बल देना आवश्यक समझा जा रहा था। इसलिए दूसरी योजना में पूरा ज़ोर भारी उद्योगों, ख़ास कर सरकारी क्षेत्र में खड़े किये जाने वाले अधिरचनात्मक उद्योगों पर था। लेकिन इसका मतलब यह नहीं था कि पहली योजनाओं की ख़ामियों को दूर न किया गया हो। भारी उद्योगीकरण के आग्रह के बावजूद सामुदायिक विकास परियोजना का बहुत बड़े पैमाने पर विस्तार किया गया। पूरे देश में विकास खण्ड आधारित विकास का जाल फैला कर उसे पंचायती राज के साथ समेकित कर दिया गया। यह केंद्रीकृत नियोजन के माध्यम से किये गये 'लोकतांत्रिक विकेंद्रीकरण' की मिसाल थी। 1957 में आयी बलवंत राय मेहता कमेटी की चर्चित रपट में लोकतंत्र के संस्थानीकरण का यह आख्यान बख़ूबी दर्ज है।

संस्थानीकरण की यह प्रक्रिया अपनी तमाम ख़ूबियों-ख़ामियों के साथ सत्तर के दशक तक चलती रही। नेहरू युग की सफलताओं और विफलताओं की इबारत इसी संस्थानीकरण पर लिखी हुई थी। समाज के उभरते हुए आधुनिक और जमे हुए पारम्परिक क्षेत्रों के बीच सूत्र बन गया था, भले ही उसकी जड़ें ठीक से अभी तक जम नहीं पायी थीं। नेता नये थे और उन्हें काफ़ी-कुछ सिविल सेवा के अफ़सरों पर निर्भर रहना था। इस कारण संस्थानीकरण के बुनियादी चरित्र पर नौकरशाहाना रवैया हावी रहा। इसके परिणामस्वरूप राजनीतिक प्राधिकार का जो रूप उभरा उस पर अफ़सरशाही की ही तरह लचीलेपन की कमी थी। नये विचारों का उत्पादन हो रहा था, पर उन पर अमल करने की समस्या थी। नियोजक और प्रशासक अपने-अपने केंद्रों में

बैठे हुए विफलताओं का दोष किसान जनता की अनिच्छा पर मढ़ रहे थे।

दूसरी तरफ़ लोकतांत्रिक प्रक्रिया ने नये नेता पैदा किये। मुख्यमंत्रियों, कांग्रेस अध्यक्ष कामराज, नेहरू के उत्तराधिकारी लालबहादुर शास्त्री और उसके बाद इंदिरा गाँधी ने विकास प्रक्रिया पर पुनर्विचार को प्रोत्साहन दिया। इंदिरा गाँधी ने 1969 में बैंक राष्ट्रीयकरण करके राज्य की ताक़त को बहुत बढ़ा दिया। इसके बाद घटनाक्रम कुछ इस तरह से चला कि केंद्र और परिधि के बीच काम कर रहे मध्यवर्ती ढाँचे पर नुक़सानदेह असर पड़ा। यह संस्थानीकरण के दूसरे दौर की शुरुआत थी।

इस दूसरे दौर के क्रम को जिस परिघटना ने सबसे ज़्यादा प्रभावित किया, वह था ग़ैर-कांग्रेसवाद। इसकी पृष्ठभूमि समझने के लिए साठ के दशक के राष्ट्रीय हालात पर एक नज़र डालना ज़रूरी है। इस दौरान 1962 और 1967 में दो आम चुनाव हुए जिनके बीच के पाँच सालों में अर्थव्यवस्था का हुलिया बहुत ख़राब रहा। 1962 में चीन और 1965 में पाकिस्तान से हुए युद्धों के कारण जान-माल की काफ़ी क्षति हुई। खाद्यान्न की कमी और बढ़ती क़ीमतों के कारण कई राज्यों में तक़रीबन अकाल के हालात पैदा हो गये। क़ानून और व्यवस्था की बुरी हालत में लगातार राजनीतिक आंदोलनों, बंद, हड़तालों, घेराव के कारण और इज़ाफ़ा हुआ। यही वह दौर था जब जवाहरलाल नेहरू का देहांत हुआ और उत्तर-नेहरू कांग्रेस अपने भीतरी मतभेदों के कारण पहले जैसी पार्टी नहीं रह गयी। न ही कांग्रेस के राष्ट्रीय नेतृत्व का साख पहले जैसी रह पायी। जे.बी. कृपलानी, सी.डी. देशमुख, चक्रवर्ती राजगोपालाचारी और कृष्ण मेनन जैसे नेताओं ने स्थाई रूप से कांग्रेस छोड़ दी। मुसलमानों, सिक्खों और ईसाइयों जैसे अल्पसंख्यक समुदायों का पार्टी से मोहभंग होने लगा। गुजरात के क्षत्रिय, राजस्थान के जाट, हरियाणा-उप्र-बिहार के यादव कांग्रेस से निराश होने लगे। इस दौर को कांग्रेस 'प्रणाली' के कमज़ोर होने की अवधि क़रार दिया जाता है। 1957 के आम चुनाव तक विपक्षी दलों को लगता था कि उनमें कांग्रेस को सत्ता से उखाड़ देने की शक्ति है, लेकिन जब कांग्रेस ने अपने शासन की तमाम कमियों के बावजूद 1962 के चुनाव में भी भारी कामयाबी हासिल की तो 'एकला चलो रे' की नीति पर यक़ीन करने वाली ग़ैर-कांग्रेस पार्टियाँ विपक्षी एकता के बारे में सोचने के लिए मजबूर हुईं। कांग्रेस के ख़िलाफ़ विचारधारात्मक सीमाओं के परे जाने वाली इस एकता ने दस राज्यों में पहली बार ग़ैर-कांग्रेसी सरकारें बनायीं। उधर नेतृत्व के झगड़े के कारण कांग्रेस का विभाजन हो गया। इन दोनों बातों ने मिल कर संस्थानीकरण की नीति में संशोधन की ज़मीन तैयार की।

देखें : अनुसूचित जातियाँ, अनुसूचित जनजातियाँ, अन्य पिछड़े वर्ग, आरक्षण, कन्हैयालाल माणिकलाल मुंशी, जवाहरलाल नेहरू, भारतीय अभिजन, भारतीय आधुनिकता, भारतीय इसलाम, भारतीय उदारतावाद, भारतीय डायसपोरा, भारत में उपनिवेशवाद, भारत में नियोजन, भारत में प्रातिनिधिक प्रणाली, भारत में पृथकतावादी राजनीति, भारत में मतदान-व्यवहार-1 से 6 तक, भारतीय राज्य, भारतीय राष्ट्रवाद, भारतीय लोकतंत्र, भारतीय स्वभाव और राजनीति, भारतीय संविधान-1 से 8 तक, भारतीय सामाजिक आंदोलन, भीमराव रामजी आम्बेडकर, संविधान सभा में भाषा-विवाद-1 से 3 तक।

संदर्भ

1. *बलवंत राय मेहता कमेटी रिपोर्ट* (1957), नयी दिल्ली.
2. मधु लिमये (1988), *बर्थ ऑफ़ नॉनकांग्रेसिज़म,* वीआर पब्लिशिंग कॉरपोरेशन, दिल्ली.
3. रजनी कोठारी (2005), 'संस्थानीकरण की रणनीति', भारत में राजनीति : कल और आज, (हिंदी प्रस्तुति और सम्पादन : अभय कुमार दुबे), सीएसडीएस-वाणी, नयी दिल्ली.
4. सुनील खिलनानी (2001), *भारतनामा,* अनुवाद : अभय कुमार दुबे, राजकमल प्रकाशन, नयी दिल्ली.
5. जितेंद्र सिंह (1964), 'ऐन न्यू लेजिटिमेसी', *सेमिनार,* नवम्बर.
6. रिचर्ड एल. पार्क और आइरीन टिंकर (1958), *लीडरशिप ऐंड पॉलिटिकल इंस्टीट्यूशंस इन इण्डिया,* प्रिंसटन युनिवर्सिटी प्रेस, प्रिंसटन.

— अभय कुमार दुबे

भारतीय लोकतंत्र का संस्थानीकरण-3

बुनियादी मॉडल की अवहेलना

(Institutionalisation of Indian Democracy-3)

भारतीय लोकतंत्र के संस्थानीकरण का दूसरा चरण 1971 से शुरू हुआ माना जा सकता है। यही था वह मुक़ाम जब भारत के राजनीतिक प्रभुओं ने विकास, विस्तार और सुदृढ़ीकरण के प्रश्नों पर नये सिरे से सोचना शुरू किया। राजनीतिक परिस्थितियाँ भी उन्हें ऐसा करने के लिए विवश कर रही थीं। साठ के दशक का आख़िरी दौर कांग्रेस के वर्चस्व के लिए संकट का था। पार्टी को बाहर से ग़ैर-कांग्रेसवाद द्वारा और उसके नेतृत्व को भीतर से उत्तर-नेहरू अवधि में मज़बूत हुए पार्टी के क्षेत्रीय क्षत्रपों से चुनौती मिल रही थी। आर्थिक-सामाजिक संकट और कांग्रेस के विभाजन से उपजे हालात

का मुक़ाबला करने के लिए इंदिरा गाँधी ने लोकलुभावन राजनीति का रास्ता अपनाया। वे संस्थागत ढाँचे से कतराते हुए सीधे देश की जनता को सम्बोधित करने लगीं। उन्होंने 'ग़रीबी हटाओ' जैसा आक़र्षक नारा दिया। लेकिन इस प्रक्रिया का एक अनभिप्रेत परिणाम भी हुआ जिससे संस्थानीकरण के सिलसिले को लाभ होने के बजाय नुक़सान हुआ। लोकलुभावनवाद के नतीजे के तौर पर मध्यवर्त्ती ढाँचे तहस-नहस हो गये। केंद्र और परिधि के बीच काम कर रही बफ़र प्रणालियाँ काफ़ी कमज़ोर हो गयीं। इस नये नेतृत्व ने काम करने के जो पैमाने निर्धारित किये थे, राजनीतिक प्रणाली उन पर खरी नहीं उतर पायी। उसने जन-असंतोष को ज़्यादा से ज़्यादा ऊपर की तरफ़ बहाना शुरू कर दिया।

यह सिलसिला इंदिरा गाँधी तक ही नहीं रुका। आपात काल और फिर जनता पार्टी के प्रयोग की नाकामी के बाद राजीव गाँधी के ज़माने में प्रबंधकीय और तकनीकशाही राज्य के भारतीय संस्करण की शुरुआत हुई। इसमें लोकतंत्र को अभिजनोन्मुख, विकृत और विविधताविरोधी बना कर बहुसंख्यकवादी बनाने के रुझान थे। विद्वानों की मान्यता है कि यह भारतीय राजनीति के आधुनिकीकरण के उस मॉडल की अवहेलना थी जिसके आधार पर संवैधानिक प्रावधानों के मार्गदर्शन में राष्ट्र-निर्माण की प्रक्रिया शुरू की गयी थी।

'ग़रीबी हटाओ' का नारा महज़ राजनीतिक हथकण्डा नहीं था। इस नारे को सारे देश के पैमाने पर मामूली जनता का जैसा समर्थन मिला उसे ग़रीबों की स्पष्ट हिमायत करने वाली कम्युनिस्ट पार्टियाँ भी कभी मिल कर हासिल नहीं कर पायी थीं। कांग्रेस के भीतर बैठे क्षेत्रीय नेताओं के सिंडीकेट के ख़िलाफ़ अपनी जीत दर्ज करने में इंदिरा गाँधी को इस नारे से मदद मिली। वे सत्ता पर क़ाबिज़ एक छोटे से गुट की जकड़ तोड़ कर सीधे जनता तक पहुँचना चाहती थीं। उन्हें ख़ूब वोट मिले, पर उन्होंने उससे उपजी सम्भावनाओं का उपयोग कोई वैकल्पिक संस्थागत ढाँचा बनाने में नहीं किया। दलितों, अल्पसंख्यकों और अन्य वंचित समूहों के निर्विवाद समर्थन के बावजूद वे भारतीय लोकतंत्र को कोई नया रूप नहीं दे सकीं। ध्यान रहे कि अमेरिका में 'न्यू डील' के दौरान रूज़वेल्ट ने यही काम कहीं कामयाबी से कर दिखाया था।

इंदिरा गाँधी को नहीं पता था कि जनता को सीधे सम्बोधित करने के लिए वे जिन मध्यवर्ती ढाँचों को नाकारा बना रही हैं, वे जन-असंतोष को ऊपर बैठे हुए नेताओं के ख़िलाफ़ उबलने से रोक लेते थे। उनके तहत जो नये नेता पैदा हुए उन्होंने राजनीतिक प्रणाली के बुनियादी तर्क की कोई परवाह नहीं की। वे सारी सत्ता इंदिरा गाँधी में केंद्रित मानते थे। नतीजा यह हुआ कि पहले यह जन-असंतोष पार्टी और अन्य इकाइयों से सरकार की तरफ़ मुड़ा और आख़िरकार राष्ट्रीय-क्षेत्रीय अभिजन से प्रधानमंत्री की तरफ़। पहले गुजरात में और फिर बिहार में शुरू हुए जनांदोलन ने ज़्यादातर देश को अपनी गिरफ़्त में ले लिया। अपनी सत्ता बचाने के लिए इंदिरा गाँधी को 1975 में आपातकाल लगाना पड़ा जिसे राजनीतिशास्त्रियों ने भारतीय राजनीति के सबसे निकृष्ट क्षण की संज्ञा दी है।

लोकतंत्र को सीमित करने के कारण इंदिरा गाँधी और कांग्रेस के ख़िलाफ़ जो असंतोष पैदा हुआ उसने 1977 में जनता पार्टी की सरकार बनवायी। एक बारगी ऐसा लगा कि शायद भारतीय लोकतंत्र में एक नया युग आने वाला है। आपातकाल विरोधी संघर्ष की सफलता से आया उछाल था ही ऐसा। लेकिन, ग़ैर-कम्युनिस्ट संयुक्त विपक्ष की नुमाइंदगी करने वाली जनता पार्टी सरकार शासन के कांग्रेसी मॉडल का कोई विकल्प नहीं पेश कर पायी। सरकार के विभिन्न घटकों के बीच कलह इतनी ज़्यादा थी कि यह सरकार कुछ बेहतर उपलब्धियों के बावजूद जनता की निगाह में नाकाम साबित हुई। 1980 में इंदिरा गाँधी की वापसी हुई, पर अपने प्रधानमंत्रित्व के दूसरे संस्करण में उन्होंने कांग्रेस की सेकुलर विरासत की उपेक्षा करते हुए हिंदू वोट बैंक बनाने की प्रच्छन्न कोशिशें कीं। उन्होंने असम में एक सभा को सम्बोधित करते हुए मुसलमानों की देशभक्ति पर शक किया। कांग्रेस के किसी सर्वोच्च नेता द्वारा दिया गया यह भाषण बहुसंख्यकवादी राजनीति का आग़ाज़ था। पंजाब में उनकी राजनीति इसी अल्पसंख्यक विरोधी रवैये का विस्तार साबित हुई। उन्होंने सिक्खों की पार्टी अकाली दल को कमज़ोर करने के लिए संत जनरैल सिंह भिंडराँवाले जैसी कट्टरपंथी शक्तियों को बढ़ावा दिया। नतीजा सिक्ख आंतकवाद में निकला। आज़ादी के बाद पृथकवाद ने पहली बार सीमांत प्रांतों के हाशिये से निकल कर भारतीय गणराज्य के मर्म पर दस्तक दी। इसी पृथकतावाद ने इंदिरा गाँधी की जान भी ली।

उनके उत्तराधिकारी राजीव गाँधी राजनीति और राजनीतिक प्रक्रियाओं के प्रति तिरस्कार का भाव रखते थे। राजीव गाँधी ने मुहावरा तो इक्कीसवीं सदी का अपनाया, लेकिन उनका विश्वास प्रौद्योगिकी और प्रबंधन पर था। उनकी समझ थी कि राजनीति को मैनेज किया जा सकता है। इसलिए उनके नेतृत्व में ऊपर से टपकाये गये प्रबंधकनुमा नेताओं की पूरी क़तार शीर्ष पर जम गयी। 1990 में जब भूमण्डलीकरण की ग्लोबल परिघटना का भारत-आगमन हुआ तो इस प्रवृत्ति को और भी खुल कर खेलने का मौक़ा मिला।

भूमण्डलीकण ने पहला काम तो यह किया कि पहले से जमी हुई राजनीतिक शक्तियों को पूरी तरह से चकरा दिया। वे नहीं समझ पायीं कि इसके असली परिणाम क्या होंगे। मार्क्सवादियों ने इसे पूँजीवादी सर्वव्यापीकरण के रूप में पेश करते हुए साम्राज्यवाद विरोधी संघर्ष के दायरे में इसके ख़िलाफ़ व्यूह-रचना का एलान किया। गाँधीवादियों ने खिन्न

मन से देखा कि भूमण्डलीकरण गाँव की जगह शहर और नागरिक की जगह उपभोक्ता को स्थापित करने का आग्रह लेकर आया है। राष्ट्रवादी भी चिंतित हुए। उनके एक हिस्से को लगा कि यह परिघटना तो राष्ट्र की आधारभूत संरचना को ही सत्ता और प्राधिकार से वंचित कर देगी। लेकिन, उनके एक दूसरे हिस्से ने कुछ दिनों के बाद भूमण्डलीकरण की ताक़तों के साथ सौदेबाज़ी भी शुरू कर दी। सूचना क्रांति की प्रौद्योगिकी का सहारा लेकर वे जनता को नये तरीक़ों से नियंत्रित करने के प्रयोजन में लग गये। राष्ट्रवादियों की इस क़िस्म का ख़याल था कि वे अपनी सम्प्रभुता का एक हिस्सा त्याग कर उसके बदले भूमण्डलीकरण से कहीं ज़्यादा हासिल कर सकते हैं। आधुनिकता के आलोचकों ने कुछ ख़ुशी और कुछ संदेह के मिले-जुले स्वरों के साथ भूमण्डलीकरण का स्वागत किया। उन्हें एक तरफ़ तो भूमण्डलीकरण का फ़ायदा उठा कर राष्ट्रवाद के कारागार के ख़िलाफ़ बग़ावत की उम्मीद थी, दूसरी तरफ़ कुछ डर भी लग रहा था कि भूमण्डलीकरण अपनी पश्चिम केंद्रीयता और चरम बाज़ारवाद के कारण विकल्पों की सम्भावनाओं को ही न नकार दे। भूमण्डलीकरण का सकारात्मक निगाहों से देखने वालों की मान्यता थी कि सूचना क्रांति के आयाम, सूचना समाज की रचना और साइबर स्पेस की निराकार दुनिया भारतीय समाज को एक नयी नागरिकता की सौगात देगी।

इस वाद-विवाद के बीच कुछ बातें व्यावहारिक रूप से स्पष्ट थीं। नये आर्थिक निज़ाम का मतलब था भारतीय अर्थव्यवस्था का विश्व बाज़ार के साथ जुड़ते चले जाना, अंतर्राष्ट्रीय मुद्रा कोष और विश्व व्यापार संगठन को अपने कामों और नीतियों का हिसाब देना, अंतर्राष्ट्रीय रेटिंग एजेंसियों से सनद प्राप्त करते रहना, अंतर्राष्ट्रीय वित्तीय पूँजी की गतिविधियों से भारतीय अर्थव्यवस्था को प्रभावित होने देना, सामाजिक-आर्थिक जीवन के गठन के लिए एंग्लो-अमेरिकी कॉरपोरेट मॉडल को आदर्श मान लेना और अमेरिकीकरण की संस्कृति के बुलडोज़र के नीचे विविधताओं और बहुलताओं की प्रतीक भारतीय संस्कृति को कुचलने के लिए छोड़ देना।

लेकिन भूमण्डलीकरण ने एक दूसरा काम भी किया। उसकी प्रतिक्रिया में क्षेत्रीय उग्रवाद और धार्मिक रूढ़िवाद पर आधारित राष्ट्रवाद की पहले से मौजूद ताक़तें मज़बूत हुईं। न तो बाज़ार की ताक़तों को, और न ही इस नयी राजनीतिक नकारात्मकता को लोकतंत्र के संस्थागत ढाँचे की कोई चिंता थी। एक तरफ़ बाज़ारवाद के आधार पर राष्ट्र-निर्माण का आग्रह परवान चढ़ा, और दूसरी तरफ़ क्षेत्रीय उग्रवाद और धार्मिक राष्ट्रवाद ने अपने-अपने समर्थन आधार को सीधे-सीधे सम्बोधित करना शुरू कर दिया। संस्थाओं के माध्यम से राष्ट्र-निर्माण की योजना पूरी तरह से खटाई में पड़ गयी।

आज स्थिति यह है कि संस्थाओं के पतन और क्षरण की प्रक्रिया जारी है और प्रणाली में सुधार करने के लिए ज़रूरी पहलक़दमियों को लगातार टाला जा रहा है। प्रशासनिक सुधार, पुलिस सुधार, न्यायिक सुधार और चुनाव सुधार जैसे चार महत्त्वपूर्ण सुधार मुद्दतों से लटके पड़े हैं। सरकार कोई भी हो, सभी इन सुधारों के प्रति ज़ुबानी जमा-ख़र्च का रवैया अपनाते हैं। महत्त्वपूर्ण व्यक्तियों और उनके द्वारा निजी सुरक्षा की भावना पर बहुत ज़्यादा ज़ोर दिया जाने लगा है। नेतृत्व पर बहुत ज़ोर है, पर संस्थाओं और उनकी स्वायत्तता की किसी को फ़िक्र नहीं है। राज्यतंत्र के अहम अंगों, जैसे दलीय प्रणाली, संसद, नौकरशाही, क़ानून-व्यवस्था क़ायम रखने वाले तंत्र और न्यायपालिका के प्रभाव और मनोबल का क्षय हुआ है। ऊपर से टपके हुए नेताओं की बेहद पक्षपाती और दुस्साहसी दख़लअंदाज़ी बहुत बढ़ गयी है। राजनीतिक प्रणाली का पूरा तानाबाना जड़ता का शिकार हो गया है। कांग्रेस का वर्चस्व टूटने के परिणामस्वरूप गठजोड़ राजनीति एक अनिवार्यता बन गयी है, पर उसकी आचार संहिताएँ अभी तय नहीं हैं। इस कारण से भी राजनीतिक सुदृढ़ीकरण के बजाय प्रणाली बिखराव की तरफ़ जा रही है।

देखें : अनुसूचित जातियाँ, अनुसूचित जनजातियाँ, अन्य पिछड़े वर्ग, आरक्षण, कन्हैयालाल माणिकलाल मुंशी, जवाहरलाल नेहरू, भारतीय अभिजन, भारतीय आधुनिकता, भारतीय इसलाम, भारतीय उदारतावाद, भारतीय डायसपोरा, भारत में उपनिवेशवाद, भारत में नियोजन, भारत में प्रातिनिधिक प्रणाली, भारत में पृथकतावादी राजनीति, भारत में मतदान-व्यवहार-1 से 6 तक, भारतीय राज्य, भारतीय राष्ट्रवाद, भारतीय लोकतंत्र, भारतीय स्वभाव और राजनीति, भारतीय संविधान-1 से 8 तक, भारतीय सामाजिक आंदोलन, भीमराव रामजी आम्बेडकर, संविधान सभा में भाषा-विवाद-1 से 3 तक।

संदर्भ

1. *बलवंत राय मेहता कमेटी रिपोर्ट* (1957), नयी दिल्ली.
2. मधु लिमये (1988), *बर्थ ऑफ़ नॉनकांग्रेसिज़म,* वीआर पब्लिशिंग कॉरपोरेशन, दिल्ली.
3. रजनी कोठारी (2005), 'संस्थानीकरण की रणनीति', भारत में राजनीति : कल और आज, (हिंदी प्रस्तुति और सम्पादन : अभय कुमार दुबे), सीएसडीएस-वाणी, नयी दिल्ली.
4. सुनील खिलनानी (2001), *भारतनामा,* अनुवाद : अभय कुमार दुबे, राजकमल प्रकाशन, नयी दिल्ली.
5. जितेंद्र सिंह (1964), 'अ न्यू लेजिटिमेसी', *सेमिनार,* नवम्बर.
6. रिचर्ड एल. पार्क और आइरीन टिंकर (1958), *लीडरशिप ऐंड पॉलिटिकल इंस्टीट्यूशंस इन इण्डिया,* प्रिंसटन युनिवर्सिटी प्रेस, प्रिंसटन.

— अभय कुमार दुबे

भारतीय समाजशास्त्र-1

(Indian Sociology-1)

अकादमिक अनुशासन के पारिभाषिक साँचे में निबद्ध होने से पहले भारतीय समाजशास्त्र औपनिवेशिक काल के प्रशासकों, मिशनरियों तथा अठारहवीं और उन्नीसवीं सदी के पश्चिमी विद्वानों के लेखन व दस्तावेज़ों में ढूँढ़ा जा सकता है। औपनिवेशिक प्रशासकों के सामने चुनौती यह थी कि भारतीय जनता की रीतियों, मान्यताओं और संस्थाओं को कैसे समझा जाए ताकि भारतीय जन-मानस में ब्रिटिश प्रशासनिक तंत्र के प्रति एक वृहत्तर सहमति का निर्माण किया जा सके। हालाँकि ईसाई मिशनरियों की दिलचस्पी मुख्यत: धर्मांतरण में थी लेकिन इसके लिए भी स्थानीय भाषा-बोलियों, जनश्रुतियों, और संस्कृति को समझना जरूरी था। इन्हीं जरूरतों के कारण ब्रिटिश प्रशासकों तथा मिशनरियों की भारत की भिन्न-भिन्न परम्पराओं, मान्यताओं की उत्पत्ति, उनके विकास और प्रभाव, जाति और संयुक्त परिवार की व्यवस्था, गाँव की अर्थव्यवस्था और राजकाज तथा आदिवासी समुदायों आदि में दिलचस्पी बढ़ी। ये कुछ ऐसे विषय थे जिनमें भारतीय और विदेशी, दोनों तरह के विद्वान रुचि ले रहे थे। उल्लेखनीय है कि भारत में 1871 में पहली बार जनसंख्या गणना का काम किया गया। यह एक ऐसी प्रक्रिया साबित हुई जिससे विभिन्न जातियों और समुदायों के बारे में सर्वेक्षण, कई तरह की रपटें और गज़ेटियर छन कर सामने आये। समाज के बारे में ऐसी तथ्यात्मक जानकारी पहली बार जमा की गयी। समाजशास्त्रीय ज्ञान के निर्माण में इस सामग्री की प्रासंगिकता आज भी असंदिग्ध है। पश्च-दृष्टि से देखें तो इस प्रक्रिया से उपजी सामग्री के आधार पर जहाँ एक तरफ़ औपनिवेशिक प्रशासन ने शासन और नियंत्रण की दूरगामी नीतियों की ज़मीन तैयार की वहीं इस सामग्री ने भारतीय समाजशास्त्र के आद्य ढाँचे की रचना करने में आधार स्तंभ का काम किया। प्रसंगवश, मार्क्स, एंगेल्स, वेबर तथा मेन जैसे विचारकों ने भारतीय समाज और संस्कृति के बारे में चिंतन और लेखन के लिए इसी आधार सामग्री का उपयोग किया।

इस दौर में भारतीय समाजशास्त्र का जो रूप बन रहा था वह अकादमिक अनुशासन के रूप में बीसवीं सदी के दूसरे दशक में स्थिर हुआ। इस तरह भारत में समाजशास्त्र के औपचारिक अध्ययन-अध्यापन की शुरुआत 1914 में बम्बई विश्वविद्यालय से हुई। इसके बाद 1917 में कलकत्ता और 1921 में लखनऊ विश्वविद्यालय ने इसे अपने पाठयक्रम में शामिल किया।

इस समय तक आते-आते समाज के बारे में तथ्यात्मक सूचनाएँ जैसे जाति व्यवस्था, पारिवारिक संरचना, विवाह की आयु तथा वैधव्य आदि को लेकर जनसंख्या संबंधी रपटें और दस्तावेज़ लोक-वृत्त का हिस्सा बनने लगे थे। लेकिन इसके बावजूद इस दौर में समाजशास्त्र के अंतर्गत जो पढ़ाया जा रहा था उसमें प्राच्यवादी दर्शन तथा जनजातीय विवरणों पर ज़्यादा ज़ोर था। यह स्थिति कमोबेश आज़ादी के समय तक बनी रही।

बीसवीं सदी के पहले पाँच दशकों में समाजशास्त्र का विकास मुख्यत: बम्बई तथा लखनऊ विश्वविद्यालय के तत्वावधान में हुआ। समाजशास्त्र के भारतीय संस्करण का रूप विकसित करने का श्रेय बम्बई विश्वविद्यालय के पहले भारतीय अध्यक्ष गोविंद सदाशिव घुर्ये को जाता है, जिन्होंने अपने शोध निर्देशन में समाजशास्त्रियों की एक समूची पीढ़ी को आकार दिया। आज़ादी के बाद एम.एन श्रीनिवास, के.एम. कपाड़िया, वाइ.बी. दामले, ए.आर. देसाई, तथा एम.एस.ए. राव जैसे समाजशास्त्रियों की पीढ़ी के निर्माण का श्रेय घुर्ये को ही दिया जाता है। घुर्ये के अवदान की बात करें तो उनका प्रशिक्षण मुख्यत: सामाजिक मानवशास्त्री के रूप में हुआ था। उनके लेखन और शोध का दायरा बेहद व्यापक था जो जाति अध्ययन, आदिवासियों, शहरीकरण, भारतीय सभ्यता विमर्श, राजपूत स्थापत्य तथा भारतीय साधुओं के अध्ययन से लेकर बम्बई के मध्यवर्गीय लोगों की यौन आदतों के सर्वेक्षण तक फैला था। घुर्ये के कृतित्व ने भारतीय समाज, संस्कृति तथा सामाजिक संस्थाओं के कई अनछुये पक्षों की ओर ध्यान दिलाया।

भारतीय समाजशास्त्र के आदि प्रणेताओं में राधा कमल मुखर्जी, धूर्जटि प्रसाद मुखर्जी, बी.एन सील, बी.के.सरकार, एस.वी. केतकर, बी.एन. दत्त, तथा के.पी. चट्टोपाध्याय आदि के नाम भी उल्लेखनीय हैं। राधा कमल मुखर्जी ने ग्रामीण अर्थव्यवस्था, ज़मीन, जनसंख्या तथा भारत के श्रमिक वर्ग के अलावा खेती और किसानों की स्थितियों, अंतर-जातीय तनावों और शहरीकरण की समस्याओं का सूक्ष्म अध्ययन किया तो डी.पी. मुखर्जी के चिंतन का फलक भारतीय परम्परा और आधुनिकता के द्वंद्व तक फैला था। वे भारतीय परम्परा और आधुनिकता की मुठभेड़ को द्वंद्वात्मक नज़रिये से देखते थे। इस क्रम में बी.एन. सील और बी.के. सरकार का अवदान भी बुनियादी माना जाता है। सील की रुचि तुलनात्मक समाजशास्त्र में थी। उन्होंने नस्ल की उत्पत्ति, प्राचीन हिंदू धर्म में भौतिक-रासायनिक सिद्धांतों के अलावा वैष्णव धर्म और ईसाइयत का तुलनात्मक विश्लेषण भी किया। वे समाजशास्त्र में सांख्यिकी के इस्तेमाल पर ज़ोर देते थे। बी.के. सरकार मूलत: इतिहासकार और अर्थशास्त्री थे। वे इस धारणा का खण्डन करते थे कि हिंदू धर्म बुनियादी रूप से लोकोत्तर प्रवृत्तियों का धर्म है। वे उस समय मार्क्स, वेबर और परेटो के चिंतन से जिरह कर रहे थे जब उनके बारे में

युरोप तक में चर्चा नहीं की जा रही थी।

इस तरह, भारतीय समाजशास्त्र के प्रणेताओं की सक्रियता प्राच्यवादी संस्कृति के आदर्शीकृत रूप से लेकर सामाजिक विकास की भौतिकतावादी व्याख्या तक फैली थी। इस प्रकार उन्होंने ऐतिहासिक महत्त्व की सूचनाओं, दस्तावेज़ों आदि के निर्माण में महती भूमिका निभाने से लेकर वस्तुनिष्ठ शोध की जरूरत के पक्ष में माहौल तैयार किया। लेकिन इस दौर के समाजशास्त्रियों के कृतित्व में सैद्धांतिक निर्मितियों और आधार सामग्री के निर्माण की अंतर-क्रिया का परिपाक दिखायी नहीं देता।

आज़ादी के बाद भारतीय समाजशास्त्र का विकास जिस सुसंगत ढंग से हुआ है उसके पीछे संरचनात्मक कारणों की एक समूची शृंखला देखी जा सकती है। पहली बात तो यह कि इस दौरान समाजशास्त्रियों के पेशेवर संगठन अस्तित्व में आये। दूसरे, समाजशास्त्र और सामाजिक मानवशास्त्र के बीच ठस क़िस्म के विभाजन से बचा गया। तीसरे, इस बीच समाजशास्त्र के देशजीकरण तथा उसकी प्रासंगिकता को लेकर बहस का सिलसिला शुरू हुआ। और चौथे, इस बीच एक विषय के रूप में समाजशास्त्र कई उप-विषयों में विकसित होता गया तो समाजशास्त्रियों ने भी अंतरविषयक शोध के प्रति खुला नज़रिया अपनाया।

अपने विकास के पहले चरण में समाजशास्त्र मुख्यत: स्नातक स्तर पर ही पढ़ाया जाता था। बाद में विश्वविद्यालयों और महाविद्यालयों की संख्या बढ़ने से समाजशास्त्र एक विषय के रूप में लोकप्रिय होता गया और कालांतर में उसे कई सारे अंतर विषयक अनुशासनों जैसे प्रबंधन, ग्रामीण विकास, नियोजन, संचार आदि के प्रशिक्षण कार्यक्रमों में शामिल किया जाने लगा। 1990 के दशक में कुछ राज्यों ने समाजशास्त्र को स्कूली पाठयक्रम में भी शामिल किया। ग़ौरतलब है कि औपनिवेशिक दौर में समाजशास्त्रियों का कोई पेशेवर संगठन मौजूद नहीं था। इस दिशा में काम करने का श्रेय घुर्ये को जाता है जिनके प्रयासों से 1951 में सोसियोलॅजिकल सोसाइटी की स्थापना हुई। इस क्रम में अगला पड़ाव 1956 में आया जब देश में पहली बार ऑल इण्डिया सोसियोलॅजिकल कांफ्रेंस का आयोजन किया गया। बाद में 1967 में इन दोनों संगठनों का विलय हो गया।

सैद्धांतिकी, पद्धतियों तथा शोध की अभिरुचियों की दृष्टि से भारत में समाजशास्त्र का विकास पश्चिमी देशों से काफी प्रभावित रहा है। प्रारम्भ में इंग्लैण्ड व अन्य युरोपीय देशों तथा परवर्ती काल में अमेरिकी विद्वानों ने भारत को अपने समाजशास्त्रीय अध्ययन का विषय बनाया। इसी तरह भारत के अनेक समाजशास्त्रियों का प्रशिक्षण इंग्लैण्ड तथा अमेरिका में हुआ। इस बीच भारतीय समाजशास्त्रियों की अंतर-राष्ट्रीय सम्मेलनों, कार्यशालाओं और सेमिनारों में उपस्थिति लगातार बढ़ी है। समाजशास्त्र का ग्यारहवाँ अंतर्राष्ट्रीय सम्मेलन 1986 में नयी दिल्ली में आयोजित किया गया था। इसे भारतीय समाजशास्त्रियों के योगदान और उनके बढ़ते क़द का उदाहरण माना जा सकता है।

समाजशास्त्र के अनुशासन को नये शोध संदर्भों से लैस करने में कई अकादमिक जर्नलों की भूमिका भी बेहद अहम रही है। समाजशास्त्र की शोध विषयक पत्रिकाओं की शुरुआत 1921 में द *जरनल ऑफ़ सोसियोलॅजी* से हुई। इसका सम्पादन बड़ौदा कॉलेज के ब्रिटिश प्रोफ़ेसर एल्बन विडगेरे करते थे। इस दिशा में दूसरा प्रयास द *सोसियोलॅजिकल रिव्यू* के रूप में सामने आया जिसके सम्पादन की ज़िम्मेदारी आर.के. मुखर्जी को दी गयी थी। लेकिन ये दोनों प्रयास अल्पजीवी साबित हुए। आज़ादी के बाद सोसियोलॅजिकल सोसाइटी के निर्देशन में एक अन्य अखिल भारतीय जर्नल का प्रकाशन शुरू किया गया। जिसे *सोसियोलॅजिकल बुलेटिन* नाम से जाना गया। 1957 में *कंट्रीब्युशन टू सोसियोलॅजी* का प्रकाशन शुरू किया गया, इसका सम्पादन फ्रेंच समाजशास्त्री लुई दूमों तथा एफ़.डी. पोकॉक करते थे। 1963 के बाद इस जर्नल का प्रकाशन-सम्पादन भारतीय समाजशास्त्रियों के हाथों में आ गया। शोध पत्रिकाओं की इस शृंखला में कौंसिल फ़ॉर सोशल डिवलपमेंट द्वारा प्रकाशित *सोशल चेंज* भी एक उल्लेखनीय नाम है। इसी तरह *इकॉनॉमिक ऐंड पॉलिटिकल वीकली* समाज-विज्ञानों में शोध-गतिविधियों का एक स्थाई और समादृत मंच रहा है। इनके अलावा कई विश्वविद्यालयों और संस्थाओं के अपने शोध जर्नल भी हैं जिनमें समाजशास्त्रीय लेखों और अध्ययनों का नियमित प्रकाशन होता है। इस संदर्भ में हैदराबाद स्थित नैशनल इंस्टीटयूट ऑफ़ रूरल डेवलपमेंट के त्रैमासिक जर्नल ऑफ़ रूरल डिवेलपमेंट, नैशनल इंस्टीटयूट ऑफ़ अर्बन अफ़ेयर्स, नयी दिल्ली का अर्बन इण्डिया तथा सेंटर फ़ॉर वुमॅन स्टडीज़ द्वारा प्रकाशित जर्नल ऑफ़ जेंडर स्टडीज़ समकालीन समाजशास्त्रीय शोध के महत्त्वपूर्ण मंच माने जाते हैं।

जैसा कि हमने ऊपर कहा भारत में समाजशास्त्र और सामाजिक मानवशास्त्र के बीच कड़े विभाजन पर ज़ोर नहीं दिया गया। यह स्थिति दोनों ही अनुशासनों के लिए हितकर रही है। हालाँकि यह अलग बात है कि पाँचवें दशक तक ये दोनों विषय अपनी स्वतंत्र पहचान क़ायम कर चुके थे। आम तौर पर भारत के प्रतिष्ठित समाजशास्त्रियों का वृहत्तर समूह ऐसे नक़ली विभाजन के ख़िलाफ़ रहा है। उनका मानना है कि भारत में आदिवासी और लोक समाज तथा शेष समाज के विकसित समूहों को अनुशासन के स्तर पर एक दूसरे अलग करना समाजशास्त्र के लिए वांछनीय नहीं हो सकता।

वे यह भी मानते हैं कि समाजशास्त्री अपनी अध्ययन-प्रक्रिया में किसी एक तरह की तकनीक को ज़्यादा तवज्जो नहीं दे सकते। कई अन्य समाजशास्त्रियों का मत है कि यह स्थिति सिर्फ़ भारत नहीं बल्कि एशिया और प्रशांत क्षेत्र के अनेक देशों पर लागू होती है। बहरहाल, दोनों अनुशासनों की तात्त्विक निकटता का परिणाम यह हुआ है कि सामाजिक मानवशास्त्रियों द्वारा ग्रामीण और शहरी क्षेत्रों में किये गये सूक्ष्म अध्ययन तथा उनके द्वारा अध्ययन में अपनायी गयी सहभागी प्रेक्षक की पद्धतियाँ समाजशास्त्रियों के लिए भी उपयोगी साबित हुई हैं।

भारत के कई समाजशास्त्री लम्बे समय से देशज समाजशास्त्र की हिमायत करते रहे हैं। इस बहस का एक आनुषंगिक प्रश्न यह रहा है कि क्या भारत के समाजशास्त्र का अपना कोई निजी व्यक्तित्व है या नहीं? इस बहस का ऐतिहासिक तार लुई दूमों तथा पोकॉक के मशविरे से शुरू हुआ था जिसमें उन्होंने कहा था कि सिद्धांततः भारतीय समाजशास्त्र का उद्‌गम भारतविद्या और समाजशास्त्र के संगम से होना चाहिए। इस विचार के पैरोकारों का मानना है कि भारतीय सामाजिक यथार्थ के संदर्भों की ख़ासियत पकड़ने के लिए शास्त्रीय ग्रंथों का अध्ययन ज़रूरी है। इसके विपरीत विद्वानों का एक समूह इस बात पर ज़ोर देता रहा है कि शास्त्रीय ग्रंथों में वर्णित आदर्श तथा व्यावहारिक यथार्थ में फ़र्क़ किया जाना चाहिए। इस संदर्भ में उनकी दलील यह रही है कि अगर भारतीय समाजशास्त्र को अपनी प्रासंगिकता बनाये रखनी है तो उसे पदानुक्रम, सम्पूर्णवाद तथा बहुलताओं के बजाय समाजवाद, सेकुलरवाद, और लोकतंत्र के मूल्यों को आत्मसात करना होगा।

इस बहस का एक अन्य सिरा उस दलील से जुड़ा है जिसके तहत यह विचार रखा जाता है कि भारतीय समाजशास्त्र की एक नयी प्रस्थापना गढ़ी जानी चाहिए जो अकादमिक उपनिवेशवाद यानी पश्चिम की ज्ञानशास्त्रीय पद्धतियों के वर्चस्व से मुक्त हो। उनका आग्रह रहा है कि पश्चिम से लिए गये बौद्धिक औजार भारतीय संस्कृति, समाज और उसके इतिहास की विशिष्ट परिस्थितियों पर लागू नहीं किये जा सकते। इन दलीलों के बरक्स औसत स्थिति यह रही है कि भारतीय समाजशास्त्री पश्चिमी अवधारणाओं, मॉडलों तथा विश्लेषणात्मक श्रेणियों को पूरी तरह नहीं नकारते पर इस बात के लिए आमतौर पर सजग रहे हैं कि इन अवधारणाओं को भारत की सामाजिक-सांस्कृतिक परिस्थितियों पर हूबहू लागू न किया जाए। सोसियोलॉजिकल सोसाइटी के सम्मेलनों के अवसर पर दिये गये अध्यक्षीय वक्तव्यों के एक अध्ययन से भी यह ज़ाहिर होता है कि विभिन्न समाजशास्त्री अपने अपने ढंग से सामाजिक नीतियों के क्षेत्र में समाजशास्त्र की उपयोगिता और उसकी प्रासंगिकता को लेकर सजग रहे हैं। सामाजिक नीतियों के मूल्यगत विश्लेषण, भारत में विकास और बदलाव के लक्ष्यों की समझ तथा उनका आलोचनात्मक आकलन आदि ऐसे समाजशास्त्रियों के दीर्घगामी सरोकार रहे हैं।

जहाँ तक शोध-विषयों के रुझान और उनमें आये बदलाव का प्रश्न है तो बीसवीं सदी के आख़िरी पच्चीस वर्षों में शोध के स्तर पर निरंतरता ओर परिवर्तन की प्रवृत्तियाँ आसानी से देखी जा सकती हैं। इस बीच जाति तथा स्तरीकरण, ग्रामीण समुदाय, तथा सामाजिक परिवर्तन आदि पर वैसे तो शोध लगातार चलता रहा है लेकिन उनके अध्ययन की पद्धति में मौलिक बदलाव उपस्थित हो चुका है। मसलन, पहले जहाँ किसी एक गाँव या स्थल के विशद और सांगोपांग अध्ययन एवं उसके प्रकार्यात्मक ढाँचे को समझने पर ज़ोर रहता था अब ऐसी और अन्य अलग-अलग काल-खण्ड और समय की सामाजिक संरचनाओं के तुलनात्मक-विश्लेषणात्मक; और उनमें पैबस्त तनाव के बिंदुओं के अध्ययन पर ध्यान दिया जाने लगा है। शोध-विषयों की दृष्टि से इस बीच विवाह, परिवार तथा नातेदारी के विषय पार्श्व में चले गये हैं। उनकी जगह स्त्री अध्ययन, शिक्षा, शहरी मसलों, सामाजिक आंदोलनों, मतदाताओं के व्यवहार, संचार, औद्योगिक संबंधों, औषधि, क़ानून तथा विज्ञान के समाजशास्त्र ने ले ली है।

उदाहरण के लिए, समानता और संसाधनों के न्यायपूर्ण वितरण के तक़ाज़ों के कारण अब शिक्षा की प्रक्रिया को सामाजिक परिवर्तन के नज़रिये से देखने की प्रवृत्ति बल पकड़ती जा रही है। इस काल में केंद्र व राज्य सरकारों के अलावा भारतीय सामाजिक अनुसंधान परिषद् तथा अन्य वित्त एजेंसियों ने सामाजिक क्षेत्र में कुछ ख़ास तरह के अध्ययन भी कराये गये हैं जिनसे सामाजिक शोध में अंतरविषयकता को बढ़ावा मिला है। उदाहरण के लिए 1975-1976 के दौरान भारतीय अंतरिक्ष संगठन ने देश के छह राज्यों में उपग्रह के ज़रिये दूरदर्शन पर प्रसारित होने वाले एक शैक्षिक कार्यक्रम को संचालित किया। इसी तरह, सामाजिक अनुसंधान परिषद् ने अनुसूचित जाति एवं जनजातियों के छात्रों की शैक्षिक समस्याओं के संबंध में एक अखिल भारतीय अध्ययन कराया। सातवें और आठवें दशक में देश के विभिन्न शहरों— दिल्ली, बम्बई, अहमदाबाद, जयपुर, चंडीगढ़, पुणे, बंगलुरु हैदराबाद तथा तिरुवनंतपुरम आदि में सामाजिक शोध संस्थान स्थापित किये गये।

भारतीय समाजशास्त्र के अध्ययन-अध्यापन में भारतीय भाषाओं की भूमिका को लेकर एक विमर्श काफ़ी समय से मौजूद रहा है। इधर के वर्षों में देश के कई क्षेत्रीय विश्वविद्यालयों में स्नातक और स्नातकोत्तर स्तर पर भारतीय

भाषाओं में पढ़ायी का काम भी शुरू किया गया है। लेकिन शिक्षण की यह प्रक्रिया उचित पाठ्यसामग्री और पुस्तकों के अभाव में अभी मंथर गति से ही चल रही है। इसके अलावा कई विद्वान इस तथ्य की ओर लगातार ध्यान दिलाते रहे हैं कि भारतीय समाजशास्त्र के पाठयक्रम में सांख्यिकी के प्रयोग पर पर्याप्त ध्यान नहीं दिया जाता। वैसे अब अब समाजशास्त्रीय शोध में सर्वेक्षण का व्यापक प्रयोग किया जाने लगा है परंतु ज़्यादातर शोध प्रकाशनों में सांख्यिकी का विवरणात्मक उपयोग ही किया जाता है।

जैसा कि हम ऊपर कह आये हैं। समाजशास्त्र की कतिपय अवधारणाओं को भारतीय संदर्भों के अनुसार ढालने की बात तो काफ़ी की जाती रही है लेकिन इस दिशा में ठोस प्रयास और परिणामों का अभाव रहा है। विद्वानों के एक समूह का मत है कि बीसवीं शताब्दी के अवसान पर भारतीय समाजशास्त्र के शिक्षण और शोध की दिशा एक अंतर्विरोधी स्थिति में फँस गयी है। एक तरफ़ समाजशास्त्र लगभग सभी विश्वविद्यालयों तथा महाविद्यालयों में एक आवश्यक विषय के तौर पर समाहित किया जा चुका है। और साथ ही अंतरविषयक शोध को प्रोत्साहन देने वाले कई संस्थान भी अस्तित्व में आये हैं। लेकिन दूसरी ओर, भारतीय भाषाओं में स्तरीय पाठ्यसामग्री की कमी में छात्रों को अंग्रेज़ी पाठ्यपुस्तकों पर निर्भर रहना पड़ता है। इसका परिणाम यह हुआ है कि प्रशिक्षित अध्यापकों की कमी के साथ शिक्षण के स्तर में भी गिरावट आती गयी है।

देखें : इरावती कर्वे, जातियों का राजनीतीकरण, जाति और जाति-व्यवस्था-1, 2, 3 और 4, गोविंद सदाशिव घुर्ये, त्रिलोकी नाथ मदन, प्रभुत्वशाली जाति, मैसूर नरसिम्हाचार श्रीनिवास, देवकी जैन, धीरूभाई शेठ, धूर्जटि प्रसाद मुखर्जी, नीरा देसाई, राधा कमल मुखर्जी, योगेश अटल, वेरियर एलविन, संस्कृतीकरण, श्यामा चरण दुबे-1 और 2.

संदर्भ

1. योगेश अटल (1985), 'ग्रोथ पॉइंट्स इन एशियन ऐंड पैसिफ़िक सोसियोलॅजी ऐंड सोशल एंथ्रोपोलॅजी', *सोसियोलॅजी ऐं सोशल एंथ्रोपोलॅजी इन एशिया ऐंड द पैसिफ़िक,* पेरिस, यूनेस्को, नयी दिल्ली.
2. लुई दूमों और डी.एफ़. पोकोक (1957), 'फॉर अ सोसियोलॅजी ऑफ़ इण्डिया', *कंट्रीब्यूशन टू सोसियोलॅजी,* अंक 1.
3. योगेंद्र सिंह (1985), *सोसियोलॅजी : सोशल कण्डीशनिंग ऐंड एमर्जिंग कम्पर्स,* विस्तार पब्लिकेशंस, नयी दिल्ली.
4. एम.एन श्रीनिवास और एम.एन. पाणिनि, *द डिवेलपमेंट ऑफ़ सोसियोलॅजी ऐंड सोशल एंथ्रोपॉलॅजी इन इण्डिया, सोसियोलॅजिकल बुलेटिन,* अंक 22.

— नरेश गोस्वामी

भारतीय समाजशास्त्र-2

(Indian Sociology-2)

भारत में समाजशास्त्र के अध्ययन की स्थिति, दशा और दिशा को लेकर विद्वानों के बीच एक आंतरिक संवाद काफ़ी पहले से चलता रहा है। इस संवाद के सूत्रों को व्यवस्थित ढंग से रखें तो कुछ अहम चीजें देखी जा सकती हैं। मसलन, जब भारतीय समाजशास्त्र की सीमाओं की बात की जाती है तो उसके पीछे मूल तर्क यह होता है कि उसमें शोध की दृष्टि, प्रविधि, अनुशासनगत संकल्पनाएँ, अवधारणाएँ आदि एक ढर्रे में क़ैद हो गयी हैं। इसी के साथ देशज समाज-विज्ञानों की पैरवी करने वाले विद्वतसमूह की ओर से एक तर्क यह भी दिया जाता है कि भारतीय समाजशास्त्र पश्चिम की ज्ञानशास्त्रीय समझ और अवधारणाओं द्वारा बनायी गयी लकीर पर चलता रहा है इसलिए वह भारतीय समाज की समकालीन और इस नाते नयी जटिलताओं व संदर्भों से कट गया है। एक मत के अनुसार भारतीय समाजशास्त्र ज्ञान का खोखला, अनुगामी तथा चुप्पा अनुशासन बनता गया है। यह आकलन थोड़ा सा अतिरंजित और निर्मम भले ही लगे पर इस तथ्य से इनकार नहीं किया जा सकता कि एक अनुशासन के रूप में भारतीय समाजशास्त्र अपनी सम्भावनाएँ खँगालने से पहले ही ठिठक गया है। कहा जाता है कि समाजशास्त्र के पठन-पाठन और ज्ञान राशि के रूप में उसने जिस बौद्धिकता को जन्म दिया है उसका सार्वजनिक सरोकारों से कोई गहरा जुड़ाव नहीं है। शायद इसीलिए बहुत से विद्वानों का मानना है कि समाजशास्त्र के अनुशासन को ऊर्जस्वित करने का जतन लाज़िमी तौर पर इस बात से जुड़ता है कि उसके सैद्धांतिक साहित्य के साथ-साथ पूर्ववर्ती विद्वानों, अध्यापकों तथा उसकी भविष्यगामी सम्भावनाओं पर पुन: विचार किया जाए। इसके लिए नये प्रश्न सोचने होंगे तथा अनुशासन को नया अमल देने के लिए नयी संरचनाओं की खोज करनी होगी। लेकिन आगे बढ़ने से पहले यह जायज़ा लिया जाए कि भारतीय समाजशास्त्र को लेकर ये चिंताएँ कहाँ से और कैसे उपजती हैं

भारत में समाजशास्त्रीय तथा सामाजिक-मानवशास्त्रीय ज्ञान के संकलन का काम लगभग सौ साल पहले शुरू हुआ था। सौ साल की इस यात्रा में उसके कुछ उजले पक्ष भी हैं लेकिन यात्रा के उत्तरार्ध में यह ज्ञान गहरी जड़ता और दोहराव में फँसता चला गया है। भारतीय समाजशास्त्र की एक बड़ी विलक्षणता यह मानी जा सकती है कि यहाँ मानवशास्त्र की बुनियाद ख़ासी मज़बूत रही है। इसके अलावा हम मानवशास्त्र का एक देशज विधान गढ़ने में भी सफल रहे हैं। उसने औपनिवेशिक दस्तावेज़ों की प्रचुरता

का समुदाय के अध्ययन में बहुत बढ़िया इस्तेमाल किया है। इसके साथ कई तरह की अकादमिक और प्रशासनिक संस्थाओं के सहयोग तथा विषयगत प्रकाशित सामग्री की भी भारतीय समाजशास्त्र के विकास में महत्त्वपूर्ण भूमिका रही है। लेकिन दूसरी तरफ़, इस अनुशासन के साहित्य, ज्ञानशास्त्र और बृहत्तर समाज से उसका जुड़ाव ख़ासा अपर्याप्त रहा है। कई सारे थीम, विषय और मुद्दे ऐसे हैं जिन पर शोधकर्ताओं का ध्यान ही नहीं जाता। कुल मिलाकर देखा जाए तो समाज-विज्ञान के अन्य अनुशासनों के मुक़ाबले भारतीय समाजशास्त्र नयी और तुलनात्मक सैद्धांतिकी तैयार नहीं कर पाया है।

इस संदर्भ में भारतीय समाजशास्त्र के शुरुआती इतिहास पर नजर डालें तो यह बात और बेहतर ढंग से समझी जा सकती है। डी.पी. मुखर्जी के भारतीय संस्कृति और समाज, आर.के. मुखर्जी के अंतरविषयक शोध, वेरिअर एल्विन द्वारा आदिवासी समुदायों की समृद्ध संस्कृति के विशद अध्ययन, एम.एन. श्रीनिवास द्वारा सामाजिक शोध के क्षेत्र में देशज सूचनाकर्ता द्वारा ख़ुद के समाज और संस्कृति को समझने की शुरुआत तथा आंद्रे बेते के जाति-वर्ग के महती विश्लेषण के बाद भारतीय समाजशास्त्र में कोई बड़ी वैचारिक प्रस्थापना दिखायी नहीं देती। इसी क्रम में देखें तो एम एन श्रीनिवास द्वारा सृजित नये अवधारणात्मक पदों जैसे संस्कृतीकरण और वर्चस्वशाली जाति आदि के बाद ऐसे कोई नये पद अस्तित्व में नहीं आये हैं जिनसे भारतीय समाज के निर्णायक सांचों और रुझानों को समझने में मदद मिलती हो। समाजशास्त्र में अवधारणाओं और सैद्धांतिकी का यह टोटा इस तरह भी देखा जा सकता है कि इतिहास अध्ययन के क्षेत्र में इस बीच सबआल्टर्न धारा तथा राजनीति विज्ञान में उत्तर-औपनिवेशिक दृष्टि ने एक स्थाई जगह और वैधता हासिल की है जिनकी बिना पर इतिहास, राजनीतिक और सांस्कृतिक अध्ययन को एक नया संदर्भ और दिशा मिली है। इन वैचारिक धाराओं से उक्त अनुशासनों में नये विषयों, मुद्दों और शोध के नये क्षेत्रों का विस्तार हुआ है। कुछ सीमाओं के बावजूद इस नयी सैद्धांतिकी ने इन अनुशासनों में बरसों से जमी विद्वता को चुनौती देते हुए उन्हें बहुलता का समावेश करने के लिए भी मजबूर किया है।

इतिहास और राजनीतिक विज्ञान जैसे अनुशासनों के बरक्स भारतीय समाजशास्त्र खण्डित और कमज़ोर नज़र आता है। सामयिक बदलावों को समझने के लिए वह अभी तक कोई लहज़ा तैयार नहीं कर सका है। सैद्धांतिकी, शोध प्रविधि तथा प्रस्थापनाओं के स्तर पर भी उसकी कोई मुकम्मल पहचान क़ायम नहीं हो पायी है। इस संबंध में भारतीय समाजशास्त्र तथा मानवशास्त्र की सबसे अहम कमज़ोरियों में उनके सांस्थानिक संदर्भ, ज्ञान के सृजन पर सवार राजनीति, अनुशासन के पाठयक्रम तथा ज्ञानशास्त्र, मैथडोलॉजी के नाम पर सीमित औजार, कुछ सिद्धांत और पद्धति की जकड़बंदी और आख़िर में ख़ुद समाजशास्त्रियों की आस-पड़ोस या राष्ट्रीय स्तर की सार्वजनिक बहसों के प्रति उदासीनता या उनमें शिरकत न कर पाने की अक्षमता आदि को शामिल किया जा सकता है।

विद्वानों का एक समूह सामाजिक विज्ञानों में ज्ञान के सृजन से जुड़ी समस्याओं के लिए संस्थाओं में पैबस्त क्षेत्रीय और सार्वभौमिक के विभाजन, फ़ैकल्टी के अकादमिक रुझान पर इस विभाजन के असर, तथा घिसे-पिटे नियमों को ज़िम्मेदार मानता है। समस्याओं की यह निरंतरता संस्थाओं की कार्य-प्रणाली में भी देखी जा सकती है।

समाजशास्त्रीय ज्ञान के सृजन में फ़िलहाल छह-अंतर्राष्ट्रीय विश्वविद्यालय, भारतीय विश्वविद्यालय (केंद्रीय एवं क्षेत्रीय), भारतीय समाज-विज्ञान अनुसंधान परिषद् द्वारा सहायता प्राप्त संस्थान, एंथ्रोपोलोजिकल सर्वे ऑफ़ इण्डिया तथा ग़ैर-सरकारी संगठन आदि सक्रिय हैं। इस तथ्य पर अलग से ध्यान देना जरूरी है कि इन संस्थाओं द्वारा सृजित समस्त ज्ञान में पारिभाषिक और सर्वोच्च ज्ञान अमेरिका और इंग्लैण्ड के विश्वविद्यालयों के विभागों द्वारा सृजित ज्ञान ही माना जाता है। और यह बात यहीं तक सीमित नहीं रहती अंततः इन संस्थाओं से निसृत सैद्धांतिकी, विचार और श्रेणियाँ ही निर्णायक प्रस्थापनाएँ बन जाती हैं।

दिल्ली विश्वविद्यालय तथा आईसीएसएसआर की संस्थाओं से सम्बद्ध कुछ समाजशास्त्रियों और क्षेत्रीय विश्वविद्यालय के कतिपय विद्वानों ने नये विषयों और नयी दृष्टि से काम शुरू किया है। इसी तरह आईसीएसएसआर के दिल्ली, कलकत्ता और सूरत के संस्थानों का ज्ञान सृजन के संदर्भ में मौलिक योगदान माना जाता है।

इन संस्थानों को छोड़ दिया जाए तो ज़्यादातर क्षेत्रीय विश्वविद्यालय में समाजशास्त्र के अध्ययन-अध्यापन और शोध की दशा बदतर ही कही जाएगी। मसलन, ऐसे केंद्रों में समाजशास्त्र लम्बे समय से रुटीनी व्यवस्था और नौकरशाही की उदासीनता का शिकार है। क्या और कैसे पढ़ाया जाए यह किसी उत्साही अध्यापक और शोधकर्ता का सवाल तो हो सकता है वर्ना अमूमन इस बात को लेकर वहाँ बहुत चिंता नहीं की जाती कि ज्ञान सृजन के संदर्भ में विभाग क्या योगदान दे रहे हैं। एक तो इन जगहों पर अमूमन शोध और प्रकाशन को प्रोत्साहन ही नहीं दिया जाता, फिर ऐसे में जिस तरह का शोध होता है वह सतही विश्लेषण और परिप्रेक्ष्य की तंगनज़री के कारण स्थानीय विषयों का बही-खाता सा बन जाता है। ऐसा नहीं है कि वहाँ शोध के नये क्षेत्रों के बारे में जानकारी न रहती हो लेकिन अकादमिक नौकरशाही का रवैया उन्हें टालने का होता है। मसलन, क्षेत्रीय विश्वविद्यालय में स्थानीय अर्थव्यवस्था, सामाजिक-सांस्कृतिक संस्थाओं,

नयी अर्थव्यवस्था के प्रभाव, गतिशीलता, समाज में राजनीतिक और आर्थिक पुनर्गठन के मद्देनजर पुरानी संस्थाओं में आये बदलाव जैसे विषयों पर सार्थक काम किया जा सकता है। परंतु इस दिशा में इक्का-दुक्का उदाहरण ही मिलता है। इस रुटीनीकरण का परिणाम यह हुआ है कि जो विभाग क्षेत्रीय आँकड़ों और सूचनाओं का स्रोत और उन्हें आधार बनाकर नयी पाठ्य-पुस्तकें तैयार करके नये विचारों के वाहक बन सकते थे, वे इस भूमिका के लिए तैयार ही नहीं दिखते।

संस्थागत जकड़नों से अलग भारतीय समाजशास्त्र का एक संकट संदर्भ-पुस्तकों और पाठ-सामग्री की अंतर्वस्तु और परिप्रेक्ष्य का भी है। पाठ्यक्रम की समीक्षा का ढाँचा कुछ इस तरह केंद्रीकृत है वह अक्सर प्रदत्त विषयों पर ही अटका रहता है। इसका दूरगामी असर यह होता है कि पाठ्य-क्रम में स्थानीय संदभों को विश्लेषित करने वाली सामग्री शामिल ही नहीं की जाती। यह इसलिए भी होता है, क्योंकि पाठ्य-क्रम निर्धारण के केंद्रीकृत और रुटीनी ढाँचे में इस बात की सम्भावना बहुत कम होती है कि ऐसे किसी कार्य को पाठ्यक्रम का हिस्सा बनाया जाएगा। स्नातक और उससे बड़ी कक्षाओं के लिए तैयार पाठ-सामग्री साल दर साल उन्हीं अवधारणाओं के सहारे चली जाती हैं। इनमें बहुत सी सूचनाएँ न केवल पुरानी बल्कि ग़ैर-जरूरी भी होती हैं। इन्हें पढ़कर छात्रों को अपने क्षेत्र, समय और समाज की सच्चाई और जटिलताओं को समझने में कोई मदद नहीं मिलती। इसके अलावा पाठ्य पुस्तकों का अभाव और क्षेत्रीय भाषाओं में उपलब्ध सामग्री के प्रति बेरुखी, आपस में मिल कर छात्रों को इस बात के लिए स्थाई तौर पर मजबूर किये रहती हैं कि वे अपना काम दोयम दर्जे की सामग्री से ही चलाते रहें। इस रुटीनी पाठ-सामग्री जिसे गाइड आदि के नाम से जाना जाता है, ने छात्रों और अध्यापकों की कल्पनाशीलता को इस तरह हर लिया है कि उन्हें यह एहसास तक नहीं होता कि स्थानीय भाषा में भी स्तरीय सामग्री की खोज की जा सकती है।

अंग्रेज़ी के वर्चस्व और पश्चिम से ली गयी सैद्धांतिकी की आलोचना का एक पक्ष लगभग नियमित तौर पर मौजूद रहा है। यह बात बाक़ायदा प्रमाणों के उद्धरणों सहित कही जाती है कि समाजशास्त्रीय साहित्य देशज ज्ञान-परम्परा में मौजूद सामाजिक-राजनीतिक अवधारणाओं का उपयोग करने, समाजशास्त्र के मौजूदा ढाँचे के बरक्स या उसकी जगह देशज प्रस्थापना, विचार, और सिद्धांत खड़ा करने में अक्षम रहा है। कुछ विद्वानों ने विकल्प की पेशबंदी के तौर पर सुझाव तो जरूर दिये हैं लेकिन ऐसा नहीं लगता कि उनकी बात दूर तक पहुँची हो। देशज विकल्प को मूर्त करने के लिए अभी तक न व्यवस्थित सैद्धांतिक विश्लेषण सामने आया है और न ही विद्वानों का समूह अध्ययन के ऐसे क्षेत्रों को चिन्हांकित कर पाया है जिनसे उनका विशिष्ट परिप्रेक्ष्य उभरता हो।

शिकागो विश्वविद्यालय के मानवशास्त्रियों ने भारत का देशज समाजशास्त्र गढ़ने की दिशा में एक प्रयत्न किया था जिसे बहुत स्वीकार्यता नहीं मिल पायी। कई विद्वानों ने इस प्रयास की सीमाओं की ओर इशारा करते हुए कहा है कि भारत की समकालीन संस्कृतियों को केवल क्लासकीय और वह भी सांख्य दर्शन की रचनाओं के सहारे समझना अपर्याप्त योजना है। इस धारा के आलोचकों का तर्क है कि राजनीतिक-आर्थिक संदर्भों को सांस्कृतिक श्रेणियों के अधीन रख कर देखना शिकागो स्कूल की एक ऐसी बुनियादी अक्षमता है जिसे नजरअंदाज़ नहीं किया जा सकता। ऐसे प्रयासों की विफलताओं को देख कर अनेक विद्वान यह भी कहते हैं कि देशज समाज-विज्ञानों की अस्पष्ट ज़िद पकड़ने के बजाय समूचे समाज-विज्ञान की दिशा व ज्ञानशास्त्र को इस तरह संयोजित किया जाए कि समाजशास्त्र अपने मौजूदा ढर्रे की जड़ताओं और अंध-बिंदुओं से निजात पाकर आत्मसजग, संवेदनशील और ज़्यादा प्रातिनिधिक बन सके।

वैचारिकी की सीमाओं के अलावा भारतीय समाजशास्त्र के शोध का भौगोलिक संदर्भ भी संकुचित और असंतुलित रहा है। अगर अध्ययन के भौगोलिक क्षेत्र पर निगाह डाली जाए तो यह ज़ाहिर होता है कि अधिकांश अध्ययन दिल्ली की 200 किलोमीटर की परिधि और राज्यों के हिसाब से तमिलनाडु, गुजरात, केरल और पश्चिम बंगाल आदि तक सीमित रहा है। उल्लेखनीय है कि शोध-अध्ययन के इस भूगोल में देश के उत्तर पूर्वी राज्यों, आंध्र प्रदेश, कर्णाटक, मध्य प्रदेश, ओडीशा, राजस्थान और उत्तर प्रदेश के अंदरूनी इलाक़ों पर कम ध्यान दिया गया है। इसी तरह एक दौर में पंजाब क्षेत्र औपनिवेशिक प्रशासकों का प्रिय विषय रहा था। लेकिन बाद में वह समाजशास्त्रियों के नक़्शे से ग़ायब होता चला गया। पिछले तीन दशकों में वहाँ खालिस्तान जैसा पृथकतावादी आंदोलन उभरा और ख़त्म हो गया, हरित क्रांति की चमक धुंधली पड़ गयी लेकिन इन विषयों पर कोई व्यवस्थित अध्ययन सामने नहीं आया। शोध के संदर्भ में यह उदासीनता इस तरह भी देखी जा सकती है कि इस बीच देश के विभिन्न राज्यों में आर्थिक और सामाजिक विकास की गति अलग-अलग रही है, परंतु इस अंतर को शोध के स्तर पर समझने के प्रयास कुछ ख़ास नहीं कहे जा सकते।

भारत के समाज-विज्ञानों में अंतर-अनुशासनात्मक दृष्टि का शुरू से ही अभाव रहा है। समाजशास्त्र भी इसका अपवाद नहीं है। लेकिन इस बीच इतिहास और मानवशास्त्र, पर्यावरण के विषयों के बीच आवाजाही बढ़ रही है। जेंडर और दलित अध्ययन से मुख्यधारा के समाजशास्त्र को चुनौती

मिल रही है। हालाँकि चिकित्सा समाजशास्त्र /मानवशास्त्र के क्षेत्र में काम का परिमाण तो बहुत नहीं कहा जा सकता लेकिन वह बेशक एक नये सिलसिले की शुरुआत है। पिछले कुछ वर्षों में विज्ञान अध्ययन के अंतर्गत कृषि पूँजी तथा बायो-टैक्नॉलॅजी और पूँजी आदि विषयों पर महत्त्वपूर्ण कार्य हुआ है। लेकिन दिक़्क़त यह है कि समाजशास्त्र ऐसे अध्ययनों के प्रति संवादपरक रुख नहीं अपना रहा है। अगर समाजशास्त्रियों का रवैया थोड़ा खुला हो तो समकालीन भारत के अनेक मुद्दों को अंतरविषयकता के ऐसे वृहद सैद्धांतिक परिप्रेक्ष्य में रखकर समझना ख़ासा सार्थक हो सकता है।

जाति-विषयक अध्ययन में एक ख़ास तरह की दृष्टि को भारतीय समाजशास्त्र की जड़ता का स्थाई उदाहरण माना जा सकता है। विद्वानों के अनुसार सामाजिक परिवर्तन पर अतिरिक्त ज़ोर दिये जाने के कारण भारतीय समाजशास्त्र में उन स्थाई सांस्कृतिक संरचनाओं की ओर पर्याप्त ध्यान नहीं दिया गया जिनके कारण तमाम बदलावों के बावजूद जाति की अहमियत बदस्तूर क़ायम है। अभी जबकि भारत में सामाजिक-सांस्कृतिक परिवर्तन के स्वरूप का ही पर्याप्त अध्ययन उपलब्ध नहीं है तो ऐसे में कुछ विद्वानों का संस्कृति के क्षेत्र में उभरे नये रुझानों को वैकल्पिक या क्षेत्रीय आधुनिकता बताना थोड़ी सी जल्दबाजी ही कही जाएगी। ग़ैर-पश्चिमी अनुभवों और प्रवृत्तियों को आधुनिकता के खण्डन शास्त्र से जोड़कर देखना बेशक एक स्वागतयोग्य पहल है लेकिन उसे आधुनिकताओं की बहुलता का नारा देने से इन सामाजिक-सांस्कृतिक बदलावों के ख़ास तर्क को समझने में मदद नहीं मिलती। इस संबंध में सामाजिक-सांस्कृतिक बदलावों की इस जटिलता पर अलग से ध्यान केंद्रित किया जाना चाहिए कि वे पूरी तरह न आधुनिकीकरण की ओर जाते हैं न निपट पश्चिमीकरण की ओर। इसके विपरीत उक्त बदलावों में जाति, धर्म और जातीयता की परम्पराएँ एक बहुलतावादी जीवन-संसार के आसंग के रूप में दिखायी देती हैं। लिहाज़ा ऐसे में उन्हें किसी तरह की आधुनिकता मानने के बजाय ख़ुद इस बात की पड़ताल की जानी चाहिए कि बदलाव के इन रूपों को ही किस सीमा तक आधुनिक कहा जा सकता है।

भारत के इन जाति-विषयक अध्ययनों के बारे में यह बात लगातार दोहरायी जाती है कि प्रचुरता के बावजूद अंतत उनका ज़ोर जाति की विलक्षणता पर ही रहता है। संक्षेप में कहें तो ऐसे अध्ययनों का निष्कर्ष यह रहता है कि एक संस्था, संरचना और विभाजक के तौर पर जाति ही भारतीय समाज का पारिभाषिक संदर्भ है। इसे एक तरह का अकादमिक असंतुलन कहा जाएगा कि भारतीय समाज-विज्ञान पर उस समूह का ही वर्चस्व रहा है जो जाति को भारतीय समाज का सबसे विलक्षण तत्त्व मानता रहा है। इसका परिणाम यह हुआ है कि एक संदर्भ के तौर पर न केवल वर्ग की अवधारणा नेपथ्य में चली गयी है बल्कि बहुत से अन्य ज्वलंत विषय भी समाजशास्त्रीय कल्पना से छूट गये हैं। मसलन, समाजशास्त्र में शहरी अध्ययन का रुझान तो शुरू हुआ है लेकिन उसके चलते ग्रामीण मुद्दे पार्श्व में चले गये हैं। इसी तरह प्राथमिक शिक्षा को लेकर सार्वजनिक सरोकार और चिंताएँ तो बढ़ी हैं परंतु समाजशास्त्रीय अध्ययन के स्तर पर स्कूलों और शिक्षा व्यवस्था को संस्था के तौर पर देखने का काम सीमित ही कहा जा सकता है।

इस क्रम में दूसरा प्रसंग व विज्ञान के प्रौद्योगिकी के अध्ययन का लिया जा सकता है। राष्ट्र निर्माण और विकास की प्रक्रिया के तौर पर इस क्षेत्र में चंद्रमा अभियान, नाभिकीय कार्यक्रम, संकर बीजों और फसलों को वैधता देने की महाकाय परियोजनाएँ चल रही हैं। लेकिन इन कार्यक्रमों की व्यावहारिकता, महत्त्व और प्रभाव को लेकर मौजूदा समाजशास्त्र सक्रिय नहीं दिखायी दे रहा।

अंततः इस विवरण के बाद यह देखा जा सकता है कि भारतीय समाजशास्त्र को अपनी सीमाएँ खोलने यानी भारतीय समाज की बहुलताओं को अध्ययन क्षेत्र में लाने के लिए कई प्रस्थान बिंदुओं को चिह्नांकित करना होगा।

पहले तो शोध के अंतर्गत नये भौगोलिक क्षेत्रों और विषयों का विस्तार करना होगा ताकि उसमें देश और जनता की समकालीन परिस्थितयाँ प्रगट हो सकें। दूसरे, शोध कार्य में बहुलतावादी पद्धतियों का सूत्रपात करना होगा। तीसरे, समाजशास्त्रीय लेखन में भारतीय भाषाओं को प्रोत्साहन देने के अलावा उन भाषाओं में उपलब्ध सामग्री को स्रोत के रूप में समाहित करना होगा। चौथे, शोध संस्थाओं और विद्वानों के बीच सहयोग, सहकार और तालमेल का माहौल तैयार करना होगा।

देखें : इरावती कर्वे, जातियों का राजनीतीकरण, जाति और जाति-व्यवस्था-1, 2, 3 और 4, गोविंद सदाशिव घुर्ये, त्रिलोकी नाथ मदन, प्रभुत्वशाली जाति, भारतीय समाजशास्त्र-1 और 2, मैसूर नरसिम्हाचार श्रीनिवास, देवकी जैन, धीरूभाई शेठ, धूर्जटि प्रसाद मुखर्जी, नीरा देसाई, राधा कमल मुखर्जी, योगेश अटल, वेरियर एलविन, संस्कृतीकरण, श्यामा चरण दुबे-1 और 2.

संदर्भ

1. शिव विश्वनाथन (2006), 'ऑफ़िशिअल हेजेमनी ऐंड कंटेस्टिंग प्लूरॅलिज़्म्स', गुस्तावो रिबेरा और आर्तुरो एस्कोबार (सम्पा,), *वर्ल्ड एंथ्रोपोलॅजीज़ : डिसिप्लिनरी ट्रांसफ़ार्मेशन विदिन सिस्टम्स ऑफ़ पॉवर,* बर्ग पब्लिकेशंस, ऑक्सफ़र्ड.
2. सैयद फ़रीद अलातास (1983), *ऑन द इण्डिजिनाइज़ेशन ऑफ़ एकेडेमिक डिस्कोर्स, ऑल्टरनेटिव्ज़,* खण्ड 18 अंक 3.

3. वीणा दास (2003), 'सोशल साइंस ऐंड द पब्लिक', (सम्पा.), *ऑक्सफ़र्ड इण्डिया कम्पैनिअन टू सोसियोलॅजी ऐंड सोशल एंथ्रोपोलॅजी*, ऑक्सफ़र्ड युनिवर्सिटी प्रेस, नयी दिल्ली.
4. सतीश देशपांडे (2006), 'कास्ट इनइक्वलिटि ऐंड सोशिओलॅजी: क्वेश्चन ऑफ़ डिसिप्लिनरी लोकेशन', मैत्रेयी चौधरी (सम्पा.), *द प्रैक्टिस ऑफ़ सोसियोलॅजी*, ओरिएंट लांगमैन, हैदराबाद.
5. गोपाल गुरु (2002), 'हाउ इगैलिटेरिअन आर द सोशल साइंसेज़ इन इण्डिया', *इकॉनॉमिक ऐंड पॉलिटिकल वीकली*, खण्ड 37, अंक 50.
6. कौंसिल ऑफ़ सोशल साइंस रिसर्च (2007), *रिस्ट्रक्चरिंग द आइसीएसएसआर : रिपोर्ट ऑफ़ द कमेटी टू रिव्यू द आइसीएसएसआर*, आइसीएसएसआर, नयी दिल्ली.
7. सुजाता पटेल (2007), 'बियॉन्ड बायनरीज : अ केस फ़ॉर सेल्फ़-रिफ़लेक्सिव सोसियोलॅजी', *करंट सोसियोलॅजी*, खण्ड 54, अंक 3.

— नरेश गोस्वामी

भारतीय संविधान-1

ऐतिहासिक पृष्ठभूमि

(Indian Constitution-1)

भारत का संविधान 26 जनवरी, 1950 को लागू हुआ और इसकी रचना एक निर्वाचित संविधान सभा द्वारा तक़रीबन तीन वर्षों (9 दिसम्बर, 1946-26 नवम्बर, 1949) के दौरान की गयी। भारतीय संविधान और संविधान सभा के काम को सही तरीक़े से समझने के लिए यह आवश्यक है कि संविधान सभा के गठन के पहले के घटनाक्रमों की सही समझ बनायी जाए। इस संदर्भ में सिर्फ़ तत्कालीन घटनाओं पर नज़र डालने की ही आवश्यकता नहीं है, बल्कि संवैधानिक विकास के महत्त्वपूर्ण पड़ाव के रूप में काम करने वाले विभिन्न औपनिवेशिक अधिनियमों की समझ भी ज़रूरी है। इसका कारण यह है कि ये विभिन्न औपनिवेशिक अधिनियम उस समय के राजनीतिक आंदोलनों का परिणाम थे और आगे भारतीय संविधान की रूपरेखा तय करने में भी इन्होंने अहम भूमिका निभायी।

ब्रिटिश इण्डिया कम्पनी भारत में सत्रहवीं सदी की शुरुआत में आयी। 1757 तक इसने बंगाल में अपने राजनीतिक पैर जमा लिए। अगले सौ वर्षों के भीतर भारत के दो-तिहाई हिस्से को इसने अपने सीधे नियंत्रण में ले लिया और शेष बचे भाग पर इसका अप्रत्यक्ष नियंत्रण हो गया। 1857 के विद्रोह के बाद ब्रिटिश संसद ने ईस्ट इण्डिया कम्पनी से भारतीय शासन का अधिकर ले लिया और इसे सीधे तौर पर ब्रिटेन की महारानी के अंतर्गत कर दिया गया। इसके बाद शासन चलाने के लिए अंग्रेज़ों ने समय-समय पर कई अधिनियम बनाये। 1858 का गवर्नमेंट ऑफ़ इण्डिया ऐक्ट, 1861 का कौंसिल ऐक्ट, 1892 का कौंसिल ऐक्ट, 1909 का मोर्ले-मिंटो सुधार और कौंसिल ऐक्ट, 1919 का गवर्नमेंट ऑफ़ इण्डिया ऐक्ट और 1935 का गवर्नमेंट ऑफ़ इण्डिया ऐक्ट उल्लेखनीय है। इस पूरी अवधि के दौरान, ख़ासतौर पर बीसवीं सदी की शुरुआत से भारत में उपनिवेशवाद विरोधी आंदोलन भी चलता रहा जिसके परिणामस्वरूप भारतवासी ज़ोरदारी से 'स्वराज्य' स्थापित करने की माँग करते रहे।

1858 में यह प्रावधान किया गया कि भारत का शासन सेक्रेटरी ऑफ स्टेट फ़ॉर इण्डिया द्वारा 15 सदस्यों की एक परिषद् द्वारा चलाया जाएगा। इस परिषद् के सभी सदस्य अंग्रेज़ थे। सेक्रेटरी ऑफ़ स्टेट (या भारत सचिव) ब्रिटिश संसद के प्रति उत्तरदायी था और यह गवर्नर जनरल के माध्यम से भारत का शासन चलाता था। 1861 के अधिनियम में यह प्रावधान किया गया कि देश के शासन के बारे में विधायी स्तर पर फ़ैसला करने वाली समिति में गवर्नर जनरल ग़ैर-सरकारी सदस्यों को भी शामिल कर सकता है। लेकिन इस समिति को कोई ख़ास अधिकार नहीं था। इसके सदस्य गवर्नर जनरल द्वारा मनोनीत होते थे और उसके द्वारा पेश किये गये प्रस्तावों पर अपनी राय देते थे, जिसे गवर्नर जनरल मान सकता था या नकार सकता था। 1892 के ऐक्ट में भारतीय लोगों की भागीदारी को और ज़्यादा बढ़ाया गया। अब भी ग़ैर-सरकारी सदस्यों को मनोनीत करने की व्यवस्था जारी रखी गयी, लेकिन यह प्रावधान भी किया गया कि बहुत ही सीमित मतदाता मण्डल द्वारा कुछ सदस्यों का चुनाव भी किया जा सकता है। निश्चित रूप से यह कहा जा सकता है कि भारत के साम्राज्यवादी क़ानूनों में इसी ऐक्ट के साथ भारतीय प्रतिनिधित्व की शुरुआत हुई। लेकिन औपचारिक रूप से 1909 के कौंसिल्स ऐक्ट द्वारा प्रांतीय और केंद्रीय स्तर पर चुनाव की प्रक्रिया स्थापित की गयी। इसे मोर्ले-मिंटो सुधारों के नाम से भी जाना जाता है, क्योंकि इसे तैयार करने में भारत सचिव लॉर्ड मोर्ले और वायसराय लॉर्ड मिंटो ने महत्त्वपूर्ण भूमिका निभायी थी। इस अधिनियम की एक अन्य विशेषता यह थी कि इसने मुसलमानों के लिए पृथक मतदाता मण्डल के प्रस्ताव को भी स्वीकार किया। स्थानीय स्तर पर इसे 1893 में ही लागू किया जा चुका था लेकिन अब इसे केंद्रीय स्तर पर लागू किया गया। इसका मूल कारण यह था कि मुसलिम लीग सहित कई दूसरे संगठनों ने इसकी माँग की थी। ऐसा करना अंग्रेज़ों की 'बाँटो और राज करो' नीति के अनुरूप था।

मोर्ले-मिंटो सुधार भारत के राष्ट्रवादियों की अकांक्षाओं को संतुष्ट करने में नाकाम रहा। इस समय तक देश के राजनीतिक असंतोष में भी काफ़ी बढ़ोतरी हो गयी थी।

कांग्रेस, जिस पर लम्बे समय तक नरमपंथियों का क़ब्ज़ा था, अब कई तरह के आंदोलनों (मसलन होमरूल आंदालन) के माध्यम से ज़्यादा सक्रिय हो गयी थी। इस तरह के राजनीतिक हालत में 20 अगस्त 1917 को ब्रिटिश सरकार ने यह घोषणा की कि 'वह ब्रिटिश साम्राज्य के अभिन्न भाग के रूप में भारत में, धीरे-धीरे उत्तरदायी सरकार की स्थापना करना चाहती है।' इसके बाद भारत सचिव ई.एम.एस. मॉन्टेग्यू और गवर्नर जनरल लॉर्ड चेम्सफ़र्ड को भारत में संवैधानिक सुधार के प्रस्ताव तैयार करने का ज़िम्मा दिया गया। इनके प्रस्तावों के आधार पर ही भारत शासन अधिनियम (या गवर्नमेंट ऑफ़ इण्डिया ऐक्ट) 1919 तैयार हुआ। इस अधिनियम की विशेषता यह थी कि इसमें प्रतिनिधित्व का स्तर बढ़ाया गया। मसलन, केंद्रीय स्तर पर द्वि-सदनीय विधायिका की व्यवस्था की गयी। इसमें तक़रीबन साठ प्रतिशत से भी ज़्यादा सदस्यों के चुनाव की व्यवस्था की गयी। लेकिन गवर्नर जनरल इसके प्रति उत्तरदायी नहीं था और सार्वभौम मतदान की भी व्यवस्था नहीं थी। इस अधिनियम की एक अन्य विशेषता 'द्वैध शासन' की स्थापना भी थी। इसमें शासन के विषयों को केंद्रीय और प्रांतीय दो भागों में बाँटा गया और प्रांतीय विषयों को 'स्थानांतरित' और 'आरक्षित' विषयों में बाँटा गया। 'स्थानांतरित' विषयों के बारे में गवर्नर के मंत्री शासन संबंधी फ़ैसला कर सकते थे, जो कि प्रांतीय विधायिका के प्रति जवाबदेह थे। लेकिन गवर्नर जनरल को यह अधिकार था कि वह इन सभी शक्तियों को कभी भी वापस ले सकता था। इसके कारण भारतीय संवैधानिक विकास के संदर्भ में एक मील का पत्थर होने के बावजूद इस ऐक्ट ने वास्तविक अर्थों में भारतीयों को कोई ख़ास शक्ति प्रदान नहीं की।

इस समय तक राष्ट्रीय आंदोलन के बीच भारतवासियों द्वारा अपने लिए अपना संविधान बनाने का विचार भी ज़ोर पकड़ने लगा था। बाल गंगाधर तिलक के निर्देशन में तैयार द कांस्टीट्यूशन ऑफ़ इण्डिया बिल, 1895 संविधान-निर्माण के इतिहास में मील का पहला पत्थर है। इस विधेयक के लेखक का नाम इतिहास को ज्ञात नहीं है। ऐनी बेसेंट ने इसे होम रूल बिल की संज्ञा दी थी। इसके अज्ञात लेखक ने 8 मई, 1895 को भूमिका में कहा था कि उसका मक़सद ब्रिटिश हुकूमत से भारतवासियों के लिए कुछ नागरिक अधिकार प्राप्त करना है। विधेयक का मसविदा बनाने में लेखक ने ब्राज़ील और अमेरिका के संविधानों से मदद ली थी। विधेयक में दिलचस्प उल्लेख था कि जनता द्वारा निर्वाचित सांसद एक बार चुने जाने के बाद आजीवन निर्वाचित समझे जाएंगे। 1906 में कांग्रेस के अध्यक्ष दादाभाई नौरोजी ने सबसे पहले 'स्वराज्य' शब्द का उल्लेख सीमित आज़ादी के दायरे में ही परिभाषित किया। 1907 की सूरत कांग्रेस में नरम दल और गरम दल के बीच विभाजन मूलत: संवैधानिक आज़ादी के सपने को लेकर हुआ। मोर्ले-मिंटो के सुझावों को भारतीय परिषद् अधिनियम, 1909 में शामिल किया गया। 1913 में मुसलिम लीग ने अपने लखनऊ जलसे में स्वराज के विचार का औपचारिक समर्थन किया। प्रथम विश्व-युद्ध के कुछ महीने बाद गोपाल कृष्ण गोखले ने युद्धोत्तर सुधारों के नाम पर एक दस्तावेज़-पॉलिटिकल टेस्टामेंट तैयार किया। इस दस्तावेज़ में भी सम्भावित संविधान रचने के संकेत निहित थे।

अक्टूबर-नवम्बर, 1916 में इम्पीरियल लेजिस्लेटिव कौंसिल (केंद्रीय धारा सभा) के 19 सदस्यों ने वायसराय को स्वशासन की परिकल्पना का एक स्मरण-पत्र भेजा। 1916 में कांग्रेस के मंच से जिन्ना ने राष्ट्रीय हित में कांग्रेस के साथ जुड़ कर काम करने के लिए मुसलिम लीग का आह्वान किया। ब्रिटिश मंत्रिमण्डल ने 'स्वशासन' के बदले 'उत्तरदायी शासन' की पैरवी की। भारत के सांविधानिक विकास में इसके बाद मोंटेग्यू-चेम्सफ़र्ड प्रतिवेदन का महत्त्वपूर्ण स्थान है। इसके कारण ही आगे चलकर भारत सरकार अधिनियम, 1919 (गवर्नमेंट ऑफ़ इण्डिया एक्ट) रचा गया। भारतीय राष्ट्रीय कांग्रेस प्रथम विश्व युद्ध के दौरान अधिक सक्रिय रही। उसने स्वराज का अभियान प्रारम्भ किया, जिसे होम रूल आंदोलन कहा गया। इस लोकप्रिय माँग के उत्तर में ब्रिटिश सरकार ने 20 अगस्त, 1917 को यह घोषणा की कि हिज़ मैजेस्टी की सरकार की नीति 'यह है कि प्रशासन की प्रत्येक शाखा में भारतीयों को अधिकाधिक सम्मिलित किया जाए और धीरे-धीरे स्वतंत्र संस्थाओं का विकास किया जाए, जिससे ब्रिटिश साम्राज्य के अविभाज्य अंग के रूप में ब्रिटिश-भारत में उत्तरदायी सरकार की स्थापना की जा सके।' लेकिन भारत शासन अधिनियम, 1919 द्वारा भारत की जनता की आकांक्षाओं की पूर्ति नहीं हुई। 1919 में कांग्रेस के बाहर तेज बहादुर सप्रू और ऐनी बेसेंट ने मिलकर द कॉमनवेल्थ ऑफ़ इण्डिया विधेयक के नाम से एक औपचारिक दस्तावेज़ उपलब्ध करवाया। धारा सभा के सदस्य मोतीलाल नेहरू ने इस प्रस्ताव की मूल बातों को ध्यान में रखते हुए एक वैकल्पिक प्रस्ताव प्रस्तुत किया। बाद में उनकी ये माँगें 'नैशनल डिमांड' के नाम से मशहूर हुईं। इसके तत्काल बाद ब्रिटिश हुकूमत ने एलेक्ज़ेंडर मूडीमेन की अध्यक्षता में एक सुधार जाँच समिति गठित की। उसे गवर्नमेंट ऑफ़ इण्डिया एक्ट, 1919 पर लगभग पुनर्विचार ही करना था। समिति ने 3 दिसम्बर, 1924 को अपनी यथास्थिति समर्थक रिपोर्ट सौंपी।

1922 में गाँधी ने रेखांकित किया कि सिर्फ़ भारतीयों को ही भारत की राजनीतिक क़िस्मत के बारे में फ़ैसला लेने का हक है। राष्ट्रीय आंदोलन के बढ़ते प्रभाव को सीमित करने एवं लोगों की आकांक्षाओं को संतुष्ट करने के लिए ब्रिटिश सरकार ने 1927 में साइमन कमीशन का गठन किया। चूंकि इस कमीशन में कोई भी भारतीय सदस्य नहीं

भारतीय संविधान सभा (9 दिसम्बर, 1946-26 नवम्बर, 1949)

था इसलिए कांग्रेस सहित अधिकांश प्रमुख दलों ने इसका विरोध किया। इन दलों ने मोतीलाल नेहरू के नेतृत्व में एक सर्वदलीय समिति का गठन किया, जिसने 1928 में अपनी रिपोर्ट के माध्यम से भारतीयों के लिए वैकल्पिक संविधान की रूपरेखा रखी। बाद में, इसकी कुछ सिफ़ारिशों से असहमति होने के कारण मुसलिम लीग ने इसे पूरी तरह स्वीकार नहीं किया। लेकिन नेहरू कमिटी की रिपोर्ट भारतीय संवैधानिक विकास के इतिहास में एक महत्त्वपूर्ण दस्तावेज़ है।

1929 में ब्रिटिश सरकार ने यह घोषणा की कि भारतीय राजनीतिक विकास का उद्देश्य डोमिनियन प्रस्थति है। आयोग के अध्यक्ष सर जॉन साइमन ने 1930 में अपना प्रतिवेदन सौंपा। उसकी सिफ़ारिशों के बारे में गोलमेज़ सम्मेलनों (1930-32) में विचार किया गया। इन सम्मेलनों में गाँधी, आम्बेडकर, मदनमोहन मालवीय जैसे नेताओं ने भागीदारी की। लंदन में जनवरी में बुलायी गयी गोलमेज़ परिषद् के अंतिम दिन 19 फ़रवरी, 1931 को ब्रिटिश प्रधानमंत्री ने नीति विषयक वक्तव्य दिया। इसके तारतम्य में मशहूर गाँधी-इरविन समझौता किया गया। यद्यपि ब्रिटिश लेबर पार्टी की पराजय के कारण गोलमेज़ परिषद् का विमर्श गोलमाल हो गया। उसके बाद 1931 की कराची कांग्रेस संवैधानिक आंदोलन के इतिहास में घुमावदार मोड़ पर गड़े मील के पत्थर की तरह याद की जाती रहेगी।

गोलमेज़ परिषद् की परिणति पर घाव पर नमक छिड़कने के अंदाज़ में मार्च, 1933 में ब्रिटिश सरकार ने भारत में प्रस्तावित संवैधानिक सुधारों को लेकर अपने काले इरादों का श्वेत पत्र प्रकाशित किया। उसे कुछ संशोधनों के साथ भारत शासन अधिनियम, 1935 के रूप में पारित किया गया। उसमें भारतीय नरेशों का दख़ल बढ़ाने का कुचक्र था। कांग्रेस के पार्श्व संगठन स्वराज पार्टी ने एम.ए. अंसारी की अध्यक्षता में 3 मई, 1934 की बैठक में इसे रद्द कर दिया और संविधान सभा के गठन की माँग की। यह देश की ओर से पहली प्रत्यक्ष माँग थी। 17-18 जून, 1934 को कांग्रेस कार्य समिति ने भी ऐसी ही माँग की। संयुक्त संसदीय समिति की सिफ़ारिशों को रद्द करते हुए कांग्रेस ने 5-6 -7 दिसम्बर 1934 को पटना में यह माँग की कि संविधान रचना के लिए संविधान सभा का गठन ही एकमात्र विकल्प है। यही बात कांग्रेस के उनचासवें अधिवेशन में 12-14 अप्रैल, 1936 को दोहरायी गयी। अपने ऐतिहासिक भाषण में 27 दिसम्बर, 1936 को फ़ैज़पुर कांग्रेस के अध्यक्ष जवाहरलाल नेहरू ने संविधान सभा के गठन की पुरज़ोर माँग की। इसके अनुरूप अगस्त से अक्टूबर, 1937 के बीच कांग्रेस शासित बिहार, बम्बई, मध्य प्रांत, उड़ीसा, उत्तर प्रदेश, पश्चिमोत्तर सीमांत प्रदेश तथा मद्रास के अतिरिक्त सिंध की विधान सभाओं ने 1935 के अधिनियम को वापस लेते हुए संविधान सभा के गठन के निर्णय पर स्वीकृति की मुहर लगायी। सुभाष चंद्र बोस की अध्यक्षता में हरिपुरा कांग्रेस में भी माँग एक बार फिर रखी गयी। इस माँग को प्रांतीय विधान सभाओं में 1939 को फिर पारित किया गया। 15 नवम्बर, 1939 को चक्रवर्ती राजगोपालाचारी ने गोपाल कृष्ण गोखले के तर्ज़-ए-बयाँ पर एक विचारपत्र जारी किया।

1937 का चुनाव आज़ादी और संविधान के संदर्भ में मील का पत्थर साबित हुआ। इस चुनाव में विधान सभाओं

की 492 मुसलिम सीटों में मुसलिम लीग को 109 सीटें मिलीं। कांग्रेस ने उत्तर प्रदेश में 228 सदस्यों के सदन में 135 सीटें जीत ली थीं। उसने मिली-जुली सरकारों के प्रस्ताव को नामंज़ूर कर दिया। इस रुख के बाद 'इसलाम ख़तरे में है' का नारा पहली बार राजनीतिक मंच पर गूँजा। अभियान का सीधा परिणाम यह हुआ कि कुछ ही दिनों के बाद हुए मुसलिम निर्वाचन क्षेत्रों के उपचुनावों में कांग्रेस उम्मीदवारों की क़रारी हार हुई। विधायिकाओं में प्रतिनिधित्व के सवाल पर लंदन की गोलमेज़ परिषद् में सहमति नहीं बनी। उसका फलितार्थ यह हुआ कि ब्रिटिश प्रधानमंत्री रैम्ज़े मैकडोनल्ड ने अप्रैल 1932 में (कुप्रसिद्ध हो चुका) कम्युनल एवार्ड दिया। एवार्ड में यह प्रावधान था कि मुसलमानों, युरोपियों, सिक्खों, भारतीय ईसाइयों और एंग्लो इण्डियनों को अलग क्षेत्रों से प्रतिनिधित्व दिया जाए यहाँ तक कि तत्कालीन बम्बई प्रांत में मराठों को भी चुने हुए क्षेत्रों में आरक्षण दिया गया। दलितों के लिए भी आरक्षित सीटों की घोषणा की गयी, जिनमें केवल वे ही वोट कर सकते थे। अलबत्ता उन्हें सामान्य सीटों में भी मतदान का अधिकार दिया गया। दलितों के लिए पृथक मतदाता-मण्डल की व्यवस्था को गाँधी ने एक विभाजनकारी षड्यंत्र घोषित करते हुए इसके ख़िलाफ़ आमरण अनशन शुरू कर दिया। दूसरी तरफ़ आम्बेडकर इस घोषणा को दलितों के राजनीतिक हक़ के लिए बुनियादी क़दम के रूप में देख रहे थे। दूसरी ओर, गाँधी का यह मानना था कि इससे भारतीय समाज में हमेशा के लिए विभाजन की दीवार खड़ी हो जाएगी और अछूत समुदाय अलग-थलग पड़ जाएंगे। आख़िरकार आम्बेडकर गाँधी के आमरण अनशन के दबाव में 'पूना पैक्ट' पर हस्ताक्षर करने के लिए तैयार हो गये। भारतीय संवैधानिक विकास के संदर्भ में पूना पैक्ट काफ़ी महत्त्वपूर्ण है क्योंकि इसमें दलितों के लिए प्रतिनिधित्व के स्तर पर और नौकरियों आदि में आरक्षण देने के विचार को स्वीकार कर लिया गया। इसके अतिरिक्त कॅम्युनल अवार्ड में स्त्रियों, व्यापारिक और औद्योगिक हितों, ख़दानों और भूपतियों के लिए भी विशेष सीटें तय की गयी। इस कथित आरक्षण के अतिरिक्त गर्वनरों को यह विशेष दायित्व दिया गया कि वे यह सुनिश्चित करें कि अल्पसंख्यक वर्ग विधायिकाओं में तयशुदा प्रतिनिधित्व के साथ-साथ शैक्षणिक, आर्थिक और अन्य जनकल्याणकारी शासकीय योजनाओं का पूरा लाभ उठायें।

1940 में इंग्लैण्ड में बहुदलीय सरकार ने पहली बार इस सिद्धांत को स्वीकार किया कि भारत के लिए नया संविधान भारत के लोग ही बनायेंगे। 23 मार्च, 1940 का वह दिन कैलेंडर की सतरों पर आया जब मुसलिम लीग के लाहौर अधिवेशन में स्वतंत्र पाकिस्तान के निर्माण का प्रस्ताव पारित किया गया। उपरोक्त प्रस्ताव में तब तक 'पाकिस्तान' शब्द का उल्लेख नहीं हुआ था। हिंदू-मुसलिम सामासिक एकता की राजनीतिक बलि मार्च 1940 में चढ़ी। 6 अगस्त, 1940 को वॉयसराय लिनलिथगो ने मुसलमानों को ठोस और सीधा आश्वासन देते हुए कहा कि ब्रिटेन ऐसी किसी भारतीय संस्था को सत्ता हस्तांतरित नहीं करेगा जो राष्ट्रीय जीवन के शक्तिशाली तत्त्वों की अनदेखी करे। सेक्रेटरी ऑफ़ स्टेट एमरी ने तो इससे भी आगे बढ़कर कहा कि भारत में संवैधानिक गतिरोध ब्रिटिश हुकूमत और भारतीय राजनीतिज्ञों के बीच उतना नहीं है, जितना राष्ट्रीय जीवन के मुख्य घटकों के बीच। कैबिनट मिशन के 16 मई, 1946 के वक्तव्य में एक दुर्बल केंद्र और मज़बूत राज्यों की अवधारणा गूँथी गयी।

विश्व-युद्ध के दौरान मार्च, 1942 में जापान भारत के द्वार तक पहुँच गया था। तब सर स्टैफ़र्ड क्रिप्स को (जो मंत्रिमण्डल के एक सदस्य थे) ब्रिटिश सरकार के प्रस्तावों की घोषणा के प्रारूप के साथ भारत भेजा गया। ये प्रस्ताव (युद्ध की समाप्ति पर) अंगीकार किये जाने वाले थे, बशर्ते दो प्रमुख राजनीतिक दल (कांग्रेस और मुसलिम लीग) उन्हें स्वीकार करने के लिए सहमत हो जाते। क्रिप्स के 1942 के प्रस्तावों में अल्पसंख्यकों के हितों की सुरक्षा को राजनीतिक सत्ता के हस्तांतरण का आधार बनाते हुए बहुत से सुरक्षात्मक उपाय गूँथे गये थे। संविधान के गठन को लेकर क्रिप्स की कोशिशें अपनी ऐतिहासिक भूमिका के लिए याद की जाती रहेंगी। अमेरिकी राष्ट्रपति रूज़वेल्ट के विशेष दूत लुई जॉनसन ने 3 अप्रैल, 1942 को दिल्ली में यह कहा कि यदि भारत मित्र-राष्ट्रों की मदद करे और ख़ुद को जापान से अलग रखे तो रूज़वेल्ट भारत को आज़ादी देने के मामले में चर्चिल को प्रभावित करने का प्रयास कर सकेंगे। आनन-फानन में जवाहरलाल नेहरू और जॉनसन के बीच हुई बैठक में रूज़वेल्ट के लिए फ़ॉर्मूला बनाया गया।

बम्बई के ऐतिहासिक कांग्रेस अधिवेशन में 9 अगस्त 1942 को 'अंग्रेज़ो भारत छोड़ो' नारा बुलंद किया गया। अंग्रेज़ आज़ादी तो दूर संविधान सभा के गठन तक में छल किये पड़ा था। शीर्ष नेताओं की गिरफ़्तारियों के बाद तेज बहादुर सप्रू ने सितम्बर 1942 में देश के कुछ प्रमुख व्यक्तियों की बैठक के विमर्श को ब्रिटिश प्रधानमंत्री चर्चिल को भेजा गया, परंतु वह कूड़ेदान में फेंक दिया गया। राष्ट्रीय सरकार की स्थापना के सपने को साकार करने की ज़िद की वजह से भारत-पाक विभाजन की पृष्ठभूमि सुदृढ़ होती चली गयी। गाँधी के भारत-पाक विभाजन रोकने के सारे प्रयत्न विफल रहे। सर्वदलीय सम्मेलन में तेज बहादुर सप्रू की अध्यक्षता में संविधान सभा निर्मित करने की एक और असफल कोशिश की गयी। भूलाभाई देसाई और लियाक़त अली ख़ान ने मिल कर एक और समझौता फ़ॉर्मूला निकाला, लेकिन ख़ुद जिन्ना और लियाक़त अली ख़ान ने बाद में इस योजना को रद्द कर

दिया। ग़ैरदलीय सम्मेलन की स्थाई समिति ने नवम्बर 1944 में सर तेज बहादुर सप्रू की अध्यक्षता में संवैधानिक प्रस्ताव देने के लिए एक और समिति गठित की। यही पृष्ठभूमि थी जिसमें ब्रिटेन की लेबर सरकार ने सितम्बर, 1945 में यह घोषणा की कि वह भारत में संविधान निर्मात्री संस्था की परिकल्पना कर रही है और उसके गठन के लिए सर्दियों में ही चुनाव कराये जाएंगे। चुनाव की तारीख़ों और नीति की घोषणा वाइसराय लार्ड वैवेल ने आकाशवाणी दिल्ली से 19 सितम्बर, 1945 को की। कांग्रेस हर क़ीमत पर संविधान सभा के गठन के लिए ज़िद किये बैठी थी। वहीं दूसरी ओर जिन्ना के नेतृत्व में मुसलिम लीग ने यह ठान रखा था कि वह संविधान सभा के बहाने आज़ाद हिंदुस्तान में कांग्रेसी अर्थात् हिंदू हुकूमत को किसी भी क़ीमत पर नहीं आने देगी। भले ही भारत में ब्रिटिश राज क़ायम रहे।

— कनक तिवारी

भारतीय संविधान-2

संविधान सभा

(Indian Constitution-2)

जनवरी, 1946 को ब्रिटेन के संसदीय शिष्टमण्डल की भारत यात्रा के दो माह बाद ब्रिटिश सरकार ने भारत में कैबिनेट मिशन को भेजा। विफल हो जाने पर ब्रिटिश मंत्रिमण्डल ने अपने तीन सदस्य एक और गम्भीर प्रयत्न करने के लिए भेजे। इनमें क्रिप्स भी सदस्य थे। यह प्रतिनिधिमण्डल भी दोनों प्रमुख राजनीतिक दलों के बीच सहमति लाने में असफल रहा। परिणामस्वरूप उसे अपने ही प्रस्ताव रखने पड़े जिनकी भारत और इंग्लैण्ड में एक साथ घोषणा की गयी। कैबिनेट मिशन के प्रस्तावों में भारत का संघ बनाने और उसका विभाजन करने को लेकर समझौते का प्रयत्न किया गया। मिशन ने पृथक संविधान सभा और मुसलमानों के लिए पृथक राज्य के दावे को स्पष्टत: नामंजूर कर दिया। जिस स्कीम की सिफ़ारिश उन्होंने की, उसमें मुसलिम लीग के दावे में निहित सिद्धांत को लगभग स्वीकार कर लिया गया। 16 मई, 1946 को कैबिनेट मिशन की योजना को सार्वजनिक किया गया। उसके अनुसार भारत में संविधान निर्माण की प्रक्रिया को अंतिम रूप दिया गया। कैबिनेट मिशन की योजना को जिन्ना ने इसलिए स्वीकार किया, क्योंकि उसमें पाकिस्तान के निर्माण का स्वप्न साकार होता दिखाई दिया।

यह उल्लेखनीय है कि 1946 की शुरुआत में हुए प्रांतीय चुनावों में कुल वयस्क लोगों के 28.5 प्रतिशत भाग ने ही अपने मताधिकार का प्रयोग किया था। कांग्रेस को 1946 के प्रांतीय चुनावों में ज़बरदस्त सफलता मिली थी और विभाजन के बाद मुसलिम लीग के सदस्यों की संख्या कम होने का फ़ायदा भी कांग्रेस को मिला। इन चुनावों में मुसलिम लीग को अधिकांश प्रांतों में अधिकांश मुसलिम सीटों पर जीत मिली और कुछ प्रांतों में तो इसने सभी मुसलिम सीटों पर जीत हासिल कर ली। कांग्रेस को पूरे देश के कुल 58 प्रतिशत सीटों पर जीत मिली, लेकिन ग़ैर-मुसलिम सीटों में से 85 प्रतिशत सीटों पर जीत मिली। केबिनेट मिशन योजना के अनुरूप प्रांतीय विधानसभाओं के सदस्यों ने अप्रत्यक्ष तरीक़े से संविधान सभा के सदस्यों का चुनाव किया। स्पष्ट है कि संविधान सभा के सदस्य सीधे तौर पर जनता द्वारा नहीं चुने गये थे। हर भारतीय राज्य या राज्य के समूह को उसकी जनसंख्या के अनुपात में संविधान सभा में प्रतिनिधित्व दिया गया। इस संदर्भ में मोटे तौर पर दस लाख लोगों पर एक प्रतिनिधि के चुनाव का फ़ार्मूला अपनाया गया। हर प्रांत में सीटों को तीन मुख्य श्रेणियों में बाँटा गया— मुसलिम, सिक्ख और सामान्य; फिर जनसंख्या में इनके अनुपात के हिसाब से इनके लिए सीटें तय की गयीं। प्रांतीय विधानमण्डलों में हर समुदाय के प्रतिनिधियों ने आनुपातिक प्रतिनिधित्व प्रणाली द्वारा अपने समुदाय से संविधान सभा के सदस्यों का चुनाव किया। साथ ही, यह भी तय किया गया कि रजवाड़ों से विचार-विमर्श के बाद उनकी तरफ़ से संविधान सभा में प्रतिनिधित्व के मसले को हल किया जाएगा। रजवाड़ों संविधान सभा में अपने सदस्य मनोनीत किये। 3 जून 1947 को भारत विभाजन की घोषणा हो जाने के बाद पाकिस्तान के लिए अलग संविधान सभा बनी। अविभाजित भारत के जो भाग पाकिस्तान के सदस्य बन गये, वहाँ से चुने गये भारतीय संविधान सभा के सदस्यों की सदस्यता ख़त्म हो गयी। अब भारतीय संविधान सभा में कुल 299 सदस्य बचे, जिसमें से 229 प्रांतों से चुने गये थे और 70 सदस्य भारतीय रजवाड़ों से संबंधित थे।

कैबिनेट मिशन की योजना के अनुसार जुलाई और अगस्त, 1946 में संविधान सभा के सदस्यों का चुनाव हुआ। औसतन दस लाख व्यक्तियों पर एक प्रतिनिधि चुना गया। प्रांतीय विधानसभाओं के गठन में लगभग 28 .5 प्रतिशत मतदाताओं ने ही मत दिये थे। मुसलमानों को 78, सिक्खों को चार और सामान्य वर्ग को 210 सीटें आवंटित की गयी। तीस ग़ैर-कांग्रेसियों को भी उनकी गुणवत्ता के आधार पर पार्टी का टिकट देकर निर्वाचित किया गया। इस निर्णय के अनुसार पूर्व नौकरशाह गोपालस्वामी आयंगर, सर्वेंट्स ऑफ़ इण्डिया सोसाइटी के अध्यक्ष हृदयनाथ कुंजरू, प्रसिद्ध वकील अलादि कृष्णास्वामी अय्यर, प्रसिद्ध शिक्षाशास्त्री एच.सी. मुखर्जी और विख्यात दार्शनिक डॉ. राधाकृष्णन चुन लिए गये। संविधान

की प्रारूप समिति के सात सदस्यों में केवल के.एम. मुंशी और टी.टी. कृष्णामाचारी कांग्रेस के सदस्य थे। मोहम्मद सादुल्ला मुसलिम लीग के और अलादि कृष्णास्वामी अय्यर, माधवराव तथा डी. पी. खेतान निर्दलीय सदस्य थे। समिति के अध्यक्ष डॉ. भीमराव आम्बेडकर भी निर्दलीय सदस्य थे। ये सभी लोग वर्षों तक कांग्रेस की नीतियों और राजनीति के कटु आलोचक भी रह चुके थे। आम्बेडकर ने तो अपने निर्वाचन पर आश्चर्य भी व्यक्त किया।

संविधान सभा पर जो आग्रह छाया हुआ था वह था मज़बूत केंद्र का। इसके पीछे कई कारण थे। मुसलिम लीग और जिन्ना का विभाजक दृष्टिकोण और उससे उपजी साम्प्रदायिक हिंसा तो थी ही। बंगाल और बिहार में हुए नरसंहार को नेहरू और राजेंद्र प्रसाद ने ख़ुद अपनी आँखों से देखा था। इसके अतिरिक्त देसी रियासतों के शासकों तथा तेलंगाना विद्रोह 1948) आदि ने सरकार के सामने असरकारी ख़तरे उपस्थित किये थे। उत्तर-पश्चिम की सरहद पर पाकिस्तान की शह के कारण कश्मीर में घुसपैठियों का जमावड़ा हो रहा था। संविधान सभा का यह भी विचार था कि देश की आर्थिक प्रगति किसी केंद्रीकृत प्राधिकार के हवाले की जाए, जो योजनाओं, कृषि के आधुनिक उत्पादन प्रयोगों, यातायात और संचार माध्यमों, बड़े तथा छोटे उद्योगों, विद्युत ऊर्जा और तकनीकी प्रगति की समन्वित संरचना करे। नेहरू ने जुलाई 1946 में प्रांतों के समूहीकरण को लेकर अपने विवादास्पद भाषण में कहा, 'मज़बूत केंद्र की व्याप्ति भले ही सीमित हो। वह उपजती ही है क्योंकि इसके बिना कोई विकल्प नहीं है।'

संविधान सभा में डा. राजेंद्र प्रसाद को अध्यक्ष निर्वाचित करने के बाद जवाहरलाल नेहरू के हाथों 13 दिसम्बर, 1946 को संविधान की उद्देशिका का प्रस्ताव प्रस्तुत किया गया। उद्देशिका-भाषण उतना ही महत्त्वपूर्ण था जितना 15 अगस्त, 1947 को लाल किले की प्राचीर से दिया गया स्वतंत्रता-संदेश। अक्टूबर, 1947 से फ़रवरी, 1948 तक संविधान की प्रारूप समिति इस ऐतिहासिक दस्तावेज़ का मज़मून लिखने में व्यस्त रही। ब्रिटिश और अमेरिकन संविधानों सहित गवर्नमेंट ऑफ़ इण्डिया एक्ट, 1935 से प्रेरणा ली गयी। अखिल भारतीय कांग्रेस कमेटी ने संविधान सभा के निर्वाचन के लिए उम्मीदवार चुनने का यह कठोर मानक सिद्धांत बनाया था कि उसे स्वाधीनता आंदोलन का महत्त्वपूर्ण सिपाही होना चाहिए। कुछ दिग्गजों को अपने अपने प्रदेशों से भेजने के लिए निर्देश जारी करने के अतिरिक्त कांग्रेस ने ख्याति प्राप्त बुद्धिजीवियों अलादि कृष्णास्वामी अय्यर, हृदयनाथ कुंजरू, एन. गोपालस्वामी आयंगर, डॉ. अम्बेडकर, के. सन्थानम, एम. आर. जैकब, सच्चिदानंद सिन्हा और कांग्रेस विमुख कांग्रेसी के एम. मुंशी को संविधान सभा की सदस्यता दिलाने के लिए व्हिप जारी किये।

भारत की संविधान सभा में कांग्रेस का ज़बरदस्त वर्चस्व था। संविधान सभा में कांग्रेस के ज़बरदस्त बहुमत का कारण यह था कि उसे 1946 के प्रांतीय चुनावों में भारी सफलता मिली थी। यहाँ यह भी उल्लेखनीय है कि कांग्रेस ने प्रांतीय स्तर की इकाइयों को यह छूट दी कि वह संविधान सभा के लिए सदस्यों का चुनाव करे। लेकिन उसने कई ग़ैर-कांग्रेसी सदस्यों के संविधान सभा में प्रवेश को सुनिश्चित करने की भी कोशिश की। इस संदर्भ में यह उल्लेखनीय है कि ख़ुद नेहरू ने गाँधी की सलाह पर डॉ. भीमराव आम्बेडकर को संविधान सभा का सदस्य बनने और प्रारूप समिति का काम देखने के लिए आमंत्रित किया था। कांग्रेस नेतृत्व ने यह भी कोशिश की कि संविधान सभा में सभी अल्पसंख्यक समुदाय के लोगों को प्रतिनिधित्व मिले। यहाँ ग़ौरतलब है कि तीन प्रमुख दलों सोशलिस्ट पार्टी, भारतीय कम्युनिस्ट पार्टी और हिंदू महासभा का संविधान सभा में कोई औपचारिक प्रतिनिधित्व नहीं था। बहरहाल, कुछ घोषित मार्क्सवादी और फ़ारवर्ड ब्लॉक जैसे दल के प्रतिनिधि संविधान सभा के भाग थे। इसी तरह, यद्यपि हिंदू महासभा संविधान सभा का भाग नहीं बनी लेकिन इससे विचारधारात्मक रूप से काफ़ी क़रीब माने जाने वाले डॉ. श्यामा प्रसाद मुखर्जी संविधान सभा के सदस्य बने। इसी तरह कई सदस्य हिंदुत्ववादी रुझान से प्रेरित थे। सोशलिस्ट पार्टी 1948 तक कांग्रेस के भीतर ही वामपंथी ख़ेमे के रूप में काम करती थी। लेकिन कांग्रेस से अलग होने से पहले ही इसने यह तय कर लिया कि वह इस संविधान सभा का सदस्य नहीं बनेगी। बाद में, पार्टी के भीतर संविधान सभा में शामिल होने के मुद्दे पर विवाद भी रहा। नेहरू के कहने पर जयप्रकाश नारायण ने अपनी पार्टी के कुछ ऐसे सदस्यों की सूची भेजी जो संविधान सभा के सदस्य हो सकते थे। लेकिन चूँकि संविधान सभा अपना काम शुरू कर चुकी थी, इसलिए इन सदस्यों को सभा में समायोजित करना मुमकिन नहीं था। बहरहाल, कुछ समय बाद सोशलिस्ट पार्टी ने यह प्रस्ताव पारित कर दिया कि संविधान सभा भंग कर दी जानी चाहिए और इसकी जगह नयी संविधान सभा का चुनाव होना चाहिए।

संविधान सभा में कुल 15 से भी ज़्यादा समितियाँ थीं। लेकिन इनमें से आठ समितियाँ काफ़ी महत्त्वपूर्ण थीं : नियम, स्टीयरिंग, सलाहकार, प्रारूप, संघीय विषय, संघीय संविधान, प्रांतीय संविधान और राज्य। इन समितियों में कुल तीन दर्जन सदस्य थे। जवाहरलाल नेहरू, वल्लभभाई पटेल, राजेन्द्र प्रसाद, अबुल कलाम आजाद और भीमराव आम्बेडकर ने इन समितियों में महत्त्वपूर्ण भूमिका निभायी। इन समितियों ने विभिन्न विषयों से जुड़े तमाम पहलूओं पर गहराई से विचार करने के बाद उसे पूरी संविधान सभा के सामने रखा। इससे विभिन्न विषयों पर गहराई से विचार करने में काफ़ी मदद

मिली। संविधान में मूल अधिकारों के रूप में व्यक्तियों और समूहों के लिए कुछ बुनियादी अधिकार सुनिश्चित किये गये। इस संदर्भ में उल्लेखनीय बात यह है कि संविधान सभा ने समाज अनुसूचित जातियों और अनुसूचित जनजातियों के लिए प्रतिनिधित्व के स्तर पर और नौकरियों आदि में आरक्षण के स्पष्ट प्रावधान किये। संविधान ने अनुसूचित जनजातियों के जीवन की स्वायत्तता को क़ायम रखने और सामुदायिक अधिकार देने के लिए विशेष प्रावधान किये। छठी अनुसूची उत्तर-पूर्व के राज्यों से संबंधित है। संविधान ने यहाँ लोगों को ज़िला परिषदों के माध्यम से अपनी स्वायत्ता क़ायम रखने का अधिकार दिया। इसी तरह, पाँचवीं अनुसूची में भी लोगों के जीवन के स्वायत्त रूप को सुनिश्चित करने के लिए यह प्रावधान किया गया कि राज्यपाल इस क्षेत्र की विशिष्टता को ध्यान में रखते हुए यहाँ विभिन्न केंद्रीय और राज्य स्तरीय क़ानूनों को लागू करने से मना कर सकता है। इस तरह, संविधान और संविधान सभा ने हर तबक़े के हितों की ओर ध्यान दिया और गहरे विचार-विमर्श के बाद उसके लिए ठोस प्रावधान किये।

ग्रेनविले ऑस्टिन ने भारतीय संविधान सभा के कार्यों का परीक्षण करते हुए यह रेखांकित किया है कि इसकी सबसे बड़ी विशेषता यह थी कि इसने आम-सहमति से अपने अधिकांश फ़ैसले किये। ऑस्टिन के अनुसार, कांग्रेस अपने बहुमत के बल पर अपने मन के मुताबिक़ संविधान बना सकती थी। लेकिन इसके नेताओं ने हर पहलू पर खुलकर बहस होने दी और मतदान से फ़ैसला करने के बजाय, आम-सहमति से फ़ैसले को वरीयता दी। कांग्रेस नेताओं ने ग़ैर-कांग्रेसी नेताओं के विचारों को भी समायोजित करने की कोशिश की। ऑस्टिन यह भी मानते हैं कि भारतीय संविधान में बहुत सी चीजें बाहर से ली गयीं। लेकिन संविधान निर्माताओं ने बहुत ही गम्भीरता से और हर पहलू पर ग़ौर करने के बाद ही किसी भी प्रावधान को संविधान में शामिल किया।

शिवानी किंकर चौबे ने संविधान सभा के काम पर आलोचनात्मक तरीक़े से विचार करते हुए यह तर्क दिया है कि संविधान सभा का काम अपने समय की राजनीतिक स्थितियों, ख़ासतौर पर देश के बँटवारे से बहुत ज़्यादा प्रभावित हुआ। चौबे ग्रेनविल ऑस्टिन के इस तर्क को स्वीकार नहीं करते कि संविधान सभा की सबसे बड़ी विशेषता यह थी कि इसने आम-सहमति से अपने फ़ैसले लिए। चौबे मानते हैं कि दरअसल तत्कालीन स्थितियों के कारण कई मसलों पर वैचारिक मतभेदों को ज़्यादा तूल नहीं दिया गया; इनके अनुसार, संविधान सभा ने आम-सहमति के बजाय समायोजन की रणनीति का सहारा लिया। यानी कांग्रेस ने अपने विरोधियों की कुछ बातों को भी समायोजित करने की कोशिश की, लेकिन इसका मतलब यह नहीं है कि वह उनसे सहमत थी। तत्कालीन राजनीतिक परिस्थिति और सामाजिक शक्तियों के प्रभाव के कारण ही संविधान ने बहुत से ऐसे मसलों को अनसुलझा छोड़ दिया, जो राष्ट्रीय आंदोलन के दौरान काफ़ी महत्त्वपूर्ण थे। इस संदर्भ में भूमि सुधार और भाषाई राज्यों के गठन जैसे मुद्दों को रेखांकित किया जा सकता है। कांग्रेस के वाम-रुझान वाले नेता भूमि सुधारों को प्राथमिकता देते थे। लेकिन संविधान सभा ने इस बारे में कोई स्पष्ट फ़ैसला नहीं लिया। इसके विपरीत संविधान ने लोगों को सम्पत्ति अधिकार दे दिये जिससे ज़मीन के पुनर्वितरण का लक्ष्य और मुश्किल हो गया। चौबे के अनुसार भाषाई राज्यों के बारे में भी संविधान सभा में कोई स्पष्ट फ़ैसला नहीं लिया गया, जबकि कांग्रेस 1920 से भाषाई आधार पर अपने प्रांतीय संगठनों को गठित करती आ रही थी।

दूसरी ओर, राजीव भार्गव ने संविधान सभा के काम पर तत्कालीन सामाजिक-राजनीतिक शक्तियों की तुलना में इसमें सामने आने वाले मानकीय राजनीति सिद्धांत के मुद्दों से संबंधित वाद-विवाद को महत्त्वपूर्ण मानते हैं। इनका मानना है कि भारतीय संविधान सभा की बहस भारत के राष्ट्रीय आंदोलन के दौरान विभिन्न मुद्दों और विभिन्न राजनीतिक धाराओं के नेताओं के इन विचारों को समझने का एक बेहतरीन आधार उपलब्ध कराती है। इनके अनुसार, संविधान सभा के वाद-विवाद में कम-से-कम पाँच तरह के विजन या परिकल्पनाओं के बीच टकराव को देखा जा सकता है : पहली, नेहरू की सामाजिक-उदारवादी परिकल्पना, दूसरी आम्बेडकर की उदारवादी-लोकतांत्रिक परिकल्पना। ये दोनों परिकल्पनाएँ एक दूसरे से नज़दीकी रूप से जुड़ी हुई थीं। तीसरी, गाँधी की ग़ैर-उदारवादी और अर्ध-समुदायवादी परिकल्पना थी। चौथी के. टी. शाह जैसे लोग थे, जिन्होंने रैडिकल रूप से समतावादी परिकल्पना पेश की और उनका विचार वामपंथी परिकल्पना के काफ़ी नज़दीक था और पाँचवीं परिकल्पना हिंदुत्व की विचारधारा के नज़दीक थी। भार्गव इन्हीं पाँच आधारों पर संविधान सभा के काम और उसमें सामने आये मुद्दों पर राजनीतिक सिद्धांत के नज़रिये से विचार करने पर ज़ोर देते हैं। बहरहाल, संविधान सभा के कार्य और इसके सदस्यों की राजनीति के बारे में भार्गव के इस वर्णन पर कई लोगों ने बिल्कुल ही अलग तरह से विचार किया है। बहरहाल, भारतीय संविधान के अध्ययन में भार्गव का योगदान यह है कि इन्होंने संविधान सभा की बहसों को राष्ट्रीय आंदोलन की विरासत से जोड़ते हुए इसे मानकीय और देशज राजनीतिक सिद्धांत के आधार के तौर पर रेखांकित किया।

बहरहाल, संविधान सभा की कार्य प्रणाली की कई स्तरों पर आलोचना हुई है। मसलन, इसने बहुत से औपनिवेशिक क़ानूनों को क़ायम रखा। इस तरह के क़ानूनों

में भारतीय दण्ड संहिता और भारतीय वन क़ानून 1927 शामिल थे। ख़ासतौर पर वन क़ानून की वैधता क़ायम रखने का अर्थ था जंगल में बसे आदिवासियों को औपनिवेशिक क़ानून और वन विभाग जैसी संस्था के भरोसे छोड़ देना। दूसरा, संविधान में गांधीवादी मूल्यों की पूरी तरह अवहेलना की गयी। पंचायती राज का प्रावधान नीति निर्देशक सिद्धांतों की श्रेणी में शामिल किया गया, लेकिन यह मात्र दिखावा ही था। असल में, संविधान-सभा में एक मज़बूत और केंद्रीकृत राष्ट्र-राज्य के निर्माण के बारे में तक़रीबन आम-सहमति थी।

— कनक तिवारी

भारतीय संविधान-3

उद्देशिका : लोकतंत्र, समाजवाद और सेकुलरवाद

(Indian Constitution-3)

संविधान की मौजूदा उद्देशिका में भारत को एक सम्पूर्ण प्रभुत्वसम्पन्न, समाजवादी, सेकुलर, लोकतंत्रात्मक गणराज्य बनाने का दृढ़ संकल्प व्यक्त किया गया है। समाजवाद और सेकुलर शब्दों को बयालीसवें संशोधन द्वारा 1976 में जोड़ा गया था। इस उद्देशिका का मूल पाठ इस तरह था, 'हम भारत के लोग, भारत को एक सम्पूर्ण प्रभुत्वसम्पन्न, लोकतंत्रात्मक गणराज्य बनाने के लिए, तथा उसके समस्त नागरिकों को सामाजिक, आर्थिक और राजनीतिक न्याय, विचार, अभिव्यक्ति, विश्वास, धर्म और उपासना की स्वतंत्रता, प्रतिष्ठा और अवसर की समता प्राप्त कराने के लिए तथा उन सबमें व्यक्ति की गरिमा और राष्ट्र की एकता और अखण्डता सुनिश्चित करने वाली बंधुता बढ़ाने के लिए दृढ़ संकल्प होकर अपनी इस संविधान सभा में आज तारीख़ 26 -11-1949 (मिति मार्गशीर्ष शुक्ल सप्तमी, संवत् दो हजार छह विक्रमी) एतद् द्वारा इस संविधान को अंगीकृत, अधिनियमित और आत्मार्पित करते हैं।' बयालीसवें संशोधन में 'प्रभुत्व सम्पन्न लोकतंत्रात्मक गणराज्य' के बदले तीन जनवरी, 1977 से प्रभुत्व सम्पन्न 'समाजवादी पंथनिरपेक्ष लोकतंत्रात्मक गणराज्य' जोड़ा दिया गया है। उद्देशिका संबंधी मूल प्रस्ताव में जवाहरलाल नेहरू ने भाव विह्वल होकर भारत के मेहनतकश किसानों और मज़दूरों के सपनों का हिंदुस्तान बनाने का रोमांटिक आह्वान किया था। नेहरू के ऐतिहासिक उद्देश्य-संकल्प को संविधान सभा ने 22 जनवरी, 1947 को अंगीकार किया। नेहरू के शब्दों में उपर्युक्त विचार-दर्शन 'संकल्प से कुछ अधिक है। यह एक घोषणा है, एक दृढ़ निश्चय है, एक प्रतिज्ञा है, एक वचन है और हम सभी के लिए यह एक समर्पण है।'

नेहरू ने संविधान सभा में उद्देशिका संबंधी प्रस्ताव जब प्रस्तुत किया तब उसमें लोकतंत्र जैसे शब्द का उल्लेख नहीं था। संविधान सभा की पूरी वर्ज़िश भारत को एक प्रभुत्वसम्पन्न गणतंत्र बनाने की थी। नेहरू ने लोकतंत्र शब्द को उद्देशिका में न रखने की सफ़ाई भी दी थी। भारत को शुरू से छोटे-छोटे गणतंत्रों या रिपब्लिक का समुच्चय कहा जाता रहा है। यूनानी दार्शनिक प्लेटो ने भी इसी तरह के किसी रिपब्लिक की परिकल्पना की थी। गाँधी को अंग्रेज़ी शब्द 'डेमॉक्रैसी' के हिंदी अनुवाद के रूप में 'लोकतंत्र' नाम का शब्द अच्छा लगता था। गाँधी समझते थे कि भारत में राजनीतिक दृष्टि से आज़ाद लोगों का कोई नागर समाज नहीं रहा है। इसके बरक्स हिंदुस्तान में छोटी-बड़ी रियासतों अर्थात् सामंतवादी हुकूमतें रही हैं। इनकी रियाया अर्थात् प्रजा पूरे देश में सांस्कृतिक और धार्मिक आधार पर इस क़दर एकजुट रही है कि वह अपनी-अपनी रियासतों के राजनीतिक वजूद का अतिक्रमण करते हुए एक तरह की भारतीय प्रजा बनी रही है। उसकी नियामक शक्ति धर्म और संस्कृति रही हैं। नये क़िस्म की डेमॉक्रैसी का उद्‌भव तो युरोप में हुआ है जहाँ से बालिग मताधिकार के आधार पर देश को चलाये जाने की तहज़ीब भारतीय संविधान में भी गूँथ दी गयी है।

उद्देशिका संविधान की सजावट नहीं, नीति विषयक घोषणा है। नीति निर्देशक तत्त्वों की तरह उद्देशिका को लागू करना संविधान के आदेशों में नहीं है। उद्देशिका दर्शन, सम्भावनाओं और परामर्श का रूपांतरण भर है। फिर भी उच्चतम न्यायालय ने आर.आर. दलवी बनाम तमिलनाडु राज्य वाले मामले में उद्देशिका के आधार पर महत्त्वपूर्ण निर्णय किया है। उच्चतम न्यायालय ने तमिलनाडु सरकार के हिंदी-विरोधी आंदोलनकारियों को पेंशन स्वीकृत करने वाले आदेश को संविधान की उद्देशिका में वर्णित एकता और अखण्डता के सिद्धांत का उल्लंघन करने के आरोप में निरस्त कर दिया। उच्चतम न्यायालय का यह आदेश अब्राहम लिंकन के उस प्रसिद्ध कथन की याद दिलाता है जिसके अनुसार उन्होंने किसी भी राज्य (प्रदेश) द्वारा संयुक्त राज्य अमेरिका से अलग होने की वृत्ति को राजद्रोह के अपराध के समकक्ष रखा था।

संविधान की मूल उद्देशिका में समाजवाद जैसा शब्द पारित न होने पर भी नेहरू के प्रस्तावों में सामाजिक न्याय के धूमिल संकेत पर कड़ी टिप्पणी करते हुए डॉ. आम्बेडकर ने समाजवाद की साफ़ व्याख्या किये जाने की पुरज़ोर वकालत की थी। आज पढ़ने में उत्तेजक लगता है कि संविधान सभा के एक अल्पनाम सदस्य विष्णुदत्त त्रिपाठी ने कहा था कि संविधान में इस बात का साफ़ उल्लेख होना चाहिए कि राज्य

किसी भी स्थिति में पूँजीवादी विचारधारा के आधार पर स्थापित नहीं किया जाएगा। सोवियत रूस के यू.एस.एस. आर. की तर्ज़ पर मौलाना हसरत मोहानी ने भारत का नाम यूनियन ऑफ़ इण्डियन सोशलिस्टिक रिपब्लिक अर्थात् यू.आई.एस.आर. सुझाया था। समाजवाद भारत की उद्देशिका के सात सुरों का शायद सप्तम सुर ही है। संविधान के रचनाकारों के एक बड़े वर्ग की बौद्धिक प्रतिबद्धता समाजवाद के प्रति रही है। इनमें कट्टर मार्क्सवादियों से लेकर प्रतिबद्ध गाँधीवादी-समाजवादी शामिल हैं। इनमें से अधिकांश इंग्लैण्ड के फ़ेबियन या लास्कीवादी समाजवाद से प्रभावित रहे हैं। संविधान सभा के गलियारे में यह अंतर्ध्वनि अब भी गूँजती है कि सरदार पटेल की वजह से नेहरू ने समाजवाद नामक शब्द को उद्देशिका के प्रारूप से हटा दिया था। दस्तावेज़ों में इस तथ्य का कोई सबूत नहीं है। 1947 तक यह समवेत विचार अभिव्यक्ति के आसमान में बुन गया था कि नागरिकों का कल्याण राज्य की बुनियादी ज़िम्मेदारी है। मार्क्स, टी.एच. ग्रीन, लास्की, सिडनी एवं बीट्रिस वैब वग़ैरह के युरोपीय विचार जवाहरलाल नेहरू सहित भारतीय समाजवादी चिंतकों को प्रभावित कर रहे थे। आइवर जेनिंग्स ने *सम कैरेक्टरिस्टिक्स ऑफ़ द इण्डियन कांस्टीट्यूशन* में कहा है कि संविधान के नीति निर्देशक सिद्धांतों वाले परिच्छेद में सिडनी और बीट्रिस वेब के विचारों की प्रेत छाया झिलमिलाती रहती है। इस तरह के विचार उन्नीसवीं सदी में विवेकानंद, रमेशचंद्र दत्त और विश्वेश्वरैया के कथनों में गूँजते हैं। चूँकि संविधान सभा के विचारकों के सामने लागू किये जा सकने वाले समाजवाद की तस्वीर बहुत साफ़ नहीं थी। इसलिए समाजवाद की तरह-तरह की प्रजातियों की जानकारी के बावजूद संविधान सभा के सदस्य सीधे-सीधे समाजवाद रोपने के बदले भारत की धरती में उर्वरता के यौगिक पहले बिखेर देना चाहते थे। उनकी दृष्टि में समाजवाद केंद्रीय तत्त्व नहीं था, बल्कि क़तार के अंत में खड़ा वह व्यक्ति था जिसकी आँख का आँसू पोंछा जाना था।

अधिकृत तौर पर समाजवाद का नारा प्रधानमंत्री जवाहरलाल नेहरू ने बुलंद किया था। *आफ़्टर नेहरू हू?* के लेखक वैलेस हैंगन के अनुसार नेहरू ने फ़ेबियन समाजवाद का पाठ कृष्ण मेनन से द्वितीय विश्व-युद्ध के दौरान खंदकों में बैठ कर सीखा था। संविधान के बयालीसवें संशोधन (1976) द्वारा उद्देशिका में समाजवाद शब्द स्थापित करके यह सुनिश्चित किया गया है कि भारतीय राज्य-व्यवस्था का ध्येय समाजवाद है। यह ध्यान देने योग्य है कि भारत के संविधान द्वारा परिकल्पित समाजवाद राजकीय समाजवाद का वह ढाँचा नहीं है जिसमें धन के सभी साधनों का राष्ट्रीयकरण किया जाता है और निजी सम्पत्ति ख़त्म कर दी जाती है। समाजवाद को उद्देशिका में शामिल करते समय इंदिरा गाँधी ने एक दूसरी प्रधानमंत्रीय व्याख्या की थी। उन्होंने कहा था, हमने यह सदैव कहा कि हमारा समाजवाद अपने ढंग का है। हम उन्हीं क्षेत्रों में राष्ट्रीयकरण करेंगे, जिनमें हम आवश्यक समझते हैं। केवल राष्ट्रीयकरण हमारा समाजवाद नहीं है।

समाजवाद और सेकुलरवाद अस्पष्ट शब्द हैं। संविधान में इन शब्दों का स्पष्टीकरण नहीं दिया गया है। इसलिए इस अस्पष्टता का हितबद्ध राजनीतिक गुटों द्वारा लाभ उठाया गया है। जनता के मस्तिष्क में भ्रम भी उत्पन्न किया गया है। वांछित स्पष्टीकरण के अभाव में यह विवाद का विषय है कि भारतीय संविधान में 'समाजवाद' का अर्थ 'शोषण से मुक्ति' या राज्य-समाजवाद है या मार्क्सवाद। इसी प्रकार सेकुलरवाद का प्रयोग अनिर्बंधित साम्प्रदायिकता के अस्त्र के रूप में किया जा सकता है या धर्मांधता अथवा धर्माविरोधी रूप में भी इसका प्रयोग हो सकता है। इन शब्दों से संविधान के अनुच्छेदों का अर्थ स्पष्ट नहीं हो पाता किन्तु इन शब्दों का अर्थ पूर्ववर्ती उपबंधों से समझा जा सकता है। विधिक निर्वचन के सिद्धांत के अनुसार उपबंधों के अर्थ को उद्देशिका से नियंत्रित नहीं किया जा सकता।

संविधान में पंथनिरपेक्ष राज्य का आदर्श रखा गया है। इसका अर्थ है कि राज्य सभी मतों की समान रूप से रक्षा करेगा और स्वयं किसी भी मत को राज्य के धर्म के रूप में नहीं मानेगा। राज्य के इस पंथनिरपेक्ष उद्देश्य को अब विनिर्दिष्ट रूप से उद्देशिका में संविधान (बयालीसवाँ संशोधन अधिनियम) द्वारा पंथनिरपेक्ष शब्द अन्त: स्थापित करके सुनिश्चित किया गया है। संविधान में किसी भी मत को राजकीय चर्च मानने की व्यवस्था नहीं है। ऐसा विश्व के कुछ अन्य संविधानों में भी है। दूसरी ओर उद्देशिका में जिस विशेष धर्म और उपासना की स्वतंत्रता का वचन दिया गया है उसे अनुच्छेद 25 से 28 में धार्मिक स्वतंत्रता से संबंधित सभी नागरिकों के मूल अधिकार के रूप में समाविष्ट करके क्रियान्वित किया गया है। ये अधिकार प्रत्येक व्यक्ति को धर्म को मानने, आचरण करने और प्रचार करने का अधिकार देते हैं तथा राज्य की ओर से और इसके साथ ही राज्य की विभिन्न संस्थाओं की ओर से सभी धर्मों के प्रति पूर्ण निष्पक्षता सुनिश्चित करते हैं।

भारतीय लोकतंत्र की सफलता का यह एक जगमगाता हुआ उदाहरण है जब कि उसके पड़ोसी पाकिस्तान, बांग्लादेश, श्रीलंका, म्यांमार और नेपाल ने धर्म विशेष को राज्य का धर्म घोषित किया है। कुछ लोग अकारण ही राज्य के सेकुलर या पंथनिरपेक्ष होने का आशय राज्य के धर्म-विरोधी होने से लगाते हैं। संविधान के उद्देश्य स्वतंत्रता, समता और बंधुता फ्रांस की क्रांति के आदर्श रहे हैं। इन आदर्शों ने फ्रांसीसियों में मानवीय उत्साह और उत्सर्ग का संचार किया है। संविधान में परिभाषित 'स्वतंत्रता' का अर्थ सामान्य स्वतंत्रता नहीं है, बल्कि विचार, अभिव्यक्ति, विश्वास और

उपासना की स्वतंत्रता है। धर्म की स्वतंत्रता का अनुच्छेद 25 का मूल अधिकार किसी भी व्यक्ति अर्थात् ग़ैर-नागरिक को भी दिया गया है। संविधान के मूल निर्माताओं ने उसे उद्देशिका में रखने की जरूरत नहीं समझी थी। उनकी राय में इस देश के नागरिकों को मूल अधिकारों के तहत दी गयी धार्मिक स्वतंत्रता स्पष्ट और पर्याप्त थी।

भारत के पूर्व मुख्य न्यायाधीश रमेशचंद्र लाहोटी ने अपनी पुस्तक *प्रिएम्बल : द स्पिरिट ऐंड बैकबोन ऑफ़ द कांस्टिट्यूशन ऑफ़ इण्डिया* में लिखा है कि सेकुलरवाद को समझने के लिए संविधान के इन प्रावधानों को भी समेटकर देखना जरूरी होगा : अनुच्छेद 14 अर्थात् राज्य, भारत के राज्य क्षेत्र में किसी व्यक्ति को विधि के समक्ष समता या विधियों के समान संरक्षण से वंचित नहीं करेगा; अनुच्छेद 15 और 16 में वर्णित सिद्धान्त कि राज्य किसी नागरिक के विरुद्ध केवल धर्म, मूलवंश, जाति, लिंग, जन्मस्थान या इनमें से किसी के आधार पर कोई विभेद नहीं करेगा; अनुच्छेद 19 और 25 में वर्णित वाक-स्वातंत्र्य संबंधी सभी नागरिकों को प्राप्त मूल अधिकारों का अनुरक्षण किया जाएगा; अनुच्छेद 26, 27 तथा 28 भी इस संदर्भ में प्रसंगिक हैं। इसके अतिरिक्त अनुच्छेद 44 के अनुसार 'राज्य भारत के समस्त राज्य क्षेत्र में नागरिकों के लिए एक समान सिविल संहिता प्राप्त कराने का प्रयास करेगा। संविधान सभा में स्वतंत्र गणराज्य को सेकुलर बनाने के संबंध में व्यापक समर्थन था। अंग्रेज़ी के सेकुलरिज़म के लिए धर्मनिरपेक्षता के बदले संविधान में 'पंथनिरपेक्षता' शब्द का इस्तेमाल होने के बावजूद उसे नक़ली धर्मनिरपेक्षता बता कर कई बार जनता के गले उतार दिया जाता है। सेकुलरवाद के समर्थक भी इस संबंध में तात्त्विक बहसों से बचते हुए शुतुरमुर्ग की तरह साम्प्रदायिक आँधी को अपने ऊपर से गुज़रते हुए देखने के आदी हो गये हैं। भारतीय संस्कृति और समाज की गुणात्मक समझ के चलते यह उचित है कि सेकुलरवाद को उसके वास्तविक व्याख्यात्मक अर्थों में इस तरह बूझा जाए जिससे संविधान, संस्कृति और धर्म की उपपत्तियों का मजाक न बन जाए। अपनी पुस्तक *कंटेस्टेड मीनिंग्स : इण्डियन नैशनल यूनिटी, हिंदू नेशनलिज़म ऐंड द पॉलिटिक्स ऑफ़ एंग्जाइटी* में आशुतोष वार्ष्णेय कहते हैं कि भारत जैसे संस्कृति-बहुल देश में उसकी असली पहचान अर्थात् सेकुलरवाद का चेहरा पीला पड़ गया है और वह थका-थका लगता है। कई बुद्धिजीवियों को सेकुलरिज़म पर बहस करना ठण्डा और उबाऊ लगता है। वे इतना कहकर संतुष्ट हो जाते हैं कि एक बहुलतावादी लोकतंत्र के लिए सेकुलरिज़म एक ठोस राजनीतिक सद्गुण है। गाँधी इस समस्या को बेहतर समझते हैं। गाँधी बाइबिल के गहन अध्येता थे। उनके लिए सर्मन ऑफ़ दी माउंट गीता के बराबर पवित्र है। दूसरी ओर धर्म-परिवर्तन के आग्रह की गाँधी ने आलोचना भी की थी। गाँधी राजनीति और धर्म की अंतनिर्भरता के पक्षधर थे, उसके घालमेल के नहीं। प्रसारवादी उद्देश्यों के लिए किये गये धर्म-परिवर्तन को गाँधी ईश्वर के ख़िलाफ़ किया गया अपराध मानते थे। गाँधी ने एक ख़तरे की ओर इशारा किया था। उन्होंने कहा कि ब्रिटिश हुकूमत धर्म के आधार पर ईसाइयत के पोषण के लिए ज़्यादा फ़िक्रमंद है जबकि राज्य का कोई घोषित धर्म या प्रतिबद्धता नहीं होनी चाहिए।

उद्देशिका में भारत के समस्त नागरिकों को प्रतिष्ठा और अवसर की समता प्राप्त कराने का आश्वासन दर्ज है। हर तरह की समता का उल्लेख सकारण है। अमेरिका में काले नागरिक बहिर्वेशन और नस्ली हिंसा के शिकार रहे हैं। भारत में अछूतों पर धार्मिक आधार पर बहिर्वेशन, हिंसा, अन्याय और शोषण थोपा जाता रहा है। अमेरिकी संविधान के चौदहवें संशोधन तथा भारतीय संविधान की रचना द्वारा इन दोनों अभिशापों को ख़त्म करने का एलान किया गया है। असल में संविधान की उद्देशिका का रसायन उबालते समय अमेरिकी स्वतंत्रता की घोषणा (1776), स्विट्ज़रलैण्ड के संविधान (1874) की उद्देशिका, आयरलैण्ड के संविधान (1937) तथा 1789 में फ्रांस द्वारा की गयी मनुष्य की गरिमा की घोषणा के तत्त्व भारतीय मनीषा की कड़ाही में डाले गये हैं। हमारे संविधान निर्माताओं ने इसके अतिरिक्त जापान के संविधान (1946) का भी अवलोकन किया था। समानता की सामान्य समझ के तहत अनुच्छेद 17 के अनुसार छुआछूत के ख़ात्मे का एलान करके संविधान के मूल अधिकार वाले परिच्छेद ने उद्देशिका को सूचित कर दिया है कि अब सब कुछ समान हो गया है। (अस्पृश्यता का अंत किया जाता है और उसका किसी भी रूप में आचरण निषिद्ध किया जाता है। अस्पृश्यता से उपजी किसी निर्योग्यता को लागू करना अपराध होगा जो विधि के अनुसार दण्डनीय होगा)। संविधान के उद्देश्य-संकल्प में 'बंधुता' का भी उल्लेख किया गया है। संविधान सभा में यह कहा गया था कि आज़ादी के आंदोलन के दौरान देश के लोगों में बंधुता की जरूरत भारत के इतिहास की भी ज़रूरत रही है। यह महत्त्वपूर्ण है कि संविधान सभा और आज़ादी के आंदोलन में देसी राजाओं के प्रतिनिधि और मुसलिम लीग के सदस्यों तथा उस विचारधारा के प्रतिनिधि बहुत कम संख्या में थे जिसे आजकल 'संघ परिवार' कहा जाता है।

भारत ने 1949 में संविधान की रचना के बाद से अपने आपको गणराज्य घोषित किया। फिर भी उसने ब्रिटिश राष्ट्रकुल से अपने सभी संबंध समाप्त नहीं किये। ब्रिटिश राष्ट्रकुल स्वाधीन राष्ट्रों का एक स्वतंत्र संघ हो गया है। यह निर्णय लंदन में 27 अप्रैल, 1949 को प्रधानमंत्रियों के सम्मेलन में लिया गया। इस सम्मेलन में प्रधानमंत्री नेहरू ने यह घोषणा की कि 'भारत के प्रभुत्वसम्पन्न स्वतंत्र गणराज्य

बन जाने के पश्चात भी भारत राष्ट्रकुल का पूर्ण सदस्य बना रहेगा और वह सम्राट के स्वाधीन राष्ट्रों के स्वतंत्र संगम के प्रतीक के रूप में और इस प्रकार राष्ट्रकुल के सदस्य के रूप में स्वीकृति देगा।' कॉमनवेल्थ कथित रूप से उन 52 स्वतंत्र राज्यों का संगठन है जो पहले ब्रिटेन के ग़ुलाम थे। इसमें दो ग़ैर-ग़ुलाम राष्ट्र बाद में जुड़ गये। ये सभी राष्ट्र कॉमनवेल्थ के घोषणा-पत्रों के अनुसार लोकतंत्र, मानव अधिकार, सुशासन, क़ानूनसम्मत राज्य, व्यक्तिगत आज़ादी, मुक्त व्यापार, विश्वशांति, समतावाद तथा बहुपक्षीय उद्देश्यों के लिए काम करने पर सहमत हैं। यह राजनीतिक विचारों का खुला मंच नहीं है, बल्कि सरकारों का संगठन है। इसके लिए एक स्थाई सचिवालय बनाया गया है। सबने यह स्वीकार किया है कि इंग्लैण्ड की महारानी एलिजाबेथ द्वितीय इस संगठन की अध्यक्ष रहेंगी। कॉमनवेल्थ के उद्देश्यों को महसूस करने के लिए सबसे ज़्यादा ज़ोर हर चौथे वर्ष आयोजित होने वाले खेल हैं। इनके साथ कभी कभी कुछ साहित्यिक, राजनीतिक और क़ानूनी सम्मेलन कर लिए जाते हैं।

संविधान को लेकर एक मिथक और गढ़ा गया है, जो न्यायविदों के जुमलों में नि:सृत होता रहता है। वह यह है कि हमारा संविधान भारत की जनता के अनुदेश से लिखा गया है और इसलिए उसे जनसमर्थन प्राप्त है। संविधान की उद्देशिका इसीलिए 'हम भारत के लोग ...इस संविधान को अंगीकृत, अधिनियमित और आत्मार्पित करते हैं' के उद्घोष में डूब जाती है। हमारे संविधान निर्माताओं ने 'हम भारत के लोग' वाला नारा अमेरिकी संविधान के उद्घोष से प्रेरणा लेकर लिखा था। सूक्ष्म पड़ताल से यह निष्कर्ष निकलता है कि भारत की महान जनता को संविधान रचना से कुछ लेना-देना नहीं था। 1935 के गवर्नमेंट ऑफ़ इण्डिया एक्ट की छठी अनुसूची के अनुसार मतदान का अधिकार सीमित लोगों को ही था। भारत के अधिकांश किसान, छोटे दुकानदार और सर्वहारा के लोग टैक्स, सम्पत्ति और शैक्षणिक योग्यताओं की कमी के आधर पर मतदाताओं के रूप में पंजीकृत नहीं थे। इसकी मार्मिक अभिव्यक्ति न्यायाधीश के.के. मैथ्यू ने 1973 के सर्वोच्च न्यायालय के केशवानंद भारती वाले मशहूर मुक़दमे में की है। उन्होंने ग्रेनिवले ऑस्टिन और ब्राइस के उद्धरण देते हुए कहा कि यह संविधान ऐसी सभा द्वारा विरचित किया गया जो परिसीमित एकाधिकार के आधर पर प्रत्यक्ष रूप से निर्वाचित की गयी थी और वह सभा देश की जनता के विशाल समूह का प्रतिनिधित्व नहीं करती थी। अधिक से अधिक यह प्रांतों की वयस्क जनसंख्या के 28.5 प्रतिशत का ही प्रतिनिधित्व करती थी। कुछ संविधान निर्माताओं के ये प्राख्यान कि संविधान का जन्म जनता से हुआ है केवल अलंकृत भाषा के रूप में ही लिए जाने चाहिए।

— कनक तिवारी

भारतीय संविधान-4

मूल अधिकार

(Indian Constitution-4)

मूल अधिकारों का मसविदा पेश होने बाद संविधान सभा के सदस्यों ने उसे नैतिक समर्थन तो दिया, लेकिन उन अधिकारों पर व्यापक सामाजिक हित में अंकुश लगाने अथवा उन्हें लौकिक अधिकारों से समायोजित करने की बात कही। सदस्यों ने दार्शनिक बहस करके अमेरिकी संविधान सहित प्राचीन भारतीय न्यायिक उद्धरणों का हवाला दिया। उन्होंने प्रस्तावित मूल अधिकारों के लिए एक ऐसे क्षितिज गढ़ने का आह्वान किया जिसे उन्मुक्त तो समझा जाए, लेकिन वह समाज के गुरुत्वाकषर्ण नियम से बेरुख न हो। आमतौर पर यह माना जाता है कि भारतीय संविधान में मूल अधिकारों को संयुक्त राज्य अमेरिका के संविधान की प्रेरणा से शामिल किया गया है। यह बात कुछ हद तक सही है। लेकिन इस संदर्भ में यह तथ्य रेखांकित करने की भी आवश्यकता है कि दरअसल, भारतीय राष्ट्रीय आंदोलन के इतिहास में मूल अधिकारों पर 1920 के दशक से ही एक तरह से आम-सहमति रही है। नेहरू कमेटी रिपोर्ट (1928) में इसे शामिल किया था और फिर कांग्रेस ने अपने कराँची अधिवेशन (1931) में इसे औपचारिक रूप से स्वीकार किया। इसलिए इसे भारतीय राष्ट्रीय आंदोलन के अनुभवों और वाद-विवाद से सामने आये दस्तावेज़ की तरह देखना ही मुनासिब होगा। बहरहाल, मूल अधिकारों के संविधान का सबसे महत्त्वपूर्ण हिस्सा होने के बावजूद इसमें बहुत सारी सीमाएँ लगायी गयी हैं। इसी कारण कई मर्तबा इसकी आलोचना भी की जाती है।

संविधान के भाग-3 में मूल अधिकारों का सात समूहों में वर्गीकरण किया गया था। ये मूल अधिकार हैं : समता का अधिकार, स्वतंत्रता का अधिकार, शोषण के विरुद्ध अधिकार, धर्म की स्वतंत्रता का अधिकार, संस्कृति और शिक्षा संबंधी अधिकार, सम्पत्ति अधिकार और सांविधानिक उपचारों का अधिकार। इनमें से सम्पत्ति का अधिकार 44वें संशोधन अधिनियम द्वारा मिटा दिया गया है। यहाँ यह उल्लेख करना आवश्यक है कि सम्पत्ति का अधिकार शुरू से ही विवादों के घेरे में रहा। यह माना गया कि ज़मींदारी जैसे प्रगतिशील सुधारों को लागू करने के रास्ते में यह बहुत बड़ी बाधा है, क्योंकि ज़मींदार सम्पत्ति अधिकार के नाम पर इस तरह के क़दम को अदालत में चुनौती दे देते थे। आख़िरकार 1978 में इसे मूल अधिकारों की श्रेणी से हटा दिया गया। लेकिन छत्रपति सिंह जैसे विद्वान यह मानते हैं कि यह क़दम आदिवासी समूहों के पक्ष में नहीं था क्योंकि अब सरकार द्वारा अपनी ज़मीन या संसाधनों के अधिग्रहण को वे अपने मूल

अधिकारों के उल्लंघन के रूप में नहीं पेश कर सकते हैं।

इन अधिकारों का दूसरा वर्गीकरण उन व्यक्तियों के दृष्टिकोण से हो सकता है जिन्हें ये अधिकार उपलब्ध हैं। कुछ मूल अधिकार केवल नागरिकों को दिये गये हैं : धर्म, मूलवंश जाति, लिंग या जन्म स्थान के आधार पर विभेद की प्रास्थिति (अनुच्छेद 15), लोक नियोजन के विषय में अवसर की समता (अनुच्छेद 16), वाक् स्वातंत्र्य, समवेत होने, संगम बनाने, संचरण, निवास और वृत्ति की स्वतंत्रताएँ (अनुच्छेद 19), अल्पसंख्यकों को संस्कृति और शिक्षा संबंधी अधिकार (अनुच्छेद 30)। कुछ मूल अधिकार भारत भूमि पर सभी व्यक्तियों को उपलब्ध हैं, चाहें वे नागरिक हों या विदेशी— विधि के समक्ष समानता और विधि का समान संरक्षण (अनुच्छेद 14), भूतलक्षी विधि के अधीन दोषसिद्धि की बाबत सुरक्षा, दोहरे दण्ड और स्वयं को अपराध में फँसाने के विरुद्ध संरक्षण (अनुच्छेद 20), विधि के प्राधिकार के बिना कार्यवाही के विरुद्ध प्राण और दैहिक स्वतंत्रता का संरक्षण (अनुच्छेद 21), शोषण के विरुद्ध अधिकार (अनुच्छेद 23), धर्म की स्वतंत्रता (अनुच्छेद 25), किसी विशिष्ट धर्म की अभिव्यक्ति में करों के संदाय से स्वतंत्रता (अनुच्छेद 27), राज्य की शिक्षा संस्थाओं में धार्मिक शिक्षा या धार्मिक उपासना में उपस्थिति होने के बारे में स्वतंत्रता (अनुच्छेद 28)। कुछ मूल अधिकारों की अभिव्यक्ति नकारात्मक है। वे राज्य के विरुद्ध प्रतिषिद्ध हैं। उदाहरण के लिए अनुच्छेद 14 में यह कहा गया है कि 'राज्य-किसी व्यक्ति को विधि के समक्ष समता से वंचित नहीं करेगा'। इसी प्रकार का उपबंध अनुच्छेद 15(1), 16 (2), 18 (1), 20, 22(1), और 28 (1) में है। कुछ अन्य की अभिव्यक्ति सकारात्मक है और वे व्यक्ति को कुछ प्रसुविधाएँ प्रदत्त करते हैं। उदाहरण के लिए अनुच्छेद 25 के अधीन धर्म की स्वतंत्रता का अधिकार और अनुच्छेद 29(1), 30(1) के अधीन संस्कृति और शिक्षा संबंधी अधिकार।

एक और वर्गीकरण इस दृष्टि से किया जा सकता है कि विधायी शक्ति पर विभिन्न मूल अधिकारों ने किस विस्तार तक मर्यादाएँ अधिरोपित की हैं। कुछ मूल अधिकार ऐसे हैं, जैसे अनुच्छेद 21, जो कार्यपालिका के विरुद्ध हैं किंतु जो विधान मण्डल पर कोई मर्यादाएँ नहीं लगाते। उदाहरण के लिए अनुच्छेद 21 केवल यही कहता है कि 'किसी व्यक्ति को उसके प्राण या दैहिक स्वतंत्रता से विधि द्वारा स्थापित प्रक्रिया के अनुसार ही वंचित किया जाएगा, अन्यथा नहीं।' इसके विपरीत दूसरी ओर कुछ मूल अधिकार ऐसे हैं जो विधायी शक्ति पर आत्यंतिक मर्यादाएँ लगाते हैं जिससे विधान मण्डल पर उन अधिकारों के प्रयोग को विनियमित नहीं कर सकते। उदाहरण के लिए अनुच्छेद 15, 17, 18 , 20, 24 के अधिकार प्रत्याभूत हैं। इन दो वर्गों के बीच अनुच्छेद 19 द्वारा प्रत्याभूत अधिकार आते हैं। इस अनुच्छेद में ही विधान मण्डल को लोकहित में उन अधिकारों पर युक्तियुक्त निर्बंधन अधिरोपित करने की शक्ति दी गयी है। संक्षेप में ये आधार हैं— राज्य की सुरक्षा, लोक व्यवस्था, सदाचार आदि।

उपयुक्त सभी अधिकार राज्य के विरुद्ध उपलब्ध हैं। मूल अधिकारों के उल्लंघन के लिए राज्य के विरुद्ध याचिकाएँ दायर की जा सकती हैं। ऐसे अधिकारों का निजी व्यक्तियों द्वारा उल्लंघन होने पर सामान्य विधिक उपचार उपलब्ध होगा, सांविधानिक उपचार नहीं। भाग 3 में सम्मिलित कुछ अधिकार न केवल राज्यों के विरुद्ध उपलब्ध हैं, बल्कि निजी व्यक्तियों के लिए भी हैं। उदाहरण के लिए अनुच्छेद 15(2) (सार्वजनिक समागम के स्थानों में पहुँचने या उनके उपयोग के बारे में समता), अनुच्छेद 23 (मानव के दुर्व्यापार का प्रतिषेध), अनुच्छेद 24 (परिसंकटमय नियोजन में बालकों को लगाने का प्रतिषेध)। भाग 3 के ये उपबंध स्वयं ही स्पष्ट हैं अर्थात् यह अनुच्छेद प्रत्यक्षत: प्रवर्तनीय नहीं है। ये तभी प्रवर्तित किये जा सकेंगे जब उन्हें लागू करने के लिए कोई विधि बनायी जाए और उस विधि का उल्लंघन हो।

ब्रिटिश संविधान लिखित नहीं है। संविधान ब्रिटिश परम्पराओं का इतिहास महज़ एक पोथी के ज़रिये भारत में रूपांतरित नहीं कर सकता। सदियों से राजतंत्र और विदेशियों के कोड़ों से छिल चुकी भारतीय जनता की चमड़ी को विदेशी परम्पराओं की धूमिल याद के बदले ठोस शब्दों का आश्वासन चाहिए था। इसलिए संविधान निर्माताओं ने कलाबाजी दिखाते हुए इस नवोन्मेषी प्रकल्प में अमेरिकी संविधान की उद्घोषणाओं को अतिथि भाव से जगह दी। उनकी ताज़ातरीन जानकारी में मानव अधिकारों की सार्वभौम घोषणा (1948) का मज़मून हाज़िर था। उसके अनुसार प्रत्येक व्यक्ति की विधि के समक्ष मान्यता और क़ानून की निगाह में बराबरी की स्थिति तथा उसके संरक्षण का उल्लेख था। यह देखना दिलचस्प है कि पश्चिमी जर्मनी (1949) बांग्लादेश (1972) और पाकिस्तान (1973) के संविधानों में केवल यही उल्लेख है कि सभी व्यक्ति विधि के समक्ष समान होंगे। मोटे तौर पर आयरलैण्ड के लिखित संविधान (1937) से भी यही बात ध्वनित होती है। अपनी विख्यात कृति *लॉ ऑफ़ द कांस्टीट्यूशन* में डायसी कहते हैं कि इंग्लैण्ड में विधि के समक्ष समता का सामान्यजन का अधिकार कॉमन लॉ से पैदा होता है। अपनी तीखी व्याख्या में डायसी यह भी कहते हैं कि विधि के समक्ष समता का कथित सिद्धांत एक नकारात्मक परिकल्पना है। इसमें राज्य को किसी के लिए कुछ करने धरने की बात नहीं कही गयी है। इसमें यह निहितार्थ भी है कि सभी व्यक्ति राज्य के समक्ष बराबरी से नतमस्तक होंगे। इससे आगे बढ़ कर विधि के द्वारा संरक्षण देने की राज्य की प्रतिबद्धता एक सकारात्मक परिकल्पना है। वह एक तरह से

राज्य को कुछ करने के लिए बाध्य करती है। शुरू-शुरू में तो उच्चतम न्यायालय ने उद्देशिका को संविधान का हिस्सा भी नहीं माना था। उद्देशिका से आगे बढ़कर अनुच्छेद 14 में विधि के समक्ष समता का मूल अधिकार केवल नागरिकों को ही नहीं बल्कि किसी भी व्यक्ति को भारत के राज्यक्षेत्र में दिया गया है। वह इतिहास की उस अनुगूँज का ऋणी था जो अब्राहम लिंकन के गेटिस्बर्ग भाषण के कंठ से झर रहा था। एक तरह से अनुच्छेद 14 तरह तरह के वाक-स्वातंत्र्य के अनुच्छेद 19 वाले ताले की कुंजी है। अनुच्छेद 13 में हर व्यक्ति को समान बताये जाने का जो आग्रह है। वह नारियल की तरह ऊपर से कड़ा लेकिन अंदर से नर्म है। विशेषकर अनुच्छेद 19 में तो अभिव्यक्ति की आज़ादी को सीमित बनाने के लिए कई तरह के प्रतिबंध लिख दिये गये हैं। उस इबारत को साथ-साथ पढ़कर ही अनुच्छेद 14 में व्यक्त समानता का अर्थ समझा जा सकता है।

यह मनोरंजक है कि मूल अधिकारों संबंधी उपसमिति ने नागरिकों द्वारा हथियार रखने को मूल अधिकारों में शामिल किया था। हिंदू महासभा के प्रतिनिधि की हैसियत से आज़ादी मिलने के तीन महीने पहले श्यामाप्रसाद मुखर्जी ने सलाहकार समिति की बैठक में शस्त्र रखने के अधिकार को मूल अधिकारों में शामिल किये जाने पर ज़ोर दिया था। सलाहकार समिति के अध्यक्ष सरदार पटेल ने इस दलील को यह कहते हुए ख़ारिज करा दिया कि मौजूदा हालात को देखते हुए यह एक ख़तरनाक काम होगा। संविधान सभा में ऐसे भी सदस्य थे जो तरह-तरह से वर्गीय या साम्प्रदायिक नफ़रत फैलाने के आधार पर मूल अधिकारों को ही प्रतिबंधित कर देना चाहते थे। वर्ग-संघर्ष से जूझ रहे समाज में वर्गों के विरुद्ध कथित विद्वेष पैदा करने वाली अभिव्यक्तियों को संविधान द्वारा कुंठित करने की बात का कड़ा विरोध किया गया। मूल अधिकारों को आपातकाल, आंतरिक सुरक्षा, लोक व्यवस्था और धार्मिक सद्भाव आदि सामाजिक आधारों पर समय समय पर प्रतिबंधित, सीमित या स्थगित करने के मुख्य पैरोकार के.एम. मुंशी और अलादि कृष्णास्वामी अय्यर थे।

संविधान के अनुच्छेद 21 में उसकी आत्मा गूँजती है जो कहती है कि किसी भी मनुष्य को मानवीय गरिमा के साथ जीने का अधिकार होगा। संवैधानिक सलाहकार बी.एन. राव को अमेरिकी जस्टिस फ़ेलिक्स फ़ैंकफ़र्टर ने सलाह दी थी कि अनुच्छेद 21 में 'ड्यू प्रोसेस ऑफ़ लॉ' (क़ानून की उचित प्रक्रिया) वाक्यांश न लिखें, वरना मुश्किल होगी। उसे 'प्रोसीजर इस्टैब्लिश्ड बाई लॉ' (क़ानून द्वारा स्थापित प्रक्रिया) लिखा गया। उसके बाद सत्तर, अस्सी के दशक में उच्चतम न्यायालय ने एस.पी. गुप्ता, मिनर्वा मिल्स, राजस्थान राज्य, इंटरनेशनल एयरपोर्ट अथॉरिटी, एम.पी. शुगर मिल्स, हुसैन आरा ख़ातून, भागलपुर ब्लाइण्डिंग केस, मेनका गाँधी, बंधुआ मुक्ति मोर्चा और डॉ. उपेंद्र बख्शी वग़ैरह प्रकरणों में एक के बाद एक फ़ैसलों में इस बात को रेखांकित किया कि ज़िंदा रहना और गरिमामय जीवन जीने में फ़र्क़ है। संविधान जीवन की गारंटी देता है, ज़िंदा रखने की नहीं। संविधान और सरकार किसी व्यक्ति की आज़ादी को नियम बनाकर कुंठित नहीं कर सकते जब तक कि ऐसे प्रतिबंध राज्य के हित में न हों।

संविधान के बुनियादी अधिकारों पर अमल सबसे बड़ा सवाल बनकर उभरा। अधिकांश बुनियादी अधिकार अमेरिकी 'डिक्लेरेशन ऑफ़ राइट्स' और युरोपीय अवधारणाओं के प्रतिरूप हैं। इसलिए उन्हें लागू करने की ज़िम्मेदारी भी इसी पैटर्न से ली गयी। उन्हें सीधे उच्चतम न्यायालय या उच्च न्यायालय की जारी होने वाली रिटों या परमादेशों की संज्ञा दी गयी। संविधान के अनुच्छेद 32 में बंदी प्रत्यक्षीकरण, परमादेश, प्रतिषेध, अधिकार पृच्छा और उत्प्रेषण का प्रावधान किया गया है। संविधान का अनुच्छेद 32(3) कहता है, 'उच्चतम न्यायालय को खण्ड (1) और खण्ड (2) द्वारा प्रदत्त शक्तियों पर प्रतिकूल प्रभाव डाले बिना, संसद, उच्चतम न्यायालय द्वारा खण्ड (2) के अधीन प्रयोक्तव्य किन्हीं या सभी शक्तियों का किसी अन्य न्यायालय को अपनी अधिकारिता की स्थानीय सीमाओं के भीतर प्रयोग करने के लिए विधि द्वारा सशक्त कर सकेगी।' मूल अधिकारों की सलाहकार समिति के अध्यक्ष सरदार पटेल ने 29 अप्रैल 1947 को रिपोर्ट संविधान सभा को सौंपी। अपने पत्र में उन्होंने लिखा 'इन अधिकारों को वादयोग्य (जस्टिफ़ियेबल) बनाकर प्रस्तुत करने को हम बहुत महत्त्व देते हैं। कई मामलों को लेकर नागरिकों के अधिकारों की रक्षा करना अमेरिकी संविधान और कई नये प्रजातांत्रिक संविधानों के प्रमुख लक्षण हैं।' यहाँ यह भी उल्लेखनीय है कि उच्चतम न्यायालय ने गोलकनाथ मामले (1964) में यह फ़ैसला दिया था कि संसद मूल अधिकारों में संशोधन नहीं कर सकती है। इसके बाद, संसद ने कई संवैधानिक संशोधनों के माध्यम से अपने इस अधिकार को स्थापित करने की कोशिश की। इसने न्यायापालिका और विधायिका के बीच विवाद की स्थिति पैदा कर दी। 1973 में केशवानंद भारती केस के फ़ैसले के बाद यह विवाद काफ़ी हद तक ख़त्म हुआ। इस फैसले में सर्वोच्च न्यायालय ने यह कहा कि संसद संविधान में कोई भी संशोधन कर सकती है, लेकिन वह संविधान के 'बुनियादी संरचना' में बदलाव नहीं कर सकती है। न्यायालय ने बुनियादी संरचना को स्पष्ट रूप से परिभाषित नहीं किया।

संविधान में दिये गये मूल अधिकारों की एक मुख्य विशेषता यह मानी जाती है कि इसमें एक साथ व्यक्तिगत और सामूहिक अधिकारों का प्रावधान किया गया है। इसमें विभिन्न समूहों को अपनी धार्मिक आस्था के पालन और अपनी भाषा के संरक्षण का अधिकार दिया गया है। इस संदर्भ

में यह उल्लेखनीय है कि पश्चिमी उदारवादी लोकतंत्रों में 1980 के दशक से समूह अधिकारों की बात होनी शुरू हुई। राजनीतिक सिद्धांत के संदर्भ में यह पूरा वाद-विवाद उदारवाद की समुदायवादी आलोचना और बहुसंस्कृतिवाद की अवधारणा के उभार के रूप में सामने आया। लेकिन भारतीय संविधान निर्माताओं ने अपनी समाज की हक़ीक़त के आधार पर संविधान में इस तरह के अधिकारों का प्रावधान किया था।

यद्यपि मूल अधिकारों का अध्याय बहुत ही व्यापक है और संविधान लागू होने के बाद इसमें से कुछ अधिकारों को बाहर निकाला गया, जबकि कुछ नये अधिकार जोड़े गये (मसलन छियालिसवें संशोधन द्वारा संविधान में शिक्षा का अधिकार शामिल किया गया)। इसके अलावा, कुछ प्रावधान आज़ादी के बाद के दौर में गहरे सामाजिक बदलावों का आधार बने। मसलन, अनुच्छेद 16 के प्रावधानों के आधार पर ही पिछड़े वर्गों के लिए सरकारी नौकरियों में आरक्षण की माँग उठी और आरक्षण के लिए लड़े गये आंदोलनों ने भारत की राजनीति में पिछड़ी जातियों के उभार में महत्त्वपूर्ण भूमिका अदा की। फिर, मूल अधिकारों की सबसे बड़ी सीमा यह रही है कि ख़ुद इसके भीतर 'प्रिवेंटिव डिटेंशन' (अर्थात् किसी अपराध की आशंका होने पर क़ैद करने) का प्रावधान है। स्वतंत्र भारत में इसके आधार पर ही यूएपीए, टाडा, पोटा जैसे असाधारण और राक्षसी क़ानूनों का अस्तित्व रहा है। राष्ट्रीय सुरक्षा के नाम पर बने इन क़ानूनों के आधार पर लोगों की मौलिक स्वतंत्रता के हनन के हज़ारों में मामले सामने आये हैं। फिर भी, इस बात से इनकार नहीं किया जा सकता कि मूल अधिकार संविधान का सबसे महत्त्वपूर्ण भाग हैं। इन अधिकारों ने भारत में लोकतांत्रिक और सेकुलर शासन की स्थापना में महत्त्वपूर्ण भूमिका अदा की है।

— कनक तिवारी

भारतीय संविधान-5

नीति निर्देशक तत्त्व और मूल कर्त्तव्य

(Indian Constitution-5)

संविधान के भाग 4 में (अनुच्छेद 36 -51) राज्य के नीति निर्देशक तत्त्व उपबंधित हैं। इन तत्त्वों को अनेक समूहों में वर्गीकृत किया जा सकता है। इनके तहत कुछ आदर्श, विशेषत: आर्थिक, निरूपित किये गये हैं जिनके लिए संविधान के रचयिताओं के अनुसार राज्य को प्रयास करना चाहिए। विधान मण्डल और कार्यपालिका को कुछ निर्देश दिये गये हैं कि किस रीति से राज्य को अपनी विधायी और कार्यपालिका शक्तियों का प्रयोग करना चाहिए। नागरिकों के कुछ अधिकारों के संबंध में चर्चा है जो न्यायालयों द्वारा मूल अधिकारों के समान प्रवर्तित नहीं कराये जा सकते हैं किंतु राज्य अपनी विधायी और प्रशासनिक नीतियों का विनियमन करके उन्हें सुलभ कराने का प्रयास कर सकते हैं।

ये निर्देश संविधान के भाग 3 के मूल अधिकारों से या देश की सामान्य विधि से कुछ बातों में भिन्न हैं। मूल अधिकार, राज्य की कार्यवाही को परिसीमा में बाँधते हैं। निदेशक तत्त्व तत्कालीन सरकार के लिए आदर्श प्राप्त करने का निर्देश देते हैं। निदेश विधान द्वारा ही लागू किये जा सकते हैं। निर्देश न्यायालय में प्रवर्तनीय नहीं है। 'राज्य की नीति के निर्देशक तत्त्व' शीर्ष के अधीन जो घोषणाएँ हैं, वे मूल अधिकारों के रूप में की गयी घोषणा से कई मामलों में अधिक व्यापक हैं। लेकिन मूल अधिकारों और नीति निर्देशक तत्त्वों में विरोध होने पर न्यायालय मूल अधिकारों को ही महत्त्व देगा। संविधान-निर्माताओं ने यह प्रावधान अमेरिका, स्विट्जरलैण्ड, आस्ट्रेलिया और जर्मनी सहित कुछ अन्य देशों के संविधानों के समानांतर प्रावधानों के तहत रचा था। आइवर जेनिंग्स ने कहा है कि नीति निर्देशक तत्त्व तो 'पुण्यात्मा लोगों की महत्त्वाकांक्षा मात्र' हैं। उनके अनुसार उन्नीसवीं सदी के इंग्लैण्ड के फ़ेबियन समाजवाद में से समाजवाद निकाल कर भारत में आयातित करने का कोई औचित्य नहीं था। प्रोफेसर व्हीयर ने तो और भी कठोर शब्दों में आलोचना की है, 'इन अनुच्छेदों को पढ़कर इस बात से इनकार नहीं किया जा सकता कि इन विषयों को न्यायालयों पर छोड़ना मूर्खता होगी... यदि यह उद्देश्य है कि संविधान का सभी को समादर और स्नेह प्राप्त हो तो उसमें इन सामान्य सिद्धांतों का समावेश करके कुछ लाभ होगा ऐसा नहीं मालूम पड़ता।' ग्रेनिवले ऑस्टिन के विचार में निर्देशों का लक्ष्य सामाजिक क्रांति के उद्देश्यों की प्राप्ति है, '... इस क्रांति के उद्देश्यों की प्राप्ति के लिए आवश्यक परिस्थितियाँ उत्पन्न करके क्रांति को आगे बढ़ाना है।' वे स्पष्ट करते हुए यह कहते हैं-'राज्य की इन सकारात्मक बाध्यताओं की सर्जना करके, संविधान सभा ने भारत की भावी सरकारों को यह उत्तरदायित्व सौंपा है कि वे व्यक्ति-स्वातंत्र्य और लोकहित के बीच अथवा कुछ थोड़े से लोगों की सम्पत्ति और उनके विशेषाधिकार बनाये रखने और सामान्य हित के लिए सभी मनुष्यों को समान रूप से शक्ति देकर उन्हें स्वतंत्र करने के उद्देश्य से उन्हें कुछ लाभ देने के बीच मध्य मार्ग खोजें।'

अनुच्छेद 39 इस तरह है ,'राज्य द्वारा अनुसरणीय कुछ नीति निर्देशक तत्त्व ... राज्य अपनी नीति का, विशिष्टत:, इस प्रकार संचालन करेगा कि सुनिश्चित रूप से' पुरुष और स्त्री सभी नागरिकों को समान रूप से जीविका के पर्याप्त साधन

प्राप्त करने का अधिकार हो, समुदाय के भौतिक संसाधनों का स्वामित्व और नियंत्रण इस प्रकार बँटा हो जिससे सामूहिक हित का सर्वोत्तम रूप से साधन हो, आर्थिक व्यवस्था इस प्रकार चले जिससे धन और उत्पादन-साधनों का सर्वसाधरण के लिए अहितकारी संकेंद्रण न हो, पुरुषों और स्त्रियों दोनों का समान कार्य के लिए समान वेतन हो। पुरुष और स्त्री कर्मकारों के स्वास्थ्य और शक्ति का तथा बालकों की सुकुमार अवस्था का दुरुपयोग न हो और आर्थिक आवश्यकता से विवश होकर नागरिकों को ऐसे रोज़गारों में न जाना पड़े जो उनकी आयु या शक्ति के अनुकूल न हो। बालकों को स्वतंत्र और गरिमामय वातावरण में स्वस्थ विकास के अवसर और सुविधाएँ दी जाएँ और बालकों और अल्पवय व्यक्तियों की शोषण से तथा नैतिक और आर्थिक परित्याग से रक्षा की जाए।

इतिहास के कटघरे में आज हमारे संविधान निर्माता भी खड़े हैं। सर्वहारा वर्ग उनसे सवाल पूछ रहा है। इस देश के प्रत्येक श्रमिक के लिए चाहे वह बौद्धिक श्रमिक ही क्यों न हो काम की न्यायसंगत और मानवोचित दशा संविधान के स्वप्न वाले इस परिच्छेद में लिखी गयी है। जिस देश के कर्मकारों के लिए निर्वाह और मजबूरी का सवाल खण्डित स्वप्न के मर्सिया के रूप में लगातार रो रहा है, वहाँ सम्पत्ति के अबाधित अधिकार भी देश के भूखे पूँजीपतियों को संविधान के मूल पाठ में ही दिये गये हैं। अनुच्छेद 43 कहता है 'कर्मकारों के लिए निर्वाह मज़दूरी आदि-राज्य, उपयुक्त विधान या आर्थिक संगठन द्वारा या किसी अन्य रीति से कृषि के, उद्योग के या अन्य प्रकार के सभी कर्मकारों को काम, निर्वाह मज़दूरी, शिष्ट जीवन स्तर और अवकाश का सम्पूर्ण उपभोग सुनिश्चित करने वाली दशाएँ तथा सामाजिक और सांस्कृतिक अवसर प्राप्त कराने का प्रयास करेगा और विशिष्टतया ग्रामों में कुटीर उद्योगों को वैयक्तिक या सहकारी आधार पर बढ़ाने का प्रयास करेगा।' इसके बरक्स अनुच्छेद 19(1) (छ) के अनुसार 'सभी नागरिकों को कोई वृत्ति, उपजीविका, व्यापार या कारोबार करने का, अधिकार होगा।' कौटिल्य के निर्देश गर्भवती महिलाओं के जीवन की सुरक्षा की गारंटी देते हैं, लेकिन सहमता हुआ संविधान राज्य को कराहती हुई सलाह देता है कि हो सके तो वह प्रसूति सहायता के लिए कुछ कर दे (अनुच्छेद 42)। यह देखकर आश्चर्य होता है कि स्त्री और पुरुष को समान रूप से जीविका के पर्याप्त साधन बल्कि समान वेतन का अधिकार भी संविधान में नहीं है, लेकिन उसका खोखला वादा जरूर है (अनुच्छेद 39)। अर्थ यह है कि यदि आर्थिक असहायता के कारण अशिक्षा, बेकारी, बुढ़ापा, बीमारी और नि:शक्तता आदि से पीड़ित कोई व्यक्ति राज्य की सहायता अधिकारों के तहत चाहता है (अनुच्छेद 41) तो उसकी व्यवस्था भी नहीं है। बच्चों के लिए नि:शुल्क और अनिवार्य शिक्षा का प्रबंध करने की सरकार पर कोई संवैधानिक ज़िम्मेदारी नहीं है। उसे नैतिक ज़िम्मेदारी के धर्मग्रंथ में उन आयतों की तरह लिख दिया गया था (अनुच्छेद 45) जिन्हें गाहे-बगाहे झाड़ पोंछकर माथे पर इतिहास के अभिशप्त वचन का यश समझकर लगा लिया जाए। अब वह फ़रमान आधे-अधूरे निश्चय के साथ मौलिक अधिकारों के परिच्छेद में दिखाऊ आचरण के लिए आया है। नीति निर्देशक तत्त्वों के परिच्छेद का चमत्कार यह भी है कि भारत जैसे कृषि प्रधान देश में कृषि और पशुपालन का संगठन इसी परिच्छेद में रखा गया है। जो बुनियादी, आर्थिक अवधारणा सदियों से कारगर रही है, उसे स्वतंत्र भारत का यथार्थ बनाने के बदले संविधान सपने के रूप में देखना पसंद करता है। यह ब्रिटिश-दृष्टि के चश्मे से भारत को देखना नहीं था, तो क्या था? (अनुच्छेद 48 : कृषि और पशुपालन का संगठन-राज्य, कृषि और पशुपालन को आधुनिक और वैज्ञानिक प्रणालियों से संगठित करने का प्रयास करेगा और विशिष्टतया गायों और बछड़ों तथा अन्य दुधारू और वाहक पशुओं की नस्लों के परिक्षण और सुधार के लिए उनके वध का प्रतिषेध करने के लिए क़दम उठायेगा।) कृषि, पंचायत, पोषण आहार और मूक पशुओं से संबंधित राज्य के उत्तरदायित्वों को वैकल्पिक बना दिया गया है।

कर्मकारों के काम और मज़दूरों की दशा अथवा दुर्भाग्यजनक परिस्थितियों में नौनिहालों को वहशी जीवन जीने की मजबूरियाँ, वांछित स्वास्थ्य सुविधाओं के अभाव में अकाल मौतें, कसाइयों के हाथों में कटते पशु, जंगली ठेकेदारों से बचने की कोशिश में हमारे हरे-भरे जंगल— इनमें से कोई भी राज्य व्यवस्था को न्यायालयों में कारगर चुनौती नहीं दे सकता। लगता है भारत का संविधान अपने आचरण में राजतंत्र के विकास, शक्ति संचय और बड़बोलेपन का रक्षाशास्त्र भी है। उसकी बुनियादी चिंता हुकूमत करने की रही है और वह भी बहुआयामी नवोन्मेष की ठसक के साथ।

जीवन-यापन और सांस्कृतिक अंतरिक्ष की तमाम स्वप्नमयी घोषणाओं के बीच 'समान नागरिक संहिता' लागू करने का वायदा भी इसी परिच्छेद में है। हैरत की बात है कि यह अधूरा वायदा राज्यसत्ता के लिए महत्त्वपूर्ण दायित्व और चुनौती बन गया है। वह राजनीतिक पार्टियों के चुनाव घोषणापत्र में भी शामिल किया जाता है। संविधान जिन वायदों को साधारण बहुमत द्वारा लागू करने के निर्देश देता है, उन्हें पूरा करने की सरकार की नीयत नहीं है। शायद उसे फ़ुर्सत नहीं है। जो वायदा पेट से नहीं, ज़ेहन की अय्याशी से संबंधित है, उसे लागू करने के लिए धरती आसमान एक किये जा रहे हैं। दो तिहाई बहुमत के वास्तविक अभाव के बावजूद समान नागरिक संहिता के मसले को गुप्त एजेंडे पर रखने के बाद प्रकट किया जा रहा है। इस प्रावधान को हमारे संविधान निर्माताओं का महत्त्वपूर्ण स्वप्न प्रचारित किया जा रहा है। देश

को यह जानना जरूरी है कि संविधान की अल्पसंख्यक सलाहकार उपसमिति ने यह सिफ़ारिश की थी कि समान नागरिक संहिता का मुद्दा अल्पसंख्यकों के विवेक पर छोड़ दिया जाए। इस उपसमिति में अन्य लोगों के अलावा डॉ. आम्बेडकर और श्यामाप्रसाद मुखर्जी भी थे। आम्बेडकर के अनुयायी तो अपने पूर्वज के वचनों के प्रति प्रतिबद्ध हैं, लेकिन डॉ. श्यामप्रसाद मुखर्जी की अपने उत्तराधिकारियों के आचारण के कारण बुरी हालत है।

स्वतंत्रता के बाद गाँधी जिन चौदह सूत्रों को रचनात्मक कार्यक्रम के द्वारा तात्कालिक आधार पर लागू करना चाहते थे, संविधान निर्माताओं ने उन्हें नीति निर्देशक सिद्धांतों के ठिकाने लगाया। उदाहरण के लिए पंचायतों की स्थापना जैसा महत्त्वपूर्ण उद्देश्य जिससे निचले दर्जे के लोकतंत्र को स्थापित करने का सपना आज़ादी के आंदोलन ने देखा था, नीति निर्देशक सिद्धांतों की क़ैद में रखा गया। इसी प्रकार हर तरह की आर्थिक ग़ैरबराबरी को दूर करने का ऐलान हमारे मूल कर्त्तव्यों में शामिल नहीं होकर नीति निर्देशक सिद्धांतों की गुमनाम झाड़ी में छुपा हुआ है। स्त्री और पुरुष की बराबरी, समान न्याय और मुफ़्त क़ानूनी सहायता, काम, शिक्षा और राज्य की सहायता का मौलिक अधिकार, बच्चों को मुफ़्त और अनिवार्य शिक्षा का अधिकार तथा हरिजन आदिवासी एवं अन्य कमज़ोर वर्गों में शैक्षिक और आर्थिक सुधारों के अधिकार नीति निर्देशक सिद्धांतों के दलदल में फँस कर रह गये हैं। इससे क्या यह निष्कर्ष नहीं निकाला जा सकता कि आज़ादी की दहलीज़ पर गाँधी के सत्तासीन सहकर्मियों ने यह फ़ैसला कर लिया था कि उन्हें कम से कम गाँधी के सपनों का भारत तो नहीं ही बनाना है। संविधानसम्मत, संविधानआधारित और संविधानपोषित राज्य व्यवस्था में संविधान की उद्देशिकाओं से अलग हटकर गाँधी या अन्य देशभक्तों के सपने नहीं थे।

संविधान का अनुच्छेद 51-क 42वें संविधान संशोधन द्वारा अंत:स्थापित किया गया है। वह इस तरह है : भारत के प्रत्येक नागरिक का यह कर्त्तव्य होगा कि वह संविधान का पालन करे और उसके आदर्शों, संस्थाओं, राष्ट्रध्वज और राष्ट्रगान का आदर करे; स्वतंत्रता के लिए हमारे राष्ट्रीय आंदोलन को प्रेरित करने वाले उच्च आदर्शों को हृदय में संजोये रखे और उनका पालन करे; भारत की प्रभुता, एकता और अखण्डता की रक्षा करे और उसे अक्षुण्ण रखे; देश की रक्षा करे और आह्वान किये जाने पर राष्ट्र की सेवा करे; भारत के सभी लोगों में समरसता और समान भ्रातृत्व की भावना का निर्माण करे जो धर्म, भाषा और प्रदेश या वर्ग पर आधारित सभी भेदभाव से परे हो, ऐसी प्रथाओं का त्याग करे जो स्त्रियों के सम्मान के विरुद्ध है; हमारी सामासिक संस्कृति की गौरवशाली परम्परा का महत्त्व समझे और उसका परीक्षण करे; प्राकृतिक पर्यावरण की, जिसके अंतर्गत वन, झील, नदी और वन्य जीव हैं, रक्षा करे और उसका संवर्धन करे तथा प्राणी मात्र के प्रति दया भाव रखे; वैज्ञानिक दृष्टिकोण, मानववाद, और ज्ञानार्जन तथा सुधार की भावना का विकास करे; सार्वजनिक सम्पत्ति को सुरक्षित रखे और हिंसा से दूर रहे; व्यक्तिगत और सामूहिक गतिविधियों के सभी क्षेत्रों में उत्कर्ष की ओर बढ़ने का सतत प्रयास करे जिससे राष्ट्र निरंतर बढ़ते हुए प्रयत्न और उपलब्धि की नयी ऊँचाइयों को छू ले; यदि माता-पिता या संरक्षक है, छह वर्ष से चौदह वर्ष तक की आयु वाले अपने, यथास्थिति, बालक या प्रतिपाल्य के लिए शिक्षा प्रदान करे।

यह अनुच्छेद (5) यद्यपि संविधान 86 वाँ संशोधन अधिनियम, 2002 की धारा 4 द्वारा अंत:स्थापित किया गया है। परंतु उसे 1 अप्रैल 2010 से प्रवृत्त किया गया है। यह उल्लेखनीय है कि संविधान में छह वर्ष से चौदह वर्ष की आयु के बच्चों के लिए शिक्षा देने का स्वप्न नीति निर्देशक तत्त्वों के तहत ही शामिल था। उसे पुन: अनुच्छेद 45 के अनुसार उल्लिखित किया गया है जो कहता है : 'राज्य सभी बालकों के लिए छह वर्ष की आयु पूरी करने तक, प्रारम्भिक बाल्यावस्था देख-रेख और शिक्षा देने के लिए उपबंध करने का प्रयास करेगा।' यह देखना भी दिलचस्प है कि संविधान के अनुच्छेद 21-क को 86वाँ संशोधन अधिनियम, 2002 द्वारा मूल अधिकार के रूप में इस तरह उल्लिखित किया गया है : 'राज्य, छह वर्ष से चौदह वर्ष तक की आयु वाले सभी बालकों के लिए नि:शुल्क और अनिवार्य शिक्षा देने का ऐसी रीति में, जो राज्य विधि द्वारा, अवधारित करे, उपबंध करेगा।' इस तरह तीन संवैधानिक प्रावधानों के अंतर्गत छह वर्ष से चौदह वर्ष की उम्र के बच्चों के लिए अनिवार्य शिक्षा का प्रबंध प्रावधानित तो है। लेकिन उसे मूल कर्त्तव्य और नीति निर्देशक तत्त्व के रूप में प्रर्वतनीय नहीं बनाया जा सकता। भाषा अनुच्छेद 21-क के अनुसार मूल अधिकार देती है। वहीं नीति निर्देशक तत्त्व तथा मूल कर्त्तव्य के परिच्छेद के अंतर्गत समानान्तर प्रावधान बच्चों के संदर्भ में निष्क्रिय भाषा के आभूषण की तरह हैं।

— कनक तिवारी

भारतीय संविधान-6

कार्यपालिका

(Indian Constitution-6)

कार्यपालिका नामक विनम्र-सा लगता एक शब्द संविधान के भाग 5 के अध्याय 1 में अनुच्छेद 52 से 78 तक है। उसमें राष्ट्रपति, उपराष्ट्रपति, केंद्रीय मंत्रिपरिषद् और भारत के महान्यायवादी आदि के अधिकारों और कर्त्तव्यों का उल्लेख है। राष्ट्रपति की विधायी शक्तियों तथा भारत के नियंत्रक तथा महालेखापरीक्षक आदि को संघ का संवैधानिक उत्तरदायित्व सौंपते हुए भी कार्यपालिका से अलग रखा गया है। इसी तरह संविधान के भाग 6 के अध्याय 2 में राज्यपाल, राज्य (प्रदेश) की मंत्रिपरिषद् और राज्य के महाधिवक्ता अनुच्छेद 153 से 167 तक कार्यपालिका की परिधि में हैं। संविधान ने विधायिका को राष्ट्रपति (उपराष्ट्रपति) सहित केंद्रीय तथा प्रादेशिक मंत्रिपरिषदों और भारत के महान्यायवादी और राज्य के महाधिवक्ता सहित कार्य संचालन की जो ज़िम्मेदारी सौंपी थी उससे संविधान निर्माताओं ने ही अन्य प्रावधानों में किनाराकशी कर ली थी। मसलन राष्ट्रपति, उपराष्ट्रपति और राज्यपाल के लिए कह दिया गया कि वे व्यापक तौर पर मंत्रिपरिषद् की सलाह से ही काम करेंगे। तुर्रा यह कि ऐसा संविधान में राष्ट्रपति की पदस्थापना करने वाले अनुच्छेद 53 के बदले मंत्रिपरिषद् और उसके नेता प्रधानमंत्री के अधिकारों का ब्यौरा देने वाले अनुच्छेद 74 में लिखा गया है। ठीक ऐसा ही राज्यपाल के नियुक्त पत्र के अनुच्छेद 154 में शोभा के रूप में कुछ अलग कहा गया। उसका ठीक उल्टा मंत्रिपरिषद् की अधिकारिता की रचना करने वाले अनुच्छेद 163 में कहा गया।

भाषा यदि कहीं अर्थ से छल या रोमांस करती हुई पकड़ी गयी है तो उसका दस्तावेज़ी सबूत भारत का संविधान भी है। संविधान का अनुच्छेद 53 इस तरह है – 'संघ की कार्यपालिका शक्ति-(1) संघ की कार्यपालिका शक्ति राष्ट्रपति में निहित होगी और वह इसका प्रयोग इस संविधान के अनुसार स्वयं या अपने अधीनस्थ अधिकारियों के द्वारा करेगा।' अब इसके ठीक विपरीत अनुच्छेद 74 इस तरह है: 'राष्ट्रपति को सहायता और सलाह देने के लिए मंत्रिपरिषद्— राष्ट्रपति को सहायता और सलाह देने के लिए एक मंत्रिपरिषद् होगी जिसका प्रधान, प्रधानमंत्री होगा और राष्ट्रपति अपने कृत्यों का प्रयोग करने में ऐसी सलाह के अनुसार कार्य करेगा।' भारत का संविधान एक ऐसा थिसारस है जिसमें 'सहायता' और 'सलाह' का अर्थ प्रतिबंध और मजबूरी से है। वह आज्ञा और आदेश की तरह है। संघ या राज्यों की मंत्रिपरिषद् राष्ट्रपति या राज्यपाल को सहायता और सलाह देती ही रहती है। राष्ट्रपति या राज्यपाल अमूमन उनकी सलाह मानते ही रहते हैं। संविधान के मूल अंग्रेज़ी पाठ में भाषा कर्तृवाच्य के बदले कर्मवाच्य में लिखी है कि राष्ट्रपति में कार्यपालिका की शक्ति निहित होगी और उसके द्वारा उस शक्ति का प्रयोग स्वयं या अपने अधीनस्थ अधिकारियों द्वारा किया जाएगा। इसका हिंदी अनुवाद ग़लत ढंग से कर्तृवाच्य में किया गया है। हिंदी अनुवाद संविधान का मूल अर्थ ध्वनित नहीं करता। अनुच्छेद 74 के प्रावधान अनुच्छेद 53 के ऊपर भारी हैं। महान्यायवादी और महाधिवक्ता का काम वैधानिक सलाह देना और सरकार के मामलों की पैरवी करना है। उन पर अधिवक्ता अधिनियम के सामान्य प्रावधान भी लागू होते हैं। उन्हें पारिश्रमिक मिलता है। इससे संघ या राज्य की कार्यपालिका शक्ति का इन सरकारी वकीलों में निहित होना कैसे कहा जा सकता है? कुल मिलाकर प्रधानमंत्री और मुख्यमंत्री के हाथ में ही संघ अथवा राज्य की असल कार्यपालिका शक्ति होती है। एक व्यक्ति के हाथों में सभी सम्भावित शक्तियों के संचयन और केंद्रीयकरण को भारतीय संविधान में लोकतंत्र कहा गया है। हमारे संविधान निर्माता अपनी पश्चिमी शिक्षा-दीक्षा तथा ब्रिटिश संस्कृति से सहकार के कारण युरोपीय-हिंदुस्तानी बन गये थे। उन्होंने ब्रिटिश परम्पराओं, पूर्वोदाहरणों तथा रिवाज़ों के संदर्भ में विधायन किया था। ब्रिटेन में लिखित संविधान की जरूरत नहीं रही है। प्राचीन भारत में परम्पराओं और व्यवस्थाओं की पश्चिमी नस्ल की प्रजातंत्रिकता कहाँ रही है? इसलिए स्वातंत्र्योत्तर भारत के राजनेताओं ने कार्यपालिका की परिभाषा को निरंकुश राजशाही के अर्थ दिये हैं। आचरण की लोकतंत्रात्मकता संविधान का यूटोपिया है। वह राजदर्शन का यथार्थ नहीं बन सकता।

संविधान सभा ने भारत के इतिहास में पहली बार संसदीय-कार्यपालिका प्रयोग किया था। देश को पहली बार जनतांत्रिक अधिकारों से लैस किया जा रहा था। यह आशंका भी मूर्त थी कि कार्यपालिका कहीं अधिकारों का अतिक्रमण करने लगे। मैक्स बेलॉफ़ के शब्दों में अमेरिकी संविधान निर्माताओं का भी विधायिका के मुक़ाबले कार्यपालिका पर कभी न दूर हो सकने वाला अविश्वास था। असल में संविधान सभा की केंद्रीय चिंता मंत्रिपरिषदों के अराजक हो जाने से कहीं ज्यादा राष्ट्रपति के तानाशाह हो जाने की सम्भावना को लेकर रही है। इतिहास गवाह है कि संविधान सभा ने यह अनुमान लगाने में भारी ग़लती की। भारत का राष्ट्रपति निश्चित अंकुशों के कारण एक संवैधानिक रोबो बन गया प्रतीत होता है। यह अलग बात है कि अपने व्यक्तित्व के बल पर हमारे राष्ट्रपति अपने पद को महत्तर गरिमा देते प्रतीत होते हैं। हमारे मंत्रिमण्डल व्यवहार में कई बार तानाशाही के सामूहिक संस्करण की तरह काम करते नज़र आते हैं। ऐसे मौक़ों पर विधायिका का उनके ऊपर कथित नियंत्रण या पर्यवेक्षण एक संवैधानिक मिथक से ज्यादा कुछ नहीं लगता। अमेरिकी या स्विस प्रणाली में कार्यपालिका को मिली स्वायत्तता की थियरी

हमारे संविधान निर्माताओं के गले नहीं उतरी। मौजूदा मंत्रिमण्डलीय प्रणाली संविधान के गले जरूर पड़ गयी है। अपनी लाख बुराइयों के बावजूद समाज की दृष्टि में नौकरशाही की उतनी थुक्का-फ़ज़ीहत नहीं है जितने मंत्रियों की। ऐसा नहीं है कि संविधान सभा ने कोई तजवीज़ नहीं की थी। कार्यपालिका की शक्ति नियंत्रित करने के उद्देश्य से एक निर्देशावली को संविधान में शामिल करने का प्रस्ताव आया। संसदीय लोकतंत्र की ब्रिटिश एवं अन्य युरोपीय परिपाटी पर आधारित निर्देशावली सहित एक पर्यवेक्षण कौंसिल गठित कर देने से राष्ट्रपति/राज्यपाल सहित मंत्रिमण्डल की अति पर अंकुश लग सकता था। कौंसिल के रूप में अतिरिक्त संवैधानिक सत्ता निर्मित हो जाने का ख़तरा था। इसलिए प्रस्ताव को रद्द कर दिया गया। मूल सुझाव संविधान सभा के सलाहकार बी.एन. राव की तरफ़ से ही आया था। संघ संविधान समिति ने इसे निरस्त कर दिया। उसने राष्ट्रपति पर यह लिखित बंदिश लगाने से भी इनकार कर दिया कि उन्हें संसदीय शासन प्रणाली की परम्पराएँ माननी ही होंगी। राव के सुझाव के रद्द होने के बाद प्रारूप समिति के तीन सदस्यों आम्बेडकर, एन. माधवराव और मोहम्मद सादुल्ला ने राष्ट्रपति/राज्यपाल के लिए एक सलाहकार बोर्ड के गठन का सुझाव दिया। ये तीनों ग़ैर-कांग्रेसी बल्कि कांग्रेस विरोधी थे। आनुपातिक प्रतिनिधित्व के अनुसार गठित पंद्रह सदस्यीय सलाहकार बोर्ड के ज़िम्मे महत्त्वपूर्ण संवैधानिक पदों जैसे उच्चतम और उच्च न्यायालयों के न्यायाधीश, विदेशों में भारत के राजदूत, भारत के महालेखाकार तथा नियंत्रक, लोक सेवा आयोग के सदस्य तथा चुनाव आयोग आदि के सदस्यों की नियुक्ति के मामले शामिल होते।

आम्बेडकर के तर्क अनोखे और मौलिक थे। उनके अनुसार ब्रिटिश संसदीय लोकतंत्र के बहुमतीय सिद्धांतों को लागू करना भारत में सम्भव नहीं था। भारत में चुना जा रहा बहुमत वस्तुतः सर्वदेशीय (कास्मोपॉलिटन) नहीं साम्प्रदायिक बहुमत है। इसलिए अल्पसंख्यकों के वांछित और वास्तविक प्रतिनिधि चुने जाने सम्भव नहीं थे। अनुभव और सम्भावना के आधार पर सरकार में उन मुसलमानों का प्रतिनिधित्व ज़्यादा सुरक्षित है जो मुसलमानों के बहुमत के ख़िलाफ़ कांग्रेस जैसे संगठनों से जीतकर आते हैं। आम्बेडकर की सिफ़ारिशें सदन को मंज़ूर नहीं हुई। लम्बी बहस के बाद कुछ ब्रिटिश मान्यताओं का संविधान सभा में स्थिरीकरण हुआ। इनमें मंत्रिपरिषद् की लोकसभा के प्रति संयुक्त ज़िम्मेदारी, राष्ट्रपति द्वारा कतिपय दशाओं में पारित विधेयक को मंज़ूरी दिये बिना वापस लौटाना जैसे मानक सिद्धांत शामिल थे। यह बंदिश लगाने की कोशिश भी की गयी कि राष्ट्रपति को दो से अधिक कार्यकाल के लिए नहीं चुना जाना चाहिए। इस संदर्भ में केवल परम्परा पर निर्भर रहने वालों को यह सूचित किया गया कि अमरिकी राष्ट्रपति फ्रेंकलिन रूज़वेल्ट ने 1940 में अपना दूसरा कार्यकाल ख़त्म होने के बाद परम्पराओं की अवहेलना करते हुए तीसरे और चौथे कार्यकाल के लिए सफलतापर्वूक चुनाव लड़ा था। देश को यह बात बाद में समझ आयी जब डॉ. राजेंद्र प्रसाद ने दो कार्यकाल के बाद भी राष्ट्रपति बने रहने की इच्छा व्यक्त की। इसी तरह राजेंद्र प्रसाद ने विशेषकर हिंदू कोड बिल जैसे क़ानून को मंज़ूरी देने की अनिच्छा व्यक्त करते हुए उसे वापस करने का इरादा भी किया था। दोनों मौक़ों पर डॉ. प्रसाद को बमुश्किल मनाया जा सका था। डॉ. राजेंद्र प्रसाद ने अनुच्छेद 105 तथा अनुच्छेद 254 आदि का हवाला देते हुए यह दलील दी कि राष्ट्रपति केवल कठपुतली नहीं है। संविधान-सलाहकार बी.एन. राव, अटॉर्नी जनरल एम.सी. सीतलवाड़ और संविधान सभा के महत्त्वपूर्ण सदस्य अलादि कृष्णा स्वामी अय्यर ने राष्ट्रपति की व्याख्या से साफ़ तौर पर असहमति व्यक्त की। इस तरह कुल मिलाकर कार्यपालिका का यंत्र, मंत्र और तंत्र यूरो-अमेरिकी संवैधानिक परम्पराओं का पिटारा है।

डॉ. आम्बेडकर के अनुसार राष्ट्रपति को दो महत्त्वपूर्ण अधिकार प्राप्त हैं-प्रधानमंत्री की नियुक्ति और प्रधानमंत्री की छुट्टी। इसलिए संविधान निर्माताओं ने प्रधानमंत्री की छुट्टी के लिए लोकसभा के बहुमत पर ज़्यादा भरोसा किया। राष्ट्रपति और उच्चतम तथा उच्च न्यायालयों के न्यायाधीशों पर महाभियोग लगाने का प्रावधान रचकर कार्यपालिका और न्यायिक शक्तियों को भी संसदीय आचरण के साथ तालमेल बिठाने का सरअंजाम किया गया। राज्यपाल को बिना महाभियोग लगाये केवल राष्ट्रपति के प्रसादपर्यन्त कार्यरत रखने का अनोखा प्रावधान भारतीय संविधान में है। रामजवाया कपूर बनाम पंजाब राज्य (ए. आई.आर. 1955 सुप्रीम कोर्ट 549) वाले प्रकरण में उच्चतम न्यायालय ने ब्रिटिश अवधारणाओं का क़र्ज़ स्वीकार किया था। अपने संविधान के ज़रिये ख़ुद को प्रभुत्वसम्पन्न घोषित करने वाले देश के लिए यह आत्मगौरव की बात नहीं थी कि वह उसी मुल्क की बौद्धिक परम्पराओं का अनुसरण करे जिसके राजतंत्र से पीड़ित होकर उसी देश से आज़ादी का युद्ध लड़ा गया था। उच्चतम न्यायालय ने राष्ट्रपति और राज्यपालों के अधिकारों की मीमांसा करते हुए यह ऐतिहासिक स्वीकारोक्ति की 'भारतीय संविधान में इंग्लैण्ड की तरह की संसदीय पद्धति का उल्लेख है। ग्रेनिवले ऑस्टिन ने बहुत सूक्ष्मता के साथ यह बात कही है कि भारतीय संविधान निर्माताओं के सामने दो विकल्प थे। एक यह कि वे राष्ट्रपति और राज्यपाल आदि के लिए मान्य परम्पराओं को स्वीकृत निर्देशावली की तरह लिख दें। दूसरा विकल्प यह था कि वे भारत के भावी नेताओं और सांसदों की देशभक्ति, ईमानदारी और संविधान निष्ठा में गहरा विश्वास रखें कि वे भविष्य की परिस्थितियों के अनुकूल निर्णय ले सकेंगे। संविधान निर्माताओं ने दूसरा विकल्प चुना और धोखा खाया। कुछ राज्यपालों ने परिस्थितिजन्य कारणों से

सद्भावनापूर्वक अथवा जानबूझकर अपने विवेकाधिकार की शब्दकोशीय व्याख्या करने की कोशिश की। उन्हें मुँह की ख़ानी पड़ी। राज्यपाल को राजभवन के शीशमहल में बैठने की समझाइश देते हुए राष्ट्रपति राजेंद्र प्रसाद ने उन्हें अलग-अलग समय पर पत्र लिखकर इतना तटस्थ, निष्पक्ष और एकांकी बने रहने की सलाह दी थी जो विश्व इतिहास की नैतिकता का मानदण्ड स्थिर करता है।'

उच्चतम न्यायालय ने डॉ. रघुकुल तिलक के प्रकरण में यह मत प्रतिपादित किया है कि राज्यपाल का पद किसी भी स्थिति में भारत सरकार के अधीन नहीं है। राज्यपाल अपने कर्त्तव्यों के निर्वहन के लिए केंद्र शासन के प्रति उत्तरदायी होने तथा स्पष्टीकरण देने के लिए बाध्य नहीं है। यह विचित्र विरोधाभास है। राज्यपाल की नियुक्ति केंद्रीय मंत्रिपरिषद् की सलाह से राष्ट्रपति करते हैं। नियुक्ति के बाद राज्यपाल के प्रशासनिक और संवैधानिक क्षेत्राधिकार केवल राष्ट्रपति के अंतर्गत होते हैं। संविधान निर्माता सर्वोच्च राजनीतिक पदों को लेकर गतिज संतुलन के पक्ष में रहे हैं। ऐसी पेचीदगी विश्व के अन्य संविधानों में नहीं है। ऐसा नहीं कि भारतीय संविधान केवल विदेशी संविधानों की नक़ल है। विदेशी संविधानों के आयातित प्रावधान कच्चे माल की तरह है। उन्हें भारतीय प्रज्ञा की धमन भट्टी में गलाने की कोशिश जरूर की गयी। यह अलग बात है कि कच्चे माल के नाम पर बहुत सा विदेशी इस्पात कच्चे लोहे के ढेर में आ गया। उसकी गुणवत्ता को लेकर भारतीय हथौड़े प्रशस्ति-गायन करते रहे।

जस्टिस वी.आर. कृष्ण अय्यर ने शमशेर सिंह वाले प्रसिद्ध मुक़दमे में सर्वोच्च कार्यपालिका सत्ता को लेकर ब्रिटिश परम्पराओं को मानने की मजबूरी के संबंध में तल्ख़ टिप्पणियाँ की हैं। इनसे संवैधानिक गरिमा, मंशा और उधार लेने की लाचारी स्पष्ट होती है। यह संविधान निर्माताओं द्वारा रचित विरोधाभास है कि जिन्हें भारत और प्रदेशों के लिए संसद तथा विधान मण्डलों की अपरिमित शक्ति से लैस कर संविधान का हृदय घोषित किया गया है, उन्हें ही संविधान के अनुच्छेद 100(3) तथा 18 9(3) के अनुसार संसदीय कार्यवाहियों में उपस्थिति की छूट दी गयी है। वर्ष में बमुश्किल छह माह भी संसद में उपस्थिति की ज़रूरत नहीं पड़ती। विधायकों को उससे भी आधी अवधि के लिए। यह कैसा संविधान है कि आधे या चौथाई वर्ष के लिए भी सांसदों और विधायकों की कुल दस प्रतिशत संख्या पर्याप्त होती है। दस प्रतिशत वांछित गणपूर्ति के बावजूद भी कई बार विधान मण्डलों की कार्यवाही स्थगित करनी पड़ती है। यही हाल स्पीकरों का है। देश के कई स्पीकर सदन के नेता के पिछलग्गू ही ज्यादा सिद्ध हुए हैं।

— **कनक तिवारी**

भारतीय संविधान-7

न्यायपालिका

(Indian Constitution-7)

संविधान सभा ने तीन वर्षों की बहस के बाद भारत के इतिहास में पहली बार स्वतंत्र न्यायपालिका की स्थापना की। प्राचीन भारतीय व्यवस्था में शासक ही न्याय-प्रमुख था। शासन प्रमुख के रूप में लिए गये निर्णयों और व्यवस्था के कार्यों की जवाबदेही लेते हुए उसे न्यायोन्मुख आत्म-समीक्षा करनी होती थी। उसे नैतिक बनाये रखने के लिए गुरुकुल, आश्रम, राजमहल और दरबार में निष्पक्ष लोगों की उपस्थिति होती थी। मौजूदा संविधान पूरी तौर पर युरो-अमेरिकी आधुनिक अवधारणा पर आधारित है। ब्रिटिश शासनकाल में प्रशासक ही निचले स्तर पर न्याय अधिकारी होते थे। कालांतर में न्यायपालिका और कार्यपालिका को अलग किया गया। हाईकोर्ट और सुप्रीम कोर्ट संविधानजनित होने के बावजूद संविधान की व्याख्या करने और जरूरत पड़ने पर विधायिकाओं के अधिनियमों को निरस्त करने में समर्थ हैं। अमेरिकी नस्ल के मूल अधिकारों के भारतीय रूपांतरण पर विचार करते हुए अंग्रेज़ी पद्धति के अनुतोष और राहत देने के अधिकार हैं। हाई कोर्ट और सुप्रीम कोर्ट पर बौद्धिक अकादमिक और नैतिक उत्तरदायित्व हैं। उनके पालन के ज़रिये संविधान के मक़सदों को फलीभूत किया जा सकता है। संविधान की प्रारूप समिति के अध्यक्ष डॉ. भीमराव आम्बेडकर ने न्यायपालिका की भूमिका को ज़रूरत से ज़्यादा अहमियत दी थी। उनका सद्भावनापूर्ण विश्वास था कि भविष्य में ऊँची अदालतों के न्यायाधीश अपेक्षित आदर्श आचरण करेंगे। यही वजह है कि संविधान में केंद्र सरकार या संसद का कोई मुख्यालय निर्धारित नहीं किया गया है लेकिन सुप्रीम कोर्ट को दिल्ली में ही स्थापित करने का उल्लेख है।

संविधान में हाईकोर्ट का क्षेत्राधिकार सुप्रीम कोर्ट से ज्यादा विस्तृत है। यह बात स्वयं सुप्रीम कोर्ट ने कही है। सुप्रीम कोर्ट केवल मूल अधिकारों के क्षतिग्रस्त होने पर हस्तक्षेप करता है। वैधानिक, नागरिक, सामाजिक, राजनीतिक और आर्थिक आधारों पर हाईकोर्ट को अधिकारिता होती है। इन संविधान न्यायालयों को गठित करने का मक़सद यही था कि आज़ाद देश में यह महसूस हो कि मनुष्य ज़्यादा गरिमामय हो गया है। वह ब्रिटिश काल का दोयम दर्जे का भारतीय नहीं रहा। वह हर सरकारी अन्याय के ख़िलाफ़ अदालतों का दरवाज़ा खटखटा सकता है। अपेक्षा की गयी है कि अदालतें संविधान की आयतों के अनुरूप फ़ौरी न्याय भी देंगी। फिर भी, संविधान लागू होने के बाद न्यायपालिका ने अपने अधिकार-क्षेत्र का विस्तार किया है

और 'न्यायिक पुनरावलेकन' का सिद्धांत स्थापित किया है। इस संदर्भ में सबसे पहले गोलकनाथ मामले (1967) में अदालत ने यह फ़ैसला दिया कि उसे मूल अधिकारों में संविधान में होने वाले संशोधनों का पुनरावलोकन का अधिकार है। यह संविधान की धारा 368 में संसद में दिये गये संविधान संशोधन के अधिकार पर सीमा लगाने जैसा था। संसद ने चौबीसवें और पच्चीसवें संविधान संशोधन के माध्यम से यह स्पष्ट किया कि उसे संविधान के किसी भी भाग में संशोधन करने का अधिकार है। बाद में, केशवानंद भारती (1973) फ़ैसले के माध्यम से उच्चतम न्यायालय ने इस विवाद का अंत किया। उसने यह स्वीकार किया कि संसद संविधान के किसी भी भाग में संशोधन कर सकती है, लेकिन वह उसके बुनियादी ढाँचे में बदलाव नहीं कर सकती है। यद्यपि अदालत ने बुनियादी ढाँचे को पूरी तरह से परिभाषित नहीं किया, लेकिन इस फ़ैसले से उसे हर संविधान संशोधन की पुनरीक्षा करने का अधिकार मिल गया।

संविधान निर्माताओं ने ऊँची अदालतों का आकाश बुनने में दुनिया के कई संविधानों से प्रेरणा ही नहीं बल्कि उधार लिया है। उनकी यह कोशिश भी रही है कि अदालतों को सम्मान की गरिमा से लीपा जाए। इससे कार्यपालिका और विधायिका सहित आम जनता को भी यह महसूस हो कि यह बेहद महत्त्वपूर्ण संस्था लोकतंत्र के विकास के लिए स्थापित की गयी है। विंस्टन चर्चिल ने कहा था कि न्यायाधीशों को जीवन और आचरण के मानदण्डों पर सामान्य लोगों से अधिक खरा उतरना होता है। भय, पक्षपात, स्नेह और दुर्भावना से परे जाकर न्यायाधीश को अंतरात्मा की आवाज़ पर न्याय करना होता है। अंग्रेज़ी जुमले में उसे सीज़र की पत्नी की तरह संदेह से परे रहना चाहिए। लेकिन संविधान निर्माताओं ने न्यायाधीशों की जवाबदेही का कोई समीकरण नहीं लिखा। निष्पक्षता न्यायप्रियता का समाप्त है। फिर भी न्यायाधीशों के लिए भ्रष्ट, बिकाऊ, दुराचारी और पक्षपाती जैसे बने बनाये लेबल दलाली के बाजार में सुनायी पड़ते हैं। सामान्य जाँच से परे रखे जाने वाले न्यायाधीश स्थाई मिस्टर क्लीन की भूमिका में समझे जाते हैं। जिन तार्किक हथियारों से न्यायाधीश किसी अन्य अधिकारियों को दोषी सिद्ध करते हैं, उन्हें अपने ख़िलाफ़ इस्तेमाल होने की सम्भावना को वे अन्याय के विद्रूप की तरह समझते हैं।

विधायिका और कार्यपालिका की तरह न्यायपालिका संविधान के त्रिभुज का महत्त्वपूर्ण अंग है। यूनान के सत्यशोधक दार्शनिक सुकरात ने न्यायाधीश के चार गुण बताये हैं : उदारतापूर्वक सुनना, बुद्धिमय उत्तर देना, संयमित विचार करना और निष्पक्षतापूर्वक फ़ैसला करना। सदियों तक न्यायाधीशों के इन गुणों पर पुनर्विचार की ज़रूरत किसी को महसूस नहीं हुई है। भारतीय संविधान में भी अनेक जन-अधिकार दर्ज हैं। उनकी व्याख्या करना विधायिका और कार्यपालिका के बदले न्यायपालिका की ज़िम्मेदारी है। क़ानून के समक्ष समता, अंत:करण एवं अभिव्यक्ति की आज़ादी, धार्मिक स्वायत्तता वग़ैरह मनुष्य की संदर्भित गरिमाएँ न्यायपालिका की व्याख्याओं के हवाले हैं। लोगों को अपने अधिकारों के नष्ट होने या छिन जाने का लगातार ख़तरा बना होता है। अन्यायी हथियारों में नौकरशाही सबसे प्रमुख है। पीड़ित व्यक्ति अदालतों के दरवाज़ों पर दस्तक देता है। न्यायालयों को ऐसी हालत में जन-न्याय करने के लिए संविधान ने असाधारण अधिकार भी दिये हैं। वे संसद और विधानसभाओं में पारित अधिनियमों तक को रद्द कर सकते हैं। साथ ही न्याय-निर्णयों को लागू करने के आदेश भी दे सकते हैं। आवश्यक होने पर न्यायालयों की अवमानना करने के लिए दण्डित भी कर सकते हैं। यह कहना बेमानी, ग़लत और निरर्थक है कि न्यायाधीश राज्य सत्ता की शाही थैली और तलवार दोनों के दुरुपयोग पर नियंत्रण कर सकते हैं। लेकिन फिर भी विधायिका और कार्यपालिका से पिटा आम आदमी न्यायपालिका के विवेक पर ही निर्भर होता है।

एक अवधारणा न्यायालय की भाषा को लेकर भी है। अंग्रेज़ी के मुक़ाबले हिंदी अथवा प्रादेशिक भाषा में न्याय करते हुए हमारे संविधान न्यायालय भी भविष्य की पीढ़ियों के लिए सोच विचार और संवाद की एक ताज़ातरीन अभिव्यक्ति गढ़ सकते हैं। न्यायाधीश सामाजिक जीवन के विग्रह के कीचड़ में रहकर भी अपना यश बचाये रख सकते है। उन्हें निजी पुस्तकालय विकसित करना तथा न्यायिक क्षेत्र में किये जा रहे शोध-कार्यों से परिचित होना श्रेयस्कर है। कम्प्यूटर और इंटरनेट के युग में ऐसा करना ज़रूरी है। वरिष्ठ न्यायाधीशों, अधिवक्ताओं तथा विधि के प्राध्यापकों से सम्पर्क रखना भी कनिष्ठ न्यायाधीशों के लिए उचित होगा। निचली अदालतों में मातृभाषा गूँजती है। पक्षकार को कुछ-कुछ समझ में आता है कि क्या कुछ हो रहा है। लेकिन उच्चतम और उच्च न्यायालय तो अंग्रेज़ी के संगीत के रियाज़-घर हैं। वहाँ तरह तरह की अंग्रेज़ी चहकती है। कहीं पंजाबी, कहीं बंगाली या मद्रासी या बिहारी। पक्षकार को समझ ही नहीं आता कि जज साहब सहसा हँसने क्यों लगते हैं या फिर वह उसके वकील को डाँटने क्यों लगते हैं। अंग्रेज़ी फिल्मों के दर्शकों की तरह न्यायालय कक्ष में बैठे लोग थोड़े-थोड़े अंतराल में हँसते रहते हैं। बाहर निकलकर एक वकील साहब अपने पक्षकार को बताते हैं कि वह जीत गया। दूसरे वकील साहब अपने पक्षकार को बताते हैं कि वह हार गया।

सुप्रीम कोर्ट ने पिछले कई वर्षों से एक अनुदार संकोच भी ओढ़ लिया है कि उसे जनहित याचिकाओं को महत्त्व नहीं देना है। जनहित याचियकाओं का थोड़ा बहुत दुरुपयोग हुआ होगा। लेकिन इस नायाब नुस्ख़े ने भारतीय न्यायिक जीवन में

नयी आस्था का संचार भी किया है। जनहित याचिकाओं के विरोधी न्यायाधीश कृष्णा अय्यर और भगवती जैसे कालजयी न्यायविदों के मुक़ाबले कहाँ ठहर पायेंगे। न्यायिक सक्रियता के मौसम में देश और दुनिया को कुछ बेहतर महसूस होता रहा है।

स्वतंत्र न्यायपालिका की शुरुआत में उच्चतम न्यायालय और उच्च न्यायालयों ने स्वस्थ परम्पराएँ विकसित की। कुछ विश्वस्तरीय प्रणम्य न्याय-निर्णय हुए। बहुत से उच्च कुलीन न्यायाधीश इंग्लैण्ड में ही पढ़े थे। उनकी तात्त्विक समझ बर्तानवी विधि में होने के बावजूद उन्होंने देशज तर्कशीलता के अच्छे उदाहरण प्रस्तुत किये। फिर प्रयोगधर्मी दौर आया। ब्रिटिश विधि में पारंगत न्यायविदों ने विशेषकर सम्पत्ति के अधिकार को अहमियत देनी शुरू की। इससे नवधनाढ्य उद्योगपतियों और भारतीय कम्पनियों को फ़ायदा हुआ। इंदिरा-युग में राष्ट्रीयकरण का नारा इसीलिए बुलंद हुआ। संविधान को ही बुनियादी तौर पर परिवर्तित करने के प्रयत्न हुए। लेकिन आपातकाल में सुप्रीम कोर्ट की मुश्कें कस दी गयीं। तत्कालीन मुख्य न्यायाधीश वाई.वी. चंद्रचूड़ ने बाद में आत्मग्लानि के साथ यह स्वीकार भी किया कि न्यायपालिका आपातकाल में खौफ़ज़दा हो गयी थी। देश और सुप्रीम कोर्ट एक साथ मिलकर कई अवरोधों से लड़ चुके हैं। जस्टिस कृष्ण अय्यर, पी.एन. भगवती, के.के. मैथ्यू, सगीर अहमद, चिनप्पा रेड्डी आदि ने कई मोर्चों पर जनहित याचिकाओं और न्यायिक सक्रियता के मानदण्ड स्थिर किये। फिर वैश्विक बाज़ारवाद का शिकंजा भारत पर कसता गया। उसके कारण ऐसी विचारधारा सत्तामूलक हुई जो वैश्विक बाज़ार के अनुकूल है। बाज़ारवाद की संस्कृति में भी कई न्यायाधीश हैं जो न्यायिक इतिहास के नये परिच्छेद लिख सकते हैं, बशर्ते उनमें वही कर्त्तव्य बोध, नैतिक शक्ति और सत्य के प्रति आग्रह की अंत:सलिला बहती रहे। सुप्रीम कोर्ट का काम केवल किसी की टाँग खिंचाई या जगहँसाई कराना नहीं है। कार्यपालिकाओं को गुमान हो गया है कि अदालतें उनका कुछ नहीं बिगाड़ सकतीं। जब तक कार्यपालिका को यह अहसास रहेगा कि अदालतें उसके साथ हैं, तब तक लोकतंत्र के ऊपर विनाश के बादल मंडराते रहेंगे। एक बार इतिहास न्यायिक सक्रियता और जनहित याचिकाओं की वापसी के युग में फिर आ सकता है। कई न्यायाधीश वक़्त के साथ नहीं चल पा रहे हैं। उनका ज्ञान संकीर्ण, दृष्टिकोण बासी और सेवा भावना पूँजीपतियों की तरह है। लोकतंत्र में सुप्रीम कोर्ट को जनता पर हुकूमत नहीं, नुमाइंदगी करनी होती है। मौजूदा सुप्रीम कोर्ट के कई न्यायाधीश अपनी पीड़ा के साथ ऐसा इज़हार करते रहते हैं।

— कनक तिवारी

भारतीय संविधान-8

पंचायती राज

(Indian Constitution-8)

डॉ. राजेंद्र प्रसाद पहले अपवाद थे जिन्होंने बापू के पंचायती राज के संविधान के प्रारूप में विलोप के कारण कुछ खटपट की थी। प्रसाद ने 10 मई, 1948 को संविधिक सलाहकार बी.एन. राव को पत्र लिखा कि वे संविधान के प्रारूप में कुछ संशोधन प्रस्तुत करना चाहते हैं। इस पत्र के साथ राजेंद्र प्रसाद ने एक लेख की कतरन भी भेजी थी। यह लेख स्वतंत्र नामक पत्र में 24 अप्रैल, 1948 को किन्हीं के.एस. वेंकटरमणी के नाम से प्रकाशित हुआ था। प्रसाद ने दो टूक लहज़े में लिखा, गाँव इस देश में हमारी बुनियादी इकाई रहे हैं और रहेंगे। राजेंद्र प्रसाद गाँधी की तरह बालिग मताधिकार के आधार पर केवल ग्राम पंचायतों का चुनाव कराये जाने के पक्षधर थे। उसके बाद पंचायतें प्रदेश और केंद्र की विधायिकाओं का निर्वाचन कर सकती थीं। जितनी दृढ़ता से राजेंद्र प्रसाद ने ग्राम पंचायतों की संसदीय गरिमा की वकालत की थी, लगभग उतनी ही दृढ़ता से सलाहकार ने उनके प्रस्ताव को ख़ारिज कर दिया। उनके अनुसार निचले स्तर की स्वायत्त संस्थाओं की विधायन जैसे महत्त्वपूर्ण अधिकारों का सीधा निर्वाचक बनाना सम्भव और उचित नहीं होगा।

संविधान सभा में संविधान के उद्देश्यों तथा लक्ष्यों वाला प्रस्ताव 13 दिसम्बर, 1946 को लाया गया। अगस्त, 1947 में संविधान सभा में प्रस्तावित संविधान का प्रारूप बी.एन. राव के सलाहकार नेतृत्व की टीम ने प्रस्तुत किया। सदस्यों की खुसफुसाहट के बीच 29 अगस्त, 1947 को संसदीय कार्यमंत्री ने एक समिति गठित करने का प्रस्ताव रखा, जो संविधान के प्रस्तावित मूलपाठ के सूक्ष्म परीक्षण के बाद आवश्यकतानुसार संशोधन सुझाये। उपसमिति ने अंततः 4 नवंबर, 1948 को संशोधित प्रारूप बहस के लिए मुहैया कराया। इसी बीच उप-समिति द्वारा संविधान का प्रारूप सदस्यों के बीच विचारार्थ वितरित किया गया। संशोधित प्रारूप में पंचायती राज व्यवस्था के संबंध में कोई उल्लेख नहीं था। पूरे विषय का ही विलोप संविधान के मूलपाठ में शुरू से विद्यमान रहा। संविधान के उद्देश्यों तथा लक्ष्यों पर बहस के दौरान कई सदस्यों ने पंचायती राज के उल्लेख की उपेक्षा का पुरज़ोर सवाल उठाया।

संविधान सभा में 4 से 9 नवम्बर 1948 के बीच पंचायत व्यवस्था की उपेक्षा को लेकर एक जीवंत बहस हुई। अनेक सदस्यों ने गाँधी का उद्धरण देते हुए कठोर स्वरों में यह तर्क रखा कि जब तक संविधान में पंचायत व्यवस्था पर

आधारित स्वराज्य की परिकल्पना की प्रतिबद्धता परिभाषित नहीं की जाती, तब तक संविधान की रचना का ही कोई अर्थ नहीं है। सदस्यों की उत्तेजना का एक महत्त्वपूर्ण कारण डॉ. आम्बेडकर के भाषण का वह अंश था, जिसमें उन्होंने भारतीय गाँवों की राजनीतिक स्थिति का मर्माहत कर देने वाले शब्दों में ख़ाका खींचा था। आम्बेडकर ने उन सदस्यों को आड़े हाथों लिया था जिन्होंने भावावेश में संसदीय बहस में यहाँ तक कह दिया था कि अगर पंचायती राज की व्यवस्था संविधान सभा में नहीं हो सकती तो वे केंद्र तथा राज्य सरकारों का गठन भी नहीं चाहते। आम्बेडकर ने तल्ख़ी में यह कहा कि बुद्धिजीवियों का ग्रामीण प्रेम असीम और कारुणिक दिखाई पड़ता है। उन्होंने व्यंग्य किया कि ऐसा प्रतीत होता है कि इन कथित बुद्धिजीवियों का ग्रामीण प्रेम सर चार्ल्स मेटकाफ़ नामक ब्रिटिश बुद्धिजीवी का भारत के गाँवों का वर्णन था (जिसे उसने इंग्लैण्ड में हाउस ऑफ़ कामन्स की विषय समिति के समक्ष रखा था)। आम्बेडकर ने कहा कि भारतीय गाँवों ने भले ही विदेशी आक्रमणकारियों के हमले झेले होंगे, परंतु उन्होंने लगभग शुतुरमुर्ग की प्रवृत्ति का परिचय दिया और किसी तरह जीवित भर रहे हैं। आम्बेडकर ने बेलाग होकर यह कहा कि यह कथित ग्रामीण गणतंत्र भारत की बर्बादी रहे हैं। उन्होंने सदस्यों से मुख़ातिब होकर पूछा कि गाँव क्या हैं, सिवाय इसके कि स्थानीय झगड़ों के नाबदान के। वे अज्ञान, संकीर्णता तथा सम्प्रदायवाद की मांद है। आम्बेडकर ने यहाँ तक कहा कि उन्हें इस बात की प्रसन्नता है कि संविधान के प्रारूप में गाँवों की बुनियादी इकाइयों के रूप में उपेक्षा की गयी है और उसके बदले व्यक्तियों को इकाई बनाया गया है।

डॉ. आम्बेडकर के कथन की संविधान सभा में कड़ी आलोचना हुई। एक के बाद एक सदस्य ने उठकर उनके कथन का प्रतिकार किया। दामोदर स्वरूप सेठ, शिब्बनलाल सक्सेना, हरि विष्णु कामथ, लोकनाथ मिश्रा, काज़ी सैयद करीमुद्दीन, पंजाब राव देशमुख, अरुण चंद्र गुहा, टी. प्रकाशम, के. सन्थानम, आर.के. सिधवा, पं. ठाकुरदास भार्गव, चौधरी रणवीर सिंह, मुनिस्वामी पिल्लै, दक्षयानी वेलायुधन, गोकुल भाई दौलतराम भट्ट, अलादि कृष्णास्वामी अय्यर, एन.जी. रंगा, एम. अनंतशयनम आयंगार, महावीर त्यागी, कृष्णास्वामी भारती, किशोरीमोहन त्रिपाठी, विशम्भरदयाल त्रिपाठी, मोटूरी सत्यनारायण, सुरेश चंद्र मजूमदार, एम. माधवदास आदि ने डॉ. आम्बेडकर के कथन का कड़ा प्रतिवाद किया।

भारतीय संविधान की रचना का धूमिल ख़याल शायद गाँधी के ज़ेहन में उसी वक़्त आ गया था, जब उन्होंने तिलक के अवसान के बाद कांग्रेस का एक वांछित संविधान के साथ परिष्कार किया था। गाँधी ने कांग्रेस के संविधान में इस बात का प्रावधान किया था कि लगभग 80 प्रतिशत सदस्य अखिल भारतीय कांग्रेस महासमिति में केवल ग्रामीण चुनाव केंद्रों से निर्वाचित होकर जाएँ। उन्होंने अलग प्रस्ताव द्वारा अखिल भारतीय ग्रामोद्योग संघ की स्थापना को भी कांग्रेस की केंद्रीय घोषणा में शामिल किया था। इसी कारण शायद गाँधी 1922 में अंग्रेज़ सरकार द्वारा छह वर्ष के लिए गिरफ़्तार भी किये गये थे क्योंकि ब्रिटिश हुकूमत को इस बात का भय था कि गाँधी धीरे-धीरे (बल्कि शायद तेज़ी से) अपने पैर भारत के सात लाख गाँवों में पसार कर हुकूमत के लिए मुसीबत खड़ी कर सकते हैं। गाँधी हालाँकि दो वर्ष बाद रिहा कर दिये गये परंतु उन्होंने उपरोक्त ग्रामीण विचार-समुच्चय को अपने मस्तिष्क से कभी रिहा नहीं किया। ओडीशा के प्रतिनिधि माधवराव ने गाँधी के पुराने कथन को उद्धरित करते हुए याद दिलाया कि कांग्रेस के संविधान के संशोधन के पहले गाँधी ने खुलकर कहा था कि यदि कांग्रेस में अधिकांश सदस्य गाँवों से चुनकर आते हैं तब ही वे हमारे गाँवों के लिए कम से कम सफाई के आदर्श मॉडल अपने अनुभव के आधार पर बना सकेंगे। डॉ. आम्बेडकर की भारतीय ग्रामों के संबंध में की गयी तीखी टिप्पणी भले ही विवादग्रस्त मानी जाएं, वह विचारोत्तेजक भी रही है। इसमें कोई शक नहीं कि अपनी तल्ख़ी, कटाक्ष, व्यंग्य और निष्कपट साफ़गोई के बावजूद आम्बेडकर की टिप्पणी तथ्यात्मक दृष्टि से पूरी की पूरी ग़लत नहीं थी।

पंचायत राज की परिकल्पना को लेकर एक ऐसा वक्तव्य भी संविधान सभा में दिया गया था जिसकी प्रासंगिकता आज कहीं अधिक गहरी दिखाई देती है। इस वक्तव्य में एक ओर तो संविधान निर्माताओं को चेतावनी दी गयी थी कि भारतीय आदर्शवादी और भावुक लोग हैं जिन्हें अपने अतीत और व्यतीत से गहरा प्रेम है। वहीं दूसरी ओर ग्राम पंचायत प्रणाली के आग्रही संस्थापकों को भी उन्होंने लगभग झकझोरते हुए कहा कि यदि ग्रामीणों को राज्य व्यवस्था के लिए पूरी तौर पर प्रशिक्षित नहीं किया गया तो उसके दुष्परिणाम भी उन्हें भोगने होंगे। पश्चिम बंगाल के डॉ. मनमोहन दास ने प्रारूप समिति और सदस्यों के बीच हुई सैद्धांतिक तकरार में लगभग मध्यस्थ की शक्ल में कहा कि यदि संविधान के मूल पाठ में ही ग्रामीण पंचायत का उल्लेख तक नहीं हुआ है तो शायद संविधान निर्माताओं का मक़सद रहा होगा कि विधायन का यह दायित्व राज्यों पर छोड़ा जाए क्योंकि अनेक राज्यों ने इस संबंध में विधायन की प्रक्रिया शुरू भी की है। दास ने बेलाग होकर कहा कि जब तक हमारे ग्रामीण बंधु पर्याप्त शिक्षित और राजनीतिक दृष्टि से सजग तथा नागरिक अधिकारों के प्रति उत्तरदायी नहीं बन जाते तब तक उन्हें केवल अधिकार और सुविधाएँ देने से उत्तरदायी आचरण के योग्य नहीं बनाया जा सकता। उन्होंने एक ख़तरे की ओर भी संकेत किया था कि यदि ग्रामीणों को

पूरी तौर पर शिक्षित करने के पहले ही पंचायत की प्रशासनिक व्यवस्था लागू कर दी गयी तो सत्ता के दलालों की बन आयेगी। ज़मींदार, तालुकदार, महाजन और सभी तरह से सत्ता के दलाल ग्रामीण प्रतिनिधियों का मुखौटा लेकर इस पूरी प्रणाली का शोषण करेंगे।

संविधान सभा में कुछ ऐसे सदस्य भी रहे हैं जिन्होंने प्रारूप समिति द्वारा भारत के संविधान के मूल पाठ के प्रति एतराज नहीं किया बल्कि उसे समर्थन दिया। बालकृष्ण शर्मा नवीन, बेगम एजाज रसूल, सारंगधर दास, रामचन्द्र गुप्ता, ओ.पी. अलगेसन, दुर्गाबाई देशमुख, सरदार सोचेतसिंह, जसपतराय कपूर आदि ने एक मज़बूत केंद्र की अवधारणा के पक्ष में अपने बयान किये। गाँधी के निधन के कुछ माह बाद हुए संवैधानिक वाद विवाद में गाँधी के विचार धूमिल भी हो रहे थे। आज़ादी के आंदोलन में सक्रिय हिस्सेदारी करने वाले कुछ सदस्यों को भी गाँधी का ग्राम्य विचार संदर्भहीन नजर आने लगा था। इस सिलसिले में हिंदी के समर्थक और लेखक बालकृष्ण शर्मा नवीन का यह कथन ध्यान देने योग्य है : 'महात्मा गाँधी अतिकेंद्रकरण, ओवर सेंट्रलाइजेशन के विरुद्ध थे। मेरे मित्र को यह पता होना चाहिए कि इसेंशियली महात्मा गाँधी वाज एन एनार्किस्ट। महात्मा गाँधी एक फिलॉसॅफ़िकल अनार्किस्ट, एक अराजकतावादी थे। तत्त्व रूप से वह अराजकता को हितकर समझते थे, क्योंकि वह व्यक्ति को इतना ऊँचा बना देना चाहते थे, जहाँ उसे किसी प्रकार के बाह्य नियंत्रणों की आवश्यकता न हो। हम और आप इतने ऊँचे प्राणी नहीं हैं। हमारे लिए अराजकतावाद और महात्मा गाँधी के शब्दों को दुहरा कर उनके अनुसार कार्य करने का प्रयास हास्यास्पद होगा, और इसलिए महात्मा गाँधी के शब्द यहाँ पर दुहराना व्यर्थ है।'

कुल मिलाकर संविधान सभा की केंद्रीय बहस में जब पंचायती राज की अवधारणा को मूल अधिकारों के परिच्छेद में उल्लेख नहीं होने पर नीति निर्देशक सिद्धांतों के खण्ड में रखा गया तब अधिकतर सदस्यों की चेतना एक गहरे अपराध बोध से ग्रस्त हो गयी थी। लगभग सभी सदस्यों ने इस बात पर क्षतिपूर्ति मिलने की शैली में संतोष व्यक्त किया कि भले ही स्वशासन की इस बुनियादी पाठशाला को मूलभूत अधिकारों में स्थान नहीं मिला, तब भी नीति निर्देशक सिद्धांतों के तहत उसे रखने से अब राज्य की विधायिकाओं का कर्त्तव्य होगा कि पंचायत राज की अवधारणा को गाँधी जी के सपनों के संदर्भ में बल्कि भारतीय राजनीतिक सिद्धांतों को पुष्ट किया जाए।

विकास की अवधारणा को लेकर संविधान में एक महत्त्वपूर्ण संशोधन तब हुआ जब नीति निर्देशक सिद्धांतों के अध्याय में उल्लिखित पंचायती राज और नगर पालिका संस्थाओं को संविधान के 73वें और 74वें संशोधन के द्वारा संवैधानिक दर्जा किया गया। अनेक तरह के प्राथमिक और मैदानी विकासों की ज़िम्मेदारियों से इन संस्थाओं को युक्त घोषित किया गया ताकि उच्च कुलीन राजनीति संस्थाओं पर उनकी निर्भरता कम हो।

देखें : अनुसूचित जातियाँ, अनुसूचित जनजातियाँ, अन्य पिछड़े वर्ग, आदिवासी प्रश्न-1 से आरक्षण, कन्हैयालाल माणिक लाल मुंशी, भारत में सार्विक मताधिकार, भीमराव रामजी आम्बेडकर, रॉल्स का न्याय-सिद्धांत, अरस्तू, आदिवासी प्रश्न-1, 2, 3 और 4, भारत में स्त्री-आरक्षण-1 और 2, संविधान सभा में भाषा-विवाद-1 से 3 तक।

संदर्भ

1. डॉ. दुर्गा दास बसु (2007), *इंड्रोडक्शन टू द कॉन्स्टीट्युशन ऑफ़ इण्डिया* (उन्नीसवाँ संस्करण), वाधवा, नागपुर.
2. शिवानी किंकर चौबे (2009), *द मेकिंग ऐंड वर्किंग ऑफ़ द कॉन्स्टीट्युशन,* नैशनल बुक ट्रस्ट, नयी दिल्ली.
3. राजीव भार्गव (सम्पा.) (2008), *पॉलिटिक्स ऐंड इथिक्स ऑफ़ कॉन्स्टीट्युशन,* ऑक्सफ़र्ड युनिवर्सिटी प्रेस, नयी दिल्ली.
4. राजीव भार्गव (2008) 'इंट्रोडक्शन : आउटलाइन ऑफ़ अ पॉलिटिकल थियरी ऑफ़ कॉन्स्टीट्युशन', राजीव भार्गव (सम्पा.), *पॉलिटिक्स ऐंड इथिक्स ऑफ़ कॉन्स्टीट्युशन,* ऑक्सफ़र्ड युनिवर्सिटी प्रेस, नयी दिल्ली.
5. भीखू पारिख (2008), 'द कॉन्स्टीट्युशन ऐज अ स्टेटमेंट ऑफ़ आइडेंटिटी', राजीव भार्गव (सम्पा.), *पॉलिटिक्स ऐंड इथिक्स ऑफ़ कॉन्स्टीट्युशन,* ऑक्सफ़र्ड युनिवर्सिटी प्रेस, नयी दिल्ली.
6. थॉमस पैंथम (2008), 'गाँधी ऐंड द कॉन्स्टीट्युशन : पार्लियामेंटरी स्वराज ऐंड विलेज स्वराज', राजीव भार्गव (सम्पा.), *पॉलिटिक्स ऐंड इथिक्स ऑफ़ कॉन्स्टीट्युशन,* ऑक्सफ़र्ड युनिवर्सिटी प्रेस, नयी दिल्ली.
5. इवोर जैनिंगस (1953), *सम कैरेक्टरिस्टिक्स ऑफ़ कॉन्स्टीट्युशन,* ऑक्सफ़र्ड युनिवर्सिटी प्रेस, ऑक्सफ़र्ड.
6. सी. एच. अलेक्जेण्ड्रॉविच (1957), *कॉन्स्टीट्युशनल डिवलपमेंट इन इण्डिया,* ऑक्सफ़र्ड युनिवर्सिटी प्रेस, ऑक्सफ़र्ड.
7. बी. शिवा राव, (1967), *द फ्रेमिंग ऑफ़ कॉन्स्टीट्युशन : सेलेक्टेड डॉक्यूमेंट्स,* खण्ड 1, इंस्टीट्युट ऑफ़ पब्लिक एडमिनिस्ट्रेशन, नयी दिल्ली.
8. सेसिल फ़ेबर (1999), *सोशल राइट्स अंडर द कॉन्स्टीट्युशन,* ऑक्सफ़र्ड युनिवर्सिटी प्रेस, ऑक्सफ़र्ड.
9. विभूति भूषण मिश्र (1987), *इवोल्यूशन ऑफ़ द कांस्टीट्यूशनल हिस्ट्री ऑफ़ इण्डिया, 1773-1945,* मित्तल पब्लिकेशंस, नयी दिल्ली.
10. एस.वी. देशिका चर (1983), *रीडिंग्ज़ इन द कांस्टीट्यूशनल हिस्ट्री ऑफ़ इण्डिया, 1757-1947,* ऑक्सफ़र्ड युनिवर्सिटी प्रेस, नयी दिल्ली.
11. विद्याधर महाजन (1971), *कांस्टीट्यूशनल हिस्ट्री ऑफ़ इण्डिया, इनक्ल्यूडिंग द नैशनलिस्ट मूवमेंट,* एस. चाँद, नयी दिल्ली.
12, आर्थर बेरीडेल कीथ (196 1), *ए कांस्टीट्यूशनल हिस्ट्री ऑफ़ इण्डिया, 16 00-1935,* मेथ्युन, मिशिगन.
13. आर.सी. लाहोटी (2004), द *स्पिरिट ऐंड द बैकबोन ऑफ़ द*

कांस्टीट्यूशन ऑफ़ इण्डिया, ईस्टर्न बुक कम्पनी, लखनऊ.

14. एस.एन. मिश्रा और एस.एस. सिंह (1993), *रोड्स टू मॉडल पंचायती राज,* मित्तल पब्लिकेशंस, नयी दिल्ली.
15. एच. एम. सीरवई (1991), द *कांस्टीट्यूशनल लॉ ऑफ़ इण्डिया, अ क्रिटिकल कमेंट्री,* एम. एन. त्रिपाठी, बम्बई..
16. दुर्गादास बसु (1982), *इंट्रोडक्शन टू द कांस्टीट्यूशन ऑफ़ इण्डिया,* प्रेंटिस हॉल ऑफ़ इण्डिया, नयी दिल्ली.
17. ऐलेन ग्लेडहिल (1955), *फ़ंडामेंटल राइट्स इन इण्डिया,* स्टीवन ऐंड संज़, न्यूयॉर्क.
18. के.पी. कृष्णा शेट्टी (196 9), *फ़ंडामेंटल राइट्स ऐंड सोसियो-इकॉनॉमिक जस्टिस इन द कांस्टीट्यूशन,* चैतन्य पब्लिशिंग हाउस, नयी दिल्ली.
19. ग्रेनविले ऑस्टिन (1966), द *कांस्टीट्यूशन : कॉर्नरस्टोन ऑफ़ अ नेशन,* ऑक्सफ़र्ड युनिवर्सिटी प्रेस, नयी दिल्ली.
20. एन.वी. राजकुमार (1948), *डिवेलपमेंट ऑफ़ द कांग्रेस कांस्टीट्यूशन,* इण्डियन नैशनल कांग्रेस, नयी दिल्ली.
21. मामीडिपुडी वेंकटरंगैया (1945), द *केस फ़ॉर अ कोंस्टीटुएंट एसेम्बली ऑफ़ इण्डिया : अ हिस्टोरिकल ऐंड कम्परेटिव स्टडी,* हिंद किताब्ज़, नयी दिल्ली.

— कनक तिवारी

भारतीय संघवाद

(Indian Federalism)

संघवाद भारतीय राजनीतिक प्रणाली का मुख्य लक्षण है। संविधान-निर्माताओं ने भारत की बहुजातीय, बहुसांस्कृतिक, बहुभाषी और बहुधार्मिक सामाजिक संरचना के मद्देनज़र राजनीतिक प्रणाली की संकल्पना राज्यों के एक ऐसे संघ के रूप में की थी जिसे एक सुदृढ़ केंद्र के ज़रिये एकता के मज़बूत बंधनों में बाँधना था। आज़ादी के फ़ौरन बाद भारतीय नेतृत्व ने बाहरी और भीतरी ख़तरों की चुनौतियों के साथ-साथ तेज़ विकास और आधुनिकीकरण की माँगों से निबटने के लिए केंद्र को ताक़तवर करने पर ज़ोर दिया, और साथ में केंद्रीकृत नियोजित विकास की पद्धति अपनायी। इस तत्कालीन रुझान के कारण संवैधानिक और राजनीतिक धरातल पर भारतीय राजनीतिक प्रणाली में संघवाद का संस्थानीकरण पुष्ट नहीं हो पाया। लेकिन शुरुआती दौर की दुश्चिंताओं के गुज़र जाने के बाद इस प्रणाली ने क्षेत्रीय हितों और राज्यों के अधिकारों की चिंता करनी शुरू कर दी। आज का भारत संघात्मक तर्ज़ पर विकसित होते हुए एक बहुभाषी, बहुसांस्कृतिक और बहुजातीय संघ बन चुका है, एक ऐसा संघ जो राष्ट्रीय और अंतर्राष्ट्रीय अभिव्यक्ति के लिए सुदृढ़ केंद्र पर निर्भर है।

संघात्मकता के विकास की प्रक्रिया कुल मिला कर तीन चरणों में चली। पहला दौर आज़ादी मिलने से लेकर साठ के दशक के मध्य तक रहा। राजनीतिशास्त्रियों के बीच यह अवधि 'कांग्रेस प्रणाली' के वर्चस्व के रूप में और संघवाद के लिहाज़ से यह भाषाई आधार पर राज्यों के पुनर्गठन के लिए भी जानी जाती है। मोटे तौर पर यह कांग्रेस-शासित केंद्र और उसी के प्रभाव में चलने वाले राज्यों का ज़माना था। प्रधानमंत्री जवाहरलाल नेहरू क्षेत्रीय राजनीति में सीधा हस्तक्षेप करने के बजाय मध्यस्थता का रवैया अपनाते थे। कांग्रेस ज़रूरत पड़ने पर स्थानीय नेतृत्व को राष्ट्रीय सत्ता की संरचना के साथ जोड़ने के लिए उन्हें रियायतें देने के लिए तैयार रहती थी। दूसरा दौर 1967 में चौथे लोकसभा चुनाव के बाद शुरू हुआ जिसके परिणामस्वरूप देश में कांग्रेस की राजनीतिक ताक़त काफ़ी घट गयी। उसमें सांगठनिक विभाजन भी हो गया। अस्सी के दशक तक चलने वाला यह दौर उदीयमान क्षेत्रीय राजनीतिक ताक़तों और केंद्र में सत्तारूढ़ शक्तियों के बीच एक संक्रमणकालीन क़िस्म की आपसी होड़ का था। इस दौरान केंद्र ने कई बार संवैधानिक प्रावधानों का प्रयोग करके चुनी हुई राज्य सरकारों को भंग किया, और सत्तारूढ़ पार्टी के राजनीतिक स्वार्थों को सिद्ध करने के लिए राज्यपालों से मनमानी रपटें मँगायी गयीं। यही वह दौर था जब केंद्र और राज्यों के बीच संसाधनों के बँटवारे का विवाद उभरा और इस संबंध की जाँच करने के लिए सरकारिया आयोग बैठाया गया। तीसरा दौर अस्सी के दशक के आख़िरी वर्षों से शुरू हुआ, जब क्षेत्रीय ताक़तें राज्यों के दायरे से निकल कर केंद्रीय राजनीति में हस्तक्षेप करने और कांग्रेस विरोधी राष्ट्रीय दलों के साथ गठजोड़ बना कर सत्तारूढ़ होने की स्थिति में आ गयीं। यह तीसरा दौर संघात्मकता को शिखर पर पहुँचाने वाला साबित हुआ।

इस समय भारत की शासन-प्रणाली दिल्ली स्थित केंद्र और संघीय इकाइयों (28 राज्यों और सात केंद्र शासित प्रदेशों) के बीच बँटी हुई है। संविधान पूरे देश के लिए एक ही नागरिकता का प्रावधान करता है। लोग केवल भारत के ही नागरिक हो सकते हैं, प्रदेशों की अलग से नागरिकता के लिए कोई गुंजाइश नहीं है। संविधान ने अपने अनुच्छेद 5, 11, 14. 15. 44, 131-41 और 312 से भी साफ़ कर दिया है कि भारतीय राज्य संघात्मक होते हुए भी केंद्राभिमुख है। अनुच्छेद 365 के तहत संघीय संसद और कार्यपालिका को राज्यों के बरक्स सभी मामलों में बढ़ोतरी दी गयी है। चाहे राज्यों की सूची में दर्ज मामलों के बारे में क़ानून बनाने का सवाल हो, राज्यपालों की नियुक्ति और बर्ख़ास्तगी का मुद्दा हो या राज्यों के हाई कोर्टों में जजों की नियुक्ति का प्रश्न हो।

केंद्र में लोकसभा और राज्यों में विधानसभाएँ प्रत्यक्ष निर्वाचन के ज़रिये चुनी जाती हैं। इन दोनों के बीच शक्तियों का विभाजन स्तम्भीय क़िस्म का है। दिल्ली की सरकार के

हाथ में 'केंद्रीय सूची' में दर्ज शक्तियाँ (प्रतिरक्षा, आणुविक ऊर्जा, वैदेशिक मामले, नागरिकता, परिवहन, मुद्रा, डाक, बैंकिंग, बीमा, चुनावी क़ानून, सुप्रीम कोर्ट का संघटन, विभिन्न क्षेत्रों में कराधान, प्राकृति संसाधनों का बंदोबस्त, केंद्र शासित प्रदेशों के मसले) हैं। प्रदेशों के हाथ में 'राज्य की सूची' में दर्ज शक्तियाँ (शांति-व्यवस्था, पुलिस, जन-स्वास्थ्य, स्वशासी संस्थाएँ, कृषि, जल, भूमि, प्रादेशिक जन-सेवाएँ और राज्य स्तर पर कराधान) हैं। इसके अलावा एक तीसरी 'अनुवर्त्ती सूची' भी है जिसके तहत केंद्र और राज्य के परस्परव्यापी विषय आते हैं; जैसे, भूमि सुधार क़ानून, अल्पसंख्यकों से संबंधित मसले। टकराव होने पर केंद्र द्वारा बनाये गये क़ानून को प्राथमिकता मिलती है। प्रत्येक सूची में कराधान द्वारा आमदनी का उल्लेख है जिससे संबंधित विवाद की स्थिति में दोनों पक्ष सुप्रीम कोर्ट की शरण ले सकते हैं। शक्तियों के बँटवारे का एक चौथा स्वशासी संस्थाओं का स्तर भी है जिनके पास स्थानीय स्तर पर आर्थिक विकास के अधिकार हैं। शासन के इन स्तरों के बीच पुल के तौर पर काम करने वाली संस्थाएँ हैं : वित्त आयोग, अंतर्राज्यीय परिषद्, अंतर्राज्यीय पंचाट, राष्ट्रीय विकास परिषद् और कई तरह के अनौपचारिक मंच।

भारतीय संघवाद के अध्येताओं की मान्यता है कि भारत ने अपनी शुरुआत एक ऐसे संघात्मक राज्य के रूप में की थी जिस पर केंद्राभिमुखता की प्रवृत्तियाँ हावी थीं और जिसमें राज्य केंद्र के साथ मज़बूत बंधनों में बँधे हुए थे। धीरे-धीरे (1956 के बाद से लगातार) संघात्मकता का प्रतिशत बढ़ा, लेकिन केंद्र के साथ राज्यों के बंधन कमज़ोर नहीं हुए। भारतीय संघवाद के विकास का अनुभव पश्चिमी (ख़ासकर संयुक्त राज्य अमेरिका) अनुभव से अलग है। दोनों के बीच पाँच बड़े अंतरों की शिनाख़्त की गयी है।

पहला, अमेरिका में ऐतिहासिक रूप से संघ के छोटे और कमज़ोर घटकों के पास भी बड़े और मज़बूत घटकों के मुक़ाबले सत्ता और सम्प्रभुता के मामले में सौदेबाज़ी की ताक़त है। इसके पीछे परस्पर सुरक्षा के मक़सद से होने वाला लेन-देन रहा है। भारत की ऐतिहासिक स्थिति भिन्न थी। यहाँ संघ बनने से पहले ही देश का विभाजन और 586 देशी रियासतों का भारतीय संघ में विलय हो चुका था। केंद्र के मुक़ाबले राज्यों के पास सौदेबाज़ी की ताक़त नहीं रह गयी थी।

दूसरा, भारतीय संविधान ने जिस तरह की संघीयता को अपनाया, उसके केंद्र में परस्पर सहयोगात्मकता का उसूल था, जबकि अमेरिकी संविधान ने अपनी संघात्मकता को विभिन्न इकाइयों के अलग-अलग प्राधिकार-क्षेत्रों के रूप में कल्पित किया था। अमेरिका के संघीय घटक अपने-अपने दायरों में बिना एक-दूसरे से प्रभावित हुए सत्ता और अधिकारों का उपभोग करते रह सकते हैं। वहाँ किसी एक को अधिक ताक़त का मतलब है दूसरे की ताक़त में कमी। जबकि भारत में संघीय घटक सहयोगात्मक रवैया अख़्तियार करते हुए अधिक शक्तियों के लिए होड़ कर सकते हैं। दूसरे, परिस्थिति के मुताबिक़ संविधान के केंद्रात्मक या संघात्मक पहलुओं पर ज़ोर दिया जा सकता है।

तीसरा, अमेरिकी संघवाद का चरित्र संवैधानिक रूप से सुडौल और संतुलित है। इसके उलट भारतीय संघवाद संवैधानिक रूप से बेडौल और असंतुलित माना जाता है। उसके विभिन्न घटकों की क़ानूनी हैसियतों और विशेष सुविधाओं के बीच अंतर है। इस लिहाज़ से देखा जाए तो भारत अमेरिका के मुक़ाबले कम संघीय है, पर कुछ अर्थों में अपनी बेडौलता के कारण ही वह अधिक संघीय भी माना जा सकता है। मसलन, अनुच्छेद 370 के तहत जम्मू और कश्मीर की स्वायत्तता को विशेष दर्जा प्राप्त है। अनुच्छेद 371ए के तहत नगालैण्ड को भी विशेष दर्जा मिला हुआ है। सिक्किम के भारत के विलय के बाद उसे भी विशेष दर्जा दिया गया है। मिज़ोरम के लिए भी विशेष प्रावधान किये गये हैं। गोवा, महाराष्ट्र और गुजरात भी अनुच्छेद 370 के तहत लाभांवित हुए हैं।

चौथा, लोकसभा और राज्यसभा में भारत के विभिन्न राज्यों को आबादी के लिहाज़ से प्रतिनिधित्व मिला हुआ है जो असमान है। अमेरिका के उच्च सदन (जैसे कि भारत की राज्यसभा यानी कौंसिल फ़ॉर स्टेट्स) में सभी राज्यों को समान प्रतिनिधित्व है। इसलिए हुआ यह है कि व्योमिंग जैसे सबसे कम आबादी वाले राज्य की नुमाइंदगी कैलिफ़ोर्निया जैसे विशाल राज्य के बराबर है। दोनों के पास सिनेट की दो-दो सीटें हैं। भारत में कम आबादी वाले राज्य बड़े राज्यों के लोकतांत्रिक आग्रहों को अपनी नुमाइंदगी के दम पर सदन में निष्फल नहीं कर सकते। भारतीय संघवाद का यह चरित्र थोड़े से मतदाताओं को बहुमत की इच्छा नाकाम करने की इजाज़त नहीं देता।

पाँचवाँ, भारतीय राजनीतिक चिंतन की विशेषता है संदर्भमूलकता जिसके कारण वह किसी भी तरह की राजनीतिक अनम्यता से मुक्त रहता है। यही ख़ूबी भारतीय संघवाद में भी पायी जाती है। किसी एक मूल्य को लागू करने के लिए किसी दूसरे मूल्य का त्याग भारतीय विशेषता नहीं है। भारतीय राजनीतिक चिंतन तो दोनों मूल्यों में समरसता निकालने की कोशिशों का नाम है। इसीलिए भारतीय संघवाद केंद्रात्मकता के साथ सहअस्तित्व रख पाने में समर्थ रहा है।

देखें : अनुसूचित जातियाँ, अनुसूचित जनजातियाँ, अन्य पिछड़े वर्ग, आरक्षण, आधुनिकता, अरविंद घोष, आधुनिकीकरण, कन्हैयालाल

माणिकलाल मुंशी, जवाहरलाल नेहरू, जातियों का राजनीतिकरकरण, बंगाल का नवजागरण, भारतीय अभिजन, भारतीय आधुनिकता, भारतीय इसलाम, भारतीय उदारतावाद, भारतीय डायसपोरा, भारत में उपनिवेशवाद, भारतीय नवजागरण : तुलनात्मक परिप्रेक्ष्य, भारत में नियोजन, भारत में प्रातिनिधिक प्रणाली, भारत में पृथकतावादी राजनीति, भारत में मतदान-व्यवहार-1 से 6 तक, भारत में सामाजिक आंदोलन, भारतीय राज्य, भारतीय राष्ट्रवाद, भारतीय लोकतंत्र, भारतीय लोकतंत्र का संस्थानीकरण-1 से 3 तक, भारतीय स्वभाव और राजनीति, भारतीय संविधान-1 से 8 तक, भारतीय सामाजिक आंदोलन, भीमराव रामजी आम्बेडकर, राज्यों का पुनर्गठन-1 से 3 तक, राजा राममोहन राय, विवेकानंद, विनायक दामोदर सावरकर, संघवाद, संविधान सभा में भाषा-विवाद-1 से 3 तक, सामाजिक आंदोलन।

संदर्भ

1. राजीव भार्गव (2006), 'द इवोल्यूशन ऐंड डिस्टिंक्टिवनेस ऑफ़ इण्डियाज़ लिंग्विस्टिक फेडरलिज़म', डेविड टर्टन (सम्पा.), *एथनिक फ़ेडलरिज़म*, जेम्स करी, ऑक्सफ़र्ड.
2. सुब्रत के. दत्त और माल्ट पेल (2010), 'फ़ेडरलिज़म', नीरजा गोपाल जयल और प्रताप भानु मेहता (सम्पा.), *द ऑक्सफ़र्ड कम्पैनियन टु पॉलिटिक्स इन इण्डिया*, ऑक्सफ़र्ड युनिवर्सिटी प्रेस, नयी दिल्ली.
3. निर्मल बनर्जी और बलवीर अरोड़ा (सम्पा.) (1992), *फ़ेडलरिज़म इन इण्डिया : ओरिजिंस ऐंड डिवेलपमेंट*, विकास पब्लिशिंग हाउस, नयी दिल्ली.
4. रशीदुद्दीन ख़ान (1992), *फ़ेडरल इण्डिया : अ डिज़ाइन फ़ॉर चेंज*, विकास पब्लिशिंग हाउस, नयी दिल्ली.

— अभय कुमार दुबे

भारतीय सामाजिक आंदोलन

(Indian Social Movements)

भारत में सामाजिक आंदोलनों की पुरानी परम्परा है। राजनीतिक भागीदारी के औपचारिक संस्थागत दायरों के बाहर रह कर लम्बे अरसे तक संगठित आंदोलनकारी गतिविधियाँ करने की राजनीतिक परम्परा की शुरुआत आज़ादी के पहले ही हो गयी थी। मद्रास प्रेसीडेंसी में चला ब्राह्मण विरोधी आंदोलन और दीर्घ काल तक चलने वाले कई किसान आंदोलन इसके प्रमाण हैं। आज़ादी के तुरंत बाद ज़मीन पर अधिकार के लिए चलाया गया तेलंगाना का संघर्ष और पचास के दशक में भाषावार राज्यों की रचना के लिए चलाये गये संघर्ष भी सामाजिक आंदोलनों की श्रेणी में आते हैं। यह अलग बात है कि अध्येताओं ने इन घटनाओं का अध्ययन करते हुए भी उन्हें किसी विशेष परिघटना के तौर पर नहीं देखा। वैसे भी शुरुआत में भारतीय समाज-वैज्ञानिकों का ज़्यादातर ध्यान औपचारिक राजनीतिक संस्थाओं, चुनावी प्रतिनिधित्व, संघवाद और अंतर्राष्ट्रीय नीति से जुड़ी हुई प्रक्रियाओं को समझने पर ही था। इतिहासकारों ने भी आज़ादी से पहले होने वाली समाज की सामूहिक राजनीतिक कार्रवाइयों को उपनिवेशवाद विरोधी राष्ट्रवादी आंदोलन की विभिन्न धाराओं की संज्ञा दे कर अपना काम चला लिया था। भारत में सामाजिक आंदोलनों की परिघटना पहली बार सत्तर के दशक में रेखांकित की गयी।

अमिता बाविस्कर ने अपने एक सर्वेक्षाणत्मक लेख में बताया है कि सत्तर के दशक में एम.एस.ए. राव और घनश्याम शाह ने भारत के सामाजिक आंदोलनों को श्रेणियों में बाँट कर समझने की चेष्टा की। राव ने भारतीय सामाजिक आंदोलनों को चार भागों में बाँटा : पूरे समाज को बदल डालने के इच्छुक क्रांतिकारी आंदोलन (जैसे नक्सलवाद), सुधारवादी आंदोलन (जैसे पिछड़े वर्गों की मुहिमें), कुछ विशेष सामाजिक समूहों द्वारा अपनी विमुक्ति के लिए चलाई गयी रैडिकल मुहिमें और सीमित परिवर्तन के लिए कुछ ख़ास समूहों द्वारा चलाये जाने वाले वैकल्पिक आंदोलन। शाह ने भी आंदोलनों का वर्गीकरण किया। उन्होंने यह देखने पर ज़ोर दिया कि कोई आंदोलन राजनीतिक प्रणाली में किस तरह का परिवर्तन चाहता है। पचास और साठ के दशक में अमेरिकी समाज-वैज्ञानिकों द्वारा किये जाने वाले सिद्धांतीकरण का इन अध्ययनों पर असर भी था, और साथ में उनके प्रभाव से हट कर विश्लेषण करने की कोशिश भी थी। मसलन, शाह ने सत्तर के दशक में गुजरात और बिहार में चले छात्र आंदोलनों का तुलनात्मक अध्ययन करते हुए इस अमेरिकी थीसिस को नकार दिया कि सामाजिक आंदोलन वंचित होने की स्थितियों से उपजते हैं। कुल मिला कर भारतीय विद्वानों ने अमेरिकी विद्वानों द्वारा विकसित किये संसाधनों की लामबंदी के सिद्धांत को ख़ास तरजीह नहीं दी और सिर्फ़ उसी के आईने में भारतीय स्थितियों को देखने से इनकार किया। घनश्याम शाह द्वारा किये गये छात्र आंदोलनों के अध्ययन की एक विशेषता यह भी थी कि उन्होंने इन मुहिमों को चला रही राजनीतिक शक्तियों की वर्गीय पृष्ठभूमि रेखांकित करते हुए दिखाया कि किस तरह उसके कारण आंदोलनकारी कार्यक्रम और रणनीति को एक ख़ास दिशा मिल रही थी। वर्ग और सामाजिक आंदोलनों की इस अन्योन्यक्रिया ने आगे के कई विश्लेषणों को प्रभावित करना जारी रखा। इस जगह भी भारतीय समाज-वैज्ञानिक उस युरोपीय थीसिस से अलग नज़र आते हैं जो आंद्रे ग्रोज़, रुडोल्फ़ बाहरो और युरगन हेबरमास वग़ैरह ने अस्सी के दशक में सूत्रबद्ध की थी कि सामूहिक राजनीतिक कार्रवाई के लिए वर्ग की श्रेणी कारगर नहीं रह गयी है।

भारतीय परिस्थितियाँ युरोप से बहुत अलग भी थीं। सत्तर के दशक में भारतीय समाज पर संस्थागत दायरों के बाहर अपनी दावेदारी पेश करने वाली राजनीतिक गतिविधियों का ज़बरदस्त उभार हुआ। इसकी पृष्ठभूमि में कांग्रेस की तत्कालीन सरकार की विफलताएँ थीं। वह न तो आर्थिक संकट से निबट पा रही थी, न महँगाई रोक पाने में समर्थ थी और न ही भ्रष्टाचार पर लगाम लगाते हुए दिख रही थी। इसके फलस्वरूप फैले राजनीतिक असंतोष ने सात तरह के आंदोलनों को पानी दिया।

पहली प्रवृत्ति गुजरात में चले नवनिर्माण आंदोलन और बिहार में चले सम्पूर्ण क्रांति आंदोलन की थी जिस पर सर्वोदयी और समाजवादी विचार का मिला-जुला प्रभाव था। छात्रों और युवाओं की यह स्वतंत्र गोलबंदी दक्षिणपंथी और मध्यवर्त्ती राजनीतिक दलों से अलग क़िस्म की थी। दूसरी प्रवृत्ति ज़मींदारों और ठेकेदारों द्वारा शोषित और दमित आदिवासियों-किसानों के बीच मार्क्सवादी-लेनिनवादी विचारधारा वाले वर्ग-आधारित नक्सलवादी आंदोलन की थी जो भारतीय राज्य को सीधी चुनौती दे रहा था। बंगाल, बिहार, आंध्र, केरल और महाराष्ट्र में फैली यह बग़ावत संगठित कम्युनिस्ट पार्टियों के सुविधाजनक वामपंथ का विकल्प देने का आग्रह भी कर रही थी। तीसरी आंदोलनकारी प्रवृत्ति महाराष्ट्र और तमिलनाडु में दलित पेंथरों की थी जो डॉ. आम्बेडकर द्वारा प्रवर्तित विमर्श से प्रभावित थे और वर्ग के बजाय जातिगत शोषण और दमन को केंद्र बना कर जुझारू राजनीतिक कार्रवाइयों में लगे हुए थे। चौथी प्रवृत्ति स्त्रियों की जत्थेबंदियों की थी जो अनुसंधान और सक्रियता के ज़रिये वर्ग और जेंडर का मुद्दा सामने रख रही थीं। संयुक्त राष्ट्र ने 1976 से 1985 के बीच स्त्री-दशक मनाने की घोषणा की थी, और भारत सरकार ने भी 1974 में भारत में स्त्रियों के हालात पर एक रपट प्रकाशित करने का मंसूबा बनाया था। पाँचवीं प्रवृत्ति पर्यावरण के मुद्दों के इर्द-गिर्द विकसित हो रही सक्रियता की थी। इसी दौरान उत्तर प्रदेश के पहाड़ी इलाक़ों में चिपको आंदोलन फूट पड़ा और केरल शास्त्र साहित्य परिषद् ने पायींट वैली में बाँध बनाने के ख़िलाफ़ मुहिम शुरू की। पर्यावरण आंदोलन की इन अनूठी अभिव्यक्तियों ने प्राकृतिक संसाधनों के असमान वितरण के सवाल उठाये जो वर्ग-संघर्ष तक जाते थे। उन्होंने विकास के मौजूदा प्रारूप को प्रश्नांकित किया और पारिस्थितिकी व सामाजिक न्याय के पहलुओं पर ज़ोर दिया। छठी प्रवृत्ति आदिवासी राजनीतिक अस्मिता की थी जिसने अलग झाड़खण्ड प्रदेश बनाने की माँग बुलंद की। सत्तर के दशक में ही इंदिरा गाँधी द्वारा आपातकाल लगाने की घटना ने भी इन सामाजिक आंदोलनों को एक प्रतिरोधात्मक उछाल दिया। 1977 में आपातकाल के उठने और फिर कांग्रेस की चुनावी पराजय ने इन राजनीतिक गतिविधियों में ज़बरदस्त उत्साह का संचार किया। इसी प्रक्रिया के गर्भ से सातवीं प्रवृत्ति ने जन्म लिया जो मानवाधिकार और नागरिक अधिकार आंदोलनों की थी।

इन सामाजिक आंदोलनों की विविध प्रकृतियों से अंदाज़ा लग सकता है कि ये सब मिल कर तत्कालीन राजनीतिक-सामाजिक व्यवस्था की व्यापक राजनीतिक-सांस्कृतिक आलोचना प्रस्तुत कर रहे थे। इनमें तरह-तरह की विचारधाराएँ, रणनीतियाँ और सांगठनिक रुझान डूब-उतरा रहे थे। कई विवाद भी थे। हिंसा-अहिंसा का विवाद था। संविधानोन्मुख रहने बनाम संविधानेतर हो जाने का विवाद था। क्रांतिकारी परिवर्तन बनाम तंत्र में सुधार तजवीज़ करने की बहस थी। चुनावी राजनीति में भाग लेने या ग़ैर-चुनावी संगठन बने रहने के बारे में ऊहापोह था। विकास योजनाओं को लागू करने में सरकार से सहयोग लेने या न लेने की दुविधा थी। किसी एक समाज-वैज्ञानिक सिद्धांत में इनका सूत्रीकरण एक बहुत बड़ी चुनौती थी।

अस्सी के दशक के आख़िरी वर्षों में रजनी कोठारी और धीरूभाई शेठ ने इस कमी की भरपाई ग़ैर-दलीय परिप्रेक्ष्य के सूत्रीकरण के रूप में की। इन विद्वानों ने ऐसे आंदोलनों को नागर समाज के ग़ैर-संस्थागत दायरे में सक्रिय 'ग़ैर-पार्टी राजनीतिक संरचनाओं' की तरह देखा। इनका मानना था कि आपातकाल की पराजय और फिर जनता पार्टी शासन की विफलता ने चुनावी लोकतंत्र में लोगों के विश्वास को हिला दिया है। चुनावी राजनीति के साथ जुड़े भ्रष्टाचार और अनैतिकताओं से लोगों का मोह भंग हो गया है जिसकी अभिव्यक्ति इन नयी राजनीतिक संरचनाओं में हो रही है। राज्य निरंकुश न हो जाए, इसलिए नागर समाज अपनी इन राजनीतिक संरचनाओं के ज़रिये उस पर जन-निगरानी रखना चाहता है। कोठारी और शेठ के इस विमर्श को देख कर लगता था कि सभी सामाजिक आंदोलन सरकार के ख़िलाफ़ खड़े हुए हैं, लेकिन परिस्थिति इससे कहीं पेचीदा थी। पर्यावरण आंदोलन के साथ जुड़े कई संगठन प्रधानमंत्री इंदिरा गाँधी और कांग्रेस के नेतृत्व के साथ अपनी निकटता का इस्तेमाल भी कर रहे थे। इसी तरह से स्त्रियों का आंदोलन अपने हक़ में क़ानून बनाने के लिए सरकार को राज़ी करने में कामयाब हो गया, हालाँकि ऐसे क़ानूनों के लिए समाज के धरातल पर कोई व्यापक माँग नहीं हो रही थी।

कोठारी और शेठ के अलावा गेल ऑम्वेत भी अपनी रचना *रिइन्वेंटिंग रेवोल्यूशन* में सामाजिक आंदोलनों की पड़ताल करती नज़र आयीं। हालाँकि गेल प्रशिक्षण से मार्क्सवादी थीं, पर उन्हें लगता था कि सामाजिक आंदोलन में सक्रिय शक्तियाँ विद्वानों द्वारा किये गये वर्गीकरण (किसी

को पर्यावरणवादी या किसी को नारीवादी की श्रेणी में फिट करके देखना) के प्रति असहज हैं। अपनी इस रचना में उन्होंने वर्ग, जाति, जेंडर और पर्यावरण के सवालों के बीच संबंधों की अधिक बारीक व्याख्या पर ज़ोर दिया। अस्सी के दशक के अंत में रामचंद्र गुहा ने चिपको आंदोलन का अध्ययन द *अनक्वायट वुड्स* पेश किया जो फ़ील्ड वर्क के माध्यम से सहभागी प्रेक्षण का उदाहरण था। सहभागी प्रेक्षण की इस तकनीक का एक लाभ यह हुआ कि विद्वानगण आंदोलन की प्रस्तुत आत्म-छवि के परे जा कर उसके भीतर झाँक पाने में समर्थ हुए। वे यह दिखा पाये कि आंदोलन का कार्यकर्ताओं और नेताओं में किस तरह की संबंध है, और एकीकृत लगने वाले आंदोलन में विरोधाभास और अंतर्विरोध कैसे काम कर रहे हैं। अस्सी के दशक में चले नर्मदा बचाओ आंदोलन का अमिता बाविस्कर द्वारा किया गया अध्ययन *इन द वैली ऑफ़ द रिवर* भी एक ऐसा ही प्रयास था।

नब्बे के दशक में कई भारतीय सामाजिक आंदोलनों ने ग्लोबल नेटवर्कों और गठबंधनों के साथ संबंध स्थापित कर लिए। दलित संगठनों ने नस्लवाद विरोधी आंदोलन के साथ सूत्र बना लिया, पर्यावरण के आंदोलन नियोलिबरल भूमण्डलीकरण की विरोध करने वाली मुहिमों के साथ जुड़ गये, आदिवासी अधिकारों की माँग बुलंद करने वाले आंदोलनों ने देशज लोगों की अंतर्राष्ट्रीय मुहिमों का पल्ला थाम लिया। इसी के साथ नब्बे के दशक में देशी-विदेशी पूँजी से चलने वाले ग़ैर-सरकारी संगठनों यानी एनजीओ परिघटना ने भी सामाजिक आंदोलनों पर गहरा असर डाला है। आज एनजीओ, वर्ल्ड सोशल फ़ोरम जैसे मंच और सामाजिक आंदोलनों के बीच परस्पर-व्यापी संबंध हैं जिनका विश्लेषण और सूत्रीकरण किया जाना बाक़ी है।

देखें : अनुसूचित जातियाँ, अनुसूचित जनजातियाँ, अन्य पिछड़े वर्ग, आरक्षण, आधुनिकता, अरविंद घोष, आधुनिकीकरण, कन्हैयालाल माणिकलाल मुंशी, जवाहरलाल नेहरू, जातियों का राजनीतीकरण, धीरूभाई शेठ, बंगाल का नवजागरण, भारतीय अभिजन, भारतीय आधुनिकता, भारतीय इसलाम, भारतीय उदारतावाद, भारतीय डायसपोरा, भारत में उपनिवेशवाद, भारतीय नवजागरण : तुलनात्मक परिप्रेक्ष्य, भारत में नियोजन, भारत में प्रातिनिधिक प्रणाली, भारत में पृथकतावादी राजनीति, भारत में मतदान-व्यवहार-1 से 6 तक, भारतीय राज्य, भारतीय राष्ट्रवाद, भारतीय लोकतंत्र, भारतीय लोकतंत्र का संस्थानीकरण-1 से 3 तक, भारतीय स्वभाव और राजनीति, भारतीय संविधान-1 से 8 तक, भारतीय सामाजिक आंदोलन, भीमराव रामजी आम्बेडकर, रजनी कोठारी, राजा राममोहन राय, विवेकानंद, विनायक दामोदर सावरकर, संविधान सभा में भाषा-विवाद-1 से 3 तक, सामाजिक आंदोलन।

संदर्भ

1. अमिता बाविस्कर (2010), 'सोशल मूवमेंट्स' नीरजा गोपाल जयल और प्रताप भानु मेहता (सम्पा.), द *ऑक्सफ़र्ड कम्पैनियन टु द पॉलिटिक्स इन इण्डिया,* आक्सफ़र्ड युनिवर्सिटी प्रेस, नयी दिल्ली.
2. रजनी कोठारी (1988), *स्टेट अगेंस्ट डेमॉक्रैसी : इन सर्च ऑफ़ ह्यूमैन गवर्नेंस,* अजंता पब्लिशर्स, नयी दिल्ली.
3. धीरूभाई शेठ (2009), 'ज़मीनी आंदोलनों की परिघटना : नागर समाज में आलोड़न', धीरूभाई शेठ, *सत्ता और समाज,* संकलन-सम्पादन : अभय कुमार दुबे, सीएसडीएस-वाणी, नयी दिल्ली.
4. गेल ऑम्वेत (1993), *रिइन्वेंटिंग रेवोल्यूशन : न्यू सोशल मूवमेंट्स ऐंड द सोशलिस्ट ट्रेडिशन इन इण्डिया,* एम.ई. शार्प, न्यूयॉर्क.
5. एम.एस.ए. राव (सम्पा.) (1978-79), *सोशल मूवमेंट्स इन इण्डिया* (दो खण्ड), मनोहर, नयी दिल्ली.
6. घनश्याम शाह (सम्पा.) (2002), *सोशल मूवमेंट्स ऐंड द स्टेट, रीडिंग्ज़ इन गवर्नमेंट ऐंड पॉलिटिक्स,* सेज, नयी दिल्ली.

— अभय कुमार दुबे

भारतीय सिनेमा-1

'भारतीय' सार और सौंदर्यशास्त्र की खोज

(Indian Cinema-1)

भारत में सिनेमा की शुरुआत सात जुलाई, 1896 से मानी जाती है जब युरोप में सनसनी मचाने के बाद लुमीरे ब्रदर्स ने अपने दूत मॉरिस सेस्टीयर के ज़रिये बम्बई में *सिनेमैटोग्राफ़ी* का प्रदर्शन किया। चलती-फिरती तस्वीरों ने भारतवासियों की कल्पनाशीलता को छूने में देर नहीं लगायी और बीसवीं सदी के प्रारम्भिक वर्षों में बम्बई, कलकत्ता और मद्रास में टेंट लगा कर फ़िल्में दिखाई जाने लगीं। इन टेंटों में एक बार में दस हज़ार दर्शक तक आ जाते थे। हीरालाल सेन भारत के पहले फ़िल्मकार थे जिन्होंने 1898 में 'फ़्लॉवर ऑफ़ पर्शिया' नामक फ़िल्म बनायी जो लघु फ़िल्म की श्रेणी में आती थी। सेन ने आगे चल कर 'अलीबाबा ऐंड फ़ोर्टी थीव्ज़' नामक फ़िल्म भी बनायी, पर पूरी लम्बाई का पहला भारतीय कथा-चित्र 'राजा हरिश्चंद्र' (1913) बनाने का श्रेय ढुंढिराज गोविंद फालके (1870-1944) को मिला। दादासाहिब फालके भारतीय भाषाओं और संस्कृतियों के विद्वान होने के साथ-साथ स्टिल कैमरे से की जाने वाली कलात्मक फ़ोटोग्राफ़ी के महारथी भी थे। उनके इस प्रयास के पीछे एक विशिष्ट वैचारिक राजनीति भी थी। वे 'भारतीय' सार और 'भारतीय' सौंदर्यशास्त्र से सम्पन्न एक 'भारतीय' सिनेमा की नींव रखना चाहते थे। इसी राष्ट्रीय जज़्बे को लेकर जीवट के

धनी फालके फ़िल्म-निर्माण की कला सीखने लंदन की यात्रा पर गये, द *बाइस्कोप* पत्रिका के सम्पादक से मशविरा लिया और वाल्टन स्थित सिनेमा कम्पनियों, स्टूडियोज़ और फ़ैक्ट्रियों का दौरा किया। जब वे भारत लौटे तो उनके पास फ़िल्म-निर्माण की जो सामग्री थी उसमें पच्चीस हज़ार रुपये की क़ीमत का हाथ से चलाया जाने वाला मूवी कैमरा भी था। इसके हैंडिल को एक बार क्रेंक करने से एक सेकण्ड में फ़ोटो के सोलह फ्रेम खिंचते थे। मूक फ़िल्मों के इस शुरुआती कैमरे से लेकर 1931 में आये सवाक् फ़िल्मों के बिजली की मोटर से चलने वाले कैमरे (ध्वनि की गति की बराबरी करने के लिए एक सेकण्ड में 24 फ़ोटो-फ्रेम) तक सिनेमा की प्रौद्योगिकी फालके द्वारा शुरू किये गये राष्ट्रवादी प्रोजेक्ट में पूरी तरह से गुँथ चुकी थी।

'अमर ज्योति' (वी. शांताराम : 1936)

भारत में फ़िल्म थिएटरों की पहली श्रृंखला के मालिक कलकत्ता के व्यापारी जमशेदजी फ्रामजी मदन थे। उनकी दिलचस्पी फ़िल्म-निर्माण में भी थी और वे हर साल क़रीब दस फ़िल्में बनाते थे। बीस के दशक में बम्बई (बाम्बे टाकीज़ स्टूडियो, कोहिनूर फ़िल्म कम्पनी, रंजीत मूवीटोन स्टूडियो और इम्पीरियल फ़िल्म कम्पनी), कलकत्ता (न्यू थिएटर्स स्टूडियोज़) और पूना (प्रभात स्टूडियो) में बड़े-बड़े स्टूडियोज़ की स्थापना हुई। तीस के दशक में मद्रास (यूनाइटिड आर्टिस्ट्स कॉरपोरेशन) ने इसी रास्ते पर अपने क़दम बढ़ाये। पंजाबी आधारित फ़िल्मों का एक केंद्र लाहौर (आजकल पाकिस्तान में) में उभरा। इम्पीरियल फ़िल्म कम्पनी ने ही 1931 में भारत की पहली बोलती हुई फ़िल्म 'आलमआरा' का निर्माण किया। आज़ादी से पहले हिंमाशु राय और उनकी पत्नी देविका रानी ने युरोप में अपनी फ़िल्म 'कर्मा' के प्रदर्शन से हलचल मचा दी।

'आलम आरा' : पहली सवाक् फ़िल्म

टेंटों में फ़िल्में दिखाने से लेकर मल्टीप्लेक्सों में किये जाने वाले फ़िल्म-प्रदर्शन तक की यह निरंतर विकासमान यात्रा अपने-आप में आश्चर्यजनक रूप से अनूठी और रोचक है। भारत में राष्ट्रीय चेतना के प्रसार, समाज सुधार की प्रक्रिया, राजनीति, समाज और संस्कृति के ऊपर फ़िल्मों के प्रभाव के बारे में न जाने कितना लिखा और कहा जा चुका है। सिनेमा के इस भारतीय प्रसंग को समझने के लिए केवल फ्रांस और जर्मनी में विकसित हुआ सिनेमा-सिद्धांत ही काफ़ी नहीं है। इसके लिए भारतीय सिनेमा की अपनी विमर्श-परम्पराएँ और अपने सिद्धांतों की मदद लेना भी ज़रूरी है। 1948 में ही सत्यजीत राय और चिदानंद दासगुप्ता के लेखन ने सिनेमा-सिद्धांत से जूझते हुए स्वातंत्र्योत्तर भारतीय सिनेमा की राष्ट्र के संदर्भ में एकताकारी भूमिका पर ज़ोर देना शुरू कर दिया था। इसके बाद साठ और सत्तर के दशक में ऋत्विक घटक और कविता सरकार का लेखन सामने आया जिसके केंद्र में यथार्थवाद बनाम आधुनिकतावाद, आधुनिकतावाद बनाम अवाँगार्द और राष्ट्रीय सिनेमा बनाम क्षेत्रीय सिनेमा जैसी बहसें थीं। यह स्वाभाविक ही है कि इतने विविध और सफल सिनेमा के बारे में किये गये इस विमर्श के आधार पर एक समृद्ध भारतीय सिनेमा-अध्ययन भी विकसित होता। आशीष राज्याध्यक्ष, माधव प्रसाद, गीता कपूर, अनुराधा कपूर और रवि वासुदेवन जैसे समाज वैज्ञानिकों ने पत्रिका 'आर्ट्स ऐंड आइडियाज़' में लेखन के ज़रिये व्यावसायिक फ़िल्मों के गहन अध्ययन के माध्यम से भारतीय आधुनिकता के विभिन्न आयामों का संधान किया।, सुमिता एस. चक्रवर्ती के अध्ययन ने भी सिनेमा अध्ययन को समृद्ध किया। समाज मनोविद् आशिस नंदी और सुधीर कक्कड़ ने भी भारतीय सिनेमा के मनोवैज्ञानिक पहलुओं पर प्रकाश डाला है।

मोटे तौर पर फ़िल्म-अध्येताओं की मान्यता है कि भारतीय फ़िल्मों पर दिखने वाले प्रभावों को मुख्यतः सात श्रेणियों में बाँटा जा सकता है। इन पर सरसरी नज़र डालने से ही स्पष्ट हो जाता है कि भारतीय सिनेमा पश्चिम के सिनेमा से कितना अलग है। इस सिनेमा पर पहला प्रभाव 'रामायण' और 'महाभारत' जैसे महाकाव्यों का है जिसके आधार पर व्यावसायिक सिनेमा की वर्तमान संरचना तैयार हुई है। कहानी, उपकहानी और पृष्ठभूमि में चलने वाली कहानी का कथात्मक ढाँचा भारतीय फ़िल्मों ने वहीं से लिया है। दूसरा प्रभाव प्राचीन संस्कृत नाटकों का है। दृश्यगत भव्यता, संगीत, नृत्य और आंगिक मुद्राओं का जो विलक्षण संयोग इन फ़िल्मों में दिखाया जाता है वह संस्कृत नाट्य-परम्परा की ही देन है। इन्हीं नाटकों से ली गयी प्रदर्शन की रस-पद्धति भारतीय फ़िल्मों को पश्चिमी फ़िल्मों से अलग कर देती है। रस-सिद्धांत के अनुसार अभिनेता मनोभावों का संचार करता

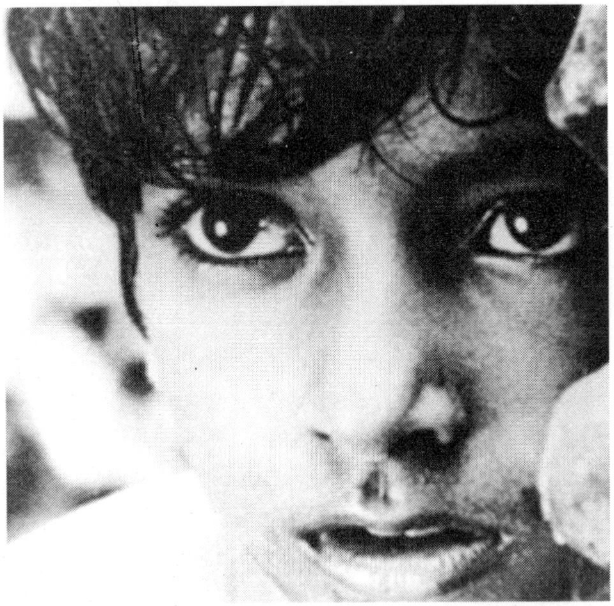

'पाथेर पांचाली' (सत्यजित राय : 1955)

है जो दर्शक द्वारा अनुभूत किये जाते हैं। पश्चिम में अभिनेता और दर्शक के बीच इस तरह का संबंध नहीं होता। स्टानिस्लाव्सकी पद्धति के अनुसार अपना किरदार निभाते समय पश्चिम का अभिनेता उसका मूर्तिमान और जीवंत स्वरूप बन जाता है। फ़िल्मों पर तीसरा प्रभाव पारम्परिक लोक-नाट्य का है। दसवीं सदी में संस्कृत रंगमंच की लोकप्रियता में गिरावट आने के बाद बंगाल में जात्रा, उत्तर भारत में रामलीला, महाराष्ट्र में तमाशा और तमिलनाडु में थेरुकुट्टु जैसी लोकनाट्य की शैलियाँ उभरीं। चौथा प्रभाव पारसी थिएटर का माना जाता है जिसमें यथार्थ की अभिव्यक्ति स्वैरकल्पना, संगीत, नृत्य, धमाकेदार संवाद और अतिनाटकीयता के संयोग के ज़रिये की जाती थी। भदेस हास्य और मधुर गीतों के ज़रिये दर्शकों का मनोरंजन करने की विरासत भी फ़िल्मों को पारसी थिएटर से ही मिली है। पाँचवाँ प्रभाव हॉलीवुड की फ़िल्मों का है। अमेरिका की धार्मिक, म्यूज़िकल, ऐतिहासिक और कॉस्ट्यूम ड्रामा फ़िल्मों का अनुगमन करते हुए भारतीय फ़िल्मकारों ने उन्हें अपनी शैली में ढाल कर पेश किया। हॉलीवुड में फ़िल्मकार अपनी कृति के गढ़े गये पहलुओं को ज़्यादा से ज़्यादा छिपा कर यथार्थ के पक्षों को उभारने की कोशिश करते थे, पर भारतीय फ़िल्मकारों ने स्क्रीन पर दिखाये जा रहे विभ्रम और कल्पना को यथार्थ के रंग में रँगने की कोशिश नहीं की जिससे भिन्न प्रभाव पैदा हुए। छठाँ प्रभाव पश्चिम के म्यूज़िकल टीवी, ख़ासकर एम टीवी का है। नब्बे के दशक के बाद इस प्रभाव के कारण गति, कैमरा कोण, नृत्य संयोजन और संगीत के संदर्भ में भारतीय फ़िल्मों में कई तरह के परिवर्तन हुए।

भारतीय फ़िल्मों पर सातवाँ प्रभाव युरोपीय कला सिनेमा, अमेरिका के प्रति-सिनेमा और फ़्रांस के अवाँगार्द सिनेमा का है। भारत में जिस समांतर सिनेमा की रचना हुई, उसने व्यावसायिक फ़िल्मों की भाँति संस्कृत नाटक से संरचनात्मक प्रेरणा ली और भारतीय साहित्य से कथानक और घटनात्मकता उठायी। लेकिन शैलीगत रूप से वह इटली के नवयथार्थवाद और फ़्रांस के काव्यात्मक यथार्थवाद से प्रेरित था। महान भारतीय फ़िल्मकार सत्यजीत राय स्वयं मानते थे कि उनकी फ़िल्म 'पाथेर पांचाली' (1955) पर इतालवी फ़िल्मकार विट्टोरियो डि सिका की कृति 'बाइसकिल थीफ़' (1948) और फ़्रांसीसी फ़िल्मकार ज्याँ रेनुआ की 'दि रिवर' (1951) का असर है। दूसरी तरफ़ राय ने अपनी फ़िल्म शैली पर प्राचीन रस-सिद्धांत का प्रभाव भी स्वीकार किया है। डि सिका के नवयथार्थवाद ने जिन उल्लेखनीय भारतीय फ़िल्मकारों को प्रभावित किया उनमें बिमल राय भी शामिल थे जिनकी फ़िल्म 'दो बीघा ज़मीन' (1953) ने सत्यजीत राय के उभरने से पहले ही भारतीय फ़िल्मों की पताका विश्व मंच पर फहरा दी थी।

लेकिन भारतीय और पश्चिमी फ़िल्मों के बीच आदान-प्रदान की यह कहानी एकतरफ़ा ही नहीं है। सत्यजीत राय की विख्यात त्रयी ('पाथेर पांचाली', 'अपराजितो' और 'अपूर संसार') के सिनेमैटोग्राफ़र सुब्रत मित्रा फ़िल्म के सेट पर दिन के प्रकाश का प्रभाव पैदा करने के लिए बाउंस लाइट की महत्त्वपूर्ण तकनीक विकसित करने के लिए जाने जाते हैं। राय ने अपनी फ़िल्म 'प्रतिद्वंदी' के फ़िल्मांकन के समय फ़ोटो निगेटिव फ़्लैशबैक और एक्स-रे डायग्रेसन जैसी तकनीकें भी विकसित कीं। 1967 में राय द्वारा रचित पटकथा पर हॉलीवुड 'एलियन' नामक फ़िल्म बनाने जा रहा था। बाद में यह प्रोजक्ट आगे नहीं बढ़ पाया, पर समझा जाता है कि इसी पटकथा के महत्त्वपूर्ण तत्त्वों के आधार पर ही स्टीवन स्पीलबर्ग ने अपनी विख्यात फ़िल्म 'ई टी' की रचना की। ऋत्विक घटक की फ़िल्मों में भी ऐसे तत्त्व थे जिनकी बाद में फ़्रांसुआ त्रूफ़ो और मार्टिन स्कोरसीस की फ़िल्मों में शिनाख़्त की गयी। भारतीय फ़िल्मों की फ़ेंटेसी-गीत-संगीत-नृत्य संबंधी संरचना से प्रभाव ग्रहण करने वाली हॉलीवुड की फ़िल्मों में बाज़ लुथरमान की 'मौलाँ रूज़' (2001) प्रमुख है। ख़ुद लुथरमान ने इस हक़ीक़त को स्वीकार किया है। इस फ़िल्म से पहले माना जाता था कि म्यूज़िकल शैली की फ़िल्मों को हॉलीवुड ने पूरी तरह से त्याग दिया है। डैनी बॉयल की ऑस्कर विजेता फ़िल्म 'स्लमडॉग मिलिनायर' की संरचना भी बम्बइया फ़िल्मों से मेल खाती है।

देखें : अतिनाटकीयता, अनुपस्थिति-उपस्थिति, कला सिनेमा, अवाँगार्द और प्रति-सिनेमा, टीवी और समाचार, टीवी और सेक्सुअलिटी, टीवी और टीवी-अध्ययन, तीसरा सिनेमा, तीसरी दुनिया का सिनेमा, दक्षिण भारतीय सिनेमा और राजनीति, दर्शक, श्रोता और पाठक, नारीवादी फ़िल्म-सिद्धांत, फ़िल्म और सेक्सुअलिटी, फ़िल्म और टीवी सेंसरशिप, फ़िल्मांतरण, फ़िल्म-सिद्धांत, फ़्लैश-बैक, भारतीय फ़िल्म-अध्ययन,

भारतीय स्टार सिस्टम, रियलिटी टीवी, विचारधारा और हिंदी सिनेमा, वृत्त-चित्र, सेलेब्रिटी, सोप ओपेरा, सिनेमाई यथार्थवाद, नव-यथार्थवाद, सोवियत सिनेमा, स्टार, हिंदी सिनेमा का समाजशास्त्र।

संदर्भ

1. कविता सरकार (1957), 'इनफ़्लुएंसिज़ ऑन सिनेमा', *फ़िल्म क्वार्टरली,* जनवरी-मार्च.
2. आशीष राज्याध्यक्ष (1986), 'नियो-ट्रेडिशनलिज़म : फ़िल्म एज़ पॉप्युलर आर्ट इन इण्डिया', *फ्रेमवर्क,* अंक 32-33.
3. रवि वासुदेवन (सम्पा.) (2001), *मेकिंग मीनिंग्स इन इण्डिया सिनेमा,* ऑक्सफ़र्ड युनिवर्सिटी प्रेस, नयी दिल्ली.
4. रवि वासुदेवन (2010), *द मेलोड्रैमेटिक पब्लिक : फ़िल्म फ़ॉर्म ऐंड स्पेक्टेटरशिप इन सिनेमा,* परमानेंट ब्लैक, नयी दिल्ली.
5. एम. माधव प्रसाद (1998), *आइडियॉलॅजी ऑफ़ हिंदी फ़िल्म्स : अ हिस्टोरिकल कंस्ट्रक्शन,* ऑक्सफ़र्ड युनिवर्सिटी प्रेस, नयी दिल्ली.

— अभय कुमार दुबे

भारतीय सिनेमा-2

'नीचा नगर' से 'बॉम्बे नुआर' तक

(Indian Cinema-2)

लम्बे अरसे से एक राष्ट्र के रूप में भारत की छवि तीसरी दुनिया के देश की रही है। इसलिए उसके सिनेमा को भी तीसरी दुनिया के सिनेमा की श्रेणी में रख कर देखा जाता रहा है। लेकिन बीसवीं सदी के आख़िरी पच्चीस वर्षों में यह छवि कुछ की कुछ हो चुकी है। आज संख्या और विस्तार की दृष्टि से भारतीय फ़िल्में बहुत आगे निकल चुकी हैं। हिंदी, तमिल, तेलुगु, कन्नड़, मलयालयम और बांग्ला समेत देश की विभिन्न भाषाओं में हर वर्ष एक हज़ार से ज़्यादा फ़िल्में बनती हैं और इस मामले में हॉलीवुड भी भारत से पीछे है (2009 में भारत ने कुल 2,961 फ़िल्में बनायीं जिनमें 1,288 कथा-चित्र थे)। अमेरिकी और युरोपीय फ़िल्म उद्योग के बाद भारतीय फ़िल्म उद्योग एक भूमण्डलीय शक्ति में बदल चुका है। क़रीब नब्बे देशों में भारतीय फ़िल्में प्रदर्शित की जाती हैं। सिनेमा की हर श्रेणी में उल्लेखनीय योगदान करने वाले भारतीय फ़िल्मकारों के नाम अंतर्राष्ट्रीय स्तर पर विख्यात हैं। विश्व की श्रेष्ठतम सौ फ़िल्मों, पाँच सौ फ़िल्मों या एक हज़ार फ़िल्मों की सूची में कई भारतीय फ़िल्मों के नाम शामिल किये जाते हैं। सौ फ़ीसदी प्रत्यक्ष विदेशी निवेश का प्रावधान होने के बाद इक्कीसवीं सदी में भारतीय फ़िल्म उद्योग ट्वेंटियथ सेंचुरी फ़ॉक्स, वार्नर ब्रदर्स और सोनी पिक्चर्स जैसी अंतर्राष्ट्रीय फ़िल्म कम्पनियों के लिए निवेश का एक आकर्षक मुक़ाम बन चुका है। किसी ज़माने में भारतीय फ़िल्म उद्योग को पूँजी के नियमित प्रवाह की कमी से जूझना पड़ता था, लेकिन अब ज़ी, यूटीवी, एडलैब्स और सन नेटवर्क जैसी बड़ी भारतीय मीडिया कम्पनियों ने फ़िल्म निर्माण में धन लगाना शुरू कर दिया है। 2003 में तीस फ़िल्म निर्माण कम्पिनयाँ नैशनल स्टॉक एक्सचेंज में सूचीबद्ध थीं। कर रियायतों के फलस्वरूप देश में एक मल्टीप्लेक्स बूम आया हुआ है जिसने इस उद्योग में एक नयी व्यावसायिक और रचनात्मक ऊर्जा का संचार किया है। भारतीय डायसपोरा दुनिया का सबसे बड़ा डायसपोरा है जिसके कारण भी भारतीय फ़िल्मों को सारी दुनिया में अपना प्रसार करने का मौक़ा मिला है। मुख्यधारा की फ़िल्में जितना राजस्व कमाती हैं उसका बारह फ़ीसदी तो केवल विदेशों में रहने वाले भारतवंशियों को फ़िल्में दिखा कर ही कमा लिया जाता है। भारतीय फ़िल्मों की आमदनी में उनके संगीत की बिक्री से भी क़रीब चार-पाँच फ़ीसदी का अहम योगदान होता है।

भारतीय सिनेमा के इस अभूतपूर्व विकास में भारतीय राज्य की भूमिका को नज़रअंदाज़ नहीं किया जा सकता। आज़ादी मिलते ही भारत सरकार ने सिनेमा की स्थिति की जाँच-पड़ताल के लिए एस.के. पाटिल आयोग की नियुक्ति की। पाटिल ने भारतीय सिनेमा को कला, उद्योग और शोमैनशिप का संयोग क़रार देते हुए फ़िल्म वित्त निगम की स्थापना का सुझाव दिया जिस पर 1960 में अमल हुआ। 1949 में सरकार ने फ़िल्म्स डिवीज़न की स्थापना की जो जल्दी ही दुनिया का सबसे बड़ा वृत्त-चित्र फ़िल्म-निर्माता बना गया। वित्त निगम ने भारत में कला फ़िल्मों के उत्थान और प्रसार में प्रमुख भूमिका का निर्वाह किया। 1980 में फ़िल्म वित्त निगम को राष्ट्रीय फ़िल्म विकास निगम (एनएफडीसी) का रूप दे दिया गया। 1974 में मोशन पिक्चर्स एक्सपोर्ट एसोसिएशन ऑफ़ अमेरिका (एमपीईएए) ने अपने क़दम भारतीय बाज़ार से खींच लिए। नतीजे के तौर पर वित्त निगम को स्थानीय वितरण के लिए फ़िल्में आयात करने और मुनाफ़ा कमाने का मौक़ा मिला। इस रक़म से भारत में समांतर सिनेमा जैसे प्रयोगों में निवेश किया गया। फ़िल्म के माध्यम की जटिलता और प्रौद्योगिकी पर निर्भरता को देखते हुए सरकार ने पुणे फ़िल्म इंस्टीट्यूट की स्थापना की जिसने पिछले चार दशकों में भारतीय फ़िल्मों को अनगिनत सक्षम निर्देशक, अभिनेता, अभिनेत्रियाँ और सिनेमैटोग्राफ़र दिये हैं। चालीस के दशक से साठ के दशक के बीच के काल को भारतीय सिनेमा का स्वर्ण युग माना जाता है जिसमें महबूब ख़ान ('अंदाज़', 'आन', 'अमर', 'मदर इण्डिया'), वी. शांताराम ('दुनिया न माने', 'आदमी', 'पड़ोसी', 'दो आँखें बारह हाथ', 'डॉ. कोटनीस की अमर कहानी'),

ढुंढिराज गोविंद फ़ालके (1870–1944)

राजकपूर ('आवारा', 'श्री चार सौ बीस', 'जागते रहो', 'जिस देश में गंगा बहती है', 'बूटपालिश'), के. आसिफ़ ('मुग़ल-ए-आज़म'), बिमल राय ('मधुमती', 'देवदास', 'परख', 'परिणीता', 'दो बीघा ज़मीन'), गुरुदत्त ('प्यासा', 'क़ागज़ के फूल', 'साहब बीवी ग़ुलाम'), कमाल अमरोही ('महल', 'दायरा'), बी.आर. चोपड़ा ('नया दौर', 'क़ानून', 'धूल का फूल', 'धर्मपुत्र'), चेतन आनंद ('नीचा नगर', 'आख़िरी ख़त', 'हक़ीकत', 'अफ़सर'), विजय आनंद ('गाइड') और विजय भट्ट ('बैजू बावरा') ने व्यावसायिक रूप से सफल और आलोचनात्मक दृष्टि से सराही गयी फ़िल्मों का निर्माण किया।

यही वह अवधि थी जब हिंदी फ़िल्मों का केंद्र समझी जाने वाले मूलत: मराठी भाषी शहर बम्बई में विभिन्न भाषा-भाषी और विभिन्न धर्मावलम्बी प्रतिभाओं का संगम हुआ। पंजाबी पृष्ठभूमि के अभिनेताओं और निर्देशकों, बंगाली और गुजराती पृष्ठभूमि के संगीतकारों और निर्देशकों, हिंदीभाषी क्षेत्र से लेखकों और कवियों-शायरों, दक्षिण भारतीय पृष्ठभूमि के निर्माताओं, निर्देशकों और नायिकाओं के योगदान से जिस फ़िल्म उद्योग की रचना हुई उसे आज हॉलीवुड की तर्ज़ पर भारतीय डायसपोरा की शब्दावली में बॉलीवुड भी कहा जाता है।

साठ के दशक के आख़िरी वर्षों से लेकर अस्सी के दशक के बीच बॉलीवुड ने मनोरंजक फ़िल्मों के स्थापित फ़ार्मूले को एक नया आयाम दिया। शक्ति सामंत ('आराधना', 'अमर प्रेम'), मनमोहन देसाई ('अमर-अकबर-एंथनी'), प्रकाश मेहरा ('ज़ंजीर', 'मुक़द्दर का सिकंदर'), यश चोपड़ा ('दीवार', 'दाग़'), महेश भट्ट ('अर्थ', 'सारांश') और रमेश सिप्पी ('शोले', 'शक्ति') ने एक से ज़्यादा फ़िल्मी सितारों को लेकर टिकट खिड़की पर बेहद सफल फ़िल्में बनायीं। इसी धारा के साथ-साथ नाच-गाने और मार-धाड़ के चित्रण से बचते हुए बासु भट्टाचार्य, बासु चटर्जी, हृषिकेश मुखर्जी और गुलज़ार जैसे फ़िल्मकारों ने बीच का रास्ता अपनाने वाली 'साफ़-सुथरी' फ़िल्मों की परम्परा स्थापित की।

भारत में तीसरे सिनेमा की संहिताओं की अभिव्यक्ति 1946 से ही चेतन आनंद द्वारा निर्देशित 'नीचा नगर' से होनी शुरू हो गयी थी। इसकी पृष्ठभूमि में चालीस के दशक में चले भारतीय जननाट्य संघ (इप्टा) का रंगमंच और फ़िल्म आंदोलन था जिसने 1946 में ख़्वाजा अहमद अब्बास के निर्देशन में 'धरती के लाल' जैसी चर्चित फ़िल्म बनायी थी। बिमल राय और राजकपूर की फ़िल्मों की रैडिकल विषयवस्तु को इस पृष्ठभूमि से अलग करके नहीं देखा जा सकता। हालाँकि भारतीय फ़िल्में 'नीचा नगर' (पहले कान फ़िल्म महोत्सव में ग्रांड प्राइज़) के समय से ही अंतर्राष्ट्रीय फ़िल्म महोत्सवों में पुरस्कार जीतने लगी थीं, पर पचास और साठ के दशक में बनायी गयी सत्यजीत राय की फ़िल्मों ने उन्हें निर्विवाद रूप से सार्थक विश्व सिनेमा के अभिन्न अंग के रूप में स्थापित कर दिया।

राय के समकालीन फ़िल्मकार ऋत्विक घटक की रचनाओं को शुरू में उपेक्षा का सामना करना पड़ा, पर आगे चल कर उन्होंने भारतीय सिनेमा की रचनाशीलता को गहराई से प्रभावित किया। घटक ने 1952 में 'नागरिक' और 'अजांत्रिक' से शुरुआत की, पर इसके बाद उन्होंने 1943 में पड़े बंगाल के अकाल और 1947 में हुए भारत-विभाजन की त्रासदी के अपने आँखों देखे अनुभव के आधार पर गहरे राजनीतिक अर्थों से सम्पन्न फ़िल्म-त्रयी 'मेघे ढाके तारा' (1960), 'कोमल गांधार' (1961) और 'सुबर्णरेखा' (1962) का निर्माण किया। हालाँकि कुछ विमर्शकार मानते हैं कि भारतीय कला सिनेमा घटक के योगदान के बाद नये मुक़ामों को नहीं छू सका। पर इस अतिरेकपूर्ण निष्कर्ष के विपरीत साठ के दशक में मृणाल सेन ('भुवन शोम', 'खँडहर'), मणि कौल ('दुविधा' और 'उसकी रोटी') और कुमार शाहनी ('माया दर्पण', 'तरंग', 'ख़याल गाथा') की फ़िल्मों में इसी परम्परा का अगला चरण दिखाई पड़ता है। कलात्मक सिनेमा की यह धारा सत्तर के दशक में फ़िल्मकारों की नयी पीढ़ी के रूप में विकसित हुई जिसके शीर्ष पर श्याम बेनेगल ('अंकुर', 'निशांत', 'मंथन', 'भूमिका', 'मण्डी'), एम.एस. सथ्यु ('गरम हवा'), सईद अख़्तर मिर्ज़ा ('अल्बर्ट पिंटो को ग़ुस्सा क्यों आता है?', 'अरविंद देसाई की अजीब

दास्तान', 'सलीम लंगड़े पर मत रो'), गोविंद निहलानी ('अर्धसत्य'), केतन मेहता ('मिर्च-मसाला', 'माया मेम साहब'), और कुंदन शाह ('जाने भी दो यारो') की फ़िल्में थीं। अन्य भारतीय भाषाओं में अदूर गोपालकृष्णन, गौतम घोष, बुद्धदेव दासगुप्ता, रामू करियट, शाज़ी एन. करुण, जॉन अब्राहम, जी. अरविंदन की फ़िल्मों को अंतर्राष्ट्रीय मंचों पर भरपूर सराहना मिली।

नब्बे के दशक के उत्तरार्ध से भारतीय सिनेमा में कथ्य और शैली को लेकर एक पुनर्जागरण शुरू हुआ जो अभी तक जारी है। नये फ़िल्मकारों की ताज़ा खेप नयी रचनाशीलता के साथ सामने आयी है। इसने व्यावसायिक और कला फ़िल्मों की श्रेणियों को ख़त्म करके एक स्वायत्त और अपने निजी मुहावरे वाले भारतीय सिनेमा को जन्म दिया है। यह नया भारतीय सिनेमा एक साथ सार्थक भी है, और लोकप्रिय भी। यह अपना अलग दर्शक-वर्ग बनाने में समर्थ है। फ़िल्म-अध्ययन की भाषा में इसे 'बॉम्बे नुआर' जैसे सभी प्रवृत्तियों को समेटने वाले नाम से भी जाना जाता है। राजकुमार हीरानी, शेखर कपूर, मीरा नायर, दीपा मेहता, रामगोपाल वर्मा, मधुर भण्डारकर, विशाल भारद्वाज, अनुराग कश्यप, सुधीर मिश्रा, दिवाकर बनर्जी, अमोल पालेकर, राकेश ओमप्रकाश मेहरा, प्रकाश झा, राजकुमार संतोषी, अनुराग बसु, होमी अदजानिया, फ़रहान अख्तर और आशुतोष गोवारीकर जैसे फ़िल्मकार विभिन्न मिज़ाजों की फ़िल्में बना रहे हैं।

देखें : अतिनाटकीयता, अनुपस्थिति-उपस्थिति, कला सिनेमा, अवाँगार्द और प्रति-सिनेमा, टीवी और समाचार, टीवी और सेक्शुअलिटी, टीवी और टीवी-अध्ययन, तीसरा सिनेमा, तीसरी दुनिया का सिनेमा, दक्षिण भारतीय सिनेमा और राजनीति, दर्शक, श्रोता और पाठक, नारीवादी फ़िल्म-सिद्धांत, फ़िल्म और सेक्शुअलिटी, फ़िल्म और टीवी सेंसरशिप, फ़िल्मांतरण, फ़िल्म-सिद्धांत, फ़्लैश-बैक, भारतीय फ़िल्म-अध्ययान, भारतीय स्टार सिस्टम, रियलिटी टीवी, विचारधारा और हिंदी सिनेमा, वृत्त-चित्र, सेलेब्रिटी, सोप ओपेरा, सिनेमाई यथार्थवाद, नव-यथार्थवाद, सोवियत सिनेमा, स्टार, हिंदी सिनेमा का समाजशास्त्र।

संदर्भ

1. अमित खन्ना, सैबल चटर्जी, गोविंद निहलानी और अमिता मलिक की रचनाएँ, गुलज़ार, गोविंद निहलानी और सैबल चटर्जी (सम्पा.) (2003), *इनसाइक्लोपीडिया ऑफ़ हिंदी सिनेमा,* इनसाइक्लोपीडिया ब्रिटानिका और पॉप्युलर प्रकाशन, दिल्ली और मुम्बई.
2. मृणाल सेन (1977), *व्यूज़ ऑन सिनेमा,* ईशान, कलकत्ता.
3. सत्यजित राय, *अवर फ़िल्म्स देयर फ़िल्म्स,* ओरिएंट लोंगमैन, हैदराबाद.
4. आसिश नंदी (1988-89), 'एन इंटेलिजेंट क्रिटिक्स गाइड टु सिनेमा', *डीप फ़ोकस,* (तीन अंकों में)।

— **अभय कुमार दुबे**

भारतीय सिनेमा-3

क्षेत्रीय सिनेमा संस्कृतियाँ

(Indian Cinema-3)

क्षेत्रीय सिनेमा पर एक विहंगम दृष्टि डाले बिना भारतीय सिनेमा की कहानी अधूरी रह जाएगी। अगर 2009 में बनी भारतीय फ़िल्मों के आँकड़े लिए जाएँ तो हिंदी में बने 235 कथा-चित्रों के साथ-साथ तेलुगु में 218, तमिल में 190, कन्नड़ में 177, मराठी में 99, मलयालम में 94, बांग्ला में 84, भोजपुरी में 64, गुजराती में 62, उड़िया में 17, पंजाबी में 15, अंग्रेज़ी में 9, असमिया में 5, राजस्थानी में 5, कोंकणी में 4, संथाली में 2, हरयाणवी में 1, कोड़वा में 1, मैथिली में 1, नागपुरी में 1, राजबंसी में 1, सम्बलपुरी में 1, मिसिंग में 1 और नेपाली में भी 1 फ़िल्म का निर्माण किया गया। ये आँकड़े एक विविधतामूलक सिनेमाई राष्ट्रीयता के रूपक का प्रतिनिधित्व करते हैं। इनके विन्यास पर पहली नज़र डालते ही साफ़ हो जाता है कि सिनेमाई संस्कृति के विस्तार के संदर्भ में दक्षिण भारतीय भाषाई क्षेत्र हिंदी से थोड़े ही पीछे है। मराठी, बांग्ला और भोजपुरी की दुनिया भी अपनी मात्रात्मक उपलब्धियों के कारण उल्लेखनीय बनी हुई है। लेकिन आँकड़ों से परे ग़ैर-हिंदी सिनेमाई परिदृश्य का इतिहास किसी भी दृष्टि से हिंदी के मुक़ाबले कम प्रभावशाली नहीं है।

बांग्ला और दक्षिण भारतीय सिनेमा का विकास न केवल हिंदी के साथ क़दम से क़दम मिलाते हुए हुआ है, बल्कि उसके बिना हिंदी सिनेमा अपने मौजूदा मुक़ाम पर पहुँच ही नहीं सकता था। क्षेत्रीय सिनेमा हिंदी सिनेमा को फ़िल्म निर्माण के विभिन्न क्षेत्रों में प्रतिभाओं की निरंतर आपूर्ति का स्रोत भी रहा है। दूसरे, व्यावसायिक सिनेमा के मामले में क्षेत्रीय फ़िल्में भले ही हिंदी से बाज़ी न मार पायीं हों, पर कला सिनेमा के संदर्भ में बांग्ला, मलयालम और कन्नड़ सिनेमा ने ही हरावल दस्ते की भूमिका निभायी है।

कलकत्ता के थिएटरों में 'बायस्कोप' पहली बार उन्नीसवीं सदी के आख़िरी दशक में पहुँचा। दादा साहिब फ़ालके से भी पहले फ़िल्म निर्माण शुरू कर देने वाले हीरालाल सेन ने रॉयल बायस्कोप कम्पनी स्थापित की जिसने मंचित नाटकों के दृश्यों को फ़िल्मा कर प्रदर्शित किया। फिर इण्डो-ब्रिटिश कम्पनी की नींव धीरेंद्र नाथ गांगुली ने डाली। पहली बांग्ला फ़िल्म दूसरे दशक में मदन थिएटर के बैनर तले बनी। 1932 के बाद कलकत्ता में फ़िल्मों के निर्माण का केंद्र टॉलीगंज का नामकरण हॉलीवुड की तर्ज़ पर 'टॉलीवुड' कर दिया गया। उस ज़माने में हिंदी फ़िल्में बनाने का भी सबसे

क्षेत्रीय सिनेमा : प्रभावशाली उपस्थिति

बड़ा केंद्र बम्बई के बजाय टॉलीगंज ही था। न्यू थिएटर्स द्वारा बनायी गयी हिंदी फ़िल्मों को कौन भूल सकता है। हिंदी सिनेमा की गुणवत्ता में अभूतपूर्व बढ़ोतरी करने वाली समांतर फ़िल्म धारा की शुरुआत पहले पचास के दशक में बांग्ला सिनेमा में हुई थी जिसके शिखर पर सत्यजीत राय और ऋत्विक घटक थे। बाद में इस बेहतर सिनेमा की कमान मृणाल सेन, बुद्धदेव दासगुप्ता और गौतम घोष जैसे फ़िल्मकारों ने सँभाली। राय समेत इन सभी ने हिंदी में भी उल्लेखनीय फ़िल्में बनायीं। हिंदी सिनेमा के स्वर्ण युग का नेतृत्व जिन बिमल राय ने किया वे एक बांग्ला फ़िल्मकार ही थे। उनकी अनूठी सृजनशीलता ने न केवल बांग्ला साहित्य की कालजयी कृतियों का फ़िल्मांकन किया, बल्कि फ़िल्मकारों की एक पूरी क़तार पैदा की जिसके शीर्ष पर हृषिकेष मुखर्जी, बासु चटजी और बासु भट्टाचार्य जैसे बंगाली पृष्ठभूमि फ़िल्मकार थे।

मराठी चित्रपट के नाम से मशहूर यह सिनेमा हिंदी सिनेमा जितना ही पुराना है। दादा साहिब फ़ाल्के द्वारा निर्मित पूरी लम्बाई का पहला भारतीय कथा-चित्र 'राजा हरिश्चंद्र' मूक फ़िल्म होने के बावजूद पूरी तरह से मराठी-भाषी निर्माण-दल की देन होने के कारण आज तक मराठी सिनेमा की श्रेणी में माना जाता है। मराठी की पहली सवाक् फ़िल्म होने का श्रेय 'अयोध्येचा राजा' को है जो पहली हिंदी सवाक फ़िल्म 'आलमआरा' के साल भर बाद ही बनी थी। मराठी फ़िल्म उद्योग की नींव पहले कोल्हापुर में पड़ी, इसके बाद उसका केंद्र पुणे बना। आज इस फ़िल्म उद्योग का केंद्र भी हिंदी फ़िल्मों की तरह मुम्बई ही है। मराठी सिनेमा तरह-तरह के दर्शक वर्ग को आकर्षित करने वाली फ़िल्में बनाता है। इनमें दादा कोंडके द्वारा बनायी गयी भदेस हास्य की अत्यंत लोकप्रिय फ़िल्मों से लेकर 'श्वास' और 'हरिश्चंद्राची फ़ैक्ट्री' जैसी उत्कृष्ट फ़िल्में भी हैं जिन्हें क्रमश: 2004 और 2009 में भारत की ऑस्कर प्रविष्टि बनने का मौक़ा मिल चुका है।

हिंदी सिनेमा की तरह तमिल सिनेमा ने भी दुनिया के कई देशों में अपनी पैठ बना ली है। श्रीलंका, सिंगापुर, दक्षिण कोरिया, मलेशिया, मॉरीशस, दक्षिण अफ्रीका, पश्चिमी युरोप और उत्तरी अमेरिका के तमिल डायसपोरा के कारण ये क्षेत्र भी तमिल फ़िल्मों के वितरण नेटवर्क के दायरे में आते हैं। चेन्नई के कोडाम्बकम में केंद्रित हिंदी के बाद देश के सबसे बड़े इस फ़िल्म उद्योग को वह श्रेय प्राप्त है जो मुम्बई स्थित बॉलीवुड को भी नहीं है। तमिल सिनेमा उद्योग तेलुगु, मलयालम और कन्नड़ फ़िल्में तो बनाता ही है, वहाँ हिंदी और सिंहली फ़िल्में (श्रीलंकाई तमिल सिनेमा समेत) भी उल्लेखनीय संख्या में बनती हैं। दिलीप कुमार की पीढ़ी से लेकर हिंदी के लगभग सभी विख्यात अभिनेता 'मद्रास' की फ़िल्मों में काम कर चुके हैं। तमिल अभिनेता कमल हासन ने सबसे ज़्यादा बार राष्ट्रीय फ़िल्म पुरस्कार जीता है। रजनीकांत देश के सबसे मँहगे फ़िल्म कलाकार हैं। तमिल फ़िल्म उद्योग ने मणि रत्नम, बालु महेंद्र, कैलासम बालचंदर, बाला, एस. शंकर जैसे विख्यात निर्देशक और इलइया राजा और अल्ला रक्खा रहमान जैसे संगीत निर्देशक दिये हैं। ऑस्कर पुरस्कार जीतने के बाद रहमान अंतर्राष्ट्रीय ख्याति के धनी हो चुके हैं। तमिल फ़िल्म उद्योग तमिलनाडु की संसदीय राजनीति के साथ अपने गर्भनाल के संबंधों के लिए भी जाना जाता है। ब्राह्मणवाद विरोधी आंदोलन, रैडिकल समाज सुधार और तमिल राष्ट्रवाद की झण्डा बुलंद करने वाला द्रविड़ आंदोलन तमिल सिनेमा का राजनीतिक उपयोग किये बिना कांग्रेस को चुनावी होड़ में मात नहीं दे सकता था *(देखें : तमिल सिनेमा और राजनीति)*।

आंध्र प्रदेश से ज़्यादा सिनेमा हाल देश के किसी भी राज्य में नहीं हैं। हैदराबाद में भारत ही नहीं दुनिया का सबसे बड़ा फ़िल्म स्टूडियो कॉम्प्लेक्स रामोजी राव फ़िल्म सिटी है। चेन्नई में बनने वाली फ़िल्मों समेत तेलुगु में बनने वाली फ़िल्मों की संख्या हिंदी से कुछ ही कम है। तमिल सिनेमा के बाद अगर किसी भारतीय भाषा की फ़िल्म संस्कृति ने चुनावी राजनीति से अपना गहरा रिश्ता जोड़ा है, तो वह तेलुगु फ़िल्म उद्योग ही है। तेलुगु आत्मसम्मान के नाम पर अस्सी के दशक में कांग्रेस को पराजित करके सत्ता में आये सुपर स्टार नंदमूरि तारक रामराव (एनटीआर) की राजनीतिक सफलता एक किंवदंती का रूप ले चुकी है। एनटीआर से प्रेरणा लेकर कृष्णा, जयाप्रदा, जमुना, कृष्णम राजू, शारदा, रोज़ा, विजयशांति, कोटा श्रीनिवास राव, बाबू मोहन, हरिकृष्णा और चिरंजीवी जैसी विख्यात फ़िल्मी हस्तियाँ सक्रिय राजनीति में हिस्सा ले रही हैं।

आज़ादी से पहले मलयाली में बनने वाली फ़िल्में तमिल निर्माताओं द्वारा ही बनायी जाती थीं। 1947 के बाद केरल में पहले फ़िल्म स्टूडियो उदय की स्थापना हुई। पहली

प्रामाणिक मलयाली फ़िल्म होने का श्रेय 'नीलक्कुयिल' को है जिसे राष्ट्रपति के रजत पदक से सम्मानित किया गया था। 1965 में रामू करियट के निर्देशन में तकाशी शिवशंकर पिल्लै की कहानी पर बनी 'चेम्मीन' न केवल हिट साबित हुई, उसने सर्वश्रेष्ठ फ़िल्म का राष्ट्रीय पुरस्कार भी जीता। मलयाली सिनेमा का यह दौर प्रेम नज़ीर, सत्यन, शीला और शारदा जैसे कलाकारों के लिए भी जाना जाता है। सत्तर के दशक में मलयाली सिनेमा अदूर गोपालकृष्णन की कृति *'स्वयंवरम'* के रूप में कला सिनेमा की नयी लहर ले कर आया। इसी दशक में एम.टी. वासुदेवन नायर की *'निर्मलयम'*, जी. अरविंदन की *'उत्तरायनम'* और जॉन अब्राहम की फ़िल्म प्रदर्शित हुई। अस्सी से नब्बे के दशक के बीच की अवधि मलयाली सिनेमा का स्वर्ण काल मानी जाती है। इस बीच मलयाली सिनेमा ने मम्मूटी और मोहनलाल जैसे सक्षम अभिनेता दिये और आई.वी. ससि, भरतन और शाज़ी एन. करुण जैसे सम्भावनाशील निर्देशकों की एक पूरी क़तार पैदा की। इन फ़िल्मकारों ने रोज़मर्रा की ज़िंदगी को केंद्र करके सामाजिक और निजी धरातल पर मानवीय संबंधों का सिनेमाई संधान किया।

बांग्ला और मलयाली सिनेमा के बाद भारतीय कला सिनेमा की तीसरी उपलब्धि कन्नड़ फ़िल्म संस्कृति की देन है। 'संस्कार' और 'चोमना दुड़ी' जैसी सरहानीय फ़िल्में बनाने वाले 'संदलवुड' के नाम से मशहूर इस उद्योग ने गिरीश कासरवल्ली, जी.वी. अय्यर और गिरीश कर्नाड जैसे फ़िल्मकार दिये हैं। कन्नड़ सिनेमा ने अनंत नाग, शंकर नाग और बी. सरोजादेवी विख्यात एक्टरों को भी राष्ट्रीय मंच पर पेश किया है। जिस तरह एम.जी.आर. तमिल सिनेमा के, एन.टी.आर. तेलुगु सिनेमा के और प्रेम नज़ीर मलयाली सिनेमा के सुपरस्टार बने, उसी तरह डॉ. राजकुमार कन्नड़ सिनेमा के सुपरस्टार थे। उन्होंने न केवल सैकड़ों फ़िल्मों में विविध भूमिकाएँ निभायीं, बल्कि क़रीब तीन हज़ार गीत भी गाये। राजकुमार राजनीति में आने की योजना भी बना रहे थे। चंदन की लकड़ी के तस्कर वीरप्पन द्वारा उनके अपहरण की घटना राष्ट्रीय मीडिया द्वारा दिये गये कवरेज के कारण पूरे देश की चिंताओं के केंद्र में आ गयी थी।

इस क्षेत्रीय फ़िल्म संस्कृति की प्रतिभाओं से हिंदी सिनेमा को बेहद लाभ हुआ है। यह भी कहा जा सकता है कि अगर संजीव कुमार, बिंदु, आशा पारेख, जीवन, किरन कुमार, अरुणा ईरानी और असरानी जैसे अभिनेता, जयकिशन और कल्याणजी आनंदजी जैसे संगीतकार और केतन मेहता ('भावनी भवई') जैसे निर्देशक हिंदी फ़िल्मों को अपने कॅरियर को न चुनते तो गुजराती सिनेमा और भी समृद्ध होता। 1932 में नानूबाई वकील द्वारा निर्देशित 'नरसिंह मेहता' पहली गुजराती फ़िल्म थी।

मुख्य तौर से बिहार और पूर्वी उत्तर प्रदेश के दर्शकों के लिए बनायी जाने वाली भोजपुरी फ़िल्में भारत से बाहर वेस्ट इंडीज, मॉरीशस, फ़ीज़ी और दक्षिण अमेरिका के भोजपुरी भाषियों के बीच भी लोकप्रिय हैं। इन फ़िल्मों का इतिहास 1962 में प्रदर्शित अत्यंत लोकप्रिय कुंदन कुमार द्वारा निर्देशित 'गंगा मइया तोहे पियरी चढ़इबो' और 1963 में प्रदर्शित एस.एन. त्रिपाठी निर्देशित 'बिदेसिया' से शुरू हुआ था। ये फ़िल्में सफल ज़रूर हुईं, लेकिन भोजपुरी सिनेमा के क़दम नहीं जम पाये। इस उद्योग में नया उछाल 2001 में मोहन प्रसाद द्वारा निर्देशित 'सैंया हमार' की सफलता से आया। इसके बाद बेहद सफल फ़िल्मों का एक लम्बा सिलसिला शुरू हो गया। कई बार छोटे बजट में बनी भोजपुरी फ़िल्मों ने उत्तर प्रदेश और बिहार में हिंदी की बड़े बजट की फ़िल्मों से ज़्यादा पैसा कमा कर दिखाया। आज इस सिनेमा का निर्माण केंद्र मुम्बई है और अमिताभ बच्चन, अजय देवगन, नग़मा, मिथुन चक्रवर्ती जैसे सितारे इन फ़िल्मों में काम कर चुके हैं।

देखें : अतिनाटकीयता, अनुपस्थिति-उपस्थिति, कला सिनेमा, अवाँगार्द और प्रति-सिनेमा, टीवी और समाचार, टीवी और सेक्सुअलिटी, टीवी और टीवी-अध्ययन, तीसरा सिनेमा, तीसरी दुनिया का सिनेमा, दक्षिण भारतीय सिनेमा और राजनीति, दर्शक, श्रोता और पाठक, नारीवादी फ़िल्म-सिद्धांत, फ़िल्म और सेक्सुअलिटी, फ़िल्म और टीवी सेंसरशिप, फ़िल्मांतरण, फ़िल्म-सिद्धांत, फ़्लैश-बैक, भारतीय फ़िल्म-अध्ययन, भारतीय स्टार सिस्टम, रियलिटी टीवी, विचारधारा और हिंदी सिनेमा, वृत्त-चित्र, सेलेब्रिटी, सोप ओपेरा, सिनेमाई यथार्थवाद, नव-यथार्थवाद, सोवियत सिनेमा, स्टार, हिंदी सिनेमा का समाजशास्त्र।

संदर्भ

1. जिग्ना देसाई (2004), *बियॉन्ड बॉलीवुड : द कल्चरल पॉलिटिक्स ऑफ़ साउथ एशियन डायस्पोरिक फ़िल्म*, रॉटलेज, नयी दिल्ली.
2. सेल्वराज वेलायुतम (2008), 'द डायसपोरा ऐंड द ग्लोबल सर्कुलेशन ऑफ़ तमिल सिनेमा', *तमिल सिनेमा : द कल्चरल पॉलिटिक्स ऑफ़ इण्डियाज़ अदर फ़िल्म इंडस्ट्री*, रॉटलेज, नयी दिल्ली.
3. शांति कुमार (2008), 'बॉलीवुड ऐंड बियॉन्ड : द ट्रांसनैशनल इकॉनॉमी ऑफ़ फ़िल्म प्रोडक्शन इन रामोजी फ़िल्म सिटी, हैदराबाद', *ग्लोबल बॉलीवुड : ट्रेवल्स ऑफ़ हिंदी सोंग ऐंड डांस*, युनिवर्सिटी ऑफ़ मिनेसोटा प्रेस, न्यूयॉर्क.

— अभय कुमार दुबे

भारतीय स्टार सिस्टम

(Indian Star System)

भारतीय फ़िल्मों का स्टार-सिस्टम हॉलीवुड की तरह स्टूडियो-सिस्टम की देन नहीं है। इसकी पैदाइश बम्बई, कलकत्ता और मद्रास में पनपे स्टूडियो-सिस्टम के टूटने से हुई है। पश्चिमी सिनेमा और भारत के बीच का यह फ़र्क़ यहीं ख़त्म नहीं होता। हॉलीवुड में स्टारडम का विमर्श भारतीय परिदृश्य को समझने में आंशिक रूप से ही मदद कर सकता है। हालाँकि भारतीय फ़िल्म-स्टार भी अपने फ़िल्म-उद्योग पर हॉलीवुड जैसा ही प्रभाव डालता है, पर कुल मिला कर न केवल इस स्टार-सिस्टम का समाजशास्त्र अलग तरह का है, बल्कि संस्थागत स्तर पर उसकी राजनीतिक-सामाजिक और जेंडर संरचना भी भिन्न है।

हॉलीवुड के स्टार-सिस्टम में पुरुष और स्त्री अभिनेताओं की संयुक्त भागीदारी है, भले ही पुरुषों का हिस्सा अपेक्षाकृत काफ़ी भारी है। पर भारतीय स्टार-सिस्टम में अभिनेत्रियों को आज तक जगह नहीं मिल पायी है। प्रतिभा की धनी, लोकप्रिय और सफल अभिनेत्रियों की कोई कमी नहीं है, पर फ़िल्म-उद्योग को अपनी मर्ज़ी ले चलाने की क्षमता उनमें से किसी की भी नहीं रही। कभी-कभी माधुरी दीक्षित का नाम पहले और अभी तक के अंतिम स्त्री-सुपरस्टार के रूप में लिया जाता है। ज़ाहिर है कि यह अपवाद भी स्टार-सिस्टम के पौरुषपूर्ण चरित्र के नियम को ही सिद्ध करता है।

इसमें कोई शक नहीं कि बॉलीवुड के स्टार भी हॉलीवुड की तर्ज़ पर अपने अति-उपभोग, विलासिता और सेक्शुअल अतिवाद के ज़रिये ख़ुद को जन-साधारण से अलग करके आकर्षक और विचित्र बनाते हैं। लेकिन उनकी इस विशिष्टता के कुछ ख़ास भारतीय पहलू भी हैं। मसलन, बॉलीवुड सितारों के व्यक्तिगत जीवन में जिस तरह की धार्मिक समरसता व्यावहारिक ज़मीन पर देखने को मिलती है, बाक़ी समाज में वैसी स्थिति केवल सामासिक और सेकुलर थियरी के पृष्ठों पर ही सम्भव है।

भारत के फ़िल्मी सितारों और उनसे जुड़ा हुआ देह का सौंदर्यशास्त्र मोटे तौर पर उत्तर भारत और दक्षिण भारत के दो ध्रुवों में विभक्त है। बावजूद इसके कि उत्तर के तमाम फ़िल्मी सितारे दक्षिण भारत में बनने वाली हिंदी फ़िल्मों में सफलतापूर्वक काम करते हैं, और भले ही दक्षिण के अभिनेताओं को उत्तर के दर्शकों ने ज़्यादा स्वीकार न किया हो (हालाँकि दक्षिण भारतीय अभिनेत्रियाँ उत्तर में हमेशा से ज़बरदस्त 'हिट' रही हैं), कहा यही जाता है कि जो दक्षिण में चलता है, वह उत्तर में नहीं चलता। उल्टे उत्तर का अभिनेता अगर दक्षिण द्वारा बनायी गयी हिंदी फ़िल्मों में स्थापित होना चाहता है तो उसे अपने सिर पर ख़ूबसूरत बाल होते हुए भी विग पहनने के लिए मजबूर होना पड़ सकता है (जैसे जीतेंद्र), क्योंकि वहाँ के ज़्यादातर फ़िल्मी सितारे विग पहनते हैं और भड़कीला मेकअप करके पर्दे पर अवतरित होते हैं। एक मोटा-थुलथुल अभिनेता और बेहद मांसल अभिनेत्री दक्षिण में स्टार बने रह सकते हैं, पर उत्तर में वज़न बढ़ने का मतलब है धंधा चौपट हो जाना। दूसरे, दक्षिण के स्टारों का सामाजिक आधार विंध्याचल के उस पार दूर-दूर तक फैले हुए फ़ैन-क्लबों पर टिका हुआ है। इन फ़ैन-क्लबों की संरचना जातिगत, सामुदायिक और अर्ध-राजनीतिक क़िस्म की होती है। प्रशंसकों के इन्हीं स्वायत्त संगठनों के दम पर दक्षिण के स्टार राजनीतिक गोलबंदी करते हैं और अपनी पार्टियाँ बना कर राजसत्ता तक पहुँचने में कामयाब रहते हैं। दक्षिण में फ़िल्मी सितारों के राजनीति में आगमन ने भारतीय राजनीति के क्षेत्रीयकरण में उल्लेखनीय भूमिका निभायी है। इसके विपरीत उत्तर भारत के फ़िल्मी सितारों के सार्वजनिक जीवन में इस तरह के पारिवेशिक सम्पर्कों की भूमिका न के बराबर ही है। उनकी लोकप्रियता और पहुँच अधिकांशत: वर्ग और समुदाय की सीमाओं से परे जाती है। वे भी राजनीति में भाग लेते हैं, पर उनकी कामयाबी का चरित्र व्यक्तिगत क़िस्म का है।

हॉलीवुड के स्टूडियो-सिस्टम की ख़ास बात यह थी कि वह नीचे से ऊपर तक एकीकृत था, अर्थात् फ़िल्म-निर्माण, फ़ाइनेंसिंग, वितरण और प्रदर्शन तक सिनेमा के हर पहलू पर उनकी संस्थागत गिरफ़्त रहती थी। वे स्टार बनाने और बिगाड़ने की क्षमता रखते थे। 1948 में अमेरिकी सुप्रीम कोर्ट के कुछ फ़ैसलों के बाद उनके हाथ से वितरण और प्रदर्शन की ताक़त छिन गयी। लेकिन फिर भी व्यवसाय और स्टारडम पर उनकी गिरफ़्त कमज़ोर नहीं हुई। आज भी हॉलीवुड के बड़े स्टूडियो टॉम क्रूज़ जैसे सितारों को सालाना अनुबंधों के तहत अपनी फ़िल्मों में ही काम करने के लिए प्रतिबद्ध रखते हैं। भारत में भी फ़िल्म-व्यवसाय का विकास बड़े स्टूडियो की स्थापना के साथ जुड़ा हुआ है, लेकिन उनका दायरा मोटे तौर पर निर्माण तक और आंशिक रूप से फ़ाइनेंसिंग (बड़ी फ़िल्म कम्पनियाँ) तक सीमित रहा है। फ़ाइनेंसर, वितरक और प्रदर्शक की हैसियत अपेक्षाकृत स्वायत्त है। कुछ बड़े वितरक भी फ़िल्मों में पैसा लगाते हैं। इसका सबसे बड़ा कारण शायद यह है कि भारतीय फ़िल्मों के लिए ज़रूरी पूँजी के स्रोत कमोबेश अनिश्चित और अस्थिर हैं। सरकारी पूँजी से बनने वाला कला सिनेमा एक अपवाद था। हाल ही में कॉरपोरेट, संस्थागत और विदेशी पूँजी द्वारा फ़िल्म व्यवसाय में पदार्पण करने से पहले इस

महबूब ख़ान की फ़िल्म 'अंदाज़' (1949) में नरगिस, राजकपूर और दिलीप कुमार.

भूमिका सीमित थी। इसके लिए या तो हीरो को अपने भाई या रिश्तेदारों से फ़िल्में बनवानी पड़ती थीं (जैसे देव आनंद ने बनवायीं), या फ़िल्मों को ख़ुद प्रोड्यूस करना पड़ता था (समय-समय पर इन तीनों अभिनेताओं ने ऐसा किया भी)। इस स्टार-त्रयी में केवल एक उदाहरण दिलीप कुमार का है जिन्होंने फ़िल्म-उद्योग द्वारा उन पर आरोपित छवि से अलग हटने का चर्चित प्रयास किया। ट्रैजेडी-किंग कहे जाने वाले इस अभिनेता ने स्वयं योजना बना कर हल्की-फुल्की हास्य भूमिकाएँ करके अपनी स्टार-छवि को बहुआयामी बना दिया।

उद्योग को अपराध जगत से मिलने वाली 'फ़ाइनेंसिंग' का भी इस्तेमाल करना पड़ा है।

पूँजी की कमी के कारण ही भारत में स्टूडियो-सिस्टम का बनता हुआ आधार द्वितीय विश्व-युद्ध के बाद तेज़ी से दरकने लगा। पहले वे हॉलीवुड की ही तरह अभिनेताओं, निर्देशकों, संगीतकारों और लेखकों की टीम को नियमित तनख़्वाह पर रखते थे। लेकिन आज़ादी के बाद अभिनेताओं, निर्देशकों, सिनेमैटोग्राफ़रों और अन्य तकनीशियनों का बाज़ार स्टूडियो-मालिकों और फ़िल्म-कम्पनियों के हाथ में नहीं रह गया। 'फ्रीलांसिंग' का माहौल तैयार हुआ। कलाकारों और तकनीशियनों का पारिश्रमिक उनकी अंतिम फ़िल्म की व्यावसायिक सफलता के आधार पर निर्धारित होने लगा।

मुम्बई फ़िल्म-उद्योग के स्टार-सिस्टम ने तीन बड़े सितारों दिलीप कुमार, राजकपूर और देव आनंद को जन्म दिया। हिंदी सिनेमा के जिस स्वर्णयुग की चर्चा होती है, उसके केंद्र में इन्हीं तीनों की शख़्सियत और अभिनय-क्षमताएँ थीं। इस दौर में इन तीनों को मिले स्टारडम पर चालीस से साठ के दशक के बीच के महान निर्देशकों और निर्माताओं की गहरी छाप थी। दिलीप कुमार मानवीय जीवन के जिन दुःख भरे पहलुओं के पर्याय बने, वह मुख्य तौर पर बिमल राय द्वारा उकेरी गयी छवियों का नतीजा था। बाद में उन्होंने ग्रामीण जीवन की जिन त्रासदियों को व्यक्त किया, वे बलदेव राज चोपड़ा और नितिन बोस के निर्देशकीय कौशल की देन थीं। इसी तरह देव आनंद शहरी पृष्ठभूमि के जिस 'स्मार्ट हीरो' और 'लवर बॉय' का निरूपण करने में कामयाब रहे उनके पीछे गुरुदत्त, राज खोसला, चेतन आनंद और विजय आनंद का हुनर था। राजकपूर ने अपने 'आवारा चार्ली' वाले स्टार-बिम्ब को ख़ुद रचा था, क्योंकि वे अपनी फ़िल्मों में ख़ुद को ही निर्देशित करते थे। जहाँ तक व्यक्तिगत हस्तक्षेप करके अपने स्टार-बिम्ब को मनचाही दिशा देने का सवाल है, इसकी

स्टार-सिस्टम ने सत्तर के दशक से सुपर-स्टारडम के दौर में क़दम रखा। राजेश खन्ना (रोमानी फ़िल्में) और फिर अमिताभ बच्चन (विद्रोही छवि) के उदय ने निर्देशक की छाप को गौण कर दिया। हालाँकि इन छवियों को गढ़ा निर्देशकों ने ही था, पर उनसे जो स्टार बना वह मीडिया और व्यवसाय का सहारा ले कर निर्देशक की पकड़ से परे चला गया। आज शाहरुख ख़ान, अमीर ख़ान, संजय दत्त, अक्षय कुमार और सलमान ख़ान सुपरस्टार की श्रेणी में हैं। ये सभी अपनी पसंद के आधार पर अपने लिए फ़िल्में प्रोड्यूस कराने की क्षमता रखते हैं। इनके बारे में तो यह निश्चित रूप से कहा जा सकता है कि ये फ़िल्मों में काम नहीं करते, बल्कि फ़िल्में इनकी स्टार-छवि का दोहन करने के लिए बनायी जाती हैं।

हालाँकि राजेश खन्ना पहले सुपरस्टार थे, पर इस परिघटना का अध्ययन अमिताभ बच्चन के उभार के साथ जुड़ा हुआ है। राजेश खन्ना को अगर रोमांस का वाहक माना गया, तो बच्चन की एक्टर-शख़्सियत को 'एंगरी यंगमैन' की विद्रोही छवि से जोड़ा गया। बौद्धिकों ने बॉक्स-ऑफ़िस पर बच्चन के बोलबाले को सामाजिक गोलबंदी की नयी सामाजिक विधियों की शुरुआत के रूप में देखा। इस तरह के निष्कर्ष आकर्षक तो लगते हैं, पर उन्हें सिर्फ़ मानकीय विमर्श के स्तर पर ही टिकाया जा सकता है। 'एंगरी यंग मैन' वाला विमर्श यह भूल जाता है कि बच्चन की असाधारण कामयाबी का शीराज़ा शुरू से ही दो समांतर धरातलों पर खड़ा हुआ। एक तरफ़ उन्होंने मुख्यतः हृषिकेश मुखर्जी के निर्देशन में कई रोमानी, बड़बोली, हास्य और गम्भीर-भद्र भूमिकाओं के कामयाब सिलसिले को जन्म दिया। दूसरी ओर उनके द्वारा की गयी ईमानदार या भ्रष्ट पुलिस वाले, कुली, अपराधी, बंडलबाज़, गुंडे, शराबी और रॉबिनहुड जैसी सबाल्टर्न

यश चोपड़ा की फ़िल्म 'दीवार' में अमिताभ बच्चन.

भूमिकाओं ने विद्रोही चरित्रों का सृजन किया। विमर्शकार अपनी थियरी साबित करने की सुविधा के तहत बच्चन के कॅरियर के पहले धरातल को दूसरे में विलुप्त कर देते हैं। इसके लिए जो साक्ष्य जुटाये जाते हैं वे कमज़ोर क़िस्म के हैं।

दिलचस्प बात यह है कि बच्चन जिस समय सफलता के शिखर पर थे, उस समय भी फ़िल्म उद्योग ऐसे कई अभिनेताओं से परिपूर्ण था जो लगातार बड़ी-बड़ी हिट फ़िल्में दे रहे थे। पर मीडिया और समाज-वैज्ञानिकों ने मिल कर सिर्फ़ बच्चन को ही उस 'राष्ट्रीय' सामाजिक-राजनीतिक संकट की सिनेमाई अभिव्यक्ति का वाहक माना जिससे उनके अनुसार उस समय भारतीय समाज और राजनीति को गुज़रना पड़ रहा था। इस लिहाज़ से बच्चन का सुपरस्टारडम एक हद तक बौद्धिक कारीगरी भी था। अगर 'शासक अभिजनों' की वैधता संकटग्रस्त थी तो उसके प्रति गुस्से भरी सिनेमाई प्रतिक्रिया केवल हिंदी-सिनेमा ने ही क्यों की? दक्षिण भारत के शक्तिशाली फ़िल्म-उद्योग ने ऐसा क्यों नहीं किया? क्षेत्रीय सिनेमा-उद्योग भी बॉलीवुडीय मुहावरे की फ़िल्मों की कमाई पर टिका है। वहाँ भी ऐसा क्यों नहीं हुआ?

दक्षिण भारत का नज़ारा एकदम अलग है। वहाँ स्टारडम प्रांतीयता, सांस्कृतिक अस्मिता और सामुदायिकता से बँधा हुआ है। मसलन, आंध्र प्रदेश में तेलुगु-स्टारडम पर कम्मा जाति के अभिनेताओं का क़ब्ज़ा रहा है। दूसरी प्रभुत्वशाली जाति रेड्डियों के पास ऐसा कोई बड़ा फ़िल्म स्टार नहीं है जिसकी लोकप्रियता का उन्हें राजनीतिक फ़ायदा मिल सकता हो। इसी तरह आंध्र में चिरंजीवी और तमिलनाडु में विजयकांत का स्टारडम अपने-अपने समुदायों के साथ उनके गहरे सम्पर्कों की देन है। इसी आधार पर फ़िल्म-स्टारों के प्रशंसकों की एसोसिएशनें बनती हैं जिनका फ़िल्म हिट कराने से लेकर राजनीतिक गोलबंदी तक औज़ार की तरह प्रयोग किया जाता है। फ़ैन-क्लबों में स्त्रियाँ अपवादस्वरूप ही भाग लेती हैं। उनके ज़्यादातर सदस्य निचले तबक़े और निचली समझी जाने वाली जातियों से आते हैं। ये प्रशंसक अपने नायक के लिए रास्ता रोको आंदोलन करने से ले कर दंगाई हिंसा करने की हद तक चले जाते हैं। प्रशंसकों के संगठन अपने नायक के बूढ़े होने पर यो उसके गंजे हो जाने पर भी उससे फिरंट नहीं होते। वे तो उसे भगवान मान चुके होते हैं और उसके मंदिर बना कर पूजा तक करते हैं। प्रशंसकों में नायक के नाम पर आत्मदाह कर लेने वाली दीवानगी तक होती है। तमिलनाडु में एमजीआर और कर्नाटक में डॉ. राजकुमार के देहांत पर उनके प्रशंसकों की दु:ख भरी हिंसक प्रतिक्रिया इसका प्रमाण है।

दक्षिण भारत के फ़िल्मी सितारों का स्टारडम बनाये रखने के लिए प्रचारतंत्र का सुनियोजित उपयोग किया जाता है। फ़ैन-क्लबों की गतिविधियाँ चालू रखने और उनका प्रसार करने में स्टार ख़ुद दिलचस्पी लेता है और उन पर पैसा ख़र्च करता है। साथ ही जीवनी-लेखकों की करामात के दम पर वह अपने निजी जीवन की घटनाओं का गढ़ा गया संस्करण जनता के सामने परोसता है। एमजीआर, उनकी पत्नी जानकी और उनकी राजनीतिक उत्तराधिकारी जयललिता के विवादास्पद अंतरंग जीवन को प्रशंसकों के लिए अनापत्तिजनक और आकर्षक बनाने में इस तरह की मीडिया इंजीनियरिंग का भारी हाथ है। द्रमुक की सदस्यता वाले दिनों में एमजीआर के आठ सौ प्रशंसक क्लब तमिलनाडु में सक्रिय थे। उधर शिवाजी गणेशन के फ़ैन-क्लबों के दम पर चुनाव में हार जाने के बावजूद कांग्रेस राज्य में टिकी हुई थी। आज रजनीकांत और कमल हासन के फ़ैन-क्लबों का ज़माना है। इन दोनों अभिनेताओं के प्रचारतंत्र का दावा है कि एक-एक ज़िले में उनके सैकड़ों फ़ैन-क्लब सक्रिय हैं।

देखें : अतिनाटकीयता, अनुपस्थिति-उपस्थिति, कला सिनेमा, अवाँगार्द और प्रति-सिनेमा, टीवी और समाचार, टीवी और सेक्शुअलिटी, टीवी और टीवी-अध्ययन, तीसरा सिनेमा, तीसरी दुनिया का सिनेमा, दक्षिण भारतीय सिनेमा और राजनीति, दर्शक, श्रोता और पाठक, नारीवादी फ़िल्म-सिद्धांत, फ़िल्म और सेक्शुअलिटी, फ़िल्म और टीवी सेंसरशिप, फ़िल्मांतरण, फ़िल्म-सिद्धांत, फ़्लैश-बैक, भारतीय सिनेमा-1, 2 और 3, भारतीय फ़िल्म-अध्ययन, रियलिटी टीवी, विचारधारा और हिंदी सिनेमा, वृत्त-चित्र, सेलेब्रिटी, सोप ओपेरा, सिनेमाई यथार्थवाद, नव-यथार्थवाद, सोवियत सिनेमा, स्टार, हिंदी सिनेमा का समाजशास्त्र।

संदर्भ

1. गुलज़ार, गोविंद निहलानी और सैबल चटर्जी (सम्पा.) (2003), *इनसाइक्लोपीडिया ऑफ़ हिंदी सिनेमा,* इनसाइक्लोपीडिया ब्रिटानिका और पॉप्युलर प्रकाशन, दिल्ली और मुम्बई.
2. सारा डिकी (1993), 'पॉलिटिक्स ऑफ़ एडुलेशन : सिनेमा ऐंड द प्रोडक्शन ऑफ़ पॉलिटीशियंस इन साउथ इण्डिया', *द जरनल ऑफ़ एशियन स्टडीज़,* खण्ड 52, अंक 2.
3. रॉबर्ट एल. हार्डग्रेव, (1973) जूनियर, 'पॉलिटिक्स ऐंड द फ़िल्म इन तमिलनाडु : द स्टार्स ऐंड द डीएमके', *एशियन सर्वे,* खण्ड 13, अंक 3.

4. एम. माधव प्रसाद (1998), *आइडियॉलॅजी ऑफ़ द हिंदी फ़िल्म: अ हिस्टोरिकल कंस्ट्रक्शन,* ऑक्सफ़र्ड युनिवर्सिटी प्रेस, नयी दिल्ली.

— अभय कुमार दुबे

भारतीय स्वभाव और राजनीति

(Indian Nature and Politics)

क्या भारतीय समाज अपनी प्राचीनता और परम्परानिष्ठा के बावजूद औसत आधुनिक भारतीय व्यक्ति को ऐसा मानस मुहैया कराने में सफल है जो समाज को राजनीतिक आधुनिकीकरण की तरफ़ ले जा सके? राजनीति के जिन रूपों को हमने अपनाया है, उनका विकास मुख्यत: पश्चिमी सांस्कृतिक यथार्थ के तहत हुआ है। भारतीय सांस्कृतिक यथार्थ उससे कई मायनों में मेल नहीं खाता। भारत में औसत व्यक्ति के लालन-पालन और समाजीकरण के मानक न केवल आधुनिकता के आगमन से पहले भिन्न रहे हैं, बल्कि आज भी कमोबेश वे पश्चिमी मानकों से अलग हैं। आधुनिक राजनीति में सफलतापूर्वक भाग लेने के लिए जिन ख़ूबियों की ज़रूरत होती है, उन्हें प्राप्त करने के दो स्रोत हो सकते हैं। पहला, राजनीति में भाग लेने के अनुभव से सीखते हुए क्रमश: उन गुणों को प्राप्त करना। यह व्यक्ति की अपनी क्षमताओं पर निर्भर करता है कि वह राजनीति की ज़रूरतों के हिसाब से ख़ुद का पुनर्संस्कार किस तरह और किस हद तक करता है। दूसरा, वे बुनियादी और सहजात गुण जो पारिवारिक और सांस्कृतिक माहौल के कारण शुरू से ही व्यक्ति के मानस का अंग बन जाते हैं। प्रश्न यह है कि ये सहजात गुण भारतीय व्यक्ति को आधुनिक राजनीतिक संस्कृति का अनुभव प्राप्त करने में बाधा डालते हैं या उसकी मदद करते हैं। यह दूसरा स्रोत पहले को लाज़मी तौर पर प्रभावित करता है।

भारतीय व्यक्तित्व के अध्ययन में कई अध्येताओं ने भारतीय परिवार में बच्चे की स्थिति पर ख़ास तौर से विचार किया है। इन अध्ययनों की रोशनी में एक अंदाज़ा लगाया जा सकता है कि भारतीय परिवार और समाज का ढाँचा जन्म से वयस्क होने तक जिस व्यक्ति की रचना करता है, वह आधुनिक सामूहिक जीवन और प्राधिकार के आधुनिक रूपों की ज़रूरतों पर खरा उतर पाता है या नहीं? इससे यह भी पता चलता है कि मूलत: सांस्कृतिक और पश्चिमी अर्थों में अ-सेकुलर स्वभाव वाले समाज में विकसित होने वाले राजनीतिक संस्कार जिस राजनीतिक शख़्सियत की रचना करते हैं, वह किन अर्थों में पश्चिमी समाजों में पनपे राजनीतिक व्यक्ति से अलग है?

अध्येताओं की मान्यता है कि पश्चिम के मुक़ाबले भारत में बच्चे पर कहीं ज़्यादा लम्बी अवधि तक वात्सल्य बरसाया जाता है। माता और परिवार के अन्य सदस्यों की संरक्षा में लगातार रहने के कारण भारतीय बच्चा अपेक्षाकृत वंचित होने की किसी कुंठा का अनुभव कम ही करता है। ऐसी स्थिति के कारण उसके स्वभाव को आंतरिक आक्रामकता का वह स्पर्श नहीं मिल पाता, जो आधुनिक राजनीति के लिए उपयोगी समझा जाता है। वह अपनी आक्रामक ऊर्जा को प्राधिकार के प्रतीकों के संदर्भ में व्यक्त करने में नाकाम रहता है। दूसरी तरफ़ यही प्रक्रिया उसके भीतर 'आत्म-विकास' की अंतर्मुखी प्रवृत्ति को बढ़ावा देती है। उसका अपना आदर्शीकृत अहं तो ताक़तवर हो जाता है, पर समाज की वृहत्तर ज़रूरतों से जोड़ने वाला परा-अहं कमज़ोर बना रहता है।

परिणामस्वरूप भारतीय व्यक्ति जब अपने परा-अहं की अपेक्षाएँ पूरी नहीं कर पाता, तो उसकी नैतिक और रचनात्मक ऊर्जा में कोई ख़ास बेचैनी पैदा नहीं होती। वह अपने स्व-विकसित अहं पर निर्भरता से काम चलाता रहता है। वह स्वनिर्धारित आदर्शों और लक्ष्यों से अधिक अनुप्राणित होता है, अपनी सामाजिक ज़िम्मेदारियों से कम। औसत भारतीय इसीलिए अंतर्मुखी हो कर श्रेष्ठता प्राप्त करने की कोशिश में लगा रहता है, पर उसमें समाज के लिए कुछ कर गुज़रने की ख़ास इच्छा नहीं होती। अपनी इसी प्रकृति के कारण जब भारतीय संस्कृति उसके सामने ऊँचे और सार्वभौम आदर्श पेश करती है तो उसे हमेशा के लिए एक तरह के अंतर्विरोध का शिकार हो जाना पड़ता है। वह देखता है कि कुछ मुट्ठी-भर व्यक्ति सृजनशील और सत्ताकांक्षी व्यक्ति इन आदर्शों से जुड़ कर ख़ुद को उच्चतर क्षमताओं से लैस करते चले जा रहे हैं। वह अपने और उनके बीच में एक बड़ी खाई पाता है। उस तरह का महामानव न बन पाने की मजबूरी उसे उत्तरोत्तर स्वत:स्फूर्तता और अनिश्चितता का शिकार बनाती चली जाती है। वह नेता को गुरु, ऋषि या योद्धा की निगाह से देखता है। उसके करिश्मे पर उसे हद से ज़्यादा भरोसा होने लगता है। इन्हीं कारणों से भारतीय मानस के लिए राजनीतिक नेता की हैसियत माता-पिता या बड़े भाई या बहिन जैसी होती है। दूसरी ओर नेतागण भी चाहते हैं कि किशोरों और नवयुवकों में ऐसी ही मूल्यों का विकास हो।

भारतीय परिवार में बच्चे की मौजूदगी को एक व्यक्ति के रूप में स्वीकार न करके एक संक्रमणकालीन स्थिति के

रूप में देखा जाता है। परिवार में प्राधिकार की संरचना आम तौर से बिखरी हुई रहती है। भीड़ भरे माहौल में कुछ भी अलग और निजी धरातल पर सोचना मुश्किल होता है। बड़े संयुक्त परिवार में पिता की हैसियत कई वरिष्ठों के बीच एक वरिष्ठ से अधिक नहीं होती। चाचाओं, मामाओं, बुआओं और दादा-नाना सरीखे कौटुम्बिक संबंधों के ज़रिये भारतीय बच्चे को किसी न किसी प्रकार अपनी माँगें पूरी करवाने का मौक़ा मिल ही जाता है। वह एक वरिष्ठ को दूसरे के मुक़ाबले इस्तेमाल करता रहता है। अनुकरण करने के लिए उसके पास एक नहीं, बल्कि कई तरह की छवियाँ होती हैं। ये तमाम पहलू उसके परा-अहं को कमज़ोर करते हैं।

सचेत रूप से सीखने की उम्र आने पर बच्चे को इस यक़ीन के तहत पाला जाता है कि वह औपचारिक निर्देशों के पालन के बजाय स्वयं देख-समझ कर ज़्यादा सीखेगा। इससे बच्चे के भीतर स्वायत्तता की प्रवृत्ति बढ़ती है, पर प्राधिकार के प्रतीकों के प्रति किसी विशेष अनुपालन की भावना से लैस नहीं हो पाता। पश्चिमी परिवारों के विपरीत परिवार में बच्चे का कोई निश्चित दायरा नहीं होता। वह कहीं भी और कभी भी जा-आ सकता है। वह बड़ों के साथ रात में देर तक जागता रहता है। बड़ों की चर्चा से बच्चे को अलग रखने की कोई विधि आम तौर पर नहीं अपनायी जाती।

पश्चिम में बच्चे का लालन-पालन कई पहलुओं से भारत के मुक़ाबले उल्टा है। पश्चिमी शैली के लालन-पालन के तहत बच्चे में जिस तरह की आंतरिक आक्रामकता विकसित होती है, उसका नम्यीकरण प्राधिकार के प्रति समर्पण में हो जाता है। बच्चों से प्रेम करना अलग बात है, पर वह संस्कृति वात्सल्य रस को कोई ख़ास तरजीह नहीं देती (पश्चिम में वात्सल्य रस की कविता शायद ही लिखी गयी हो)। संयुक्त और विस्तारित परिवार के अभाव में वहाँ बच्चा पैतृक या मातृक अनुशासन के तहत केंद्र के महत्त्व को शुरू से ही समझना शुरू कर देता है, जबकि भारत में बच्चा न तो केंद्र पर ज़ोर देता है और न ही दूसरों से ऐसी अपेक्षा करता है। उसकी ये प्रवृत्तियाँ राजनीतिक केंद्र के प्रति उसके अस्पष्ट रुख में व्यक्त होती हैं जिससे भारतीय राजनेताओं को अक्सर दिक़्क़त होती रही है। भारतीय जीवन-शैली की निगाह में प्राधिकार विखण्डित, बिखरी हुई और रुक-रुक कर गतिशील होने वाली संरचना की तरह है।

तो क्या इस विश्लेषण के तहत मान लेना चाहिए कि औसत भारतीय व्यक्ति आधुनिक राजनीति के लिए अनुपयुक्त है? ऐसी मान्यता एक ज़्यादती होगी। हमें इस स्थापित तथ्य को नहीं भूलना चाहिए कि भारत जैसे परम्परानिष्ठ समाज के आधुनिकीकरण की प्रक्रिया राजनीतीकरण के ज़रिये चली है। भारतीय राजनीतीकरण पश्चिम में हुए राजनीतीकरण से लाज़मी तौर पर अलग है, क्योंकि उसकी इकाई यानी भारतीय व्यक्ति ही एक भिन्न क़िस्म की शै है। दरअसल, भारतीय व्यक्ति की सहजात और नैसर्गिक ख़ूबियाँ एक अलग तरह की आधुनिक राजनीति की रचना-प्रक्रिया की तरफ़ इशारा करती हैं। भारतीय राजनीतिक संस्कृति के मानक अलग हैं। वह अस्पष्टता के प्रति सहिष्णुता, वैचारिक लचीलेपन, सत्ता के विखण्डित स्वभाव और समाज की राज्य से अपेक्षाकृत स्वायत्तता जैसे तत्त्वों से मिल कर बनी है। भारतीय राजनीतिक शख़्सियत के विकास को इसी की रोशनी में समझना श्रेयस्कर होगा।

देखें : अनुसूचित जातियाँ, अनुसूचित जनजातियाँ, अन्य पिछड़े वर्ग, आरक्षण, आधुनिकता, अरविंद घोष, आधुनिकीकरण, कन्हैयालाल माणिकलाल मुंशी, जवाहरलाल नेहरू, जातियों का राजनीतिकरकरण, धीरूभाई शेठ, पार्थ चटर्जी, बंगाल का नवजागरण, भारतीय अभिजन, भारतीय आधुनिकता, भारतीय इसलाम, भारतीय उदारतावाद, भारतीय डायसपोरा, भारत में उपनिवेशवाद, भारतीय नवजागरण : तुलनात्मक परिप्रेक्ष्य, भारत में नियोजन, भारत में प्रातिनिधिक प्रणाली, भारत में पृथकतावादी राजनीति, भारत में मतदान-व्यवहार-1 से 6 तक, भारत में सामाजिक आंदोलन, भारतीय राज्य, भारतीय राष्ट्रवाद, भारतीय लोकतंत्र, भारतीय लोकतंत्र का संस्थानीकरण-1 से 3 तक, भारतीय संविधान-1 से 8 तक, भारतीय सामाजिक आंदोलन, भीमराव रामजी आम्बेडकर, रजनी कोठारी, राज्य, राज्य की मार्क्सवादी अवधारणा, राजा राममोहन राय, विवेकानंद, विनायक दामोदर सावरकर, सुदीप्त कविराज, संविधान सभा में भाषा-विवाद-1 से 3 तक, सामाजिक आंदोलन।

संदर्भ

1. रजनी कोठारी, *भारत में राजनीति : कल और आज,* प्रस्तुति और सम्पादन : अभय कुमार दुबे, सीएसडीएस-वाणी, नयी दिल्ली, 2005
2. रजनी कोठारी, 'राजनीतिक संस्कृति और भारतीय व्यक्ति की राजनीतिक शख़्सियत का विकास', अभय कुमार दुबे (सम्पा.), *राजनीति की किताब : रजनी कोठारी का कृतित्व,* सीएसडीए-वाणी, नयी दिल्ली, 2003

— अभय कुमार दुबे

भाववाद

(Idealism)

भाववाद मानता है कि भौतिक अस्तित्व को केंद्र बना कर यथार्थ की सच्ची प्रकृति को नहीं पहचाना जा सकता। वस्तुनिष्ठता के ऊपर आत्मनिष्ठता को प्राथमिकता देते हुए यह दर्शन दावा करता है कि मनुष्य के मानस को विज्ञान की कार्य-कारण कसौटियों पर नहीं कसा जाना चाहिए। मानस और जगत के संबंधों पर विचार करते हुए यह दर्शन इस निष्कर्ष पर पहुँचा कि चेतना अस्तित्व पर निर्भर नहीं होती, बल्कि अस्तित्व चेतना पर निर्भर करता है। इस तरह भाववाद यथार्थवाद और भौतिकवाद का एंटीथीसिस बन गया। उसने विज्ञान सम्मत कार्य-कारण संबंधों का सहारा न लेकर प्रयोजनमूलकता के आधार पर राजनीतिक जीवन को समझने का प्रयास किया। आधुनिक सभ्यता में व्यक्तिवाद के बोलबाले के पीछे भाववाद के दार्शनिक तर्कों का उल्लेखनीय योगदान है। अट्ठारहवीं सदी के आख़िरी और उन्नीसवीं सदी के शुरुआती वर्षों के जर्मन दार्शनिकों ने इस वैचारिक आंदोलन की नींव डाली। बीसवीं सदी के आख़िरी दशकों में भौतिकवाद और प्रत्यक्षवाद के असर में आने से पहले ब्रिटिश दर्शन भी भाववाद से काफ़ी प्रभावित था। जर्मनी में हीगेल के अलावा कांट, फ़िच, शेलिंग, लीब्निज़ और शॉपेनहॉवर भाववाद के प्रवर्तक माने जाते हैं। ब्रिटिश भाववादियों में टी.एच. ग्रीन, डब्ल्यू. वैलेस, ई. काइर्ड और एच. जोंस का नाम प्रमुख है। लेकिन भाववाद का इतिहास केवल तीन सौ साल पुराना ही नहीं है। सुकरात, प्लेटो और अरस्तू भी भाववादी ही थे। प्राचीन अद्वैतवाद भाववाद की श्रेणी में आता है। भारतीय दर्शन का एक बड़ा हिस्सा भाववादी है। वैदिक साहित्य, उपनिषद्, ब्रह्मसूत्र और वेदांत ही नहीं, बौद्ध दर्शन की कुछ शाखाओं को भी भाववादी माना गया है। चीन में ताओ आधारित लाओ त्से का दर्शन इसी श्रेणी में आता है।

आधुनिक भाववादी विचारक अपने चिंतन की राजनीतिक निष्पत्तियों में भी दिलचस्पी रखते थे। उनका दावा था कि मनुष्य द्वारा राजनीतिक संबंध बनाने का कारण किन्हीं आर्थिक और सामाजिक कारकों में ही नहीं ,बल्कि उससे भी कहीं ज़्यादा उसके अपने स्वभाव, नैतिकता, इतिहास, कला और धर्म के दायरे में रेखांकित किया जाना चाहिए। इसी सूत्र के आधार पर भाववाद के प्रमुख प्रतिपादकों में से एक हीगेल ने आधुनिक राज्य को मानवीय स्वभाव की आवश्यकताओं के अनुकूल ठहराते हुए तर्क दिया कि यह संस्था कला, साहित्य, धर्म, दर्शन और आर्थिक गतिविधियों में हुए गहन परिवर्तनों के ज़रिये गढ़ी गयी है। इसी तर्ज़ पर हीगेल ने राजनीतिक संस्थाओं को मानवीय इयत्ता की विकासमान आवश्यकताओं और बोध का परिणाम क़रार दिया।

वस्तुनिष्ठता पर आत्मनिष्ठता को प्राथमिकता देने के कारण भाववाद पश्चिमी आधुनिकता के तहत विकसित हुए व्यक्तिवादी रुझानों को पुष्ट करने वाले प्रमुख विचार के तौर पर उभरा है। इतिहास की तरफ़ इशारा करते हुए भाववादी कहते हैं कि निजता, व्यक्तिगत स्वतंत्रता और गरिमा का निरंतर बढ़ता हुआ एहसास कोई नयी प्रक्रिया नहीं है। पश्चिमी संस्कृति इस बोध को प्राचीन यूनान के ज़माने से ही पुष्पित-पल्लवित करती रही है। इसी के तहत सुकरात ने अपने समाज की नैतिक रीतियों को चुनौती दी थी। रोमन क़ानून निजता के इसी आयाम को व्यक्त करता है। प्रोटेस्टेंट ईसाइयत ईश्वर के साथ व्यक्ति के निजी रिश्ते पर मुहर लगा कर मनुष्य की निजता को ऊपर उठा देती है। नैतिक विचार और व्यवहार में आत्मनिष्ठता का लगातार बोलबाला होता गया है। भाववादी यह भी दावा करते हैं कि आधुनिक अर्थशास्त्र के विकास ने तो उनके दर्शन को सही साबित किया ही है, विज्ञान (जो मनुष्य के मानस की उपज है) के औज़ारों से बाह्य जगत को नियंत्रित करने का विचार भी एक भाववादी ख़याल ही है।

भाववादियों के अनुसार इन्हीं सब कारणों से मनुष्य की आत्म-समझ में आमूल परिवर्तन हो गया है। अब ज़रूरत इस बात की है कि इसी ऐतिहासिक रूप से बदली हुई आत्म-पहचान के अनुकूल साबित हो सकने वाली सामाजिक-राजनीतिक संस्थाओं की रचना की जाए। हीगेल और अधिकतर ब्रिटिश भाववादी दार्शनिक इस सिलसिले में रूसो द्वारा की गयी तजवीज़ से सहमत नहीं हैं कि इसके लिए समाज की प्रकृति और राजनीति के ढाँचे को बुनियादी तौर पर बदलना होगा। न ही वे यह चाहते हैं कि आत्मनिष्ठ और वस्तुनिष्ठ के बीच होने वाला यह ख़ास तरह का मेल-मिलाप विभिन्न राजनीतिक बंदोबस्तों पर प्रक्षेपित करके देखा जाए। उनका कहना है कि पश्चिम के विकसित समाजों में पनप रही आधुनिक राज्य के संस्थागत विन्यास में ही वे सम्भावनाएँ हैं जिनके तहत निजी नैतिकता और आर्थिक गतिविधियों के विविध दायरों के बीच एक ख़ास तरह का तालमेल बैठाया जा सकता है। न केवल व्यक्तिवाद पनप सकता है, बल्कि ऐसा राजनीतिक बंदोबस्त भी किया जा सकता है जिससे सामाजिक एकता और स्थिरता की गारंटी की जा सके।

हीगेल अपनी रचना *फ़िलॉसफ़ी ऑफ़ राइट्स* में कहते हैं कि आधुनिक राज्य के आधारभूत उसूल में ही ज़रूरी ताक़त और गहराई निहित है। इससे न केवल आत्मनिष्ठता का चरम विकास होगा, बल्कि वह तात्विक एकता भी पैदा होगी जिससे आत्मनिष्ठता को बिखरने से रोका जा सके। लेकिन साथ में वे आत्मनिष्ठ और वस्तुनिष्ठ के बीच हो सकने वाले इस मेल-मिलाप को धरती पर उतारने के लिए दार्शनिकों की भूमिका की तरफ़ भी इशारा करते हैं। उन्हें लगता है कि अगर

दार्शनिक व्याख्या नहीं करेंगे तो रोज़ाना की ज़िंदगी और उसकी ग़लतफ़हमियों के धुँधलके में यह सम्भावना छिप जाएगी। भाववादियों की इस तजवीज़ को कार्ल मार्क्स की आलोचना का सामना करना पड़ा। अपनी रचना *थीसिस ऑन फ़ायरबाख़* में मार्क्स ने कहा कि यह मेल-मिलाप किसी दार्शनिक की समझ या व्याख्या का मोहताज नहीं रहना चाहिए। इसे तो मानवीय प्रकृति की वास्तविक आवश्यकताओं की पूर्ति के लिए की जाने वाली जद्दोजहद के दौरान एक बदले हुए संसार में हासिल किया जाना चाहिए।

मार्क्सवादियों की मान्यता है कि विचारों की दुनिया भाववाद और भौतिकवाद में बँटी हुई है और इन दोनों ध्रुवों के बीच लगातार युद्ध होता रहता है। ये दोनों विचार एक ही दार्शनिक के भीतर भी पाये जा सकते हैं, जैसे कि देकार्त। देकार्त सृष्टि के आधार के रूप में पदार्थ और चेतना दोनों को समान रूप से महत्त्वपूर्ण मानते थे। लेकिन वे एक तरफ़ प्रकृति को परमात्मा की माया न कह कर उसके वस्तुगत अस्तित्व का प्रतिपादन करते थे, और दूसरी तरफ़ ईश्वर को जगत का निमित्त-कारण सिद्ध करते हुए उस आत्मतत्व की महिमा गाते हैं जो अतींद्रिय है। मार्क्सवादी चिंतकों के अनुसार देकार्त के चिंतन का एक पक्ष वैज्ञानिकों को भौतिकवाद की तरफ़ ले जाता है, और दूसरा पक्ष रहस्यवाद का रास्ता खोल कर धर्म-आध्यात्म की पुष्टि करता है।

देखें : अस्तित्ववाद, आत्मनिष्ठता-वस्तुनिष्ठता, इयत्ता, इमैनुएल कांट, इंद्रियानुभववाद, ईसैया बर्लिन, उत्तर-आधुनिकतावाद, उत्तर-औपनिवेशिकता, उदारतावाद, कल्पित समुदाय, ग्योर्ग विल्हेल्म फ्रेड्रिख़ हीगेल, घटनाक्रियाशास्त्र और एडमण्ड हसर, चेतना, जॉन लॉक, ज़ाक लकाँ, ज्याँ-फ्रांस्वा ल्योतर, ज्याँ-पॉल सार्त्र, ज़ाक देरिदा, जॉर्ज विल्हेल्म फ्रीड्रिख़ हीगेल, तत्त्वमीमांसा और अस्तित्वमीमांसा, तात्त्विकतावाद, थियोडोर लुडविग वीज़ेनग्रंड एडोर्नो, द्वैतवाद, नवउदारतावाद, परिणामवाद, फ्रांसिस बेकन, फ्रेड्रिख़ नीत्शे-1 और 2, बुद्धिवाद, भौतिकवाद, मनोविश्लेषण, मिशेल पॉल फ़ूको-1 और 2, यथार्थवाद, युरोपीय पुनर्जागरण, युरगन हैबरमास, युरोपीय ज्ञानोदय, रेने देकार्त, लुई अलथुसे, संत ऑगस्तीन, सोरेन आबी कीर्केगार्द, संरचनावाद और उत्तर-संरचनावाद, हरबर्ट स्पेंसर, ज्ञानमीमांसा, ज्ञान का समाजशास्त्र।

संदर्भ

1. गॉडफ्रे वेज़ी (सम्पा.) (1982), *आइडियलिज़म, पास्ट ऐंड प्रज़ेंट,* केम्ब्रिज युनिवर्सिटी प्रेस, केम्ब्रिज.
2. जॉन फ़ोस्टर (1985), *द केस ऑफ़ आइडियलिज़म,* लंदन.
3. जी.डब्ल्यू.एफ़. हेगेल (1952), *फ़िलॉसफ़ी ऑफ़ राइट्स,* टी.एम. नॉक्स (अनु.), क्लैरंडन प्रेस, ऑक्सफ़र्ड.
4. ए.जे.एम. मिल्न (1962), *द सोशल फ़िलॉसफ़ी ऑफ़ इंग्लिश आइडियलिज़म,* एलेन ऐंड अनविन, लंदन.

— अभय कुमार दुबे

भाषा के मार्क्सवादी सिद्धांत

(Marxist theories of language)

भाषा-विज्ञान की दृष्टि से मार्क्सवादी चिंतन का सरोकार सामाजिक संरचना में भाषा की प्रभावशाली भूमिका, उसके स्वरूप और भाषा की विभिन्न प्रवृत्तियों से है। इसके लिए मार्क्सवाद भाषा-विज्ञान के अंतर-संबंधों का मूल्यांकन करते हुए सामाजिक संबंधों के क्रमबद्ध अध्ययन के ज़रिये अपने निष्कर्षों तक पहुँचता है। भाषा के मार्क्सवादी सिद्धांत के अनुसार व्यक्ति का विश्वास, सामाजिक अनुभवजन्य ज्ञान, सांस्कृतिक व जीवन-मूल्य, मानव समुदाय के नियमन की पद्धतियाँ, नैतिकताएँ, प्रतिरोध तथा सामाजिक संघर्ष उसकी भाषा के माध्यम से ही सम्भव हो पाते हैं। इस परिप्रेक्ष्य में यह सिद्धांत शारीरिक श्रम और बौद्धिक कृत्यों के आपसी संयोजन पर गम्भीरता से विचार करता है। मार्क्स और एंगेल्स के साहित्य में भाषा-चिंतन के कई चमकदार टुकड़े मिलते हैं। *जर्मन आइडियॉलॅजी* में एक जगह व्याख्या की गयी है कि किस तरह दूसरों से संबंध बनाने की प्रक्रिया में भाषा का उद्‌गम निहित है। इसी तरह *नेचर्स डायलेक्टिक* में एंगेल्स बंदर के मनुष्य बनने की प्रक्रिया के तहत भाषा और श्रम के आपसी संबंधों को रेखांकित करते नज़र आते हैं। परवर्ती मार्क्सवादी विद्वानों ने भाषा के सामाजिक चरित्र की व्याख्या करते हुए वर्ग-पूर्वग्रह की भूमिका पर प्रकाश डाला है। आगे चल कर इसी वर्ग-पूर्वग्रह का परिणाम यह हुआ कि कई बार 'समाजवादी' या 'क्रांतिकारी' भाषा-विज्ञान को 'पूँजीवादी' या 'प्रतिक्रियावादी' भाषा-विज्ञान के बरक्स रखने के अतिसरलीकरण भी हुए।

मार्क्सवाद और भाषा के संबंधों का जायज़ा इस क्षेत्र में स्तालिन के हस्तक्षेप पर प्रकाश डाले बिना नहीं लिया जा सकता। जून, 1950 में जोसेफ़ स्तालिन ने सोवियत कम्युनिस्ट पार्टी के मुखपत्र *प्रावदा* में एक लम्बा लेख लिखा जिसका शीर्षक था *मार्क्सिज़म ऐंड द प्रॉब्लम्स ऑफ़ जर्नल लिंगुइस्टिक्स* जो बाद में सारी दुनिया में अत्यंत लोकप्रिय हुई पुस्तिका के रूप में प्रकाशित भी हुआ। स्तालिन ने यह लेख निकोलाई मैर द्वारा प्रतिपादित *न्यू थियरी ऑफ़ लेंग्वेज* का खण्डन करने के लिए लिखा था। स्तालिन के इस लेख से पहले सोवियत संघ में मैर का विमर्श ही भाषा संबंधी नीति की आधिकारिक बुनियाद माना जाता था। मैर एक विख्यात पुरातत्त्वशास्त्री और भाषाविद् थे। अक्टूबर क्रांति के बाद उन्हें कम्युनिस्ट शासन में बेहद प्रमुखता मिली और उनके नेतृत्व में अलग से एक अकादमी भी स्थापित की गयी। मैर का विचार था कि भाषा का विकास मनुष्य की उत्पादक गतिविधियों के विकास के समांतर होता चलता है। यह कह

कर मैर ने सामाजिक क्रम-विकास के साथ भाषा को अनिवार्य रूप से जोड़ दिया था। उनके विमर्श में भाषा सामाजिक अधिरचना का हिस्सा थी और उसी तरह से विकास की क्रांतिकारी उछाल भर सकती थी जिस तरह से मानव समाज की उत्पादक शक्तियाँ एक झटके से विकास की एक मंज़िल से दूसरी पर पहुँच जाती हैं।

स्तालिन ने मैर की थीसिस का खण्डन करने के लिए एक अनूठी विधि अख़्तियार की। उनका लेख युवा कॉमरेडों के प्रश्नों के उत्तर के रूप में लिखा गया। दरअसल, स्तालिन के साथ युवा कॉमरेडों का ऐसा कोई इंटरव्यू नहीं हुआ था। काल्पनिक सवालों के जवाब में स्तालिन ने साबित किया कि भाषा समाज के आर्थिक आधार पर खड़ी अधिरचना का हिस्सा नहीं होती। न ही भाषा का कोई वर्गीय रूप होता है। वह तो पूरे समाज की होती है। सामाजिक द्वंद्व और वर्गीय आग्रह भाषा के समग्र समाज की थाती होने के तथ्य की पुष्टि ही करते हैं। स्तालिन ने स्पष्ट रूप से कहा कि भाषा-विज्ञान के प्रश्न मार्क्सवादी या ग़ैर-मार्क्सवादी ख़ानों में रख कर नहीं हल किये जा सकते। उन्हें खुले अकादमीय विचार-विमर्श के ज़रिये ही निबटाया जाना चाहिए।

अपने इस लेख द्वारा स्तालिन ने भाषा संबंधी मैर के विमर्श का अंत कर दिया और उस ऐतिहासिक-तुलनात्मक पद्धति की स्थापना की जो क्रांति से पूर्व प्रचलित थी। स्तालिन ने किसी आदि-भाषा के अस्तित्व की अवधारणा को तो मान्यता नहीं दी, पर यह ज़रूर माना कि भाषाओं के बीच एक जैविक संबंध होता है। इससे पहले जब भी कोई भाषाशास्त्री यह बात कहता था, उसकी नस्लवादी या साम्राज्यवादी कह कर निंदा कर दी जाती थी। दिलचस्प बात यह है कि बीस के दशक से अपने इस लेख के प्रकाशन तक स्तालिन मैर की थीसिस का पूरा समर्थन करते थे। यहाँ तक कि उसे सोवियत संघ के आधिकारिक भाषा-विज्ञान का दर्जा देने में भी उन्हीं की भूमिका थी। इस बात पर काफ़ी विवाद है कि अचानक उन्होंने मैर का खण्डन करने का निश्चय क्यों किया। बहरहाल, कारण जो भी रहा हो, स्तालिन के इस लेख के बाद मैर या उनके भाषाई सिद्धांतों को मार्क्सवाद के क्षितिज से पूरी तरह लापता हो जाना पड़ा।

बीस के दशक के सोवियत संघ में मैर की थीसिस और स्तालिन के हस्तक्षेप के अलावा भाषा-चिंतन की एक तीसरी धारा भी थी जिसे 'लेनिनग्राद स्कूल' या बाख़्तिन सर्किल के नाम से जाना जाता है। इसके केंद्र में मिख़ाइल बाख़्तिन, वैलेंतिन वोलोशिनोव और पावेल मेदवेदेव द्वारा विकसित किया गया विमर्श था। इन तीनों विद्वानों ने मार्क्सवादी सिद्धांतों पर आधारित संस्कृति के एक लाक्षणिक सिद्धांत के विकास का प्रयास किया। उनका अवधारणात्मक प्रतिमान तीन व्याख्यात्मक मुक़ामों पर टिका था : भाषा में निहित बहु-स्वरीय संवादात्मकता, मानस के धरातल पर चलने वाली प्रक्रियाओं का ऐतिहासिक और सामाजिक रूप से तात्पर्यग्रहण, और साहित्यिक पाठ की समाजशास्त्रीय सीमाओं का संधान। दरअसल यह विमर्श अपनी मार्क्सवादी प्रासंगिकता विचारधारा के रूपों और उनके कारगर होने के तरीक़ों की आलोचना के ज़रिये हासिल करता था। वोलोशिनोव का विचार था कि भाषा-विज्ञान एक परिघटना के रूप में विचारधारा की लक्षण-प्रकृति स्पष्ट करने की माँग करता है। अर्थात् समाज के नैतिक, धार्मिक, न्यायिक, राजनीतिक और साहित्यिक संस्थानीकरण में अभिव्यक्त विचारधाराओं का पता उनके संघटक तत्त्वों को संचालित करने वाले लक्षणों के ज़रिये लगाया जा सकता है।

1929 में वोलोशिनोव की रचना *मार्क्सिज़्म ऐंड द फ़िलॉसफ़ी ऑफ़ लेंग्वेज : फंडामेंटल प्रॉब्लम्स इन द एप्लीकेशन ऑफ़ द सोसियोलॅजीकल मैथड एप्लायड टु द साइंसेज़ ऑफ़ लेंग्वेज* प्रकाशित हुई। वोलोशिनोव का ख़याल था कि विचारधारात्मक लक्षण में एक ऐसी क्षमता होती है जिससे वह मानवीय चेतना में ख़ुद को एक वस्तुनिष्ठ यथार्थ के रूप में स्थापित कर लेता है। परिणामस्वरूप चेतना को निर्देशित करने वाली एक विचारधारात्मक प्रवृत्ति या मूल्य का जन्म होता है। कुल मिला कर विचारधारात्मक लक्षण व्यक्ति की इयत्ता के परे जा कर एक ऐसे बोध या संज्ञान की रचना करता है जिसके माध्यम से एक सामूहिक अनुभव की अभिव्यक्ति की जा सकती है।

इससे एक साल पहले पावेल मेदवेदेव की कृति *द फ़ॉर्मल मैथड इन द हिस्ट्री ऑफ़ लिटरेचर : अ क्रिटिकल इंट्रोडक्शन टु सोसियोलॅजीकल पोयटिक्स* प्रकाशित हुई थी जिसमें रूसी रूपवाद की गहन और विस्तृत आलोचना प्रस्तुत की गयी थी। इस पुस्तक में मेदवेदेव ने 'आइडियॉलॅजेम' और 'सामाजिक मूल्यांकन' जैसे विचारों का सूत्रीकरण किया। आइडियॉलॅजेम का मतलब था वह दायरा जिसमें मनोवैज्ञानिक और सामाजिक के बीच भेद मिट जाता है। आइडियॉलॅजेम एक ऐसा मिलन-बिंदु बन जाता है जहाँ विचारधारात्मकता कलात्मक रूप के साथ गुँथ कर कलाकृति को जन्म देती है। मेदवेदेव ने आइडियॉलॅजीकल ब्रिज की अवधारणा भी पेश की जिसका मतलब था विमर्श के माध्यम से चेतना के इन दोनों रूपों का सम्पर्क और वक्ता और सम्बोधित के बीच का सूत्र।

कई विद्वानों की मान्यता है कि ऊपर से काफ़ी अलग-अलग लगने के बावजूद मैर, स्तालिन और लेनिनग्राद स्कूल के बीच एक तरह का अंतर्संबंध भी है। बाख़्तिन सर्किल के सैद्धांतिक चिंतन को सेर्गेई शोगोन्निकोव ने आठ सूत्रों में

व्याख्यायित करने की चेष्टा की है : व्यक्ति में उसका सामाजिक परिवेश लगातार भाषाई लक्षणों का निवेश करता रहता है, सामाजिक परिवेश दरअसल भाषाई लक्षण पैदा करने की एक मशीन की भाँति है, विमर्शी सक्रियता के दौरान व्यक्ति की अपनी इयत्ता की रचना उसके 'अन्य' द्वारा होती है, भाषाई ज़रियों से पैदा होने वाला 'अन्य' के साथ ही व्यक्ति की अपनी इयत्ता बनती है, वास्तविक सामाजिक परिवेश का प्रकार्यात्मक परिणाम है 'अन्य', विचारधारात्मक लक्षण बुनियादी रूप से एक भौतिक परिघटना है, किसी भी जैविक संरचना में हमेशा एक आध्यात्मिक केंद्र निहित रहता है ताकि उसका नियंत्रण और संचालन होता रहे और इसी केंद्र को आर्किटेक्टोनिक्स कहते हैं, विचारधारात्मक लक्षण वास्तविक जीवन-अनुभव में परिवर्तन के लिए एक आदर्श उपकरण की भूमिका अदा करता है लेकिन वह स्वयं लक्षण की सामग्री से कभी निर्धारित नहीं होता और लगातार होने की प्रक्रिया में रहता है।

साठ के दशक में पोलिश दार्शनिक ऐडम स्कॉफ़ ने एक और मार्क्सवादी सिद्धांत प्रतिपादन किया जो आत्मनिष्ठ और वस्तुनिष्ठ, व्यक्तिगत और सामाजिक, जैविक और साहित्यिक के मध्य भाषा की मध्यस्थ भूमिका पर बल देता है। सजीव रूप में मनुष्य जो उत्तरदायी है, उसकी अवधारणा इस सिद्धांत के केंद्रीय अवलम्बन का कार्य करती है। तथापि आंतरिक तर्क के दृष्टिकोण से, साथ ही जातीय और वैयक्तिक अध्ययन संबंधी अधिग्रहण के स्तर पर कुछ भिन्नताएँ पायी जा सकती हैं जबकि सोचने-बोलने की प्रक्रिया तत्त्वत: एक ही हैं क्योंकि सजातीयता पर सामाजिक प्रथा का प्रभाव पड़ता है और सामुदायिक संबंध सजातीय सहमति से भरे होते हैं।

देखें : फ़र्दिनैंद द सॅस्यूर, मिख़ाइल मिख़ाइलोविच बाख़्तिन, स्तालिन और स्तालिनवाद।

संदर्भ

1. एम.सी. कोर्नफ़ोर्थ (1965), *मार्क्सिज़्म ऐंड द लिंगुइस्टिक फ़िलॅसफ़ी,* लॉरेंस ऐंड विशार्ट, लंदन.
2. जे.एल. मे (1978), 'मार्क्सिज़्म ऐंड लिंगुइस्टिक्स : फैक्ट्स ऐंड फ़ैंसीज़', *जर्नल ऑफ़ प्रैग्मैटिक्स,* बेंजामिंस, एमस्टर्डम.
3. सेर्गी शोगुन्निकोव, 'एम. बाख़्तिंस सर्किल ऐंड द 'स्टैलिनिस्ट साइंस', *टोरंटो स्लैविक क्वार्टरली,* युनिवर्सिटी ऑफ़ टोरंटो, एकेडेमिक इलेक्ट्रॉनिक जर्नल इन स्लैविक स्टडीज़.

— अजय कुमार पाण्डेय

भीखू छोटालाल पारिख

(Bhikhu Chhotalal Parekh)

समकालीन पाश्चात्य राजनीतिक चिंतन में अपने मौलिक चिंतन एवं सहज-सारगर्भित शैली के लिए विख्यात भीखू छोटालाल पारिख (1935-) को बहुसंस्कृतिवाद एवं गाँधी दर्शन की मीमांसा के लिए विशेष रूप से जाना जाता है। पारिख की अकादमिक रुचि के विषयों का दायरा अत्यंत विस्तृत है। इसमें राजनीतिक दर्शन, पाश्चात्य राजनीतिक विचारों का इतिहास, प्राचीन एवं आधुनिक भारतीय राजनीतिक चिंतन, गाँधी-दर्शन, पहचान आधारित राजनीति, और मानवशास्त्रीय अध्ययन जैसे विषय शामिल हैं। पारिख ने इन विषयों पर कई विख्यात ग्रंथों का प्रणयन किया है। पारिख की अंतर्दृष्टि अत्यंत व्यापक है, जिसमें एक ओर प्राचीन संस्कृति एवं समाज के ताने-बाने की समझ तथा दूसरी ओर आधुनिक संस्कृति एवं समाज के अंतर्द्वंद्व को बारीकी से उजागर करने की विशेषज्ञता सम्मिलित है। पारिख सांस्कृतिक विविधता (कल्चरल प्लूरलिटी) एवं साझा मानवता (शेयर्ड ह्यूमैनिटी) के प्रबल समर्थक हैं। पारिख का चिंतन एवं लेखन एकरेखीय नहीं है। वे ऑटोमन साम्राज्य के समाज एवं संस्कृति, प्राचीन भारतीय समाज एवं संस्कृति से अनेक उदाहरण लेते हैं पर तटस्थ भाव से; जिसमें न तो दुरास्था है न ही महिमामण्डन की संकीर्णता। यही दृष्टि पारिख ने आज की ग्लोबल और साइबर दुनिया के सामाजिक-सांस्कृतिक विश्लेषण में अपनायी है, परंतु उदारतावादी लोकतांत्रिक मूल्यों को वे मुक्तिदायक से कम नहीं मानते। लेकिन इसके बावजूद वे उदारतावाद के प्रति अन्य धाराओं से आने वाली आलोचना के प्रति असहिष्णु नहीं हैं। भीखू पारिख की यही प्रवृत्ति उन्हें अपने समकालीन बहुसंस्कृतिवादी चिंतकों से अलग दिखाती है।

अपनी कृति *रीथिंकिंग मल्टीकल्चरलिज़्म* में पारिख लिखते हैं कि बहुसांस्कृतिक या बहुसंस्कृतिवाद सामान्यत: ऐसे समाज को इंगित करने वाला पारिभाषिक शब्द हैं जिसमें तीन तरह की विविधताएँ पायी जाती हैं : साम्प्रदायिक, उपसांस्कृतिक एवं परिप्रेक्ष्यात्मक विविधता। भीखू पारिख मानवीय एकता और मानवीय पहचान को समृद्ध करने वाले समाज को बहुसांस्कृतिक समाज मानते हैं। वे मनुष्य की पहचान में विशिष्ट और सार्वभौम दोनों को ही समाविष्ट मानते हैं। इसी कारण वे पहचान की राजनीति के न तो विशिष्टतावादी शिविर से अपने को जोड़ते हैं न ही सार्वभौमवादियों के साथ सम्बद्ध होते हैं। *न्यू पालिटिक्स ऑफ़ आइडेंटिटी* में उन्होंने अपना पक्ष स्पष्ट किया है। यहाँ

वे विशिष्टता एवं सार्वभौमिकता का समर्थन करते हैं, लेकिन विशिष्टतावाद और सार्वभौमवाद के साथ वे नहीं हैं। भीखू पारिख आज के सभी समाजों को विभिन्न स्तरों पर सांस्कृतिक विजातीयता से पूर्ण देखते हैं। लेकिन वे उद्योगीकरण के चलते लोगों एवं उत्पादों की सर्वत्र आसान पहुंच को तथा बहुराष्ट्रीय संचार माध्यमों के प्रभाव को ऐसे तत्त्व के रूप में स्वीकारते हैं जिनसे प्रभावित होते हुए भी लोग उनका संज्ञान तक नहीं लेते। पारिख स्वीकार करते हैं कि आज के समय में सांस्कृतिक रूप से ऐसा समजातीय समूह एक मानवशास्त्रीय कल्पना ही है जो यांत्रिक रूप से समान विश्वास एवं आचार का पालन करता हो। बहुसांस्कृतिक समाज की पहचान पारिख बहु-मानवशास्त्रीय और बहुधार्मिक और इन दोनों के सम्मिलित रूप में पहचान करते हैं। साथ ही वे यह भी कहते हैं बहुसांस्कृतिकता कोई नवीन तथ्य नहीं है। रोमन साम्राज्य, मध्यकालीन भारत और युरोप तथा ऑटोमन साम्राज्य में भी ऐसे विविध सांस्कृतिक समुदायों का अस्तित्व था, जिन्होंने सांस्कृतिक विविधता के आधार पर अपने रास्ते निर्धारित किये थे।

पारिख ने परम्परागत समाजों की बहुसांस्कृतिकता और आधुनिक समय की बहुसांस्कृतिकता में चार अंतर बताये हैं। पहला, आज की बहुसांस्कृतिकता अत्यधिक विस्तृत एवं गहरी है। यह इस दृष्टि से अत्यधिक विस्तृत है कि आज सांस्कृतिक विविधता पहले की अपेक्षा मानव अस्तित्व के अत्यधिक विस्तृत क्षेत्र को आच्छादित करती है और इसमें उत्तम जीवन की अवधारणा के बारे में गहरे सांस्कृतिक मतभेद भी सम्मिलित हैं। दूसरा, आज की बहुसांस्कृतिकता में प्रतिरोध के स्वर अत्यधिक हैं। प्रतिरोध के इस स्वर को उदारतावादी लोकतंत्र के विचार ने बढ़ावा दिया है। अल्पसंख्यक समूह, जो पहले प्राय: अधीनता की स्थिति स्वीकार कर लेते थे, अब समान अधिकार, शक्ति एवं व्यापक सामुदायिक जीवन को आकार प्रदान करने में अपनी भूमिका बढ़ाना चाहते हैं। तीसरा, समकालीन बहुसांस्कृतिकता बढ़ते हुए आर्थिक एवं सांस्कृतिक वैश्वीकरण के संदर्भ में विकसित हुई है। पारिख ने आज की बहुसांस्कृतिकता के साथ वैश्वीकरण के द्वंद्वात्मक अंतर्संबंध को दर्शाया है। जहाँ एक ओर यह विचारों, संस्थाओं, नैतिक मूल्यों एवं आचार के प्रसार का माध्यम बन कर समजातीयता को बढ़ावा देती है वहीं यह प्रव्रजन और सांस्कृतिक मूल्यों के क्षरण के प्रति भय, सांस्कृतिक प्रतिरोध आदि का माध्यम बन कर विजातीयता को भी प्रोत्साहित करती है। चौथा, आज की बहुसांस्कृतिकता विगत तीन शताब्दी से राष्ट्र-राज्य के सांस्कृतिक समरूपण से भिन्न पृष्ठभूमि में उत्पन्न हुई है।

भीखू छोटालाल पारिख (1935-)

पारिख ने जितनी स्पष्टता से समकालीन बहुसांस्कृतिकता एवं पूर्व-आधुनिक बहुसांस्कृतिकता को समझा है उतनी ही स्पष्टता से वे आज के बहुसांस्कृतिक समाजों की समस्याओं को भी समझते हैं। एकता और विविधता की माँगों के संदर्भ में सामूहिक रूप से स्वीकार्य एवं अपनाने योग्य विकल्पों की तलाश को पारिख आज के बहुसांस्कृतिक समाजों की ऐसी आवश्यकता के रूप में देखते हैं जो पूर्व-आधुनिक समाजों में पूरी तरह नहीं उभरे थे। पारिख के अनुसार एकता और एकजुटता का लक्ष्य प्राप्त करने के इच्छुक बहुसांस्कृतिक समाज कम से कम तीन कारणों से विविधताजनित माँगों की उपेक्षा नहीं कर सकत। पहला, विविधता आज के बहुसांस्कृतिक सामाजिक जीवन का अभिन्न यथार्थ बन गयी है और आत्मसातीकरण के नाम पर विविधता को कमज़ोर करने के उल्टे परिणाम हो सकते हैं। साथ ही यह नैतिकता और राजनीतिक परिणाम की दृष्टि से भी उचित नहीं है। इससे प्रतिरोध की ज्वाला भड़क सकती है जो असुरक्षा एवं अंतर-सांस्कृतिक संदेह को जन्म देगी और आत्मसातीकरण द्वारा वांछित एकता को भी नष्ट कर देगी। दूसरा, मनुष्य गहरे स्तर तक अपनी सांस्कृतिक पहचान से जुड़े होते हैं और अपने साथी या पड़ोसी के प्रति मौलिक सम्मान के कारण भी उसकी उपेक्षा उचित नहीं है। तीसरे, सांस्कृतिक विविधता सामूहिक जीवन को समृद्ध करती है। इसी कारण विविधता की रक्षा न केवल मात्र अल्पसंख्यक समूह के हित में है, बल्कि इसमें सम्पूर्ण समाज की समृद्धि भी है।

पारिख ने स्वीकार किया है कि कोई भी बहुसांस्कृतिक समाज न तो एकता की उपेक्षा कर सकता है न ही विविधता की। वे इस तथ्य को भी स्वीकार करते हैं कि अलग-अलग इतिहास एवं परम्परा के प्रभाव के कारण बहुसांस्कृतिक समाजों में विविधता के प्रकार एवं स्तर भी अलग-अलग होते हैं। ऐसी स्थिति में बहुसांस्कृतिक समाजों के आंतरिक एवं बाह्य समस्याओं के समाधान के लिए कोई एक ही प्रतिमान उपयुक्त नहीं हो सकता। *रिथिंकिंग मल्टी कल्चरलिज़्म* में पारिख ने समकालीन एवं पूर्व आधुनिक बहुसांस्कृतिक समाजों में पाये जाने वाले राजनीतिक एकीकरण के प्रतिमानों को तीन वर्गों में रखा है। इन्हें पारिख ने प्रक्रियात्मक प्रतिमान, नागरिक प्रतिमान और मिलेट प्रतिमान का नाम दिया है।

इन प्रतिमानों की कमियाँ बताते हुए पारिख ने निर्देशित किया है कि बहुसांस्कृतिक समाज जिस भी प्रतिमान को उपयुक्त समझता हो, उसमें तीन सामान्य सिद्धांत अवश्य होने चाहिए। प्रथम, एकता और विविधता दोनों ही महत्त्वपूर्ण हैं और कभी भी एक की क़ीमत पर दूसरे को अपनाने का प्रयास नहीं करना चाहिए। द्वितीय, विविधता जितनी गहरी और व्यापक होगी एकता एवं एकजुटता की आवश्यकता भी उतनी ही तीव्र होगी। इसी कारण पारिख बहुसांस्कृतिक समाज में आपसी प्रतिबद्धता और आपसी सम्बद्धता को दृढ़ करने वाले ऐसे सोच को बढ़ावा देने की बात करते हैं जिसमें व्यापक राष्ट्रीय संस्कृति और एकरूपता के आरोपण जैसे मूल्य न हों। तृतीय, एक बहुसांस्कृतिक समाज में एकता एवं विविधता को द्वंद्वात्मक रूप से संबंधित होना चाहिए जहाँ एकता का पोषण विविधता द्वारा होता हो, एकता विविधता में ही निहित हो तथा विविधता एकता में ही स्थित और उसी से निर्देशित होती हो।

भीखू पारिख ने पश्चिमी राजनीतिक चिंतन की समस्त धाराओं का अत्यंत बारीकी से विश्लेषण किया है। इसकी झलक उनकी पुस्तक *कंटेम्परेरी पॉलिटिकल थिंकर्स* में मिलती है। उन्होंने समकालीन राजनीतिक चिंतन में तीन प्रवृत्तियों को रेखांकित किया है : समकालीन राजनीतिक दार्शनिक विचारधारा की बहस को नज़रअंदाज करते हैं, आज के राजनीतिक दार्शनिकों में उस सक्रियतावाद की कमी है जिसकी अपेक्षा प्लेटो और हान्ना एरेंत को थी, एवं आज के राजनीतिक दर्शन में स्पष्टता की अपेक्षा भटकाव अधिक है। पारिख आज की दुनिया के स्वरूप, प्रगति एवं लक्ष्य को देखते हुए कहते हैं कि आज राजनीति को सार्वदेशिक (कॉस्मोपिलिटन) राजनीति के रूप में अग्रसर होना चाहिए।

भीखू पारिख ने पश्चिमी राजनीतिक चिंतन की सार्वभौमिकता की चर्चा करने के क्रम गाँधी के व्यक्तित्व एवं कृतित्व के प्रति वृहद आलोचनात्मक दृष्टि विकसित की है। उनके अनुसार ग़ैर-पश्चिमी विचारकों को दो वर्गों में बाँटा जा सकता है। पहले वर्ग के अंतर्गत वे विचारक आते हैं जो पश्चिम से आने वाले चिंतन को ग़ैर-पश्चिमी समाज में ठीक उसी प्रकार प्रस्तुत कर देते हैं जिस प्रकार पश्चिमी चिंतकों ने अपने समाज एवं संस्कृति के संदर्भ में प्रस्तुत किया होता है। परिणामत: इन विचारकों के चिंतन में स्वदेशीयता का पूर्णत: अभाव दिखता है। ठीक इसी प्रकार दूसरी श्रेणी के अंतर्गत ग़ैर-पश्चिमी दुनिया के ऐसे विचारक आते हैं जिनका अपने समाज के व्यक्तियों के साथ संवाद-सम्पर्क कम है या नहीं के बराबर है। परिणामत: इन विचारकों के चिंतन में यथार्थ का समुचित चित्रण नहीं हो पाता है।

भीखू पारिख के अनुसार गाँधी आधुनिक युग के ऐसे ग़ैर-पश्चिमी विचारक हैं जिनकी राजनीतिक अवधारणाएँ उनके जीवन-अनुभवों में संतृप्त हैं। यही कारण है कि उन्होंने जिन अवधारणात्मक शब्दों, जैसे स्वदेशी, स्वराज्य, सत्याग्रह इत्यादि, का प्रयोग किया वे अपने देशज-सांस्कृतिक संदर्भों में रची बसी हैं। यही नहीं महात्मा गाँधी ने स्वाधीनता संग्राम में जिन राजनीतिक आंदोलनों को चलाया वे भी अपने-आप में बेजोड़ हैं और ऐसा करते हुए भी गाँधी चिंतन न तो काल्पनिक बनता है और न ही आदर्शवादियों के समान अपनी प्रासंगिकता खोता है।

समुदाय-आधारित भारतीय चिंतन प्रणाली से प्रेरित होकर गाँधी-चिंतन जिस प्रकार आधुनिक सभ्यता की आलोचनात्मक व्याख्या करता है उससे गाँधी-दर्शन की व्यापकता एवं गहनता गम्भीर रूप में सामने आती है। गाँधी के अनुसार आधुनिक समाज एवं संस्कृति विभिन्न प्रकार के अंतर्द्वंद्वों से ग्रसित है और यह सभ्यता ऐसा कोई मार्ग भी नहीं दिखाती जहाँ समस्याओं का समुचित निस्तारण हो सके। आधुनिक सभ्यता के मशीनी विकास ने जहाँ एक ओर मानव-श्रम व समय को बचाने का उद्देश्य रखा है, वहीं दूसरी ओर लालच एवं शोषण को बढ़ावा दिया है। इसी प्रकार आधुनिक समाज संरचनात्मक व्यवस्था के सुगठित विकास पर तो बल देता है परंतु इन व्यवस्थाओं के बीच व्यक्ति की स्वायत्तता को किस प्रकार सुरक्षित किया जाए, इस प्रश्न पर सर्वथा असहाय दिखता है। भीखू पारिख के अनुसार गाँधी की आधुनिक सभ्यता की आलोचना इन्हीं ख़ामियों को दूर करने का एक सकारात्मक व मानवीय उपाय है। ऐसा करते हुए यद्यपि वे भारतीय पारम्परिक मूल्यों के निकट दिखते हैं, परंतु उनका उद्देश्य कभी पश्चिम को नकारने का नहीं रहा है। न तो वे हिंदू परम्परा को नकारते हैं और न ही हिंदू परम्परा में व्याप्त संकीर्णता को अनदेखा करते हैं। बल्कि गाँधी का संघर्ष तो भारतीय समाज में व्याप्त विभिन्न बुराइयों, जैसे अस्पृश्यता, वैश्यावृत्ति इत्यादि को दूर करने से भी रहा है। वस्तुत: गाँधी सत्य एवं अहिंसा पर आधारित एक नवीन मानवीय समाज की स्थापना के पक्षधर रहे हैं।

भीखू पारिख ने इसी परिप्रेक्ष्य में गाँधी द्वारा विकसित विभिन्न राजनीतिक अवधारणाओं की भी समीक्षा की है। युगों पुराने राजनीतिक सिद्धांतों, जैसे समानता, स्वतंत्रता, अधिकार, न्याय इत्यादि को नये तरीक़े से प्रस्तुत करने का गाँधी का प्रयास उनके द्वारा प्रस्तुत दर्शन एवं उनके द्वारा किये गये जीवन के एक्य को विखण्डित नहीं होने देता। समानता से गाँधी तात्पर्य मात्र काल्पनिक समानता नहीं है। पारिख अपनी पुस्तक *कोलोनियलिज़म, ट्रेडिशन ऐंड रिफ़ार्म : ऐन एनेलिसिस ऑफ़ गाँधीज़ पॉलिटिकल डिस्कोर्स* में लिखते हैं कि जिस प्रकार गाँधी ने भारतीय स्वतंत्रता संग्राम में किसानों, मज़दूरों, बुद्धिजीवियों के साथ ही महिलाओं को भी सहयोगी बनाया वैसा प्रयास न तो रूस में लेनिन के और न ही चीन में माओ के नेतृत्व में आहूत स्वाधीनता संग्राम में सम्भव हो सका। इसी प्रकार राजनीतिक गतिविधि एवं धर्म के समन्वय एवं राजनीतिक कार्यकर्ता बनकर आध्यात्मिक मोक्ष प्राप्ति का प्रयास आधुनिक राजनीतिक समाज में गाँधी के अतिरिक्त अन्य किसी विचारक में नहीं दिखता।

किसी भी समीक्षक के लिए यह देखना आसान है कि पारिख के चिंतन में परस्पर विरोधी ध्रुवों में सामंजस्य स्थापित करने की उधेड़बुन है। मार्क्सवादी समीक्षक पारिख की आलोचना में कहते हैं कि पहचान की समस्या को पारिख ने इस तरह उलझा कर प्रस्तुत किया है जहाँ पहचान को बनाये रखने की प्रवृत्ति अंततः आर्थिक शोषण से मुक्ति के पक्ष को विस्मृत कर देती है। यद्यपि पारिख सांस्कृतिक पहचान के प्रश्न को दोनों ही रूपों, राष्ट्रीय एवं अंतर्राष्ट्रीय परिप्रेक्ष्य, में विश्लेषित करते हैं, किंतु भूमण्डलीकरणजनित शक्तियों के निहित स्वार्थों और पहचान-संकट के अंतर-संबंध को वे अनुत्तरित छोड़ देते हैं।

गाँधी-दर्शन की मीमांसा के क्रम में भी पारिख गाँधी-चिंतन के गुण-दोष की सटीक समीक्षा तो जरूर करते हैं, पर बहुसांस्कृतिक समाज की समस्याओं के निदान के लिए इसे प्रतिमान के रूप में विकसित नहीं करते है। आधुनिक सभ्यता की आलोचना की गाँधी-दृष्टि की समीक्षा करते हुए पारिख गाँधी से सहमत होते हुए भी यह निष्कर्ष निकालते हैं कि गाँधी ने आधुनिक सभ्यता के दोषों पर अधिक ध्यान केंद्रित किया है और उसकी अच्छाइयों की अवहेलना की है। इससे यह ध्वनित होता है कि पारिख उद्योगीकरण और भूमण्डलीकरण के लाभों को अपनाने के पक्षधर भी हैं और गाँधी-दृष्टि पर आधारित सभ्यता के लाभों को भी वांछनीय बताते हैं। यह अलग बात है कि इन दोनों को एक साथ हासिल कर पाना व्यावहारिक नहीं है।

समग्र रूप से विचार करने पर कोई भी तटस्थ समीक्षक इस तथ्य से सहमत हुए बिना नहीं रह सकता है कि पारिख का चिंतन भविष्योन्मुखी है। उनकी संकल्पनाएँ उस दिशा में जाती हैं जहाँ मानवजाति का अगला मुक़ाम है। इसी कारण पारिख को परम्परा-भंजकों एवं अतिवादियों की कटु तथा यथास्थितिवादियों की नम्र आलोचना का सामना करना पड़ता है। यही पारिख की ऐसी विशिष्टता है जो उन्हें समकालनीन चिंतकों से अलग विशिष्ट पहचान दिलाती है।

देखें : ग़ैर-सरकारी संस्थाएँ, ग़ैर-सरकारी संस्थाएँ : भारत में, ग़ैर-दलीय राजनीति, धीरूभाई शेठ, नागरिकता, नागरिकता : अन्य परिप्रेक्ष्य, नागर समाज, नागरिक समाज पर भारतीय बहस, पार्थ चटर्जी, मानवाधिकार, भारत में उपनिवेशवाद, भारत में नागर समाज और ग़ैर-दलीय राजनीति-1 से 3 तक, भारत में नागरिकता-विमर्श-1 से 3 तक, भारत में मानवाधिकार, भारत में मानवाधिकार आंदोलन, भारत में सार्विक मताधिकार, रजनी कोठारी, राजनीतिक समाज, स्वतंत्रता : भारतीय विचार, सुदीप्त कविराज।

संदर्भ

1. भीखू पारिख (2000), *रिथिंकिंग मल्टीकल्चरलिज़म,* मैकमिलन प्रेस, लंदन.
2. भीखू पारिख (1982), *कंटेम्परेरी पॉलिटिकल थिंकर्स,* मार्टिन राबर्ट्सन ऐंड कम्पनी, ऑक्सफ़र्ड.
3. भीखू पारिख (1989), *गाँधीज़ पॉलिटिकल फ़िलॉसफ़ी,* मैकमिलन प्रेस, लंदन.
4. भीखू पारिख (1999), *कोलोनियलिज़म, ट्रेडिशन ऐंड रिफ़ॉर्म : ऐन ऐनेलिसिस ऑफ़ गाँधीज़ पॉलिटिकल डिस्कोर्स,* सेज, लंदन.

— विश्वनाथ मिश्र और उपासना पाण्डेय

भीड़

(Crowd)

समाज में जनसमूह का किसी स्थान पर किसी समय विशेष के लिए, अस्थाई तौर पर या यदा-कदा एकत्र होना एक सार्वभौम दृश्य है। मसलन, लोगबाग धार्मिक जलसों, सत्संग आदि से लेकर विरोध-प्रदर्शन तक के लिए एक जगह जमा होते रहते हैं। लेकिन लोगों का इस तरह भीड़ बनना राजनीतिज्ञों, धर्मप्रचारकों तथा प्रशासन के लिए अलग-अलग महत्त्व रखता है। लोगों को निर्देशित करना, उन्हें किसी प्रयोजन के लिए एकत्रित करना या उनके व्यवहार को नियंत्रित करना कुछ ऐसे पहलू हैं जो इस परिघटना के समाजशास्त्रीय अध्ययन की माँग करते हैं। जनसमूह के

अध्ययन में अधिकांश अध्येताओं ने राजनीतिक जनसमूहों पर ज़्यादा ध्यान दिया है। उन्नीसवीं और बीसवीं सदी के विद्वान राजनीतिक जमावड़े के प्रति पूर्वग्रह रखते थे। वे जनसमूह में शामिल लोगों और उनकी गतिविधियों से उपजने वाले घटनाक्रमों को हिकारत की नज़र से देखते थे। उन्हें भीड़ का व्यवहार अतार्किक और विवेकहीन लगता था। लेकिन अब समकालीन अध्येता इस तरह के राजनीतिक जमावड़े को ख़ारिज करने के बजाय उसके बारीक विवरणों में जाकर उसकी व्याख्या करते हैं। सामूहिक कार्रवाई का अध्ययन करने वाले विद्वान तो बाकायदा सामाजिक आंदोलनों, अभियानों और विरोध प्रदर्शनों के संबंध में अख़बारों की कतरनों का एक अभिलेखागार रखते हैं जिसके आधार पर उन्हें विरोध प्रदर्शनों की घटनाओं के उत्थान, पतन और आवृत्ति का ग्राफ़ तैयार करने में आसानी होती है। कई अन्य विद्वानों ने राजनीतिक प्रयोजन के लिए जुटने वाले जनसमूह के अलावा धार्मिक और खेल-आयोजनों पर जुटने वाली भीड़ के अध्ययन पर भी ध्यान दिया है।

विद्वानों का मानना है कि सामूहिक कार्रवाई के किसी भी सामान्य सिद्धांत को इस तथ्य की व्याख्या करने में सक्षम होना चाहिए कि सभा के आयोजन, विस्तार और अंततः उसके विसर्जन में व्यक्तियों की सामूहिक भूमिका क्या होती है। उल्लेखनीय है कि इस मामले में सामूहिक कार्रवाई के मौजूदा सिद्धांत खरे नहीं उतरते। एक सिद्धांत के मुताबिक़ भीड़ में व्यक्ति की अपनी विशिष्टता का लोप हो जाता है। वह स्थितियों को अपने ढंग से देखना बंद कर देता है और उसकी समझ कुंद हो जाती है। वह चमत्कारी नेताओं के सुझावों तथा अपने आसपास की भीड़ के व्यवहार की अनायास नक़ल करने लगता है। इस सिद्धांत के अनुसार संकट और आपदा की स्थितियों में व्यक्ति की यही विवेकहीनता बदहवासी के रूप में प्रकट होती है। लेकिन जनसमूह के पर्यवेक्षण या ऐसी सभा और प्रदर्शनों में शामिल होने वाले लोगों के साक्षात्कारों से इन दावों की पुष्टि नहीं होती। अध्ययनों से अभी तक यह साबित नहीं हो पाया है कि भीड़ में व्यक्ति अपना विवेक और बोध क्षमता खो देते हैं। उदाहरण के लिए 1998 में साठ प्रायोगिक अध्ययन किये गये थे जिसमें यह जानने का प्रयास किया गया था कि क्या भीड़ की स्थिति में व्यक्ति सचमुच विवेकहीन और अतार्किक हो जाता है। दिलचस्प है कि अध्ययन के नतीजे इस धारणा के ख़िलाफ़ गये।

भीड़ के एक महत्त्वपूर्ण शुरुआती अध्येता हरबर्ट ब्लूमर ने भीड़ के समाजशास्त्रीय अध्ययन में आने वाली समस्याओं का अवलोकन करते हुए इस बात की तरफ़ ध्यान दिलाया था कि समाजशास्त्री भीड़ के बारे में वस्तुनिष्ठ विवरण जुटाने से गुरेज़ करते हैं। उनके अनुसार उस दौर के समाजशास्त्रियों के पास विश्लेषण की स्पष्ट योजना नहीं थी जिसके कारण वे एक सुसंगत संकल्पना का विकास नहीं कर पा रहे थे। उनका मानना था कि भीड़ के अन्यान्य पहलुओं को बारीकी से न देख पाने के पीछे भी यही वजह थी।

शुरुआती दौर में भीड़ का व्यवस्थित अध्ययन इसलिए भी एक दुसाध्य काम था क्योंकि भीड़ की अवधारणा उस परिघटना की पड़ताल करने के लिए एक नाकाफ़ी औज़ार साबित हो रही थी जिसकी व्याख्या करने का वह दावा कर रही थी। समझा जाता है कि अगर कहीं भीड़ होगी तो उसकी कार्रवाई में भाग लेने वालों और उनके उद्देश्यों में एकसारता भी होगी। परिणामतः भीड़ की कार्रवाई में एक नैरंतर्य दिखेगा। लेकिन विद्वानों द्वारा जुटाये गये विस्तृत वस्तुपरक विवरण भीड़ के इस विचार को झुठलाते प्रतीत होते हैं। पिछले दो दशकों के दौरान समाजशास्त्रियों ने भीड़ के लिए एक ज़्यादा तटस्थ और उपयोगी अवधारणा का प्रयोग करना शुरू किया है। अब वे भीड़ की जगह 'गैदरिंग' या एकत्रीकरण जैसी अभिव्यक्त को ज़्यादा उपयोगी मानते हैं। गैदरिंग को कम से कम दो लोगों के एक समूह की तरह देखा जा सकता है जो किसी स्थान पर एक समय विशेष के लिए जमा होता है। ऐसे जनसमूह की एक विशेषता यह भी होती है कि वह अपने कार्यों या प्रेरणाओं को लेकर सचेत नहीं होते। अध्येताओं के अनुसार जनसमूह के इस अस्थाई जमावड़े की समयावधि दो चरणों में बँटी होती है। इसके पहले चरण में वह प्रक्रिया प्रमुख होती है जिसके तहत दो या दो से अधिक व्यक्ति किसी समान स्थान पर एकत्रित होते हैं। दूसरा चरण जनसमूह के विसर्जन या लोगों द्वारा उस स्थान विशेष को छोड़ने से जुड़ा है। ऐसे जमावड़े को सामूहिक कार्रवाई के प्रारम्भिक रूपों का खिचड़ी रूप कहा जा सकता है। अस्थाई जमावड़े के ये दोनों चरण एक दूसरे से स्वतंत्र नहीं होते। लेकिन उनसे भीड़ की जटिल परिघटना को शोध के दायरे में लाने की सहूलियत मिलती है। चरणबद्ध विभाजन के इस तरीक़े से उन्हें शोध-पद्धतियों में फ़िट करना भी आसान हो जाता है।

जनसमूह के कुछ अस्थाई जमावड़ों में बारम्बारता देखी जा सकती है। उदाहरण के लिए कुछ जमावड़े राष्ट्रीय मुक्ति दिवस मनाने के लिए इकट्ठा होते हैं तो कुछ उद्घाटन आदि के लिए जुटते हैं। गली, मुहल्लों और नुक्कड़ों पर जुटने वाली भीड़ को भी ऐसी श्रेणी में रखा जा सकता है। खेल के आयोजन तथा राजनीतिक रैली और धार्मिक जलसे आदि ऐसे कार्यक्रम हैं जिनमें बारम्बारता का तत्त्व तो नहीं होता लेकिन उनके आयोजन और तैयारी की घोषणा काफ़ी पहले कर दी जाती है। दुर्घटना या आपदा के समय जुटने वाली भीड़ तात्कालिक होती है।

राजनीतिक मजमे, धार्मिक जलसे तथा खेल में जीत के जश्न आदि में भाग लेने वाले लोगों के विस्तृत सर्वेक्षण से तीन महत्त्वपूर्ण तथ्य प्रकट होते हैं। एक, व्यक्ति के निजी गुणों, मानसिकता या उनके रवैये के आधार पर यह भविष्यवाणी नहीं की जा सकती कि इस तरह के सामूहिक कार्यक्रम में कौन शामिल होगा। दूसरे ऐसे कार्यक्रम में भागीदारी करने की प्रेरणा मित्रों, परिवार और परिचितों से मिलती है जो सामाजिक नेटवर्क के ज़रिये एक दूसरे से जुड़े होते हैं। इसमें अवसर पर उपलब्ध रहने की स्थिति और आयोजन स्थल पर पहुँचने की सहूलियत भी अहम भूमिका अदा करती है। तीसरे, ज़्यादातर लोग सभाओं में अपने मित्रों और परिचितों और पारिवारिक सदस्यों के साथ शामिल होते हैं, कार्यक्रम के दौरान एक साथ रहते हैं तथा आयोजन की समाप्ति पर एक साथ ही विदा होते हैं। इस तरह ज़्यादातर सभाओं में व्यक्ति बेशक निजी हैसियत से शामिल होते हों परंतु मूलत: वे एक समूह का हिस्सा होते हैं। समूह के इन साथियों का व्यवहार अलग-अलग होता है। उनके व्यवहार का एक पहलू तो आपसी संबंधों तक सीमित रहता है लेकिन कभी कभी वे अन्य व्यक्तियों से एक समूह के तौर पर भी मिलते हैं। इस तरह तात्कालिक या अस्थाई सभाओं का चरित्र व्यक्तिगत और सामूहिक कार्रवाई का एक गतिशील मिश्रण होता है।

किसी एक प्रचलित गुण या प्रवृत्ति के आधार पर सभा के चरित्र का आकलन करना , दूसरे शब्दों में भीड़ को स्वत:स्फूर्त या प्रेरित आदि के ख़ानों में बाँटना उपयोगी साबित नहीं हुआ है। यह इसलिए कि किसी भी सभा या जमावड़े की संरचना इकहरी नहीं होती। किसी धार्मिक जलसे, खेल के आयोजन और राजनीतिक सभा में लोगों का भावुक हो जाना अभिव्यक्तिमूलक कार्रवाई कही जा सकती है लेकिन इस तरह का भावोद्रेक समूचे समूह पर लागू नहीं किया जा सकता। अगर ऐसा होता भी है तो बहुत थोड़े वक़्त के लिए।

मैकफ़ैल और स्वीनग्रूबेर ने एक हालिया अध्ययन में प्रतिपादित किया है कि किसी जलसे, रैली या सभा में भीड़ लगातार एक ही तरह का व्यवहार नहीं करती। धार्मिक, खेल और राजनीतिक आयोजन से ठीक पहले और आमतौर पर बाद में एक चरण गहमागहमी का होता है। धार्मिक समागम के इस अध्ययन में किसी व्यक्ति के प्रति हिंसा या सम्पत्ति की तोड़फोड़ की घटना सामने नहीं आयी। यह एक महत्त्वपूर्ण तथ्य है कि ज़्यादातर सभाओं में हिंसा की घटनाएँ अपवाद ही कही जा सकती हैं। लंदन के पॉल टैक्स दंगों (1990) तथा अमेरिका में लॉस एंजेलिस के दंगों (1992) के वीडियो रिकॉर्ड देखने से पता चलता है कि हिंसा में लिप्त लोगों की संख्या बहुत कम थी और तमाशबीनों की संख्या बहुत ज़्यादा थी। इतना ही नहीं ये हिंसक तत्त्व भी लगातार तोडफोड़ नहीं कर रहे थे। दूसरे शब्दों में हिंसा की इन घटनाओं को रुक-रुक कर अंजाम दिया जा रहा था। अध्येताओं का आकलन है कि युरोप में उन्नीसवीं और बीसवीं सदी के दौरान होने वाली राजनीतिक सभाओं तथा अमेरिका में नागरिक अधिकारों के आंदोलन में केवल दस प्रतिशत ऐसी घटनाएँ थीं जिन्हें हिंसा की श्रेणी में रखा जा सकता है।

अभी तक इस बात का अध्ययन नहीं किया गया है कि जनसमूह, सभा या भीड़ किस तरह विसर्जित होती है। जबकि यह एक ऐसी परिघटना है जो हर दिन प्रकट होती है। मसलन, मैच ख़त्म होने पर लाखों की भीड़ दस से पंद्रह मिनट के भीतर स्टेडियम से बाहर हो जाती है। इसी तरह अगर किसी कक्षा में सौ विद्यार्थी हों तो लेक्चर ख़त्म होने के पाँच मिनट बाद कक्षा खाली हो जाती है। इस क्रम में सिनेमा हॉल का उदाहरण भी लिया जा सकता है।

भीड़ / जनसभा / जत्थे को ज़बरन हटाने या उसे नियत स्थान को छोड़ देने के निर्देश देते समय पुलिस या सेना इस धारणा से संचालित होती है कि ऐसे समूहों के सदस्य ख़ुद को नियंत्रण या क़ाबू में नहीं रख सकते। इस नज़रिये को रूढ़ बनाने में समाजशास्त्र के उन पारम्परिक मिथकों की भूमिका संदिग्ध मानी है जो भीड़ को लेकर उन्नीसवीं सदी से ही असहज रहे हैं। हाल के वर्षों में युरोप और उत्तरी अमेरिका के लोकतांत्रिक देशों में राजनीतिक सभाओं में आने वाली भीड़ को नियंत्रित करने के लिए पुलिस अब प्रतिरोध-रैली या सभा के संगठनकर्ताओं से मिलकर सभा के समय, आयोजन-स्थल, उसके प्रारम्भ और समापन के बारे में पहले से ही जानकारी जुटाने लगी है।

आपदा-नियोजन और प्रबंधन के अध्येताओं ने इस बात का व्यापक अध्ययन किया है कि आपात स्थिति में जनसमूह किस तरह का व्यवहार करता है। लोगों के अस्थाई जमावड़े के ऐसे अध्ययनों से एक महत्त्वपूर्ण निष्कर्ष यह निकला है कि आमतौर पर संकट के समय लोगबाग भयभीत न होकर उस संकट का तत्काल हल निकालने की कोशिश करते हैं। ऐसे औचक संकटों से निपटने के लिए लोगबाग विलक्षण कल्पनाशीलता का परिचय देते हैं। शोध से यह बात लगातार साबित हुई है कि संकट की ऐसी परिस्थितियों में लोगबाग अपनी सुरक्षा के बारे में चिंतित न होकर अपने साथियों की हिफ़ाज़त करने की भावना दिखाते हैं।

इस मामले में बुद्धिसंगत चयन का सिद्धांत भीड़ की परिघटना को समझने में ज़्यादा कारगर प्रतीत होता हैं। यह सिद्धांत इस तथ्य को तरजीह देता है कि सामूहिक कार्रवाई

के लाभ-हानि का गणित तय करने में लोगों का आपसी राय-मशविरा निर्णायक होता है। इस दायरे के सिद्धांतकार मानकर चलते हैं कि भीड़ का हिस्सा बनने पर व्यक्ति का अपने व्यवहार पर नियंत्रण ख़त्म नहीं हो जाता। पर इस वर्ग के विभिन्न मतों का एक बड़ा दोष यह है कि उनमें किसी एक्शन के वैकल्पिक प्रवाह के बारे में यह नहीं बताया जाता कि उनके संगठन की प्रक्रिया क्या होती है। उनके विश्लेषण में त्रुटियों, अनदेखे नतीजों तथा आवश्यक समायोजन जैसे मसले समाहित नहीं हो पाते। संक्षेप में कहें तो इस सिद्धांत के प्रयोगकर्ता बोधक्षमता और कार्रवाई के बीच संबंध स्थापित नहीं कर पाते।

भीड़ की परिघटना को समझने के लिए एक अन्य सिद्धांत इस बात पर ज़ोर देता है कि भीड़ परिवर्तनशील और गतिशील होती है। लिहाज़ा उसके स्वरूप को समझने के लिए यह मानना ज़रूरी है कि उसमें शामिल लोग स्वायत्त, परस्पर निर्भर और परिवर्तनशील होते हैं। इस सिद्धांत के ज़रिये जनसमूह की सामूहिक कार्रवाई के तीन सर्वसामान्य रूपों को समझने का प्रयास किया गया है। इस मत के अुनसार जनसमूह में शामिल व्यक्ति किसी उद्देश्य से लैस होते हैं। मैकफ़ैल आदि विद्वानों ने अपने अध्ययन में यह जानने का प्रयास किया है कि किसी स्थान पर लोगों के इकट्ठा होने पर उनके बीच सामूहिक गतिविधि किस तरह पैदा होती है। उनके अनुसार ऐसे जमावड़ों में शामिल लोग अपने एक्शन को उद्देश्य के हिसाब से समायोजित करते रहते हैं। ऐसा करते हुए वे इस बात के प्रति भी सचेत रहते हैं कि ख़ुद उनका और दूसरे लोगों का व्यवहार व गतिविधियाँ उक्त उद्देश्य की पूर्ति करते हैं या नहीं। उनका मानना है कि दो या दो से अधिक लोगों की सामूहिक गतिविधि के लिए भी ऐसे ही उद्देश्यों की ज़रूरत पड़ती है जिन्हें समूह के सदस्य व्यक्तिगत, एक दूसरे के परामर्श या फिर किसी तीसरे पक्ष के निर्देश या प्रेरणा के आधार पर तय करते हैं। उनके अध्ययन से यह प्रकट हुआ कि सामूहिक ढंग से किसी की हौसलाअफ़ज़ाई करना या ताली बजाकर स्वागत या प्रशंसा करने जैसी गतिविधियों को अंजाम देने के लिए समूह के सदस्य अन्य साथियों से मशविरा करने या तीसरे किसी पक्ष से निर्देश लेना ज़रूरी नहीं मानते थे। जबकि रैली जैसी किसी परिघटना से पहले और बाद में फ़ुटपाथ आदि पर गहमागहमी करते लोगों की बातचीत से यह संकेत मिला कि उन्होंने रैली में शामिल होने और वहाँ से एक साथ निकलने को लेकर अपने अपने समूहों में विचार-विमर्श किया था। सामूहिक गतिविधियों के इस क्रम में यह भी पाया गया कि धार्मिक समागमों में लोगबाग व्यक्तिगत पहल या आपसी मंत्रणा के बजाय किसी तीसरे पक्ष के निर्देशों का स्वैच्छिक ढंग से पालन कर रहे थे, परंतु इसे करिश्माई नेतृत्व के निर्देशों का अंधानुकरण नहीं कहा जा सकता। अध्ययन के अनुसार जो लोग ऐसे निर्देशों का पालन भी कर रहे थे उन सभी की राय एक समान नहीं थी।

सामूहिक गतिविधियों के ये तीन रूप अलग-अलग समय पर घट सकते हैं, और यदि जनसमूह विशाल हुआ तो ये तीनों रूप छोटे छोट समूहों में एक साथ भी प्रकट हो सकते हैं। इससे एक हद तक यह समझने में मदद मिलती है कि लोगों के अस्थाई जमावड़े या सभा में प्रगट होने वाली विविध सामूहिक गतिविधियाँ सोदेश्य होते हुए भी एक दूसरे से आबद्ध और एक दूसरे की अनुगामी नहीं होती।

देखें : बुद्धिसंगत चयन का सिद्धांत।

संदर्भ

1. डी. डेला पोर्ता और एच. रीटर (सम्पा.) (1998), *पोलिसिंग प्रोटेस्ट : द कंट्रोल ऑफ़ मास डिमांस्ट्रेशंस इन वेस्टर्न डेमॉक्रैसीज़* , युनिवर्सिटी ऑफ़ मिनिसोटा प्रेस, मिनियापोलिस.
2. आर. डाईंस और के. टिरने (1994), *डिज़ास्टर, कलेक्टिव बिहेविअर ऐंड सोशल ऑर्गनाइजेशन,* युनिवर्सिटी ऑफ़ डेलावेअर प्रेस, नेवार्क.
3. सी. मैकफ़ैल (1991), *द मिथ ऑफ़ मैडनिंग क्राउड,* अल्डाइन, न्यूयॉर्क.
4. सी. मैकफ़ैल और आर.टी. वॉल्सटाइन (1973), 'द असेंबलिंग प्रोसेस', *अमेरिकन सोसियोलॅजिकल रिव्यू,* अंक 38.

— नरेश गोस्वामी

भीमराव रामजी आम्बेडकर

(Bheemrao Ramji Ambedkar)

बीसवीं सदी के सर्वाधिक प्रतिभाशाली और समाजद्रष्टा भारतीयों में से एक भीमराव रामजी आम्बेडकर (1891-1956) का जीवन एक के बाद एक उल्लेखनीय उपलब्धियों की महागाथा है। अछूत समझे जाने वाले समुदाय में जन्म के कारण सामाजिक भेदभाव से आजीवन संघर्ष करने के लिए अभिशप्त डॉ. आम्बेडकर प्रखर राजनेता और संगठक होने के साथ-साथ एक बहु-अनुशासनीय विद्वान भी थे। दलित समाज के उद्धारक और भारतीय संविधान के प्रमुख निर्माता के रूप में ऐतिहासिक भूमिका निभाने वाले आम्बेडकर को भारत में बौद्ध धर्म का जीर्णोद्धार करने का श्रेय भी जाता है। यह उनकी राजनीतिक और बौद्धिक विरासत का ही परिणाम है कि हज़ारों

साल से दबी-पिसी पूर्व-अछूत जातियाँ दलित राजनीतिक समुदाय के रूप में गोलबंद हो कर आज सिर उठा कर राजनीतिक-सामाजिक समानता की दावेदारी के साथ सार्वजनिक जीवन में हिस्सेदारी कर रही हैं। महात्मा फुले की ही तरह आम्बेडकर भी मानते थे कि ब्रिटिश राज धार्मिक और सामाजिक रूप से तटस्थ है, इसलिए सामाजिक संघर्ष में उसके प्रभाव का इस्तेमाल निचली जातियों के पक्ष में किया जा सकता है। अंग्रेज़ों के भारत छोड़ कर चले जाने के बाद आम्बेडकर ने संविधानकर्ता और आज़ाद भारत के पहले क़ानून मंत्री के तौर पर भारतीय राज्य को सामाजिक और धार्मिक रूप से तटस्थ बनाने के लिए काम किया। उपनिवेशवाद विरोधी आंदोलन के दौरान आम्बेडकर ने भारतीय राजनीति पर कांग्रेस और गाँधी के वर्चस्व के सामने कभी सिर नहीं झुकाया। अछूतों के प्रतिनिधित्व के प्रश्न पर गाँधी के साथ उनकी बहस इस आंदोलन का सबसे विचारोत्तेजक अध्याय है। एक प्रचुर लेखक के रूप में आम्बेडकर ने विशाल वांगमय की रचना की जिसके अध्ययन-मनन के बिना आधुनिक भारतीय राजनीतिक विचार अधूरा माना जाएगा। 1990 में आम्बेडकर को भारत-रत्न से सम्मानित किया गया।

आम्बेडकर का जन्म 14 अप्रैल, 1891 को वर्तमान मध्य प्रदेश के मऊ में रहने वाले एक महार परिवार में हुआ था। उनके कबीरपंथी पिता रामजी सकपाल फ़ौज में नौकरी करते थे। पिता के शिक्षित होने का लाभ बालक भीमराव को भी हुआ। उन्हें सरकारी स्कूल में पढ़ने का मौक़ा मिला। दसवीं पास करने के बाद जब उन्होंने बम्बई विश्वविद्यालय में दाखिला लिया तो उनकी बिरादरी ने इस अद्‌भुत घटना का समारोहपूर्वक स्वागत किया। 1908 में एलफ़िंस्टन कॉलेज के विद्यार्थी के रूप में उन्हें बड़ोदरा के शासक सैयाजीराव गायकवाड़ तृतीय की छात्रवृत्ति प्राप्त हुई। बीए के कोर्स में जब ब्राह्मणों ने उन्हें संस्कृत नहीं पढ़ने दी तो उन्हें फ़ारसी लेनी पड़ी। 1912 तक वे अर्थशास्त्र और राजनीतिशास्त्र में स्नातक बन चुके थे। अगले साल वे बड़ोदरा की राजकीय छात्रवृत्ति पर कोलम्बिया विश्वविद्यालय में पढ़ने चले गये। आम्बेडकर को लंदन स्कूल ऑफ़ इकॉनॉमिक्स और ग्रेज़ इन फ़ॉर लॉ में भी अध्ययन करने का मौक़ा मिला। भारत लौटने पर बड़ोदरा स्टेट के दीवान के रूप में काम करने पर आम्बेडकर को एक बार फिर छुआछूत का सामना करना पड़ा। उनका चपरासी भी उन्हें फ़ाइलें फेंक कर देता था ताकि उनका स्पर्श न करना पड़े। उनकी कुर्सी जिस जगह रखी होती थी, उसे धो कर पवित्र किया जाता था। अपनी आर्थिक हालत सुधारने के लिए आम्बेडकर को प्राइवेट ट्यूटर, एकाउंटेंट और निवेश सलाहकार का काम भी करना पड़ा। हर बार उनका अछूत होना उनकी कामयाबी में आड़े आया। 1918 से उन्होंने अछूतों की राजनीतिक गतिविधियों में हिस्सा लेना शुरू किया।

आम्बेडकर के घटनाप्रद कृतित्व को तीन चरणों में बाँट कर देखा जा सकता है। पहले चरण में उन्होंने हिंदू धर्म को सुधारने की मुहिम चलाई। दूसरे चरण में अछूत जातियों के लिए एक स्वायत्त राजनीतिक दायरा विकसित करने का प्रयास किया। तीसरे चरण में उन्होंने बौद्ध धर्म का वैकल्पिक रूप अपनाने पर ज़ोर दिया और रिपब्लिकन पार्टी की नींव डालते हुए राजनीतिक गतिविधियों का चरित्र बदलने की तजवीज़ की। आम्बेडकर की मान्यता थी कि प्रभुत्व और अधीनस्थता की संरचनाएँ किसी भी संस्कृति में अंतर्निहित होती हैं। उनके समीकरण अलग-अलग हो सकते हैं। आम्बेडकर संस्कृति के केवल उन्हीं रूपों को स्वीकार करते थे जो बुद्धिवाद और अधिकारों के विमर्श पर आधारित हों। इसीलिए उन्होंने संस्कृति की किसी भी तात्त्विकतावादी अवधारणा को स्वीकार नहीं किया। उनके लिए संस्कृति के केवल वही आयाम उपलब्ध करने योग्य थे जिन्हें बुद्धि, सेकुलरत्व और मानवीय पहलक़दमी के प्रति आदर की कसौटियों पर कसा जा सके।

आम्बेडकर का बौद्धिक मानस बुद्धिवाद और सेकुलरत्व के घटकों से मिल कर बना था। परम्परा की उनकी समझ शास्त्रों की आलोचनात्मक जाँच-पड़ताल करते हुए वैज्ञानिक दृष्टि विकसित करने के आधार पर बनी थी। वे यह जानना चाहते थे कि आख़िर हिंदू धर्म की ख़ामियाँ इतनी भीषण क्यों हैं और वह क्या वजह है जो उनके निवारण की नैतिक प्रेरणाओं को इतना नैतिक और दुर्बल कर देती है। धर्मशास्त्रों की प्रासंगिक और समयानुकूल व्याख्या पर उन्हें आपत्ति नहीं थी, पर वे कहते थे कि आख़िर किसी शास्त्र का वह केंद्रीय तर्क कैसे नज़रअंदाज़ किया जा सकता है जो अपने-आप में अपरिवर्तनीय रहता है। यह तो देखना ही होगा कि उसमें क्या छोड़ा गया है, कहाँ पर बल दिया गया है और उसका बुनियादी रुझान क्या है। आम्बेडकर का तर्क था कि विपक्षी के साथ संवाद क़ायम रखना तो ठीक है, पर संवाद की शर्तें तय करने में पिछले अनुभव, ऐतिहासिक और भौतिक आयामों का ख़याल रखना पड़ेगा। यह भी देखना पड़ेगा कि विपक्षी आपको समान हैसियत देता है या नहीं। या उसका रवैया तर्कपूर्ण है या नहीं। आम्बेडकर सद्‌विवेक या अंत:प्रज्ञा जैसे किसी आग्रह के समर्थक नहीं थे। उनका प्रश्न था कि आख़िर अंत:करण या विवेक के पवित्र होने की गारंटी कैसे दी जाएगी? भारत में तो शास्त्रों के आधार पर ही सद्‌विवेक परिभाषित किया जाता है, जब कि वह वास्तव में धार्मिक कट्टरता का ही कुछ झाड़ा-पोंछा रूप होता है। आम्बेडकर ऐसे किसी अतीत में यक़ीन नहीं करते थे जो वर्तमान से पूरी तरह स्वतंत्र हो। इसलिए उनका लेखन वर्तमान की आवश्यकताओं के मुताबिक़ अतीत से खोजे गये प्रमाणों से भरा हुआ है।

धर्म के बुनियादी सार के सवाल पर आम्बेडकर का प्रश्न था कि किसी प्राधिकार की ग़ैरमौजूदगी में धर्म के सार की अनिवार्यता और अ-अनिवार्यता में फ़र्क़ कैसे किया

भीमराव रामजी आम्बेडकर (1891–1956)

जाएगा, और सामाजिक बंदोबस्त अगर आवश्यकतानुसार न रह कर स्थायित्व प्राप्त कर ले (जैसे कि छुआछूत) तो उसे अनिवार्य सार से अलग कैसे देखा जाएगा? आम्बेडकर मानते थे कि छुआछूत का शास्त्रों में आधार नहीं है, पर उन्होंने अस्पृश्यता के संदर्भगत, परिस्थितिजन्य और तुलनात्मक प्रमाण खोज निकाले थे। वे कहते थे कि जाति प्रथा के केंद्र में पवित्रता और अपवित्रता की अवधारणाएँ हैं जिनके बिना छुआछूत की प्रथा नहीं टिकायी जा सकती।

अपनी रचना *एनिहिलेशन ऑफ़ कास्ट्स* में आम्बेडकर ने सुझाव दिया कि अंतर्जातीय विवाहों को प्रोत्साहन दे कर और अछूतों को पुरोहित बना कर हिंदू धर्म को उसकी बुराइयों से छुटकारा दिलाया जा सकता है। इसी चरण में उन्होंने महाड़ सत्याग्रह और मंदिर प्रवेश की मुहिमों का आयोजन किया। लेकिन इस प्रक्रिया में आम्बेडकर ने देखा कि संस्कृति के क्षेत्र में विभिन्न समुदाय स्वतंत्रता, भाईचारे और बराबरी के तीन अनिवार्य मूल्यों के आधार पर संवाद करने के लिए तैयार नहीं हैं। वे इस निष्कर्ष पर पहुँचे कि संस्कृति अपने-आप में अधिकारों की दावेदारी में बाधक बन गयी है और इसीलिए राष्ट्रीय पैमाने पर किसी सांस्कृतिक समुदाय की स्थापना करने का मतलब होगा धार्मिक कट्टरता को सत्तारूढ़ हो जाने का मौक़ा दे देना।

अछूतों के लिए अलग राजनीतिक दायरा विकसित करने के लिए आम्बेडकर ने कई प्रयोग किये। 1919 में साउथबरो कमीशन के सामने उन्होंने अछूतों के लिए पृथक मतदाता मण्डलों की माँग रखी। यही वह क्षण था जब आधुनिक भारतीय राजनीति में इन जातियों के हितों को सुरक्षित करने का आंदोलन शुरू हुआ जो आज तक किसी न किसी रूप में जारी है। 1918 और 1920 में उन्होंने उत्पीड़ित वर्गों के दो सम्मेलनों में अछूतों के तत्कालीन नेतृत्व (जो ग़ैर-दलित था) को ख़ारिज करते हुए दावा किया कि अछूतों की बागडोर उन्हीं के बीच से निकले व्यक्तियों के हाथों में होनी चाहिए। उनकी लोकप्रियता तेज़ी से बढ़ी जिसके परिणामस्वरूप 1932 में हुई दूसरी गोलमेज़ कांफ्रेंस में भाग लेने का निमंत्रण मिला। लंदन में हुए इस सम्मेलन में उन्होंने पृथक मतदाता मण्डलों के प्रश्न पर गाँधी से जम कर लोहा लिया। गाँधी मुसलमानों और सिक्खों के अलग मतदाता मण्डलों के लिए तो तैयार थे, पर अछूतों के संदर्भ में उनका तर्क था कि छुआछूत हिंदुओं का अंदरूनी मामला है और अलग मतदाता मण्डलों से हिंदू धर्म में विभाजन हो जाएगा। अंग्रेज़ों ने जैसे ही आम्बेडकर की माँग मानी वैसे ही गाँधी ने पुणे की यरवदा जेल में आमरण अनशन शुरू कर दिया। गाँधी की मृत्यु के अंदेशे और प्रतिक्रिया-स्वरूप अछूतों के ख़िलाफ़ हिंसा फूट पड़ने के डर से आम्बेडकर ने अपनी माँग वापिस ले ली। बाद में उन्होंने इस उपवास को गाँधी का हथकण्डा क़रार दिया जिसका मक़सद अछूतों को उनके राजनीतिक अधिकारों से वंचित करना था।

1936 में आम्बेडकर ने इंडिपेंडेंट लेबर पार्टी की स्थापना किसानों, मज़दूरों और अछूतों के व्यापक मोर्चे के रूप में की। बम्बई विधान परिषद् के चुनावों में हिस्सेदारी करते इस पार्टी ने कम से कम इतनी सफलता (15 सीटें) हासिल करके दिखाई जिसके आधार पर वे दावा कर सकते थे कि कांग्रेस और गाँधी अछूतों के असली प्रतिनिधि नहीं हैं। इस पार्टी का कार्यक्षेत्र मध्य प्रांत और बरार के कुछ हिस्सों में था। इसी दौर में आम्बेडकर ने कम्युनिस्टों के साथ सहयोग का प्रयास किया लेकिन जाति के सवाल पर मतभेदों के कारण वे उनसे अलग हो गये। तभी उन्होंने कहा था कि 'कम्युनिस्ट पार्टी इज़ ए बंच ऑफ़ ब्रैह्मन बॉयज़'। 1938 में इस पार्टी ने अछूत खेतिहर मज़दूरों और ग़ैर-दलित किसानों का ज़बरदस्त मोर्चा निकाला जिसकी माँगें थीं : बेगार और बँधुआ प्रथा ख़त्म की जाए, जंगलात और परती ज़मीन खेतिहर मज़दूरों में बाँटी जाए और उनका मेहनताना बढ़ाया जाए। इस पार्टी के ज़रिये उन्होंने अछूतों को मज़दूर वर्ग में समान हैसियत के साथ शामिल करने का अभियान चलाया जिसमें उन्हें ख़ास सफलता नहीं मिली। 1942 में उन्होंने इस पार्टी को भंग करके आल इण्डिया शेड्यूल्ड कास्ट्स फ़ेडरेशन का गठन किया जिसके घोषणापत्र में तीन बातें स्पष्ट रूप से उभरीं : लोकतंत्र के प्रति अटूट लगाव, दो दलीय शासन प्रणाली की वक़ालत, दलितों को हिंदू महासभा और राष्ट्रीय स्वयंसेवक संघ जैसी ताक़तों से दूर रहने की सलाह।

अपनी रचना *व्हाट कांग्रेस ऐंड गाँधी हैज़ डन टु अनटचेबिल्स* के ज़रिये उन्होंने अपना पक्ष आक्रामक ढंग से

बुलंद करना जारी रखा। एक अन्य रचना *हू वर शूद्राज़?* में उन्होंने चौथे वर्ण की उत्पत्ति पर प्रकाश डाला और *द अनचटेबिल्स : अ थीसिस ऑन द ऑरिजिंस ऑफ़ अनटचेबिलिटी* के ज़रिये छुआछूत के उद्‌गम की शिनाख़्त की। 1941 और 1945 के बीच उन्होंने कई पुस्तकें और पर्चे प्रकाशित किये जिनमें *थॉट्स ऑन पाकिस्तान* भी शामिल है। इस रचना में आम्बेडकर ने मुसलिम लीग और अलग पाकिस्तान की माँग की आलोचना की, लेकिन साथ-साथ यह भी कहा कि अगर मुसलमान पाकिस्तान लेने के इतने इच्छुक हैं तो उनकी माँग मान लेनी चाहिए। भविष्य के भारत की सुरक्षा के लिए यही बेहतर होगा। आम्बेडकर ने मुसलमानों में प्रचलित पर्दा प्रथा और बहु-विवाह की कड़ी आलोचना की। उन्होंने यह भी कहा कि मुसलमान समाज हिंदू समाज से भी ज़्यादा सामाजिक बुराइयों में घिरा हुआ है। उन्होंने भाईचारे के दावे के पीछे जाति-प्रथा छिपा रखी है।

संविधान सभा के सदस्य के रूप में संविधान का मसविदा तैयार करने वाली कमेटी के चेयरमैन के रूप में आम्बेडकर की भूमिका ने उन्हें संविधान-निर्माता की लोकप्रिय छवि प्रदान की। हालाँकि उन्होंने उपनिवेशवाद विरोधी आंदोलन में भाग नहीं लिया था, पर संविधान सभा में उन्होंने नेहरू व अन्य राष्ट्रीय नेताओं के साथ कंधे से कंधा मिला कर भविष्य के भारत की नींव डाली। संविधान की मसविदा समिति के चेयरमैन और बाद में नेहरू की सरकार के क़ानून मंत्री के रूप में काम करने के लिए आम्बेडकर क्यों राज़ी हुए, जबकि उसी दौरान उन्होंने बार-बार अपनी रचनाओं में कांग्रेस के नेतृत्व पर कड़े प्रहार किये थे? वैसे भी आम्बेडकर बहुमत-अल्पमत पर आधारित लोकतंत्र को अछूतों के लिए लाभदायक नहीं मानते थे, इसलिए उन्होंने संयुक्त राज्य अमेरिका के तर्ज़ पर यूनाइटेड स्टेट्स ऑफ़ इण्डिया को परिकल्पित करने वाले एक संविधान का मसविदा भी तैयार किया था। इस संविधान में आनुपातिक चुनाव प्रणाली का प्रावधान किया गया था। इस प्रश्न का उत्तर 'तटस्थता की थीसिस' में खोजा जा सकता है जो आम्बेडकर ने महात्मा फुले से प्राप्त की थी। अंग्रेज़ों के चले जाने के बाद राष्ट्रीय मंच पर वह शक्ति नहीं रही जो 15 अगस्त, 1947 तक अछूतों की निगाह में सामाजिक रूप से तटस्थ समझी जाती थी। नये हालात में आज़ाद भारत को सामाजिक और आर्थिक रूप से तटस्थ तो नहीं बनाया जा सकता था, पर संवैधानिक रूप से तटस्थ बनाने की सम्भावनाएँ मौजूद थीं। आम्बेडकर ने छुआछूत पर पाबंदी, आरक्षण और सार्विक मताधिकार जैसे प्रावधानों के ज़रिये कम से कम समानता के संवैधानिक रूप की गारंटी तो कर ही दी। हिंदू कोड बिल के प्रश्न पर हिंदू परम्परानिष्ठ तत्त्वों के प्रतिरोध से व्यथित हो कर आम्बेडकर ने न सिर्फ़ क़ानून मंत्री का पद त्याग दिया, बल्कि 15 अक्टूबर, 1956 को अपने 38,000 समर्थकों के साथ नागपुर में बौद्ध धर्म ग्रहण कर लिया। पाँच दिसम्बर को उनका देहांत हो गया, लेकिन इससे पहले उनके नक्शे-क़दम पर चलते हुए लाखों अछूतों द्वारा सारे देश में बौद्ध धर्म अपना लिया गया। इससे पहले 1950 में आम्बेडकर महाबोधि पत्रिका में *बुद्धा ऐंड द फ़्यूचर ऑफ़ हिज़ रिलीजन* शीर्षक से एक लेख लिख चुके थे। बुद्ध धर्म संबंधी उनके विचार उनकी मृत्यु के बाद 1957 में *द बुद्धा ऐंड हिज़ धम्मा* के रूप में प्रकाशित हुए। मृत्यु से पहले उन्होंने रिपब्लिकन पार्टी ऑफ़ इण्डिया की स्थापना की घोषणा भी की और अपने पीछे एक खुले पत्र के रूप में नयी पार्टी का लिखित घोषणापत्र छोड़ गये।

देखें : अनुसूचित जातियाँ, अस्मिता की भारतीय राजनीति, अन्य पिछड़े वर्ग, आयोतीदास पांडीतर, आयंकाली, आम्बेडकर-गाँधी विवाद, इरोड वेंकट रामस्वामी नायकर पेरियार, कांशीराम, गाड़गे बाबा, गोपाल बाबा वलंगकर, ज्योतिराव गोविंदराव फुले, जाति और जाति-व्यवस्था-1, 2, 3 और 4, बाबू मंगू राम, बहुजन समाज पार्टी-1 और 2, भदंत आनंद कौसल्यायन, भारतीय संविधान-1 से 8 तक, स्वामी अछूतानंद हरिहर।

संदर्भ

1. वामन नारायण कुबेर (1991), *डॉ. आम्बेडकर : अ क्रिटिकल स्टडी, पीपुल्स* पब्लिशिंग हाउस, नयी दिल्ली.
2 भगवान दास (सम्पा.) (1963), *दस स्पोक आम्बेडकर,* भीम पत्रिका पब्लिकेशंस, नयी दिल्ली.
3. धनंजय कीर (1983), *डॉ. आम्बेडकर : लाइफ़ ऐंड मिशन,* पॉप्युलर प्रकाशन, बम्बई.
4. क्रिस्टोफ़ जेफ़्रलो (1995), *डॉ. आम्बेडकर ऐंड अनटचेबिलिटी : फ़ाइटिंग द कास्ट सिस्टम,* कोलम्बिया युनिवर्सिटी प्रेस, न्यूयॉर्क.

— अभय कुमार दुबे

भूमण्डलीकरण

(Globalization)

भूमण्डलीकरण आधुनिकता में अंतर्निहित एक अत्यंत शक्तिशाली प्रवृत्ति है। इसे ग्लोबलाइज़ेशन, ग्लोबीकरण, जगतीकरण या विश्वायन के नामों से भी जाना जाता है। आधुनिक युग के विभिन्न चरणों में यह प्रक्रिया भिन्न-भिन्न रूपों में चलती रही है। एक से अधिक भूमण्डलीकरण आपस में प्रतियोगिता भी करते रहे हैं। लेकिन इस बार इसका प्रभाव बुनियादी रूप से परिवर्तनकारी प्रतीत हो रहा है, क्योंकि इसके कारण सामाजिक, राजनीतिक, आर्थिक और सांस्कृतिक जीवन विभिन्न भू-क्षेत्रीय सीमाओं से परे जा कर अपनी अभिव्यक्ति करने लगे हैं। इस प्रक्रिया को डिटेरिटोरियलाइज़ेशन की संज्ञा भी दी जाती है। समूचे विश्व

को एकल स्थान के रूप में देखने का एहसास बढ़ता जा रहा है जिसके परिणामस्वरूप 'ग्लोबल विलेज' या 'ग्लोबल इकॉनॉमी' जैसी अभिव्यक्तियों का इस्तेमाल होने लगा है। सूचनाओं और व्यक्तियों के आवागमन में अभूतपूर्व वृद्धि हुई है : इंटरनेट के उद्भव और विकास ने सूचना समाज के उदय में प्रमुख भूमिका निभायी है। 1980 में क़रीब दस लाख लोग प्रतिदिन अंतर्राष्ट्रीय सीमाओं के आर-पार जाते थे, जिनकी संख्या 2000 में तीस लाख हो चुकी थी। ग़ैर-सरकारीकरण की प्रक्रिया भी चल निकली है जिसका प्रमाण ग़ैर-सरकारी संगठनों की तेज़ी से बढ़ती हुई संख्या में देखा जा सकता है। ये संगठन एनजीओ के नाम से जाने जाते हैं। बीसवीं सदी के शुरू में सारी दुनिया में केवल 170 एनजीओ थे। 1980 तक यह संख्या बढ़ कर 2,500 तक पहुँची, पर इसके बाद बीस साल में दूने से भी ज़्यादा बढ़ कर 5,500 हो गयी।

भूमण्डलीकरण की परिघटना के तहत क्षेत्रीय अर्थव्यवस्थाएँ, समाज और संस्कृतियाँ समस्त भूमण्डल में फैले संचार और कार्रवाई के नेटवर्कों के तहत आपस में जुड़ते जा रहे हैं। हालाँकि इसका लोकप्रिय अर्थ आर्थिक संदर्भों के आईने में देख कर व्यक्त किया जाता है, पर इस प्रक्रिया को समझने के लिए वाणिज्य, प्रत्यक्ष विदेशी निवेश, पूँजी प्रवाह, आव्रजन और प्रौद्योगिकी से परे जाना भी ज़रूरी है। आर्थिक, प्रौद्योगिकीय, सामाजिक, सांस्कृतिक, राजनीतिक और जैविक कारणों के संयोग पर विचार किये बिना भूमण्डलीकरण का मर्म नहीं समझा जा सकता। इसी तरह इस प्रक्रिया के तात्पर्यों और फलितार्थों की गहराई में जाने के लिए विचारों, भाषाओं, लोकप्रिय संस्कृतियों के परस्पर और गतिशील संक्रमण पर ध्यान देना भी आवश्यक है।

भूमण्डलीकरण को सामाजिक संबंधों के विश्वव्यापी सघनीकरण के रूप में भी परिभाषित किया जा सकता है। यह सघनीकरण दूर-दूर स्थित स्थानीयताओं को आपस में जोड़ देता है। इससे होता यह है कि स्थानीयताओं के दायरे में होने वाली घटनाओं की शक्ल-सूरत उनसे बहुत दूर चल रहे घटनाक्रम के आधार पर बनने लगती है। ऐसा ही असर स्थानीयताओं का घटनाक्रम स्वयं को प्रभावित कर रही सुदूर घटनाओं पर डालता है।

इस भूमण्डलीकरण के केंद्र में एक महाशक्ति (संयुक्त राज्य अमेरिका), एक महा-मुद्रा (अमेरिकी डॉलर), और इंटरनेट व उपग्रहीय चैनलों के रूप में हुई संचार क्रांति है। पूँजी का उन्मुक्त प्रवाह सुनिश्चित करने के लिए इसने पहले गैट और फिर विश्व व्यापार संगठन के अधीन एक नयी विश्व आर्थिक प्रणाली की रचना कर डाली है। यह प्रणाली मुक्त बाज़ार की थीसिस पर निर्भर न होते हुए भी बाज़ार के प्रभुत्व की पैरोकार है। इसीलिए इसे नियोक्लासिकल या नव-उदारतावाद का सैद्धांतिक नाम दिया गया है।

संचार के सैकड़ों गुणा बेहतर साधन होने के कारण यह भूमण्डलीकरण अतीत के सभी भूमण्डलीकरणों के मुक़ाबले अधिक ऊँचाई से शुरू करके अधिक गहराई तक जाने की इच्छा रखता है। अपने शुरुआती आवेग में आधुनिकता ने जिन पूँजीवाद विरोधी आवेगों और संरचनाओं को जन्म दिया था, वे आज थक कर बैठ चुके हैं या फिर उनकी संस्थागत अभिव्यक्तियाँ ध्वस्त हो चुकी हैं। असहमति, आलोचना और प्रतिरोध के जिन आंदोलनों में ऊर्जा बाक़ी थी (जैसे, नारीवादी आंदोलन, पर्यावरणवादी आंदोलन, मानवाधिकार आंदोलन, ग़ैर-सरकारी स्वयंसेवी संस्थाओं की भागीदारी वाले नये सामाजिक आंदोलन आदि) की शब्दावली हड़प कर और उनकी माँगों के साथ ऊपरी तालमेल बैठा कर यह भूमण्डलीकरण एक घोड़े की दौड़ बन चुका है।

इस भूमण्डलीकरण के लिए ज़मीन सत्तर के दशक में पकनी शुरू हुई थी। इसी दशक में वित्तीय पूँजी स्थिर विनिमय दरों की क़ैद से आज़ाद हुई, कम्युनिस्ट चीन पूँजीवाद के पाले में चला गया, अमेरिका के रैंड कॉरपोरेशन ने एक ऐसी संचार प्रणाली की रचना शुरू की जिसे आज हम सूचना महापथ या इंटरनेट के नाम से जानते हैं, और उदारतावादी लोकतंत्र के ढाँचे में ही मानवता का भविष्य देखने का बौद्धिक आग्रह प्रारम्भ हुआ। इस ज़मीन को बनाने में पूँजीवाद के समर्थक घोषित रूप से जुटे हुए थे, पर उसकी प्रतिक्रिया में पूँजीवाद के घोषित विरोधी भी जाने-अनजाने हालात को उसी ओर ले जा रहे थे। हथियारों की होड़ और अन्य बहुतेरे कारणों से जैसे पूँजीवादी भूमण्डलीकरण से प्रतियोगितारत समाजवादी भूमण्डलीकरण संकटग्रस्त हुआ, दुनिया एक-ध्रुवीय होने की तरफ़ बढ़ गयी।

अस्सी के दशक में उत्पादन का भूमण्डलीकरण हुआ जिसकी अगुआयी बहुराष्ट्रीय निगमों के हाथ में थी। इन निगमों ने अपना उत्पादन आधार उन विकासशील देशों में स्थानांतरित कर दिया जहाँ माल और सेवाओं का घरेलू बाज़ार चढ़ रहा था और सस्ते श्रम के कारण उत्पादन की लागत कम थी। इस औद्योगिक भूमण्डलीकरण के फलस्वरूप उत्पादन का एक विश्वव्यापी बाज़ार बना जिसने उपभोक्ताओं और कम्पनियों को कई क़िस्म के विदेशी उत्पाद आसानी से उपलब्ध होने लगे। राष्ट्रीय सीमाओं के आर-पार सामग्री और बने हुए माल का आवागमन आसानी से होने लगा। नये ग्लोबल बिजनेस मार्केट में टिकने के लिए ज़रूरी हो गया कि कम्पनियाँ लगातार अपने उत्पाद को अपग्रेड करती रहें। इस बाध्यता ने उत्पादन प्रौद्योगिकी और कौशल के विकास के नये क्षितिज खोले।

नब्बे के दशक में वित्तीय पूँजी का भूमण्डलीकरण हुआ जिसके तहत यह परिघटना अपने चरम रूप में उभरी। विश्व व्यापी वित्तीय और मुद्रा बाज़ारों की रचना हुई जिनमें

चौबीस घंटे और 365 दिन तिजारत होने लगी। वाणिज्य और निवेश के स्तरों का विस्तार इतना अधिक हो गया कि इक्कीसवीं सदी के शुरुआती सालों में नित्य प्रति होने वाला मुद्रा व्यापार डेढ़ खरब डॉलर तक पहुँच गया। बाज़ारों के अंतर-सूत्र और परस्पर निर्भरता इस हद तक बढ़ गयी कि एक बाज़ार में होने वाली हलचल दूसरे बाज़ारों के उतार-चढ़ाव का कारण बनने लगी।

राजनीतिक रूप से विश्व सरकार बनाने की कल्पनाएँ की जाने लगीं ताकि सरकारों के बीच संबंधों और भूमण्डलीकरण के आवश्यक हुए नये अधिकारों को विनियमित किया जा सके। चूँकि ऐसी सरकार व्यावहारिक रूप से नहीं बन पायी इसलिए यह ज़िम्मेदारी मोटे तौर से अमेरिका ने निभानी शुरू कर दी। कॉपीराइट क़ानूनों, पेटेंट और विश्व व्यापार समझौतों के रूप में ग्लोबल मानक स्थापित हुए जिन पर अमल के लिए मजबूर करने की ज़िम्मेदारी अमेरिका और उसकी चौधराहट में चलने वाले संगठनों ने उठानी शुरू कर दी। एक अंतर्राष्ट्रीय अपराध न्यायालय और अंतर्राष्ट्रीय न्याय आंदोलन की रचना की गयी। ग्लोबल प्रशासकीय क़ानून का उदय हुआ। ग्लोबल मानकों और नियम-क़ानूनों के बढ़ते दबावों ने राष्ट्रीय सम्प्रभुता को कमज़ोर कर दिया।

भूमण्डलीकरण ने सूचना क्रांति को जन्म दिया। भाषा के रूप में अंग्रेज़ी इस सूचना क्रांति की प्रधान वाहक बनी। आज दुनिया भर में 35 फ़ीसदी मेल, टेलेक्स और तार अंग्रेज़ी में भेजे जाते हैं। क़रीब चालीस फ़ीसदी रेडियो कार्यक्रम अंग्रेज़ी में प्रसारित होते हैं। पचास फ़ीसदी इंटरनेट ट्रैफ़िक अंग्रेज़ी में होता है।

सांस्कृतिक रूप से भूमण्डलीकरण ने पश्चिमी और अमेरिकी संस्कृति के निर्यात का रास्ता खोला। छोटे पैमाने पर भारतीय फ़िल्मों का निर्यात भी शुरू हुआ। अंतर्राष्ट्रीय यात्रा और पर्यटन की मात्रा बहुत बढ़ गयी। विमान यात्राएँ अतीत के किसी भी समय के मुक़ाबले कई गुना हो गयीं। एक ग्लोबल पॉप कल्चर का अविर्भाव हुआ जिसमें न्यू मीडिया की भूमिका प्रमुख साबित हुई। बहुराष्ट्रीय निगमों ने ग्लोबल संस्कृति के विभिन्न संरचनाओं और रूपों को प्रायोजित करने के ज़रिये उपभोक्ता क्रांति की प्रक्रिया के साथ उसे अनिवार्य रूप से जोड़ दिया। विज्ञापन और कामनाओं का सौंदर्यमूलक संसार चेतना के ऊपर हावी होने लगा। बाज़ार ने संस्कृति को जिंस बना कर उसे मुनाफे के स्रोत में बदल दिया। संस्कृति और अर्थतंत्र के बीच भूमण्डलीकरण के अभंग जाल की तरह काम करने लगा। भूमण्डलीकृत होते ही असहमति भी ख़ुद एक सांस्कृति जिंस बनने के ख़तरे से ग्रस्त हो गयी।

इस संक्षिप्त विवरण से ज़ाहिर है कि भूमण्डलीकरण एक ताक़तवर परिघटना है जो सब कुछ बदले दे रही है। वह दोनों तरफ़ से बदलती है यानी वह हालात को अपने सार्वभौम ढाँचे में भी ढालती है, उसके प्रति विरोधियों की प्रतिक्रिया भी एक ख़ास तरह के परिवर्तन को जन्म देती है जो शुरू में भूमण्डलीकरण के ख़िलाफ़ लगता है, पर अंतिम विश्लेषण में उसी की संरचनाओं की मदद करता पाया जाता है।

देखें : अंतर्राष्ट्रीय मुद्रा कोष, ढाँचागत समायोजन कार्यक्रम, पेटेंट, ब्रेटन वुड्स प्रणाली, बौद्धिक सम्पदा अधिकार, भूमण्डलीकरण : भारतीय अर्थव्यवस्था का, भारत में पेटेंट क़ानून, भारत में बहुराष्ट्रीय निगम, भारत में शेयर संस्कृति, भूमण्डलीकरण का इतिहास-1 और 2, भूमण्डलीकरण और पूँजी बाज़ार, भूमण्डलीकरण और लोकतंत्र, भूमण्डलीकरण और राज्य, भूमण्डलीकरण और राष्ट्रीय सम्प्रभुता, भूमण्डलीकरण और वित्तीय पूँजी।

संदर्भ

1. अभय कुमार दुबे (2003), 'भूमण्डलीकरण का संक्षिप्त इतिहास', अभय कुमार दुबे (सम्पा.), *भारत का भूमण्डलीकरण,* वाणी, नयी दिल्ली.
2. शिव विश्वनाथन (2001), 'द प्रॉब्लम', *सेमिनार,* ग्लोबलाइज़ेशन पर विशेषांक, नयी दिल्ली, 503, जुलाई.
3. एजाज़ अहमद (1001), 'संस्कृति और भूमण्डलीकरण', *आलोचना,* नयी दिल्ली, जुलाई-सितम्बर.
4. अर्जुन अप्पादुरै (1998), *मॉडर्निटी एट लार्ज : कल्चरल डाइमेंशन ऑफ़ ग्लोबलाइज़ेशन,* युनिवर्सिटी ऑफ़ मिनेसोटा प्रेस, चौथा मुद्रण.

— अभय कुमार दुबे

भूमण्डलीकरण का इतिहास-1

आधुनिकता और पहला भूमण्डलीकरण

(History of Globalization-1)

आधुनिकता भूमण्डलीकरण की वाहक है : यह पहलू उसकी व्याख्याओं में सबसे कम उभर कर आ पाता है। जब तक भूमण्डलीकरण का यथार्थ बीसवीं सदी से अंतिम दशकों में अपने पूरे विस्फोट के साथ प्रगटं नहीं हुआ, विविधता और बहुलता को आधारभूत सिद्धांत मानने वाले चिंतक एकाधिक आधुनिकताओं का विमर्श चलाने में लगे हुए थे। दरअसल, इस विमर्श में आधुनिकता की वह प्रवृत्ति छिप जाती है जो सभी सभ्यताओं और संस्कृतियों को भूमण्डल के स्तर पर समरूपीकरण की तरफ़ धकेलती है। नब्बे के दशक में

भूमण्डलीकरण की शुरुआत के साथ ही यह असलियत निकल कर सामने आ गयी कि युरोपीय ज्ञानोदय की कोख से जन्मे आधुनिकता के सार्वभौम विचार में 'एक विश्ववाद' का पहलू एक शक्तिशाली अंतर्धारा के रूप में मौजूद है। चाहे किसी भी रंग के क्यों न हों, आधुनिकतावादी हमेशा एक 'ग्लोबल' प्रणाली, 'ग्लोबल' नागरिकता और 'ग्लोबल' राजनीति रचने की कल्पनाओं से प्रेरित होते रहे हैं। राष्ट्रीय, क्षेत्रीय और सांस्कृतिक सीमाएँ आधुनिकता के इस आयाम के ऊपर कभी हावी नहीं हो पायीं। सवा सौ साल से ज़्यादा के अपने सफ़र में आधुनिकता ने अपनी इस मंजिल को कभी आँखों से ओझल नहीं होने दिया। वह लगातार कोशिश करती रही कि सत्ता की 'ग्लोबल' संरचनाएँ अन्य सरहदों की नियामक बनें, न कि उन्हें सरहदों के मुताबिक़ काम करने पर मजबूर होना पड़े। इसकी सबसे प्रभावशाली मिसाल उसने पूँजी और उसकी गतिशीलता के रूप में प्रस्तुत की है।

भूमण्डलीकरण की आधारशिला रखने में आधुनिकता के तहत प्रगति के विचार ने भी प्रमुख भूमिका निभायी है। प्रगति के दर्शन का विकास ज्ञानोदय की अवधि में हुआ। विज्ञान और वैज्ञानिक मानस की अवाधारणाओं के उदय को आधार बनाते हुए प्रगति के दर्शन में अपने समय के धार्मिक जड़सूत्रवाद की जकड़ से मुक्ति की सम्भावनाएँ जगायीं। फ्रांस से शुरू हो कर जल्दी ही यह विचार पूरे युरोप में फैल गया और फिर उसने सर्वाधिक प्रभावशाली विश्व-दृष्टिकोणों में से एक का रूप ग्रहण कर लिया।

उदारतावाद और उपयोगितावाद आधुनिकता के दो ऐसे सिद्धांत हैं जिन्होंने भूमण्डलीकरण के लिए ज़मीन तैयार की है। ये सिद्धांत राष्ट्र और राष्ट्रीय सरकारों के प्रभावक्षेत्र को सीमित करने की भूमिका निभाते हैं। इनका बुनियादी तर्क है कि जब तक किसी राष्ट्र में व्यापार और वाणिज्य को बिना सरकार की दखलअंदाज़ी के काम नहीं करने दिया जाएगा तब तक अधिकतम समृद्धि उपलब्ध नहीं की जा सकती। उदारतावाद स्व-हित के लिए प्रयासरत व्यक्ति को समाज के मर्म में रखता है और समुदाय या सामूहिकता को किनारे धकेल देता है। इसी तरह उपयोगितावाद सभी तरह के नीति संबंधी आग्रहों को सुख और दु:ख की तर्कसंगत गणनाओं के अधीन कर देता है। ये दोनों विचार मिल कर व्यक्ति और उसके सुख को प्रबल प्राथमिकता देते हैं। भूमण्डलीकरण के आधारभूत तर्कों में इन प्रवृत्तियों की शिनाख़्त आसानी से की जा सकती है।

उदारतावाद की ख़ास बात यह भी है कि वह विज्ञान, पूँजीवाद और उद्योग के तीनों पहलुओं को एक साथ अभिव्यक्त करते हुए उन्हें मानवता की प्रगति के साथ जोड़ देता है। औद्योगिक क्रांति और पूँजीवाद को समाज की स्वाभाविक प्रगति का वाहक साबित करने के लिए उन्नीसवीं सदी से ही दुनिया के पैमाने पर दर्शन और अर्थशास्त्र का विस्तृत ढाँचा खड़ा किया गया है। इससे पैदा होने वाले वैचारिक मानकों को भूमण्डलीकरण के विरोधी भी बिना सवाल उठाये मानते हैं, बिना यह समझे हुए कि वे जिसका विरोध कर रहे हैं वह इन्हीं मानकों की बिना पर ही विकसित हो रहा है।

आधुनिकता के व्यावहारिक रूपों और उनसे संबंधित विचारों का विकास पश्चिमी देशों के राजनीतिक और संरचनात्मक घटनाक्रम के अनुभवों को केंद्र में रखते हुए हुआ है। इसलिए पश्चिमी अनुभव ही समग्र मानवता के आदर्श के रूप में मान लिए गये हैं। आधुनिकीकरण और पश्चिमीकरण एक दूसरे के पर्याय से बन गये हैं। भूमण्डलीकरण के ज़रिये यही पश्चिमीकरण आज ग़ैर-पश्चिमी दुनिया का यथार्थ भी बनता जा रहा है। भूमण्डलीकरण की प्रक्रिया में पश्चिम को प्रमुखता मिलने के इतिहास पर एक नज़र डालने से इस प्रक्रिया को कुछ-कुछ समझा जा सकता है।

भूमण्डलीकरण को अगर आधुनिकता की आर्थिक अभिव्यक्ति के रूप में देखा जाए तो अपने सफ़र के पहले पचास साल में वह काफ़ी तेज़ रफ़्तार से दौड़ता नज़र आता है। 1870 के 1914 के बीच के इस ज़माने को उन्मुक्त बाज़ार या अबाध वाणिज्य के युग की तरह परिभाषित किया जा सकता है। इस दौरान पूँजी या श्रम के आवागमन पर कोई ख़ास रोक नहीं थी। कोई कहीं भी बस सकता था और नागरिकता कमोबेश आसानी से मिल जाती थी। बाज़ार के कारोबार में सरकारी दखलअंदाजी न के बराबर थी। आज के भूमण्डलीकरण की ही तरह उन्नीसवीं सदी के उस भूमण्डलीकरण के तहत भी टेलीग्राफ़, रेलवे और भाप से चलने वाले जहाज़ एक तरह की संचार क्रांति के रूप में भूमण्डल के फ़ासलों को कम करने का काम कर रहे थे। आज अमेरिका भूमण्डलीकरण के केंद्र में है, पर उस समय राजनीतिक महाशक्ति के रूप में उसके केंद्र में ब्रिटिश साम्राज्य था। मुद्रा के रूप में वह भूमण्डलीकरण अमेरिकी डॉलर के बजाय पाउंड-स्टर्लिंग के इर्द-गिर्द संचालित होता था। इस पूरी प्रक्रिया का लाभ सबसे ज़्यादा पश्चिम युरोप को हो रहा था। जो फ़ायदे मानवता को होने चाहिए थे, उनका ज़्यादा बड़ा हिस्सा उपनिवेशवादी देश हड़प जाते थे। यही देश मुख्य तौर से पूँजी और जिंसों के आयातक थे। दक्षिण और पूर्वी युरोप समृद्धि की इस दौड़ में पिछड़ते जा रहे थे। एशिया, अफ्रीका और लातीनी अमेरिका की हालत ख़राब थी। इसी दौरन भारत, चीन और इण्डोनेशिया जैसे देशों का वि-औद्योगिकीकरण हुआ और वे अविकसित की श्रेणी में

पतित होते चले गये। दिलचस्प बात यह है कि इन देशों के अर्थतंत्रों का संचालन मुक्त बाज़ार की अवधारणा के तहत किया जा रहा था और उन्हें उस ज़माने में विदेशी निवेश का अच्छा ख़ासा हिस्सा भी मिल रहा था। फिर भी इन क्षेत्रों का विकास नहीं हुआ।

भूमण्डलीकरण की इस आदिम प्रक्रिया ने संयुक्त राज्य अमेरिका और कनाडा जैसे देशों की श्वेत आबादी को लाभ पहुँचाने के लिए उद्योगीकरण के हालात बनाने, कारख़ाना उत्पादन में सीधा निवेश करने, प्रौद्योगिकीय और प्रबंधकीय क्षमताओं को बढ़ावा देने की भूमिका निभायी। लगभग आधी सदी के इस दौर में ग़रीब और अमीर देशों की आमदनी का अंतराल 7:1 से बढ़ कर 11:1 हो गया। यह भूमण्डलीकरण अपने सारतत्त्व में विषमता का अर्थशास्त्र साबित हुआ। सैन्यवाद, साम्राज्यवाद, नस्लवाद और इजारेदारियों ने पूँजी की बेतहाशा ख़ुदगर्ज़ी के साथ मिल कर एक विशाल अजगर पैदा किया, जिसने ग़रीब देशों और कमज़ोर देशों को सताया। आबादी के ज़्यादा बड़े हिस्से को कठोर परिश्रम करने के बाद भी निचले स्तर की जीवन-सुविधाओं में गुज़र-बसर करने के लिए मजबूर होना पड़ा।

देखें : अंतर्राष्ट्रीय मुद्रा कोष, ढाँचागत समायोजन कार्यक्रम, पेटेंट, ब्रेटन वुड्स प्रणाली, बौद्धिक सम्पदा अधिकार, भूमण्डलीकरण : भारतीय अर्थव्यवस्था का, भारत में पेटेंट क़ानून, भारत में बहुराष्ट्रीय निगम, भारत में शेयर संस्कृति, भूमण्डलीकरण, भूमण्डलीकरण और पूँजी बाज़ार, भूमण्डलीकरण और लोकतंत्र, भूमण्डलीकरण और राज्य, भूमण्डलीकरण और राष्ट्रीय सम्प्रभुता, भूमण्डलीकरण और वित्तीय पूँजी, भूमण्डलीकरण और वित्तीय उपकरण, भूमण्डलीकरण के आलोचक, भूमण्डलीकरण के ख़िलाफ़ प्रतिरोध, विश्व बैंक, विश्व व्यापार संगठन।

संदर्भ

1. अविनाश झा (2000), *बेकग्राउण्ड टु ग्लोबलाइज़ेशन,* सेंटर फ़ार एजुकेशन ऐंड डॉक्युमेंटेशन, मुम्बई.
2. अभय कुमार दुबे (2003), 'भूमण्डलीकरण का संक्षिप्त इतिहास', अभय कुमार दुबे (सम्पा.), *भारत का भूमण्डलीकरण,* वाणी, नयी दिल्ली.
3. चार्ल्स फ्रेंकेल (1969), *द फ़ेथ ऑफ़ रीज़न : द आइडिया ऑफ़ प्रोग्रेस इन द फ्रेंच इनलाइटेनमेंट,* ओक्टेगन बुक्स, न्यूयॉर्क.
4. दीपक नैयर (2002), 'ग्लोबलाइज़ेशन वंस मोर', *बिबलियो,* विशेषांक, मार्च-अप्रैल.

— अभय कुमार दुबे

भूमण्डलीकरण का इतिहास-2

भूमण्डलीकरणों की प्रतियोगिता

(History of Globalization-2)

पहले भूमण्डलीकरण (1870-1914) के दौरान असाधारण आर्थिक प्रगति हुई और साथ में विषमता का अर्थशास्त्र भी उभरा, पर वह सिलसिला प्रथम विश्व युद्ध के कारण थम गया। मार्क्सवादी और राष्ट्रीय क्रांतियों के युग ने साम्राज्य को पीछे धकेल दिया। राष्ट्रों की सरहदें पूँजी, श्रम, उत्पादन और व्यापार की नियामक हो गयी। किसी भी चीज़ का बेरोकटोक आवागमन मुश्किल हो गया। फिर द्वितीय विश्व युद्ध ने दुनिया को दो हिस्सों में बाँट दिया जिसके कारण भूमण्डलीकरण की प्रक्रिया एक घोड़े की दौड़ नहीं रह गयी। दोनों ही हिस्से आधुनिकता के पैरोकार थे और दोनों ही अपने-अपने क़िस्म का भूमण्डलीकरण करना चाहते थे। इस प्रक्रिया में आधुनिकता की दो परिभाषाएँ एक-दूसरे से होड़ करती हुई आयीं। इस प्रतियोगिता को हम वामपंथी बनाम दक्षिणपंथी या समाजवाद बनाम पूँजीवाद की प्रचलित श्रेणियों के नाम से जानते हैं। वामपंथी भूमण्डलीकरण को जिस विकास-क्रम से सबसे ज़्यादा उछाल मिला, वह था पूँजीवादी भूमण्डलीकरण द्वारा अपने ही गढ़ों को मंदी से न बचा पाना। तीस के दशक के महामंदी के कारण पूँजीवाद को प्रतिरक्षात्मक क़दम उठाने पड़े और उसकी तरफ़ से राज्य के लोकहितकारी हस्तक्षेप का सिद्धांत प्रतिपादित किया गया। यह लोकहितकारी राज्य के उदय की शुरुआत थी। जान मेनार्ड कींस द्वारा सूत्रबद्ध की गयी यह थीसिस काफ़ी-कुछ नरम क़िस्म के राजकीय समाजवाद जैसी लगती थी। इसने ग़ैर-पूँजीवादी भूमण्डलीकरण के लिए काफ़ी माहौल बनाया।

आधुनिकता के ग़ैर-पूँजीवादी वारिसों का दावा था कि वे पूँजीवाद के मुक़ाबले बेहतर क़िस्म का लोकतंत्र, अधिक समतामूलक अर्थव्यवस्था और राष्ट्रों के बीच अपेक्षाकृत कम ऊँच-नीच के रिश्ते क़ायम कर सकते हैं। यानी वे जिस संकेंद्रित विश्व का सपना देख रहे थे, वह उनके मुताबिक़ परस्पर शोषण पर आधारित नहीं होने वाला था और उसमें हर राष्ट्र के लिए स्वतंत्र विकास करने का दावा अंतर्निहित था। इस दूसरे भूमण्डलीकरण को अंतर्राष्ट्रवाद कहा गया। एक ऐसा अंतर्राष्ट्रवाद जिसके केंद्र में बाज़ार न हो कर एक मानवीय समझौता दिखाई पड़ता था जो साझा मानवता की तलाश में नस्ल, धर्म, राष्ट्र के परे जाती एकता के तंत्र के रूप में परिभाषित हो रहा था।

ज़ाहिर है कि आधुनिकता का यह रूप अपना समरूपीकरण वित्तीय ताक़त के दम पर नहीं, बल्कि

विचारधारात्मक प्राथमिकताओं के दम थोपता था। इसके केंद्र में सोवियत संघ एक 'ग़ैर-पूँजीवादी महाशक्ति' के रूप में मौजूद था। युरोप के कम विकसित हिस्से के साथ उसने एशिया और लातीनी अमेरिका के नवस्वतंत्र देशों के साथ आर्थिक-राजनीतिक-सामरिक संधियाँ करके सत्तर के दशक तक पूँजीवादी भूमण्डलीकरण के साथ प्रतियोगिता करने का भगीरथ प्रयास किया।

इसी दौरान पूँजीवादी भूमण्डलीकरण के पुराने और नये नियोजक ब्रेटन वुड्स समझौते के ज़रिये फिर से अपने बोलबाले को क़ायम करने की कोशिश करते रहे। 1944 में न्यू हैमशायर की पहाड़ी सैरगाह ब्रेटन वुड्स में बैठ कर ब्रिटेन और अमेरिका ने एक नयी अंतर्राष्ट्रीय अर्थव्यवस्था का तानाबाना तैयार किया जिसे मुक्त बाज़ार प्रणाली की जगह काम करना था। इसके अनुसार राष्ट्रीय मुद्राओं को अमेरिकी डॉलर से निर्धारित विनिमय दर पर जोड़ दिया गया। ज़रूरत पड़ने पर डॉलरों को सोने में भुनाने का अधिकार दिया गया। अंतर्राष्ट्रीय मुद्रा कोष और विश्व बैंक (इंटरनैशनल बैंक फ़ार रिकंस्ट्रक्शन ऐंड डिवेलपमेंट) की स्थापना की गयी। ज़ाहिर है कि द्वितीय विश्व युद्ध के कारण दुनिया के पैमाने पर बदली वर्चस्व की संरचनाओं के कारण पूँजीवादी भूमण्डलीकरण के केंद्र में औपचारिक रूप से ब्रिटेन की जगह अमेरिका आ चुका था और पाउंड की जगह डॉलर ने ले ली थी।

इस तरह भूमण्डलीकरणों का शीत युद्ध शुरू हो गया। पर ब्रेटन वुड्स समझौते के पाँच साल बाद एक नया गुल खिला। 1949 में सत्तारूढ़ होने के फ़ौरन बाद चीन की कम्युनिस्ट सरकार ने अपनी डॉलर आमदनी को अमेरिकी सरकार की पहुँच से बचाने के लिए पेरिस में *बांक़ा कॉमर्सियाल पौर ल'युरोप द नॉर्द* नामक बैंक में जमा करना शुरू कर दिया। ख़ास बात यह थी कि इस बैंक की मिल्कियत सोवियत संघ के हाथ में थी और इसके बेतार के तार का पता था 'युरोबैंक'। चीनियों की देखा-देखी रूसियों ने भी अपनी डॉलर आमदनी या तो पेरिस के बैंक में या फिर लंदन के *मास्को नरोदनी बैंक* में जमा करनी शुरू कर दी। युरोप के बैंकरों ने देखा कि उनके बैंकों में एक ऐसी विपुल डॉलर राशि जमा है जो न तो जमा करने वाले देश के नियम-क़ानूनों से नियंत्रित होती है और न ही ब्रेटन वुड्स प्रणाली के तहत आती है। इस ख़ास चरित्र के कारण यह विपुल राशि डॉलरों का व्यापार करने के लिए उपलब्ध थी। ये ही डॉलर पेरिस के बैंक के पते की तर्ज़ पर युरो डॉलर कहलाये। युरो डॉलर मार्केट का जन्म हुआ जिसकी कभी ख़ुफ़िया और कभी खुली गतिविधियाँ ब्रेटन वुड्स प्रणाली के नियामक अमेरिका को चिंतित करती रहीं। यह बाज़ार अमेरिका से भी डॉलरों को अपनी ओर खींचने में लगा हुआ था। अमेरिका ने इस प्रक्रिया को रोकने के लिए क़ानून तक बनाया, पर उससे भी काम नहीं चला।

साठ के दशक में जब अमेरिका में मुद्रास्फीति बढ़ी और डॉलर कमज़ोर होना शुरू हो गया तो सारी दुनिया में डॉलरों को सोने में भुनाने की होड़ मच गयी। इस तरह के विनिमय का अधिकार ब्रेटन वुड्स समझौते के तहत उपलब्ध था। पर, अगस्त, 1970 में राष्ट्रपति निक्सन ने एकतरफ़ा कार्रवाई करके डॉलरधारियों से यह अधिकार छीन लिया जिससे ब्रेटन वुड्स प्रणाली ध्वस्त हो गयी। निर्धारित विनिमय दर के बजाय चलायमान विनिमय दर प्रारम्भ हुई। अर्थशास्त्र की भाषा में यह मुक्त बाज़ार के बिना वित्तीय पूँजी के भूमण्डलीकरण की शुरुआत थी। 1914 में ख़त्म हुए पहले भूमण्डलीकरण के दौर के बाद यह पहला मौक़ा था जब पूँजी किसी निश्चित नियम-क़ानून के अधीन नहीं थी।

वित्तीय पूँजी के इस भूमण्डलीकरण के सामने मुख्य तौर से दो रुकावटें थीं। पहली सबसे बड़ी रुकावट थी उसके मुक़ाबले खड़ा प्रतियोगी भूमण्डलीकरण, जिसके केंद्र में सोवियत संघ था। ग़ैर-पूँजीवादी भूमण्डलीकरण के पैंतरों के कारण पूँजीवाद अपनी विश्व व्यवस्था को ठीक से नहीं चला पा रहा था। दिलचस्प बात यह थी कि वित्तीय पूँजी के भूमण्डलीकरण की परिस्थितियाँ कम्युनिस्ट देशों के डॉलरों के कारण बनी थी। इस उन्मुक्त पूँजी की संरचना सोवियत संघ और चीन के 'राजकीय पूँजीवाद' के चरित्र के मुताबिक़ न थी। यह बहुराष्ट्रीय निगमों के उभार के साथ मिल कर विश्व बाज़ार के निर्माण में सहायक भूमिका निभा सकती थी। दूसरी रुकावट थी नयी संचार क्रांति की ग़ैर-मौजूदगी। विज्ञान विश्व युद्धों के दौरान ऐसा कोई कारनामा नहीं कर पाया था जिससे भूमण्डल के पैमाने पर फ़ासले पहले से और कम हो सकते। नये ज़माने के भूमण्डलीकरण को विमान और टेलिफ़ोन के अलावा एक नये माध्यम की दरकार थी जिससे वास्तव में दुनिया मुट्ठी में क़ैद नज़र आने लगे।

चूँकि राष्ट्रों की सीमाओं के कारण पहले की तरह श्रम और पूँजी का बेरोकटोक आवागमन सम्भव करना ज़रूरी थी इसलिए वित्तीय पूँजी का प्रवाह सुनिश्चित करने के लिए धीरे-धीरे आर्थिक-राजनीतिक दबाव डलवा कर बाधाएँ हटाना ज़रूरी था। राष्ट्रातीत पूँजी की संरचनाओं के रूप में बहुराष्ट्रीय निगमों का बोलबाला स्थापित किया जाना भी अनिवार्य था। पूरा सत्तर का दशक वित्तीय पूँजी के वर्चस्व के लिए ज़मीन तैयार करने में खप गया। इसी दौरान पूँजी स्थिर विनिमय दरों को क़ैद से छूटी, चीन अमेरिका के पाले में चला गया, अमेरिका के रैंड कॉरपोरेशन ने इंटरनेट की ईज़ाद किया, दुनिया के बड़े-बड़े बुद्धिजीवियों ने यह तर्क देना शुरू किया कि उदारतावादी लोकतंत्र ही सर्वाधिक श्रेयस्कर व्यवस्था है। भूमण्डलीकरण के पैरोकार बुद्धिजीवियों ने अपेक्षा करनी शुरू कर दी कि राष्ट्रीय सरकारें अपनी क्षमता

लोकतंत्रों को जनता के दबावों से मुक्त कराने में ख़र्च करेंगी, ताकि स्थिर और ग्लोबल पैमाने पर आपस में जुड़े बाज़ारों की रचना हो सके। आज हमारे पास घटनाओं की पश्चात-दृष्टि है। नब्बे के दशक के भूमण्डलीकरण की आहटें इन घटनाओं में सुनी जा सकती हैं।

देखें : अंतर्राष्ट्रीय मुद्रा कोष, ढाँचागत समायोजन कार्यक्रम, पेटेंट, ब्रेटन वुड्स प्रणाली, बौद्धिक सम्पदा अधिकार, भूमण्डलीकरण : भारतीय अर्थव्यवस्था का, भारत में पेटेंट क़ानून, भारत में बहुराष्ट्रीय निगम, भारत में शेयर संस्कृति, भूमण्डलीकरण, भूमण्डलीकरण और पूँजी बाज़ार, भूमण्डलीकरण और लोकतंत्र, भूमण्डलीकरण और राज्य, भूमण्डलीकरण और राष्ट्रीय सम्प्रभुता, भूमण्डलीकरण और वित्तीय पूँजी, भूमण्डलीकरण और वित्तीय उपकरण, भूमण्डलीकरण के आलोचक, भूमण्डलीकरण के ख़िलाफ़ प्रतिरोध, विश्व बैंक, विश्व व्यापार संगठन।

संदर्भ

1. फ़िदेल कास्त्रो (1999), *ऑन इम्पीरियलिस्ट ग्लोबलाइज़ेशन,* लेफ़्टवर्ड बुक्स, नयी दिल्ली.
2. समीर अमीन (1997), *केपिटलिज़म इन द एज ऑफ़ ग्लोबलाइज़ेशन : द मेनेजमेंट ऑफ़ कंटेम्परेरी सोसाइटी,* ज़ेड बुक्स, लंदन-न्यू जर्सी.
3. रजनी कोठारी (2003), 'जनता से डरते अभिजन और कमज़ोर होता हुआ राष्ट्र-राज्य', अभय कुमार दुबे (सम्पा.), *भारत का भूमण्डलीकरण,* वाणी, नयी दिल्ली.
4. दीपक नैयर (2002), 'ग्लोबलाइज़ेशन वंस मोर', *बिबलियो,* विशेषांक, मार्च-अप्रैल.

—अभय कुमार दुबे

भूमण्डलीकरण और लोकतंत्र

(Globalization and Democracy)

भूमण्डलीकरण के पैरोकारों की मान्यता है कि उदारतावादी लोकतंत्र और उसके बाज़ारोन्मुख पहलुओं के आधार पर ही आधुनिक राज्य का कामकाज ठीक से चलना सम्भव है। इस दावेदारी ने समाज-विज्ञान के विभिन्न क्षेत्रों में बाज़ारोन्मुख बनाम जनोन्मुख लोकतंत्र के बीच एक बहस की शुरुआत कर दी है। यह विवाद भारतीय लोकतंत्र की गतिशीलता को भी प्रभावित कर रहा है।

बाज़ारोन्मुख लोकतंत्र के समर्थकों का कहना है कि लोकतंत्र का केवल यही रूप दुनिया के विभिन्न समाजों में तेज़ी से घटित हो रहे आर्थिक और सांस्कृतिक परिवर्तनों की ताक़तों का माकूल ज़रिया बन सकता है। नब्बे के दशक की शुरुआत में सोवियत ख़ेमे का विखण्डन होते ही पूँजीवादी भूमण्डलीकरण के एक प्रमुख भाष्यकार फ्रांसिस फ़ुकुयामा ने अपनी विख्यात 'इतिहास का अंत' थीसिस में इस विचार का सुव्यवस्थित प्रतिपादन करते हुए कहा कि वह ऐतिहासिक प्रक्रिया शुरू हो चुकी है जिसके तहत राजनीतिक और आर्थिक समरूपीकरण की प्रक्रिया उदारतावादी लोकतंत्र को आधुनिक राज्यों के लिए एकमात्र विकल्प बना देगी। फ़ुकुयामा ने भविष्यवाणी भी की कि समग्र मानवता के लिए इतिहास एकसार हो गया है और लोकतंत्र के इस रूप के तहत सामाजिक-विकासक्रम अपने चरम पर पहुँचता जा रहा है। इस ऐतिहासिक प्रक्रिया में जो कुछ बाक़ी बचा है वह भी जल्दी ही पूरा कर लिया जाएगा। सारी दुनिया के समाज उदारतावादी लोकतंत्र और बाज़ार आधारित अर्थव्यवस्था को अपने स्थाई बंदोबस्त के रूप में अपना लेंगे जिसके तहत मनुष्यों को अपनी इच्छाओं-आकांक्षाओं को पूरा करने में आसानी होगी।

हालाँकि नब्बे के दशक के बाद से यह विचार एक विजेता की तरह सामने आया है, पर यह कोई नया विचार नहीं है। सत्तर के दशक के मध्य में अमेरिका, युरोप और जापान के तीन बुद्धिजीवियों ने एक दस्तावेज़ प्रकाशित किया था जिसमें बदलते हुए घरेलू और अंतर्राष्ट्रीय माहौल के हवाले से पश्चिमी और जापानी लोकतंत्रों में जन-भागीदारी सीमित करने पर ज़ोर दिया गया था। एक त्रिपक्षीय सम्मेलन में एक रपट की तरह पेश किये गये इस दस्तावेज का शीर्षक था : 'क्राइसिस ऑफ़ डेमॉक्रैसी : रिपोर्ट ऑन द गवर्नेबिलिटी ऑफ़ डेमॉक्रैसी टू द ट्राइलेटरल कमीशन'। इसके लेखक थे मिशले जे क्रोज़ियर (फ्रांस), सेमुअल पी. हटिंग्टन (अमेरिका) और जोजी वातानुकी (जापान)। इस रिपोर्ट के प्रभाव में विकासशील देशों के कई अकादमीशियनों ने भी इसी तर्ज़ पर सोचना शुरू कर दिया। प्रवासी हो चुके एक प्रमुख भारतीय राजनीतिशास्त्री अतुल कोहली ने 1990 में एक किताब लिखी जिसे हाथों-हाथ लिया गया। इसका शीर्षक था : 'डेमॉक्रैसी ऐंड डिसकंटेंट : इण्डियाज़ ग्रोइंग क्राइसिस ऑफ़ गवर्नेबिलिटी'। इसी से मिलती-जुलती चिंताएँ भारत के कई और भी बुद्धिजीवियों और पत्रकारों के लेखन में भी देखी गयीं। 1989 में बनी राष्ट्रीय मोर्चा सरकार द्वारा मण्डल आयोग की सिफ़ारिशों पर अपनी मुहर लगा देने की प्रतिक्रिया में शुरू हुए आरक्षण विरोधी आंदोलन की पृष्ठभूमि में इन बुद्धिजीवियों का यह तर्क और भी सफ़ाई और प्रबलता से उभर कर सामने आया कि लोकतंत्र को किसी न किसी प्रकार जनता की बढ़ती हुई माँगों के दबाव से मुक्त किया जाना चाहिए।

जनोन्मुख लोकतंत्र के पैरोकारों का तर्क है कि पिछली आधी सदी में तीसरी दुनिया के समाजों ने उदारतावादी

लोकतंत्र के अपने सांस्कृतिक-ऐतिहासिक रूप विकसित किये हैं। उनकी कोशिश रही है कि अपने-अपने समाजों में परम्परा से मौजूद लोकतांत्रिक रूपों का आधुनिक विकास की प्रक्रिया के साथ सामंजस्य बैठा कर सहभागिता आधारित जनोन्मुख लोकतंत्र की रचना की जाए ताकि बिना किसी व्यापक सामाजिक टूट-फूट के शासन चलाया जा सके। इस प्रक्रिया में इन देशों को लोकहितकारी राज्य का हस्तक्षेपकारी रूप काफ़ी पसंद आया है। इसके ज़रिये उन्होंने निजी और सरकारी पूँजी के मिले-जुले प्रभाव वाली अर्थव्यवस्थाओं का ढाँचा तैयार किया, निर्यातोन्मुख विकास की जगह आयात प्रतिस्थापन की नीतियाँ अपनायीं और चुनावी राजनीति के ज़रिये सामाजिक संरचनाओं के आधुनिकीकरण की प्रक्रिया चलाई। व्यक्ति को ही नहीं, बल्कि समुदायों को भी अधिकार दिये गये। परम्परा के कारण अधिकारवंचित समाज के हिस्सों का सशक्तीकरण करने के लिए विशेष सुविधाओं का प्रावधान किया गया। इस प्रक्रिया में जन-महत्त्वाकांक्षाएँ उभर कर सामने आने लगीं और शासन की संरचनाओं पर दबाव बनने लगा। जनोन्मुख लोकतंत्र के समर्थक इस तरह के दबाव से चिंतित होने के बजाय इसमें अधिक सहभागी लोकतंत्र के लिए सम्भावनाएँ देखते हैं। उनकी निगाह में जनता की माँगों के कारण लोकतंत्र के कमज़ोर होने का ख़तरा नहीं है, बल्कि उदारीकरण और भूमण्डलीकरण की नीतियों के कारण राज्य की ताक़त में क्षय हो रहा है। इन बुद्धिजीवियों का तर्क है कि भूमण्डलीकरण के विविध दबावों के कारण राज्य और राष्ट्रीय अभिजन कमज़ोर पड़ते जा रहे हैं। अब वे न तो पहले की तरह राष्ट्रीय प्राथमिकताएँ निर्धारित करने के क़ाबिल रह गये हैं और न ही उनकी सत्ता अपने मातहतों पर पहले की तरह चलती है। नौकरशाही अब बाहरी एजेंसियों की तरफ़ से आने वाले इशारों का ज़्यादा ध्यान रखती है।

इस बहस का सैद्धांतिक सार यह प्रश्न है कि जन-गोलबंदी और सीधी कार्रवाई सरीखी आंदोलनकारी राजनीति को लोकतांत्रिक सरकार की निर्णय प्रक्रिया प्रभावित करने का मौक़ा देना चाहिए या नहीं? जनोन्मुख लोकतंत्र के आलोचक चाहते हैं कि राजनीतिक सहभागिता को नागरिकता के वैधानिक-संवैधानिक अधिकारों के रूप में परिभाषित किया जाए ताकि वह चुनाव में हिस्सा लेने, पार्टियों और दबाव समूहों के ज़रिये हित-साधन तक सीमित रह जाए। ऐसा होने पर लोकतांत्रिक व्यवस्था की संस्थागत मज़बूती तो सुनिश्चित हो जाएगी, पर लोकतांत्रिक विचार लोकतंत्र की उदारतावादी क़िस्म से आगे नहीं जा पायेगा। यह रवैया नये और विकसित होते हुए लोकतंत्रों को नये-नये संस्थागत प्रयोग करने से भी रोकता है। इसके विपरीत जनोन्मुख लोकतंत्र के समर्थकों का तर्क है कि जनांदोलनों की राजनीति अपना क्षैतिज प्रसार करते हुए सत्ता की वर्चस्वी संरचनाओं और विचारधाराओं को चुनौती देती है जिससे लोकतंत्र के मर्म में एक नयी अर्थवत्ता का प्रवेश होता है। इससे लोकतंत्र की व्यापकता और गहनता में वृद्धि होती है। सहभागी लोकतंत्र 'डेमॉक्रैसी' की जगह 'मैरिटोक्रेसी' की माँग करने वाले अभिजनों की आलोचना करता है। ये अभिजन तर्क देते हैं कि आधुनिक युग में समस्याएँ और मुद्दे बेहद पेचीदा हो गये हैं। साधारण नागरिकों की तो छोड़ ही दीजिए, चुने हुए प्रतिनिधि भी उनसे नहीं निबट सकते। इसीलिए आधुनिक सरकारों को विशेषज्ञों की ज़रूरत पड़ती है। इसलिए मैरिट वाले ऐसे विशेषज्ञों के अधिकारों और जिम्मेदारियों में बढ़ोतरी करते हुए चुने हुए प्रतिनिधियों के अधिकारों को नौकरशाही और न्यायपालिका के ज़रिये और सीमित कर देना चाहिए। इस तर्क के उलट सहभागी लोकतंत्र को बढ़ावा देने की दलील उदारतावादी विमर्श को उलटने की पेशकश के साथ सामने आती है। उसका तर्क है कि अधिक खुले जनोन्मुख लोकतंत्र के विमर्श की स्थापना की जानी चाहिए ताकि विचारधारात्मक और संरचनागत रूप से भूमण्डलीय चौधराहट के बजाय निर्णयकारी प्रक्रिया जनता के हाथ में देने का प्रावधान किया जा सके।

देखें : अंतर्राष्ट्रीय मुद्रा कोष, ढाँचागत समायोजन कार्यक्रम, पेटेंट, ब्रेटन वुड्स प्रणाली, बौद्धिक सम्पदा अधिकार, भूमण्डलीकरण : भारतीय अर्थव्यवस्था का, भारत में पेटेंट क़ानून, भारत में बहुराष्ट्रीय निगम, भारत में शेयर संस्कृति, भूमण्डलीकरण, भूमण्डलीकरण का इतिहास-1 और 2, भूमण्डलीकरण और पूँजी बाज़ार, भूमण्डलीकरण और राज्य, भूमण्डलीकरण और राष्ट्रीय सम्प्रभुता, भूमण्डलीकरण और वित्तीय पूँजी, भूमण्डलीकरण और वित्तीय उपकरण, भूमण्डलीकरण के आलोचक, भूमण्डलीकरण के ख़िलाफ़ प्रतिरोध, विश्व बैंक, विश्व व्यापार संगठन।

संदर्भ

1. डेविड हेल्ड (1991), 'डेमॉक्रैसी ऐंड ग्लोबलाइज़ेशन', *आल्टरनेटिव्ज़ : सोशल ट्रांसफ़ोर्मेशन ऐंड ह्यूमन गवर्नेंस,* खण्ड 16, अंक 2.
2. धीरूभाई शेठ (2003), 'बाज़ारोन्मुख या सहभागी लोकतंत्र?', अभय कुमार दुबे (सम्पा.), *भारत का भूमण्डलीकरण,* वाणी, नयी दिल्ली.
2. रजनी कोठारी, (2003) 'जनता से डरते अभिजन और कमज़ोर होता हुआ राष्ट्र-राज्य', अभय कुमार दुबे (सम्पा.), *भारत का भूमण्डलीकरण,* वाणी, नयी दिल्ली.
4. फ़्रांसिस फ़ुकुयामा (1992), *द ऐंड ऑफ़ हिस्ट्री ऐंड द लास्ट मेन,* पेंगुइन, न्यूयॉर्क.
5. मानफ्रेड स्टेगर (2002), *ग्लोबलिज़म : द न्यू मार्केट आइडियॉलॉजी,* राउमेन ऐंड लिटिलफ़ील्ड पब्लिशर्स, लैनहैम, एमडी.

—अभय कुमार दुबे

भूमण्डलीकरण और पूँजी बाज़ार

(Globalization and Capital Markets)

भूमण्डलीकरण के दबावों के तहत पिछले बीस वर्षों में विकासशील देशों के पूँजी बाज़ारों की संरचना और उनका आकार बहुत तेज़ी से बदला है। पूँजी बाज़ारों से नियंत्रण हटाने पर ज़ोर देना अंतर्राष्ट्रीय मुद्रा कोष और विश्व बैंक द्वारा समर्थित ढाँचागत समायोजन कार्यक्रम का प्रमुख पहलू रहा है। इसी दौरान कई विकासशील देशों ने समायोजन कार्यक्रम लागू किया और विदेशी मुद्रा विनिमय दर से पाबंदियाँ हटायीं। उन्होंने अंतर्राष्ट्रीय पूँजी प्रवाह भी सुलभ किया ताकि घरेलू बाज़ार अंतर्राष्ट्रीय पूँजी से जुड़ सके। कई अंतर्राष्ट्रीय क़रारों में भी विकासशील देशों के पूँजी बाज़ारों को खोलने पर ज़ोर दिया जाता है। वित्तीय सेवाओं से संबंधित विश्व व्यापार संगठन (डब्ल्यूटीओ) का क़रार इसका सबूत है। मुद्रा कोष का अनुच्छेद आठ भी चालू खाते को विदेशी मुद्रा के लिए पूरी तरह परिवर्तनीय (पूँजी का मुक्त अंतर्वाह और बहिर्वाह) बनाने की शर्त लगाता है। इस शर्त के सामने झुकने वाले देशों की संख्या भी बढ़ती जा रही है। कई अंतर्राष्ट्रीय क़ानूनों और समझौतों में इस तरह के प्रावधान हैं जिनके तहत निवेशकों और निवेश प्राप्त करने वाले देशों के बीच विभिन्न तौर-तरीक़ों के ज़रिये विवादों का निबटारा किया जा सकता है। इसमें दोनों पक्ष बराबर की भागीदारी कर सकते हैं। इस पहलू ने भी विकासशील देशों में विदेशी संस्थागत निवेशकों का विश्वास बढ़ाया है।

शेयरों के पोर्टफ़ोलियो में लगने वाली पूँजी पर पाबंदियों के उदारीकरण का नतीजा विकासशील देशों के शेयर बाज़ारों में महत्त्वपूर्ण परिवर्तनों के रूप में निकला है। अंतर्राष्ट्रीय पूँजी से पूरी तरह एकाकार हो चुके देशों की संख्या 1985-87 के बीच केवल दो थी जो 1992-94 में बढ़ कर 13 हो गयी और इस पूँजी के लिए अपने दरवाज़े बंद रखने वाले देशों का प्रतिशत केवल दो रह गया। चूँकि विकासशील देश कर रियायतें और अन्य लाभ देने में काफ़ी उदार साबित हुए इसलिए भी उनके बाज़ारों की तरफ़ पोर्टफ़ोलियो निवेश अधिक आकर्षित होता है। इन देशों में पब्लिक सेक्टर कम्पनियों के निजीकरण से भी शेयरों में लगने वाली विदेशी पूँजी में आये उछाल को जोड़ा जा सकता है।

पूँजी बाज़ार के ग्लोबल नेटवर्क के विकास का एक महत्त्वपूर्ण पहलू यह भी है कि पूँजी का प्रवाह केवल विकसित से विकासशील देशों की तरफ़ ही नहीं हो रहा है। बल्कि, नयी विश्व व्यवस्था ने विकासशील देशों से विकासशाली देशों की तरफ़ पूँजी प्रवाह भी सुलभ हुआ है।

पिछली प्रविष्टियों में चर्चा की गयी थी कि किस तरह कम्युनिस्ट डॉलरों के युरोपीय बैंकों में जमा होने से युरो डॉलर की परिघटना प्रकाश में आयी, बहुत से फ्री डॉलर व्यापार के लिए उपलब्ध हो गये और उसने ब्रेटन वुड्स प्रणाली के ख़ात्मे की भूमिका अदा की। भूमण्डलीकरण की प्रक्रिया समझने के लिए मुद्रा के धंधे पर ग़ौर करना आवश्यक है। विश्व भर की मुद्राओं का नित्य प्रति अंतर्राष्ट्रीय मुद्रा बाज़ारों में व्यापार होता है। इसका प्रभाव निवेशकों के रुझान पर पड़ता है।

मुद्रा का व्यापार चौबीसों घंटे चलता रहता है। चौबीस घंटे की एक अवधि अंतर्राष्ट्रीय व्यापार दिवस के बराबर समझी जाती है। इसकी शुरुआत उस समय होती है, जब न्यूज़ीलैण्ड का बाज़ार खुलता है और ख़त्म तब होता है जब न्यूयॉर्क में व्यापार ख़त्म हो जाता है। मुद्रा की प्रकाशित दरों लगातार संशोधन किया जाता है। मूल्यों में जरा सा फ़र्क़ पड़ने पर क्षण भर में ज़ोरदार मुनाफ़ा कमा लेने की स्थितियाँ बन जाती हैं। व्यापार की ये गतिविधियाँ तीन तरह से चलती हैं : हाज़िर डिलीवरी जिसमें फटाफट व्यापार होता है और दो दिन के भीतर सौदा निबटा दिया जाता है। यह लेन-देन इलेक्ट्रॉनिक काउंटर पर ही हो जाता है। इसके लिए मुद्रा बाज़ार जाने की भी ज़रूरत नहीं रहती। यह व्यापार बैंकों अथवा दूसरे निगमों द्वारा नियंत्रित किसी नेटवर्क के ज़रिये इलेक्ट्रॉनिक या फ़ोन के माध्यम से किया जाता है। माना जाता है कि सकल मुद्रा व्यापार के आधे से कुछ कम का व्यापार हाज़िर डिलीवरी के रूप में ही होता है। दूसरा तरीक़ा है वायदा सौदा यानी फ़्यूचर ट्रेड। बड़े पैमाने पर एक मुद्रा के बदले दूसरी मुद्रा अर्थात् स्वाप। इन दोनों में आगे की तारीख़ पर पहले से तय मूल्य के आधार पर व्यापार होता है।

मुद्रा के मूल्य का अर्थ यह है कि दूसरी मुद्राओं के मुक़ाबले उसकी क़ीमत क्या है। यह क़ीमत बाज़ार में इस बात पर निर्भर करती है कि बाज़ार की निगाह में मुद्रा कितनी आकर्षक है। अगर किसी मुद्रा की माँग बहुत है तो उसकी माँग अन्य मुद्राओं के मुक़ाबले बढ़ जाएगी। युद्ध होने, आंतरिक अशांति, आदि की स्थिति में किसी देश की मुद्रा का आकर्षण कम हो जाता है। ऊँची मुद्रास्फीति और ज़्यादा व्यापार घाटे से भी मुद्रा की क़ीमत गिर जाती है। निवेशक ज़्यादा स्थिर समझी जाने वाली विदेशी मुद्रा में अपनी मुद्रा को परिवर्तित करने में लग जाते हैं जिससे उस स्थिर विदेशी मुद्रा की क़ीमत बढ़ जाती है। अमेरिकी डॉलर, जर्मन मार्क और जापानी येन की चौधराहट विश्व मुद्रा बाज़ार पर हावी रहती है। अपने देश से बाहर के बैंकों में जमा मुद्रा को युरो करेंसी कहा जाता है। जैसे युरोडॉलर या युरोयेन। इस धन से ब्याज कमाया जा सकता है, इसका निवेश किया जा सकता है, व्यापार करने वालों के बीच सौदे किये जा सकते हैं, इसे

ऋण के रूप में उठाया जा सकता है। युरोकरेंसी की लोकप्रियता का एक बड़ा कारण यह है कि अंतर्राष्ट्रीय बाज़ार के बीच यह बड़ी उपयोगी है। इस व्यापार में बिलों की भुगतान एक ख़ास मुद्रा में ही करना पड़ता है।

भूमण्डलीकरण अगर विदेशी पूँजी के निवेश का आख्यान है तो यह पूँजी के पलायन का आख्यान भी है। यह उल्टा प्रवाह दो तरीक़े से समझा जा सकता है: निवेशित पूँजी का पलायन, और देश की अपनी पूँजी का बाहर जाना। निवेशित पूँजी के पलायन के अंदेशे निवेश में ही निहित होते हैं। भूमण्डलीकरण के तहत प्रत्यक्ष विदेशी निवेश करने वाले राष्ट्रीय सरकारों से गारंटी माँगते हैं कि वे निवेश तभी करेंगे जब उन्हें मनचाहे समय पर विनिवेश की सुविधा प्रदान की जाए। अगर कोई सरकार ऐसी गारंटी देने में हिचकती है तो उसे निवेश आसानी से प्राप्त नहीं होता। फिर भी प्रत्यक्ष विदेशी निवेश करने पर उसे तुरंत बेच कर पलायन करना आसान नहीं होता, लेकिन संस्थागत विदेशी निवेश को फ़ौरन बेच कर पलायन की सुविधा होती है। इसलिए संस्थागत विदेशी निवेश प्रत्यक्ष विदेशी निवेश की तुलना में अधिक अस्थिक प्रकृति का का होता है। पोर्टफ़ोलियो निवेशकों के लिए तो यह गारंटी माँगना भी ज़रूरी नहीं होता। लगातार सट्टेबाज़ी में लगे हुए ये निवेशक ज़रा सा अंदेशा होने पर ही तेज़ी से बिकवाली करके बाज़ार से निकल जाते हैं और उस देश के पूँजी बाज़ार का भट्टा बैठ जाता है। किसी देश की अपनी पूँजी का पलायन देश के बाहर मौजूद निवासियों के ज़रिये तो होता ही है, उसी देश की कम्पनियों की विदेशों में गतिविधियों के ज़रिये भी होता है। स्विस बैंकों में जमा काला धन भी पूँजी पलायन का ही एक भ्रष्ट रूप है।

देखें : अंतर्राष्ट्रीय मुद्रा कोष, ढाँचागत समायोजन कार्यक्रम, पेटेंट, ब्रेटन वुड्स प्रणाली, बौद्धिक सम्पदा अधिकार, भूमण्डलीकरण : भारतीय अर्थव्यवस्था का, भारत में पेटेंट क़ानून, भारत में बहुराष्ट्रीय निगम, भारत में शेयर संस्कृति, भूमण्डलीकरण, भूमण्डलीकरण का इतिहास-1 और 2, भूमण्डलीकरण और लोकतंत्र, भूमण्डलीकरण और राज्य, भूमण्डलीकरण और राष्ट्रीय सम्प्रभुता।

संदर्भ

1. मिंशेल चोसुदोव्स्की (1997), 'द आईएमएफ़ज़ 'सोशल सेफ़्टी नेट' फ़ार द इंस्टीट्युशनल स्पेकुलेटर', *थर्ड वर्ल्ड रिसर्जेंस,* अंक 86.
2. एन.सी. मेनन (1998), 'वल्चर केपिटलिज़म', द *हिंदुस्तान टाइम्स,* 12 जनवरी.
3. कवलजीत सिंह (1999), *पूँजी का भूमण्डलीकरण,* ऋतिका प्रकाशन, नयी दिल्ली.
4. अंकटाड (1996), *ट्रेड ऐंड डिवेलपमेंट रिपोर्ट, 1996,* संयुक्त राष्ट्र, न्यूयॉर्क और जिनेवा.

— अभय कुमार दुबे

भूमण्डलीकरण और राज्य

(Globalization and State)

भूमण्डलीकरण एक जारी प्रक्रिया है। इस परिघटना और इसके प्रभावों के बारे में अभी काफ़ी-कुछ अध्ययन किया जाना बाक़ी है। भूमण्डलीकरण के तहत राज्य की संस्था के भविष्य पर समाज-विज्ञान के क्षेत्रों में व्यापक बहस को जन्म दिया है। इसमें अब किसी को कोई शक नहीं रह गया है कि वित्तीय पूँजी के नये निज़ाम के असर में राष्ट्रातीत सत्ता का प्रोटोकाल तैयार हो रहा है। सत्ता की मौजूद संरचनाओं के साथ इसका टकराव है। इस नये प्रोटोकोल के शीर्ष पर अमेरिका के नेतृत्व में पश्चिमी युरोप और जापान हैं। चीन सत्ता की इस नयी संरचना में अपनी जगह बनाने की कोशिश में लगा हुआ है। समझा जा रहा है कि अगर भूमण्डलीकरण का सफ़र इसी तरह चलता रहा तो राज्य की संस्था वैसी नहीं रह जाएगी जैसी बीसवीं सदी के आख़िरी पचास-साठ साल में बनी है। राज्य और भूमण्डलीकरण के बीच हो रही अन्योन्यक्रिया के परिणामों पर हो रही बहस के विभिन्न आयामों को इस प्रकार सूत्रबद्ध किया जा सकता है :

राज्य के मौजूदा रूप से असंतुष्ट कुछ अध्येता इस संस्था की संरचनाओं में आ सकने वाले परिवर्तनों का श्रेय भूमण्डलीकरण को देने के लिए तैयार नहीं हैं। उनके अनुसार होने वाला परिवर्तन विश्व अर्थव्यवस्था के आपस में जुड़ते चले जाने के बजाय राज्यों के भीतर चल रहे घटनाक्रम का परिणाम होगा। भूमण्डलीकरण हो या न हो, इस संस्था को बदलना ही होगा, क्योंकि यह अपना आश्वासन पूरा करने में नाकाम रही है। शांति, विकास और समानता को जन्म देने के बजाय आधुनिक राज्य ने नागरिक कलह, सामाजिक टकराव, व्यापक भ्रष्टाचार और बुनियादी सुविधाओं के अभाव की समस्याएँ पैदा की हैं। इसलिए ग़रीबों के आंदोलन पहले से राज्य की संस्था पर बदलने का दबाव डाल रहे हैं। भूमण्डलीकरण के विकास के साथ ग़रीबों का यह दबाव और बढ़ेगा, जिसके नतीजे के तौर पर राज्य को सत्ता के नये ग्लोबल प्रोटोकोल के ख़िलाफ़ संघर्ष करना पड़ेगा। भविष्य के राज्य का जन्म इसी टकराव से होगा।

अध्येताओं का एक दूसरा हिस्सा भूमण्डलीकरण को एक विचारधारात्मक परियोजना के रूप में देखता है जो ऐतिहासिक रूप से विकसित हो रही है। राज्य की संस्था का उसके साथ टकराव नहीं है, बल्कि वह ख़ुद इस परियोजना का ही हिस्सा है। भूमण्डलीकरण राज्य की शक्तियों में कटौती करता हुआ लग सकता है, पर वास्तव में वह उसे पूरी तरह शक्तिहीन नहीं करना चाहता। भूमण्डलीकरण ने जो भी

परिवर्तन किये हैं, वे राज्य की संस्था द्वारा उठाये गये क़दमों या उसकी निष्क्रियता के परिणाम भी हैं।

तीसरा विचार यह है कि राज्य की संस्था के कुछ हिस्सों का पहले से ही काफ़ी अंतर्राष्ट्रीयकरण हो चुका था, इसलिए वे भूमण्डलीकरण से ज़्यादा प्रभावित दिख रहे हैं। आर्थिक गतिविधियों में राज्य के हस्तक्षेप पर भूमण्डलीय ताक़तें इसीलिए निगरानी रख पा रही हैं, क्योंकि वित्तीय पूँजी का चरित्र शुरू से ही अंतर्राष्ट्रीय था और उसे आसानी से ढाँचागत समायोजन कार्यक्रम और डब्ल्यूटीओ जैसी व्यवस्थाओं के तहत लाया जा सकता था।

चौथा विचार यह है कि भूमण्डलीकरण के तहत भविष्य के राज्य के बारे में सोचते समय केवल शोषक-शोषित और ग़रीब-अमीर देशों के संदर्भ में ही नहीं सोचना चाहिए, बल्कि लोकतांत्रिक, विविधतामूलक, लैंगिक, नस्ली और पर्यावरणीय-पारिस्थितिकीय परिप्रेक्ष्य पर भी निगाह रखनी चाहिए। केवल साम्राज्यवाद बनाम अन्य की मोर्चेबंदी के लिहाज़ से देखने पर इन आयामों की उपेक्षा हो जाती है।

पाँचवाँ विचार यह है कि भूमण्डलीकरण का कोई विकल्प नहीं है। राज्य को उसके सामने घुटने टेकने ही होंगे। भविष्य का राज्य और भविष्य का लोकतंत्र नियोक्लासिकल आर्थिक सिद्धांत के तहत ही गठित होगा। मौजूदा राज्यों के सामने जो नीतिगत कार्यक्रम रखा जा रहा है वह इसी क़िस्म का है। उन्हें सबसिडी ख़त्म करने, विदेश व्यापार पर किसी भी तरह की बंदिश हटाने, निजीकरण को किसी भी क़ीमत पर तेज़ रफ़्तार से चलाने, विदेशी पूँजी के लिए अपने दरवाजे पूरी तरह से खोलने और राष्ट्रीय महत्त्व के कई प्रश्नों को ऐसे अंतर्राष्ट्रीय मंचों पर हल करने के लिए लाने का दबाव बढ़ रहा है जिनमें ग़रीब देशों की नुमाइंदगी पर्याप्त नहीं है। यह प्रक्रिया राज्य के प्राधिकार को भूमण्डलीकरण के नीतिगत ढाँचे के तहत लाती जा रही है। इसे राज्य का कमज़ोर रूप न समझ कर नये ज़माने के राज्य के रूप में ग्रहण करना चाहिए।

छठा विचार लोकहितकारी राज्य की विफलता को भूमण्डलीकरण की कामयाबी के साथ जोड़ता है। इसके पैरोकार मानते हैं कि प्रबंधकीय और प्रौद्योगिकीय प्रतिमान राज्य और समाज पर हावी हो गया है जिससे 'अराजनीतिक राजनीति' मज़बूत हुई है। यह प्रतिमान बहुलता और विविधता के प्रति असहिष्णु है, इसलिए वह जातीय राजनीति, बहुसंख्यकवाद और कुछ देशों में साम्प्रदायिकता के उभार के रूप में ख़ुद को व्यक्त करता है। यह प्रतिमान उदारतावादी लोकतंत्र की संस्था पर दबाव डालता है कि वह अपनी लोकहितकारी प्रवृत्तियों को त्याग कर बाज़ार के एजेंट की भूमिका निभाने पर सहमत हो जाए। इस प्रतिमान ने राजनीति के लोकलुभावन पक्षों को बेअसर कर दिया है। अब सड़कों पर जुलूस निकालने और 'संघर्ष करने' का लाभ विधायिकाओं के चुनाव जीतने में नहीं निकलता। पुराने क़िस्म के मज़दूर आंदोलन, किसान आंदोलन या छात्र राजनीति का ज़मान लद गया है।

सातवाँ विचार यह है कि भूमण्डलीकरण के तहत एक नये क़िस्म की राजनीति के जन्म लेने की सम्भावनाएँ पैदा हो गयी हैं। इस राजनीति के केंद्र में वे तबक़े होंगे जिन्हें लोकहितकारी राज्य ने उपेक्षित कर दिया था। अर्थात् उसमें असंगठित क्षेत्र के श्रमिक, असमान विकास से पीड़ित देशज समूह, पर्यावरण के विध्वंस से तबाह लोगों, बहुराष्ट्रीय पूँजी के प्रकोप से रोज़ी-रोटी खोने वाले किसानों और कारीगरों, राष्ट्रों से बहिष्कृत शरणार्थियों, जनांदोलनों और क्रांतियों में लैंगिक परिप्रेक्ष्य के लिए जगह तलाशतीं महिलाओं का बोलबाला होगा। इनकी मिली-जुली लड़ाई भूमण्डलीकृत व्यवस्था द्वारा प्रदत्त इंटरनेट जैसी प्रौद्योगिकी की मदद से भूमण्डलीय शैली और स्पेस में ही लड़ी जाएगी। अर्थात् राष्ट्र और आधुनिक राज्य भूमण्डलीकरण के ख़िलाफ़ होने वाली लड़ाई का स्थान ही नहीं रह गया है। इस विचार को आधुनिकता और राष्ट्र-राज्य के आलोचकों द्वारा काफ़ी महत्त्व दिया जा रहा है।

देखें : अंतर्राष्ट्रीय मुद्रा कोष, ढाँचागत समायोजन कार्यक्रम, पेटेंट, ब्रेटन वुड्स प्रणाली, बौद्धिक सम्पदा अधिकार, भूमण्डलीकरण : भारतीय अर्थव्यवस्था का, भारत में पेटेंट क़ानून, भारत में बहुराष्ट्रीय निगम, भारत में शेयर संस्कृति, भूमण्डलीकरण, भूमण्डलीकरण का इतिहास-1 और 2, भूमण्डलीकरण और पूँजी बाज़ार, भूमण्डलीकरण और लोकतंत्र, भूमण्डलीकरण और राष्ट्रीय सम्प्रभुता, भूमण्डलीकरण और वित्तीय पूँजी, भूमण्डलीकरण और वित्तीय उपकरण, भूमण्डलीकरण के आलोचक, भूमण्डलीकरण के ख़िलाफ़ प्रतिरोध, विश्व बैंक, विश्व व्यापार संगठन।

संदर्भ

1. सास्किया सासेन (1996), 'हूज़ सिटीज़ इज़ इट : ग्लोबलाइज़ेशन ऐंड द फ़ार्मेशन ऑफ़ न्यू क्लेम्स', *पब्लिक कल्चर : सिटीज़ ऐंड सिटीज़नशिप*, युनिवर्सिटी ऑफ़ शिकागो प्रेस, न्यूयॉर्क.
2. मिशेल चोसुदोव्स्की (1997), *ग्लोबलाइज़ेशन ऑफ़ पॉवर्टी : इम्पेक्ट ऑफ़ आईएमएफ़ ऐंड वर्ल्ड बैंक रिफ़ार्म्स*, द अदर इण्डिया प्रेस और माध्यम बुक्स, नयी दिल्ली.
3. जॉर्ज सोरोस (2002), 'बोल्ड स्ट्रोक्स फ़ॉर न्यू ऑर्डर', *इकॉनॉमिक टाइम्स*, नयी दिल्ली, 4 अक्टूबर.

— अभय कुमार दुबे

भूमण्डलीकरण और राष्ट्रीय सम्प्रभुता

(Globalization and National Sovereignty)

भूमण्डलीकरण की प्रक्रिया ने राष्ट्रीय सम्प्रभुता को कमज़ोर करके विश्व में सत्ता की संरचना पर युगांतरकारी असर डाला है। प्रथम विश्व युद्ध के बाद उपनिवेशवाद विरोधी संघर्षों के कारण हुई जन-क्रांतियों ने दुनिया को राष्ट्रों की सीमाओं में बाँट दिया था। अपने भू-क्षेत्रीय दायरे में राष्ट्रीय सम्प्रभुता औपचारिक रूप से सर्वोच्च समझी जाने लगी थी। परस्पर सम्प्रभुता का सम्मान करने वाले अंतर्राष्ट्रवाद ने भूमण्डलीकरण की शब्दावली को प्रतिस्थापित कर दिया था। लेकिन, भूमण्डलीकरण की प्रक्रिया के तक़रीबन ढाई दशक बाद आज यह नहीं कहा जा सकता कि राष्ट्रीय सम्प्रभुता की संरचना वैसी ही है जैसी द्वितीय विश्व युद्ध के बाद के वर्षों में थी। यह मानना एक तरह का सरलीकरण होगा कि भूमण्डलीकरण ने केवल ग़रीब देशों की सम्प्रभुता का ही क्षय किया है। दरअसल, इसने विकसित देशों की राष्ट्रीय सम्प्रभुता के दावों को भी कमज़ोर कर दिया है। सम्प्रभुता के इस क्षय के कारणों पर नज़र डालने के लिए हमें बीसवीं सदी के आख़िरी पचास वर्षों के आर्थिक इतिहास पर एक सरसरी नज़र डालनी होगी।

इस इतिहास का सर्वाधिक विशिष्ट पहलू यह है कि इन पचास वर्षों में विश्व का निर्यात क़रीब साठ गुना बढ़ा, लेकिन दुनिया के कुल घरेलू उत्पाद में केवल छह गुना इज़ाफ़ा ही हुआ। यानी उत्पादन की एक इकाई के मुक़ाबले विश्व-वाणिज्य का हिस्सा कहीं ज़्यादा रहा। इस प्रक्रिया के फलस्वरूप सदी के आख़िरी बीस सालों में निर्यातोन्मुख विकास अपने-आप में एक वैचारिक मानक बन गया। इसमें आयात प्रतिस्थापन की नीतियों की अपेक्षाकृत विफलता भी एक महत्त्वपूर्ण कारण रही। ये नीतियाँ विकासशील देशों में न तो समाजवाद की रचना कर पायी और न ही उन्हें ठीक से आत्मनिर्भर बना पायी। न वे राष्ट्रीय तौर पर प्रबल हो पाये, और न ही ग़ैर-पूँजीवादी भूमण्डलीकरण की प्रक्रिया स्वस्थ ढंग से आगे बढ़ सकी। इसलिए अधिकाधिक विकासशील देश निर्यातोन्मुख विकास को प्रोत्साहन देने वाली नीतियाँ अपनाने लगे जिनका नतीजा पूँजी की सघनता वाले रास्ते पर चलने में निकला। विकासशील देशों को विशाल मात्रा में पूँजी की ज़रूरत पड़ने लगी, जबकि उनके पास पहले से ही पूँजी की कमी थी। इस विषमता ने इन देशों की अर्थव्यवस्था में निवेश अंतराल की समस्या को जन्म दिया। पूँजी के नये और सतत अंत:प्रवाहों के बिना यह अंतराल नहीं भर सकता था। पूँजी के इस संकट का लाभ उठा कर पूँजीवादी भूमण्डलीकरण की ताक़तों ने विश्व व्यापार के दायरे में लगभग पूरी दुनिया को ही घसीट लिया। निर्यात के लिए दबाव डालने वाले हितों और बाज़ार को संरक्षित रखने के इच्छुक तत्त्वों में होड़ होने लगी।

इस सिलसिले में राष्ट्रीय सम्प्रभुता के वाहक राज्य को तय करना था कि वह किसका पक्ष लेगा। जब व्यापार की वैश्विक आकांक्षाएँ राष्ट्रों की सामाजिक और वैकासिक ज़रूरतों से टकरायीं तो भूमण्डलीकरण की राष्ट्रातीत ताक़तों ने स्वाभाविक रूप से विश्व व्यापार का पक्ष लिया। इस प्रक्रिया में राष्ट्रों ने पाया कि अगर वे समृद्धि की दौड़ में हिस्सा लेना चाहते हैं तो उन्हें विश्व व्यापार की नियामक बन चुकी राष्ट्रातीत रेटिंग एजेंसियों की सनद लेनी पड़ेगी। आर्थिक सत्ता की इस नयी संरचना के ख़िलाफ़ बग़ावत करने वाले देशों को अनुशासित करने के लिए अमेरिका ने सुपर 301 जैसे क़ानूनों का इस्तेमाल किया। भारत और थाईलैण्ड जैसे देशों पर अपने पेटेंट क़ानूनों को बदलने का दबाव डाला गया ताकि उनकी प्राकृतिक सम्पदा भूमण्डलीकरण के दायरे में आ सके। गैट के इर्द-गिर्द चलने वाली प्रक्रियाओं के गर्भ से विश्व व्यापार संगठन (डब्ल्यूटीओ) की रचना हुई। इसके बाद किसी भी बहुपक्षीय समझौते के लिए राष्ट्रों को अपने राष्ट्रीय हितों की कसौटियों के बजाय इस संगठन की कसौटियों पर खरा उतरना अनिवार्य हो गया। उत्पादन प्रणाली इस क़दर राष्ट्रातीत हो गयी कि जिसे पूरी तरह उत्पादित होने से पहले ही अधबनी हालत में राष्ट्रों की सीमाओं के आर-पार जाने लगीं। एक उत्पाद एक जगह बनने के बजाय कई देशों में मिल कर बनने लगा, लेकिन उस पर नियंत्रण एक ही बहुराष्ट्रीय कम्पनी का रहा। विश्व व्यापार में फ़र्मों के बीच होने वाले विनिमय का हिस्सा पाँचवें से बढ़ कर तीसरा हो गया।

पचास और साठ के दशक में कम्युनिस्ट डॉलरों की मदद से जन्मे युरो मार्केट की तर्ज़ पर सारी दुनिया में मुद्रा बाज़ार सक्रिय हो गये जिन्होंने शेयर बाज़ारों के साथ वित्तीय पूँजी के नियमहीन खुले खेल का समाँ बना दिया। तीसरी दुनिया और नवविकसित देशों की अर्थव्यवस्थाएँ चंचल और सट्टेबाज पूँजी की कृपा की मोहताज़ हो गयीं। मलेशिया जैसे देश के चालीस साल के आर्थिक लाभ इस पूँजी ने अपनी आर्थिक कार्रवाइयों से सिर्फ़ एक मुद्रा संकट में साफ़ कर दिये। राष्ट्रीय सम्प्रभुता की अवधारणा और उसकी संरचनाओं पर होने वाला यह सबसे बड़ा व्यावहारिक आघात था।

भूमण्डलीकरण ने उन देशों की सम्प्रभुता को भी सीमित किया, जो ख़ुद उनके प्रमुख पैरोकार थे। मसलन, फ्रांस की मितराँ सरकार ने अपने देश में सामाजिक सुरक्षा का एक महत्त्वाकांक्षी कार्यक्रम लागू करना चाहा जिसे बाज़ार की ताक़तों ने सफल नहीं होने दिया। इन ताक़तों ने फ्रांस से पूँजी वापिस ले जाने की धमकी दी। इस घटना से तय हो गया कि

ख़र्चा बढ़ा कर आर्थिक जीवन में लोकहितकारी हस्तक्षेप करने वाले राज्य का ज़माना चला गया है। ब्रिटेन में चुनाव जीतते ही लेबर पार्टी को सबसे पहले बाज़ार की ताक़तों को आश्वस्त करना पड़ा कि वह अब पहले जैसी लेबर पार्टी नहीं रह गयी है, बल्कि वह 'ज़िम्मेदाराना' तौर-तरीक़े अपनायेगी।

ये उदाहरण बताते हैं कि भूमण्डलीकरण के तहत सरकारों को यह तय करने का हक़ नहीं रह गया है कि उनके देशों की जनता के लिए क्या अच्छा है। इस परिस्थिति ने राष्ट्रों के भीतर एक विचित्र क़िस्म की राजनीति को जन्म दिया है। इसके तहत मौजूदा सरकारों की छवि बाहर से थोपी जा रही आर्थिक नीतियों की वाहक लगती है, और विपक्ष के साथ-साथ सत्तारूढ़ दल के कुछ हिस्से भी उनकी आलोचना करते हुए दिखते हैं। पर, जैसे ही विपक्ष सत्ता में आता है, वह वही सब कुछ करता पाया जाता है जो पिछली सरकार कर रही थी। उसके पास भूमण्डलीकरण से टकराने का कोई कार्यक्रम नहीं होता, उसके विकल्प का तो सवाल ही नहीं उठता। भारत का उदाहरण ही बताता है कि आर्थिक नीतियों पर पक्ष-विपक्ष में बहस केवल इतनी है कि बाज़ारोन्मुख नीतियों को कैसे लागू किया जाए। उनके विकल्प के सवाल पर तो कोई सोच ही नहीं रहा है। इस तरह की विकल्पहीन राजनीति किसी क़िस्म के परिवर्तन को जन्म न दे कर केवल सत्ता परिवर्तन को जन्म देती है जिसका परिणाम अंतत: निराशा पैदा करते हुए अराजनीतीकरण की प्रक्रिया को प्रोत्साहन देता है। प्रबंधन और प्रौद्योगिकी के दम पर समाज को चलाने और निजी पूँजी को केंद्र में रखने वाले कॉरपोरेट मॉडल को मानने का तंत्र मज़बूत होता है।

देखें : अंतर्राष्ट्रीय मुद्रा कोष, ढाँचागत समायोजन कार्यक्रम, पेटेंट, ब्रेटन वुड्स प्रणाली, बौद्धिक सम्पदा अधिकार, भूमण्डलीकरण : भारतीय अर्थव्यवस्था का, भारत में पेटेंट क़ानून, भारत में बहुराष्ट्रीय निगम, भारत में शेयर संस्कृति, भूमण्डलीकरण, भूमण्डलीकरण का इतिहास-1 और 2, भूमण्डलीकरण और पूँजी बाज़ार, भूमण्डलीकरण और लोकतंत्र, भूमण्डलीकरण और राज्य, भूमण्डलीकरण और वित्तीय पूँजी, भूमण्डलीकरण और वित्तीय उपकरण, भूमण्डलीकरण के आलोचक, भूमण्डलीकरण के ख़िलाफ़ प्रतिरोध, विश्व बैंक, विश्व व्यापार संगठन।

संदर्भ

1. लियोनिड ग्रिनिन , *ग्लोबलाइज़ेशन ऐंड सोवरिनटी : व्हाई डू स्टेट्स एबंडन देयर सोवरिन प्रेरोगेटिव्ज़ ?,* एचटीटीपी://ओल्ड. यूचिटेला इज़्ड.आरयू/इंडेक्स.पीएचपी ?ऑप्शन=कंटेंट ऐंड टास्क =व्यूऐंडआईडी=155ऐंडआईटेमिड=97
2. मानफ्रेड स्टेगर (2002), *ग्लोबलिज़म : द न्यू मार्केट आइडियॉलॉजी,* राउमेन ऐंड लिटिलफ़ील्ड पब्लिशर्स, लैनहैम, एमडी.
3. रजनी कोठारी (2003), 'जनता से डरते अभिजन और कमज़ोर होता हुआ राष्ट्र-राज्य', अभय कुमार दुबे (सम्पा.), *भारत का भूमण्डलीकरण,* वाणी, नयी दिल्ली.
4. जगदीश भगवती, *इन डिफ़ेंस ऑफ़ ग्लोबलाइज़ेशन,* ऑक्सफ़र्ड युनिवर्सिटी प्रेस, न्यूयॉर्क.
5. थॉमस एल. फ्रीडमेन (2005), *द वर्ल्ड इज़ फ़्लैट,* फ़रार, स्ट्रॉस ऐंड जिरौक्स, न्यूयॉर्क.

— अभय कुमार दुबे

भूमण्डलीकरण और वित्तीय पूँजी

(Globalization and Finance Capital)

सत्तर के दशक में ब्रेटन वुड्स प्रणाली के ध्वस्त होने के परिणामस्वरूप जैसे ही वित्तीय पूँजी बंधनों से आज़ाद हुई, अंतर्राष्ट्रीय वित्त विनिमय में तेज़ रफ़्तार से बढ़ोतरी होने लगी। व्यापार में, ख़ासकर बहुराष्ट्रीय कम्पनियों बीच होने वाले व्यापार में बहुत तेज़ी आ गयी। प्रत्यक्ष विदेशी निवेश में ज़बरदस्त उछाल आया और अंतर्राष्ट्रीय गतिविधियाँ तेज़ी से बढ़ीं। अस्सी और नब्बे के दशक में विश्व बैंक और अंतर्राष्ट्रीय मुद्रा कोष की हिदायतों के तहत चलाये गये ढाँचागत समायोजन कार्यक्रम ने भी इस प्रक्रिया का रास्ता साफ़ किया। पहले गैट, और बाद में विश्व व्यापार संगठन यानी डब्ल्यूटीओ द्वारा थोपे गये बहुपक्षीय समझौतों के कारण भूमण्डलीकरण की रफ़्तार बहुत बढ़ गयी। इन्हीं प्रक्रियाओं के कारण विकासशील देशों ने उत्तरोत्तर अपनी अर्थव्यवस्थाएँ बहुराष्ट्रीय पूँजी के लिए खोलनी शुरू कर दीं। वे धीरे-धीरे पूँजी के ग्लोबल नेटवर्क में शामिल होते चले गये।

नतीजे के तौर पर दो प्रमुख परिघटनाएँ प्रकाश में आयीं। एक थी उत्पादन का भूमण्डलीकरण। बहुराष्ट्रीय निगमों के लिए ज़रूरी था कि वे अपने गृह देशों में माँग की जड़ता और लागत में बढ़ोतरी से बचने का कोई रास्ता निकालें। इसलिए उन्होंने उन देशों में अपनी इकाइयाँ लगानी शुरू कर दीं जहाँ कच्चा माल और मज़दूरी सस्ती थी, एवं जहाँ का बाज़ार अभी विकास के दौर में था। दूसरी थी वित्त का भूमण्डलीकरण। यह परिघटना उत्पादन के भूमण्डलीकरण से भी ज़्यादा असरदार और नयी साबित हुई। अंतर्राष्ट्रीय वित्तीय पूँजी की मात्रा और गति में अनाप-शनाप बढ़ोतरी हो चुकी है। 1986 में हर रोज़ न्यूयॉर्क, लंदन और टोक्यो के मुद्रा व्यापारियों के हाथों से एक खरब 88 अरब डॉलर गुज़र रहे थे जो 1995 तक बढ़ कर दस खरब 20 अरब डॉलर हो चुके थे।

विदेशी मुद्रा का ज़्यादातर लेन-देन अंतर्राष्ट्रीय व्यापार की ज़रूरतों को पूरा करने के लिए होता रहा है। ख़रीदारों और विक्रेताओं को विदेशी माल व सेवाओं के सौदे करने के लिए तरह-तरह की मुद्राओं की आवश्यकता पड़ती रही है। लेकिन, अब मुद्रा व्यापार का संबंध इस तरह के पुराने क़िस्म की अंतर्राष्ट्रीय तिजारत से बहुत कम रह गया है। ऐसी तिजारत को अब केवल अंतर्राष्ट्रीय मुद्रा व्यापार के दो फ़ीसदी तक ही सीमित रह गयी है। ज़ाहिर है कि वित्त के भूमण्डलीकरण की मौजूदा प्रक्रिया अंतर्राष्ट्रीय व्यापार और निवेश की पूरक न रह कर अपना स्वतंत्र अस्तित्व बना चुकी है। वित्तीय प्रवाह का रिश्ता अब पहले की तरह वास्तविक संसाधनों और दीर्घकालीन उत्पादक निवेश के प्रवाह से नहीं है। नया वित्तीय प्रवाह ज़्यादातर तरल रूप में (नक़दी के रूप में) है और सट्टेबाज़ी के ज़रिये फटाफट मुनाफ़ा कमा लेने के मक़सद से हो रहा है। यह नया वित्त जिस तेज़ी से किसी देश में जाता है, उतनी ही तेज़ी से उस देश से बाहर भी जा सकता है। मुद्रा व्यापार के साथ-साथ बांड्स, म्युचुअल फ़ण्ड्स, जीडीआर और इन सबसे निकले अन्य वित्तीय उपादानों के इस्तेमाल ने भी वित्त के भूमण्डलीकरण में योगदान किया है।

नब्बे के दशक में आये परिवर्तनों ने वित्तीय पूँजी के प्रवाहों का चरित्र बदल दिया। विकासशील देशों की तरफ़ जाने वाली पूँजी का अधिकांश हिस्सा अब निजी पूँजी का होने लगा। सरकारी स्रोतों से जाने वाली पूँजी निजी के मुक़ाबले पाँच गुना से भी कम हो गयी। 1996 तक आते-आते नये बाज़ारों की तरफ़ होने वाला निवल सरकारी पूँजी का प्रवाह नकारात्मक हो गया। निजी पूँजी दशक की शुरुआत के मुक़ाबले छह गुना ज़्यादा रफ़्तार से प्रवाहित होने लगी। पहले यही पूँजी कम मात्रा में ही सही, पर अधिकतर सरकारों के पास जाती थी, अब ज़्यादा बड़े पैमाने पर निजी क्षेत्र को मिलने लगी। व्यापारिक बैंक जम कर ऋण देने लगे। इस प्रकार के क़र्ज़ों का एक उल्लेखनीय पहलू यह था कि इनका तक़रीबन आधा हिस्सा बिजली निर्माण सरीखी अधिसंरचनात्मक परियोजनाओं में खपाया गया। सरकारों और बहुपक्षीय संस्थाओं ने इस तरह के निवेश का रास्ता साफ़ करने के लिए विस्तारित गारंटियाँ दीं। भूमण्डलीकरण के शीर्ष पर मौजूद बहुराष्ट्रीय कम्पनियाँ चाहती हैं कि विकासशील देशों में अधिसंरचनात्मक सुविधाएँ विकसित हों ताकि वहाँ वे अपने उत्पादन के अड्डे ठीक से बना सकें। इस दृष्टि से वित्त और उत्पादन के भूमण्डलीकरण के बीच संबंध स्पष्ट होता है।

वित्तीय पूँजी के प्रवाह को दो रूप हैं। प्रत्यक्ष विदेशी निवेश और पोर्टफ़ोलियो निवेश। प्रत्यक्ष विदेशी निवेश में निवेशक प्रबंधन के ऊपर नियंत्रण रखता है। पोर्टफ़ोलियो निवेशक केवल पूँजी उपलब्ध कराता है और प्रबंधन से कोई वास्ता नहीं रखता। दोनों तरह के निवेशकों की क़िस्म भी भिन्न है। पोर्टफ़ोलियो निवेशकों में ज़्यादातर संस्थागत निवेशक होते हैं, जैसे मेरिल लिंच, मोर्गन स्टेनली और फ़िडेलिटी इन्वेस्टमेंट। प्रत्यक्ष निवेश शैल, माइक्रोसॉफ़्ट, कोक, नेस्ले आदि बहुराष्ट्रीय कम्पनियाँ करती हैं।

पोर्टफ़ोलियो निवेश थोड़ी अवधि के लिए होता है। कुछ हफ़्तों से लेकर कुछ वर्षों तक। जितनी तेज़ी से यह आता है उतनी ही तेज़ी से देश छोड़ कर भाग भी सकता है, क्योंकि संस्थागत निवेशक अपने शेयर बेच कर फटाफट पल्ला झाड़ लेते हैं। इसीलिए इस तरह के निवेश को हॉट मनी या उड़न-छू पूँजी कहा जाता है। प्रत्यक्ष विदेशी निवेश दीर्घावधि के लिए होता है। यह भारी मशीनी माल और कारख़ानों में किया जाता है। इसे आसानी से बेच कर बहुराष्ट्रीय निगम अपनी पूँजी नहीं निकाल सकते।

वित्तीय पूँजी के इस दोतरफ़ा प्रवाह के लिए राजनीतिक स्थिरता बहुत महत्त्वपूर्ण है। पोर्टफ़ोलियो निवेशक का मक़सद केवल पूँजीगत मुनाफ़ा और लाभांश कमाना होता है। इसलिए वे मुनाफ़े से प्राप्त पूँजी को अपने देश ले जाने और ऊँचे मानकों ज़्यादा महत्त्व देते हैं। दूसरी तरफ़ प्रत्यक्ष विदेशी निवेश करने वाले निवेशक बाज़ार, श्रम, उत्पादन लागत और अधिसंरचनात्मक सुविधाओं के विकास और आकार में ज़्यादा दिलचस्पी रखते हैं।

पोर्टफ़ोलियो पूँजी प्रवाह अधिक अस्थिर और चंचल होता है। इसमें बढ़ोतरी आने के पीछे प्रमुख कारण यह रहा है कि प्रमुख विकसित देशों में निवेश पर मुनाफ़े की दरें अपेक्षाकृत घट गयी थीं। इसलिए निवेशकों ने उन देशों में अपना धन लगाने का फ़ैसला किया जहाँ ब्याज दरें कुछ ज़्यादा थीं। दूसरा कारण यह था कि पिछले दस वर्षों में विकसित देशों में बचत का संस्थानीकरण होने के कारण निवेश के लिए पूँजी भारी पैमाने पर जमा हो गयी थी। यह रुझान संस्थागत निवेशकों के उदय से और मज़बूत हुआ है। ये निवेशक शेयर बाज़ारों में कारोबार के ज़रिये अपना धंधा करते हैं।

दुनिया के अलग-अलग देशों में घड़ी की सुइयाँ जिस तरह हमेशा चलती रहती हैं, उसी तरह इन शेयर बाज़ारों में भी कहीं न कहीं लेन-देन चलता रहता है। एक शहर में लेन-देन बंद होता है तो गतिविधियों का केंद्र दूसरा शहर बन जाता है। न्यूयॉर्क में बाज़ार बंद होते ही विलिंगटन में लेन-देन शुरू हो जाता है। टोक्यो का बाज़ार बंद होते ही लंदन का खुल जाता है जिसके बंद होने के ढाई घंटे पहले न्यूयॉर्क में धंधा शुरू हो जाता है। प्रौद्योगिकी के बढ़ते क़दमों, ख़ासकर संचार और सूचना प्रणाली में हुई प्रगति ने भी पूँजी बाज़ारों के भूमण्डलीकरण में योगदान किया है। दिक् और काल की प्राकृतिक बाधाओं को लाँघ जाने वाली प्रौद्योगिकीय प्रगति का सबसे ज़्यादा असर इन बाज़ारों के भूमण्डलीकरण पर

देखा जा सकता है। दस साल पहले चौबीस घंटे जारी रहने वाली ट्रेडिंग नामुमकिन थी, लेकिन आज यह आम बात है।

देखें : अंतर्राष्ट्रीय मुद्रा कोष, ढाँचागत समायोजन कार्यक्रम, पेटेंट, ब्रेटन वुड्स प्रणाली, बौद्धिक सम्पदा अधिकार, भूमण्डलीकरण : भारतीय अर्थव्यवस्था का, भारत में पेटेंट क़ानून, भारत में बहुराष्ट्रीय निगम, भारत में शेयर संस्कृति, भूमण्डलीकरण, भूमण्डलीकरण का इतिहास-1 और 2, भूमण्डलीकरण और पूँजी बाज़ार, भूमण्डलीकरण और लोकतंत्र, भूमण्डलीकरण और राज्य, भूमण्डलीकरण और राष्ट्रीय सम्प्रभुता, भूमण्डलीकरण और वित्तीय उपकरण, भूमण्डलीकरण के आलोचक, भूमण्डलीकरण के खिलाफ़ प्रतिरोध, विश्व बैंक, विश्व व्यापार संगठन।

संदर्भ

1. कवलजीत सिंह (1999), *पूँजी का भूमण्डलीकरण,* अनुवाद : अभय कुमार दुबे, ऋतिका प्रकाशन, नयी दिल्ली.
2. मारिस डी. लेवी (1996), *इंटरनैशनल फ़ाइनेंस,* मैकग्रा-हिल इंक, न्यूयॉर्क.
3. केनेथ एम. मारिस, एलन एम. सीगल और बेवर्ली लार्सन (1997), *गाइट टु इंटरनैशनल मनी ऐंड इंवेस्टिंग,* डो जोंस पब्लिशिंग कम्पनी (एशिया) इंक, बैकांक.
4. वर्ल्ड बैंक (1997), *प्राइवेट कैपिटल फ़्लोज़ टु डिवेलपिंग कंट्रीज़,* ऑक्सफ़र्ड युनिवर्सिटी प्रेस, यूएसए.

— अभय कुमार दुबे

भूमण्डलीकरण और वित्तीय उपकरण

(Globalization and Financial Instruments)

भूमण्डलीकरण के तहत अंतर्राष्ट्रीय पूँजी का स्रोत केवल बैंक ही नहीं रह गये हैं। कुछ नये क़िस्म के वित्तीय साधन उभर आये हैं। पूँजी वित्तीय डेरीवेटिव्ज़, अंतर्राष्ट्रीय बॉण्ड्स, युरोबॉण्ड्स, ग्लोबल डिपोज़िटरी रिसीट्स (जीडीआर), म्युचुअल फ़ण्ड्स और ईक्विटी शेयरों में निवेश के ज़रिये निजी क्षेत्र तक पहुँच रही है। इन वित्तीय साधनों की जानकारी के बिना वित्तीय पूँजी के भूमण्डलीकरण की तस्वीर पूरी नहीं हो सकती।

वित्तीय डेरीवेटिव्ज़ मुद्रा और ब्याज के रूप में, स्टॉक और बाण्ड सूचकांक के रूप में, एवं बॉण्ड्स और बिल के रूप में सामने आये हैं। डेरीवेटिव का मतलब होता है एक तरह का क़रार जिसका मूल्य किसी संबंधित परिसम्पत्ति के आधार पर निर्भर करता है। यानी डेरिवेटिव को किसी ब्याज-स्तर और शेयर बाज़ार के सूचकांक के ज़रिये हासिल किया जाता है। ये डेरीवेटिव तीन तरह के होते हैं : वायदा सौदे, भविष्य के सौदे और अदला-बदली (स्वाप) सौदे। डेरीवेटिव्ज़ की ख़ास बात यह होती है कि उनकी आधारभूत परिसम्पत्ति को ख़रीदे या बेचे बिना उसके समस्त जोखिम का उनके ज़रिये क्रय-विक्रय किया जा सकता है। दूसरी तरफ़ शेयरों अथवा मुद्रा जैसी किसी चीज़ को एक निर्धारित अवधि के लिए पहले से तय मूल्य पर ख़रीदा या बेचा जा सकता है। भविष्य के सौदे और ऑप्शन शेयरों, बॉण्ड्स और म्युचुअल फ़ण्ड्स से भिन्न होते हैं क्योंकि इनके बाज़ार का जोड़-बाक़ी शून्य के बराबर होता है। एक ओर कोई डॉलर कमाता है, तो दूसरी ओर कोई उतने ही डॉलर खो देता है।

डेरिवेटिव्ज़ का इतिहास पुराना है। उन्नीसवीं सदी में कच्चे माल और खनिजों के क्षेत्र में भी डेरिवेटिव्ज़ हुआ करते थे। वित्तीय डेरिवेटिव्ज़ की शुरुआत 1972 में हुई जब मुद्रा का व्यापार प्रारम्भ हुआ। शेयर बाज़ार के सूचकांकों का वायदा बाज़ार 1982 में शुरू हुआ। ब्याज दरों के वायदा सौदे 1988 में शुरू हुए। इनका भूमण्डलीकरण होने के बाद से बकाया डेरीवेटिव्ज़ क़रारों की क़ीमत बीसवीं सदी ख़त्म होते-होते पचास खरब से ज़्यादा मानी जा रही थी। भूमण्डलीकरण के तहत पूँजी बाज़ारों में सबसे ज़्यादा वृद्धि वायदा सौदों और अदला-बदली के सौदों में हुई है। मुद्रा बाज़ारों के अलावा सबसे बड़ा बाज़ार डेरिवेटिव्ज़ का ही है। बैंकिंग और प्रतिभूतियों की तरह वित्तीय डेरिवेटिव्ज़ की दुनिया में फ़ासलों और राष्ट्रों की सीमाएँ कोई मायने नहीं रखतीं। अधिकांश व्यापार अंतर्राष्ट्रीय प्रतिभूति कम्पनियाँ करती हैं और दुनिया के कई बाज़ारों में चौबीसों घंटे कई तरह के डेरिवेटिव्ज़ का व्यापार चलता रहता है।

सट्टेबाज़ों और अफ़वाहों की भूमिका के कारण डेरीवेटिव्ज़ का बाज़ार अस्थिर और जोखिम भरा होता है। सारे बाज़ार आपस में जुड़े हुए हैं इसलिए एक बाज़ार में हुआ बड़ा घाटा दुनिया भर पर असर डालता है। इसकी मिसाल निक लीसन के मामले से देखी जा सकती है। सिंगापुर में वायदे सौदे करने वाले इस सट्टेबाज़ को हुए 1.3 अरब डॉलर के घाटे से बारिंग इन्वेस्टमेंट बैंक का अंतर्राष्ट्रीय रूप से पतन हो गया था। अंतर्राष्ट्रीय बॉण्ड्स का अर्थ होता है क़र्ज़ लेना, क़र्ज़ लेने वाले को पूँजी और देने वाले को ब्याज। चूँकि शेयर बाज़ार में निवेश करने के साथ जोखिम जुड़ा होता है इसलिए निवेशक बाण्ड्स में निवेश को प्राथमिकता देते हैं ताकि उनकी पूँजी सुरक्षित रहे और निर्धारित ब्याज के रूप में आमदनी होती रहे। परिवक्वता की तारीख़ पूर्व-निर्धारित होती है जिसके अनुसार मूल धन का भुगतान हो जाता है।

बाण्ड जारी करते समय ही उसकी अवधि (एक वर्ष से तीस या उससे भी ज़्यादा वर्ष) तय कर दी जाती है (जितनी लम्बी अवधि उतना ही ज़्यादा आमदनी)।

कोई भी कम्पनी, कॉरपोरेशन, एशियाई बैंक या विश्व बैंक जैसी किसी भी संस्था द्वारा पूँजी उगाहने के लिए अपने बॉण्ड्स जारी किये जा सकते हैं। सरकारें भी बॉण्ड्स जारी करती हैं ताकि सड़कें बनवाने और अन्य विकास कार्यों में ख़र्च करने के लिए राजस्व के अतिरिक्त धन उगाह सकें। बॉण्ड्स की कुछ महत्त्वपूर्ण श्रेणियाँ इस प्रकार हैं : घरेलू बॉण्ड्स अपने देश के भीतर ही जारी किये और बेचे जाते हैं। विदेशी बॉण्ड्स कोई देश अपनी मुद्रा में जारी करता है पर दूसरे देश में उसकी मुद्रा में बेचता है। इन बॉण्ड्स को दो देशों से ख़रीद कर तीसरे देश में भी बेचा जा सकता है। मानक अंतर्राष्ट्रीय बॉण्ड्स के रूप में युरोबॉण्ड्स जिस देश से जारी होते हैं उसकी मुद्रा में नहीं होते और दुनिया भर के पूँजी बाज़ारों में बेचे जाते हैं। भारतीय कम्पनियों द्वारा जारी युरोबॉण्ड्स को आम तौर पर फ़ारेन करेंसी कंवर्टेबिल बॉण्ड्स की संज्ञा दी जाती है। विदेशी ऋण प्राप्तकर्ता अमेरिकी निवेशकों के लिए याँकी बॉण्ड्स जारी करते हैं। इनका भुगतान डॉलरों में होता है और इन्हें अमेरिकी सिक्यूरिटीज़ ऐंड एक्सचेंज कमीशन में पंजीकृत किया जाता है। जापान में विदेशी कम्पनियों और सरकारों द्वारा समुरायी बॉण्ड्स जारी किये जाते हैं। इनका निपटान केवल जापान में ही हो सकता है। इनमें दोहरी मुद्रा चलती है, यानी भुगतान और ब्याज येन में पर मूल धन की अदायगी किसी विदेशी मुद्रा में हो सकती है। इनके अलावा बाज़ार में ड्रेगन बॉण्ड्स, सबार्डीनेट बॉण्ड्स, सीनियर बॉण्ड्स, परिवर्तनीय बॉण्ड्स, कालबेल बॉण्ड्स, ज़ीरो-कूपन बॉण्ड्स और इंफ़्लेशन इंडेक्स्ड बॉण्ड्स भी प्रचलित हैं। म्युचुअल फ़ण्ड्स का अर्थ होता है निवेशकों के किसी समूह द्वारा जमा किया गया शेयरों, प्रतिभूतियों और बॉण्ड्स का संग्रह जिसका एक पेशेवर निवेश कम्पनी प्रबंधन करती है। इन फ़ण्ड्स को युनिट ट्रस्ट्स भी कहते हैं। इनसे निवेशकों को बेहतर आय होती है, क्योंकि इनकी प्रबंधक कम्पनी बाज़ार के हालात का पूरी ध्यान रख कर इनका बंदोबस्त करती है। सीधे बाज़ार से जुड़ कर जोखिम में फँसने के बजाय निवेशक अपना धन म्युचुअल फ़ण्ड्स में लगाना बेहतर समझते हैं। बड़ी-बड़ी कम्पनियाँ, ब्रोकरेज हाउस और बैंक भी म्युचुअल फ़ण्ड्स खड़े करते हैं।

पेंशन फ़ण्ड्स और हेज़ फ़ण्डस का भी चलन है। कर्मचारियों के वेतन से होने वाले स्वैच्छिक कटौती तथा योगदानों के ज़रिये पेंशन फ़ण्ड्स का निर्माण होता है। सारी दुनिया में इस समय इन फ़ण्ड्स में अरबों डॉलर जमा हैं। हालाँकि ये अत्यधिक नियंत्रित, अपेक्षाकृत कम भूमण्डलीकृत और अधिक दीर्घकालिक होते हैं, पर इसके बावजूद इन्हें भी तेज़ी से निवेश के महत्त्वपूर्ण स्रोत के रूप में विकसित किया जा रहा है।

हेज फ़ण्ड्स को समझने के लिए हेजिंग को समझना ज़रूरी है। हेजिंग का मतलब है शेयरों के स्टॉक के क्रय-विक्रय से संबंधित व्यवहार प्रक्रिया। अगर किसी मुद्रा के मूल्य में अन्य मुद्राओं की अपेक्षा वृद्धि होती है तो उनके मूल्य-वर्ग में किये गये निवेश कोष को उस बढ़ी हुई मुद्रा में परिवर्तित करने पर उस निवेश की क़ीमत घट जाती है। इसी से बचने के लिए फ़ण्ड्स द्वारा हेजिंग की जाती है। हेजिंग की प्रक्रिया में फ़्यूचर्स अनुबंध ख़रीदे जाते हैं अर्थात् किसी मुद्रा को पूर्व-निर्धारित विनिमय दर पर ख़रीद कर सौदे में हो सकने वाले घाटे की भरपाई की पेशबंदी कर ली जाती है।

इन फ़ण्ड्स के अलावा स्टॉक फ़ण्ड्स, बाण्ड फ़ण्ड्स, पूँजी बाज़ार फ़ण्ड्स, अनियतकालीन फ़ण्ड्स, नियतकालीन फ़ण्ड्स, ग्लोबल फ़ण्ड्स, रीजनर फ़ण्ड्स, कंट्री फ़ण्ड्स और ऑफ़शोर फ़ण्ड्स भी प्रचलित हैं।

ग्लोबल डिपॉजिटरी रिसीट्स (जीडीआर) उन वित्तीय उपकरणों को कहते हैं जिनका मोल-तोल किया जा सकता है और जिनसे अंतर्राष्ट्रीय पूँजी बाज़ार में इक्विटी पूँजी उगाही जा सकती है। जीडीआर जारी करने वाली कम्पनियाँ इन बैंकों को अपने देश से बाहर जीडीआर जारी करने के लिए अधिकृत करती हैं। इन्हें किसी भी विदेशी शेयर बाज़ार में अधिसूचित किया जा सकता है और अनिवासी इन्हें विदेशों में ख़रीद या स्थानांतरित कर सकते हैं।

देखें : अंतर्राष्ट्रीय मुद्रा कोष, ढाँचागत समायोजन कार्यक्रम, पेटेंट, ब्रेटन वुड्स प्रणाली, बौद्धिक सम्पदा अधिकार, भूमण्डलीकरण : भारतीय अर्थव्यवस्था का, भारत में पेटेंट क़ानून, भारत में बहुराष्ट्रीय निगम, भारत में शेयर संस्कृति, भूमण्डलीकरण, भूमण्डलीकरण का इतिहास-1 और 2, भूमण्डलीकरण और पूँजी बाज़ार, भूमण्डलीकरण और लोकतंत्र, भूमण्डलीकरण और राज्य, भूमण्डलीकरण और राष्ट्रीय सम्प्रभुता, भूमण्डलीकरण और वित्तीय पूँजी, भूमण्डलीकरण के आलोचक, भूमण्डलीकरण के ख़िलाफ़ प्रतिरोध, विश्व बैंक, विश्व व्यापार संगठन।

संदर्भ

1. ए.वी. रजवाड़े (1996), *फ़ारेन एक्सचेंज इंटरनैशनल फ़ाइनेंस ऐंड रिस्क मैनेजमेंट,* एकेडमी ऑफ़ बिजनेस स्टडीज़, नयी दिल्ली.
2. रिजर्व बैंक ऑफ़ इण्डिया (1996), *रिपोर्ट ऑन करेंसी ऐंड फ़ाइनेंस,* बाम्बे, वार्षिक।
3. कवलजीत सिंह (1999), *पूँजी का भूमण्डलीकरण,* ऋतिका प्रकाशन, नयी दिल्ली.

— अभय कुमार दुबे

भूमण्डलीकरण, भारतीय अर्थव्यवस्था का

(Globalization of Indian Economy)

भारत ने भूमण्डलीकरण की प्रक्रिया में अपनी भागीदारी घोषणापूर्वक 1990 में शुरू की, पर उसकी भूमिका दुनिया के अन्य हिस्सों के भूमण्डलीकरण की तरह अस्सी के दशक में ही बननी शुरू हो चुकी थी। अस्सी के दशक में ही अनिवासी भारतीय (एन.आर.आई) नामक समुदाय का भारतीय अर्थतंत्र के लिए महत्त्व बढ़ा। यह राष्ट्रवाद की पारम्परिक अवधारणा में तब्दीली का संकेत था। इसका मतलब था कि भारतीय राष्ट्र के हित देश की भौगोलिक सीमाओं के परे भी स्थित हो सकते थे। जो इस देश को छोड़ कर कभी न वापस आने के लिए चले गये थे, वे बिना वापसी किये इस देश में रहने वालों से केवल इसलिए महत्त्वपूर्ण लगने लगे थे कि उनके पास पूँजी, आधुनिक प्रौद्योगिकी और प्रबंधन की तकनीकें थीं। इसी दशक में भारत ने निकनेट के ज़रिये इंटरनेट की दुनिया में क़दम रखा। उपग्रहीय चैनलों ने इसी दशक में शहरी मध्यवर्ग के ड्राइंग रूमों में प्रवेश किया। नेहरू युग में अपनायी गयी विकास नीति आयात प्रतिस्थापन के सिद्धांत पर आधारित थी, पर अस्सी के दशक में राजीव गाँधी के नेतृत्व में अर्थव्यवस्था ने निर्यातोन्मुख विकास के रास्ते पर क़दम बढ़ा दिये थे। निर्यात योग्य जिंसों के उत्पादन के लिए आयात बढ़ाना ज़रूरी था। इसके परिणामस्वरूप विदेशी मुद्रा का ख़र्च बढ़ा। विदेशी मुद्रा कोष की हालत यह हो गयी कि भारत के पास केवल दो हफ़्ते के आयात बिल का भुगतान करने की क्षमता रह गयी।

विदेशी मुद्रा संकट गहराते ही तत्कालीन कांग्रेस सरकार (जिसने जून, 1990 में ही शपथ ली थी) ने प्रमुख विपक्षी नेताओं की एक कमरा बंद बैठक बुलायी जिसमें उन्हें सूचना दी गयी कि देश दिवालिया होने के कगार पर खड़ा है। तत्कालीन प्रधानमंत्री और कांग्रेस के नेतृत्व में अल्पमतीय सरकार की अगुआयी कर रहे पी.वी. नरसिंह राव का कहना था कि अब अंतर्राष्ट्रीय मुद्रा कोष से क़र्ज़ लेने के अलावा उनके सामने कोई चारा नहीं है। राव ने विपक्ष से समर्थन माँगा कि वे अर्थव्यवस्था को पटरी पर लाने के लिए कुछ कड़े क़दम उठाना चाहते हैं। विपक्ष इस प्रश्न पर ज़्यादा कुछ कहने की स्थिति में नहीं था। पिछली सरकार विश्वनाथ प्रताप सिंह की थी जिसे मार्क्सवादी कम्युनिस्ट पार्टी और भारतीय जनता पार्टी ने संयुक्त रूप से समर्थन दिया था। वह सरकार पहले से ही मुद्रा कोष से इस तरह की बातचीत चला रही थी।

मुद्रा कोष से क़र्ज़ लेने का मतलब था अंतर्राष्ट्रीय वित्तीय पूँजी द्वारा निर्देशित ढाँचागत समायोजन कार्यक्रम अपनाने का फ़ैसला करना। अर्थात् लोकहितकारी राज्य की संरचना की जगह बाज़ारोन्मुख नीतियाँ अपनाना, आयात प्रतिस्थापन की जगह निर्यातोन्मुख विकास की रणनीति अख़्तियार करना, बड़े पैमाने पर निजीकरण का कार्यक्रम चलाना, विदेशी पूँजी को प्रोत्साहन देने वाली नीतियों का सूत्रीकरण करना और लाइसेंस-परमिट राज ख़त्म करके वाणिज्य और उद्योग नीति में भारी बदलाव करना।

राव सरकार ने इस व्यापक और दूरगामी परिवर्तन की घोषणा करने से पहले उसकी ज़मीन बनाने के लिए क़दम उठाये। जून, 1990 में शपथ लेने वाली सरकार ने जुलाई के पहले तीन दिनों में रुपये का दो चरणों में बीस फ़ीसदी अवमूल्यन किया। निर्यात सबसिडी ख़त्म करने का फ़ैसला किया, और फटाफट नयी वाणिज्य नीति बना डाली जिस पर सरकार के अन्य सदस्यों ने आसानी से अपनी मुहर लगा दी। नयी उद्योग नीति पर पहले कांग्रेस की मंत्रिपरिषद् में चर्चा हुई, और नीति-प्रस्ताव की भाषा में दिखावे के लिए नेहरू का लिखा हुआ एक पैरा, इंदिरा गाँधी के कुछ वाक्य और राजीव गाँधी के कुछ कथन जोड़ दिये गये। ऐसा दिखाया गया कि मानो यह नीति नेहरू के समाजवाद का ही अगला क़दम है। चौबीस जुलाई, 1991 को इस उद्योग नीति की घोषणा हुई और इसी दिन दोपहर बाद पेश किये गये केंद्रीय बजट द्वारा भारत ने भूमण्डलीकरण के रास्ते पर चलने का एलान कर दिया। यह परिघटना इतनी व्यापक थी कि जीवन का कोई भी क्षेत्र इससे अछूता न रह सका। पुराने जमे हुए राष्ट्रवादी पूँजीपतियों से लेकर सूचना प्रौद्योगिकी के व्यवसाय से बने नये उद्योगपतियों तक, पब्लिक सेक्टर के नौकरशाहों से लेकर राजनीतिक दलों और जनपक्षीय आंदोलनकारियों तक, हाशियाग्रस्त समुदायों के पक्ष में सोचने वालों, मार्क्सवादियों, नक्सलवादियों, आधुनिकता के आलोचकों, नागरिक अधिकारवादियों, गाँधीवादियों और पर्यावरणवादियों तक को इसके पक्ष-विपक्ष में अपनी राय बनानी पड़ी। मार्क्सवादियों ने इसे पूँजीवाद का सर्वव्यापकीकरण बताते हुए साम्राज्यवाद विरोधी संघर्ष के दायरे में व्यूह रचना का ऐलान किया। गाँधीवादियों ने देखा कि भूमण्डलीकरण गाँव की जगह शहर और नागरिक की जगह उपभोक्ता को स्थापित करने का आग्रह लेकर आया है। राष्ट्रवादी भी चिंतित हुए। उनके एक हिस्से को लगा कि यह परिघटना तो राष्ट्र की आधारभूत संरचना को ही सत्ता और प्राधिकार से वंचित कर देगी। लेकिन, उनके एक दूसरे हिस्से ने कुछ दिनों के बाद भूमण्डलीकरण की ताक़तों के साथ सौदेबाज़ी भी शुरू कर दी। सूचना क्रांति की प्रौद्योगिकी का सहारा लेकर वे जनता को नये तरीक़ों से नियंत्रित करने के प्रयोजन में लग गये। राष्ट्रवादियों की इस क़िस्म का ख़याल था कि वे अपनी सम्प्रभुता का एक हिस्सा त्याग कर उसके बदले

भूमण्डलीकरण से कहीं ज़्यादा हासिल कर सकते हैं। आधुनिकता के आलोचकों ने कुछ ख़ुशी और कुछ संदेह के मिले-जुले स्वरों के साथ भूमण्डलीकरण का स्वागत किया। उन्हें एक तरफ़ तो भूमण्डलीकरण का फ़ायदा उठा कर राष्ट्रवाद के कारागार के ख़िलाफ़ बग़ावत की उम्मीद थी, दूसरी तरफ़ कुछ डर भी लग रहा था कि कहीं भूमण्डलीकरण अपनी पश्चिम केंद्रीयता और चरम बाज़ारवाद के कारण विकल्पों की सम्भावनाओं को ही नष्ट न कर दे। भूमण्डलीकरण को सकारात्मक निगाहों से देखने वालों की मान्यता थी कि सूचना क्रांति के आयाम, सूचना समाज की रचना और साइबर स्पेस की निराकार दुनिया भारतीय समाज को एक नयी नागरिकता की सौगात देगी।

इस वाद-विवाद के बीच कुछ बातें व्यावहारिक रूप से स्पष्ट थीं। नये आर्थिक निज़ाम का मतलब था भारतीय अर्थव्यवस्था का विश्व बाज़ार के साथ जुड़ते चले जाना, अंतर्राष्ट्रीय मुद्रा कोष और विश्व व्यापार संगठन को अपने कामों और नीतियों का हिसाब देना, अंतर्राष्ट्रीय रेटिंग एजेंसियों से सनद प्राप्त करते रहना, अंतर्राष्ट्रीय वित्तीय पूँजी की गतिविधियों से भारतीय अर्थव्यवस्था को प्रभावित होने देना, सामाजिक-आर्थिक जीवन के गठन के लिए एंग्लो-अमेरिकी कॉरपोरेट मॉडल को आदर्श मान लेना और अमेरिकीकरण की संस्कृति के बुलडोज़र के नीचे विविधताओं और बहुलताओं की प्रतीक भारतीय संस्कृति को कुचलने के लिए छोड़ देना।

24 जुलाई, 1991 को पेश किये गये उस ऐतिहासिक बजट के लगभग दो दशक बाद स्थिति यह है भूमण्डलीकरण की प्रक्रिया अपने तमाम आलोचकों, प्रतिरोध में खड़ी शक्तियों और लोकतंत्र के तबाह-बर्बाद हो जाने की भविष्यवाणियों को धता बताते हुए तक़रीबन अबाध गति से चल रही है। भारतीय समाज अपने जीवन में शायद ही कभी इतनी तेज़ गति से बदला हो, जितना इस दौर में उसने परिवर्तन देखा है। मध्य वर्ग का खान-पान, रहन-सहन, स्त्री-पुरुष संबंध, परिवार की संस्था, अन्य नाते-रिश्ते, राजनीतिक कार्रवाई के स्वरूप, विचारधाराओं का प्रभाव, मीडिया और मनोरंजन के दायरे, शहरीकरण की रफ़्तार और कुल मिला कर भारतीय आधुनिकता का स्तर पहले जैसा नहीं रह गया है। इन परिवर्तनों को परिभाषित करना आसान नहीं है। लगभग हर परिवर्तन पर स्वतंत्र शोध की ज़रूरत है।

लेकिन, जिस तरह भूमण्डलीकरण के तहत हुए परिवर्तन की व्यापकता और तेज़ रफ़्तार की हक़ीक़त से इनकार नहीं किया जा सकता, उसी तरह इस यथार्थ की उपेक्षा भी नहीं की जा सकती कि उसका लाभ अधिकांशत: अमीरों और साधनसम्पन्नों को ही नसीब हुआ है। अभी भूमण्डलीकरण अपना वह वायदा पूरा करने से काफ़ी दूर है जिसके मुताबिक़ उसकी पैरोकार ताक़तों ने वायदा किया था कि उसके कारण भारत को उसका राजनीतिक-आर्थिक और सांस्कृतिक मोक्ष मिल जाएगा। अभी तक तो वह बाज़ारों को एक करने वाले और मनुष्य को बाँटने वाले तंत्र के रूप में उभरा है। उसके तहत बाज़ार की ताक़त को अंतिम सत्य मान लिया गया है, पर वह अभी तक सामाजिक क्षेत्र की ज़रूरतों के साथ संतुलन बैठा पाने में नाकाम साबित हुआ है। इसने समाज के ग़रीब और निचले तबक़े को और अधिक विपन्न करके विषमता को बढ़ाया है।

देखें : अंतर्राष्ट्रीय मुद्रा कोष, ढाँचागत समायोजन कार्यक्रम, पेटेंट, ब्रेटन वुड्स प्रणाली, बौद्धिक सम्पदा अधिकार, भारत में पेटेंट क़ानून, भारत में बहुराष्ट्रीय निगम, भारत में शेयर संस्कृति, भूमण्डलीकरण, भूमण्डलीकरण का इतिहास-1 और 2, भूमण्डलीकरण और पूँजी बाज़ार, भूमण्डलीकरण और लोकतंत्र, भूमण्डलीकरण और राज्य, भूमण्डलीकरण और राष्ट्रीय सम्प्रभुता, भूमण्डलीकरण और वित्तीय पूँजी, भूमण्डलीकरण और वित्तीय उपकरण, भूमण्डलीकरण के आलोचक, भूमण्डलीकरण के ख़िलाफ़ प्रतिरोधष विश्व बैंक, विश्व व्यापार संगठन।

संदर्भ

1. गुरुचरण दास (2000), *इण्डिया अनबाउंड,* वाइकिंग, नयी दिल्ली.
2. निर्मल कुमार चंद्रा (2002), 'इण्डिया इन द नाइंटीज़ : द इम्पेक्ट ऑफ़ ग्लोबलाइज़ेशन', *चाइना रिपोर्ट,* खण्ड 38, अंक 1.
3. कुमार मंगलम बिड़ला (2002), 'नो व्हेयर क्लोज़ टु रियल ग्लोबलाइज़ेशन', *इकॉनॉमिक टाइम्स,* नयी दिल्ली, 4 नवम्बर.
4. अभय कुमार दुबे (सम्पा.) (2003), *भारत का भूमण्डलीकरण,* वाणी, नयी दिल्ली.

— अभय कुमार दुबे

भूमण्डलीकरण के आलोचक

(Critics of Globalization)

बीसवीं सदी में नब्बे के दशक से नयी सदी के पहले दशक के आख़िरी सालों के बीच भूमण्डलीकरण सबसे ज़्यादा बहसतलब परिघटना रही है। इस विवाद ने विचार, राजनीति और अर्थव्यवस्था के दायरों को भूमण्डलीकरण के समर्थकों और आलोचकों में बाँट दिया है। भूमण्डलीकरण विरोधी ध्रुव पर जमी हुई शक्तियाँ वैसे तो अलग-अलग दृष्टिकोणों से इस परिघटना के ख़िलाफ़ हैं, पर उनके बीच कुछ विचारों के मामले में स्पष्ट समानता है। मसलन, ये सभी आलोचक मानते

हैं कि बीसवीं सदी के आख़िरी सालों में दुनिया के बड़े 'शासक अभिजनों' ने अपने निजी हितों की ख़ातिर विश्व बाज़ार का विस्तार करने के लिए पूँजीवादी भूमण्डलीकरण का ताना-बाना बुना है। ब्रेटन वुड्स संस्थाओं, पश्चिम और पूर्व के विकसित पूँजीवादी देशों और बहुराष्ट्रीय निगमों के तिगड्डे ने मिल कर ग्लोबल संरचनाएँ खड़ी की हैं, जिनकी कारिस्तानी के तहत एक अनिच्छुक संसार पर ऊपर से भूमण्डलीकरण थोपा जा रहा है।

भूमण्डलीकरण के आलोचक बड़ी बहुराष्ट्रीय कम्पनियों की अनियंत्रित सत्ता, व्यापार समझौतों और कमज़ोर नियंत्रण वाले वित्तीय बाज़ारों के ज़रिये उस सत्ता के कार्यान्वयन का विरोध करते हैं। इन आलोचकों का बहुराष्ट्रीय निगमों पर आरोप है कि वे अपना मुनाफ़ा बढ़ाने के लिए श्रम सुरक्षा की स्थितियों और मानकों, श्रमिकों को काम पर लगाने और मुआवज़ा देने के मानकों, पर्यावरण संरक्षण के सिद्धांतों, राष्ट्रीय विधायी प्राधिकार, स्वतंत्रता और सम्प्रभुता की शर्तों का उल्लंघन करते हैं। भूमण्डलीकरण विरोधी आंदोलन ग्लोबल जस्टिस मूवमेंट, आल्टर-ग्लोबलाइज़ेशन मूवमेंट, एंटी-कॉरपोरेट ग्लोबलाइज़ेशन मूवमेंट जैसे नामों से जाना जाता है।

भूमण्डलीकरण के आलोचकों ने नियोक्लासिकल आर्थिक सिद्धांत के आधार पर काम कर रहे इस ग्लोबल निज़ाम पर 'टरबो-कैपिटलिज़्म', 'मार्केट फ़ंडामेंटलिज़्म', 'कैसीनो कैपिटलिज़्म', 'कैंसर-स्टेट कैपिटलिज़्म'.और 'मैक-वर्ल्ड' जैसे लक़ब चस्पाँ किये हैं। उनकी आलोचना का मुख्य निशाना विश्व बैंक (आईबीआरडी), अंतर्राष्ट्रीय मुद्रा कोष (आईएमएफ़), ऑर्गनाइज़ेशन फ़ॉर इकॉनॉमिक कोआपरेशन ऐंड डिवेलपमेंट (ओईसीडी), विश्व व्यापार संगठन (डब्ल्यूटीओ), नॉर्थ अमेरिकन फ्री ट्रेड एग्रीमेंट (नाफ़्टा), फ्री ट्रेड एरिया ऑफ़ अमेरिकाज़ (एफ़टीएए), मल्टीलेटरल एग्रीमेंट ऑफ़ इन्वेस्टमेंट (एमएई) और जनरल एग्रीमेंट ऑफ़ ट्रेड इन सर्विसेज़ (गेट्स) जैसी संस्थाएँ और संधियाँ हैं। आलोचक वर्ल्ड इकॉनॉमिक फ़ोरम (डब्ल्यूईएफ़), ट्रांस अटलांटिक बिजनेस डायलॉग (टीएबीडी) और एशिया-पैसिफ़िक इकॉनॉमिक कोआपरेशन (एपीईसी) जैसे व्यापारिक गठजोड़ों का भी विरोध करते हैं जिनकी वजह से ग्लोबल निज़ाम को प्रोत्साहन मिलता है।

भूमण्डलीकरण विरोधी कार्यकत्ताओं और नेताओं का तर्क है कि अगर राष्ट्रीय सीमाएँ वित्तीय पूँजी के आवागमन के लिए खुली होनी चाहिए, तो उन्हें साधारण व्यक्तियों के आने-जाने के लिए खोलने में आपत्ति क्यों की जानी चाहिए, किसी भी व्यक्ति को कहीं भी आने-जाने और बसने की इजाज़त क्यों नहीं दी जानी चाहिए। भूमण्डलीकरण विरोधी मानते हैं कि नये ग्लोबल आर्थिक निज़ाम में अमेरिका का वर्चस्व है। अमेरिकी डॉलर के प्रभुत्व का कारण अमेरिका की आर्थिक श्रेष्ठता ही नहीं है, बल्कि इस मुद्रा का प्रभुत्व हासिल करने के लिए ब्रेटन वुड्स प्रणाली और तेल का केवल डॉलर में व्यापार करने के नियमों का इस्तेमाल किया गया है।

भूमण्डलीकरण के आलोचक जैसे ही आलोचना से परे जा कर विकल्प के प्रश्न पर अपनी राय पेश करते हैं, उनके बीच समानताएँ ख़त्म हो जाती हैं और विभेद शुरू हो जाते हैं। इनका एक हिस्सा राष्ट्रवादी क़िस्म का है, जैसे फ्रेंच नेशनलिस्ट फ्रंट। ऐसे समूहों का तर्क है कि भूमण्डलीकरण के विकल्प में राष्ट्र-राज्य की संस्था को खड़ा करना चाहिए। इनमें से कुछ समूह तो नस्लवादी और फ़ासीवादी तर्क देते भी नज़र आते हैं। भूमण्डलीकरण के आलोचकों का दूसरा हिस्सा राष्ट्रवाद या संरक्षणवाद का समर्थन करने के बजाय दुनिया को राष्ट्रीय सीमाओं में बाँटने के ख़िलाफ़ है। उन्होंने 'नो बोर्डर नेटवर्क' जैसी संस्थाएँ बना रखी हैं। ये लोग ऊपर से थोपे गये पूँजीवादी भूमण्डलीकरण के ख़िलाफ़ एक ऐसी ग्लोबल एकजुटता के रूपों के समर्थक हैं जिससे बेहतर लोकतांत्रिक प्रतिनिधित्व, मानवाधिकारों की प्रगति और बेहतर लोक-कल्याणकारी सत्ता के विकास का रास्ता साफ़ होता हो। भूमण्डलीकरण विरोधी चिंतन के परिणामस्वरूप ऐसी कई रचनाएँ सामने आयी हैं जिन्होंने इस आंदोलन को प्रेरणा और गति प्रदान की है। ऐसी सर्वप्रमुख रचनाओं में से एक है कनाडा की पत्रकार नओमी क्लीन की पुस्तक 'नो लोगो' जिसमें बहुराष्ट्रीय निगमों द्वारा अपनायी जाने वाली उत्पादन रणनीतियों और लोकप्रिय संस्कृति पर छायी ब्रांड प्रधान मार्केटिंग की आलोचना की गयी है। यह पुस्तक भूमण्डलीकरण के आलोचकों का घोषणापत्र जैसा बन गयी है। भारत की विख्यात इको-फ़ेमिनिस्ट वंदना शिवा की रचना 'बायोपाइरेसी' में दिखाया गया कि कैसे देशज लोगों की प्राकृतिक पूँजी को बौद्धिक सम्पदा के रूपों में बदल दिया जाता है ताकि उसे किसी की व्यापारिक मिल्कियत बनाया जा सके। फ्रांस में मासिक पत्र *ल मोंद डिप्लोमेतीक़* ने भूमण्डलीकरण विरोधी विचारों को प्रकाशित करने में अग्रगामी भूमिका का निर्वाह किया है। यह पत्र भूमण्डलीकरण के ख़िलाफ़ आंदोलन को संस्थागत रूप देने के लिए भी जाना जाता है। ट्रांसनैशनल इंस्टीट्यूट की सूसन जॉर्ज 1986 से ही भूख, ऋण, अंतर्राष्ट्रीय वित्तीय संस्थाओं और पूँजीवाद के बारे में लगातार पुस्तकें लिख रही हैं। ज्याँ ज़ीगलर, क्रिस्टोफ़र चेस-डन और इमैनुएल वालर्स्टीन ने अपनी रचनाओं में पूँजीवादी प्रणाली के कारण पैदा हुए विकास और निर्भरता के संकट की ओर लगातार ध्यान खींचा है। भूमण्डलीकरण के संदर्भ में नोआम चोमस्की और सूसन सोंटाग अमेरिकी विदेश नीति की आलोचना के लिए चर्चित हैं।

नियोलिबरल उसूलों को मानने वाले अंतर्राष्ट्रीय आर्थिक संगठनों की कार्रवाई को आलोचनात्मक निगाह से देखने वाले कई अर्थशास्त्रियों ने भी भूमण्डलीकरण विरोधी आलोचना को बल प्रदान किया है। ज़रूरी नहीं कि ये सभी विद्वान ख़ुद को भूमण्डलीकरण की आलोचना करने वालों की श्रेणी में रखते हों। इनमें अमर्त्य सेन, जेम्स टोबिन और जोसेफ़ ई. स्टिगलिट्ज़ प्रमुख हैं जिन्हें अर्थशास्त्र में नोबेल पुरस्कार से सम्मानित किया जा चुका है। अमर्त्य सेन ने अपनी रचना 'डिवेलपमेंट एज़ फ्रीडम' में तर्क दिया है कि विकास की अवधारणा को राष्ट्रीय आमदनी या प्रति व्यक्ति आय या कुल घरेलू उत्पाद के रूप में परिभाषित करने के बजाय मानवीय क्षमता के विस्तार के रूप में समझना चाहिए। इसके लिए स्वास्थ्य और शिक्षा पर ज़ोर देने वाली नीतियों को प्रमुखता देनी होगी। जेम्स टोबिन ने प्रत्येक वित्तीय लेन-देन पर एक ख़ास तरह का टैक्स लगाने का सुझाव पेश किया है जिसके कारण वित्तीय पूँजी के बेरोकटोक प्रवाहों को कुछ न कुछ नियंत्रित किया जा सकता है। टोबिन टैक्स नामक यह प्रस्ताव भूमंडलीकरण के आलोचकों के एजेंडे में शामिल हो चुका है। इसी तरह से जॉर्ज सोरोस और डेविड कोर्टन के साथ जोसेफ़ स्टिगलिट्ज़ ने ग्लोबल अर्थव्यवस्था में पारदर्शिता लाने, ऋण राहत के प्रावधान करने, भूमि सुधारों की नीतियाँ लागू करने और कॉरपोरेट उत्तरदायित्व की प्रणाली में सुधार करने की वकालत करके भूमण्डलीकरण के आलोचकों को कई तर्क प्रदान किये हैं।

देखें : अंतर्राष्ट्रीय मुद्रा कोष, ढाँचागत समायोजन कार्यक्रम, पेटेंट, ब्रेटन वुड्स प्रणाली, बौद्धिक सम्पदा अधिकार, भूमण्डलीकरण : भारतीय अर्थव्यवस्था का, भारत में पेटेंट क़ानून, भारत में बहुराष्ट्रीय निगम, भारत में शेयर संस्कृति, भूमण्डलीकरण, भूमण्डलीकरण का इतिहास-1 और 2, भूमण्डलीकरण और पूँजी बाज़ार, भूमण्डलीकरण और लोकतंत्र, भूमण्डलीकरण और राज्य, भूमण्डलीकरण और राष्ट्रीय सम्प्रभुता, भूमण्डलीकरण और वित्तीय पूँजी, भूमण्डलीकरण और वित्तीय उपकरण, भूमण्डलीकरण के ख़िलाफ़ प्रतिरोध, विश्व बैंक, विश्व व्यापार संगठन।

संदर्भ

1. डोनाटेला डेला पोर्ट (सम्पा.) (2006), *द ग्लोबल जस्टिस मूवमेंट: क्रॉस-नैशनल ऐंड ट्रांसनैशनल पर्सपेक्टिव्ज़,* पैराडाइम, न्यूयॉर्क.
2. सूज़न स्ट्रेंज (1986), *कैसिनो कैपिटलिज़म,* ब्लैकवेल, ऑक्सफ़र्ड.
3. पॉल किंग्सवर्थ (2004), *वन नो, मेनी यसिज़ : अ जर्नी टु द ग्लोबल रज़िस्टेंस मूवमेंट,* फ्री प्रेस, लंदन.
4. नाओमी क्लीन (2000), *नो लोगो,* फ़्लेमिंगो, न्यूयॉर्क.
5. डेविड कोर्टन (1995), *व्हेन कॉरपोरेशंस रूल द वर्ल्ड,* अर्थस्केन पब्लिकेशंस, न्यूयॉर्क.

— **अभय कुमार दुबे**

भूमण्डलीकरण के ख़िलाफ़ प्रतिरोध

(Resistance Against Globalization)

पूँजीवादी भूमण्डलीकरण के ख़िलाफ़ सारी दुनिया में दो स्तरों पर संघर्ष चलाया जा रहा है। एक तरफ़ तो ग्रासरूट्स (ज़मीनी) गोलबंदियाँ की जा रही हैं, और दूसरी तरफ़ ग्लोबल पैमाने पर सीधी कार्रवाई और नागरिक अवज्ञा की विकेंद्रीकृत जन-मुहिमें चलाई गयी हैं। कुछ प्रमुख ग्रासरूट्स संगठन इस प्रकार हैं : दक्षिण अफ़्रीका में वेस्टर्न केप एंटी-एविक्शन कैम्पेन, भारत में नर्मदा बचाओ आंदोलन और आज़ादी बचाओ आंदोलन, संयुक्त राज्य अमेरिका में मूवमेंट फ़ार जस्टिस ऐन अल बारियो, ब्राज़ील में होमलैस वर्कर्स आंदोलन, मैक्सिको में ईज़ैडएलएन, हैती में फ़ानमी लावालास, दक्षिण अफ़्रीका में लैण्डलैस पीपुल्स मूवमेंट। भूमण्डलीय स्तर पर पीपुल्स ग्लोबल एक्शन नेटवर्क और वर्ल्ड सोशल फ़ोरम के ज़रिये भूमण्डलीकरण के ख़िलाफ़ सक्रिय विभिन्न शक्तियों को बड़े-बड़े विरोध प्रदर्शनों और एकजुटता प्रदर्शित करने वाले जन-समारोहों में उतारा जाता है। भूमण्डलीकरण विरोधी आंदोलन का एक बड़ा माध्यम इंटरनेट और न्यू मीडिया भी है। नब्बे के दशक में जब अमीर देशों के संगठन ओईसीडी ने सीमाओं के आर-पार निवेश और व्यापार पर लगी पाबंदियों को हटाने के लिए मल्टीलेटरल एग्रीमेंट ऑन इन्वेस्टमेंट (एमएआई) जैसे बहु-पक्षीय समझौते की पहलक़दमी ली तो राष्ट्रीय और अंतर्राष्ट्रीय पैमाने पर सक्रिय नागर समाज समूहों ने इसके विरोध में नेट पर ज़बरदस्त मुहिम चलाई। 1998 में बढ़ते हुए विरोध और आलोचना के सामने ओईसीडी देशों को यह पहलक़दमी छोड़नी पड़ी।

ग्लोबल स्तर पर होने वाली भूमण्डलीकरण विरोधी आंदोलनकारी कार्रवाई की ख़ास बात यह है कि वह किसी एक विकल्प या किसी एक नारे और लक्ष्य या किसी एक संगठन के तहत एकताबद्ध होने से बचती है। उसका मक़सद वित्तीय पूँजी की ग्लोबल ताक़तों के ख़िलाफ़ प्रतीकात्मक विरोध दर्ज कराना तो है ही, साथ ही वह अपने विशाल जमावड़ों के ज़रिये सारी दुनिया में स्थानीय स्तर पर संघर्ष कर रहे अनगिनत संगठनों को आपस में नेटवर्किंग का मौक़ा भी देती है। किसी एक विचारधारा और किसी एक मसीहाई नेता के नेतृत्व से बचने के आग्रह के कारण इस संघर्ष के भीतर कार्रवाई के रूपों को लेकर एक तरह की जद्दोजहद चलती रहती है। कहा जाता है कि अपनी इन्हीं प्रवृत्तियों के कारण यह संघर्ष एकता की कमी, संकेंद्रित और प्रभावी संगठन के

अभाव का शिकार है। लेकिन दूसरी तरफ़ एंतोनियो नेगरी और माइकेल हार्ट जैसे भूमण्डलीकरण विरोधी सिद्धांतकारों ने इस साझा लक्ष्यों के लिए की जाने वाली ऐसी विशाल कार्रवाइयों की संज्ञा दी है जिसमें जनता सांगठनिक एकता न होते हुए भी एक साथ मार्च करती है। ऐसे सिद्धांतकारों का तर्क है कि औपचारिक समन्वयकारी संस्थाओं की ग़ैर-मौजूदगी के कारण ही नियोलिबरल आर्थिक सिद्धांत के ख़िलाफ़ संघर्षरत ताक़तें अपनी राजनीतिक और सांगठनिक अस्मिता खोने के ख़तरे का सामने किये बिना एक मंच पर आने के लिए तैयार हो पाती हैं। उनके बीच में सूचनाओं और साहित्य का आदान-प्रदान करने की सुविधा सूचना प्रौद्योगिकी के कारण उपलब्ध हो जाती है। आंदोलनकारी ख़ुद को अस्थाई तौर पर साझी प्रकृति के 'एफ़िनिटी समूहों' में संगठित कर लेते हैं। इन समूहों में किसी क़िस्म की पदानुक्रम आधारित सांगठनिक व्यवस्था नहीं होती। ये एफ़िनिटी ग्रुप संघर्ष की योजना बनाने वाली बैठकों में अपने प्रतिनिधि भेजते हैं। प्रवर्तन एजेंसियों द्वारा घुसपैठ के अंदेशे को नाकाम करने के लिए राजनीतिक कार्रवाई की योजनाएँ आख़िरी मिनट में ही बनायी जाती हैं।

भूमण्डलीकरण विरोधी संघर्ष ग्लोबल कॉरपोरेट सम्मेलनों और बैठकों को अपना निशाना बनाता है। उसका मक़सद होता है सम्मेलन की जगहों के बाहर बहुत बड़े पैमाने पर लाखों की संख्या में जमा हो कर प्रदर्शन करना और सम्मेलन के भीतर चल रही समझौता वार्ताओं को प्रश्नांकित करते हुए वर्ल्ड मीडिया के ज़रिये दृश्यमानता हासिल करना। हालाँकि इस तरह के प्रदर्शनों से कॉरपोरेट सम्मेलनों की कार्यवाही में कोई वास्तविक विघ्न तो नहीं पड़ता, लेकिन ऐसे हर विरोध प्रदर्शन से भूमण्डलीकरण विरोधी कार्रवाइयों को दुनिया के पैमान पर नयी ऊर्जा मिलती है। हालाँकि इन विरोध प्रदर्शनों का रवैया आम तौर पर लोकतांत्रिक और शांतिपूर्ण होता है, पर जिनेवा, सिएटल और लंदन में बहुराष्ट्रीय निगमों के ख़िलाफ़ प्रदर्शनकारियों का ग़ुस्सा दंगों की शक्ल में भी फूटता देखा गया है। मैकडोनाल्ड और स्टारबक्स रेस्त्राँओं पर हमले किये गये हैं। प्रदर्शन के दौरान पुलिस और क़ानून-व्यवस्था क़ायम करने वाली एजेंसियों से टकराव की नौबत भी आती है।

संघर्ष के तौर-तरीक़ों और रणनीतियों का मुज़ाहिरा सितम्बर, 2000 में आईएमएफ़ और विश्व बैंक के ख़िलाफ़ प्राग में किये जाने वाले प्रदर्शनों की मिसाल से लिया जा सकता है। इस संघर्ष के दौरान प्रदर्शनकारियों ने तीन समूहों में बँट कर तीन दिशाओं से सम्मेलन स्थल की तरफ़ बढ़ना शुरू किया। एक समूह यलो मार्च के नाम से सविनय अवज्ञा के विभिन्न रूपों का इस्तेमाल कर रहा था। दूसरा समूह पिंक-सिल्वर मार्च के रूप में नाच-गाना-नाटक-संगीत-कला आदि का प्रदर्शन करते हुए आगे बढ़ रहा था। तीसरी समूह ब्ल्यू मार्च के रूप में बख़्तर और डण्डाधारी पुलिस से पथराव के ज़रिये टकराव के लिए कमर कसे हुए था। कई प्रदर्शनकारियों ने घायल हो जाने वाले साथियों की मरहमपट्टी के लिए फ़र्स्टएड की ट्रेनिंग भी ले रखी थी। भूमण्डलीकरण विरोधी वकीलों के संगठनों ने गिरफ़्तार होने वाले प्रदर्शनकारियों को क़ानूनी मदद देने का इंतज़ाम कर रखा था। चूँकि प्रदर्शनकारियों को मीडिया पर भरोसा नहीं था, इसलिए उन्होंने अपने स्वतंत्र मीडिया सेंटर भी बना रखे थे।

इस तरह के प्रदर्शनों की शुरुआत 1988 में बर्लिन से हुई जहाँ आईएमएफ़ और विश्व बैंक की सालाना बैठक आयोजित की गयी थी। इसके बाद 1994 में मैड्रिड में इन दोनों संगठनों की पचासवीं वर्षगाँठ के मौक़े पर एक अस्थाई गठजोड़ ने प्रदर्शन आयोजित किये। उनका नारा था : '50 इयर्स इज़ इनफ़'। जिस समय स्पेन के नरेश जुआन कारलोस सम्मेलन के प्रतिनिधियों को सम्बोधित कर रहे थे, उसी समय दो ग्रीनपीस कार्यकर्ता हाल की छत से उन पर नक़ली डॉलरों की बारिश करने लगे जिन पर नारा लिखा था : 'नो डॉलर्स फ़ार ओज़ोन लेयर डिस्ट्रक्शन'। इस कार्रवाई में कई प्रदर्शनकारी गिरफ़्तार करके जेल भेजे गये। इसी तरह 18 जून, 1999 को लंदन, यूजेन, ओरेगाँव और ऐसे ही कई शहरों में भूमण्डलीकरण विरोधी प्रदर्शन आयोजित किये गये। इसे 'कार्निवाल अगेंस्ट कैपिटलिज़्म' की संज्ञा दी गयी। इस गोलबंदी को संक्षेप में जे-18 के नाम से भी जाता है। इसी वर्ष तीस नवम्बर को एन-30 नामक गोलबंदी भी हुई। इसमें प्रदर्शनकारियों ने सिएटल, वाशिंगटन में डब्ल्यूटीओ की बैठक में जाने वाले प्रतिनिधियों का रास्ता रोक दिया। इसके कारण कार्यक्रम का उद्घाटन समारोह रद्द कर देना पड़ा। ये प्रदर्शन तीन दिसम्बर तक होते रहे। इस घटनाक्रम के बाद से अब आम तौर पर किसी भी बड़े कॉरपोरेट सम्मेलन के मौक़े पर पुलिस और अन्य एजेंसियाँ भूमण्डलीकरण विरोधी प्रदर्शनकारियों से निबटने के लिए आँसू गैस, लाठियों, रबर और लकड़ी की गोलियों, पानी को तोपों, कुत्तों और घोड़ों से लैस हो कर आती हैं। आंदोलनकारियों को गिरफ़्तार किया जाता है, उन पर मुक़दमे थोपे जाते हैं और कभी-कभी तो नागरिक अधिकारियों द्वारा शहर के चारों तरफ़ दस फुट ऊँची दीवार तक खड़ी कर दी जाती है ताकि केवल सम्मेलन में भाग लेने वाले प्रतिनिधियों, मान्यता प्राप्त पत्रकारों और परिचित नागरिकों को ही भीतर जाने दिया जाए।

भूमण्डलीकरण विरोधी संघर्षों को एक स्थाई फ़ोरम देने का श्रेय विश्व सामाजिक मंच (डब्ल्यूएसएफ़) को जाता है। दावोस में होने वाले भूमण्डलीकरण समर्थक वर्ल्ड इकॉनॉनिक फ़ोरम के मुक़ाबले एक प्रति-फ़ोरम खड़ा करने के मक़सद से संकल्पित किये गये डब्ल्यूएसएफ़ के लिए

2001 में ओडेड ग्रेजयू, फ्रांसिस चीको व्हिटेकर और बर्नार्ड कैसेन ने पहलक़दमी ली। ब्राज़ीलियन वर्कर्स पार्टी और पोर्टो अलेगरो की शहर कौंसिल ने इसका समर्थन किया। पोर्टो अलेगरो में ही पहले विश्व सामाजिक मंच का सफल आयोजन हुआ। इसका नारा था 'अनदर वर्ल्ड इज़ पॉसिबिल'। इसके बाद 2002 और 2003 में फिर से पोर्टो अलेगरो में ही इसके आयोजन हुए। इराक़ पर अमेरिकी हमले के ख़िलाफ़ गोलबंदी में इसकी प्रमुख भूमिका रही। 2004 में विश्व सामाजिक मंच का मुम्बई में आयोजित हुआ ताकि एशिया और अफ्रीका की भागीदारी बढ़ायी जा सके। इसमें क़रीब 75,000 प्रतिनिधियों ने भाग लिया। 2006 में इसका आयोजन तीन शहरों (वेनेज़ुएला के काराकास, माली के बमाको और पाकिस्तान के कराची) में हुआ। 2007 में फ़ोरम नैरोबी (केन्या) में किया गया और 2011 का फ़ोरम डाकार (सेनेगल) में प्रस्तावित है।

धीरे-धीरे विश्व सामाजिक मंच एक ऐसा मिलन स्थल बनता जा रहा है जहाँ नियोलिबरल भूमण्डलीकरण के ख़िलाफ़ संघर्षरत ताक़तें जमा होती हैं, आपस में अनुभवों का आदान-प्रदान करती हैं और एक-दूसरे से सीखती हैं। 2002 से ही युरोप के पैमाने पर भी अलग से सोशल फ़ोरम (पेरिस, लंदन, एथेंस, मालमो) आयोजित किये जा रहे हैं।

देखें : अंतर्राष्ट्रीय मुद्रा कोष, ढाँचागत समायोजन कार्यक्रम, पेटेंट, ब्रेटन वुड्स प्रणाली, बौद्धिक सम्पदा अधिकार, भूमण्डलीकरण : भारतीय अर्थव्यवस्था का, भारत में पेटेंट क़ानून, भारत में बहुराष्ट्रीय निगम, भारत में शेयर संस्कृति, भूमण्डलीकरण, भूमण्डलीकरण का इतिहास-1 और 2, भूमण्डलीकरण और पूँजी बाज़ार, भूमण्डलीकरण और लोकतंत्र, भूमण्डलीकरण और राज्य, भूमण्डलीकरण और राष्ट्रीय सम्प्रभुता, भूमण्डलीकरण और वित्तीय पूँजी, भूमण्डलीकरण और वित्तीय उपकरण, भूमण्डलीकरण के आलोचक, विश्व बैंक, विश्व व्यापार संगठन।

संदर्भ

1. जॉन होलोवे (2002), *चेंज द वर्ल्ड विदआउट टेकिंग पॉवर : द मीनिंग ऑफ़ रेवोल्यूशन टु डे,* प्लूटो प्रेस, न्यूयॉर्क.
2. नोट्स फ्रॉम नोव्हेयर (2003), *वी आर एवरीव्हेयर : द इररेजिस्टिबिल राइज़ ऑफ़ ग्लोबल एंटी-कैपिटलिज़म,* वरसो बुक्स, लंदन.
3. जेफ़री एस. जूरिस (2998), *नेटवर्किंग फ़्यूचर्स : द मूवमेंट अगेंस्ट कॉरपोरेट ग्लोबलाइज़ेशन,* ड्यूक युनिवर्सिटी प्रेस, डरहम.

— अभय कुमार दुबे

भौतिकवाद

(Materialism)

इस जगत का कारण क्या है : अस्तित्व या चेतना? भौतिकवाद इस प्रश्न का उत्तर अस्तित्व यानी पदार्थ के पक्ष में देते हुए दावा करता है कि यथार्थ की रचना भौतिक वस्तुओं और उनके विभिन्न संयोगों से होती है। भौतिकवाद एक प्राचीन दर्शन है और उसकी कई क़िस्में प्रचलित हैं। हालाँकि उसके अपेक्षाकृत नरम संस्करण भौतिक के साथ-साथ मानसिक आयाम को भी दूसरे दर्जे की अहमियत देते हैं, लेकिन कुल मिला कर पदार्थ को सर्वोच्च महत्त्व देने के कारण भौतिकवाद एक तरफ़ प्राकृतिक विज्ञानों से घनिष्ठ संबंध रखता है, और दूसरी ओर किसी भी तरह की आध्यात्मिक और अलौकिक शक्ति का अस्तित्व सख़्ती से नकारता है। प्राचीन भौतिकवादी दार्शनक डेमॉक्रिटस की मान्यता थी कि इस जगत की रचना अनगनित परमाणुओं के मिलन से हुई है। ये परमाणु जब मिलते हैं तो निर्माण होता है, और अलग-अलग होने पर विनाश होता है। एम्पेडोक्लिस ने जीव-जगत की भौतिकवादी व्याख्या करते हुए उसे पृथ्वी, हवा, आग और पानी के चार तत्त्वों के मिल कर बनी रचना बताया। एपीक्यूरस के दर्शन ने भौतिकवाद को धर्म-विरोधी आयाम दिया। उन्होंने भौतिक यथार्थ पर आधारित और अंध-आस्थाओं का विरोध करने वाले नीतिशास्त्र की वकालत की। एपीक्युरस का कहना था कि चूँकि इस भौतिक जगत से परे कुछ नहीं है, इसलिए मनुष्य को अपना जीवन ज़्यादा से ज़्यादा सुखमय बनाने का प्रयास करना चाहिए। प्राचीन भारत में चार्वाकों की दार्शनिक परम्परा भी इसी से मिलते-जुलते भौतिकवाद का प्रतिपादन करती है।

मध्य-युग में ईसाई दार्शनिक सेंट ऑगस्टाइन के साथ-साथ अरस्तू के विमर्श से ईसाई चिंतन का जोड़ बैठाने वाले सेंट थॉमस एक्विना के प्रभाव ने भौतिकवाद की दावेदारियों को पीछे धकेल दिया। सत्रहवीं सदी में भौतिकवाद का उभार एक बार फिर थॉमस हॉब्स के विमर्श में हआ। हालाँकि हॉब्स 'सर्वोच्च अस्तित्व' में विश्वास करते थे, पर उनकी यह अवधारणा ईश्वर की ईसाई अवधारणा से बहुत अलग थी। उन्होंने न्यूटन और गैलीलियो की वैज्ञानिक धारणाओं के आधार पर अपने राजनीतिक सिद्धांत की भित्ति खड़ी की। हॉब्स ने देकार्त द्वारा प्रतिपादित काया और मस्तिष्क के द्वैत का खण्डन करते हुए विशुद्ध भौतिकवाद की पेशकश की।

अट्ठारहवीं और उन्नीसवीं सदी के दौरान प्राकृतिक विज्ञानों द्वारा की गयी व्याख्याओं के साथ-साथ डार्विन के

सिद्धांत की ऐतिहासिक कामयाबी ने भौतिकवाद की दावेदारियों को और पुष्ट किया। विज्ञान के बौद्धिक वर्चस्व को ख़ारिज करना किसी भी दार्शनिक प्रतिपादन के लिए उत्तरोत्तर मुश्किल होता चला गया। ह्यूम, लॉक और कांट जैसे चिंतक सीधे-सीधे भौतिकवादी दार्शनिक परम्परा के अंग नहीं थे, लेकिन उनका विमर्श भी विज्ञान-प्रदत्त कार्य-कारण संबंध के सामने भौतिकवादियों की ही तरह सिर झुकाता है। हीगेल को आधुनिक भाववाद का पितामह माना जाता है, पर उनके विमर्श में भौतिकवाद की परिष्कृत व्याख्या मिलती है। वे उसे यथार्थ की द्वंद्वात्मक समझ बनाने की प्रक्रिया के दौरान एक महत्त्वपूर्ण पक्ष के तौर पर ग्रहण करते हैं।

मार्क्स और एंगेल्स के चिंतन में ऐतिहासिक भौतिकवाद और द्वंद्वात्मक भौतिकवाद का सूत्रीकरण किया गया है। लुडविग फ़ायरबाख़ पर लिखी हुई थीसिस में मार्क्स द्वारा भौतिकवाद की सर्वश्रेष्ठ व्याख्या मिलती है। इसी प्रक्रिया में वे दर्शन के सूत्रों को मानवीय व्यवहार और आचरण के साथ जोड़ते हुए कहते हैं कि सत्य केवल सिद्धांत संबंधी ऊहापोह नहीं है, बल्कि एक व्यावहारिक प्रश्न है। उसकी खोज दार्शनिकों द्वारा तरह-तरह से की गयी इस जगत की व्याख्याओं से ही नहीं हो सकती, वह दुनिया बदलने के लिए की गयी गतिविधियों के दौरान हासिल होता है। बीसवीं सदी में लेनिन ने मार्क्स के नक़्शे-क़दम पर चलते हुए भौतिकवाद को समाजवादी प्रतिबद्धता के साथ जोड़ दिया। 1909 में प्रकाशित अपनी रचना *मैटीरियलिज़्म ऐंड एम्पीरियो-क्रिटिसज़्म* में उन्होंने भाववाद के सभी रूपों की कड़ी आलोचना करते हुए चेतना के ऊपर पदार्थ की सत्ता स्थापित करने के लिए दलीलें दीं। लेनिन के अतिरिक्त ग्योर्गी लूकाच और लुई अलथुसे ने भी मार्क्सवाद की भौतिकवादी विचार परम्परा को समृद्ध किया है।

मार्क्सवाद के गर्भ से सांस्कृतिक भौतिकवाद का भी जन्म हुआ है। सत्तर और अस्सी के दशक में कला और साहित्य के क्षेत्र को प्रभावित करने वाली इस धारणा के प्रमुख व्याख्याता रेमण्ड विलियम्स हैं। विलियम्स का कहना है कि रहस्यवाद और भाववाद का खण्डन करने के कारण भौतिकवाद रैडिकल राजनीतिक परियोजनाओं के साथ जुड़ गया है, लेकिन उसे अपने सहजात रूप में रैडिकल नहीं माना जा सकता। वह 'जड़ हो चुके भौतिक नियमों' की भींच में फँसने के ख़तरे से ग्रस्त है। विलियम्स की थियरी मानवीय अस्मिता की रचना में महज़ भौतिक उत्पादन की परिवर्तनकामी क्षमता पर ही यक़ीन करते रहने के बजाय सांस्कृतिक प्रक्रियाओं की संस्थागत शक्ति को भी महत्त्व देने के पक्ष में है।

बीसवीं सदी में सार्वभौम सत्य के वाहक के तौर पर प्राकृतिक विज्ञानों की प्रतिष्ठा बढ़ने से साथ ही भौतिकवाद की ग़ैर-मार्क्सवादी व्याख्याएँ सामने आयीं। धर्मशास्त्र और तत्त्वमीमांसा को भौतिकवाद की तरफ़ से आड़े हाथों लेने का मोर्चा प्रत्यक्षवाद की तर्कपरक शाखा ने सम्भाला। बर्ट्रेंड रसेल और विट्गेंस्टाइन के शुरुआती विमर्श पर इसकी छाप दिखाई देती है। इन लोगों ने इंद्रियानुभववाद को आधुनिक तर्कशास्त्र और गणित की रोशनी में नयी शक्ल-सूरत देने का प्रयास किया। इन विचारकों का कहना था कि किसी भी वक्तव्य के तात्पर्य को स्पष्ट करना दार्शनिक का प्रमुख सरोकार होना चाहिए। इसलिए जब तक किसी दावेदारी की इंद्रियानुभव द्वारा पुष्टि न हो जाए तब तक उसकी किसी भी तत्त्वमीमांसक व्याख्या को निरर्थक ही मानना चाहिए। विट्गेंस्टाइन चूँकि भाषा को सामाजिक और पार्थिव मानते थे इसलिए उनके कई अध्येता उन्हें भौतिकवाद के नज़दीक मानते हैं।

ग़ैर-मार्क्सवादी भौतिकवादी चिंतन की श्रेणी में ज़िग्मण्ड फ्रॉयड का विमर्श भी आता है। मानस और जगत की किसी भी तत्त्वमीमांसक व्याख्या की उपेक्षा करते हुए फ्रॉयड ने मनोविश्लेषण संबंधी कार्य-कारण की स्थापना भौतिक परिस्थितियों के तहत ही की है। आधुनिक साहित्यिक और सांस्कृतिक सिद्धांतशास्त्र का भौतिकवाद काफ़ी-कुछ मार्क्सवादी और फ्रॉयडवादी अंतर्दृष्टियों से अनुप्राणित है। इसी तरह नारीवादी आलोचना भी जेंडर-संबंधों की व्याख्या भौतिक स्थितियों की ज़मीन पर ही करना पसंद करती है। विखण्डनवाद के संस्थापक ज़ाक देरिदा भी पश्चिमी तत्त्वमीमांसा की आलोचना करते हुए अनुभवातीत चिंतन को ख़ारिज कर देते हैं, क्योंकि उसके कारण विभेद का विचार अवकरण का शिकार हो जाता है।

देखें : अस्तित्ववाद, आत्मनिष्ठता-वस्तुनिष्ठता, इयत्ता, इमैनुएल कांट, इंद्रियानुभववाद, ईसैया बर्लिन, उत्तर-आधुनिकतावाद, उत्तर-औपनिवेशिकता, उदारतावाद, कल्पित समुदाय, ग्योर्ग विल्हेल्म फ्रेड्रिख़ हीगेल, घटनाक्रियाशास्त्र और एडमण्ड हसर, चेतना, जॉन लॉक, ज़ाक लकाँ, ज्याँ-फ्रांस्वा ल्योतर, ज्याँ-पॉल सार्त्र, ज़ाक देरिदा, जॉर्ज विल्हेल्म फ्रीड्रिख़ हीगेल, तत्त्वमीमांसा और अस्तित्वमीमांसा, तात्त्विकतावाद, थियोडोर लुडविग वीज़ेनग्रंड एडोर्नो, द्वैतवाद, नवउदारतावाद, परिणामवाद, फ्रांसिस बेकन, फ्रेड्रिख़ नीत्शे-1 और 2, बुद्धिवाद, भाववाद, मनोविश्लेषण, मिशेल पॉल फ़ूको-1 और 2, यथार्थवाद, युरोपीय पुनर्जागरण, युरगन हैबरमास, युरोपीय ज्ञानोदय, रेने देकार्त, लुई अलथुसे, संत ऑगस्तीन, सोरेन आबी कीर्केगार्द, संरचनावाद और उत्तर-संरचनावाद, हरबर्ट स्पेंसर, ज्ञानमीमांसा, ज्ञान का समाजशास्त्र।

संदर्भ

1. एफ़.ए. लांगे (1974), *द हिस्ट्री ऑफ़ मैटीरियलिज़्म*, अनु. ई.सी. थॉमस, एर्नो प्रेस, न्यूयॉर्क.
2. बर्ट्रेंड रसेल (1949), *इज़ मैटीरियलिज़्म बैंकरप्ट? माइंड ऐंड मैटर इन मॉडर्न साइंस*, हैल्डमेन-जूलियस पब्लिकेशंस, जिरार्ड,

केए.
3. एलन सिनफ़ील्ड (1992), *फ़ॉल्टलाइंस : कल्चरल मैटीरियलिज़म ऐंड द पॉलिटिक्स ऑफ़ डिसिडेंट रीडिंग्ज़,* ऑक्सफ़र्ड युनिवर्सिटी प्रेस, ऑक्सफ़र्ड.
4. रेमण्ड विलियम्स (1980), *प्रॉब्लम्स ऑफ़ मैटीरियलियज़म ऐंड कल्चर : सिलेक्टिड एसेज़,* वरसो, लंदन.

— **अभय कुमार दुबे**

भ्रष्टाचार-1

परिभाषा और विमर्श

(Corruption-1)

आम तौर पर सरकारी सत्ता और संसाधनों के निजी फ़ायदे के लिए किये जाने वाले बेजा इस्तेमाल को भ्रष्टाचार की संज्ञा दी जाती है। एक दूसरी और अधिक व्यापक परिभाषा यह है कि निजी या सार्वजनिक जीवन के किसी भी स्थापित और स्वीकार्य मानक का चोरी-छिपे उल्लंघन भ्रष्टाचार है। लेकिन भ्रष्टाचार की परिभाषा इतनी सीधी, सरल और एकांगी नहीं है। सरकारी दायरा निजी जीवन, सामाजिक-सामुदायिक प्रक्रियाओं और उद्योग-व्यापार जगत के साथ घुला-मिला रहता है जिसके कारण यह परिभाषा नाकाफ़ी हो जाती है। स्थापित और स्वीकार्य समझे जाने वाले मानकों पर प्रश्न-चिह्न लगते रहते हैं। यह पूछा जाता रहता है कि क्या केवल रिश्वत लेना या अवैध कमीशन ख़ाना ही भ्रष्टाचार है, जातिगत, नस्लगत, लैंगिक और सेक्शुअल भेदभाव करना भ्रष्टाचार की श्रेणी में नहीं आता? विभिन्न मानकों और देशकाल के हिसाब से भी इसमें तब्दीलियाँ होती रहती हैं। मसलन, भारत में रक्षा सौदों में कमीशन ख़ाना अवैध है इसलिए इसे भ्रष्टाचार और राष्ट्र-विरोधी कृत्य मान कर घोटाले की संज्ञा दी जाती है। लेकिन दुनिया के कई विकसित देशों में यह एक जायज़ व्यापारिक कार्रवाई है। संस्कृतियों के बीच अंतर ने भी भ्रष्टाचार के प्रश्न को पेचीदा बनाया है। उन्नीसवीं सदी के दौरान भारत पर औपनिवेशिक शासन थोपने वाले अंग्रेज़ अपनी विक्टोरियाई नैतिकता के आईने में भारतीय यौन-व्यवहार को दुराचरण के रूप में देखते थे। जबकि बीसवीं सदी के उत्तरार्ध का भारत किसी भी युरोपवासी की निगाह में यौनिक-शुद्धतावाद का शिकार माना जा सकता है।

भ्रष्टाचार का मुद्दा एक ऐसा राजनीतिक प्रश्न है जिसके कारण कई बार न केवल सरकारें बदल जाती हैं। बल्कि यह बहुत बड़े-बड़े ऐतिहासिक परिवर्तनों का वाहक भी रहा है। रोमन कैथलिक चर्च द्वारा अनुग्रह के बदले शुल्क लेने की प्रथा को मार्टिन लूथर द्वारा भ्रष्टाचार की संज्ञा दी गयी थी। इसके ख़िलाफ़ किये गये धार्मिक संघर्ष से ईसाई धर्म-सुधार निकले। परिणामस्वरूप प्रोटेस्टेंट मत का जन्म हुआ। इस ऐतिहासिक परिवर्तन से सेकुलरवाद के सूत्रीकरण का आधार तैयार हुआ।

समाज-वैज्ञानिक विमर्श में भ्रष्टाचार से संबंधित समझ के बारे में कोई एकता नहीं है। पूँजीवाद विरोधी नज़रिया रखने वाले विद्वानों की मान्यता है कि बाज़ार आधारित व्यवस्थाएँ 'ग्रीड इज़ गुड' के उसूल पर चलती हैं, इसलिए उनके तहत भ्रष्टाचार में बढ़ोतरी होनी लाज़मी है। दूसरी तरफ़ खुले समाज की वकालत करने वाले और मार्क्सवाद विरोधी बुद्धिजीवी सर्वहारा की तानाशाही वाली व्यवस्थाओं में कम्युनिस्ट पार्टी के अधिकारियों द्वारा बड़े पैमाने पर राज्य के संसाधनों के दुरुपयोग और आम जनता के साधारण जीवन की क़ीमत पर ख़ुद के लिए आरामतलब ज़िंदगी की गारंटी करने की तरफ़ इशारा करते हैं।

भ्रष्टाचार की दूसरी समझ राज्य की संस्था द्वारा लोगों की आर्थिक गतिविधियों में हस्तक्षेप की मात्रा और दायरे पर निर्भर करती है। बहुत अधिक टैक्स वसूलने वाले निज़ाम के तहत कर-चोरी को सामाजिक जीवन की एक मजबूरी की तरह लिया जाता है। इससे एक सिद्धांत यह निकलता है कि जितने कम क़ानून और नियंत्रण होंगे, भ्रष्टाचार की ज़रूरत उतनी ही कम होगी। इस दृष्टिकोण के पक्ष पूर्व सोवियत संघ और चीन समते समाजवादी देशों का उदाहरण दिया जाता है जहाँ राज्य की संस्था के सर्वव्यापी होने के बावजूद बहुत बड़ी मात्रा में भ्रष्टाचार की मौजूदगी रहती है। 'ज़्यादा नियंत्रण-ज़्यादा भ्रष्टाचार' के समीकरण को सही ठहराने के लिए तीस के दशक के अमेरिका में की गयी शराब-बंदी का उदाहरण भी दिया जाता है जिसके कारण संगठित और आर्थिक भ्रष्टाचार में अभूतपूर्व उछाल आ गया था।

साठ और सत्तर के दशक में कुछ विद्वानों ने अविकिसित देशों के आर्थिक विकास के लिए एक सीमा तक भ्रष्टाचार और काले धन की मौजूदगी को उचित क़रार दिया था। अर्नोल्ड जे. हीदनहाइमर जैसे सिद्धांतकारों का कहना था कि परम्पराबद्ध और सामाजिक रूप से स्थिर समाजों को भ्रष्टाचार की समस्या का कम ही सामना करना पड़ता है। लेकिन तेज़ रफ़्तार से होने वाले उद्योगीकरण और आबादी की आवाज़ाही के कारण समाज स्थापित मानकों और मूल्यों को छोड़ते चले जाते हैं। परिणामस्वरूप बड़े पैमाने पर भ्रष्टाचार की परिघटना पैदा होती है। सत्तर के दशक में हीदनहाइमर की यह सिद्धांत ख़ासा प्रचलित था। भ्रष्टाचार विरोधी नीतियों और कार्यक्रमों की वकालत करने के बजाय हीदनहाइमर ने निष्कर्ष निकाला था कि जैसे-जैसे समाज में

समृद्धि बढ़ती जाएगी, मध्यवर्ग की प्रतिष्ठा में वृद्धि होगी और शहरी सभ्यता व जीवन-शैली का विकास होगा, इस समस्या पर अपने आप क़ाबू होता चला जाएगा। लेकिन सत्तर के दशक में ही युरोप और अमेरिका में बड़े-बड़े राजनीतिक और आर्थिक घोटालों का पर्दाफ़ाश हुआ। इनमें अमेरिका का वाटरगेट स्केंडल और ब्रिटेन का पौलसन एफ़ेयर प्रमुख था। इन घोटालों ने मध्यवर्गीय नागरिक गुणों के विकास में यक़ीन रखने वाले हीदनहाइमर के इस सिद्धांत के अतिआशावाद की हवा निकाल दी।

साठ के दशक के दौरान ही कुछ अन्य विद्वानों ने भी हीदनहाइमर की तर्ज़ पर तर्क दिया था कि भ्रष्टाचार की समस्या की नैतिक व्याख्याएँ करने से कुछ हासिल होने वाला नहीं है। इनमें सेमुअल हंटिंग्टन प्रमुख थे। इन समाज-वैज्ञानिकों की मान्यता थी कि भ्रष्टाचार हर परिस्थिति में नुक़सानदेह नहीं होता। विकासशील देशों में वह मशीन में तेल की भूमिका निभाता है और लोगों के हाथ में ख़र्च करने लायक पैसा आने से उपभोक्ता क्रांति को गति मिलती है। लेकिन अफ़्रीका में भ्रष्टाचार के ऊपर विश्व बैंक द्वारा 1969 में जारी रपट ने इस धारणा को धक्का पहुँचाया। इस रपट के बाद भ्रष्टाचार को एक अनिवार्य बुराई और आर्थिक विकास में बाधक के तौर पर देखा जाने लगा। विश्व बैंक भ्रष्टाचार के ख़िलाफ़ मुहिम चलाने में जुट गया। इस विमर्श का एक परिणाम यह भी निकला कि समाज-वैज्ञानिक अपेक्षाकृत कम विकसित देशों में भ्रष्टाचार की समस्या के प्रति ज़्यादा दिलचस्पी दिखाने लगे। विकसित देशों में भ्रष्टाचार की समस्या काफ़ी-कुछ नज़रअंदाज़ की जाने लगी।

यह दृष्टिकोण भूमण्डलीकरण के दौर में और प्रबल हुआ। उधार देने वाली अंतर्राष्ट्रीय वित्तीय संस्थाओं, उन पर हावी विकसित देशों और बड़े-बड़े कॉरपोरेशनों ने यह गारंटी करने की कोशिश की कि उनके द्वारा दी जाने वाली मदद का सही-सही इस्तेमाल हो। इसका परिणाम 1993 में ट्रांसपेरेंसी इंटरनैशनल की स्थापना में निकला जिसमें विश्व बैंक के कई पूर्व अधिकारी सक्रिय थे। इसके बाद सर्वेक्षण और आँकड़ों के ज़रिये भ्रष्टाचार का तुलनात्मक अध्ययन शुरू हो गया। लेकिन इन प्रयासों के परिणाम किसी भी तरह से संतोषजनक नहीं माने जा सकते। 2007 में डेनियल ट्रीज़मैन ने 'व्हाट हैव वी लर्न्ड अबाउट द काज़िज़ ऑफ़ करप्शन फ्रॉम टेन इयर्स ऑफ़ क्रॉस नैशनल इम्पिरिकल रिसर्च?' लिख कर नतीजा निकला है कि परिपक्व उदारतावादी लोकतंत्र और बाज़ारोन्मुख समाज अपेक्षाकृत कम भ्रष्ट हैं। उनके उलट तेल निर्यात करने वाले देश, अधिक नियंत्रणकारी क़ानून बनाने वाले और मुद्रास्फीति को क़ाबू में न करने वाले देश कहीं अधिक भ्रष्ट हैं।

ज़ाहिर है कि ये निष्कर्ष किसी भी कोण से नये नहीं हैं। हाल ही में जिन देशों में आर्थिक घोटालों का पर्दाफ़ाश हुआ है उनमें छोटे-बड़े और विकसित-अविकसित यानी हर तरह के देश (चीन, जापान, स्पेन, मैक्सिको, भारत, चीन, ब्रिटेन, ब्राज़ील, सूरीनाम, दक्षिण कोरिया, वेनेज़ुएला, पाकिस्तान, एंटीगा, बरमूडा, क्रोएशिया, इक्वेडोर, चेक गणराज्य, वग़ैरह) हैं। भ्रष्टाचार को सुविधाजनक और हानिकारक मानने के इन परस्पर विरोधी नज़रियों से परे हट कर अगर देखा जाए तो अभी तक आर्थिक वृद्धि के साथ उसके किसी सीधे संबंध का सूत्रीकरण नहीं हो पाया है। उदाहरणार्थ, एशिया के दो देशों, दक्षिण कोरिया और फ़िलीपींस, में भ्रष्टाचार के सूचकांक बहुत ऊँचे हैं। लेकिन, कोरिया में आर्थिक वृद्धि की दर ख़ासी है, जबकि फ़िलीपींस में नीची।

भ्रष्टाचार की समस्या से निबटने के लिए आम तौर पर जिन उपायों की तजवीज़ की जाती है, उन्हें इस तरह देखा जा सकता है : भ्रष्टाचार विरोधी कड़े क़ानून बनाने और संस्थागत उपाय (जैसे, भारत में लोकपाल और लोकायुक्त बनाने के लिए चलाई जाने वाली मुहिम, अमेरिका में फ़ॉरेन करप्ट प्रेक्टिसिस एक्ट बना कर अंतर्राष्ट्रीय स्तर पर रिश्वतखोरी को ग़ैरक़ानूनी क़रार देना, हांगकांग में इंडिपेंडेंट कमीशन अगेंस्ट करप्शन), अंतर्राष्ट्रीय स्तर पर भ्रष्टाचार विरोधी नियम-क़ानून और संस्थाओं का निर्माण, ट्रांसपेरेंसी इंटरनैशनल जैसी ग़ैर-सरकारी संस्थाओं द्वारा चलाई जाने वाली मुहिमें, एकाउंटिंग विधियों में सुधार, सरकारी ठेके देने आबंटित करने की प्रक्रियाओं को उत्तरोत्तर पारदर्शी बनाना, संगठित अपराध का मुक़ाबला करने के लिए राष्ट्रीय और अंतर्राष्ट्रीय स्तर पर बेहतर प्रयास, अधिकारियों को बेहतर वेतन देना ताकि उन्हें भ्रष्टाचार करने की ज़रूरत ही महसूस हो, नियंत्रणकारी क़ानूनों को कम से कम करते चले जाना और बाज़ार को हर सम्भव तरीक़े से खोलना, क़ानून लागू करने वाले और प्रवर्तनकारी अधिकारियों को बेहतर प्रशिक्षण देना, अधिकारियों के नैतिक और नीतिगत संस्कारों को स्पर्श देना, मानहानि और अन्य प्रेस संबंधी क़ानूनों को सुधारना ताकि पत्रकार भ्रष्टाचार का ज़्यादा से ज़्यादा पर्दाफ़ाश कर सकें, भ्रष्टाचार के ख़िलाफ़ उचित क़दम न उठा पाने वाली सरकारों को आर्थिक सहायता रोक देने की धमकी देना और काले धन के अंतर्राष्ट्रीय लेन-देन और हवाला इत्यादि पर रोक लगाने के उपाय। इनके अलावा राजनीतिक दलों के संचालन और चुनाव लड़ने के लिए वैध कोष और अनुदान की व्यवस्था करने को भी एक महत्त्वपूर्ण उपाय की तरह चिह्नित किया गया है ताकि अवैध स्रोतों से धन उगाहने की प्रवृत्ति को हतोत्साहित किया जा सके।

देखें : भ्रष्टाचार का समाजशास्त्रीय परिप्रेक्ष्य-1 और 2.

संदर्भ

1. प्रणव वर्धन (1997), 'करप्शन ऐंड डिवेलपमेंट : अ रिव्यू ऑफ़ इशूज़', *जरनल ऑफ़ इक़ॉनॉमिक लिटरेचर 35.*
2. एम. रोबिंसन (सम्पा.) (1998), *करप्शन ऐंड डिवेलपमेंट,* फ्रैंक कैस, एबिंग्डन, यूके.
3. ए.जे. हीदनहाइमर (सम्पा.) (1970), *पॉलिटिकल करप्शन : रीडिंग्ज़ इन कम्परेटिव एनालैसिस,* ट्रांज़ेक्शन, न्यू ब्रंसविक, एनजे.
4. माइकल जांस्टन (2005), *सिड्रॉम्स ऑफ़ करप्शन : वेल्थ, पॉवर, ऐंड डेमोक्रैसी,* केम्ब्रिज युनिवर्सिटी प्रेस, केम्ब्रिज.
5. डैनियल ट्रीज़मान (2007), 'व्हाट हैव वी लर्न्ड अबाउट द काज़िज़ ऑफ़ करप्शन फ्रॉम टेन इयर्स ऑफ़ क्रॉस-नैशनल इम्पिरिकल रिसर्च ?', *एनुअल रिव्यू ऑफ़ पॉलिटिकल साइंस 10.*

— अभय कुमार दुबे

भ्रष्टाचार-2

राजनीतिक और प्रशासनिक

(Corruption-2)

भ्रष्टाचार की कई क़िस्में और डिग्रियाँ हो सकती हैं, लेकिन समझा जाता है कि राजनीतिक और प्रशासनिक भ्रष्टाचार समाज और व्यवस्था को सबसे ज़्यादा प्रभावित करता है। अगर उसे संयमित न किया जाए तो भ्रष्टाचार मौजूदा और आने वाली पीढ़ियों के मानस का अंग बन सकता है। मान लिया जाता है कि भ्रष्टाचार ऊपर से नीचे तक सभी को, किसी को कम तो किसी को ज़्यादा, लाभ पहुँचा रहा है। राजनीतिक और प्रशासनिक भ्रष्टाचार एक-दूसरे से अलग न हो कर परस्पर गठजोड़ से पनपते हैं। 2004 की ग्लोबल करप्शन रिपोर्ट के मुताबिक़ इण्डोनेशिया के राष्ट्रपति सुहार्तो, फ़िलीपींस के राष्ट्रपति मार्कोस, ज़ैरे के राष्ट्रपति मोबुतो सेकू, नाइजीरिया के राष्ट्रपति सानी अबाका, सरबिया के राष्ट्रपति मिलोसेविच, हैती के राष्ट्रपति डुवेलियर और पेरू के राष्ट्रपति फ़ुजीमोरी ने सैकड़ों से लेकर अरबों डॉलर की रक़म का भ्रष्टाचार किया।

ये भ्रष्ट नेता बिना नौकरशाही की मदद के सरकारी धन की यह लूट नहीं कर सकते थे। ख़ास बात यह है कि इस भ्रष्टाचार में निजी क्षेत्र और कॉरपोरेट पूँजी की भूमिका भी होती है। बाज़ार की प्रक्रियाओं और शीर्ष राजनीतिक-प्रशासनिक मुक़ामों पर लिए गये निर्णयों के बीच साठगाँठ के बिना यह भ्रष्टाचार इतना बड़ा रूप नहीं ले सकता। आज़ादी के बाद भारत में भी राजनीतिक और प्रशासनिक भ्रष्टाचार की यह परिघटना तेज़ी से पनपी है। एक तरफ़ शक किया जाता है कि बड़े-बड़े राजनेताओं का अवैध धन स्विस बैंकों के ख़ुफ़िया ख़ातों में जमा है, और दूसरी तरफ़ तीसरी श्रेणी के क्लर्कों से लेकर आईएएस अफ़सरों के घरों पर पड़ने वाले छापों से करोड़ों-करोड़ों की सम्पत्ति बरामद हुई है।

राजनीतिक और प्रशासनिक भ्रष्टाचार को ठीक से समझने के लिए अध्येताओं ने उसे दो श्रेणियों में बाँटा है। सरकारी पद पर रहते हुए उसका दुरुपयोग करने के ज़रिये किया गया भ्रष्टाचार और राजनीतिक या प्रशासनिक हैसियत को बनाये रखने के लिए किया जाने वाला भ्रष्टाचार। पहली श्रेणी में निजी क्षेत्र को दिये गये ठेकों और लाइसेंसों के बदले लिया गया कमीशन, हथियारों की ख़रीद-बिक्री में लिया गया कमीशन, फ़र्ज़ीवाड़े और अन्य आर्थिक अपराधों द्वारा जमा की गयी रक़म, टैक्स-चोरी में मदद और प्रोत्साहन से हासिल की गयी रक़म, राजनीतिक रुतबे का इस्तेमाल करके धन की उगाही, सरकारी प्रभाव का इस्तेमाल करके किसी कम्पनी को लाभ पहुँचाने और उसके बदले रक़म वसूलने और फ़ायदे वाली नियुक्तियों के बदले वरिष्ठ नौकरशाहों और नेताओं द्वारा वसूले जाने वाले अवैध धन जैसी गतिविधियाँ पहली श्रेणी में आती हैं। दूसरी श्रेणी में चुनाव लड़ने के लिए पार्टी-फ़ण्ड के नाम पर उगाही जाने वाली रक़में, वोटरों को ख़रीदने की कार्रवाई, बहुमत प्राप्त करने के लिए विधायकों और सांसदों को ख़रीदने में ख़र्च किया जाने वाला धन, संसद-अदालतों, सरकारी संस्थाओ, नागर समाज की संस्थाओं और मीडिया से अपने पक्ष में फ़ैसले लेने या उनका समर्थन प्राप्त करने के लिए ख़र्च किये जाने वाले संसाधन और सरकारी संसाधनों के आबंटन में किया जाने वाला पक्षपात आता है।

राजनीतिक-प्रशासनिक भ्रष्टाचार को समझने के लिए ज़रूरी है कि इन दोनों श्रेणियों के अलावा एक और विभेदीकरण किया जाए। यह है शीर्ष पदों पर होने वाला बड़ा भ्रष्टाचार और निचले मुक़ामों पर होने वाला छोटा-मोटा भ्रष्टाचार। सूज़न रोज़ एकरमैन ने अपनी रचना *करप्शन ऐंड गवर्नमेंट : कॉज़िज़, कांसिक्वेसिंज़ ऐंड रिफ़ॉर्म* में शीर्ष पदों पर होने वाले भ्रष्टाचार को 'क्लेप्टोक्रैसी' की संज्ञा दी गयी है। किसी भी तंत्र के शीर्ष पर बैठा कोई बड़ा राजनेता या कोई बड़ा नौकरशाह एक निजी इजारेदार पूँजीपति की तरह आचरण कर सकता है। हालाँकि एकरमैन ने भारत के उदाहरण पर न के बराबर ही ग़ौर किया है, पर भारत में पब्लिक सेक्टर संस्थाओं के मुखिया अफ़सरों को 'सरकारी मुग़लों' की संज्ञा दी जा चुकी है। न्यायाधीशों द्वारा किये जाने वाले न्यायिक भ्रष्टाचार की परिघटना भारत में अभी नयी है लेकिन उसका असर दिखाई देने लगा है। दिल्ली में हुए राष्ट्रमण्डलीय खेलों के आयोजन में हुए भीषण भ्रष्टाचार के पीछे भी नेताओं और अफ़सरों का शीर्ष खेल ही था। टू जी स्पेक्ट्रम के आबंटन में हुए भ्रष्टाचार को भी क्लेप्टोक्रैसी के

ताज़े उदाहरण के तौर पर लिया जा सकता है। निचले स्तर पर होने वाला भ्रष्टाचार 'स्पीड मनी' या 'सुविधा शुल्क' के तौर पर जाना जाता है। थाना स्तर के पुलिस अधिकारी, बिक्री कर या आय कर अधिकारी, सीमा और उत्पाद-शुल्क अधिकारी और विभिन्न क़िस्म के इंस्पैक्टर इस तरह के भ्रष्टाचार से लाभांवित होते हैं। इसी तरह ज़िला स्तर पर दिये जाने वाले ठेकों के आबंटन में पूरे ज़िला प्रशासन में कमीशन की रक़म का बँटना एक आम बात है।

यहाँ इन दोनों तरह के भ्रष्टाचारों के मूल्यांकन संबंधी विवाद का ज़िक्र करना ज़रूरी है। सार्वजनिक जीवन में अक्सर यह बहस होती रहती है कि क्लेप्टोक्रैसी ज़्यादा बड़ी समस्या है, या फिर सुविधा शुल्क? समाज शीर्ष पदों पर होने वाले भ्रष्टाचार से अधिक प्रभावित होता है, या निचले स्तर पर होने वाले अपेक्षाकृत छोटे भ्रष्टाचार से? इस बहस के पीछे एक विमर्श है जो क्लेप्टोक्रैसी से जुड़ा हुआ है। सत्तर और अस्सी के दशकों में देखा यह गया था कि कई बार शीर्ष पर बैठे हुए क्लेप्टोक्रैटिक शासक या अफ़सर निचले स्तर पर होने वाले भ्रष्टाचार को नापसंद करते हैं। उन्हें लगता था कि इस छुटभैये भ्रष्टाचार से व्यवस्था बदनाम होती है, और अवैध लाभ उठाने की ख़ुद उनकी क्षमता घट जाती है। इस दृष्टिकोण में निचले स्तर का भ्रष्टाचार प्रशासनिक अक्षमता का द्योतक था।

यह सही है कि छोटे स्तर का भ्रष्टाचार रिश्वतखोरी को पूरे समाज में विकेंद्रित कर देता है। एकरमैन ने भी अपनी रचना में इस पहलू की शिनाख़्त की है। भारत में इसके सामाजिक प्रभाव का एक उदाहरण विवाह के बाज़ार में लाभ के पदों पर बैठे वरों की ऊँची दहेज-दरों के रूप में देखा जा सकता है। लेकिन दूसरी तरफ़ भारतीय उदाहरण ही यह बताता है कि भ्रष्टाचार का यह रूप न केवल शीर्ष पदों पर होने वाली कमीशनखोरी, दलाली और उगाही से जुड़ता है, बल्कि दोनों एक-दूसरे को पानी देते हैं। पिछले बीस वर्षों से भारतीय लोकतंत्र में राज्य सरकारों के स्तर पर सत्तारूढ़ निज़ाम द्वारा अगला चुनाव लड़ने के लिए नौकरशाही के ज़रिये नियोजित उगाही करने की प्रौद्योगिकी लगभग स्थापित हो चुकी है। इस प्रक्रिया ने क्लेप्टोक्रैसी और सुविधा शुल्क के बीच का फ़र्क़ काफ़ी हद तक कम कर दिया है।

भारत जैसे संसदीय लोकतंत्र में चुनाव लड़ने और उसमें जीतने-हारने की प्रक्रिया अवैध धन के इस्तेमाल और उसके परिणामस्वरूप भ्रष्टाचार का प्रमुख स्रोत बनी हुई है। यह समस्या अर्थव्यवस्था पर सरकारी नियंत्रण के दिनों में भी थी, लेकिन बाज़ारोन्मुख व्यवस्था के ज़माने में इसने पहले से कहीं ज़्यादा भीषण रूप ग्रहण कर लिया है। एक तरफ़ चुनावों की संख्या और बारम्बारता बढ़ रही है, दूसरी तरफ़ राजनेताओं को चुनाव लड़ने और पार्टियाँ चलाने के लिए धन की ज़रूरत। नौकरशाही का इस्तेमाल करके धन उगाहने के साथ-साथ राजनीतिक दल निजी स्रोतों से बड़े पैमाने पर ख़ुफ़िया अनुदान प्राप्त करते हैं। यह काला धन होता है। बदले में नेतागण उन्हीं आर्थिक हितों की सेवा करने का वचन देते हैं। निजी पूँजी न केवल उन नेताओं और राजनीतिक पार्टियों की आर्थिक मदद करती है जिनके सत्ता में आने की सम्भावना है, बल्कि वह चालाकी से हाशिये पर पड़ी राजनीतिक ताक़तों को भी पटाये रखना चाहती है ताकि मौक़ा आने पर उनका इस्तेमाल कर सके। राजनीतिक भ्रष्टाचार के इस पहलू का एक इससे भी ज़्यादा अँधेरा पक्ष है। एक तरफ़ संगठित अपराध जगत द्वारा चुनाव प्रक्रिया में धन का निवेश, और दूसरी तरफ़ स्वयं माफ़िया सरदारों द्वारा पार्टियों के उम्मीदवार बन कर चुनाव जीतने की कोशिश करना। इस पहलू को राजनीति के अपराधीकरण के रूप में भी देखा जाता है।

चुनाव प्रणालियों का भ्रष्टाचार की समस्या के आईने में तुलनात्मक अध्ययन भी किया गया है। कई विद्वानों ने एक अध्ययन में दिखाया है कि आनुपातिक प्रतिनिधित्व (जैसे अमेरिकी चुनावी प्रणाली) फ़र्स्ट-पास्ट-दि-पोस्ट (जैसे भारतीय चुनावी प्रणाली) के मुक़ाबले राजनीतिक भ्रष्टाचार के अंदेशों से ज़्यादा ग्रस्त होती है। इसके पीछे तर्क दिया गया है कि आनुपातिक प्रतिनिधित्व के माध्यम से सांसद या विधायक चुनने वाली प्रणाली बहुत अधिक ताक़तवर राजनीतिक दलों को प्रोत्साहन देती है। इन पार्टियों के नेता राष्ट्रपति के साथ, जिसके पास इस तरह की प्रणालियों में काफ़ी कार्यकारी अधिकार होते हैं, भ्रष्ट क़िस्म की सौदेबाज़ियाँ कर सकते हैं।

इस विमर्श का दूसरा पक्ष यह मान कर चलता है कि अगर वोटरों को नेताओं के भ्रष्टाचार का पता लग गया तो वे अगले चुनाव में उन्हें सज़ा देंगे और ईमानदार प्रतिनिधियों को चुनेंगे। लेकिन, ऐसा हमेशा नहीं होता। अक्सर वोटरों के सामने एक तरफ़ सत्तारूढ़ भ्रष्ट और दूसरी तरफ़ विपक्ष में बैठे संदिग्ध चरित्र के नेता के बीच चुनाव करने का विकल्प होता है। एक अध्ययन में तथ्यगत विश्लेषण करके यह भी दिखाया गया है कि फ़ायदे के पदों से होने वाली कमायी, विपक्ष की कमज़ोरी और पूँजी की शक्तियों के बीच गठजोड़ के कारण सार्वजनिक जीवन में एक ऐसा ढाँचा बनता है जिससे राजनीतिक क्षेत्र को भ्रष्टाचार से मुक्त करना तक़रीबन असम्भव लगने लगता है।

बीसवीं सदी के आख़िरी दशक में राजनीतिक-प्रशासनिक भ्रष्टाचार को नापने के भी कुछ संस्थागत उपाय हुए हैं। लेकिन, किसी देश में सार्वजनिक जीवन की पारदर्शिता का सूचकांक क्या होना चाहिए— यह विवाद का विषय बना हुआ है। ट्रांसपेरेंसी इंटरनैशनल करप्शन परसेप्शंस इनडेक्स, ब्राइब पेयर्स इनडेक्स और ग्लोबल करप्शन बैरोमीटर तैयार किया है। दूसरी तरफ़ एकाउंटेंसी फ़र्म प्राइस वाटरहाउस कूपर्स ने ओपेसिटी इनडेक्स की रचना की है।

सेंटर फ़ॉर पब्लिक इंटेग्रिटी ने इंटेग्रिटी इनडेक्स तैयार की है। समझा जाता है कि इस समय कोई बीस सूचकांक एक-दूसरे के साथ प्रतियोगिता कर रहे हैं। सबकी अलग-अलग रपटें जारी होती हैं। 2009 में करप्शन परसेप्शन इनडेक्स ने 180 देशों की पारदर्शिता का अध्ययन करके न्यूज़ीलैण्ड को सबसे कम भ्रष्ट और सोमालिया को सबसे अधिक भ्रष्ट देश क़रार दिया था।

देखें : भ्रष्टाचार का समाजशास्त्रीय परिप्रेक्ष्य-1 और 2.

संदर्भ

1. सूज़न रोज़-एकरमैन (1999), *करप्शन ऐंड गवर्नमेंट : कॉजिज़, कांसिक्वेंसिज़, ऐंड रिफ़ॉर्म,* केम्ब्रिज युनिवर्सिटी प्रेस, केम्ब्रिज.
2. जोंग-सुंग यू और संजीव खग्राम (2005), 'ए कम्परेटिव स्टडी ऑफ़ इनयीक्वलिटी ऐंड करप्शन', *अमेरिकन सोसियोलॅजीकल रिव्यू 70.*
3. रोज़र मेयरसन (1993), 'इफ़ेक्टिवनेस ऑफ़ इलेक्ट्रोरल सिस्टम फ़ॉर रिड्यूसिंग गवर्नमेंट करप्शन : अ गेम-थियरिटिक एनालिसिस', *गेम्ज़ ऐंड इकॉनॉमिक बिहेवियर 5,*.
4. जेम्स स्कॉट (1972), *कम्परेटिव पॉलिटिकल करप्शन,* प्रेंटिस-हाल, एंगिलवुड क्लिफ़्स, एनज.
5. आर, क्लिटगार्ड (1988), *कंट्रोलिंग करप्शन,* युनिवर्सिटी ऑफ़ कैलिफ़ोर्निया प्रेस, बर्कले.

— अभय कुमार दुबे

भ्रष्टाचार का समाजशास्त्रीय परिप्रेक्ष्य-1

(Corruption: Sociological Perspective-1)

अंग्रेज़ी में भ्रष्टाचार के लिए करप्शन शब्द का प्रयोग होता है जो लैटिन भाषा के शब्द करप्टियो की व्युत्पत्ति है और जिसका अभिप्राय नैतिकता का ह्रास, सड़ना, सामान्य स्तर से नीचे गिरना, स्थिति का बिगड़ना आदि है। ऑक्सफोर्ड डिक्शनरी में इसे सार्वजनिक क्षेत्र में विश्वसनीयता का लोप, रिश्वतख़ोरी और पक्षपात कहा गया है। यह अस्वीकरणीय व्यवहार हैं। लेकिन, भ्रष्टाचार और उसे पानी देने वाली जटिल प्रक्रिया आम तौर से समाजशास्त्रीय चिंतन के केंद्र में नहीं रही है। दरअसल भ्रष्टाचार पर मिलने वाला अधिकतर लेखन उसके उजागर होने पर रचा गया है, और उसके प्रभावों की ओर इंगित करता है। संदेश यही मिलता है कि यह अवांछित है, और इसका निराकरण होना चाहिए। लेकिन समाज-विज्ञान में ऐसे साहित्य का अभाव है जो इसके उदय और प्रसार की प्रक्रिया का वस्तुपरक अध्ययन करता हो। सरकारी आँकड़े और निरीक्षकों की रपटें इस कमी को पूरा नहीं कर सकतीं। समाज-विज्ञान को इसके अध्ययन के लिए नयी तकनीक का विकास करना होगा। सर्वेक्षण की पद्धति इसके लिए उपयुक्त नहीं है। इसके पर्यवेक्षण में कई बाधाएँ हैं। स्थिति यह है कि भ्रष्टाचार पर अनुसंधान करने के सर्वांग परिप्रेक्ष्य का भी अभाव है।

भ्रष्टाचार प्रत्येक समाज में व्याप्त है— चाहे वह लघु समुदाय हो या वृहद समाज; पारम्परिक हो या अधुनातन, पाश्चात्य हो या तीसरे विश्व का सदस्य। किंतु जिन कृत्यों को भ्रष्टाचार की संज्ञा दी जाती है वे सभी समाजों में एक से नहीं होते, क्योंकि भ्रष्ट व्यवहार को समाज की संस्कृति द्वारा परिभाषित आदर्श व्यवहार का विलोम माना जाता है। सैद्धांतिक दृष्टि से ऊँचे धरातल पर भ्रष्टाचार को आदर्श और अपेक्षित व्यवहार के विपरीत माना जा सकता है। ऐसा व्यवहार क्यों होता है? कैसे पनपता है? इसका वर्गीकरण किस प्रकार किया जाए? ये प्रश्न बहुत कुछ अनुत्तरित ही हैं।

समाजशास्त्रीय परिप्रेक्ष्य में भ्रष्टाचार को समझने के लिए यह मान कर चलना होगा कि भ्रष्टाचार एक अपरिहार्य प्रक्रिया है जो सार्वभौम है। किसी एक प्रकार के आचरण को, या किसी एक व्यक्ति या समूह में प्रचलित आचरण को, बदला जा सकता है, पर उसका यह अर्थ कदापि नहीं कि किसी दूसरे क्षेत्र में, या अन्य व्यक्तियों या समूह में, अथवा अन्य स्वरूप में उसकी आवृत्ति नहीं हो सकती। लेकिन, इस मान्यता का यह अर्थ भी नहीं लगाया जाय कि समाज-विज्ञान भ्रष्टाचार का पक्षधर है। भ्रष्टाचार का वैज्ञानिक परिप्रेक्ष्य तैयार करने में जो कठिनाइयाँ रही हैं, वे इस प्रकार हैं : पहला, यह कई दृष्टियों से गुप्त व्यवहार है और इसकी प्रत्यक्ष गवेषणा नहीं की जा सकती। दूसरा, भ्रष्टाचार उन क्षेत्रों में पनपता है जो सामाजिक निगरानी के दायरे से बाहर होते हैं। तीसरा, भ्रष्टाचार से पीड़ित व्यक्ति उसे उजागर करने से सकुचाते हैं, जानबूझ कर उसे झेलते हैं और उसका दुराव करते हैं। अंग्रेज़ी में इस तीसरी समस्या को 'विलिंग सस्पेंशन ऑफ़ ग्रीफ़' अर्थात् डब्ल्यूएसजी कहा जा सकता है। जैसे नाटक में डब्ल्यूएसडी होता है— 'विलिंग सस्पेंशन ऑफ़ डिसबिलीफ़', वैसे ही डब्ल्यूएसजी है। नाटक में जो रंगमंच पर घटित होता है वह हम जानते हैं कि यथार्थ नहीं है फिर भी हम उस पर विश्वास कर लेते हैं, इसी प्रकार भ्रष्टाचार की पीड़ा से ग्रसित होने पर भी हम उसे सार्वजनिक नहीं होने देते। हम रिश्वत देते हैं, पर रिश्वत का भंडाफोड़ नहीं करते। और रिश्वत का धन कई तरीक़ों से श्याम से श्वेत हो जाता है। चौथा, भ्रष्टाचार से आम आदमी का पीड़ित होना और समस्त समाज को विशाल स्तर पर हानि होना दोनों का बोध

होता है। लेकिन आम आदमी डब्ल्यूएसजी के कारण उस पर पर्दा डाल देता है। व्यापक स्तर पर भ्रष्टाचार करने वाले समाज के क़ायदे-क़ानून पर पर्दा डाल कर उसे आम आदमी के लिए अ-दर्शनीय बना देते हैं।

भ्रष्टाचार को सामाजिक विपथगमन का विस्तारित स्वरूप माना जा सकता है। सामाजिक विपथगमन सामान्यकों (जो लक्ष्य और उनकी प्राप्ति के माध्यम नियत करते हैं) और वास्तविक व्यवहार के बीच अंतर्विरोध का द्योतक है। इस अंतर्विरोध से ऐसे रोगों का जन्म हो सकता है जिससे पूरी समाज-व्यवस्था ही हिल जाए। विपथगमन का यह दूसरा प्रकार ही भ्रष्टाचार है जो सामाजिक लक्ष्यों और व्यक्तिगत लक्ष्यों के बीच टकराव का सूचक है। सार्वजनिक और राजकीय क्षेत्र में भ्रष्ट पदाधिकारियों को कौटिल्य ने 'मत्स्य' कहा है। 'जैसे गहरे पानी में रहने वाली मछली पानी पीती है या नहीं पीती, इसका पता लगाना कठिन है, वैसे ही सरकारी कर्मचारी ने पैसे चुराये या नहीं, यह नहीं कहा जा सकता।'

कौटिल्य ने इस कठिनाई को ऐसे भी व्यक्त किया 'जैसे ज़बान पर लगे शहद या ज़हर का स्वाद लेना असम्भव है वैसा ही सरकारी नौकर का राजकोष से थोड़ा सा धन न चुराना भी है।' आज के युग में जब राजा-महाराजा न रहे, तो अब न केवल ऊँचे सरकारी अधिकारी वरन् नेता और मंत्रीगण भी इसका आस्वाद लेने से नहीं चूकते। पाँच वर्ष की अवधि के लिए चयनित राजनेताओं के लिए तो यह ऐसा अवसर है कि जितना हो सके लूट लो, फिर पता नहीं चुने जाएं या नहीं। बढ़ते हुए भ्रष्टाचार से न केवल लालफ़ीता-शाही से त्रस्त जनता अपना आक्रोश व्यक्त करने लगी है, बल्कि परोक्ष रूप से सरकारी धन लूटने वाले बड़े अफ़सरों और नेताओं पर भी उँगली उठाने लगी है।

भ्रष्टाचार के दुष्परिणामों की गिनती की जाने लगी है। उनमें से मुख्य ये हैं :

1. भ्रष्टाचार के विश्वव्यापी दुष्परिणाम हुए हैं जो सामाजिक, आर्थिक और राजनीतिक अंसतोष के जन्मदाता हैं।
2. भ्रष्टाचार न केवल ग़रीबी का मूल कारण है, बल्कि वह ग़रीबी निवारण में एक बड़ी बाधा भी है।
3. भ्रष्टाचार के प्रसार से मानवाधिकारों का हनन होता है।
4. भ्रष्टाचार जनतंत्र विरोधी है।
5. भ्रष्टाचार से राष्ट्रीय और अंतरराष्ट्रीय व्यापार कुप्रभावित होता है।
6. भ्रष्टाचार से दु:शासन पनपता है।
7. भ्रष्टाचार से देशी और अंतर्राष्ट्रीय सुरक्षा को ख़तरा है और इसका नतीजा प्राकृतिक संसाधनों के शोषण में निकलता है।

सामाजिक संबंधों की दृष्टि से देखें तो इसमें तीन भूमिकाएँ प्रमुख होती हैं : भ्रष्ट व्यक्ति, भ्रष्ट करने वाला, और भ्रष्टाचार का शिकार या पीड़ित। ये तीनों भूमिकाएँ विश्लेषण के लिए आवश्यक हैं। लेकिन ये साथ-साथ भी पायी जाती हैं। जैसे भ्रष्टाचार का शिकार व्यक्ति स्वयं ही भ्रष्टाचार का जन्मदाता हो सकता है, या फिर भ्रष्ट व्यक्तियों की सोहबत एक कारण हो सकती है जिसमें फँसने वाले को भी भ्रष्ट होना पड़ सकता है। इसी प्रकार जो भ्रष्टाचार से पीड़ित होता है उसे स्वयं ही किसी अन्य को भ्रष्ट करना पड़ता है ताकि उसके स्वार्थ की सिद्धि हो सके। यह स्वार्थ-सिद्धि भी दो प्रकार की होती है : एक तो वह जो अपने आप में लक्ष्य होती है जैसे पासपोर्ट का बनवाना, लाइसेंस लेना; दूसरी वह जो लक्ष्य सिद्धि का माध्यम होती है। उदाहरण के लिए पेट्रोल पम्प के लाइसेंस के लिए एक व्यक्ति सरकारी अधिकारियों को रिश्वत देता है, पर वह रिश्वत का पैसा उसे पीड़ा नहीं पहुँचाता, वरन रिश्वतदाता के लिए वह उसके व्यापार की लागत का एक अंश होता है। यह लागत पेट्रोल पम्प लग जाने पर ब्याज स्वरूप लागत से कहीं अधिक लाभ पहुँचाती है। यह बीच का पैसा दलाली को भी बढ़ावा देता है और इस प्रकार रिश्वत की प्रक्रिया में मध्यस्थों की क़तार सी बन जाती है। अंग्रेज़ी राज्य में सरकार स्वयं अपने अधिकारियों को ठेकेदारों से रिश्वत लेने के लिए प्रेरित करती थी और यह पैसा नीचे के कर्मचारी वसूल कर ऊपर तक के अधिकारियों तक बँटवारे के किसी फ़ार्मूले के तहत पहुँचाते थे। इस प्रकार औपचारिक तंत्र के साथ-साथ रिश्वत का अनौपचारिक तंत्र भी चला करता था। वही परिपाटी आज भी क़ायम है। विकास के लिए ज़िलों और ब्लॉकों तक पहुँचा हुआ पैसा एक निश्चित प्रतिशत में सरकारी अधिकारियों के पास वापस लौटता है और चपरासियों और खण्ड विकास अधिकारियों से लेकर सीधे मंत्री तक उसका आनुपातिक बँटवारा होता है। राजीव गाँधी ने जब यह कहा कि विकास के लिए आबंटित एक रुपये का दस से बारह प्रतिशत ही विकास पर ख़र्च होता है उसके पीछे उनका यही आशय था।

जब हम सरकारी पैसे और रिश्वत की बात कर रहे हैं तो हमें भ्रष्टाचार के वर्गीकरण पर भी ध्यान देना चाहिए। जैसा हम कह ही चुके हैं कि भ्रष्टाचार एक सार्वभौम विपथगमन है जो समाज के हित में नहीं हो सकता। अनिष्टकारी (जिसे अ-प्रकार्यात्मक भी कहा जाता है) परिणाम वाले कृत्य ही भ्रष्टाचार की श्रेणी में आते हैं और ये समाज के हर पहलू और दायरे में पाये जाते हैं। भ्रष्टाचार

व्यक्ति या व्यक्तियों के समूह द्वारा किया जाता है। नैतिक दृष्टि से भ्रष्टाचार व्यक्ति के आचरण से संबंधित होता है जिसे अनाचार या दुराचार या पाप की संज्ञा भी दी जाती है। आज जिस भ्रष्टाचार का ज़िक्र किया जा रहा है वह सरकार और प्रशासन से जुड़ा भ्रष्टाचार है। इसके दो पक्ष हैं : कुशासन और सार्वजनिक सम्पत्ति और धन-राशि का निजी हितों के लिए दोहन एवं शोषण। कुशासन से आम व्यक्ति को पीड़ा पहुँचती है। कार्य-कुशलता का अभाव इसका एक लक्षण है : निर्णय में विलम्ब, जन-सुविधाओं की देख-रेख और प्रबंधन में ढील, सरकारी कर्मचारियों द्वारा प्रत्येक कार्य के लिए ली जाने वाली ज़बरन रिश्वत इसके उदाहरण हैं। जब आम आदमी किसी सरकारी कामकाज में उलझता है तभी उसे इसका आभास होता है। तब लोग उसे यह दिलासा दिलाते हैं कि यही वास्तविकता है उसे स्वीकारो। इसीलिए असुविधाओं से पीड़ित होते हुए भी वह कुछ कर नहीं पाता। वस्तुस्थिति से समझौता कर लेता है और डब्ल्यूएसजी का आश्रय लेता है। लोगों के मन में पनप रहा असंतोष और आक्रोश तब तक दबा रहता है जब तक कि कोई जयप्रकाश नारायण या अन्ना हज़ारे जैसा व्यक्ति उसे सामूहिक आक्रोश में बदल कर आंदोलन का आह्वान नहीं करता।

सार्वजनिक सम्पत्ति का दोहन ऊँचे स्तरों पर होता है और उसकी दर्शनीयता पर कई प्रकार के आवरण पड़े होते हैं। आवरणों का उद्घाटन इतना सहज नहीं होता, पर जब होता है तो आँखें फटी रह जाती हैं जन-आक्रोश में ऐसे रहस्योद्घाटन आहुति की भूमिका निभाते हैं। भ्रष्टाचार की चरम सीमा के रूप में प्रभावित करने वाले ऐसे कृत्य ही आंदोलन की प्रक्रिया को आगे बढ़ाते हैं।

देखें : अर्थव्यवस्था का समाजशास्त्र, अभिजन, अभिरुचि, आत्महत्या, उन्मूलनवाद, एजेंसी, कर्मकाण्ड, कारागार, गोपनीयता, गृहविहीनता, जादू, जीवन-शैली, टेलरवाद, परम्परा, परस्पर विपरीत द्विभाजन, प्रति-(संस्कृति, विमर्श, इतिहास, वर्चस्व, स्मृति), प्राइवेसी, प्रौद्योगिकी, फ़ुरसत, बचपन, बहुपत्नी प्रथा, बहुपति प्रथा, बुद्धिसंगत चयन का सिद्धांत, बुजुर्गियत का समाजशास्त्र, बेगानगी, भीड़, मानव-प्रकृति, मानवशास्त्र और मार्क्सवाद, मानवशास्त्र और संस्कृति की राजनीति, समाज-विज्ञान, समाज-कार्य, समाजीकरण, समुदायवाद, सामाजिक आंदोलन, सामाजिक बहिर्वेशन, सामाजिक पूँजी, सामाजिक स्तरीकरण, सामाजिक एकजुटता, सामाजिक चयन का सिद्धांत, सांस्कृतिक मानवशास्त्र, सांस्कृतिक सापेक्षतावाद, सांस्कृतिक पूँजी, सेवानिवृत्ति, वाचिकता, विचलन, ज्ञान का समाजशास्त्र।

संदर्भ

1. सूज़न रोज़ एकरमैन (1999), *करप्शन ऐंड गवर्नमेंट : कॉज़ेज़, कांसिक्वेंसेज़ ऐंड रिफ़ॉर्म,* केम्ब्रिज़ युनिवर्सिटी प्रेस, केम्ब्रिज़.
2. फ़िलिप एल्स्टन और मैरी रॉबिंसन (सम्पा.) (2005), *ह्यूमैन राइट ऐंड डिवेलपमेंट टुवर्ड्स म्युचुअल रिइनफ़ोर्समेंट,* ऑक्सफ़र्ड युनिवर्सिटी प्रेस, ऑक्सफ़र्ड.
3. हामिद दावूदी (2000), *करप्शन ऐंड द प्रोविज़न ऑफ़ हेल्थ केयर ऐंड एजुकेशन सर्विसेज़,* आईएमएफ वर्किंग पेपर नं. 00/116.डब्ल्यूडब्ल्यूडब्ल्यू.आईएमएफ़. ओआरजी/ एक्सटर्नल/ पी यूबीएस/ डब्ल्यूपी/2000/ डब्ल्यूपीओओ116.पीडीएफ़.

— योगेश अटल

भ्रष्टाचार का समाजशास्त्रीय परिप्रेक्ष्य-2

(Corruption: Sociological Perspective-2)

भ्रष्टाचार के उदय के कई माध्यम हैं। जब हम इसे विपथगमन मानते हैं तो उसका अभिप्राय है कि समाज द्वारा प्रस्तावित और निर्देशित पथ से भटकाव। समाजशास्त्री रॉबर्ट मर्टन ने इसे उस पथ के साथ अनुकूलन की प्रक्रिया का अंग बताया है। प्रत्येक समाज के अपने सांस्कृतिक लक्ष्य होते हैं और साथ ही उन लक्ष्यों की प्राप्ति के लिए अपनाये जाने वाले उचित माध्यम भी। जब उचित माध्यमों से लक्ष्यों की प्राप्ति होती है तो उसे अनुरूपता या संगति कहा जा सकता है। बाक़ी सभी प्रयास असंगति के द्योतक हैं। भ्रष्टाचार मुख्यत: नवाचार और कर्मकाण्ड के बीच कहीं घटित होता है। जब लक्ष्यों को मान्यता देते हुए भी उन्हें प्राप्ति के निदेशित तरीक़ों से भिन्न मार्ग अपनाया जाता है तो वह विपथगामी व्यवहार ही होता है। एक कुशल प्रशासनिक अधिकारी जब यह पाता है कि प्रचलित नियम और क़ानून लक्ष्य-प्राप्ति में बाधा डाल रहे हैं तो वह जान-बूझ कर उन नियमों की अवहेलना करता है और नये ढंग से कुशलता-पूर्वक लक्ष्य-सिद्धि का मार्ग अपनाता है। यदि वह लक्ष्य सिद्धि सामाजिक दृष्टि से हितकारी है तो उसका यह प्रयास एक नवाचार माना जाएगा; और यदि इससे लक्ष्यों को, या समाज को क्षति पहुँचती है तो उसकी निंदा की जाएगी। इस दृष्टि से नवाचार एक प्रकार का प्रवेशार्थी है। पर जब ऐसा नवाचार व्यक्तिगत लाभ के लिए किया जाए, या सार्वजनिक हित की पूर्ति कम व्यय में करते हुए लाभ-राशि को अपने हित के लिए चुरा लिया जाए तो फिर ऐसा कृत्य भ्रष्टाचार की श्रेणी में आता है। स्थिति कौटिल्य की उसी मछली की भाँति है जो पानी में है और उसे पीती भी है। अब कितना पानी स्वयं के लिए पीना उचित है और कितना अनुचित यह विवाद का विषय ही है। बड़े-बड़े घोटाले जो आजकल उजागर हो रहे हैं उनका उद्गम यहीं से होता है।

कर्मकाण्ड से अभिप्राय हमारा नियमबद्धता से है। जब

अधिकारीगण नियमपूजक हो जाते हैं, और उस दौर में इन लक्ष्यों को भूल जाते हैं जिनकी प्राप्ति हेतु माध्यम रूप में उन नियमों को ढाला गया था, तो वह स्थिति अंधानुकरण की हो जाती है। कई बार जानबूझ कर नियमों की आड़ लेकर बाधाएँ भी खड़ी की जाती हैं। नियमों के लचीलेपन को ताक़ में रख दिया जाता है। आम आदमी जब सरकार से जुड़े अपने निजी हितों के लिए दफ़्तरों का चक्कर लगाता है तो इन्हीं नियमों की आड़ में उसे प्रताड़ित होना पड़ता है। अपना काम निकलवाने के लिए उसे रिश्वत का मक्खन चटाना पड़ता है। इस सबसे एक ओर तो आम व्यक्ति को कष्ट झेलने पड़ते हैं, और रिश्वत न देने पर उसका काम भी अटका पड़ा रहता है, पर साथ ही कार्यालय की कार्यकुशलता पर भी असर पड़ता है। जो नियम कुशलता और प्रभावात्मकता बढ़ाने के लिए बनाये जाते हैं, उन्हीं का अंधानुकरण विपरीत परिणाम देने लगता है।

भ्रष्टाचार से मुक्ति पाने के लिए जब भी सरकार क़दम उठाती है तो उसमें अधिकांश ऐसे होते हैं जो प्रचलित नियमों और कार्य-पद्धतियों से संबंधित नहीं होते। भ्रष्टाचारी को दण्ड देना या घोटालों की जाँच करना एक बात है और भ्रष्टाचार को प्रश्रय देने वाले जो ढाँचागत कारक हैं, उनकी जाँच करना और उनमें आवश्यक सुधार लाना दूसरी बात है। इस पक्ष पर ध्यान नहीं जाता। जाँच की विधि और जाँचकर्ता वही होते हैं जिनके होते हुए भ्रष्ट आचरण प्रश्रय पाता है। यही बड़ी विडम्बना है। सामाजिक शोधकर्ताओं को भ्रष्टाचार से जुड़े अनुसंधान में इस बात का ध्यान रखना होगा और ऐसी तकनीकें निकालनी होगी जो इन पक्षों को भी देख-परख सकें।

जैसा कि पहले भी कहा जा चुका है कि लक्ष्यों और लक्ष्य-पूर्ति के माध्यमों के बीच पनपने वाले असंतुलन से भ्रष्टाचार का उदय होता है। कुछ विद्वान यह भी मानते हैं कि भ्रष्टाचार का संबंध समाज की संस्कृति से जुड़ा हुआ है। उनके तर्क का आधार यह तथ्य है कि संसार के विभिन्न देशों को भ्रष्टाचार की दृष्टि से अलग-अलग श्रेणियों में वर्गीकृत किया जाता है और इस दृष्टि से कुछ समाज भ्रष्टाचार-मुक्त और कुछ समाज भ्रष्टाचार-लिप्त के रूप में सामने आते हैं—इन दो परस्पर विरोधी ध्रुवों के बीच ही अधिकांश समाजों को रखा जाता है। तर्क यह दिया जाता है कि कुछ समाजों में भ्रष्टाचार की परम्पराएँ रही हैं या उपनिवेशवादी सरकारों ने भ्रष्टाचार को फैलाया है, इसलिए परम्परावादी और विदेशियों के दास रहे समाजों में भ्रष्टाचार का आधिक्य है और उससे मुक्ति प्राप्त करने का माध्यम उनका आधुनिकीकरण ही हो सकता है। इसके विपरीत यह तर्क भी दिया जाता है कि आधुनिक समाज भी भ्रष्टाचार से सर्वथा मुक्त नहीं हैं। प्रौद्योगिकी के विकास से आज ऐसे बड़े और भारी घोटाले सम्भव हैं जिनकी पहले कल्पना भी नहीं की जा सकती थी और ये सब पढ़े-लिखे लोग करते हैं।

भ्रष्टाचार के पनपने के अन्य जो कारण गिनाये जाते हैं वे इस प्रकार हैं :

1. प्रणाली में भ्रष्टाचार को पकड़ न पाने और भ्रष्ट व्यवहार के लिए दण्ड देने की असमर्थता।
2. भ्रष्टाचार पीड़ित द्वारा अपनी व्यथा का अप्रसार अर्थात् डब्ल्यूएसजी की प्रवृत्ति।
3. छोटे-मोटे घोटालों की प्रणाली द्वारा अनदेखी।
4. नियमों और कार्यप्रणाली के भिन्न-भिन्न अर्थ लगाना अर्थात् उनके अभिप्रेत के विषय में मतभेद।
5. नियमों की लीपा-पोती जो ऊपर से लगे कि नियम का पालन किया गया है पर उसकी आड़ में नियमों का उल्लंघन।
6. नियमों के लचीलेपन को नज़रअंदाज़ कर उनकी कठोरता से पालन करने की चेष्टा।
7. पदाधिकारियों के अपने व्यवहार से होने वाला भ्रष्टाचार का पोषण।
8. कार्यालय में पदाधिकारियों की कमी, गोपनीयता के नियम और प्रणाली के दोष के कारण भ्रष्टाचार को मिलने वाला बढ़ावा।
9. भ्रष्टाचार को बढ़ावा देने में निजी क्षेत्र की बड़ी कम्पनियों का भी हाथ रहता है जो घूस के रूप में अफ़सरों और मंत्रियों को भारी राशि देती हैं ताकि उसके एवज में उनसे अपना काम निकलवाया जा सके। उनके लिए यह पैसा देना डब्ल्यूएसजी का अंग नहीं है, वरन् यह उनकी लागत का एक भाग है जो अंततः क्रेताओं से वसूल किया जाता है।

मलेशिया के समाजशास्त्री सैयद हुसैन अलातास ने भ्रष्टाचार के निम्नलिखित लक्षणों का उल्लेख किया है :

1. भ्रष्टाचार में एक से अधिक व्यक्ति सम्मिलित होते हैं। अकेले व्यक्ति द्वारा किया हुआ व्यवहार धोखाधड़ी की श्रेणी में आता है।
2. साधारणतः भ्रष्टाचार गोपनीयता की आड़ में किया जाता है। अर्थात् यह छिप कर किया जाने वाला ऐसा अपराध है जो साधारणतः लोगों की नज़रों में नहीं आता।
3. भ्रष्टाचार में पारस्परिक लाभ का आदान-प्रदान होता है।
4. भ्रष्ट व्यवहार की पद्धति अपनाने वाले लोग उसके न्यायसंगत होने के दावे पेश करते हैं।
5. भ्रष्टाचार का कोई भी कृत्य विश्वसनीयता पर एक आक्षेप होता है।
6. इसी प्रकार इस कृत्य के दो पक्ष होते हैं : सौंपे गये कार्य का सम्पादन और व्यक्तिगत स्वार्थ की आपूर्ति।

लाइसेंस को ही लीजिए— लाइसेंस देना सरकारी अधिकारी का कर्म है, पर उसके लिए रिश्वत लेना स्वार्थपूर्ति;

इसी प्रकार लाइसेंस की अर्ज़ी देना नागरिक का अधिकार है पर उसको पाने के लिए रिश्वत देना ग़ैर-क़ानूनी। इस दृष्टि से लाइसेंस पाना न्यायसंगत है, पर उसे पाने के लिए पर्दे के पीछे की सारी कार्रवाई अनैतिक और भ्रष्टाचारी है। एक भ्रष्ट व्यवहार अपने कर्त्तव्य और दायित्व के नियमों का उल्लंघन है और इसलिए वह नागरिकता सम्मत व्यवहार नहीं है।

भ्रष्टाचार के राजकीय कार्यों में कई स्वरूप देखने को मिलते हैं। जैसे : परिचितों को लाभ पहुँचाना या क्रोनीइज़्म, भाई-भतीजावाद या नेपोटिज़्म, संरक्षण या पेट्रोनेज, भीतर ही भीतर लेन-देन या इनसाइडर ट्रेडिंग, सुविधा शुल्क या स्पीड मनी, गबन या घोटाला और सार्वजनिक सम्पदा का दुरुपयोग।

मानवाधिकारों की सूची में ऐसा कोई भी अधिकार नहीं है जो स्पष्टत: भ्रष्टाचार के विरुद्ध हो। किन्तु भ्रष्टाचार के कारण जब व्यक्ति का कोई मानवाधिकार छिनता है तो फिर उस दृष्टि से ऐसे विशिष्ट भ्रष्टाचार को रोकना आवश्यक हो जाता है। यदि न्यायपालिकाओं में भ्रष्टाचार फैलने लगता है तो फिर उससे न्याय मिलने के अधिकार पर असर पड़ सकता है। यदि सरकारी अस्पतालों में डॉक्टर और अन्य कर्मचारी धनी व्यक्तियों से पैसा लेकर उनके उपचार को प्राथमिकता देते हैं तो ग़रीब व्यक्ति को उपेक्षा भोगनी पड़ती है। यदि सार्वजनिक वितरण प्रणाली द्वारा ग़रीबों को वितरित किया जाने वाला अनाज ज़्यादा पैसे लेकर समृद्ध वर्ग में बेच दिया जाता है तो दरिद्र वर्ग के मानव अधिकार पर चोट पहुँचती है। यही बात शिक्षा के क्षेत्र में भी लागू होती है।

भ्रष्ट समाज में, अर्थात् ऐसे समाजों में जहाँ सरकारी कामकाज में भ्रष्टाचार चरम सीमा पर पहुँच चुका है, सरकार लोगों के मानवाधिकारों की रक्षा करने में अपने को असमर्थ पाने लगती है। यह सही है कि भ्रष्टाचार की निरंतर वृद्धि से अंतत: मानव-अधिकारों पर विपरीत प्रभाव पड़ता है। किन्तु यह कहना ग़लत होगा कि भ्रष्टाचार का प्रत्येक कृत्य मानव अधिकार का उल्लंघन है। इसलिए हमें भ्रष्टाचार व उनके कृत्यों को चिह्नित करना होगा जिनके कारण मानव-अधिकारों का सीधा उल्लंघन होता है। साथ ही उन कृत्यों को अलग श्रेणी में रखना होगा जिनके कारण मानव अधिकार अंतत: प्रभावित हो सकते हैं। अंतर्राष्ट्रीय स्तर पर समस्त सदस्य राष्ट्रों से अपेक्षा की जाती है कि वे मानवाधिकारों से सम्बद्ध अपने दायित्वों का निर्वाह करें। सरकारों के इस संदर्भ में तीन दायित्व हैं— (1) मानव अधिकारों के सम्मान का दायित्व, (2) मानव अधिकारों की रक्षा का दायित्व, और (3) मानव अधिकारों को पूरा करने का दायित्व। जिस किसी भ्रष्टाचारी कृत्य से मानव अधिकारों की हत्या होती है, या उनका अनादर होता है उन पर रोक लगाना किसी भी सरकार का दायित्व बनता है। साथ ही उसका यह भी दायित्व है कि यदि मानव अधिकारों की रक्षा के लिए नये विधि-विधान की आवश्यकता हो तो उन्हें वह पारित करे और उनके पालन की उचित व्यवस्था करे।

देखें : अर्थव्यवस्था का समाजशास्त्र, अभिजन, अभिरुचि, आत्महत्या, उन्मूलनवाद, एजेंसी, कर्मकाण्ड, कारागार, गोपनीयता, गृहविहीनता, जादू, जीवन-शैली, टेलरवाद, परम्परा, परस्पर विपरीत द्विभाजन, प्रति-(संस्कृति, विमर्श, इतिहास, वर्चस्व, स्मृति), प्राइवेसी, प्रौद्योगिकी, फ़ुरसत, बचपन, बहुपत्नी प्रथा, बहुपति प्रथा, बुद्धिसंगत चयन का सिद्धांत, बुज़ुर्गियत का समाजशास्त्र, बेगानगी, भीड़, मानव-प्रकृति, मानवशास्त्र और मार्क्सवाद, मानवशास्त्र और संस्कृति की राजनीति, समाज-विज्ञान, समाज-कार्य, समाजीकरण, समुदायवाद, सामाजिक आंदोलन, सामाजिक बहिर्वेशन, सामाजिक पूँजी, सामाजिक स्तरीकरण, सामाजिक एकजुटता, सामाजिक चयन का सिद्धांत, सांस्कृतिक मानवशास्त्र, सांस्कृतिक सापेक्षतावाद, सांस्कृतिक पूँजी, सेवानिवृत्ति, वाचिकता, विचलन, ज्ञान का समाजशास्त्र।

संदर्भ

1. सैयद हुसैन अलातास (1968), द *सोसियोलॉजी ऑफ़ करप्शन,* मूर प्रेस लि., सिंगापुर.
2. ज़ाक हैलेक और मुरील पॉइज़ोन (2007), *करप्ट स्कूल्स, करप्ट युनिवर्सिटीज़ : व्हाट कैन बी डन ?,* यूनेस्को इंटरनेशनल इंस्टीट्यूट फ़ॉर एजुकेशन, पेरिस.
3. ए.जे. हीदनहीमर वग़ैरह (सम्पा.) (2002), *पॉलिटिकल करप्शन: कम्पेप्ट्स ऐंड टेक्स्ट्स,* ट्रांज़ेक्शन पब्लिशर्स, न्यू ब्रंसविक.
4. इंटरनैशनल कौंसिल ऑन ह्यूमैन राइट्स पॉलिसी (2009), *करप्शन ऐंड ह्यूमैन राइट्स : मेकिंग द कनेक्शन,* आईसीएचआरपी, जिनेवा.
5. माइकल जांस्टन (2005), *सिंड्रॉम्स ऑफ़ करप्शन : वेल्थ, पॉवर ऐंड डेमॉक्रेसी,* कैम्ब्रिज़ यूनिवर्सिटी प्रेस, केम्ब्रिज़.
6. रॉबर्ट मॅर्टन (1957), *सोशल थियरी एज़ सोशल स्ट्रक्चर,* फ्री प्रेस, ग्लेंको.

— योगेश अटल

भ्रांत चेतना

(False Consciousness)

मार्क्सवादी विचारधारा के अंतर्गत भ्रांत चेतना को ऐसी अवस्था माना जाता है जिसमें सर्वहारा वर्ग को स्वयं यह ज्ञात नहीं होता कि उसके हित वास्तव में किस राजनीतिक दल-समूह, विचारधारा से जुड़े हुए हैं और इतिहास में उसकी वास्तविक भूमिका क्या है। वे ऐसी विचारधारा के प्रभाव में रहते हैं जो उनके हितों के विरुद्ध होती है। भ्रांत चेतना पैदा करके शासक वर्ग सर्वहारा के उत्पीड़न और शोषण की स्थितियाँ बनाये रखता है और सर्वहारा स्वयं उस शोषण को सही मानने लगता है। मार्क्स ने अपनी प्रसिद्ध कृति *कम्युनिस्ट मैनिफ़ेस्टो* में लिखा है कि किसी भी दौर के शासक वर्ग के विचार ही शासक-विचार होते हैं। यानी सत्तारूढ़ वर्ग के विचार ही सर्वाधिक प्रभावशाली विचार बन जाते हैं। इस सामाजिक चेतना तथा प्रभावशाली विचारों का संबंध भी भ्रांत चेतना से है क्योंकि सर्वहारा निजी चेतना के विकास के स्थान पर शासक वर्ग द्वारा विकसित चेतना को अपना लेता है। मार्क्स के अनुसार यह थोपी हुई अर्थात् झूठी चेतना होती है। कालांतर में सर्वहारा यह समझने लगता है कि सत्तारूढ़ वर्ग ने वास्तविकता के प्रति जो चेतना पैदा की है, वह उनके वर्ग हितों के अनुरूप नहीं है और फिर भ्रांत चेतना के स्थान पर वास्तविक वर्ग-चेतना पैदा हो जाती है।

इस अवधारणा का विश्लेषण वर्ग-चेतना और विचारधारा की व्याख्या के अंतर्गत भी किया जाता है। वर्ग-चेतना वह दशा है जिसमें सर्वहारा स्वयं को विशेष वर्ग का सदस्य मानता है। मार्क्स ने इस वर्ग-चेतना को क्लास इन इटसेल्फ़ और क्लास फ़ार इटसेल्फ़ की श्रेणियों में विभक्त किया है। इसमें पहली श्रेणी वह दशा है जिसमें कोई सामाजिक समूह एक साझी आर्थिक स्थिति का अंग होता है और वह उस स्थिति को स्वीकार करके चलता है। स्थिति को स्वीकार करने और प्रतिरोध न करने की अवस्था के निर्माण में भ्रांत चेतना का सबसे बड़ा योगदान होता है, जबकि क्लास फ़ार इटसेल्फ़ वर्ग चेतना की वह दशा है जिसमें सर्वहारा किसी भी प्रकार की भ्रांत चेतना व विचारधारा से मुक्त होकर वास्तविक वर्ग-चेतना का विकास करता है और वह अपने ऐतिहासिक शोषण के बारे में सजग हो जाता है। मार्क्स के मुताबिक़ यह परिवर्तन ख़ास भौतिक परिस्थितियों के अधीन होता है जिसमें पूँजीवाद प्रधान होता है और पूँजीवाद के कारण ही उत्पादन पद्धति सामूहिक हो जाती है और इस सामूहिकता के कारण व्यक्तिवाद का विचार सर्वहारा की दृष्टि में महत्त्वपूर्ण नहीं रह जाता है।

मार्क्स के ग्रंथों में भ्रांत चेतना शब्द का व्यवहार नहीं मिलता। दरअसल, मार्क्स के ही अभिन्न सहयोगी एंगेल्स ने सर्वप्रथम इसका प्रयोग किया था। पर मार्क्स द्वारा प्रयुक्त विचारधारा तथा पण्य-पूजा शब्दों के अर्थ इसी के निकट माने जाते हैं। मार्क्स ने मूलत: वर्ग की एक वस्तुगत धारणा प्रस्तुत की जो कि समाज के आर्थिक संबंधों पर टिकी व्यवस्था के वस्तुगत विवेचन पर आधारित थी। किसी भी व्यक्ति के सामाजिक वर्ग का निर्धारण समाज में मौजूद उत्पादन एवं सम्पत्तिगत संबंधों के आधार पर होता है। पर एक सामाजिक वर्ग का सदस्य होते हुए भी व्यक्ति की बहुत सारी निजी विशेषताएँ तथा निजी धारणाएँ होती हैं जो विचारों, मनोरचना एवं अस्मिताओं के रूपों पर आधारित होती हैं। ये मनोगत धारणाएँ ही किसी व्यक्ति को ऐसा वैचारिक ढाँचा उपलब्ध कराती हैं जिसके अंतर्गत व्यक्ति समाज में अपनी भूमिका को समझता है और अपने जीवन के प्रभावित करने वाली शक्तियों के बारे में राय क़ायम करता है। पर किसी भी वर्ग-विभाजित समाज में समाज के विशेषाधिकार प्राप्त तथा अधीनस्थ वर्ग के बीच द्वंद्वपूर्ण संबंध मौजूद रहते हैं। मार्क्स के अनुसार समूचा सामाजिक तंत्र इस प्रकार का होता है कि वह सर्वहारा की चेतना में बड़े व्यवस्थित तरीक़े से वास्तविकता की ग़लत, विकृत छवियाँ निर्मित करता है। अगर ऐसा नहीं किया जाएगा तो समाज का शोषित वर्ग अपने शोषण के वास्तविक कारणों का जान लेगा तथा दमन व उत्पीड़न की व्यवस्था को उखाड़ फेंकेगा। इसलिए राजनीति, धर्म, व्यापार, अध्यात्म आदि के स्तर पर ऐसी व्यवस्था खड़ी की जाती है जिससे भ्रांत चेतना तथा विचारधारात्मक वर्चस्व को पैदा किया जा सके।

उल्लेखनीय है कि मार्क्स ने विचारधारा का सिद्धांत अपनी पुस्तक *द जर्मन आइडियालॅजी* में प्रस्तुत किया है और विचारधारा को ऐसा माध्यम बताया है जो मनुष्य को अपनी सृष्टि तथा समाज को समझने में सहायता प्रदान करती है। मार्क्स के पूरे दर्शन में विचारधारा को अन्य चीजों से स्वतंत्र नहीं बल्कि उन पर निर्भर बताया गया है। ख़ास तौर पर किसी काल विशेष में भौतिक स्थितियों तथा उत्पान संबंधों पर विचारधारा का स्वरूप निर्भर होता है। इसीलिए मार्क्स ने अपनी इस रचना में पहले से चले आ रहे भाववादी दर्शन सम्प्रदायों का विरोध करते हुए लिखा : 'चेतना मनुष्य के सामाजिक अस्तित्व को निर्धारित नहीं करती बल्कि सामाजिक अस्तित्व ही उसकी चेतना का निर्धारण करता है। उत्पादन के रूप बदलने के साथ नये वर्ग और स्वामित्व भी पैदा होते हैं।' मार्क्स के ही शब्दों में : 'हथकरघे वाले समाज में सामंत शासक होते हैं जबकि भाप आधारित मिलों के विकास के बाद औद्योगिक पूँजीपतियों के हाथ में सत्ता आ जाती है। वर्गों के इस रूपांतरण में विचारधारा एक वर्ग का

दूसरे वर्ग पर वर्चस्व बनाये रखने में बड़ी भूमिका अदा करती है और उसी से भ्रांत चेतना का भी निर्माण होता है।'

मार्क्स ने पण्य-पूजा की अवधारणा का विकास अपने प्रसिद्ध ग्रंथ *दास कैपिटल* में किया है। इस अवधारणा के माध्यम से उन्होंने उन स्थितियों की व्याख्या की है जो पण्य-उत्पादन में लगे समाज में यथार्थ को धुंधला, अस्पष्ट तथा भ्रमपूर्ण बनाने में योगदान देती हैं। किसी वस्तु के बारे में नज़रिये तथा बोध का निर्माण केवल उसके मूल्य से किया जाता है और किन उत्पादन संबंधों के बीच उस वस्तु का उत्पादन हुआ, इसे अनदेखा कर दिया जाता है। जूतों की सिलाई के कारख़ाने में बने जूते का बाजार में केवल मूल्य देखा जाता है जबकि जूते बनाने वाले मजदूर के श्रम को अनदेखा कर दिया जाता है। मार्क्स के मुताबिक़ इस तरह का रहस्यीकरण सामाजिक उत्पादन में महत्त्वपूर्ण भूमिका निभाता है और इसी के ज़रिये बाजार आधारित समाज दमन और शोषण पर आधारित उन मालिक-मजदूर संबंधों पर पर्दा डाल देता है, जिसपर वह स्वयं निर्भर होता है।

भ्रांत चेतना की अवधारणा को मार्क्स द्वारा प्रतिपादित आधार एवं अधिरचना की सैद्धांतिकियों से भी समझा जा सकता है। समाज की भौतिक दशाएँ ही आधार होती हैं और उनमें आने वाले परिवर्तनों से ही सामाजिक संबंधों में भी परिवर्तन आते हैं। जबकि अधिरचना में शैक्षणिक, वैधानिक, राजनीतिक संस्थाएं, मूल्य, चिंतन के तरीक़े, धर्म, विचारधाराएँ और दर्शनशास्त्र इत्यादि आते हैं। इन्हीं के माध्यम से भौतिक स्थितियों में मौजूद सामंत-किसान, मज़दूर-मालिक आदि शोषणपरक संबंधों की हिफ़ाज़त की जाती है और जब समाज के सभी सदस्य अधिरचना में मौजूद इन शोषणप्रद विचारों को स्वीकार कर लेते हैं तो उसे ही भ्रांत चेतना की अधीनता स्वीकारने के रूप में देखा जाता है।

परवर्ती विचारकों जैसे कार्ल मैनहीम, एंतोनियो ग्राम्शी, लुई अलथुसे आदि ने विचारधारा तथा राजनीतिक संस्थाओं का विस्तार से विश्लेषण कर भ्रांत चेतना के बारे में प्रकाश डाला। फ्रेंच दार्शनिक लुई अलथुसे ने इसे श्रम-शक्ति के पुनरुत्पादन के जरूरी उपकरण के रूप में विश्लेषित किया है। अलथुसे के अनुसार श्रम शक्ति का पुनरुत्पादन दो चीजों पर निर्भर करता है। पहला, आवश्यक हुनर का पुनरुत्पादन और दूसरा, शासक वर्गीय विचारधारा व श्रमिकों के ख़ास समाजीकरण का उत्पादन जिससे तकनीकी रूप से दक्ष एवं आज्ञाकारी-पराधीन श्रमशक्ति का निर्माण होता है। अलथुसे ने यह भी कहा कि कोई भी वर्ग महज़ शक्ति-प्रयोग से अपना वर्चस्व नहीं क़ायम रख पाता बल्कि वर्गीय शासन के लिए भी विचारधारात्मक नियंत्रण करना होता है। अलथुसे के अनुसार शासकवर्गीय विचारधारा का पुनरुत्पादन ख़ास तरीक़े से होता है जिसे उन्होंने आइडियालॅजिकल स्टेट अप्रेटस का नाम दिया जिसमें जनसंचार माध्यम, क़ानून, धर्म, शिक्षा आदि सभी सम्मिलित हैं। आइडियालॅजिकल स्टेट अप्रेटस ही शिक्षा आदि के ज़रिये शासकवर्गीय विचारधारा का प्रसार कर अधीनस्थ वर्गों में भ्रांत चेतना पैदा करता है और उन्हें अधीनता की अवस्था में रखता है। इटली के वामपंथी विचारक ग्राम्शी ने भ्रांत चेतना तथा वर्ग चेतना को विचारधारा तथा प्रभुत्व के संदर्भ में विशेष तौर पर व्याख्यायित किया और कहा कि सर्वहारा अपने सांस्कृतिक-सामाजिक प्रतीकों का प्रयोग कर वर्चस्ववादी विचारधारा का प्रतिरोध कर सकता है और इस प्रकार इतिहास में शक्तिशाली वर्ग की विचारधारा की निष्क्रियतापूर्ण तरीक़े से अधीनता स्वीकार करने से इनकार कर सकता है।

देखें : अर्नेस्टो चे ग्वेवारा, आधार और अधिरचना, ऑस्कर रायज़ार्ड लांगे, आंगिक और पारम्परिक बुद्धिजीवी, एंतोनियो ग्राम्शी, कार्ल हाइनरिख़ मार्क्स-1, 2. 3 और 4, क्रांति, क्रांति : मार्क्सवादी विमर्श, क्यूबा की क्रांति, ग्योर्गी लूकाच, नयी सदी में मार्क्सवादी विमर्श-1, 2. 3,4 5, 6, 7, 8 और 9, निष्क्रिय क्रांति, फ्रेड्रिख़ एंगेल्स, भारत में किसान संघर्ष-2 और 4, कम्युनिस्ट पार्टियाँ-1, 2 और 3, फ्रांस्वा-चार्ल्स मारी फ़ूरिये, फ्रेंज़ फ़ानो, बेगानगी, बोल्शेविक क्रांति, भारतीय इतिहास लेखन-4 और 5, भाषा के मार्क्सवादी सिद्धांत, मानवेंद्र नाथ राय, माओ त्से-तुंग, माओवाद और माओ विचार, मार्क्सवाद-1, 2, 3, 4 और 5, मार्क्सवादी इतिहास-लेखन, मार्क्सवादी समाजशास्त्र, मार्क्सवाद और पारिस्थितिकी, मार्क्सवादी अर्थशास्त्र, लेनिनवाद, लियोन ट्रॉट्स्की, लियो अलथुसे, लिबरेशन थियोलॅजी, वर्चस्व, वर्ग और वर्ग-संघर्ष, व्लादिमिर इलिच लेनिन, समाजवादी वसंत-1, 2, 3, और 4, सांस्कृतिक क्रांति, स्तालिन और स्तालिनवाद, सोवियत समाजवाद-1, 2 और 3, सोवियत सिनेमा, हिंसा-1 और 2.

संदर्भ

1. कार्ल मार्क्स (1971), *द पावर्टी ऑफ़ फ़िलॉसफ़ी,* प्रोग्रेस पब्लिशर्स, मास्को.
2. कार्ल मार्क्स (1977), *कैपिटल, खण्ड-1,* विंटेज, न्यूयार्क.
3. कार्ल मार्क्स और फ्रेड्रिख़ एंगेल्स (1970), *द जर्मन आइडियालॅजी,* प्रोग्रेस पब्लिशर्स, मास्को.
4. एंतोनियो ग्राम्शी (1971), *सेलेक्शंस फ्रॉम द प्रिज़न नोटबुक ऑफ़ एंतोनियो ग्राम्शी,* इंटरनैशनल, न्यूयार्क.
5. लुई अलथुसे (1971), *लेनिन ऐंड फ़िलॉसफ़ी ऐंड अदर एसेज़,* न्यू लेफ़्ट बुक्स, लंदन.
6. लुई अलथुसे (1971), आइडियालॅजी ऐंड आइडियालॅजिकल स्टेट एप्रेटस, न्यू लेफ़्ट बुक्स, लंदन.
7. कार्ल मैनहीम (1959) *आइडियालॅजी ऐंड यूटोपिया : ऐन इंट्रोडक्शन टू द सोसियोलॅजी ऑफ़ नालेज,* ए हारवेस्ट बुक, एचबी 3, न्यूयार्क.

— वैभव सिंह

म

मणिपुर

(Manipur)

भारत के उत्तर-पूर्वी भाग में स्थित राज्य मणिपुर की राजनीति के तीन आयामों को रेखांकित किया जा सकता है। पहला है संसदीय राजनीति, जिसमें विद्रोही समूहों की धमकियों के बावजूद लोग बड़ी संख्या में हिस्सेदारी करते हैं। मसलन, 2012 के विधानसभा चुनावों में तक़रीबन 80 प्रतिशत लोगों ने अपने मताधिकार का प्रयोग किया। संसदीय राजनीति में कांग्रेस की स्थिति मज़बूत रही है। नब्बे के दशक में इसके कमज़ोर होने के संकेत मिले थे, लेकिन 2002 के बाद कांग्रेस ने अपनी स्थिति फिर से मज़बूत की है। दूसरा, मणिपुर के विद्रोही समूहों की राजनीति। ये मणिपुर की पहचान और उसके भारत से अलग अस्तित्व पर ज़ोर देते हैं। मणिपुर के बहुत से इलाक़ों में इनका ख़ासा प्रभाव है। लेकिन ये स्पष्ट वैकल्पिक एजेंडा प्रस्तुत कर पाने में नाकाम रहे हैं। तीसरे स्तर पर इरोम शर्मिला और दूसरे नागरिक समूहों का संघर्ष है। ख़ास तौर पर इरोम ने अपने अहिंसक और मूक संघर्ष द्वारा भारतीय राज्य, सेना और मनमाने क़ानून थोपने पर गहरा सवालिया निशान लगाया है।

मणिपुर की राजधानी इम्फल है। इसके उत्तर में नगालैण्ड, दक्षिण में मिज़ोरम, पश्चिम में असम और पूर्व में म्यांमार स्थित है। मणिपुर का कुल भौगोलिक क्षेत्रफल 22,347 वर्ग किमी है और इस आधार पर यह भारत का तेईसवाँ सबसे बड़ा राज्य है। 2011 की जनगणना के अनुसार मणिपुर की कुल जनसंख्या 2,721,756 है। जनसंख्या के लिहाज़ से भारत में इसका स्थान बाईसवाँ है। यहाँ का जनसंख्या घनत्व 121.8 व्यक्ति प्रति वर्ग किमी और कुल साक्षरता दर 79.85 प्रतिशत है। यहाँ की विधायिका एकसदनीय है जिसमें कुल 60 सदस्य होते हैं। मणिपुर से लोकसभा के दो और राज्य-सभा का एक सांसद चुना जाता है। गुवाहाटी उच्च न्यायालय ही मणिपुर का भी उच्च न्यायालय है।

मेतेइ यहाँ का प्रमुख जातीय समूह है, जिसके बाशिंदे मुख्य रूप से राज्य के घाटी-क्षेत्र में रहते हैं। ये मणिपुर की जनसंख्या में इस समूह की हिस्सेदारी साठ प्रतिशत है, लेकिन राज्य के कुल दस प्रतिशत भौगोलिक क्षेत्र पर ही इनका अधिकार है। इनकी भाषा मेतेइलन को मणिपुरी भी कहा जाता है यहाँ राजभाषा है। इसे संविधान की आठवीं अनुसूची में भी स्थान दिया गया है। घाटी में मुसलमान भी रहते हैं। जनसंख्या में क्रिश्चियन नागाओं (25 प्रतिशत), कुकियों (15 प्रतिशत) और मुसलिम पांगलाओं (7 प्रतिशत) की भी महत्त्वपूर्ण हिस्सेदारी है। ये राज्य की जनसंख्या के तक़रीबन 40 प्रतिशत भाग हैं, लेकिन राज्य की कुल 90 प्रतिशत भौगोलिक क्षेत्र पर इन्हीं का क़ब्ज़ा है।

लम्बे समय से भारतीय इतिहास और संस्कृति का भाग रहने वाले मणिपुर का महाभारत, पुराण और प्राचीन चीनी ग्रंथों में उल्लेख मिलता है। माना जाता है कि मणिपुर से ही पोलो खेल की शुरुआत हुई। यहाँ इसे सोगल कनगेई के नाम से जाना जाता है। मणिपुर के नृत्य, जिसमें इसकी प्रसिद्ध रासलीला भी शामिल है, को दक्षिण एशिया की छह प्रमुख नृत्य परम्पराओं में से एक माना जाता है। ऐतिहासिक रूप से मणिपुर का शासन बहुसंख्यक हिंदू मेतेइ लोगों के नियंत्रण में रहा है। पूर्व-आधुनिक मणिपुर में जातीय प्रतिद्वंद्विता के कारण यहाँ के विविध समूहों में सत्ता के लिए संघर्ष होता था। इसके अलावा यहाँ के शासकों की बर्मा के शासकों से भी लड़ाई

मणिपुर : सशस्त्र सेना विशेष अधिकार अधिनियम के ख़िलाफ़ संघर्ष

होती रही। इस तरह यह धरती भीतरी और बाहरी–दोनों ही रूपों में संघर्ष का केंद्र बनी रही। बर्मा की सेनाओं ने 1819 में मणिपुर का क़ब्ज़ा कर लिया। 1826 में अंग्रेज़ों और बर्मा के बीच हुए युद्ध के कारण बर्मा को मणिपुर पर अपना दावा छोड़ना पड़ा। इसी कारण मणिपुर बर्मा के हाथों में जाने से बच गया। लेकिन इसके बाद मणिपुर के भीतर विद्रोह होते रहे जिसके कारण अंग्रेज़ों को बार-बार राज्य में दख़ल देने का मौक़ा दिया। आख़िरकार 1891 में मणिपुर एक रजवाड़े के रूप में ब्रिटिश शासन के अंतर्गत आया। 1947 तक यहाँ कंगलपाक वंश का शासन था, लेकिन पहाड़ी क्षेत्र के लोग इस राज्य का हिस्सा नहीं थे। द्वितीय विश्व-युद्ध के दौरान मणिपुर के क्षेत्र में जापानियों और ब्रिटिश सेना के बीच बहुत तीखा संघर्ष हुआ। लेकिन जापानी सेना इम्फल में दाख़िल नहीं हो पायी और उसे पीछे हटना पड़ा। यह नतीजा द्वितीय विश्व-युद्ध का एक महत्त्वपूर्ण मोड़ साबित हुआ।

युद्ध के बाद मणिपुर में 1947 के मणिपुर संविधान अधिनियम के ज़रिये एक लोकतांत्रिक सरकार की स्थापना की गयी। इसमें महाराजा को कार्यपालिका का अध्यक्ष बना कर एक चुनी विधायिका का प्रावधान किया गया था। 1949 में महाराजा बुद्ध चंद्र को उस समय के भारतीय राज्य असम की राजधानी शिलांग बुलाया गया। महाराजा ने अक्टूबर, 1949 में मणिपुर का भारत में विलय करने का फ़ैसला किया और उसने मणिपुर की चुनी हुई विधायिका भंग कर दी। मणिपुर के बहुत से विद्रोही समूह मणिपुर के भारत में विलय को शक की निगाह से देखते हैं। बहरहाल, 1956 में मणिपुर को एक केंद्र शासित प्रदेश बनाया गया। बाद में, 1972 में इसे पूर्ण राज्य का दर्ज़ा दे दिया गया। लेकिन इस तरह के क़दमों के बावजूद मणिपुर के विभिन्न समूहों में मौजूद आक्रोश के ख़त्म होने लायक परिस्थितियाँ नहीं बन पायीं।

राज्य के गठन के बाद से ही यहाँ की संसदीय राजनीति में कांग्रेस का वर्चस्व रहा। यद्यपि मणिपुर पीपुल्स पार्टी जैसे राज्य स्तरीय दल ने कांग्रेस को चुनौती देने की कोशिश की, लेकिन उसे ज़्यादा सफलता नहीं मिली। हालाँकि पूर्ण राज्य का दर्जा 1972 में मिला, लेकिन यहाँ 1963 से ही विधानसभा का चुनाव होने लगा था। कांग्रेस के माइरम्बेम्ब कोइरेंग सिंह राज्य के पहले मुख्यमंत्री बने। 1963-1990 के बीच राज्य में सिर्फ़ चार बार ग़ैर-कांग्रेसी सरकारों का गठन हुआ। इस दौर में मणिपुर यूनाइटेड फ्रंट के लोंगिआम थमबऊ सिंह, मणिपुर पीपुल्स पार्टी के मोहम्मद अलीमुद्दीन (चार मार्च, 1974-नौ जुलाई, 1974), मणिपुर हिल्स यूनियन के यंगबाशो सैजा (दस जुलाई, 1974-पाँच जुलाई, 1974) तथा जनता पार्टी के नेता के रूप में यंगबाशो सैजा (29 जून, 1977-13 नवम्बर, 1979) राज्य के ग़ैर-कांग्रेसी सरकारों में मुख्यमंत्री रहे। स्पष्ट है कि कोई भी ग़ैर-कांग्रेसी सरकार अपना कार्यकाल पूरा नहीं कर पायी। इस दौर में कांग्रेस का वर्चस्व रहा लेकिन कांग्रेस में भी रिशांग कीशिंग (नवम्बर, 1980-फ़रवरी, 1981; जून, 1981-मार्च, 1988) के अलावा कोई मुख्यमंत्री अपना कार्यकाल पूरा नहीं कर पाया।

1990 के दशक के बाद भी राज्य की राजनीति में भारतीय राष्ट्रीय कांग्रेस के दबदबे में कमी आयी। मसलन, 1990 के बाद अभी तक कुल छह विधानसभा चुनाव हुए। इनमें शुरुआती दौर में कांग्रेस की स्थिति अच्छी नहीं थी। इसे सन् 1990 में हुए चुनावों में 24, 1995 के चुनावों में 22, 2000 में 11, 2002 में 20 सीटें मिली। 2002 में इसने गठबंधन सरकार बनायी, जिसका नेतृत्व इसके नेता ओकराम इबोबी सिंह ने किया। 2002 के पहले के दौर में राज्य में कई ग़ैर-कांग्रेसी सरकारें भी गठित हुईं। 1990 में फ़रवरी, 1990 से जनवरी, 1992 के बीच मणिपुर पीपुल्स पार्टी के राजकुमार रणवीर सिंह राज्य के मुख्यमंत्री रहे। इसके बाद 1997-2001 के बीच यहाँ मणिपुर स्टेट कांग्रेस के वाहेंगम निपामचा सिंह मुख्यमंत्री रहे। इसके बाद कुछ समय के लिए राधा विनोद कोइजाइ (14 फ़रवरी, 2001-एक जून, 2001) राज्य के मुख्यमंत्री रहे। बहरहाल, कांग्रेस ने राज्य में 2002 के बाद अपनी स्थिति काफ़ी सुधारी है। 2007 में इसे कुल 30 सीटों पर जीत मिली थी। 2012 के विधानसभा चुनावों में इसकी सीटों की संख्या बढ़कर 42 हो गयी। यह स्पष्ट है कि 1990 के बाद की राज्य की राजनीति में गठबंधन राजनीति की ओर बढ़ी लेकिन 2002 के बाद कांग्रेस ने राज्य में अपनी स्थिति

काफ़ी मज़बूत कर ली है।

मणिपुर की राजनीति की एक प्रमुख विशेषता ऐसे विद्रोही समूहों की मौजूदगी है, जो संसदीय राजनीति को ख़ारिज़ करते हैं। ऐसे कई समूह एक पृथक मणिपुर के लिए भी संघर्ष कर रहे हैं। मणिपुर में 1960 के दशक के शुरुआती वर्षों में मेतेइ राष्ट्रवादी आंदोलन प्रारम्भ हुआ था। इस आंदोलन ने मणिपुर पर 'भारतीय क़ब्ज़े' का विरोध किया। एक दशक बाद नगाओं की राजनीतिक महत्त्वाकांक्षाएँ भी सामने आने लगीं। नागा पृथकतावादी संगठनों ने उत्तर-पूर्व के सभी नागा बहुल ज़िलों को मिलाकर एक सम्प्रभु नगालैण्ड राज्य बनाने का लक्ष्य पेश किया। इसमें मणिपुर के नगा बहुल ज़िलों को भी शामिल किया जाना था। इससे एक तरफ तो मेतेई लोगों में नाराज़गी पैदा हुई, वहीं दूसरी ओर भारतीय राज्य ने भी ऐसे पृथकतावादी आंदोलन का दमन किया।

1980 में केंद्र सरकार ने पूरे राज्य में 1958 के सशस्त्र सेना विशेष अधिकार अधिनियम (या आफ़्स्पा) लागू कर दिया। लेकिन भारतीय सेना की दमनकारी गतिविधियों से इस क्षेत्र में पृथकतावादी भावनाएँ और भड़क गयीं। कुकी होमलैण्ड की माँग भी सामने आने लगी। 1980 के दशक के मध्य से इस तरह के बहुत से आंदोलनों ने एक छतरी संगठन के रूप में मणिपुरी पीपुल्स लिबरेशन आर्मी (पीएलए) और कुछ दूसरे छतरी संगठनों का गठन हुआ। इन संगठनों में भारत से आज़ादी और बाहर से आये मुसलमानों को बाहर करने जैसे मुद्दों पर ही बुनियादी एकता थी। बाक़ी सवालों पर इन संगठनों में मतभेद भी थे।

अर्द्धसैनिक बलों, ख़ास तौर पर असम राइफल्स की क्रूरता के कारण यहाँ के लोगों में भारतीय सेना के प्रति ग़ुस्सा है। सैन्य बलों को 'आर्म्ड फोर्सेज स्पेशल पावर एक्ट' (आफ़्स्पा) के तहत विशेष सुरक्षा मिली हुई है। इस कारण भी उनकी मनमानी बढ़ी है। इसी तरह की मनमानी का एक उदाहरण जुलाई, 2004 की घटना है। इस दिन असम राइफल्स द्वारा एक 32 वर्षीय महिला थांगजम मनोरमा को गिरफ़्तार किया गया, उसे यातना दी गयी और बलात्कार कर उसकी हत्या कर दी गयी। इस घटना ने भारतीय सेना के ख़िलाफ़ आक्रोश बहुत ज़्यादा बड़ा दिया। सेना की ज़्यादातियों और आफ़्स्पा के ख़िलाफ़ इरोम शर्मिला दो नवम्बर, 2000 से लगातार भूख हड़ताल पर हैं। अभी तक मणिपुर से सेना की वापसी नहीं हुई है और न ही आफ़्स्पा हटाया गया है। लेकिन इरोम शर्मिला के संघर्ष के कारण पूरी दुनिया में मणिपुर और दूसरे पूवोत्तर राज्यों में भारतीय सैन्य बलों की ज़्यादतियों की चर्चा होने लगी है।

देखें : असम, अरुणाचल प्रदेश, आंध्र प्रदेश, उत्तर प्रदेश, उत्तराखण्ड, ओडीशा, कर्नाटक, केरल, गुजरात, छत्तीसगढ़, जम्मू और कश्मीर, झाड़खण्ड, तमिलनाडु, त्रिपुरा, दिल्ली, नगालैण्ड, पश्चिम बंग, पंजाब, बिहार, महाराष्ट्र, मध्य प्रदेश, मिज़ोरम, मेघालय, भारतीय संघवाद, राजस्थान, राज्यों का पुनर्गठन-1, 2 और 3, राज्यों की राजनीति, संघवाद, हरियाणा।

संदर्भ

1. लाल दीना (सम्पा.) (1991), *हिस्ट्री ऑफ मॉडर्न मणिपुर, 1826-1949*, ऑरबिट पब्लिशर्स, नयी दिल्ली, 1991.
2. फानजुबाम तारापॉट (2003), *ब्लीडिंग मणिपुर*, हरआनंद पब्लिकेशंस, नयी दिल्ली.
3. सुमंत बनर्जी (2004), ''इण्डियाज़ 'होम' फ्रंट'', *इकनॉमिक ऐंड पॉलिटिकल वीक्ली*, खण्ड 39, अंक 40.
4. दीप्ति प्रिया महरोत्रा (2009), *बर्निंग ब्राइट : इरोम शर्मिला*, पेंगुइन, नयी दिल्ली.

— कमल नयन चौबे

मध्य प्रदेश

(Madhya Pradesh)

अपने नाम के अनुरूप मध्य प्रदेश भारत के बीच में स्थित है। इस राज्य की राजनीति की एक मुख्य विशेषता यह रही है कि तमाम बदलावों और नवीनताओं के बावजूद इसका चरित्र हमेशा द्वि-दलीय ही रहा है। नब्बे के दशक में कई हिंदीभाषी क्षेत्रों में एक तीसरा मोर्चा शक्तिशाली ढंग से उभरा। बिहार और उत्तर प्रदेश जैसे राज्यों में पिछड़ी जातियों और दलितों ने ऊँची जातियों के वर्चस्व वाले राजनीतिक दलों को पीछे करके सत्ता पर अपना अधिपत्य क़ायम किया। लेकिन मध्य प्रदेश इस तरह के बदलावों से अछूता ही रहा। मध्य प्रदेश की राजनीति में अगड़ी जातियों का वर्चस्व लगातार बना रहा और कांग्रेस बनाम भारतीय जनता पार्टी की होड़ जारी रही। दूसरी तरफ यह भी एक उल्लेखनीय तथ्य है कि 1992 में हुई साम्प्रदायिक हिंसा के अपवाद को छोड़ कर यहाँ अमूमन साम्प्रदायिक समरसता की ही स्थिति रही है। मोटे तौर पर मध्य प्रदेश में भाजपा की हिंदुत्ववादी राजनीति का रंग हल्का रहा है। 2003 के चुनावों में जहाँ भाजपा ने 'बिजली पानी और सड़क' को मुद्दा बनाया, वहीं 2008 में शिवराज सिंह चौहान ने अपने काम-काज के आधार पर वोट माँगा। मध्य प्रदेश अपने पड़ोसी राज्यों की तरह माओवादी आंदोलन का भी शिकार नहीं है। इस संदर्भ में यह तुलनात्मक रूप से एक शांत राज्य है। लेकिन विकास के मामले में मध्य प्रदेश की

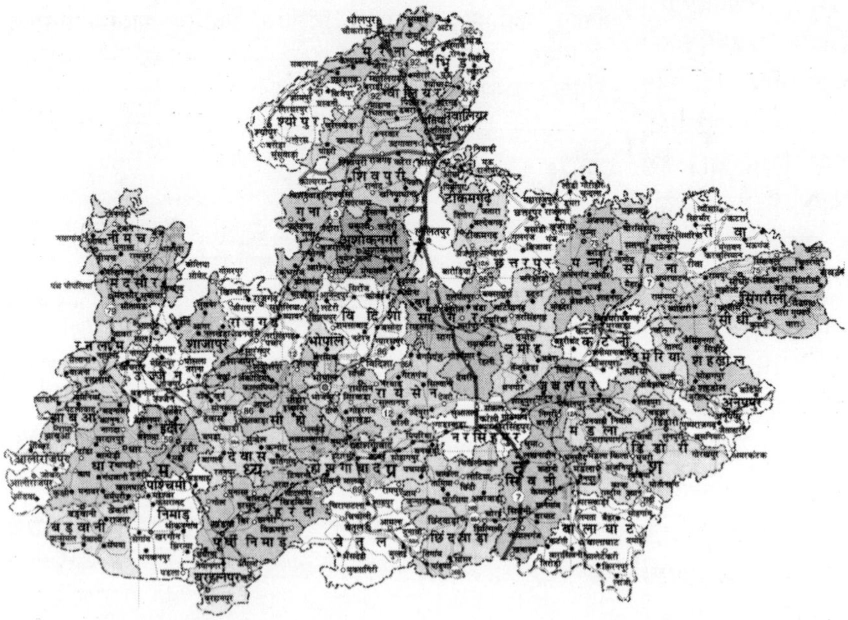

मध्य प्रदेश : दो दलों की प्रतियोगिता

स्थिति अच्छी नहीं है। धीरे-धीरे यह बिमारू राज्य की श्रेणी से निकल रहा है, पर इस सिलसिले में इसे लम्बी दूरी तय करनी है।

मध्य प्रदेश के पश्चिम में गुजरात, उत्तर-पश्चिम में राजस्थान, उत्तर-पूर्व में उत्तर प्रदेश, पूर्व में छत्तीसगढ़ और दक्षिण में महाराष्ट्र राज्य स्थित है। वर्तमान मध्य प्रदेश राज्य का गठन एक नवम्बर, 1956 को हुआ था। इसमें पूर्व मध्य प्रदेश (इसके मराठी भाषी क्षेत्रों को मुम्बई राज्य में मिला दिया गया), मध्य भारत, विंध्य प्रदेश और भोपाल राज्यों को मिलाया गया था। इसका कुल क्षेत्रफल 3,08,252 वर्ग किमी है और इस लिहाज़ से यह भारत का दूसरा सबसे बड़ा राज्य है। 2011 की जनगणना के अनुसार यहाँ की कुल जनसंख्या 7,56,97,565 है। इस आधार पर यह भारत का छठा सबसे बड़ा राज्य है। यहाँ का जनसंख्या घनत्व 245.6 व्यक्ति प्रति वर्ग किमी है। इसकी साक्षरता दर 76.5 प्रतिशत है। इस लिहाज़ से देश में इसका स्थान आठवाँ है। हिंदी यहाँ की आधिकारिक भाषा है। 2001 की जनगणना के अनुसार मध्य प्रदेश की जनसंख्या में अनुसूचित जनजातियाँ 20.63 प्रतिशत और अनुसूचित जातियाँ 13.14 प्रतिशत हैं। यहाँ की आबादी का कुल 91.1 प्रतिशत हिंदू है (इसमें अनुसूचित जातियों और अनुसूचित जनजातियों की जनसंख्या भी शामिल है) और 6.04 प्रतिशत मुसलमान। यहाँ की जनसंख्या में जैन, ईसाई, बौद्ध और सिक्ख धर्मों को मानने वाले लोग भी मौजूद हैं, लेकिन इनकी जनसंख्या तुलनात्मक रूप से काफ़ी कम है। मध्य प्रदेश में मुख्य रूप से बैगा, भील, गोंड, कोल, माल्टू, मारिया आदि प्रमुख आदिवासी समूह हैं।

मध्य प्रदेश की विधायिका एकसदनीय है। वर्तमान में मध्य प्रदेश विधानसभा में 231 सदस्य चुने जाते हैं। यहाँ से लोकसभा के 29 और राज्यसभा के 11 सदस्य चुने जाते हैं। एक नवम्बर, 2000 को मध्य प्रदेश से अलग करके छत्तीसगढ़ राज्य बनाया गया। इसलिए 2000 से पहले मध्य प्रदेश से लोकसभा के 40 और राज्यसभा के 16 सदस्य चुने जाते थे और यहाँ के विधानसभा के सदस्यों की संख्या 321 थी। रविशंकर शुक्ल यहाँ के प्रथम मुख्यमंत्री थे।

मध्य प्रदेश विकास के संकेतकों के हिसाब से विकसित राज्यों की श्रेणी में नहीं आता है, लेकिन राजनीतिक रूप से बहुत ही जागरूक और सक्रिय प्रदेश रहा है। राष्ट्रीय राजनीति के लगभग सभी परिवर्तनों से राज्य की राजनीति प्रत्यक्ष या परोक्ष रूप से प्रभावित होती रही है। मध्य प्रदेश में कांग्रेस का सशक्त जनाधार रहा है। 1957 से लेकर 1977 तक राज्य में लगातार कांग्रेस की सरकार रही। इस दौर में ऊँची जातियों के नेता ही राज्य के मुख्यमंत्री बने जो अपनी कुर्सी के लिए पूरी तरह से हाईकमान की मर्ज़ी पर निर्भर थे। 1977 में केंद्र में जनता पार्टी की सरकार बनने के बाद कांग्रेसी सरकार को बर्ख़ास्त कर दिया गया। इसके बाद हुए चुनाव में जनता पार्टी को जीत मिली। जून, 1977 से फ़रवरी, 1980 तक राज्य में जनता पार्टी की सरकार रही। इसमें मुख्यतः जनसंघ का ही बोलबाला था, क्योंकि राज्य में जनता पार्टी के घटकों में इसी पार्टी का आधार ही मज़बूत था। इस पूरे दौर में राज्य में तीन मुख्यमंत्री बने : कैलाश चंद्र जोशी, वीरेंद्र कुमार सकलेचा और सुंदरलाल पटवा। 1980 में सत्ता में वापस लौटने पर इंदिरा गाँधी सरकार ने जनता पार्टी की सरकार को बर्ख़ास्त कर दिया। फिर पूरे दशक में राज्य में कांग्रेस का शासन रहा। अर्जुन सिंह और मोतीलाल वोरा अदल-बदल कर मुख्यमंत्री बने। कुछ महीनों के लिए श्यामाचरण शुक्ल को भी मुख्यमंत्री बनाया गया।

1990 से लेकर 2008 तक हुए पाँच विधानसभा चुनावों पर नज़र डालें तो यह स्पष्ट होता है कि 1993 और 1998 के चुनावों में कांग्रेस को जीत मिली, जबकि 1990, 2002 और 2008 में भाजपा विजयी रही। 1990 के विधानसभा चुनावों में भाजपा को 220 और कांग्रेस को 56

विधानसभा सीटों पर जीत मिली। इन चुनावों के बाद सुंदरलाल पटवा राज्य के मुख्यमंत्री बने। लेकिन छह दिसम्बर, 1992 को बाबरी मसजिद विध्वंस के बाद केंद्र ने मध्य प्रदेश की भाजपा सरकार को भी बर्ख़ास्त कर दिया। 1993 में कांग्रेस को 174 और भाजपा को 117 विधानसभा सीटों पर जीत मिली। इसके बाद दिग्विजय सिंह के नेतृत्व में कांग्रेस की सरकार गठित हुई। 1998 के विधानसभा चुनाव एक तरह से दिग्विजय सिंह सरकार की कामकाज के बारे में जनादेश के लिए हुए थे। इन विधानसभा चुनावों का नतीजा भी कमोबेश पिछली विधानसभा चुनावों के नतीजों की तरह ही रहा। इस चुनाव में कांग्रेस को 172 और भाजपा को 119 सीटों पर जीत मिली। 2003 के विधानसभा चुनाव में भाजपा ने पिछड़ी जाति की नेता उमा भारती को राज्य का भावी मुख्यमंत्री घोषित किया। इन चुनावों में भाजपा की जीत हुई और उसे 193 सीटों पर जीत मिली जबकि कांग्रेस को सिर्फ 38 सीटों पर ही जीत मिल पायी। उमा भारती राज्य की मुख्यमंत्री बनीं, लेकिन उन्हें अगस्त 2004 में मुख्यमंत्री पद छोड़ना पड़ा क्योंकि कर्नाटक की एक अदालत ने उनके ख़िलाफ़ वारंट जारी कर दिया था। दरअसल, राष्ट्रीय स्तर की राजनीति में अपना सिक्का जमाने की उमा भारती की महत्त्वाकांक्षा और भाजपा के अन्य नेताओं से खींचतान के कारण उमा भारती राज्य की राजनीति में अलग-थलग पड़ गयी। उनके बाद बाबूलाल गौर राज्य के मुख्यमंत्री बने। नवम्बर, 2005 में भाजपा हाईकमान ने गौर की जगह शिवराज सिंह चौहान को मुख्यमंत्री बनाया। चौहान के नेतृत्व में भाजपा ने 2008 का चुनाव लड़ा और उसे 143 विधानसभा सीटों पर जीत मिली, जबकि कांग्रेस सिर्फ 71 सीटें ही जीत पायी।

विधानसभा चुनावों की तरह ही लोकसभा चुनावों में भी मुख्यत: दो दलों के बीच ही संघर्ष होता है। 1990 के बाद के हुए लोकसभा चुनावों की एक मुख्य प्रवृत्ति यह रही है कि इन चुनावों में भाजपा कांग्रेस की तुलना में मज़बूत साबित हुई है। 1996 में भाजपा को 27, कांग्रेस 8, बसपा को 2 और कांग्रेस (तिवारी) तथा मध्य प्रदेश विकास कांग्रेस को 1 सीट पर जीत मिली। 1998 में भाजपा को 30 और कांग्रेस को 10 सीटों पर जीत मिली। 1999 में भाजपा को 29 और कांग्रेस को 11 सीटों पर जीत मिली। 2004 के लोकसभा चुनावों में भाजपा को 25 और कांग्रेस को 4 सीटें मिलीं। 2009 में हुए लोकसभा चुनावों में भाजपा को 16 और कांग्रेस को 12 सीटें मिलीं।

1993 में हुए विधानसभा चुनावों में राज्य के बघेलखण्ड, बुंदेलखण्ड और चम्बल क्षेत्रों में बहुजन समाज पार्टी ने अपनी उपस्थिति प्रभावशाली ढंग से दर्ज की। शुरुआत में ऐसा लगा कि बहुजन समाज पार्टी द्वि-दलीय राजनीति के ढाँचे को तोड़ कर प्रतियोगिता को तितरफ़ा बना देगी। बसपा के वोट प्रतिशत में लगातार बढ़ोतरी हुई। 1990 में इसे 3.54 प्रतिशत वोट मिले, जबकि 2008 के चुनावों में इसे 8.97 प्रतिशत मिले। लेकिन वह अपने संगठन को उत्तर प्रदेश जैसा मज़बूत नहीं बना पायी। यह जरूर है कि बसपा ने अपनी उपस्थिति लगातार बनाये रखी।

मध्य प्रदेश में पिछड़ी जातियों की अच्छी-ख़ासी जनसंख्या (कुल जनसंख्या का तक़रीबन 40 प्रतिशत) होने के बावजूद राज्य के नेतृत्व पर भी उनका कोई पक्का दबदबा क़ायम नहीं हो पाया है। मसलन, बाबू लाल गौर और उमा भारती जैसे नेता राज्य के मुख्यमंत्री बने, लेकिन ये लम्बे समय तक नहीं रह पाये। मध्य प्रदेश में चुने जाने वाले विधायकों की सामाजिक पृष्ठभूमि का विश्लेषण करने से यह बात सामने आती है कि यहाँ एक ओर उच्च जातियों की प्रभावशाली उपस्थिति लगातार बनी हुई है, वहीं राज्य के दोनों प्रमुख दलों कांग्रेस एवं भाजपा ने अन्य पिछड़े वर्गों को नेतृत्व में उल्लेखनीय हिस्सेदारी प्रदान की है। यही कारण है कि बाहर उत्तर प्रदेश या हरियाणा जैसे राज्यों की तरह यहाँ पिछड़ी जातियों या दलितों के नेतृत्व वाले दल बहुत मज़बूती से उभर कर सामने नहीं आ पाये।

देखें : असम, अरुणाचल प्रदेश, आंध्र प्रदेश, उत्तर प्रदेश, उत्तराखण्ड, ओडीशा, कर्नाटक, केरल, गुजरात, छत्तीसगढ़, जम्मू और कश्मीर, झाड़खण्ड, तमिलनाडु, त्रिपुरा, दिल्ली, नगालैण्ड, पश्चिम बंग, पंजाब, बिहार, महाराष्ट्र, मणिपुर, मिज़ोरम, मेघालय, भारतीय संघवाद, राजस्थान, राज्यों का पुनर्गठन-1, 2 और 3, राज्यों की राजनीति, संघवाद, हरियाणा।

संदर्भ

1. शैबाल गुप्ता (2005), 'सोसियो-इकॉनॉमिक बेस ऑफ़ पॉलिटिकल डायनेमिक्स इन मध्य प्रदेश', *इकॉनॉमिक ऐंड पॉलिटिकल वीकली*, 26 नवम्बर.
2. संजय कुमार (1999), 'बीजेपीज़ डिफ़ीट इन विधानसभा इलेक्शन, 1998 : वाइडस्प्रेड इरोज़न ऑफ़ सपोर्ट बेस', *इकॉनॉमिक ऐंड पॉलिटिकल वीकली*, 30 जनवरी.
3. यतींद्र सिंह सिसोदिया और आशीष भट्ट (2009), 'मध्य प्रदेश : स्थाई बनती दो ध्रुवीय राजनीति', अरविंद मोहन (सम्पा.), *लोकतंत्र का नया लोक : चुनावी राजनीति में राज्यों का उभार*, भाग-2, वाणी प्रकाशन-लोकनीति सीएसडीएस, नयी दिल्ली.

— कमल नयन चौबे

मनोविज्ञान-1

दार्शनिक उद्‌गम और मार्क्स की आपत्तियाँ

(Psychology-1)

व्यवहार एवं मानसिक प्रक्रियाओं का अध्ययन करने वाला शास्त्र मनोविज्ञान कहलाता है। इसके ज़रिये वैयक्तिक और सामाजिक व्यवहार में मानसिक प्रक्रियाओं के प्रभाव का पता लगाया जा सकता है। मनोविज्ञान के विकास से पहले व्यवहार एवं मानसिक प्रक्रियाओं में दर्शनशास्त्र के स्तर पर विचार किया जाता था। उस समय मनोविज्ञान का मतलब था मानस का दर्शन जिसकी मौजूदगी के पर्याप्त प्रमाण प्लेटो और अरस्तू से लेकर देकार्त, हॉब्स, ह्यूम और कांट के लेखन में मिलते हैं। एक लम्बी अवधि में धीरे-धीरे मानस का दर्शन मनोविज्ञान के ठोस और अपने पैरों पर खड़े अनुशासन के रूप में सामने आया। समझा जाता है कि मनोविज्ञान एक विषय के रूप में दर्शनशास्त्र के प्रभाव से मुक्त तब हुआ जब 1879 में विल्हेल्म वुण्ट ने लाइपिज़िग विश्वविद्यालय में मनोविज्ञान की पहली प्रयोगशाला शुरू की। लेकिन एक स्वायत्त अकादमिक गतिविधि के रूप में मनोविज्ञान का उदय बीसवीं सदी की परिघटना ही है। इसीलिए शुरुआती मनोविज्ञानियों के लेखन पर दर्शनशास्त्र की ज़बरदस्त छाप देखी जा सकती है। मसलन, विलियम जेम्स की 1890 में प्रकाशित रचना *प्रिंसिपल्स ऑफ़ साइकोलॅजी* में मस्तिष्क, सहज-वृत्ति और सम्मोहन पर ही नहीं बल्कि देह और मस्तिष्क के द्वैत से संबंधित दार्शनिक समस्याओं पर भी अध्याय मिलते हैं। इसी तरह 1904 में प्रकाशित ई.बी. टिचनर की पुस्तक *लेक्चर्स ऑन द एक्सपेरीमेंटल साइकोलॅजी ऑफ़ द थॉट प्रोसेस* पर भी ब्रिटिश इंद्रियानुभववादी दर्शन की गहरी छाप है। मनोविज्ञान की इस आधार पर आलोचना भी की गयी है कि बतौर एक वैज्ञानिक अनुशासन (पॉज़िटिव डिसिप्लिन) इसका विकास अभी परिपक्व नहीं है, क्योंकि इसकी कथित वैज्ञानिक पद्धतियाँ भावनाओं और संवेगों जैसी अमूर्तताओं के व्यक्तिपरक और स्वयं की रिपोर्टिंग (सब्जेक्टिव सेल्फ़ रिपोर्टिंग) पर आधारित हैं। एक आलोचना यह भी होती है कि मनोवैज्ञानिक के स्वयं के चेतन और अचेतन पूर्वाग्रह से अनुसंधान अछूता नहीं रह पाता।

मार्क्स की आपत्तियाँ और सोवियत प्रयोग : ज्ञान की राजनीति के क्षेत्र में उन्नीसवीं सदी के दौरान मनोविज्ञान की वैधता पर मार्क्स और एंगेल्स ने सबसे बड़ा सवालिया निशान लगाया। उन्होंने भौतिकवादी दृष्टि का पक्ष लेते हुए यह मानने से इनकार कर दिया कि मानवीय चेतना का सही अध्ययन किसी आदर्शवादी नज़रिये से किया जा सकता है। अपनी रचना *जर्मन आइडियालॅजी* में इन दोनों विद्वानों ने दलील दी कि व्यक्ति के सोचने और अनुभूति करने की प्रक्रिया का अध्ययन भौतिकवादी आईने में समाज को देख कर किया जाना चाहिए क्योंकि 'जीवन चेतना से निर्धारित नहीं होता, बल्कि चेतना जीवन से निर्धारित होती है'। इसका तात्पर्य यह था कि मनुष्य की मनोवैज्ञानिक प्रकृति समाज में होने वाले परिवर्तनों के साथ-साथ बदलती रहती है और चेतना के नये रूप पैदा होते रहते हैं। इसी तर्ज़ पर मार्क्स ने *इकॉनॉमिक ऐंड फ़िलॉसफ़ीकल मैन्युस्क्रिप्ट* में उद्योग के इतिहास को मनुष्य की अनिवार्य शक्तियों की खुली किताब क़रार देते हुए उसे एक बोधगम्य मानवीय मनोविज्ञान से जोड़ा। मार्क्स ने मनोविज्ञान के ऊपर अपना आक्रमण जारी रखते हुए कहा कि विज्ञान के ऐतिहासिक विकास को नज़रअंदाज़ करने वाला यह शास्त्र कभी एक सच्चा और सम्पूर्ण विज्ञान नहीं बन पायेगा। मार्क्स द्वारा पैदा किया गया मनोविज्ञान संबंधी यह विवाद आगे चल सोवियत संघ और अन्य साम्यवादी देशों में मनोविज्ञान को ज्ञान के एक रूप की तरह ख़ारिज करने की तरफ़ ले गया। मनोविज्ञान और मार्क्सवाद के इस टकराव से ज़ाहिर था कि इस अनुशासन का ज़्यादातर विकास पूँजीवादी देशों में ही होता। इसलिए माना जाता है कि एक विषय के रूप में इसका जो कुल जमा विकास हुआ है उसमें पश्चिमी, औद्योगिक, उदारतावादी समाज के पूर्वग्रह छिपे हैं।

मार्क्स और एंगेल्स का यह भी कहना था कि अवचेतन को अधिभूतवादी धारणाओं की रोशनी में नहीं समझा जाना चाहिए। एंगेल्स ने इस सिलसिले में शरीरशास्त्र से मिसालें देते हुए साबित करने की कोशिश की है कि अवचेतन का एक भौतिक आधार होता है। उनका कहना था कि मनुष्य को सक्रियता की तरफ़ ले जाने वाली हर चीज़ लाज़मी तौर पर उसे मस्तिष्क से गुज़रती है। चूँकि मस्तिष्क बाह्य जगत के प्रभावों से अछूता नहीं रह सकता इसलिए उसका असर अनुभूतियों, विचारों, संवेगों आदि पर अनिवार्य रूप से पड़ता ही है। मनोविज्ञान की यही शरीरशास्त्रीय आलोचना लेनिन ने भी की। अपनी दार्शनिक रचना *मैटीलियलिज़्म ऐंड इम्पैरियो-क्रिटिसिज़्म* में लेनिन ने ख़ास तौर से विल्हेल्म वुंट पर आरोप लगाया कि उनके चिंतन का प्रस्थान-बिंदु मुख्यत: आदर्शवादी है इसलिए वे किसी विज्ञान के प्रवर्तक नहीं हो सकते। लेनिन ने मनोविज्ञानियों से कहा कि उन्हें संवेगों का विवरण बाह्य जगत के परिणामस्वरूप होने वाली घटनाओं के रूप में देना चाहिए। मसलन, किसी रंग के बारे में बताते समय इतना कहना या जानना काफ़ी होगा कि वह रेटिना पर किसी भौतिक वस्तु की क्रिया का परिणाम है।

सोवियत संघ में क्रांति के बाद मार्क्सवादी सिद्धांतों के आधार पर मनोविज्ञान के विकास की कोशिश की गयी।

पहले रूस में मनोविज्ञान के कई विचार-पंथ प्रचलित थे। 1921 में लेनिन ने आई.पी. पाव्लोव को मार्क्सवादी मनोविज्ञान के विकास की ज़िम्मेदारी दी। स्तालिन के शासनकाल में भी पाव्लोवियन मनोविज्ञान को ही कम्युनिस्ट शासन प्रोत्साहित करता रहा। पाव्लोव ने व्यवहार का अध्ययन प्रतिवर्तों (रिफ़्लेक्सेज़) और शरीरविज्ञानी प्रक्रियाओं के रूप में करने का प्रस्ताव किया। दरअसल, यह काम वे क्रांति के पहले से करते आ रहे थे। पाव्लोव ने अपने एक मशहूर प्रयोग में दिखाया था कि कुत्तों की प्राकृतिक अनुक्रियाएँ (ग़ैर-अनुकूलित) किसी तरह बाह्य प्रभावों के ज़रिये बदली जा सकती हैं। मसलन, भोजन देख कर उनके मुँह में पानी आ जाता है। लेकिन अगर बार-बार उन्हें ख़ाना दिखाने के साथ-साथ घंटी भी बजायी जाए तो फिर घंटी बजने पर भी उनके मुँह में पानी आना शुरू हो जाएगा। पाव्लोव की प्रयोगशाला में चिंतन, अनुभूति और पूर्वानुमान जैसी मानसिक शब्दावली के इस्तेमाल पर प्रतिबंध लगा हुआ था। वे मानवीय चेतना की व्याख्या अनुकूलित या ग़ैर-अनुकूलित प्रतिवर्तों के संदर्भ में करते थे।

दिलचस्प तथ्य यह है कि पाव्लोव के सिद्धांतों को शासन द्वारा हाथों-हाथ ज़रूर लिया गया, लेकिन ख़ुद पाव्लोव ने न तो कभी कम्युनिस्ट पार्टी की सदस्यता ग्रहण की और न ही ख़ुद को मार्क्सवादी-लेनिनवादी कहा। ख़ुद को स्पष्ट रूप से मार्क्सवाद के जोड़ने वाले विद्वान थे एल.एस. विगोत्स्की। उनका कहना था कि मनुष्य केवल अपने पर्यावरण के प्रति अनुक्रिया ही नहीं करता, बल्कि सक्रिय रूप से उसे बनाता भी है। इस प्रक्रिया में उसे ख़ास तरह की चेतना प्राप्त होती है। उन्होंने बच्चों के विचारों का गहन अध्ययन करके अपने सिद्धांतों का सूत्रीकरण किया। उनका दावा था कि उनके सिद्धांत ऐतिहासिक भौतिकवाद की कसौटियों पर खरे उतरते हैं।

व्यवहारपरक विज्ञान : मनोविज्ञान को एक व्यवहारपरक विज्ञान (विहैवियेरियल साइंस), समाज-विज्ञान के एक अनुशासन तथा एक संज्ञानात्मक विज्ञान (कॉग्निटिव साइंस) के रूप में देखा जाता है। उल्लेखनीय है कि बीसवीं सदी में मनोविज्ञान व्यवहारपरक विज्ञान होने के साथ-साथ एक अनुप्रयुक्त विज्ञान के रूप में भी विकसित हुआ है। वह मानसिक प्रक्रियाएँ निर्धारित करने वाली जैव- वैज्ञानिक और स्नायविक प्रक्रियाओं का भी अध्ययन करता है। यहीं सवाल उठता है कि क्या मानस के धरातल पर होने वाली अमूर्त प्रक्रियाओं का वैज्ञानिक अध्ययन किया जा सकता है? दरअसल, मनोविज्ञान के तहत व्यवहार को एक ऐसी सामान्य इकाई के रूप में ग्रहण किया जाता है जिसके अध्ययन से मानसिक प्रक्रियाओं का पता चलता है। इस सिलसिले में संवेग, धारणा, भावना, अनुभूति, संज्ञान और संबंध आदि अध्ययन का विषय बनते हैं। सामान्य रूप से व्यवहारों के माध्यम से इन सभी का अध्ययन किया जाता है। इस अर्थ में मनोविज्ञान एक व्यवहारपरक विज्ञान है। व्यवहार ही वह इकाई है जिसका अवलोकन किया जा सकता है, जिसे रिकॉर्ड किया जा सकता है और जिसका अध्ययन किया जा सकता है। व्यवहारों के माध्यम से मानसिक प्रक्रियाओं के बारे में अनुमान (इनफ़रेंस) लगाया जाता है।

एक प्रश्न यह भी है कि समाजशास्त्र, मानवविज्ञान, अर्थशास्त्र और राजनीतिशास्त्र भी तो व्यवहारपरक विज्ञान हैं। लेकिन ये सभी अनुशासन मानव-व्यवहार के किसी-न-किसी एक ही पक्ष का अध्ययन करते हैं जबकि मनोविज्ञान व्यवहार-मात्र और व्यवहार के सभी प्रकारों का अध्ययन करता है। इसलिए मनोविज्ञान के विषय-क्षेत्र का कोई भी एक प्रसंग दूसरे किसी व्यवहारपरक विज्ञान के साथ कहीं न कही परस्परव्यापी हो जाता है। उदाहरणस्वरूप, मतदाताओं के व्यवहार का अध्ययन राजनीति-शास्त्र का भी विषय क्षेत्र है और मनोविज्ञान का भी। हालाँकि व्यवहार को अध्ययन की इकाई के रूप में मानने को लेकर व्यापक सहमति है, फिर भी मनोविज्ञान के अलग- अलग परिप्रेक्ष्य हैं जो व्यवहार को अलग-अलग कोण से देखते हैं। अनेक परिप्रेक्ष्य व्यवहार से इतर चरों (वैरिएबल्स) से भी अपने अध्ययन की शुरुआत करते हैं। एक वैज्ञानिक अनुशासन के रूप में मनोविज्ञान आनुभविक विधियों (इम्पीरिकल मैथॅड्स) का प्रयोग करता है। एक व्यवस्थित और सुपरिभाषित ढाँचे के तहत प्रयोग और अवलोकन विधियाँ अपनायी जाती हैं। इन विधियों में भी चर (वैरियेबल) परिमाणात्मक आँकड़ों के रूप में व्यक्त होते हैं। आनुभविक अध्ययन के माध्यम से मनोवैज्ञानिक चरों के मध्य कारणात्मक और सहसंबंधात्मक संबंध स्थापित किया जाता है। ऐसे सिद्धांत बनते हैं जो किसी एक रेंज में अनेक मिलते-जुलते व्यावहारिक प्रकरणों पर लागू हो सकते हैं। ये सिद्धांत उचित या अनुचित के मूल्य-निर्णय न हो कर अनेक अनुमान निकालने में उपयोगी होते हैं। आनुभविक और निगमनात्मक पद्धति अपनाने के साथ-साथ मनोविज्ञान में अलग-अलग परिप्रेक्ष्यों में प्रतीकात्मक विवेचन (सिम्बॉलिक इंटरप्रिटेशन) और आगमनात्मक पद्धति का भी उपयोग होता है। आजकल मनोविज्ञान में समाज-विज्ञानों, प्राकृतिक विज्ञानों, चिकित्सा और दर्शन सभी के परिप्रेक्ष्यों और विधियों का उपयोग होने लगा है।

देखें : ज़िग्मण्ड फ्रॉयड, रेने देकार्त, ज़ाक लकाँ, एरिक फ्रॉम, एरिक एरिकसन, मनोविश्लेषण, चेतना, इयत्ता, मनोविश्लेषण और नारीवाद।

संदर्भ

1. फ़ेरनाल्ड एलडी (2008). *साइकोलॉजी : सिक्स पर्सपेक्टिव्ज़,* सेज पब्लिकेशंस, थॉमस ओक्स.

2. आई.पी. पाव्लोव (1932/1958), *एक्सपेरीमेंटल साइकोलॅजी ऐंड अदर एसेज़*, फ़िलॉसफ़ीकल लाइब्रेरी, न्यूयॉर्क.
3. एल. रहमानी (1973), *सोवियत साइकोलॅजी : फ़िलॉसफ़ीकल, थियरेटिकल ऐंड एक्सपेरिमेंटर इशूज़*, इंटरनैशनल युनिवर्सिटीज़ प्रेस, न्यूयॉर्क.

— **राकेश श्रीवास्तव**

मनोविज्ञान-2

नैदानिक, चिकित्सकीय और परामर्शी

(Psychology-2)

एक अनुप्रयुक्त विज्ञान के रूप में मनोविज्ञान मानसिक स्वास्थ्य की समस्याओं का आकलन और समाधान करता है। इसमें व्यक्ति की मानसिक प्रक्रियाओं का जीवन के व्यावहारिक प्रसंगों के सापेक्ष समाधान किया जाता है, या फिर व्यक्ति के मानसिक रुझानों से किसी सामाजिक या व्यवसायिक सेटिंग पर पड़ने वाले प्रभाव का प्रबंधन किया जाता है। इस लिहाज़ से इस अनुशासन का एक पेशेवर प्रारूप होना स्वाभाविक ही है। मनोविज्ञान के तहत चिकित्सा विज्ञान से प्रभावित एक पद्धतिशास्त्र नैदानिक पद्धतिशास्त्र (क्लिनिकल मैथॅडोलॅजी) भी है। यह मनोविज्ञान में प्रायोगिक और निरीक्षणात्मक निगमनात्मक पद्धति तथा प्रतीकात्मक व दार्शनिक आगमनात्मक पद्धति के अतिरिक्त एक महत्त्वपूर्ण पद्धति है। जब किसी मनोवैज्ञानिक समस्या लेकर कोई व्यक्ति नैदानिक-मनोविज्ञानी के पास आता है तो वह उस व्यक्ति से संबंधित मनोवैज्ञानिक चरों (जैसे उसके संवेग, पारिवारिक संबंध, सामाजिक संबंध आदि) का अध्ययन, क्लिनिक की विशेष सेटिंग में, ऐसे अध्ययनों के लिए विकसित विशेष विधियों और उपकरणों (जैसे निरीक्षण, प्रश्नावली, परिवार के सदस्यों से अंतर्क्रिया आदि के माध्यम से) का प्रयोग करके करता है। यह नैदानिक पद्धति मुख्यत: वैज्ञानिक है पर इसमें व्यक्तिपरक, आकस्मिक और अनियंत्रित होने का ख़तरा बना रहता है।

मनोविज्ञानियों का श्रेणीकरण उनके द्वारा अपनाये जाने वाले परिप्रेक्ष्य या शैक्षिक क्षेत्र (जैसे व्यवहारिक मनोविज्ञान, असामान्य मनोविज्ञान, संज्ञानात्मक मनोविज्ञान, समाज-मनोविज्ञान आदि) तथा काम करने के अनुप्रयुक्त क्षेत्र (जैसे नैदानिक मनोविज्ञान, परामर्श मनोविज्ञान, स्कूल मनोविज्ञान आदि)के आधार पर होता है। काम करने के अनुप्रयुक्त क्षेत्रों के आधार पर मनोविज्ञान का इन उप-क्षेत्रों में विभाजन महत्त्वपूर्ण है। अधिकांश देशों में मनोशास्त्रियों का सबसे बड़ा प्रतिशत (लगभग एक तिहाई) नैदानिक-मनोविज्ञानियों या मनोचिकित्सकों का होता है। एक मनोविज्ञानी कहने से आम लोगों को ज़्यादातर जिस पेशेवर व्यक्ति का बोध होता है वह नैदानिक मनोविज्ञानी ही है।

यही वह पेशेवर है जो क्लिनिक के स्तर पर ही मनोवैज्ञानिक दोषों को पहचानने के लिए विशेष रूप से विकसित पद्धतियों का उपयोग करता है और उनके समाधान के लिए विशेष रूप से विकसित इलाज-पद्धतियाँ (थिरैपी) अपना कर उनका इलाज करता है। यह पेशेवर मनोवैज्ञानिक समस्याओं की पहचान (डायग्नोसिस) की पद्धतियों के उपयोग तथा इलाज-पद्धतियों के प्रयोग के लिए औपचारिक रूप से प्रशिक्षित होता है। यह औपचारिक प्रशिक्षण किस डिग्री और डिप्लोमा के माध्यम से होगा यह संबंधित देश की सरकारें निर्धारित करती है। आम तौर पर ये लोग मनोविज्ञान में चार से पाँच वर्षों की स्नातकोत्तर पढ़ाई (डॉक्टरेट तक) या नैदानिक-मनोविज्ञान में एमए होते हैं।

समझने की बात यह है कि नैदानिक-मनोविज्ञानी और मनोचिकित्सक (साइकियाट्रिस्ट) में अंतर है। मनोचिकित्सक के पास एमडी की डिग्री होती है। वे मरीज़ के लिए दवाइयाँ लिख सकते हैं तथा उन्हें अस्पताल भेज सकते हैं। दवाइयाँ लिखने के अतिरिक्त साइकियाट्रिस्ट उन मनोवैज्ञानिक इलाज-पद्धतियों (साइकोथिरैपी) का उपयोग भी कर सकता है, जिनका उपयोग नैदानिक-मनोविज्ञानी भी करने के लिए स्वतंत्र है। नैदानिक-मनोविज्ञानी की क्लिनिक की पूरी व्यवस्था के अलग-अलग अवयवों के लिए विभिन्न डिप्लोमा और अन्य पेशेवर कोर्स जैसे मानकीकृत नैदानिक परीक्षणों के लिए कोर्स, नैदानिक शोधों (साइकोलॅजिकल रिसर्च) के लिए कोर्स विकसित किये जाते हैं। नैदानिक सेट-अप में साइकियाट्रिक सोशल वर्कर भी मदद करते हैं पर इनका कार्यक्षेत्र इसके अतिरिक्त सामुदायिक मनोविज्ञान, सामाजिक मनोविज्ञान आदि में भी होता है। नैदानिक-मनोविज्ञानी (क्लिनिकल साइकोलॅजिस्ट) साइकोएनैलिस्ट से भी भिन्न होता है। साइकोएनालिसिस या मनोविश्लेषण से मतलब उन नैदानिक पद्धतियों से जिसका आरम्भ ज़िग्मण्ड फ्रॉयड और उनके शिष्यों द्वारा किया गया। एमडी साइकियाट्री के अंदर भी साइकोएनालिसिस का प्रशिक्षण और नैदानिक-मनोविज्ञान के भीतर भी मनोविश्लेषण का प्रशिक्षण हो सकता है। मनोविश्लेषण का इन दोनों से स्वतंत्र प्रशिक्षण भी होता है।

कई तरह के मनोविज्ञान : आज परामर्श-मनोविज्ञान (काउंसिलिंग साइकोलॉजी) एक लोकप्रिय क्षेत्र के रूप में विकसित हो चुका है। इसमें छोटी मनोवैज्ञानिक समस्याओं और जीवन के सामान्य पहलुओं के बारे में मनोवैज्ञानिक कोण से पेशेवरों द्वारा सलाह दी जाती है। ये मनोवैज्ञानिक परीक्षण उपकरणों और कुछ हद तक साइकोथिरैपी का भी उपयोग करते हैं। परामर्श मनोविज्ञान के कई उपक्षेत्र विकसित हो रहे हैं जिसमें स्कूल-परामर्श, शैक्षणिक परामर्श, परिवार और विवाह संबंधी परामर्श प्रमुख हैं। संज्ञानात्मक मनोविज्ञान (कॉग्निटिव साइकोलॉजी) मनोविज्ञान के एक परिप्रेक्ष्य या संज्ञानवाद (कॉग्नेटिज़्म) नामक विचार-पंथ (स्कूल ऑफ़ थॉट) से प्रभावित है। इसमें मानसिक प्रक्रियाओं और कार्यों के साथ-साथ उनकी अंतर्क्रियाओं का अध्ययन किया जाता है। हमारे चारों ओर के वातावरण और इसके पहलुओं के बारे में बोध और धारणाओं की जाँच की जाती है। अर्थात् ज्ञानेंद्रियों द्वारा प्राप्त कतिपय सूचनाएँ और उनकी प्रोसेसिंग की प्रक्रियाएँ ही इसमें अध्ययन की इकाईयाँ हैं। ऐसी सूचनाओं के मेंटल प्रोसेसिंग से ही बोध और धारणाएँ बनती हैं, अनुभव बनता है जिसे मस्तिष्क कहते हैं। इसके पीछे यह समझ काम करती है कि कोई भी मनोवैज्ञानिक समस्या एक संज्ञानात्मक दोष है और उन प्रक्रियाओं में किंचित परिवर्तन कर इन समस्याओं को सुधारा जा सकता है जिनके संयोग से संबंधित संज्ञान बनता है। ये प्रक्रियाएँ हैं बोध (परशेप्सन), ध्यान (एटेंशन), सोच (थिंकिंग), समस्या समाधान (प्रॉब्लम सॉल्विंग), स्मृति (मेमोरी), सीखना (लर्निंग), भाषा (लैंग्वेज), भावना (इमोशन) आदि।

स्कूल और शैक्षणिक मनोविज्ञान भी इस अनुशासन की लोकप्रिय शाखाएँ हैं। स्कूल-मनोविज्ञान में स्कूल सेट-अप में सीखने से संबंधित समस्याओं का समाधान किया जाता है जबकि शैक्षणिक मनोविज्ञान में सामान्य स्तर पर सीखने और सिखने की प्रेरणा से संबंधित समस्याओं का अध्ययन किया जाता है। प्रयोगात्मक मनोविज्ञान मनोविज्ञान का वह पेशेवर क्षेत्र है जिसमें व्यावहारिक समस्याओं के संदर्भ में अध्ययन की जगह संज्ञान और अनुभव को बनाने वाले मूलभूत कारकों का वैज्ञानिक प्रयोगों का उपयोग करके सैद्धांतिक निरूपण किया जाता है। इसमें उन प्रयोगों और पद्धतियों को विकसित किया जाता है जिनके माध्यम से मानवीय संज्ञान और व्यवहार को अपेक्षित रूप से बदला जा सके और उस बदलाव को बनाये रखा जा सके। प्रयोगात्मक मनोविज्ञान में हमारे व्यवहार के जैविकी और शरीर-क्रियात्मक पहलुओं का अध्ययन महत्त्वपूर्ण है। इसे शरीर-क्रियात्मक मनोविज्ञान कहा जाता है। औद्योगिक और संगठनात्मक मनोविज्ञान में मनोविज्ञान के सिद्धांतों का उपयोग औद्योगिक और संगठनात्मक क्षेत्र की व्यावहारिक समस्याओं के समाधान के लिए किया जाता है।

सामाजिक मनोविज्ञान देखता है कि किस प्रकार धारणाएँ और स्टीरियोटाइप (या रूढ़ छवियों) की वजह से व्यक्तियों और समूहों के आपस में व्यवहार निर्धारित होते हैं। इसमें व्यक्तियों के आपसी व्यवहार के मानसिक कारकों का अध्ययन किया जाता है। विकासात्मक मनोविज्ञान (डिवेलपमेंट साइकोलॉजी) मनोविज्ञान का वह क्षेत्र है जिसमें व्यक्ति के सीखे गये व्यवहारों और मन में स्थापित धारणाओं का मूल बचपन और उससे आगे जीवन-पर्यंत विकास की प्रक्रियाओं में ढूँढा जाता है। विकासात्मक मनोविज्ञान के व्यावहारिक और प्रयोगात्मक दोनों आयाम महत्त्वपूर्ण है।

सामुदायिक मनोविज्ञान (कम्युनिटी साइकोलॉजी) में किसी समुदाय के विशिष्ट सामुदायिक जीवन में बनने वाली धारणाओं, संज्ञानों और अनुभवों से व्यक्ति के बनने वाले मनोविज्ञान तथा व्यक्तिओं को सामुदायिक जीवन के साथ तारतम्य में लाने वाली प्रक्रियाओं का अध्ययन किया जाता है। कुछ सामुदायिक मनोवैज्ञानिक सामुदायिक विकास-कार्यक्रमों अथवा सुधार कार्यक्रमों के तहत काम करते हैं जिसमें वे संबंधित समुदाय के भीतर उसके सदस्यों के मनोवैज्ञानिक स्वास्थ्य के लिए काम करते हैं। कुछ सामुदायिक मनोवैज्ञानिक जिन्हें सामाजिक समस्या सामुदायिक मनोवैज्ञानिक कहा जाता है वह समुदाय की सामूहिक समस्याओं पर अपना ध्यान केंद्रित करते हैं।

मनोविज्ञान में अध्ययन के कई परिप्रेक्ष्य हैं। व्यवहारपरक परिप्रेक्ष्य में यह माना जाता है कि मानसिक प्रक्रियाएँ (जो अमूर्त हैं) उनका वैज्ञानिक अध्ययन व्यक्ति के व्यवहारों को विषय-वस्तु बनाकर किया जा सकता है। व्यवहार के पैटर्न में व्यक्ति के मानसिक विन्यास, उसकी मानसिक समस्याओं को ढूँढा जाता है और व्यवहार में परिवर्तन के माध्यम से मानसिक समस्याओं का समाधान सुझाया जाता है। जैववैज्ञानिक परिप्रेक्ष्य में मनोवैज्ञानिक व्यवहार के जैववैज्ञानिक और शरीर-क्रियात्मक कारणों को देखा जाता है। इसी प्रकार, संज्ञानात्मक परिप्रेक्ष्य, सामाजिक परिप्रेक्ष्य और विकासात्मक परिप्रेक्ष्य भी महत्त्वपूर्ण परिप्रेक्ष्य हैं। मानववादी परिप्रेक्ष्य (ह्यूमैनिस्टिक पर्सपेक्टिव) में व्यक्ति के व्यवहार और उसके मनोविज्ञान को व्यक्ति के अपने स्व के विकास के प्रयासों में पढ़ा जाता है। मनोविश्लेषणात्मक (साइकोएनालिटिकल) परिप्रेक्ष्य मनोविज्ञान का एक अत्यंत महत्त्वपूर्ण परिप्रेक्ष्य है। इस परिप्रेक्ष्य में अचेतन (अनकांशस) में दबे पड़े भावों और संवेगों को मनोवैज्ञानिक व्यवहार का मूल उत्स माना जाता है। इस परिप्रेक्ष्य में समाज द्वारा अमान्य कर दी गयी भावनाओं और संवेगों की क्षतिपूर्ति के लिए या उसके डिफ़ेंस में व्यक्ति का व्यवहार होता है। इसलिए व्यक्ति का व्यवहार नहीं बल्कि और भी भीतर दबे कारक और प्रेरणाएँ अध्ययन के विषय-वस्तु हैं। अस्तित्ववादी परिप्रेक्ष्य

में माना जाता है कि विभिन्न क्षणों में विभिन्न रूप से अभिव्यक्त व्यक्ति के मनोविज्ञान का उत्स उसके भीतर अस्तित्व के कारकों के साथ मचे हुए द्वंद्व के कारण है। इस परिप्रेक्ष्य के अनुसार मानवीय स्वभाव के पहलुओं और उसकी दुश्चिंताओं का वैज्ञानिक अध्ययन सम्भव नहीं है। दुश्चिंताओं (एंग्ज़ाइटीज़) के मूल में मृत्यु और भविष्य के अन्य कारक होते हैं और व्यक्ति के अध्ययन में उसकी मुक्त इच्छाओं का सामयिक अध्ययन महत्त्वपूर्ण है।

देखें : ज़िग्मण्ड फ्रॉयड, रेने देकार्त, ज़ाक लकाँ, एरिक फ्रॉम, एरिक एरिकसन, मनोविश्लेषण, चेतना, इयत्ता, मनोविश्लेषण और नारीवाद।

संदर्भ

1. जी. मैंडलर(2007), *अ हिस्ट्री ऑफ़ मॉडर्न ऐक्सपेरिमेंटल साइकोलॅजी,* केम्ब्रिज, एम. ए: एमआइटी प्रेस.
2. एल.एस. विगोत्स्की (1934/1986), *थॉट ऐंड लेंग्वेज,* एमआईटी प्रेस, केम्ब्रिज, मैसाचुसेट्स.

— राकेश श्रीवास्तव

मनोविश्लेषण

(Psychoanalysis)

मनोरोगी से बातचीत करने के ज़रिये उसका उपचार करने की विधि और एक बौद्धिक अनुशासन के रूप में मनोविश्लेषण की स्थापना ज़िग्मण्ड फ्रॉयड ने की थी। समाज-विज्ञान के कई अनुशासनों पर मनोविश्लेषण का गहरा असर है। स्त्री-अध्ययन, सिनेमा-अध्ययन और साहित्य-अध्ययन ने मनोविश्लेषण के सिद्धांत का इस्तेमाल करके अपने शास्त्र में कई बारीकियों का समावेश किया है। नारीवाद की तो एक शाखा ही मनोवैश्लेषिक नारीवाद के नाम से जानी जाती है। फ्रॉयड का विचार था कि मनुष्य के अवचेतन को अलग-अलग हिस्सों में बाँट कर उसी तरह से समझा जा सकता है जिस तरह प्रयोगशाला में किसी रसायन का विश्लेषण किया जाता है। अवचेतन का सिद्धांत इस मान्यता पर आधारित है कि मनुष्य को अपने मस्तिष्क के एक हिस्से का ख़ुद ही पता नहीं होता। उसकी अभिव्यक्ति उसके सपनों, बोलते-बोलते ज़बान फिसल जाने और अन्य शारीरिक बीमारियों के रूप में होती है। 1880 के दशक में वियना के एक चिकित्सक जोसेफ़ ब्रेयुर के साथ मिल कर फ्रॉयड ने बर्था पैपेनहाइम नामक एक महिला के हिस्टीरिया (उन्माद) इलाज किया। मनोविज्ञान के इतिहास में बर्था को उसके छद्‌म नाम 'अन्ना ओ' के रूप में भी जाना जाता है। जल्दी ही हिस्टीरिया में सेक्शुअलिटी की भूमिका के सवाल पर फ्रॉयड के बेयुर से मतभेद हो गये। फ्रॉयड को यक़ीन था कि मानसिक सदमे की प्रकृति काफ़ी-कुछ सेक्शुअल हो सकती है। इसी तरह के अन्य मरीज़ों का उपचार करने के दौरान हासिल किये गये उनके निष्कर्षों का प्रकाशन 1895 में *स्टडीज़ इन हिस्टीरिया* के रूप में सामने आया। फ्रॉयड ने हिस्टीरिया की व्याख्या एक ऐसे दिमाग़ी सदमे के रूप में की जिसे रोगी दबाता रहता है। मनोविश्लेषण द्वारा रोगी को उस सदमे की याद दिलायी जाती है। फ्रॉयड के बाद मनोविश्लेषण के सिद्धांत का आगे विकास करने का श्रेय ज़ाक लकाँ को जाता है।

अवचेतन संबंधी सिद्धांत : फ्रॉयड को यक़ीन था कि मनुष्य अपनी इच्छाओं, यौन-कामनाओं और आवश्यकताओं की पूर्ति में नाकाम रहने पर होने वाली तकलीफ़ के एहसास को दबाता है। इस प्रक्रिया में उसके भीतर अपूर्ण कामनाओं के प्रति अपराध-बोध पैदा हो जाता है जिससे कुंठा, आत्मालोचना और एक सीमा के बाद आत्म-हीनता और आत्म-घृणा की अनुभूतियाँ जन्म लेती हैं। यह तमाम कार्य-व्यापार अवचेतन के भीतर चलता है। यह अवचेतन हमेशा दबा हुआ नहीं रहता, और सपनों के रूप में या घटनाओं के प्रति अनायास या तर्कसंगत न लगने वाली अनुक्रियाओं (जैसे तेज़ रफ़्तार से कार चलाना या किसी परिजन पर ग़ुस्सा करने लगना) के रूप में सामने आता है।

फ्रॉयड मानस को तीन भागों (इड यानी कामतत्व, ईगो यानी अहं और सुपर-ईगो यानी पराअहं) में बाँट कर देखते हैं। उन्होंने अहं को यथार्थमूलक और आत्ममोह को जन्म देने वाले दो रूपों में बाँटा है। यथार्थमूलक अहं की मध्यस्थता सुख की तरफ़ धकेलने वाले कामतत्व और यथार्थ का समीकरण विनियमित करती है। इसी के प्रभाव में अपनी कामनाएँ पूरी करने के साथ-साथ व्यक्ति सामाजिक अपेक्षाओं पर भी ख़रा उतरने की कोशिश करता है। पराअहं की हैसियत मानस में माता-पिता सरीखी है और वह कामतत्व और अहं पर अपना हुक्म चलाता है। यही पराअहं बालक को अपने पिता का प्राधिकार स्वीकार करने की तरफ़ ले जाता है। इसके प्रभाव में पुत्र द्वारा माँ को प्राप्त करने की कामना का दमन किया जाता है ताकि इस प्रक्रिया में वह पिता की ही तरह अधिकारसम्पन्न हो सके। पितृसत्ता इस सिलसिले से ही पुनरुत्पादित होती है।

फ्रॉयड की व्याख्या के मुताबिक़ जीवन और जगत के साथ विविध संबंधों में जुड़ने के लिए पुत्र और माँ के बीच का काल्पनिक सूत्र भंग करना ज़रूरी है और यह भूमिका

पिता के हिस्से में आती है। पिता के हस्तक्षेप के तहत पुत्र को माँ के प्रति अपनी यौन-कामना त्यागनी पड़ती है। वह देखता है कि पिता के पास शिश्न है जो माँ के पास नहीं है। उसे डर लगता है कि अगर उसने पिता के प्राधिकार का उल्लंघन किया तो उसे भी माँ की ही तरह ही बधिया होना पड़ सकता है। बधियाकरण की दुश्चिंता (कैस्ट्रेशन एंग्ज़ाइटी) के तहत मातृमनोग्रंथि नामक संकट का जन्म होता है जो फ़्रॉयड का एक और महत्त्वपूर्ण सूत्रीकरण है।

मातृमनोग्रंथि का संकट बेटे को माँ का परित्याग करने की तरफ़ ले जाता है। माँ के प्रति अपनी अनकही सेक्शुअल चाहत के इस नकार को फ़्रॉयड ने आदिम आत्म-दमन की संज्ञा दी है। आत्म-दमन के इसी प्रसंग से व्यक्ति के मानस में अवचेतन की बुनियाद पड़ती है।

लकाँ का मनोविश्लेषण : ज़ाक लकाँ ने फ़्रॉयड द्वारा प्रवर्तित मनोविश्लेषण पर पुनर्विचार करते हुए सेक्शुअल कामना के दायरे से निकाल कर उसकी प्रतिष्ठा भाषा के दायरे में की। साथ ही उन्होंने आत्ममोह को जन्म देने वाले अहं की बेहतर व्याख्या की जबकि फ़्रॉयड ने इस पहलू पर ज़्यादा ग़ौर नहीं किया था। लकाँ ने देखा कि फ़्रॉयड के मुताबिक़ मातृमनोग्रंथि का शिकार होते समय बालक बोलने की उम्र में आ जाता है। अर्थात् आदिम आत्म-दमन के आधार पर जब उसके अवचेतन की नींव पड़ रही होती है, उस समय कर्त्ता के रूप में उसके क़दम भाषा के प्रदेश में पड़ जाते हैं। यही वह क्षण है जब बच्चा भाषा के ज़रिये कामना के जन्म और दमन से वाक़िफ़ होता है। चूँकि कामना कभी पूरी नहीं हो सकती इसलिए वह माँ के रूप में आजीवन अपनी खोयी हुई वस्तु की तलाश करता रहता है।

पुत्र और माँ का युग्म तोड़ने के लिए लकाँ ने मिरर-इमेज की भूमिका रेखांकित की है। आईने में ख़ुद को देख कर अर्थात् अपने ही बिम्ब से साक्षात्कार होते समय उसे माँ के साथ अपने अंतर का एहसास होता है। इस मुक़ाम तक पहुँचते समय पिता द्वारा बनाये गये नियमों के प्रभाव में भाषा के प्रतीकात्मक संसार में बालक का प्रवेश हो चुका होता है। बिम्बात्मकता से प्रतीकात्मकता में जाने की यह प्रक्रिया लकाँ के अनुसार तीन निर्णायक क्षणों के क्रम में घटित होती है : मिरर-इमेज का चरण, भाषा में प्रवेश का चरण और फिर मातृमनोग्रंथि के संकट का दौर।

छह महीने से डेढ़ साल की आयु के बीच माँ बच्चे को जब शीशा दिखाती है तो वह ख़ुद को अलग से पहचान कर अपने एकीकृत और पृथक अस्तित्व से परिचित होता है। लकाँ इसे ही आत्ममोह के क्षण की शुरुआत मानते हैं अर्थात् इसी जगह अहं की आत्ममोह संबंधी क्रिस्म का जन्म होता है और देह प्रेम का लक्ष्य बनती है। लेकिन इसी क्षण एक और घटना होती है। माँ से ख़ुद को भिन्न पा कर वह दो बातें सोचता है। पहली, यह मैं हूँ और दूसरी, मैं माँ के साथ एकमेक न हो कर अन्य हूँ। इसी जगह परायेपन का एहसास जन्म लेता है। बच्चा दर्पण में अपनी जिस छवि को देखता है, वह उसकी सूचक है। पह छवि उसकी इयत्ता न हो कर उसका स्थानापन्न बिम्ब है। लकाँ बताते हैं कि इसीलिए मिरर-इमेज का चरण अहं के विकास की शुरुआत तो बनता है, पर यह बुनियाद एक ऐसी समझ पर रखी जाती है जो यथार्थमूलक नहीं होती।

मनोविश्लेषण की दुनिया में इस बात पर काफ़ी बहस है कि क्या मनोरोगी के मानस तक उससे बातचीत के ज़रिये पहुँचा जा सकता है? क्या मनोरोगी के भीतर मनोचिकित्सक द्वारा की गयी पूछताछ के प्रति प्रतिरोध नहीं होता? इन सवालों का जवाब तलाशने की प्रक्रिया में पैदा हुए मतभेदों के केंद्र में मातृमनोग्रंथि और शिशु-यौनिकता से जुड़े हुए मुद्दे हैं। मनोरोग के रूप में उन्माद को महत्त्व देने वाले मनोविश्लेषक मातृमनोग्रंथि की पैदाइश के क्षण को कुछ ज़्यादा ही अहमियत देते हैं, जबकि खण्डित मनस्कता (स्किज़ोफ्रेनिया) का विश्लेषण करने वालों की तरफ़ से इसे बहुत कम प्राथमिकता मिलती है।

देखें : एरिक फ्रॉम, कार्ल गुस्ताव युंग, ज़ाक लकाँ, मनोविज्ञान-1 और 2, मनोविश्लेषण और नारीवाद, ज़िग्मण्ड फ्रॉयड-1 और 2।

संदर्भ

1. ज़िग्मण्ड फ्रॉयड, जे. स्ट्रैची (सम्पा.) (1966), *द स्टैंडर्ड एडिशन ऑफ़ द कम्पलीट सायकोलॅजीकल वर्क्स ऑफ़ ज़िग्मण्ड फ्रॉयड,* 19 खण्ड, होगार्द प्रेस, लंदन.
2. ज़ाक लकाँ (1973), *फ़ोर फ़ंडामेंटल कंसेप्ट ऑफ़ सायकोएनालिसिस,* होगार्द प्रेस, लंदन.
3. ज़ील डलज़ और फ़ेलिक्स गुआतारी (1972), *एंटी इडिपस : कैपिटलिज़म ऐंड स्किज़फ्रेनिया,* अनु. रॉबर्ट हर्ली, मार्क सीम और हेलन आर. लेन, वाइकिंग प्रेस, न्यूयॉर्क.
4. एफ़. मेल्ट्ज़र (1987), *द ट्रायल्स ऑफ़ साइकोएनालिसिस,* द युनिवर्सिटी ऑफ़ शिकागो प्रेस, लंदन और शिकागो, आएल.

— अभय कुमार दुबे

मनोविश्लेषण और नारीवाद

(Psychoanalysis and Feminism)

मनोविश्लेषण और उसके संस्थापक ज़िग्मण्ड फ्रॉयड के साथ नारीवाद का शुरुआती रिश्ता आलोचना का था। सत्तर के दशक के प्रारम्भिक दौर की नारीवादियों का विचार था कि फ्रॉयड ने पुरुष को केंद्र बना कर एक पितृसत्तात्मक शास्त्र की रचना की है। इसीलिए मनोविश्लेषण में स्त्री, उसकी देह और मानस की हैसियत दोयम दर्जे की हो जाती है। फ्रॉयड और नारीवाद के बीच संबंधों में सुधार की शुरुआत जूलियट मिचेल की 1975 में प्रकाशित पुस्तक *सायकोएनालिसिस ऐंड फ़ेमिनिज़म* से हुई। मिचेल ने दलील दी कि मनोविश्लेषण के प्रचलित मॉडल को स्त्री-पुरुष के बीच रिश्तों के एक सार्वभौम नुस्खे के रूप में न देख कर उस समाज (वियना का निम्न-पूँजीवादी समाज) के वर्णन के तौर पर देखा जाना चाहिए जिसमें फ्रॉयड रहते थे। मिचेल के इस तर्क के बाद समाज को शिश्न-सत्ता के आईने में देखने के आग्रह के विपरीत नारीवादी विदुषियाँ शिश्न को पितृसत्ता के शक्ति-प्रतीक की तरह देखने लगीं। मिचेल की पुस्तक ने मनोवैश्लेषिक नारीवाद के विकास के लिए रास्ता खोला क्योंकि परिवार, सेक्सुअलिटी, बचपन और देह के सरोकार दोनों अनुशासनों के लिए उभयनिष्ठ थे। मिचेल ने मनोविश्लेषक जाक लकाँ के सिद्धांतों की उपयोगिता की तरफ़ भी ध्यान खींचा जिसके इर्द-गिर्द मनोवैश्लेषिक नारीवाद के विभिन्न आयाम विकसित हुए। मनोवैश्लेषिक नारीवाद ने स्त्रियों में बसे नारीत्व के गुणों का विश्लेषण करते हुए पुरुष के जेंडर निर्माण-बोध को भी कठघरे खड़ा किया।

फ्रॉयड ने मनुष्य के मानस की कई परतों का उद्घाटन अपनी वैज्ञानिक व्याख्याओं से किया था। उन्होंने यौनिकता का सिद्धांतीकरण करके परिभाषित किया और इसी क्रम में बच्चों की यौनिकता को मान्यता मिली। समाज ने महिलाओं की यौनिक इच्छाओं को अब तक स्थान नहीं दिया था लेकिन फ्रायड के बाद स्त्रियों की यौनिकता पर भी बहसें होने लगीं। इन बहसों में ही आगे के नारीवादी सिद्धांतों की नींव छिपी थी। फ्रायड ने बच्चों के यौनिक विकास को शैशवावस्था से ही चरणबद्ध करते हुए बताया कि यह दौर उनकी यौनिकता के बहुआयामी विकास का होता है। बच्चे लिंग-विहीनता के कारण अपने शरीर के विभिन्न भागों से यौनिक आनंद लेते हैं। पहली स्थिति में बच्चा स्तनपान करते हुए सेक्सुअल सुख अनुभव करता है और यही सुख उसे अपना अँगूठा चूसते हुए भी होता है। दूसरी अवस्था में दो से तीन वर्ष की उम्र में अपने साथ हुई छेड़छाड़, जैसे गाल चूमने आदि से उसे उत्तेजना आती है। तीसरी अवस्था में बच्चों की जननेंद्रियाँ विकसित हो चुकी होती हैं और वे अपने शरीर के ज़रिये ही यौनिक रहस्य जानने की कोशिश करते हैं।

फ्रॉयड ने यह भी कहा कि स्त्रियों का व्यवहार बचपन से ही 'शिश्न-ईर्ष्या' के कारण जटिल होता है। इसकी वजह होती है उनकी देह में लिंग की अनुपस्थिति। बालक लिंगधारी होने के कारण आसानी से इस जटिलता से बाहर आ जाता है और अपने पराअहं या सुपर ईगो का निर्माण कर लेता है। लड़कियाँ लिंग-अभाव से उपजी कमतरी की कुंठा और जटिलता के चलते अंततः पिता के प्रति समर्पित हो जाती हैं। फ्रॉयड द्वारा विकसित इस मनोविज्ञान के अनुसार स्त्री लिंग की अनुपस्थिति से उपजे हीनता-बोध में ताउम्र जीती है। उसे अपने शरीर से नफ़रत होती है क्योंकि वह सम्पूर्ण नहीं होती। नारीवादियों ने यह प्रस्थापना मानने से इनकार कर दिया। फ्रॉयड की इन दावेदारियों और ख़ास तौर से मातृमनोग्रंथि, शिश्न-ईर्ष्या और कैस्ट्रेशन कॉम्प्लेक्स या बधियाकरण के डर को उन्होंने शुरू से ही आपत्तिजनक माना। सिमोन द बोउवार ने महिलाओं को महज़ जैविक उत्पाद नहीं, बल्कि सामाजिक उत्पाद क़रार देते हुए इडिपस और कैस्ट्रेशन कॉम्प्लेक्स के विषय में कहा कि यदि लड़के और लड़की दोनों की परवरिश समान सामाजिक वातावरण में की जाए तो दोनों को ही ये ग्रंथियाँ नहीं झेलनी होंगी। बचपन से ही लड़कों के सामने सिर्फ़ लड़कों की दुनिया और लड़कियों के सामने सिर्फ़ लड़कियों की दुनिया होती है, जिसकी वजह से ये ग्रंथियाँ पनपती हैं।

सत्तर के शुरुआती वर्षों में बेट्टी फ्रीडन, सुलामिथ फ़ायरस्टोन और केट मिलेट ने इस विमर्श की आलोचना करते हुए कहा कि महिलाओं की अधीनता का मुख्य कारण मनोवैज्ञानिक नहीं, बल्कि सामाजिक है। सामाजिक ढाँचे में ज़रूरी बदलावों के बिना स्त्री-पुरुष की ग़ैरबराबरी ख़त्म नहीं की जा सकती। बेट्टी फ्रीडन का तर्क था कि फ्रॉयड विक्टोरियन संस्कृति से अधिक प्रभावित हो कर स्त्री और पुरुष की जैविक उत्पत्ति को उनकी नियति मान कर चल रहे हैं। वे समझते हैं कि स्त्री के रूप में जन्म लेने के कारण ही वह हीन और तुच्छ मनुष्य बन जाती है। हक़ीक़त यह है कि हीन और गौण बनने की इस प्रक्रिया में समाज की भूमिका अहम होती है। फ्रॉयड ने स्त्रियों को शिश्न की अनुपस्थिति के कारण एक बेहद महत्त्वपूर्ण कमी का शिकार क़रार दिया था।

फ्रीडन ने दावा किया कि महिलाएँ लिंग की अनुपस्थिति के कारण हीन नहीं ठहरायी जा सकतीं क्योंकि उनके पास प्रजनन का पूरा मैकैनिज़्म है, जो ज़ाहिर है कि पुरुषों के पास नहीं होता। सुलामिथ फ़ायरस्टोन ने दलील दी कि स्त्रियों की निष्क्रिय-यौनिकता का कारण प्राकृतिक नहीं है, बल्कि यह उनकी पुरुषों पर सामाजिक, आर्थिक, शारीरिक और भावनात्मक निर्भरता से जुड़ा मामला है।

फ़ायरस्टोन ने नवफ्रॉयडवादियों को आड़े हाथों लेते हुए कहा कि वे स्त्रियों को उनकी इस दोयम स्थिति का कारण समझाएँ और उनका मानस बदलने के लिए तैयार करें। अगर वे ऐसा नहीं कर पाते हैं तो इसका कारण यह होगा कि वे ख़ुद भी उसी पितृसत्तात्मक ढाँचे से गुँथे हैं और स्त्री को उसी स्थिति में देखना चाहते हैं जिसमें वह है। नवफ्रॉयडवादियों को डर है कि इससे परिवार टूटेंगे और 'स्वीट होम' की अवधारणा उखड़ने लगेगी।

फ़ायरस्टोन के अनुसार स्त्री और पुरुष के बीच शक्ति-संबंध समझना आवश्यक है क्योंकि यही वह केंद्र बिंदु है, जिससे महिलाओं के जीवन में इडीपल कॉम्प्लेक्स या मातृ-मनोग्रंथि की स्थिति उत्पन्न होती है। केट मिलेट ने भी नवफ्रॉयडवाद पर हमला करते हुए कहा कि लिंग की अनुपस्थिति और कुछ नहीं, बल्कि पुरुषों का आत्मतुष्टीकरण है। प्रजनन की क्रिया सिर्फ़ संतान को जन्म देना नहीं, वरन् पूरे समाज को आगे बढ़ाने और सृजन की प्रक्रिया है जिससे पुरुषों को हीनताबोध हो सकता है। इसीलिए पुरुषों ने महिलाओं की इस ख़ूबी को उनकी कमज़ोरी में तब्दील कर दिया है।

नारीवादी चिंतक ल्यूस इरिगरे ने 1974 में अपनी रचना *स्पेकुलम* में फ्रॉयड और लकाँ की आलोचना की और मनोविश्लेषण में निहित रूढ़ अवधारणाओं को रेखांकित किया कि कैसे अपनी मान्यताओं में मनोविश्लेषण पूर्वग्रह से भरा है। यह पूरी तरह से पितृसत्तात्मक है और ऐसी सामाजिक व्यवस्था का प्रतिनिधित्व करता है जिसमें माँ की कोई भूमिका नहीं है। इस पर पुरुष-लिंगीय आग्रह की छाप है। फ्रायड ने बालक के विकास को मनोविश्लेषण की मान्यताओं पर परखा, लेकिन बालिका को 'अन्य' के रूप में रखा। इरिगरे ने मानव-देह को मूलतः पुरुष-देह के रूप में देखे जाने का विरोध किया। स्पेकुलम शब्द का इस्तेमाल डॉक्टर शरीर के भीतरी भागों के किसी छिद्र या गड्ढे को देखने के लिए करते हैं। इरिगरे कहती हैं कि फ्रॉयड ने भी स्त्री शरीर को गड्ढे के रूप में देखा है।

लकाँ के सिद्धांतों का प्रभाव : मिचेल द्वारा फ्रॉयड की पुनः समीक्षा करने के बाद कई नारीवादियों ने देखा फ्रॉयड के पितृसत्तात्मक रुझानों की आलोचना करते हुए भी उनके द्वारा स्थापित अवचेतन की अवधारणा उनके लिए उपयोगी हो सकती है। मनोविज्ञान कहता है कि मनुष्य का उसकी अवचेतन दमित कामनाओं, विवशताओं, दुश्चिंताओं, भीतियों, लिप्साओं और स्वप्नों का आगार है। लकाँ का विमर्श इसमें यह जोड़ता है कि अवचेतन मनुष्य द्वारा भाषा को ग्रहण करने की चालक-शक्ति है। नारीवादी विदुषियों को लगा कि भाषा और कामना के बीच कहीं स्थित अवचेतन स्त्री की इयत्ता के एक अतिरिक्त आयाम की तरफ़ इशारा करता है।

इरिगरे और जूलिया क्रिस्टेवा ने लकाँ के विमर्श की सहायता से मनोविश्लेषण के एक ऐसे मॉडल पर सोचना शुरू किया जो पिता की बजाय माँ की तरफ़ ज़्यादा झुका हुआ था। ब्रिटेन और अमेरिका में अस्सी के दशक के मध्य से नारीवादी हलक़ों में इन दोनों विदुषियों के लेखन ने काफ़ी धूम मचायी। वे देख रही थीं कि लकाँ की मदद से शिश्न-सत्ता की व्यवस्था को चुनौती दी जा सकती है और अस्मिता का सिद्धांतीकरण भाषा के दायरे की मदद से किया जा सकता है। उन्होंने अवचेतन के स्त्रियोन्मुख संस्करण का हवाला दे कर यह दिखाने की कोशिश की कि इसके ज़रिये शिश्न के परे जा कर सामाजिक यथार्थ में प्रतिरोध की सम्भावनाएँ तलाशी जा सकती हैं पितृसत्ता की जकड़बंदी से निकला जा सकता है। सॅस्यूर के भाषाशास्त्र ने भी नारीवादियों के इस बौद्धिक उद्यम में अहम भूमिका निभायी।

क्रिस्टेवा ने कहा कि भाषा को अपना बना कर स्त्रियाँ अपना स्त्री-अनुभव व्यक्त कर सकती हैं। इसी प्रक्रिया में उन्हें अपने अनुभव की संरचना को नये आयाम देने का मौक़ा मिल सकता है। क्रिस्टेवा ने मातृ-अस्मिता की जगह समलैंगिक स्त्री की अस्मिता या किसी अन्य स्त्री-अस्मिता पर ज़ोर देकर नारीवादी हलक़ों को बेचैन भी किया। इरिगरे ने शिश्न आधारित पौरुषपूर्ण कल्पनाओं को अस्थिर करने के लिए स्त्री-देह पर ज़ोर देने की तजवीज़ की। उन्होंने दो होठों द्वारा एक साथ क्रिया करके बोलने का मॉडल पेश किया ताकि शिश्न-केंद्रीयता का प्रतिकार किया जा सके। यह मॉडल साफ़ तौर पर न केवल एक स्त्रियोन्मुख यौनीकृत छवि सामने रखता था, बल्कि स्त्री द्वारा भाषा के विनियोग को भी रेखांकित करता था। इरिगरे ने यह भी दावा किया कि स्त्री की सेक्शुअलिटी केवल उसके यौनांगों से ही व्यक्त नहीं होती, बल्कि उसकी सम्पूर्ण दैहिक-तंत्र में बहुमुखी ढंग से छिपी रहती है।

देखें : अश्वेत नारीवाद, आनंदीबाई जोशी, इसलामिक नारीवाद, गायत्री चक्रवर्ती स्पिवाक, चिपको आंदोलन, जूडिथ बटलर, जेंडर, दलित नारीवाद, देवदासी, देवकी जैन, नारीवाद, नारीवाद की पहली लहर, नारीवाद की दूसरी लहर, नारीवाद की तीसरी लहर, नारीवाद और अर्थशास्त्र, नारीवादी फ़िल्म-सिद्धांत, नारीवादी इतिहास-लेखन, नारीवाद और अर्थशास्त्र, नारीवादी दर्शन, नारीवाद और साम्प्रदायिकता, नैंसी शोदॅरौ, पर्यावरणीय नारीवाद, पब्लिक-प्राइवेट, पण्डिता रमाबाई सरस्वती, पितृसत्ता, प्रेम, प्रेम-अध्ययन और नारीवादी दर्शन, भारत में स्त्री-आरक्षण-1 और 2, महादेवी वर्मा, मैरी वोल्सनक्रॉफ़्ट, राजनीतिक दर्शन के नारीवादी आयाम, रमाबाई रानाडे, ल्यूस इरिगरे, स्त्री और साम्प्रदायिकता, स्त्री-श्रम, सम्पत्ति : नारीवादी परिप्रेक्ष्य, सिमोन द बोउवार, स्त्री-आरक्षण, हेलन सिचू।

संदर्भ

1. ज़िग्मण्ड फ्रॉयड (1977), *ऑन सेक्शुअलिटी : थ्री एसेज़ ऑन द थियरी ऑफ़ सेक्शुअलिटी,* अनु. ए. रिचर्ड्स, पेलिकन बुक्स, हारमंड्सवर्थ.
2. सी. गिलिगन (1982), *इन अ डिफ़रेंट वॉयस : सायकोलॅजीकल थियरी ऐंड वुमंस डिवेलपमेंट,* हार्वर्ड युनिवर्सिटी प्रेस, लंदन.
3. आर. मिंस्क (सम्पा.) (1996), *साइकोएनालैसिस ऐंड जेंडर : ऐन इंट्रोडक्टरी रीडर,* रॉटलेज, लंदन.
4. सुधा सिंह (2008), *ज्ञान का स्त्रीवादी पाठ,* ग्रंथशिल्पी प्रकाशन, नयी दिल्ली.

— कविता रतूड़ी

म्यांमार : लोकतंत्र के लिए संघर्ष

(Myanmar : Struggle for Democracy)

दक्षिण-पूर्वी एशिया के सम्प्रभु देश म्यांमार को पहले बर्मा के नाम से जाना जाता था। 1989 में सैनिक शासकों ने बर्मा का नाम बदलकर म्यांमार कर दिया। लेकिन फ़ौजी शासन की वैधता को मान्यता न देने वाले कई राजनीतिक समूह भी इस देश के लिए बर्मा शब्द का ही प्रयोग करते हैं। बर्मा 1962 से ही सैनिक शासन के अधीन रहा है। यहाँ आंग सांग सूकी के नेतृत्व में लोकतंत्र स्थापना के लिए चलने वाले संघर्ष ने पूरी दुनिया का ध्यान अपनी ओर खींचा है। म्यांमार की सीमा चीन, थाइलैण्ड, भारत, लाओस और बांग्लादेश से मिलती है। इसकी कुल जनसंख्या छह करोड़ है और इस लिहाज़ से यह विश्व का चौबीसवाँ सबसे बड़ा देश है। इसी तरह कुल 676,578 वर्ग किमी क्षेत्रफल वाला यह देश विश्व का चालीसवाँ सबसे बड़ा देश है। बर्मा में कई जातीय समूहों के लोग रहते हैं। यहाँ की जनसंख्या का तक़रीबन 70 प्रतिशत हिस्सा बमार लोगों का है। इसके बाद शान, केरेन, राखीन आदि समुदाय हैं, जिनकी जनसंख्या में कुल हिस्सेदारी 10 प्रतिशत से भी कम है। बर्मा की इस जनसंख्यात्मक हक़ीक़त को समझना ज़रूरी है, क्योंकि यहाँ हमेशा जातीय अल्पसंख्यकों के साथ होने वाला हिंसक और आपत्तिजनक व्यवहार एक संजीदा मसला रहा है।

बर्मा 1885 में ब्रिटिश साम्राज्य का भाग बना। 1886 की शुरुआत में वहाँ राजतंत्र और सामंतवाद ख़त्म हो गया। ब्रिटेन के शासन के शुरू के दौर में अराजकता की स्थिति रही। इसी कारण बर्मा के विभिन्न समूहों में आपसी वैमनस्य भी बढ़ा। जातीय अल्पसंख्यकों को बहुसंख्यकों ने उपेक्षा की नज़र से देखा और कई बार इन्हें हिंसा का भी सामना करना पड़ा। बीस के दशक में बर्मा की स्वतंत्रता का संघर्ष शुरू हुआ। इस दौर में आंग सान बहुत बड़े नेता के रूप में उभरे (आंग सान सूकी के पिता थे)। उन्हें बर्मा की आज़ादी के संघर्ष का सबसे महत्त्वपूर्ण नेता माना जाता है। उन्होंने बर्मा में अलग-अलग जातीय समूहों की मौजूदगी देखते हुए संघीय राज्य स्थापित करने का विचार प्रस्तावित किया। दरअसल, राष्ट्रीय संस्कृति, पहचान तथा आज़ादी के संघर्ष के लिए यह विचार काफ़ी महत्त्वपूर्ण था। लेकिन कई बहुसंख्यकवादी जातीय नेताओं ने एकात्मक राज्य को बेहतर विकल्प माना।

बर्मा को ब्रिटेन से जनवरी, 1948 में आज़ादी मिली। स्वतंत्र बर्मा का पहला संविधान, जिसे 1947 के संविधान के नाम से भी जाना जाता है, 1948 में लागू हुआ। लेकिन इससे पहले आंग सान की 1947 में ही हत्या कर दी गयी। लेकिन इसके बावजूद बर्मा में संसदीय लोकतंत्र स्थापित हुआ और बहु-दलीय चुनाव हुए। पचास के दशक में वहाँ लोकतांत्रिक शासन ज़रूर रहा, लेकिन ये बर्मा के इतिहास के अनिश्चितता भरे साल थे। 1962 में अस्थिरता और असंतोष की इसी स्थिति में जनरल ने विन ने चुनी हुई सरकार का तख़्ता पलट करके शासन पर क़ब्ज़ा जमा लिया।

जर्नल ने विन ने कई साल हुकूमत करने के बाद ख़ुद को फ़ौजी शासक से नागरिक शासक में बदलने की कोशिश की और 'बर्मी समाजवाद' का सिद्धांत पेश किया जिसके लिए 1974 में संविधान-संशोधन भी किया गया। यह 'बर्मी समाजवाद' ने विन की व्यक्तिगत विचारधारा थी जिसका वास्तविक समाजवादी विचारधारा से दूर-दूर तक कोई लेना-देना नहीं था। इसमें केंद्रीकृत और मज़बूत शासन की तरफ़दारी की गयी थी। इसके परिणामस्वरूप ने विन और उनकी पार्टी बर्मीज़ सोशलिस्ट प्रोग्राम पार्टी (बीएसपीपी) की शासन पर पकड़ और मज़बूत हो गयी। बीएसपीपी का शासन छब्बीस साल तक चला। इस दौरान इसने बर्मा में लोकतंत्र की सभी सम्भावनाओं का दमन किया और आर्थिक रूप से देश की हालत बदतर बना दी। इसके साथ ही जातीय अल्पसंख्यकों को समान अधिकार और प्रतिनिधित्व दिये जाने के माँग की उपेक्षा की जाती रही। बग़ावत करने वाले जातीय समूहों का दमन करने के लिए बर्मा की सेना ने क्रूर शक्ति का प्रयोग किया। 1968 में ने विन ने अपनी कुख्यात फ़ोर कट पॉलिसी की शुरुआत की। इसके तहत जातीय प्रतिरोध का दमन करने के लिए इन समूहों को हर तरह की आपूर्ति, संचार, परिवहन और भर्ती से अलग रखा गया। इसके कारण बर्मा में बड़े पैमाने पर आंतरिक विस्थापन हुआ और बहुत से लोग देश छोड़ कर पड़ोसी देशों में चले गये और हज़ारों गाँवों को बर्बाद कर दिया गया। बीएसपीपी ने सभी उद्योगों और व्यापार का केंद्रीकरण कर दिया। इससे स्थानीय स्तर पर आर्थिक गतिविधियों में कमी आयी। राष्ट्रीयकृत व्यवस्था में

आंग सान सूकी : लोकतंत्र के लिए संघर्ष

जातीय अल्पसंख्यक हाशिये पर रखे गये।

1988 आते-आते स्थिति बहुत ख़राब हो गयी। जातीय विद्रोहों और उसके दमन के रूप में हो रहे गृह-युद्ध के बारे में बर्मा के बहुसंख्यकों ने उपेक्षा का रवैया ही अपनाया। लेकिन उनकी आर्थिक मुश्किलें बहुत बढ़ गयी। इसके परिणामस्वरूप 1988 में एक व्यापक सार्वजनिक विरोध शुरू हुआ। बीएसपीपी के हुक्मरानों को चुनाव करवाने पर मज़बूर होना पड़ा। यह विरोध 1988 में रंगून इंस्टीट्युट ऑफ़ टेक्नॉलॅजी के छात्रों द्वारा एक छोटे मसले पर विरोध से शुरू हुआ। जल्दी ही यह संघर्ष व्यापक रूप से फैल गया। पुलिस दमन के कारण भी इसमें काफ़ी बढ़ोतरी हुई। इसी वर्ष आठ अगस्त को विरोध कर रहे युवाओं पर पुलिस के गोली चलाने से सैकड़ों लोग मारे गये। इसके साथ ही करेन, करेनी, शान और कचिन राज्यों में भी जातीय अल्पसंख्यक विरोध पर उतर आये।

जातीय अल्पसंख्यकों के हालात ने भी लोगों में ग़ुस्से को भड़काया। फ़ौजी शासकों के ख़िलाफ़ विरोध काफ़ी बढ़ गया। आख़िरकार जनता के बढ़ते दबाव के कारण जनरल ने विन को सत्ता छोड़नी पड़ी। 1990 में बर्मा में चुनाव हुआ। ये चुनाव तुलनात्मक रूप से निष्पक्ष थे और इसमें मतदाताओं ने भी बढ़-चढ़ कर हिस्सा लिया। 1988 में आंग सान सूकी द्वारा गठित नैशनल लीग फ़ॉर डेमॉक्रैसी (एनयेलडी) को 59 प्रतिशत सीटों पर जीत मिली। लेकिन सत्ताधारी सैनिक शासकों ने सूकी को सत्ता स्थानांतरित करने से इनकार कर दिया। चुनावों से पहले ही जुलाई 1989 में सूकी को घर में नज़रबंद कर दिया गया। अब ये शासक स्टेट पीस ऐंड डिवेलपमेंट कौंसिल के रूप में शासन कर रहे हैं। इस तरह, इस देश में लोकतांत्रिक शासन स्थापित होने की सम्भावनाएँ धूमिल हो गयीं।

1989 के बाद के 22 सालों में सूकी तक़रीबन 15 साल तक अपने घर में नज़रबंद रह कर पूरी दुनिया में लोकतंत्र के लिए संघर्ष की एक मिसाल बन गयीं। उन्हें लोकतंत्र के लिए संघर्ष की ख़ातिर दुनिया भर में कई पुरस्कारों से भी नवाज़ा गया। 1990 में इन्हें रैफ़्टो प्राइज दिया गया और 1991 में नोबेल पुरस्कार से सम्मानित किया गया। इसी तरह 2007 में कनाडा सरकार ने इन्हें अपने देश की मानद नागरिकता प्रदान की। सूकी की चुनौती के कारण म्यांमार के शासकों पर काफ़ी अंतर्राष्ट्रीय दबाव भी पड़ा। संयुक्त राष्ट्र संघ के हस्तक्षेप के कारण सैन्य शासकों ने कई दफ़ा सूकी से बातचीत की और कुछ समय के लिए इन्हें रिहा भी किया गया। मसलन, 2002 में ऐसा हुआ। लेकिन सैनिक शासकों ने देश में पूरी तरह से लोकतंत्र स्थापित करने की इजाज़त कभी नहीं दी। जब भी सूकी का प्रभाव के साथ-साथ सत्ता का विरोध बढ़ता दिखा, उन्हें घर में नज़रबंद कर दिया गया।

सूकी को नवम्बर, 2010 में गृह-नज़रबंदी से मुक्त किया गया है और सैनिक शासकों ने लोकतंत्र की दिशा में आगे बढ़ने का भरोसा दिलाया है। सूकी ने भी अपनी राजनीतिक पार्टी को नये सिरे से गतिशील बनाया है। लेकिन अब भी म्यांमार लोकतांत्रिक शासन स्थापित होने से काफ़ी दूर है। कई आलोचक सूकी की राजनीति की इस आधार पर आलोचना करते हैं कि वे जातीय अल्पसंख्यकों के ख़िलाफ़ होने वाली हिंसा का मुखर रूप से विरोध नहीं करती हैं। मसलन, 2012 में राखीन राज्य के दंगों के मुद्दे पर सूकी पूरी तरह ख़ामोश रहीं। असल में म्यांमार में एक लोकतांत्रिक शासन स्थापित होने में सैन्य शासन ही सिर्फ़ एक बाधा नहीं है, बल्कि जातीय अल्पसंख्यकों के साथ भेदभाव भरा व्यवहार, उनके ख़िलाफ़ होने वाली हिंसा और बहुसंख्यकों से उनका सामंजस्य न हो पाना भी एक बड़ी समस्या है। म्यांमार एक ऐसे देश का उदाहरण पेश करता है, जहाँ एक बड़ी बहुसंख्या के साथ कई छोटी जातीयताएँ भी मौजूद हैं। इस संदर्भ में हमें भारत की भूमिका को भी आलोचनात्मक नज़रिये से देखने की आवश्यकता है। भारत ने म्यांमार के लोकतांत्रिक संघर्ष को बहुत ज़्यादा समर्थन नहीं दिया। अमूमन भारत सरकार की इस नीति की तरफ़दारी करते हुए यह कहा जाता रहा है कि यदि भारत म्यांमार के शासकों का पूरी तरह विरोध करता तो बर्मा चीन के ख़ेमे में जा सकता था या भारत के विद्रोही समूहों की शरणस्थली बन सकता था। लेकिन बहुत से आलोचक यह भी मानते हैं कि यह एक नैतिक नीति न होकर व्यावहारिक नीति थी और इस आधार पर इसकी आलोचना की जा सकती है।

देखें : बांग्लादेश मुक्ति संघर्ष, श्रीलंका में तमिल पृथकतावाद, नेपाल में माओवाद, उपनिवेशवाद विरोधी आंदोलन-1, 2 और 3, आज़ादी के लिए सशस्त्र संघर्ष-1, 2 और 3, दक्षिण एशियाई सहयोग संगठन (सार्क)।

संदर्भ

1. एम. पी.कॉलहन (2003), *मेकिंग एनेमीज़ : वार ऐंड स्टेट बिल्डिंग इन बर्मा,* कॉरनेल युनिवर्सिटी प्रेस, इथाका.
2. टी. मिंट-यू (2001), *द मेकिंग ऑफ़ मॉडर्न बर्मा,* केम्ब्रिज युनिवर्सिटी प्रेस, केम्ब्रिज.
3. टी. मिंट-यू (2006), *द रिवर ऑफ़ लॉस्ट फ़ुटस्टेप्स,* फ़रार, स्ट्रॉस ऐंड जिरौक्स, न्यूयॉर्क.
4. बी. लिंटर (1990), *आउटरेज : बर्मा स्ट्रगल फ़ॉर डेमॉक्रैसी,* व्हाइट लोटस प्रेस, कॉनबुरी.

— कमल नयन चौबे

मसजिद

(Mosque)

मसजिद का शब्दिक अर्थ है सज़दा या इबादत करने की जगह। प्रारम्भिक इसलामी समाज में, विशेषकर हज़रत मुहम्मद के मक्का से मदीना प्रवास से पहले, मसजिद का कोई व्यवस्थित स्वरूप न था। शायद इसके दो कारण थे। पहला, मक्का का धार्मिक-राजनीतिक अभिजन मुहम्मद साहब और उनके अनुयायियों का कट्टर विरोधी था। उस युग में ख़ुद को मुसलमान कहने वालों के लिए किसी नये धार्मिक स्थल की स्थापना मुमकिन ही नहीं थी। इसलिए मसजिद का विचार उस समय तक कोई ठोस स्वरूप नहीं ले सका था। इसका एक दूसरा महत्त्वपूर्ण कारण भी हो सकता था। उस समय तक इसलाम एक धार्मिक-राजनीतिक विचारधारा बनने की प्रकिया में थी। कुरान की आरम्भिक आयतें उतरनी शुरू हुई थीं और तब तक यह स्पष्ट नहीं था की इस नये धर्म की वास्तुकला से संबंधित अभिव्यक्ति क्या और कैसी होगी। इस तरह मसजिद का एक धर्मस्थल बनना, क़ुरान की आयतों का संकलित होना और आरम्भिक मुसलमान समाज का एक धार्मिक-राजनीतिक समुदाय बनना, आपस में घनिष्ठ तौर पर जुड़े हुए है।

लेकिन यह भी सही है की मुहम्मद साहब के मदीना जाने से पूर्व मसजिद का एक वैचारिक ख़ाका उभरने लगा था। मुसलमान के लिए सामूहिक तौर पर नमाज़ (सलात) की अनिवार्यता ने यह ज़रूरत पैदा कर दी थी कि सज़दा करने के लिए किसी विशेष जगह का चुनाव किया जाए। यही कारण था कि मुसलमानों ने कुछ नियत स्थानों पर सामूहिक इबादत शुरू की। इस तरह मसजिद का विचार मूर्त रूप लेने लगा। मदीना-प्रवास ने मसजिदों को इसलाम के केंद्र के तौर पर स्थापित करने की प्रकिया की शुरुआत की। उदाहरण के लिए जिस स्थान पर मुहम्मद साहब ने पहली नमाज़ अदा की, वहाँ मसजिद-इ-कुबा नामक मसजिद की स्थापना हुई। इसी तरह मुहम्मद साहब के मदीना वाले घर के बराबर में एक मसजिद का निर्माण हुआ जिसका नाम मसजिद-उल-नबी (नबी की मसजिद) पड़ा।

मुहम्मद साहब की धार्मिक-राजनीतिक परियोजनाओं में मसजिद का एक विशेष स्थान देखने को मिलता है। मसजिद इसलामिक क्रियाकलापों का केंद्र तो बनी ही, मुहम्मद साहब और उनके अनुयायियों ने मसजिद के प्रतीकात्मक पक्ष को भी परिभाषित करने में काफ़ी मेहनत की। इसके तीन उदहारण दिये जा सकते है। पहला उदाहरण अज़ान का है। मदीना की मसजिद में जब लोगों को नमाज़ के लिए बुलाने का मसला आया तो कई सुझावों पर चर्चा हुई। कुछ लोगों ने कहा कि चर्च की ही तरह मसजिद में भी नमाज़ की उद्घोषणा लिए घंटी का इस्तेमाल किया जाए। कुछ का सुझाव था कि इसलाम अपना कोई विशिष्ट तरीक़ा ईज़ाद करे। अंत में यह फ़ैसला किया गया की नमाज़ की दावत देने के लिए इनसानी आवाज़ का इस्तेमाल होता चाहिए। परिणामस्वरूप अज़ान के रिवाज़ का जन्म हुआ जिसने आगे चल इसलाम के एक महत्त्वपूर्ण प्रतीक का रूप लिया।

मसजिद का आंतरिक वास्तुशिल्प इसका दूसरा उदाहरण है। शुरुआती मसजिदों की बनावट को ऐतिहासिक दृष्टिकोण से देखने पर विभिन्न इसलामिक वास्तुशिल्प-परम्पराओं के आधार समझे जा सकते हैं। मसजिद में सजदा करने की दिशा का निर्धारण इस संदर्भ एक महत्त्वपूर्ण और रोचक तथ्य है। शुरुआती मुसलमान यरूशलम की तरफ़ मुँह करके नमाज़ अदा किया करते थे। लेकिन जब क़ुरान ने काबा को इसलाम के केंद्र की तरह परिभाषित करते हुए काबा की तरफ़ मुँह करके नमाज़ पढ़ने का हुक्म दिया तो मसजिदों का रुख काबा की ओर हो गया। इस बारे में एक रोचक क़िस्सा मशहूर है। काबा की ओर नमाज़ पढ़ने का आदेश दुपहर की नमाज़ (जुहर) और तीसरे पहर की नमाज़ (अस्र) के बीच हुआ था। इस आदेश का पालन करते हुए जुहर की नमाज़ यरूशलम की जानिब हुई और अस्र की नमाज़ काबा की सिम्त अदा की गयी। जिस मसजिद में इस आयत का इलहाम माना जाता है और दो विपरीत दिशाओं में नमाज़ अदा की गयी थी वह आज भी मक्का शहर में दो सिम्तों वाली मसजिद के नाम से मशहूर है।

काबा-रुख बनी मसजिदों ने एक विशिष्ट इसलामिक प्रतीकात्मकता की रचना की। काबा एक वर्गाकार संरचना थी जिसकी परिधिबद्ध परिक्रमा करने की परम्परा (जिसे तवाफ़ कहा जाता है) इसलाम के उद्भव से पूर्व चली आ रही थी। काबा-रुख नमाज़ पढ़ने के आदेश के बाद मसजिदों का निर्माण भी इसी परिधिबद्ध परिक्रमा के सिद्धांत के आधार पर

होता चला गया। यानी यदि काबा पश्चिम दिशा में है तो मसजिद का रुख पश्चिम की जानिब होगा और यदि काबा पूर्व में है तो मसजिद का मुख्य अहाता पूर्व की ओर होगा। यूँ तो यह व्यवस्था मात्र एक दिशा निर्धारण की थी जिसका एक सम्भव कारण तत्कालीन मुसलमान राजनीतिक-धार्मिक विमर्श में काबा की केंद्रीयता स्थापित करना था, परंतु इसका परिणाम यह हुआ की स्थापित मसजिदों ने काबा के चारों ओर एक व्यापक परिधि का निर्माण कर लिया। जैसे-जैसे इसलाम का प्रसार होता गया और नयी मसजिदें बनने लगी, इस प्रतीकात्मक परिधि का भी विस्तार होता चला गया। निम्न रेखा-चित्र इस विश्लेषण को और स्पष्ट करता है। यहाँ काबा एक केंद्र है जिसकी परिधि में तमाम मसजिदें (जो बिंदुओं से दर्शायी गयी हैं) आती है। जैसे जैसे इसलाम विश्व के अन्य भागों में फैलता है यह परिधि व्यापक होती जाती है।

मसजिद और इसलाम के धार्मिक-राजनीतिक विस्तार के रिश्ते का तीसरा उदाहरण आरम्भिक मुसलमानों द्वारा मसजिद के व्यावहारिक इस्तेमाल से संबंधित है। मक्का-विजय के बाद काबा एक मसजिद के रूप में बदल दिया गया, जिसे नाम दिया गया मसजिद-उल-हरम (पनाह की जगह)। याद रखने योग्य बात यह है कि काबा न केवल प्राचीन इब्राहीमी मत के अनुयायियों के लिए सम्मानीय था, बल्कि तत्कालीन मध्य एशिया में मक्का की विशिष्ट भौगोलिक स्थिति के कारण आर्थिक-सामाजिक महत्त्व भी रखता था। ऐसे असंख्य क़बीले थे जो इस मार्ग से व्यापार करते थे और अपने देवी-देवताओं की मूर्तियाँ काबा में रख कर उनकी अर्चना करते थे। काबा पर इसलाम के आधिपत्य से पूर्व तत्कालीन यहूदियों और ईसाइयों की काबा के संबंध में मान्यताओं की ऐतिहासिक जानकारी सीमित है, परन्तु मौजूदा हदीस साहित्य से यह स्पष्ट है कि यहूदियों और ईसाइयों का मक्का से एक जीवंत रिश्ता था।

काबा के मसजिद बन जाने के कई परिणाम निकले। एक ओर प्राचीन इब्राहीमी मजहब की रीतियों का इसलामीकरण हुआ, तो दूसरी और यहूदी और ईसाई धर्मों द्वारा स्थापित एकेश्वरवाद की धार्मिक शृंखला नये सिरे से परिभाषित हुई। काबा अब एक ऐसा धार्मिक स्थल बन गया था जिसका प्रतीकात्मक महत्त्व यरूशलम के बराबर था। इस तरह काबा के मसजिदीकरण ने क़ुरान में वर्णित इतिहास के अवधारणात्मक दर्शन को मूर्त रूप दे दिया और जिसके ज़रिये इसलाम को ऐतिहासिक वैधता हासिल हो सकी। शायद यही वजह थी की आरम्भिक मुसलमानों ने काबा की मसजिद को विशुद्ध धार्मिक रीतियों और क्रिया-कलापों के लिए इस्तेमाल करने की प्रथा की शुरुआत की। दूसरे शब्दों में कहें तो काबा की मसजिद इसलाम के इतिहास का पहला धार्मिक-ऐतिहासिक स्मारक बनी।

इस संबंध में यरूशलम का वह टीला, जहाँ से मुहम्मद साहब की स्वर्ग-यात्रा और अल्लाह से मुलाक़ात का क़िस्सा (इसे मेराज का वाक़या कहा जाता है जिसके अनुसार मुहम्मद साहब यरूशलम से स-शरीर जन्नत गये थे और उन्होंने तमाम नबियों जिनमें ईसा और मूसा प्रमुख थे, से मुलाक़ात की थी और फिर अल्लाह को मूर्त रूप में भी देखा था) जड़ा हुआ है, कुछ ऐसी ही ऐतिहासिकता लिए हुए है। मुसलमानों ने नमाज़ अदा करने की शुरुआत यरूशलम की दिशा से की थी। ज़ाहिर है कि यरूशलम का एक स्थापित धार्मिक-ऐतिहासिक महत्त्व हमेशा से था। जब मेराज का वाक़या हुआ तो यह धार्मिक रिश्ता और प्रगाढ़ हो गया। इस एक घटना ने यरूशलम को इसलाम धर्म के पवित्र स्थलों में बदल दिया। यही वजह थी की यरूशलम-विजय के पश्चात उसी टीले पर एक मसजिद का निर्माण हुआ जिसे मसजिद-ए-अक्सा कहा जाता है।

लेकिन मदीना की मसजिद-उल-नबी का दर्जा मसजिद-उल-हरम और मसजिद-उल-अक्सा से भिन्न था। मुसलमानों द्वारा मक्का-विजय के बाद मसजिद-उल-नबी प्रशासनिक केंद्र के तौर पर उभरी। मसजिद का मिम्बर (वह स्थान जहाँ से शुक्रवार को दोपहर की नमाज़ से पहले और ईद-उल-फ़ित्र और ईद-उल-जुहा की वार्षिक नमाज़ों के बाद क़ुतबा दिया जाता है) ऐसा सम्बोधन स्थल बना जहाँ से राजनीतिक-धार्मिक संदेश व्यवस्थित तौर पर प्रसारित होने लगे। मसजिद का अंदरूनी अहाता सामूहिक इबादत के अलावा धार्मिक-राजनीतिक विमर्श की जगह बनी और मसजिद का सहन क़ुरान सीखने-सिखाने का स्थान। यही नहीं मसजिद-उल-नबी पर ही कई महत्त्वपूर्ण मंत्रणाएँ हुईं। इसलाम के इतिहास पर असर डालने वाली कई संधियों और दस्तावेज़ों के मसविदे लिखे गये और स्वयं मुहम्मद साहब द्वारा इसलाम के नियमों की विवेचना और विश्लेषण की परम्पराओं की शुरुआत हुई। इस तरह प्रारम्भिक इसलाम ने मसजिद के दो मिले-जुले मायनों को जन्म दिया : मसजिद इबादत की जगह के रूप में और मसजिद राजनीति के केंद्र के रूप में। आगे चल कर मसजिद के इन्हीं दोनों मायनों ने इसलाम का धार्मिक-राजनीतिक विमर्श परिभाषित किया और साथ ही साथ इसलामिक वास्तुकला संबंधी परम्पराओं को भी जन्म दिया।

देखें : अल-किंदी, अल-ग़ज़ाली, अबू-अला मौदूदी, इब्न ख़ाल्दून, इब्न-रश्द, प्रारम्भिक इसलाम, जिहाद, दलित-पसमंदा मुसलमान, फ़लसिफ़ा और कलाम, भारतीय इसलाम, हज़रत मुहम्मद-1 और 2, मुहम्मद अली जिन्ना, मुहम्मद इक़बाल, सैयद अहमद ख़ाँ।

संदर्भ

1. इस्माइल सेराजेल्डिन और जेम्स स्टील (सम्पा.) (1998), *आर्कीटेक्चर ऑफ़ द कंटेम्परेरी मॉस्क : न्यू आर्कीटेक्चर्स,* एकैडमी

एडीशंस, लंदन.
2. लीह किंगबर्ग (1986), 'इंटरएक्शन बिटवीन दिस वर्ल्ड ऐंड द आफ़्टरवर्ल्ड इन अर्ली इसलामिक ट्रैडिशन', *ओरिएंस,* खण्ड 29.
3. के.ए.सी. क्रेसवेल (1953), प्रॉब्लम्स इन इसलामिक आर्कीटेक्चर, *द आर्ट बुलेटिन,* खण्ड 35, अंक 1.
4. ओलेग ग्रैबर (1963), 'द इसलामिक डोम, सम कंसीडरेशंस', *द जर्नल ऑफ़ द सोसाइटी ऑफ़ आर्कीटेक्चरल हिस्टोरियन,* खण्ड 22, अंक 4.

—हिलाल अहमद

महादेव गोविंद रानाडे

(Mahadev Govind Ranade)

उन्नीसवीं सदी के उत्तरार्ध में सक्रिय रहे सामाजिक और राजनीतिक सुधार आंदोलनों के प्रमुख नेता, इतिहासकार, आर्थिक सिद्धांतकार, पत्रकार और न्यायविद महादेव गोविंद रानाडे (1842-1901) को भारतीय उदारतावाद की दार्शनिक बुनियाद डालने का श्रेय जाता है। भारतीय और युरोपीय दर्शन में पारंगत रानाडे को अपने युग के सामाजिक-आर्थिक और राजनीतिक घटनाक्रम की गहरी समझ थी। उन्होंने अपने परिष्कृत चिंतन से राज्य और व्यक्ति की स्वतंत्रता के बीच टकराव की समस्या का हल पेश करने की कोशिश की। भारतीय राष्ट्रीय कांग्रेस के संस्थापकों में से एक रानाडे ने सार्वजनिक जीवन में समाज-सुधार के प्रश्नों पर अनुदार रवैया अपनाने वाले तिलक से टक्कर ली और अपने उदारपंथी अनुयायी गोखले का मार्गदर्शन किया। न्यायमूर्ति के सम्बोधन से लोकप्रिय रानाडे ने मुम्बई हाई कोर्ट के जज के रूप में ज़बरदस्त ख्याति प्राप्त की। उन्होंने बुद्धिवादी और वैज्ञानिक दृष्टिकोण अपनाते हुए मध्ययुगीन धार्मिक साहित्य का अध्ययन करके प्रार्थना समाज, पुणे सार्वजनिक सभा और सोशल कांफ्रेंस जैसे मंचों की स्थापना करके उन्हें अपने विचारों की अभिव्यक्ति का माध्यम बनाया। रानाडे ने *इंदुप्रकाश* नामक मराठी दैनिक भी निकाला। उनके द्वारा चलाई गयी समाज-सुधार की मुहिमों में विवाह की उम्र बढ़ाने और विधवा विवाह की इजाज़त देने के आग्रह उल्लेखनीय हैं। अंग्रेज़ी राज के साथ सहयोग का रवैया अपनाते हुए भी रानाडे का दावा था कि स्थानीय भाषा और समाज की बेहतर समझ रखने के कारण भारतवासी ही भारत के बेहतर शासक हो सकते हैं। उन्होंने ब्रिटिश अर्थव्यवस्था और अर्थव्यवस्था में राज्य के पूर्ण अ-हस्तक्षेप के सिद्धांत (लैसे-फ़ेयर) की सुसंगत आलोचना भी पेश करते हुए पूँजीवादी विकास के शुरुआती ढाँचे के लिए रास्ता साफ़ किया।

रानाडे का जन्म नासिक ज़िले के एक चितपावन ब्राह्मण परिवार में 16 जनवरी, 1842 को हुआ था। उनका बचपन कोल्हापुर रियासत में गुज़रा जहाँ उनके पिता मंत्री थे। मुम्बई के एलफ़िंस्टन कॉलेज से पढ़ने के बाद उन्होंने मुम्बई विश्वविद्यालय से बीए, एमए और एलएलबी की परीक्षाएँ प्रथम श्रेणी में उत्तीर्ण की। प्रेसीडेंसी मजिस्ट्रेट के पद से शुरुआत करके रानाडे 1893 में मुम्बई हाई कोर्ट के न्यायाधीश के पद तक पहुँचे। मुम्बई विश्वविद्यालय के डीन के रूप में छात्रों के बीच में लोकप्रिय रानाडे ने अंग्रेज़ी की मानक रचनाओं का मराठी में अनुवाद कराया ताकि विश्वविद्यालय पाठ्यक्रम में स्थानीय भाषाओं को भी जगह मिल सके। रानाडे ख़ुद भी मराठी के लेखक और विद्वान थे। उन्होंने अर्थशास्त्र और मराठा इतिहास (*राइज़ ऑफ़ मराठा पॉवर*) पर लेखन किया।

रानाडे को उनके अनुयायी 'बुद्धिवादी ईश्वरवाद' का पैरोकार कहा करते थे। काफ़ी-कुछ युरोपीय ईश्वरवादी दर्शन से प्रभावित होने के बावजूद उनके विचार हिंदू तत्त्वज्ञान में रचे-बसे थे। 'आस्तिकता का दर्शन' शीर्षक से दिये गये अपने व्याख्यानों में रानाडे का कहना था कि अद्वैत का सिद्धांत मनुष्य की स्वतंत्रता के लिए कोई गुंजाइश नहीं छोड़ता और भौतिकवाद नैतिकता की संयमकारी भूमिका की उपेक्षा करके स्वतंत्रता को अराजकता में पतित कर देता है। इसी तर्क के आधार पर उन्होंने बीच के रास्ते के तौर पर एकेश्वरवाद की पैरोकारी की। उनका दावा था कि भारतीय इतिहास एकेश्वरवादी भावना और बहुदेववादी आचरण के बीच अंतर्विरोध से भरा पड़ा है। रानाडे ने अपने ज़माने में महाराष्ट्र के विद्वत-समाज के बीच प्रचलित इसलाम विरोधी पूर्वग्रहों के ख़िलाफ़ संघर्ष किया, और हमदर्द निगाह से ईसाइयत का अध्ययन पेश किया। रानाडे ने अपने एक लेख 'हिंदू प्रोटेस्टेंटिज़म' में महाराष्ट्र के भक्ति आंदोलन (भागवत धर्म) की व्याख्या ईश्वरवाद के रूप में करते हुए योगमार्ग या ज्ञानमार्ग पर उसे प्राथमिकता दी।

रानाडे ने मानवीय स्वतंत्रता और समानता के उसूलों को भी इसी ईश्वरवाद से जोड़ते हुए जाति-प्रथा और सामाजिक ऊँच-नीच का विरोध किया। वे जाति को भारतीय समाज-व्यवस्था पर एक धब्बा मानते थे। जातिगत भेदभाव के ख़िलाफ़ भागवत धर्म को खड़ा करके उन्होंने तर्क दिया कि भक्ति आंदोलन के दौरान महार, नाई, मोची, कपायी और अन्य नीची जातियों के लोग भी संत बन सकते थे। रानाडे स्त्री-पुरुष समानता के भी पैरोकार थे। इसके लिए उन्होंने वैदिक युग से मिसालें लेते हुए दिखाया कि आर्यों की विवाह पद्धति में किस तरह स्त्रीत्व की स्वतंत्रता और गरिमा का ध्यान रखा जाता था।

रानाडे एक आर्थिक सिद्धांतकार भी थे। उनके निबंध 'इण्डियन पॉलिटिकल इकॉनॉमी' में उन्होंने अर्थव्यवस्था में

महादेव गोविंद रानाडे (1842-1901)

राज्य के अ-हस्तक्षेप की जगह सुविचारित हस्तक्षेप का समर्थन किया। भारतीय अर्थव्यवस्था और समाज का अध्ययन करके वे इस नतीजे पर पहुँचे कि राज्य को 'राष्ट्रीय आवश्यकताएँ' पूरा करने के लिए 'राष्ट्रीय उपकरण' की भूमिका उसी तरह निभानी चाहिए जिस तरह जर्मनी, इटली, फ्रांस और अमेरिका में राज्य द्वारा निभायी गयी है। उनके इन सुझावों से ज़ाहिर था कि वे पूँजीवादी विकास का रास्ता अपनाना चाहते थे। युरोपीय देशों की खेतिहर व्यवस्थाओं में निजी सम्पत्ति के आधार पर हुए परिवर्तनों पर गहरी निगाह डाल कर वे इस नतीजे पर पहुँचे कि अगर भारत के देहात में भी निजी सम्पत्ति का उसूल लागू किया जाए तो ग्रामीण जनता की दशा में सुधार आ सकता है। उन्होंने इस तरह के क़ानून बनाने का सुझाव दिया जिससे छोटे भू-स्वामी किसानों और बड़े पूँजीपति किसानों व ज़मींदारों के दो वर्ग उभरें। इसी लिहाज़ से रानाडे ने 1883 के रैयतवाड़ी क़ानून के संदर्भ में एक तरफ़ तो बंगाल के ज़मींदारों के अधिकार सीमित करने का विरोध किया, पर दूसरी तरफ़ रैयतों को पूरा मालिकाना देने का पक्ष भी लिया। पूँजीवाद के विकास के लिए रानाडे ने अंग्रेज़ सरकार से अपील की कि उसे उद्योगीकरण के लिए उसी तरह पूँजी-निवेश में मदद करनी चाहिए जिस तरह वह रेलवे, खनन, नहर-निर्माण और चाय-क़ाफ़ी के बाग़ानों के लिए कर रही है।

राज्य के हस्तक्षेप को केवल अर्थव्यवस्था के दायरे तक ही सीमित रखने के बजाय रानाडे उसका विस्तार कमज़ोर वर्गों को सुरक्षा देने तक करना चाहते थे। राज्य की भूमिका को और आगे बढ़ाते हुए उन्होंने तर्क दिया कि ऊँची जाति के हिंदुओं के बीच विवाह और परिवार से संबंधित रीति-रिवाज़ों और परम्पराओं में भी उसे दख़ल देना चाहिए। चूँकि बच्चे और विधवाएँ ख़ुद अपने कष्टों की शिकायत करने की स्थिति में नहीं होते, इसलिए बेहतर होगा कि राज्य पहलक़दमी ले कर उनकी मदद करे। दूसरी तरफ़ रानाडे को राज्य द्वारा किये जाने वाले समाज-सुधार की सीमाओं का भी एहसास था। इसलिए उन्होंने लोगों द्वारा अपनी सामाजिक संस्थाओं को ख़ुद बदलने के लिए काम करने का आह्वान भी किया।

हरबर्ट स्पेंसर की थीसिस की भाँति रानाडे ने समाज को भी मानवीय जैविक ऑर्गनिज़म की तरह देखने पर ज़ोर दिया। उनका तर्क था कि जिस तरह व्यक्ति के शरीर के सभी अंगों का एक साथ समानुपातिक विकास होता है उसी तरह समाज का भी होना चाहिए। समाज-सुधार के प्रश्न पर उन्होंने तिलक और उनके अनुयायियों से लोहा लिया। तिलक का आरोप था कि वे राजनीतिक अधिकारों की कीमत पर सामाजिक सुधारों की बात कर रहे हैं। लेकिन रानाडे के विचारों को देखने पर ऐसा नहीं लगता। वे मानते थे कि राजनीतिक, आर्थिक और सामाजिक पहलू एक-दूसरे पर पूरी तरह से निर्भर हैं।

रानाडे के उदारतावाद में समाज के प्रभु-वर्ग की भूमिका केंद्रीय थी। उनका विचार था कि भारत जैसे समाजों में मुट्ठी भर लोगों के पास ही योग्यता, सम्पत्ति, ज्ञान और सत्ता का संयोग होता है, इसलिए यहाँ के अभिजन को ही आगे आकर समाज-परिवर्तन का काम अंजाम देना होगा। इसी लिहाज़ से रानाडे के सभी सहयोगी ब्राह्मण, बनिया, ज़मींदार और शिक्षित मध्य-वर्ग से आये थे।

बंगाल के ब्रह्म समाज के तर्ज़ पर रानाडे ने अपने मित्रों के सहयोग से प्रार्थना समाज की स्थापना की ताकि बुद्धिवादी आस्तिकता के सिद्धांत का प्रचार-प्रसार कर सकें। उन्होंने पुणे सार्वजनिक सभा की स्थापना की और फिर भारतीय राष्ट्रीय कांग्रेस की स्थापना में हाथ बँटाया। रानाडे मुम्बई विधान परिषद् के सदस्य और ब्रिटिश सरकार द्वारा गठित वित्त आयोग के सदस्य भी रहे।

हालाँकि रानाडे अंधविश्वास और कर्मकाण्ड का विरोध करते थे, लेकिन अपने निजी जीवन में उनका आचरण परम्परानिष्ठों की तरह था। ईसाई मिशनरियों के साथ चाय-पार्टी में जाने के बाद उनके द्वारा किया गया धार्मिक प्रायश्चित इस विरोधाभास का परिचायक था। अपनी पत्नी की मृत्यु के बाद उन्होंने अपने पिता के दबाव में एक अनपढ़ बालिका-वधू रमाबाई से विवाह करके अपने समाज-सुधारक साथियों की उम्मीदों पर पानी फेर दिया। दरअसल, विधवा विवाह के ज़बरदस्त पैरोकार रानाडे से सभी को उम्मीद थी कि अब वे किसी विधवा से ही शादी करेंगे। बाद में रानाडे द्वारा शिक्षित रमाबाई ने उनके निधन के बाद समाज-सुधार की मुहिमों में भाग लेना जारी रखा।

देखें : कन्हैयालाल माणिकलाल मुंशी, क़ाज़ी नज़रुल इसलाम, कुमारन्

आशान्, गजानन माधव मुक्तिबोध, गोवर्धन राम त्रिपाठी और गुजराती अस्मिता, प्रेमचंद, फ़क़ीर मोहन सेनापति और ओडिया अस्मिता, बंकिम चंद्र चट्टोपाध्याय, भारतेंदु हरिश्चंद्र, महावीर प्रसाद द्विवेदी, रवींद्रनाथ ठाकुर, रामविलास शर्मा, रामचंद्र शुक्ल, वल्लतोल, सच्चिदानंद हीरानंद वात्स्यायन अज्ञेय, सुब्रह्मण्य भारती, हजारी प्रसाद द्विवेदी।

संदर्भ

1. रिचर्ड पी. टकर (1977), *रानाडे ऐंड द रूट्स ऑफ़ इण्डियन नैशनलिज़म,* पॉपुलर प्रकाशन, मुम्बई.
2. विपिन चंद्र (सम्पा.) (1990), *रानाडेज़ इकॉनॉमिक राइटिंग्स,* ज्ञान बुक्स, नयी दिल्ली.
3. राजेंद्र वोरा (1986), 'टू स्ट्रैंड्स ऑफ़ इण्डियन लिबरलिज़म : द आइडियाज़ ऑफ़ रानाडे ऐंड फुले', थॉमस पेंथम और केनेथ एल. ड्यूश (सम्पा.), *पॉलिटिकल थॉट इन मॉडर्न इण्डिया,* सेज, नयी दिल्ली.

— अभय कुमार दुबे

महादेवी वर्मा

(Mahadevi Verma)

हिंदी साहित्य के छायावादी काव्यांदोलन के चार सर्वाधिक महत्त्वपूर्ण रचनाकारों में से एक महादेवी वर्मा (1907-1987) को भारतीय स्त्री-विमर्श की आरम्भिक अवस्था के विमर्शकार के रूप में भी देखा जाता है। महादेवी ने 1930 से 36 के बीच *नीहार, रश्मि, नीरजा* और *सांध्यगीत* काव्य संग्रह रचे। उनकी रचना *दीपशिखा* 1942 में प्रकाशित हुई। इन कविताओं के आधार पर हिंदी के आलोचकों ने उन्हें निजी पीड़ा और विरह-वेदना का भाव प्रस्तुत करने वाली स्त्री-कवि के रूप में चित्रित किया। उनके काव्य को अध्यात्म की छाया और रहस्यवाद के आग्रह तक सीमित रख कर उन्हें आधुनिक युग की मीरा की संज्ञा दे दी गयी। लेकिन परवर्ती समीक्षकों ने जब उनके सम्पूर्ण साहित्य का पुनर्मूल्यांकन किया तो महादेवी की यह छवि बदली। समीक्षकों ने पाया कि उनकी गद्य रचनाओं की संख्या उनकी कविताओं की अपेक्षा कहीं अधिक है जिसमें स्त्री-विमर्श के शुरुआती सूत्रों को देखा जा सकता है। आलोचकों की राय बनी कि उनके निबंधों और संस्मरणों को भी उनकी आत्माभिव्यक्ति के तौर पर देखा जाना चाहिए। इनके ज़रिये तत्कालीन संदर्भों में स्त्री-समाज की स्थिति को समझा जा सकता है। हिंदी प्रदेश में राष्ट्रीय आंदोलन की पृष्ठभूमि, उपनिवेशवाद, राष्ट्र, धर्म, संस्कृति और समाज में पुरुष-प्रधानता की स्त्री दृष्टि से व्याख्या करने में भी महादेवी का गद्य मददगार है।

महादेवी के समय में कविता की अपेक्षा गद्य में सामाजिक संदर्भों की व्याख्या करने की ठोस ज़मीन निर्मित हो चुकी थी। महादेवी ख़ुद भी लिखती हैं कि विचार के क्षणों में मुझे गद्य लिखना अच्छा लगता है। उनके संस्मरणों में प्राय: उपेक्षित, प्रताड़ित और शोषित चरित्रों का मार्मिक चित्रण मिलता है। उनकी गद्य रचना *अतीत के चलचित्र* 1941 में और *स्मृति की रेखाएँ* 1943 में प्रकाशित हुईं। इसके अलावा उन्होंने संस्मरणों के रूप में *पथ के साथी* (1946), *मेरा परिवार* (1972) और *संस्मरण* (1983) की रचना भी की। इनमें सेवक रामा, भंगिन सबिया, भाभी, बिट्टो, घिसा, अभागी स्त्री, ठकुरी बाबा, बिंदिया, भक्तिन, कुली भाई और गुँगिया जैसे चरित्र मिलते हैं जो उनके जीवन के निकट थे।

उनके निबंधों को स्त्री-जीवन के महत्त्वपूर्ण दस्तावेज़ों के रूप में देखा गया है, लेकिन ये निबंध केवल स्त्री-समाज पर ही केंद्रित नहीं हैं बल्कि विभिन्न सामाजिक पहलुओं पर लिखे गये हैं। हिंदी साहित्य के इतिहास-लेखन में महादेवी के गद्य पर अपेक्षित ध्यान न देने से ही पता चलता है कि हिंदी की दुनिया में सामाजिक-ऐतिहासिक विश्लेषण के अंतर्गत स्त्री-लेखन व साहित्य की उपेक्षा की गयी है। महादेवी भारतीय नारी के मानस और दशाओं के प्रति सजग थी। 1942 में प्रकाशित उनके निबंध संग्रह *शृखंला की कड़ियाँ* को राष्ट्रीय आंदोलन के दौर में भारतीय समाज व स्त्रियों की दशा के बारे में महत्त्वपूर्ण दस्तावेज़ के रूप में देखा गया है। भारतीय स्त्री जिन विषम परिस्थितियों का सामना कर रही थीं उनसे मुक्ति के लिए उन्होंने स्त्री-शिक्षा व विभिन्न क्षेत्रों में स्त्री की आत्मनिर्भरता को आवश्यक माना। स्त्री पुरुष की छाया है— समाज में व्याप्त इस धारणा के उद्भव पर विचार करते हुए वे भारतीय हिंदू समाज में पितृसत्ता के विकास और स्त्री-पराधीनता के कारणों की तरफ़ भी संकेत करती हैं। भारतीय स्त्री की वर्तमान स्थिति के बारे में वे लिखती हैं कि एक ओर उसे देव मंदिर की अधिष्ठात्री देवी बना दिया जाता है तो दूसरी ओर उसे घर के मलिन अँधेरे कोनों में बंदी बना कर रखा जाता है। वे मानती थीं कि हमारे अधिकार हमारी शक्ति और विवेक के सापेक्ष रहेंगे, इसलिए वे स्त्री की शक्तियों को जाग्रत करने पर ध्यान देती हैं। महादेवी के अनुसार शिक्षित स्त्री अपना स्वतंत्र व्यक्तित्व और विवेक तभी पूर्ण रूप से जाग्रत कर सकती है जब वह अपनी सफलता-विफलता पुरुष की आत्मतुष्टि या असंतोष में देखने के बजाय अपने भीतर देखने का प्रयत्न करे। वे पुरुष के समान स्त्री को कुटुम्ब, समाज, नगर तथा राष्ट्र की विशिष्ट सदस्य के रूप में देखती हैं।

महादेवी पश्चिम तथा पूर्व के राष्ट्रों में स्त्री की सामाजिक स्थिति में अंतर करती हैं। वे लिखती हैं— 'जाग्रत देशों की स्त्रियों ने पुरुष स्वामित्व के ख़िलाफ़ प्रदर्शन कर स्वयं को बर्बरता व हिंसा से मुक्त कर लिया। ऐसे देशों की स्त्रियों ने राजनीतिक तथा सामाजिक दोनों ही प्रकार के अधिकारों द्वारा अपनी शक्तियों का विकास कर लिया है। वे घर और बाहर दोनों क्षेत्रों में पुरुषों के साथ अपने देश और समाज के लिए काम कर रही हैं। लेकिन हमारे देश में सम्पत्ति के स्वामित्व से वंचित होने के कारण स्त्रियों का जीवन तुच्छ है। स्त्री पुरुष की सम्पत्ति और प्रदर्शन की वस्तु समझी जाती है।' महादेवी अपने समय में सती और विधवाओं की दशा का वर्णन भी करती हैं। क़ानून बन जाने के बावजूद सदियों पुरानी रूढ़ियों को हिंदू समाज स्त्रियों पर लागू किये हुए था। महादेवी स्त्रियों का पुरुषों पर निर्भर होना ही उनकी दासता का कारण मानती थीं, इसलिए वे समस्या का एकमात्र समाधान स्त्री द्वारा अर्थ-संबंधी सुविधाओं को प्राप्त करना बताती हैं। इस तरह स्त्रियाँ परिवार पर बोझ नहीं बनेंगी और न ही उन्हें सामाजिक बहिष्कार झेलना पड़ेगा। महादेवी के अनुसार केवल पुरुष-परिषदों व संस्थानों के लिए स्त्रियों को रखा जाए, यह भी स्त्री समाज के विकास में बाधक है। वे अपने समय की शिक्षित स्त्रियों के लिए यह भी आवश्यक मानती हैं कि वे अन्य स्त्रियों के प्रति अपने विचारों व कार्यों का सदुपयोग करें, तभी वे समाज के विकास में सहायक बन सकेंगी। वे जाग्रत और साधनसम्पन्न स्त्रियों से समाज और देश के लिए कुछ करने की अपेक्षा करती हैं। महादेवी लिखती हैं : 'राजनीतिक अधिकारों से भी पहले स्त्रियों को ऐसी सामाजिक व्यवस्था की आवश्यकता है जिससे उनके जीवन में कुछ स्वावलम्बन, कुछ आत्मविश्वास आ सके। उसकी दुर्बलताएँ अनेक हैं और सांसारिक संघर्ष घोरतर।'

महादेवी वर्मा (1907-1987)

महादेवी वर्ग के आधार पर भी स्त्री की सामाजिक स्थिति का विश्लेषण करती हैं। मिल-कारख़ानों में काम करने वाली स्त्रियों की दुर्दशा के बारे में वे लिखती हैं कि श्रमजीवी श्रेणी की स्त्रियों को घर के कामकाज के अलावा बाहर के कामों में पति के साथ हाथ बँटाना पड़ता है। राष्ट्रीय आंदोलन के उभार के साथ यह सच्चाई स्पष्ट होती जा रही थी कि कृषक और श्रमजीवी स्त्रियों की संख्या अधिक है और उनकी जागृति के बिना पूरे समाज की जागृति अपूर्ण रहेगी। स्त्रियों को अधिकार व उत्तराधिकार मिल जाने पर भी मज़दूर स्त्रियाँ निर्धन पिता या दरिद्र पति से ग़रीबी के अतिरिक्त और क्या पा सकेंगी। इसलिए महादेवी स्त्री की आर्थिक स्थिति पर चितंन करते हुए भी स्त्रियों की शिक्षा को महत्त्वपूर्ण मानती हैं। श्रम करती हुई स्त्री का कई स्तरों पर शोषण होता है, मज़दूरी में शोषण के अलावा उनके स्वत्व की हत्या होती है क्योंकि इन स्त्रियों की स्थिति धनिक और साधारण श्रेणी की स्त्रियों से भिन्न है। महादेवी के अनुसार शिक्षा, चिकित्सा आदि विभागों में कार्य करने वाली जागृत महिलाओं ने अपना एक अलग समाज बना लिया है। मिथ्या परम्परा की दुहाई देते रहना समाज व राष्ट्र के लिए घातक सिद्ध होगा। मानसिक दासता से मुक्ति को वे आवश्यक मानती थी।

'युद्ध और नारी' नामक निबंध में महादेवी युद्ध को स्त्री की प्रकृति व मनोवृत्त के विपरीत मानती हैं। हिंसा व रक्तपात को वे स्त्री की प्रकृति व स्वाभाविक गुण नहीं मानतीं। युद्ध स्त्री के शारीरिक व मानसिक विकास में बाधक रहा है, क्योंकि हिंसा करने वाले पुरुष-समाज के लिए स्त्री केवल एक देह है। सैनिक के लिए स्त्री के मानवीय गुणों का महत्त्व नहीं होता। इसलिए महादेवी ध्वंस के लिए ध्वंस को आवश्यक मानने से इनकार करती हैं। 'नारीत्व का अभिशाप' नामक निबंध में वे स्त्री को कमज़ोर बनाने वाली वृत्तियों को छोड़ने की बात करती हैं। अतीत हिंदू नारी की गौरव-गाथा के भ्रम से वर्तमान में बदलाव लाने में बाधक बन रहा है। अपने पिता के घर में उसे वैसा ही स्थान मिलता है जैसा दूकान में रखी किसी वस्तु को प्राप्त होता है, जिसके रखने और बेचने दोनों ही स्थितियों में दूकानदार को हानि की सम्भावना रहती है। स्त्री का विधवा होना उसके जीवन का सबसे बड़ा अभिशाप बन जाता है। आधुनिक युग की स्त्री की स्थिति पर विचार करते हुए वे लिखती हैं कि आर्थिक रूप से स्वतंत्र स्त्री पुरुष की अधीनता से मुक्त हो जाएगी, जैसा कि पश्चिम के देशों में देखा जा सकता है। त्याग, सहनशीलता आदि स्त्री के गुणों को वे मातृत्व की पूर्ति करने वाले प्रकृति से मिले स्वाभाविक गुण मानती हैं, न कि ऐसे गुण जिनके लिए पुरुष स्त्री को हीन मान कर इसके लिए हमेशा बाध्य करता रहे।

आधुनिक वातावरण में स्त्री की कठिनाइयों पर विचार करते हुए महादेवी प्राचीन विचारों के हामी पुरुष समाज पर टिप्पणी करती हैं कि वे स्त्रियों के प्रति अवहेलना की दृष्टि रखते हैं। राष्ट्रीय आंदोलन में भाग लेने वाली महिलाओं ने आधुनिकता को राष्ट्रीय जागृति के रूप में देखा। आंदोलन के समय स्त्रियों ने संयम और कठोर जीवन स्वीकार किया। स्त्री

के लिए घर और बाहर दो क्षेत्रों में स्पष्ट विभाजन रहा है। वे दोनों क्षेत्रों को स्त्री-जीवन के विकास के लिए आवश्यक मानती थी और यह भी कहती हैं कि पुरुष के लिए भी घर उतना ही ज़रूरी है जितना कि स्त्री के लिए। वे घर और बाहर के क्षेत्र का वर्गीय चरित्र भी स्पष्ट करती हैं। दरिद्र और श्रमजीवी वर्ग की स्त्रियों के लिए घर और बाहर की कोई समस्या नहीं है, क्योंकि उन तक शिक्षा पहुँची ही नहीं है। इस पिछड़े हुए वर्ग की सामाजिक स्थिति में स्त्रियाँ हमेशा पुरुष के साथ हैं और उसकी सहयोगी हैं। घर और बाहर के क्षेत्र का विभाजन केवल उच्च और साधारण वर्ग की स्त्रियों के लिए है जहाँ पुरुष स्त्री को घर की सम्पत्ति की तरह रखता है।

पश्चिम की अपेक्षा भारत में साधारण स्त्रियों के जीवन में मातृत्व के महत्त्व के बारे में महादेवी स्पष्ट लिखती हैं कि इस तरह का दृष्टिकोण आधुनिक समाज में मौजूद है। इसलिए पुरुष स्त्री के केवल दो ही रूपों को बढ़ने देता है— माँ और पत्नी। घर से बाहर स्त्री को स्वाधीनता देने में पुरुष समाज परहेज़ करता रहा है। स्त्री के दासत्व से विकासशील समाज का निर्माण करना कठिन है।

हिंदू स्त्री, विधवा जीवन और स्त्री जीवन पर महादेवी के विचार स्त्री-विमर्श के संदर्भ में उन्हें प्रासंगिक बना देते हैं। अतीत के प्रति मोह और धार्मिक बंधनों को वे स्त्री के विकास और प्रगतिशील जीवन का लक्ष्य नहीं मानतीं। श्रमजीवी वर्ग की स्त्रियाँ घर भी सँभालती हैं और जीविका के उपार्जन में पुरुष का सहयोग भी देती हैं फिर भी सच्ची नागरिक और सामाजिक प्राणी नहीं बन पाती। महादेवी देह व्यवसाय को पूरे समाज के पतन का कारण मानती हैं। स्त्रियों को कलंकित करके समाज से बहिष्कृत करने वाला समाज यह नहीं देखता कि स्त्रियाँ स्वेच्छा से इस व्यवसाय को नहीं स्वीकार करती।

महादेवी अपने समय में देख रहीं थी कि साधारण और श्रमजीवी वर्ग से लेकर सम्पन्न वर्ग की स्त्रियों तक की स्थिति दयनीय है और इसका कारण है स्त्री की आर्थिक विपन्नता। शिक्षा के क्षेत्र से जुड़ी समस्याओं के संदर्भ में वे आधुनिक समाज में बढ़ती स्वार्थपरता और जीविका संबंधी बेकारी को चिंता का विषय मानती हैं। चूँकि स्त्रियों के लिए व्यवसाय के क्षेत्र चिकित्सा, अध्यापन और लेखन तक ही सीमित थे, इसलिए वे अन्य कार्य-क्षेत्रों को विकसित करना आवश्यक बताती हैं। जिस कवयित्री को साहित्यिक समीक्षा कल्पनालोक में विचरण करने वाली बता रही थी, वह अपने निबंध 'जीने की कला' में कहती हैं कि जीवन का लक्ष्य केवल कल्पनालोक में विचरण नहीं है। महादेवी मनुष्य के बाहरी सामाजिक जीवन और वैयक्तिक आंतरिक जीवन को एक दूसरे के सापेक्ष बनाने पर बल देती हैं।

देखें : अरुणा आसफ़ अली, आनंदीबाई जोशी, उपनिवेशवाद विरोधी आंदोलन में स्त्री-नेतृत्व-1 और 2, कमला देवी चट्टोपाध्याय, दलित-नारीवाद, पण्डिता रमाबाई सरस्वती, दुर्गाबाई देशमुख, संतोष कुमारी देवी, सावित्रीबाई फुले।

संदर्भ

1. करीन शोमर (1998), *महादेवी वर्मा ऐंड द छायावाद एज ऑफ मॉडर्न हिंदी पोएट्री,* ऑक्सफ़र्ड इण्डिया पेपरबैक्स, नयी दिल्ली.
2. इंद्र नाथ मदान (2009), *महादेवी,* राधाकृष्ण प्रकाशन, नयी दिल्ली.
3. दूधनाथ सिंह (2009), *महादेवी,* राजकमल प्रकाशन, नयी दिल्ली.
4. महादेवी वर्मा (2004), *शृंखला की कड़ियाँ,* लोकभारती प्रकाशन, नयी दिल्ली.
5. नामवर सिंह (2004), *छायावाद,* राजकमल प्रकाशन, नयी दिल्ली.
6. महादेवी वर्मा (1997), *अतीत के चलचित्र,* राधाकृष्ण प्रकाशन, नयी दिल्ली.
7. रामचंद्र शुक्ल (1941), *हिंदी साहित्य का इतिहास,* नागरी प्रचारणी सभा, वाराणसी.

—शिवानी चोपड़ा

महाभारत

(*Mahabharat*)

भारतीय समाज और मानस पर गहरी छाप छोड़ने वाला संस्कृत महाकाव्य *महाभारत* खेत-खलिहान, बाग़-बग़ीचे से लेकर चौपाल तक समान रूप से व्याप्त है। उसकी मुख्यकथा के साथ ही उसकी उपकथाएँ रोज़ की चर्चाओं में प्राय: शामिल होती हैं। न जाने कितने लोक-कण्ठों ने उसकी कथाओं को अपना विषय-वस्तु बना कर गीत रचे और उन्हें स्वर प्रदान किया। कवियों, उपन्यासकारों, नाटककारों और विमर्शकारों को समान रूप से आकृष्ट करने वाले इस महाकाव्य के आलोचनात्मक अध्ययन की ओर सबसे पहले लासेन का ध्यान गया था। *महाभारत* में तीन कथावाचक हैं : व्यास, वैशम्पायन और गल्वगणकपुत्र उग्रश्रवा सौति। व्यास ने इसे वैशम्पायन को सुनाया, वैशम्पायन ने जनमेय को और उग्रश्रवा सौति ने कुलपति शौनक के नैमिषारण्य में होने वाले द्वादशवर्षीय सत्र में ब्रह्मचारी ऋषियों को। पूरा *महाभारत* अट्ठारह पर्वों में विभक्त है : आदिपर्व, सभापर्व, वनपर्व, विराटपर्व, उद्योगपर्व, भीष्मपर्व, द्रोणपर्व, कर्णपर्व, शल्यपर्व, सौतिपर्व, स्त्रीपर्व, शांतिपर्व, अनुशासनपर्व, आश्रमेधिक पर्व,

आश्रमवासिक पर्व, मौसलपर्व, महाप्रस्थानिक पर्व और स्वर्गारोहण पर्व। इसके अलावा सौ अवांतर पर्वों की भी चर्चा है। अनेक आख्यानों और उपाख्यानों वाली इस अनूठी रचना में मुख्य आख्यान कौरवों और पाण्डवों के बीच युद्ध ही है। *महाभारत* के सारे पात्र ख़ास तौर से भीष्म, विदुर, द्रोण, कृष्ण, कर्ण, भीष्म, अर्जुन, सहदेव, नकुल, द्रौपदी, गांधारी, दुर्योधन आदि के कार्य-व्यवहार, जीवनवृत्त और संवाद विशेष महत्त्व रखते हैं। इनमें से किसी को भी छोड़कर *महाभारत* की पूर्णता की कल्पना नहीं की जा सकती। दुष्यंत-शकुंतला, नल-दमयंती आदि जैसी कई उपकथाओं का भी काफ़ी महत्त्व है तथा अनेक रचनाकारों ने *महाभारत* से कथाएँ लेकर स्वतंत्र ग्रंथ रचकर भारत की साहित्यिक व सांस्कृतिक विरासत समृद्ध की है। धार्मिक, नीति-संगत, तथा दार्शनिक दृष्टि से विदुर के विचार एवं *महाभारत* के अंग के रूप में *गीता* का दर्शन भी उल्लेखनीय है। *गीता* के प्रभाव में विवेकानंद, बाल गंगाधर तिलक तथा गाँधी ने अपने-अपने ढंग से भारतीय राष्ट्रवाद की रचना की। इस लिहाज़ से भारतीय आधुनिकता को उसका विशिष्ट रूप देने में इस महाकाव्य की महत्त्वपूर्ण भूमिका है। *महाभारत* का भारतीय साहित्य और संस्कृति के ऊपर गहरा और व्यापक प्रभाव पड़ा है। भास के छह संस्कृत नाटकों से लेकर बीसवीं सदी में धर्मवीर भारती रचित *अंधा युग* तक ऐसे अनगिनत उदाहरण देखे जा सकते हैं। इस महाकाव्य ने जनजातीय संस्कृति को भी प्रभावित किया है। छत्तीसगढ़ की पंडवानी और गुजरात में भीलों का महाभारत इसका प्रमाण है।

महाभारत की मुख्य कथा धृतराष्ट्र और पाण्डु पुत्रों के बीच हुए युद्ध के पहले उनके कुल-पूर्वजों की चर्चा के साथ की शुरू होती है। मनु की पुत्री इला और चंद्र से उत्पन्न क्षत्रिय चंद्रवंशी कहलाये। चंद्रवंश के पहले राजा पुरुरवा हुए जिन्हें आगे चलकर कालिदास ने अपने नाटक *विक्रमोर्वशीयम्* का नायक बनाया। इसी वंश के दूसरे प्रसिद्ध राजा ययाति हुए। ययाति की दो रानियाँ थीं देवयानी और शर्मिष्ठा। महाकाव्य में शर्मिष्ठा को असुरों के राजा और ईरान नरेश वृषपर्वा की पुत्री तथा देवयानी को असुरों के गुरु शुक्राचार्य की पुत्री बताया गया है। जीवन के अंत में ययाति अपनी दोनों पत्नियों सहित अपने पुत्र पुरु को राज्य-भार सौंप कर जंगल प्रस्थान कर गये।

पुरु वंशजों में एक राजा दुष्यंत हुए। कालिदास के प्रसिद्ध नाटक *अभिज्ञानशाकुंतल* की नायिका शकुंतला और दुष्यंत के संयोग से भरत नाम पुत्र पैदा हुआ। मान्यता है कि इस भरत के नाम पर ही भारत देश बना। भरत के वंशजों में एक यशस्वी राजा हस्ती हुए जिन्होंने गंगा के पश्चिमी किनारे पर हस्तिनापुर नगर बसाया और वही उनकी राजधानी भी बना। महाराजा हस्ती के वंशजों में उनके प्रपौत्र कुरु पैदा हुए। जिन्होंने गंगा और यमुना के दोआब के ऊपरी उपजाऊ भाग को जीत कर उसे कुरुक्षेत्र नाम दिया। इसी वंश में आगे चलकर एक राजा शांतनु पैदा हुए। शांतनु का एक पुत्र देवव्रत (भीष्म) गंगा नदी से उनके संयोग से पैदा हुआ। भीष्म के जन्म के समय ही गंगा ने शांतनु को त्याग दिया। शांतनु का बाद में एक मत्स्यकन्या सत्यवती से प्रेम हुआ किंतु वह भीष्म की जगह अपनी संतान को ही राज्य देने की शर्त ही पर उनके साथ विवाह को तैयार हुई। शांतनु इस शर्त को मानने के लिए तैयार न थे। भीष्म को इस बात का पता चलने पर उन्होंने आजीवन अविवाहित रहने का भीषण संकल्प लेकर शांतनु की समस्या का समाधान किया। सत्यवती से दो पुत्र हुए, उनमें से एक बचपन में ही मर गया और दूसरी संतान विचित्रवीर्य को शांतनु के बाद राज्य प्राप्त हुआ। काशिराज की दो कन्याओं अंबिका और अंबालिका का विवाह भीष्म ने बलपूर्वक विचित्रवीर्य से करा दिया। लेकिन विचित्रवीर्य संतानहीन ही मरे। तब भीष्म की सम्मति से सत्यवती के व्यास से कहने पर विचित्रवीर्य की विधवाओं से नियोग के ज़रिये विचित्रवीर्य के दो पुत्र धृतराष्ट्र और पाण्डु हुए। धृतराष्ट्र के अंधे होने की वजह से पाण्डु ने कुछ समय तक राज्य किया। उसके बाद वे पत्नियों सहित जंगल चले गये और वहीं मृत्यु को प्राप्त किया। उनकी दो पत्नियाँ थीं। उनमें से एक माद्री उनके साथ चिता में जलकर सती हो गयी तथा दूसरी कुंती पाण्डु पुत्रों की देख-रेख के लिए रह गयीं। कुंती युद्धोपरांत भी जीवित रहीं।

पांडु के पाँचों पुत्र युधिष्ठिर, भीम, अर्जुन, नकुल और सहदेव पाण्डव कहलाये तथा धृतराष्ट्र के सौ पुत्र हुए जिन्हें कौरव कहा गया। पाण्डवों ने अपने पौरुष से काफ़ी धन-सम्पत्ति कमायी। धृतराष्ट्र के बड़े पुत्र दुर्योधन ने धृतराष्ट्र से पाण्डवों जैसी धन-सम्पत्ति पाने की इच्छा जतायी। विशेष रूप से एक सभा-कक्ष तैयार करके जुआ खेलने के लिए युधिष्ठिर समेत सभी भाइयों को आमंत्रित किया गया। दुर्योधन की ओर से शकुनि ने पासे फेंके और पाण्डवों की तरफ़ से युधिष्ठिर ने खेलना शुरू किया। युधिष्ठिर एक-एक कर सारी चीज़ें हारते चले गये और अंत में द्रौपदी को भी हार बैठे। द्रौपदी को जुआ के आयोजन-स्थल पर घसीट कर लाने का काम दुर्योधन के भाई दु:शासन ने किया, और भरी सभा में उसका चीरहरण किया। दुर्योधन ने उसे अपनी जाँघ पर बैठने को भी कहा। द्रौपदी ने वहाँ उपस्थित सभी जनों को धिक्कारते हुए कहा कि युधिष्ठिर को उसे दाँव पर लगाने का क्या अधिकार था? एक रजस्वला स्त्री का इस तरह से इतने लोगों के सामने चीरहरण किया जाना और सबका मौन साधे रहना कहाँ तक उचित है? अंत में असहाय होकर कृष्ण को पुकारने पर कृष्ण ने चीर बढ़ा कर उसकी रक्षा की। पाण्डवों से अपनी सम्पत्ति पुन: वापस पाने के लिए बारह बरस का वनवास तथा एक वर्ष अज्ञातवास

की शर्त रखी गयी। वनवास व अज्ञातवास की समाप्ति के बाद भी दुर्योधन पाण्डवों को सुई की नोंक के बराबर भी राज्य देने को तैयार नहीं हुआ। अंततः कुरुक्षेत्र में *महाभारत* का भीषण युद्ध हुआ जिसमें युधिष्ठिर की जीत हुई।

महाभारत के दो अन्य नाम 'जय' और 'भारत' भी बताये जाते हैं। इसके तीन अलग-अलग लेखकों का उल्लेख मिलता है। इस ग्रंथ की विशालता देखते हुए कह पाना मुश्किल है कि इसकी रचना किसी एक व्यक्ति ने एक ही समय में की होगी। समय के साथ-साथ इसकी मोटाई बढ़ती गयी और नयी-नयी चीज़ें भी जुड़ती गयीं। दृष्टांत है कि वेदव्यास ने तीन वर्षों तक कठिन मेहनत कर तैयार करने के बाद ब्रह्मा की प्रेरणा से इसे गणेश से लिखवाया। अपने पुत्र शुकदेव और वैशम्पायन आदि शिष्यों को पढ़ाया और जिसका प्रवचन उन्हीं की आज्ञा से महाराज जनमेजय के सर्प-सत्र (यज्ञ) में वैशम्पायन द्वारा किया गया। इसी आधार पर कुछ विद्वान प्रथम रचयिता वेदव्यास की कृति को 'जय', दूसरे रचनाकार वैशम्पायन की कृति को 'भारत' तथा तीसरे लेखक के रूप में सौति को मानते हुए उन्हें *महाभारत* का लेखक मानते हैं। किंतु *महाभारत* के आदि पर्व (1.208) के एक श्लोक के अनुसार, 'पूर्वकाल में सब देवताओं और ऋषियों ने मिलकर तराज़ू के एक ओर चारों वेद और दूसरी ओर इस भारत को तोला, तो महत्त्व और भारीपन में यही भारत भारी निकला।' और अगले श्लोक (आदि पर्व, 1.209) में कहा गया है, 'महत्त्वपूर्ण और भारी होने के कारण ही इसे *महाभारत* कहते हैं।' *महाभारत* में एक लाख श्लोकों की संख्या स्वीकारी जाती है। सातवलेकर की मान्यता है कि व्यास के मूल ग्रंथ में क़रीब 24 हज़ार श्लोक रहे होंगे क्योंकि आदि पर्व में सूत उग्रश्रवा शौनक से कहते हैं : '24 सहस्त्र श्लोकों में भारत संहिता रची थी। पण्डित जन उपाख्यान से रहित उन्हीं 24 सहस्त्र श्लोकों ही को 'भारत' कहा करते हैं।' (आदि पर्व, 1.61) उपर्युक्त 24 हज़ार श्लोकों की बात उग्रश्रवा कहते हैं। आगे वैशम्पायन कहते हैं कि परम तेजस्वी सत्यवती सुत ने पवित्र एक लाख श्लोकों में पुण्य कर्म करने वाले पाण्डवों के इस आख्यान को कहा है। (56.13) एक लाख को बढ़ाकर 24 हज़ार नहीं किया जा सकता, 24 हज़ार बढ़ाकर एक लाख अवश्य किये जा सकते हैं। 24 हज़ार की बात सूतपुत्र उग्रश्रवा ने कही, एक लाख श्लोकों की बात वैशम्पायन ने कही। इसलिए यह मानना उचित होगा कि *महाभारत* में पहली बार बहुत से अंश जोड़ने का श्रेय वैशम्पायन को है।

जनमेजय और *महाभारत* के समय के बारे में सातवलेकर की मान्यता है : 'इस जनमेजय का समय ईसा पूर्व 3000 का निश्चित किया जाता है। यदि यह मान लिया जाए तो *महाभारत* युद्ध को कम से कम तो 3100 ईसापूर्व मानना पड़ेगा। इस प्रकार सौ-डेढ़ सौ वर्ष के बाद जय का दूसरा संस्करण भारत के रूप में अस्तित्व में आया।' फिर यह मान कर कि वैशम्पायन का संस्करण अधिक प्राचीन है, द्वापर और कलियुग के वर्षों की संख्या का हिसाब लगा कर और सी.वी. वैद्य का मत उद्धृत करने के बाद सातवलेकर कहते हैं : '*महाभारत* का युद्ध ईसापूर्व 3100 के आसपास हुआ और उस युद्ध का तथा कौरव-पाण्डवों का आँखों-देखा इतिहास व्यास ने जय नामक एक छोटे से ग्रंथ में किया जिसे ईसा पूर्व 3000 के आसपास वैशम्पायन ने परिवर्धित करके सर्पसत्र के अवसर पर राजा जनमेजय को सुनाया। तत्पश्चात् उसके अनेक वर्षों के बाद ईसापूर्व 250 या 300 के आसापास सौति ने उसमें परिवर्धन करके नैमिषारण्य में यज्ञ के अवसर पर शौनक को सुनाया।'

इस प्रकार एक लम्बे समय तक *महाभारत* में संशोधन-परिवर्धन होता रहा। *महाभारत* के रूप में जो कुछ भी आज उपलब्ध है वह वैशम्पायन का संस्करण ही है और वैशाम्पायन के संस्करण का नाम ही 'भारत' है किंतु आज 'भारत' और व्यास के संस्करण 'जय' दोनों *महाभारत* में विलीन हो चुके हैं। दोनों को पृथक-पृथक खोज पाना काफ़ी कठिन होगा। यह अपने आप में अर्थशास्त्र, धर्मशास्त्र, कामशास्त्र, मोक्षशास्त्र, राजनीतिशास्त्र, नीतिशास्त्र तथा दार्शनिक ग्रंथ भी है। *महाभारत* में आख्यानों की प्राचीनता का प्रमाण हमें कात्यायन के वार्तिक तथा पंतजलि के *महाभाष्य* से भलीभाँति मिलता है। पंतजलि ने अपने भाष्य में यवक्रीत, प्रियंगु तथा ययाति के आख्यानों का उल्लेख किया है। इनमें से यवक्रीत तथा ययाति का आख्यान *महाभारत* में आदिपर्व और वनपर्व उपलब्ध है। फलतः इन आख्यानों से संबलित *महाभारत* का प्रणयन पतंजलि से पूर्वकाल में निष्पन्न हो चुका था। इतना ही नहीं, आश्वलायन ग्रह्यसूत्र में तर्पण के अवसर पर *भारत* तथा *महाभारत* दोनों ग्रंथों के धर्माचार्यों का पृथक-पृथक तर्पणविधान का निर्देश किया गया है। इससे लगता है कि *महाभारत* का मौजूदा स्वरूप काफ़ी पहले आ गया था।

महाभारत के आलोचनात्मक अध्ययन की ओर सर्वप्रथम लासेन का ध्यान गया। 1837 में उन्होंने *इण्डियन एंटिक्विटीज़* नामक पुस्तक लिख कर दावा किया कि जिस *महाभारत* को सूत ने कहा, वह वास्तव में मूल पुराण ' भारत' का द्वितीय संस्करण है। 1852 में जर्मन विद्वान मैक्स वेबर ने *महाभारत* के संदर्भ में अपनी प्रसिद्ध पुस्तक *इण्डियन स्टूडियेन* में कहा कि ऋग्वेद की 'नाराशंस्य' गाथाएँ और 'दानस्तुतियाँ' *महाभारत* का मूल स्रोत हैं। यज्ञ के अवसरों पर इनका गान होता था। कुरुवंश की कुछ ऐसी ही गाथाएँ रही होंगी। विस्तार होते-होते उन्हीं से *महाभारत* बन गया होगा। 1908 में *जर्नल ऑफ़ द रॉयल एशियाटिक सोसाइटी* में प्रकाशित ग्रियर्सन के एक लेख के मुताबिक़ प्राचीन भारत में

ब्राह्मण-क्षत्रियों का झगड़ा बराबर चलता रहा। मध्य प्रदेश में ब्राह्मणों का ज़ोर था, पर कुरु प्रदेशों में अधिक स्वतंत्रता थी। पंचाल में बहुपति-विवाह भी जायज़ समझा जाता था। पंचाल देश के राजा द्रुपद ने द्रोणाचार्य का अपमान किया था, जिन्होंने कुरुओं के यहाँ शरण ली। उसी अपमान का बदला चुकाने के लिए कौरव-पांचालों में युद्ध हुआ। इस तरह *महाभारत* कौरव-पाण्डवों का नहीं, कौरव-पांचालों का युद्ध था। सर बेरिडेल कीथ ने पाण्डवों के मंगोलियन होने की सम्भावना व्यक्त की है। इस तरह से दुनिया में तरह-तरह के विद्वानों ने *महाभारत* को अपने अध्ययन का विषय बनाया है और इस बारे में भिन्न-भिन्न मत व्यक्त किये हैं।

1834-39 में कलकत्ता से बंगाल की रॉयल एशियाटिक सोसाइटी ने *महाभारत* का प्रकाशन किया। बाद में कुछ लोगों ने मिलकर मुम्बई और चेन्नई से भी इसे छापा। 1897 में पेरिस में हुए प्राच्यविद्याविदों के अंतर्राष्ट्रीय सम्मेलन में विंटरनित्स ने *महाभारत* के सम्यक अध्ययन के लिए उसके प्रामाणिक संस्करण की आवश्यकता पर बल दिया। 1908 में लूडर्स ने उसका एक प्रारूप भी प्रस्तुत किया। पुणे के भण्डारकर प्राच्य विद्या-शोध-संस्थान ने 1918 में *महाभारत* का एक प्रामाणिक (क्रिटिकल) संस्करण निकालने का निश्चय किया। सुखणकर ने 1925 से इस पर काम करना शुरू किया। चार दशक तक गहन अध्ययन और परिश्रम के बाद यह 1966 में तैयार हुआ। अनेक महत्त्वपूर्ण पाण्डुलिपियों के आधार पर और अप्रासंगिक प्रसंगों को हटाते हुए जो संस्करण तैयार किया गया उसे ही आज प्रामाणिक माना जाता है।

देखें : आर्यभट्ट और *आर्यभटीय,* उपनिषद्, कपिल, *अर्थशास्त्र* और कौटिल्य, गोपीनाथ कविराज, गोविंद चंद्र पाण्डे, चैतन्य महाप्रभु, जैन दर्शन, न्याय दर्शन, दया कृष्ण, नंद किशोर देवराज, न्याय दर्शन, नागार्जुन, पतंजलि और *योगसूत्र,* पाणिनि और *अष्टाध्यायी,* पाश्चात्य काव्यशास्त्र, पुराण, पूर्व-मीमांसा दर्शन, बदरी नाथ शुक्ल, बादरायण, बौद्ध दर्शन, *भगवद्गीता,* भरत और *नाट्यशास्त्र,* मुकुंद लाठ, *भागवत पुराण,* यशदेव शल्य, योग दर्शन, रामानुजाचार्य, लोकायत, वात्स्यायन और *कामसूत्र,* वेदांत दर्शन, वैशेषिक दर्शन, शंकराचार्य, षड्-दर्शन-1 और 2, संस्कृत काव्यशास्त्र, स्मृति-साहित्य, सांख्य दर्शन-1 और 2, सिद्ध-नाथ परम्परा।

संदर्भ

1. रामविलास शर्मा (2010), *भारतीय संस्कृति और हिंदी प्रदेश,* किताब घर प्रकाशन, नयी दिल्ली.
2. आचार्य बलदेव उपाध्याय (1999), भारतीय धर्म और दर्शन, चौखम्भा पब्लिशर्स, गोकुल भवन, वाराणसी.

—अजय कुमार पाण्डेय

महाराष्ट्र

(Maharashtra)

भारत के दक्षिण-पश्चिम में स्थित राज्य महाराष्ट्र का गठन राज्यों के भाषावार पुनर्गठन की माँग के तहत एक मई, 1960 को हुआ था। इस दिन को महाराष्ट्र दिवस के रूप में मनाया जाता है। मराठी के लोगों के लिए एक अलग राज्य के रूप में महाराष्ट्र की माँग बहुत पुरानी थी। गठन के बाद इसकी राजनीति में कई बदलाव हुए हैं। लम्बे समय तक कांग्रेस का वर्चस्व रहने के बाद अब यह पार्टी अपने शासन के लिए न सिर्फ़ दूसरे दलों पर निर्भर है बल्कि उसे कड़ी राजनीतिक प्रतियोगिता का भी सामना करना पड़ता है। महाराष्ट्र की राजनीति में पिछड़ी और दलित जातियों की सक्रियता भी बढ़ी है लेकिन यहाँ बिहार और उत्तर प्रदेश की तरह पिछड़ी जातियों का उभार नहीं हुआ है। महाराष्ट्र में साम्प्रदायिक और जातीय पहचान की संकुचित राजनीति ने भी अपने पैर जमाये हैं। भूमण्डलीकरण के कारण शहरी क्षेत्रों में भले ही विकास हुआ हो, लेकिन ग्रामीण इलाक़ों में किसान इससे बुरी तरह त्रस्त हैं। महाराष्ट्र में किसानों द्वारा की जा रही आत्महत्याएँ इसका सबसे बड़ा उदाहरण है। विदर्भ इलाक़े में तो लाखों किसानों ने क़र्ज़ से त्रस्त होकर अपना जीवन समाप्त कर लिया, लेकिन यह इस दौर की राजनीति में बड़ा मुद्दा नहीं बन पाया।

महाराष्ट्र का क्षेत्रफल 3,08,000 वर्ग किमी है। क्षेत्रफल के हिसाब से यह देश का तीसरा सबसे बड़ा राज्य है। इसके उत्तर में मध्य प्रदेश, पूरब में छत्तीसगढ़, दक्षिण-पूर्व में आंध्र प्रदेश, दक्षिण में कर्नाटक और दक्षिण-पश्चिम में गोवा स्थित है। इसके उत्तर-पूर्व में गुजरात राज्य है और इनके बीच में केंद्र शासित प्रदेश दादरा और नगर हवेली स्थित है। महाराष्ट्र के पश्चिम में अरब सागर है। 2011 की जनगणना के अनुसार महाराष्ट्र की जनसंख्या 11,23,72,972 है। इस लिहाज़ से उत्तर प्रदेश के बाद भारत का दूसरा सबसे बड़ा राज्य है। इसका जनसंख्या घनत्व 365.2 प्रति वर्ग किमी और 2011 की जनगणना के अनुसार यहाँ की कुल साक्षरता दर 82.9 प्रतिशत है। साक्षरता के मामले में पूरे भारत में इसका छठवाँ स्थान है। यहाँ की आधिकारिक भाषा मराठी है। इसके अलावा राज्य में हिंदी भी बड़े पैमाने पर बोली जाती है। महाराष्ट्र की राजधानी मुम्बई है जो अपने फ़िल्म उद्योग के लिए तो मशहूर है ही, साथ ही इसे भारत की वाणिज्यिक राजधानी भी माना जाता है।

महाराष्ट्र की विधायिका दो-सदनीय है। यानी यहाँ विधानसभा और विधान परिषद् दोनों ही हैं। विधानसभा के

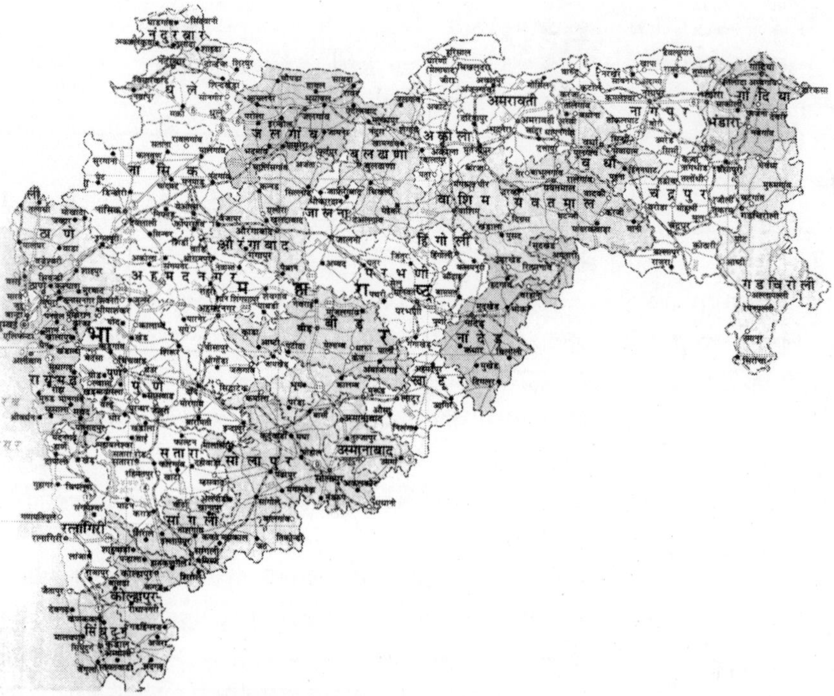

महाराष्ट्र : कांग्रेस के प्रभुत्व से दो गठजोड़ों की प्रतियोगिता तक

सदस्य वयस्क मतदाताओं द्वारा चुने जाते हैं। राज्य के विधानसभा सदस्यों की कुल संख्या 288 है, जबकि विधान परिषद् के सदस्यों की कुल संख्या 78 है। महाराष्ट्र से कुल 48 लोकसभा सदस्य चुने जाते हैं। इस तरह से उत्तर प्रदेश के बाद सबसे ज़्यादा लोकसभा सदस्य और राज्यसभा के कुल 19 सदस्य चुने जाते हैं।

महाराष्ट्र के निर्माण से लेकर 1978 तक राज्य में कांग्रेस की सरकार रही। यशवंत राव चव्हाण राज्य के पहले मुख्यमंत्री थे। मई, 1960 से नवम्बर, 1962 तक राज्य की बागडोर उनके हाथ में रही। इसके बाद मारोतराव कान्नमवार (नवम्बर, 1962-नवम्बर, 1963), वसंत राव नाईक (1963-75) तक, शंकर राव चह्वाण (फ़रवरी, 1975 से अप्रैल, 1977), वसंतदादा पाटिल (अप्रैल, 1977-जुलाई, 1978) राज्य के कांग्रेसी मुख्यमंत्री रहे। इस पूरे दौर में वसंत राव नाइक का कार्यकाल महत्त्वपूर्ण माना जाता है। इन्होंने महाराष्ट्र में हरित क्रांति लाने और उसके उद्योगीकरण में महत्त्वपूर्ण भूमिका निभायी। 1978 में पहली बार राज्य में एक ग़ैर-कांग्रेसी सरकार गठित हुई। पुराने कांग्रेसी नेता शरद पवार ने कांग्रेस से अलग होकर जनता पार्टी से गठबंधन बनाकर प्रोग्रेसिव डेमॉक्रैटिक फ्रंट (या प्रगतिशील लोकतांत्रिक मोर्चा) की सरकार बनायी। 1980 में केंद्र में सत्ता में वापस आने पर इंदिरा गाँधी ने इस सरकार को बर्ख़ास्त कर दिया। 1980 में हुए चुनावों में कांग्रेस को एक बार फिर से बहुमत मिला। आने वाले डेढ़ दशकों तक (यानी 1995 तक) राज्य में कांग्रेस की सरकार रही। इस दौरान ए.आर. अंतुले (जून, 1980-जनवरी, 1982), बाबासाहेब भोंसले (जनवरी, 1982-फ़रवरी, 1983), वसंतदादा पाटिल (फ़रवरी, 1983-जून, 1985), शिवाजी राव निलंगेकर पाटिल (जून, 1985-मार्च, 1986), शंकर राव चह्वाण (मार्च, 1986-जून, 1988) शरद पवार (मार्च, 1993-मार्च, 1995) राज्य के कांग्रेसी मुख्यमंत्री रहे। असल में वसंत राव नाईक के बाद से इंदिरा गाँधी और राजीव गाँधी के दौर में महाराष्ट्र के किसी भी कांग्रेसी नेता को मुख्यमंत्री के रूप में अपना पैर जमाने का मौक़ा नहीं दिया गया। अमूमन मुख्यमंत्रियों एक या दो सालों के भीतर बदला जाता रहा।

1980 के दशक से ही महाराष्ट्र में विपक्षी शक्तियाँ गोलबंद होने लगी थीं। इस दौर में शरद जोशी के शेतकारी संघटन और शिव सेना का उभार होना शुरू हुआ। 1978 के बाद शरद जोशी के नेतृत्व में बड़े पैमाने पर किसान आंदोलन सामने आया। शेतकारी संघटन का आंदोलन महाराष्ट्र राज्य के गठन के बाद अब तक का सबसे बड़ा राज्यव्यापी जनांदोलन था। इस संगठन ने लगभग छह सालों तक मराठा-कुनबी पिछड़ी जातियों को संगठित किया। धीरे-धीरे ये आंदोलन धनी कृषकों की माँगों तक सीमित हो गया और इसका प्रभाव हल्का पड़ गया। लेकिन इसने पिछड़ी जातियों को राजनीतिक रूप से गोलबंद करने में महत्त्वपूर्ण भूमिका निभायी। शिव सेना का गठन जून 1966 में हुआ था। शुरू में इसका प्रभाव शहरी क्षेत्रों तक ही था। यह माना जाता है कि वसंत राव नाईक ने मुम्बई में कम्युनिस्ट यूनियनों के प्रभाव को ख़त्म करने के लिए शिव सेना को बढ़ावा दिया था। बहरहाल, 1980 के दशक के अंत तक इसने अच्छी ख़ासी राजनीतिक हैसियत हासिल कर ली और यह संगठन कांग्रेस को चुनौती देने की स्थिति में पहुँच गया।

1990 के बाद के महाराष्ट्र की राजनीति की कुछ विशेषताओं को निम्नलिखित बिंदुओं में व्यक्त किया जा सकता है : पहला, राज्य में साम्प्रदायिक राजनीतिक का उभार हुआ। 1990 के बाद भाजपा और शिव-सेना ने खुल कर साम्प्रदायिक राजनीति की। 1992 के बाबरी मस्जिद के विध्वंस और उसके बाद हुए मुम्बई दंगों के दौरान भाजपा और शिव-सेना की भूमिका संदेहास्पद रही। इन दोनों ने उग्र हिंदुत्ववादी राजनीति का सहारा लिया। इसी के कारण इन्हें

1995 के विधानसभा चुनावों में जीत भी मिली। 1995 के विधानसभा चुनावों में कांग्रेस को 80 तथा भाजपा-शिव सेना गठजोड़ को 138 सीटें मिलीं, जो बहुमत के क़रीब थीं। इसके बाद, राज्य में अगले पाँच सालों तक भाजपा-शिव सेना की सरकार रही, तथा शिव-सेना के मनोहर जोशी और नारायण राणे राज्य के मुख्यमंत्री बने। इसके बाद शिव सेना-भाजपा गठजोड़ की महाराष्ट्र की सत्ता में वापसी नहीं हुई। लेकिन वह राज्य में मज़बूत विपक्ष बना रहा और उसकी राजनीति में (शिव-सेना की राजनीति में ज़्यादा) पहले की तरह ही साम्प्रदायिक बयानबाजियों का सहारा लिया जाता रहा।

दूसरा, 1990 के दशक में उत्तर भारत के राज्यों (मसलन, बिहार, उत्तर प्रदेश आदि) में 'पिछड़ी जातियों के उभार' की परिघटना हुई। महाराष्ट्र में खुलकर यह परिघटना सामने नहीं आयी। लेकिन राज्य की राजनीति में मराठाओं का वर्चस्व पहले की तुलना में कमज़ोर हुआ और पिछड़ी जातियों के कई नेता भी राज्य की राजनीति में उभरकर सामने आये। मसलन, छगन भुजबल, गोपीनाथ मुंडे आदि। इसके अलावा, रिपब्लिकन पार्टी ने भी ख़ुद को तुलनात्मक रूप से मज़बूत दलित पार्टी के रूप में संगठित किया।

तीसरा, नब्बे के दशक में महाराष्ट्र की राजनीति में द्विध्रुवीय होने की प्रवृत्ति बढ़ी और कुछ हद इसका स्थाईकरण भी हुआ। 1990 से 1999 तक यह कांग्रेस और शिव सेवा-भाजपा गठजोड़ के बीच का राजनीतिक संघर्ष था। लेकिन उसके बाद यह कांग्रेस और राष्ट्रवादी कांग्रेस तथा शिव सेना-भाजपा गठजोड़ के बीच टकराव बन गया। ग़ौरतलब है कि सोनिया गाँधी के विदेशी मूल का होने के मुद्दे पर शरद पवार ने कांग्रेस से अलग होकर जून, 1999 में राष्ट्रवादी कांग्रेस पार्टी (एनसीपी) का गठन किया। 1999 में महाराष्ट्र में किसी एक दल को बहुमत नहीं मिला है। कांग्रेस को 75 और राष्ट्रवादी कांग्रेस पार्टी को 58 सीटों पर जीत मिली। 2004 में भी यह गठजोड़ बहुमत के नज़दीक पहुँच गया। इन्हें क्रमश: 69 और 71 सीटों पर जीत मिली। इसी तरह 2009 का विधानसभा चुनाव भी इन दोनों दलों ने मिल कर लड़ा और इस गठबंधन को 144 सीटें मिलीं। इस दौर में बनी सरकारों में कांग्रेस को मुख्यमंत्री और एनसीपी को उप-मुख्यमंत्री का पद मिला। इस संदर्भ में महत्त्वपूर्ण बात यह है कि कांग्रेस-एनसीपी गठबंधन का सीधा चुनावी संघर्ष शिव सेना-भाजपा गठबंधन से हुआ।

चौथा, लेकिन इसका मतलब यह नहीं है कि इस दौर में अन्य पार्टियों का कोई महत्त्व ही नहीं रहा। मसलन, रिपब्लिकन पार्टी, समाजवादी पार्टी और राज ठाकरे की महाराष्ट्र नवनिर्माण पार्टी (एमएनएस) जैसे दलों का कुछ इलाक़ों में बहुत ज़बरदस्त प्रभाव रहा। इस संदर्भ में शिव सेना से टूट कर आये नेता राज ठाकरे द्वारा गठित एमएनएस का उल्लेख करना प्रासंगिक होगा, क्योंकि यह छोटी पार्टियों की प्रासंगिकता को अच्छी तरह से रेखांकित करता है। दिसम्बर, 2005 में शिव सेना से अलग होकर राज ठाकरे ने और भी ज़्यादा संकुचित एजेंडे को आगे बढ़ाया। एमएनएस ने उत्तर भारतीयों के साथ मार-पीट करनी शुरू कर दी और मराठी युवकों में अपना आधार बना लिया। 2009 के विधानसभा चुनावों में इसे 13 सीटें मिलीं। कई स्थानों पर इसने शिव सेना को हराने में महत्त्वपूर्ण भूमिका निभायी। कई प्रेक्षक यह मानते हैं कि कांग्रेस-एनसीपी गठजोड़ की सत्ता में वापसी में इसकी बहुत महत्त्वपूर्ण भूमिका रही। साफ़ है कि इस तरह के छोटे दल महाराष्ट्र में बड़े दलों की चुनावी सम्भावनाओं का प्रभावित करने की कुव्वत रखते हैं।

देखें : असम, अरुणाचल प्रदेश, आंध्र प्रदेश, उत्तर प्रदेश, उत्तराखण्ड, ओडीशा, कर्नाटक, केरल, गुजरात, छत्तीसगढ़, जम्मू और कश्मीर, झाड़खण्ड, तमिलनाडु, त्रिपुरा, दिल्ली, नगालैण्ड, पश्चिम बंग, पंजाब, बिहार, मध्य प्रदेश, मणिपुर, मिज़ोरम, मेघालय, भारतीय संघवाद, राजस्थान, राज्यों का पुनर्गठन-1, 2 और 3, राज्यों की राजनीति, शिव सेना, संघवाद, हरियाणा।

संदर्भ

1. जयंत लेले (1982), *इलीट प्लूरलिज़्म ऐंड क्लास रूल : पॉलिटिकल डिवेलपमेंट इन महाराष्ट्र*, पॉपुलर प्रकाशन, मुम्बई.
2. जयंत लेले (1990) 'कास्ट, क्लास ऐंड मोबिलाइज़ेशन इन महाराष्ट्र', फ्रैंसीन फ्रैंकल और एम.एस.ए. राव (सम्पा.), *डॉमिनेंस ऐंड स्टेट पावर इन मॉर्डन इण्डिया,* ऑक्सफ़र्ड युनिवर्सिटी प्रेस, नयी दिल्ली.
3. सुहास पलशीकर और नितिन बीरमल (2003)। 'महाराष्ट्र : फ्रैग्मेंटेड मराठाज़ रिटेन पॉवर', पॉल वैलेस और रामाश्रय रॉय (सम्पा.), इण्डियाज़ 1999 इलेक्शन ऐंड ट्वेंटिएथ संेचुरी पॉलिटिक्स, सेज, नयी दिल्ली.

— कमल नयन चौबे

महाराष्ट्र में सुधारणा-1

वरकरी परम्परा और भागवत धर्म

(Sudharna in Maharashtra-1)

उन्नीसवीं सदी के महाराष्ट्रीय नवजागरण का मराठी नाम सुधारणा है। महाराष्ट्र में तेरहवीं और अट्ठारहवीं सदी के दौरान धर्म और समाज के सुधार के लिए संतों द्वारा चलाये गये आंदोलन को भी सुधारणा कहा जाता है। ब्रिटिश शासन के तहत पश्चिमी शिक्षा और पश्चिमी मूल्यों से प्रेरित होने के बावजूद महाराष्ट्रीय नवजागरण अपने अतीत यानी सुधारणा से जुड़ा। इस तरह कहा जा सकता है कि सुधारणा अट्ठारहवीं सदी तक अगर संतों के नेतृत्व में चला तो उन्नीसवीं सदी में उनकी जगह पश्चिमी शिक्षाप्राप्त मध्यवर्गीय बुद्धिजीवियों ने ले ली। ख़ास बात यह है कि यह निरंतरता सिर्फ़ नाम की न हो कर अंतर्वस्तु की भी है। इसे हम संतों के भागवत धर्म और महाराष्ट्र धर्म की निरंतरता कह सकते हैं जिसके केंद्र में जातिभेद का प्रश्न और महाराष्ट्रीय अस्मिता की चेतना थी। जिन प्रश्नों और प्रवृतियों को लेकर उन्नीसवीं सदी का नवजागरण चला था, वे ही बीसवीं सदी की राजनीतिक धाराओं में भी सार्थक बनी रहीं। भागवत धर्म और महाराष्ट्र धर्म के मूल्य बदले हुए राजनीतिक संदर्भों में भी प्रेरणादायक बने रहे। इसे तिलक और दूसरे मराठी राष्ट्रवादियों की राजनीति में देखा जा सकता है। सच पूछिये तो ये प्रवृत्तियाँ आज भी महाराष्ट्र से ग़ायब नहीं हुई हैं। ऐसी निरंतरता हमें भारत के और किसी भी प्रांत में दिखाई नहीं देती।

बारहवीं सदी के महाराष्ट्र में संत चक्रधर के महानुभाव सम्प्रदाय से शुरू हुआ भक्ति आंदोलन कुछ ख़ास कारणों से आगे नहीं बढ़ सका। लेकिन उनके बाद आने वाले वरकरियों का भागवत धर्म बहुत प्रभावशाली और लोकप्रिय साबित हुआ। वरकरियों की परम्परा नासिक के पास पंढरपुर में विठोबा या विट्ठल की भक्ति करने और हर साल इस जगह की यात्रा करने के रूप में मूलत: पाँचवीं सदी से चली आ रही थी। तेरहवीं सदी में नाथ सम्प्रदाय से आये ज्ञानदेव जब इससे जुड़ गये तो इस परम्परा का प्रभाव बहुत बढ़ गया। ज्ञानदेव या ज्ञानेश्वर ने *श्रीमदभगवतगीता* का मराठी में स्वतंत्र पद्यानुवाद करके जिस *भावार्थदीपिका* की रचना की, वह *ज्ञानेश्वरी* के नाम से मशहूर हुई और उसमें निरूपित भागवत धर्म महाराष्ट्र में भक्ति आंदोलन का दूसरा नाम हो गया। समर्थ गुरु रामदास को छोड़ कर दूसरे सभी संतों ने (नामदेव, एकनाथ और तुकाराम वग़ैरह) ने इसी भागवत धर्म का प्रचार किया। वैदिक परम्पराओं का आदर करने वाला यह भागवत धर्म समाज में वर्णाश्रमधर्म का पालन स्वीकार करने के बावजूद धर्म और भक्ति के क्षेत्र में जात-पाँत को महत्त्व नहीं देता था। इसने सभी वर्णों और जातियों के लोगों को विट्ठल की भक्ति के माध्यम से एक सूत्र में बाँधने का प्रयास किया और समाज के निचले से निचले व्यक्ति में भी नैतिक आचरण और भक्ति भावना के ज़रिये अपनी आध्यात्मिक उन्नति करने का आत्मविश्वास जगाया। भागवत धर्म के प्रचारक संतों ने कहा कि धर्म और भक्ति के क्षेत्र में जाति, कुल, वंश और ओहदे का कोई महत्त्व नहीं; यहाँ तो हृदय की पवित्रता और भक्ति की सच्चाई देखी जाती है।

वरकरी सम्प्रदाय में ज्ञानेश्वर और एकनाथ जैसे ब्राह्मण संत हुए तो नामदेव दर्जी, तुकाराम कुनबी, चोखामेला महार और गोरा कुम्हार भी हुए। ये सभी संत एक दूसरे का आदर करते थे। इनमें बहिणाबाई जैसी स्त्रियाँ और शेख़ मुहम्मद जैसे कुछ मुसलमान संत भी हुए। रानाडे के मुताबिक़ क़रीब पचास संत हुए जिनमें से आधे ब्राह्मण और आधे ग़ैर-ब्राह्मण थे। ज्ञानेश्वर और एकनाथ जैसे ब्राह्मण संतों ने जातिभेद के प्रति उदार दृष्टिकोण अपनाते हुए दलितों शूद्रों के सामाजिक उत्पीड़न को सहानुभूति के साथ देखा। महार जाति से आये दलित संत चोखामेला ने सामाजिक उत्पीड़न की व्यथा को एक भुक्तभोगी की मार्मिक अभिव्यक्ति दी, लेकिन ऐसा करते हुए उन्हें एक तीव्र असहनीय तनाव से भी होकर गुज़रना पड़ता था। इन दलित संतों को अपने पहले के संस्कारों और नयी मिली आध्यामिक स्वतंत्रता के बीच चलने वाले द्वंद्व का सामना करना पड़ता था। इसलिए उनकी अभिव्यक्ति में एक संस्कारजन्य निरीहता और विनम्रता भी होती थी जिसके कारण आज के आम्बेडकरवादी उन्हें पसंद नहीं करते।

चूँकि इसके ज़रिये जात-पाँत और वर्ण की जगह धर्म और अध्यात्म के क्षेत्र में व्यक्ति का नया महत्त्व प्रतिष्ठित हुआ, इसलिए मराठी संत साहित्य के विद्वान गं.बा. सरदार ने इसे आध्यात्मिक मानववाद का नाम दिया। विट्ठल की भक्ति के अलावा वरकरी संतों ने मराठी भाषा के माध्यम से भी सभी महाराष्ट्रियों को एक करने का प्रयास किया। उन्होंने न सिर्फ़ अपना सारा साहित्य मराठी भाषा में लिखा, बल्कि अपनी भाषा के प्रति मराठी भाषियों के अंदर गर्व की भावना भी पैदा की। अपनी भाषा के प्रति यह गर्व महराष्ट्र प्रदेश के प्रति गर्व से भी जुड़ा हुआ था। इस तरह संतों-भक्तों के आंदोलन से सभी मराठी भाषियों में एक सांस्कृतिक समुदाय-एक जाति (नेशन) के रूप में ख़ुद को पहचानने की चेतना विकसित हुई। महाराष्ट्रीय अस्मिता की यही चेतना आगे चल कर मराठा राज्य के उत्कर्ष की पृष्ठभूमि बनी और शिवाजी इसके सबसे बड़े प्रतीक बन कर उभरे।

परमहंस सभा से निकला प्रार्थना समाज : मराठी संतों द्वारा प्रवर्तित भागवत धर्म और महाराष्ट्र धर्म से

उन्नीसवीं सदी के महाराष्ट्रीय नवजागरण का घनिष्ठ संबंध रहा है। पश्चिमी शिक्षा और युरोपीय ज्ञानोदय के मूल्यों से प्रभावित होने के बावजूद महाराष्ट्रीय सुधारकों ने अपनी जातीय परम्परा को कभी नहीं छोड़ा। ऐसा कोई मराठी सुधारक नहीं हुआ जिसने मराठी संतों के आंदोलन पर टिप्पणी न की हो और उसकी अपने ढंग से व्याख्या न की हो। अपने सुधार आंदोलन को उन्होंने संतों-भक्तों के आंदोलन का ही जारी रूप बतलाया। प्रार्थना समाज के सुधारकों ने अपने संगठन के धार्मिक सिद्धांतों का निरूपण करते हुए उसे हमेशा मराठी संतों की धार्मिक शिक्षाओं से जोड़ा। उदाहरण के लिए जस्टिस रानाडे संतों के उदार मूल्यों से इतने प्रभावित थे कि उन्होंने प्रार्थना समाज के आंदोलन को संतों के भागवत धर्म का ही एक रूप और उसकी विनम्र संतान बताया था। ख़ुद भागवत धर्म के आंदोलन को रानाडे ने युरोप के रिफ़ॉर्मेशन (ईसाई धर्म-सुधार) जैसा महान आंदोलन बतलाया, जबकि राजा राममोहन राय ने बंगाल के भक्ति आंदोलन का कभी कोई ज़िक्र नहीं किया। वे अपने ब्राह्मसभा के आंदोलन को ही युरोपीय रिफ़ॉर्मेशन जैसा महसूस करते थे। प्रार्थना समाज के ही दूसरे सुधारक नेता आर.जी. भंडारकर ने *वैष्णवइज़म, शैविज़म ऐंड माइनर रिलीजस सिस्टम* नामक अपनी किताब में, जिसे भारत के धार्मिक इतिहास के अध्ययन में एक उल्लेखनीय रचना माना जाता है, नामदेव और तुकाराम जैसे संतों के योगदान पर और उनकी केंद्रीय शिक्षाओं पर लिखा जो प्रार्थना समाज के अन्दर उनके अपने मत को प्रतिबिम्बित करता था। उन्होंने प्रार्थना समाज के धार्मिक सिद्धांतों का निरूपण करते हुए इन्हें विभिन्न धर्मों की उदार और विवेकशील परम्पराओं के अलावा तुकाराम की शिक्षाओं से जोड़ा।

तुकाराम : भागवत धर्म का जातिभेद विरोधी आयाम

उन्नीसवीं सदी में महाराष्ट्रीय नवजागरण के दौर में वरकरी सम्प्रदाय के कितने ही संतों की रचनाएँ फिर से प्रकाशित हुईं और उनके नये संस्करण छपे। महाराष्ट्रीय नवजागरण के सबसे पहले प्रवर्तक बालशास्त्री जांभेकर ने, जिन्होंने *दर्पण* पत्रिका निकाल कर मराठी पत्रकारिता की नींव डाली, 1845 में *ज्ञानेश्वरी* को फिर से प्रकाशित किया। इसी दौर में महाराष्ट्रीय नवजागरण के सबसे पहले संगठन परमहंस सभा के एक सदस्य तुकारामात्या पडवल ने तुकाराम के नाम से प्रचलित सभी रचनाओं को बहुत परिश्रम से जमा करके *तुकाराम गाथा* का सम्पादन-प्रकाशन किया। भारत के और किसी भी प्रांत के नवजागरण में यह विशेषता नहीं दिखाई देती कि उसके सुधारकों ने अपने समय की ज़रूरतों को देखते हुए अपने संतों-भक्तों की रचनाओं को फिर से संकलित, सम्पादित और प्रकाशित किया हो। इसी दौर में रामदास का ग्रंथ *दासबोध* और महीपति द्वारा लिखी गयी मराठी संतों की जीवनियों का संकलन भी फिर से प्रकाशित हुआ।

आधुनिकता के समर्थक महाराष्ट्रीय सुधारक धर्म, समाज और राजनीति के प्रति उदार दृष्टिकोण रखते थे। भागवत धर्म के उदार मूल्यों से उन्हें बल मिलता था। ये सुधारक उदार राष्ट्रवादी थे। लोगों की एकता किसी भी राष्ट्रवाद की पहली शर्त होती है। भागवत धर्म और मराठी भाषा के माध्यम से सभी महाराष्ट्रियों को एक सूत्र में बाँधने का जो प्रयास वरकरी संतों ने किया था, उससे पैदा हुई महाराष्ट्रीय अस्मिता की चेतना उन्नीसवीं सदी के इन राष्ट्रवादियों के लिए बहुत मूल्यवान थी। पश्चिमी शिक्षा और युरोपीय ज्ञानोदय से उन्हें जो भी आधुनिक मूल्य मिले, उसका इन्होंने उत्साहपूर्वक स्वागत किया। लेकिन देसी आधुनिकता का पहला और बुनियादी मूल्य जातिभेद का विरोध ही हो सकता था। यह मूल्य उन्हें संतों के भागवत धर्म से मिला। लेकिन यह विरोध जातिभेद तोड़ने का अभियान नहीं बना। प्रार्थना समाज के ज़्यादातर सुधारक ब्राह्मण परिवारों से आये थे। जातिप्रथा विरोधी होने के बावजूद इसे खुल कर तोड़ने का साहस उनमें कम था। समाज में भी जातिप्रथा की कट्टर समर्थक ताक़तें मौजूद थीं। इन परिस्थितियों में प्रार्थना समाज ने जातिप्रथा तोड़ना अपना लक्ष्य बनाने के बजाय उसके प्रति एक उदार रवैया अपनाया। इस प्रसंग में जातिभेद के प्रति भागवत धर्म का उदार दृष्टिकोण इन सुधारकों को रास आया।

संतों की समतामूलक दृष्टि की सबसे प्रखर अभिव्यक्ति शूद्र तुकाराम में हुई। वर्णवादी श्रेष्ठता के दम्भ के ख़िलाफ़ सबसे ज़्यादा आक्रामक तुकाराम ही थे। तुकाराम सचमुच मेहनतकश शूद्र दलितों के संत थे। उन्होंने बिल्कुल किसानों की भाषा में अभंग लिखे और उनके अभंगों की कई पक्तियाँ आज भी महाराष्ट्रीय किसानों के बीच मुहावरों और कहावतों की तरह चलती हैं। यह तथ्य नज़रअंदाज़ नहीं किया जा सकता कि उन्नीसवीं सदी के मराठी सुधारकों पर, ख़ास कर उन पर जो जातिभेद के साफ़ विरोधी थे, सबसे ज़्यादा असर तुकाराम का ही पड़ा। तुकाराम पुणे के पास देहू गाँव के थे और उनकी उपाधि मोरे थी। देहू और उसके आसपास

बसे उनके वंशजों में से एक विद्वान सदानंद मोरे ने महाराष्ट्र के आधुनिक सुधारकों पर तुकाराम के प्रभाव का वर्णन करते हुए एक महत्त्वपूर्ण लेख लिखा है। मोरे ने लिखा है कि बालशास्त्री जांभेकर के एक अनुयायी डाडोबा पांडुरंग तरफड़कर ने, जो महाराष्ट्र के सबसे पहले प्रभावशाली सुधारक थे, प्रार्थना समाज से बहुत पहले मुम्बई और गुजरात में क्रमशः दो संस्थाओं परमहंस सभा और मानवधर्म सभा का गठन किया था।

डाडोवा ख़ुद एक वरकरी परिवार से आये थे और 1849 में स्थापति महाराष्ट्रीय नवजागरण की सबसे पहली संस्था परमहंस सभा का नाम तुकाराम के एक अभंग से लिया गया था— परमहंस तारी जाने सहजा वरमा, तेथे याती कुला धर्मा नाहीं। तुकाराम ने परमहंस उस व्यक्ति को कहा था जो जातिभेद और पारिवारिक प्रथाओं के बंधनों के ऊपर उठ चुका हो। डाडोबा की इस संस्था में सिर्फ़ ऐसे ही लोग सदस्य बन सकते थे जो जातिबंधनों को तोड़ने में विश्वास करते हों। कहने की ज़रूरत नहीं कि इस लिहाज़ से परमहंस सभा वास्तव में परवर्त्ती प्रार्थना समाज से कहीं ज़्यादा साहसी थी। तुकाराम से डाडोबा इतने गहरे प्रभावित थे कि उन्होंने अपनी कई कविताएँ तुकाराम के अभंगों के ढर्रे पर लिखीं। संतों की परम्परा के बाद आधुनिक महाराष्ट्र में अभंग सबसे पहले नवजागरण के इन सुधारकों ने ही लिखे। परमहंस सभा के सदस्य बंगाल के डिरोज़ियोपंथियों की तरह जातिबंधन के झूठे संस्कारों को तोड़ने की भावना से प्रेरित होकर किसी दलित के हाथ की बनी रोटी या फिर पुर्तगाली नानबाई से ख़रीदी पावरोटी खाते थे। फ़र्क़ इतना ही था कि डिरोज़ियोपंथी यह काम खुले बाज़ार में करते थे जबकि परमहंस सभा के अनुयायी इसे गुप्त रूप से आयोजित अपनी सभाओं में करते थे। बंगाली भद्रवर्गीय समाज में जब यह बात और इसी तरह की कुछ और बातें फैलीं तो डिरोज़ियोपंथियों के संबंध अपने परिवारों से तल्ख़ हो गये और कुछ एक को अपना घर भी छोड़ना पड़ा। लेकिन महाराष्ट्र में जब इन गुप्त सभाओं की जानकारी सामने आयी और सभा के सदस्यों के नाम बाहर उजागर हो गये तो परमहंस सभा को ही तोड़ना पड़ गया। महाराष्ट्र की तुलना में बंगाल के डिरोज़ियोपंथियों में पुराने बंधनों के ख़िलाफ़ विद्रोह का भाव ज़्यादा उग्र था और इसके लिए वहाँ गुंजाइश भी महाराष्ट्र के मुक़ाबले ज़्यादा थी।

देखें : अरविंद घोष, उपनिवेशवाद विरोधी आंदोलन-1, 2 और 3, कुमारन् आशान्, गोवर्धन राम त्रिपाठी और गुजराती अस्मिता, फ़क़ीर मोहन सेनापति और ओडिया अस्मिता, बंकिम चंद्र चटर्जी, बंगाल का नवजागरण, बाल गंगाधर तिलक भारतेंदु हरिश्चंद्र, भारतीय आधुनिकता, भारतीय नवजारण : तुलनात्मक परिप्रेक्ष्य, मोहनदास कर्मचंद गाँधी-1 से 3 तक, राजा राममोहन राय, युरोपीय पुनर्जागरण, रवींद्रनाथ ठाकुर, विवेकानंद, हिंदी नवजागरण।

संदर्भ

1. महादेव गोविंद रानाडे (1961), *राइज़ ऑफ़ मराठा पॉवर,* युनिवर्सिटी ऑफ़ बाम्बे, मुम्बई.
2. चार्ल्स हिमसेथ (1964), *इण्डियन नैशनलिज़म ऐंड हिंदू सोशल रिफ़ॉर्म,* प्रिंस्टन युनिवर्सिटी प्रेस, प्रिंसटन.
3. जे.वी.नाइक (1997), 'द प्रार्थना समाज ऐंड इट्स क्रिटीक', *वेस्टर्न इण्डिया : हिस्ट्री, सोसाइटी ऐंड कल्चर,* इतिहास शिक्षक महामण्डल, कोल्हापुर.

— वीरभारत तलवार

महाराष्ट्र में सुधारणा-2

प्रार्थना समाज, तुकाराम और रामदास

(Sudharna in Maharashtra-2)

1866 में भंग कर दी गयी परमहंस सभा के बिखर गये सदस्यों में से कुछ एक ने 1866 में मुम्बई पधारे केशवचंद्र सेन के व्याख्यानों से प्रेरित होकर फिर से अपना संगठन खड़ा किया। इस बार उसका नाम 'प्रार्थना समाज' रखा गया जिसमें एलफिंस्टन कॉलेज से निकले नये स्नातकों की संख्या काफ़ी थी। लेकिन इस बार इसमें जातिप्रथा के बंधनों को तोड़ने का उत्साह कम था। उग्रता की जगह उदारता ने ले ली थी। दिलचस्प बात यह है कि तुकाराम के उग्र जाति-विरोध को छोड़ने के बावजूद उनका प्रभाव प्रार्थना समाज पर कम नहीं था। प्रार्थना समाज के सुधारकों का प्रोफ़ेसर अलैग्जेण्डर ग्रांट के प्रति काफ़ी आदरभाव था। ग्रांट प्रांत के शिक्षा विभाग के निदेशक थे और मुम्बई विश्वविद्यालय उन्हीं के कार्यकाल में खुला। अरस्तू के दर्शन के अनुयायी ग्रांट भी तुकाराम से प्रभावित थे। यह प्रभाव ऐसा था कि *तुकारामगाथा* पहले से प्रकाशित होने के बावजूद ग्रांट ने इसका एक ज़्यादा सटीक और प्रामाणिक संस्करण सरकार की ओर से निकालने के लिए ख़ुद गवर्नर को चिट्ठी लिखी। भारी सरकारी अनुदान से प्रार्थना समाज के दो सदस्यों विष्णु परशुराम पण्डित और शंकर पांडुरंग द्वारा सम्पादित *तुकारामगाथा* का प्रामाणिक संस्करण प्रकाशित हुआ तो मराठी प्रकाशन के इतिहास में इसका स्थान उतना ही महत्त्वपूर्ण माना गया जितना बीसवीं सदी में भंडारकर रिसर्च इंस्टिट्यूट से प्रकाशित *महाभारत* के प्रामाणिक संस्करण का। सदानंद मोरे के मुताबिक़ प्रार्थना समाज के सुधारक जस्टिस रानाडे, आर.जी. भण्डारकर, एन.जी. चंदावरकर और बी.ए. मोदक आदि तुकाराम से सिर्फ़ प्रेरणा ही नहीं लेते थे बल्कि अपने जीवन को भी उनके

अभंगों के मुताबिक़ जीने की कोशिश करते थे। इन सुधारकों के लिए तुकाराम उनके मित्र, पथप्रदर्शक और दार्शनिक, तीनों थे। रानाडे और चंदावरकर ने तुकाराम के अभंगों पर कई व्याख्यान दिये जबकि भंडारकर, मोदक और विट्ठल रामजी शिंदे तुकाराम के अभंगों पर कीर्तन किया करते थे। ग़ौरतलब है कि ये सुधारक ख़ुद को तुकाराम का आधुनिक अनुयायी और अपने धर्म को नवभागवत धर्म कहते थे।

सबसे ख़ास बात यह है कि इन सुधारकों ने अपने संतों को उन पश्चिमी विचारकों के मुक़ाबले खड़ा किया जिनका प्रभाव नवजागरण के दौर में हर जगह नज़र आता था। उदाहरण के लिए रानाडे ने सुधारकों की नयी पीढ़ी, जिसके प्रतिनिधि गोपाल गणेश आगरकर थे, का मिल और स्पेंसर के पीछे भागना पसंद नहीं किया और उसके मुक़ाबले अरस्तू और तुकाराम का समन्वय करते हुए भागवत धर्म की अपने ढंग से व्याख्या की और नयी पीढ़ी के आनंदवादी जीवन दर्शन की जगह जीवन की सभी सम्भावनाओं के पूर्ण विकास का दर्शन पेश किया। नवजागरण से होते हुए तुकाराम का प्रभाव आधुनिक मराठी साहित्य तक पहुँचा। उन्नीसवीं और बीसवीं सदी के कई आधुनिक मराठी साहित्यकारों जैसे केशवसुत, बालकवि, गडकरी और बी.एस. मर्ढेकर पर तुकाराम का गहरा प्रभाव पड़ा। बीसवीं सदी के उत्तरार्ध में दिलीप चित्रे ने तुकाराम को आधुनिकता से जोड़ते हुए मराठी आलोचना में तुकारामकेंद्रित आलोचना-सिद्धांतों की चर्चा की और तुकाराम की कविताओं का अंग्रेज़ी में अनुवाद करके उन्हें विश्व साहित्य का अंग बना दिया।

समर्थ गुरु रामदास

संतों के आंदोलन के प्रति सिर्फ़ प्रार्थना समाज के उदार ब्राह्मण सुधारक ही मुख़ातिब नहीं थे, उनका विरोध करने वाले परम्परानिष्ठ ब्राह्मण और ग़ैर-ब्राह्मण सुधारक भी उतने ही मुख़ातिब थे। संतों के आंदोलन और उनके भागवत धर्म की व्याख्या करना उन्नीसवीं सदी के महाराष्ट्र में उभरी हरेक विचारधारा के लिए ज़रूरी था, क्योंकि उससे किसी न किसी रूप में जुड़ कर ही वे महाराष्ट्रीय समाज में अपने लिए वैधता और प्रामाणिकता हासिल करते थे। संतों की परम्परा के प्रति उनका रवैया आलोचनात्मक भी था। वे अपने विरोधियों से होड़ करते हुए, उनकी व्याख्या को चुनौती देते हुए, संत आंदोलन की व्याख्या अपने-अपने ढंग से अपने पक्ष में करते थे। उदाहरण के लिए उन्नीसवीं सदी में परम्परानिष्ठ ब्राह्मणों की धारा ने प्रार्थना समाज के उदार ब्राह्मणों की व्याख्या को नामंज़ूर करते हुए संत आंदोलन के एक दूसरे ही पक्ष को सामने लाकर उससे अपना संबंध जोड़ा। चिपलूणकर से शुरू हुई परम्परानिष्ठ ब्राह्मण सुधारकों की परम्परा में विश्वनाथ काशीनाथ राजवाड़े सबसे प्रबल और प्रतापी विद्वान हुए। उन्होंने प्रार्थना समाज के सुधारकों द्वारा ज्ञानेश्वर, नामदेव और तुकाराम जैसे वरकरी संतों की प्रशंसा और भागवत धर्म के गुणगान को स्वीकार नहीं किया और इनकी जगह सत्रहवीं सदी के संत स्वामी रामदास को आगे बढ़ाया। राजवाड़े ने रानाडे वग़ैरह का विरोध करते हुए वरकरी संतों पर जनता को दुर्बल, अकर्मण्य और भाग्यवादी बनाने का दोष लगाया। बाद में अपने मूल्यांकन में थोड़ा सुधार करते हुए उन्हें भी हिंदू धर्म की रक्षा करने का कुछ श्रेय दे दिया। लेकिन यह आरोप क़ायम रखा कि वरकरी संतों ने सब कुछ विठोबा पर छोड़ दिया और अपनी ज़िम्मेदारियों से मुक्त हो गये। राजवाड़े ने वरकरी संतों को ब्राह्मणों की श्रेष्ठता का महत्त्व घटा कर समाज में अराजकता फैलाने का दोषी ठहराते हुए उन्हें एकांगी बतलाया। वरकरी संतों की तुलना में रामदास को समाज के सभी अंगों पर ध्यान देने वाला, लोगों को कर्मठ, पुरुषार्थी बनाने और समाज की समुचित व्यवस्था को सुचारु रूप से चलाने की मंत्रणा देने वाला बतलाया। वरकरी संतों से रामदास का फ़र्क़ दिखाते हुए राजवाड़े ने लिखा : 'रामदास इतिहास तत्त्व निरूपण करने वाले प्रथम महाराष्ट्र ग्रंथकार हैं। एकनाथ, तुकाराम आदि साधु संत नीति तथा भक्ति की ओर अधिक उन्मुख थे। नीति तथा भक्ति के गीत गाने वाले साधु-संतों ने भी महाराष्ट्र का अत्यंत हित किया है, इसमें संदेह नहीं परंतु राष्ट्रीय और राजनीतिक दिशा में विचार करने का महत्त्व उन्होंने नहीं जाना। रामदास और उनके पूर्ववर्ती संतों में सबसे बड़ा भेद यही है। पूर्ववर्ती साधु संत एकदेशीय थे, रामदास सार्वदेशिक संत थे। इसके अतिरिक्त एक अंतर यह भी है कि पहले संतों ने ब्राह्मणों के दोष दिखलाने का मानो व्रत लिया था। उनकी रचनाओं एवं युक्तियों का परिणाम यह हुआ कि चातुर्वण्य घटित महाराष्ट्रीय समाज के नेता ब्राह्मणों का महत्त्व कम होने लगा। स्वजनों के दोषों को उजागर करना बुरा काम नहीं, पर दोष दिखाने वालों का सबसे बड़ा उत्तरदायित्त्व सही मार्ग दिखलाना और अपने आचरण द्वारा उसकी सत्यता सिद्ध करना होता है। इस उत्तरदायित्व के अज्ञान एवं दोषाविष्करण से मनोभंग तथा मानभंग हुआ और समाज में अराजकता छा गयी, बिखराव चारों ओर दिखाई देने लगा। संतों की एकांतिकता का यही पर्यवसान था जिसका

प्रतिकार रामदास की सार्वदेशिकता ने किया।'

राजवाड़े ने लिखा है कि रामदास की विशेषता यह थी कि उन्होंने समाज में दोष तो दिखाया ही, साथ ही वर्ण-व्यवस्था के अंतर्गत सभी वर्णों के प्रति करुणा का भाव रखते हुए उनके लिए भी सही मार्ग बतलाया। राजवाड़े वर्ण-व्यवस्था को समाज में संतुलन बनाये रखने के लिए बहुत ज़रूरी समझते थे। उन्हें लगता था कि युरोप के विद्वान भी अपने समाज की समस्या का हल निकालने के लिए वर्णाश्रम धर्म की ओर झुक सकते हैं : 'हज़ारों वर्षों का हमारा इतिहास चातुर्वण्य का अस्तित्व पूरी तरह स्वीकार कर देश के हितैषियों को दोष तथा उनके परिहार का मार्ग दिखलाना चाहिए। युरोपीय समाज का असंतोष तथा 'सोशलिस्टिक' झुकाव देखते हुए यदि वहाँ के दूरदर्शी विद्वान विचार कर रहे हों कि उनके समाज को प्राय: चातुर्वण्य का आश्रम कभी न कभी लेना पड़ेगा तो हम अपने यहाँ की संतोषप्रवण संस्था को तोड़ कर असंतुष्ट समाज वाली स्थिति की ओर उन्मुख हों तो उससे देश का कल्याण नहीं हो सकता। इसी महत्त्वपूर्ण पार्श्वभूमि पर रामदास ने अपने उपदेश का सूत्र प्रस्तुत किया।'

भागवत धर्म, वरकरी संतों और रामदास की भूमिका के बारे में प्रार्थना समाज के उदार ब्राह्मण सुधारकों और उनके विरोधी परम्परानिष्ठ ब्राह्मणों की परस्पर विरोधी व्याख्याओं और रवैये से अलग एक तीसरा रवैया ग़ैरब्राह्मण सुधारकों का था जिसके सबसे बड़े प्रतिनिधि ज्योतिराव गोविंदराव फुले थे। फुले प्रार्थना समाज के उदार सुधारकों के कड़े आलोचक और परम्परानिष्ठ ब्राह्मणों के विरोधी थे। उन्होंने संतों के आंदोलन से अपना संबंध जोड़ते हुए उसके प्रति आलोचनात्मक रवैया अपनाया। दलितों शूद्रों के प्रति वरकरी सम्प्रदाय के ब्राह्मण संतों की उदारता को फुले ने संदेह की नज़रों से देखा। उनका संदेह इस बात को लेकर था कि वरकरी संतों ने भागवत धर्म के नाम पर असल में उस वैदिक धर्म को ही आदर दिया था जो समाज में वर्ण-व्यवस्था को बनाये रखने का आग्रह करता है। फुले ने वरकरी के ब्राह्मण संतों द्वारा दलित-शूद्रों को सिर्फ़ धर्म और भक्ति के क्षेत्र में स्थान देने (और बाक़ी समाज में वर्णाश्रम धर्म को जारी रखने) के प्रयत्न को इसके ऐतिहासिक संदर्भ में देखा तो उन्हें लगा कि इस उदारता के पीछे एक कारण इसलाम है। फुले ने भागवत धर्म के आंदोलन में मुसलमान विरोध को छुपा हुआ देखा और दलित-शूद्रों के प्रति ब्राह्मण संतों की उदारता को उनकी धूर्तता बतलाया।

इस ऐतिहासिक संदर्भ का ज़िक्र करते हुए उन्होंने पूछा कि जब देश में मुसलमान आये और इसलाम फैलने लगा, सिर्फ़ तभी इन ब्राह्मण साधुओं को दलित-शूद्रों की याद क्यों आयी? उससे पहले कभी क्यों नहीं आयी? फुले ने लिखा है कि मुसलमानों का शासन क़ायम हो जाने के बाद 'उस समय बहुत ही चतुर मुकुंदराज, ज्ञानेश्वर, रामदास आदि ब्राह्मण धूर्त संतों ने काल्पनिक भागवतग्रंथ के धोखेबाज़ अष्ट पहलू वाले कृष्ण ने कुतर्क से भरी गीता में पार्थ को जो उपदेश दिया था, उसी का विश्लेषण किया और उस उपदेश का समर्थन करने के लिए उन्होंने प्राकृत भाषा में *विवेकसिन्धु, ज्ञानेश्वरी, दासबोध* आदि जैसे कई पाखण्डी ग्रंथों की रचना की और सभी ग्रंथों की कारिस्तानी के जाल में अनपढ़ शिवाजी जैसे महावीरों को फँसा कर उसको मुसलमानों के पीछे लगने के लिए मजबूर किया। इसी की वजह से मुसलमान लोगों को सभी महाधूर्त ब्राह्मणों के बारे में सोचने-समझने का समय ही नहीं मिला। यदि ऐसा न कहा जाए तो मुसलमान लोगों के इस देश में आने के संक्रातिकाल में धूर्त ब्राह्मण मुकुंदराज को शूद्रादि अतिशूद्रों पर दया क्यों आयी और उसके लिए *विवेकसिन्धु* नाम का ग्रंथ उसी समय क्यों लिखा? इसके पीछे ... अनपढ़ शूद्रादि-अतिशूद्र के मुसलमान हो जाने का डर था और तब धूर्त ब्राह्मणों के मतलबी धर्म की बेइज़्ज़ती होनी थी।' फुले के मुताबिक़ देश में मुसलमान विरोधी भावनाएँ फैलाने में भी इन्हीं का हाथ था। ब्राह्मण संतों ने 'अपने उन ग्रंथों के द्वारा किसानों के मन इतने गुमराह कर दिये कि वे क़ुरान और मुहम्मदी लोगों को नीच मानने लगे हैं, उनसे नफ़रत करने लगे हैं।'

फुले ने जिस तरह प्रार्थना समाज के उदार ब्राह्मणों और उनके विरोधी परम्परानिष्ठ ब्राह्मणों के बीच कोई बुनियादी फ़र्क़ नहीं किया, उसी तरह उन्होंने इनके आदर्श ज्ञानेश्वर और रामदास के बीच भी कोई बुनियादी फ़र्क़ नहीं किया। फुले ने सबका नाम एक ही साथ लिया। फुले की नज़रों में स्वामी रामदास ने शिवाजी के ज़रिये महाराष्ट्र में ब्राह्मण का राज चलाये रखना सुनिश्चित किया। परम्परानिष्ठ ब्राह्मणों के इस आदर्श संत के ख़िलाफ़ टिप्पणी करते हुए साफ़ लफ़्ज़ों में लिखा : 'रामदास धूर्त आर्य ब्राह्मण था जिसने शूद्र राजा शिवाजी की, उनके अनपढ़ होने की वजह से, चापलूसी की।'

वास्तव में फुले ने किसी भी ब्राह्मण संत पर विश्वास नहीं किया और पाँच सौ सालों तक चले संतों के आंदोलन में से जिस एक संत का नाम श्रद्धा से लिया, वह संत तुकाराम थे, जो मराठी भाषियों के बीच सबसे आदरणीय और लोकप्रिय थे। फुले की नज़र में तुकाराम एकमात्र ऐसे संत थे जो दलितों-शूद्रों को ब्राह्मण धर्म के आध्यात्मिक और कर्मकाण्डी प्रपंचों से बाहर निकलने का रास्ता दिखाते हैं। अगर कोई संत शूद्रों के अनपढ़ राजा शिवाजी का सच्चा हितैषी था तो वह तुकाराम ही थे। फुले ने लिखा : 'तुकाराम नाम का एक साधु पुरुष किसान के घर में पैदा हुआ। वह किसानों को उनके जाल से मुक्त कर देगा, इस डर की वजह से भट्ट ब्राह्मणों के अटल वेदांती रामदास स्वामी ने महाधूर्त गंगाभट्ट के सहयोग से अनपढ़ शिवाजी को गुमराह करने का

निश्चय किया। उन्होंने अज्ञानी शिवाजी और निर्विकार तुकाराम का स्नेह संबंध बढ़ने नहीं दिया।'

देखें : अरविंद घोष, उपनिवेशवाद विरोधी आंदोलन-1, 2 और 3, कुमारन् आशान्, गोवर्धन राम त्रिपाठी और गुजराती अस्मिता, फ़क़ीर मोहन सेनापति और ओडिया अस्मिता, बंकिम चंद्र चटर्जी, बंगाल का नवजागरण, बाल गंगाधर तिलक भारतेंदु हरिश्चंद्र, भारतीय आधुनिकता, भारतीय नवजारण : तुलनात्मक परिप्रेक्ष्य, मोहनदास कर्मचंद गाँधी-1 से 3 तक, राजा राममोहन राय, युरोपीय पुनर्जागरण, रवींद्रनाथ ठाकुर, विवेकानंद, हिंदी नवजागरण।

संदर्भ

1. आर.एन. डांडेकर (1999), 'राइटर्स, एडीटर्स एंड रिफ़ार्मर्स', एन.के. बागले (सम्पा.), मनोहर, नयी दिल्ली, 1999 में संकलित निबंध)
3. तर्कतीर्थ लक्ष्मण शास्त्री जोशी (सम्पा.) (2000), *राजवाड़े लेख संग्रह,* साहित्य अकादेमी, नयी दिल्ली.

— वीरभारत तलवार

महाराष्ट्र में सुधारणा-3

महाराष्ट्र धर्म की व्याख्याओं के अंतर्विरोध

(Sudharna in Maharashtra-3)

तुकाराम का महत्त्व समझने के लिए एक बार फिर तुकारामात्या पडवल की चर्चा करना ज़रूरी है जो परमहंस सभा के सदस्य और फुले के मित्र थे। सदानंद मोरे ने एक हिंदू के नाम से पडवल की लिखी किताब *जातिभेद विवेकसरा* की चर्चा की है जिसने उन्नीसवीं सदी के महाराष्ट्रीय भद्रवर्ग में खलबली मचा दी थी। मोरे ने लिखा है कि इस किताब को ख़ुद फुले पुणे में बेचा करते थे। इस किताब में जातिप्रथा की विस्तार से आलोचना करते हुए पडवल तुकाराम के दृष्टिकोण से काफ़ी प्रभावित दिखते हैं। इस किताब में उन्होंने जातिप्रथा के ख़िलाफ़ कई उद्धरण बौद्ध लेखक अश्वघोष के संस्कृतग्रंथ *वज्रसूची* के मराठी अनुवाद से दिये थे। ब्राह्मणों के वर्णाश्रम धर्म की तीखी आलोचना करने वाले इस ग्रंथ का संस्कृत से मराठी में अनुवाद ख़ुद तुकाराम के आदेश पर उनकी ब्राह्मणी शिष्या बहिणाबाई ने किया था। तुकाराम की रचनाओं की खोज में पडवल जब तुकाराम के गाँव देहू गये तो उनके साथ फुले भी गये थे। पडवल द्वारा संकलित सम्पादित *तुकारामगाथा* की ख़ास बात यह है कि इसमें तुकाराम की कुछ ऐसी कविताएँ पहली बार शामिल की गयी थीं जो ब्राह्मणों के आचार विचार की तीखी आलोचना करने के कारण वरकरी या किसी भी परम्परा में पहले शामिल नहीं की गयी थीं।

ग़ौरतलब है कि फुले के ज़्यादातर अनुयायी बुनियादी तौर पर वरकरी पृष्ठभूमि वाले ही थे और वे उन्हीं इलाक़ों से थे जहाँ तुकाराम का प्रभाव ख़ासतौर पर था। मोरे का दावा है कि वरकरी सम्प्रदाय की आलोचना करते रहने पर भी फुले ने वरकरी द्वारा उठाये गये मुद्दों को ही आगे बढ़ाया। लेकिन ऐसा दावा करते हुए मोरे उन मुद्दों पर वरकरियों से फुले की व्याख्या और दृष्टिकोण के भेद पर पूरा ध्यान नहीं देते। फिर भी भक्ति के क्षेत्र में वरकरी संतों का उदार और काफ़ी हद तक जनवादी दृष्टिकोण फुले के दृष्टिकोण से हूबहू मिलता नहीं, तो उसके क़रीब ज़रूर था। शायद इसी कारण फुले की भाषा में वरकरियों की शब्दावली और बिम्बों की पर्याप्त उपस्थिति मिलती है। मोरे ने लिखा है कि प्रार्थना समाज से असंतुष्ट होकर जब फुले ने सत्यशोधक समाज बना लिया तो उसमें उनके एक सहयोगी कृष्णराव भालेकर एक वरकरी ही थे जिन्होंने सत्यशोधक समाज को आगे बढ़ाने के लिए वरकरियों की डिण्डी (अभंग गाते हुए पंढरपुर जाने वाले तीर्थयात्रियों के जुलूस की प्रथा) का इस्तेमाल किया।

उन्नीसवीं सदी के महाराष्ट्रीय नवजागरण में भागवत धर्म को लेकर जैसा घमासान चलता दिखाई देता है, वैसा महाराष्ट्र धर्म को लेकर भी चला। संतों के आंदोलन में महाराष्ट्र धर्म शब्द का प्रयोग सत्रहवीं सदी में समर्थ रामदास ने शिवाजी के पुत्र सम्भाजी को लिखे एक पत्र में किया था। यह ग़ौरतलब है कि रामदास ने सम्भाजी को हिंदू धर्म के पालन के लिए नहीं कहा, वैदिक पौराणिक या सनातन धर्म की वृद्धि करने के लिए नहीं कहा। इन सब धर्मों से अलग यह महाराष्ट्र धर्म क्या है? यह प्रामाणिक रूप से स्पष्ट नहीं है। उन्नीसवीं सदी के महाराष्ट्र में प्रभावशाली तीनों धाराओं के प्रतिनिधि इसकी व्याख्या अपने-अपने ढंग से करते हुए इसका इस्तेमाल अपनी-अपनी सामाजिक राजनीतिक विचारधारा के पक्ष में करते हैं। बहुत स्पष्ट रूप से पारिभाषित न होने के बावजूद इतिहास में संतों के ज़माने से लेकर आज तक की राजनीति में महाराष्ट्र धर्म की अवधारणा लगातार मौजूद रही है। इस पर सबसे ज़्यादा विमर्श उन्नीसवीं सदी के नवजागरण में हुआ और महाराष्ट्र में राष्ट्रवादी राजनीति की कोई भी धारा इससे जुड़े बिना अपना अस्तित्व सार्थक नहीं कर सकती थी। राजेंद्र वोरा ने अपने एक लेख में दिखलाया है (काफ़ी सतही ढंग से) कि महाराष्ट्र धर्म पर सबकी सहमति है। वोरा के विवेचन में रानाडे, तिलक और राजवाड़े के विचारों के बीच के फ़र्क़ को बहुत कम करके आँका गया है।

महाराष्ट्र धर्म अपने मूल रूप में धर्म (हिंदू धर्म) की रक्षा के लिए महाराष्ट्रियों के स्वाधीन राज्य (स्वराज्य) क़ायम

करने और इससे संबंधित उनके राष्ट्रीय कर्त्तव्यों की अवधारणा प्रतीत होता है। यह अवधारणा पहली बार शिवाजी के द्वारा स्थापित मराठा राज्य में मूर्त हुई थी। उन्नीसवीं और बीसवीं सदी के विभिन्न सामाजिक और राजनीतिक समुदाय अपनी विचारधारा के अनुसार इसकी व्याख्या करते हुए, अक्सर इसे संकुचित, विस्तृत या विकृत करते रहे हैं। उन्नीसवीं सदी के नवजागरण और राष्ट्रवाद के प्रसंग में इस अवधारणा की पहली महत्त्वपूर्ण व्याख्या रानाडे ने अपनी किताब *राइज़ ऑफ़ मराठा पॉवर* में की : 'इसने लोकभाषाओं में मूल्यवान साहित्य रचा। इसने पुरानी जातिप्रथा की कठोर संरचना में सुधार किया। इसने शूद्रों को आध्यात्मिक शक्ति और सामाजिक महत्त्व की उस हैसियत तक पहुँचाया जो क़रीब-क़रीब ब्राह्मणों के बराबर थी। इसने पारिवारिक संबधों को पवित्रता प्रदान की और स्त्री की दशा में सुधार किया। इसने मराठी जाति (राष्ट्र) को ज़्यादा मानवीय बनाया, साथ ही उन्हें सहिष्णुता के ज़रिये ज़्यादा एकजुट किया। इसने मुसलमानों के साथ मेलजोल का रास्ता दिखलाया और कुछ हद तक ऐसा मेलजोल क़ायम भी किया। इसने बहुदेववाद की बुराइयों को कम किया। इन सब तरीक़ों से इसने मराठा जाति को विचार और कार्य के स्तर पर ऊँचा उठाया और विदेशी प्रभुत्त्व की जगह एक देशी सत्ता फिर से क़ायम करने के लिए इसे इस तरह तैयार किया जैसा और किसी भी तत्कालीन भारतीय प्रदेश में नहीं दिखता है। ये सब महाराष्ट्र धर्म की मुख्य-मुख्य विशेषताएँ हैं जिन्हें ध्यान में रख कर रामदास ने शिवाजी के पुत्र को अपने पिता के चरण-चिह्नों पर चलने को कहा था और ख़ुद इस धर्म का प्रचार किया था जो एक ही साथ सहिष्णु और सुदृढ़ है, आध्यात्मिक है और किसी दूसरे की निंदा भी नहीं करता है।' रानाडे का यह विवेचन महाराष्ट्र में उभरने वाले एक आधुनिक राष्ट्रीय आंदोलन का आदर्श रूप प्रतीत होता है। लेकिन इस विवेचन में एक गम्भीर गड़बड़ी है। इस पूरे उद्धरण में रानाडे ने वरकरी संतों के भागवत धर्म और रामदास के महाराष्ट्र धर्म के बीच कोई फ़र्क़ न करते हुए उन दोनों की विशेषताओं को आपस में मिला दिया है। यही वजह है कि *राइज़ ऑफ़ मराठा पॉवर* के सम्पादकों ने किताब के परिचय में रानाडे के इस विवेचन को तथ्यों की दृष्टि से सही नहीं माना है।

अंतर्विरोध के कारण : वरकरी संतों के उदार मूल्यों से रानाडे के उदार राष्ट्रवाद का एक सहज और स्वाभाविक संबंध था। रानाडे उसे किसी भी तरह छोड़ नहीं सकते थे। साथ ही वे रामदास द्वारा प्रतिष्ठित महाराष्ट्र धर्म की भी उपेक्षा नहीं कर सकते थे जो कि मराठा राज्य और मराठा राष्ट्रवाद के मूलमंत्र जैसा था। रानाडे मानते थे कि महाराष्ट्रियों में राष्ट्रीय चेतना अंग्रेज़ी राज से बहुत पहले सत्रहवीं सदी में पैदा हुई थी। मराठा स्वराज्य को जन्म देने वाली इस राष्ट्रीय चेतना की पृष्ठभूमि, रानाडे के मुताबिक़, संतों के भागवत धर्म ने ही तैयार की थी। इस तरह रानाडे संतों के आंदोलन और मराठा स्वराज्य के बीच, भागवत धर्म और महाराष्ट्र धर्म के बीच एक संबंध होने का दावा करते हैं। सभी महाराष्ट्रियों की तरह वे भी शिवाजी द्वारा स्थापित मराठा राज्य पर गर्व करते थे और नयी दिल्ली के तख़्त पर मराठों की सत्ता क़ायम होने की सम्भावना का उत्साहपूर्वक उल्लेख करते थे।

लेकिन महाराष्ट्र धर्म में सिर्फ़ इतना ही नहीं था। रामदास द्वारा निरूपित महाराष्ट्र धर्म में भक्ति के क्षेत्र में और बाक़ी समाज में भी वर्णाश्रम धर्म का कड़ाई से पालन करने और ब्राह्मणों के नेतृत्व में आस्था रखने का आग्रह भी प्रबल रूप से मौजूद था जिसके साथ सत्रहवीं सदी के शासकवर्गीय मराठा सरदारों ने एक हद तक समझौता कर लिया था। ऐसे प्रबल आग्रह से वरकरी संतों के भागवत धर्म की उदारता का मेल नहीं बैठता था। रामदास के महाराष्ट्र धर्म के पालन करने वाले को गौ और ब्राह्मण का प्रतिपालक होना भी अनिवार्य था। रानाडे के उदार मूल्य महाराष्ट्र धर्म के इन पक्षों से टकराते थे। भागवत धर्म और महाराष्ट्र धर्म के बीच इन अंतर्विरोधों का समाधान करना रानाडे जैसे उदार ब्राह्मण सुधारकों के लिए मुमकिन नहीं था। लिहाज़ा महाराष्ट्र धर्म के इन पक्षों को छोड़ देने और उन पर चुप्पी साध लेने के सिवा रानाडे के पास और कोई चारा नहीं था। गं.बा. सरदार ने इसे नोट किया है कि भागवत धर्म और महाराष्ट्र धर्म के बीच के अंतर्विरोधों को रानाडे ने स्पष्ट नहीं किया। इसके बावजूद जब सरदार यह लिखते हैं कि रानाडे ने 'भागवत धर्म और महाराष्ट्र धर्म का सफलतापूर्वक सामंजस्य बैठाया' तो यह संदेह होता है कि वह सामंजस्य सफल हुआ। ख़ुद गं.बा. सरदार जैसे वामपंथी लेखक भी अपनी किताब में किसी जगह भागवत धर्म और महाराष्ट्र धर्म के बीच विरोध बताते हैं तो दूसरी जगह उन्हें परस्पर पूरक या अ-विरोधी भी बतलाते हैं। यह अंतर्विरोध उनकी पूरी किताब में मौजूद है। रानाडे और गं.बा. सरदार के उदाहरण बतलाते हैं कि महाराष्ट्र में उन्नीसवीं सदी के उदार ब्राह्मण सुधारकों से लेकर बीसवीं सदी के उत्तरार्ध के वामपंथी ब्राह्मण लेखक तक पश्चिमी शिक्षा के ज़रिये आये पश्चिमी ढंग के राष्ट्रवाद को आत्मसात् कर लेने के बावजूद अपनी परम्परागत प्रादेशिक राष्ट्रवाद की धारा से जुड़े रहना गर्व की बात समझते रहे हैं।

लेकिन इस मजबूरी के दबाव से पूरी तरह मुक्त परम्परानिष्ठ ब्राह्मणों ने भागवत धर्म और महाराष्ट्र धर्म को दो ध्रुवों की तरह पेश किया और सवाल पूछा कि भागवत धर्म या महाराष्ट्र धर्म? इस धारा के सबसे प्रखर प्रतिनिधि काशीनाथ राजवाड़े ने महाराष्ट्रीय इतिहास से संबंधित अपने ग्रंथ के चौथे खण्ड में रामदास की रचना *दासबोध* को सामने रख कर मराठों के राजनीतिक इतिहास के संदर्भ में महाराष्ट्र

धर्म का जो विवेचन किया है, उसका रानाडे के विवेचन से फ़र्क़ बहुत साफ़ है। राजवाड़े के विचार से महाराष्ट्र धर्म की ऐतिहासिक पृष्ठभूमि वह थी जब 'महाराष्ट्र का अधिकांश प्रदेश म्लेच्छ संस्कृति द्वारा ग्रस्त किया जा चुका था।' बाक़ी बचे हुए महाराष्ट्र को लक्ष्य कर रामदास ने हिंदुओं को अपने धर्म की रक्षा में प्राण देने के लिए ललकारा कि 'कुत्तों को मार भगाओ और स्वराज्य क़ायम करो।' ज़ाहिर है, जब रानाडे महाराष्ट्र धर्म की मुख्य-मुख्य विशेषताओं के प्रसंग में हिंदू-मुसलमानों के मेलजोल का रास्ता स्थापित करने की बात कर रहे थे तो वे उन्नीसवीं सदी के उदार राष्ट्रवाद की ज़रूरतें ही पूरी कर रहे थे। रामदास द्वारा निरूपित महाराष्ट्र धर्म से उसका दूर-दूर का भी संबंध नहीं था।

राजवाड़े ने दो टूक शब्दों में 'हिंदू धर्म की प्रस्थापना, गौ, ब्राह्मण की रक्षा, स्वराज्य की स्थापना, मराठों का एकीकरण और नेतृत्व' को 'महाराष्ट्र धर्म का प्रमुख अंग' बताया। यही शिवाजी और दूसरे मराठा शासकों के प्रेरणा स्रोत थे। उन्नीसवीं सदी की विभिन्न राष्ट्रवादी धाराओं की विशेषता यह है कि वे महाराष्ट्र धर्म को रामदास के निरूपण और शिवाजी के शासन तक सीमित न रख कर मराठा राज्य के मराठा साम्राज्य में बदलने तक के पूरे इतिहास पर लागू करती हैं। इसकी कल्पना शायद रामदास ने भी नहीं की होगी। यह विशेषता उस उग्र-राष्ट्रवादी धारा में, जिसके प्रतिनिधि राजवाड़े थे, ख़ास तौर पर दिखाई देती है। राजवाड़े महाराष्ट्र धर्म को एक बिल्कुल ठोस राजनीतिक एजेण्डे की तरह पेश करते हैं और फिर उसे तारीख़वार मराठा इतिहास पर लागू करते चलते हैं। उन्होंने तारीख़ दी है कि 'सन् 1720 ई. के लगभग महाराष्ट्र में महाराष्ट्र धर्म की पूर्णरूपेणु स्थापना हुई' क्योंकि इस समय तक 'स्वराज्य की स्थापना' हो गयी थी और गौ, ब्राह्मण तथा हिंदू धर्म की दीनता का सदा के लिए अंत' हो चुका था। लेकिन तब तक महाराष्ट्र धर्म सिर्फ़ महाराष्ट्र प्रदेश के अंदर ही लागू हुआ था, बाक़ी भारत के लोगों में अभी अपने धर्म की रक्षा और स्वराज्य क़ायम करने का सामर्थ्य नहीं था। लिहाज़ा उसके लिए मराठों को महाराष्ट्र से बाहर निकलना पड़ा। उन्होंने 'समस्त भारत को यवनों के चंगुल से मुक्त करके उसे अपने अधिकार में लाने तथा हिंदू धर्म एवं गौ, ब्राह्मण का प्रतिपालन करने का निश्चय किया।' मराठों ने महाराष्ट्र से बाहर जितने भी इलाक़े जीते और अपनी सत्ता क़ायम की, वह सब महाराष्ट्र धर्म का ही प्रचार प्रसार करना था। इसके लिए राजवाड़े सबूत देते हैं कि विभिन्न लड़ाइयों में पराजित शासकों से मराठों ने जो संधियाँ की, उन संधियों में बक़ायदे 'धर्म, गौ, ब्राह्मण तथा स्वराज्य की संरक्षा से संबंधित अनुच्छेद हैं।' इन्हीं लड़ाइयों और साम्राज्य के विस्तार के ज़रिये 'सन् 1646 से 1796 तक' महाराष्ट्र धर्म का प्रसार हो रहा था 'जिसमें भिन्न-भिन्न जातियाँ मराठों का नेतृत्व कर रही थीं।'

राजवाड़े के मुताबिक़ मराठा स्वराज्य क़ायम करने से लेकर मराठा साम्राज्य के फैलने तक शिवाजी, राजाराम, शाहू और बालाजी विश्वनाथ ने प्रयत्न किया। इस तरह हिंदू पद पादशाही अस्तित्व में आयी। राजवाड़े इस हिंदू पद पदशाही को ब्राह्मण पद पादशाही भी कहते हैं, क्योंकि यह पेशवा बालाजी बाजीराव के नेतृत्व में आयी थी। कुनबी मराठों को राजवाड़े रामदास द्वारा वर्णित क्षत्रिय वर्ण जैसा मान कर, ताकि रामदास द्वारा निरूपित महाराष्ट्र धर्म सही-सही लागू हो सके, वे इस मराठा राज्यसत्ता को भोंसले कुल पादशाही और भट्ट कुल पादशाही भी कहते हैं, क्योंकि यह भोंसले मराठों और भट्ट ब्राह्मण पेशवाओं, दोनों के नेतृत्व में चली। इस तरह पूरे भारत में हिंदू स्वराज्य और वर्णाश्रम धर्म क़ायम करने के लक्ष्य को केंद्र में रख कर राजवाड़े ने दो बातों पर ज़ोर दिया। पहली यह कि रामदास ने उस सहिष्णु हिंदू धर्म की वकालत नहीं की जिसके गीत वरकरी संत गाते थे, बल्कि युद्ध के लिए तैयार हिंदू धर्म के गीत गाये। यानी इस हिंदू धर्म को मानने वाले योद्धा होंगे जो पूरे भारत को जीतने के लिए लड़ेंगे। दूसरी विशेषता यह है कि ऐसा हिंदू स्वराज्य क़ायम करने के लिए सिर्फ़ प्रतिरक्षा नहीं, बल्कि आक्रमण की रणनीति को अपनाना होगा। रामदास ने कहा कि धर्म की रक्षा के लिए सिर्फ़ प्राण देना ही काफ़ी नहीं है, बल्कि शत्रुओं के प्राण लेने भी हैं।

इस तरह रामदास के महाराष्ट्र धर्म ने एक हमलावर हिंदू की छवि को आदर्श रूप में पेश किया। उन्नीसवीं सदी के अंत और बीसवीं सदी के शुरू के दशकों में महाराष्ट्रीय इतिहास का विवेचन करते हुए राजवाड़े इसी हमलावर हिंदू छवि को आगे बढ़ाते रहे। तत्कालीन युवा मराठी पीढ़ी को यह छवि रानाडे के उदार राष्ट्रवाद की तुलना में कहीं ज़्यादा आकर्षित करती है। वासुदेव बलवंत फ़ड़के, चापेकर बंधु और वीर सावरकर इसी छवि को अपने मन में बसा कर राष्ट्रीय संग्राम में कूदे। आगे चल कर सावरकर इसी विचारधारा के सिद्धांतकार बने और *हिंदू पद पादशाही* और *सिक्स ग्लोरियस इपोक्स ऑफ़ इण्डियन हिस्ट्री* नामक किताबें लिखीं। इन किताबों में रामदास द्वारा निरूपित महाराष्ट्र धर्म का ही प्रतिपादन राष्ट्रवादी आंदोलन के संदर्भ में किया गया है। मराठा इतिहास को हिंदू पद पादशाही का नाम देते हुए सावरकर ने उन्हीं बातों को दोहराया जिन्हें रामदास की व्याख्या करते हुए राजवाड़े ने कहा था : जैसे महाराष्ट्रीय सिर्फ़ अपने घर, ज़मीन या खेत के लिए नहीं लड़े थे। वे लड़े थे पूरे भारत में धर्म की स्थापना के लिए। मराठों का असली पथ-प्रदर्शक सिद्धांत रक्षा नहीं, आगे बढ़ कर हमला करना था। इन विचारों को अमली रूप देने के लिए 1904 में सावरकर ने 'अभिनव भारत' नाम से एक संगठन भी खड़ा किया।

देखें : अरविंद घोष, उपनिवेशवाद विरोधी आंदोलन-1, 2 और 3, कुमारन् आशान्, गोवर्धन राम त्रिपाठी और गुजराती अस्मिता, फ़क़ीर मोहन सेनापति और ओडिया अस्मिता, बंकिम चंद्र चटर्जी, बंगाल का नवजागरण, बाल गंगाधर तिलक भारतेंदु हरिश्चंद्र, भारतीय आधुनिकता, भारतीय नवजारण : तुलनात्मक परिप्रेक्ष्य, मोहनदास कर्मचंद गाँधी-1 से 3 तक, राजा राममोहन राय, युरोपीय पुनर्जागरण, रवींद्रनाथ ठाकुर, विवेकानंद, हिंदी नवजागरण।

संदर्भ

1. एल.जी. मेश्राम और विमल कीर्ति (सम्पा.) (1996), *फुले रचनावली,* खण्ड-2, राधाकृष्ण प्रकाशन., नयी दिल्ली.
2. विनायक दामोदर सावरकर (1971), *सिक्स ग्लोरियस इपोक्स,* राजधानी ग्रंथागार, नयी दिल्ली.
3. बाल गंगाधर तिलक (2002), *श्रीमद्‌भगवतगीता रहस्य अथवा कर्मयोगशास्त्र,* भाग एक, अनुवाद भालचंद्र सीताराम सुकंठकर, लो प्राइस पब्लिकेशन, नयी दिल्ली.

— वीरभारत तलवार

महाराष्ट्र में सुधारणा-4

गीता रहस्य का आक्रामक राष्ट्रवाद

(Sudharna in Maharashtra-4)

लेकिन महाराष्ट्र में विकसित हुए राष्ट्रीय आंदोलन के असली नेता फड़के या सावरकर नहीं, बाल गंगाधर तिलक थे, जिन्होंने कांग्रेस का नेता बन कर पूरे भारत के राष्ट्रीय आंदोलन पर अपनी छाप छोड़ी। तिलक भी रामदास के महाराष्ट्र धर्म से प्रेरित और प्रभावित थे, हालाँकि वे उस हद तक कभी नहीं गये जिस हद तक राजवाड़े या सावरकर गये। उनकी तुलना में तिलक उदार थे। तिलक की इस अपेक्षाकृत उदारता के कई कारण थे। वे सिर्फ़ महाराष्ट्र के नहीं, पूरे भारत के नेता थे। उन्हें जन-आंदोलन करना था जिसमें सभी धर्मों और वर्णों की एकता ज़रूरी थी। इसलिए तिलक ने वर्णाश्रम धर्म में विश्वास करते हुए भी इस पर ज़्यादा ज़ोर नहीं दिया और न ही मुसलमान-विरोध को हवा दी। अपनी विख्यात रचना *गीता रहस्य* में उन्होंने वरकरी संतों के भागवत धर्म की तारीफ़ भी की कि इन संतों ने भक्ति के क्षेत्र में जात-पाँत का भेद नहीं किया और धर्म का रास्ता सभी के लिए समान रूप से खोल दिया। तिलक पर महाराष्ट्र धर्म का प्रभाव कुछ बारीक और उदार ढंग से पड़ा।

तिलक के राजनीतिक दर्शन का मूल आधार ग्रंथ *गीता रहस्य* ही है। महाराष्ट्र में गीता की व्याख्या करते हुए सिद्धांत-निरूपण की परम्परा तेरहवीं सदी से चली आ रही थी। ज्ञानेश्वर, एकनाथ और रामदास ने भी अपने सिद्धांतों का निरूपण गीता की व्याख्या के ज़रिये ही किया था। महाराष्ट्रीय संतों की इसी परम्परा में तिलक ने भी गीता की व्याख्या की और वहीं से सामग्री ले कर ब्रिटिश उपनिवेशवाद विरोधी राष्ट्रीय आंदोलन के संदर्भ में अपने राजनीतिक दर्शन के बुनियादी सिद्धांतों का प्रतिपादन किया।

गीता रहस्य में तिलक ने सबसे पहले यह साफ़ कर दिया कि गीता में कर्म शब्द का मतलब सिर्फ़ कर्मकाण्ड या श्रुतियों और स्मृतियों में बताये कर्मों से न होकर किसी भी तरह के काम से है। यह काम सामाजिक या राजनीतिक भी हो सकता है। इसके बाद तिलक ने आलोचना की कि अतीत में प्रचलित भागवत धर्म के कारण गीता के मूल संदेश के चार तत्त्वों ज्ञान, कर्म, भक्ति और वैराग्य में कर्म का स्थान गौण और भक्ति की प्रधानता होती गयी। इसी तरह आगे बौद्ध और जैन धर्मों के प्रभाव से इसके चार तत्त्वों में से एक वैराग्य या संन्यास ही सबसे प्रमुख तत्त्व बन गया। शताब्दियों तक इसे ही गीता का मूल संदेश समझा जाता रहा। इसलिए आज की नयी परिस्थितियों में गीता के मूल सत्य को फिर से उजागर करने की ज़रूरत है।

तिलक के अनुसार गीता मनुष्य को ज्ञान, कर्म, वैराग्य और भक्ति के बीच सामंजस्य बैठाते हुए मूलतः उचित कर्म करने का उपदेश देती है जिसे कर्मयोगशास्त्र कहा जा सकता है। *गीता रहस्य* के ग्यारहवें और बारहवें अध्याय में तिलक ने समर्थ गुरु रामदास का हवाला देते हुए इस मूल प्रश्न को उठाया है कि जिस व्यक्ति ने इस संसार के सत्य को जान लिया है, उसे सांसारिक कर्म करने चाहिए कि नहीं? इसका उत्तर देते हुए तिलक ने लिखा कि गीता कर्म पर ज़ोर देती है। सिद्ध और ज्ञानी व्यक्ति भी अगर निष्काम भाव से कर्म करता है तो वे कर्म उसके बंधनों का कारण न बन कर लोक का कल्याण करेंगे। इसी प्रसंग में उन्होंने लोकसंग्रह शब्द का कई बार प्रयोग किया और कहा कि ज्ञानी पुरुष लोकसंग्रह की भावना से कर्म करता है। कौन सा कर्म उचित या अनुचित है— इस पर तिलक ने लिखा है कि गीता के मुताबिक़ कर्मों का औचित्य कर्ता के विवेक और उद्देश्य पर निर्भर करता है। नैतिकता सिर्फ़ कार्य के बाहरी स्वरूप में निहित नहीं होती, वह कर्ता के विवेक और उद्देश्य से तय होती है। इसलिए जिस व्यक्ति ने सर्वोच्च ज्ञान प्राप्त कर लिया है और जिसका विवेक शुद्ध है, वह कभी अनुचित कार्य अथवा पाप कर्म कर ही नहीं सकता।

तिलक यह भी कहते हैं कि इस सर्वोच्च ज्ञान की आदर्श स्थिति प्राप्त करने का इंतजार किये बिना भी निःस्वार्थपूर्ण ढंग से सभी कार्य करने चाहिए। इससे मनुष्य का विवेक शुद्धतर होता है और वह सर्वोच्च आदर्श तक

पहुँच पाता है। तिलक ने यह भी लिखा कि जब तक समाज में अनीतिवान लोग हैं, तब तक नीतिवानों द्वारा उन्हें दण्डित किये जाने की ज़रूरत बनी रहेगी। बुरे या अनीतिपूर्ण कार्य करने वालों की हत्या करने से भी अहिंसा का सिद्धांत उसी तरह खण्डित नहीं होता जैसा बुराई करने वाले को दण्डित करने से सभी को आत्मवत् समझने का संतों का सिद्धांत खण्डित नहीं होता। रामदास को उद्धृत करते हुए तिलक लिखते हैं कि दुष्टों को दण्ड देने में कुछ भी अनुचित नहीं है और अगर कोई दूसरों के साथ बुराई करता है तो उसके भी साथ बुराई करने में कुछ भी ग़लत नहीं है। गीता की व्याख्या के ज़रिये और संतों के समर्थन से तिलक की ये सारी स्थापनाएँ निश्चय ही उनके उस राजनीतिक दर्शन का अंग थीं जिसके आधार पर वे भारत में ब्रिटिश शासन के अन्याय और दमन के ख़िलाफ़ एक शक्तिशाली राष्ट्रीय आंदोलन खड़ा करना चाहते थे। उनकी स्थापनाओं का निहितार्थ राष्ट्रीय संग्राम में देशभक्ति से प्रेरित होकर, स्वराज्य के महान लक्ष्य के लिए, अपने प्राण देने और शत्रुओं के प्राण लेने वालों को नैतिक दार्शनिक समर्थन देना था। विदेशी सरकार के ख़िलाफ़ होने वाले संघर्ष को हिंसक और प्रतिशोधपूर्ण होने पर भी वैधता प्रदान करना था। तिलक की इन स्थापनाओं का संदर्भ बीसवीं सदी में उभरा उपनिवेशवाद विरोधी राष्ट्रीय आंदोलन ज़रूर था, लेकिन इन स्थापनाओं की जड़ें मराठी संतों के आंदोलन में थीं। इन सभी स्थापनाओं को महाराष्ट्र धर्म के आधार पर खड़ा किया जा सकता है, हालाँकि तिलक ख़ुद उतनी दूर तक नहीं जाते जहाँ तक जाने की महाराष्ट्र धर्म इजाज़त या आदेश देता है। वास्तव में ये स्थापनाएँ रामदास के महाराष्ट्र धर्म से पहले के वरकरी संत एकनाथ में भी मिल जाएँगी। जैसे लोकसंग्रह की धारणा। मराठी भाषा में इसका पहला प्रयोग एकनाथ ने ही अपने ग्रंथ *एकनाथी भागवत* में किया था जिसमें कृष्ण अपने सखा उद्धव से कहते है कि तीनों लोकों में मुझे कोई भी कर्म करने की अनिवार्यता न होने पर भी मैं लोक के लिए कर्म करता हूँ। ज्ञान, भक्ति और वैराग्य के प्रति सच्चे रह कर लोक को प्रबुद्ध करना ही लोकसंग्रह है। एकनाथ ने यह भी कहा कि शुद्ध हृदय और नि:स्वार्थ भाव से किये गये सांसारिक कर्म भी आध्यात्म की कोटि में आते हैं। एकनाथ के इन सभी विचारों को रामदास ने अपने व्यवहार धर्म के रूप में आगे बढ़ाया। व्यवहार धर्म यानी परिवार, समाज और राज्य के प्रति हर व्यक्ति के कर्त्तव्य।

गं.बा. सरदार ने लिखा कि रामदास के युग की कई विशेषताएँ एकनाथ के समाज में अपने प्रारम्भिक रूप में मिल जाती हैं। एकनाथ ने अपने साहित्य में ऐसी कई बातों पर ध्यान दिया है जिनसे रामदास का रास्ता आसान हो गया। जैसे व्यवहार धर्म पर ज़ोर, राम को नायक बना कर बुराई का प्रतिरोध करने पर ज़ोर, समाज और लोक के प्रति जागरूकता, परम्परा का आदर और ब्राह्मण की प्रशंसा। ये सभी बातें जो एकनाथ में सौम्य रूप में आयी हैं, रामदास में काफ़ी उग्र रूप में प्रकट होती हैं।

तिलक की सबसे बड़ी विशेषता यह थी कि उन्होंने महाराष्ट्र धर्म को विचारों के स्तर से आगे बढ़ा कर ठोस राजनीतिक आंदोलन का अंग बनाया जो रानाडे नहीं कर सके थे। 1895 में उन्होंने अपने पत्र *केसरी* में शिवाजी स्मारक क़ायम करने का आंदोलन चलाया और 1896 में शिवाजी महोत्सव का सिलसिला शुरू करके शिवाजी को महाराष्ट्र में आधुनिक आंदोलन का सबसे बड़ा प्रेरणापुरुष बना दिया। राष्ट्रीय स्वाधीनता आंदोलन के लिए महाराष्ट्रियों को शिवाजी से कैसी प्रेरणा मिलती रही होगी, इसे वही लोग ठीक से समझ सकते हैं जिन्हें महाराष्ट्रियों के हृदय में बसे वीर शिवाजी के और मराठा स्वराज्य के प्रति उनके गर्व का कुछ अंदाजा हो।

तिलक की तुलना में गाँधी, जो गुजराती वैष्णव संतों से प्रभावित थे और इसलिए ज्ञानेश्वर जैसे उदार वरकरी संतों के मूल्यों के क़रीब थे, महाराष्ट्र की राष्ट्रवादी राजनीति में लोकप्रिय नहीं हो सके। तिलक जहाँ बुरे लोगों को दण्डित करने के समर्थक थे, गाँधी यह मानते ही नहीं थे कि हममें से किसी को भी यह अधिकार है कि हम दूसरों को दण्ड देने का फ़ैसला करें। गाँधी की अहिंसा का महाराष्ट्र धर्म में कोई स्थान नहीं था। तिलक के मित्र और अनुयायी एन.सी. केलकर ने गाँधी के नेतृत्व का विरोध करते हुए शिवाजी को राष्ट्रीय आंदोलन का प्रतीक बनाने पर ज़ोर दिया। गाँधी की हत्या भी आख़िरकार सावरकर के एक अनुयायी नाथूराम गोडसे ने की। महाराष्ट्र धर्म की जड़ें महाराष्ट्रीय इतिहास और उसकी राजनीतिक परम्पराओं में इतनी गहरी थीं कि महाराष्ट्र धर्म वहाँ महाराष्ट्रीय राष्ट्रवाद का दूसरा नाम हो चुका था। उसकी उपेक्षा करना महाराष्ट्र के गाँधीवादियों के लिए भी सम्भव नहीं था। इसलिए गाँधी के युवा अनुयायी विनोबा भावे ने 1923 में जब अपना पहला मराठी पत्र निकाला तो उन्होंने उसका नाम *महाराष्ट्र धर्म* ही रखा।

महाराष्ट्रीय नवजागरण की तीसरी धारा यानी ग़ैर-ब्राह्मण धारा ने भी अपना नाता महाराष्ट्र धर्म से जोड़ा। शिवाजी के अपने शासन में ब्राह्मणों के अलावा कायस्थ-प्रभुओं, कुनबियों, रमोशी, महारों और मातंगों को भी शामिल किया गया था। शिवाजी ख़ुद कुनबी थे और चितपावन ब्राह्मणों की नज़र में शूद्र थे। इसलिए महाराष्ट्र की सभी ग़ैर-ब्राह्मण जातियाँ भी शिवाजी के राज्य को अपना राज्य मान कर गर्व करती थीं। अक्सर यह गर्व उसी अनुपात में होता था जिस अनुपात में राज्य में उनकी जाति की हिस्सेदारी होती। जैसे कुनबी मराठे सरदारों और कायस्थ फ़ौजी अफ़सरों को ब्राह्मणों के साथ राज्य में ऊँचे ओहदे मिले हुए थे, इसलिए शिवाजी के राज्य पर गर्व भी इन्हीं जातियों को सबसे ज़्यादा

था। दलितों और दूसरी पिछड़ी हुई शूद्र जातियों के ओहदे और गर्व, दोनों का स्थान इसके बाद था। इसी वजह से ग़ैर-ब्राह्मण आंदोलन के अंदर भी थोड़ा फ़र्क़ था। फिर भी उन्नीसवीं सदी के उत्तरार्ध में ज्योतिबा फुले ने महाराष्ट्र की सभी ग़ैर-ब्राह्मण जातियों को एक अस्मिता और रैडिकल विचारधारा के तहत गोलबंद करने की कोशिश की। फुले ने रामदास द्वारा प्रचारित महाराष्ट्र धर्म का नाम नहीं लिया, लेकिन महाराष्ट्र धर्म के मूर्त प्रतीक शिवाजी के राज्य को शूद्रों के राज्य के रूप में गर्व से याद करते हुए शिवाजी को 'कुनबी कुलभूषण' कहा। फुले द्वारा शिवाजी को कुनबी कुलभूषण कहना बहुत अर्थपूर्ण था। ऐसा कह कर फुले ब्राह्मणों द्वारा झूठी वंशावली तैयार करके शिवाजी को क्षत्रिय घोषित करने के पाखण्ड को अमान्य करते हैं। फुले ने शिवाजी को वैसा अवतारी पुरुष भी नहीं माना जैसा तिलक आदि ब्राह्मण नेता मानते थे। इसके बजाय फुले ने शिवाजी को शूद्र कुनबियों में श्रेष्ठ रत्न मानते हुए उनके प्रति एक आत्मीय लेकिन आलोचनात्मक दृष्टिकोण रखा।

देखें : अरविंद घोष, उपनिवेशवाद विरोधी आंदोलन-1, 2 और 3, कुमारन् आशान्, गोवर्धन राम त्रिपाठी और गुजराती अस्मिता, फ़क़ीर मोहन सेनापति और ओडिया अस्मिता, बंकिम चंद्र चटर्जी, बंगाल का नवजागरण, बाल गंगाधर तिलक भारतेंदु हरिश्चंद्र, भारतीय आधुनिकता, भारतीय नवजारण : तुलनात्मक परिप्रेक्ष्य, मोहनदास कर्मचंद गाँधी-1 से 3 तक, राजा राममोहन राय, युरोपीय पुनर्जागरण, रवींद्रनाथ ठाकुर, विवेकानंद, हिंदी नवजागरण।

संदर्भ

1. एल.जी. मेश्राम और विमल कीर्ति (सम्पा.) (1996), *फुले रचनावली,* खण्ड-2, राधाकृष्ण प्रकाशन., नयी दिल्ली.
2. विनायक दामोदर सावरकर (1971), *सिक्स ग्लोरियस इपोक्स,* राजधानी ग्रंथागार, नयी दिल्ली.
4. बाल गंगाधर तिलक (2002), *श्रीमदभगवतगीता रहस्य अथवा कर्मयोगशास्त्र,* भाग एक, अनुवाद भालचंद्र सीताराम सुकंठकर, लो प्राइस पब्लिकेशन, नयी दिल्ली.

— वीरभारत तलवार

महाराष्ट्र में सुधारणा-5

उदार ब्राह्मण, कट्टर ब्राह्मण और ग़ैर-ब्राह्मण धाराओं का संघर्ष

(Sudharna in Maharashtra-5)

फुले के सामने सबसे बड़ा सवाल यह था कि वे महाराष्ट्र धर्म के सबसे बड़े प्रतीक शिवाजी को ब्राह्मणों के चंगुल से कैसे छुड़ाएँ? इसके लिए फुले ने तीन महत्त्वपूर्ण स्थापनाएँ कीं। सबसे पहले उन्होंने सत्रहवीं सदी के उस पूरे दृश्य से मुसलमान को अगर हटाया नहीं, तो उसे गौण ज़रूर कर दिया। मुसलमान को गौण कर देने का मतलब मुसलमानों की उस तथाकथित धर्मनाशी भूमिका को ख़ारिज कर देना था जिसकी ब्राह्मण सबसे ज़्यादा दुहाई देते थे। फुले का यह काम बहुत बुनियादी महत्त्व का था क्योंकि इससे उस युग का परिप्रेक्ष्य ही बदल जाता था। उन्होंने स्थापित किया कि उस समाज का मुख्य अंतर्विरोध मुसलमान और हिंदू के बीच नहीं बल्कि ब्राह्मणवादी व्यवस्था और व्यापक ग़ैर-ब्राह्मण जनता (मुख्यतः दलित-शूद्रों) के बीच था। होता यह था कि मुट्ठी-भर ब्राह्मण अपने और मुसलमानों के बीच के अंतर्विरोध को पूरे समाज का मुख्य अंतर्विरोध बताते हुए लाखो-लाख ग़ैर-ब्राह्मण जातियों, ख़ासकर दलित शूद्रों-के साथ अपने व्यापक अंतर्तिरोध को छुपा लेते थे।

इसके बाद फुले ने शिवाजी के मराठा राज्य के साथ ब्राह्मण वर्ग के इस बहुप्रचारित संबंध को ख़ारिज किया कि एक ब्राह्मण रामदास शिवाजी के गुरु थे और मराठा राज्य क़ायम होने का मुख्य श्रेय रामदास के उपदेशों को ही मिलना चाहिए। फुले ने रामदास को शिवाजी का गुरु मानने से इनकार किया। वैसे भी यह एक विवादास्पद धारणा थी। ऐतिहासिक रूप से अभी तक प्रमाणित नहीं हुआ है कि रामदास शिवाजी के गुरु या सलाहकार थे। इससे भी आगे बढ़ कर फुले ने रामदास और शिवाजी के दूसरे ब्राह्मण मंत्रियों की प्रचारित भूमिका को भी उलट दिया और उसकी जगह वास्तविकता का दूसरा पहलू पेश किया। फुले के मुताबिक़ ये ब्राह्मण वास्तव में गुरु नहीं, गुरुघंटाल थे, जिन्होंने शिवाजी का भला करने के बजाय बुरा किया। इन चालाक ब्राह्मणों ने शूद्र और अनपढ़ राजा शिवाजी के राज्य में सभी ऊँचे पदों पर बैठ कर उस राज्य का इस्तेमाल ब्राह्मणों की सत्ता को और मज़बूत करने में किया। इस तरह फुले ने उन्नीसवीं सदी के नवजागरण में मराठा राज्य को लेकर चल रहे उस पूरे विमर्श को उलट दिया जिस पर कट्टर और उदार, दोनों क़िस्म के ब्राह्मणों ने अपना क़ब्ज़ा जमा रखा था। दलित-शूद्रों के दृष्टिकोण से वे सत्य को इस रूप में पेश करते हैं कि ग़ैर-

ब्राह्मण जातियों और ख़ासकर दलित-शूद्रों ने अपने साहस, शौर्य और अपने बीच के एक रत्न शिवाजी के ज़रिये जिस महान मराठा राज्य को क़ायम किया था, उसे ब्राह्मणों ने अपनी धूर्तता से हड़प लिया।

फुले के नेतृत्व में महाराष्ट्रीय नवजागरण की ग़ैर-ब्राह्मण धारा ने ब्राह्मणों, सुधारकों और परम्परानिष्ठों से समाज, संस्कृति और इतिहास के हर मुद्दे पर लोहा लिया। ब्राह्मणों की हर बात को काटते हुए, उनका तुर्की ब तुर्की जवाब देते हुए अपनी स्वतंत्र स्थापनाएँ रखीं। अगर ब्राह्मण ज्ञानदेव को *ज्ञानेश्वरी* का रचयिता मानते हैं तो ग़ैर-ब्राह्मणों ने कहा कि ज्ञानदेव कोई और थे और *ज्ञानेश्वरी* के रचनाकार ज्ञानेश्वर कोई और। ब्राह्मणों ने गर्व के साथ एक ब्राह्मण रामदास को शिवाजी का गुरु बताया। ग़ैर-ब्राह्मणों ने इस दावे को बिल्कुल ख़ारिज कर दिया। कुछ एक ने तो इसके उल्टे रामदास को औरंगज़ेब का भेदिया तक कहा। शूद्र जाति से आये संत तुकाराम की मृत्यु को ब्राह्मण स्वाभाविक मानते हैं। ग़ैर-ब्राह्मणों ने कहा कि तुकाराम की हत्या की गयी थी। (अमरावती के सुदामा सावरकर ने 1960 के दशक में *तुकाराम : ख़ून की वैकुंठगमन* नामक किताब लिख कर यह स्थापित करने की कोशिश की है कि तुकाराम का ख़ून किया गया था। इसके लिए लेखक ने कई सबूत भी दिये।) मराठा राज्य के पतन का कारण ब्राह्मण मुख्यत: सैन्यशक्ति की कमज़ोरी को मानते हैं तो ग़ैर-ब्राह्मणों की नज़र में मराठा राज्य के पतन के असली ज़िम्मेदार ख़ुद धूर्त ब्राह्मण थे।

ब्राह्मण और ग़ैर-ब्राह्मण के बीच हर एक मुद्दे पर विरोध और तीखा विचारधारात्मक संघर्ष एक ऐसे नवजागरण का चरित्र सामने लाता है जो सिर्फ़ ऊपर-ऊपर नहीं था, बल्कि महाराष्ट्र के सामाजिक जीवन और ऐतिहासिक अनुभवों में काफ़ी गहरे धँसा हुआ था। उन्नीसवीं सदी के महाराष्ट्रीय नवजागरण में इतिहास और संस्कृति को लेकर, संतों के आंदोलन और मराठा राज्य को लेकर जो तीखा वैचारिक संघर्ष चला, वह वास्तव में ब्रिटिश राज की बदली हुई परिस्थितियों में विभिन्न सामाजिक वर्गों के द्वारा अपने-अपने वर्ग-हितों और सांस्कृतिक अस्मिता को प्रतिष्ठित करने की लड़ाई थी। दूसरे शब्दों में सामाजिक वर्ग या समुदाय अपने वर्गीय हितों और विचारधारा की लड़ाई महाराष्ट्रीय इतिहास और संस्कृति के अखाड़े में लड़ रहे थे।

रोजालिंद ओ हानलीन ने अपने एक निबंध में इसे अच्छी तरह दिखलाया है। उन्होंने इस ओर ध्यान खींचा है कि उन्नीसवीं सदी के उत्तरार्ध में मराठी भाषा में शिवाजी तथा मराठा इतिहास के दूसरे वीर नायकों पर साहित्य रचने की प्रबल लहर चल पड़ी थी। इसमें मुख्य विधा पँवाड़ों की यानी वीरगाथाओं की थी। शिवाजी पर पँवाड़े पहले से प्रचलित थे, लेकिन मौखिक रूप में थे। नये लिखित पँवाड़ों की मुख्य विशेषता यह थी कि इनमें शिवाजी और मराठा राज्य के इतिहास की व्याख्या करने के बहाने से विभिन्न सामाजिक वर्गों ने एक दूसरे को चुनौती देते हुए अपनी-अपनी सामुदायिक अस्मिता प्रतिष्ठित करने का प्रयत्न किया। शिवाजी से संबंधित ऐसी तीन रचनाओं को लेकर रोजालिंद ने दिलचस्प तुलनात्मक अध्ययन किया।

इनमें पहला पँवाड़ा 1869 में लिखा गया जिसमें जोतिबा फुले ने शिवाजी और मराठा राज्य के पूरे इतिहास की ग़ैर-ब्राह्मणी व्याख्या को बहुत प्रभावशाली ढंग से स्थापित करने की कोशिश की। इसके मुताबिक़ आर्यों की वर्णाश्रम संस्कृति से पहले का राजा बली श्रम करने वाले शूद्र किसानों का प्रिय राजा था। फुले ने खेत को क्षेत्र और इसलिए खेती करने वालों को क्षत्रिय कहा, जो उनके मुताबिक़ इन शूद्रों को पहले से कहा जाता था। बली का राज्य हर तरह से धनधान्य से भरा हुआ था, उनकी प्रजा ख़ुशहाल थी। तब उत्तर से आर्य ब्राह्मण वामन का रूप धारण करके आये जिन्होंने छल-कपट से बली का राज्य हड़प लिया और ख़ुद राजा बन बैठे। उनके राज्य में शूद्र क्षत्रियों (किसानों) का भयानक शोषण-उत्पीड़न शुरू हुआ। वे ग़ुलाम बना लिये गये और ग़रीबी की बुरी दशा में पहुँच गये। फुले के मुताबिक़ प्राचीन राजा बली के राज्य को वामन रूप धारण करके हड़पने का इतिहास मानो शिवाजी और उनके मराठा राज्य के अपहरण के रूप में फिर से दोहराया गया। शिवाजी शूद्रों के राजा थे। शूद्र सैनिकों के बल पर उन्होंने शूद्रों के कल्याण के लिए जो राज्य खड़ा किया था, उसे पेशवा ब्राह्मणों ने हड़प लिया। शूद्रों की ताक़त से खड़े हुए मराठा राज्य में शूद्र फिर से ग़ुलामी की दशा में पहुँच गये। इस पँवाड़े में फुले ने ब्राह्मणों द्वारा प्रचारित इस कहानी को ख़ारिज कर दिया कि शिवाजी ने अपना राज्य गौ और ब्राह्मण के प्रतिपालन के लिए क़ायम किया था। फुले ने एक ओर मराठा राज्य के पतन और उसके बाद शूद्रों की बदहाली के लिए ब्राह्मणों को ज़िम्मेदार ठहराया, दूसरी ओर बली और शिवाजी के राज्य को शूद्रों के ऐसे गौरवपूर्ण इतिहास के रूप में पेश किया जिससे प्रेरणा लेकर वे फिर से खड़े होने और अपनी वर्तमान हालत को बदलने की लड़ाई लड़ सकते हैं।

1869 में जब यह पँवाड़ा प्रकाशित हुआ, तब इस पर उस समय के ब्राह्मणों की प्रतिक्रिया कैसी थी? इस प्रसंग में रोजालिंद ने उस समय की एक साहित्यिक पत्रिका *विविध अध्ययनी विस्तार* का ज़िक्र किया है जिसमें फुले की किताब समीक्षा के लिए आयी थी। पत्रिका के चितपावन ब्राह्मण सम्पादक ने अपनी टिप्पणी में लिखा : 'छत्रपति राजा शिवाजी पर पँवाड़े की एक प्रति हमारे पास आयी है। इसका लेखक कोई जोतिराव गोविंद राव फुले या कोई है। जब हमने पुस्तक को पढ़ा तो पाया कि इसे स्वीकार करना महान साहसी राजा शिवाजी की गरिमा और समस्त हिंदू जाति की गरिमा

को नीचे गिराना होगा। हमारे पास लेखक का कोई पता नहीं है, इसलिए हम इसे वापस भेजने में भी असमर्थ हैं।'

शिवाजी के बारे में दूसरी रचना 1898 में प्रकाशित राजाराम शास्त्री भागवत की *शिवाजी चरित्र* है। भागवत सेंट ज़ेवियर कॉलेज में संस्कृत के प्रोफ़ेसर और एक उदार ब्राह्मण सुधारक थे जो दलितों-शूद्रों की दशा सुधारने के लिए काम करते थे। *शिवाजी चरित्र* के अलावा उन्होंने महाराष्ट्रीय इतिहास पर दो किताबें और भी लिखी थीं : *महाराष्ट्र धर्म* (1895) और *मराठ्या संबंधी चार उद्गार* (1895)। रोजालिंद के मुताबिक़ भागवत ने अपनी रचनाओं में इस बात पर ज़ोर दिया कि मराठा राज्य महाराष्ट्र की सभी जातियों के द्वारा मिलजुल कर क़ायम किया गया था। विभिन्न जातियों के बावजूद महाराष्ट्र की संस्कृति और धर्म सदा से एक रहा है और उनका एक ही समुदाय है जिसे महाराष्ट्र मण्डल कह सकते हैं। भागवत के मुताबिक़ महाराष्ट्रियों की यह एकता मराठी संतों के धार्मिक आंदोलन की देन थी। संतों ने सभी मराठीभाषियों को एक धर्म के सूत्र में बाँध कर उनके अन्दर एक महाराष्ट्रपन की भावना पैदा की। भागवत ने शिवाजी के ब्राह्मण सलाहकारों को भी काफ़ी महत्त्व दिया।

शिवाजी से संबंधित तीसरी रचना *शिवाजी महाराज को दादोजी कोंडदेव की सलाह* 1877 में छपी। इसके लेखक एकनाथ अनाजी जोशी एक परम्परानिष्ठ ब्राह्मण और इंदौर के एक अंग्रेजी स्कूल में सहायक हैडमास्टर थे। उनकी किताबों को दक्षिण प्राइज फण्ड से पुरस्कार भी मिला था। अपनी रचनाओं में उन्होंने शिवाजी को पूरे भारत में प्रचलित हिंदू धर्म का रक्षक नेता बतलाया। फुले की सरल और किसानों के बीच प्रचलित मराठी के उल्टे जोशी की भाषा संस्कृतनिष्ठ थी और श्लोकों में लिखी गयी थी। जोशी के शिवाजी गौ, ब्राह्मण और हिंदू धर्म की रक्षा के लिए लड़ते हैं। जोशी हिंदुओं के प्राचीन रामराज्य की चर्चा करते हैं और उसे स्वर्णयुग बताते हैं जिसे मुसलमान हमलावरों ने आकर बर्बाद कर दिया। शिवाजी ने उस राज्य को मुसलमानों के अत्याचारों से मुक्त कराया। ग़ौरतलब है कि जोशी के रामराज्य का ब्राह्मण ही फुले के बली राज्य को हड़पता है और ख़ुद राजा बली ब्राह्मणों के पुराण में एक दैत्य के रूप चित्रित हैं। जोशी ने शिवाजी को क्षत्रिय दिखाया है, लेकिन फुले के किसान के अर्थ में नहीं बल्कि वर्णाश्रम धर्म के अर्थ में क्षत्रिय कहा है जो ब्राह्मणों की सलाह से राज्य चलाते हैं। दिलचस्प बात यह है कि जोशी की रचना में ब्राह्मण दादोजी राजा शिवाजी को बड़े-बड़े जनसम्मेलन आयोजित करने, जनसभाएँ बुलाने और उन सभाओं सम्मेलनों में सभी लोगों से विचार-विमर्श करके उन्हें बड़ी कार्रवाइयों के लिए मानसिक रूप से तैयार करने की सलाह देते हैं जो निश्चित रूप से आधुनिक औपनिवेशिक काल की राजनीतिक विशेषता थी।

इस तरह उन्नीसवीं सदी के महाराष्ट्रीय नवजागरण में मौजूद उदार ब्राह्मण, कट्टर ब्राह्मण और ग़ैर-ब्राह्मण, ये तीनों धाराएँ एक दूसरे के ख़िलाफ़ तीव्र विचारधारात्मक संघर्ष में उलझी हुई दिखाई देती हैं। इन तीनों धाराओं से जुड़ी जातियों और सामाजिक राजनीतिक समुदायों की अस्मिता की जड़ें महाराष्ट्रीय इतिहास में धँसी हुई थीं। ऐसा संघर्ष करते हुए दरअसल वे अपने वर्तमान सामाजिक राजनीतिक हितों और दावों की लड़ाई ही लड़ रहे थे। आज महाराष्ट्रीय समाज जिस भी रूप में है, उसमें विभिन्न जातियों और राजनीतिक समुदायों के बीच जो शक्ति समीकरण है, उसके पीछे संतों के आंदोलन, मराठा राज्य और महाराष्ट्रीय नवजागरण की एक महत्त्वपूर्ण भूमिका है।

राजनीतिक-सांस्कृतिक संघर्ष में अतीत के नायकों का इस्तेमाल महाराष्ट्रीय समाज की ऐसी विशेष परम्परा रही है जो आज भी किसी न किसी रूप में देखने को मिल जाती है। लोकतांत्रिक संवैधानिक महाराष्ट्रीय सरकार द्वारा हर साल मनाया जाने वाला राजा शिवाजी का जन्मदिन, बाल ठाकरे की शिवसेना, मालेगाँव में बमकाण्ड करने वाले हिंदू आतंकवादियों का संगठन 'अभिनव भारत' और मराठी मानुस के नाम पर चलने वाली राजनीति, यह सब भी बदले हुए संदर्भों में किसी न किसी रूप में उसी ऐतिहासिक परम्परा के राजनीतिक इस्तेमाल से जुड़े रूप हैं।

संदर्भ

1 गं.बा. सरदार (1969), *संत पोएट्स ऑफ महाराष्ट्र : दियर इम्पैक्ट ऑन सोसाइटी,* ओरिएंट लोंगमेन, नयी दिल्ली.
2. गणेश तुलसीराम अष्ठेकर (1980), *मराठी संत कवियों की सामाजिक भूमिका,* पंचशील प्रकाशन, जयपुर.
3. रोजालिंद ओ हानलीन (1983), 'मराठा हिस्ट्री एज़ पॉलिमिक्स : लो कास्ट आइडियोलॅजी ऍंड पॉलिटिकल डिबेट इन लेट नाइनटींथ सेंचुरी वेस्टर्न इण्डिया', *मॉडर्न एशियन स्टडीज़,* खण्ड 17, अंक 1.

— वीरभारत तलवार

महावीर प्रसाद द्विवेदी

(Mahavir Prasad Dviwedi)

आधुनिक हिंदी के युग-प्रवर्तक महावीर प्रसाद द्विवेदी (1864-1938) के ही प्रयत्नों से हिंदी गद्य और पद्य की पक्की व्यवस्था तैयार हुई। द्विवेदी और उनके साथियों का महत्त्व हिंदी के नये निर्माण के लिए प्रचुर और अनेकमुख सामग्री भेंट करने में है। उन्होंने हिंदी के लिए भाषा संबंधी नया प्रतिमान विकसित किया। साहित्य के क्षेत्र में किसी एक व्यक्ति पर इतना बड़ा उत्तरदायित्व इतिहास की शक्तियों ने पहली बार रखा था, जिसका द्विवेदी द्वारा सफल निर्वहन किया गया। उनके द्वारा सम्पादित पत्रिका *सरस्वती* तत्कालीन हिंदी-समाज के लिए ज्ञान की वाहक और प्रचार-प्रसार का माध्यम थी। इस पत्रिका का स्वरूप और उद्देश्य देश-विदेश के ज्ञान-विज्ञान से हिंदी क्षेत्र को परिचित कराना था। किसी प्राचीन रचनाकार या रचनाओं के उद्धरण, हिंदीतर किसी अन्य भाषा के लेखकों पर लेख, इतिहास के किसी काल विशेष का खोजपूर्ण उल्लेख, किसी समृद्ध राजवंश का परिचय, प्राचीन कलाओं का सचित्र विवरण, भारतवर्ष की सभ्यता और संस्कृति पर सुदूर देशों का प्रभाव, प्राच्य या पाश्चात्य दार्शनिक वाद का परिचय, प्राचीन स्मारकों, यात्राओं, प्राकृतिक सौंदर्य स्थलों का वर्णन, राजनीतिक-आर्थिक प्रश्नों और समस्याओं पर सरकार से अपील, हिंदी के प्रचार-प्रसार के लिए लेख, महत्त्वपूर्ण पुस्तकों की समीक्षाएँ, समसामयिक साहित्यिक-सांस्कृतिक गतिविधियों की ओर ध्यान आकृष्ट करना, विशिष्ट तेवर की कविता-कहानियों का प्रकाशन— यह सब महावीर प्रसाद द्विवेदी के सम्पादकत्व में 1901 से 1920 तक की *सरस्वती* का अनिवार्य अंग था। हीरा डोम की कविता 'अछूत की शिकायत' छाप कर दलित पीड़ा को अभिव्यक्ति देने का काम महावीर प्रसाद द्विवेदी ने ही किया था।

अवध प्रांत के दौलतपुर गाँव में जन्मे महावीर प्रसाद ने बचपन से दरिद्रता देखी इसलिए शिक्षा की अच्छी व्यवस्था नहीं हो सकी। फिर भी उर्दू-फ़ारसी की शिक्षा पाठशाला में मिली और घर पर ही 'शीघ्रबोध' वाली संस्कृत का अभ्यास किया। दरिद्रता भी इतनी अधिक थी कि आगे पढ़ना बेहद कठिन था। बालक महावीर पंद्रह मील दूर रायबरेली पैदल पढ़ने के लिए जाता था। अक्सर फ़ीस न दे पाने की नौबत आती थी। पढ़ाई-लिखायी का क्रम ठीक से न चलने के कारण वे पिता के पास मुम्बई चले गये। इसी बीच उन्होंने किसी तरह अंग्रेज़ी के साथ मराठी-गुजराती का ज्ञान प्राप्त किया। मुम्बई में रहते हुए तार का काम सीखा और जीआईपी रेलवे में तार बाबू हो गये। कार्य में लगन और एकाग्रता के कारण उन्हें टेलीग्राफ़ इंस्पेक्टर बना कर झाँसी भेजा गया। बांग्ला भाषा सीखी और तार संबंधी कामकाज पर अंग्रेज़ी में एक पुस्तक भी लिखी।

रामविलास शर्मा ने 1857 के संग्राम को हिंदी नवजागरण का पहला युग, भारतेंदु युग को दूसरा और महावीर प्रसाद द्विवेदी और उनके साथियों-सहयोगियों के काल को तीसरा युग क़रार दिया है। 1900 में *सरस्वती* पत्रिका का प्रकाशन शुरू हुआ और 1920 तक वह द्विवेदी के सम्पादन में चली। कथा-साहित्य में द्विवेदी-युग की मुख्य देन हैं— प्रेमचंद। आलोचना में रामचंद्र शुक्ल और कविता में सूर्यकांत त्रिपाठी निराला। *सरस्वती* ने इतिहासकार काशीप्रसाद जायसवाल को ख़ूब छापा, लेकिन जायसवाल ने जब *भारत-भारती* का विरोध किया तो द्विवेदी उससे सहमत नहीं हुए। कामताप्रसाद गुरु भी मैथिलीशरण गुप्त की तरह सरस्वती के प्रिय लेखकों में थे। महावीर प्रसाद द्विवेदी 'शुद्ध हिंदी' के पक्षपाती नहीं थे। उनकी पुस्तक *हिंदी भाषा की उत्पत्ति* हिंदी में जबरन संस्कृत के शब्द घुसेड़ने की प्रवृत्ति का कड़ा विरोध करती है। स्वाधीनता आंदोलन का यह युग स्वदेशी वस्तुओं के व्यवहार तथा विदेशी माल के बहिष्कार की चेतना का दौर था। अर्थशास्त्र के अध्ययन के साथ द्विवेदी जी ने राजनीतिक विषयों का अध्ययन किया और संसार भर की राजनीतिक घटनाओं पर लेख लिखे। उन्होंने आधुनिक विज्ञान की प्रगति, समाजशास्त्र, इतिहास, प्राचीन दर्शन और विज्ञान का अध्ययन किया। एक सम्पादक और चिंतक के रूप में यह तैयारी हिंदी में पहली बार दिखाई देती है। इसी परिश्रम के परिणामस्वरूप हिंदी प्रदेशों में नवीन सामाजिक-राजनीतिक चेतना का प्रकाश फैला।

रामविलास शर्मा ने लिखा है कि 'साहित्य क्षेत्र में उन्होंने तय कर लिया था कि हिंदी गद्य का विकास करना है। आधुनिक हिंदी को विविध विषयों के विवेचन का माध्यम बनाना है, कविता में ब्रजभाषा की जगह खड़ी बोली को प्रतिष्ठित करना है और साहित्य से रीतिवाद को निकाल कर बाहर करना है। लगभग 20 वर्ष तक एकाग्र मन से इस निश्चित उद्देश्य की सिद्धि में वे लगे रहे और उन्हें सफलता प्राप्त हुई।' द्विवेदी ने हिंदी भाषा के विकास के अनेक पक्षों पर ध्यान दिया। भारत में अंग्रेज़ी की स्थिति, भारतीय भाषाओं को शिक्षा का माध्यम बनाने की समस्या, भारतीय भाषाओं के बीच सम्पर्क भाषा की समस्या, हिंदी-उर्दू में भेद और आपसी समानता, हिंदी व जनपदीय भाषाओं के संबंध आदि पर उन्होंने गहराई से विचार किया। उन्हें 'भाषा परिष्कारक' के रूप में सीमित करना उचित नहीं है। वे व्यापक स्तर पर साहित्यकार-सम्पादक थे। द्विवेदी युग केवल इतिवृत्तात्मक-उपदेशात्मक साहित्य का युग नहीं है। वह कई अर्थों में साहित्य के सीमांतों को व्यापकता प्रदान करने वाला साहित्य है। उन्होंने बराबर ध्यान दिलाया कि भारत ने विदेशी ग़ुलामी का ठेका नहीं ले रखा है और भारतीय

नवजगारण एशियाई नवजागरण का अंग है। द्विवेदी के लेखों से यह भी संकेत मिलता है कि हिंदी का नवजागरण बांग्ला, गुजराती, मराठी जैसा नहीं है। उसकी अपनी भिन्न विशेषताएँ हैं। उसका अपना साम्राज्यवाद विरोधी चरित्र है। यह चरित्र भारतेंदु-युग, द्विवेदी-युग और छायावादी-युग में मुक्त भाव से सामने आता है।

द्विवेदी की रचना *सम्पत्तिशास्त्र* किसी भी हिंदी लेखक द्वारा लिखी गयी अर्थशास्त्र पर पहली पुस्तक है। यह अंग्रेज़ी साम्राज्यवाद द्वारा लूट और तबाही को ले कर लिखी गयी यह पहली पुस्तक भी है। यह अर्थशास्त्र की नयी-पुरानी सामग्री का पिष्टपेषण नहीं है— इसका उद्देश्य है ब्रिटिश साम्राज्यवादी लूट के दिनों में भारतीय अर्थतंत्र का अध्ययन। आज भी जो लोग भारत में अंग्रेज़ी साम्राज्यवाद की भूमिका समझना चाहते हैं— उनके लिए इस पुस्तक में ज्ञान का ख़ज़ाना है। *सम्पत्तिशास्त्र* में द्विवेदी दिखाते हैं कि किस तरह अंग्रेज़ों ने आकर भारत के अर्थतंत्र में बुनियादी परिवर्तन किये। भारत की पूरी ज़मीन पर क़ब्ज़ा कर लिया। यह नये तरह का सामंतवाद क़ायम करना था। इससे पहले 'हर आदमी अपनी-अपनी ज़मीन का मालिक था। राजा सिर्फ़ उससे उसकी ज़मीन की पैदावार का छठा हिस्सा ले लिया करता था। बस, सिर्फ़ राजा का इतना ही हक़ था। वह एक प्रकार का कर था, ज़मीन का लगान नहीं।' द्विवेदी कर और लगान का भेद समझाते हैं— कर वह लेगा जो जमीन का मालिक नहीं है। लगान वह लेता है जिसने ज़मीन पर अपना प्रभुत्व क़ायम कर लिया है। ईस्ट इण्डिया कम्पनी की आड़ में ब्रिटिश सरकार किसानों से ज़बरन लगान लेती थी। लगान न देने पर ज़मीन से किसान को बेदख़ल किया जा सकता था और उसकी जमीन छीनकर किसी ज़मींदार को दी जा सकती थी। मनमाने लगान का नतीज़ा यह हुआ कि अन्नदाता किसान अन्न के लिए तरसते हुए क़र्ज़ के बोझ से लदने लगा। अंग्रेज़ी राज में अकाल पड़ता था तो जनता भिखारी बन कर दर-दर की ठोकरें खाती थी। इतना ही नहीं अंग्रेज़ राज्य-व्यवस्था का सारा ख़र्च भी किसानों से ही वसूलते थे।

महावीर प्रसाद द्विवेदी (1864-1938)

द्विवेदी ने दिखाया कि अंग्रेज़-नीतियों ने भारत के व्यापार और उद्योग-धंधों को चौपट कर दिया। वे यहाँ अपने देश का माल बेचने वाले व्यापारी बनकर नहीं, बल्कि हमारे यहाँ का माल ले जाकर अपने देश में बेचने वाले व्यापारी बन कर आये। युरोप के देशों में इस बात को लेकर काफ़ी खींचातानी रही कि भारत के व्यापार पर किस का क़ब्ज़ा हो। भारत इस समय माल का निर्यात करने वाला प्रमुख औद्योगिक देश था, और बाहर का माल बहुत कम ख़रीदता था। लेकिन अंग्रेज़ों ने भारत के उद्योग धंधों का नाश किया। यहाँ के व्यापार और बाज़ार पर अधिकार क़ायम करके भारत को महज़ एक खेतिहर देश में तब्दील कर दिया। कारीगर-जुलाहे भूखों मरने लगे। कला-कौशल ख़त्म होने की कगार पर आ गया। अंग्रेज़ों ने भारतीय अर्थतंत्र की रीढ़ तोड़कर रख दी। व्यापारी लोग भारत से ग़ुलाम ख़रीद कर विदेशी बाज़ारों में बेचने लगे। भारतीयों को फ़ुसला कर कुली बना कर कलकत्ता से रवाना किया जाने लगा। प्रथम विश्व-युद्ध में अंग्रेज़ों ने भारत के किसानों का ही धन ख़र्च किया। *सम्पत्तिशास्त्र* इसी व्यथा-कथा का ऐतिहासिक दस्तावेज़ है।

द्विवेदी ने राजनीतिक-आर्थिक चेतना के साथ आधुनिक विज्ञान की ओर भी ध्यान दिया। वे समाज-व्यवस्था की कुरीतियों को नष्ट और धार्मिक अंधविश्वास को निर्मूल करना चाहते थे। भारत में बृहस्पति और चार्वाक की चिंतन-धारा रही है जो वर्ण-व्यवस्था और पुरोहितवाद की तीखी आलोचना करती है। द्विवेदी ने अपने लेख 'निरीश्वरवाद' में चार्वाकी *सर्वदर्शन संग्रह* से अनेक श्लोक उद्धृत किये और भारतीय तर्क पर खड़े विवेकवाद को आदर दिया। कबीर में यही विवेक परम्परा है। द्विवेदी ने 'श्री हर्ष का कलियुग' जैसा लेख लिख कर नैषधीय परम्परा का स्मरण कराया।

द्विवेदी कविताएँ भी लिखते थे, पर उन्होंने ज़्यादातर उपदेशात्मक कविताएँ लिखीं। 'कालिदास की निरंकुशता', 'हिंदी भाषा की उत्पत्ति', 'मिश्रबंधु का हिंदी कविरत्न', 'तिलक का गीताभाष्य' और ऐसे अनेक लेख और टिप्पणियों से उन्होंने हिंदी के मौलिक समीक्षाशास्त्र का शिलान्यास किया। उस युग का शायद ही कोई लेखक हो जिस पर द्विवेदी के विचारों का प्रत्यक्ष या अप्रत्यक्ष प्रभाव न पड़ा हो।

द्विवेदी का प्रबल विचार था कि वेदों को ईश्वर ने नहीं मानवों ने रचा है। यह अनुपम मानव-सृष्टि है। वे आर्यभट्ट के गणित और ज्योतिष पर किये गये कार्य के प्रसंशक थे। द्विवेदी ने 1908 की *सरस्वती* में 'मुग्धावालाचार्य' शीर्षक विस्तृत लेख प्रकाशित किया, साथ ही डार्विन के विकासवाद पर कई लेख प्रकाशित किये। द्विवेदी का पूरा चिंतन आचार्य रामचंद्र शुक्ल के अनुवाद *विश्व प्रपंच* की भूमिका का ध्यान दिलाता है कि भारत कोरा अध्यात्मवादी देश नहीं रहा। यहाँ तर्क और वैज्ञानिक सोच का निरंतर प्रवाह रहा है।

द्विवेदी ने अंग्रेज़ी के विरुद्ध हिंदी या देशी भाषाओं की

हिमायत का कोई मौक़ा नहीं छोड़ा। मातृभाषा में शिक्षा की महत्ता और अपने साहित्य की महत्ता को उन्होंने बार-बार लेख लिख कर जनता को समझाया। द्विवेदी ने हिंदी के साहित्यालोचन का नवीकरण किया। रामविलास शर्मा ने माना है कि द्विवेदी सीमित अर्थों में साहित्यकार नहीं हैं— उनका उद्देश्य साहित्य जगत में एक नयी तरह की सामाजिक-सांस्कृतिक चेतना उत्पन्न करना था। वे मानते थे कि जैसे अनेक जातियों से मिलकर भारत एक राष्ट्र बना है, वैसे ही विभिन्न जातीय साहित्यों से मिलकर भारतीय साहित्य बना है। द्विवेदी जाति और साहित्य के संबंध को बराबर जोड़ते रहे हैं। वे कहते हैं— 'साहित्य में जो शक्ति छिपी रहती है वह तोप, तलवार और बम के गोलों में भी नहीं पायी जाती।' इस तरह साहित्य मुर्दों को ज़िंदा करने वाली संजीवनी औषधि है। साहित्य की परम्परा को पहचानते हुए उन्होंने उसे रस-अलंकार की रूढ़ियों से मुक्त किया। उन्होंने भक्त-कवियों और नायिका-भेदी रीतिवादी कवियों को एक-दूसरे से अलग किया। 1901 में *सरस्वती* में द्विवेदी का 'नायिका-भेद' शीर्षक लेख प्रकाशित हुआ। इसके बाद से रीतिकाल की कविता को हाशिये पर डालने का जो सिलसिला शुरू हुआ, वह आज तक नहीं थमा है।

देखें : अष्टछाप, 'अंग्रेज़ी हटाओ' आंदोलन, छायावाद, डायग्लॉसिया, नगेंद्र और सैद्धांतिक समीक्षा, नयी कविता, नंद दुलारे वाजपेयी, नामवर सिंह, प्रेमचंद, प्रयोगवाद, प्रगतिवाद, पाश्चात्य काव्यशास्त्र, भक्ति आंदोलन-1 और 2, भक्ति-काव्य-1 और 2, भारतेंदु हरिश्चंद्र, भारतेंदु युग-1 और 2, भाषा नियोजन-1 से 4 तक, भाषा के मार्क्सवादी सिद्धांत, महादेवी वर्मा, मीरांबाई और प्रेमाभक्ति, राहुल सांकृत्यायन, रामानुजाचार्य, रामानंद, रामचंद्र शुक्ल-1 और 2, रामविलास शर्मा, राष्ट्रीय-सांस्कृतिक कविता, रीतिकाल-1 और 2, विजय देव नारायण साही, वैष्णव धर्म, श्याम सुंदर दास, सम्पर्क भाषा-1 से 4 तक, संविधान सभा में भाषा-विवाद-1, 2 और 3, सच्चिदानंद हीरानंद वात्स्यायन अज्ञेय, संत-काव्य, संस्कृत काव्यशास्त्र, सिद्ध-नाथ परम्परा, सूफ़ीयत और प्रेमाख्यान, हजारी प्रसाद द्विवेदी, हिंदी विरोधी आंदोलन, हिंदी जाति-1, 2 और 3, हिंदी साहित्य का आदिकाल, हिंदी साहित्य का इतिहास, हिंदी साहित्य का इतिहास : नये परिप्रेक्ष्य, हिंदी-पद्य में इतिहास, हिंदी-जगत और 'लोकप्रिय'-1 और 2, हिंदी नवजागरण, हिंदी-संस्थाएँ।

संदर्भ

1. भारत यायावर (1995), *महावीर प्रसाद द्विवेदी रचनावली,* खण्ड 1-17, किताबघर, नयी दिल्ली.
2 रामविलास शर्मा (1977), *महावीर प्रसाद द्विवेदी और हिंदी नवजागरण,* राजकमल प्रकाशन, नयी दिल्ली.
3. नंदकिशोर नवल (1990), *महावीर प्रसाद द्विवेदी,* साहित्य अकादेमी, नयी दिल्ली.
4. नंददुलारे बाजपेयी (1976), *हिंदी साहित्य : बीसवीं शताब्दी,* लोकभारती प्रकाशन, इलाहबाद.

— कृष्णदत्त पालीवाल

माइकल वाल्ज़र

(Michael Walzer)

अमेरिका के प्रसिद्ध समुदायवादी राजनीतिक दार्शनिक माइकल वाल्ज़र (1935-) अपनी इस मान्यता के लिए जाने जाते हैं कि राजनीतिक सिद्धांतों को निश्चित तौर पर विशिष्ट समाजों की परम्पराओं और संस्कृति पर आधारित होना चाहिए। उन्हें माइकल सैण्डल और एलिस्डेयर मैकेंटायर के साथ अस्सी के दशक में उभर कर आये समुदायवादी स्कूल से जोड़ा जाता है। वाल्ज़र ने जॉन रॉल्स की विख्यात रचना *अ थियरी ऑफ़ जस्टिस* (1971) में पेश किये गये न्याय के विचारों की आलोचना की। उनकी आलोचना का मुख्य आधार रॉल्स (और अन्य उदारवतादियों) द्वारा किया जाने वाला सार्वभौमिकता का दावा था। वाल्ज़र के विचार उनकी किताब *स्फ़ियर्स ऑफ़ जस्टिस* में व्यक्त हुए हैं। वाल्ज़र का बुनियादी तर्क यह है कि किसी भी व्यवस्था को अपने-आप में न्यायपूर्ण या अन्यायपूर्ण नहीं माना जा सकता है। सिर्फ़ किन्हीं वस्तुओं से जुड़े सामाजिक अर्थ के आधार पर किसी व्यवस्था का मूल्यांकन करना मुमकिन है। वाल्ज़र प्रिंसटन के इंस्टीट्यूट ऑफ़ एडवांस्ड स्टडीज में प्रोफ़ेसर एमरेट्स हैं। वे एक पत्रिका *डिसेंट* के सह-सम्पादक भी हैं। इस पत्रिका से उनका जुड़ाव अपने छात्र जीवन से ही है। वाल्ज़र ने 1956 में ब्रैंडिस विश्वविद्यालय से स्नातक की परीक्षा पास करके केम्ब्रिज और हार्वर्ड विश्वविद्यालय में आगे की पढ़ाई जारी रखी। 1961 में उन्होंने हार्वर्ड से पीएचडी की। वाल्ज़र ने राष्ट्रवाद, जातीयता, आर्थिक न्याय, सामाजिक आलोचना, रैडिकलवाद, सहिष्णुता और दायित्व जैसे बहुत से अलग विषयों पर किताबों और निबंधों की रचना की है।

अपने केंद्रीय तर्क के संदर्भ में वाल्ज़र ने जाति-व्यवस्था पर आधारित समाज का उदाहरण दिया है जिसके तहत किसी व्यक्ति का पवित्र या दूषित (या अछूत) होना उसके जन्म के आधार पर तय होता है। ऐसे समाज में व्यक्ति की पानी, ज़मीन या शिक्षा जैसी वस्तुओं तक पहुँच उसके जन्म के आधार पर तय होती है। वाल्ज़र तर्क देते हैं कि जब तक किसी समाज के सदस्य जाति-व्यवस्था के सामाजिक अर्थ को स्वीकार करते हैं तब तक न्याय का तात्पर्य यह होगा कि इसके अनुसार होने वाले वितरण को स्वीकार किया जाए। इस तरह वस्तुओं के विशिष्ट सामाजिक अर्थ को समझे बिना उनके वितरण का फ़ैसला नहीं किया जा सकता है। महत्त्वपूर्ण बात यह है कि वस्तुओं के विशिष्ट अर्थ का निर्माण सामाजिक रूप से होता है। ये अर्थ व्यक्ति के कार्यों या विचारों की जगह समुदाय, उसके व्यवहार और संस्थाओं में समाहित होते हैं। इसलिए न्याय के किसी भी सिद्धांत का

माइकल वाल्ज़र (1935–)

निर्माण करते वक़्त वस्तुओं के सामाजिक अर्थ पर ध्यान दिया जाना चाहिए।

विल किमलिका जैसे उदारतावादियों ने वाल्ज़र पर उदारतावाद के बुनियादी मूल्यों को सही तरीक़े से न समझने का आरोप लगाया है। किमलिका का मानना है कि उदारतावाद का बुनियादी मूल्य यह नहीं है कि किसी वस्तु का मूल्य सार्वभौमिक रूप से तय होना चाहिए। उदारतावाद का बुनियादी मूल्य यह है कि हर समाज में व्यक्ति के पास यह स्वायत्तता होनी चाहिए कि वह अपने लिए उत्तम जीवन का चुनाव कर सके। इसमें यदि उसे कोई भी चीज़ बाधक लगती है तो उसके पास उसे नकारने की स्वायत्तता भी होनी चाहिए।

माइकल वाल्ज़र ने समानता या संसाधनों के वितरण के सार्वभौमवादी सिद्धांतों को नकारते हुए जटिल समानता का विचार पेश किया है। वाल्ज़र समतावादी हैं, लेकिन उनका मानना है कि समानता को कल्याण, संसाधन या क्षमता जैसी किसी एक विशेषता पर ही ध्यान नहीं देना चाहिए। वाल्ज़र मानते हैं कि इस तरह का बौद्धिक उद्यम समानता के पूरे अर्थ को अभिव्यक्त करने में नाकाम है। इसका कारण यह है कि ये संकल्पनाएँ सिर्फ़ एक ही बिंदु पर ज़ोर देती हैं। ये सभी सिर्फ़ समतावादी वितरण व्यवस्था की बहुलता तक पहुँच को सुनिश्चित करना चाहती हैं। लेकिन होता यह है कि सामान्य तौर पर वस्तुओं का वितरण करने की कोशिश में हम वितरण के सिद्धांत पर बहुत ज़्यादा और वस्तुओं के गुणों पर बहुत कम ध्यान देते हैं।

वाल्ज़र का तर्क है कि पहले लोग वस्तुओं को कल्पित करते हैं और फिर उनका निर्माण करते हैं। इसके बाद वे इन वस्तुओं का आपस में वितरण करते हैं। यह बेहद महत्त्वपूर्ण है कि हम वस्तुओं के वितरण की जगह उनकी संकल्पना और उनके निर्माण पर अपना ध्यान केंद्रित करें। वस्तुओं के वितरण के संबंध में विशिष्ट बात यह है कि जब विभिन्न समाजों में वस्तुओं को अलग-अलग अर्थ दिये जाते हैं तो हर समाज में उनका वितरण भी स्वायत्त रूप से ही होना चाहिए। वस्तुओं का हर समूह वितरण के एक विशिष्ट दायरे का निर्माण करता है। इस दायरे में वितरण की एक निश्चित कसौटी ही सही होती है।

अर्थशास्त्रियों का यह मानना सही हो सकता है कि बाज़ार में लोगों के व्यवहार में एक निश्चित स्तर की तार्किकता और संग्रहण की प्रवृत्ति होती है। वाल्ज़र दिखाते हैं कि लेकिन इस बात को सभी सामाजिक क्षेत्रों के बारे में सच नहीं माना जा सकता है। यह माना जाता है कि माता-पिता को स्नेही, विश्वासी, देखभाल करने वाला और नि:स्वार्थी होना चाहिए। नागरिकों के बारे में माना जाता है कि उन्हें समान, निष्पक्ष और सामूहिक शुभ के नज़रिये से प्रेरित होना चाहिए। परिवार में संसाधनों का वितरण वेतन के रूप में नहीं किया जाता है। एक लोकतंत्र में राजनीतिक पदों को रिश्तेदारों के बीच नहीं बाँटा जाना चाहिए। वाल्ज़र का मानना है कि यह उम्मीद करने का कोई कारण नहीं है कि सामाजिक जीवन के सभी 'दायरों' में वितरण का एक जैसा मानक होना चाहिए। जैसे, बाज़ार और राजनीतिक सत्ता के दो दायरे अलग-अलग हैं। एक दायरे के भीतर वस्तुओं का वितरण उसका आंतरिक मसला है और आदर्श रूप में इसे किसी दूसरे दायरे को प्रभावित नहीं करना चाहिए। हालाँकि आलोचक यह तर्क दे सकते हैं कि ऐसा कहना आसान है, लेकिन इसे व्यावहारिक रूप में लागू करना बहुत ही मुश्किल है। निश्चित रूप से आर्थिक जीवन की असमानताएँ राजनीतिक जीवन को प्रभावित करती हैं। इसी तरह राजनीतिक जीवन की असमानताएँ आर्थिक जीवन को प्रभावित करती हैं। पैसे की ताक़त से वोट को ख़रीदा जा सकता है। दूसरी ओर चुने हुए प्रतिनिधि अपने पद का दुरुपयोग करते हुए अपने व्यापारिक हितों को बढ़ावा दे सकते हैं। दूसरी ओर चुने हुए प्रतिनिधि अपने पद का दुरुपयोग करते हुए अपने व्यापारिक हितों को बढ़ावा दे सकते हैं। वाल्ज़र यह मानते हैं कि ऐसा नहीं होना चाहिए। कई राष्ट्रों ने कई तरह के क़ानूनों के द्वारा राजनीतिक सत्ता के उपयोग में सम्पत्ति के प्रभाव को रोकने की कोशिश की है, हालाँकि

इसमें उन्हें सीमित सफलता ही मिली है।

वाल्ज़र के अनुसार हर दायरे के भीतर असमानता हो सकती है और इस तरह की असमानता होने में कुछ भी ग़लत नहीं है। मान लीजिये कि आर्थिक क्षेत्र में वितरण का नियम विभिन्न व्यक्तियों की कोशिशों को महत्त्व देता है। इस कारण मेहनती और आलसी लोगों के बीच असमानता उत्पन्न होती है। मेहनती लोग ज़्यादा मेहनत से काम करते हैं, जबकि आलसी लोग काम नहीं करते ऐसी स्थिति में मेहनती और आलसी लोगों के बीच की असमानता को ग़लत नहीं माना जा सकता है। लेकिन यदि ज़िंदगी के दूसरे क्षेत्रों में महत्त्वपूर्ण हैसियत होने के कारण किसी व्यक्ति को आर्थिक दायरे में उसकी मेहनत के अनुपात से ज़्यादा फ़ायदा होता है, तो इसे स्वीकार नहीं किया जा सकता है। इस संदर्भ में एक महत्त्वपूर्ण सवाल यह पूछा जा सकता है कि क्या काम के लिए मिलने वाला इनाम धार्मिक निष्ठा से जुड़ा हुआ है। वाल्ज़र स्पष्ट रूप से मानते हैं कि ऐसा नहीं है। लेकिन यदि ऐसा है, तो क्या किया जा सकता है। यह तानाशाही को आगे बढ़ायेगा। तानाशाही में विभिन्न दायरों की विशिष्टता और उनके आंतरिक नियमों का उल्लंघन किया जाता है। इस कारण असमानताओं में बहुत ज़्यादा बढ़ोतरी होती है। कुछ समूह वस्तुओं की ख़ास श्रेणी पर अपना एकाधिकार क़ायम कर सकते हैं। फिर, वे इसे एकाधिकार के द्वारा अपने लिए दूसरी वस्तुओं का असमान वितरण हासिल कर सकते हैं। यह प्रभुत्व को जन्म देगा। वाल्ज़र कहते हैं कि हमारी कोशिश होनी चाहिए कि प्रभुत्व में कटौती हो। समानता के लिए ज़रूरी है कि वितरण की कसौटियों में विविधता हो। साथ ही वितरण की कसौटियों की इस विविधता के साथ सामाजिक वस्तुओं की विविधता भी जुड़ी होनी चाहिए।

वाल्ज़र द्वारा प्रतिपादित सिद्धांत जटिल समानता तानाशाही के विपरीत है। उनके शब्दों में 'यह इस तरह के संबंधों को स्थापित करता है, जिसमें प्रभुत्व नामुमकिन हो जाता है। औपचारिक शब्दों में, जटिल समानता का यह अर्थ है कि किसी नागरिक की एक सामाजिक दायरे में स्थिति या एक सामाजिक वस्तु के संदर्भ में स्थिति किसी दूसरे सामाजिक दायरे या किसी दूसरी सामाजिक वस्तु के संदर्भ में उसकी स्थिति में कटौती नहीं करेगी।' जटिल समानता का विचार समानता के मापन के संदर्भ में आपस में टकराने वाले विभिन्न दृष्टिकोणों की तुलना में एक अलग दृष्टिकोण पेश करता है। इसमें एक नयापन है।

वॉल्जर के महत्त्वपूर्ण बौद्धिक योगदानों में न्यायपूर्ण और अन्यायपूर्ण युद्ध के बारे में उनकी विवेचना भी शामिल है। उन्होंने सेंट थॉमस एक्विना के न्यायपूर्ण युद्ध के सिद्धांत को वर्तमान संदर्भ में पेश किया और युद्ध के दौरान भी नैतिकता के महत्त्व पर ज़ोर दिया। वाल्ज़र ने मैकियावेली के विचारों में निहित 'डर्टी हैंड' के विचार को भी नये संदर्भों में पेश किया। वाल्ज़र के अनुसार राजनीतिज्ञ कुछ ऐसी जटिलताओं के बीच काम करते हैं कि कई दफ़ा लोगों की ज़्यादा बड़ी भलाई करने के लिए उन्हें कुछ ग़लत काम भी करने पड़ते हैं। इस तरह के ग़लत कामों को स्वीकार किया जा सकता है, लेकिन शर्त यह है कि राजनेताओं को यह अहसास हो कि वे ग़लत कर रहे हैं। इस तरह के कामों की मात्रा भी न्यूनतम होनी चाहिए और ऐसा करते वक़्त कुछ बुनियादी नैतिकताओं का भी ख़याल रखा जाना चाहिए।

देखें : अधिकार, अधिकार : सैद्धांतिक यात्रा, अरस्तू, अफ़लातून, अनुदारतावाद, अराजकतावाद, अन्य-अन्यीकरण, उदारतावाद, उपयोगितावाद, एडमण्ड बर्क, क्रांति, ज्याँ ज़ाक रूसो, जॉन लॉक, जेरेमी बेंथम, जॉन स्टुअर्ट मिल, जॉन रॉल्स, थॉमस हॉब्स, थॉमस पेन, न्याय, न्याय : नारीवादी आलोचना, न्याय : रॉल्स का सिद्धांत, नागरिकता, नागरिकता : अन्य परिप्रेक्ष्य-1 और 2, नागर समाज, पनोप्टिकॉन, फ्रेड्रिख़ वॉन हायक, बुद्धिवाद, माइकिल ओकशॉट, मिशेल पॉल फूको-1 और 2, यूटोपिया, राजनीतिक दर्शन के नारीवादी आयाम-1 और 2, रॉबर्ट नॉज़िक, राज्य-1 और 2, विल किमलिका, स्वतंत्रतावाद, सर्वसत्तावाद, सम्प्रभुता, समाजवाद, सरकार और सरकारियत-1 और 2.

संदर्भ

1. माइकल वॉल्जर (1983), *स्फ़ियर्स ऑफ़ जस्टिसः अ डिफ़ेंस ऑफ़ प्लूरलिज़्म ऐंड इक्वालिटी*, बेसिक बुक्स, न्यूयॉर्क.
2. अशोक आचार्य (2011), 'समानता', अशोक आचार्य और राजीव भार्गव (सम्पा.), *राजनीति सिद्धांत : एक परिचय* (अनु. कमल नयन चौबे) पियर्सन, नयी दिल्ली.
3. विल किमलिका (2010), *समकालीन राजनीति दर्शन : एक परिचय,* (अनुवादः कमल नयन चौबे), पियर्सन, नयी दिल्ली.

— कमल नयन चौबे

माइकेल जोसेफ़ ओकशॉट

(Michael Joseph Oakeshott)

ब्रिटिश दार्शनिक और राजनीतिक सिद्धांतकार माइकेल जोसेफ़ ओकशॉट (1901-1990) को मुख्यतः उनके दो अवदानों के लिए जाना जाता है। एक दार्शनिक के तौर पर उनकी मान्यता थी कि मानवीय अनुभव को इतिहास, विज्ञान, आचरण और कविता से हासिल किये गये दृष्टिबिंदुओं से समझने की कोशिश करनी चाहिए। उनका विचार था कि अनुभव को समझने की ये चारों विधियाँ अपने-आप में अनूठी, स्वतःपूर्ण लेकिन अनिवार्यतः सीमित हैं। ये विचार 1933 में प्रकाशित उनके क्लासिक ग्रंथ *एक्सपीरिएंस ऐंड*

माइकेल जोसेफ़ ओकशॉट (1901–1990)

इट्स मोड्स में दर्ज हैं। राजनीतिक सिद्धांतकार के रूप में उनका कहना था कि किसी समुदाय की परम्पराओं और रिवाज़ों की पृष्ठभूमि को नज़रअंदाज़ करके राजनीतिक गतिविधि को सही ढंग से नहीं समझा जा सकता। राजनीति समस्याओं का हल कुछ इस तरह से निकालती है कि उसके ज़रिये इंद्रियानुभववाद की संकीर्णता और बुद्धिवाद के अमूर्त रवैये से कतरा कर निकला जा सकता है।

ओकशॉट मानते थे कि राजनीतिक जीवन के दो केंद्रीय आयामों, समय और ज्ञान, को समझने में ये दोनों दर्शन नाकाम रहे हैं। इस लिहाज़ से राजनीति न तो सामूहिक मुक्ति की परियोजना है, और न ही किसी अमूर्त लक्ष्य की प्राप्ति के लिए की जाती है। ओकशॉट के मुताबिक़ राजनीति तो एक ऐसे अथाह सागर में डूबने से किसी तरह बचे रहने का प्रयोजन है जहाँ न किसी को किनारा मिलता और न किसी लंगर का सहारा। चूँकि इस सागर का न कोई प्रारम्भ है और न कोई अंत, इसलिए राजनीति ज़्यादा से ज़्यादा 'बिगड़े हुए की मरम्मत करने की कला' भर है। ओकशॉट के अधिकतर राजनीतिक सूत्रीकरण निबंधों की शक्ल में सामने आये। 1962 में उनके निबंधों का संकलन *रैशनलिज़्म इन पॉलिटिक्स* का प्रकाशन हुआ। 1975 में प्रकाशित *ऑन ह्यूमन कण्डक्ट* को ओकशॉट के राजनीतिक दर्शन सबसे बेहतरीन नमूना माना जाता है। उन्हें हॉब्स के दर्शन पर विशेष महारत हासिल थी। ओकशॉट की भूमिका के साथ प्रकाशित हुआ *लेवायथन* का संस्करण राजनीतिशास्त्र के अध्येताओं के बीच सबसे ज़्यादा लोकप्रिय माना जाता है।

ओकशॉट की दार्शनिक कृति *एक्सपीरिएंस ऐंड इट्स मोड्स* एक बेहद जटिल किताब है। पेचीदगी के कारण प्रकाशन के तुरंत बाद इसका कोई ख़ास स्वागत नहीं हुआ और उसका पहला संस्करण क़रीब तीस साल में बिक सका। ओकशॉट के मुताबिक़ हम अनुभव को तब तक नहीं समझ सकते जब तक उसे सम्पूर्णता में और उसकी अपनी शर्तों पर न ग्रहण किया जाए। उनके लिहाज़ से सम्पूर्णता दो पक्षों (मस्तिष्क या आत्मनिष्ठ और बाह्य-विश्व यानी वस्तुनिष्ठ) से मिल कर बनती है। आम तौर से लोग अपने दैनंदिन अनुभव को आंशिक और सीमित दृष्टिबिंदु से ग्रहण कर पाते हैं। ओकशॉट का कहना था कि मानवीय अनुभव विमर्श के तीन स्वतंत्र दायरों (इतिहास, विज्ञान और आचरण) की विभिन्नता में समझा जा सकता है। बाद में ओकशॉट ने इसमें विमर्श का एक चौथा कविता का दायरा भी जोड़ दिया। इतिहास को उन्होंने अतीत के आयाम के तहत किये गये यथार्थ के अनुभव की संज्ञा दी। विज्ञान को उन्होंने ज्ञान के किसी सम्प्रभु और श्रेष्ठतर रूप की तरह मानने से इनकार करते हुए मात्रा के आयाम के तहत किये जाने वाला अनुभव क़रार दिया। व्यावहारिक आचरण को ओकशॉट ने स्वेच्छा के आयाम तहत होने वाले अनुभव के नाम से पुकारा। कविता उनके लिए सौंदर्यमूलक अनुभव की श्रेणी थी। दर्शन को वे एक ऐसी गतिविधि मानते थे जो अनुभव के इन सभी आयामों से अलग और ऊपर है। इसीलिए दर्शन के माध्यम से अनुभव की इन विविध ध्वनियों को सुना जा सकता है। शिक्षा वह प्रक्रिया है जो सिखाती है कि अनुभव के इन आयामों के आपसी संवाद को कैसे सुना जाए। 1989 में प्रकाशित एक रचना *द वॉयस ऑफ़ लिबरल लर्निंग* में ओकशॉट ने प्रशिक्षण और शिक्षा में अंतर करते हुए कहा कि ट्रेनिंग केवल एक ही आवाज़ सुनने की क्षमता पैदा करती है।

ओकशॉट आचरण यानी व्यावहारिक अनुभव के दायरे को ही राजनीति कहते हैं। अपने पहले दार्शनिक ग्रंथ की व्यावसायिक विफलता के बाद उन्होंने अपना ध्यान राजनीतिक सैद्धांतिकी की ओर मोड़ा। इंद्रियानुभववाद की आलोचना करते हुए ओकशॉट ने कहा कि उसके लिए समय परस्पर विच्छिन्न क्षणों की शृंखला मात्र और ज्ञान सूचनाओं के एक बंडल की तरह है। इसी तरह बुद्धिवाद समय को अवास्तविक मानता है और ज्ञान को कालातीत सत्य की तरह पेश करता है। ये दोनों दर्शन किसी समुदाय के लिए परम्परा की केंद्रीय अहमियत समझने के लिए तैयार नहीं हैं। जबकि किसी भी समुदाय के लिए समय ऐतिहासिक निरंतरता का

दूसरा नाम है; और अपने संचालन के लिए हर समुदाय को व्यावहारिक और ठोस ज्ञान की आवश्यकता पड़ती है।

ओकशॉट का कहना था कि राजनीतिक दर्शन का उद्देश्य आम तौर पर मानवीय आचरण के और ख़ास तौर पर नागरिक एसोसिएशन के आदर्श चरित्र और आधारतत्त्वों का विश्लेषण होना चाहिए। मानवीय साहचर्य के लिए बनी कोई भी संस्था आचरणगत ढाँचे पर टिकी होती है। ये आचरण या तो विवेक-आधारित होते हैं या नैतिक। विवेकसम्मत आचरणों से साझा तात्त्विक उद्देश्यों की प्राप्ति की जाती है, जबकि नैतिक आचरणों की प्रकृति प्रयोजनमूलक नहीं होती।

राजनीतिक समाज को ओकशॉट दो क़िस्मों में बाँट कर देखते हैं : टेलियोक्रैटिक और नोमोक्रैटिक। युरोप में समय-समय पर दोनों तरह के राज्य उभरते रहे हैं। टेलियोक्रैटिक समाज से उनका मतलब है किसी ख़ास सामूहिक लक्ष्य को वेधने के लिए आयोजित किये जाने वाली राज्य-व्यवस्था। इस तरह के राज्य के ऊपर ओकशॉट नोमोक्रैटिक समाज को प्राथमिकता देते हैं जो उनके मुताबिक़ किसी विशेष लक्ष्य से बँधे हुए नहीं होते। उनके तहत आयोजित की जाने वाली राज्य-व्यवस्थाएँ मूल्य-तटस्थ ढाँचे पर टिकी होती हैं और उनमें व्यक्ति को अपनी प्राथमिकता के अनुसार अपना रास्ता चुनने की स्वतंत्रता होती है। ओकशॉट के अनुसार ऐसी ही राज्य-व्यवस्थाएँ उदारतावादी स्वभाव के अनुकूल होती हैं। इस लिहाज़ से वे टी.एच. ग्रीन, ईसैया बर्लिन और कार्ल पॉपर जैसे चिंतकों के नज़दीक बैठते हैं। ओकशॉट नोमोक्रैटिक समाज को आचरण की नैतिक प्रकृति पर टिके मानवीय साहचर्य से निर्मित मानते थे। उनके ख़याल से ऐसे समाज के सदस्यों के बीच मित्रता सरीखे रिश्ते होने चाहिए। इस तरह का नागरिक एसोसिएशन समतामूलक वितरण या रैडिकल सुधारों के माहौल में नहीं पनप सकता।

केंट में जन्मे माइकेल ओकशॉट ने केम्ब्रिज विश्वविद्यालय में इतिहास के अध्ययन से अपनी शिक्षा शुरू की, लेकिन साथ में वे दर्शन और राजनीतिक सैद्धांतिकी पर भी ध्यान देते रहे। इसी विश्वविद्यालय में उन पर भाववादी दार्शनिक जॉन मैकटैगार्ट के विचारों का असर पड़ा। ओकशॉट जिस बेहतरीन गद्य-लेखन के लिए जाने जाते हैं, उस पर भी मैकटैगार्ट का प्रभाव माना जाता है। बीस के दशक में वे जर्मनी गये और मारबुर्ग और ट्युबिंगन विश्वविद्यालयों में धर्मशास्त्र की दार्शनिक शिक्षा ली। 1933 में जब उनकी पहली किताब *एक्सपीरिएंस ऐंड इट्स मोड्स* का प्रकाशन हुआ तो ब्रिटेन में दर्शन के हलक़ों में तर्कशास्त्र और भाषा के विश्लेषण का फ़ैशन था। इसलिए भी उनकी पुस्तक पर ज़रूरी ध्यान नहीं दिया गया, लेकिन बाद में वह क्लासिक मानी गयी। द्वितीय विश्व-युद्ध के दौरान उन्होंने कुछ दिन तक ब्रिटिश ख़ुफ़िया विभाग का काम भी किया। युद्ध के बाद वे फिर केम्ब्रिज लौटे। 1951 में उन्हें लंदन स्कूल ऑफ़ इकॉनॉमिक्स में राजनीतिशास्त्र का प्रोफ़ेसर नियुक्त किया गया जहाँ वे अवकाश प्राप्त होने तक रहे।

देखें : अधिकार, अधिकार : सैद्धांतिक यात्रा, अरस्तू, अफ़लातून, अनुदारतावाद, अराजकतावाद, अन्य-अन्यीकरण, उदारतावाद, उपयोगितावाद, एडमण्ड बर्क, क्रांति, ज्याँ ज़ाक रूसो, जॉन लॉक, जेरेमी बेंथम, जॉन स्टुअर्ट मिल, जॉन रॉल्स, थॉमस हॉब्स, थॉमस पेन, न्याय, न्याय : नारीवादी आलोचना, न्याय : रॉल्स का सिद्धांत, नागरिकता, नागरिकता : अन्य परिप्रेक्ष्य-1 और 2, नागर समाज, पनोप्टिकॉन, प्रतिनिधित्व, प्रगति, प्रगति : आलोचनात्मक परिप्रेक्ष्य, प्रशासन और सुशासन, फ़ासीवाद, फ्रेड्रिख़ वॉन हायक, बहुसंस्कृतिवाद, बहुसंख्यकवाद, बहुसंख्यक-अल्पसंख्यक, बुद्धिवाद, माइकिल वाल्ज़र, मिशेल पॉल फ़ूको-1 और 2, यूटोपिया, राजनीतिक दर्शन के नारीवादी आयाम-1 और 2, रॉबर्ट नॉज़िक, राज्य-1 और 2, विल किमलिका, सविनय अवज्ञा, स्वतंत्रतावाद, सर्वसत्तावाद, सम्प्रभुता, समाजवाद, सरकार और सरकारियत-1 और 2, सामाजिक समझौता, हेनरी डेविड थोरो।

संदर्भ

1. पी. फ्रैंको (1990), *द पॉलिटिकल फ़िलॉसफ़ी ऑफ़ माइकेल ओकशॉट,* येल युनिवर्सिटी प्रेस, न्यू हैविन, सीटी.
2. डब्ल्यू.एच. ग्रीनलीफ़ (1966), *ओकशॉट्स फ़िलॉसफ़िकल पॉलिटिक्स,* लोंगमैन, लंदन.
3. एम.जे. ओकशॉट (1933), *एक्सपीरिएंस ऐंड इट्स मोड्स,* केम्ब्रिज युनिवर्सिटी प्रेस, केम्ब्रिज.
4. एम.जे. ओकशॉट (1975), *ऑन ह्यूमन कण्डक्ट,* क्लैरेंडन प्रेस, ऑक्सफ़र्ड.

— अभय कुमार दुबे

माइकेल मधुसुदून दत्त

(Michael Madhusudan Datt)

साहित्य के क्षेत्र में बंगाल के नवजागरण को रचनात्मक विश्वास देने का श्रेय माइकेल मधुसूदन दत्त (1824-1873) को जाता है। आधुनिक भारतीय साहित्य के प्रमुख निर्माताओं में से एक माइकेल एक ऐसे विद्रोही रचनाकार थे जिन्होंने परम्परागत साहित्यिक मूल्यों से समझौता नहीं किया। उन्होंने उन तमाम चिंतन-परम्पराओं की अवहेलना की जो रचनाकार को लकीर का फ़क़ीर बनाती हैं। माइकेल ने स्वयं को युरोपीय परम्पराओं में संस्कारित किया फिर भी वह भारतीय बना रहा। माइकेल पहले कवि हैं जिन्होंने एशिया में, विशेषकर भारत में अंग्रेज़ी पद्धत्ति के अनुसार मुक्त-छंद में काव्य-सृजन की शुरुआत की। उनके बाद भारतीय साहित्य में कई कवियों ने मुक्त-छंद की क्रांतिकारी भूमिका पहचान

माइकेल मधुसूदन दत्त (1824-1873)

कर नये काव्य प्रयोग किये। उनकी सर्वश्रेष्ठ रचना *मेघनाद वध* ने काव्य-सृजन की एक पूरी परम्परा को पलटते हुए नवीन मानसिकता के लिए मौलिकता के द्वार खोल दिये। उन्होंने रामायण-कथा की घटनाओं, चरित्रों तथा प्रकरण-वक्रताओं की परम्परा से हट कर नयी व्याख्या की और महाकाव्योचित औदात्य का एक नया रूप-स्वरूप भारतीय साहित्य को दिया। इस तरह माइकेल मधुसूदन दत्त के सृजन-कर्म से एक अभिनव सांस्कृतिक नवजागरण अवरित हुआ। माइकेल मधुसूदन दत्त की सर्वाधिक महत्त्वपूर्ण कृति है *मेघनाद-वध* (1860)। मैथिलीशरण गुप्त ने माइकेल की जिन तीन कृतियों का हिंदी में विशिष्ट भूमिका के साथ अनुवाद प्रस्तुत किया है उनमें *ब्रजांगना और वीरांगना* के साथ *मेघनाद वध काव्य* भी शामिल है।

इसके प्रकाशित होते ही बांग्ला साहित्य में भूचाल आ गया। विधोत वाहिनी सभा ने कलकत्ता में माइकेल का सम्मान किया और सम्मान समारोह में बड़े-बड़े नामी लोग सम्मिलित हुए। लेकिन सम्मान के बाद भी माइकेल को विरोध झेलना पड़ा। निंदकों ने उनके मुक्त-छंद को छछूँदर छंद क़रार दिया। बचपन में माँ से सुनी गयी कृतिवास की *रामायण* के संस्कार से माइकेल को यह महाकाव्य लिखने की प्रेरणा मिली और उन्होंने युद्ध में मेघनाद की मृत्यु का प्रसंग चुना। यह वाल्मीकि रामायण का लगभग अछूता प्रसंग था। बांग्ला के मात्रिक छंद (आठ और छह मात्रा के) और पयार छंद (एक पारम्परिक छंद) में लिखा होने पर भी यह रचना किसी भी भारतीय भाषा और साहित्य में मुक्त-छंद का अपूर्व प्रयोग थी। उनकी सर्जनात्मक भाव-भूमि इतनी नयी और प्रयोगात्मक थी कि पुराने संस्कारों की पीढ़ी को समझ में नहीं आ रहा था कि माइकेल राम तथा लक्ष्मण को पीछे धकेल कर मेघनाद को क्यों सामने ला रहे हैं? इस काव्य के राक्षस प्राचीन राक्षसों से भिन्न हैं। वे हमारी तरह ही मनुष्य हैं लेकिन मनुष्य से अधिक बलिष्ठ। *मेघनाद-वध* के कपि भी बालों वाले पशु नहीं हैं, साधारण मनुष्य हैं। राम-सीता भी अवतार नहीं है— साधारण नर-नारी गण के समान हैं। केवल उनकी मनुष्य से अलग एक विशेषता है कि वे तपोबल से देवताओं को प्रत्यक्ष कर सकते हैं। इस काव्य में नौ सर्ग हैं और तीन दिनों और दो रातों की घटनाओं का वर्णन है। वीर रस प्रधान यह कृति काव्यात्मकता में अद्‌भुत है। मेघनाद की पत्नी सुलोचना का मनोहर चरित्र आत्मत्याग की पराकाष्ठा है। इस कृति के नवम् सर्ग में करुण-रस की पराकाष्ठा है। राम-लक्ष्मण की अपेक्षा मेघनाद के चरित्र का उत्कर्ष दिखाया गया है। आर्य-वंश से ज़्यादा अनार्यवंश का पक्ष लिया गया है।

बांग्ला में माइकेल के विरोधी व्यंग्य में पूछते थे कि आमित्राक्षर छंद क्या हैं? सिरफिरे का संगीत है! एक समय था जब ईश्वर चंद विद्यासागर और प्रसिद्ध बांग्ला विद्वान श्रीचंद विद्यारत्न भी आमित्राक्षर का विरोध करते थे। लेकिन इन सभी ने अपनी राय बदली और माइकेल को सराहने लगे। आमित्राक्षर छंद से कवि माइकेल ने छंद की अधीनता न करके छंद को ही अपने अनुकूल बना लिया। रामकृष्ण परमहंस ने कहा कि 'मेघनाद-वध जैसा काव्य बांग्ला में तो है ही नहीं, भारतवर्ष में भी दुर्लभ है। तुम्हारे देश में यदि कोई कुछ नया काव्य करता है तो तुम उसकी हँसी उड़ाकर उसका अपमान करते हो।'

माइकेल राजनारायण दत्त तथा जाह्नवी देवी के इकलौते पुत्र थे। उनका जन्म सागरदांरी गाँव के दत्त परिवार में हुआ। आज यह गाँव बांग्लादेश के जैसोर जनपद में है। सम्पन्नता के कारण माइकेल को बचपन में ग़रीबी का कोई अनुभव नहीं हुआ। गाँव के स्कूल में संस्कृत-बांग्ला के साथ फ़ारसी पढ़ी। मधुसूदन की शिक्षित माँ प्रतिदिन रामायण-महाभारत का पाठ करती थीं, जिसका उनकी सर्जनात्मकता पर गहरा प्रभाव पड़ा। माँ उन्हें मुकुंदराम लिखित *चंडीमंगल* तथा भारतचंद्र रचित *अन्नदामंगल* पढ़ कर सुनाया करतीं। इससे इन कथाओं के कई प्रकरण मधुसूदन को याद हो गये। परिस्थितिवश माइकेल के पिता गाँव छोड़ कर कलकत्ता में बस गये जहाँ उनकी गिनती मशहूर वकीलों में थी। माइकेल एक ब्रिटिश शिक्षा प्रणाली वाले ग्रामर स्कूल पढ़ने गये। पाँच

वर्ष तक वहाँ पढ़ने के बाद हिंदू कॉलेज़ कलकत्ता में पढ़ने भेजे गये। नवजागरण में कलकत्ता के हिंदू कॉलेज की विशेष भूमिका थी। हिंदू कॉलेज में माइकेल फ़ारसी की ग़ज़लें गाते थे और बिशप कॉलेज में जाने के बाद उन्होंने फ़ारसी की कविताओं का अंग्रेज़ी अनुवाद भी किया। हालाँकि माइकेल तो हिंदू कॉलेज़ में डिरोज़ियो के कई वर्ष बाद गये थे लेकिन डिरोज़ियन असर वहाँ था। इसी प्रभाव में उस ज़माने में युवकों के बीच जातिवाद, देवपूजा, देशभक्ति आदि पर बहसें और हिंदू-धर्म परम्पराओं का विरोध होता था। इस परिवेश ने माइकेल को विद्रोही बना दिया। हिंदू-कॉलेज़ में माइकेल ने अंग्रेज़ी तथा गणित में प्रवीणता हासिल की। अपने अध्यापक डेविड लेस्टर रिचर्डसन के प्रभाव में मधुसूदन ने अंग्रेज़ी कविताएँ *द बंगाल स्पेक्टेटर, लिटरेरी ग्लीनर, कलकत्ता लिटरेरी गज़ट* आदि प्रमुख पत्रिकाओं में छपवानी शुरू कीं। सॉनेट लिखने का अभ्यास किया। वर्ड्सवर्थ और बायरन को पढ़ा और सत्रह वर्ष की उम्र में ही नामी कवि बन गये।

मधुसूदन ने कॉलेज़ की पढ़ाई छोड़ने के बाद 1840 में ओल्ड मिशन चर्च में ईपायी धर्म स्वीकार कर लिया। धर्मांतरण की ख़बर ने बंगाली हिंदुओं में खलबली मचा दी। माता-पिता भी इस घटना से काफ़ी कष्ट में रहे। माइकेल ने 'द एंग्लो सैक्सन ऐंड द हिंदू' लेख में कहा है कि 'हिंदू पतित हो चुका है— कभी वह फूल-फल वाला छायादार वृक्ष था पर अब उस पर गाज़ गिर गयी है।' यह निबंध उन्होंने धर्मांतरण के काफ़ी समय बाद 1854 में लिखा। अपने एक बहुचर्चित लेख 'इम्पोर्टेंस ऑफ़ एजुकेटिड हिंदू फ़ीमेल्स' में उन्होंने कहा कि हिंदू धर्म में महिलाओं की स्थिति केवल काम-पूर्ति कराने वाली तक रह गयी है। इस स्थिति को बदलना होगा। उन दिनों वे इंग्लैण्ड जाने के लिए बेहद उत्सुक थे और भारत की हर समस्या का हल युरोपीकरण में खोजने लगे थे। एक दिन उन्होंने बिशप कॉलेज़ के दक्षिण भारतीय छात्रों के साथ मद्रास जाने का निर्णय ले लिया। वे समुद्र के रास्ते चार दिनों की यात्रा के बाद मद्रास पहुँचे। ईसाई घर में रहने की जगह मिल गयी और फ्रीडे स्कूल में नौकरी का बंदोबस्त हो गया। वे द्वितीय शिक्षक नियुक्त किये गये। 1848 में रेबेका से शादी की और चार संतानों के पिता बने। उन्होंने रेबेका पर कविताएँ लिखी और कहा, 'उस हँसी को निरखना कितना मधुर है।' कविताओं में वे अब तक मुक्त छंद का प्रयोग करने लगे थे। उन्हें सॉनेट लिखने के लिए जाना जाता था। अंग्रेज़ी में लिखी उनकी सर्वाधिक चर्चित कविता 'द कैप्टिव लेडी' (संयोगिता स्वयंवर) है। इस कविता में पाँच-पाँच पंक्तियों के ग्यारह पद हैं और आरम्भ में 615 चतुष्पदी पंक्तियाँ हैं। आठ वर्ष तक वहाँ रहने के बाद उन्होंने मद्रास छोड़ने का निर्णय लिया।

कलकत्ता लौटने पर माइकेल को रेवरेंड के.एम. बनर्जी का आतिथ्य स्वीकार करना पड़ा। उनके संबंधियों ने ज़मीन-जायदाद पर क़ब्ज़ा कर लिया। माइकेल के मन में गाँव की हुड़क थी और पुराने मित्रों से सम्पर्क की उतावली। उनके पुराने मित्र कलकत्ता के पुलिस मजिस्ट्रेट किशोरी चंद्र मित्र ने उन्हें अपने कार्यलय में लिपिक के रूप में नियुक्ति दे दी। यह कार्य उन्होंने काफ़ी दक्षता से किया। उनमें रचनात्मकता का ज़ोर भी कम नहीं हुआ था। वे अपनी मातृभाषा में लिखने का मन बनाने लगे। उसी समय उन्हें पता चला कि वाहकवाड़ा के राजा और उनके भाई का लगाव नाटक से है। श्री हर्ष के नाटक *रत्नावली* का इन भाइयों ने पण्डितं रामनारायण तर्करत्न से बांग्ला में अनुवाद कराया था और मंचन से पहले नाटक का अंग्रेज़ी अनुवाद करवाना चाहते थे। इस पृष्ठभूमि में इस नाटक का अंग्रेज़ी अनुवाद माइकेल ने किया। अनुवाद के दौरान उन्हें स्वयं भी नाटक लिखने की प्रेरणा हुई। इससे पहले वे मद्रास में *रज़िया द इम्प्रेस ऑफ़ इण्डिया* नाटक लिख चुके थे। इस बार माइकेल ने एकाग्र मन से अपना बांग्ला नाटक *शर्मिष्ठा* (1859) लिखा कुछ समय बाद ख़ुद ही उसका अंग्रेज़ी अनुवाद किया। कुछ विद्वानों ने *शर्मिष्ठा* नाटक पर 'विदेशीपन' का आरोप लगाया तो माइकेल ने उसका प्रतिवाद किया। इस नाटक को लेकर एक लम्बा संघर्ष चला। इसके बाद आम आदमी की भाषा में लिखने का मन बनाकर *अललेर घरेर दुलार* की रचना बोलचाल की शैली में की।

कलकत्ता के परिवेश में रचनात्मकता का उत्साह था। इस समय वे *मेघनाद-वध* की सर्जनात्मकता में तन्मय थे। इसी तन्मयता के क्षण में उन्होंने अपना दूसरा नाटक *पद्मावती* (1839) लिखा। यह नाटक एक यूनानी पुराण-गाथा से प्रभावित है। इस नाटक में कवि ने मुक्त छंद के प्रयोग किये। इसके बाद दो नाटक और लिखे *एकेई कि बोले सभ्यता* तथा *बूढ़ी शालिकेर घरे रन*। माइकेल के नाटक मंचित होते तो दर्शकों की भीड़ उमड़ पड़ती थी। नाटकों का व्यंग्य दर्शकों को बहुत भाया। इसी प्रेरणा में 1856 में *तिलोत्तमा सम्भव काव्य* की रचना की। यह काव्य महाभारत की कथा के एक प्रकरण शुंड-उपशुंड राक्षसों पर केंद्रित है। ये दोनों भाई सुंदरी तिलोत्तमा को प्राप्त करने के लिए लड़ते हैं। नाटक में पहली बार मुक्त-छंद का प्रयोग किया गया था। वे अपना अधूरा नाटक *रज़िया बेग़म* पूरा करना चाहते थे, लेकिन यह सम्भव नहीं हो सका। मुसलमान रज़िया के नाम पर बंगालियों को भड़कता देखकर उन्होंने *कृष्ण कुमारी* नाटक की रचना की। यह पाँच अंकों का राजपूती (राजस्थानी) नाटक है। इस नाटक के दस वर्षों के बाद *मायाकानन* नाटक लिखा, जिसका मंचन उनकी मृत्यु के बाद ही हो सका। कहते हैं उन्होंने एक नाटक *विष का धनुर्गुण* और लिखा था, जिसे

आर्थिक कष्ट के बाद उन्हें बेचना पड़ा। 1858 से 1862 तक उन्होंने अद्‌भुत सर्जनात्मकता का परिचय दिया। *शर्मिष्ठा* (1859) से लेकर *वीरांगना* (1862) तक का यह सृजन-दौर भारतीय साहित्य में उन्हें अमर बनाने के लिए काफ़ी है।

1862 में बैरिस्टरी की परीक्षा देने के लिए माइकेल समुद्र के रास्ते युरोप गये और ग्रेज़ इन में प्रवेश लिया। चूँकि वकालत के प्रति आंतरिक अनुराग न था इसलिए सफल नहीं हुए। विदेश जाकर फ्रेंच, इतालवी, लैटिन, ग्रीक और पोर्तुगीज़ भाषाओं में प्रवीणता प्राप्त की, लेकिन उनका उपयोग न हो सका। इंग्लैण्ड में विषाद भरा जीवन जिया और कलकत्ता आकर भी आपदाओं में जिये। विपत्ति में मधुसूदन दत्त ने तमाम जगहों से उधार लिया। फ्रांस गये तो ज़ेल भोगनी पड़ी और परिवार को अनाथालय में आश्रय लेना पड़ा। मधुसूदन ने अंततः ईश्वर चंद्र विद्यासागर को करुण-पत्र लिखा। विद्यासागर ने तत्काल धन भेजकर उन्हें बचाया और वे स्वदेश आ सके। कलकत्ता में कुछ दिन हाईकोर्ट में बैरिस्टरी की पर सफल नहीं हुए। युरोप से लौट कर वे छह वर्ष जीवित रहे पर कोई सृजन कार्य नहीं कर सके। बांग्ला के रचनाकारों ने माइकेल पर नौ सौ पृष्ठों में मधुस्मृति ग्रंथ का प्रकाशन किया। योगेंद्रनाथ बसु ने उनका जीवन चरित लिखा। *मेघनाद-वध* इतना समादृत हुआ कि एक वर्ष में ही इस जीवन चरित की एक हज़ार प्रतियाँ बिक गयीं।

देखें : अरविंद घोष, कन्हैयालाल माणिकलाल मुंशी, क़ाज़ी नज़रुल इसलाम, कुमारन् आशान्, गजानन माधव मुक्तिबोध, गोवर्धन राम त्रिपाठी और गुजराती अस्मिता, जय प्रकाश नारायण, प्रेमचंद, फ़क़ीर मोहन सेनापति और ओडिया अस्मिता, बंकिम चंद्र चट्टोपाध्याय, भारतेंदु हरिश्चंद्र, महादेव गोविंद रानाडे, महावीर प्रसाद द्विवेदी, रवींद्रनाथ ठाकुर, राजा राममोहन राय, रामविलास शर्मा, रामचंद्र शुक्ल, रुक्मिणी देवी अरुंडेल, लेव निकोलाइविच तॉल्स्तॉय, विनोबा भावे, वल्लतोल, सच्चिदानंद हीरानंद वात्स्यायन अज्ञेय, सर्वोदय, सुब्रह्मण्य भारती, हजारी प्रसाद द्विवेदी।

संदर्भ

1. अमलेंदु बोस (1983), *माइकेल मधुसूदन दत्त,* भारतीय साहित्य के निर्माता, साहित्य अकादेमी, नयी दिल्ली.
2. डेविड कौफ़ (1965), *ब्रिटिश ओरिएंटलिज़म ऐंड द बंगाल रिनेसाँ,* कलकत्ता.
6. सुरेश प्रसाद नियोगी (1973), 'मधुसूदन द लाइट ऑफ़ न्यू पैकेट', *चतुष्कोण,* मई.

— कृष्णदत्त पालीवाल

माओ त्से-तुंग

(Mao Tse-tung)

चीन की कम्युनिस्ट क्रांति के प्रमुख नेता, चीन लोक गणराज्य के आजीवन अध्यक्ष, राजनीतिक विचारक, दार्शनिक और कवि माओ त्से-तुंग (1893-1976) बीसवीं सदी के उत्तरार्ध में चले तीसरी दुनिया के राष्ट्रीय मुक्ति संग्रामों के सैद्धांतिक प्रेरणा-स्रोत माने जाते हैं। हालाँकि 1917 फ़रवरी और अक्टूबर में हुई दोनों क्रांतियों में मज़दूरों और किसानों का संयुक्त मोर्चा क्रांति में महत्त्वपूर्ण भूमिका अदा कर चुका था, लेकिन माओ से पहले मार्क्सवादी-लेनिनवादी राजनीति आम तौर पर शहरी औद्योगिक समाज में होने वाली रैडिकल गतिविधियों के आईने में ही देखी जाती थी। केवल शहरी औद्योगिक मज़दूरों को ही क्रांतिकारी एजेंसी से सम्पन्न माना जाता था। इसके मुताबिक़ क्रांति को शहरों में सम्पन्न होने के बाद देहात की तरफ़ प्रस्थान करना था। लेकिन, माओ ने इस क्रम को पलट दिया। उन्होंने किसानों में क्रांतिकारी एजेंसी रेखांकित की, उनकी विद्रोही प्रवृत्तियों को मार्क्सवाद-लेनिनवाद के अनुकूल पाया और छापामार लड़ाई पर आधारित दीर्घकालीन लोक-युद्ध की फ़ौजी रणनीति सूत्रबद्ध करते हुए दिखाया कि ग़ैर-औद्योगिक समाजों में क्रांति की अग्रगति देहातों से शहरों की तरफ़ होती है। साठ और सत्तर के दशकों में वियतनाम, लाओस और कम्बोडिया में हुए सत्ता परिवर्तनों पर माओ के विचारों की स्पष्ट छाप देखी जा सकती है। भारत के कम्युनिस्ट आंदोलन में तेलंगाना किसान संघर्ष के ज़माने से ही माओ त्से तुंग का प्रभाव दिखने लगा था जिसकी चरम परिणिति 1967 में नक्सलवादी आंदोलन के रूप में सामने आयी। माओवाद के नाम पर आदिवासी इलाक़ों में पनप रहा हथियारबंद आंदोलन आज भी भारतीय राज्य के लिए कड़ी चुनौती पेश कर रहा है। नेपाली कम्युनिस्ट आंदोलन में तो माओ के विचारों की स्थिति केंद्रीय है। पेरू के शाइनिंग पाथ नामक आंदोलन ने भी अपनी प्रेरणाएँ माओ से ही ग्रहण की हैं।

माओ से पहले किसी मार्क्सवादी चिंतक ने क्रांतिकारी राजनीति के फ़ौजी पहलुओं पर सैद्धांतिक रोशनी नहीं डाली थी, और न ही क्रांति को राष्ट्रवादी संघर्ष के साथ जोड़ कर देखा था। चीन में क्रांति की सफलता के बाद माओ की प्रेरणाओं से समाजवाद के निर्माण का जो रास्ता चुना गया, वह भी समाजवाद-निर्माण के प्रचलित मार्क्सवादी प्रयोगों से भिन्न था। इसी प्रक्रिया में माओ ने सरकार का नेतृत्व करने वाली कम्युनिस्ट पार्टी, व्यापक समाज, सशस्त्र सेना और बुद्धिजीवियों के बीच संबंधों के पूरी तरह से नये विन्यास की वकालत की जिसके केंद्र में सतत क्रांति का आग्रह था।

माओ त्से-तुंग (1893-1976)

मार्क्सवादी सिद्धांतकार के तौर पर माओ का सर्वप्रमुख योगदान यह थीसिस है कि क्रांति न तो किसानों-मज़दूरों के राजनीतिक प्रतिनिधियों द्वारा सत्ता हस्तगत कर लेने से ख़त्म होती है, और न ही समाजवाद के निर्माण की किसी मंज़िल पर पहुँचने से। क्रांति को लगातार चलाते रहने की माओवादी धारणा के आधार में द्वंद्वात्मक भौतिकवाद के तहत अंतर्विरोधों की एक भिन्न समझ है। माओ ने अंतर्विरोध को एक-दूसरे के विरोध में खड़े दो असंगत प्रत्ययों के संबंध की तरह नहीं देखा, बल्कि किसी भी शै या किसी भी हालात के भीतर हमेशा और हर समय मौजूद रहने वाले दो घटकों के रूप में उसकी शिनाख़्त की। चाहे वह भौतिकी का कोई नियम हो, या कोई सामाजिक परिघटना हो, या फिर मानवीय विचार-प्रक्रिया हो, माओ ने अंतर्विरोध को किसी भी यथार्थ की बुनियादी प्रकृति अर्थात् शुरुआत से अंत तक उसके अस्तित्व की शर्त की तरह परिभाषित किया। अंतर्विरोधों के बाह्य और आंतरिक रूपों में से माओ ने आंतरिक अंतर्विरोध को प्रमुखता दी और स्पष्ट रूप से कहा कि किसी भी चीज़ के विकास को समझने के लिए उसके भीतरी अंतर्विरोधों और दूसरी चीज़ों से उनके संबंध का अध्ययन ज़रूरी है। माओ का कहना था कि अंतर्विरोध सार्वभौम होते हैं। उनकी अभिव्यक्ति विशिष्ट और पारिवेशिक होती है। अंतर्विरोध का विशिष्ट सार ग्रहण कर लेने से जाना जा सकता है कि एक चीज़ दूसरे से किस तरह से अलग है। लुई अलथुसे के अनुसार माओ के विचार से 'समग्र' महज़ एक अंतर्विरोध के दो पहलुओं के द्वंद्व से विकसित नहीं होता, बल्कि उसमें कई अंतर्विरोध सक्रिय रहते हैं और उनके आपसी रिश्ते बदलते रहते हैं। आज जो प्रधान अंतर्विरोध है, मुमकिन है कि कल वह पीछे चला जाए और कोई और उसकी जगह ले ले।

क्रांति की रणनीति और समाजवादी समाज की रचना के संदर्भ में माओ का एक युगांतरकारी योगदान मास लाइन या जन-दिशा के रूप में जाना जाता है। किसानों के बीच राजनीतिक काम करते हुए माओ ने निष्कर्ष निकाला था कि क्रांतिकारी सामूहिक चेतना, नैतिक प्रेरणाओं और जनता के उत्साह पर भरोसा करते हुए की जाने वाली गोलबंदी से किसी भी तरह के लक्ष्य वेधे जा सकते हैं। न केवल क्रांतिकारी संघर्षों में वर्ग-दुश्मनों को परास्त किया जा सकता है, बल्कि सोवियत शैली के अनुरूप पार्टी-अभिजनों और नौकरशाहों के मार्गदर्शन के बिना भी साम्यवाद की तरफ़ तेज़ी से बढ़ा जा सकता है। इस लिहाज़ से माओ को क्रांतिकारी जन-इच्छा का सिद्धांतकार भी कहा जा सकता है। माओ के इन विचारों के परिणामस्वरूप आगे चल कर चीनी और सोवियत कम्युनिस्ट पार्टियों के बीच समाजवाद के निर्माण के प्रश्न पर सैद्धांतिक वाद-विवाद हुआ जिसे विश्व-कम्युनिस्ट आंदोलन में 'महान बहस' के नाम से जाना जाता है। जन-दिशा की इसी अवधारणा के सहारे माओ ने अर्थव्यवस्था के रूपांतरण का ख़ाका खींचा और राजनीतिक प्रणाली दुरुस्त करने का अभियान चलाया।

26 दिसम्बर, 1893 को हूनान के एक मध्यवित्तीय किसान परिवार में पैदा हुए माओ त्से-तुंग की शुरुआती शिक्षा चांगशा के मिडिल स्कूल में हुई। उनके पिता कनफ़्यूशस के अनुयायी और माँ बौद्ध थीं। जिस समय वे केवल 17 साल के थे, चीन सुन यात-सेन के नेतृत्व में 1911 की राष्ट्रवादी क्रांति के दौर से गुज़रा। क्रांति के कारण मंचू वंश का पतन हो गया और इसके कारण हुई वैचारिक उथल-पुथल के परिणामस्वरूप बहुत से चीनी युवक, छात्र और बुद्धिजीवी पश्चिमी विचारों के प्रभाव में आये। माओ भी उनमें से एक थे। वे पढ़ाई छोड़ कर क्रांतिकारी सेना में भर्ती हो गये। लेकिन यह फ़ौजी नौकरी महज़ छह महीने चली और उन्होंने अपनी शिक्षा पूरी करने का फ़ैसला किया। अध्यापकों को प्रशिक्षित करने वाले एक स्कूल में माओ को न्यू पीपुल्स स्टडी सोसाइटी के साथ जुड़ने और पश्चिमी राजनीतिक विचारों में पारंगत कुछ विद्वानों की सोहबत का मौक़ा मिला। चीन के क्लासिक उपन्यासों और कविताओं का व्यापक अध्ययन वे पहले ही कर चुके थे।

स्नातक बनने के बाद वे पेकिंग गये और वहाँ के विश्वविद्यालय की लाइब्रेरी में सहायक बन गये। यहीं उनका सम्पर्क प्रोफ़ेसर चेन तु-हिसुई और प्रोफ़ेसर ली ता-चाओ से

हुआ। चीनी मार्क्सवाद के संस्थापकों के रूप में इन दोनों ने लेनिन और काउत्स्की की रचनाओं का चीनी भाषा में अनुवाद भी किया था। चेन तो बाद में लम्बे अरसे तक चीनी पार्टी के महासचिव भी रहे। इन्हीं दोनों के सम्पर्क में माओ ने कनफ़्यूशसवाद को आलोचना की कसौटी पर कसा। यही वह समय था जब माओ का मानस बुद्धिवादी, लोकतांत्रिक और अंतर्राष्ट्रीयतावादी विचारों से अनुप्राणित हुआ। 1919 में चार मई आंदोलन के फूटने से पहले माओ पूरी तरह कम्युनिस्ट बन चुके थे, और उनकी पहली रचना 'ऑन द इम्पोर्टेंस ऑफ़ फ़िज़ीकल एजुकेशन' प्रकाशित हो चुकी थी।

चीनी कम्युनिस्ट पार्टी की स्थापना (1921) के समय माओ उसके 12 शुरुआती सदस्यों में से एक थे। पार्टी की सांगठनिक ज़िम्मेदारियाँ निभाते हुए उन्होंने 1925 तक पूरे चीन की व्यापक यात्राएँ कीं और उनका ज़्यादातर समय शहरों और गाँवों के बीच बँटता रहा। उन्होंने हूनान के खान, रेलवे और छापाख़ाना मज़दूरों को भी संगठित किया। चीनी क्रांति के इस पहले चरण में कोमिंटर्न के निर्देशों के तहत कम्युनिस्ट पार्टी वहाँ के राष्ट्रवादी दल कुओमिंगतांग के साथ संयुक्त मोर्चा बनाने की नीति पर चल रही थी। माओ और उनके साथी कम्युनिस्ट नेता आंदोलन की ज़रूरतों के मुताबिक़ इस या उस पार्टी के साथ जुड़ कर काम कर रहे थे। इसी दौरान माओ ने कृषक-प्रश्न में रुचि लेनी शुरू की। 1925 में सुन यात-सेन की मृत्यु के बाद माओ को पहले कुओमिंगतांग के किसान आंदोलन संबंधी विभाग और फिर कम्युनिस्ट पार्टी की किसान शाखा का नेतृत्व करने का मौक़ा मिला। 1926 के दिसम्बर में वे हूनान के किसान विद्रोह का अध्ययन करने के लिए भेजे गये। अगले साल उन्होंने अपनी रपट तैयार करके पार्टी को सौंपी। इस रपट का एक प्रमुख निष्कर्ष यह था कि किसानों में चीन के किसी भी वर्ग के मुक़ाबले अधिक क्रांतिकारी सम्भावनाएँ हैं। इसी वर्ष माओ का लेख 'एनालिसिस ऑफ़ क्लासिज़ इन चाइनीज़ सोसाइटी' प्रकाशित हुआ जिसके विश्लेषण से स्पष्ट था कि किसानों की विद्रोही चेतना की उपेक्षा करना चीनी सामाजिक-राजनीतिक यथार्थ की उपेक्षा करना है।

1927 में कोमिंटर्न के निर्देशों पर चीनी कम्युनिस्टों ने शंघाई, नानकिंग और नानचांग में विद्रोह किये जिनका कुओमिंगतांग के वामपंथी और च्यांग काई शेक के नेतृत्व वाले दक्षिणपंथी धड़ों ने मिल कर निर्मम दमन किया। परिणामस्वरूप हज़ारों कम्युनिस्ट कार्यकर्ताओं को जान से हाथ धोना पड़ा। संयुक्त मोर्चे का अंत कर देने वाले च्यांग के इस हमले से कम्युनिस्ट पार्टी की तक़रीबन कमर ही टूट गयी। पहलक़दमी वापस जीतने के लिए कम्युनिस्ट पार्टी ने चार प्रांतों में किसान विद्रोहों की योजना बनायी। माओ को हूनान के किसानों का नेतृत्व करने के लिए भेजा गया। लेकिन हूनान में कम्युनिस्ट फ़ौज को बुरी तरह से पराजित होना पड़ा। माओ किसी तरह बच निकले और बची हुई फ़ौज के साथ चिंगकांगशान की पहाड़ियों में शरण लेने में कामयाब रहे। अगले साल चू तेह की फ़ौजों के साथ मिल कर माओ ने कियांगसी सोवियत की स्थापना की। अपने इसी तजरुबे के आधार पर माओ की दो मशहूर रचनाएँ सामने आयीं : 'चीन में लाल राज-सत्ता क्यों टिक सकती है?' और 'चिंगकांग पहाड़ियों में संघर्ष'।

इसके बाद माओ ने देहाती इलाक़े से अपनी वापसी नहीं की और पार्टी की तरफ़ से दिया गया शंघाई जा कर काम करने का निर्देश ठुकरा दिया। चाउ ऐन लाई और चू तेह के साथ उन्होंने पहाड़ों में अपना आधार बनाया, और दो-तरफ़ा राजनीतिक संघर्ष छेड़ा जिसमें च्यांग काई शेक के हमलों के ख़िलाफ़ लड़ने के साथ-साथ कोमिंटर्न द्वारा कम्युनिस्ट पार्टी पर थोपे गये नेतृत्व के ख़िलाफ़ लड़ाई भी शामिल थी। 1928 से 1931 के बीच माओ ने कम्युनिस्टों की किसान नीति का सूत्रीकरण किया और क्रांतिकारी लाल आधार इलाक़े बनाने का आह्वान किया। कियांगसी सोवियत नष्ट करने के लिए च्यांग काई शेक द्वारा चलाई गयी पाँच घेराबंदी मुहिमों से जूझते हुए 1934 में माओ को अपनी फ़ौजें लेकर ऐतिहासिक लम्बी कूच करनी पड़ी जिसका विजयी अंत शेंसी प्रांत में येनान का आधार इलाक़ा बनाने में हुआ। अब तक माओ कम्युनिस्ट पार्टी के सर्वोच्च नेता बन चुके थे। येनान से ही उन्होंने पार्टी और लाल फ़ौज का नेतृत्व किया। इसी प्रक्रिया में माओ की कई रचनाएँ सामने आयीं। 1937 में 'अंतर्विरोधों के बारे में', 1938 में 'दीर्घकालीन लोकयुद्ध के बारे में' और 'युद्ध और रणनीति की समस्याएँ', 1940 में 'नव-जनवाद के बारे में' का प्रकाशन हुआ।

जापानी आक्रमणकारियों के ख़िलाफ़ राष्ट्रवाद की पताका बुलंद करते हुए कुओमिंगतांग के साथ संयुक्त मोर्चा बनाने, और साथ में च्यांग काई शेक की कम्युनिस्ट विरोधी मुहिमों के ख़िलाफ़ लड़ते रहने की पेचीदा प्रक्रिया से गुज़रते हुए अंततः 1949 में चीन की कम्युनिस्ट क्रांति माओ के नेतृत्व में सफलता के मुक़ाम पर पहुँची। चीनी समाज और अर्थव्यवस्था के आधुनिकीकरण के लिए शुरुआती दौर में सोवियत तर्ज़ पर केंद्रीय नियोजन, भारी उद्योगीकरण और खेती के सामूहिकीकरण का तरीक़ा अपनाया गया। लेकिन जल्दी ही साफ़ हो गया कि सोवियत संघ की मदद के दम पर चीन अपना विकास नहीं कर सकता। प्रगति की रफ़्तार तेज़ करने और जल्दी से जल्दी औद्योगिक देशों की बराबरी कर लेने के मक़सद से माओ ने 'लम्बी छलाँग' लगाने का आह्वान किया। 1958 में उन्होंने आर्थिक विकेंद्रीकरण किया और पूँजी-सघनता के बजाय श्रम-सघनता के आधार पर छोटे पैमाने के औद्योगिक उत्पादन की शुरुआत की। स्थानीय स्तर पर कम्यूनों की स्थापना की गयी। इस नीति के इच्छित नतीजे नहीं निकले, और चीन को आर्थिक धक्के के साथ-साथ एक भीषण अकाल से भी गुज़रना पड़ा। साल के आख़िर में पार्टी

ने लम्बी छलाँग की नीति वापिस ली, और माओ को चैयरमेन पद से त्यागपत्र देना पड़ा। इस राजनीतिक धक्के के बावजूद माओ की निर्देशन में चीनी कम्युनिस्ट पार्टी ने सोवियत पार्टी के साथ बहस जारी रखी जिसका अंत सोवियत संशोधनवाद की भर्त्सना सोवियत संघ को सामाजिक साम्राज्यवादी क़रार देने में निकला। माओ के नाम से एक तीन दुनिया का सिद्धांत भी प्रचलित है जिसमें एशिया, अफ़्रीका और लातीनी अमेरिका के बहुत से मार्क्सवादी विश्व-क्रांति की सम्भावनाएँ देखते हैं। माओ ने इस विषय में कोई सुचिंतित लेख नहीं लिखा था। इधर-उधर कुछ विदेशी मेहमानों से बातचीत के दौरान कहे गये कुछ फ़िकरे जरूर देखने को मिलते हैं। समझा जाता है कि माओ को सामने रख कर शायद तेंग शिआयो पिंग ने इस सिद्धांत को प्रचारित किया है।

1966 से 1969 के बीच चीन माओ के नेतृत्व में सांस्कृतिक क्रांति की ज़बरदस्त उथल-पुथल से गुज़रा। इसके पीछे माओ का मक़सद पार्टी और सरकार पर हावी होते जा रहे अभिजन और नौकरशाहाना रवैये को दुरुस्त करके जन-दिशा लागू करना था। माओ ने इसे 'मुख्यालय पर बमबारी' की संज्ञा दी। सांस्कृतिक क्रांति के तहत स्कूलों में दाखिले रोक दिये गये और शिक्षा के सम्पूर्ण सर्वहाराकरण का वायदा किया गया। बौद्धिक कार्य पर शारीरिक श्रम के महत्त्व को स्थापित किया गया। छात्र-कार्यकर्त्ता रेड गार्डों के रूप में संगठित किये गये। माओ ने उन्हें राजसत्ता पर क़ब्ज़ा करने का आदेश दिया और जन-मुक्ति सेना से उनका समर्थन करने के लिए कहा। चाऊ एन लाई को छोड़ कर पार्टी के हर बड़े नेता को रेड गार्डों ने सार्वजनिक रूप से अपनी आलोचना करने के लिए मजबूर किया। इस पूरी प्रक्रिया में माओ की हैसियत 'महान खेवनहार' के रूप में उभरी जिसका नतीजा व्यक्ति-पूजा में निकला। उनके उद्धरणों से भरी हुई लाल किताब एक धार्मिक गुटके की तरह पढ़ी जाने लगी। सांस्कृतिक क्रांति के आलोचकों का कहना है कि तीन साल की वह अवधि रेड गार्डों के आतंक, अव्यवस्था और अराजकता की थी।

सांस्कृतिक क्रांति का प्रकरण ख़त्म हो जाने के बाद माओ ने एक बार फिर सारी दुनिया का ध्यान अपनी ओर उस समय खींचा जब 1972 में उन्होंने अमेरिकी राष्ट्रपति रिचर्ड निक्सन के साथ संयुक्त विज्ञप्ति जारी करके सोवियत संघ विरोधी मोर्चा बना कर विश्व के शक्ति-संतुलन को एकदम बदल डाला। नौ सितम्बर, 1976 को लम्बी बीमारी के बाद माओ का निधन हुआ।

देखें : कार्ल हाइनरिख़ मार्क्स-1 से 4 तक, मार्क्सवाद- 1 से 5 तक, चीन की कम्युनिस्ट क्रांति, नयी सदी में मार्क्सवाद-1 से 9 तक, भारत की कम्युनिस्ट पार्टी, भारत की कम्युनिस्ट पार्टी (मार्क्सवादी), भारत में किसान आंदोलन-1 से 4 तक, माओ त्से-तुंग, लेनिनवाद, लियोन ट्रॉट्स्की, लिबरेशन थियोलॉजी, व्लादिमिर इलीच लेनिन, सांस्कृतिक क्रांति, स्तालिन और स्तालिनवाद, सोवियत समाजवाद-1, 2 और 3।

संदर्भ

1. फ्रेंज़ मिशेल (1981), *माओ ऐंड परपीचुअल रेवोल्यूशन,* वुडबरी, न्यूयॉर्क.
2. रेबेका ई. कार्ल (2010), *माओ त्से-तुग ऐंड चाइना इन द ट्वेंटियथ सेंचुरी वर्ल्ड,* ड्यूक युनिवर्सिटी प्रेस, डरहम, एनसी.
3. स्टुअर्ट स्क्रैम (1966), *माओ त्से-तुंग,* पेंगुइन बुक्स, हारमंड्सवर्थ.
4. माओ त्से-तुंग (1966), *फ़ोर एसेज़ इन फ़िलॉसफ़ी,* फ़ॉरेन लेंग्वेज प्रेस, पेइचिंग.

— अभय कुमार दुबे

माओ-विचार और माओवाद

(Mao Thought and Maoism)

चीनी कम्युनिस्ट क्रांति के नेता माओ त्से तुंग के साथ जुड़े होने के कारण आम बोलचाल में माओवाद और माओ-विचार को एक-दूसरे का पर्याय समझ लिया जाता है। लेकिन इन दोनों के बीच न केवल सूत्रीकरण संबंधी अंतर है, बल्कि इनके स्रोतों और उभार के कालखण्ड में भी फ़र्क़ है। माओ-विचार के पैरोकारों के मुताबिक़ यह मार्क्सवाद-लेनिनवाद का एक पूरक सिद्धांत है, और माओवाद के अनुयायियों ने उसे मार्क्सवाद-लेनिनवाद की एक नयी मंज़िल मान लिया है। इस विषय में नब्बे के दशक से पहले लिखी गयी रचनाओं में अक्सर माओवाद शब्द का प्रयोग किया गया है, लेकिन उन्हें पढ़ने पर स्पष्ट हो जाता है कि दरअसल वे माओ-विचार की ही चर्चा कर रही हैं। हालाँकि नब्बे के दशक के बाद भी इन दोनों के बीच घालमेल की प्रवृत्ति देखी गयी है, लेकिन अब माओ-विचार और माओवाद को अलग-अलग करके देखने वाले विश्लेषण भी उत्तरोत्तर सामने आने लगे हैं।

माओ-विचार मार्क्सवाद-लेनिनवाद के चीनी परिस्थितियों में प्रयोग की देन होने के साथ-साथ तीसरी दुनिया के देशों में क्रांतियाँ करने की थियरी है। इसका सिद्धांतीकरण मुख्यतः दो अवधियों में सम्पन्न हुआ। पहला दौर 1921 में चीनी कम्युनिस्ट पार्टी की स्थापना से लेकर 1949 में चीन लोक गणराज्य की स्थापना तक चली सशस्त्र क्रांति की दीर्घकालीन प्रक्रिया का था। इस दौर में माओ-विचार का अर्थ था औद्योगिक विकास से वंचित और उपनिवेशवाद से त्रस्त खेतिहर देश में लोकतंत्र के नये रूपों (नव-जनवाद) की स्थापना करना और मार्क्सवादी विचारधारा के दायरे में किसानों को मज़दूर वर्ग के समकक्ष एक क्रांतिकारी शक्ति के रूप में

स्थापित करना। दूसरा दौर 1949 से शुरु हुआ जिसमें किसानों के देश में समाजवाद की स्थापना की रैडिकल परियोजना चलाई गयी। इस दौर में माओ के नेतृत्व में चीनी कम्युनिस्ट पार्टी ने समाजवाद का निर्माण करने के सोवियत तौर-तरीक़ों की आलोचना करते हुए अपने विशिष्ट मार्क्सवाद-लेनिनवाद का सूत्रीकरण किया। इस प्रक्रिया में साठ के दशक से मार्क्सवाद-लेनिनवाद-माओ विचार के नाम से एक नयी वैचारिक प्रवृत्ति का उत्थान हुआ जिसने सारी दुनिया में यथास्थिति को चुनौती देने वाले रैडिकल और क्रांतिकारी आंदोलनों पर गहरा असर डाला। भारत में भी नक्सलवादी आंदोलन के जन्म और विकास का श्रेय इसी को जाता है।

माओ-विचार से मिलता-जुलता लेकिन कई अर्थों में भिन्न माओवाद मुख्यत: एक उत्तर-माओ परिघटना है। 1976 में माओ का देहांत हुआ। उसके बाद 1978 से चीनी कम्युनिस्ट पार्टी का नया नेतृत्व क्रमश: माओ की भूमिका और विरासत से ख़ुद को दूर करता चला गया। चीनी समाजवाद के दायरे में माओ की उपस्थिति केवल तकनीकी भर रह गयी। आधुनिकीकरण के नाम पर चीन ने अर्थव्यवस्था में बाज़ार के पहलुओं का उत्तरोत्तर समावेश करना शुरू किया। इसकी प्रतिक्रिया में अस्सी और नब्बे के दशकों में दुनिया के कई देशों में ख़ुद को माओवादी कहने वाली पार्टियों की शुरुआत हुई। हालाँकि कुल मिला कर यह एक छोटी प्रवृत्ति थी, लेकिन पेरू में शाइनिंग पाथ नाम के संगठन और नेपाली कम्युनिस्टों (जिनके एक धड़े ने 1986 से ख़ुद को माओवादी कहना शुरू कर दिया था) द्वारा चलाये गये सशस्त्र संघर्ष की चमक के कारण इस रुझान को सुर्ख़ियाँ मिलती रहीं। 12 मार्च, 1984 में अंतर्राष्ट्रीय स्तर पर एक रेवोल्यूशनरी इंटरनेशनलिस्ट मूवमेंट (आरआईएम) का गठन किया गया। इसमें ईरान, भारत, श्रीलंका, इटली, कोलम्बिया, पेरू, तुर्की, हैती, नेपाल, न्यूज़ीलैण्ड, ब्रिटेन, अमेरिका और डोमिनिकन रिपब्लिक में सक्रिय ऐसे 17 संगठन शामिल थे जिनकी मान्यता थी कि माओ का विचार आज के ज़माने में मार्क्सवाद-लेनिनवाद की सर्वोच्च अभिव्यक्ति है, इसलिए अब इसे माओ-विचार की सीमाओं को लाँघ कर हमें माओवाद को विचारधारा के रूप में स्वीकृत कर लेना चाहिए। फ़िलीपीन की माओवादी कम्युनिस्ट पार्टी इसमें शामिल नहीं हुई, लेकिन आरआईएम ने इसका समर्थन किया।

1984 में आरआईएम के गठन से पहले भी माओ विचार के समर्थकों के बीच भी कभी-कभी यह बहस उठती रहती थी कि क्यों न ख़ुद को माओवादी कहा जाए। लेकिन मार्क्सवादी-लेनिनवादी-माओ विचार के अनुयायियों ने हमेशा माओवाद का लक़ब अपनाने से हमेशा परहेज़ किया। इस तरह से माओ के सूत्रीकरणों को बुलंद करने का दावा करने वाली ये दो प्रवृत्तियाँ आम तौर पर अलग-अलग ही रहीं।

सूत्रीकरण के लिहाज़ से माओ-विचार एक कहीं सुसंगत धारा के रूप में सामने आता है। इसका शुरुआती रूप मास्को स्थित तीसरे कम्युनिस्ट इंटरनैशनल (कोमिंटर्न) द्वारा थोपी गयी कार्यदिशा का माओ त्से तुंग के नेतृत्व में विरोध करते हुए चीन में क्रांति का अलग रास्ता तय करने के दौरान बना। चीन की सीमाओं से परे माओ-विचार को उसका अंतर्राष्ट्रीय रूप तब मिला जब माओ ने सोवियत मार्क्सवाद की विस्तृत आलोचना पेश करते हुए विश्व-क्रांति का एक ख़ाका बनाया।

कोमिंटर्न का विचार था कि च्यांग काई शेक और उनकी पार्टी कुओमिंगतांग के नेतृत्व में चीन का पूँजीपति वर्ग क्रांतिकारी चरित्र से लैस है। इसलिए कम्युनिस्टों को उसकी अगुआयी में मज़दूरों और किसानों का मोर्चा बना लेना चाहिए। 1927 में च्यांग द्वारा चलाये गये कम्युनिस्ट विरोधी अभियान के कारण धक्का खाने के बाद माओ के मार्गदर्शन में कम्युनिस्ट पार्टी ने यह लाइन अस्वीकार कर दी। माओ का विचार था कि चीन जैसे पिछड़े देश में समाजवाद का निर्माण करने के लिए पूँजीपति वर्ग पर निर्भर नहीं रहा जा सकता, क्योंकि उसका चरित्र प्रतिगामी हो चुका है। इसके लिए एक नये तरह के लोकतंत्र की स्थापना करनी होगी जिसका नेतृत्व सीधे किसानों और मज़दूरों के हाथों में होगा। यह लोकतंत्र जनता की भौतिक स्थितियाँ बेहतर करने का काम करेगा ताकि समाजवादी विकास के लिए रास्ता साफ़ किया जा सके। माओ की इस थीसिस को न्यू-डैमोक्रैसी या नव-जनवाद कहा जाता है।

क्रांति करने के लिए माओ ने दीर्घकालीन लोकयुद्ध की रणनीति अख़्तियार की। इसके तहत ग्रामों में आधार इलाक़े बनाये गये, ज़मींदारों की ज़मीन पर क़ब्ज़ा करके किसानों में बाँट दी गयी, जनमुक्ति सेना के ज़रिये आज़ाद किये गये क्षेत्रों को परस्पर सहकार पर आधारित कम्यून की शक्ल में आत्मनिर्भर और स्वशासित प्रदेशों की तरह संचालित किया गया, और देहाती इलाक़ों में अपनी ताक़त बढ़ाते हुए शहरों की फ़ौजी घेरेबंदी की गयी। इस पूरी प्रक्रिया में जो राजनीतिक, आर्थिक, सामाजिक, सांस्कृतिक और वैचारिक संघर्ष चला, उससे माओ विचार का एक और प्रमुख सिद्धांत निकला जिसे मास लाइन या जन-दिशा के नाम से जाना जाता है। यह माओ का दूसरा विशेष योगदान था जिसके तहत लेनिनवादी सांगठनिक उसूल लोकतांत्रिक केंद्रवाद के आधार पर बनायी गयी पार्टी को जनता के साथ एकाकार होना था। इसी प्रक्रिया में माओ-विचार का तीसरा घटक सामने आया जो फ़ौजी आयाम की नुमाइंदगी करता था। माओ अपने समय

के पहले मार्क्सवादी चिंतक थे जिन्होंने फ़ौजी पहलुओं को सिद्धांतबद्ध किया। उन्होंने छापामार युद्ध की रणनीति का सूत्रीकरण किया। कम्युनिस्ट पार्टी ने जो जन-मुक्ति सेना बनायी, वह ग़रीब चीनी किसानों के बीच से बनायी गयी थी। इस सेना ने लम्बी कूच जैसा ऐतिहासिक युद्ध लड़ा और जापान विरोधी राष्ट्रीय युद्ध लड़ते समय कुओमिंगतांग की सेनाओं के साथ एकता और संघर्ष की जटिल रणनीति पर सफलता से अमल करके दिखाया।

क़रीब तीस साल की लम्बी अवधि में अपनायी गयी कार्यनीतियाँ, रणनीतियाँ और विचारधारात्मक नवाचार के ज़रिये बना माओ-विचार चीन के भीतर ही नहीं चीन के बाहर भी क्रांतिकारी आंदोलनों का प्रेरणास्रोत उस समय बन गया जब माओ ने क्रांति के बाद चीन में समाजवाद की रचना के लिए सोवियत संघ से अलग रास्ते की तजवीज़ की। 1958 से 1976 के बीच माओ ने लम्बी छलाँग और फिर सांस्कृतिक क्रांति की परियोजनाएँ चलाईं। लम्बी छलाँग का मक़सद था किसान जनता की गोलबंदी करने के ज़रिये औद्योगिक उत्पादन में ब्रिटेन और फिर अमेरिका की बराबरी कर लेना। सांस्कृतिक क्रांति का मक़सद था पार्टी के भीतर पनप रही पूँजीवादी शासकवर्गीय प्रवृत्तियों को नष्ट करने के लिए आम जनता के हाथों में सत्ता की बागडोर थमा देना। माओ ने सोवियत संघ को सामाजिक साम्राज्यवादी क़रार देते हुए विश्व में शक्ति संतुलन की अलग व्याख्या भी की जिसे तीन दुनिया के सिद्धांत के रूप में जाना जाता है।

माओ-विचार के विकास को सिलसिलेवार इस तरह पेश किया जा सकता है :

1. अगर कोई देश पूँजीवादी विकास के लिहाज़ से पिछड़ा है और उसकी अधिकतर जनता ग़रीब किसान है, तो क्रांतिकारी आंदोलन को शहरी सर्वहारा के बजाय किसानों के समर्थन आधार पर ही खड़ा होना होगा। यह मार्क्सवाद-लेनिनवाद में माओ का नया योगदान था, क्योंकि पारम्परिक मार्क्सवादी चिंतन किसानों में क्रांतिकारी एजेंसी देखने के लिए तैयार नहीं था।

2. क्रांति विभिन्न चरणों में होगी, लेकिन वह परस्पर-व्यापी शैली में सतत चलती रहेगी। पूँजीपति वर्ग के नेतृत्व में जनवादी क्रांति होती है, लेकिन मज़दूरों-किसानों के नेतृत्व में नव-जनवादी क्रांति होगी। इसका रास्ता और रणनीति दीर्घकालीन लोकयुद्ध होगा। गाँवों में आधार इलाक़े बना कर शहरों को घेरा जाएगा। इस प्रक्रिया में सच्चे साम्राज्यवाद विरोधी राष्ट्रवाद का झण्डा बुलंद करना होगा।

3. पार्टी लोकतांत्रिक केंद्रवाद के आधार पर ही चलेगी, पर उसे जन-दिशा के साथ एकमेक किया जाएगा ताकि केंद्रवाद लोकतंत्र पर हावी न हो जाए।

4. समाज और राजनीति की समझ अंतर्विरोधों के ज़रिये की जानी चाहिए। अंतर्विरोधी पहलुओं के बीच संघर्ष के ज़रिये ही जीवन और समाज का रुख तय होता है। चूँकि अंतर्विरोध एक-दूसरे से भिन्न होते हैं, इसलिए उनका हल भी अलग-अलग तरीक़े से होना चाहिए। जनता के बीच पाये जाने वाले अंतर्विरोधों का चरित्र मित्रतापूर्ण होता है। लेकिन जनता और जनविरोधी ताक़तों के बीच पाये जाने वाले अंतर्विरोध शत्रुतापूर्ण होते हैं। अंतर्विरोधों के इन चरित्रों की पहचान करते हुए हर मौक़े पर प्रधान व गौण अंतर्विरोध में फ़र्क़ करना होगा।

5. क्रांति की सफलता के बाद सत्तारूढ़ हुई कम्युनिस्ट पार्टी के भीतर नौकरशाहाना और शोषणकारी प्रवृत्तियाँ हावी हो जाती हैं। उनके ख़िलाफ़ लगातार संघर्ष चलाते रहना ज़रूरी है। पार्टी जनता के लिए होती है, न कि जनता पार्टी के लिए। इस अंतिम उसूल पर लगातार निगाह टिकाये रहनी होगी।

6. केवल अमेरिका ही साम्राज्यवादी नहीं है, बल्कि सोवियत संघ भी सामाजिक साम्राज्यवाद में पतित हो गया है। सारी दुनिया तीन ख़ेमों में बँटी हुई है। अमेरिका और सोवियत संघ पहले विश्व की श्रेणी में आते हैं। जापान, युरोप के विकसित देश, ऑस्ट्रेलिया और कनाडा दूसरे विश्व हैं। ये दोनों विश्व साम्राज्यवादी हैं, पर इनमें पहला विश्व मुख्य तौर पर आक्रामक है। बाक़ी दुनिया तीसरे विश्व की श्रेणी में आती है, और साम्राज्यवाद से पीड़ित है। पहले और दूसरे विश्व की ताक़तें मिल-जुल कर समाजवादी क्रांति में बाधक बनी हुई हैं। इसलिए क्रांति होने की सम्भावना तीसरे विश्व के देशों में ही है।

माओवाद ख़ुद को माओ-विचार से भिन्न नहीं बताता, लेकिन वह उसे मार्क्सवाद-लेनिनवाद के अनुषंगी सिद्धांत के रूप में न देख कर अपने-आप में एक सम्पूर्ण वाद के तौर पर देखता है। माओवाद की केंद्रीय थीसिस इस प्रकार है : वर्तमान युग साम्राज्यवाद की पूर्ण विनाश और समाजवाद की विश्वव्यापी विजय का है। तीसरी दुनिया के अर्धसामंती और अर्धऔपनिवेशिक देशों में क्रांति की परिस्थिति हमेशा तैयार रहती है। ज़रूरत केवल एक माओवादी पार्टी का गठन करके हथियारबंद क्रांति छेड़ देने की है। इस केंद्रीय थीसिस के बावजूद माओवादी संगठनों के बीच क्रांति के रास्ते को लेकर गहरे मतभेद हैं। 1984 में बने रेवोल्यूशनरी इंटरनैशनलिस्ट मूवमेंट की एकता बहुत थोड़े दिन ही क़ायम रह सकी। इस समय वह मतभेदों के कारण पूरी तरह से निष्क्रिय पड़ा हुआ है। 21 जुलाई, 2001 को दक्षिण एशिया की विभिन्न माओवादी पार्टियों और संगठनों ने कोआर्डिनेशन कमेटी ऑफ़ माओइस्ट पार्टीज़ ऐंड ऑर्गनाइज़ेशंस इन साउथ एशिया (कॉमपोसा) का गठन

किया। इसमें नेपाल, भारत, श्रीलंका, भूटान, बांग्लादेश के संगठन शामिल हुए। इस संगठन की बागडोर नेपाली माओवादियों के हाथों में रही। 21 सितम्बर, 2004 को भारत के माओवादी संगठनों ने मिल कर भारत की कम्युनिस्ट पार्टी (माओवादी) का गठन किया।

मुख्य तौर पर माओवाद सशस्त्र संघर्ष को सर्वोच्च प्रमुखता देने और संघर्ष के अन्य रूपों को व्यवहार में ख़ारिज कर देने के आग्रह के लिए जाना जाता है। भारत के माओवादी आंदोलन और नेपाल के माओवादी आंदोलन में भी लोकतांत्रिक संघर्ष और हथियारबंद लड़ाई के बीच तालमेल क़ायम करने या न करने के सवाल को लेकर गहरे मतभेद हैं। लातीनी अमेरिका के देशों की सामाजिक परिस्थिति चीन, भारत या नेपाल से भिन्न है, इसलिए वहाँ के माओवादी छापामार युद्ध की प्रेरणाओं के अलावा चीनी अनुभव से ज़्यादा कुछ नहीं ले सकते। इसी तरह युरोप में ख़ुद को माओवादी कहने वाली शक्तियाँ क्रांतिकारी शुद्धता और उसके लोकलुभावन रुझानों से अधिक प्रभावित हैं। वैसे भी वहाँ के सामाजिक हालत दक्षिण एशियाई देशों से एकदम अलग हैं। आज सोवियत संघ (जिसे माओ ने सामाजिक साम्राज्यवादी और अमेरिका से भी ताक़तवर क़रार दिया था) दुनिया के नक़्शे से मिट चुका है। एक फ़ौजी महाशक्ति के रूप में अमेरिका का अभी भी वर्चस्व है, पर एक आर्थिक महाशक्ति के रूप में उसकी ताक़त प्रश्नांकित हो रही है। वित्तीय पूँजी के भूमण्डलीकरण के ख़िलाफ़ दुनिया के पैमाने पर चल रहे लोकतांत्रिक संघर्ष के लिए माओ-विचार की प्रेरणा तो तर्कसंगत लगती है, पर माओवाद की छाप वाले सशस्त्र संघर्ष के ग्लोबल विकास की सम्भावनाएँ क्षीण प्रतीत होती हैं।

देखें : कार्ल हाइनरिख़ मार्क्स-1 से 4 तक, मार्क्सवाद- 1 से 5 तक, चीन की कम्युनिस्ट क्रांति, नयी सदी में मार्क्सवाद-1 से 9 तक, नेपाली माओवाद, भारत की कम्युनिस्ट पार्टी, भारत की कम्युनिस्ट पार्टी (मार्क्सवादी), भारत में किसान आंदोलन-1 से 4 तक, माओ त्से-तुंग, लेनिनवाद, लियोन ट्रॉट्स्की, लिबरेशन थियोलॅजी, व्लादिमिर इलीच लेनिन, सांस्कृतिक क्रांति, स्तालिन और स्तालिनवाद, सोवियत समाजवाद-1, 2 और 3.

संदर्भ

1. बर्नार्ड डिमेलो (2009), 'व्हाट इज़ माओइज़म?', *मंथली रिव्यू*, 22 नवम्बर.
2. समीर अमीन (1989), *द फ़्यूचर ऑफ़ माओइज़म,* रेनबो पब्लिशर्स, नयी दिल्ली.
3. माओ त्से तुंग (1965), *संकलित रचनाएँ (चार भाग)*, अनु. रामआसरे, करेंट बुक डिपो, कानपुर.
4. माओ त्से तुंग (1965), *चुनी हुई फ़ौजी रचनाएँ,* अनु. रामआसरे, करेंट बुक डिपो, कानपुर.
5. तिलक दासगुप्ता (2006), 'माओइज़म इन इण्डिया : आइडियॉलॅजी, प्रोग्राम, ऐंड आर्म्ड स्ट्रगल', *इकॉनॉमिक ऐंड पॉलिटिकल वीकली,* खण्ड 41, अंक 29.
6. प्रसन्न कुमार चौधरी (2009), 'माओवाद का वैचारिक-राजनीतिक परिप्रेक्ष्य', *प्रभात ख़बर,* दीपावली अंक.

— अभय कुमार दुबे

माओवाद, नेपाल में

(Maoism in Nepal)

पिछले दो दशकों में नेपाल में माओवादियों के उभार और उनके द्वारा पूरे राज्य-तंत्र को अपनी माँगें स्वीकार करने लिए मजबूर करना सिर्फ़ दक्षिण एशिया ही नहीं बल्कि पूरी दुनिया के लिए एक अहम घटनाक्रम है। 1995 में नेपाल में माओवादियों ने कम्युनिस्ट पार्टी ऑफ़ नेपाल (माओइस्ट) (सीपीएन-एम) के नाम से अपनी पार्टी गठित की। इस दल ने नेपाली राजनीति की शक्ल ही बदल दी। नेपाल में माओवाद का प्रयोग इसलिए भी महत्त्वपूर्ण माना जाता है क्योंकि प्रारम्भ में संसदीय राजनीति का विरोध करने के बाद बाद के वर्षों ने माओवादियों ने लोकतांत्रिक राजनीति की रूपरेखा को स्वीकार किया।

नेपाल की कम्युनिस्ट ताक़तें कई दलों में बँटी हुई थीं। कम्युनिस्ट पार्टी ऑफ़ नेपाल का गठन 1949 में हुआ। पहले चुनावों में इसे चार सीटों पर जीत मिली और इसी के साथ माओवादी आंदोलन की भी शुरुआत हुई। लेकिन इसका आधार बहुत सीमित था और यह कई छोटे समूहों में बँटा हुआ था। नेपाल में 1991 में एक नया संविधान अपनाया गया। इसमें बहुदलीय व्यवस्था की गारंटी दी गयी। इसके पहले तक अधिकांश कम्युनिस्ट पार्टियों ने भूमिगत रह कर ही अपनी गतिविधियाँ चलाईं थीं। एक बहुदलीय विपक्ष बनाने की कोशिश में बहुत सारे कम्युनिस्ट गुटों ने मिलकर कम्युनिस्ट पार्टी ऑफ़ नेपाल (यूनाइटेड मार्क्सिस्ट लेनिनिस्ट) यानी सीपीएन-यूएमएल का गठन किया। इसके साथ ही राजशाही के ख़िलाफ़ लोकतंत्र की स्थापना के लिए संघर्ष में अन्य कम्युनिस्ट पार्टियों ने मिल कर यूनाइटेड लेफ़्ट फ्रंट का गठन किया जिसने लोकतंत्र की स्थापना के संघर्ष में नेपाली कांग्रेस पार्टी के साथ मिलकर संघर्ष किया। इस संयुक्त मोर्चे के दो दलों कम्युनिस्ट पार्टी ऑफ नेपाल (मार्क्सिस्ट) और कम्युनिस्ट पार्टी ऑफ़ नेपाल (मार्क्सिस्ट-लेनिनिस्ट) के विलय से 1991 में कम्युनिस्ट पार्टी ऑफ़

नेपाल का गठन हुआ।

विपक्षी दलों के लगातार आंदोलन के कारण ही नेपाल में बहुदलीय संसदीय लोकतंत्र की बहाली हुई। इसमें विभिन्न दलों के सलाह-मशविरे से 1991 में नये संविधान का निर्माण हुआ। इसके अंतर्गत स्थापित व्यवस्था में नेपाल की स्थिति लोकतंत्र स्थापना के पहले की स्थिति से काफ़ी अच्छी बेहतर हो गयी। लेकिन संसदीय लोकतंत्र नेपाल में बहुत स्थिर नहीं हो पाया, न ही बुनियादी आर्थिक बदलाव पर केंद्रित कोई सामाजिक-आर्थिक कार्यक्रम लागू हो पाया। इस दौर में कम्युनिस्टों ने अपनी शक्ति में बढ़ोतरी की। यही वह समय था जब पुष्प कुमार दहल, जिन्हें प्रचंड के नाम से भी जाना जाता है, कम्युनिस्ट पार्टी ऑफ़ नेपाल (मशाल) का नेतृत्व कर रहे थे। वे संसदीय राजनीति को ही पूरी तरह ख़ारिज करते थे। कई कम्युनिस्ट समूहों के साथ मिलकर प्रचंड ने 1991 में यूनाइटेड कम्युनिस्ट फ्रंट (एसजेएम) की स्थापना की। यद्यपि प्रचंड संसदीय लोकतंत्र के समर्थक नहीं थे, लेकिन एसजेएम ने संसदीय चुनावों में भाग लिया और 1991 में यह तीसरे सबसे बड़े समूह के रूप में उभरा।

पुष्प कुमार दहल उर्फ़ प्रचंड (1954-)

बहरहाल, 1993 आते-आते एसजेएम में विभाजन की शुरुआत हो गयी। प्रचंड ने 1995 में इस पार्टी को छोड़कर कम्युनिस्ट पार्टी ऑफ़ नेपाल (माओवादी) यानी सीपीएन (एम) का गठन किया। इस पार्टी ने खुल कर और सख़्ती से चुनावी और संसदीय राजनीति का विरोध किया और इसने राजसत्ता के ख़िलाफ़ गुरिल्ला युद्ध की योजनाएँ बनानी शुरू कर दीं। ग़ौरतलब है कि 1993 से ही देश की संसदीय राजनीति में उथल-पुथल चल रही था। 1993 में सीपीएन-यूएमएल के नेता मदन भण्डारी की हत्या हो गयी। संसदीय रास्ते पर भरोसा करने वाले कम्युनिस्टों ने इसके ख़िलाफ़ ज़ोरदार प्रदर्शन किया। लगातार विरोध से मजबूर होकर नेपाली कांग्रेस की गिरजा प्रसाद कोईराला सरकार को इस्तीफ़ा देना पड़ा। इसके बाद हुए चुनावों में किसी भी दल को पूर्ण बहुमत नहीं मिला। पहले सीपीएन-यूएमएल के नेतृत्व में गठबंधन सरकार बनी, जो अस्थिर साबित हुई। उसके बाद नेपाली कांग्रेस पार्टी के नेतृत्व में सरकार बनी और वह भी ज़्यादा दिनों तक नहीं चल पायी। 1995 में नेपाल राजनीतिक अस्थिरता का शिकार रहा। जो सरकारें बनी थीं, वे जनता के पक्ष में कुछ ख़ास काम करने में नाकाम रहीं। प्रचंड और उनकी पार्टी सीपीएन (एम) ने इसे गुरिल्ला लोक-युद्ध शुरू करने के लिए उपयुक्त समय माना।

पार्टी की केंद्रीय समिति ने सितम्बर, 1995 में राज्य के साथ युद्ध शुरू करने का फ़ैसला किया। पार्टी ने दावा किया कि इस युद्ध द्वारा वह नेपाल को दमनकारी राजतंत्र से मुक्त करके नेपाल के मज़दूरों और किसानों के जीवन-स्तर में सुधार करना चाहती है। माओवादियों की रणनीति थी कि वे गाँवों से आगे बढ़ते हुए राजधानी काठमांडू को घेर लेंगे तथा समाज में बदलाव करने के लिए एक लोक-युद्ध और क्रांति की शुरुआत करेंगे। लोक-युद्ध शुरू करने से पहले उन्होंने नेपाल की तत्कालीन सरकार के सामने अपनी 40 सूत्रीय माँगे भी रखीं। इन माँगों में एक प्रमुख माँग यह थी कि भारत के साथ 1950 की शांति और मित्रता संधि तथा महाकाली नदी के पानी के बँटवारे का समझौता ख़त्म किया जाना चाहिए। इसके अलावा उसने राजघराने के विशेषाधिकारों को ख़त्म करने, नयी संविधान सभा द्वारा संविधान का निर्माण करने, 'कॉम्प्राडोर (एजेंट या दलाल) और नौकरशाह पूँजीपतियों' की सम्पत्ति का राष्ट्रीयकरण करने, नेपाल को एक सेकुलर राष्ट्र घोषित करने, सभी गाँवों तक सड़क, पीने का पानी और बिजली देने और अभिव्यक्ति तथा प्रकाशन की आज़ादी सुनिश्चित करने की माँग की। स्पष्टत: इनकी माँगों में भारत के प्रति विरोध को रेखांकित किया जा सकता है। लेकिन ज़्यादा महत्त्वपूर्ण बात यह है कि माओवादियों ने ग्रामीण क्षेत्रों को बुनियादी सुविधाएँ देने और राजशाही तथा पूँजीपतियों के विशेषाधिकार ख़त्म करने पर ज़ोर दिया। उन्होंने शेर बहादुर देउबा की सरकार को इन माँगों पर कार्रवाई करने के लिए 17 फ़रवरी, 1996 तक का समय भी दिया। लेकिन जब सरकार ने इन माँगों पर कोई कार्रवाई नहीं की, तो उन्होंने इसके आख़िरी तारीख़ के चार दिन पहले ही नेपाल के छह ज़िलों में लोक-युद्ध की घोषणा कर दी।

माओवादियों ने अपने लोक-युद्ध में गुरिल्ला हमला करने और समझौता करने की रणनीति अपनायी। अपने गुरिल्ला हमलों के कारण, विशेष रूप से ग्रामीण क्षेत्रों में, माओवादियों ने प्रशासन को पूरी तरह से पंगु कर दिया। जुलाई, 2001 में जब शेर बहादुर देउबा ने दुबारा प्रधानमंत्री बनने पर उनसे हथियार छोड़ कर बातचीत के लिए आगे आने का आग्रह किया, तो माओवादियों ने चार महीने के युद्ध-विराम की घोषणा कर दी। लेकिन जब उन्हें यह लगा कि सरकार बातचीत के लिए गम्भीर नहीं है, तो उन्होंने युद्ध-विराम ख़त्म कर दिया और सरकारी भवनों और अधिकारियों पर हमले शुरू कर दिये। इसके बाद उन्होंने अपने नेता बाबूराम भट्टाराई के नेतृत्व में पीपुल्स रेवाल्यूशनरी गवर्नमेंट की भी स्थापना कर दी। साथ ही, देश के चालीस ज़िलों में इन्होंने ग्राम सरकार का एक समानांतर नेटवर्क तैयार किया। यह माओवादियों के ज़बरदस्त प्रभाव का उदाहरण था।

माओवादी अपनी स्थिति मज़बूत करने के साथ ही इस बात को भी दोहराते रहे कि सभी दलों को एक साथ मिल-बैठ कर नया संविधान बनाना चाहिए। इस बीच 29 जनवरी, 2003 से 27 अगस्त, 2003 तक इन्होंने युद्ध विराम की घोषणा की। इस दौर में माओवादियों ने अपनी शक्ति को और ज़्यादा संगठित किया और इस बात को भी उजागर किया कि सरकार शांति वार्त्ता के लिए गम्भीर नहीं है। 2005 तक माओवादियों ने अपनी स्थिति इतनी मज़बूत कर ली कि इन्होंने दस ज़िलों को अपना 'विशेष क्षेत्र' घोषित करते हुए यहाँ पर स्थानीय निकायों के चुनाव की घोषणा की। माओवादियों ने दूसरे दलों से भी यह आग्रह किया कि वे इन चुनावों में भाग लें। लेकिन किसी दूसरे दल ने इनमें भाग नहीं लिया।

फ़रवरी, 2006 में सीपीएन (एम) की राजनीति में एक महत्त्वपूर्ण बदलाव आया। प्रचंड ने अपनी तरफ़ से युद्ध-विराम की घोषणा करते हुए सरकार और दूसरे दलों से बातचीत का प्रस्ताव रखा। 26 मई, 2006 को युद्ध-विराम को सही तरह से संचालित करने के लिए सरकार और माओवादियों के बीच 25 सूत्रीय समझौते पर दस्तख़त हुए। इसमें संविधान सभा के लिए चुनाव कराने के प्रति वचनबद्धता जतायी गयी। आगे चलकर सरकार और माओवादियों के बीच अपने-अपने कंमाडरों की निगरानी में हथियार जमा करने का समझौता भी हुआ। 21 नवम्बर, 2006 को एक व्यापक शांति समझौते किया गया, जिसमें दस साल पुराने विद्रोही युद्ध को ख़त्म करने की औपचारिक घोषणा की गयी। इस समझौते के अनुसार राजा की राजनीतिक शक्तियाँ छीन ली गयीं और सार्वजनिक ट्रस्ट के अंतर्गत उसकी सम्पत्ति का राष्ट्रीयकरण करने की घोषणा की गयी। सरकार और सीपीएन (एम) के बीच इस 330 सदस्यों वाली एक अंतरिम संसद के गठन पर भी सहमति बनी। इसमें माओवादियों को 73 सीटें दी गयीं। इसके बाद प्रचंड ने अपनी पार्टी की समानांतर सरकार ख़त्म करने की घोषणा की और वे सरकार में भी शामिल हो गये। बाद में, उनकी पार्टी राजा के पद को ख़त्म करने की माँग को लेकर सितम्बर, 2007 में इस सरकार से बाहर हो गयी। लेकिन राजतंत्र को ख़त्म करने का समझौता हो जाने के बाद वह 30 दिसम्बर, 2007 को सरकार में शामिल हो गयी। इसके बाद अप्रैल, 2008 में संविधान सभा के चुनाव हुए।

इन चुनावों में सीपीएन (एम) सबसे बड़ी पार्टी के रूप में उभरी। इसके कुल 601 सीटों में से 220 सीटों पर जीत मिली। ग़ौरतलब है कि यह तय किया गया था कि संविधान सभा एक निश्चित समय के लिए संसद के रूप में भी काम करेगी। सीपीएन (एम) ने राजा से अपना पद छोड़ने के लिए कहा। लेकिन एक लम्बे समय तक दूसरे दल किसी माओवादी नेता को प्रधानमंत्री स्वीकार करने के लिए तैयार नहीं हुए। आख़िरकार अगस्त, 2008 में माओवादी नेता प्रचंड ने ही प्रधानमंत्री का पद सँभाला। लेकिन उन्हें 25 मई, 2009 को अपने पद से हटना पड़ा क्योंकि कई दलों ने उनकी मनमानी कार्यशैली का विरोध किया। बहरहाल, नेपाल में अब भी नया संविधान नहीं बना है। लेकिन संविधान सभा में माओवादी एक महत्त्वपूर्ण शक्ति के तौर पर मौजूद हैं।

असल में, नेपाली माओवादी पार्टी यानी सीपीएन (एम) ने सिर्फ़ नेपाल की कांग्रेसी पार्टी के जनाधार को ही चोट नहीं पहुँचायी, बल्कि इसने दूसरे वामपंथी दलों के आधार को भी काफ़ी सीमित कर दिया। इसका सबसे बड़ा कारण यह था कि सीपीएन (एम) ने इन दलों की तरह सत्ता की राजनीति पर ध्यान न देकर ग्रामीण ग़रीब और अशिक्षित जनता के मुद्दों को उठाया और उनके लिए लगातार संघर्ष किया। उल्लेखनीय है कि भारत के संदर्भ में नेपाली माओवादी के उभार के कम-से-कम दो महत्त्वपूर्ण प्रभाव हो सकते हैं। पहला, माओवादियों की राजनीति में भारतीय वर्चस्व का विरोध एक प्रमुख कारक रहा है। ऐसे में यह मुमकिन है कि माओवादियों के उभार के बाद नेपाली राज्य भारत के प्रति ज़्यादा कड़ा रुख अपनाये और उसकी विदेश नीति चीन के पक्ष में झुके। इसलिए आने वाले समय में भारत को अपनी नेपाल नीति पर संवेदनशील तरीक़े से पुनर्विचार करने और उपयुक्त संशोधन करने की आवश्यकता हो सकती है। दूसरा, नेपाली माओवादियों द्वारा लोकतंत्र और 'मुख्यधारा' को अपनाने को माओवाद की जीत और लोकतंत्र की जीत— दोनों ही रूपों में रेखांकित किया जा सकता। यह इस अर्थ में माओवाद की जीत है कि माओवादियों ने नेपाली राज्य को अपनी माँगे मानने के लिए मजबूर किया। और यह इसलिए लोकतंत्र की जीत है, क्योंकि हिंसा का सहारा लेने के बावजूद माओवादियों को बातचीत करने और दूसरी विचारधारा के लोगों को स्वीकार करने का विकल्प अपनाना पड़ा। भारतीय राज्य भी इस अनुभव का उपयोग भारत के माओवादियों को बातचीत के लिए तैयार करने में कर सकता है।

इस बात में कोई संदेह नहीं है कि नेपाली माओवादियों ने ऐतिहासिक सफलता हासिल की है। लेकिन उनके लिए असली चुनौती आगे है। यह बात साफ़ हो ही चुकी है कि वे अब सभी दलों पर अपना मनमाना एजेंडा नहीं थोप सकते हैं और उन्हें समझौते और सामंजस्य से आगे बढ़ना सीखना होगा। इसके अलावा, अभी तक उन्होंने सरकारों के सामने बहुत सी माँगे रखी हैं, लेकिन उन्हें सरकार चलाकर उन माँगों को पूरा करके दिखाना होगा। माओवादी नेता प्रचंड के प्रधानमंत्री का कार्यकाल यह दिखाता है कि ये दोनों ही काम माओवादियों के लिए काफ़ी मुश्किल हैं। इसके अलावा, भ्रष्टाचार और पहचान की राजनीति जैसे मुद्दे भी उनकी मुख्य चुनौतियाँ हैं।

देखें : आज़ादी के लिए सशस्त्र संघर्ष-1, 2 और 3, उपनिवेशवाद विरोधी आंदोलन-1, 2 और 3, दक्षिण एशियाई सहयोग संगठन (सार्क), बांग्लादेश मुक्ति-संघर्ष, म्याँमार में लोकतंत्र के लिए संघर्ष, श्रीलंका में तमिल पृथकतावाद।

संदर्भ

1. बाबूराम भट्टाराई (2005), *मोनार्की वर्सेज़ डेमॉक्रैसी : द इपिक फ़ाइट इन नेपाल*, समकालीन तीसरी दुनिया, नयी दिल्ली.
2. ए. कर्की और डी. सेल्डॉन (2003), *द पीपुल्स वॉर इन नेपाल*, लेफ़्ट पर्सपेक्टिव्ज़, नयी दिल्ली..
3. एम. हट्ट (सम्पा.) (2004), *हिमालयन पीपुल्स वार : नेपाल्स माओइस्ट रिबेलियन*, इण्डियाना युनिवर्सिटी प्रेस, ब्लूमिंगटन.
4. सारा बेथ सिंडरमैन (2009). 'द फ़ॉर्मेशन ऑफ़ पॉलिटिकल कांशसनेस इन रूरल नेपाल', *डायलेक्टिकल एंथ्रोपोलॅजी*, खण्ड 33, अंक 3/4.

— कमल नयन चौबे

मार्क ब्लॉक

(Marc Bloch)

मार्क ब्लॉक (1864-1944) इतिहास-लेखन की अनाल धारा के सह-संस्थापक और प्रवर्तक थे। अनाल का लक्ष्य इतिहास के अनुशासन को प्राचीन, मध्यकालीन और आधुनिक के कृत्रिम विभाजन तथा समाज को आदिम और सभ्य के पूर्वाग्रहजनित साँचों से मुक्त करना था। इस बौद्धिक मुहिम में ब्लॉक ल्यूसियाँ फ़ेब्र के सह-यात्री थे। इतिहास को सम्पूर्ण, अविभाजित और मानवीय बनाने के इस विख्यात प्रयोग में दोनों की समान भूमिका थी। ब्लॉक ने फ़ेब्र की इतिहास-दृष्टि अपनायी लेकिन उसे अपने विशिष्ट योगदान से इतना समृद्ध किया कि आज उत्तर-आधुनिक चिंतकों से लेकर विश्व-इतिहास लिखने के आकांक्षी इतिहासकार तक उनके कृतित्व से प्रेरणा लेते हैं। मार्क ब्लॉक को इतिहास का प्रशिक्षण विरासत में मिला था। उनके पिता गुस्ताव ब्लॉक खुद प्राचीन इतिहास के लब्धप्रतिष्ठ इतिहासकार थे। पर उनकी इतिहास-दृष्टि फ्रांस और बेल्जियम के इतिहासकारों के बीच चलने वाले विमर्श की भी ऋणी है। उनके छात्र जीवन में चार्ल्स सेईनोबोस तथा चार्ल्स-विक्टर लांगलोई जैसे इतिहासकारों का एक समूह जर्मन प्रभाव के कारण इतिहास के वैज्ञानिक सिद्धांत गढ़ रहा था, तो दूसरी ओर हेनरी हॉजर, अल्फ़ोंसे ओलार्द, फ़र्दिनैंद लोत और हेनरी पिरेने जैसे विद्वान इतिहास को रूढ़ियों से मुक्त करके उसमें सामाजिक, सांस्कृतिक, भाषाई, भौगोलिक व आर्थिक कारकों को शामिल करने पर ज़ोर दे रहे थे।

ब्लॉक अपने शुरुआती चिंतन में जब इतिहास और विज्ञान की तुलना करते हैं तो उन पर इस बहस का प्रभाव साफ़ देखा जा सकता है। उनकी नोटबुक में दर्ज फुटकर विचारों से पता चलता है कि इतिहास-लेखन के व्यावहारिक कर्म में उतरने से पहले वे विज्ञान और इतिहास की तात्त्विक भिन्नताओं से जूझ रहे थे। ब्लॉक लिखते हैं कि विज्ञान किसी परिघटना की व्याख्या के लिए विश्लेषण और वर्गीकरण के औज़ारों का इस्तेमाल करता है जबकि इतिहास में यह काम विवरण और वर्णन के ज़रिये किया जाता है। भिन्नताओं की इस पड़ताल में ब्लॉक यह भी कहते हैं कि वैज्ञानिक की परिघटना अपेक्षाकृत सरल, ठोस और भौतिक चीज़ होती है जो मुख्यत: उसकी चेतना से वास्ता रखती है, जबकि इतिहासकार जिस परिघटना का अध्ययन करता है उसका स्वरूप मूलत: मनोवैज्ञानिक होता है तथा वह इतिहासकार और इतिहास के पात्रों की चेतना से ताल्लुक़ रखती है। इस समझ के आधार पर ब्लॉक यह प्रतिपादित करते हैं कि अतीत को कई तरीक़ों से व्याख्यायित किया जा सकता है। लेकिन अपनी बौद्धिक यात्रा के इस दौर में ब्लॉक इतिहास के लिए जब-तब विज्ञान से वैधता माँगते भी दिखाई पड़ते हैं। इतिहास को एक विस्तृत कोण से देखने का साहस उनमें बाद में पैदा हुआ।

एक इतिहासकार के तौर पर ब्लॉक के कृतित्व का बड़ा हिस्सा मध्ययुगीन फ्रांस के सामंती समाज के अध्ययन को समर्पित है। वे उसकी जोत-प्रणालियों की विविधताओं व खेतिहर ज़मीन को बाड़ से घेरकर निजी मिल्कियत में तब्दील करने की प्रक्रिया के सामाजिक निहितार्थों को गहराई से समझना चाहते थे। भू-दासता का क़ानूनी और आर्थिक ढाँचा, समाज और अर्थव्यवस्था के क्षेत्रों में पादरी वर्ग की भूमिका, राजतंत्र और किसानों के सत्ता-संबंध, सामंती न्याय के रूप, भूमि-कर की उत्पत्ति आदि विषयों की उनकी महत्त्वपूर्ण रचना *फ्रैंच रूरल हिस्ट्री* में बार-बार वापसी होती है। इस पुस्तक में ब्लॉक ने मानचित्रों का विलक्षण उपयोग करते हुए यह दिखाया है कि मध्ययुग के शुरुआती चरण और फ्रांसीसी क्रांति के बीच की सामाजिक संस्थाओं का उस दौर की भौतिक पृष्ठभूमि से क्या संबंध था। इस पुस्तक की शोध प्रक्रिया में उन्होंने रिग्रैसिव मैथड अपनाया जिसे इतिहास को घटनाओं के उलटे क्रम में समझने का तरीक़ा कहा जा सकता है। ब्लॉक यहाँ यह प्रतिपादित करते हैं कि इतिहास में ज्ञात से अज्ञात की पड़ताल करना ज़्यादा सुकर होता है। अनेक विद्वान इस पुस्तक को ब्लॉक की सर्वाधिक महत्त्वपूर्ण रचना मानते हैं।

ब्लॉक की दूसरी उल्लेखनीय कृति *द रॉयल टच* है जिसमें उन्होंने चिकित्सा, मनोविज्ञान, मूर्ति-कला और मानव-विज्ञान जैसे अनुशासनों की अंतर्दृष्टियों का उपयोग करते हुए मध्ययुगीन फ्रांस तथा इंग्लैण्ड में व्याप्त चमत्कारप्रियता और अंधविश्वासों की गहरी पड़ताल की है। उल्लेखनीय है कि पहली सहस्राब्दी के समय फ्रांस की जनता में यह विश्वास प्रचलित था कि राजा के स्पर्श से गर्दन की टीबी (स्क्रोफ़्युला) दूर हो जाती है। ब्लॉक ऐसे अंधविश्वासों

और चमत्कारों की उत्पत्ति, चलन और अवसान की तह में जाकर बताते हैं कि इस विश्वास का सबसे पहला उपयोग फ्रांस के शासक रॉबर्ट ने किया था। यह एक पैंतरा था जिसके ज़रिये रॉबर्ट अपने वंश की राजनीतिक सत्ता को आनुवंशिक तौर पर जायज़ सिद्ध करना चाहता था। बाद में हेनरी प्रथम और द्वितीय ने भी पादरी वर्ग को नियंत्रित करने के लिए इस चलन को जारी रखा। ब्लॉक के अनुसार शाही स्पर्श का यह विश्वास असल में सत्ता की दावेदारी और राजा को धार्मिक विभूति मानने की परम्परा से उपजा था। ब्लॉक दर्शाते हैं कि राजा में चमत्कारिक शक्तियों की प्रतिष्ठा करना उसके सैन्य, क़ानूनी और सांस्थानिक रुतबे का विस्तार था। इस प्रथा के विश्लेषण के ज़रिये ब्लॉक इतिहासकारों को एक तरह से यह सुझाव देते हैं कि अगर वे यह जानना चाहते हैं कि जनता अफ़वाहों और भ्रांत धारणाओं में क्यों विश्वास करती है तो उन्हें लोगों की सामूहिक चेतना की पड़ताल करनी चाहिए। ब्लॉक लोगों की ऐसी आस्थाओं को समाज की सामूहिक चेतना का दर्पण मानते थे। परवर्ती विद्वानों ने शाही स्पर्श की परिघटना के आधार पर राजनीतिक इतिहास को आलोकित करने वाले ब्लॉक के इस अध्ययन को एक बड़ी उपलब्धि माना है। किंतु विद्वानों के एक समूह की राय यह भी है कि ब्लॉक इस परिघटना के वैचारिक निहितार्थों को उजागर करने में चूक कर गये. लेकिन इसके समग्र प्रभाव को देखें तो ब्लॉक इस रचना के ज़रिये यह दिखाते हैं कि अतीत का अन्वेषण कई रास्तों से किया जा सकता है।

मार्क ब्लॉक (1864-1944)

शाही स्पर्श के इस अध्ययन से ब्लॉक को सामंतवाद को नये सिरे से समझने की दृष्टि मिली। ग़ौरतलब है कि उस समय इतिहास-लेखन के दायरे में सामंतवाद के संबंध में दो तरह के मत पेश किये जा रहे थे। एक मत के अनुसार दसवीं और तेरहवीं सदियों के दौरान युरोप में प्रचलित सामंतवाद एक इकहरी संरचना थी जिसका रूप हर जगह एक जैसा था। जबकि दूसरा मत इस बात पर ज़ोर दे रहा था कि सामंतवाद इतनी विविधतापूर्ण परिघटना थी कि उसके आधार पर किसी तरह का सामान्यीकरण नहीं किया जा सकता था। इस बहस में ब्लॉक ने मध्यमार्गीय रवैया अपनाया। उनका प्रतिपादन यह था कि सामंतवाद पदानुक्रम और समझौते पर टिकी व्यवस्था थी जिसमें शासित और शासक पारस्परिक निर्भरता की कड़ियों से बँधे थे। ब्लॉक का मानना था कि समूचे युरोप और दुनिया के बाक़ी हिस्सों में यह व्यवस्था कमोबेश ऐसे ही रूपों में प्रचलित थी। इस संबंध में उन्होंने इस बात पर भी ज़ोर दिया कि कस्बों, मौद्रिक अर्थव्यवस्था, तथा राष्ट्रीय राजतंत्रों के उत्थान से सामंती व्यवस्था का पतन भले ही हो गया हो लेकिन राजनीतिक समझौते के रूप में उसका अस्तित्व बरक़रार रहा।

विद्वानों के अनुसार ब्लॉक का यह चिंतन उनकी सर्वाधिक चर्चित रचना *फ़्यूडल सोसाइटी* की ज़मीन तैयार करता है। इस किताब में ब्लॉक नवीं से तेरहवीं सदी के बीच पश्चिमी और मध्य युरोपीय समाज की संरचना का सघन ब्योरा पेश करते हैं। इस काल में ब्लॉक सामंतवाद के दो चरण चिह्नित करते हैं। जिसमें एक चरण आक्रमणों और विध्वंस से पैदा हुआ था, तो दूसरे के मूल में आर्थिक विस्तार तथा बौद्धिक पुनरुत्थान की प्रक्रियाएँ महत्त्वपूर्ण थीं। इस अध्ययन में ब्लॉक फ्रांस, जर्मनी और इटली में व्याप्त सामंतवाद के देशज रूपों का जायज़ा लेने के साथ इन रूपों की इंग्लैण्ड जैसे देश से भी तुलना करते हैं जहाँ सामंतवाद ऊपर से थोपा गया था। यहाँ वे इस बात की तह में भी जाते हैं कि स्कॉलैण्ड तथा स्कैंडीनेवियाई देशों में सामंतवाद क्यों स्वीकार्य नहीं हो पाया। इस किताब में ब्लॉक संवेदना और विचार के तौर-तरीक़ों तथा सामाजिक एकता की जो तस्वीर पेश करते हैं उसका परिक्षेत्र बहुत व्यापक है, लेकिन विद्वानों के अनुसार ब्लॉक अपने हर सूत्र के समर्थन में इतने ब्योरे और साक्ष्य जुटाते हैं कि फलक बड़ा होने के बावजूद उनका विश्लेषण कहीं कमज़ोर नहीं पड़ता। परंतु ब्लॉक के ही सहकर्मी ल्यूसियाँ फ़ेब्र ने इस कृति की समीक्षा करते हुए यह ध्यान दिलाया था कि घटनाओं के आकलन में ब्लॉक ने व्यक्ति की भूमिका को अनदेखा किया है। फ़ेब्र ने इसकी दो अन्य ख़ामियों की ओर इशारा करते हुए यह भी कहा था कि ब्लॉक सामंती संबंधों के काल निर्धारण में चूक करते हैं और आधुनिक राष्ट्रवाद के उदय में मध्यकालीन सूत्रों को ज़रूरत से ज़्यादा अहमियत देते हैं। लेकिन इस बात से किसी को गुरेज़ नहीं था कि ब्लॉक की यह किताब मध्यकालीन इतिहास के क्षेत्र में एक अप्रतिम और कालजयी योगदान है।

ब्लॉक ने जिस तरह अपनी ऐतिहासिक रचनाओं से इतिहास-लेखन के मानकों और सीमांतों का विस्तार किया है उसी तरह इतिहास के दर्शन को भी सूक्ष्म अंतर्दृष्टियों से समृद्ध किया है। इतिहास के अनुशासन में तुलनात्मकता के तत्त्व पर ज़ोर देते हुए ब्लॉक कहते हैं कि इतिहासकारों को दिक्-काल में अलग-अलग बिंदुओं पर स्थित संस्कृतियों में सार्वभौमिकता की शिनाख़्त करने के अलावा पड़ोसी व समकालीन समाजों के तुलनात्मक अध्ययन का प्रयास करना

चाहिए। लेकिन इस मामले में वे यह साफ़ नहीं करते कि तुलना की इकाइयों की सीमा और प्रकृति कैसी होनी चाहिए। दूसरे शब्दों में, ब्लॉक यह स्पष्ट नहीं करते कि इस तरह के तुलनात्मक अध्ययनों को सार्थक बनाने के लिए तुलना की इकाइयाँ कितनी बड़ी या छोटी होनी चाहिए।

दूसरे विश्वयुद्ध में लड़ाई के मोर्चे पर जाने से पहले ब्लॉक इतिहास की शोध-पद्धति के बारे में चिंतनरत थे। इतिहास की उपयोगिता पर केंद्रित उनकी किताब द *हिस्टोरियंस क्राफ़्ट* इस बात का जवाब देने की कोशिश करती है कि इतिहास क्यों पढ़ा जाए। यहाँ ब्लॉक इतिहास को समय में प्रवहमान मनुष्य का विज्ञान घोषित करते हुए ऐसे इतिहासकारों से बहसतलब होते हैं जो ख़ुद को राजनीति व घटनाओं के तात्कालिक कारणों तक सीमित रखते हैं। ब्लॉक के तईं इतिहास मनुष्य की विकास-यात्रा को अनावृत करता है लेकिन उससे यह काम लेने के लिए इतिहासकार को यह जानना पड़ता है कि साक्ष्यों का संधान कैसे किया जाए। यहाँ ब्लॉक का आशय साक्ष्यों के लिए कई तरह के दस्तावेज़ों को खँगालने, खुद साक्ष्यों की वैधता परखने और उनकी सही संदर्भ में व्याख्या करने से है। वे यह भी तजवीज़ करते हैं कि इतिहासकार को अतीत का विश्लेषण करने में नैतिकता के निजी आदर्शों को आड़े नहीं आने देना चाहिए । ब्लॉक के अनुसार इतिहासकार को एक ऐसी शब्दावली की खोज करनी चाहिए जो तथ्यों की रूपरेखा को सटीक ढंग से बयान करने के साथ नये उद्घाटनों के प्रति भी खुला और विनम्र रवैया अख़्तियार कर सके।

लेकिन ब्लॉक की यह सबसे चर्चित किताब अधूरी रह गयी। इसे इतिहास की त्रासदी ही कहा जाएगा कि इतिहास को ज़्यादा बृहत्तर और मानवीय बनाने की हिमायत करने वाला यह इतिहासकर विश्व-युद्ध के दौरान एक दिन जर्मन सैनिकों के हाथों में पड़ गया। गिरफ़्तारी के बाद उन्हें भयावह यातना दी गयी और 16 जून, 1944 को उनकी हत्या कर दी गयी। पर ब्लॉक का कृतित्व एक बार फिर यह साबित करता है कि विचारों की हत्या नहीं की जा सकती। उनका अवदान आज भी उतना ही अक्षुण्ण है जितना उनके जीवनकाल में था।

देखें : ल्यूसियाँ फ़ेब्रे, फ़र्नैंद ब्रॉदेल, अनाल स्कूल, इतिहास और आख्यान।

संदर्भ

1. पीटर बर्क (1990), *द फ्रेंच हिस्टोरिकल रेवोल्यूशन : द अनाल्स स्कूल 1929-89*, पॉलिटी, केम्ब्रिज.
2. एन. कैंटर (1991), *इन्वैंटिंग द मिडल एजिज़ : द लाइव्ज़, वर्ल्ड्स ऐंड आइडियाज़ ऑफ़ ग्रेट मेडिवेलिस्ट्स ऑफ़ द ट्वेंटीथ सैंचुरी*, विलियम मैरो, न्यूयॉर्क.
3. सी. फिंक (1989), *मार्क ब्लॉक : अ लाइफ़ इन हिस्ट्री*, केम्ब्रिज युनिवर्सिटी प्रैस, केम्ब्रिज.

— नरेश गोस्वामी

मार्क्स और हिंसा

(Marx and Violence)

जिस तरह अहिंसा की अवधारणा पर गाँधी के बिना ग़ौर नहीं किया जा सकता, उसी तरह हिंसा पर कार्ल मार्क्स के सूत्रीकरणों के बिना विचार नहीं किया जा सकता। पहली नज़र में ऐसा लगता है कि मार्क्स जिस परिवर्तन की बात करते हैं वह उनके अनुसार मौजूदा सामाजिक और राजनीतिक व्यवस्था को क्रांति के ज़रिये उखाड़ फेंकने से ही सम्भव है, और उस क्रांति में हिंसा का इस्तेमाल होना अनिवार्य है। *मैनिफ़ेस्टो ऑफ़ द कम्युनिस्ट पार्टी* के आख़िरी पैरे में मार्क्स और एंगेल्स ने साफ़ लिखा है : 'कम्युनिस्ट अपने विचारों और लक्ष्यों को छिपाने से नफ़रत करते हैं। वे खुल कर एलान करते हैं कि उनके लक्ष्य केवल सभी मौजूदा सामाजिक स्थितियों को ताक़त के दम पर पलट देने से ही पूरे हो सकते हैं। शासक वर्ग अगर काँपते हैं तो उन्हें कम्युनिस्ट क्रांति की सम्भावनाओं से काँपने दो। सर्वहारा के पास अपनी बेड़ियाँ के अलावा खोने के लिए कुछ नहीं है। जीतने के लिए उनके सामने दुनिया पड़ी है।' इस कथन से निष्कर्ष निकाला जा सकता है कि मार्क्स के सामने हिंसक क्रांति के अलावा दूसरा विकल्प नहीं था। लेकिन, मार्क्स, एंगेल्स और लेनिन के साहित्य में यदा-कदा शांतिपूर्ण क्रांति का ज़िक्र भी मिलता है। यानी क्रांति वर्गों के बीच संघर्ष से तो होगी, लेकिन कुछ ख़ास परिस्थितियों में उसका चरित्र हिंसक नहीं होगा। ऐसा कहते हुए ये तीनों सिद्धांतकार सामाजिक क्रांति की अवधारणा को उसके लिए अपनाये जा सकने वाले रास्ते से अलग करके देखने की अपील करते हैं। इस मुक़ाम पर वे कहते हैं कि क्रांति हिंसक भी हो सकती है, और शांतिपूर्ण भी। यह परिस्थितियों पर निर्भर करता है।

दरअसल, मार्क्स और उनके वाद का संबंध हिंसा से इसलिए जुड़ा नज़र आता है, क्योंकि उन्होंने राजनीतिक-सामाजिक परिवर्तन के लिए क्रमिक विकास की जगह क्रांति की अनिवार्यता पर निर्विवाद रूप से ज़ोर दिया। जिस ज़माने में वे अपना सिद्धांतीकरण कर रहे थे, उसके घटनाक्रम पर नज़र डालने से पता चलता है कि तब क्रांति का व्यावहारिक मतलब हिंसक क्रांति से ही था। 1789 की फ्रांसीसी क्रांति का प्रधान स्वरूप न केवल हिंसात्मक था, बल्कि उसकी वजह से क्रांतिकारी परम्परा को ही एक हिंसक आभा मिल गयी। इसके बाद समाजवादी परम्परा में क्रांति और हिंसा के इसी रिश्ते को बढ़ावा दिया गया जिसमें बैबुफ़ और ब्लांकीवादियों की भूमिका उल्लेखनीय है। 1848 के दौरान युरोप में जो क्रांतियाँ हुईं, उनकी नाकामी ने सामाजिक परिवर्तन के सिद्धांतकारों को यक़ीन ही दिला दिया कि

श्रमिकों की मुक्ति क्रांतिकारी हिंसा के बिना नहीं हो सकती। इन युरोपीय क्रांतियों का परिणाम श्रमिकों को मतदान के अधिकार दिलाने या उनकी जीवन-दशाओं के सुधार में नहीं निकला। इसीलिए मार्क्स मोटे तौर पर इस निष्कर्ष पर पहुँचे कि पूँजीवाद के शांतिपूर्ण रूपांतरण का आग्रह ज़्यादा से ज़्यादा यूटोपियायी समाजवादी आग्रह ही है।

लेकिन मार्क्स और क्रांतिकारी हिंसा के आपसी संबंधों पर ग़ौर करने वाले अक्सर यह भूल जाते हैं कि वे बीच-बीच में यह भी कहते रहते थे कि जिन देशों में राज्य की संस्था की बागडोर अधिकारीतंत्र और स्थाई सेना के हाथों में नहीं है वहाँ मज़दूर वर्ग शांतिपूर्ण साधनों से भी अपने लक्ष्यों की पूर्ति कर सकता है। क्रांतिकारी हिंसा की व्यावहारिकता आगे चल कर एंगेल्स की निगाह में थोड़ी और संदिग्ध हो गयी। जर्मनी में सामाजिक जनवादी पार्टी श्रमिकों की गोलबंदी में लगातार सफ़ल होती जा रही थी, और दूसरी तरफ़ आधुनिक सेनाएँ पहले से कहीं ज़्यादा अनुशासित और मारक क्षमता से लैस होती जा रही थीं। यह देख कर एंगेल्स को लगा कि जन-विद्रोह की स्थिति में क्रांतिकारी योद्धा ऐसी फ़ौज के मुक़ाबले शायद ही जीत पाएँगे। इसलिए उन्होंने सावधानी बरतने की सलाह देते हुए कहा कि कम्युनिस्टों को धैर्य पूर्वक अपना समर्थन आधार बढ़ाते हुए ग़ैरक़ानूनी तौर-तरीक़ों के बजाय क़ानूनी तरीक़ों पर अधिक ज़ोर देना चाहिए। यही कारण था कि दूसरे इंटरनैशनल के ज़माने में बड़ी-बड़ी कम्युनिस्ट पार्टियों ने क्रांतिकारी वाग्जाल का तो इस्तेमाल ख़ूब किया लेकिन वास्तव में हिंसक क्रांति आयोजित करने के लिए कोई तैयारी नहीं की। एडुअर्ड बंर्स्टीन के विचार इसी माहौल में युरोपीय कम्युनिस्टों के गले उतर पाये। उनका यही तो कहना था कि समाजवादियों का आचरण जब सुधारात्मक है तो फिर उनके क्रांतिकारी सिद्धांत की प्रासंगिकता क्या बचती है। अगर लेनिन के नेतृत्व में हुई 1917 की सफल बोल्शेविक क्रांति की प्रकृति हिंसक न होती, तो हो सकता था कि बंर्स्टीन के विचार ही प्रधानता प्राप्त करते चले जाते।

मार्क्सवाद और हिंसा के संबंध पर श्लोमो अविनेरी, जॉर्ज लिचथाइम और रिचर्ड मिलर ने विस्तार से विचार किया है। भारतीय विद्वानों में रुस्तम सिंह ने इन विद्वानों के काम की मार्क्स के विचारों की कसौटी पर परीक्षा करके इस विषय पर उपयोगी रोशनी डाली है। अविनेरी का निष्कर्ष यह है कि मार्क्स एक ऐसी परिस्थिति पर हिंसक राजनीतिक क्रांति थोपने के ख़िलाफ़ थे जिसमें सामाजिक-आर्थिक स्थितियाँ रूपांतरण के लिए परिपक्व न हों। अर्थात् अगर नागर समाज तैयार नहीं है तो केवल राजनीतिक दायरे में की गयी क्रांति नाकाम होने के लिए अभिशप्त होगी। अविनेरी को पढ़ने के बाद लगता है कि जैसे वे क्रांति में राजनीतिक पहलक़दमी की भूमिका को कोई ख़ास अहमियत देने के लिए तैयार नहीं हैं।

दूसरी तरफ़ लिचथाइम 1850 से पहले के मार्क्स और 1950 के बाद के मार्क्स को अलग-अलग करके देखते हैं। उनकी मान्यता है कि उन्नीसवीं सदी के पूर्वार्ध के कार्ल मार्क्स का रवैया अधिक आत्मनिष्ठ और पूर्णरूपेण क्रांतिकारी (और काफ़ी कुछ जैकोबिन और ब्लांकीवादी क़िस्म का) था। इसी अवधि में उन्होंने मैनिफ़ेस्टो लिखा और कम्युनिस्ट लीग की सेंट्रल कमेटी के सामने अपना विख्यात भाषण दिया। सदी के उत्तरार्ध में वे क्रमश: बदले और लोकतांत्रिक समाजवाद के पक्ष में उत्तरोत्तर झुकते चले गये। मार्क्स की मृत्यु के बाद तो एंगेल्स ने मार्क्सवाद को क्रांतिकारी के बजाय सुधारवादी ही बना दिया। लंदन में ब्लांकीवादियों के ख़िलाफ़ दिये गये उनके भाषण में इस परिवर्तन के सुराग मिलते हैं। 1864 के भाषण तक आते-आते मार्क्स के विचारों में इस क़दर परिवर्तन हो चुका था कि उनके भाषण को लिचथाइम ने सामाजिक जनवाद के घोषणापत्र की संज्ञा ही दे दी है। पेरिस कम्यून के प्रभाव में मार्क्स एक बार फिर अल्पकाल के लिए कम्युनिस्ट मैनिफ़ेस्टो के यूटोपियन विचारों की तरफ़ लौटे लेकिन लिचथाइम के मुताबिक़ अंतत: वे आधुनिक युग की ज़रूरतों में फ़िट होने वाले दृष्टिकोण का विकास करते पाये गये। लिचथाइम का विचार है कि मार्क्स ने मैनिफ़ेस्टो की क्रांतिकारी भावना का खण्डन कभी नहीं किया, लेकिन व्यवहार में उनके अपने विचारों के विकास में वह भावना कभी आड़े भी नहीं आयी। उन्नीसवीं सदी के आख़िरी दशक के आते-आते (जब मार्क्सवाद के विकास की बागडोर एंगेल्स के हाथों में थी) यह मान ही लिया गया था कि राजसत्ता बंदूक में नहीं वोट में बसती है, और निर्वाचित विधायिका में अगर समाजवादी बहुमत हासिल कर लें तो श्रमिक वर्ग अपने लक्ष्यों को प्राप्त कर सकता है। कुल मिला लिचथाइम 1950 के बाद मार्क्स की और उनके बाद एंगेल्स की जो तस्वीर पेश करते हैं वह क्रांतिकारी की जगह सुधारवादी क़िस्म की है, और नतीजे के तौर पर मार्क्सवाद की उस छवि का खण्डन करती है जिसके मुताबिक़ यह विचारधारा हिंसा में विश्वास करने वाली है।

रिचर्ड मिलर के निष्कर्ष के मुताबिक़ मार्क्स पूँजीपति वर्ग के प्रभुत्व का अंत करने के लिए बड़े पैमाने पर होने वाली संगठित हिंसा को आवश्यक मानते थे। साथ में उनका विचार यह भी था कि ख़ास परिस्थितियों में इस हिंसक संघर्ष से पहले मज़दूर वर्ग चुनावी जीत के दौर से गुज़र सकता है। लेकिन यह जीत हिंसक क्रांति की जगह नहीं ले सकती। यानी मिलर के मुताबिक़ मार्क्स हिंसक क्रांति की प्राथमिकता पर हमेशा ही बल देते रहे। मिलर की बातों से ऐसा लगता है कि जैसे मार्क्स शांतिपूर्ण परिवर्तन की सम्भावना रेखांकित करने के बावजूद क्रांतिकारी हिंसा की वकालत करते थे। इसके अलावा यह भी एक तथ्य है कि मार्क्स ने क्रांति के हिंसक या अहिंसक होने में प्राथमिक या द्वितीयक जैसा वर्गीकरण कभी नहीं किया।

रुस्तम सिंह के मुताबिक़ इसमें कोई शक नहीं कि मार्क्स और एंगेल्स ने पूँजीवादी प्रणाली के संदर्भ में अपनी उन शुरुआती मान्यताओं को संशोधित किया था जो कम्युनिस्ट मैनिफ़ेस्टो के उपर्युक्त उद्धरण का आधार हैं। तब उन्हें लगता था कि पूँजीवादी राजनीतिक संस्थाओं की डिज़ाइन मज़दूर वर्ग को कभी सत्ता हासिल ही नहीं करने देगी। लेकिन अपने उत्तरवर्ती अध्ययनों और प्रेक्षणों के ज़रिये उन्होंने समझ बदली। उन्हें लगा कि कुछ जगहों पर ये संस्थाएँ काफ़ी विकसित हो कर जड़ जमा चुकी हैं। उनका विकास अब उलटा नहीं जा सकता। ऐसी स्थिति में सर्वहारा इन संस्थाओं का इस्तेमाल करके सत्ता पर क़ब्ज़ा करने के बारे में सोच सकता है। यह ज़रूर है कि इन सम्भावनाओं पर विचार करते हुए मार्क्स और एंगेल्स हिंसा का इस्तेमाल करने के श्रमिकवर्गीय अधिकार पर ज़ोर देते रहे। जहाँ-जहाँ पूँजीपति वर्ग शांतिपूर्ण तरीक़े से सत्ता छोड़ने के लिए तैयार नहीं होगा, वहाँ-वहाँ हिंसक साधनों का प्रयोग करना ही होगा। इसी तरह जिन देशों और समाजों में पूँजीपति वर्ग की लोकतांत्रिक संस्थाएँ, रीति-रिवाज़ और परम्पराएँ विकसित नहीं हैं, वहाँ मार्क्स-एंगेल्स के अनुसार केवल हिंसक क्रांति ही श्रेयस्कर है। और तो और, जहाँ हुकूमत बेहद दमनकारी है, वहाँ क्रांतिकारी रणनीति आतंकवादी तौर-तरीक़ों तक का इस्तेमाल कर सकती है।

देखें : कार्ल मार्क्स, मार्क्सवाद, कार्ल मार्क्स अर्थशास्त्री के रूप में, मार्क्सवादी अर्थशास्त्र, फ्रेड्रिख़ एंगेल्स, क्रांति, क्रांति : मार्क्सवादी विमर्श, माओ त्से तुंग, माओवाद और माओ विचार, बोल्शेविक क्रांति, चीन की कम्युनिस्ट क्रांति, क्यूबाई क्रांति, नयी सदी में मार्क्सवादी विमर्श-1, 2, 3, 4, 5, 6, 7, 8 और 9, मार्क्सवादी इतिहास-लेखन, मार्क्सवादी समाजशास्त्र, मार्क्सवाद और पारिस्थितिकी, चे गुएवारा, एंतोनियो ग्राम्शी, निष्क्रिय क्रांति, नियोजन : मार्क्सवादी विमर्श, सोवियत समाजवाद : उत्थान और पतन-1, 2 और 3, स्तालिन और स्तालिनवाद, यूटोपिया, यूटोपिया : अन्य परिप्रेक्ष्य।

संदर्भ

1. ऐडम शैफ़ (1973), 'मार्क्सिस्ट थियरी ऑन रैवोल्यूशन ऐंड वायलेंस', *जर्नल ऑफ़ द हिस्ट्री ऑफ़ आइडियाज़,* खण्ड 34, अंक 2.
2. श्लोमो अविनेरी (1977), *द सोशल ऐंड पॉलिटिकल थॉट ऑफ़ कार्ल मार्क्स,* एस. चांद ऐंड कम्पनी, नयी दिल्ली.
3. जॉर्ज लिचथाइम (1974), *मार्क्सिज़म : ऐन हिस्टोरिकल ऐंड क्रिटिकल स्टडी,* रॉटलेज ऐंड कीगन पॉल, लंदन.
4. रिचर्ड डब्ल्यू. मिलर (1984), *एनालाइज़िंग मार्क्स : मॉरलिटी, पॉवर ऐंड हिस्ट्री,* प्रिंसटन युनिवर्सिटी प्रेस, प्रिंसटन.
5. रुस्तम सिंह (1989), 'स्टैटस ऑफ़ वायलेंस इन मार्क्सिज़ थियरी ऑफ़ रैवोल्यूशन', *इकॉनॉमिक ऐंड पॉलिटिकल वीकली,* खण्ड 24, अंक 4.

— अभय कुमार दुबे

मार्क्सवाद-1

वैज्ञानिकता का दावा : प्रत्यक्षवाद का प्रभाव

(Marxism-1)

मार्क्सवाद, उसकी रूपरेखा और प्रकृति पर चर्चा होते ही पहला सवाल यह उठता है कि हम किस मार्क्सवाद की चर्चा करना चाहते हैं? लेनिन के या रोज़ा लक्ज़ेमबर्ग के? स्तालिन के या ट्रॉट्स्की के? यह सवाल भी पूछा जा सकता है कि लेनिन-स्तालिन-माओ का मार्क्सवाद ही मार्क्सवाद क्यों है, बुख़ारिन, प्रिओब्रैझेन्सकी, लूकाच, ग्राम्शी, लिन प्याओ, तेंग श्याओ पिंग का क्यों नहीं? आख़िर क्या कारण है कि रोज़ा लक्ज़ेमबर्ग या ट्राट्स्की सरीखे नेता इतिहास की पुस्तकों के हाशिये में धकेल दिये गये हैं? उन्हें लेनिन या स्तालिन से कम मार्क्सवादी क्यों मानना चाहिए? इन अहम सवालों के जवाब में कम से कम इतना तो कहा ही जा सकता है कि आज के युग में हमारे पास कोई ऐसी कसौटी बाक़ी नहीं बची है, जिस पर कस कर हम किसी खाँटी मार्क्सवाद की शिनाख़्त कर सकें। और तो और, ऐसा मान लेना कि लेनिन या स्तालिन या माओ का मार्क्सवाद ही ख़ालिस है, प्रकारांतर से यह मान लेना भी होगा कि इतिहास में वही होता है जो होना होता है, वही जीतता है जिसे जीतना होता है और सच उसी का होता है जिसकी जीत होती है। यह सही है कि मार्क्सवाद की प्रचलित व्याख्याओं में ऐसी होनियाँ पुरज़ोर ढंग से मौजूद रहती रही हैं। शायद इसी के आधार पर विजेता को सच का झण्डाबरदार और इतिहास-पुरुष बना कर पेश किया जाता रहा है। मगर आज जब वास्तविक समाजवाद के तमाम क़िले ढह चुके हैं तब क्या यह मान लिया जाए कि यह भी होना ही था? अगर नहीं, तो प्रचलित मार्क्सवाद के दायरे के बाहर यह पता लगाने की ज़रूरत भी आन पड़ती है कि मार्क्सवाद का विकास एक ख़ास दिशा में ही क्यों हुआ? क्या इसके बीज उसके दर्शन और विचारधारा में निहित थे? क्या वह इनसानी आज़ादी की बात सिर्फ़ झाँसा देने के लिए ही कर रहा था? क्या उसका मक़सद सचमुच एक दानवीय तानाशाही खड़ा करने का ही था? अगर नहीं, तो ऐसा क्यों कर हुआ?

मार्क्सवाद के संदर्भ में इसके अमलकर्ता ही उसके दार्शनिक और सिद्धांतकार भी थे। इसलिए मार्क्सवाद सिर्फ़ एक फूहड़ क़िस्म का अमलवाद ही नहीं रहा, बल्कि एक ऐसा दर्शन बन कर उभरा जिसमें सिद्धांत और अमल की एक नायाब एकता क़ायम करने की ख़्वाहिश भी है और कोशिश भी। चूँकि यह एकता बनी-बनायी नहीं मिलती और इसे लगातार गढ़ते रहने की ज़रूरत होती है, इसलिए मार्क्सवाद की चंद विशुद्ध अकादमिक धाराओं पर नज़र डालना भी

ज़रूरी होगा। ये धाराएँ सीधे-सीधे अमल के धरातल से जुड़ी हों या न हों, आम तौर पर उनके सरोकार भी वही हैं जो व्यावहारिक मार्क्सवाद के हैं : समाज के वर्तमान (और अतीत) को और गहरे व पैने ढंग से समझना और उसकी जगह एक नये समाज के वैचारिक उपादान जुटाना।

मार्क्सवाद और प्रत्यक्षवाद : मार्क्सवाद क्या है ? यह अपने आप में बहुत जटिल सवाल है। मार्क्स व एंगेल्स के फ़ौरन बाद ही उनकी बौद्धिक विरासत को लेकर खींचतान, दावे और जवाबी दावे पेश होना शुरू हो गये थे। उन्नीसवीं सदी के आख़िरी दशक में एंगेल्स की मृत्यु के समय पूरे युरोप में मज़दूर वर्ग की पार्टियों का अंतर्राष्ट्रीय संगठन, दूसरा इंटरनैशनल एक ताक़तवर वजूद हासिल कर चुका था। बंर्स्टीन, काउत्स्की, प्लेखानोव, आदि एंगेल्स के जीवनकाल में ही इस संगठन के पुरोधा बन चुके थे। मज़दूर आंदोलन नयी ऊँचाइयों की ओर आगे बढ़ रहा था। आज इसमें ज़्यादा मतभेद की गुंजाइश नहीं कि उसके इस विजयाभियान में ही कहीं उसकी भावी शिकस्त के बीज भी मौजूद थे। इस समय की एक और ख़ासियत थी। युरोप की सरज़मीन पर मार्क्सवाद ने ख़ुद को एक बड़े वैचारिक संघर्ष के ज़रिये प्रतिष्ठित करना शुरू कर दिया था, जो संघर्ष मुख्यतः तमाम तरह के भाववादी (आइडियलिस्ट) दर्शनों के ख़िलाफ़ हो रहा था। इस संघर्ष की पृष्ठभूमि में दो और बातें ग़ौरतलब थीं। पहली यह कि इन फ़ौरी संघर्षों के चलते मार्क्स द्वारा चलाये गये पुराने भौतिकवादी दर्शनों के ख़िलाफ़ संघर्षों की याद्दाश्त काफ़ी हद तक धुँधला गयी थी। याद रहे कि इस सिलसिले में मार्क्स द्वारा फ़ायरबाख़ पर 1845 में लिखी गयी टिप्पणियाँ, जो *थीसिस ऑन फ़ायरबाख़* नाम से मशहूर हैं, पहली बार 1888 में एंगेल्स की किताब *लुडविग फ़ायरबाख़ ऐंड द ऐंड ऑफ़ क्लासिकल जर्मन फ़िलॉसफ़ी* के परिशिष्ट के रूप में छपीं। ख़ुद एंगेल्स के जीवन की शाम तब ढल रही थी। थीसिस का रूसी अनुवाद 1924 में और अंग्रेज़ी तर्जुमा पहली मर्तबा 1938 में द *जर्मन आइडिऑलॅजी* के ब्रिटिश संस्करण के साथ छपा।

दूसरी ग़ौरतलब बात यह है कि प्राकृतिक विज्ञान के बढ़ते क़दमों ने तक़रीबन पिछले तीन सौ सालों से युरोप के बौद्धिक जगत को अपनी चकाचौंध में जकड़ रखा था। चार्ल्स डार्विन द्वारा मनुष्य के क्रम-विकास के संबंध में अपनी विख्यात थियरी पेश किये जाने के बाद तो समाज के विचारकों पर इस पूरी आबोहवा का भरपूर असर पड़ता दिखाई देने लगा था। समाज के विचारकों में भी भौतिक विज्ञान, गणित और जीव-विज्ञान के तर्ज़ पर समाज-विज्ञान गढ़ने की मंशा ज़ोर मारने लगी थी। इन विचारकों में एक ऐसा समाज-विज्ञान ईज़ाद करने की इच्छा थी जो सामाजिक विकास के छिपे हुए नियमों को ढूँढ़ निकाले और उपरोक्त प्राकृतिक विज्ञानों की तरह भी बारीकी के साथ समाज के तमाम रहस्य खोल कर रख सके, तथा उन्हीं की तरह भविष्यवाणियाँ भी कर सकें। ऐसे समाज-विज्ञान की ख़ोज जारी थी जिसे ऑग्यूस्त कॉम्त ने पॉज़िटिव साइंस कहा और जिसके नाम पर इस प्रवृत्ति को पॉज़िटिविज़म या प्रत्यक्षवाद के नाम से जाना गया। एक पॉज़िटिव विज्ञान की शर्त यह थी कि वह मूल्य निरपेक्ष हो, अर्थात् वह उतना ही निरपेक्ष होकर सामाजिक प्रक्रियाओं व परिघटनाओं का अध्ययन करे जितना निरपेक्ष होकर एक वैज्ञानिक बिजली की रफ़्तार या धरती के गुरुत्वाकर्षण का अध्ययन करता है।

मार्क्सवाद भाववादी दर्शनों के ख़िलाफ़ इस बात पर बल दे रहा था कि मानव समाज का इतिहास न तो किसी अलौकिक शक्ति द्वारा चलाया जाता है और न ही वह केवल इनसानी इरादे से आगे बढ़ता है। न तो वह महज़ इत्तफ़ाक है और न ही वह इतना गूढ़ है कि उसके रहस्यों को समझा ही न जा सकता हो। मार्क्सवाद का दावा था कि मानव इतिहास के विकास के कुछ नियम हैं जिनका पता लगाया जा सकता है। उसका दावा यह भी था कि उसने इसका पता लगा लिया है। यहाँ यह बात ज़ोर देकर कहने की ज़रूरत है कि पॉज़िटिविज़म में नियमों के अर्थ मार्क्सवाद में नियमों के अर्थ से बिल्कुल जुदा हैं। यह सही है कि पहले दूसरे इंटरनैशनल के दौर में और फिर स्तालिनवादी संस्करणों में यह फ़र्क़ तक़रीबन भुला दिया गया। तब से लगातार कई टीकाकारों और विचारकों ने इन दोनों में घालमेल किया है, जो आज भी जारी है—ख़ासकर सांस्थानिक मार्क्सवाद के हलक़ों में। मार्क्स जब नियमों की बात करते हैं तो उनका आशय हमेशा रुझानों और प्रवृत्तियों से होता है और वे हमेशा इस बात से बाख़बर रहते हैं कि समाज में हमेशा प्रतिगामी रुझान भी सक्रिय रहते हैं जो इन नियमों को नाकाम कर सकते हैं। यहाँ इस विषय पर और विस्तार में जाना मुमकिन नहीं है, मगर इस फ़र्क़ को ध्यान में रखना ज़रूरी है। यह दीगर बात है कि आज इस पर भी बहस की पूरी गुंजाइश है कि जिस अर्थ में मार्क्स ने नियमों की बात की थी उस रूप में भी क्या उन्हें स्वीकार करना सही होगा? क्या उन अर्थों में भी नियमों की बात की जा सकती है? मार्क्सवादियों में इस विषय पर भी कई बहसें हो चुकी हैं। इतालवी मार्क्सवादी एंतोनियो ग्राम्शी ने जब रूसी क्रांति को 'रैवोल्यूशन अगेंस्ट दास कैपिटल' क़रार दिया था तब भी उनका इशारा इस बात की तरफ़ ही था कि सामाजिक और राजनीतिक जीवन में नियम हमेशा वस्तुपरक या 'फ़ौलादी नियम' नहीं हुआ करते।

बहरहाल, ऐसा लगता है कि किसी मुक़ाम पर ख़ुद मार्क्सवाद पर इस घालमेल का असर पड़ा। वस्तुतः दूसरे इंटरनैशनल के ज़माने से ही मार्क्सवाद भी ऐसे वस्तुपरक

नियमों की बात करने लगा जिनमें इतिहास के बनने-बिगड़ने में इनसानी इरादे और अमल (एक्शन) की भूमिका गौण हो गयी। इनसान का इरादा और अमल दोनों ही इन फ़ौलादी नियमों के बिम्ब मात्र बन कर रह गये। यह समझ 1959 में मार्क्स द्वारा राजनीतिक अर्थशास्त्र की आलोचना में योगदान की मशहूर प्रस्तावना में खींचे गये नक़्शे की एक निहायत यांत्रिक व्याख्या पर आधारित थी। शायद कुछ हद तक इसके बीज इस प्रस्तावना में ही मौजूद थे, क्योंकि इसमें यह इशारा तो किया ही गया है कि आर्थिक नींव के बदलने के साथ-साथ समाज-चेतना का ऊपरी ढाँचा भी कमोबेश तेज़ी से बदल जाता है। मार्क्स ख़ुद इस व्याख्या के लिए ज़िम्मेदार थे या नहीं, यह अपने आप में लम्बी बहस का मुद्दा हो सकता है। फ़िलहाल इतना याद कर लेना उचित होगा कि अपने जीवन के अंतिम सालों में एंगेल्स को इस समस्या से लगातार जूझना पड़ा था और एकाधिक बार इसकी सफ़ाई देनी पड़ी थी। एंगेल्स के ही शब्दो में, 'मार्क्स और मैं, दोनों कुछ हद तक इस बात के लिए ज़िम्मेदार हैं कि कई कम उम्र लोग अक्सर आर्थिक पहलू पर ज़रूरत से ज़्यादा ज़ोर देते हैं। हमें अपने मुख़ालिफ़ लोगों के बरक्स इस पर ज़ोर देना पड़ता था क्योंकि वे इससे इनकार करते थे। बाक़ी पहलुओं की अहमियत पर पर्याप्त ध्यान देने का हमें न तो समय मिला न मौक़ा।' अपने इसी ख़त में एंगेल्स ने यह दावा भी किया था ऐतिहासिक भौतिकवाद की मान्यता है कि आर्थिक कारण इतिहास के अंततः निर्णायक कारक होते हैं और अगर कोई घुमा कर यह कहता है कि वह (आर्थिक कारण) ही एकमात्र निर्णायक कारक है तो वह इस प्रस्थापना को एक बेमानी, अमूर्त फ़िकरे में बदल कर रख देता है।

यहाँ एक और प्रसंग उल्लेखनीय है। यह प्रसंग रूस के किसान कम्यूनों से ताल्लुक़ रखता है। उन्नीसवीं सदी के उत्तरार्ध में रूस में नारोदनया वोल्या या पीपल्स विल (लोक/जन इरादा) नाम से किसानों और कृषि-समाज को आधार बना कर पूँजीवाद का विरोध करने वाला एक ज़बरदस्त आंदोलन हुआ करता था। रूसी समाज में कृषि-कम्यूनों का एक ऐसा ढाँचा था जिसकी बुनियाद सामूहिक रिश्तों में थी, और जो पूँजीवादी समाज की व्यक्ति-केंद्रिकता पूरी तरह अछूता था। जन इरादा के लोगों का मानना था कि रूस में इस कम्यून को और उसकी समूहिकता को आधार बना कर सीधे समाजवाद की तरफ़ बढ़ा जा सकता है— यानी पूँजीवादी चरण को लाँघ कर समाजवाद की रचना की जा सकती है। इसी नारोदनया वोल्या से निकल कर मार्क्सवादी बने एक समूह के नेता थे प्लेखानोव, वेरा ज़ासुलिच, आदि। इनका मानना था कि पूँजीवाद इतिहास की एक लाज़मी मंज़िल है और रूस को भी इसी रास्ते में गुज़रते हुए समाजवाद की तरफ़ जाना होगा। इसी बहस के दौरान ही वेरा ज़ासुलिच ने मार्क्स को एक ख़त लिख कर इस मसले पर उनकी राय माँगी। उस ज़माने में मार्क्स ख़ुद इस विकट समस्या से जूझ रहे थे और ख़ुद रूसी भाषा सीख कर भाषाई स्रोतों के ज़रिये रूस के कृषि समाज की बारीक़ियों का अध्ययन करने की कोशिश कर रहे थे। ख़त पा कर उन्होंने उसका जवाब देने के इरादे से चार अलग-अलग मसविदे तैयार किये। उनके पसोपेश का अंदाज़ा इस बात से लगाया जा सकता है कि अंत में वे इनमें से एक भी मसविदा ज़ासुलिच को न भेज पाये। उनकी मृत्यु के बाद एंगेल्स ने आख़िरी मसविदा उन्हें भेजा मगर क़िस्मत का फेर देखिये कि वह दबा दिया गया। एंगेल्स ने कई बार तगादे किये मगर कोई फ़र्क़ न पड़ा। बोल्शेविकों के पास भी यह सालों तक दबा पड़ा रहा। दिलचस्प बात है कि कई उतार-चढ़ाव के बाद 1923 में निकोलाएव्स्की नाम के एक मेंशेविक ने इसे सबसे पहले छापा। इसके बाद बोल्शेविकों को मजबूरी में इसे छापना पड़ा, इस टिप्पणी के साथ कि इन्हें लिखते वक़्त मार्क्स की बौद्धिक क्षमताओं का क्षय हो रहा था।

देखें : अर्नेस्टो चे गुएवारा, आधार और अधिरचना, ऑस्कर रायज़ार्ड लांगे, आंगिक और पारम्परिक बुद्धिजीवी, एंतोनियो ग्राम्शी, कार्ल हाइनरिख़ मार्क्स-1 से 4 तक, क्रांति, क्रांति : मार्क्सवादी विमर्श, ग्योर्गी लूकाच, नयी सदी में मार्क्सवादी विमर्श-1 से 9 तक, निष्क्रिय क्रांति, पेटी बूर्ज्वा, फ्रेड्रिख़ एंगेल्स, फ्रैंकफ़र्ट स्कूल, भारत में किसान संघर्ष-2 और 4, भारतीय कम्युनिस्ट पार्टी, भारतीय कम्युनिस्ट पार्टी (मार्क्सवादी), भारतीय इतिहास लेखन, भाषा के मार्क्सवादी सिद्धांत, भ्रांत चेतना, बोल्शेविक क्रांति, फ्रांस्वा-चार्ल्स मारी फ़ूरिये, क्यूबा की क्रांति, फ्रेंज़ फ़ानो, हिंसा-1 और 2, मानवेंद्र नाथ राय, माओ त्से-तुंग, माओवाद और माओ विचार, मार्क्सवादी इतिहास-लेखन, मार्क्सवादी समाजशास्त्र, मार्क्सवाद और पारिस्थितिकी, मार्क्सवादी अर्थशास्त्र, मिख़ाइल मिख़ाइलोविच बाख़्तिन, समाजवादी वसंत-1 से 4 तक, रॉबर्ट ओवेन, राज्य की मार्क्सवादी अवधारणा, लेनिनवाद, लियोन ट्रॉट्स्की, लिबरेशन थियोलॅजी, सर्वहारा, सांस्कृतिक क्रांति, सैं-सिमों, स्तालिन और स्तालिनवाद, सोवियत समाजवाद-1 से 3 तक, सोवियत सिनेमा, वर्चस्व, व्लादिमिर इलीच लेनिन।

संदर्भ

1. हेलमुट फ़्लेशेर (1973), *मार्क्सिज़म ऐंड हिस्ट्री,* एलन लेन, लंदन.
2. जेरल्ड कोहेन (2000), *कार्ल मार्क्सेज़ थियोरी ऑफ़ हिस्ट्री - अ डिफ़ेंस,* 2000, प्रिंसटन युनिवर्सिटी प्रेस, प्रिंसटन.
3. एत्येन बालिबार (1995), द *फ़िलॉसफ़ी ऑफ़ मार्क्स,* वर्सो, लंदन व न्यूयॉर्क.
4. कैरी नेल्सन व लॉरेंस गोसबर्ग (1988), *मार्क्सिज़्म ऐंड द इंटरप्रिटेशन ऑफ़ कल्चर,* युनिवर्सिटी ऑफ़ इलिनॉय प्रेस, इलिनॉय.
5. लुई अलथुसे, *फ़ॉर मार्क्स,* 2005, वर्सो, लंदन.

—आदित्य निगम

मार्क्सवाद-2

रीइफ़िकेशन बनाम ज्ञानमीमांसात्मक विच्छेद

(Marxism-2)

एंगेल्स की चेतावनी के बावजूद मार्क्सवाद में फ़ौलादी आर्थिक नियम तलाशने का सिलसिला जारी रहा। वेरा ज़ासुलिच वाला यह प्रकरण इसी बात को रेखांकित करता है। लेनिन के जीवनकाल में शायद एक समय ऐसा है जो आंशिक रूप से अपवाद माना जा सकता है, मगर उसके बाद तीसरे इंटरनैशनल में भी उसका यही हश्र हुआ। यहाँ आंशिक रूप से इस तथ्य पर ज़ोर देना ज़रूरी है क्योंकि ख़ुद लेनिन की रहनुमाई में ही, उनके ग्रंथ *डिवेलपमेंट ऑफ़ कैपिटलिज़्म इन रशिया* में इस धारणा को और रूढ़ किया गया था कि रूस को भी पूँजीवाद के रास्ते ही समाजवाद की ओर जाना होगा। लेनिन को बेशक़ 1917 में इंक़लाब एक अपेक्षाकृत पिछड़े देश में करना पड़ा हो, मगर गयी सदी के आख़िरी बरसों में उनकी दीक्षा भी उसी पाज़िटिविस्ट मार्क्सवाद में हुई थी जिसके ख़िलाफ़ उन्हें इंक़लाब करना पड़ा। लेनिन की यह ख़ूबी ज़रूर थी कि वे नये तजरुबों के आधार पर अपने मार्क्सवाद को लगातार संशोधित करते रहते थे। ऐसा साहस उनके बोल्शेविक अनुयायियों में देखने को नहीं मिलता है।

बहरहाल, मार्क्स कोई बने बनाये, पके-पकाये, साठ साल की उम्र के एक विचारक के रूप में तो अवतरित नहीं हुए थे। उनके बौद्धिक विकास की भी एक अलग कहानी है। उससे भला कैसे पीछा छूटता? लिहाज़ा, 1932 में डी. रियाज़ानोव नामक एक मशहूर रूसी आलिम ने सन् 1844 की एक पुरानी पांडुलिपि खोज निकाली और *पेरिस मैनुस्क्रिप्ट्स* या *इकॉनॉमिक ऐंड फ़िलॉसॉफ़िकल मैनुस्क्रिप्ट्स* नाम से उसे प्रकाशित किया। यह दस्तावेज़ मार्क्स की जवानी में लिखे हुए नायाब आलेखों का संकलन था, जो अधूरे तो थे मगर जिसने मार्क्स और उनके वाद पर नये सिरे से नज़र डालने की प्रक्रिया चालू कर दी। सहूलियत के लिए इसे हम इस लेख में पेरिस पांडुलिपियाँ या सिर्फ़ पांडुलिपियाँ ही कहेंगे। इन पांडुलिपियों में मार्क्स ने राजनीतिक अर्थशास्त्र की अपनी पहली आलोचना रखी है जिनमें उनके मानवतावादी सरोकार पुरज़ोर ढंग से झलकते हैं। एक मायने में दूसरे और तीसरे इंटरनैशनल के यांत्रिक मार्क्सवाद की तुलना में यह पांडुलिपि इनसानी फ़ितरत (ह्यूमन नेचर) और पूँजीवादी समाज में उसके बेगानेपन (एलिएनेशन) पर विस्तार से चर्चा करती है। एक मायने में, इन पांडुलिपियों का छपना मार्क्सवाद के इतिहास में एक विरल घटना थी।

इस घटना के बाद शुरू होता है मार्क्सवाद के विकास का एक नया दौर जिसके तहत एक नयी धारा पनपी जो पुरानी के समानांतर चलने लगी। हंगरी के ग्योर्ग लूकाच के बाद से यह धारा और ज़्यादा प्रबल होती चली गयी। यह एक ज़बरदस्त इत्तफ़ाक़ ही था कि इन पांडुलिपियों के आविष्कार से कोई एक दशक से भी ज़्यादा पहले, लूकाच ने अपनी किताब *हिस्ट्री ऐंड क्लास कांशसनेस* में स्वतंत्र रूप से, 'रीइफ़िकेशन' के नाम से उन्हीं तमाम सरोकारों की टोह ली थी जिन्हें मार्क्स ने बेगानेपन का नाम दिया था। बहुत कुछ मार्क्स की ही तरह लूकाच ने भी इस अजनबियत की जड़ें पूँजीवाद के उस दोहरे किरदार में ढूँढी थीं जिसके कारण एक तरफ़ वह हर शै का 'कमॉडिफ़िकेशन' कर देता है, तो दूसरी तरफ़, पैदावार की प्रणाली का मशीनीकरण और विखण्डन (फ्रैग्मेंटेशन) करके इनसानी शख़्सियत को भी ख़ुद से बेगाना (सेल्फ़-एस्ट्रेंजमेंट) बना देता है। मार्क्सवाद के इस संस्करण में उसके मानवतावादी सरोकारों को केंद्र में रखा गया और सांस्थानिक मार्क्सवाद की यांत्रिक समझ के ख़िलाफ़ इसे एक कारगर हथियार के रूप में खड़ा किया गया। किन्हीं ख़ास कारणों से यह धारा संगठित कम्युनिस्ट आंदोलन में कोई असरदार हाज़िरी दर्ज नहीं करा पायी लेकिन वैचारिक स्तर पर एक ज़माने में इसकी एक ज़ोरदार भूमिका रही है। उस ज़माने के, ख़ासकर स्तालिन व स्तालिनोत्तर युग के अंधकारमय दौर में, समाजवादी मानवतावाद या सोशलिस्ट ह्यूमनिज़्म ने मार्क्सवाद की शमाँ जलाये रखी। लेकिन इस मानवतावाद की भी अपनी सीमाएँ थी जो जल्द ही सामने आनी थीं।

मार्क्स की विरासत पर इस बहस को एक नये मुक़ाम पर पहुँचाया फ्रांस के प्रख्यात दार्शनिक लुई अलथुसे ने। उन्होंने जवान मार्क्स बनाम बुज़ुर्ग मार्क्स की दो अलग-अलग विरासतों को चर्चा को केंद्र बनाया। अलथुसे के अनुसार जो जवान मार्क्स पांडुलिपियों के माध्यम से उजागर होते हैं वे प्राक्-मार्क्सवादी मार्क्स हैं जो उस वक़्त अपनी हीगेलीय व फ़ायरबाख़ीय विरासत से जूझ रहे हैं। जिनके सरोकार तो बुज़ुर्ग मार्क्स जैसे ही हैं, मगर जिनकी भाषा, शब्दावली और सैद्धांतिक ढाँचा 'वैज्ञानिक' नहीं है। उन्होंने इस ओर ध्यान दिलाया कि 1845-46 के दौरान ही पहली बार मार्क्स वह 'वैज्ञानिक अवधारणाएँ' और पद पेश करते हैं जो आगे चलकर मार्क्सवाद की बुनियादी अवधारणाएँ बनकर सामने आती हैं : उत्पादन प्रणाली, उत्पादन संबंध, उत्पादक शक्तियाँ वग़ैरह। 1844 के मार्क्स का नज़रिया फ़ायरबाख़-परस्त नज़रिया है— ऐसा अलथुसे का तर्क था। इसके आधार पर उन्होंने राय दी कि 1845-46 में मार्क्स अपनी ज्ञानमीमांसा के एक पूर्णतः नये चरण में दाख़िल होते हैं। उन्होंने इसे 'ज्ञानमीमांसात्मक विच्छेद' (एपिस्टेमोलॅजिकल ब्रेक) की

संज्ञा दी। यहाँ इस पद के आशय को समझना ज़रूरी है।

यहाँ विच्छेद के मानी हैं कि बेशक़ इससे पहले और इसके बाद मार्क्स के सरोकार वही रहे हों, पर दुनिया को (और उन सरोकारों को) देखने-समझने का उनका तरीक़ा बुनियादी तौर पर बदल गया था। दूसरे शब्दों मे कहा जाए तो बकौल अलथुसे इस विच्छेद से पहले मार्क्स का नज़रिया अवैज्ञानिक व 'आइडियोलॅजिकल' था। विच्छेद के बाद उन्होंने एक नये विज्ञान की बुनियाद रखी। अलथुसे की राय में 'विज्ञान' और 'आइडियोलॅजी' दुनिया को देखने के दो परस्पर विरोधी अंदाज़ हैं। 'आइडियोलॅजी' का अर्थ यहाँ हिंदी में उसके प्रचलित अर्थ यानी 'विचारधारा' से बिल्कुल जुदा है। मार्क्सवाद की ही कुछ व्याख्याओं में इसे, बतर्ज़ एंगेल्स, मोटे तौर पर 'भ्रांत चेतना' के रूप में समझा गया है। आम तौर पर समाज-विज्ञान में भी इससे मिलते जुलते अर्थों में इस पद का इस्तेमाल होता आया है। अलथुसे की रचनाओं में 'आइडियोलॅजी' के मायने इससे भी कुछ अलग हैं: 'आइडियोलॅजी' न तो भ्रांत चेतना है और न ही उसकी पहचान 'सच' और 'झूठ' के आधार पर हो सकती है। 'आइडियोलॅजी' तो अर्थों का पूरा तंत्र है, जो यथार्थ के साथ एक ख़याली रिश्ता क़ायम करता व रखता है। इससे वह 'ग़लत', 'असत्य' या 'झूठ' नहीं हो जाता बल्कि व्यक्ति को एक सब्जेक्ट के रूप में गढ़ता है। लिहाज़ा उसका ताल्लुक़ दुनिया के उस अक्स या नक़्श / नक़्शे (रिप्रेज़ेंटेशन) से है जो सब्जेक्ट और उसकी दुनिया के रिश्ते को परिभाषित करता है। आइडियोलॅजी के ज़रिये ही रोज़मर्रा ज़िंदगी का अमल मुमकिन हो पाता है। इस मायने में उसका काम ज्ञान से नहीं, अमल (प्रैक्टिस) से ताल्लुक़ रखता है। लिहाज़ा इस अर्थ में आइडियोलॅजी व आइडियोलॅजिकल के लिए ख़याल / ख़यालबंद / ख़यालबंदी पद बेहतर मालूम पड़ते हैं। अपने इस तर्क में अलथुसे पांडुलिपियों के 'मार्क्सवाद' को एक (अवैज्ञानिक) ख़याल मानते हैं और दावा करते हैं कि वास्तव में मार्क्सवाद को एक अ-मानवतावादी दर्शन है। यहाँ अ-मानवतावाद मार्क्सवाद के सरोकारों के संबंध में नहीं, बल्कि उसके ज्ञान-दर्शन के संबंध में इस्तेमाल किया गया है : तर्क यह है कि मार्क्सवाद के लिए मानव-समाज के विश्लेषण की इकाई मानव नहीं, उत्पादन प्रणाली और उत्पादन के रिश्ते हैं।

मार्क्सवाद की विरासत पर बहस आज भी जारी है। एक दूसरे ही छोर पर ऐसे ग़ैर-मार्क्सवादी चिंतक/विचारक भी हैं जिनका यह मानना है कि मार्क्स के बाद दुनिया की हर विचारधारा, हर फ़लसफ़ा, उसकी विरासत की क़र्ज़दार है। मिसाल के तौर पर फ्रांस के उत्तर-आधुनिक वि-संरचनावाद के प्रणेता देरिदा का यह स्पष्ट मत है कि ख़ुद वि-संरचनावाद मार्क्सवाद से पहले के ज़माने में नामुमकिन था। अगर ऊपर के जवान मार्क्स बनाम बुज़ुर्ग मार्क्स वाली बहस को बारीकी से देखें तो इसमें एक तीसरी धारा मिलती है। साथ ही ऐसी भी राय मौजूद है जो यह मानती है कि, हालाँकि अलथुसे कई महत्त्वपूर्ण बातों की ओर ध्यान दिलाते हैं, फिर भी मार्क्स की ख़ोज में एक निरंतरता है जिसे ब्रेक या विच्छेद की संज्ञा नहीं दी जा सकती है। ऐसा मानने वालों में बहुतायत ऐसे विचारकों की है जो यह मानते हैं कि वैज्ञानिक मार्क्स की चिंताओं का केंद्र भी इनसान ही है।

मार्क्सवाद का ज्ञान-दर्शन : मार्क्सवाद और उसके मौजूदा संकट को समझने से पहले यह भी जान लेना ज़रूरी है कि इसे कैसे समझा जाए? मार्क्स के लिए बुनियादी सवाल यह था कि ज्ञानार्जन का क़ायदा (मेथड) क्या हो?

इस सिलसिले में आमतौर पर दो प्रचलित धाराएँ हैं जो मार्क्सवाद के किसी एक पहलू को ज़्यादा अहमियत देकर वस्तुत: उसकी द्वंद्वात्मक दृष्टि गँवा बैठती हैं। एक मान्यता यह है कि मार्क्स अपने ज्ञान-दर्शन में अमल या प्रैक्टिस को तरजीह देते हैं, इसलिए हर थियरी का सच ज़मीनी या ठोस वास्तविकताओं के धरातल पर ही परखा जा सकता है। यही ज्ञानार्जन की प्रक्रिया का शुरुआती बिंदु है और अंतत: यहीं हर ज्ञान को लौटना होता है। दूसरी मान्यता *ग्रुंड्रिसे* में मिलने वाले मार्क्स के इस कथन पर आधारित है कि एकमात्र सही वैज्ञानिक क़ायदा वही है जो अमूर्त (ऐब्स्ट्रैक्ट) से मूर्त (कांक्रीट) की ओर बढ़ता है। इस मत के अनुसार किसी वैज्ञानिक अनुसंधान की शर्त यह है कि वैज्ञानिक के पास कोई सैद्धांतिक ढाँचा या थ्योरी हो— बिना उसके वास्तविक दुनिया में तथ्यों की अराजकता में डूब के रह जाने के सिवाय कुछ नहीं हो सकता।

इस मुक़ाम पर यह कहना ज़रूरी है कि मार्क्स के लिए दोनों ही बातें सही हैं और ज्ञानार्जन की एक ही प्रक्रिया के ये दो पहलू हैं। मूर्त से या ठोस से ज्ञान की शुरुआत होती है जो अमूर्त या ऐब्स्ट्रेक्शन तक जाती है— यानी इनसान अपनी इंद्रियों से जो महसूस करता है उसका जब वह अपने मौजूदा ज्ञान से मिलान करने की प्रक्रिया में अपनी अवधारणाएँ (कॉन्सेप्ट) या थियरी बनाता है। मार्क्स का मानना है कि इन अवधारणाओं और सिद्धांतों से लैस हो कर मनुष्य (वैज्ञानिक) मूर्त या ठोस वास्तविकता की ज़मीन पर लौटता है, मगर इस बार वह उसे और गहराई से समझ सकता है। यह ज्ञानार्जन का दूसरा चरण है जो उसके पहले चरण (अहसास) से ज़्यादा पुख़्ता है। इस तरह हर बार अमूर्त या ऐब्स्ट्रैक्ट पर लौटते हुए वह अपने अवधारणागत (कॉन्सेप्चुअल) औज़ारों को और पैना करता है और फिर उन्हीं औज़ारों के साथ हक़ीक़त की ज़मीन पर लौटता है। हर एक चरण से दूसरे चरण के दरमियान बौद्धिक कर्म की एक प्रक्रिया है जो हमारे ज्ञान को और सुदृढ़ बनाती है। लिहाज़ा,

अमल को तरज़ीह देने के बावजूद मार्क्स के लिए बौद्धिक कर्म के बिना कोई वैज्ञानिक ज्ञान पैदा नहीं हो सकता है। इसीलिए मार्क्स मानते थे कि किसी भी सिद्धांत या थियरी की आख़िरी परख सिर्फ़ अनुभव या तजरुबे के धरातल पर नहीं हो सकती। दोनों धरातलों पर ही किसी थियरी की परख मुक़म्मल हो सकती है।

मार्क्सवाद के ज्ञान-दर्शन से संबंधित यह चर्चा इसलिए ज़रूरी थी, क्योंकि पिछले सालों में समाजवाद के ढह जाने के बाद बड़े ज़ोर-शोर से मार्क्सवाद के अंत की भी बात कही जा रही है। ग़ैर-मार्क्सवादी तो ऐसा कह ही रहे हैं, कई पूर्व-मार्क्सवादी भी यह मानने लगे हैं। लेकिन मार्क्सवाद का ही तकाज़ा है कि समाजवाद के ढह जाने के तजरुबों / तथ्यों को लेकर एक बार फिर अपने सैद्धांतिक ढाँचे की ओर लौटा जाए और उसमें मौजूद अवधारणागत औज़ारों को पुनः टटोलते हुए उनकी निर्मम जाँच की जाए।

देखें : अर्नेस्टो चे गुएवारा, आधार और अधिरचना, ऑस्कर रायज़ार्ड लांगे, आंगिक और पारम्परिक बुद्धिजीवी, एंतोनियो ग्राम्शी, कार्ल हाइनरिख़ मार्क्स-1 से 4 तक, क्रांति, क्रांति : मार्क्सवादी विमर्श, ग्योर्गी लूकाच, नयी सदी में मार्क्सवादी विमर्श-1 से 9 तक, निष्क्रिय क्रांति, पेटी बूर्ज़्वा, फ्रेड्रिख़ एंगेल्स, फ्रैंकफ़र्ट स्कूल, भारत में किसान संघर्ष-2 और 4, भारतीय कम्युनिस्ट पार्टी, भारतीय कम्युनिस्ट पार्टी (मार्क्सवादी), भारतीय इतिहास लेखन, भाषा के मार्क्सवादी सिद्धांत, भ्रांत चेतना, बोल्शेविक क्रांति, फ्रांस्वा-चार्ल्स मारी फ़ूरिये, क्यूबा की क्रांति, फ्रेंज़ फ़ानो, हिंसा-1 और 2, मानवेंद्र नाथ राय, माओ त्से-तुंग, माओवाद और माओ विचार, मार्क्सवादी इतिहास-लेखन, मार्क्सवादी समाजशास्त्र, मार्क्सवाद और पारिस्थितिकी, मार्क्सवादी अर्थशास्त्र, मिख़ाइल मिख़ाइलोविच बाख़्तिन, समाजवादी वसंत-1 से 4 तक, रॉबर्ट ओवेन, राज्य की मार्क्सवादी अवधारणा, लेनिनवाद, लियोन ट्रॉट्स्की, लिबरेशन थियोलॅजी, सर्वहारा, सांस्कृतिक क्रांति, सैं-सिमों, स्तालिन और स्तालिनवाद, सोवियत समाजवाद-1 से 3 तक, सोवियत सिनेमा, वर्चस्व, व्लादिमिर इलीच लेनिन।

संदर्भ

1. हेलमुट फ्लेशेर (1973), *मार्क्सिज़म ऐंड हिस्ट्री,* एलन लेन, लंदन.
2. जेरल्ड कोहेन (2000), *कार्ल मार्क्सेज़ थियोरी ऑफ़ हिस्ट्री - अ डिफ़ेंस,* 2000, प्रिंसटन युनिवर्सिटी प्रेस, प्रिंसटन.
3. एत्येन बालिबार (1995), *द फ़िलॉसफ़ी ऑफ़ मार्क्स,* वर्सो, लंदन व न्यूयॉर्क.
4. कैरी नेल्सन व लॉरेंस गोसबर्ग (1988), *मार्क्सिज़म ऐंड द इंटरप्रिटेशन ऑफ़ कल्चर,* युनिवर्सिटी ऑफ़ इलिनॉय प्रेस, इलिनॉय.
5. लुई अलथुसे, *फ़ॉर मार्क्स,* 2005, वर्सो, लंदन.

—आदित्य निगम

मार्क्सवाद-3

ऐतिहासिक भौतिकवाद : नियम से होनी तक का सफ़र

(Marxism-3)

समाजवादी प्रयोग की ऐतिहासिक पराजय ने बड़े पुरज़ोर ढंग से यह सवाल हमारे सामने पेश किया है कि इतिहास क्या वाकई एक नियमबद्ध प्रक्रिया है? इसी से जुड़ा, मगर एक दर्जा नीचे का सवाल यह है कि क्या मार्क्सवाद ने इतिहास की नियम-रूपी कुंजियों को ढूँढ निकालने का जो दावा किया था, क्या वह सही था? ये सवाल आज इसलिए उठ रहे हैं, क्योंकि मार्क्सवाद की प्रचलित व्याख्याओं में इतिहास एक सीधी लकीर पर अग्रसर होने वाली प्रकिया थी जिसके कुछ निश्चित चरण थे। ऐसा मान लिया गया था कि मानव इतिहास कुछ इस प्रकार विकसित हुआ है : आदिम साम्यवाद, दास-समाज, सामंतवाद, पूँजीवाद, समाजवाद (जो साम्यवाद का निचला चरण है), साम्यवाद (जो समाज की अंतिम मंज़िल है)। इतिहास के इस ख़ाके को सार्विक मान लिया गया था और हर समाज में ऐसे चरण ख़ोज निकालने की कोशिश होने लगी थी। बहरहाल, इतने सपाट रूप में इतिहास का चित्रण बहुत दिन तो नहीं चल पाया और बहुत जल्दी ही यह पता चल गया कि अतिविकसित पूँजीवाद के साथ एक ही समय में आदिम साम्यवाद कहे जाने वाले समाज भी मौजूद हैं। लिहाज़ा पिछले कई दशकों में ऐसा मानने वाले मार्क्सवादियों की संख्या लुप्त होती चली गयी। मगर यह भी सही है कि इस समझ के पीछे काम कर रही मान्यताएँ और नज़रिया वही रहा— इतिहास के कुछ फ़ौलादी नियम हैं जो उसे निरंतर एक तयशुदा मंज़िल की ओर धकेले लिए जा रहे हैं और यह मंज़िल साम्यवाद है जिसके वाहक सर्वहारा वर्ग और कम्युनिस्ट पार्टी है।

अपने संशोधित संकलन में यह थियरी ख़ास ऐतिहासिक चरणों की बात तो करती थी, मगर इतना भर उसने कहना छोड़ दिया था कि इतिहास काल की रेखा पर इसी तरह अग्रसर होता आया है। ज़ाहिर है, इसमें कुछ और परेशानियाँ भी थीं— मार्क्स का ख़ुद का एशियाई समाजों पर लेखन इस समझ को ख़ारिज कर देता है; क्योंकि उनके अनुसार एशियाई समाजों में सामंतवाद था ही नही। यहाँ सम्पत्ति का मालिक राज्य ही था। इसे मार्क्स ने एशियाई उत्पादन प्रणाली (एशियाटिक मोड ऑफ़ प्रोडक्शन) और ओरिएंटल डिस्पॉटिज़्म, आदि कहा था। क्या मार्क्स ऐसा मानते थे? अगर हाँ, तो उनके लिए ऐतिहासिक भौतिकवाद की व्याख्या देना सम्भव नहीं होता।

ऐतिहासिक भौतिकवाद की इस व्याख्या का दूसरा पहलू था कि उसने उत्तरोत्तर फ़ौलादी नियमों की जकड़ के चलते, और इस विश्वास के चलते कि उसने इन नियमों को ख़ोज निकाला है, ऐसी होनियों में यक़ीन करना शुरू कर दिया था जिनका शुरू में इशारा किया गया है। नियम से होनी तक का सफ़र काफ़ी सीधा और सरल था— अगर यह मान लिया जाए कि इतिहास ऐसे फ़ौलादी नियमों के ज़रिये आगे बढ़ता है तो यह नतीजा निकलता है कि जो कुछ भी इतिहास में घटता है वह उन नियमों का ही फल है। लिहाज़ा इतिहास में वही होता है जो होना होता है।

मगर ये नियम क्या थे, और कहाँ से आये? मूलतः ये नियम इस प्रकार हैं : पहला, अपनी ज़िंदगी जीने के लिए इनसान लगातार उत्पादन करता है। दूसरा, इस प्रक्रिया में वह अपने उत्पादन के औज़ार बेहतर करता चला जाता है। इनका निरंतर विकास एक अमोघ नियम है। तीसरा, उत्पादन के ये औज़ार (या उत्पादन की भौतिक शक्तियाँ) ही समाज में ख़ास तरह के पैदावार के रिश्ते बनाती हैं। मिसाल के तौर पर अगर ये औज़ार निचले दर्जे के हैं तो ज़्यादा श्रम और अक्सर सामूहिक श्रम ज़रूरी हो सकता है। जैसे-जैसे ये विकसित होते हैं वैसे-वैसे कम श्रम में ज़्यादा उत्पादन हो सकता है, अतिरिक्त उत्पादन सम्भव हो जाता है और तभी ज़रूरत से ज़्यादा इस अतिरिक्त को हड़पने की कोशिश भी होती है। चौथा, पैदावार के रिश्ते जब तक उत्पादन की शक्तियों के विकास में सहायक होते हैं तभी तक एक ख़ास तरह की समाज व्यवस्था क़ायम रह पाती है। एक समय आता है जब इनमें टकराव शुरू हो जाता है और तब सामाजिक क्रांति का दौर शुरू होता है, सामाजिक उत्पादन के नये रिश्ते गढ़ने का संघर्ष। पाँचवाँ, अर्थव्यवस्था के भीतर हो रहा यह संघर्ष चिरंतन है— वर्ग संघर्ष है और यह तब तक चलेगा जब तक समाज में ऐसे उत्पादन के रिश्ते क़ायम नहीं हो जाते जिनमें उत्पादन शक्तियों का बेलगाम विकास हो सके।

इस नज़रिये से देखें तो नतीजा निकलता है कि राजनीतिक जगत और चेतना जगत में जो कुछ होता है वह एक मायने में निमित्त मात्र (एपिफ़िनामिना) है। इसकी असलियत आर्थिक नींव में है। राजनीति और चेतना जगत तो इसके बिम्ब मात्र है। शुरू में ही ज़िक्र किया जा चुका है कि बकौल एंगेल्स, वे और मार्क्स ही काफ़ी हद तक इसके लिए ज़िम्मेदार थे। यह सही है कि मार्क्स या एंगेल्स ने इस विषय में विभिन्न कारणों से साफ़गोई नहीं बरती। मिसाल के तौर पर वह विवादास्पद 1959 की प्रस्तावना को ही लें, तो उसमें ही मार्क्स आगे कहते हैं कि जहाँ आर्थिक जगत में बदलाव बहुत तेज़ी से आ जाते हैं वहीं राजनैतिक जगत में इनसान सचेत न होने के कारण लड़ता रहता है।

बहरहाल, ऐतिहासिक भौतिकवाद की इस व्याख्या का एक नतीजा यह हुआ कि आर्थिक नींव इस सैद्धांतिक ढाँचे में अंततः राजनीति-शून्य अर्थव्यवस्था बन कर रह गयी। इतिहास की इस व्याख्या में उत्पादनवाद ही हावी हो गया। इसी के प्रभाव के कारण समाजवादी देश आत्मसंतोष किये बैठे थे कि इतिहास में उत्पादन ही असली सच है और बाक़ी सब माया है। वे यह भूल गये थे कि मनुष्य एक सचेतन राजनीतिक जीव है जिसकी अन्य आकांक्षाएँ भी होती हैं, और जिनका पूरा होना आवश्यक होता है। जबकि असलियत यह थी कि ख़ुद मार्क्स के लिए अर्थव्यवस्था ख़ुद एक राजनीतिक शै थी और *पूँजी* के पहले खण्ड में उन्होंने पूँजीवादी श्रम प्रक्रिया के तमाम राजनीतिक आयामों को खोलकर सामने रखा था।

मशहूर इतालवी दार्शनिक लूचियो कोलेटी ने इसी विषय पर रोशनी डालते हुए कहा है— 'ऐसा नहीं था कि मार्क्स ने विशुद्ध आर्थिक विश्लेषण से शुरुआत की हो और फिर उसमें ऐतिहासिक और राजनीतिक तत्त्वों के तथ्य भर दिये हों। उन्होंने दो अलग पैमानों को लेकर अपना काम नहीं किया, बल्कि शुरुआत से ही ऐसी अवधारणाओं का इस्तेमाल किया जो अपने अंदरूनी, बुनियादी ढाँचे में, एकबारगी उत्पादन के कारण भी थे और सामाजिक-ऐतिहासिक कारिंदे भी। उनकी अवधारणाएँ आर्थिक और ऐतिहासिक दोनों थीं और हैं।' कोलेटी अपने समर्थन में प्रख्यात अर्थशास्त्री जोसेफ़ शुमपीटर के निम्नलिखित बयान को उद्धृत करते हैं : 'हमने देखा किस तरह मार्क्सवादी तर्क में समाजशास्त्र और अर्थशास्त्र एक दूसरे में गुँथे हुए हैं। अपनी नीयत में और कुछ हद तक असल व्यवहार में दोनों एक हैं... श्रम की आर्थिक अवधारणा और सामाजिक वर्ग के रूप में सर्वहारा आपस में सिद्धांततः एक बना दिये गये हैं।' फ्रांस के संरचनावादी मार्क्सवादी निकोस पूलांत्साज़ भी इसी विषय पर तफ़सील से चर्चा करते हुए कहते हैं— 'यह ज़रूरी है कि हम ख़ुद को उस औपचारिकतावादी-अर्थवादी नज़रिये से दूर रखें, जिसके मुताबिक़ अर्थव्यवस्था ऐसे तत्त्वों से मिलकर बनती है जो तमाम उत्पादन प्रणालियों में अपरिवर्तित ही रहते हैं... ऐसे नज़रिये में उन संघर्षों की भूमिका धूमिल हो जाती है जो उत्पादन और शोषण के रिश्तों के भीतर समाये होते हैं।' वे आगे कहते हैं कि राज्य का राजनीतिक (और विचारधारा का) दायरा हमेशा अलग-अलग रूपों में पैदावार के रिश्तों के बनने-बिगड़ने और पुनरुत्पादन में शरीक रहता है।

आज इस विषय पर मार्क्सवादी बुद्धिजीवियों में ज़्यादातर सहमति ही है कि इस तरह का अर्थवाद या उत्पादनवाद मार्क्स और एंगेल्स के नज़रिये से जुदा है। यह भी कुछ हद तक स्वीकार किया जाने लगा है कि यह विकार मार्क्सवाद में दूसरे इंटरनैशनल के ज़माने से आया। ब्रिटेन के

मार्क्सवादी विद्वान स्टुअर्ट हॉल के शब्दों में, 'इस समस्या (नींव और ऊपरी ढाँचे की समस्या) का स्पष्टीकरण देना एंगेल्स का सबसे ज़रूरी काम होता जा रहा था— ख़ासतौर पर इसलिए, क्योंकि बड़ी तेज़ी से मार्क्सवाद पॉज़िटिव साइंस के दायरे में सिमटता चला जा रहा था जो उसे आर्थिक डिटरमिनिज़्म भर बना कर रख दे रहा था जिसके तहत ऊपरी ढाँचा महज़ नींव की एक धुँधली और यांत्रिक छाया मात्र था। यह एक ऐसा रुझान था जो अंततः दूसरे अंतर्राष्ट्रीय के सरकारी संकलन के रूप में प्रतिष्ठित होना था।'

मार्क्स-एंगेल्स के लेखन और बौद्धिक-दार्शनिक विकास के तीन चरण काफ़ी साफ़ दिखाई देते हैं। इन तीनों चरणों में मार्क्स की इतिहास की अवधारणा में भी कुछ बदलाव आया। अक्सर ऐतिहासिक भौतिकवाद पर बहस इन्हीं तीनों में से किसी एक नज़रिये को अंतिम सत्य मान कर की जाती है। विरासत को लेकर खींचतान में यह एक कारक रहा है। साथ ही शायद एक बात और कह देना मुनासिब होगा : इन दार्शनिक बहसों के पीछे कुछ राजनीतिक कारण और मजबूरियाँ भी रही हैं। मसलन 1844 की पेरिस पांडुलिपियाँ मार्क्स के मानवतावाद को उजागर करने में सहायक हैं तो वे मार्क्स ही के नाम पर दूसरे और तीसरे इंटरनैशनल के यांत्रिक और अ-मानवतावादी (जो ग़ैर-लोकतांत्रिक भी है) मार्क्सवाद को चुनौती देने में भी मददगार हैं। हेलमुट फ़्लेशर इन तीन नज़रियों को इस तरह रखते हैं :

1. इतिहास की वह समझ जिसमें इतिहास के मायने सार्वभौम हैं। इस धारणा के मुताबिक़ इतिहास मानवीकरण की प्रक्रिया है। युवक मार्क्स के लिए यह प्रक्रिया एक आदर्श अर्थ में समझी गयी जबकि बाद के मार्क्स-एंगेल्स के लिए यह प्रक्रिया एक प्राकृतिक प्रक्रिया के रूप में नज़र आती है, जिसमें इतिहास एक मायने में वानर के मानवीकरण की प्रक्रिया है— एक नयी प्रजाति के जन्म की प्रक्रिया है।

2. दूसरी धारणा मानव समाज के ठोस आचरण पर आधारित है जिसमें इतिहास को इनसानी अमल के नतीजे के रूप में देखा गया है। यह नतीजा हमेशा वही नहीं होता जैसा इतिहास के कारिंदे चाहते हैं, बल्कि अक्सर उससे बिल्कुल अलग होता है।

3. तीसरी धारणा वस्तुपरक ऐतिहासिक संरचनाओं और प्रक्रियाओं पर आधारित है। यहाँ इतिहास एक ऐसी प्रक्रिया है जो ख़ास नियमों के मुताबिक़ घटती है। फ़्लेशर के मुताबिक़ मार्क्स के लिए समाजवाद और साम्यवाद का विचार एक तरह से इनसानी समाज के उद्धार को सर्वहारा के उद्धार से जोड़ने का विचार था जिसके माध्यम से इनसान उन हालात को और बेहतर ढंग से समझ सकता है जिनके चलते वह एक ग़ुलाम, लावारिस, नीच और हिकारत के क़ाबिल चीज़ बन कर रह गया है। 1844 की पेरिस पांडुलिपियों में मार्क्स ने इनसान के लिए और उसके वजूद के तरीक़ों के लिए इतिहास के क्या मायने हो सकते हैं— इसका एक महत्त्वपूर्ण जवाब दिया। इतिहास इनसान के लिए एक ऐसे आदर्श का चरितार्थ होना था जो उसके लिए लाज़मी था— उसकी मुक़म्मल मानवता का, उसकी फ़ितरत की तमाम छिपी सम्भावनाओं का विकास।

मगर फ़्लेशर आगे कहते हैं कि इतिहास में आत्म-प्राप्ति (सेल्फ़-रियलाइजेशन) की प्रवृत्ति का यह ख़याल ज़्यादा दिन नहीं चला और साल भर बाद ही मार्क्स ने इसकी काफ़ी तीखी आलोचना की— एक बिल्कुल ही अलग सैद्धांतिक ढाँचे से। उनके अनुसार यह नज़रिया 1959 की प्रस्तावना में भी सामने आया। जब उन्होंने अब तक के मानव समाज के इतिहास को प्राक्-इतिहास बताया।

मार्क्सवादियों में एक हिस्से की राय यह भी है कि दरअसल मार्क्स ने कोई इतिहास-दर्शन दिया ही नहीं। वे जिन नियमों की बात कर रहे थे वह तो पूँजीवादी समाज के विकास के नियम थे। लेकिन मार्क्स-एंगेल्स के लेखन से ऐसा लगता नहीं कि वे जब इतिहास की बात करते हैं जो सिर्फ़ पूँजीवाद की बात कर रहे होते हैं। 1844 के दस्तावेज़ों में जहाँ मार्क्स का मानवतावाद झलकता है वहीं उनमें, जैसा अलथुसे ने दिखाया है, मार्क्स के बौद्धिक विकास का मार्क्सवाद-पूर्व नज़रिया भी झलकता है। इस मायने में 1845-46 मार्क्स के बौद्धिक व दार्शनिक विकास में सचमुच एक विच्छेद है और इस समय की उनकी (व एंगेल्स की) दो बहुत महत्त्वपूर्ण रचनाएँ हैं। वे दोनों ही रचनाएँ मार्क्स के अपने पूर्ववर्ती दार्शनिक विवेक से हिसाब चुकता करने के दस्तावेज़ हैं। इनसे पहले मार्क्स पर लुडविग फ़ायरबाख़ के भौतिकवाद का बहुत असर था। इन दोनों ही रचनाओं में मार्क्स ने अपनी बौद्धिक विरासत के उस हिस्से को अलविदा किया। इन्हीं रचनाओं *थीसिस ऑन फ़ायरबाख़* व *जर्मन आइडियॉलॉजी* की चर्चा पहले की जा चुकी है।

देखें : अर्नेस्टो चे गुएवारा, आधार और अधिरचना, ऑस्कर रायज़ार्ड लांगे, आंगिक और पारम्परिक बुद्धिजीवी, एंतोनियो ग्राम्शी, कार्ल हाइनरिख़ मार्क्स-1 से 4 तक, क्रांति, क्रांति : मार्क्सवादी विमर्श, ग्योर्गी लूकाच, नयी सदी में मार्क्सवादी विमर्श-1 से 9 तक, निष्क्रिय क्रांति, पेटी बूर्ज्वा, फ्रेड्रिख़ एंगेल्स, फ्रैंकफ़र्ट स्कूल, भारत में किसान संघर्ष-2 और 4, भारतीय कम्युनिस्ट पार्टी, भारतीय कम्युनिस्ट पार्टी (मार्क्सवादी), भारतीय इतिहास लेखन, भाषा के मार्क्सवादी सिद्धांत, भ्रांत चेतना, बोल्शेविक क्रांति, फ्रांस्वा-चार्ल्स मारी फ़ूरिये, क्यूबा की क्रांति, फ्रेंज़ फ़ानो, हिंसा-1 और 2, मानवेंद्र नाथ राय, माओ त्से-तुंग, माओवाद और माओ विचार, मार्क्सवादी इतिहास-लेखन, मार्क्सवादी समाजशास्त्र, मार्क्सवाद और पारिस्थितिकी, मार्क्सवादी अर्थशास्त्र, मिख़ाइल मिख़ाइलोविच बाख़्तिन, समाजवादी वसंत-1 से 4 तक, रॉबर्ट ओवेन, राज्य की मार्क्सवादी अवधारणा, लेनिनवाद, लियोन ट्रॉट्स्की, लिबरेशन थियोलॅजी, सर्वहारा, सांस्कृतिक क्रांति, सैं-सिमों, स्तालिन और स्तालिनवाद, सोवियत समाजवाद-1 से 3 तक, सोवियत सिनेमा, वर्चस्व, व्लादिमिर इलीच लेनिन।

संदर्भ

1. हेलमुट फ्लेशेर (1973), *मार्क्सिज़्म ऐंड हिस्ट्री,* एलन लेन, लंदन.
2. जेरल्ड कोहेन (2000), *कार्ल मार्क्सेज़ थियोरी ऑफ़ हिस्ट्री - अ डिफ़ेंस,* 2000, प्रिंसटन युनिवर्सिटी प्रेस, प्रिंसटन.
3. एत्येन बालिबार (1995), *द फ़िलॉसफ़ी ऑफ़ मार्क्स,* वर्सो, लंदन व न्यूयॉर्क.
4. कैरी नेल्सन व लॉरेंस गोसबर्ग (1988), *मार्क्सिज़्म ऐंड द इंटरप्रिटेशन ऑफ़ कल्चर,* युनिवर्सिटी ऑफ़ इलिनॉय प्रेस, इलिनॉय.
5. लुई अलथुसे, *फॉर मार्क्स,* 2005, वर्सो, लंदन.

—आदित्य निगम

मार्क्सवाद-4

नींव और ऊपरी ढाँचे का सवाल

(Marxism-4)

मार्क्स के दार्शनिक विकास में इस विच्छेद के बारे में फ़्लेशर का कहना है : 'पहले मार्क्स इतिहास के कर्त्तव्यों के बारे में और इतिहास की सेवा में दर्शन के बारे में बात किया करते थे, मगर अब वे पुरज़ोर ढंग से इतिहास के दैवीकरण के हर विचार को नकारते हैं। इतिहास कुछ नहीं करता, उसके पास कोई ज़बरदस्त ख़ज़ाना नहीं है, वह कोई लड़ाइयाँ नहीं लड़ता। बल्कि वह इनसान है, असली जीता-जागता इनसान जो ये सब करता है, ... इतिहास नाम की ऐसी कोई चीज़ नहीं है जो इनसान को अपने मक़सद के लिए इस्तेमाल करती है— गोया वह कोई स्वतंत्र व्यक्ति हो— क्योंकि इतिहास और कुछ भी नहीं सिवाय इनसान के अमल के जो लगातार अपने मक़सद हासिल करने की कोशिश में है।' इसके बाद से, बकौल फ़्लेशर, मार्क्स लगातार अपनी आलोचना हर प्रकार के ऐतिहासिक नियतिवाद की ओर केंद्रित करते हैं। अगर इस अर्थ में देखें तो इतिहास में जो कुछ हुआ वह पूर्व-निर्धारित नहीं था, बल्कि किसी भी ख़ास मुक़ाम पर क्या स्थितियाँ थीं, ताक़तों का संतुलन कैसा था, वर्ग-विन्यास कैसा था, आर्थिक ढाँचा कैसा था— इन तमाम के चलते ही इतिहास का घटनाक्रम आगे बढ़ता है। इस नज़रिये से देखें तो इतिहास के नियम सिर्फ़ एक व्यापक दायरे में छिपी सम्भावनाओं को रेखांकित कर सकते हैं। अंतत: इतिहास किस दिशा में जाएगा, कौन-सी सम्भावनाएँ फल देंगी और कौन-सी मुरझा जाएँगी— यह सब इस ऐतिहासिक मुक़ाम पर निर्भर करता है और उसमें मौजूद ख़ास परिस्थितियों पर। मिसाल के तौर पर, अगर यह सही है कि उत्पादन की शक्तियों का निरंतर विकास अंतत: उन्हें सामाजिक पैदावार के रिश्तों के साथ टकराव की स्थिति में लाता है, तो अंतत: यह टकराव किस दिशा में हल होगा, यह कोई नियम नहीं बता सकता। यह निर्भर करता है उस ऐतिहासिक नियतिवाद को नकारने का ही नतीजा था कि *जर्मन आइडियॉलॅजी* में मार्क्स-एंगेल्स ने साम्यवाद की परिभाषा भी बदल डाली। इस मुक़ाम पर आ कर उनके लिए साम्यवाद कोई आदर्श नहीं रह गया था जिसे हासिल करना है, बल्कि यह उस जिंदा आंदोलन का नाम है जो मौजूदा हालात को ख़त्म करेगा।

यही बात उन्होंने ढाई दशक बाद पेरिस कम्यून पर लिखते हुए दोहरायी : 'उनके (मज़दूरों) के पास कोई आदर्श नहीं है जिसे उन्हें हासिल करना है। उन्हें तो नये समाज के उन तत्त्वों को आज़ाद करना है जो पुरानी, डगमगाती बूर्ज़्वा समाज व्यवस्था के गर्भ में मौजूद हैं।'

मार्क्सवादी इतिहास दर्शन की दूसरी पेचीदा समस्या है नींव व ऊपरी ढाँचे की समस्या। यह समस्या क्या है? ठीक जिस प्रकार नियमों का सवाल प्रचलित मार्क्सवाद में एक आस्था का सवाल बन गया था उसी प्रकार 1859 के प्रस्तावना में इस्तेमाल की गयी यह उपमा एक थियरी का दर्जा पा गयी। मार्क्स ने अपने तर्क को पेश करते हुए इस उपमा का सहारा लेते हुए कहा था कि आर्थिक ढाँचा समाज की नींव है और उसके ऊपर खड़ा राजनीतिक-वैधानिक-चेतना जगत गोया इमारत का ऊपरी ढाँचा है। यह भी सही है कि इस प्रस्तावना में मार्क्स ने यह दावा भी किया था कि नींव ही ऊपरी ढाँचे के रूपों को निर्धारित करती है।

हम पहले ही देख चुके हैं कि इस समस्या का एंगेल्स ने किस तरह बार-बार सामना किया। यह भी हम देख चुके हैं कि एंगेल्स का जवाब यह था कि आर्थिक नींव अंतिम विश्लेषण में ऊपरी ढाँचे को निर्धारित करती है। मगर इससे समस्या का हल नहीं हुआ, क्योंकि इतना कह देने मात्र से कि अन्य कारक भी अपनी भूमिका अदा करते हैं, सवाल का जवाब नहीं बनता। यह सवाल फिर भी रह जाता है कि अगर आर्थिक कारक प्रधान हैं और अंतत: निर्धारक हैं, और विचार, चेतना, विधान / क़ानून आदि सब उसी आधार पर पैदा होते हैं तो फिर उनकी सापेक्ष स्वायत्तता (रिलेटिव ऑटोनॉमी) कहाँ से आती है? दरअसल नींव-ऊपरी ढाँचे की समस्या प्रकारांतर से दर्शन की उसी पुरानी समस्या का पुनराविर्भाव था कि चेतना पहले आती है या पदार्थ पहले? यहाँ भी एक हद तक वही यांत्रिकीकरण की प्रक्रिया देखी जा सकती है जो पहले हम नियमों के संबंध में देख चुके हैं। फ़ायरबाख़ के यांत्रिक भौतिकवाद से अपना हिसाब चुकता करते समय मार्क्स ने अपनी रचना *थीसिस ऑन फ़ायरबाख़* की पहली ही थीसिस में लिखा था : 'अब तक के तमाम पुराने भौतिकवाद की सबसे बड़ी कमज़ोरी यह थी कि वस्तु

(ऑब्जेक्ट), यथार्थ (एक्चुएलिटी) या भौतिक (सेंसुअसनेस) को वे महज़ वस्तु या अहसास के रूप में देखते हैं, महसूस करने वाले इनसानी अमल (प्रैक्सिस) के रूप में नहीं, न ही उसे वे मनोगत/चेतानगत रूप में देखते हैं। लिहाज़ा, भौतिकवाद के विरोध में, इस सक्रिय पहलू को सिर्फ़ भाववाद ने ही विकसित किया— मगर अमूर्त रूप में... फ़ायरबाख भौतिक (सेंसुअस) वस्तुओं को बौद्धिक वस्तुओं (थॉट ऑब्जेक्ट्स) से अलग तो करना चाहते हैं, मगर वे इनसानी अमल को वस्तुगत (या भौतिक) के रूप में नहीं देख पाते... ।'

अपने इसी विचार को मार्क्स *प्रस्तावना* में कई साल बाद यह कह कर दोहराते हैं, कि इनसान की चेतना उसके वजूद को निर्धारित नहीं करती, बल्कि, इसके विपरीत उसका सामाजिक वजूद उसकी चेतना को निर्धारित करता है। अर्थात्, चेतना निर्जीव भौतिक पदार्थ से नहीं, बल्कि सामाजिक वजूद से पैदा होती है— यह मार्क्स का निष्कर्ष था जो कालांतर में भुला दिया गया। याद रहे कि मार्क्स के नज़रिये में सामाजिक वजूद सक्रिय, सचेतन, अमल (प्रैक्सिस) के सिवा कुछ भी नहीं है। यहाँ थोड़ा रुक कर एक बात साफ़ कर लेना ठीक होगा। अंग्रेज़ी में इस्तेमाल होने वाला शब्द बीइंग या जर्मन शब्द दासियन के मायने पूरी तरह वजूद या अस्तित्व शब्दों में नहीं सिमटते। एक बैंगन या आलू का भी वजूद या अस्तित्व हो सकता है, मगर बीइंग या दासियन में जीने की क्रिया का अर्थ भी शामिल है। लिहाज़ा, जब मार्क्स यह कहते हैं कि सामाजिक वजूद चेतना को निर्धारित करता है तब उनका आशय सामाजिक रूप से जीने की क्रिया से है। सामाजिक-आर्थिक सरंचना जैसे फ़िकरे का जब मार्क्स या मार्क्सवादी इस्तेमाल करते हैं तो कोलेटी का कहना है कि वह इसी बात को दर्शाता है कि पूँजी का विषय एक समग्र विषय है और यह इसलिए, क्योंकि भौतिक और विचारधारात्मक स्तरों को अलग करना असम्भव है... वह एक ऐसी चीज़ है जो एक ही साथ सामाजिक वजूद भी है और सामाजिक चेतना भी। लिहाज़ा, इस पृष्ठभूमि में अगर हम प्रचलित मार्क्सवाद के नींव-ऊपरी ढाँचा समस्या को देखें तो पाएँगे कि दरअसल अतिसरलीकरण करके एक उपमा को थियरी का दर्जा दे दिया गया है।

इस सवाल पर एंगेल्स के बाद से अंतहीन बहसें हो चुकी हैं, मगर शायद इस पर नये सिरे से गम्भीर बहस शुरू करने का श्रेय अलथुसे को ही जाता है। अलथुसे ने इस विषय को जिस तरह पेश किया है वह इससे पहले ग्राम्शी द्वारा की गयी कोशिशों से बिल्कुल अलग है। इस संदर्भ में स्टुअर्ट हॉल कहते हैं : 'लेनिन और ग्राम्शी के बाद से - जब तक पूलांत्साज़ और अलथुसे ने इस सवाल को फिर से दो टूक ढंग से एजेंडे में शामिल नहीं कर दिया— ऊपरी ढाँचे का सवाल, अपने सही मार्क्सवादी अर्थों में...बुरी तरह उपेक्षित सवाल रहा है।'

ग्राम्शी का ज़्यादातर काम ऊपरी ढाँचों से संबंधित आर्थिक रिडक्शनिस्ट थियरियों के ख़िलाफ़ विवादों के रूप में है। उनकी दलील यह है कि राजनीति की एक मार्क्सवादी थियरी गढ़ने के लिए नींव और ऊपरी ढाँचे के संबंध का सही ढंग से उठाया जाना बुनियादी सवाल है। विकासमान पूँजीवादी संबंधों की हालत में, बुनियादी वर्गीय रिश्ते ऊपरी ढाँचों के पेचीदा दायरों के ज़रिये फैलते हैं। केवल इसी तरह पूँजीवाद के सामाजिक रिश्तों का इस तरह पुनरुत्पादन सम्भव है जिससे उत्तरोत्तर नागरिक, सामाजिक, राजनीतिक और सांस्कृतिक जीवन को पूँजी की व्यापक ज़रूरतों के अनुकूल बनाया जा सकता है। एक विकसित पूँजीवादी सामाजिक संरचना में पूँजी के वर्चस्व का यह फैलाव इसी बात पर निर्भर करता है कि राज्य और नागर समाज किस हद तक विकसित हुए हैं। यहाँ ग्राम्शी ने राज्य के नैतिक कामों पर काफ़ी ध्यान दिया, जिससे उनका मतलब था वह काम जो राज्य पूँजी की ओर से सभ्यता के एक नये चरण का निर्माण करने के लिए करता है, ऐसे नये क़िस्म के सामाजिक व्यक्ति को तैयार करने के लिए करता है जो भौतिक अस्तित्व के नये स्तरों के अनुकूल हो (जो स्तर पूँजीवाद की नींव के विकास पर आधारित होते हैं)।

ग्राम्शी की व्याख्या करते हुए हाल आगे कहते हैं कि परिवार, क़ानून, शिक्षा, समूचे सांस्कृतिक तामझाम, गिरजे, आदि के बीच और उनके साथ राज्य के कामों के ज़रिये ही पूँजीवाद वस्तुतः एक उत्पादन प्रणाली मात्र न रह कर सामाजिक जीवन का एक मुक़म्मल रूप बन जाता है जो बाक़ी हर चीज़ को अपने अधीन कर लेता है। हाल राज्य के इन कामों ही में बुद्धिजीवियों के नये तबक़े पैदा करने, राजनीतिक पार्टियों और जनमत बनाने आदि के काम जोड़ते हैं। ग्राम्शी ने इस तरह ऊपरी ढाँचे के इन तमाम पहलुओं पर अलग से सोचने-विचारने की ज़मीन खोल दी। उनके इस प्रयास में वर्चस्व या हेजेमॅनी की अवधारणा केंद्रीय है। ग्राम्शी बिना शास्त्रार्थ में पड़े मार्क्सवाद की अपनी समझ से राजनीति, राज्य, नागर समाज आदि में शासक/पूँजीपति वर्ग के विचारधारात्मक दबदबे को समझने की कोशिश में वर्चस्व की अपनी अवधारणा पेश करते हैं जो, जैसा कि हॉल के उद्धरण से साफ़ है, शासन के लिए वैचारिक मंज़ूरी गढ़ने की प्रक्रिया है। ग्राम्शी की यह अवधारणा दरअसल एंगेल्स की आइडियॉलॉजी की अवधारणा के काफ़ी क़रीब है— वह एक मायने में एक छद्म चेतना है। जो भी हो, ग्राम्शी की इस कोशिश की अहम बात यह है कि वे, कुछ हद तक लेनिन की तरह ही, शास्त्रों के बंधन से आज़ाद हैं— शायद लेनिन से कहीं ज़्यादा। इसका मतलब यह क़तई नहीं है कि मार्क्सवाद के सिद्धांतों के प्रति उनका रवैया मौक़ापरस्त है।

इसका मतलब सिर्फ़ इतना है कि वे शायद इस बात को समझ रहे थे कि मार्क्सवाद का सिद्धांत ख़ुद बनने की प्रक्रिया में है और रहेगा, लिहाज़ा शब्दजाल के पार जाकर उसके मूल दर्शन को समझना ज़रूरी है।

अलथुसे बिल्कुल दूसरे छोर पर एक निहायत ही सख़्त जिरह के माध्यम से इस अंततः निर्धारक कारक के बारे में बहस चलाते हैं। उनका तर्क है कि सामाजिक-आर्थिक संरचना एक समग्र इकाई है- इसके तमाम स्तरों को अलहदा नहीं किया जा सकता है। आर्थिक-राजनीतिक इसके विभिन्न स्तर पर आयाम हैं जो एक दूसरे में गुँथे हैं। ये तीनों आयाम अपनी-अपनी सापेक्ष स्वायत्तता तो लिए रहते हैं, मगर इनमें आर्थिक आयाम की एक मैट्रिक्स भूमिका होती है जो इन आयामों के चरित्र और रिश्तों को निर्धारित करती है। अलथुसे के इस नज़रिये के अनुसार ये तीनों अकाट्य रूप से एक सामाजिक समग्र का हिस्सा हैं जिनमें किसी भी मुक़ाम पर कोई भी आयाम हावी हो सकता है या निर्धारक हो सकता है। मगर यह भी उस आर्थिक मैट्रिक्स की भूमिका बताता है कि कब कौन सा आयाम निर्धारक होगा। मगर यहाँ अलथुसे के सैद्धांतिक ढाँचे में, आर्थिक आयाम की मैट्रिक्स भूमिका, स्वतंत्र अर्थव्यवस्था की नहीं, बल्कि समग्र संरचना के एक अकाट्य आयाम की भूमिका है। इसीलिए अलथुसे इसे स्ट्रक्चरल कॉज़ैलिटी की संज्ञा देते हैं। उनकी निगाह में आर्थिक आयाम की अपनी अंततः निर्धारिक भूमिका ही है; स्ट्रक्चरल कॉज़ैलिटी इस मायने में कई कारकों के मेल से बनती है। यहाँ किसी बेहतर शब्दावली के अभाव में हम इन शब्दों का इस्तेमाल कर रहे हैं। मगर स्पष्टीकरण के तौर पर यह कह दें कि अलथुसे के लिए ये अलग-अलग तत्त्वों से मिलकर बनी समग्रता नहीं है, बल्कि इसके विपरीत वह एक समग्रता है जो हमें अलग-अलग दिखाई देती है— आर्थिक, राजनीतिक व विचारधारात्मक आयामों में। अगर एक अतिसरलीकृत उपमा का सहारा लेकर कहा जाए तो जैसे संतरा अलग-अलग फ़ाँकों को मिलाकर नहीं बनाया जाता, उन्हें हम अपनी खाने की सहूलियत के लिए अलग करते हैं। उसी तरह समाज की इस परिपूर्ण समग्रता में से हम अपने समझने की सहूलियत के लिए इन आयामों को अलग ही कर लेते हैं और फिर उन अलग हिस्सों को स्वतंत्र इकाइयाँ मान लेने की भूल कर बैठते हैं।

स्टुअर्ट हॉल मार्क्स के कुछ उद्धरणों का सहारा लेकर इसी बात को थोड़े और सरल ढंग से रखते हैं। उनका मानना है कि अलथुसे का यह ख़याल ग़लत है कि नींव-ऊपरी ढाँचे का मुद्दा सिर्फ़ मार्क्स के बौद्धिक संक्रमण के समय का है और इसे साबित करने के लिए वे *पूँजी* के खण्ड 3 का एक प्रसंग उद्धृत करते हुए कहते हैं : 'एक जर्मन आलोचक ने 1859 की *प्रस्तावना* का हवाला दिया था और पूँजीवाद के दौर में आर्थिक स्तर की प्राथमिकता स्वीकारते हुए भी यह कहा था कि इससे पहले के समाज में, सामंतवाद और पुरातन समाज में ऐसा नहीं था, वहाँ राजनीति सर्वोपरि थी। मार्क्स ने इसके जवाब में अपनी बुनियादी प्रस्थापना को दोहराया था, आर्थिक ढाँचा ही असली आधार है... मध्यकाल सिर्फ़ कैथॅलिकवाद की खुराक पर ज़िंदा नहीं रह सकता था, न पुरातन रोम राजनीति की खुराक पर।' इसके बाद हॉल के अनुसार, मार्क्स आगे कहते हैं कि दरअसल वह समाज की तरह जीविका जुटा रहा था। वही तय करता है कि क्यों यहाँ राजनीति और वहाँ कैथॅलिकवाद मुख्य भूमिका अदा कर रहे थे।

देखें : अर्नेस्टो चे गुएवारा, आधार और अधिरचना, ऑस्कर रायज़ार्ड लांगे, आंगिक बुद्धिजीवी, एंतोनियो ग्राम्शी, कार्ल हाइनरिख़ मार्क्स-1 से 4 तक, क्रांति, क्रांति : मार्क्सवादी विमर्श, ग्योर्गी लूकाच, नयी सदी में मार्क्सवादी विमर्श-1 से 9 तक, निष्क्रिय क्रांति, पेटी बूर्ज्वा, फ्रेड्रिख़ एंगेल्स, फ्रैंकफ़र्ट स्कूल, भारत में किसान संघर्ष-2 और 4, भारतीय कम्युनिस्ट पार्टी, भारतीय कम्युनिस्ट पार्टी (मार्क्सवादी), भारतीय इतिहास लेखन, भाषा के मार्क्सवादी सिद्धांत, भ्रांत चेतना, बोल्शेविक क्रांति, फ्रांस्वा-चार्ल्स मारी फ़ूरिये, क्यूबा की क्रांति, फ्रेंज़ फ़ानो, हिंसा-1 और 2, मानवेंद्र नाथ राय, माओ त्से-तुंग, माओवाद और माओ विचार, मार्क्सवादी इतिहास-लेखन, मार्क्सवादी समाजशास्त्र, मार्क्सवाद और पारिस्थितिकी, मार्क्सवादी अर्थशास्त्र, मिख़ाइल मिख़ाइलोविच बाख़्तिन, समाजवादी वसंत-1 से 4 तक, रॉबर्ट ओवेन, राज्य की मार्क्सवादी अवधारणा, लेनिनवाद, लियोन ट्रॉट्स्की, लिबरेशन थियोलॅजी, सर्वहारा, सांस्कृतिक क्रांति, सैं-सिमों, स्तालिन और स्तालिनवाद, सोवियत समाजवाद-1 से 3 तक, सोवियत सिनेमा, वर्चस्व, व्लादिमिर इलीच लेनिन।

संदर्भ

1. हेलमुट फ्लेशेर (1973), *मार्क्सिज़्म ऐंड हिस्ट्री,* एलन लेन, लंदन.
2. जेरल्ड कोहेन (2000), *कार्ल मार्क्सेज़ थियोरी ऑफ़ हिस्ट्री - अ डिफ़ेंस,* 2000, प्रिंसटन युनिवर्सिटी प्रेस, प्रिंसटन.
3. एत्येन बालिबार (1995), *द फ़िलॉसफ़ी ऑफ़ मार्क्स,* वर्सो, लंदन व न्यूयॉर्क.
4. कैरी नेल्सन व लॉरेंस गोसबर्ग (1988), *मार्क्सिज़्म ऐंड द इंटरप्रिटेशन ऑफ़ कल्चर,* युनिवर्सिटी ऑफ़ इलिनॉय प्रेस, इलिनॉय.
5. लुई अलथुसे, *फॉर मार्क्स,* 2005, वर्सो, लंदन.

—आदित्य निगम

मार्क्सवाद-5
पुनर्रचना के तीन बिंदु
(Marxism-5)

नींव और ऊपरी ढाँचे के रिश्तों का सवाल मार्क्सवादी आंदोलन के सामने भी एक अहम मुद्दा बन कर उभरता रहा। वह सिर्फ़ कोरे बौद्धिक बहसों का विषय नहीं था। ग्राम्शी के लिए सवाल यह समझने का था पूँजीवाद अगर सिर्फ़ राजशक्ति के बूते पर नहीं टिका रहता तो वह शोषित तबक़ों की वैचारिक मंज़ूरी कैसे अर्जित करता है? वहीं माओ त्से तुंग के सामने सवाल यह था कि समाजवादी समाज में, जहाँ नींव बदली जा चुकी है, वहाँ लोगों की चेतना, सोचने समझने का ढंग, संस्कार, आदि क्यों नहीं बदलते? स्तालिनोत्तर काल में सोवियत संघ में ख्रुश्चेव के सत्तारोहण को माओ समेत दुनिया की कई कम्युनिस्ट पार्टियों और सिद्धांतकारों ने संशोधनवाद की विजय बताया। लेनिन की परिभाषा के मुताबिक़ संशोधनवाद मार्क्सवाद पर बूर्ज्वा विचारधारा का असर था। माओ के सामने यह सवाल उठा कि अगर समाजवादी नींव की रचना के चार दशकों बाद भी बूर्ज्वा विचारधारा का असर हावी है तो क्या यह सिर्फ़ दुनिया के पैमाने पर पूँजीवाद और साम्राज्यवाद के वजूद के कारण है? क्या इसके कोई अंदरूनी कारण नहीं हैं? क्या चीन में ऐसा नहीं हो सकता है?

माओ ने इसकी एक व्याख्या इस तरह दी : क्योंकि समाजवाद के प्राथमिक चरणों में जिंस-उत्पादन (कमॉडिटी प्रोडेक्शन) जारी रहता है और छोटे उत्पादक की लाभ-मुनाफ़े की मानसिकता बरक़रार रहती है, इसलिए यह जहनियत बार-बार नये सिरे से बनती है। ऐसा कहने में माओ दरअसल लेनिन के ही विश्लेषण को दोहरा रहे थे : लेनिन ने यह बात एकाधिक बार अपने भाषणों और लेखों में कही थी और इस ख़तरे से आगाह किया था। लेनिन के अनुसार, कमॉडिटी प्रोडेक्शन के सम्पूर्ण ख़ात्मे के बाद ही साम्यवाद की बात सार्थक हो सकती है। लेकिन माओ ने ख़ुद को लेनिन के विश्लेषणों तक सीमित नहीं रखा। साठ के दशक में उन्होंने यह कहना शुरू कर दिया था कि समाजवादी समाज क़ायम हो जाने के बाद भी वर्ग संघर्ष जारी रहेगा, क्योंकि विचारधाराएँ अपने आप नहीं बदलतीं— उसके लिए लम्बे ऐतिहासिक संघर्षों की ज़रूरत होती है। उन्होंने यहाँ तक कहा कि इस वैचारिक संघर्ष का फ़ैसला होने में सैकड़ों साल लग सकते हैं— इस अर्थ में अंतिम विजय का फ़ैसला होना बाक़ी है। माओ का यह कहना एक अर्थ में स्तालिन की इस मान्यता पर चोट करता था कि समाजवादी समाज में अंदरूनी संघर्ष नहीं होंगे। अपने इस विचार को आगे विकसित करते हुए माओ ने सांस्कृतिक क्रांति का सिद्धांत पेश किया। अब माओ का कहना था कि क्रांति एक चिरंतन प्रक्रिया है और चूँकि चेतना-संस्कृति भी बिना संघर्ष के नहीं बदलतीं, इसलिए आर्थिक नींव के बदल जाने के बाद भी सतत सांस्कृतिक क्रांति की ज़रूरत है।

ज़ाहिर है कि माओ भी इस मायने में शास्त्रों के आगे देखने की कोशिश कर रहे थे और उनमें तरमीम भी करने जा रहे थे। हालाँकि यह सही है कि माओ शास्त्रों के आगे देख रहे थे, फिर भी इस सच्चाई से भी इनकार नहीं किया जा सकता है कि मूलत: वे भी नींव-ऊपरी ढाँचे वाली थियरी के तहत ही सोच रहे थे और राजतंत्र, जनतंत्र आदि को महज़ ऊपरी ढाँचा ही मानते रहे। अपने ही ढंग से वे साठ के दशक में नियमों की समझ को भी चुनौती देते हैं, जब वे ये कहने लगते हैं कि आख़िरकार दो व्यवस्थाओं में हार-जीत का फ़ैसला सचेतन संघर्ष पर निर्भर करता है, या फिर यह कहते हैं कि साम्यवाद के आगे जहाँ और भी हैं, साम्यवाद मानवता की आख़िरी मंज़िल नहीं है।

अपनी इस हिस्से की बहस को समेटते हुए अब हम कह सकते हैं कि मार्क्सवाद ने मार्क्स के बाद से एक लम्बा सफ़र तय किया है जिसमें वह अपने बौद्धिक ख़ज़ाने को काफ़ी समृद्ध कर पाया है, मगर जिसका असर प्रचलित मार्क्सवाद और उसके आंदोलनों के दायरे तक नहीं पहुँच पाया— या न के बराबर पहुँचा। इसके मायने ये भी हैं कि मार्क्सवाद की सिद्धांत और अमल की एकता क़ायम करने की कोशिश की जगह पिछले कई दशकों में यह खाई बढ़ी है। वैचारिक पक्ष आंदोलनों से कटता गया और अकादमियों में सिमटता गया तो व्यवहार पक्ष विचारों की दुनिया से दूर शास्त्रार्थ करता रहा।

अब हम उस सवाल की ओर लौट सकते हैं जो शुरुआत में उठाया गया था— मार्क्सवाद क्या है? क्या कोई असली मार्क्सवाद है? जैसा कि अब तक कि बहस बताती है ऐसे असली मार्क्सवाद की ख़ोज नामुमकिन सा काम है। मार्क्स-एंगेल्स के जीवनकाल में जिस वाद का जन्म हुआ था वह एक विकासमान नज़रिया था। ख़ुद मार्क्स-एंगेल्स के लेखन के अलग-अलग दौर में उनकी समझ बदलती गयी। अनंतकाल तक शास्त्रार्थ करके भी शायद असली मार्क्सवाद को ढूँढ़ निकालना सम्भव न हो। इसलिए इस सवाल का जवाब देते हुए अमेरिकी बुद्धिजीवी एरिक ओलिन राइट की बात ज़्यादा सार्थक लगती है। वैसे एरिक ओलिन राइट मार्क्सवाद की उन चंद विशुद्ध अकादमिक धाराओं में से एक से संबंध रखते हैं, जिनका शुरू में ज़िक्र किया गया है। ऐनालिटिकल मार्क्सवाद की इस धारा के

लेखकों की कोशिश मार्क्सवाद को तर्क संगत बनाने की रही है और उसमें मौजूद विरोधाभासों को हल करने की ओर ही इन्होंने ज़्यादा ध्यान दिया है। ऐसा करने में यह धारा यूँ तो विशुद्ध तर्कशास्त्र पर ख़ुद को आधारित करती है और ऐसा मानती है कि मार्क्सवाद से उन तत्त्वों को वर्जित कर दिया गया जाना चाहिए जो साबित न किये जा सकते हों। इस नज़रिये से ये लेखक द्वंद्वात्मकता के सिद्धांत को नकारते हैं और मूलत: मार्क्सवाद को इस हीगेलीय मेटाफ़िज़िक्स से मुक्त करना चाहते हैं। ज़ाहिर है कि इस प्रक्रिया में ये मार्क्सवाद को एक कोरी अकादमिक वस्तु बना देते हैं जिस पर स्वभावत: बहुत जायज़ एतराज़ किये जा सकते हैं। फिर भी राइट की उपरोक्त रचनाओं में कई महत्त्वपूर्ण बातें हैं जिनकी ओर वे ध्यान दिलाते हैं।

बकौल राइट मार्क्सवाद क्या है का जवाब अक्सर एक असली मार्क्सवाद बनाम नक़ली मार्क्सवाद के बेवक़ूफ़ाना शास्त्रार्थ के ज़रिये दिया जाता है। मार्क्सवादी परम्परा में ऐसी मुठभेड़ों का मलबा चारों ओर बिखरा पड़ा है। इसलिए राइट कहते हैं : 'मेरा इरादा ऐसे विश्वास-समूह परिभाषित करने का नहीं है जिन्हें मानने के आधार पर किसी की मार्क्सवादी के रूप में गिनती हो सकती है। बल्कि मैं मार्क्सवादी परम्परा के कुछ ऐसे बिंदुओं का नक़्शा खींचना चाहता हूँ जिनके आधार पर उसकी पुनर्रचना हो सके।'

ऐसा करने के लिए राइट तीन अवधारणागत बिंदुओं को चिह्नित करते हैं जिनके इर्द-गिर्द, उनके अनुसार, मार्क्सवाद की परम्परा बनी है। इन्हें वे इस तरह रखते हैं— वर्ग विश्लेषण के रूप में मार्क्सवाद, इतिहास के सिद्धांत के रूप में मार्क्सवाद, मुक्तिवादी नैतिक सिद्धांत के रूप में मार्क्सवाद। इन तीनों के बीच के संबंध समझाते हुए वे कहते हैं कि वर्ग विश्लेषण के रूप में मार्क्सवाद और इतिहास सिद्धांत के रूप में मार्क्सवाद कुछ इस तरह है जैसे मेडिकल विज्ञान में ऐंडोक्रिनॉलॅजी और ऑन्कॉलॅजी। इसे वे आगे इस तरह खोलते हैं : अगर आप एक ऐंडोक्रिनॉलॉजिस्ट हैं तो आप किसी भी चीज़ का अध्ययन कर सकते हैं जैसे सेक्शुअलिटी, व्यक्तित्व, विकास, बीमारियों की प्रक्रियाएँ आदि, बशर्ते आप इन सबका शरीर के ऐंडोक्राइन सिस्टम से रिश्ता समझने का प्रयास कर रहे हों। एक ऐंडोक्रिनॉलॉजिस्ट के लिए, वे आगे कहते हैं, यह शर्मिंदगी का बात नहीं होती अगर उसे पता लगे कि कुछ मसले ऐसे भी हैं जिन पर हॉरमोनों का असर नहीं पड़ता। उससे भी ऐंडोक्राइन सिस्टम के बारे में हमारी समझ बढ़ती ही है। दूसरी ओर ऑन्कॉलॅजी में आप कैंसर के किसी भी कारण का अध्ययन कर सकते हैं— जीव-विष, जेनेरिक्स, वाइरस, मनोवैज्ञानिक दशाएँ आदि; और ऑन्कॉलॅजी में यह कोई शर्म की बात नहीं कि आपको पता चले कि कैंसर के कुछ सम्भावित कारण असल में बहुत महत्त्वपूर्ण नहीं होते।

वर्ग विश्लेषण के रूप में मार्क्सवाद, उनके अनुसार, कुछ भी अध्ययन कर सकता है। आप धर्म, जंग, ग़रीबी, अपराध— किसी भी चीज़ का वर्ग विश्लेषण कर सकते हैं और ऐंडोक्रिनॉलॅजी की तरह यहाँ भी इसमें कोई शर्म की बात नहीं होनी चाहिए अगर आपको पता चले कि कुछ चीज़ों के लिए वर्ग बहुत अहम नहीं होता। इसी तरह इतिहास सिद्धांत के रूप में मार्क्सवाद उसी तरह उसके कारकों का अध्ययन करता है जैसे ऑन्कॉलॅजी कैंसर के कारणों का। एक मुक्तिवादी नैतिक सिद्धांत के रूप में मार्क्सवाद उसकी परम्परा का सबसे उपेक्षित हिस्सा रहा है— ऐसा राइट का मानना है। उनका कहना है कि मार्क्स समेत, ज़्यादातर मार्क्सवादियों ने अक्सर नैतिक सिद्धांत की प्रासंगिकता को नकारा है। मगर फिर भी वह इसका एक अहम पहलू है और वही मार्क्सवाद के बाक़ी दो रूपों को सार्थक बनाता है। उनका कहना है कि इस मुक्तिवादी सिद्धांत का मर्म यह विचार है कि मानवीय आज़ादी, उसकी सम्भावनाएँ और उसकी गरिमा सिर्फ़ वर्गहीनता की हालत में ही चरितार्थ हो सकती हैं। यह एक ऐसे रैडिकल, समतावादी समाज की कल्पना है जहाँ शोषण ख़त्म हो चुका हो और सत्ता व भौतिक कल्याण में बराबरी हो। राइट का कहना है कि इस समय के बारे में जो कल्पना मार्क्सवादियों ने की है उसमें उनमें आपस में कई फ़र्क़ हैं मगर एक बात सभी एकमत हैं, इन सभी मूल्यों को हासिल करने की लाज़मी पूर्णशर्त है वर्गहीनता। इन तीनों बिंदुओं को राइट इस तरह जोड़ते हैं : 'अगर असली मुद्दा सिर्फ़ समाज की व्याख्या करना नहीं, बल्कि उसे बदलना है, तो कुल मिलाकर मार्क्सवाद वर्ग विश्लेषण के लिए ज़रिये राजनीतिक प्रक्रियाओं को समझते हुए, ऐतिहासिक रूप से सम्भव मुक्ति के आदर्श हासिल करने के बारे में है।

अपनी इस उपरोक्त बहस में राइट एक महत्त्वपूर्ण सवाल उठाते हैं, मार्क्सवाद का एक नैतिक सिद्धांत तो है जिसके बूते पर वह पूँजीवाद की नैतिक आलोचना रखता है, मगर वह बिना बाक़ी दो रूपों के, पूँजीवाद की मात्र नैतिक आलोचना बन कर रह जाता— जिसे मार्क्स ने काल्पनिक समाजवाद कहा था। उनका तर्क है कि हालाँकि शोषण जैसी मौलिक, अवधारणाएँ नैतिक सवाल होते हुए भी सिर्फ़ वही नहीं है, वह पूँजीवाद की एक ठोस ज़मीनी आलोचना भी है जो असली विकल्पों की ऐतिहासिक पैदाइश के उसके ब्यौरे से निकलती है।

राइट की उपरोक्त बातों पर हम इतना और जोड़ दें कि मार्क्सवादी परम्परा के इन तीनों वैचारिक बिंदुओं के बारे में अलग-अलग और उनके अंतर्संबंधों के बारे में भिन्न-भिन्न विचारकों की पहुँच और नज़रिया अलग हो सकता है— जो वास्तविकता भी है। अगर इसे सिद्धांतत: मान लिया जाए तो

फिर सही और ग़लत मार्क्सवाद की ख़ोज करने की अंतहीन और निष्फल क़वायद से हम बच सकते हैं। उस हालत में हम मार्क्सवाद की एक बहुलतावादी परम्परा की बात करेंगे जिसमें मार्क्सवादी पीठों और शंकराचार्यों के बजाय हमें ज़रूरत होगी अपनी विरासत के भीतर तमाम धाराओं से संवाद के रास्ते खोलने की ओर एक आलोचनात्मक नज़रिये से दुनिया, समाज और इतिहास को समझने और बदलने की।

देखें : अर्नेस्टो चे गुएवारा, आधार और अधिरचना, ऑस्कर रायज़ार्ड लांगे, आंगिक और पारम्परिक बुद्धिजीवी, एंतोनियो ग्राम्शी, कार्ल हाइनरिख़ मार्क्स–1 से 4 तक, क्रांति, क्रांति : मार्क्सवादी विमर्श, ग्योर्गी लूकाच, नयी सदी में मार्क्सवादी विमर्श–1 से 9 तक, निष्क्रिय क्रांति, पेटी बूर्ज्वा, फ्रेड्रिख़ एंगेल्स, फ्रैंकफ़र्ट स्कूल, भारत में किसान संघर्ष–2 और 4, भारतीय कम्युनिस्ट पार्टी, भारतीय कम्युनिस्ट पार्टी (मार्क्सवादी), भारतीय इतिहास लेखन, भाषा के मार्क्सवादी सिद्धांत, भ्रांत चेतना, बोल्शेविक क्रांति, फ्रांस्वा–चार्ल्स मारी फ़ूरिये, क्यूबा की क्रांति, फ्रेंज़ फ़ानो, हिंसा–1 और 2, मानवेंद्र नाथ राय, माओ त्से-तुंग, माओवाद और माओ विचार, मार्क्सवादी इतिहास-लेखन, मार्क्सवादी समाजशास्त्र, मार्क्सवाद और पारिस्थितिकी, मार्क्सवादी अर्थशास्त्र, मिख़ाइल मिख़ाइलोविच बाख़्तिन, समाजवादी वसंत–1 से 4 तक, रॉबर्ट ओवेन, राज्य की मार्क्सवादी अवधारणा, लेनिनवाद, लियोन ट्रॉट्स्की, लिबरेशन थियोलॅजी, सर्वहारा, सांस्कृतिक क्रांति, सैं-सिमों, स्तालिन और स्तालिनवाद, सोवियत समाजवाद–1 से 3 तक, सोवियत सिनेमा, वर्चस्व, व्लादिमिर इलीच लेनिन।

संदर्भ

1. हेलमुट फ्लेशेर (1973), *मार्क्सिज़्म ऐंड हिस्ट्री*, एलन लेन, लंदन.
2. जेरल्ड कोहेन (2000), *कार्ल मार्क्सेज़ थियोरी ऑफ़ हिस्ट्री – अ डिफ़ेंस*, 2000, प्रिंसटन युनिवर्सिटी प्रेस, प्रिंसटन.
3. एत्येन बालिबार (1995), *द फ़िलॉसफ़ी ऑफ़ मार्क्स*, वर्सो, लंदन व न्यूयॉर्क.
4. कैरी नेल्सन व लॉरेंस गोसबर्ग (1988), *मार्क्सिज़्म ऐंड द इंटरप्रिटेशन ऑफ़ कल्चर*, युनिवर्सिटी ऑफ़ इलिनॉय प्रेस, इलिनॉय.
5. लुई अलथुसे, *फ़ॉर मार्क्स*, 2005, वर्सो, लंदन.

—आदित्य निगम

मार्क्सवाद और पारिस्थितिकी

(Marxism and Ecology)

साठ और सत्तर के दशक में पारिस्थितिकीय आंदोलनों की शुरुआत के समय मार्क्सवादी उन्हें संदेह की नज़र से देखते थे। पारिस्थितिकीय सरोकारों से संबंधित लेखन उनकी निगाह में पूँजीवादी हितों का पूरक था। इसी तरह शुरुआती पर्यावरणवादियों ने भी तत्कालीन समाजवादी राज्यों द्वारा प्राकृतिक संसाधनों के दोहन के कारण मार्क्सवाद को पर्यावरण का विरोधी क़रार दे दिया था। लेकिन अस्सी के दशक तक पारिस्थितिकीय चिंतन और मार्क्सवाद के इस आपसी विरोध में कमी आयी। पारिस्थितिकीय संकट की गहनता महसूस करते हुए मार्क्सवादियों ने इससे जुड़े सवालों पर गहराई से विचार किया। इस चिंतन को मुख्य तीन स्तरों पर देखा जा सकता है। पहला, पारिस्थितिकीय चिंतन और मार्क्सवाद द्वारा एक-दूसरे की तीखी आलोचना के दौर में भी क्रिटिकल थियरी से जुड़े चिंतकों ने पारिस्थितिकीय सरोकारों को अपने लेखन में स्थान दिया। दूसरा, कुछ लेखकों ने मार्क्स-एंगेल्स के लेखन का गहन परीक्षण करते हुए इस आरोप को ख़ारिज करने की कोशिश की कि वे पारिस्थितिकी के विरोध में हैं। कुछ ने मार्क्स-एंगेल्स के उपेक्षित पड़े लेखन का विश्लेषण किया, जबकि दूसरों ने इस लेखन में थोड़े बहुत संशोधन का सुझाव दिया ताकि उसे पारिस्थितिकी के प्रति और संवेदनशील बनाया जा सके। तीसरा, कई मार्क्सवादी वर्तमान दौर में भूमण्डलीकरण और पारिस्थितिकीय संकट को एक-दूसरे से जुड़ा हुआ मानते हैं। उनका विचार है कि इन दोनों के ख़िलाफ़ एक साथ संघर्ष किया जाना चाहिए।

क्रिटिकल थियरी का विकास फ्रैंकफ़र्ट स्कूल ऑफ़ सोशल रिसर्च के सदस्यों द्वारा किया गया था। इसने सोवियत संघ की कम्युनिस्ट पार्टी द्वारा की गयी व्याख्याएँ नकारते हुए युवा मार्क्स के लेखन पर ज़ोर दिया और मार्क्सवाद की मानवतावादी व्याख्या की। इस स्कूल के अंतर्गत आने वाले विचारकों में मत-वैभिन्य है, लेकिन मार्क्सवाद के बारे में उनका नज़रिया एक सा है। ये सिद्धांतकार मानते हैं कि मार्क्स और एंगेल्स पारिस्थितिकी पर पूँजीवाद के नकारात्मक प्रभावों के बारे में जागरूक थे। लेकिन उन्होंने प्रकृति पर प्रभुत्व क़ायम करने के ज्ञानोदयकालीन मिथक के ख़तरों को साफ़ नहीं किया। इसी कारण वे केवल पूँजीवाद के नकारात्मक प्रभावों को उजागर करके रह गये। नतीजा यह हुआ कि पूँजीवादी राज्यों में ही नहीं, बल्कि समाजवादी राज्यों में भी प्रकृति पर प्रभुत्व क़ायम कर विकास हासिल करने की कोशिश की गयी। आलोचनात्मक सिद्धांत के प्रवर्तक के रूप

में होर्ख़ाइमर, एडोर्नो और मारक्यूज़े ने ज्ञानोदय की आलोचना प्रस्तुत की। इसे इन्होंने 'बाह्य' और 'आंतरिक' प्रकृति पर प्रभुत्व क़ायम करने वाला माना। बाह्य प्रकृति से उनका तात्पर्य मनुष्य की पारिस्थितिकी और आंतरिक प्रकृति से उनका मतलब मनुष्य की आंतरिक चेतना से है। लेकिन यह भी सच है कि इन प्रयासों के बावजूद क्रिटिकल थियरी में पारिस्थितिकीय चिंतन कोई ख़ास स्थान हासिल नहीं कर पाया। इन विचारकों ने पारिस्थितिकी संबंधी विचारों का गहन विश्लेषण के साथ सिद्धांतीकरण नहीं किया। पर्यावरण संबंधी आंदोलनों के प्रति उनका रवैया नकारात्मक था। वे उन्हें बिखरे हुए छिटपुट आंदोलनों के रूप में देखते थे।

जिन लेखकों ने यह साबित करने की कोशिश की है कि मार्क्स-एंगेल्स के लेखन में पारिस्थितिकीय चिंताओं का बहुत स्थान है या कुछ संशोधनों के साथ मार्क्सवाद में पारिस्थितिकीय चिंताओं को समायोजित किया जा सकता है,उनमें जॉन बेलामी फ़ॉस्टर का प्रमुख स्थान है। फ़ॉस्टर का मानना है कि मार्क्स के विचारों में पारिस्थितिकी संबंधी पहलू एक निरंतरता से सम्पन्न हैं। युवा मार्क्स की तरह ही प्रौढ़ मार्क्स में भी प्रकृति पर निर्भरता का विचार स्पष्ट रूप से सामने आता है। फ़ॉस्टर ने मार्क्स के पारिस्थितिकीय नज़रिये को समझने के लिए एक अहम संकल्पनात्मक श्रेणी के रूप में 'मेटाबॅलिज़्म' की समझ पर बल दिया है। इसका तात्पर्य पदार्थिक विनिमय है। मेटाबॅलिज़्म शब्द में जैविक वृद्धि या क्षरण की संरचनात्मक प्रक्रियाओं की अवधारणा शामिल है। फ़ॉस्टर के अनुसार श्रम-प्रक्रिया की अपनी परिभाषा में मार्क्स ने मेटाबॅलिज़्म की अपनी संकल्पना को पूरे विश्लेषण का आधार बनाया है। उन्होंने मार्क्स का एक कथन उद्धृत करके अपने मत की पुष्टि की है : 'सबसे पहले श्रम, मानव और प्रकृति के बीच एक प्रक्रिया है। ऐसी प्रक्रिया, जिसके द्वारा मानव स्वयं एवं प्रकृति के बीच मेटाबॅलिज़्म को अपनी क्रियाओं से केंद्रित, नियमित और नियंत्रित करता है। वह (मानव) प्राकृतिक शक्तियों को गतिशील करता है...ताकि अपनी ज़रूरतों के हिसाब से वह प्राकृतिक वस्तुओं का प्रयोग कर सके। इस कार्य द्वारा वह बाहरी प्रकृति पर कार्य करता है, और उसे बदलता है। इस तरीक़े से वह स्वयं अपनी प्रकृति में परिवर्तन करता है।'

फ़ॉस्टर मानते हैं कि मार्क्स का मेटाबॅलिज़्म संबंधी सिद्धांत उनकी रचना *इकॉनॉमिक ऐंड फ़िलॉसॅफ़िकल मैनुस्क्रिप्ट्स 1844* में प्रकृति पर मानव की गहरी निर्भरता के विचार का अधिक व्यवस्थित, वैज्ञानिक और प्रौढ़ रूप है। फ़ॉस्टर के अनुसार इस रूप में पारिस्थितिकी का द्वंद्वात्मक दृष्टिकोण उभरकर सामने आता है, जो इस बात पर ज़ोर देता है कि जीव सामान्यत: अपने पर्यावरण को अपनाते ही नहीं, बल्कि इसे कई तरह से प्रभावित भी करते हैं। फ़ॉस्टर का कहना है कि मेटाबॅलिज़्म का सिद्धांत प्रकृति पर मानव की निर्भरता को स्पष्ट करते हुए मनुष्यों को सचेत करता है कि सुखद जीवन जीने के लिए उन्हें एक सीमा से ज़्यादा प्रकृति का शोषण नहीं करना चाहिए।

दूसरी ओर, टेड बेण्टन का ज़ोर इस बात पर है कि पारिस्थितिकीय संकट के गहरे विश्लेषण के लिए मार्क्स और एंगेल्स के लेखन से महत्त्वपूर्ण सूत्र मिल सकते हैं। बेण्टन यह भी मानते हैं कि मार्क्सवादी सिद्धांत में कुछ बुनियादी संशोधन करने से इसे पारिस्थितिकीय विश्लेषण के लिए ज़्यादा कारगर बनाया जा सकता है। बेण्टन ने मार्क्स द्वारा पेश की गयी श्रम-प्रक्रिया का विश्लेषण किया है। मार्क्स ने श्रम-प्रक्रिया को 'परिवर्तनकारी' मानते हुए उसके तीन मुख्य तत्त्व प्रस्तावित किये हैं : आदमी की व्यक्तिगत गतिविधि, जिस पर काम किया जा रहा है और काम के साधन या यंत्र। लेकिन बेण्टन ने कहा है कि श्रम-प्रक्रियाएँ दो तरह की होती हैं: एक, परिवर्तनकारी और दूसरी, पारिस्थितिकी-नियंत्रक। बेण्टन के मुताबिक़ मार्क्स यह नहीं मानते श्रम-प्रक्रिया पारिस्थितिकीय कारकों पर निर्भर होती है। उनके अनुसार, पूँजीवादी श्रम-प्रक्रिया के बारे में सैद्धांतीकरण करते हुए मार्क्स-एंगेल्स ने ऊर्जा के आवश्यक स्रोतों, कच्चे पदार्थों और भोजन आदि की सीमितता और पारिस्थितिकी पर इनकी निर्भरता को ध्यान में नहीं रखा। बेण्टन तर्क देते हैं कि मार्क्स के चिंतन को पारिस्थितिकी के प्रति संवेदनशील बनाने के लिए श्रम-प्रक्रिया की अवधरणा के पुनर्सूत्रीकरण की आवययकता है। उन्होंने मार्क्स के विचारों को पारिस्थितिकी के अनुकूल बनाने के लिए पारिस्थितिक-नियमन एवं प्राकृतिक सीमितता जैसे सिद्धांतों पर ज़ोर दिया है।

मार्क्सवादियों का एक समूह ऐसा भी है जो इस सवाल को बहुत ज़्यादा महत्त्वपूर्ण नहीं मानता है कि मार्क्स-एंगेल्स के लेखन पारिस्थितिकी-विरोध है या नहीं। इसकी जगह वे समकालीन समस्याओं के विश्लेषण के लिए मार्क्सवाद का प्रयोग करने के पक्ष में हैं। उन्होंने समाजवादी राज्यों की इस आधार पर आलोचना की कि उनका पर्यावरणीय रेकार्ड बहुत ख़राब था। इसी तरह आज के पारिस्थितिकीय चिंतन से उनकी शिकायत यह है कि ये लोग पूँजीवाद के प्रति ढुलमुल रवैया अपनाते हैं। इस संदर्भ में दो प्रमुख पारिस्थितिकी-समाजवादी चिंतकों जॉयल कोवेल और माइकल लोवी द्वारा सितम्बर 2001 में पारिस्थितिकी एवं समानता पर आयोजित वर्कशॉप में पारिस्थितिक-समाजवादी घोषणापत्र उल्लेखनीय है। पारिस्थितिक-समाजवादियों के अनुसार, पारिस्थितिकीय संकट और भूमण्डलीकरण के विस्तार से उत्पन्न हुई सामाजिक विघटन की समस्या की बुनियाद एक ही है। अर्थात् विश्व में पूँजीवादी व्यवस्था के विस्तार के कारण ही ये दोनों समस्याएँ सामने आयी हैं। वर्तमान पूँजीवाद समस्या

इस समस्या को न तो पूरी तरह ख़त्म कर सकता है और न ही नियंत्रित कर सकता है। इसका कारण यह है कि यह व्यवस्था बढ़ने या ख़त्म होने के मूल सिद्धांत पर आधारित है। पारिस्थितिक-समाजवादी समाजवाद के मॉडल को अब भी प्रासंगिक मानते हैं। वे स्थानीय स्तर के स्वायत्त समूहों को जोड़ते हुए एक पारिस्थितिक-समाजवादी पार्टी बनाने की कल्पना भी करते है। वे मानते हैं कि इस तरह की पार्टी का मक़सद प्रतिरोध के विभिन्न समूहों को संगठित करके और एक खुली और लोकतांत्रिक पार्टी गठित की जानी चाहिए।

बहरहाल, सैद्धांतिक स्तर पर मार्क्सवादी चिंतकों द्वारा मार्क्सवाद और पारिस्थितिकी के अंतर्विरोध दूर करने की काफ़ी कोशिश की गयी है। लेकिन ये तमाम प्रयास पारिस्थितिकी के बारे में एक स्पष्ट मॉडल देने में नाकाम रहे हैं।

देखें : चिपको आंदोलन, जैवविविधता, पर्यावरणीय नारीवाद, पारिस्थितिकवाद, पारिस्थितिकीय दर्शन, पेटेंट, भविष्यशास्त्र, भारत में पेटेंट क़ानून।

संदर्भ

1. टेड बेण्टन (1989), 'मार्क्सिज्म ऐंड नेचुरल लिमिट्स : ऐन इकोलॉजिकल क्रिटिक', *न्यू लेफ़्ट रिव्यू*, 178.
2. जे.बी. फ़ॉस्टर (2001), *मार्क्सिज़ इकोलॉजी : मैटीरियलिज़म ऐंड नेचर*, कॉर्नरस्टोन पब्लिकेशन, खडगपुर, इण्डिया.
3. केरोलिन मर्चेंट (सम्पा.) (1944), *की कंसेप्ट्स ऑफ़ क्रिटिकल थियरी : इकोलॅजी*, ह्यमैनिटीज़ प्रेस, न्यू जर्सी.
4. कमल नयन चौबे (2005), *मार्क्सवाद और गाँधीवाद में पारिस्थितिकी : तुलनात्मक अध्ययन* (अप्रकाशित एम. फिल लघु शोध-प्रबंध), राजनीति विज्ञान विभाग, नयी दिल्ली विश्वविद्यालय, नयी दिल्ली.

— कमल नयन चौबे

मार्क्सवादी इतिहास-लेखन

(Marxist Historiography)

आधुनिक इतिहास-लेखन की विभिन्न धाराओं और प्रवृत्तियों में कार्ल मार्क्स एक स्थाई उपस्थिति की तरह हैं। जो मार्क्स के चिंतन से सहमत हैं वे उनकी अंतर्दृष्टियों को अपने विश्लेषण में इस्तेमाल करते हैं और जिन्हें मार्क्स की इतिहास दृष्टि एकांगी और अपर्याप्त लगती हैं वे उनका प्रत्याख्यान करने के लिए मार्क्स से ज़िरह करते हैं। इस तरह मार्क्स के महत्त्व और उनके प्रभाव को ऐसे इतिहासकार भी स्वीकार करते हैं जो उनकी आर्थिक, राजनीतिक तथा दर्शनशास्त्रीय प्रस्थापनाओं से सहमत नहीं हैं। यहाँ हम मार्क्सवादी इतिहास-लेखन के कुछ ऐसे स्थाई घटकों के बारे में विचार करेंगे जिन्हें मौटे तौर पर मार्क्स के सामाजिक संरचना और ऐतिहासिक परिवर्तन से संबंधित चिंतन-लेखन के इर्द-गिर्द सँजोया जा सकता है।

सामाजिक संरचना तथा ऐतिहासिक परिवर्तन के संबंध में मार्क्स ने जो प्रस्थापनाएँ रखीं उन्हें लेकर आम तौर पर एक सारतत्त्ववादी रवैया हावी रहा है। इससे एक भ्रामक धारणा यह पैदा हुई है गोया मार्क्स का समस्त चिंतन एकसार और एक लीक का था। जबकि मार्क्स के प्रारम्भिक और उत्तरवर्ती लेखन में कई संशोधन और प्रस्थापनागत बदलाव रेखांकित किये जा सकते हैं। मसलन, मार्क्स और एंगेल्स की इतिहास-दृष्टि में तीन नज़रिये साफ़ देखे जा सकते हैं। मार्क्स अपने प्रारम्भिक लेखन में इतिहास को प्रगति की एक द्वंद्वात्मक प्रक्रिया के रूप में देखते हैं जो मनुष्य की बेगानगी और सामाजिक संरचना के अतिशय केंद्रहीन हो जाने जैसी नकारात्मक स्थितियों से गुज़रते हुए अंततः मानवीय, मुक्त और रैशनल समुदाय की स्थापना में परिणत होती है। इसके बाद *द होली फ़ैमिली, द कण्डीशन ऑफ़ वर्किंग क्लास इन इंग्लैण्ड तथा द जर्मन आइडियालॅजी* जैसी रचनाओं में दोनों विद्वान इतिहास को किसी लक्ष्य या तार्किक परिणति की ओर बढ़ती प्रक्रिया के बजाय व्यक्तियों और समूहों की गतिविधियों तथा परिस्थितियों से उपजे अनिश्चित परिणाम की तरह देखने लगते हैं। मार्क्स के चिंतन की तीसरी परत *दास कैपिटल* जैसी परिपक्व रचनाओं में देखी जा सकती है जहाँ ऐतिहासिक विकास को एक आंतरिक और अप्रकट नियमों से संचालित होने वाली प्राकृतिक प्रक्रिया की तरह प्रस्तुत किया गया है। मार्क्स के अनुसार इतिहासकार का काम इन भीतरी और अदृश्य नियमों को उजागर करना होता है। मार्क्स के चिंतन की इस अवस्था में मनुष्य की कारकता या एजेंसी की जगह एक संरचना आ जाती है जिसमें समाज के आर्थिक ढाँचे का विकास प्राकृतिक इतिहास की प्रक्रिया बनने लगता है और व्यक्ति आर्थिक श्रेणियों, वर्ग-संबंधों तथा हितों के प्रतीक और वाहक का रूप धारण करने लगता है। बाद में मार्क्स की यह सिद्धांत-दृष्टि इतिहासकारों द्वारा द्वंद्वात्मक भौतिकवाद के एक सार्वभौम दार्शनिक सिद्धांत की तरह स्थापित कर दी गयी। लेकिन यहाँ इस बात का ख़याल रखा जाना चाहिए कि मार्क्स के सामाजिक सिद्धांत के सूत्रीकरण में द्वंद्वात्मक भौतिकवाद किसी ऐतिहासिक कड़ी और सामयिक मौजूदगी के रूप में नहीं आता। ऐतिहासिक घटनाओं के विश्लेषण में मार्क्स अलग-अलग समय पर भिन्न-भिन्न बात कहते हैं। उदाहरण के तौर पर, सामंतवाद

के पूँजीवाद में संक्रमण की व्याख्या करते हुए *द जर्मन आइडियालॅजी* (1845-46) तथा *कम्युनिस्ट मैनिफ़ेस्टो* (1848) में मार्क्स और एंगेल्स क़स्बों, व्यापार और शहरी बूर्ज्वाज़ी के विकास पर ख़ास ज़ोर देते हैं जबकि *ग्रंडरिस्से* और *कैपिटल* जैसी परवर्ती रचनाओं में वे खेती के रूपांतरण और किसान-उत्पादकों के अतिरिक्त दोहन पर ज़्यादा ज़ोर देने लगते हैं।

लेकिन मार्क्स के लेखन-चिंतन में दिखने वाली इन चरणगत भिन्नताओं तथा मार्क्सवादी इतिहासकारों के अलग-अलग नज़रियों के बावजूद उनके बीच शब्दावली, अवधारणाओं, सरोकारों, प्रश्नों, संकल्पनाओं को लेकर सहमति और समानता देखी जा सकती है। इस धारा के इतिहासकारों में इस बात को लेकर भी सहमति है कि इतिहास के किन पक्षों को प्रमुख माना जाए और किन पहलुओं को गौण माना जाए। मार्क्स के सामाजिक संरचना और ऐतिहासिक परिवर्तन संबंधी सूत्रीकरण मुख्यत: *द जर्मन आइडियोलॅजी* तथा *अ कंट्रीब्यूशन टू द क्रिटीक ऑफ़ पॉलिटिकल इकॉनॉमी* के प्राक्कथन में मिलते हैं। जहाँ मार्क्स यह दलील देते हैं कि मनुष्य का सामाजिक जीवन भौतिक उत्पादन पर निर्भर करता है और भौतिक उत्पादन के साधन जैसे कच्चे भौतिक पदार्थ आदि मनुष्य के श्रम, वैज्ञानिक और तकनीकी ज्ञान के प्रभाव से लगातार बदलते जाते हैं। मार्क्स इसे संक्षेप में उत्पादक शक्ति कहते हैं। मार्क्स के अनुसार उत्पादन के संबंध; मसलन नियोक्ता और कामगार के संबध तथा व्यक्ति और उत्पादक शक्तियों के आपसी समीकरण आदि उत्पादक शक्तियों के विकास और उसके स्तर से निर्धारित होते हैं।

ठीक यही बात श्रम-प्रक्रिया के उत्पादों यानी पूँजीपति के मामले में उत्पादित वस्तुओं के स्वामित्व और कामगार के संदर्भ में उसकी मज़दूरी आदि पर भी लागू होती है। हालाँकि ख़ुद मार्क्स की शब्दावली स्थाई नहीं रही लेकिन मार्क्सवादी इतिहासकार उत्पादन-संबंधों के किसी रूप विशेष तथा उत्पादक शक्तियों के विकास के स्तर को संयोजित करके उत्पादन-पद्धति नामक अवधारणा का इस्तेमाल करते रहे हैं। इस व्याख्या में उत्पादन पद्धति की परिभाषा या उसका नामकरण उत्पादन के संबंधों जैसे सामंतवाद या पूँजीवाद आदि को आधार बनाकर किया जाता है।

मार्क्सवादी इतिहासकारों के अनुसार निजी सम्पत्ति पर आधारित इस उत्पादन पद्धति के वर्गीय संबंध बुनियादी तौर पर शोषणमूलक होते हैं क्योंकि उत्पादन के साधनों का स्वामी श्रमिक के अधिशेष उत्पादन का अधिग्रहण कर लेता है। मार्क्स और एंगेल्स के लेखन में यह संगति अक्सर उभरती है कि समाज में उत्पादन के संबंध उस समाज की उत्पादक शक्तियों के विकास के समकक्ष होते हैं। इस दावे को पुष्ट करने के लिए वे ऐतिहासिक विकास की विभिन्न अवस्थाओं जैसे आदिम साम्यवाद से लेकर प्राचीन, एशियाई, सामंती और पूँजीवाद का हवाला देते हैं। उनके अनुसार उत्पादक शक्तियों के विकास क्रम में उत्पादन के संबंध पिछड़ते जाते हैं और अंतत: एक स्थिति ऐसी आ जाती है कि उत्पादन के ये संबंध उत्पादक शक्तियों के विकास में बाधक बन जाते हैं। मार्क्स के चिंतन में किसी सामाजिक क्रांति के पीछे ऐसे विषम संबंध ही सक्रिय होते हैं। उदाहरण के लिए बूर्ज्वा क्रांति यानी पूँजीपति वर्ग की विजय इसलिए हुई क्योंकि सामंतशाही उत्पादक शक्तियों के विकास में बाधक बन गयी थी।

मार्क्स के इस लेखन-चिंतन ने एक तरह से परवर्ती मार्क्सवादी इतिहास-लेखन के लिए पूर्वपीठिका का काम किया है। इस धारा के इतिहासकारों की पहचान उनके विषयगत चयन से की जा सकती है। इस तरह एक प्रवृत्ति के तौर पर मार्क्सवादी इतिहासकारों का ज़ोर उत्पादक शक्तियों की वृद्धि या उनकी अवनति, उत्पादन के प्रमुख संबंधों के आधार पर समाज के निरूपण, वर्गीय टकराव की सीमा और चरित्र, उत्पादन-पद्धतियों के आंतरिक संकट और उनके बीच संक्रमण की अवस्थाओं, वर्ग संबंधों और राजनीतिक सत्ता व सामाजिक सिद्धांतों की पारस्परिक प्रभावशीलता पर रहा है।

इतिहास-लेखन के लिहाज़ से देखा जाए तो मार्क्स के ऐतिहासिक सिद्धांतों में उत्पादक शक्तियों की सामाजिक सर्वोच्चता का तर्क कमज़ोर और अनुपयोगी साबित हुआ है। ख़ुद मार्क्स और एंगेल्स के लेखन में इस विचार-सूत्र का कोई स्थिर रूप दिखायी नहीं देता। मार्क्स के 1859 के प्राक्कथन में व्यक्त सैद्धांतिक सूत्र और इतिहास के वास्तविक विश्लेषण में एक अंतर दिखायी पड़ता है। इस प्राक्कथन में मार्क्स उत्पादक शक्तियों के निरंतर विकास को ऐतिहासिक बदलाव का बुनियादी कारक मानते हैं, जबकि इस बात को इतिहास के कालखण्ड पर लागू करते हुए उनका कहना है कि उत्पादक शक्तियों का कोई एक ढाँचा नहीं होता। यानी उत्पादन की शक्तियाँ आगे की ओर भी बढ़ सकती हैं और पीछे भी जा सकती हैं। जिससे यह निष्पत्ति निकलती है कि सामाजिक परिवर्तन में वर्ग संबंधों तथा वर्ग संघर्ष के पहलुओं पर ज़्यादा ज़ोर दिया जाना चाहिए। अत: परवर्ती मार्क्सवादी इतिहासकारों ने इस बात का ख़याल रखा कि विकास के जो नियम ख़ासतौर पर पूँजीवादी समाज पर लागू होते हैं उन्हें इतिहास की समस्त उत्पादन पद्धतियों पर फ़िट न किया जाए। इस संबंध में मार्क्स का तर्क भी यही था कि पूँजीवादी समाज में उत्पादक शक्तियों का विकास अभूतपूर्व ढंग से हुआ था जबकि प्राक्-पूँजीवादी उत्पादन पद्धतियों का ढाँचा आमतौर पर रूढ़िगत था।

सामंतवाद के संकट का अध्ययन करते हुए राबर्ट ब्रेनर इस तर्क को ख़ारिज करते हैं कि उत्पादक शक्तियों का हमेशा

विकास ही होता है। इसके उलट उन्होंने दिखाया है कि सामाजिक उत्पादन की वृद्धि के संदर्भ में सामंती सामाजिक संबंधों की भूमिका नकारात्मक रही थी। ब्रेनर के अनुसार किसानों और भू-स्वामियों के उत्पादन संबंध खेती के अग्रगामी विकास में बाधक थे जिसके चलते आबादी बढ़ने लगी और जीवन स्तर गिरने लगा। माल्थस और रिकार्डो से प्रभावित इतिहासकार इसे सामंतवाद का जनसांख्यिकीय संकट कहते हैं। ध्यान से देखें तो यह आसानी से चिह्नित किया जा सकता है कि पूँजीवाद बाज़ार की प्रतिस्पर्द्धा के ज़रिये उत्पादन की प्रक्रिया को उन्नत बना रहा था जबकि सामंतवाद में निवेश या नवाचार के प्रति किसी तरह प्रेरणा मौजूद नहीं थी। किसानों के पास संसाधन नहीं थे कि वे उत्पादन के क्षेत्र में कोई नयी पहल कर सकें जबकि भूस्वामी उत्पादन में निवेश किये बग़ैर भू-दासता में निहित दण्डकारी शक्तियों के कारण कर, टौल तथा मालगुजारी बढ़ाकर सामाजिक उत्पादन में अपनी हिस्सेदारी बढ़ा सकते थे।

इसी तरह अमेरिका के उत्तरी और दक्षिणी राज्यों के बीच हुए गृहयुद्ध के अध्ययन में इतिहासकार जेनोवेस की दृष्टि यह रही है कि दक्षिणी राज्यों की दास-अर्थव्यवस्था में श्रम की उत्पादकता का निम्न स्तर, पूँजी निर्माण का अभाव, सीमित बाज़ार आदि का व्यापारी और औद्योगिक बूर्ज्वाजी पर समेकित प्रभाव यह पड़ा कि वहाँ आर्थिक विकास अवरुद्ध होने लगा और अंततः यह प्रक्रिया राजनीतिक पृथक्करण पर जाकर ख़त्म हुई, जिसके बाद उसे सैन्य पराजय का सामना करना पड़ा।

हालाँकि मार्क्सवादी इतिहासकारों में पूँजीवाद को उत्पादन की उन्नत अवस्था बताने की प्रवृत्ति भी मौजूद है लेकिन इस बीच यह फ़र्क़ ज़रूर आया है कि अब वे इसे इतिहास के सार्वभौम नियम की तरह प्रतिष्ठित नहीं करते। अब वे इस बात को महत्त्व देने लगे हैं कि प्राक्-पूँजीवादी उत्पादन पद्धतियों का निर्धारण उनकी विशिष्ट प्रवृत्तियों के आधार पर किया जाना चाहिए। पैरी ऐंडरसन के शब्दों में कहें तो उत्पादन की शक्तियाँ उत्पादन-संबंधों के मातहत होती हैं। तथा संक्रमण के काल में पहले इन संबंधों में बदलाव आता है न कि उत्पादन की शक्तियों में। उनके अनुसार कोई भी ऐतिहासिक संकट या संक्रमण बाहरी शक्तियों से पैदा न होकर अपनी आंतरिक समस्याओं और आवयविक कारकों से उपजता है। यह इस अंतदृष्टि का विस्तार ही है कि पॉल स्वीज़ी ने सामंतवाद के अवसान और पूँजीवाद के उदय को शहरों और व्यापार जैसे उन बाहरी कारणों से जोड़ने पर ज़्यादा ज़ोर दिया जो परम्परागत मार्क्सवादी इतिहासकारों के लिए व्यवस्था से बाहर पड़ने वाले कारक थे।

उत्पादक शक्तियों की सर्वोच्चता का दावा छोड़ने के बाद मार्क्सवादी इतिहासकारों ने यह ज़िद भी छोड़ दी है कि समाज का वर्गीकरण अनिवार्य रूप से उत्पादक शक्तियों के आधार पर किया जाना चाहिए।

देखें : अर्नेस्टो चे ग्वेवारा, आधार और अधिरचना, ऑस्कर रायज़ार्ड लांगे, आंगिक और पारम्परिक बुद्धिजीवी, एंतोनियो ग्राम्शी, कार्ल हाइनरिख़ मार्क्स-1, 2. 3 और 4, क्रांति, क्रांति : मार्क्सवादी विमर्श, ग्योर्गी लूकाच, नयी सदी में मार्क्सवादी विमर्श-1, 2. 3,4 5, 6, 7, 8 और 9, निष्क्रिय क्रांति, फ्रैड्रिख़ एंगेल्स, भारत में किसान संघर्ष-2 और 4, कम्युनिस्ट पार्टियाँ-1, 2 और 3, भारतीय इतिहास लेखन-4 और 5, भाषा के मार्क्सवादी सिद्धांत, भ्रांत चेतना, बोल्शेविक क्रांति, फ्रांस्वा-चार्ल्स मारी फ़ूरिये, क्यूबा की क्रांति, फ्रेंज़ फ़ानो, हिंसा-1 और 2, मानवेंद्र नाथ राय, माओ त्से-तुंग, माओवाद और माओ विचार, मार्क्सवाद-1, 2, 3, 4 और 5, मार्क्सवादी समाजशास्त्र, मार्क्सवाद और पारिस्थितिकी, मार्क्सवादी अर्थशास्त्र, समाजवादी वसंत-1, 2, 3, और 4, लेनिनवाद, लियोन ट्रॉट्स्की, लिबरेशन थियोलॅजी, सांस्कृतिक क्रांति, स्तालिन और स्तालिनवाद, सोवियत समाजवाद-1, 2 और 3, सोवियत सिनेमा, वर्चस्व, वर्ग और वर्ग-संघर्ष, व्लादिमिर इलीच लेनिन।

संदर्भ

1. आर.एफ़. एट्किंसन (1989), *नॉलेज ऐंड एक्सप्लेनेशन इन हिस्ट्री,* लंदन.
2. एफ़. पार्किन (1989), *मार्क्सिज़म ऐंड क्लास थियरी,* 1989, जे सैविले, लंदन.

— नरेश गोस्वामी

मार्क्सवादी समाजशास्त्र

(Marxist Sociology).

मार्क्सवाद समाजशास्त्र के प्रमुख प्रतिमानों में से एक है। लेकिन इस अनुशासन से उसके रिश्ते का इतिहास थोड़ा जटिल है। आधुनिक समाजशास्त्र के दोनों प्रमुख संस्थापक वेबर और दुर्खाइम मार्क्स की धारणाओं के आलोचक थे, और उनकी स्थापनाएँ मार्क्स की प्रमुख प्रपत्तियों का स्पष्ट खण्डन करती हैं। इसकी प्रतिक्रिया में मार्क्सवादियों के बीच बीसवीं सदी के शुरुआती दशकों में ही यह बहस छिड़ गयी थी कि मार्क्स और उनके वाद को समाजशास्त्र के आईने में देखा जाए या नहीं। रूसी मार्क्सवादी सिद्धांतकार निकोलाई बुख़ारिन ने जब 1921 में *हिस्टोरिकल मैटेरियलिज़म : अ सिस्टम ऑफ़ सोसियोलॅजी* की रचना की तो लूकाच, ग्राम्शी और कोर्श जैसे सिद्धांतकारों ने इस स्थापना का विरोध किया। बुख़ारिन ने अपनी इस किताब में वेबर और दुर्खाइम

के विमर्श की आलोचनात्मक जाँच की थी। पर लूकाच और ग्राम्शी ऐतिहासिक भौतिकवाद को इतिहास के दर्शन की तरह ही दिखाना चाहते थे, न कि समाजशास्त्र की एक प्रधान प्रवृत्ति के रूप में। यह रवैया उत्तरोत्तर कड़ा होता गया और कम्युनिस्ट पार्टियाँ समाजशास्त्र को पूँजीपति वर्ग की सेवा करने वाला शास्त्र क़रार देने लगीं। मार्क्सवादियों ने कहना शुरू कर दिया कि समाज-विज्ञान के दायरे में मार्क्सवाद बूर्ज़्वा समाजशास्त्र के मुक़ाबले खड़ा हुआ है। परिणामस्वरूप बीसवीं सदी के मध्य तक रूस और चीन समेत लगभग सभी समाजवादी देशों में समाजशास्त्र को पाठ्यक्रम से निकाल दिया गया। पार्टियों का कहना था कि छात्रों के लिए ऐतिहासिक भौतिकवाद का अध्ययन करना पर्याप्त है। इसी वजह से मार्क्सवाद और समाजशास्त्र का जो सर्जनात्मक संश्रय होना चाहिए था, वह समाजवादी ख़ेमे और कम्युनिस्ट पार्टियों के दायरे के बाहर पश्चिम के विश्वविद्यालयों में ही हुआ।

मार्क्सवादी समाजशास्त्र के विकास में एक और बाधा आयी जो ग़ैर-मार्क्सवादियों की पैदा की हुई थी। पश्चिम के अकादमीय संस्थानों में मार्क्सवाद के अध्ययन को लेकर काफ़ी समय तक हिचक का माहौल रहा। इसकी एक वजह स्तालिनकालीन सोवियत संघ की राजनीति के कारण आम तौर पर मार्क्सवाद को सोवियत हितों का पर्याय मान लेना था। दूसरे, सोवियत मार्क्सवाद के बोलबाले के कारण पश्चिमी मार्क्सवाद की समृद्ध बौद्धिक परम्पराएँ दब गयी थीं। तीसरे, द्वितीय विश्व-युद्ध के बाद समाजशास्त्र का जो अनुशासनात्मक ढाँचा बना उसने प्रयासपूर्वक ख़ुद को मार्क्सवादी प्रभावों से दूर रखा था। इन्हीं वजहों से समाजशास्त्र की इस धारा का विकास देर से हुआ। इसकी पहली व्यवस्थित अभिव्यक्ति ऑस्ट्रो मार्क्सिज़म के रूप में सामने आयी जिसके विद्वानों ने पूँजीवाद के विकास, वर्ग-संरचना, क़ानून, राज्य, राष्ट्रीयताओं और राष्ट्रवाद के विस्तृत समाजशास्त्रीय अध्ययन पेश किये।

समाजशास्त्रियों और मार्क्सवाद के बीच मुख्य तौर पर तीन तरह के संबंध हैं। पहले क़िस्म के समाजशास्त्री वे हैं जो मार्क्सवादी विचार परम्परा के दायरे में रह कर समाजशास्त्रीय अंतर्दृष्टियों, अनुसंधान-पद्धतियों और सामान्य निष्कर्षों का इस्तेमाल करते हैं। लेकिन उन्हें फ़िक्र रहती है कि उनके अनुसंधान के नतीजे बाकायदा मार्क्सवादी हों। दूसरे क़िस्म के समाजशास्त्री वे हैं जो मार्क्स द्वारा प्रस्तावित ऐतिहासिक दृष्टिकोण और समाज को समग्र नज़रिये से देखकर उसके विकास को प्रश्नांकित करने के वैचारिक साहस से प्रभावित हैं। लेकिन इन समाजशास्त्रियों को इस बात की चिंता नहीं है कि उनके निष्कर्ष मार्क्सवाद की श्रेणी में फ़िट होते हैं या नहीं। तीसरे क़िस्म के

निकोलाई बुख़ारिन (*हिस्टोरिकल मैटेरियलिज़म : अ सिस्टम ऑफ़ सोसियोलॉजी*)

समाजशास्त्री वे हैं जो मज़दूर वर्ग द्वारा क्रांति करने की अनिवार्यता से सहमत न होते हुए भी मार्क्सवादी विचार परम्परा के मुक्तिकामी तत्त्वों का आगे विकास करना चाहते हैं। फ्रेंकफ़र्ट स्कूल द्वारा प्रतिपादित क्रिटिकल थियरी इसी रवैये का परिणाम है।

मार्क्सवादी समाजशास्त्र के आधार में मुख्य तौर पर दो रवैये हैं। पहले रवैये को अर्थप्रधान या यांत्रिक कहा जा सकता है, और दूसरा रवैया संरचनावादी। अर्थवादी रवैया ज़्यादातर आधार-अधिरचना के मार्क्सवादी रूपक का इस्तेमाल करता है। अर्थात् उसकी निगाह में सामाजिक विकास के आधारभूत कारण आर्थिक होते हैं, जिसकी अभिव्यक्तियाँ (जैसे संस्कृति) मूलाधार पर खड़ी अधिरचना के रूप में होती हैं। यह नज़रिया अपनाने वाले समाजशास्त्री इसी विधि से सामाजिक विकास के कार्य-कारण संबंधों और वर्ग-हितों के वस्तुगत फलितार्थों को रेखांकित करना पसंद करते हैं। इस अतिसरलीकृत रवैये के विपरीत फ्रांसीसी दार्शनिक लुई अलथुसे और उनके हमराही विद्वानों ने साठ के दशक में ग्राम्शी द्वारा प्रतिपादित वर्चस्व के सिद्धांत और मार्क्स की परवर्ती रचनाओं में आने वाले श्रम-शक्ति के पुनरुत्पादन के सिद्धांत की पुनर्व्याख्या करना पसंद किया। नतीजे के तौर पर ये लोग आधार-अधिरचना के बीच कहीं अधिक पेचीदा संबंधों को रेखांकित कर पाये। उन्होंने कहा कि भले ही

आर्थिक कारक अंततः निर्णायक साबित होते हों, पर अधिरचना के तहत आने वाले सांस्कृतिक आयाम सौ फ़ीसदी उनके मोहताज नहीं होते, बल्कि उनका विकास अपेक्षाकृत स्वायत्त होता है।

सत्तर के दशक में अमेरिकी समाजशास्त्र के दायरों में मार्क्सवाद का नये सिरे से उभार हुआ। इस परिघटना की पीछे चार प्रेरणाएँ थीं। पहली प्रेरणा के केंद्र में *मंथली रिव्यू* जैसी पत्रिका थी जो 1949 में स्थापित होने के बाद दो दशकों में धीरे-धीरे मार्क्सवाद से प्रभावित समाज-वैज्ञानिकों और गम्भीर पाठकों के बीच उत्तरोत्तर लोकप्रिय हो चुकी थी। इस पत्रिका ने मार्क्स के आर्थिक सिद्धांत का इस्तेमाल करते हुए विश्व-राजनीति में अमेरिका की साम्राज्यिक भूमिका का विश्लेषण करके समाजशास्त्र में हस्तक्षेप किया। दूसरी प्रेरणा उन मार्क्सवादी इतिहासकारों से प्राप्त हुई जिन्होंने अमेरिकी उदारतावाद की आलोचना करते हुए अमेरिकी इतिहास की वर्ग-आधारित पुनर्व्याख्या करके दिखाई। तीसरी प्रेरणा मार्क्सवाद के भीतर काम कर रहे हीगेलपंथियों और फ्रेंकफ़र्ट स्कूल द्वारा प्रतिपादित क्रिटिकल थियरी की परम्परा से निकली। चौथी प्रेरणा का स्रोत फ्रांसीसी संरचनावादी बने जो एक बार फिर से मार्क्सवादी सैद्धांतिकी को समाज के विज्ञान की तरह स्थापित करने की परियोजना चला रहे थे। इन प्रेरणाओं के आधार पर काम करने वाले मार्क्सवादी समाजशास्त्रियों ने श्रम-प्रक्रिया, श्रम के अंतर्राष्ट्रीय विभाजन और वर्ग-संरचना पर विशेष ध्यान दिया। इसके साथ ही उन्होंने राज्य और उसके संकटग्रस्त होने पर शोध किया। उनका चौथा सरोकार संस्कृति और विचारधारा से जुड़ा था। इन समाजशास्त्रियों ने विश्व-प्रणाली की राजनीतिक अर्थव्यवस्था और निर्भरता सिद्धांत के इर्द-गिर्द भी अनुसंधान किये।

श्रम-प्रक्रिया के समाजशास्त्रीय विश्लेषण ने इस बात पर ध्यान दिया कि किस तरह श्रम की लागत कम करते जाना पूँजी का मुख्य ध्येय बनता जा रहा है जिसका परिणाम कभी तो श्रम के महत्त्व और गरिमा के क्षय में निकलता है और कभी श्रमिकों के बीच फूट पड़ जाती है। इस समाजशास्त्र ने श्रम-प्रक्रिया के आत्मगत पहलुओं पर ध्यान दिया जो एक नयी बात थी। उसने एक तुलनात्मक परिप्रेक्ष्य भी विकसित किया जिसके तहत विभिन्न आर्थिक प्रणालियों के तहत चलने वाली कारख़ाना-व्यवस्था का विश्लेषण करके उसकी व्याख्या श्रम के नये अंतर्राष्ट्रीय विभाजन की रोशनी में की गयी। वर्ग-विश्लेषण के क्षेत्र में भी इस समाजशास्त्र ने नयी ज़मीन तोड़ने की कोशिश की। पहले के मार्क्सवादी जिन दायरों पर कतई ध्यान नहीं देते थे, उन पर काम किया गया। मसलन, वर्ग-संरचना में शहरी विकास, जातीयता, नस्ल और जेंडर की भूमिका प्रभुत्व के स्रोतों के तौर पर रेखांकित की गयी। इसके साथ ही इन समाजशास्त्रियों ने यह भी देखा कि श्रमिक वर्ग भी अब पहले जैसा नहीं रह गया है। उसके भीतर एक मँझोला तबक़ा पनपने लगा है। क्रांतिकारी परिवर्तन के लिए जिस सर्वहारा क्रांतिकारी चेतना और उस पर आधारित क्रांतिकारी कार्रवाई की तलाश की जाती रही है, वह इन नये तबक़े के उभार के परिणामस्वरूप आसानी से उपलब्ध नहीं है।

मार्क्सवादी और नारीवादी सैद्धांतिकियों के बीच नया रिश्ता बनाने की कोशिशें विवादास्पद साबित हुई हैं। पहले के मार्क्सवादी समाजशास्त्रियों ने वर्ग और उत्पादन-विधियों की पारम्परिक सैद्धांतिकी में जेंडर को जोड़ने के लिए मेहनताना दिये बिना करवाये जाने वाले 'घरेलू श्रम' पर ध्यान दिया था। इसके ज़रिये वे यह दिखाने में कामयाब हो जाते थे कि सामाजिक पुनरुत्पादन की प्रक्रिया किस तरह चल रही है। लेकिन नारीवादी विद्वानों ने इस पर आपत्ति की और कहा कि जेंडर की अहमियत की क़ीमत पर वर्ग का महत्त्व स्थापित करने वाला यह हथकण्डा नहीं चलेगा। इसी कारण से नारीवादियों ने पुराने क़िस्म के मार्क्सवादी समाजशास्त्र को सिरे से ख़ारिज ही कर दिया। इसका समाजवादी नारीवाद की प्रतिष्ठा पर नकारात्मक असर पड़ा।

राज्य और उसकी संकटग्रस्तता के संदर्भ में मार्क्सवादी समाजशास्त्रियों ने समृद्ध विमर्श की रचना की। इस सिलसिले में राल्फ़ मिलिबेंड और निकोस पूलांत्साज़ के बीच की बहस उल्लेखनीय है। मिलिबेंड का कहना था कि आर्थिक अभिजनों और प्रभुत्वशाली वर्ग की राजसत्ता के बीच एक वास्तविक तथ्यगत संबंध होता है। इसीलिए राज्य की संस्था वर्गीय हुकूमत का औज़ार बन पाती है। इसके जवाब में पोलांत्साज़ का तर्क था कि राज्य की भूमिका इन दोनों के बीच सुसंगति क़ायम करने की है जिसे निभाने के लिए उसे सापेक्षिक स्वायत्तता की ज़रूरत पड़ती है। इस तरह राज्य सामाजिक पुनरुत्पादन की दीर्घकालीन प्रक्रिया को अप्रत्यक्ष रूप से आगे बढ़ाता है। विकसित देशों में राज्य की संस्था के बार-बार आर्थिक संकट में फँस जाने पर भी ग़ौर किया गया। मार्क्सवादी समाजशास्त्रियों ने नतीजा निकाला कि एक तरफ़ पूँजी संचय का दबाव होता है, और दूसरी तरफ़ लोकोपकारी राज्य के औज़ारों का इस्तेमाल करके अर्थव्यवस्था के नकारात्मक पहलुओं का शमन करने की ज़रूरत होती है। राज्य इन दोनों की कैंची में फँस जाता है जिससे विपक्ष के वर्ग आधारित आंदोलनों की सम्भावनाएँ पैदा होती हैं।

संस्कृति और विचारधारा के क्षेत्र में मार्क्सवादी समाजशास्त्रियों ने कला और साहित्य पर तो ध्यान दिया ही, शिक्षा और मीडिया पर उल्लेखनीय चिंतन किया गया। संरचनावादी मार्क्सवाद की प्रेरणाओं के आधार पर किया गया अनुसंधान स्कूली पाठ्यक्रम के छिपे हुए पहलू देखने में

कामयाब रहा। उसने बताया कि पूँजी को अपने हित के लिए जिस क़िस्म के श्रम की ज़रूरत होती है, यह पाठ्यक्रम उसी आवश्यकता को ध्यान में रख कर बनाया जाता है। मीडिया की राजनीतिक आर्थिकी पर नये सिरे से विचार करते हुए इन शोधकर्त्ताओं ने मीडिया द्वारा उत्पादित सामग्री के विचारधारात्मक सार पर ज़ोर देने के बजाय एक भिन्न प्रक्रिया को रेखांकित किया जिसके तहत मीडिया अपने उपभोक्ताओं को ही बिकाऊ माल में तब्दील कर देता है।

देखें : अर्नेस्टो चे गुएवारा, आधार और अधिरचना, ऑस्कर रायज़ार्ड लांगे, आंगिक और पारम्परिक बुद्धिजीवी, एंतोनियो ग्राम्शी, कार्ल हाइनरिख़ मार्क्स-1 से 4 तक, क्रांति, क्रांति : मार्क्सवादी विमर्श, ग्योर्गी लूकाच, नयी सदी में मार्क्सवादी विमर्श-1 से 9 तक, निष्क्रिय क्रांति, पेटी बूर्ज़्वा, फ्रेड्रिख़ एंगेल्स, फ्रैंकफ़र्ट स्कूल, भारत में किसान संघर्ष-2 और 4, भारतीय कम्युनिस्ट पार्टी, भारतीय कम्युनिस्ट पार्टी (मार्क्सवादी), भारतीय इतिहास लेखन, भाषा के मार्क्सवादी सिद्धांत, भ्रांत चेतना, बोल्शेविक क्रांति, फ्रांस्वा-चार्ल्स मारी फ़ूरिये, क्यूबा की क्रांति, फ्रेंज़ फ़ानो, हिंसा-1 और 2, मानवेंद्र नाथ राय, माओ त्से-तुंग, माओवाद और माओ विचार, मार्क्सवाद-1 से 5 तक, मार्क्सवादी इतिहास-लेखन, मार्क्सवाद और पारिस्थितिकी, मार्क्सवादी अर्थशास्त्र, मिख़ाइल मिख़ाइलोविच बाख़्तिन, समाजवादी वसंत-1 से 4 तक, रॉबर्ट ओवेन, राज्य की मार्क्सवादी अवधारणा, लेनिनवाद, लियोन ट्रॉट्स्की, लिबरेशन थियोलॉजी, सर्वहारा, सांस्कृतिक क्रांति, सैं-सिमों, स्तालिन और स्तालिनवाद, सोवियत समाजवाद-1 से 3 तक, सोवियत सिनेमा, वर्चस्व, व्लादिमिर इलीच लेनिन।

संदर्भ

1. टॉम बॉटमोर (1975), *मार्क्सिस्ट सोसियोलॅजी,* मैकमिलन, लंदन.
2. निकोस पोलांत्साज़ (1967), *पॉलिटिकल पॉवर ऐंड सोशल क्लासिज़,* अनु, तिमोथी ओ'हेगन, वर्सो, लंदन.
3. मार्टिन शॉ (सम्पा.) (1985), *मार्क्सिस्ट सोसियोलॅजी रिविज़िटेड: क्रिटिकल एसेसमेंट्स,* मैकमिलन, लंदन.
4. गोरान थरबर्न (1976), *साइंस, क्लास ऐंड सोसाइटी : ऑन द फ़ॉर्मेशन ऑफ़ सोसियोलॅजी ऐंड हिस्टोरिकल मैटीरियलिज़म,* न्यू लैफ़्ट, लंदन.
5. पॉल थॉमसन (1983), *द नेचर ऑफ़ वर्क : ऐन इंट्रोडक्शन टु डिबेट्स ऑन लेबर प्रोसेस,* मैकमिलन, लंदन.

— अभय कुमार दुबे

मार्क्सवादी अर्थशास्त्र

(Marxist Economics)

आर्थिक विज्ञान के विचारक के रूप में कार्ल मार्क्स ने इंग्लैण्ड के क्लासिकल अर्थशास्त्र के सिद्धांतों को अपने विचारों का आधार बनाया है। उनका अधिकांश आर्थिक लेखन आलोचनात्मक लहज़े में है। किसी नयी अर्थव्यवस्था और नये समाज का ब्लूप्रिंट पेश करने के बजाय वे पूँजीवाद की पैरोकारी करने वाले अर्थशास्त्रियों की आलोचना और सर्वहारा राजनीतिक अर्थशास्त्र का विकास करते हुए नज़र आते हैं। चूँकि मार्क्सवादी अर्थशास्त्र परिवर्तन की लम्बी अवधियों का विश्लेषण करने की कोशिश करता है, इसलिए उसे मार्क्सवादी इतिहास-लेखन और मार्क्सवादी समाजशास्त्र से अलग करके नहीं देखा जा सकता। मार्क्स के ज़्यादातर प्रमुख आर्थिक सिद्धांत *पूँजी* के पहले खण्ड में दर्ज हैं जिसका उपशीर्षक है : राजनीतिक अर्थशास्त्र की आलोचना। *पूँजी* के दूसरे और तीसरे खण्ड का प्रकाशन मार्क्स के निधन के उपरांत उनके नोट्स के आधार फ्रेड्रिख़ एंगेल्स द्वारा सम्पादित पांडुलिपियों के रूप में प्रकाशित हुआ। बाद में मार्क्स के अनुयायियों ने उनके आर्थिक विचारों का विकास करते हुए मार्क्सवादी अर्थशास्त्र का विस्तृत ढाँचा तैयार किया।

अधिशेष मूल्य : मार्क्सवादी अर्थशास्त्र के केंद्र में अधिशेष मूल्य का सिद्धांत (थियरी ऑफ़ सरप्लस वेल्यू) है। अरस्तू द्वारा उपयोग-मूल्य और विनिमय-मूल्य के बीच किये गये अंतर और डेविड रिकार्डो द्वारा प्रवर्तित सापेक्ष मूल्य के श्रम सिद्धांत को आधार बनाते हुए मार्क्स ने कुछ मौलिक अंतर्दृष्टियाँ विकसित कीं। उन्होंने बताया कि उपयोग-मूल्य संबंधित पण्य (जिंस या वस्तु) के भौतिक गुणों पर निर्भर होता है जिसकी प्राप्ति उस वस्तु के उपभोग की प्रक्रिया में होती है। मार्क्स ने दिखाया कि विनिमय-मूल्य परिवर्तनशील होता है और समय व स्थान के मुताबिक़ बदलता रहता है। विनिमय के दौरान जो चीज़ समान रहती है वह है जिंसों में निहित श्रम। मार्क्स ने यह मानने से इनकार किया कि मज़दूर आलसी और कम कुशल होता है इसलिए अधिक उत्पादन करने के लिए उसे लम्बे समय तक काम करना चाहिए। उन्होंने 'सामाजिक रूप से आवश्यक श्रम-अवधि' की धारणा का प्रतिपादन किया और इसके लिए सामान्य उत्पादन, कार्यकुशलता के औसत स्तर और श्रम की गहनता को आधार बनाया। मानवीय क्षमता के बीच फ़र्क़ पर ज़ोर देने के बजाय उन्होंने तर्क दिया कि कौशल की प्राप्ति प्रशिक्षण से हो सकती है। प्रशिक्षण के माध्यम से जटिल क़िस्म का श्रम साधारण क़िस्म के श्रम में बदल जाता है।

रिकार्डो का विचार था कि अधिशेष मूल्य उस समय पैदा होता है जब मज़दूर की मजबूरी का फ़ायदा उठाते हुए पूँजीपति उसका श्रम कम दामों में ख़रीद लेता है। लेकिन मार्क्स ने श्रम और श्रम-शक्ति के बीच अंतर करके यह दिखाया कि अधिशेष मूल्य केवल मज़दूरी ख़रीदने और बेचने के क्रम में हुई नाइंसाफ़ी का नतीजा नहीं है। अगर श्रम-शक्ति उसके सही मूल्य पर बेची जाए तो भी अधिशेष मूल्य उस श्रम द्वारा किये जाने वाले उत्पादन के भीतर पैदा हो जाता है। अर्थात् मज़दूर का शोषण व्यक्तिगत धरातल पर मज़दूर और मालिक के बीच हुए आदान-प्रदान पर निर्भर नहीं होता, बल्कि वह उत्पादन की प्रक्रिया में ही निहित है। शोषक और शोषित की हैसियत न्यायसंगत विनिमय स्थापित करने से ख़त्म नहीं हो सकती। वह तो एक वर्गीय हैसियत है जो इस बात से तय होती है कि उत्पादन के साधनों पर किसका क़ब्ज़ा है।

मार्क्स ने अधिशेष मूल्य के परम और सापेक्ष पहलुओं की व्याख्या करने से पहले पण्यों और मुद्रा के संचार की रूपरेखा पेश की। इस प्रकार उन्होंने पूँजीवादी संचय की प्रकृति रेखांकित की और पता लगाया कि मज़दूरी और मज़दूर वर्ग के लिए उसके क्या फलितार्थ हो सकते हैं। उन्होंने कहा कि पूँजी के दो घटक होते हैं : अतीत में उत्पादित की जा चुकी वस्तुओं में निहित 'मृत' श्रम उसका स्थिर घटक होता है, और वर्तमान में किया जाने वाले से श्रम उसका परिवर्ती घटक बनता है। पूँजी जैसे-जैसे संचित होगी, परिवर्ती घटक में बढ़ोतरी होती चली जाएगी। नतीजतन मुनाफ़े की दर गिरेगी जिसे रोकने या बढ़ाने के लिए पूँजीपति को श्रम का और अधिक सघन दोहन करना पड़ेगा। चूँकि मज़दूर अपने श्रम के परिणामस्वरूप पैदा होने वाले उत्पाद, उत्पादन के साधनों और उत्पादन की प्रक्रिया पर किसी भी क़िस्म के नियंत्रण से वंचित होंगे, इसलिए उनके भीतर एक परायेपन का एहसास पनपने लगेगा। उसे अपनी ज़िंदगी चलाने के लिए जितना श्रम करना चाहिए, उससे कहीं ज़्यादा श्रम करवाया जाएगा। काम के घंटे बढ़ते चले जाएँगे और अधिक से अधिक अधिशेष मूल्य खींचा जाएगा।

संकट का सिद्धांत : आर्थिक विज्ञान में मार्क्स का एक और मौलिक योगदान संकट-सिद्धांत है। मार्क्स के लिए पूँजीवाद का आर्थिक संकट सीधे-सीधे सीमा से अधिक उत्पादन का फलितार्थ था। बाद में इसी आधार पर अर्थशास्त्रियों ने ट्रेड साइकिल थियरी का विकास किया जिसके मुताबिक़ हर दस साल में एक आर्थिक संकट आ सकता है। पूँजीवादी उत्पादन की प्रकृति ख़रीदने और बेचने की प्रक्रिया को अलग-अलग कर देती है जिसके कारण बिक्री से होने वाली आमदनी नयी ख़रीद में ख़र्च करने के बजाय जमा किये जाने की सम्भावना पैदा हो जाती है। अपने ज़माने के आर्थिक अनुभव पर ग़ौर करते हुए मार्क्स ने कई उद्योगों की अलग-अलग वृद्धि दरों की जाँच करके ट्रेड साइकिल्स के कारणों का विश्लेषण किया।

मार्क्स ने पूँजीवादी प्रणाली के तहत मुनाफ़े में आने वाली गिरावट को एक सामान्य नियम की तरह देखा, और साथ में कई तरह की प्रति-प्रक्रियाओं की भी शिनाख़्त की। मार्क्स का ख़याल था कि पूँजीवादी प्रणाली के संकट को प्रमुख संकट और उसके अधीन या उससे निर्देशित होने वाले गौण संकटों के बीच बाँट कर देखना चाहिए। चूँकि सरकारी कोशिशें (कोई ढाँचागत सुधार या वर्ग संघर्ष की प्रक्रिया) प्रणाली के बुनियादी चरित्र को नहीं बदलती, इसलिए संकट वास्तव में हल नहीं होता। मार्क्स के अनुयायियों ने संकट सिद्धांत को दो हिस्सों में बाँट कर विकसित करने की चेष्टा की है। पहला है संकट का सम्भावना-सिद्धांत जिसके तहत ऐतिहासिक कारणों के संयोग से पूँजीवाद अपने सामान्य संकट की तरफ़ जाता है। दूसरा है संकट का अनिवार्य-सिद्धांत जिसके तहत पूँजीवाद में अंतर्निहित प्रवृत्तियाँ उसे लाज़मी तौर पर सावधि संकट की तरफ़ ले जाती हैं। यह अलग बात है कि उस संकट के रूप स्थानीय परिस्थितियों और घटनाओं के संयोग के मुताबिक़ अलग-अलग होते हैं।

परवर्ती विकास : उन्नीसवीं सदी में पूँजीवाद के ऐतिहासिक विकास के अनुभव ने मार्क्सवादी अर्थशास्त्र की कई धारणाओं को प्रश्नांकित किया। ख़ास तौर से मार्क्स का यह दावा आलोचना का शिकार हुआ कि पूँजीवाद अपने ही अंतर्विरोधों से लाज़मी तौर पर ध्वंस की तरफ़ चला जाएगा। बीसवीं सदी में लेनिन ने पूँजीवाद के इजारेदार रूपों पर विशेष ध्यान दिया और साम्राज्यवाद को उसकी उच्चतम अवस्था की तरह चिह्नित किया। मार्क्सवादी अर्थशास्त्रियों द्वारा बहुराष्ट्रीय निगम की परिघटना के विस्तार का विश्लेषण किया गया। मार्क्सवादी आर्थिक सिद्धांतकारों ने राज्य की स्थिति और समुदाय की स्थिति (इसमें उन्होंने फ़र्म को भी शामिल किया) पर ग़ौर करके यह समझने की कोशिश की क्या मार्क्सवादी आदर्श प्राप्त किये जा सकते हैं।

बीसवीं सदी के उत्तरार्ध में पाल बरान, पॉल स्वीज़ी, मॉरिस डॉब और जोआन रोबिंसन ने मार्क्स के आर्थिक विचारों को आगे बढ़ाया। मूल्य सिद्धांत, वितरण के प्रश्न, पूँजीवाद के संकट की समझ और बहुराष्ट्रीय निगमों के ज़रिये पूँजीवाद के अंतर्राष्ट्रीय फैलाव की नयी व्याख्याएँ की गयीं। सोवियत समाजवाद की शुरुआती सफलताओं ने आर्थिक नियोजन की पद्धति को मार्क्सवादी अर्थशास्त्र का अंग बना दिया। एंगेल्स ने अपनी रचना *एंटी ड्यूहरिंग* में आर्थिक नियोजन की सम्भावनाओं की तरफ़ इशारा किया था। चीनी क्रांति के उत्तर-माओ दौर के अनुभव की रोशनी में बाज़ार समाजवाद की धारणा विकसित हुई। वैकासिक अर्थशास्त्र ने भी मार्क्सवादी विश्लेषण की श्रेणियों का इस्तेमाल किया। आंद्रे गुंदर फ्रैंक ने निर्भरता सिद्धांत का प्रतिपादन करते हुए देशों को केंद्र व परिधि के बीच बाँटा। फ्रैंक ने मार्क्सवादी

सिद्धांतों के माध्यम से दिखाया कि किस प्रकार केंद्रस्थ देश परिधि पर पड़े हुए देशों से अधिशेष मूल्य का दोहन करते हैं। हालाँकि मार्क्स ने अपनी रचनाओं में पूँजी के वित्तीय रूप की पहचान नहीं की थी, पर बाद में रुडोल्फ़ हिल्फ़रडिंग ने वित्तीय पूँजी का सिद्धांतीकरण किया जिसने मार्क्सवादी अर्थशास्त्र की मुख्य अवधारणाओं में अपनी जगह बनायी।

देखें : अर्नेस्टो चे गुएवारा, आधार और अधिरचना, ऑस्कर रायज़ार्ड लांगे, आंगिक और पारम्परिक बुद्धिजीवी, एंतोनियो ग्राम्शी, कार्ल हाइनरिख़ मार्क्स–1 से 4 तक, क्रांति, क्रांति : मार्क्सवादी विमर्श, ग्योर्गी लूकाच, नयी सदी में मार्क्सवादी विमर्श–1 से 9 तक, निष्क्रिय क्रांति, पेटी बूर्ज्वा, फ्रेड्रिख़ एंगेल्स, फ्रैंकफ़र्ट स्कूल, भारत में किसान संघर्ष–2 और 4, भारतीय कम्युनिस्ट पार्टी, भारतीय कम्युनिस्ट पार्टी (मार्क्सवादी), भारतीय इतिहास लेखन, भाषा के मार्क्सवादी सिद्धांत, भ्रांत चेतना, बोल्शेविक क्रांति, फ्रांस्वा–चार्ल्स मारी फ़ूरिये, क्यूबा की क्रांति, फ्रेंज़ फ़ानो, हिंसा–1 और 2, मानवेंद्र नाथ राय, माओ त्से–तुंग, माओवाद और माओ विचार, मार्क्सवाद–1 से 5 तक, मार्क्सवादी इतिहास–लेखन, मार्क्सवादी समाजशास्त्र, मार्क्सवाद और पारिस्थितिकी, मिख़ाइल मिख़ाइलोविच बाख़्तिन, समाजवादी वसंत–1 से 4 तक, रॉबर्ट ओवेन, राज्य की मार्क्सवादी अवधारणा, लेनिनवाद, लियोन ट्रॉट्स्की, लिबरेशन थियोलॅाजी, सर्वहारा, सांस्कृतिक क्रांति, सैं–सिमों, स्तालिन और स्तालिनवाद, सोवियत समाजवाद–1 से 3 तक, सोवियत सिनेमा, वर्चस्व, व्लादिमिर इलीच लेनिन।

संदर्भ

1. एम.सी. हॉवर्ड (1992), *अ हिस्ट्री ऑफ़ मार्क्सियन इकॉनॉमिक्स,* मैकमिलन एजुकेशन, बेसिंगस्टोक.
2. पी.एन. जुनानकर (1992), *मार्क्सिज़ इकॉनॉमिक्स,* फ़िलिप एन, डेडिंगटन.
3. कार्ल मार्क्स (1976), *कैपिटल : अ क्रिटीक ऑफ़ पॉलिटिकल इकॉनॉमी* (1867), अनुवाद : बी. फ़ाउक्स, पेंगुइन, हार्मंड्सवर्थ,.
4. मेघनाद देसाई (1979), *मार्क्सियन इकॉनॉमिक्स,* बेसिल ब्लेकवेल, ऑक्सफ़र्ड.

— अभय कुमार दुबे

मार्गरेट मीड

(Margaret Mead)

अमेरिकन सांस्कृतिक मानवशास्त्री मार्गरेट मीड (1901–1978) मानती थीं कि आदिम संस्कृतियों के अध्ययन के ज़रिये आधुनिक जगत की बेहतर समझ हासिल की जा सकती है। उनकी लोकप्रिय पुस्तकों, फ़िल्मों और पत्रिकाओं में स्तम्भ-लेखन ने मानवशास्त्र के प्रति जन–मानस में दिलचस्पी पैदा करने का श्रेय जाता है। साठ और सत्तर के दशकों में अमेरिकी समाज में सेलेब्रिटी का दर्जा हासिल करने वाली वे सम्भवतः पहली मानवशास्त्री थीं। उन्होंने अपनी अनुसंधानजनित अंतर्दृष्टियों का इस्तेमाल करके स्त्री–पुरुष संबंधों, सांस्कृतिक परिवर्तन और नस्ली रिश्तों जैसी आधुनिक समस्याओं के जटिल पहलुओं पर रोशनी डाली। दक्षिण–पश्चिमी प्रशांत क्षेत्र और दक्षिण–पूर्वी एशिया की पारम्परिक संस्कृतियों के अध्ययन से निकले उनके निष्कर्षों ने साठ के दशक की यौन क्रांति को प्रभावित किया। मीड पश्चिम के पारम्परिक धार्मिक जीवन की सीमाओं में यौनिकता संबंधी लोकाचारों के विस्तार की पैरोकार थीं। सैद्धांतिक रूप से मीड का विमर्श अपनी सहयोगी विद्वान और मित्र रुथ बेनेडिक्ट की ही तरह मनोवैज्ञानिक मानवशास्त्र की श्रेणी में आता है। मानवशास्त्र की इस प्रवृत्ति को 'कल्चर ऐंड पर्सनैलिटी' के लक़ब से भी जाना जाता है। मीड की दिलचस्पी व्यक्तित्व पर पड़ने वाले सांस्कृतिक प्रभावों के अध्ययन पर थी। अपनी रचनाओं में वे बार–बार अपने गुरु फ्रेंज़ बोआस द्वारा प्रतिपादित सांस्कृतिक सापेक्षतावाद के सिद्धांत का सहारा ले कर संस्कृति के बहुलतावादी चरित्र पर ज़ोर देती नज़र आती हैं।

मार्गरेट मीड का जन्म फ़िलाडेल्फ़िया, पेंसिलवानिया के एक क्वेकर ईसाई परिवार में हुआ था। उनके पिता पेंसिलवानिया विश्वविद्यालय में वित्त के प्रोफ़ेसर और माँ समाजशास्त्री थीं। 1924 में स्नातकोत्तर परीक्षा पास करने के बाद मीड ने कोलम्बिया विश्वविद्यालय में फ्रांस बोआस और रुथ बेनेडिक्ट के साथ अध्ययन करना शुरू किया। अगले साल वे पोलिनेसिया में फ़ील्डवर्क करने गयीं और फिर न्यूयॉर्क सिटी स्थित अमरिकन म्यूज़ियम ऑफ़ नेचुरल हिस्ट्री में उन्होंने नृशास्त्र के क्यूरेटर की भूमिका निभायी। न्यू स्कूल और कोलम्बिया विश्वविद्यालय में मानवशास्त्र की प्रोफ़ेसर रहीं मीड ने तीन बार विवाह किया। उनके तीनों पति भी मानवशास्त्री थे। मीड का अपनी शिक्षक और सहयोगी रुथ बेनेडिक्ट के साथ बेहद अंतरंग संबंध था। इस रिश्ते के यौनिक पहलुओं के बारे में मानवशास्त्री हलक़ों में अक्सर चर्चा होती रहती है। लेकिन मीड ने अपनी सेक्शुअलिटी में लेस्बियन रुझानों की बात कभी स्वीकार नहीं की। 1960 में अमेरिकी मानवशास्त्र एसोसिएशन की अध्यक्ष भी रहीं।

मीड में एक ख़ास तरह की लेखन प्रतिभा थी जिसके कारण उनकी रचनाएँ मानवशास्त्रियों के साथ–साथ सामान्य पाठकों को भी पसंद आती थीं। उनकी पहली पुस्तक 'कमिंग ऑफ़ एज इन समोआ' किशोरावस्था में पैदा होने वाली बेचैनियों पर निगाह डालती है। मीड सवाल उठाती हैं कि यौवन की दहलीज़ पर खड़े हुए व्यक्ति की दिमाग़ी उलझनें, तनाव और व्यग्रताएँ वय:संधि की उपज होती हैं या उनके

मार्गरेट मीड (1901-1978)

स्रोत सांस्कृतिक होते हैं? ताऊ द्वीप पर स्थित छह सौ लोगों के समोआ समुदाय में फ़ील्डवर्क करते हुए मीड ने एक दुभाषिए की मदद से नौ साल से बीस साल की उम्र वाली 68 समोआ स्त्रियों से बातचीत की। उन्होंने नतीजा निकाला कि बचपन से वयस्कता तक की यात्रा के दौरान समोआ की किशोरियाँ उस तरह के जज़्बाती उथल-पुथल से नहीं गुज़रतीं जिसका सामना अमेरिकी किशोरियों को आम तौर से करना पड़ता है। 1928 में जब पहली बार यह पुस्तक प्रकाशित हुई तो कई पश्चिमी प्रेक्षकों को इसके कारण अच्छी ख़ासी सांस्कृतिक ठेस लगी। मीड ने अपने अध्ययन में दिखाया था कि समोअन समाज में कौटुम्बिक व्यभिचार (इंसेस्ट) को सामान्य रूप से लिया जाता है। वहाँ की स्त्रियाँ जब-तब यौन क्रिया का आनंद लेती हुई अपनी शादी को टालती रहती हैं। लेकिन अंत में विवाह करने के बाद वे बाक़ायदा घर-परिवार बसा कर बच्चों का लालन-पालन करती हैं।

यौन क्रांति पर असर डालने वाली विख्यात रचना 'सेक्स ऐंड टेम्परामेंट इन थ्री प्रिमिटिव सोसाइटीज़' में मीड ने साबित किया कि स्त्रियोचित और पुरुषोचित आचरण से संबंधित रूढ़-छवियों को सार्वभौम नहीं माना जा सकता। प्रत्येक समाज जिन गुणों को स्त्रीत्व या पुरुषत्व से जोड़ कर देखता है, वे उसके दोनों तरह के सदस्यों में पाये जाते हैं। वे अलग-अलग किसी एक लिंग के सदस्य में समान रूप से नहीं मिलते। मीड ने सौ मील की त्रिज्या के दायरे में रहने वाले तीन समुदायों (अरपेश, मुंडुगुमोर और शाम्ब्री) की मिसालों से समझाया कि पहले दोनों समुदायों में पुरुषों और स्त्रियों के आचरण का प्रारूप आधुनिक समाज की अपेक्षाओं के अनुरूप था। तीसरे समुदाय में पुरुष सजधज कर ख़रीद-फ़रोख़्त करने जाते हैं और स्त्रियाँ ऊर्जावान, प्रबंधकीय और कामकाजी होती हैं। मीड ने दिखाया कि पापुआ न्यू गिनी के शाम्ब्री लेक क्षेत्र में बसने वाला समुदाय स्त्रियों के प्रभुत्व को मानता है। सम्भवतः पुरुष इस समाज पर अपना प्रभुत्व इसलिए स्थापित नहीं कर पाये थे कि ऑस्ट्रेलियायी प्रशासन ने युद्ध को प्रतिबंधित कर दिया था। मीड के अनुसंधान ने बताया कि अरपेश समुदाय में स्त्रियों और पुरुषों की फ़ितरत अमन-पसंद होती है। वे युद्ध करने के प्रति अरुचि रखते हैं। दूसरी तरफ़ उन्होंने मुंडुगुमोर समुदाय में इसकी उलट प्रवृत्तियाँ रेखांकित कीं। मीड का यह मानवशास्त्रीय आख्यान नारीवादी आंदोलन के लिहाज़ से मील का पत्थर साबित हुआ।

आदिम समाजों के अध्ययन से निकले सिद्धांतों की रोशनी में रुथ बेनेडिक्ट और मार्गरेट मीड के संयुक्त निर्देशन में समकालीन समाज के तहत राष्ट्रीय चरित्र के अध्ययन की परियोजना भी चलाई गयी। इस प्रोजेक्ट में उन संस्कृतियों का अध्ययन भी शामिल था जिनमें फ़ील्डवर्क करना व्यावहारिक रूप से सम्भव नहीं था। जापान, सोवियत संघ और पूर्वी युरोप के यहूदी समुदायों के 'दूर रह कर किये गये अध्ययनों' के आधार पर मीड ने नतीजा निकाला कि आणुविक युग में रूस के लोगों को अपने लिए ख़तरे के रूप में देखना अमेरिकनों की उनके प्रति नासमझी का परिचायक है।

मीड के आग्रहों के कारण ही अमेरिकी यहूदियों की कमेटी ने युरोप के यहूदी गाँवों के अध्ययन की परियोजना चलाई। अनुसंधानकर्ताओं के दलों ने न्यूयॉर्क में रहने वाले प्रवासी यहूदियों से बड़े पैमाने पर इंटरव्यू लिये। इस अध्ययन के परिणामस्वरूप जो पुस्तक प्रकाशित हुई उसमें एक ऐसी यहूदी माँ की छवि दर्ज है जो अपनी संतानों से प्रेम तो पूरी शिद्दत से करती है, पर साथ में उन्हें किसी भी सीमा तक जा कर अपने नियंत्रण में रखने से भी नहीं चूकती। यह माँ अपने बच्चों में उनकी ख़ातिर किये गये त्याग-बलिदान के ज़रिये अपराधबोध तक जगा देती है। इस पुस्तक के निष्कर्षों का मानवशास्त्र की बहसों में लम्बे अरसे तक हवाला दिया जाता रहा।

9 जनवरी, 1979 को अमेरिका के राष्ट्रपति जिमी कार्टर ने मीड को मृत्योपरांत प्रेसिडेंशियल मेडल ऑफ़ फ्रीडम से सम्मानित करने का एलान किया। एक विशेष कार्यक्रम में उनकी बेटी को यह पदक संयुक्त राष्ट्र स्थित अमेरिकी राजदूत द्वारा भेंट किया गया। अमेरिका में मार्गरेट मीड के नाम पर कई शिक्षा संस्थाओं का नामकरण किया गया है।

मार्गरेट मीड द्वारा रचे गये मानवशास्त्रीय साहित्य को दो तरह की आलोचनाओं का सामना करना पड़ता है। अन्य मानवशास्त्रियों ने मीड पर आरोप लगाया है कि उनके अध्ययनों में लोकप्रियता का समावेश करने के चक्कर में विज्ञानसम्मत तथ्यों और विश्लेषण से हट जाने की प्रवृत्ति है। 1983 में न्यूज़ीलैण्ड के मानवशास्त्री डेरेक फ़्रीमैन ने 'मार्गरेट मीड ऐंड समोआ : द मेकिंग ऐंड अनमेकिंग ऑफ़ ऐन ऐंथ्रोपोलॅजीकल मिथ' के माध्यम से मीड के प्रमुख निष्कर्षों की प्रामाणिकता को चुनौती दी। उन्होंने उस अनुसंधान की बची हुई सूचनाकार स्त्रियों के हवाले से दावा किया कि मीड ने उन्हें फुसला कर अपने मन-माफ़िक जवाब दिलवाये थे। इस आरोप पर मानवशास्त्रियों के बीच काफ़ी बहस हुई, लेकिन किसी सामान्य निष्कर्ष पर नहीं पहुँचा जा सका। बहस में भाग लेने वाले कुछ विद्वानों ने फ़्रीमैन की आलोचना को भी प्रश्नांकित किया है।

देखें : अल्फ्रेड लुइस क्रोबर, ऑग्युस्त कॉम्त, क्लॉद लेवी-स्त्रॉस, क्लिफ़र्ड गीर्ट्ज़, जार्ज ज़िमेल, टैलकॉट पार्संस, डेविड एमील दुर्खाइम, पिएर बोर्दियो, फ्रेंज़ उरी बोआस, मारसेल मौज़, मार्गरेट मीड, मिल्टन सिंगर, मैक्स वेबर, रुथ बेनेडिक्ट।

संदर्भ

1. मार्गरेट मीड (1928), *कमिंग ऑफ़ एज इन समोआ : अ साइकोलॅजीकल स्टडी ऑफ़ प्रिमिटिव यूथ फ़ॉर वेस्टर्न सिविलाइज़ेशन*, कोलम्बिया युनिवर्सिटी प्रेस, न्यूयॉर्क.
2. मार्गरेट मीड (1935), *सेक्स ऐंड टेम्परामेंट इन थ्री प्रिमिटिव सोसाइटीज़*, रॉटलेज, लंदन.
3. रॉबर्ट कैसिडी (1982), *मार्गरेट मीड : अ वॉयस फ़ॉर द सेंचुरी*, युनिवर्स, न्यूयॉर्क.
4. डेरेक फ़्रीमैन, (1983) *मार्गरेट मीड ऐंड समोआ : द मेकिंग ऐंड अनमेकिंग ऑफ़ ऐन ऐंथ्रोपोलॅजीकल मिथ*, हार्वर्ड युनिवर्सिटी प्रेस, मैसाचुसेट्स.

— **अभय कुमार दुबे**

माधवराव सदाशिवराव गोलवलकर

(Madhavrao Sadashivrao Golwarkar)

राष्ट्रीय स्वयंसेवक संघ के संस्थापक डॉ. हेडगेवार के उत्तराधिकारी माधवराव सदाशिवराव गोलवलकर (1906-1973) हिंदुत्ववादी राष्ट्रवाद के शीर्ष संगठक और सिद्धांतकार थे। उन्होंने अपनी रचनाओं *वी ऑर अवर नेशनहुड डिफ़ाइंड* और *बंच ऑफ़ थॉट्स* के ज़रिये न केवल हिंदू-राष्ट्रवाद की उत्तर-सावरकर राजनीति को विचारधारात्मक आधार प्रदान किया, बल्कि पूरे तैंतीस साल तक संघ का नेतृत्व करके उसे एक मज़बूत राष्ट्रव्यापी संगठन बनाने में सफलता हासिल की। आज राष्ट्रीय स्वयंसेवक संघ अगर सामाजिक जीवन के हर क्षेत्र में सक्रिय है तो इसका श्रेय अपने अनुयायियों के बीच गुरुजी के सम्बोधन से लोकप्रिय गोलवलकर की रणनीतिक कल्पनाशीलता और नियोजित प्रयासों को ही जाता है। संघ की राजनीतिक शाखा भारतीय जनसंघ, छात्र संगठन विद्यार्थी परिषद्, ट्रेड यूनियन सगंठन भारतीय मज़दूर संघ, विश्व हिंदू परिषद्, सरस्वती शिशु मंदिर और ऐसे ही कई उल्लेखनीय संगठनों की नींव उन्हीं के निर्देशन और प्रेरणा का नतीजा है। गाँधी की हत्या के बाद संघ पर लगी पाबंदी के समय गोलवलकर को ज़ेल भी जाना पड़ा, पर उन्होंने चतुरायी और कौशल के साथ अपने संगठन को इस संकट से निकाला। नब्बे के दशक में चले रामजन्मभूमि आंदोलन के प्रमुख नारे 'गर्व से कहो हम हिंदू हैं' का सूत्रीकरण गोलवलकर ने ही अपने कार्यकाल में किया था। गोलवलकर की देख-रेख में संघ ने पत्रकारिता और प्रकाशन के क्षेत्र में भी बड़े पैमाने पर नियोजित हस्तक्षेप किया।

गोलवलकर को जिस समय संघ की कमान मिली, भारत आज़ाद होने जा रहा था। अंग्रेज़ों के ज़माने में हिंदू-राष्ट्रवादियों का मक़सद क्षेत्रीय और राष्ट्रीय स्तर पर हिंदुओं का स्पष्ट राजनीतिक बोलबाला स्थापित करना था। पर आज़ादी के बाद उनकी यह कोशिश कमोबेश अप्रासंगिक हो गयी। बहुमत का शासन स्थापित हो जाने के कारण लोकतांत्रिक और सेकुलर तौर-तरीक़ों ने सत्ता के सोपानों पर हिंदुओं की अघोषित मौजूदगी की गारंटी कर दी। नयी परिस्थिति में गोलवलकर ने लोकतांत्रिक आधार पर बनने-बिगड़ने वाले बहुमत को हिंदू-बहुसंख्यकवाद के आधार पर स्थाई बहुमत में बदलने के लिए अपने लक्ष्यों और रणनीतियों को नया रूप दिया। उन्होंने कोई नया विचार देने की कोशिश करने के बजाय प्रचलित हिंदू-राष्ट्रवादी विचारों और आग्रहों को ही नया पैटर्न दे दिया। सावरकर का ज़ोर राजनीति पर

माधवराव सदाशिवराव गोलवलकर (1906–1973)

था, पर गोलवलकर ने उनके सभी तर्कों को दोहराने के बावजूद राज्य के बजाय समाज के हिंदूकरण या भारतीयकरण पर बल दिया।

गोलवलकर उपनिवेशवाद विरोधी आंदोलन के नेताओं के इस आग्रह से सहमत नहीं थे कि भारत एक निर्माणाधीन राष्ट्र है। उनका दावा था कि भारत तो पहले से ही हिंदुओं का एक सम्पूर्ण प्राचीन राष्ट्र है। गोलवलकर जिस हिंदू-राष्ट्र की परिकल्पना पेश करते हैं उसमें अल्पसंख्यक समुदायों के लिए किसी जगह का प्रावधान नहीं है। उनकी निगाह में यहूदी और पारसी जैसे अल्पसंख्यक इस देश में मेहमानों की तरह रहने आये थे, और मुसलमान और ईसाई हमलावरों की तरह। गोलवलकर की मान्यता थी कि बहुत कम संख्या में होने के कारण यहूदियों और हिंदू -मुख्यधारा में समरस हो जाने के कारण पारसियों से हिंदू-राष्ट्र को कोई ख़तरा नहीं है। लेकिन उन्होंने ईसाइयों और मुसलमानों के साथ-साथ कम्युनिस्टों की आंतरिक ख़तरे के मुख्य स्रोतों की तरह शिनाख़्त की। गोलवलकर का सुझाव था कि हिंदुओं को अपनी प्रजातीय और सांस्कृतिक शुद्धता बचाने के लिए जर्मनी से सबक सीखना चाहिए जहाँ आर्य-रक्त की शुद्धता के लिए यहूदियों के सफ़ाये की मुहिम चली थी। उनके इस सुझाव के कारण अक्सर उन पर नाज़ीवाद और फ़ासीवाद का भारतीय संस्करण होने का आरोप लगाया जाता है। दिलचस्प बात यह है कि गोवलकर यहूदियों के विरोधी के रूप में नहीं उभरते, बल्कि ईसाइयों के एंटी-सेमेटिक रवैये की आलोचना भी करते हैं। गोलवलकर ने इज़रायल की स्थापना और यहूदियों द्वारा अपनी नस्ल, धर्म, संस्कृति और भाषा की रक्षा करने के प्रयासों की सराहना भी की है। सांस्कृतिक समरूपता के आधार पर राष्ट्र की संकल्पना करने के मामले में गोलवलकर पश्चिमी चिंतन के नज़दीक हैं। पर सामाजिक संरचना के प्रश्न पर वे समाज को सामाजिक समझौते के आधार पर व्यक्तिगत हितों का जोड़ मात्र नहीं मानते। गोलवलकर समाज को एक जीवंत विराट पुरुष की तरह परिभाषित करते हैं जिससे फूटने वाली सामाजिक चेतना समान रूप से सभी व्यक्तियों में प्रवाहित होती है।

गोलवलकर का जन्म 19 फ़रवरी, 1906 को नागपुर के निकट रामटेक में एक विपन्न ब्राह्मण परिवार में हुआ था। वे पढ़ाई में शुरू से ही तेज़ थे। मैट्रिक करने के बाद उन्होंने नागपुर के मिशनरी हिसलॉप कॉलेज में दाख़िला लिया जहाँ ईसाइयों के धर्म-प्रचारक रवैये की उन्होंने हिंदुओं के लिए एक प्रमुख ख़तरे के रूप में शिनाख़्त की। गोलवलकर ने बनारस हिंदू विश्वविद्यालय से प्रथम श्रेणी में विज्ञान की डिग्रियाँ हासिल कीं, लेकिन आर्थिक संकट के कारण वे समुद्री जीव-जगत पर थीसिस नहीं लिख पाये। 1931 में उन्हें काशी विश्वविद्यालय में जीव-विज्ञान के प्राध्यापक के रूप में नियुक्ति मिली। युवावस्था से ही गोलवलकर की दिलचस्पी विज्ञान के साथ-साथ धार्मिक दर्शन और योगाभ्यास में भी थी। विश्वविद्यालय में संघ की पहली शाखा खोलने वाले भैयाजी दानी ने गोलवलकर की भेंट डॉ. हेडगेवार से करायी। गोलवलकर की संतों जैसी शख़्सियत और चिंतनशील प्रकृति से प्रभावित हो कर हेडगेवार ने उनमें भविष्य का नेता देखा। 1931 में वे काशी के संघचालक बनाये गये। हेडगेवार ने ही उन्हें क़ानून की पढ़ाई करने का सुझाव दिया। 1932 में नागपुर लौट कर गोलवलकर ने एलएलबी की परीक्षा उत्तीर्ण की। नागपुर में वे रामकृष्ण मिशन में नियमित रूप से जाते थे। 1935 में गोलवलकर को अकोला में होने वाले संघ प्रशिक्षण शिविर का इंचार्ज बनाया गया। 1937 में उन्होंने रामकृष्ण मिशन के स्वामी अखण्डानंद के हाथों संन्यास की दीक्षा ली।

1939 में हेडगेवार ने उन्हें संघ का सरकार्यवाह नियुक्त किया। अगले साल लम्बी बीमारी के बाद संघ के संस्थापक का निधन होने के 13 दिन बाद जब उनका छोड़ा हुआ लिफ़ाफ़ा खोल कर पढ़ा गया तो उसमें गोलवलकर को नया संघचालक बनाने का निर्देश था। इससे पहले समझा जा रहा था कि अप्पाजी जोशी को हेडगेवार का उत्तराधिकारी बनाया जाएगा।

सरसंघचालक बनने से पहले ही गोलवलकर स्वामी विवेकानंद के शिकागो व्याख्यानों का मराठी में अनुवाद करने के अलावा और संघ के दर्शन को व्याख्यायित करने वाली पुस्तक *वी ऑर अवर नेशनहुड डिफ़ाइंड* की रचना कर चुके थे। गोलवलकर के नेतृत्व में संघ ने तेज़ी से प्रगति की। उन्होंने अंग्रेज़ों के विरोध में संघ के स्वयंसेवकों को आंदोलन में न उतारने की हेडगेवार द्वारा स्थापित नीति को दृढ़तापूर्वक जारी रखा। द्वितीय विश्व-युद्ध के दौरान भारत छोड़ो आंदोलन में भाग लेने के बजाय संघ जापानी आक्रमण की सूरत में हिंदुओं को बचाने के लिए चिंतित था। युद्ध के बाद पैदा होने वाली साम्प्रदायिक राजनीति के लिए पेशबंदी करना गोलवलकर का दूसरा मुख्य सरोकार था। इन्हीं प्राथमिकताओं के कारण संघ ने हिंदू महासभा की राजनीति से ख़ुद को स्पष्ट रूप से अलग कर लिया। गोपाल गोडसे जैसे कई वरिष्ठ स्वयंसेवकों को यह नीति पसंद नहीं आयी। इसीलिए चालीस के दशक में संघ को कुछ नये लेकिन राजनीतिक संघर्ष में विश्वास करने वाले कहीं अधिक उग्र हिंदू संगठनों से होड़ करनी पड़ी।

1940 से 48 तक की अवधि संघ के लिए निरंतर प्रसार-प्रचार की थी। उस समय तक देश के तक़रीबन सभी प्रांतों में उसकी शाखाएँ लगने लगी थीं। लेकिन गोलवलकर को पहले संकट का सामना उस समय करना पड़ा जब 30 जनवरी, 1948 को नाथूराम गोडसे ने गाँधी की गोली मार कर हत्या कर दी। गोलवलकर ने फ़ौरन इस हत्या की निंदा की और 13 दिन के लिए सभी शाखाओं का संचालन स्थगित कर दिया। 3 फ़रवरी को गोलवलकर गिरफ़्तार कर लिए गये। इससे ठीक पहले वे संघ को अस्थाई रूप से भंग करने की घोषणा कर चुके थे। पाबंदी के दौरान निष्ठावान स्वयंसेवक अध्ययन मण्डलों और क्रीड़ा क्लबों की आड़ में बैठकें करते रहे। सारे देश में बड़े पैमाने पर संघ के नेताओं की गिरफ़्तारियाँ हुईं। कुछ जगहों पर संघ को गाँधी की हत्या से नाराज़ लोगों की हिंसा का सामना भी करना पड़ा।

गाँधी की हत्या की साज़िश में शामिल होने का कोई सबूत न मिल पाने के कारण छह महीने की अवधि पूरी होने पर सरकार ने गोलवलकर को नज़रबंदी से रिहा कर दिया लेकिन साथ में उन पर नागपुर की सीमा से बाहर न जाने की पाबंदी भी लगा दी। अगस्त तक क़रीब बीस हज़ार गिरफ़्तार स्वयंसेवक भी छोड़ दिये गये। सितम्बर में गोलवलकर ने प्रधानमंत्री नेहरू को पत्र लिख कर संघ से प्रतिबंध हटाने का अनुरोध किया। उनका तर्क था कि संघ कम्युनिस्टों द्वारा चलाई जा रही वि-राष्ट्रीयकरण की गतिविधियों का प्रतिकार करने वाली प्रभावी ताक़त है। जवाब में नेहरू ने उन्हें गृह मंत्री वल्लभभाई पटेल से सम्पर्क करने के लिए कहा। गृह मंत्री और गोलवलकर का पत्र-व्यवहार बताता है कि पटेल की दिलचस्पी संघ के अनुशासित कार्यकर्त्ताओं को कांग्रेस में लाने की थी, जबकि गोलवलकर एक तरफ़ तो संघ के ग़ैर-राजनीतिक चरित्र पर ज़ोर देते रहे, और दूसरी तरफ़ उनका प्रस्ताव था कि संघ और सरकार की मिली-जुली ताक़त कम्युनिस्ट प्रभाव को नेस्तनाबूद करने के लिए इस्तेमाल की जाए। 15 नवम्बर को उन्हें दोबारा गिरफ़्तार करके नागपुर ज़ेल में डाल दिया गया। गोलवलकर को इसका अंदाज़ा पहले ही लग गया था और वे स्वयंसेवकों को पाबंदी का उल्लंघन करके शाखाएँ लगाने और शांतिपूर्ण सत्याग्रह करने करने का आदेश दे चुके थे। इसके बाद एक बार फिर कई स्तरों पर समझौता वार्ताएँ चलीं और गोलवलकर के नेतृत्व में निरंतर चले प्रयासों के फलस्वरूप 11 जुलाई, 1949 को सरकार ने संघ से प्रतिबंध उठा लिया।

संघ पर चले सरकारी दमन-चक्र ने गोलवलकर को राजनीति में सीधी भागीदारी न करने के अपने रवैये पर पुनर्विचार करने पर मज़बूर कर दिया। इसी के परिणामस्वरूप हिंदू महासभा के पूर्व अध्यक्ष डॉ. श्यामा प्रसाद मुखर्जी के सहयोग से गोलवलकर ने भारतीय जनसंघ का गठन किया जिसका मक़सद सक्रिय राजनीति में भागीदारी के ज़रिये हिंदुत्ववादी उद्देश्यों का प्रचार करना था। 1964 में मुम्बई के संदीपनी आश्रम में विश्व हिंदू परिषद् के गठन के पीछे भी गोलवलकर की प्रेरणा और प्रयासों की ही भूमिका थी। 5 जून, 1973 को कैंसर की बीमारी से नागपुर में गोलवलकर का निधन हुआ।

संदर्भ

1. वाल्टर के. ऐंडरसन और श्रीधर डी. दामले (1987), *द ब्रदरहुड इन सैफ्रन : द राष्ट्रीय स्वयंसेवक संघ ऐंड द हिंदू रिवाइवलिज़्म*, विस्तार पब्लिकेशंस, नयी दिल्ली.
2. एम.एस. गोलवलकर, *वी ऑर अवर नेशनहुड डिफ़ाइंड*, भारत पब्लिकेशंस, नागपुर, 1939.
3. एम.एस. गोलवलकर, *अ बंच ऑफ़ थॉट्स*, विक्रम प्रकाशन, बंगलुरु, 1966.

— अभय कुमार दुबे

मानवाधिकार

(Human Rights)

सत्तारूढ़ शक्तियों द्वारा किये जा सकने वाले अतिक्रमण से व्यक्ति के अधिकारों को बचाने की चिंताओं ने मानवाधिकारों की अवधारणा को जन्म दिया है। सत्रहवीं सदी में प्रतिपादित प्राकृतिक अधिकारों के सिद्धांत का एक पहलू ऐसा था कि जिसके मुताबिक़ उन्हें 'मानवीय प्रकृति का मर्म' समझने के पीछे 'ईश्वर प्रदत्त' होने की धारणा थी। बीसवीं सदी के दौरान धार्मिक विश्वासों के प्रभाव में आयी गिरावट के फलस्वरूप प्राकृतिक अधिकारों के सिद्धांतों का सेकुलरीकरण हुआ और नतीजे के तौर पर उन्हीं सिद्धांतों ने द्वितीय विश्व-युद्ध के बाद मानवाधिकारों के रूप में नया संस्करण प्राप्त किया। इसके तहत अधिकारों की एक ऐसी श्रेणी निर्धारित की गयी जिसे हर व्यक्ति (चाहे वह किसी भी राष्ट्र, धर्म, वर्ग, नस्ल या जेंडर का हो) को बिना शर्त केवल मनुष्य होने के नाते उपलब्ध होने का आग्रह स्थापित हुआ। ये अधिकार सार्वभौम, अपरिवर्तनीय और अविभाज्य माने जाते हैं। इन्हें किसी भी स्थिति में ख़ारिज नहीं किया जा सकता। 1948 में संयुक्त राष्ट्र संघ महासभा द्वारा जारी मानवाधिकारों की सार्वभौम उद्घोषणा एक बुनियादी दस्तावेज़ है जिसमें ये अधिकार मूर्तिमान हैं। इसके बाद हुई कई संधियाँ और जारी किये गये कई मानवाधिकार दस्तावजों ने इस दायरे को और समृद्ध किया है।

ऐतिहासिक संदर्भ में देखा जाए तो मानवाधिकारों का पहला ज़िक्र जर्मनी में 1525 के किसान युद्ध के दौरान जारी हुए 'ट्वेल्व आर्टीकिल्स ऑफ़ ब्लैक फ़ोरेस्ट' में मिलता है। ये आर्टीकिल किसानों के माँगपत्र का एक हिस्सा थे। 1689 में ब्रिटिश बिल ऑफ़ राइट्स के ज़रिये सरकार की कई उत्पीड़नकारी कार्रवाइयों को ग़ैरक़ानूनी क़रार दिया जाना भी मानवाधिकारों के आग्रह के रूप में ग्रहण किया जा सकता है। अट्ठारहवीं सदी में हुई अमेरिकी क्रांति और फिर फ्रांसीसी क्रांति के रास्ते होता हुआ यह विमर्श उन्नीसवीं सदी तक पहुँचा। 1831 में विलियम लॉयड गैरिसन के लेखन में 'द ग्रेट कॉज़ ऑफ़ ह्यूमन राइट्स' जैसी अभिव्यक्ति का ज़िक्र मिलता है। उन्नीसवीं सदी में चली दास प्रथा विरोधी मुहिम ने भी मानवाधिकारों के मुद्दे को रेखांकित किया।

मानवाधिकारों की सार्वभौम उद्घोषणा में चौबीस से ज़्यादा ऐसे अधिकार दर्ज हैं जिनका पालन करना प्रत्येक सरकार के लिए अनिवार्य माना जाता है। इन अधिकारों को छह श्रेणियों में बाँट कर समझा जा सकता है : हत्या, जन-संहार, बलात्कार और यातना जैसे अपराधों के मुक़ाबले सुरक्षा पाने के अधिकार; आस्था, अभिव्यक्ति, संगठन, सभा और आंदोलन के अधिकार; प्रचार, एकत्रीकरण, प्रतिरोध, मतदान और सार्वजनिक पदों पर काम करने के ज़रिये राजनीति में भाग लेने के अधिकार; बिना मुक़दमा चलाये कारागार में बंद रखने, ख़ुफ़िया मुक़दमा चलाने और ज़रूरत से ज़्यादा दण्ड देने के ख़िलाफ़ क़ानूनी प्रक्रिया में जाने का अधिकार; समान नागरिकता, क़ानून के समक्ष समानता और भेदभाव बर्दाश्त न करने का अधिकार; आर्थिक और सामाजिक अधिकार (जैसे, बेपनाह ग़रीबी और भुखमरी की स्थितियों में मदद पाने और बच्चों को शिक्षा मुहैया कराने का आग्रह)। इस उद्घोषणा में समूह-अधिकार शामिल नहीं हैं, पर बाद में हुई संधियों में उनका उल्लेख है। इनके अनुसार जातीय समूहों को जाति-संहार के मुक़ाबले सुरक्षा प्राप्त करने का अधिकार प्राप्त है। साथ ही सभी देशों को अपने राष्ट्रीय भू-क्षेत्रों और संसाधनों के स्वामित्व का अधिकार भी मिला हुआ है।

मानवाधिकारों के सिलसिले में जिनेवा कन्वेंशन का उल्लेख करना आवश्यक है। रेड क्रॉस के संस्थापक हेनरी दुनांत के प्रयासों के फलस्वरूप यह कन्वेंशन स्वीकृत हुआ जिसके आधार पर युद्ध की स्थितियों में मानवाधिकारों की रक्षा सुनिश्चित करने को कोशिश की जाती है। मानवाधिकारों की यह पूरी प्रणाली संयुक्त राष्ट्र सुरक्षा परिषद् और संयुक्त राष्ट्र मानवाधिकार परिषद् द्वारा संचालित होती है। विभिन्न मानवाधिकार संधियों पर प्रभावी अमल की देख-रेख करने के लिए विश्व संस्था ने कई कमेटियों का गठन कर रखा है। इस सिलसिले में मानवाधिकारों के लिए संयुक्त राष्ट्र उच्चायुक्त का पद उल्लेखनीय है। क्षेत्रीय स्तर पर तीन मानवाधिकार संगठन कार्यरत रहते हैं : अफ्रीकन चार्टर ऑन ह्यूमन ऐंड पीपुल्स राइट्स, द अमेरिकन कन्वेंशन ऑन ह्यूमन राइट्स और युरोपियन कन्वेंशन ऑफ़ ह्यूमन राइट्स। एशिया के स्तर पर मानवाधिकारों की सुरक्षा की गारंटी करने वाला इस तरह का कोई राष्ट्रेतर संगठन नहीं है।

मानवाधिकारों के सूचीबद्ध होने से उन्हें एक तकनीकी अनिवार्यता का आयाम मिल गया है। यह कहा जा सकता है कि मानवाधिकारों का मतलब उन राजनीतिक मानकों से है जिनके आधार पर सरकारों और संस्थाओं को व्यक्तियों के साथ सुलूक करना चाहिए। इस लिहाज़ से मानवाधिकार निजी स्तर पर व्यक्तियों के परस्पर आचरण का नियमन करने वाले सामान्य नैतिक मानकों से अलग होते हैं। लेकिन यह भी एक हक़ीक़त है कि नस्ली और सेक्शुअल भेदभाव का निषेध करने वाले प्रावधान समाज और सरकार के सामने ऐसी कसौटियाँ पेश करते हैं जिन पर निजी जीवन और उसकी व्यवहार-शैलियों को खरा उतरना पड़ता है। ज़ाहिर है कि केवल सूचीबद्ध हो जाने के कारण

अवधारणात्मक धरातल पर मानवाधिकारों की परिभाषा जटिलताओं से परे नहीं हो गयी है। इनकी संबंधित पेचीदगियों पर समाज-विज्ञान ही नहीं राजनीतिक व्यवहार की दुनिया में भी अक्सर बहस होती रहती है।

मसलन, अगर कोई राज्य जीवन के अधिकार को अनुलंघनीय मानता है तो फिर मृत्युदण्ड का प्रावधान क्यों क़ायम रखना चाहिए? ये उन सरकारों को किसी भी प्रकार के युद्ध में भाग लेने से बाज़ क्यों नहीं आना चाहिए, भले ही किसी विशेष परिस्थिति में युद्ध करना कैसी भी राष्ट्रीय आवश्यकता के तहत क्यों न आता हो? इसी तरह जीवन के अधिकार और आत्मरक्षा के अधिकार के बीच भी अंतर्विरोध पैदा हो सकता है। इसी तरह एक सवाल यह भी है कि सामाजिक न्याय का प्रत्येक प्रश्न और सुशासन का हर एक मुद्दा क्या मानवाधिकारों के तहत नहीं आना चाहिए? उदाहरण के लिए क्या आमदनी की ज़बरदस्त विषमता, उच्च शिक्षा के अपर्याप्त प्रावधान और अल्प-विकास की स्थितियों वाले देश में सरकारों पर मानवाधिकारों के उल्लंघन का आरोप लगाया जा सकता है?

इस बहस का कोई अंत नहीं है कि किन राजनीतिक मानकों को मानवाधिकारों की संज्ञा मिलनी चाहिए। कई राजनीतिक आंदोलन चाहते हैं कि उनके मुख्य सरोकारों को मानवाधिकारों के रूप में श्रेणीबद्ध कर लिया जाना चाहिए। अंतर्राष्ट्रीय संस्थाओं, ख़ास कर संयुक्त राष्ट्र संघ को लगातार इस मानवाधिकारों का दायरा विस्तृत करने का दबाव झेलना पड़ता है। इस स्थिति को 'मानवाधिकारों की स्फीति' की संज्ञा दी गयी है।

मानवाधिकारों की राजनीति की एक प्रमुख समस्या यह है कि अंतर्राष्ट्रीय मानवाधिकार क़ानून एक ओर राष्ट्रीय सुरक्षा और मानवाधिकारों के बीच अंतर्विरोध होने की स्थिति में अपना प्रभाव खो देता है। इसी तरह यह क़ानून ग़ैर-सरकारी ताक़तों को अपने उल्लंघनों के लिए जवाबदेह ठहराने में अपेक्षाओं के मुताबिक़ सक्षम साबित नहीं हुआ है। बहुराष्ट्रीय कम्पनियों, राजनीतिक दलों और अनौपचारिक क़िस्म के संगठनों द्वारा किये जाने वाले मानवाधिकार हनन की रोकथाम के तौर-तरीक़े विकसित करने के लिए अभी विश्व-संस्थाओं को काफ़ी रास्ता तय करना है।

देखें : अधिकार, अधिकार : सैद्धांतिक यात्रा, अमेरिकी क्रांति, उपयोगितावाद, एडमण्ड बर्क, जॉन लॉक, जेरेमी बेंथम, जॉन स्टुअर्ट मिल, जॉन रॉल्स, फ्रांसीसी क्रांति, बहुसंस्कृतिवाद, भारत में मानवाधिकार, भारत में मानवाधिकार आंदोलन, थॉमस हॉब्स, नागरिकता, नागरिकता : अन्य परिप्रेक्ष्य-1 और 2, नागर समाज, नागर समाज : भारतीय बहस, रॉबर्ट नॉज़िक।

संदर्भ

1. फ्रेड्रिख़ पी. फ़ोरसाइथ (2009), *इनसाइक्लोपीडिया ऑफ़ ह्यूमन राइट्स,* ऑक्सफ़र्ड युनवर्सिटी प्रेस, न्यूयॉर्क.
2. चार्ल्स ब्लैटबर्ग (2007), *द आइरोनिक ट्रैजेडी ऑफ़ ह्यूमन राइट्स,* मेकगिल-क्वींस युनिवर्सिटी प्रेस, मांट्रियल और किंग्सटन.
3. जैक डोनेली (2003), *युनिवर्सल ह्यूमन राइट्स इन थियरी ऐंड प्रेक्टिस,* कॉरनेल युनिवर्सिटी प्रेस, इथाका और लंदन.
4. केविन जेक्सन, (1994) *चार्टिंग ग्लोबल रिस्पांसिबिलिटीज़ : लीगल फ़िलॉसफ़ी ऐंड ह्यूमन राइट्स,* युनिवर्सिटी प्रेस ऑफ़ अमेरिका.

— अभय कुमार दुबे

मानव-प्रकृति

(Human Nature)

मनुष्य एक बेहद जटिल और बहुआयामी हस्ती है। उसकी रचना जैविक, भौतिक, मनोवैज्ञानिक, बौद्धिक, सामाजिक और सम्भवत: आध्यात्मिक तत्त्वों से मिल कर हुई है। इन्हीं में कुछ को विद्वानों ने प्राथमिकता के आधार पर प्राकृतिक और सहजात क़रार दे कर मानवीय प्रकृति को परिभाषित करने की कोशिशें की हैं। समाज-विज्ञान की दुनिया में मुख्य बहस यह है कि मानवीय प्रकृति का मूल अपवर्तिनीय रूप से उसकी जैविकी में निहित है, या वह परिवर्तनशील है और सामाजिक अनुभव के हाथों अनुकूलित होती है। दोनों पक्ष मानते हैं कि अपने प्राकृतिक और सहजात गुणों से मनुष्य को पूरी तरह कभी अलग नहीं किया जा सकता। मतभेद सामाजिक अनुभव की भूमिका पर है। क्या मनुष्य सामाजिक अनुभव से सीख कर ख़ुद को बदलता है? क्या उसकी यह बदलने की क्षमता उसके प्राकृतिक और सहजात गुणों पर निर्भर करती है? या उसके प्राकृतिक गुण या दोष ही उसे अंतिम तौर पर रचते हैं?

समाज-विज्ञान के कई बुनियादी सिद्धांतों के मूल में मानवीय प्रकृति की अलग-अलग व्याख्याएँ निहित हैं। मनुष्य के स्वभाव की समझ और राजनीतिक बंदोबस्त की विभिन्न संरचनाओं का आपस में गहरा संबंध है। मसलन, अगर यह पूछा जाए कि आख़िर मनुष्य को राज्य जैसी नियंत्रणकारी संस्था की आवश्यकता क्यों पड़ती है, तो इस प्रश्न का उत्तर हॉब्स, गाँधी या अन्य विचारकों की उन धारणाओं में मिल सकता है जिनकी रोशनी में वे इनसान के स्वभाव का आकलन किया करते थे। थॉमस हॉब्स की मान्यता थी कि

मनुष्य प्राकृतिक रूप से स्वार्थी और दुष्ट होता है, इसलिए दूसरे मनुष्यों के साथ उसके सह-अस्तित्व के लिए ज़रूरी है कि उसकी लगाम एक सम्प्रभु शासक के हाथ में रहे। हॉब्स के मुताबिक़ मनुष्य और उसके समाज का कल्याण इसी में निहित है कि वह इस हक़ीक़त को समझ कर अपना बंदोबस्त एक सर्वोच्च और अविभाज्य सत्ता के हवाले कर दे। दूसरी ओर गाँधी के विचार मानवीय प्रकृति के बारे में निराशाजनक थे। वे यह तो मानते थे कि इनसान बुराइयों और अच्छाइयों का मिश्रण है, पर साथ में उन्हें यह विश्वास भी था कि उसका रुझान अच्छाई की तरफ़ है और वह राज्य के दमनकारी तंत्र के अभाव में भी ज़िम्मेदारी के साथ निर्णय लेते हुए क़दम उठा सकता है। इसीलिए गाँधी हॉब्स के विपरीत ऐसे राज्य के पक्ष में थे जो सामाजिक जीवन में न्यूनतम हस्तक्षेप करे।

हॉब्स और गाँधी से अलग अराजकतावाद के पैरोकारों की मान्यता है कि राज्य पूरी तरह से अनावश्यक बुराई है, क्योंकि वह मनुष्य को बाह्य नियम-क़ानूनों के अधीन करके उसके जीवट को अपने क़ाबू में करना चाहता है। मनुष्य को केवल उन्हीं नियमों का पालन करना चाहिए जो वह ख़ुद अपने लिए बनाता है। रूसी अराजकतावादी दार्शनिक पीटर क्रोपाटकिन मानवीय प्रकृति को ही सर्वोत्तम मानते थे। उनका विचार था कि राज्य के प्राधिकार का दूषित प्रभाव और पूँजीवाद द्वारा किया जाने वाला शोषण ही मनुष्य को उसकी मूलभूत श्रेष्ठता से भटकाता है।

हालाँकि मनुष्य की स्वार्थी और लालची प्रवृत्तियों के पर्याप्त उदाहरण उपलब्ध हैं, पर समाजवादी चिंतकों का विचार है कि उसकी कैफ़ियत बुनियादी तौर पर आपसी सहयोग और सामाजिकता वाली है। उसके व्यवहार के नकारात्मक पहलू स्वाभाविक न हो कर उसकी सामाजिक परिस्थितियों के फलितार्थ हैं। कुछ ऐसे चिंतक भी हैं जो मानवीय प्रकृति के विचार को ही ख़ारिज करते हैं। फ्रांसीसी अस्तित्ववादी दार्शनिक ज्याँ-पॉल सार्त्र के अनुसार ऐसी कोई इनसानी फ़ितरत होती ही नहीं है जिसके मुताबिक़ व्यक्ति अपना आचार-व्यवहार तय करता हो। मनुष्य का सार तो बाद में बनता है, उसका अस्तित्व पहले होता है। वह अपनी स्वतंत्रता का आनंद लेकर ख़ुद को परिभाषित करता है जिसकी अभिव्यक्ति उसके कार्य-व्यवहार से होती है। किसी भी तरह की निर्धारित मानवीय प्रकृति के साथ उसे बाँधना उसकी इस आज़ादी का अपमान है।

ज़ाहिर है कि सोच-विचार की दुनिया में मिलने वाले मानवीय प्रकृति के सभी मॉडल महज़ मानकीय (नॉर्मेटिव) हैं। उन्हें दार्शनिक और नैतिक पूर्वधारणाओं के आधार पर तैयार किया गया है। कई मॉडल एक-दूसरे का खण्डन या आंशिक समर्थन करते हैं। इन बहसों में सबसे बुनियादी विवाद है : मानवीय प्रकृति के निर्धारित होने का तर्क बनाम उसके सामाजिक अनुभव द्वारा परिवर्तनशील होने का आग्रह।

दिलचस्प बात यह है कि मनुष्य के समाज-निर्धारित होने का तर्क तो राजनीतिक सिद्धांतों के मूल में है ही, उसके प्रकृति-निर्धारित होने का तर्क जीव विज्ञान की अवधारणाओं से प्रभावित होने के बावजूद अपने सामाजिक प्रभाव में पूरी तरह से राजनीतिक है।

मानवीय प्रकृति के जैविक सिद्धांत के शीर्ष पर चार्ल्स डार्विन की रचना *ऑन द ओरिसिंज ऑफ़ स्पीशीज़* (1959) स्थित है। अपने युगांतरकारी शोध के ज़रिये डार्विन ने दिखाया है कि धरती पर मौजूद प्रजातियों की अनंत क़िस्मों का विकास क्रमहीन जेनेटिक म्यूटेशंस (उत्परिवर्तनों) के सिलसिले के तहत हुआ है। विकास की इसी प्रक्रिया में कुछ प्रजातियों को टिके रहने और मज़बूत होते जाने के गुण प्राप्त हो गये, जबकि कुछ कम भाग्यशाली प्रजातियाँ इन गुणों से वंचित हो कर नष्ट हो गयीं। समझा जाता है कि डार्विन को अपने इन निष्कर्षों के रैडिकल राजनीतिक फलितार्थों का एहसास था, पर उन्होंने कभी इस पहलू पर अपने विचार व्यक्त नहीं किये। लेकिन डार्विन की खोज के आधार पर सामाजिक डार्विनवाद का सूत्रीकरण हरबर्ट स्पेंसर ने किया। 'सरवाइवल ऑफ़ द फ़िटेस्ट' यानी मत्स्य न्याय का फ़िकरा रचते हुए स्पेंसर ने कहा कि जो शक्तिशाली होता है वही शीर्ष पर जाता है और बचता है, बाक़ी सभी नष्ट हो जाने के लिए प्रकृति द्वारा अभिशप्त होते हैं। स्पेंसर के अर्थ में सफलता-विफलता और अमीरी-ग़रीबी जैसे परिणाम किसी की भी ज़िंदगी के लिए जैविक रूप से तय हैं। इस नियम में फेर-बदल करना कुदरती क़ानून के साथ छेड़छाड़ करने के समान है जिसका नतीजा प्रजातियों के दुर्बल होने में निकलेगा। स्पेंसर के विचारों ने क्लासिकल उदारतावाद को गहराई से प्रभावित किया। इसी के आधार पर राज्य द्वारा आर्थिक जीवन में हस्तक्षेप करने का विरोध किया गया। सामाजिक डार्विनवाद के प्रभाव में ही यह फ़ासीवादी धारणा बनी कि दुनिया भर में विभिन्न राष्ट्र और प्रजातियाँ एक-दूसरे के ख़िलाफ़ अंतहीन संघर्ष में उलझे हुए हैं।

बीसवीं सदी में कोनार्ड लोरेंज और निको टिम्बरगन ने पशुओं के व्यवहार का विस्तार से अध्ययन करके मानवीय प्रकृति से संबंधित सिद्धांत प्रस्तावित किये। इन अध्ययनों के प्रभाव में युद्ध और सामाजिक हिंसा के कारणों को खोजने की कोशिशें की गयीं। सत्तर के दशक में सामाजिक-जैविकी के अनुशासन का उदय हुआ और क्रम-विकासात्मक मनोविज्ञान उभरा। ज्ञान-विज्ञान के क्षेत्र के इन आयामों के गर्भ से बायोटेक क्रांति निकली और मानवीय डीएनए पर पड़ा पर्दा हटा। रिचर्ड डॉकिंस ने 1989 में प्रकाशित अपनी रचना द *सेल्फ़िश जीन* के ज़रिये मनुष्य को 'जीन मशीन' के रूप

में दिखाया और दावा किया कि इनसान की ख़ुदगर्ज़ी और परोपकार का मूल उसकी जैविकी में निहित है।

जैविकी और समाज-विज्ञान के जोड़ से फ़ासीवादी आग्रह (आर्य नस्ल की शुद्धता का दावा) भी निकले हैं, और तात्त्विकतावादी नारीवाद की धारणाएँ भी सामने आयी हैं। रैडिकल नारीवाद की यह धारा दावा करती है कि स्त्री और पुरुष जैविक रूप से भिन्न हैं और उनकी इस भिन्नता ने दोनों लिंगों की प्रकृति को तात्त्विक तौर से अलग कर दिया है। 1975 में प्रकाशित अपनी रचना *अगेंस्ट अवर विल* में सूसन ब्राउनमिलर कहती हैं कि सभी पुरुष सभी स्त्रियों पर एक जैविक प्रोग्रामिंग के तहत अपना प्रभुत्व जमाते हैं।

मानवीय प्रकृति को समाज-निर्धारित मानने वाले उसकी परिवर्तनशीलता में विश्वास करते हैं। उनके मुताबिक़ दरिद्रता, सामाजिक टकराव, उत्पीड़न, शोषण और नर-नारी विषमता के स्रोत जैविक न होकर सामाजिक हैं, इसलिए उनसे छुटकारा पाया जा सकता है। 1816 में प्रकाशित अपनी विख्यात रचना *अ न्यू व्यू ऑफ़ द सोसाइटी* में समाजवादी चिंतक रॉबर्ट ओवेन ने दावा किया कि किसी भी समुदाय में अच्छा या बुरा, ज्ञानी या अज्ञानी चरित्र विकसित किया जा सकता है। मार्क्स ने इसी विचार का विकास करते हुए अस्तित्व और चेतना के आपसी संबंध में अस्तित्व को चेतना का नियामक क़रार दिया। भौतिक परिवेश की निर्णायक भूमिका मानने के साथ-साथ मार्क्स ने यह भी कहा कि मनुष्य ख़ुद तो बदलता ही है, लगातार अपनी दुनिया की शक्ल-सूरत बदलने में भी लगा रहता है। इस तरह उसके और उसके भौतिक संसार के बीच एक द्वंद्वात्मक संबंध है।

नारीवाद की संस्थापक सिमोन द बोउवार ने भी स्त्री के होने के बजाय स्त्री के स्त्री बनने का दावा करते हुए मनुष्य को सामाजिक कारकों द्वारा अनुकूलित होने का तर्क दिया है।

देखें : अर्थव्यवस्था का समाजशास्त्र, अभिजन, अभिरुचि, आत्महत्या, उन्मूलनवाद, एजेंसी, कर्मकाण्ड, कारागार, गोपनीयता, गृहविहीनता, जादू, जीवन-शैली, टेलरवाद, थॉमस हॉब्स, परम्परा, परस्पर विपरीत द्विभाजन, प्रति-(संस्कृति, विमर्श, इतिहास, वर्चस्व, स्मृति), प्राइवेसी, प्रौद्योगिकी, फ़ुरसत, बचपन, बहुपत्नी प्रथा, बहुपति प्रथा, बुद्धिसंगत चयन का सिद्धांत, बुज़ुर्गियत का समाजशास्त्र, बेगानगी, भीड़, भ्रष्टाचार का समाजशास्त्र-1 और 2, सेवानिवृत्ति, विचलन, ज्ञान का समाजशास्त्र।

संदर्भ

1. विल किमलिका (1986), *लिबरलिज़्म, कम्युनिटी ऐंड कल्चर*, पालग्रेव मैकमिलन, बेसिंगस्टोक.
2. एल. स्टीवेंसन (1990), *सेविन थियरीज़ ऑफ़ ह्यूमन नेचर*, ऑक्सफ़र्ड युनवर्सिटी प्रेस, ऑक्सफ़र्ड.
3. सी. बेरी (1996), *ह्मन नेचर*, पालग्रेव मैकमिलन, बेसिंगस्टोक.
4. मिहाइलो मारकोविक, 'ह्यूमन नेचर' (2000), टॉम बॉटॅमोर वग़ैरह (सम्पा.), *अ डिक्शनरी ऑफ़ मार्क्सिस्ट थॉट*, माया ब्लैकवेल, नयी दिल्ली.
5. थॉमस हॉब्स (1651), *लेवायथन*, एंड्रू क्रुक के लिए मुद्रित, लंदन.

—अभय कुमार दुबे

मानववाद

(Humanism)

ऐसी किसी भी विचार-प्रणाली को मानववाद कहा जा सकता है जो मानती हो कि मनुष्य हर चीज़ का मानक है। मानववाद मनुष्य की हैसियत, शक्ति, उपलब्धियों, सम्भावनाओं, रुचियों, सरोकारों और उसके प्राधिकार की संरचनाओं को अपना केंद्रीय सरोकार बनाता है। अपने इसी प्रबल आग्रह के कारण पश्चिम के मानववादी चिंतकों ने मनुष्य को इतिहास के केंद्र में कर्त्ता की तरह स्थापित किया। इस कर्त्ता की सार्वभौम हैसियत समाज-विज्ञान के दायरों में संरचनावादियों, उत्तर-संरचनावादियों और उत्तर-आधुनिकता के पैरोकारों द्वारा तरह-तरह से प्रश्नांकित की गयी है। मानववाद के कई रूपों में वैज्ञानिक मानववाद और समाजवादी मानववाद उल्लेखनीय हैं। ईसा से पहले पाँचवीं सदी में सोफ़ीवादियों और सुकरात ने दर्शन को स्वर्ग से पृथ्वी पर उतारने का आह्वान किया था। इसी के बाद से दार्शनिक मनुष्य को केंद्र बना कर सामाजिक, राजनीतिक और नैतिक प्रश्नों पर विचार करने लगे। रिनेसाँ काल में यूनानी और लैटिन क्लासिकों का अध्ययन करने वाले कई विचारक ख़ुद को मानववादी मानते थे, क्योंकि उनकी दिलचस्पी ईश्वर के बजाय इनसान में थी। नास्तिक न होने के बावजूद इन चिंतकों की निगाह में ईश्वर मानवीय जीवन के दैनंदिन रूपों का निकटतम नियंत्रक न हो कर एक दूरस्थ सृष्टिकर्त्ता और पालक था। ईश्वर को ख़ारिज करने के बजाय दूर हटा देने के इस आग्रह ने पृथ्वी और ब्रह्मांड संबंधी वैज्ञानिक दृष्टिकोण के विकास की गुंजाइश पैदा की। उन्नीसवीं सदी में डार्विनवाद की युगप्रवर्त्तक सफलता ने धर्म के ऊपर विज्ञान की सत्ता स्थापित कर दी। इसी के बाद से मानववाद को निरीश्वरवाद और अज्ञेयवाद की रोशनी में परिभाषित किया जाने लगा। इस प्रक्रिया में वैज्ञानिक मानववाद उभरा जिसने प्रकृति और मानवीय प्रारब्ध की सभी धार्मिक व्याख्याओं को ख़ारिज करके विज्ञानसम्मत बौद्धिक निष्कर्षों का महत्त्व स्थापित किया। बीसवीं सदी तक आते-आते मानववादी सभी तरह के धार्मिक विश्वासों और

धर्म संबंधी संस्थाओं की आलोचना करने लगे। दिलचस्प बात यह है कि इसके बावजूद निरीश्वरवाद और मानववाद में आंदोलन और संगठन के स्तर पर अंतर बना रहा।

द्वितीय विश्व-युद्ध के बाद समाज-विज्ञान मानववाद के बारे में कई तरह की बहसों से गूँजता रहा है। जैसे, क्या कोई ऐसी सामान्य मानव-प्रकृति है जिसके अनिवार्य तत्त्वों को सभी मनुष्यों पर लागू किया जा सके? अगर ऐसी कोई प्रकृति है तो क्या वह मानव को कर्त्ता की तरह स्थापित करने में समर्थ है, एक ऐसे कर्त्ता के रूप में जो विवेक, चेतना और नैतिक प्रेरणा से लैस होता है? क्या मानव-प्रकृति को सामाजिक सिद्धांत की व्याख्यात्मक अवधारणा की तरह ग्रहण किया जा सकता है? अगर मानव-प्रकृति सामाजिक-ऐतिहासिक परिघटना का प्रमुख कारण है तो क्या मनुष्य को इतिहास के निर्माता के रूप में देखा जा सकता है? क्या इतिहास अपने-आप में एक मानवशास्त्रीय प्रक्रिया है? क्या मानववाद की अवधारणा सामाजिक स्थितियों की व्याख्या के लिए मानकीय आलोचना का ढाँचा मुहैया करा सकती है?

इन सभी प्रश्नों के इर्द-गिर्द होने वाले समाज-वैज्ञानिक विवादों का पहला युद्धोपरांत उद्घाटन 1947 में मार्टिन हाइडैगर की रचना 'लैटर ऑन ह्यूमनिज़्म' से हुआ। इसमें हाइडैगर ने साल भर पहले किये गये उस दावे का खण्डन किया जिसमें ज्याँ पॉल सार्त्र ने देकार्तियन *कोजिटो* को अस्तित्ववाद का प्रारम्भिक बिंदु और मानववाद का आधार क़रार दिया था। हाइडैगर ने तर्क दिया कि प्रत्येक मानववाद का आधार या तो तत्त्वमीमांसा में निहित है या वह ख़ुद को किसी न किसी तत्त्वमीमांसा का आधार बना लेता है। हाइडैगर के अनुसार मानववाद मनुष्य की मानवता के साथ न्याय नहीं कर पाता क्योंकि मनुष्य की हैसियत स्वामी की न हो कर एक खेवनहार जैसी है।

मानववाद की यह दार्शनिक जाँच-पड़ताल हाइडैगर और सार्त्र के विवाद तक ही नहीं थमी। दो साल बाद सिमोन द बोउवार ने उसकी दावेदारियों को नारीवादी आईने में परख कर अपने मित्र सार्त्र के अस्तित्ववाद में छिपे हुए मर्दवादी रवैयों का पर्दाफ़ाश किया। यह मानववाद पर पहला सीधा राजनीतिक हमला था। पचास के दशक में फ्रांस का औपनिवेशिक चेहरा अल्जीरियायी युद्ध में खुल कर सामने आया और बहुत से बुद्धिजीवियों ने 'क्लासिक ह्यूमनिज़्म' की स्पष्ट निंदा की और सार्त्र पर नस्लवादी होने तक का इलज़ाम लगाया गया। इन बुद्धिजीवियों का प्रस्ताव था कि थमाये गये मानववाद की जगह एक 'सच्चे' मानववाद की स्थापना की जानी चाहिए।

फ्रांसीसी समाज-विज्ञान के हलक़ों में संरचनावाद के पैरोकारों ने तो ख़ुद को मानववाद विरोधी सैद्धांतिकी के प्रवक्ता के रूप में ही पेश कर दिया। इन विद्वानों में लकाँ, फ़ूको, लेवी-स्त्रॉस और अलथुसे प्रमुख थे। ये लोग मानवीय आत्मपरकता के किसी अनिवार्य और तात्त्विक रूप को स्वीकार करने के लिए तैयार नहीं थे। उन्होंने एक सार्वभौम कर्त्ता के रूप में मनुष्य की भूमिका को ख़ारिज कर दिया। सार्त्र को एक बार फिर आलोचना का निशाना बनाते हुए संरचनावादियों ने कहा कि मानववाद कर्त्ता को केंद्र बना कर तजवीज़ की गयी ज्ञानमीमांसा का नतीजा है। इसी के ज़रिये कर्त्ता इतिहास का विधेयक बन कर उभरता है और पश्चिम की ऐतिहासिक व सांस्कृतिक विशिष्टताएँ एक सार्वभौम आग्रह बना कर बाक़ी सभी पर थोप दी जाती हैं। 1962 में प्रकाशित अपनी रचना द *सेवेज माइंड* में लेवी-स्त्रॉस ने विज्ञानसम्मत मानवशास्त्र को लाज़मी तौर पर साम्राज्यवाद विरोधी, ऐतिहासिकतावाद के ख़िलाफ़ और मानववाद-विरोधी क़रार दिया। उन्होंने रैडिकल घोषणा की कि मानव-विज्ञानों का अंतिम लक्ष्य विधेयक तत्त्वों की खोज के ज़रिये मनुष्य को रचने के बजाय उसका विसर्जन होना चाहिए। लेवी-स्त्रॉस के इस विचार का फ़ूको ने और अधिक रैडिकलाइज़ेशन किया।

पचास के दशक के आख़िर और साठ के दशक में मार्क्स द्वारा युवावस्था में किये गये लेखन को केंद्र बना कर मानववाद का एक मार्क्सवादी संस्करण लोकप्रिय हुआ। समाजवादी मानववाद के रूप में यह विचार एक तरफ़ तो पूँजीवादी उदारतावाद का विरोध करता था, और दूसरी तरफ़ स्तालिनवाद का। इसके पैरोकारों में सार्त्र, लूकाच, गोल्डमान और लेफ़ेब्र जैसे विद्वान थे। इन लोगों का कहना था कि उदारतावादी मानववाद परायेपन की कड़वी हक़ीक़त को रहस्य के आवरण में छिपा लेता है और स्तालिनवाद के हाथों मार्क्सवाद उत्पीड़क राज्य के तर्क में पतित हो जाता है। लेकिन समाजवादी मानववाद की गाड़ी ज़्यादा आगे नहीं बढ़ी क्योंकि अलथुसे ने संरचनावादी दृष्टिकोण के आधार पर यह मानने से इनकार कर दिया कि मानववाद में स्तालिनवाद के प्रभाव से मार्क्सवाद को मुक्त करने की ज़िम्मेदारी निभाने की क्षमता है। अलथुसे के विमर्श में संरचनावाद और मार्क्सवाद का जो मेल बना, वह मार्क्स की इस दलील के ख़िलाफ़ था कि मनुष्य अपने भाग्य का निर्माता ख़ुद होता है। अलथुसे के मुताबिक़ अस्मिता, आस्था-प्रणालियों और चेतना के रूप सामाजिक संबंधों द्वारा गढ़े जाते हैं।

संरचनावाद के बाद 1968 के बाद उत्तर-संरचनावाद का दौर आया। इसमें नीत्शे के विचारों से प्रेरणा ग्रहण करते हुए फ़ूको ने कहा कि किसी भी पाठ के अर्थ का उत्पादन और उसके आधार पर बनने वाली आत्मपरकता दरअसल समाज में चल रहे सत्ता संबंधी विमर्शों का नतीजा होती है न कि किसी स्वायत्त और सम्प्रभु कर्त्ता की कारिस्तानी। इसी

तरह देरिदा ने कहा कि ऐसा कोई कर्त्ता नहीं होता जो भाषा के दायरे के बाहर खड़ा हो और अपने मक़सदों से भाषा का इस्तेमाल करता हुआ अर्थों की रचना कर रहा हो। देरिदा के दिखाया कि अर्थविषयक फ़िसलनें भाषा के भीतर ही घटित होती हैं।

देखें : अर्थव्यवस्था का समाजशास्त्र, अभिजन, अभिरुचि, आत्महत्या, उन्मूलनवाद, एजेंसी, कर्मकाण्ड, कारागार, गोपनीयता, गृहविहीनता, जादू, जीवन-शैली, टेलरवाद, परम्परा, परस्पर विपरीत द्विभाजन, प्रति-(संस्कृति, विमर्श, इतिहास, वर्चस्व, स्मृति), प्राइवेसी, प्रौद्योगिकी, फ़ुरसत, बचपन, बहुपत्नी प्रथा, बहुपति प्रथा, बुद्धिसंगत चयन का सिद्धांत, बुज़ुर्गियत का समाजशास्त्र, बेगानगी, भीड़, भ्रष्टाचार का समाजशास्त्र-1 और 2, मानव-प्रकृति, मानवशास्त्र और मार्क्सवाद, मानवशास्त्र और संस्कृति की राजनीति, सेवानिवृत्ति, विचलन, ज्ञान का समाजशास्त्र।

संदर्भ

1. टी. डेवीस (1997), *ह्यूमनिज़्म,* रॉटलेज, लंदन और न्यूयॉर्क.
2. ज्याँ-पॉल सार्त्र (1946/1990), *एग्ज़िस्टेंशियलिज़्म ऐंड ह्यूमनिज़्म,* अनु. फ़िलिप माइरेट, मेथ्युन, लंदन.
3. मार्टिन हाइडैगर (1947/1993), 'ए लैटर ऑन ह्यूमनिज़्म', अनु. ग्रैंक ए. कैपुज़ी और जे. ग्लैन ग्रे, *बेसिक राइटिंग्ज़,* सम्पा. डी.एफ़. क्रेल, रॉटलेज, लंदन.
4. के. सोपर (1986), *ह्यूमनिज़्म ऐंड एंटी-ह्यूमनिज़्म,* हचिंसन, लंदन.

— अभय कुमार दुबे

मानवशास्त्र और मार्क्सवाद

(Anthropology and Marxism)

मानवशास्त्र के दायरों में रैडिकल ऐंथ्रोपोलॅजी या द्वंद्वात्मक ऐंथ्रोपोलॅजी या दार्शनिक ऐंथ्रोपोलॅजी का ज़िक्र सुना जा सकता है। मानवशास्त्र की यह प्रवृत्ति 'आदिम' को हेय और 'सभ्य' को श्रेष्ठ मानने का विरोध करते हुए 'प्राकृतिक' मनुष्य की तलाश पर ज़ोर देती है। द्वंद्वात्मक ऐंथ्रोपोलॅजी यह भी चाहती है कि अपने अनुसंधानों के माध्यम से मानवशास्त्री अपनी ही सभ्यता की सतत आलोचना में भागीदारी करें। यह परिप्रेक्ष्य मार्क्स के शुरुआती लेखन ('इकॉनॉमिक ऐंड पॉलिटिकल मैन्युस्क्रिप्ट') और रूसो द्वारा की गयी आधुनिक समाज की आलोचना से प्रेरणा प्राप्त करता है। विद्वानों की मान्यता है कि पूँजीवादी समाज के प्रति अपनी बढ़ती हुई अरुचि के प्रभाव में मार्क्स और एंगेल्स प्राचीन समाजों के विकास में गहरी दिलचस्पी दिखाने लगे थे। इसीलिए 1877 में अमेरिकी मानवशास्त्री लुइस हेनरी मोर्गन की रचना *एंशिएंट सोसाइटी* के प्रकाशन के बाद मार्क्स ने तय किया था कि वे इतिहास की भौतिकवादी अवधारणा की रोशनी में मोर्गन द्वारा निकाले गये निष्कर्षों की जाँच करेंगे। उस समय मार्क्स और एंगेल्स तत्कालीन नृशास्त्रियों द्वारा किये जाने वाले इस दावे से सहमत नहीं थे कि समाज और संस्कृतियाँ आम तौर पर क्रम-विकासीय ढंग से प्रगति करते हैं। मार्क्स इस लिहाज़ से प्राचीन समाजों की सराहना करते थे कि उनमें उत्पादन का लक्ष्य हमेशा मनुष्य-केंद्रित रहता था। मानव की प्राचीनता में 'शिशुवत' ताज़गी देखने वाले मार्क्स की निगाह में पूँजीवादी आधुनिकता 'गिरी हुई और भौंड़ी' थी। अपनी इन्हीं रुचियों के कारण मार्क्स ने मोर्गन के साथ-साथ माइने, लुबोक और कोवालेव्स्की जैसे अध्येताओं की रचनाओं पर भी ध्यान दिया। इसी दौरान मार्क्स ने अपनी नृशास्त्र संबंधी नोटबुक तैयार की।

मानवशास्त्र के इतिहास और मार्क्सवाद के संबंधों की जाँच करने पर इसी मुक़ाम पर एक दिलचस्प अंतर्विरोध सामने आता है। स्टेनली डायमण्ड का विचार है कि अपनी इन रुचियों के बावजूद उन्नीसवीं सदी में प्रचलित प्रगति के विचार के साथ अपनी प्रतिबद्धताओं के चलते मार्क्स शुरुआती संस्कृतियों की वास्तविक अवस्था के बारे में जानकारियाँ हासिल करने को प्राथमिकता नहीं दे पाये। मार्क्स के निधन के बाद प्रकाशित 'परिवार, व्यक्तिगत सम्पत्ति और राजसत्ता की उत्पत्ति' में एंगेल्स ने भी यही दिखाया कि समाज अपने विकास के निचले चरण से ऊँचे चरण में अनिवार्य तौर से प्रगति करता चला जाता है। उन्होंने श्रम उत्पादकता, निजी सम्पत्ति और विनिमय के विकास का वर्णन किया और नातेदारियों पर टिके हुए पुराने समाज के बिखराव का ज़िक्र करते हुए वर्गों, वर्ग संघर्ष और राज्य की संस्था के उदय का आख्यान पेश किया। अपनी इस बहुचर्चित और बहुविश्लेषित रचना में एंगेल्स कुल मिला कर मोर्गन द्वारा प्रतिपादित सांस्कृतिक क्रम-विकासवाद के साथ ही खड़े नज़र आते हैं। सम्भवतः यही कारण है कि बीसवीं सदी के शुरुआती दशकों में जिस समय आधुनिक मानवशास्त्र का विकास हो रहा था, उस समय के प्रमुख विद्वानों फ्रेंज़ बोआस, ब्रोनिस्लाव मैलिनोव्स्की और रैडक्लिफ़-ब्राउन की रचनाएँ मार्क्सवाद का प्रभाव न के बराबर ही स्वीकार करती हैं। आख़िरकार उन्नीसवीं सदी में प्रचलित सांस्कृतिक क्रम-विकासवाद का खण्डन करके ही बोआस और उनके अनुयायियों ने बीसवीं सदी के मानवशास्त्र की नींव रखी थी। इस दौरान शायद गॉर्डन शिल्ड (जो मुख्यतः पुरातत्त्वशास्त्री थे) के अलावा मार्क्सवादी मानवशास्त्र का कोई और नमूना नहीं दिखाई देता।

बीसवीं सदी में साठ के दशक के बाद यह परिस्थिति बदलनी शुरू हुई और उत्तर अमेरिका में मानवशास्त्र के दो मार्क्सवादी संस्करण सामने आये : रैडिकल ऐंथ्रोपोलॅजी और संरचनावादी मानवशास्त्र। रैडिकल ऐंथ्रोपोलॅजी की मुख्य धारा मुख्यत: दो उद्देश्यों के इर्द-गिर्द विकसित हुई। उसका पहला मक़सद पारम्परिक मानवशास्त्र और साम्राज्यवाद के बीच उस रिश्ते की आलोचना विकसित करना था जिसके तहत ऐंथ्रोपोलॅजी का इस्तेमाल औपनिवेशिक प्रशासकों को प्रशिक्षित करने के लिए किया जाता था। उसका दूसरा मक़सद सोवियत नृशास्त्र पर आलोचनात्मक निगाह डालना था, क्योंकि सोवियत संघ की दिलचस्पी वर्तमान युग के आदिम समाजों का अध्ययन करने के बजाय 'प्राचीन' समाजों के बारे में जानकारियाँ जमा करने में ज़्यादा थी। इस तरह के पुरातात्त्विक और प्रागैतिहासिक तथ्यों के माध्यम से सोवियत संघ समाज के अनिवार्यत: पाँच चरणों में क्रम-विकास के सिद्धांत को सही साबित करना चाहता था।

मार्क्सवादी मानवशास्त्र का दूसरा संस्करण फ्रांसीसी संरचनावादियों के प्रभाव में विकसित हुए संरचनावादी मानवशास्त्र के रूप में उभरा। इसके मुख्य सिद्धांतकार क्लॉद लेवी-स्त्रॉस थे। इसने ब्रिटिश ऐंथ्रोपोलॅजी पर भी काफ़ी असर डाला। मानवशास्त्र की इस शाखा में मॅरिस गोल्डियर, क्लॉद मीलासोक्स और इमैनुएल टेरे ने विशेष योगदान किया। इन लोगों की बौद्धिक परियोजना ऐतिहासिक भौतिकवाद से निकलने वाली अवधारणाओं की रोशनी में आदिम समाजों के अध्ययन से जुड़ी थी ताकि 'उत्पादन की आदिम विधियों' का सैद्धांतिक विश्लेषण किया जा सके।

इस तरीक़े से ये विद्वान उत्पादन-विधियों के सामान्य सिद्धांत को समृद्ध करना चाहते थे। आदिम समाजों की उत्पादन प्रणाली में नातेदारियों की भूमिका का विश्लेषण करके इस मानवशास्त्र ने कई तरह के परिप्रेक्ष्यों का विकास किया। लेवी-स्त्रॉस द्वारा किये गये मिथकों के अध्ययन से मार्क्सवादियों में कर्मकाण्डों (धर्मविधियों) और मिथकशास्त्र का अध्ययन करने के प्रति रुझान बढ़ा। आदिवासी समाजों और उनके नातेदारी संबंधों की जाँच करके मार्क्सवादियों ने प्राक्-पूँजीवादी उत्पादन प्रणालियों के प्रति अपने सरोकारों को और साफ़ किया। इस तरह के अनुसंधानों और विश्लेषणों से एशियाटिक सोसाइटी के विचार से संबंधित उलझनों पर रोशनी पड़ी, और किसान समाजों की संरचना को और गहराई से समझने में मदद मिली।

देखें : अर्थव्यवस्था का समाजशास्त्र, अभिजन, अभिरुचि, आत्महत्या, उन्मूलनवाद, एजेंसी, कर्मकाण्ड, कारागार, गोपनीयता, गृहविहीनता, जादू, जीवन-शैली, टेलरवाद, परम्परा, परस्पर विपरीत द्विभाजन, प्रति-(संस्कृति, विमर्श, इतिहास, वर्चस्व, स्मृति), प्राइवेसी, प्रौद्योगिकी, फ़ुरसत, बचपन, बहुपत्नी प्रथा, बहुपति प्रथा, बुद्धिसंगत चयन का सिद्धांत, बुज़ुर्गियत का समाजशास्त्र, बेगानगी, भीड़, भ्रष्टाचार का समाजशास्त्र-1 और 2, मानव-प्रकृति, मानवशास्त्र और संस्कृति की राजनीति, सेवानिवृत्ति, विचलन, ज्ञान का समाजशास्त्र।

संदर्भ

1. इमैनुएल टैरे (1969), *मार्क्सिज़्म ऐंड 'प्रिमिटिव सोसाइटीज़',* मंथली रिव्यू प्रेस, न्यूयॉर्क.
2. स्टेनले डायमण्ड (सम्पा.) (1979), *टुवर्ड्स अ मार्क्सिस्ट ऐंथ्रोपोलॅजी,* मौटन, द हेग.
3. मॉरिस गोल्डियर (1973), *पर्सपेक्टिव्ज़ इन मार्क्सिस्ट ऐंथ्रोपोलॅजी,* केम्ब्रिज युनिवर्सिटी प्रेस, केम्ब्रिज.
4. लॉरेंस क्रैडर (सम्पा.) (1972), *द इथ्नॉलॅजीकल नोटबुक्स ऑफ़ कार्ल मार्क्स,* वैन गोक्रुम.

— अभय कुमार दुबे

मानवशास्त्र और संस्कृति की राजनीति

(Anthropology and Politics of Culture)

मानवशास्त्र संस्कृतियों और समाजों का भौतिक, भाषाई, पुरातात्त्विक और सांस्कृतिक अध्ययन करता है। उन्नीसवीं सदी में यह अनुशासन सांस्कृतिक क्रम-विकास के सिद्धांत की जकड़ में था। मानवशास्त्री उपनिवेशवादियों के बीच से आकर उपनिवेशित संस्कृतियों के बारे में जानकारियाँ जमा करते थे। इस बौद्धिक उद्यम में उपनिवेशवाद को न्यायोचित ठहराने का रुझान स्पष्ट रूप से विद्यमान था। मानवशास्त्र के इतिहास को सकारात्मक दृष्टि से देखने वालों की मान्यता है कि बीसवीं सदी की शुरुआत में सांस्कृतिक सापेक्षतावाद का दृष्टिकोण अपना कर यह समाज-विज्ञान उदारतावादी और बहुलतावादी संस्करण में ढलता चला गया जिसके कारण उसे एक निष्पक्ष अनुशासन की आत्म-छवि मिल गयी। लेकिन यह धारणा उस बहस का समापन नहीं करती जो मानवशास्त्र के दायरे में चलने वाली संस्कृति की व्यापक राजनीति से जुड़ी हुई है। मानवशास्त्र के आलोचक आज भी कह रहे हैं कि यह अनुशासन पहले उपनिवेशवादियों के औज़ार की तरह काम करता था, और वि-उपनिवेशीकरण हो जाने के बाद पश्चिम के आधुनिकतावादी मूल्यों की कसौटी पर ग़ैर-पश्चिमी संस्कृतियों को कसने की परियोजना चलाता है। उत्तर-आधुनिक विद्वत्ता के उभार और उत्तर-औपनिवेशिक अध्ययनों के विकास के बाद मानवशास्त्र की ये आलोचनाएँ

पहले से कहीं ज़्यादा आक्रामक हुई हैं। इनके मुक़ाबले मानवशास्त्र लगातार अपना बचाव करने के लिए मजबूर है।

आलोचकों के अनुसार मानवशास्त्र का बौद्धिक ढाँचा ही कुछ इस तरह का है कि वह किसी भी ग़ैर-पश्चिमी संस्कृति का अध्ययन उसकी अपनी शर्तों पर कर ही नहीं सकता। किसी संस्कृति के दायरे में अपनी विशिष्ट जीवन-शैली अपनाते हुए वास्तविक, जीवंत, अनुभूतिसम्पन्न और तात्पर्य निरूपण में सक्षम मनुष्यों को देख पाना उसके बस की बात नहीं है। एक मानवशास्त्री किसी संस्कृति के पास इस तरह से जाता है कि जैसे किसी 'अन्य' के पास जा रहा हो। संस्कृति उसके लिए मानवशास्त्रीय वस्तु में बदल जाती है। इस प्रक्रिया में उसका मानस अपने से भिन्न समाजों के जीवन की समरूपीकृत और विदेशज (एक्ज़ॉटिक) तस्वीर पेश कर देता है। यह चित्र आकर्षक तो होता है, पर इसमें दर्ज मनुष्यों पर ख़ामोशी आरोपित कर दी जाती है। उनके बारे में जो आवाज़ सुनायी पड़ती है वह मानवशास्त्री की होती है। मानवशास्त्र द्वारा गढ़ी गयी इन 'वस्तुओं' को पश्चिमी मानस बोलने, सोचने और जानने में अक्षम मान कर ग्रहण करता है।

ज़ाहिर है कि आलोचकगण इस समाज-विज्ञान को उसकी उदारतावादी, बहुलतावादी और सापेक्षतावादी दावेदारियों के आईने में देखने के लिए उस तरह तैयार नहीं हैं जिस तरह आधुनिक मानवशास्त्र के संस्थापक और अन्य महारथी (फ्रेंज़ बोआस, मारसेल मॉज़, क्लॉद लेवी-स्त्रॉस, मैलिनोव्स्की, मार्गरेट मीड और रुथ बेनेडिक्ट वग़ैरह) उन्हें दिखाना चाहते हैं। आलोचकों का कहना है सांस्कृतिक सापेक्षतावाद के जिस सिद्धांत को बेहतर मानवशास्त्र का जिम्मेदार माना जाता है, वह दरअसल व्यवहार में ग़ैर-पश्चिमी संस्कृतियों का रुग्ण वि-देशजीकरण करने का रास्ता है। मानवशास्त्री पश्चिमी संस्कृति की दर्शनीय वैज्ञानिक और प्रौद्योगिक सफलताओं को पैमाना बनाते हैं। बुनियादी रूप से अनुदार यह मानक अन्य संस्कृतियों की उपलब्धियों का सही आकलन करने से रोकता है।

इस प्रक्रिया में एक ज्ञानमीमांसक द्वि-भाजन उभरता है जिसमें पाले के एक तरफ़ 'श्रेष्ठ' पश्चिमी संस्कृति होती है और दूसरी तरफ़ बाक़ी संस्कृतियाँ। पश्चिम की दृष्टि से जो प्रौद्योगिकी 'अपरिष्कृत' है, उसे धार्मिक संरचनाओं की दुर्बलता, शक्तिहीन चिंतन, क्षयग्रस्त कर्मकाण्डों, कमज़ोर राजनीति और अर्थव्यवस्था का नतीजा मान लिया जाता है। सादी प्रौद्योगिकी स्तरहीन बौद्धिकता का पर्याय समझ ली जाती है। पश्चिम वैज्ञानिकता से सम्पन्न और उसका 'अन्य' जादू से गुज़र-बसर करता दिखाया जाता है। पश्चिम के पास इतिहास होता है, 'अन्य' के पास मिथक बताये जाते हैं। पश्चिम के पास अगर पुरोहित और वैज्ञानिक होते हैं तो 'अन्य' के पास झाड़-फूँक और तंत्र-मंत्र करने वाले ओझा होते हैं। पश्चिम के पास दर्शन की शक्ति होती है, तो 'अन्य' के पास महज़ आस्था। पश्चिम साक्षर है, उसके पास लेखन की क्षमता है और वह व्यक्तिवाद से लैस है। इसके विपरीत 'अन्य' वाचिक परम्परा में जीता है और समुदाय की जकड़बंदी में क़ैद है। पश्चिम शासन और सरकार के दम पर व्यवस्थित रहता है, जबकि 'अन्य' को प्रधानों और मुखियाओं के फ़ैसलों पर निर्भर रहना पड़ता है। पश्चिम बुद्धिवादी के रूप में उभरता है जबकि उसका 'अन्य' चिंतन की उस अवस्था में दिखाया जाता है जब तर्कबुद्धि का विकास नहीं हुआ था।

इस प्रकार के आमने-सामने खड़े तुलनात्मक परिप्रेक्ष्य से निकलने वाला विश्लेषण सांस्कृतिक सापेक्षतावाद की परियोजना का क्षय कर देता है। मानवशास्त्री आम तौर पर विज्ञान, धर्म, अर्थशास्त्र, राजनीति, समाज और नातेदारी की जिन अवधारणाओं को प्रासंगिक मान कर चलते हैं वे मुख्यत: पश्चिमी चिंतन और अनुभव की देन हैं। ग़ैर-पश्चिमी समाजों की सही समझ हासिल करने के लिहाज़ से ये औज़ार भोंथरे साबित होते हैं। आलोचकों का विचार है कि दावा कुछ भी किया जाए, इन औज़ारों के माध्यम से पश्चिमी मानस से लैस मानवशास्त्री 'अन्य' की स्थानीयता की समझ अपनी स्थानीयता के संदर्भ में हासिल करता है। उसकी अपनी स्थानीयता ही उसके लिए वह सार्वभौम मानक है जिसके आधार पर न केवल निष्कर्ष निकाले जाते हैं, बल्कि नृजाति-वर्णन भी किया जाता है। फ्रेंज़ बोआस द्वारा जिन सापेक्षतावादी इरादों की उद्घोषणा बीसवीं सदी की शुरुआत में की गयी थी, उन्हें इस पद्धति के रास्ते धरती पर नहीं उतारा जा सकता।

उत्तर-औपनिवेशिकता के अध्येताओं का आक्षेप है कि मानवशास्त्र आधुनिकतावादी वर्गीकरण के माध्यम से अधिकतर ग़ैर-पश्चिमी संस्कृतियों को पाषाणयुगीन या मध्ययुगीन क़रार दे कर दिक् और काल में जाम कर देता है। यह प्रक्रिया पारस्परिकता और आदर के साथ 'अन्य' के साथ किसी तरह का संवाद होने ही नहीं देती। इस तरह के संवाद के अभाव में मानवशास्त्री अपने अनुशासन की समस्याओं से वाक़िफ़ ही नहीं हो पाता। इस तरह का मानवशास्त्र 'फ़र्स्ट वर्ल्ड' द्वारा चलाई गयी वैकासिक परियोजनाओं को वैचारिक दृष्टि से न्यायोचित ठहराने की सामग्री प्रदान करता है।

मानवशास्त्र की यह आलोचना अपने भीतर कई तरह की सच्चाइयों को समाहित किये हुए है। यह आलोचना मानवशास्त्रियों से उम्मीद करती है कि वे इस तरह के 'सांस्कृतिक फंडामेंटलिज़म' का पहलक़दमी ले कर सक्रिय प्रतिकार करें। बहुसंस्कृतिवाद, परासंस्कृतिवाद और पर-राष्ट्रवाद की जुमलेबाज़ी के बजाय मानवशास्त्रियों को सांस्कृतिक परिप्रेक्ष्यों की बहुलता में विश्वास करना सीखना होगा।

देखें : अर्थव्यवस्था का समाजशास्त्र, अभिजन, अभिरुचि, आत्महत्या, उन्मूलनवाद, एजेंसी, कर्मकाण्ड, कारागार, गोपनीयता, गृहविहीनता, जादू, जीवन-शैली, टेलरवाद, परम्परा, परस्पर विपरीत द्विभाजन, प्रति- (संस्कृति, विमर्श, इतिहास, वर्चस्व, स्मृति), प्राइवेसी, प्रौद्योगिकी, फ़ुरसत, बचपन, बहुपत्नी प्रथा, बहुपति प्रथा, बुद्धिसंगत चयन का सिद्धांत, बुज़ुर्गियत का समाजशास्त्र, बेगानगी, भीड़, भ्रष्टाचार का समाजशास्त्र-1 और 2, मानव-प्रकृति, मानवशास्त्र और मार्क्सवाद, सेवानिवृत्ति, विचलन, ज्ञान का समाजशास्त्र।

संदर्भ

1. ऐन सालमोंद (1995), 'सेल्फ़ ऐंड अदर इन कंटेम्परेरी ऐंथ्रोपोलॅजी', आर. फ़ारदन (सम्पा.), *काउंटरवर्क्स : मैनेजिंग द डाइवर्सिटी ऑफ़ नॉलेज,* रॉटलेज, लंदन.
2. बी. मैकग्रेन (1989), *बियांड ऐंथ्रोपोलॅजी : सोसाइटी ऐंड द अदर,* कोलम्बिया युनिवर्सिटी, न्यूयॉर्क.
3. जोहानेस फ़ेबियन (1983), *टाइम ऐंड द अदर : हाउ ऐंथ्रोपोलॅजी मेक्स इट्स ऑब्जेक्ट,* कोलम्बिया युनिवर्सिटी प्रेस, न्यूयॉर्क.
4. मार्शल साहलिंस (1976), *कल्चर ऐंड प्रेक्टीकल रीज़न,* युनिवर्सिटी ऑफ़ शिकागो प्रेस, शिकागो.

— **अभय कुमार दुबे**

मानवेंद्र नाथ रॉय

(Manbendra Nath Roy)

अंतर्राष्ट्रीय कम्युनिस्ट आंदोलन के विकास में अहम भूमिका निभाने वाले मार्क्सवादी सिद्धांतकार और रैडिकल ह्यूमनिज़्म के प्रतिपादक मानवेंद्र नाथ रॉय (1887-1954) के राजनीतिक जीवन और उनके वैचारिक हस्तक्षेप की सबसे अहम घटना कम्युनिस्ट इंटरनेशनल की दूसरी कांग्रेस से जुड़ी है। समाजवादी क्रांति के वैश्विक प्रसार की सम्भावनाओं और तत्संबंधी रणनीतियों पर चर्चा करने के लिए आयोजित की गयी कॉमिन्टर्न की इस दूसरी कांग्रेस का एक अहम मुद्दा यह था कि उपनिवेशों में चल रहे राष्ट्रीय आंदोलनों के प्रति क्या रुख अपनाया जाए। कांग्रेस में पेश की जाने वाली अपनी थीसिस में लेनिन का मानना था कि सामाजिक-राजनीतिक चरित्र के लिहाज़ से उपनिवेशों में चल रहे आंदोलन बूर्ज्वा धारणाओं से प्रभावित हैं। इसलिए कम्युनिस्टों को इन देशों में चल रहे राष्ट्रीय आंदोलनों का समर्थन तो करना चाहिए लेकिन अपने विचारधारात्मक रुझान को इनसे अलग रखना चाहिए। लेनिन समझते थे कि उपनिवेशों में चल रहे आंदोलनों को एक मुक़म्मल चीज़ न मान कर बाहर से प्रभावित करके क्रांतिकारी तेवरों का समावेश कर सकने लायक संक्रमणशील प्रक्रिया की तरह देखा जाना चाहिए। इस तरह लेनिन का निष्कर्ष यह था कि कॉमिन्टर्न को औपनिवेशिक देशों के बूर्ज्वा लोकतांत्रिक आंदोलनों में अपना विलय न करके उनसे एक अस्थाई गठजोड़ क़ायम करना चाहिए। लेकिन इस थीसिस को लेनिन आधिकारिक रूप देने से इसलिए संकोच कर रहे थे क्योंकि उन्हें उपनिवेशों की राजनीतिक परिस्थितियों का समुचित ज्ञान नहीं था। ऐसे में लेनिन ने रॉय को भी उपनिवेशों के मसले पर एक थीसिस तैयार करने का निमंत्रण दिया। हालाँकि रॉय की थीसिस मार्क्सवादी राजनीतिक अर्थशास्त्र की बुनियादी संकल्पनाओं पर ही आधारित थी परंतु अपने राजनीतिक निष्कर्षों में उनकी दलील लेनिन से ख़ासी अलहदा साबित हुई।

इस बहस में लेनिन का मानना था कि ऐशियाई देश मुख्यत: कृषि आधारित समाज हैं जबकि रॉय का विचार यह था कि भारत में बूर्ज्वा वर्ग अन्य उपनिवेशों से कहीं ज़्यादा विकसित हो चुका है। उनका कहना था कि भारत में उद्योगीकरण की प्रक्रिया तेज़ से तेज़तर होती जा रही है इसलिए भारतीय बूर्ज्वा मौजूदा अवसरों का अधिकतम लाभ उठाना चाहेगा। उनके इस वक्तव्य में यह बात निहित थी कि बूर्ज्वा वर्ग का औपनिवेशिक सत्ता से सीधा टकराव नहीं है। तुलनात्मक रूप से उनका यह मत निश्चित तौर पर सटीक था। लेकिन मज़दूर वर्ग को लेकर उनका आकलन काफ़ी अतिरंजित था। रॉय भारतीय सर्वहारा को संख्या और राजनीतिक जागृति और समझदारी के लिहाज़ से बढ़ा-चढ़ा कर पेश कर रहे थे। उनका कहना था कि भारत में मज़दूर वर्ग तेजी से बढ़ रहा है। रॉय के इस सूत्रीकरण, बूर्ज्वा वर्ग को आपेक्षिक रूप से कमज़ोर साबित करने तथा मज़दूर वर्ग को मज़बूत बताने की तार्किक निष्पत्ति उन्हें इस भविष्यवाणी की ओर ले जाती थी कि कांग्रेस जैसे बूर्ज्वा संगठन अंतत: सामंती और साम्राज्यवादी हितों के साथ समझौता कर लेंगे। ऐसे में राष्ट्रीय आंदोलन के लक्ष्य यानी राजनीतिक और आर्थिक मुक्ति का दायित्व सर्वहारा तथा बूर्ज्वा वर्ग के रैडिकल हिस्सों के ख़ाते में जाएगा। इसलिए रॉय का मत यह था कि भारतीय कम्युनिस्ट आंदोलन को कांग्रेस और गाँधी के नेतृत्व में चलाये जा रहे मध्यवर्गीय राष्ट्रीय आंदोलन से कोई सरोकार नहीं रखना चाहिए। बाद में रॉय ने अपनी किताब *इण्डिया इन ट्रांज़िशन* में भी यही प्रतिपादित किया कि औपनिवेशिक सरकार बढ़ते जन-असंतोष के कारण भारतीय बूर्ज्वा को रियायतें देकर अपने पक्ष में करना चाहती है। हालाँकि लेनिन और रॉय की यह बहस 1920 में ही ख़त्म हो गयी थी लेकिन ये मसले कॉमिन्टर्न को लम्बे समय तक मथते रहे। अंतत: कॉमिन्टर्न की इस कांग्रेस का बहुमत लेनिन के

मानवेंद्र नाथ रॉय (1887-1954)

पक्ष में गया जबकि रॉय के मत को कोमिन्टर्न के दस्तावेज़ में क्षेपक की हैसियत बख़्शी गयी।

मानवेंद्र नाथ रॉय की शुरुआत एक अंतर्राष्ट्रीय क्रांतिकारी के रूप में हुई और अंत एक ऐसे एकाकी चिंतक के रूप में कि जिसके बारे में यह भी साफ़ तौर पर नहीं कहा जा सकता था कि वह राजनीतिक है या आध्यात्मिक। राय की राजनीतिक दीक्षा भारत के तत्कालीन उग्रपंथी आंदोलन में हुई थी जो ब्रिटिश शासन को ताक़त के दम पर उखाड़ फेंकने में यक़ीन रखता था। इस आंदोलन के साथ रॉय का जुड़ाव बहुत लम्बा नहीं रहा। इस आंदोलन में उनकी भागीदारी का शीर्ष बिंदु यह था कि एक बार उन्हें बंगाल की खाड़ी में जर्मनी से आने वाले एक स्टीमर से हथियार हासिल करने की ज़िम्मेदारी दी गयी थी। लेकिन किसी वजह से यह योजना विफल हो गयी और कुछ समय बाद रॉय अमेरिका चले गये। समाजवादी सिद्धांतों से उनका सघन परिचय अमेरिका में ही हुआ। अमेरिका के बाद रॉय मैक्सिको पहुँचे जहाँ उन्होंने मेक्सिन कम्युनिस्ट पार्टी के गठन में महत्त्वपूर्ण निभायी। यह जानना दिलचस्प होगा कि रूसी क्रांति के बाद नव-गठित कम्युनिस्ट इंटरनैशनल की दूसरी कांग्रेस में रॉय मेक्सिकन पार्टी के प्रतिनिधि के तौर पर ही मास्को पहुँचे थे। अंतराष्ट्रीय कम्युनिस्ट आंदोलन में रॉय की ख्याति का अंदाजा इस बात से लगाया जा सकता है कि रूसी क्रांति के बाद 1920 में उन्हें भारतीय क्रांतिकारियों को प्रशिक्षण देने के लिए ताशकंद भेजा गया था। रॉय को भारत में कम्युनिस्ट पार्टी के गठन की ज़िम्मेदारी दी गयी थी लेकिन यह काम बेहद जटिल साबित हुआ। ख़ुद रॉय इस दिशा में कुछ ठोस पहल नहीं कर सके। रॉय की यह समझ कॉमिन्टर्न की आधिकारिक रवैये से अलग थी लेकिन फिर भी कम्युनिस्ट आंदोलन में उनका प्रभाव ऐसा था कि 1927 में उन्हें कॉमिन्टर्न के प्रतिनिधि के तौर पर चीन भेजा गया जहाँ चीन की कम्युनिस्ट पार्टी अपना अस्तित्व बचाने के लिए लड़ रही थी। लेकिन सोवियत संघ और कॉमिन्टर्न के दिशा निर्देश भी चीनी कम्युनिस्ट पार्टी को अलगाव और पराजय से नहीं बचा सके। अगले ही साल कॉमिन्टर्न की छठी कांग्रेस में रॉय ने अपनी पुरानी थीसिस को फिर दोहराया कि भारत एक औद्योगिक देश बनता जा रहा है तथा वहाँ की कृषि व्यवस्था एक बुनियादी बदलाव से गुज़र रही है। इस थीसिस के आधार पर रॉय यह निष्कर्ष निकाल रहे थे कि जल्द ही भारत में बूर्ज्वा वर्ग को पहले के मुक़ाबले ज़्यादा रियायतें दी जाएँगी। रॉय का यह भी मानना था कि इससे भारत में राजनीतिक और आर्थिक क्षेत्र में वि-उपनिवेशीकरण की प्रक्रिया को बढ़ावा मिलेगा। रॉय की इस दलील पर ज़बरदस्त बहस-मुबाहिसा हुआ लेकिन अंततः उनके प्रस्ताव को अस्वीकार कर दिया गया। अपनी दलीलों, थीसिस और समझ के मामले में रॉय लगातार अकेले पड़ते जा रहे थे। चीनी कम्युनिस्ट पार्टी के मसले में भी उनकी भूमिका निरर्थक मानी गयी थी। इसलिए 1929 में उन्हें कॉमिन्टर्न से बर्ख़ास्त कर दिया गया।

तीस के दशक में रॉय भारत वापस आये जहाँ उन्हें षड्यंत्र के पुराने मामलों में ज़ेल में डाल दिया गया। तीसरे दशक में रॉय भारतीय राष्ट्रीय कांग्रेस में शामिल हो गये। उनकी मंशा कांग्रेस को रैडिकल रूप देने की थी। लेकिन इस प्रयोग में विफल रहने पर उन्होंने कांग्रेस छोड़कर रैडिकल डेमॉक्रैटिक पार्टी की स्थापना की। पर भारतीय राजनीति में उनकी यह पार्टी निष्प्रभावी रही। अंततः उन्होंने उसे भी भंग कर दिया और रैडिकल ह्यूमनिज़म नाम से एक ग़ैर-राजनीतिक आंदोलन का सूत्रपात किया। द्वितीय विश्व-युद्ध में रॉय ने इंग्लैण्ड का समर्थन किया पर अब तक उनका मार्क्सवाद से मोहभंग हो चला था और वे उदारवाद की ओर बढ़ने लगे थे।

भारतीय राष्ट्रीय आंदोलन में मानवेंद्र नाथ रॉय अपनी राजनीतिक उपलब्धियों और विरासत के लिहाज़ से एक विफल व्यक्तित्व माने जाते हैं। विद्वानों के अनुसार राष्ट्रीय आंदोलन में राजनीतिक सफलता के लिए जिन गुणों की दरकार थी वे उनमें अपने कई समकालीन और सफल नेताओं से कहीं ज़्यादा थे, लेकिन अपने मंसूबों और मक़सदों में रॉय जिस क़दर नकाम रहे वैसी विफलता भी शायद ही किसी के हिस्से में आयी हो। मसलन, कांग्रेस के अनेक नेता अपनी महत्त्वाकांक्षाओं, और नैतिक आदर्शों के मामले में उनसे कमतर और कई दफ़ा समझौतापरस्त तक दिखायी पड़ते थे लेकिन लोक-मानस में वे सफल नेता साबित होते हैं। इसी

तरह आंतक और हिंसा के बल पर ब्रिटिश सत्ता को उखाड़ने का मंसूबा बाँधने वाले कई राजनीतिक व्यक्तित्व चाहे अपना इच्छित लक्ष्य हासिल न कर पायें हों लेकिन जनमानस में आज तक प्रतिष्ठित हैं। इसी तरह कम्युनिस्ट भी अपने निर्णयगत ऊहापोह और कई बार लोकवृत्त से सफाये के बावजूद राजनीति में टिके रहे। लेकिन रॉय न अपने जीवन में कोई लीक क़ायम कर सके, न अपने पीछे विचार और कार्यक्रम की कोई ऐसी विरासत छोड़ सके जो भविष्य की राजनीति को प्रेरित कर पाती।

विद्वानों का कहना है कि अपने मक़सद और इरादे में रॉय के पास गज़ब की ताक़त थी जिसे उन्होंने जनता के लिहाज़ से महत्त्वहीन मसलों पर ख़र्च कर दिया। उनके पास सांगठनिक क्षमता के साथ एक ऐसी तार्किकता भी थी जो अपनी दलील को राजनीतिक अर्थशास्त्र की भाषा में पेश करने में सक्षम थी। *स्काटिश लेबर जर्नल* में प्रकाशित उनके *ऐन इण्डियन कम्युनिस्ट मैनिफ़ेस्टो* जैसे लेख को भारतीय राष्ट्रीय राजनीति को मार्क्सवदी नज़रिये से देखने का पहला सुसम्बद्ध उदाहरण माना जाता है। इसी तरह उनकी रचना *इण्डिया इन ट्रांज़िशन* को मार्क्सवादी विश्लेषण का शुरुआती दस्तावेज़ स्वीकार किया जाता है। लेकिन इसके बावजूद रॉय का क़द एक छोटे से राजनीतिक गुट के अल्पचर्चित नेता से आगे नहीं बढ़ पाया।

भारतीय राष्ट्रीय आंदोलन में रॉय की भूमिका तथा उनकी मार्क्सवादी प्रस्थापनाओं की सूक्ष्म पड़ताल करने वाले विद्वानों का मानना है कि रॉय भारतीय राजनीति को इसलिए नहीं समझ पाये और उनका आकलन बार-बार इसलिए ग़लत साबित हुआ क्योंकि वे युरोपीय ज्ञानोदय की निष्पत्तियों से परे देख पाने में असमर्थ थे। रॉय की राजनीतिक चेतना पर युरोपीय इतिहास-बोध इतना हावी था कि भारत की विशिष्ट घटनाओं और परिस्थितियों में भी वे युरोपीय घटनाक्रमों का अक्स देखने लगते थे। मसलन, भारतीय राष्ट्रीय आंदोलन के नेताओं का मूल्यांकन करते हुए रॉय अक्सर उनकी तुलना फ्रांसीसी क्रांति के अलग-अलग किरदारों से करने लगते थे। और, जब उन्हें यह नेतृत्व अपने उदात्त फ्रांसीसी उद्धरण की बनिस्बत कमज़ोर या अप्रामाणिक लगता था तो वे इसे भारतीय परिस्थिति की ऐतिहासिक विशिष्टता न मान कर उसे फ़िजूल घोषित कर देते थे। इस तरह भारतीय राजनीति के संबंध में रॉय के निष्कर्ष युरोपीय संस्कृति से निर्धारित होते रहे। विद्वानों का मानना है कि अपने राजनीतिक चिंतन की इस युरो-केंद्रीयता के कारण रॉय गाँधी के रणनीतिक कौशल की सांस्कृतिक ताक़त को भी समझने में नाकाम रहे। रॉय गाँधी की रणनीति को एक अर्थहीन रहस्यवाद मानते रहे और इस बात की पड़ताल नहीं कर सके कि सर्वहारा के हितों की अनदेखी के बावजूद गाँधी का नेतृत्व इन वर्गों को आंदोलित करने में क्यों सफल हो रहा था। रॉय की राजनीतिक दृष्टि इस मायने में पूर्व-निर्धारित कही जाएगी कि वे भारतीय राष्ट्रीय आंदोलन को इतिहास का ऐसा रंगमंच मानते थे जहाँ केवल युरोपीय घटनाओं की पुनः प्रस्तुति ही हो सकती थी। चूँकि मानवेंद्र नाथ रॉय भारतीय राजनीति का कोई स्थानीय संदर्भ विकसित नहीं कर पाये इसलिए उनकी सैद्धांतिक स्थापनाएँ भी दूरगामी ढंग से सफल नहीं हो सकीं।

देखें : अर्नेस्टो चे गुएवारा, कार्ल हाइनरिख़ मार्क्स-1 से 4 तक, क्रांति, क्रांति : मार्क्सवादी विमर्श, नयी सदी में मार्क्सवादी विमर्श-1 से 9 तक, भारत में किसान संघर्ष-2 और 4, भारतीय कम्युनिस्ट पार्टी, भारतीय कम्युनिस्ट पार्टी (मार्क्सवादी), भ्रांत चेतना, बोल्शेविक क्रांति, माओ त्से-तुंग, मार्क्सवाद-1 से 5 तक, समाजवादी वसंत-1 से 4 तक, रॉबर्ट ओवेन, राज्य की मार्क्सवादी अवधारणा, रोज़ा लक्ज़ेमबर्ग, लेनिनवाद, लियोन ट्रॉट्स्की, स्तालिन और स्तालिनवाद, सोवियत समाजवाद-1 से 3 तक, व्लादिमिर इलीच लेनिन।

संदर्भ

1. सुदीप्त कविराज (1986), 'द हेट्रोनॉमस रैडिकलिज़म ऑफ़ एम.एन. रॉय', थॉमस पैंथम तथा केनेथ एल. ड्यूश (सम्पा.), *पॉलिटिकल थॉट इन मॉडर्न इण्डिया,* सेज पब्लिकेशंस, नयी दिल्ली.
2. शंकर घोष, *सोशलिज़म, डेमॉक्रैसी ऐंड नैशनलिज़म इन इण्डिया,* 1973

— नरेश गोस्वामी

मारसेल मौज़

(Marcel Mauss)

फ्रांसीसी विद्वान मारसेल मौज़ (1872-1950) को प्राक्-औद्योगिक और लघु संस्कृतियों में जादू, बलि और उपहारों के आदान-प्रदान का अध्ययन करके आधुनिक मानवशास्त्र को मानकीय रूप से समृद्ध करने का श्रेय जाता है। मौज़ ने अपना यह विमर्श उस ज़माने में रचा जब अमेरिका में फ्रेंज़ बोआस मानवशास्त्र के अनुशासन में पद्धतिमूलक और आनुभविक पहलुओं का समावेश कर रहे थे। इस लिहाज़ से मौज़ का नाम बोआस के साथ ही आधुनिक युग के दो सबसे महान मानवशास्त्रियों के रूप में लिया जाता है। आगे चल कर मौज़ के अध्ययनों ने संरचनागत मानवशास्त्र के संस्थापक क्लॉद लेवी-स्त्रास पर भी गहरा असर डाला। विख्यात समाजशास्त्री एमील दुर्खाइम के भतीजे और शिष्य मौज़ पर समाजवादी विचारों का गहरा असर था, लेकिन वे अमेरिकी मानवशास्त्री मोर्गन और ब्रिटिश मानवशास्त्री टायलर द्वारा स्थापित सांस्कृतिक क्रम-विकासीय अध्ययन की उस परम्परा

मारसेल मौज़ (1872-1950)

के सदस्य नहीं थे जिसने मार्क्स और एंगेल्स तक को अपनी ओर आकर्षित किया था। मौज़ ने दूसरे शोधकर्ताओं द्वारा जमा किये गये नृजातीय विवरणों की मदद से सामाजिक और सांस्कृतिक जीवन के समान प्रारूपों की पहचान करने की कोशिश की। अपनी महान रचना 'द गिफ़्ट' में उन्होंने दिखाया कि उपहारों का लेन-देन पारस्परिक नैतिक दायित्व की एक ऐसी अनुभूति को जन्म देता है जो पूरे समाज को प्रभावित करती है। तोहफ़ा देने की मासूम सी लगने वाली कार्रवाई समाज के आर्थिक, विधिक, राजनीतिक और धार्मिक क्षेत्रों पर असर डाल कर एक सम्पूर्ण 'सामाजिक तथ्य' बन जाती है।

मारसेल मौज़ का जन्म इस्पिनाल, वोज़ेज़ (फ्रांस) के एक यहूदी परिवार में हुआ था। उनके चाचा एमील दुर्खाइम यहीं अध्यापन करते थे। मौज़ दर्शन की पढ़ाई से शुरुआत की और फिर पेरिस जा कर तुलनात्मक धर्म और संस्कृत भाषा का अध्ययन करने लगे। 1896 में उनकी पहली रचना प्रकाशित हुई जिसके बाद उन्होंने कभी पीछे मुड़ कर नहीं देखा और एक के बाद एक महत्त्वपूर्ण समाजशास्त्रीय कृतियाँ रचते चले गये। मौज़ ने जॉर्ज सोरेल के साथ मिल कर 'ल पॉप्युलैह्', 'ल ह्यूमानीते', 'ल मूवमेंत सोसियालिस्त' जैसी वामपंथी पत्रिकाओं का सम्पादन भी किया। 1901 के बाद से वे उनकी दिलचस्पी नृशास्त्र में बढ़ी और उन्होंने मानवशास्त्र में योगदान करना शुरू किया। प्रथम विश्व-युद्ध में मौज़ के कई दोस्त और सहयोगी मारे गये। कुछ ही दिनों बाद दुर्खाइम का भी देहांत हो गया। चूँकि दुर्खाइम ने फ्रांस के स्कूली पाठ्यक्रम को बदलने की भूमिका निभायी थी, इसलिए युद्ध के बाद उनके शिष्यों के ख़िलाफ़ आवाज़ उठने लगी। इससे बचने के लिए मौज़ ने संस्थागत जिम्मेदारियों पर अधिक ध्यान दिया और समाजशास्त्र, नृशास्त्र और मानवशास्त्र से जुड़ी संस्थाओं की स्थापना की। प्रथम विश्व-युद्ध के पहले और बाद में मौज़ ने सामीवाद विरोधी और नस्लवाद समर्थक राजनीति के ख़िलाफ़ जम कर संघर्ष किया।

'द गिफ़्ट' में मौज़ ने दावा किया कि कोई तोहफ़ा कभी 'मुफ़्त' में नहीं मिलता। मानव समाज का इतिहास बताता है कि तोहफ़ा आपसी लेन-देन को जन्म देता है। यह विनिमय आर्थिक भी हो सकता है, और राजनीतिक भी। यह विनिमय व्यक्तिगत भी हो सकता है, और सामाजिक भी। मौज़ सवाल पूछते हैं कि उपहार में दी जाने वाली वस्तु में आख़िरकार ऐसी कौन सी ताक़त निहित होती है जिसके कारण उसे लेने वाले के भीतर बदले में कुछ देने की कामना पैदा हो जाती है? उन्होंने उपहार देने की प्रक्रिया को आध्यात्मिक और भौतिक के जादुई दोराहे पर स्थित बताया और कहा कि उसे देने वाला केवल एक वस्तु का हस्तांतरण ही नहीं करता, बल्कि साथ में अपने वजूद का एक हिस्सा भी प्रदान कर देता है। विनिमय की प्रक्रिया के दौरान उपहार दोनों पक्षों के साथ अभिन्न हो कर एक सामाजिक बंधन को जन्म देता है जिसके तहत प्राप्तकर्ता का दायित्व उस समय तक पूरा नहीं होता जब तक वह बदले में कुछ न दे दे। ऐसा करने में विफल रहने पर प्राप्तकर्ता की प्रतिष्ठा और हैसियत पर तो आँच आती ही है, उसके आध्यात्मिक जगत में भी बेचैनियाँ पैदा हो जाती हैं। मौज़ ने बताया पोलिनीसिया में उपहार के बदले उपहार न देने का मतलब था अपना मानभंग करा लेना।

मौज़ ने उपहारों के आदान-प्रदान से उद्भूत तीन तरह के दायित्वों को इस प्रकार पेश किया है : उपहार देना अपने आप में एक दायित्व इसलिए है कि उसके ज़रिये सामाजिक रिश्तों को बनाने और बनाये रखने का शुरुआती आधार तैयार होता है; उपहार स्वीकार करना भी एक दायित्व है क्योंकि उसे ठुकराने का मतलब होगा एक सामाजिक रिश्ते को ठुकरा देना; और बदले में उपहार देना इसलिए एक दायित्व है कि उसके माध्यम से अपनी उदारता, प्रतिष्ठा और समृद्धि का प्रदर्शन किया जा सकता है।

मौज़ के उपहार-सिद्धांत का सबसे महत्त्वपूर्ण पहलू उपहार की 'अविभाज्यता' है। अर्थात् उपहार देने और लेने वाले के अस्तित्व का अभिन्न अंग हो जाता है। इस लिहाज़ से वह 'पण्य' नहीं रहता। पण्य बाज़ार में बिकने के लिए उत्पादित किया जाता है और बिकते ही उसका स्वामित्व पूरी तरह से एक हाथ से दूसरे हाथ में चला जाता है। पर उपहार हस्तांतरण के बावजूद देने वाले के प्रति 'पराया' नहीं होता। उपहार आधारित अर्थव्यवस्था में वस्तुएँ बिक्री हो जाने के बाद अपने पूर्व स्वामी से 'पृथक' नहीं होतीं। वे हमेशा एक दिये गये क़र्ज़ की भाँति रहती हैं। चूँकि देने वाले की

शख़्सियत उपहार से हमेशा जुड़ी रहती है इसलिए लेने वाला उसके प्रतिदान या अदायगी के लिए ख़ुद को प्रतिबद्ध मानता रहता है। इससे लेने वाले और देने वाले के बीच परस्पर निर्भरता का संबंध बनता है। मौज़ कहते हैं कि जो उपहार 'मुफ़्त' है यानी जिसके बदले कुछ नहीं दिया जाता, वह अपने आप में एक अंतर्विरोध है, क्योंकि वह सामाजिक रिश्ते क़ायम करने की भूमिका अदा नहीं करता। मौज़ के गुरु दुर्ख़ाइम इससे पहले सामाजिक एकजुटता की अवधारणा का सूत्रीकरण कर चुके थे। मौज़ का कहना था कि उपहारों का विनिमय सामाजिक एकजुटता उपलब्ध कराने का माध्यम बनता है। दुर्ख़ाइम द्वारा किये गये 'सामाजिक तथ्य' के सूत्रीकरण की रोशनी में ही मौज़ के एक शिष्य मॉरिस लीनहार्ट ने उपहार को एक 'सम्पूर्ण सामाजिक तथ्य' क़रार दिया, क्योंकि सामाजिक जीवन का कोई भी क्षेत्र उसके प्रभाव से अछूता नहीं रहता। यहाँ तक कि राजनीति में भी एक सम्भावित नेता उपहार के बदले निष्ठा की अपेक्षा करता है और अधिकतर मामलों में उसकी वह अपेक्षा पूरी होती है।

मौज़ के अध्ययनों ने मानवशास्त्र को गहराई से प्रभावित किया। लेकिन उपहार के विनिमय की प्रकृति से संबंधित उनके विख्यात सिद्धांत की आलोचना भी हुई। 'उपहार कभी मृत नहीं होता' जैसे दावे को झुठलाते हुए विद्वानों ने ध्यान दिलाया कि राहगीरों द्वारा भिखारियों को दिये जाने वाला धन 'मुफ़्त' उपहार की श्रेणी में आता है। इस उदाहरण में देने और लेने वाले एक-दूसरे को नहीं जानते और दोनों को एक-दूसरे से दोबारा मिलने की भी कोई उम्मीद नहीं होती। भिखारी भीख देने वाले के प्रति कोई दायित्व महसूस नहीं करता। न ही यह विनिमय दोनों के बीच किसी तरह का सामाजिक संबंध स्थापित करता है। यह आलोचना कहती है कि मौज़ उपहार देने और स्वीकार करने की प्रक्रिया से पैदा होने वाले सामाजिक दायित्व को बढ़ा-चढ़ा कर पेश करते हैं। दरअसल जब तक इस दायित्व का कोई विधिक रूप न हो, वह सामाजिक यथार्थ का रूप ग्रहण नहीं करता। मौज़ की आलोचना में भारतीय जैन समुदाय के उदाहरण का भी इस्तेमाल किया गया है। जैन मुनि अपना पेट भरने के लिए जो भिक्षा ग्रहण करते हैं, उसके प्रति उनके मन में किसी कृतज्ञता का बोध नहीं होता। दरअसल वे उस भिक्षा को स्वीकार करने से इनकार करते रहते हैं और जब स्वीकार करते भी हैं तो उसके पीछे काफ़ी हिचक होती है। भिक्षा देने वाले परिवार के साथ उनका अनिवार्यत: कोई संबंध नहीं बनता। इस उदाहरण में देने और लेने की प्रक्रिया का विधेयक तत्त्व उपहार होता ही नहीं। लेन-देन से जुड़ी अनुभूतियों से जुड़ने का मतलब होगा जैन संन्यासी की तपस्या का भंग हो जाना। मौज़ ने 'द गिफ़्ट' की रचना करने के अलावा एमील दुर्ख़ाइम के साथ मिल कर 'प्रिमिटिव क्लासिफ़िकेशन' का लेखन किया। हेनरी ह्यूबर्ट के साथ उन्होंने 'आउटलाइन ऑफ़ जर्नल थियरी ऑफ़ मैजिक' और 'एसे ऑन द नेचर ऐंड फ़ंक्शन ऑफ़ सेक्रीफ़ाइस' की रचना की।

देखें : अल्फ्रेड लुइस क्रोबर, ऑग्युस्त कॉम्त, क्लॉद लेवी-स्त्रॉस, क्लिफ़र्ड गीर्ट्ज़, जार्ज ज़िमेल, टैलकॉट पार्संस, डेविड एमील दुर्ख़ाइम, पिएर बोर्दियो, फ्रेंज़ उरी बोआस, मारग्रेट मीड, मिल्टन सिंगर, मैक्स वेबर, रुथ बेनेडिक्ट।

संदर्भ

1. मारसेल मौज़ (1922/1990), *द गिफ़्ट : फ़ॉर्म्स ऐंड फ़क्शंस ऑफ़ एक्सचेंज इन आर्काइक सोसाइटीज़*, रॉटलेज, लंदन.
2. क्लॉद लेवी-स्त्रॉस (1950/1987), *इंट्रोडक्शन टु द वर्क ऑफ़ मारसेल मौज़*, रॉटलेज, लंदन.
3. मारसेल फ़ौरनीर (1994), *मारसेल मौज़*, फ़ेयार्द, पेरिस.
4. ऐनेट वीनर (1992), *इनयेलिएनेबिल पज़ेशंस : द पैराडॉक्स ऑफ़ कीपिंग व्हाइल गिविंग*, युनिवर्सिटी ऑफ़ कैलिफ़ोर्निया प्रेस, बर्कले.

— अभय कुमार दुबे

मास-मीडिया

(Mass Media)

मीडियम (माध्यम) का बहुवचन है मीडिया। हर वह चीज़ मीडियम है जिसके ज़रिये किसी संदेश का सम्प्रेषण होता है। चित्रकार रंगों के माध्यम से बिम्बात्मक संदेश देते रहे हैं। पंद्रहवीं सदी से ही छापेख़ाने के ज़रिये किसी भी संदेश की प्रतियाँ तैयार करके उन्हें बहुत से लोगों तक पहुँचाया जाता रहा है। मीडिया में शुरू से शिक्षा, विज्ञापन, प्रचार और मनोरंजन की सम्भावनाएँ निहित थीं, पर इन्हें हक़ीक़त का रूप देने की शुरुआत मोटे तौर पर बीसवीं सदी के तीसरे दशक में हुई जब राष्ट्रव्यापी रेडियो नेटवर्कों और बड़े पैमाने पर प्रसारित होने वाले समाचार पत्र और पत्रिकाओं से सांस्कृतिक, राजनीतिक और व्यक्तिगत सूचनाएँ और विश्लेषण दूर-दूर तक पहुँचने लगा। आज मीडिया के दायरे में सिनेमा, टीवी, वीडियो, रिकॉर्ड किया हुआ म्यूज़िक और इंटरनेट भी शामिल हो गये हैं। मास-सोसाइटी के तहत सामुदायिक संबंधों से काफ़ी-कुछ कट चुके और व्यक्तिवादी प्रवृत्तियों में रचे-बसे इनसानों के मानस को मीडिया के ये सभी रूप गहराई से प्रभावित करने की क्षमता रखते हैं।

दुनिया भर में मीडिया का वितरण और प्रवाह थोड़े से दैत्याकार कॉरपोरेशन नियंत्रित करते हैं। बीसवीं सदी के

आख़िरी वर्षों में एनॉलॉग प्रौद्योगिकी से हट कर डिजिटल प्रौद्योगिकी को अपना आधार बना लेने के कारण मीडिया को दो हिस्सों में बाँट कर देखने की प्रवृत्ति उभरी है। डिजिटल से बाद के मीडिया को 'नये' के रूप में ग्रहण किया जा रहा है और 'पुराने' मीडिया-रूपों को व्यावसायिक और सांस्कृतिक रूप से बेकार माना जा रहा है। मीडिया के इन नये प्रौद्योगिकीय पहलुओं के कारण पहले से ही इजारेदार मीडिया-उद्योग की संरचना और भी केंद्रीकृत हुई है, लेकिन दूसरी ओर डिजिटल की वजह से ही मीडिया-रूपों की रचना-प्रक्रिया का अधिक लोकतंत्रीकरण भी हुआ है। डिजिटल प्रौद्योगिकी किसी भी मीडिया-उत्पादन की ठीक वैसी ही प्रतियाँ बनाने की क्षमता किसी को भी बहुत सस्ते में उपलब्ध करा देती है। एक सामान्य व्यक्ति डिजिटल के ज़रिये किसी भी मीडिया-उत्पाद को अपनी कल्पना के मुताबिक़ फेर-बदल करके अपना बना सकता है। नतीजे के तौर पर इसके कारण कॉपीराइट और मौलिकता की अवधारणाएँ पुनर्विचार के दायरे में आ गयी हैं। डिजिटल ने इंटरएक्टिविटी की जिन सम्भावनाओं को खोला है, उनके आधार पर यह कहा जा सकता है कि निकट भविष्य में मीडिया-उद्योग को सामग्री के उत्पादन में अपने उपभोक्ताओं की भूमिका की फ़िक्र करनी पड़ सकती है।

मनोरंजन, सूचना और विश्लेषण के रूप में अत्यंत विविध सामग्री परोसने वाले विशाल उद्योग के रूप में मास-मीडिया में कुछ समान विशेषताएँ देखी गयी हैं। इसके तहत सामग्री का प्रवाह मुख्यत: एक से अनेक की ओर है, और उसके उत्पादन में अनेक की भूमिका का तक़रीबन कोई वजूद नहीं है। सामग्री का निर्माण किसी एक या गिनती करने लायक केंद्रों पर होता है और फिर वहाँ से उसका प्रसार अनगिनत दर्शकों, श्रोताओं और पाठकों तक संचार, परिवहन और बाज़ार की प्रक्रियाओं से किया जाता है। इसकी रचना आम तौर पर कुछ मानकीकृत विषय-वस्तुओं और शैलियों के इर्द-गिर्द उन्हें अदल-बदल कर की जाती रहती है। जैसे ही कोई विषयगत या शैलीगत नयी ज़मीन तोड़ी जाती है, मीडिया-उद्योग फ़ौरन उसे फ़ार्मूले में बदल कर उसकी पुनरावृत्ति में जुट जाता है। कहने के लिए मीडिया जन-रुचि और स्थापित नैतिकताओं को ध्यान में रख कर अपने उत्पाद तैयार करता है, पर इस विश्लेषण से ज़ाहिर है कि वास्तव में यह सिलसिला एकतरफ़ा क़िस्म का है। दर्शकों, श्रोताओं और पाठकों को मीडिया-उद्योग के तैयारशुदा माल में से ही अपने उपभोग के लिए जिंसें चुननी पड़ती हैं। ऑडिएंस के लिए उत्पाद-निर्माण की इस प्रक्रिया में भागीदारी की गुंजाइश न के बराबर ही रहती है।

मास-मीडिया की व्यापारिक संरचना बेहद ऊँची पूँजीगत लागत की देन है। इसलिए कुछ दैत्याकार कॉरपोरेशन इसके ऊपर छाये हुए हैं। ये मीडिया-कॉरपोरेशन अपने इजारेदाराना रुझानों के लिए जाने जाते हैं। 2010 में दुनिया के सबसे बड़े मीडिया साम्राज्य की लगाम वाल्ट डिज़नी कॉरपोरेशन के हाथ में थी। इसके बाद न्यूज़ कॉरपोरेशन, टाइम वारनर और वाइकॉम का नम्बर आता है।

प्रौद्योगिकी बदलने से मीडिया उद्योग की संरचना पर प्रभाव पड़ता है। डिजिटल प्रौद्यौगिकी के प्रभाव में विभिन्न मीडिया उत्पाद बनाने वाले उद्योगों के लिए अब अलग-अलग प्रौद्योगिकी आधारित उत्पादन ज़रूरी नहीं रह गया है। डिजिटल इनकोडिंग के माध्यम से एक ही चैनल पर चलती-फिरती और स्थिर छवियों, ध्वनि, टेक्स्ट और डेटा का संचार करना सम्भव हो गया है। जिस 'कनवर्जेंस' की चर्चा होती थी, उसे इस प्रौद्योगिकी ने सुलभ कर दिया। एक ही उपकरण (जैसे मोबाइल फ़ोन) में कम्प्यूटर, रेडियो, टीवी, इंटरनेट और म्यूज़िक सिस्टम जैसी सुविधाएँ मुहैया कराना मुमकिन है। परिणामस्वरूप विभिन्न कॉरपोरेशनों ने भूमण्डलीय पैमाने पर अपने विविध उत्पादों को नीचे से ऊपर तक (लम्बवत्) संकेंद्रित करना शुरू कर दिया। इसकी मिसाल न्यूज़ कॉरपोरेशन के रूप में देखी जा सकती है। यह कॉरपोरेशन एक साथ टेलिविज़न, प्रिंट और सिनेमा उद्योगों को तो नियंत्रित करता ही है, वह स्पोर्टिंग क्लबों और उन प्रतियोगिताओं को भी अपनी मर्ज़ी से चलाता है जिनके कारण दर्शक वर्ग उसके मीडिया उत्पादों की तरफ़ खिंचते हैं।

डिजिटल प्रौद्योगिकी के प्रभाव का एक दूसरा पहलू भी है। नये मीडिया ने उपभोक्ताओं और मीडिया-निर्माताओं के बीच एकतरफ़ा संबंधों पर असर डालना शुरू कर दिया है। इसकी मिसाल इंटरएक्टिव कम्प्यूटर गेम्ज़ के रूप में देखी जा सकती है। इंस्टेंट कम्प्यूटर गेम्ज़ में उन्हें खेलने वालों की ज़रूरतों और माँगों का ध्यान रखना आवश्यक होता है। यह स्थिति एक से अनेक की ओर होने वाले मीडिया-वितरण और प्रवाह को अनेक से अनेक की ओर होने वाले प्रवाह में बदल सकने की सम्भावनाओं से सम्पन्न है। इस परिवर्तन के पत्रकारिता, टेलिविज़न और मास-मीडिया के अन्य पक्षों पर पड़ सकने वाले असर पर अभी पूरी तरह से ग़ौर किया जाना बाक़ी है। इंटरनेट की तक़रीबन असीमित अभिलेखागारीय क्षमताओं और उसकी तेज़ी से बढ़ती हुई ग्लोबल पहुँच ने भी मीडिया की दुनिया में रैडिकल सम्भावनाओं की सृष्टि की है। जिन पत्रकारों से पहले मीडिया-कम्पनियाँ केवल सूचना और अन्य सामग्री जमा करवाने का काम लिया करती थीं, वे अब नेट का फ़ायदा उठा कर ख़ुद को सम्पादकों के रूप में देखने लगे हैं। वेब कैमरों के माध्यम से निजी जीवन की घटनाओं को साइबरस्पेस में प्रक्षेपित किया जा सकता है जिससे समाचार, सूचना और उनकी प्रामाणिकता की धारणाओं पर फिर से सोचने-विचारने की ज़रूरत महसूस की

जाने लगी है। डिजिटल के कारण मीडिया की सम्भावनाओं में आये परिवर्तन को समझने के लिए टीवी प्रसारण के नज़ारे पर एक नज़र डालना उचित होगा।

डिजिटल प्रौद्योगिकी ने टीवी देखने के सौंदर्यमूलक अनुभव में तो वृद्धि की ही है, उसके उपभोक्ताओं के सामने चयन और विविधता के नये क्षेत्र भी खुल गये हैं। अब टीवी का ब्रॉडकास्ट मॉडल पहले जैसा नहीं रह गया है। पहले थोड़े से चैनल होते थे, लेकिन अब डिजिटल के कारण चैनलों की संख्या अनाप-शनाप हो गयी है। पहले टीवी के दर्शकों के रूप में एक विशाल संख्या की 'मास ऑडिएंस' के रूप में कल्पना की जाती थी, पर आज दर्शकों को अपनी रुचियों के हिसाब से चैनल और कार्यक्रम देखने को मिलते हैं। टीवी के बाज़ार ने ख़ुद को उसी के मुताबिक़ ढालना शुरू कर दिया है। इस परिस्थिति ने प्रसारण के अधिक खुले और बहुलतामूलक बंदोबस्तों की सम्भावना पैदा की है। दर्शक अब चैनल मालिकों द्वारा निर्धारित किये गये समय के ग़ुलाम भी नहीं रह गये हैं। वे डिजिटल रिकॉर्डिंग के आसानी से उपलब्ध प्रावधान के कारण अपने पसंदीदा कार्यक्रम को अपने इच्छित समय पर देख सकते हैं। इंटरएक्टिविटी का प्रावधान होने के कारण टीवी पर परोसी जाने वाली सामग्री में उपभोक्ताओं की मर्ज़ी को शामिल करना निकट भविष्य में ज़रूरी हो सकता है। ये परिवर्तन कुल मिला कर सांस्कृतिक उपभोग की प्रक्रिया को उत्तरोत्तर घरेलूकरण, निजीकरण और व्यक्तिपरकता की ओर ले जा रहे हैं।

देखें : अभिलेखागार, आख्यान, इंटरएक्टिविटी-प्रौद्योगिकीय विमर्श, इंटरएक्टिविटी-सामाजिक विमर्श, इंटरफ़ेस, एक्टर-नेटवर्क थियरी, डिजिटल डिवायड, दिन-प्रति दिन के अभिलेखागार, नया मीडिया, नेटवर्क, नेटवर्क सोसाइटी, प्रेस की स्वतंत्रता, प्रोपेगंडा, बाज़ारू संस्कृति, भारत में संचार-क्रांति, भारतीय मीडिया-1, 2 और 3, भारतीय मीडिया स्फ़ेयर, मीडिया और राज्य, मीडिया-पक्षपात, मीडिया-अध्ययन, संचार, संचार-क्रांति, स्मृति और अभिलेखागार, सोशल नेटवर्क विश्लेषण, सूचना, सूचना-समाज, वैकल्पिक मीडिया।

संदर्भ

1. पीटर स्टीवन (2000), *द नो-नान्सेंस गाइड टु ग्लोबल मीडिया,* न्यू इंटरनैशनल पब्लिकेशंस और बिटवीन द लाइंस, टोरंटो, ओंटारियो, कनाडा.
2. जे. कोर्नर (1998), *स्टडीइंग मीडिया : प्रॉब्लम्स ऑफ़ थियरी ऐंड मेथड,* एडिनबरा युनिवर्सिटी प्रेस, एडिनबरा.
3. एम. ओशौगनेसी (1999), *मीडिया ऐंड सोसाइटी : ऐन इंट्रोडक्शन,* ऑक्सफ़र्ड युनवर्सिटी प्रेस, ऑक्सफ़र्ड.
4. एल. टेलर और ए. विलिस (1999), *मीडिया स्टडीज़ : टेक्स्ट्स, इंस्टीट्यूशंस ऐंड ऑडिएंसिज़,* ब्लैकवेल, ऑक्सफ़र्ड.

— अभय कुमार दुबे

मार्सिलियस, पाडुआ के

(Marsilius, of Padua)

युरोप में चर्च के ऊपर राज्य की सत्ता क़ायम करने में इतालवी विद्वान मार्सिग्लियो द माइनार्दिनी (1275-1343) द्वारा प्रतिपादित राजनीतिक सिद्धांतों की निर्णायक भूमिका रही है। पाडुआ, इटली में पैदा होने के कारण मार्सिग्लियो को विचारों की दुनिया में पाडुआ के मार्सिलियस के नाम से भी जाना जाता है। राजनीतिक दर्शन के इतिहास में मील का पत्थर समझी जाने वाली उनकी महान रचना *डिफ़ेंसर पेशिस* (डिफ़ेंडर ऑफ़ पीस) की दार्शनिक बुनियाद अरस्तू के विचारों पर पड़ी है। चर्च के कोप से बचने के लिए यह ग्रंथ 1324 में अनाम प्रकाशित हुआ था। तेरहवीं और चौदहवीं सदी में युरोप की ज़मीन पर राष्ट्र-राज्य का उदय हो रहा था। उसकी प्रतिक्रिया में चर्च के प्रभुत्व की पैरोकारी करने वाले चिंतकों का दावा था कि सेकुलर शासकों को आध्यात्मिक ही नहीं, बल्कि सांसारिक मामलों में भी पोप की मातहती स्वीकार करनी चाहिए। राजाओं को सिंहासन पर बैठाने, उनके काम-काज का आकलन करने और ज़रूरत पड़ी तो उन्हें गद्दी से हटाने का अधिकार पोप के पास ही होना चाहिए। बारहवीं सदी में जॉन ऑफ़ सेलिसबरी के ग्रंथ *पॉलिक्रेटिकस* का यही केंद्रीय विमर्श था। मार्सिलियस ने इस आग्रह का प्रबल प्रतिकार करते हुए साबित किया कि पोप और पुरोहित वर्ग को न केवल सांसारिक बल्कि 'आध्यात्मिक' मामलों में भी समस्त जनता और उसके द्वारा दिये गये प्राधिकार के दम पर हुकूमत करने वाले राजा की मातहती स्वीकार करनी चाहिए।

मार्सिलियस का जन्म पाडुआ, इटली में हुआ था। उन्होंने पाडुआ व पेरिस में चिकित्साशास्त्र का अध्ययन किया। वे पेरिस विश्वविद्यालय में रेक्टर भी रहे। अनाम प्रकाशित होने के दो साल बाद जैसे ही उनकी रचना *डिफ़ेंसर पेशिस* के लेखक का परिचय उजागर हुआ, पोप जॉन बाईसवें ने उन्हें विधर्मी घोषित कर दिया। नतीजतन अपने मार्सिलियस को अपने दोस्त जॉन ऑफ़ जैंडुन के साथ न्यूरेम्बर्ग में बावेरिया के लुडविग के दरबार की शरण लेनी पड़ी। लुडविग और पोप जॉन के बीच राजनीतिक विवाद चल रहा था। बाद में मार्सिलियस ने लुडविग द्वारा इटली पर की गयी चढ़ाई में उसका साथ भी दिया।

मार्सिलियस पुरोहितों को कर्मकाण्ड करने और दैवी क़ानून की शिक्षा देने से ज़्यादा अधिकार देने के लिए तैयार नहीं थे। उनका कहना था कि इन दायरों में भी पुरोहितों को जनता और उसके द्वारा निर्वाचित सरकार का नियंत्रण मानना

मार्सिग्लियो द माइनार्दिनी (1275-1343)

होगा। मार्सिलियस के विचारों का नतीजा यह निकला कि मानवीय समाज को पुरोहितों के नेतृत्व में धार्मिक मूल्यों के आधार पर नियोजित करने की कोशिश पूरी तरह धराशायी हो गयी। निर्वाचित सरकार के नेतृत्व में सेकुलर हुकूमत का रास्ता खुल गया। अपनी इसी थीसिस के कारण मार्सिलियस को आधुनिक विश्व का पुरोगामी माना जाता है। उनके सिद्धांतों ने चर्च के भीतर पोप की सत्ता के मुक़ाबले प्रतिनिधित्वमूलक परिषद् के निर्णय को प्राथमिकता देने वाले कोंसिलियर आंदोलन और ईसाई धर्म-सुधारों की प्रक्रिया को भी गहराई से प्रभावित किया।

मार्सिलियस संत थॉमस एक्विना के तुरंत बाद की पीढ़ी के विद्वान थे। एक्विना की ही तरह उन्हें अरस्तू के दर्शन पर महारत थी। लेकिन एक्विना के विमर्श में चर्च और राज्य के संबंधों पर कोई विस्तृत और स्पष्ट थीसिस नहीं मिलती। उनके मुक़ाबले मार्सिलियस ने अरस्तू के सिद्धांतों का अधिक रैडिकल इस्तेमाल किया। उन्होंने तर्क दिया कि राज्य अपने-आप में एक सम्पूर्ण समुदाय है। अरस्तू ने भी *पोलिस* को इसी तरह परिभाषित करते हुए कहा था कि इस समुदाय में व्यक्ति मनुष्य के लिए उपयुक्त जीवन की प्राप्ति कर सकता है। मार्सिलियस ने छह तरह के पेशे गिनाये जिन्हें अपनाते हुए मनुष्य समान हित के लिए एक-दूसरे से समरस हो कर जीवन जी सकता है : किसान, दस्तकार, व्यापारी, सैनिक, पुरोहित और मुंसिफ़। राज्य के विभिन्न अंगों के साथ अन्योन्यक्रिया करते हुए व्यक्ति इन व्यवसायों के ज़रिये बुद्धिसंगत उत्तम जीवन का प्रयोजन हासिल कर सकता है।

ज़ाहिर है कि मार्सिलियस द्वारा प्रतिपादित राज्य का यह पहला सिद्धांत अपनी प्रकृति में सकारात्मक, प्रयोजनमूलक और उपयोगितावादी है। लेकिन, राज्य संबंधी उनका दूसरा सिद्धांत नकारात्मक और न्यूनतम उपयोगिता के नज़रिये से दिया गया है। पहले सिद्धांत में जहाँ उनका ज़ोर सहयोग और समरसता पर है, वहीं दूसरे सिद्धांत में वे मनुष्यों के बीच होने या हो सकने वाले टकराव के अंदेशों पर ग़ौर करते हैं। यहाँ राज्य इन टकरावों को क़ानून के आधार पर नियंत्रित और विनियमित करने वाली दमनकारी संस्था के रूप में सामने आता है। मार्सिलियस बार-बार आग्रहपूर्वक कहते हैं कि ऐसे क़ानूनों की ग़ैरमौजूदगी में मानव-समाज ख़ुद को नष्ट कर लेगा। इसी चर्चा को आगे बढ़ाते हुए वे क़ानून की प्रत्यक्षवादी अवधारणा प्रतिपादित करते हैं। दिलचस्प बात यह है कि मार्सिलियस की न्याय-संबंधी अवधारणा प्रत्यक्षवादी नहीं है। अधिकतर मध्ययुगीन राजनीतिक दार्शनिकों के विपरीत मार्सिलियस की मान्यता है कि न्याय को क़ानून की अनिवार्य शर्त नहीं बनाना चाहिए। बजाय इसके क़ानूनी नियमों से दमनकारी ताक़त निकलने की गारंटी होनी ज़रूरी है। मार्सिलियस को यक़ीन था कि अगर समाज को टिकाये रखना है तो राज्य के पास ऐसे क़ानून लागू करने की एकात्मक शक्ति और संस्था का होना अनिवार्य है।

मार्सिलियस का तीसरा राज्य-सिद्धांत दावा करता है कि राजनीतिक प्राधिकार की वैधता का एकमात्र स्रोत जनता में निहित होना चाहिए। या तो सारे नागरिक या उनका महत्त्वपूर्ण और बहुसंख्यक अंश मिल कर क़ानून बनायें, या फिर उनके निर्वाचित प्रतिनिधि विधिकर्त्ता की भूमिका निभायें। लोगों को सरकार चुनने, उसके ग़लत कामों को संशोधित करने और सरकार को अपदस्थ करने तक का अधिकार होना चाहिए। इस तीसरे राज्य-सिद्धांत के ज़रिये मार्सिलियस ने राज्य का गणतांत्रिक रूप की पैरोकारी की है।

मध्ययुगीन राजनीतिक दर्शन के कई दूसरे प्रतिपादकों ने भी राज्य के इन तीन सिद्धांतों का आसरा लिया है, पर मार्सिलियस का अनूठापन दूसरे और तीसरे सिद्धांत को अपने दावे में केंद्रीय हैसियत देने में निहित है। मनुष्य द्वारा उत्तम जीवन उपब्लध करने की इस समग्र योजना में ईसाई पुरोहितों की भी भूमिका है, पर वे उस प्रक्रिया का नेतृत्व न करके मातहत के किरदार में हैं। मार्सिलियस धार्मिक निष्ठा को संस्थागत रूप से आरोपित मानने के लिए तैयार नहीं हैं और उनकी सिफ़ारिश है कि धर्म स्वेच्छा का मामला होना चाहिए। चर्च के संस्थागत स्वरूप के बारे में उनकी स्पष्ट मान्यता थी कि उसका श्रेणीबद्ध संगठन केवल सुविधा का मसला है, न कि किसी दैवी आदेश का परिणाम। दिलचस्प बात यह है अन्य अरस्तूवादियों की तरह मार्सिलियस वर्तमानगत जीवन के बुद्धिसंगत होने के बारे में विश्वस्त और भविष्यगत जीवन

के तर्कसंगत होने के बारे में संदिग्ध हैं। लेकिन आख़िर में वे इस ईसाई मत का समर्थन कर देते हैं कि भविष्यगत जीवन वर्तमानगत से श्रेष्ठ होता है। लेकिन दूसरी तरफ़ वे यह भी मानते हैं कि सेकुलर मूल्य और धार्मिक मूल्यों में किसी तरह का मेल-मिलाप नहीं हो सकता, क्योंकि वे बुनियादी रूप से एक-दूसरे के ख़िलाफ़ होते हैं।

देखें : आशिस नंदी-1 और 2, भारतीय राज्य, राष्ट्र-राज्य, राज्य-1 और 2, राज्य की मार्क्सवादी अवधारणा, सेकुलरवाद, सेकुलरीकरण, सेकुलर राष्ट्र के धार्मिक आयाम, सेकुलरवाद बनाम बहुसंख्यकवाद, सेकुलरवाद बनाम धार्मिक राज्य, सेकुलरवाद : भारतीय मॉडल-1 और 2, सेकुलरवाद-महाविवाद-1 से 7 तक।

संदर्भ

1. ए. गेविर्थ (1951), *मार्सिलियस ऑफ़ पाडुआ ऐंड मिडीवल पॉलिटिकल फ़िलॉसफ़ी,* कोलम्बिया युनिवर्सिटी प्रेस, न्यूयॉर्क.
2. मार्सिलियस ऑफ़ पाडुआ (1956), *द डिफेंडर ऑफ़ पीस,* अनु. ए. गेविर्थ, कोलम्बिया युनिवर्सिटी प्रेस, कोलम्बिया.

— अभय कुमार दुबे

मिख़ायल मिख़ायलोविच बाख़्तिन

(Mikhail Mikhailovich Bakhtin)

साहित्यालोचक, दार्शनिक और रूसी रूपवाद के प्रमुख सूत्रकार मिख़ायल मिख़ायलोविच बाख़्तिन (1895-1975) ने उपन्यास की विधा, युरोप की ग्रामीण मेला परम्परा और अभिव्यक्ति संबंधी रूपों पर विशेष तौर पर लेखन किया। बाख़्तिन के विचारक रूप को स्वीकृति जीवन के अंत में ही मिल सकी जब साठ के दशक के उपरांत उनके लेखन को रूसी विद्वानों और शोधकर्मियों ने विशेष रूप से रेखांकित करना आरम्भ किया। 1975 में प्रकाशित अपने चार निबंधों के संकलन द *डायलॉजिक इमेजिनेशंस* में उन्होंने तर्क प्रस्तुत किया कि औपन्यासिक भाषा और उपन्यास विधा में गहरा अंत:क्रियात्मक संबंध होता है। इस संकलन में उनके चार महत्त्वपूर्ण निबंध 'एपिक ऐंड नॉवेल', 'फ्रॉम द प्रीहिस्ट्री ऑफ़ नॉवलिस्टिक डिस्कोर्स', 'फ़ार्म्स ऑफ़ टाइम ऐंड ऑफ़ द क्रोनोटोप इन द नॉवेल' और 'डिस्कोर्सेज़ इन द नॉवेल' संकलित हैं। उन्होंने उपन्यास-विधा पर विचार करते हुए सिद्ध किया कि संवादशीलता की प्रचुरता से सम्पन्न यह विधा दृष्टिकोण संबंधी और विभिन्न वर्गों की आकांक्षाओं की बहुलता के लिहाज़ से भी विशिष्ट है। उनका विचार था कि महाकाव्य की तुलना में उपन्यास युरोप की औद्योगिक क्रांति के बाद के दौर के लिए अधिक उपयुक्त विधा है। बाख़्तिन का कहना था कि उपन्यास विविधता और बहुलता को अधिक आत्मसात् कर सकता है, जबकि महाकाव्य ख़ास तरह की एकरूपता और ख़ास दृष्टिकोण को आरोपित करने की चेष्टा करते हैं।

बाख़्तिन का जन्म मास्को के निकट ओरेल नामक कस्बे में हुआ था। सेंट पीटर्सबर्ग युनिवर्सिटी से शिक्षा प्राप्त करने के पश्चात उन्होंने कई जगह शिक्षण कार्य किया। उन्होंने डॉक्टरेट हासिल करने का प्रयास किया लेकिन उनकी थीसिस ख़ारिज कर दी गयी। बाख़्तिन द्वारा प्रतिपादित बहुलता, व्यक्ति की निस्सीमता और सम्भावनाशीलता की अवधारणा तत्कालीन सोवियत व्यवस्था के विरुद्ध थी। बाख़्तिन की अवधारणाएँ प्राय: सर्वहारा के सामूहिक संघर्ष के स्थान पर व्यक्ति-स्वातंत्र्य के अधिक निकट बैठती थीं। इन्हीं कारणों से तत्कालीन राजनीतिक मार्क्सवाद से उनका टकराव हुआ और उन्हें यंत्रणा भी भुगतनी पड़ी। उन्हें कज़ाकिस्तान में निर्वासित कर दिया गया। कुल मिला कर उनका जीवन कठिन और चुनौतीपूर्ण रहा, लेकिन परेशानियों के बीच भी उनकी बौद्धिक प्रतिभा निरंतर सक्रिय रही।

बाख़्तिन की मान्यता थी कि उपन्यास निरंतर परिवर्तनशील स्थितियों के बीच जीवित रहता है और उसकी गतिशीलता उसे अन्य विधाओं से, जो अपेक्षाकृत अपने रूप-विन्यास से अधिक बँधी होती हैं, अलग करती है। उपन्यास के रूप-विन्यास तथा अंतर्वस्तु की यही गतिशीलता, उसे प्रहसन, नाच-तमाशे आदि खुली शैलियों को आत्मसात् करने के लिए भी प्रेरित करती हैं। बाख़्तिन की यही रचना डायलॉजिज़्म (संवादपरकता), हेट्रोग्लासिया और क्रोनोटॉप (देश-काल) की अवधारणाएँ प्रस्तुत करती है। कुल मिला कर इन अवधारणाओं की मूल स्थापना यही थी कि भाषा का स्वरूप पूरी तरह से संवादधर्मी होता है। संवाद में किसी के ग़लत अथवा सही होने का प्रश्न नहीं होता बल्कि उसका उद्देश्य तो भिन्न तरीक़े से अनुभव-सत्य व भिन्न सामाजिक मूल्य को व्यक्त करना होता है। बाख़्तिन के मुताबिक़ जीवन का मतलब ही संवाद है और संवाद में साझेदारी से ही जीवन का अस्तित्व है। यानी प्रश्न करना, सहमत या असहमत होना, प्रतिक्रिया व्यक्त करना आदि जीवन के मूलभूत निर्धारक तत्त्व हैं।

बाख़्तिन की एक अन्य महत्त्वपूर्ण पुस्तक *टुवर्ड्स ए फ़िलॉसफ़ी ऑफ़ द एक्ट* है। बाख़्तिन ने फ्रांस के पुनर्जागरणकालीन लेखक फ्रांस्वाँ रेबेलेयस का अध्ययन करते

मिख़ायल मिख़ायलोविच बाख़्तिन (1895–1975)

हुए युरोपीय आनंदोत्सव परम्परा (कार्निवाल परम्परा) का दिलचस्प विश्लेषण प्रस्तुत किया है। इस अध्ययन व विश्लेषण ने उन्हें अकादमिक जगत में काफ़ी प्रसिद्धि भी दिलायी, हालाँकि जब उन्होंने इसे डॉक्टरेट की उपाधि के लिए प्रस्तुत किया तो इसे ख़ारिज कर दिया गया। उनकी मृत्यु के बाद *रेबेलेयस ऐंड हिज़ वर्ल्ड* के नाम से इसे प्रकाशित किया गया। इसमें उन्होंने लोक-जीवन में मौजूद उत्सव-मेला परम्परा तथा अतिशय गम्भीर दिखने वाली बोझिल सरकारी संस्कृति को परस्पर विपरीत क़रार दिया। बाख़्तिन के मुताबिक़ लोक-जीवन की परम्परा में धर्म व सामाजिक वर्चस्व से आक्रांत जीवन की तुलना में ज़्यादा हास्य और खुलापन होता है। उत्सव व हाट की यह संस्कृति सामाजिक क़ानूनों-प्रतिबंधों को नकारती है और सत्ता-सरकार के घुटन भरे जीवन से परे एक भिन्न जीवन-शैली का विकल्प रखती है। मेले जब तक चलते हैं, स्वयं में स्वायत्त संसार होते हैं। वे ऐसे सामाजिक दायरे और समय-खण्ड का निर्माण करते हैं जिसमें यूटोपियन स्वतंत्रता, सामुदायिकता तथा समानता एक साथ सम्भव है।

लोक-जीवन तथा ग्रामीण परम्पराओं में उत्सवों के महत्त्व को रेखांकित करते हुए बाख़्तिन ने दिखाया कि वे एक वैकल्पिक तथा अस्थाई सांस्कृतिक गतिविधियों को सम्भव बनाते हैं। वर्चस्वशाली संस्कृति से उनका संबंध दुविधापूर्ण और अस्थिर होता है। लेकिन विरोध का तत्त्व सीमित होने के कारण ये गतिविधियाँ वर्चस्वशाली सत्ता-संस्कृति के लिए ख़तरा पैदा नहीं करतीं। मेलों तथा सरकारी-संस्कृति के परस्पर विरोध के परिप्रेक्ष्य में सत्ता व विरोध के ध्रुवीकरण की चर्चा के स्थान पर बाख़्तिन इस बात पर अधिक बल देते हैं कि आनंदोत्सव की संस्कृति प्रभुत्वशाली संस्कृति का नरम तथा संयमित प्रतिकार ही पैदा करती है, हालाँकि उसमें इतनी शक्ति अवश्य होती है कि वह विमर्श-विचार के प्रचलित रूपों को सार्थक ढंग से चुनौती दे सके। सरकार द्वारा पोषित संस्कृति को मेले प्रत्यक्ष चुनौती नहीं देते, लेकिन भाषा व विचार के प्रचलित पारम्परिक रूपों का विकल्प पेश कर देते हैं। व्यक्ति को सरकार व सत्ता के दबावपूर्ण तथा निगरानी से भरे माहौल से कुछ समय के लिए छुटकारा मिल जाता है।

बाख़्तिन ने महान रूसी रचनाकार दोस्तोएव्स्की के लेखन पर भी विस्तार से लिखा। उनकी रचना *प्राबल्म्स ऑफ़ दोस्तोएव्स्कीज़* आर्ट उनकी सर्वश्रेष्ठ कृतियों में गिनी जाती है। इसी पुस्तक में उन्होंने व्यक्ति की अनिश्चितता, सम्भावनाशीलता और अंत:करण की गोपनीयता जैसे दावों को सैद्धांतिक स्वरूप प्रदान किया। इन सिद्धांतों के पीछे ईसाइयत और नव-कांटवादी प्रभावों का योगदान था। बाख़्तिन ने व्यक्ति की छिपी हुई आत्मा तथा सामाजिक जगत में उसकी असीमित सम्भावना पर बल दिया। बाहरी समाज के प्रभावों के प्रति व्यक्ति का निरंतर संवेदनशील रहना और उन्हें स्वयं के व्यक्तित्व पर ग्रहण करने को भी बाख़्तिन ने विशेष तौर पर रेखांकित किया। दोस्तोएव्स्की के उपन्यासों का उदाहरण देते हुए उन्होंने दिखाया कि हर व्यक्ति कितने भिन्न तरीक़े से अपने व्यक्तित्व तथा जीवन की चिंताओं को व्यक्त कर रहा है। इसी को उन्होंने उपन्यास में निहित सत्य के बहुलतावादी स्वरूप से जोड़ कर देखा।

बाख़्तिन के 1986 में प्रकाशित निबंध संकलन *स्पीच ज़ॉनर्स ऐंड अदर लेट एसेज़* में संचार के विभिन्न क्षेत्रों के बीच होने वाली अंत:क्रियाओं तथा उसकी सीमाओं का अध्ययन करके यह पता लगाने का प्रयास किया गया है कि मौखिक या लिखित संचार पर व्यवस्थागत अंकुश तथा नियंत्रण लगाने का काम किस प्रकार किया जाता है। इस निबंध में उन्होंने विभिन्न भाषा-रूपों की अंत:क्रिया के विचार को सम्बोधित किया है। उन्होंने किसी ख़ास संस्कृति द्वारा अभिव्यक्ति को सूक्ष्म ढंग से नियंत्रित करने का मुद्दा उठाया है। इसमें सबसे पहले आती है अर्थ-साम्यता तथा अर्थ विषमता की समस्या जो सम्प्रेषण व संचार के जटिल रूपों से जुड़ी होती है और इसका संबंध वक्ता द्वारा अपने विषय को सहेजने तथा उसका रूपाकार सीमित करने की मजबूरी से होता है। अभिव्यक्ति की समग्र योजना इसके बाद अभिव्यक्ति की विधा से जुड़ी समस्या को जन्म देती है जहाँ अभिव्यक्ति का क्षेत्र ही अभिव्यक्ति को नियंत्रित करने लगता है। इस तरह अभिव्यक्ति व्यक्तिगत रचनात्मकता के बावजूद भाषा-रूपों के पूरी तरह स्वतंत्र संयोग को सम्भव नहीं बना

पाती है। बाख़्तिन के मुताबिक़ इस तरह विधा अभिव्यक्ति की स्वतंत्रता को बाधित कर देती है। सम्प्रेषण के लिए भाषा के चुनाव तथा उसकी इच्छानुसार इस्तेमाल की आज़ादी भी कम हो जाती है। विचार मुख्य रूप से किसी के द्वारा सुने जाने, प्रयोग किये जाने और प्रत्युत्तर पर निर्भर होते हैं। पर वक्ता संचार के विविध रूपों का पूरी तरह से प्रयोग नहीं कर पाता और न ही निर्बाध आत्माभिव्यक्ति सम्भव हो पाती है। बाख़्तिन के मुताबिक़ यह कहना विवादग्रस्त स्थापना ही है कि भाषा अंतरानुशासनिक खुलेपन की ओर ले जाती है। बल्कि सच तो यह है कि प्रत्येक अभिव्यक्ति अपनी शैली व विधा से प्रभावित होती है और अपने नियंत्रणों के बीच रहने वाली सापेक्षिक स्वायत्तता से जुड़ती है।

बाख़्तिन के विचारों का विभिन्न अनुशासनों तथा विचारधाराओं पर प्रभाव पड़ा। उपन्यास संबंधी धारणा, रूपवाद, संरचनावाद-उत्तर संरचनावाद और भाषा-संबंधी चिंतन की विभिन्न धाराओं ने बाख़्तिन के प्रभाव को ग्रहण किया।

देखें : ज्याँ-पाल सार्त्र, फ्रेंकफ़र्ट स्कूल, बाज़ारू संस्कृति, बहुसंस्कृतिवाद, रोलाँ बार्थ, लुई अलथुसे, संस्कृति, संस्कृति-अध्ययन, संस्कृति : मार्क्सवादी परिप्रेक्ष्य, संस्कृति-उद्योग, सांस्कृतिक पूँजी, सांस्कृतिक साम्राज्यवाद, सोप ओपेरा, सौंदयशास्त्र।

संदर्भ

1. एम.एम. बाख़्तिन (1981), *द डायलॉजिक इमेजिनेशंस : फ़ोर एसेज़,* टेक्सास युनिवर्सिटी प्रेस, टेक्सास.
2. कैटरीना क्लार्क और मिशेल होलक्विस्ट (1984), *मिख़ाइल बाख़्तिन,* हार्वर्ड युनिवर्सिटी प्रेस, न्यूयॉर्क.
3. ब्रैंडिस्ट क्रेग (2002), *द बाख़्तिन सर्किल, फ़िलॉसफ़ी कल्चर एंड पॉलिटिक्स,* प्लूटो प्रेस, लंदन.

— वैभव सिंह

मिज़ोरम

(Mizoram)

मिज़ोरम मिज़ो भाषा का शब्द है, जिसका अर्थ है पहाड़ी लोगों का देश (मि-लोग, जो-पहाड़ और रम-देश)। यह उत्तर-पूर्वी भारत के सात राज्यों में से एक है। भारत के तेईसवें राज्य के रूप में मिज़ोरम का गठन 20 फरवरी, 1987 को हुआ। पूर्ण राज्य का दर्जा मिलने के बाद मिज़ोरम की राजनीति में अहम बदलाव हुए। पृथकतावादी माँगों के लिए हथियारबंद विद्रोह की राजनीति से संसदीय राजनीति में संक्रमण के कारण शांति-व्यवस्था क़ायम हुई और विकास हुआ। यहाँ चुनाव भी तुलनात्मक रूप से स्वतंत्र और निष्पक्ष रहे हैं। मिज़ो नैशनल फ्रंट (एमएनएफ़) के नेता लालडेंगा और केंद्र सरकार के बीच हुए समझौते के प्रावधानों के अनुरूप एमएनएफ और कांग्रेस की गठबंधन सरकार बनी। लालडेंगा मुख्यमंत्री बने। फ़रवरी, 1987 में हुए चुनाव में एमएनएफ़ को पूर्ण बहुमत मिला और लालडेंगा फिर से मुख्यमंत्री बने। लेकिन बड़े पैमाने पर दल-बदल होने के कारण उन्नीस महीनों के बाद उनकी सरकार का पतन हो गया। इसके बाद राज्य में राष्ट्रपति शासन लागू कर दिया गया और जनवरी, 1989 में फिर से चुनाव हुए। ललथनहवला के नेतृत्व में कांग्रेस को जीत मिली और राज्य में अगले दस साल तक कांग्रेस की ही सरकार रही। 1998 के चुनावों में एमएनएफ़ को फिर जीत मिली। इस समय तक लालडेंगा का देहांत हो चुका था, इसलिए ज़ोरामथंगा राज्य के नये मुख्यमंत्री बने। इसके बाद अगले चुनावों में एमएनएफ़ को ही जीत मिली और ज़ोरामथंगा ही राज्य के मुख्यमंत्री रहे। लेकिन 2008 में हुए चुनावों कांग्रेस की सत्ता में वापसी हुई और ललथनहवला राज्य के मुख्यमंत्री बने। मिज़ोरम में लोकसभा चुनावों में भी मुख्य तौर पर कांग्रेस पार्टी और एमएनएफ़ के बीच ही चुनावी संघर्ष होता है।

मिज़ोरम के उत्तर में इसकी सीमाएँ असम और मणिपुर से लगती हैं, दक्षिण और पूर्व में म्यांमार है तथा इसके पश्चिम में त्रिपुरा और बांग्लादेश स्थित है। इसकी राजधानी आईज़ॉल है। यहाँ मुख्य रूप से मिज़ो जनजाति के लोग रहते हैं जो उत्तर-पश्चिमी म्यांमार और बांग्लादेश के कुछ हिस्सों में भी मौजूद है। इसके पहाड़ों, नदियों और प्राकृतिक सुंदरता के कारण इसे पूर्व के स्कॉटलैण्ड की उपमा भी दी जाती है। यहाँ का क्षेत्रफल 21,081 वर्ग किमी है और इस हिसाब से यह भारत का चौबीसवाँ सबसे बड़ा राज्य है। 2011 की जनगणना के अनुसार यहाँ की कुल जनसंख्या 1,091,04 है और इस लिहाज़ से भारत में इसका स्थान सत्ताइसवाँ है। यहाँ

मिज़ोरम : पृथकतावादी संघर्ष से मुख्यधारा में

की जनसंख्या का घनत्व 51.8 व्यक्ति प्रति वर्ग किमी है। मिज़ोरम की साक्षरता दर 89.9 प्रतिशत है और यह भारत का दूसरा सबसे ज़्यादा साक्षर राज्य है। मिज़ो और अंग्रेज़ी यहाँ की राजकीय भाषाएँ हैं। यहाँ की विधायिका एकसदनीय है, जिसमें कुल 40 सदस्य होते हैं। यहाँ लोकसभा का एक और राज्य सभा का एक सदस्य चुना जाता है। गुवाहाटी उच्च न्यायालय ही मिज़ोरम के उच्च न्यायालय की भूमिका निभाता है।

इस बात के स्पष्ट ऐतिहासिक प्रमाण नहीं हैं कि मिज़ो लोग कब इस क्षेत्र में बसे। लेकिन इस पर कोई विवाद नहीं है कि मिज़ो लोग इण्डो-मंगोल नस्ल के तिब्बती-बर्मन शाखा के कुकी-चिन समूह से संबंधित हैं। इस समूह के भीतर लुसेई, पेट, लखर्स, राल्टे, थाडो और स्नेडुस जैसी जनजातियाँ होती हैं। इसमें चकमा नाम का एक छोटा समूह भी होता है जो लोग इण्डो-आर्यन मूल के हैं और चटगाँव की पहाड़ियों से यहाँ आये हैं। माना जाता है कि पंद्रहवीं सदी में मिज़ो लोग बर्मा से इस इलाक़े में आये थे।

ब्रिटिश उपनिवेशवादियों द्वारा 1889-90 में की गयी लुशाई खोजयात्रा ने मिज़ो लोगों के इतिहास में एक नये दौर का आगाज़ किया। इसके बाद से यह पूरा क्षेत्र सीधे ब्रिटिश नियंत्रण में आ गया। प्रशासनिक उद्देश्य से लुशाई पहाड़ों को दो भागों में बाँटा गया—नार्थ लुशाई हिल्स और साउथ लुशाई हिल्स। नार्थ लुशाई हिल्स को असम सरकार के अंतर्गत रखा गया। इस क्षेत्र के प्रशासनिक प्रमुख को राजनीतिक अधिकारी कहा जाता था, जो असम के चीफ़ कमिश्नर को रिपोर्ट करता था। साउथ लुशाई हिल्स को बंगाल प्रांत के चटगाँव डिवीज़न के अंतर्गत रखा गया। बाद में दोनों भागों को एक ज़िला बनाकर 1 अप्रैल, 1898 को असम राज्य के अंतर्गत कर दिया गया। 1919 के गवर्नमेंट ऑफ़ इण्डिया एक्ट में गवर्नर जनरल ने लुशाई हिल्स और असम के दूसरे पहाड़ी ज़िलों को 'पिछड़ा क्षेत्र' घोषित किया। इस व्यवस्था में राज्य विधायिका को इन क्षेत्रों को क़ानून बनाने के अधिकार मिले, लेकिन इसके साथ ही इन क्षेत्रों के प्रशासन के संबंध में गवर्नर को सर्वोच्च शक्तियाँ दे दी गयीं। 1935 के गवर्नमेंट ऑफ़ इण्डिया एक्ट द्वारा इस क्षेत्र पर कई और भी पाबंदियाँ लगायी गयीं। इसमें असम के दूसरे पहाड़ी ज़िलों के साथ लुशाई हिल्स को भी 'बहिष्कृत क्षेत्र' घोषित किया गया। असम के गवर्नर को इस क्षेत्र में प्रशासन का विशेष प्राधिकार मिला जिस पर राज्य विधायिका का भी कोई नियंत्रण नहीं था। इन सारे प्रावधानों का नतीजा यह हुआ कि मिज़ो लोग शेष भारत की गतिविधियाँ से अलग-थलग रहे। इसके अलावा, असम के बजट में इस क्षेत्र के लिए बहुत कम संसाधन उपलब्ध कराये गये जिससे इस क्षेत्र का विकास बाधित हुआ।

भारत की आज़ादी के समय यहाँ यंग लुशाई एसोसिएशन और मिज़ो यूनियन नामक दो प्रमुख संगठन थे। मिज़ो यूनियन का वामपंथी धड़ा यहाँ पर सामंतवाद को ख़त्म कर इसका विलय भारत के साथ करना चाहता था। लेकिन इसका एक गुट इस इलाक़े को स्वतंत्र बनाने या इसका विलय बर्मा (या म्यांमार) में करने के पक्ष में था। आख़िरकार इसका भारत में विलय हो गया। इसे असम राज्य का एक ज़िला बनाया गया। इसे लुशाई हिल्स डिस्ट्रिक्ट के नाम से जाना जाता था और इसे विशेष दर्जा दिया गया था। भारतीय संविधान में उत्तर-पूर्वी राज्यों के विभिन्न आदिवासी क्षेत्रों के प्रशासन के लिए छठी अनुसूची का प्रावधान किया है। छठी अनुसूची का मुख्य उद्देश्य यह है कि इस क्षेत्र के मूल निवासियों की परम्पराओं, संस्कृति और प्रथागत क़ानूनों की बाहरी अतिक्रमण या हमले से सुरक्षा की जाए। इसी कारण मिज़ोरम (जो उस समय लुशाई हिल्स के रूप में असम का एक ज़िला था) को अपने प्रशासन में कुछ हद तक प्रशासनिक स्वायत्तता हासिल हुई। अनुसूची के प्रावधानों के अनुरूप ही असम विधानसभा ने लुशाई हिल्स डिस्ट्रिक कौंसिल एक्ट, 1952 पारित किया जिसके कारण लुशाई हिल्स स्वायत्तशासी ज़िला परिषद् का गठन हुआ। यद्यपि इस

क्षेत्र को प्रशासनिक स्वायत्तता दी गयी, लेकिन वित्तीय मामलों में यह राज्य सरकार पर ही निर्भर रहा।

1959 में इस क्षेत्र में सूखा पड़ा जिससे यहाँ की अर्थव्यवस्था बर्बाद हो गयी। झूम खेती पर निर्भर लोगों को भुखमरी का सामना करना पड़ा। असम की सरकार की उदासीनता के कारण कुछ स्वैच्छिक संस्थाएँ लोगों की मदद के लिए आगे आयीं। मिज़ो नैशनल फ़ेमिंग फ्रंट इसी तरह का एक संगठन था जिसके प्रयासों की आम जनता में बहुत तारीफ हुई। जब सूखा ख़त्म हो गया तो 22 अक्टूबर, 1961 को यह संगठन एक राजनीतिक दल में बदल गया और इसका नाम मिज़ो नैशनल फ्रंट (एमएनएफ़) रखा गया। इसने स्थानीय और विधानसभा चुनावों में भागीदारी तो की लेकिन इसे ख़ास सफलता नहीं मिली। इसके बाद फ्रंट ने मिज़ो-राष्ट्रवाद की राजनीति शुरू करते हुए एक स्वतंत्र मिज़ो देश की माँग की। अपनी माँग के समर्थन में इसने हिंसक गतिविधियाँ की और एक भूमिगत संगठन के रूप में काम करने लगा।

दरअसल भारत की स्वतंत्रता के समय भी मिज़ो अभिजनों के एक रैडिकल तबक़े ने एक सम्प्रभुता-सम्पन्न स्वतंत्र मिज़ोरम की पृथकतावादी माँग रखी थी, लेकिन उस समय इसे बहुत ज़्यादा समर्थन नहीं मिला था। 1960 के दशक में एमएनएफ़ ने इस मुद्दे को फिर से उठाया और भारतीय संघ से मिज़ोरम की स्वतंत्रता की घोषणा कर दी। फ्रंट ने इस बात पर ज़ोर दिया कि भारतीय संघ के भीतर रहना मिज़ो लोगों के राजनीतिक, आर्थिक, सामाजिक और धार्मिक हितों के ख़िलाफ़ है। उसने दावा किया कि एक स्वतंत्र मिज़ो राष्ट्र का निर्माण करके सभी समस्याओं को सुलझाया जा सकता है। ज़ाहिर है कि 1966 से हिंसक विद्रोही गतिविधियों की शुरुआत हुई लेकिन इसकी बुनियाद बहुत पहले पड़ चुकी थी। इन गतिविधियों में दफ़्तरों को जलाना, सरकारी कोष की लूट, सरकारी कर्मचारियों का अपहरण और हत्या जैसी घटनाएँ हुईं। भारतीय राज्य ने इन विद्रोही गतिविधियों का नियंत्रण करने के लिए थल सेना और वायु सेना का प्रयोग किया। दूसरी तरफ, एमएनएफ़ की हिंसक गतिविधियों के बावजूद इस क्षेत्र में चुनावी गतिविधियाँ ज़लती रहीं।

केंद्र सरकार एक ओर विद्रोहियों का सख़्ती से दमन करती रही और दूसरी ओर उसने राजनीतिक छूटों और विकास-कार्यों के द्वारा लोगों को तुष्ट करने की भी कोशिश की। बीस साल तक स्वायत्तशाली ज़िला रहने के बाद 1972 में मिज़ोरम को एक केंद्र-शासित प्रदेश घोषित किया गया। इसके साथ ही बहुत सारी विकास गतिविधियाँ भी शुरू की गयीं। इस तरह के क़दमों के कारण बहुत से विद्रोहियों ने आत्म-समर्पण कर दिया और आम ज़िंदगी गुजारने की इच्छा ज़ाहिर की। लेकिन एमएनएफ़ के कट्टरपंथियों ने अपनी माँगे मनवाने के लिए आतंकी गतिविधियाँ और तेज़ कर दीं।

इसी बीच चर्च की पहल पर और मिज़ो समाज के विभिन्न तबक़ों के समर्थन से सरकार ने एमएनएफ़ के नेता लालडेंगा से अनौपचारिक समझौता-वार्ता की शुरुआत की। कई चरणों की बातचीत के बाद भारत सरकार के गृह-सचिव, मिज़ोरम सरकार के मुख्य सचिव और एमएनएफ़ नेता लालडेंगा के बीच समझौता हुआ। इसे मिज़ोरम समझौते के रूप में जाना जाता है। इससे एक लम्बे विद्रोही आंदोलन का अंत हुआ और एमएनएफ़ लोकतांत्रिक राजनीति में लौट आया। समझौते के अनुसार ही सरकार ने संसद में मिज़ोरम को भारत का तेईसवाँ राज्य बनाने का प्रस्ताव पारित कराया।

देखें : अरुणाचल प्रदेश, असम, आंध्र प्रदेश, उत्तर प्रदेश, उत्तराखण्ड, ओडिशा, कर्नाटक, केरल, गोवा, गुजरात, छत्तीसगढ़, जम्मू और कश्मीर, झाडखण्ड, तमिलनाडु, त्रिपुरा, दिल्ली, नगालैण्ड, बिहार, पंजाब, पश्चिम बंग, मणिपुर, महाराष्ट्र, मध्य प्रदेश, मेघालय, राजस्थान, हरियाणा।

संदर्भ

1. एस.एन. सिंह (1994), *मिज़ोरम : हिस्टोरिकल, जियोग्रॉफ़िकल, सोशल, इकॉनॉमिक, पॉलिटिकल ऐंड एडमिनिस्ट्रेटिव,* मित्तल पब्लिकेशंस, नयी दिल्ली.
2. आर. के. सत्पथी (2009), 'मिज़ोरम, रिन्यूड मैंडेट फॉर द स्टेट गवर्नमेंट', संदीप शास्त्री, के.सी. सूरी और योगेंद्र यादव (सम्पा.), *इलेक्टोरल पॉलिटिक्स इन इण्डियन स्टेट्स : लोकसभा इलेक्शंस 2004 ऐंड बियांड,* ऑक्सफ़र्ड युनिवर्सिटी प्रेस.
3. एस. गुरुदेव (1996), *एनॉटॅमी ऑफ़ रिवोल्ट्स इन नॉर्थ-ईस्ट ऑफ़ इण्डिया,* लेंसर्स बुक, नयी दिल्ली.

— कमल नयन चौबे

मिथक

(Myth)

अंग्रेज़ी शब्द मिथ से हिंदी में मिथक शब्द बनाया गया है। इसका श्रेय हजारी प्रसाद द्विवेदी को है। उन्होंने मिथ में क प्रत्यय जोड़कर इसे हिंदी की प्रकृति के अनुकूल बना लिया। समाज-विज्ञान के लिहाज़ से मिथक का मतलब है एक ऐसी कहानी जिसकी समांतर संरचना अतीत को वर्तमान से जोड़ते हुए भविष्य की तरफ़ भी इशारा करती हो। क्लॉद लेवी-स्ट्रॉस ने पश्चिमी संस्कृति के उस रवैये की आलोचना की है जिसके तहत मिथकों के महत्त्व को कमतर मानने की बौद्धिक प्रवृत्ति पैदा हुई है। लेवी-स्ट्रॉस मिथक की पुन: जाँच करते हुए उसे एक सांस्कृतिक आख्यान के रूप में स्थापित करते हैं। लेवी-

स्त्रॉस का विचार था कि मिथकों के माध्यम से ग़ैर-औद्योगिक संस्कृतियों की प्रच्छन्न संरचनाओं की शिनाख़्त की जा सकती है। उन्हें विश्वास था कि आगे चल कर विज्ञान के दायरे में भी मिथकों को मान्यता मिलनी शुरू हो जाएगी। हिंदी में मिथ के लिए दंतकथा, कल्पकथा, पुरावृत्त, पुराकथा, पुराख्यान, धर्मगाथा आदि शब्दों का भी प्रयोग होता है। अंग्रेज़ी में यह शब्द यूनानी भाषा के शब्द माइथॉस से आया है जहाँ इसका अर्थ है अतर्क कथन, मुख से उच्चरित वाणी या मौखिक कथा।

अरस्तू ने इसका प्रयोग कथा के अर्थ में किया है। लेकिन मिथ और मिथक में अर्थगत भिन्नता को नज़रअंदाज़ नहीं किया जा सकता। मिथ का आशय अविश्वसनीय एवं काल्पनिक कथाओं से लिया जाता है, जबकि मिथक ऐसी कथाएँ हैं जिनमें अलौकिकता का पुट होते हुए भी लोकानुभूति जुड़ी होती है। मिथक का संबंध मूलतः आदिम लोक मानस से है। मिथक आदिम मनुष्यों के मानसिक और भौतिक जीवन के कथामय संसार की अभिव्यक्ति करते हैं। मिथ शब्द का प्रयोग देवी-देवताओं अथवा अतिप्राकृत पात्रों और मानव-जीवन के अनुभव से परे किसी (सुदूर) काल की असाधारण घटनाओं एवं परिस्थितियों से सम्बद्ध आख्यानों के लिए होता है। डॉ. नगेंद्र के मतानुसार मिथक का आशय ऐसी परम्परागत कथा से है जिसका संबंध अतिप्राकृत घटनाओं और भावों से है। इस प्रकार मिथक मानवजाति का सामूहिक इतिहास, स्वप्न एवं अनुभव है। उसका आधार आस्था, अनुभूति एवं विश्वास है। मिथक का प्रयोजन परम्परा रूप में प्राप्त मान्यताओं, संस्कारों एवं धार्मिक अनुष्ठानों की व्याख्या करना है। मानव जाति की एकता तथा सभ्यता और संस्कृति की विकास-यात्रा को समझने की दृष्टि से मिथक महत्त्वपूर्ण हैं।

यूनानी भाषा के विद्वान एच.जे. रोज़ ने मिथकों की तीन क़िस्मों का उल्लेख किया है : सृष्टि संबंधी मिथक, प्रलय संबंधी मिथक तथा देवताओं के प्रणयाचार संबंधी मिथक। सभी प्राचीन जातियों के साहित्य में इन तीनों का प्रचुरता से उल्लेख मिलता है। डॉ. नगेंद्र ने विषय के अनुसार मिथकों में दो भेद बताये हैं : पहला प्राकृतिक एवं दूसरा धार्मिक। इसके बाद उन्होंने धार्मिक मिथक को पुनः दो उपभेदों में बाँटा है। पहला उपभेद है उपास्य देवों के स्वरूप से संबंधित मिथकों का एवं दूसरा उपभेद कर्मकाण्ड संबंधी मिथकों का है। सर्जन प्रक्रिया के अनुसार भी उन्होंने मिथक के दो वर्ग किये हैं : पहला मौलिक या प्राथमिक मिथक जो सामूहिक अचेतन की सृष्टि है तथा दूसरा आनुषंगिक या द्वितीयक मिथक जिनकी रचना वैयक्तिक अवचेतन द्वारा होती है।

मिथक के उद्‌भव के संबंध में विद्वानों ने कई सम्भावनाएँ प्रकट की हैं। आज के वैज्ञानिक, तार्किक एवं बौद्धिक मानव से भिन्न होते हुए भी आदिम मानव जिज्ञासु था। उसने अपने चारों ओर घटित प्राकृतिक घटनाओं का निरीक्षण करके उसके कारणों की व्याख्या अपनी कल्पनाशक्ति एवं बौद्धिकता के आधार पर की। उसी से अनेक कथाओं का जन्म हुआ जो कालांतर में मिथक बन गयीं। डॉ. नगेन्द्र के मतानुसार मिथक की रचना उस समय हुई जब मानव और प्रकृति के बीच की विभाजक रेखाएँ स्पष्ट नहीं थीं— दोनों एक सार्वभौम जीवन के सहभागी थे। वे परस्पर सहयोग एवं संघर्ष के सूत्रों से बँधे हुए थे और चेतन मानव का मन अज्ञात रूप से प्रकृति की घटनाओं को अपने जीवन की घटनाओं तथा अनुभवों के माध्यम से समझने का प्रयास करता था। प्रकृति के तत्त्वों और घटनाओं के मानवीकरण की यह अचेतन प्रक्रिया ही मिथक रचना का मूल है।

आदिम मानव में कार्य और कारण के मध्य तार्किक एवं वैज्ञानिक सोच अपेक्षाकृत कम और कल्पनाशीलता अधिक थी। उसने जड़ पदार्थों पर भी चेतन का आरोप किया। वस्तुतः आदिम मानव की भावुकता, जिज्ञासा, कल्पनाशीलता आदि ने ही अनेक जादुई घटनाओं, अनुष्ठानों, कर्मकाण्डों और रीति-रिवाज़ों को जन्म दिया। मिथक की उत्पत्ति के संबंध में डॉ. मालती सिंह ने दो पक्ष प्रत्यक्षीकरण एवं अमूर्तन बताये हैं। जब आदिम मानव बाह्य सत्यों का प्रत्यक्षीकरण करता है तब उसके आधार पर अमूर्तन भी करता है। अमूर्तन की इस मानवीय वृत्ति ने ही विभिन्न मिथकों को जन्म दिया है। भय और आनंद मिथक निर्माण के महत्त्वपूर्ण तत्व रहे हैं। प्रारम्भ में समाज में मिथक की मौखिक परम्परा रही, लेकिन भाषा और लेखन के विकास के साथ ही उन्हें लेखनीबद्ध कर लिया गया।

मिथक की अवधारणा जटिल एवं गतिशील है। प्रारम्भिक स्तर पर मिथक को धर्मशास्त्र से जोड़कर देखा गया। अट्‌ठारहवीं एवं उन्नीसवीं सदी में विज्ञान के प्रचार-प्रसार और बुद्धिवाद के विकास के फलस्वरूप मिथक की अवधारणा में परिवर्तन आया। मानवशास्त्र, मनोविज्ञान, समाजशास्त्र, इतिहास, भाषा-विज्ञान, लोक-साहित्य आदि अनुशासनों में भी मिथक का विवेचन किया गया और विद्वानों ने मिथकों द्वारा मानव समाज पर बहुविध असर डालने की बात स्वीकार की। अब मिथक को आदिम मानव की ऐसी संरचना के रूप में स्वीकार किया गया जो आस्था एवं विश्वास के कारण अस्तित्व में हैं, लेकिन उनकी ऐतिहासिक एवं वैज्ञानिक पुष्टि मुश्किल है। शाब्दिक अर्थानुसार भी मिथक में तर्क का स्थान नहीं है। मिथक ऐसे आख्यान हैं जिनमें प्रकट की गयी घटनाएँ तर्क से परे होती हैं। अधिकांश मिथक ऐसे सवालों से जुड़े हैं जिनके जवाब खोजे जाने हैं।

मिथक की व्याख्या और विश्लेषण के संबंध में विविध अनुशासनों से सम्बद्ध विद्वानों के अलग-अलग मत

हैं। समाजशास्त्रियों ने मिथक की निर्मिति के मूल में सामाजिक व्यवस्था के संरक्षण एवं संचालन की आवश्यकता को कारण रूप में स्वीकार किया तो मनोविश्लेषणवादियों ने मिथक को समूह के मानस की उत्पत्ति के रूप में ग्रहण किया। मानवशास्त्रियों ने मिथक को विशुद्ध मानसिक रूपात्मक क्रिया के रूप में स्वीकार किया। भाषाशास्त्रियों के मत में भाषा की उत्पत्ति सांकेतिक अभिव्यक्ति से हुई और मिथक भाषा के विकास की एक मंज़िल है। साहित्य में मिथक को जटिल विषयों की सरल एवं प्रतीकात्मक अभिव्यक्ति के सशक्त माध्यम के रूप में स्वीकार किया गया। आदिम युग के विश्वासों की अभिव्यक्ति के रूप में मान्य मिथक की कुछ विशेषताएँ इस प्रकार हैं : मिथक सामान्यत: कथात्मक होते हैं, मिथक लोकविश्वास और आस्था से युक्त होते हैं और इनमें तर्क की भूमिका गौण होती है, मिथक की रचना में कल्पना की अधिकता होने पर भी अपने समय का सामाजिक यथार्थ निहित रहता है, मिथक में वर्णित कथाएँ अतिप्राकृत होने पर भी मानव जीवन को प्रभावित करती हैं, मिथक गतिशील होते हैं।

आदिम मानव के मनोवगों के परिणाम होने के बावजूद मिथक किसी विकसित समाज की मानसिकता एवं विश्वासों में भी पैठे होते हैं। गतिशील होने के कारण ये देश-काल के साथ-साथ अपना स्वरूप बदलते रहते हैं। देशकाल की आवश्यकतानुसार पुराने मिथकों को संश्लिष्ट करके नये मिथक भी बनाये जाते हैं। इस तरह मिथकों का विकास एक जटिल एवं निरंतर प्रक्रिया है।

देखें : अर्थव्यवस्था का समाजशास्त्र, अभिजन, अभिरुचि, आत्महत्या, उन्मूलनवाद, एजेंसी, कर्मकाण्ड, कारागार, गोपनीयता, गृहविहीनता, जादू, जीवन-शैली, टेलरवाद, परम्परा, परस्पर विपरीत द्विभाजन, प्रति-(संस्कृति, विमर्श, इतिहास, वर्चस्व, स्मृति), प्राइवेसी, प्रौद्योगिकी, फ़ुरसत, बचपन, बहुपत्नी प्रथा, बहुपति प्रथा, बुद्धिसंगत चयन का सिद्धांत, बुज़ुर्गियत का समाजशास्त्र, बेगानगी, भीड़, भ्रष्टाचार का समाजशास्त्र-1 और 2, मानव-प्रकृति, मानवशास्त्र और मार्क्सवाद, मानवशास्त्र और संस्कृति की राजनीति, समाज-विज्ञान, समाज-कार्य, समाजीकरण, समुदायवाद, सामाजिक आंदोलन, सामाजिक बहिर्वेशन, सामाजिक पूँजी, सामाजिक स्तरीकरण, सामाजिक एकजुटता, सामाजिक चयन का सिद्धांत, सांस्कृतिक मानवशास्त्र, सांस्कृतिक सापेक्षतावाद, सांस्कृतिक पूँजी, सेवानिवृत्ति, वाचिकता, विचलन, ज्ञान का समाजशास्त्र।

संदर्भ

1. क्लॉद लेवी-स्त्रॉस (1995), *मिथ ऐंड मीनिंग : क्रैकिंग द कोड ऑफ़ कल्चर,* शोकेन, न्यूयॉर्क.
2. डॉ. नगेंद्र (1979), *मिथक और साहित्य,* नैशनल पब्लिशिंग हाउस, नयी दिल्ली.
3. रमेश कुंतल मेघ (1976), *मिथक और स्वप्न,* ग्रंथम प्रकाशन, कानपुर.
4. उषा विद्यावाचस्पति (1996), *मिथक : उद्‌भव और विकास तथा हिंदी साहित्य,* नैशलन पब्लिशिंग हाउस, नयी दिल्ली.

— प्रीति सागर

मिल्टन फ्रीडमैन

(Milton Friedman)

मिल्टन फ्रीडमैन (1912-2005) बीसवीं सदी के उत्तरार्ध के दो-तीन सबसे ज़्यादा चर्चित और विख्यात अर्थशास्त्रियों में एक हैं। उन्हें न केवल आर्थिक विज्ञान के महारथियों के बीच सर्वोच्च प्रतिष्ठा प्राप्त है, बल्कि उनकी रचनाएँ सारी दुनिया में सामान्य पाठकों के बीच भी लोकप्रिय हैं। अर्थशास्त्र की दुनिया में फ्रीडमैन को कींसियन आर्थिक सिद्धांतों के ख़िलाफ़ जिहाद चलाने के लिए और मौद्रिकवाद के संस्थापक के रूप में मान्यता प्राप्त है। उन्हें शिकागो स्कूल ऑफ़ इकॉनॉमिक्स का विकास करने वाले विद्वान के रूप में भी जाना जाता है। फ्रीडमैन के रचना संसार के केंद्र में दो विचार हैं : धन और आज़ादी। धन उनके लिए महत्त्वपूर्ण है, क्योंकि मुद्रा की सप्लाई में होने वाले परिवर्तनों से आर्थिक गतिविधियों में तब्दीली आ जाती है, और आज़ादी की अहमियत इसलिए है कि इनसान होने की शर्त उसके बिना पूरी नहीं हो सकती। धन और आज़ादी का रिश्ता फ्रीडमैन की नज़रों में साफ़ है : अगर सरकार कीमतों, विनिमय दरों और आर्थिक जीवन के अन्य क्षेत्रों को नियंत्रित करना बंद कर दे तो अर्थव्यवस्था ठीक से चलती रहेगी और बाज़ार अपने आप ख़ुशहाली की गारंटी कर सकता है। 1976 में फ्रीडमैन को नोबेल पुरस्कार दिया गया। पुरस्कार कमेटी ने उनके योगदान के तीन पहलुओं को रेखांकित किया : उपभोग की भूमिका का अध्ययन, स्थिरीकरण की नीति पर अमल करने में आने वाली दिक़्क़तों और समस्याओं का अध्ययन, और मोनेटरी थियरी (मौद्रिक सिद्धांत) व इतिहास में योगदान।

ब्रुकलिन, न्यूयॉर्क के एक ग़रीब यहूदी परिवार में जन्मे मिल्टन फ्रीडमैन को बचपन से ही गणित के विषय से प्रेम था। गणित के ज़रिये वे अर्थशास्त्र तक पहुँचे और बाद में दोनों विषयों में उच्च शिक्षा प्राप्त की। शिकागो और कोलम्बिया विश्वविद्यालय में अर्थशास्त्र का अध्ययन करने के बाद वे शिकागो में हेनरी शुल्ज के सहायक हो गये। इसके बाद उन्होंने रूज़वेल्ट की न्यू डील वाली सरकार के लिए उपभोग के आँकड़े जुटाने का काम किया। नैशनल ब्यूरो ऑफ़ इकॉनॉमिक रिसर्च में साइमन कुज़्नेत्स के साथ काम करते हुए उन्होंने डॉक्टरी, वकालत और इंजीनियरिंग जैसे

मिल्टन फ्रीडमैन (1912-2005)

पेशों के बाज़ार का अध्ययन किया। यही अध्ययन बाद में उनकी पीएचडी थीसिस बन गया जिसका एक निष्कर्ष काफ़ी विवादास्पद था कि डॉक्टरों की तनख़्वाहें ऊँची बनी रहें इसीलिए डॉक्टरों की सप्लाई कम रखी जाती है। फ्रीडमैन के इस अवलोकन के कारण उनकी थीसिस छपने में देर हुई। जॉर्ज सिटगलर के साथ ही उन्होंने शिकागो स्कूल ऑफ़ इकॉनॉमिक्स का विकास किया। *न्यूज़वीक* पत्रिका में अट्ठारह साल तक स्तम्भ लिखने, अर्थशास्त्र पर एक बेस्ट सेलिंग किताब लिखने और दस कड़ियों वाले एक टीवी सीरियल के कारण उनका नाम विद्वानों की दुनिया से बाहर निकल कर सामान्य पाठकों और दर्शकों के बीच भी लोकप्रिय हो गया।

कींस द्वारा प्रवर्तित स्थिरीकरण की नीतियों के ख़िलाफ़ फ्रीडमेन का मुख्य तर्क यह है कि राजकोषीय नीति का इस्तेमाल करके बाज़ार में मुद्रा सप्लाई कम-ज़्यादा करने से व्यापार चक्र ख़राब हो जाता है और मुद्रास्फीति बढ़ जाती है। फ्रीडमैन ने उपभोग की भूमिका, अर्थव्यवस्था में मुद्रा सप्लाई के महत्त्व और बेरोज़गारी की स्वाभाविक दर का जिस प्रकार अध्ययन किया, उससे निकलने वाले नतीजे भी कींस और उनके अनुयायियों की सिफ़रिशों के ख़िलाफ़ जाते हैं।

कींस की मान्यता यह थी कि उपभोक्ता चीज़ें ख़रीदने का निर्णय लेते समय अपनी चालू आमदनी को आधार बनाता है। फ्रीडमैन ने इस सहज सिद्धांत पर वैकल्पिक निगाह डाली और परमानेंट इनकम हायपोथैसिस (स्थाई आमदनी से संबंधित परिकल्पना) का सूत्रीकरण किया। उन्होंने दावा किया कि उपभोक्ता अपनी दीर्घावधि के दौरान अपनी आमदनी संबंधी उम्मीदों के आधार पर उपभोग के फ़ैसले करता है। अपनी बात साबित करने के लिए फ्रीडमैन ने बहुत सारे तथ्य भी जुटाये और इस प्रक्रिया में ऐसी कई उलझनों को भी सुलझा दिया जो कींस के सहज सिद्धांत के कारण पैदा हुई थीं। कींस के सिद्धांत से यह निष्कर्ष भी निकलता था कि जैसे-जैसे आमदनी बढ़ेगी, उसका उपभोग वाला हिस्सा घटना चाहिए और बचत का हिस्सा बढ़ना चाहिए। सम्भवत: कींस की मान्यता यह रही होगी कि उपभोग एक सीमा तक ही बढ़ेगा इसलिए बढ़ती हुई आमदनी में बचत का अंश ज़्यादा बड़ा हो जाएगा। लेकिन, साइमन कुज़्नेत्स अमेरिका में आमदनी, उपभोग और बचत का अध्ययन करते हुए इस नतीजे पर पहुँचे थे कि कींस का यह निष्कर्ष सही नहीं है, क्योंकि कई दशकों तक आमदनी में काफ़ी बढ़त होने के बावजूद अमेरिका के लोगों की बचत का स्तर नहीं बढ़ा था। कींस और कुज़्नेत्स के इन निष्कर्षों के इस विरोधाभास पर विचार करते हुए फ्रीडमैन ने दिखाया कि भविष्य में अपेक्षित आमदनी को अगर व्यय संबंधी निर्णयों का आधार समझा जाए तो यह पहेली सुलझ सकती है। अगर किसी की आमदनी बढ़ती है तो उसके साथ उसकी भविष्य में और आमदनी होने की आशा भी बढ़ जाती है। इसलिए उपभोक्ता भविष्य के उपभोग के लिए बचत करने में कम दिलचस्पी दिखाता है।

स्थाई आमदनी से संबंधित मिल्टन फ्रीडमैन की परिकल्पना यह संकेत भी देती है कि छोटे धंधे करने वाले लोग या ऐसे ही अन्य आय-समूह क्यों अपनी आमदनी का बड़ा हिस्सा बचत के हवाले कर देते हैं और क्यों फिर बचत के उस स्तर को कम कर देते हैं। फ्रीडमैन ने कहा कि अगर बचत चालू आमदनी पर निर्भर होती तो ऐसा नहीं हो सकता था। दरअसल, ऐसा इसलिए होता है कि लोगों का वास्तविक व्यय कई वर्षों के दौरान होने वाली आमदनी के औसत पर निर्भर होता है। यह परिकल्पना कींस की सिफ़ारिशों के मुताबिक़ बनी नीतियों के विकल्प में नीतिगत सलाहों के स्रोत के रूप में भी उभरती है। कींस का कहना था कि राजकोषीय नीति इस तरह बनानी चाहिए जिससे मंदी के दौरान रोज़गार के अवसर बढ़ाये जा सकें। फ्रीडमैन ने दिखाया कि जब सरकार राजकोषीय नीति का इस्तेमाल करके लोगों की आमदनी बढ़ाने की कोशिश करती है तो नतीजे के तौर पर लोग अपना ख़र्चा नहीं बढ़ाते क्योंकि उनकी समझ में उस आमदनी का चरित्र स्थाई नहीं होता। कुल मिला कर इस तरह की राजकोषीय नीति का अर्थव्यवस्था पर वह असर नहीं होता जिसके लिए उसे बनाया जाता है।

कींस के विपरीत फ्रीडमैन ने तर्क दिया कि मुद्रा और मौद्रिक नीति को आर्थिक गतिविधियों के निर्धारण में निर्णायक भूमिका निभानी चाहिए। क्लासिकल मौद्रिक सिद्धांतकारों का ख़याल था कि अर्थव्यवस्था में मुद्रा की सप्लाई का वेग संस्थागत लिहाज़ से तय होता है, लेकिन फ्रीडमैन ने कहा कि सप्लाई की रफ़्तार ब्याज दर और अपेक्षित मुद्रास्फीति जैसे कारकों पर निर्भर हो सकती है। फ्रीडमैन ने यह भी पाया कि लोग चीज़ें ख़रीदने के अलावा अन्य कारणों से भी पैसे की बचत करते हैं। मसलन, वे ज़मीन-जायदाद या शेयरों की क़ीमत गिर सकने के डर से भी बचत करने के बारे में सोच सकते हैं। अपने इस अवलोकन को जब फ्रीडमैन ने तथ्यगत कसौटियों पर कसा तो उन्हें लगा कि इन कारकों का मुद्रा सप्लाई की रफ़्तार पर फ़र्क़ पड़ता है, पर बहुत कम और वह भी आगे चल कर कम होता चला जाता है। यानी मुद्रा की आपूर्ति का वेग अपेक्षाकृत स्थिर रहता है और आर्थिक गतिविधि का स्तर मुद्रा की मात्रा से प्रभावित होता रहता है। इसी के साथ फ्रीडमैन ने यह भी जोड़ा कि मुद्रा यह प्रभाव अल्पावधि के लिए ही डालती है, और दीर्घावधि में उसकी भूमिका तटस्थ हो जाती है। धन की मात्रा पहले छह या आठ महीनों तक ही उत्पादन के स्तर को प्रभावित करेगी, बाद में उसका असर केवल दामों तक ही रह जाएगा। मुद्रा सप्लाई में बढ़ोतरी साल-डेढ़ साल बाद दामों को बढ़ायेगी और मुद्रास्फीति में उछाल आयेगा।

आम तौर पर अर्थशास्त्री मुद्रास्फीति के कारणों में लागत और माँग को गिनते हैं, पर फ्रीडमैन की दलील थी कि सभी तरह की मुद्रास्फीति चीज़ों की माँग बहुत ज़्यादा बढ़ जाने और उसके कारण मुद्रा का सृजन होने से पैदा होती है, इसलिए अर्थव्यवस्था में मुद्रा की सप्लाई हमेशा संयमित रखनी चाहिए। केंद्रीय बैंक का प्रयास होना चाहिए कि तीन से चार फ़ीसदी सालाना से ज़्यादा की दर से मुद्रा अर्थव्यवस्था में न पहुँचने दी जाए। इससे होगा यह कि अतिरिक्त चीज़ें ख़रीदने के लिए लोगों को पैसा भी मिलता रहेगा और मुद्रास्फीति की नौबत भी नहीं आयेगी। किसी और तरीक़े से अगर मुद्रा सप्लाई का प्रबंधन किया गया तो नतीजे या मंदी में निकलेंगे या स्फीति में। फ्रीडमैन ने आरोप लगाया कि तीस के दशक की महामंदी अमेरिका के फ़ेडरल रिजर्व की कारिस्तानियों का ही नतीजा थी। पहले तो उसने मुद्रा सप्लाई में अपना हाथ तंग रखा क्योंकि उसे स्टॉक मार्केट में सट्टेबाज़ी का डर था, और फिर 1930 से 1931 के बीच उस समय कुछ नहीं किया जब जमाकर्ता बैंकों से अपना धन निकालने में लगे हुए थे। उसने ब्याज दरें तब बढ़ायी जब सितम्बर, 1931 में ब्रिटेन ने गोल्ड स्टैंडर्ड को त्याग दिया। ये तमाम कार्रवाइयाँ अमेरिकी अर्थव्यवस्था में मुद्रा सप्लाई में भारी गिरावट लाने वाली साबित हुईं, जिससे लोगों का ख़र्च का स्तर घट गया और मंदी आ गयी।

फ्रीडमेन ने 1968 में दिखाया कि हर अर्थव्यवस्था में बेरोज़गारी की एक संतुलनावस्था दर काम क़ायम रहती है। हर एक के पास काम हमेशा नहीं रहेगा। दो नौकरियों के बीच लोग बेरोज़गार रहेंगे ही। नयी श्रम-शक्ति को काम मिलने में कुछ देर होगी ही। बेरोज़गारी भत्ते और अन्य सामाजिक सुरक्षाओं के कारण भी लोग ज़्यादा समय तक उपयुक्त नौकरी तलाशते रहेंगे। पति-पत्नी में से अगर एक नौकरी कर रहा है, तो दूसरे को ज़्यादा बेरोज़गार रहने का मौक़ा मिलेगा। अगर बेरोज़गारी की इस संतुलनावस्था को एक निश्चित स्तर से घटाने की कोशिश की गयी तो उसका नतीजा मुद्रास्फीति में उछाल आने में निकलेगा। दाम बढ़ जाएँगे और लोग कम चीज़ें ख़रीद पायेंगे। ख़र्च गिरेगा, तो उत्पादन और रोज़गार भी गिरेगा। अर्थव्यवस्था को सिकुड़ना पड़ेगा।

फ्रीडमैन द्वारा प्रवर्तित मौद्रिकवाद का व्यावहारिक रूप समस्याग्रस्त साबित हुआ है। अमेरिका, ब्रिटेन और युरोपीय देशों में जब इन नीतियों को लागू किया गया तो जल्दी ही समस्याएँ पैदा होने लगीं। मुद्रा सप्लाई को परिभाषित करना मुश्किल हो गया। हर बार जब सप्लाई के मानक बनाये गये तो उससे अपेक्षित लक्ष्यों की पूर्ति नहीं हुई और हर बार नयी परिभाषा की ज़रूरत पड़ी। न ही मुद्रा सप्लाई की रफ़्तार का निर्धारण हो पाया और न ही उसकी मात्रा का।

देखें : अर्थ-विज्ञान का समाजशास्त्र, आर्थिक जनसांख्यिकी, अल्फ्रेड मार्शल, अमर्त्य कुमार सेन, अंतर्राष्ट्रीय मुद्रा कोष, आधार और अधिरचना, ऑस्कर रायज़ार्ड लांगे, ऐडम स्मिथ, करारोपण, कल्याणकारी अर्थशास्त्र, क्लासिकल अर्थशास्त्र, कार्ल हाइनरिख़ मार्क्स-3, कार्ल मेंगर, कींसियन अर्थशास्त्र, गुन्नार मिर्डाल, जोआन रोबिंसन, जॉन कैनेथ गालब्रेथ, जॉन मेनार्ड कींस, जॉन स्टुअर्ट मिल, जोसेफ़ शुमपीटर, जैव विविधता, ट्रस्टीशिप, डेविड रिकार्डो, ढाँचागत समायोजन कार्यक्रम, थॉमस मन और वणिकवाद, थॉमस रॉबर्ट माल्थस, दक्षता, धन, नियोक्लासिकल अर्थशास्त्र, नीतिशास्त्र और अर्थशास्त्र, निकोलस काल्दोर, नियोजन, नियोजन : मार्क्सवादी विमर्श, पण्य, पण्य-पूजा, पेटेंट, पॉल सेमुअलसन, पियरो स्राफ़ा, पूँजी, प्रतियोगिता, फ्रांस्वा केस्ने और प्रकृतिवाद, फ्रेड्रिख़ वॉन हायक, बहुराष्ट्रीय निगम, बाज़ार, बाज़ार की विफलताएँ, बाज़ार-समाजवाद, बौद्धिक सम्पदा अधिकार, ब्रेटन वुड्स प्रणाली, भारत में बहुराष्ट्रीय निगम, भारत में नियोजन, भारत में पेटेंट क़ानून, भारत में शेयर संस्कृति, भूमण्डलीकरण और पूँजी बाज़ार, भूमण्डलीकरण और वित्तीय पूँजी, भूमण्डलीकरण और वित्तीय उपकरण, मार्क्सवादी अर्थशास्त्र, मूल्य, राजकोषीय नीति और मौद्रिक नीति, रॉबर्ट ओवेन, विलफ्रेडो परेटो, विश्व व्यापार संगठन, विश्व बैंक, विलियम पेटी, विलियम स्टेनली जेवंस, वैकासिक अर्थशास्त्र, शोषण, साइमन कुज़्नेत्स।

संदर्भ

1. ईमन बटलर (1985), *मिल्टन फ्रीडमैन : अ गाइड टु हिज़ इकॉनॉमिक थॉट,* युनिवर्स बुक्स, न्यूयॉर्क.

2. अब्राहम हिर्श और नील डि मार्ची (1985), *मिल्टन फ्रीडमैन : इकॉनॉमिक्स इन थियरी ऐंड प्रैक्टिस,* युनिवर्सिटी ऑफ़ मिशिगन प्रेस, ऐन आरबर, मिशिगन.
3. लॉरेंस ए. बोलैण्ड (1979), 'ए क्रिटीक ऑफ़ फ्रीडमैंस क्रिटिक्स', *जरनल ऑफ़ इकॉनॉमिक लिटरेचर,* 17.
4. डब्ल्यू. मेल्विन रेडर (1982), 'शिकागो इकॉनॉमिक्स : परफ़ारमेंस ऐंड चेंज', *जरनल ऑफ़ इकॉनॉमिक लिटरेचर,* 20.

— अभय कुमार दुबे

मिल्टन सिंगर

(Milton Singer)

अमेरिका के प्रसिद्ध मानवशास्त्री मिल्टन सिंगर (1912–1994) को भारत में जारी आधुनिकीकरण के विशेष अध्ययन के लिए जाना जाता है। वे ऐसे प्रमुख विद्वानों में थे जिन्होंने अमेरिका में दक्षिण-एशियाई समाजों के अध्ययन को काफ़ी महत्त्व दिलाया। उन्होंने भारतीय शिक्षाविदों और शोधकर्ताओं के साथ समन्वय स्थापित करने पर ख़ास बल दिया और पूरे विश्व में उस क्षेत्र में अपने काम से नया मॉडल प्रस्तुत किया। सिंगर ने 1950 से 60 के दशक के मध्य भारत में अपना प्रत्यक्ष और क्षेत्रीय अध्ययन किया। उस समय तक अमेरिकी अकादमिक जगत में भारत के आधुनिकीकरण और आर्थिक विकास को लेकर संदेह किये जाते थे और माना जाता था कि परम्परा और जाति व्यवस्था में जकड़ा समाज इस दिशा में विकास करने में अक्षम है। मैक्स वेबर पहले ही भारत में पूँजीवाद के विकास पर संदेह जता चुके थे और उनका मानना था कि चरम भाग्यवाद, जातिवाद और परम्पराबद्धता के कारण भारत में मौजूद सांस्कृतिक परिस्थितियाँ पूँजीवादी विकास में सहायक नहीं हैं। हिंदू धार्मिक मूल्य उद्यमिता के विकास में रुकावट हैं।

सिंगर ने टेक्सास विश्वविद्यालय से एमए की शिक्षा प्राप्त की और शिकागो विश्वविद्यालय से 1940 में दर्शनशास्त्र में पीएच.डी की उपाधि हासिल की। इसके बाद अगले वर्ष ही उन्होंने इसी विश्वविद्यालय में शिक्षण कार्य आरम्भ कर दिया और लगभग 29 साल पढ़ाने के बाद 1979 में सेवानिवृत्त हुए। सिंगर का भारत संबंधी शोध तब आरम्भ हुआ जब उन्होंने राबर्ट रेडफ़ील्ड के साथ मिलकर संस्कृति व सभ्यताओं के अंतरानुशासनिक अध्ययन की परियोजना को आरम्भ करने में योगदान दिया। पर 1958 में रेडफ़ील्ड का निधन हो गया और सिंगर को ही परियोजना निदेशक बना दिया गया। रेडफ़ील्ड का मत था कि मानवशास्त्रीय अध्ययनों को अन्य समाज-विज्ञानों तथा मानविकी से जुड़े विषयों के साथ मिलाकर चलना चाहिए और रेडफ़ील्ड-सिंगर की टीम ने एंथ्रोपोलॉजी को नयी ऊँचाई पर पहुँचाने में महत्त्वपूर्ण योगदान दिया।

सिंगर ने अपने शोध और निष्कर्षों से मैक्स वेबर की धारणा का खण्डन किया। उन्होंने दक्षिण भारत, ख़ास तौर पर मद्रास के कारोबारियों का अध्ययन किया और यह जानने का प्रयास किया कि किस प्रकार उनकी संस्कृति ने कारोबार के क्षेत्र में उनकी नवोन्मेषी प्रतिभा और कारोबार संबंधी क्षमताओं के विकास में सहायता की है। अपनी इस फ़ील्ड-स्टडी के दौरान सिंगर ने बड़ी संख्या में पुजारियों, नर्तकों, सामान्य आस्तिक हिंदुओं और कारोबारियों के साथ बातचीत की और उनके साक्षात्कार लिए। उन्होंने राबर्ट रेडफ़ील्ड की तरह लोक-संस्कृति के अध्ययन और नगरों में सांस्कृतिक परिवर्तन की प्रक्रियाओं का बारीक विवेचन किया। उन्होंने यह समझने का प्रयास किया कि किसी प्रकार एक प्राचीन संस्कृति ने पिछली एक शताब्दी के दौरान विदेशी विश्वासों और गतिविधियों का सामना किया और किस प्रकार नयी स्थितियों के अनुरूप स्वयं को ढाला। इस अध्ययन पर आधारित उनकी पुस्तक *व्हेन ए ग्रेट ट्रेडिशन माडर्नाइज़ेस : एन एंथ्रोपोलॉजिकल अप्रोच टु इण्डियन सिविलाइज़ेशन* का प्रकाशन 1972 में हुआ। उन्होंने ऐसे काल-खण्ड में भारतीय समाज का अध्ययन किया जब वह ब्रिटिश उपनिवेशवाद से मुक्त होने के बाद विकासशील देश के रूप में उद्योगीकरण और आधुनिकता की दिशा में प्रयास कर रहा था। उन्होंने प्राचीन संस्कृति और नगर-समाज को औपनिवेशिक नगरीकरण की तुलना में रख कर देखा है। उन्होंने दो प्रकार की नगर-संस्कृतियों का उल्लेख किया। इसमें उन्होंने काशी-मदुरै जैसे पुराने नगरों तथा कलकत्ता-मद्रास जैसे औपनिवेशिक महानगरों में भेद किया। पहली श्रेणी के नगरों को उन्होंने मूल-सम्भूत और दूसरी श्रेणी के नगरों को अपर-सम्भूत कहा है। सिंगर ने राबर्ट रेडफ़ील्ड द्वारा विकसित लघु-परम्परा और दीर्घ-परम्परा की अवधारणाओं का भी सहारा लिया और कहा कि आम लोगों की पुरानी चली आती लघु-परम्परा को नये परिवेश में परिष्कृत करने का काम प्राचीन नगर करते हैं और उन्हें दीर्घ-परम्परा में ढाल देते हैं। उन्होंने परिवर्तन तथा उद्यमिता की स्वीकृति को भी भारतीय संस्कृति के मूल्य के रूप में प्रस्तुत किया। उन्होंने किसी देश की रूढ़-छवि के आधार पर उसका मूल्यांकन करने के प्रयासों की आलोचना की और ज़मीन से जुड़े शोधों के आधार पर इन छवियों पर पुनर्विचार की निरंतरता का पक्ष लिया। इसी आधार पर अमेरिका तथा युरोप में प्रचलित भारतीय छवियों को उन्होंने वास्तविकता से दूर भी बताया।

सिंगर ने नतीजा निकाला कि मद्रास के कारोबारियों

और उद्योगपतियों के काम में बाधा बनने के स्थान पर उनकी सामाजिक संस्थाओं, विश्वासों और संस्कारों ने उन्हें सहायता प्रदान की। उनका ग्रामीण-कस्बाई जीवन से महानगरीय, कृषि संस्कृति से कारोबारी संस्कृति व आधुनिक शिक्षा-उद्योग की दिशा में रूपांतरण हुआ और इसके लिए उन्हें परम्परागत विशेषताएँ अनिवार्य रूप से त्यागने की विवशता से भी नहीं गुज़रना पड़ा। परिवेश के नयेपन में भी उनके व्यावसायिक क्षमताएँ बनी रहीं। यानी एक तरह की धारावाहिकता होती है जिसमें परम्परागत व्यवसायी जातियाँ नये पेशों में भी प्रधानता हासिल कर लेती हैं। सिंगर ने अपनी रचना में सिद्ध किया है कि किस प्रकार से परम्परा व आधुनिकता, निरंतरता व नवीनता आदि परस्पर विरोधी दशाएँ भारतीय समाज में अपना स्थान तथा समन्वय स्थापित करती हैं। भारतीय बौद्धिक परम्परा की शक्ति और समृद्धि को भी उन्होंने ख़ास तौर पर उभारा है।

उनकी इन स्थापनाओं से पुराने निष्कर्ष प्रश्नांकित भी होते हैं कि औपनिवेशिक काल में भारत में पूरी तरह से नये महानगर बने जिसका प्राचीन संस्कृति-परम्परा से संबंध न था और नये व्यवसायों का उदय भी पूरी तरह से नयी शिक्षा-दीक्षा का परिणाम था और इसमें पारम्परिक जाति-संरचना का कोई प्रभाव न था। यह भी माना जाता था कि औद्योगिक शहरीकरण की प्रक्रिया ने भारतीय समाज में से सबसे अधिक भारतीय पारिवारिक संरचना को प्रभावित किया है। सिंगर ने मद्रास सिटी के उद्योगपतियों के बीच सम्मिलित परिवार संरचना का अध्ययन कर यह निष्कर्ष निकाला कि सम्मिलित परिवार प्रथा उद्यमिता के विकास में रुकावट नहीं है, बल्कि इसने उद्योगीकरण को बढ़ावा दिया है और उसे अपनाया है। उन्होंने डिब्बाबंद समाज के रूप में यथार्थ की व्याख्या की। उनका मानना था कि मद्रास के कारोबारियों ने बतौर हिंदू ब्राह्मण तथा व्यवसायी के रूप में अपनी अस्मिता के मध्य टकराव का अनुभव नहीं किया और इन्हें दो भिन्न वास्तविकताओं के रूप में स्वीकार किया। एक को दूसरे के विरोध में नहीं खड़ा किया बल्कि सामाजिक गतिविधियों के मामले में उन्हें परस्पर अलग-अलग भी रखा।

सिंगर का भारत के अन्य विद्वान तथा समाजशास्त्रियों जैसे एम.एन श्रीनिवास आदि से गहरा संवाद था और श्रीनिवास ने ही उनकी मद्रास सिटी के अध्ययन पर आधारित पुस्तक की भूमिका भी लिखी है। श्रीनिवास ने मैसूर ने निकट स्थित गाँव रामपुरा के व्यापक समाजशास्त्रीय अध्ययन में व्यक्तियों तथा परिवारों के बीच गहन रूप से फैले जाल का उल्लेख किया है। विभिन्न जातियों में अंतर्विवाह तथा खानपान संबंधी नियमों के कारण दूरी पायी जाती है। विभिन्न धार्मिक अवसरों आदि पर यह दूरी समाप्त होती है और सामूहिक चेतना का विकास होता है। आर्थिक दृष्टि से भी जातियों के सदस्य परस्पर निर्भर होते हैं।

सिंगर ने श्रीनिवास के इन अध्ययन संबंधी निष्कर्षों को ख़ासतौर पर रेखांकित किया और अपने भारतीय समाज संबंध शोध तथा क्षेत्रीय-अध्ययन में व्यापक उपयोग किया। रेडफ़ील्ड और श्रीनिवास के अलावा लुई दूमों और डेविड मैंडलबाम के भारत संबंधी अध्ययनों का भी सिंगर पर प्रभाव नजर आता है। हालाँकि उन्होंने इन सभी प्रभावशाली विद्वानों से अपनी शब्दावली के चयन में सहायता ली है पर मूलतः उनके बृहद् और मौलिक तर्कों के सामने शब्दावली का प्रभाव गौण प्रतीत होता है। सिंगर ने 1970 में अमेरिकी समाज-संस्कृति के मानवशास्त्रीय अध्ययन की पद्धतियों के विकास की ओर भी ध्यान दिया। ख़ास तौर पर सांस्कृतिक परिवर्तनों के बारे में छात्रों की शिक्षा की जरूरत ने उन्हें ऐसा करने के लिए प्रेरित किया। उथल-पुथल भरे समय में छात्रों की ओर से कार्यशाला चलाने संबंधी माँग के आधार पर उन्होंने विशेष शोधपूर्ण सामग्रियाँ तैयार कीं। भारत और अमेरिका में जारी सांस्कृतिक नवोन्मेष के विविध पक्षों की उन्होंने तुलनाएँ भी कीं। अकादमिक कामों और गतिविधियों के बारे में समस्त ब्योरे उनकी पुस्तक *मैंस ग्लासी इसेंस : एक्सप्लोरेशंस इन सेमियाटिक एंथ्रोपोलॅजी* (1984) में संकलित हैं।

उपरोक्त पुस्तकों के अलावा सिंगर की अन्य प्रमुख पुस्तकें हैं : *सेमियाटिक्स ऑफ़ सिटीज़, सेल्व्स ऐंड कल्चर* (1991), *अ साइकोएनालिटिक ऐंड अ कल्चरल स्टडी* (1953)।

देखें : अल्फ्रेड लुइस क्रोबर, ऑग्युस्त कॉम्त, क्लॉद लेवी-स्त्रॉस, क्लिफ़र्ड गीर्ट्ज़, जार्ज ज़िमेल, टैलकॉट पार्संस, पिएर बोर्दियो, फ्रेंज़ उरी बोआस, मारग्रेट मीड, मारसेल मौज़, मार्गरेट मीड, मैक्स वेबर, रुथ बेनेडिक्ट।

संदर्भ

1. मिल्टन सिंगर (1968), 'द इण्डियन जाइंट फ़ैमिली इन मॉडर्न इण्डस्ट्री', एम. सिंगर (सम्पा.), *स्ट्रक्चर ऐंड चेंज इन इण्डियन सोसाइटी*, अल्डाइन पब्लिकेशन, शिकागो.
2. मिल्टन सिंगर (1972), *व्हेन ए ग्रेट ट्रेडिशन माडर्नाइज़ेज़ : एन एंथ्रोपोलॅजिकल अप्रोच टू इण्डियन सिविलाइज़ेशन*, प्रेइजर पब्लिशर्स, न्यूयॉर्क.
3. मिल्टन सिंगर (1984), *मैंस ग्लासी इसेंस : एक्सप्लोरेशंस इन सेमियाटिक एंथ्रोपोलॅजी*, इण्डियाना युनिवर्सिटी प्रेस.

— वैभव सिंह

मिशेल पॉल फ़ूको-1

विक्षिप्तता और सभ्यता

(Michel Paul Foucault-1)

फ़्रांसीसी विद्वान मिशेल पॉल फ़ूको (1926-1984) को दर्शन, इतिहास और सामाजिक सैद्धांतिकी के क्षेत्र में युगप्रवर्तक चिंतन करने का श्रेय दिया जाता है। उन पर नीत्शे, हाइडैगर और एडोर्नो का वैचारिक प्रभाव ज़रूर था, लेकिन द्वितीय विश्व-युद्ध के बाद मानवीय और सामाजिक अस्तित्व के रहस्यों का मौलिक अनावरण करने या उसके लिए ज़मीन बनाने के मामले में वे अपने सभी समकालीन चिंतकों से आगे निकल जाते हैं। फ़ूको के कृतित्व में अपने ज़माने की उन सभी बौद्धिक प्रविधियों के प्रति गहरा असंतोष था जो मार्क्सवाद, अस्तित्ववाद और घटनाक्रियाशास्त्र के औज़ारों से तैयार की गयी थीं। यह क्षोभ ही उन्हें जाँच-पड़ताल का एक ऐसा अनूठा रवैया बनाने की तरफ़ ले गया जिसने युरोपीय चिंतन के दायरे में स्थापित चली आ रही वैज्ञानिक अनुसंधान की मूल्य-तटस्थता तथा राजनीतिक और नैतिक दायरे में बुद्धिवादी रवैये के बोलबाले को प्रगल्भ चुनौती दी। विचारों के क्षेत्र में नीत्शे, मार्क्स और फ्रॉयड को 'संदेह और प्रश्नांकन के बादशाह' की संज्ञा देने वाले फ़ूको स्वयं इस प्रक्रिया में इन तीनों महान चिंतकों की ही तरह बीसवीं सदी में संदेह और प्रश्नांकन के उस्ताद बन गये। उन्होंने जो शास्त्र रचा वह इतना दिलचस्प और विचारोत्तेजक है कि उनके सूत्रीकरणों के ज़िक्र और रचनाओं के उद्धरण के बिना समाज-विज्ञान और मानविकी का कोई विमर्श पूरा नहीं होता। वे समाज और राजनीति, संस्कृति और इतिहास की सहज-सामान्य लगती संरचनाओं को इस तरह खोलते चले जाते हैं कि उनकी सर्वस्वीकृत व्याख्याएँ एक क्षण में ध्वस्त हो जाती हैं। दार्शनिक लहजे में कहें तो फ़ूको का बुनियादी अवदान यह है कि दुनिया और उसकी व्यवस्था के जिस स्थिर रूप से हम परिचित हैं वह उसकी कई सम्भावित बहुलताओं का महज़ एक रूप है। इस प्रतिपादन में यह पूर्वनिहित है कि सामाजिक मान्यताएँ तथा व्याख्याएँ मूलत: और अंतत: सांस्कृतिक निर्मितियाँ होती हैं जो समय और स्थान के साथ बदल जाती हैं।

स्वीकृत और स्थापित मान्यताओं की गहन परीक्षा को फ़ूको के चिंतन का मर्म कहा जा सकता है। यह एक ऐसा तत्त्व है जो उनके शोध के विषयों— विक्षिप्तता, यौनिकता और जेंडर से लेकर सत्ता के विमर्श में निरंतर मौजूद रहता है। सामाजिक जीवन की परिघटनाओं और उनसे जुड़ी मान्यताओं को समझने के लिहाज़ से फ़ूको की शुरुआती रचना *मैडनेस ऐंड सिविलाइज़ेशन : अ हिस्ट्री ऑफ़ इनसेनिटी इन द एज ऑफ़ रीज़न* (1961)एक युगांतरकारी प्रस्थान बिंदु मानी जाती है। इस कृति में फ़ूको विक्षिप्तता की ऐतिहासिक पड़ताल करते हुए दिखाते हैं कि सत्रहवीं शताब्दी से पहले युरोप में विक्षिप्तता को केवल रैशनॅलिटी का अनुलोम माना जाता था। इसे लेकर आम सामाजिक धारणा यह थी कि विक्षिप्त ऐसे व्यक्ति को कहा जाता जो भावना या भावोद्रेक को तर्क से ज़्यादा तवज्जो देता है। हालाँकि उस दौर में भी विक्षिप्त व्यक्ति को समाज की मुख्यधारा का हिस्सा तो नहीं माना जाता था परंतु उनके बारे में आम धारणा यह भी थी कि ऐसे लोग जनता की उम्मीदों और बेवकूफ़ियों को अभिव्यक्त करते हैं। फ़ूको बताते हैं कि शेक्सपीअर, सर्वेन्तीज़ तथा इरैस्मस जैसे लेखकों की रचनाओं में विक्षिप्त पात्र साधारण-जन के इसी चरित्र को रूपायित करते हैं। लेकिन तथाकथित क्लासिकल युग (1650-1800) के बाद विक्षिप्तता को समाज की रीति-नीति से भटकाव या विपथगमन के अर्थ में देखा जाने लगा। उनके मुताबिक़ इस काल में विक्षिप्त व्यक्ति से उसकी सामाजिकता छीन ली गयी। उसे रुग्ण घोषित कर समाज की नैतिकता व रैशनॅलिटी के लिए ख़तरा मान लिया गया। फ़ूको का मानना है कि इस रवैये ने विक्षिप्त माने जाने वाले लोगों को एक ख़ास घेरे में क़ैद कर दिया और उनके साथ अपराधियों व भिखमंगों जैसा बरताव किया जाने लगा।

फ़ूको इस बात का प्रतिवाद करते हैं कि उन्नीसवीं सदी में मानसिक रोगियों के लिए विशेष आश्रय स्थलों की व्यवस्था करना एक मानवीय क़दम था। उनकी दलील है कि यह व्यवस्था उनके लिए ज़्यादा क्रूर साबित हुई क्योंकि इसके बाद रोगियों को उनकी इस बीमारी के लिए नैतिक रूप से ज़िम्मेदार मान लिया गया। फ़ूको विक्षिप्तता को समाज में अलग से चिह्नित करने की इस प्रवृत्ति का प्रत्याख्यान करते हुए कहते हैं कि इसने मानसिक रोगी को पहले से भी कातर और दीन बना दिया। इसने उसके अंदर यह भावना बैठा दी कि समाज और नैतिकता के किसी भी सम्भावित ख़तरे के लिए उसकी अपनी इयत्ता ज़िम्मेदार है इसलिए अगर उसे दण्ड दिया जाता है तो इसके लिए वह ख़ुद ही उत्तरदायी है।

मानसिक रोग के लिए ख़ुद व्यक्ति को ज़िम्मेदार ठहराने की इस प्रवृत्ति के निहितार्थों पर विचार करते हुए फ़ूको इस नतीजे पर पहुँचते हैं कि नैतिकता की एकसार अवधारणा गढ़ कर असल में ये आश्रय स्थल उन तमाम लोगों को भी अपने पाश में खींचने की कोशिश करते हैं जो उनकी गिरफ़्त से बाहर निकलना चाहते हैं। लेकिन ध्यान रहे कि आश्रय स्थल की व्यवस्था इसके लिए दमनकारी उपाय नहीं अपनाती। इसके लिए वह रोगी को नियंत्रित करने के लिए निगरानी, दण्ड और पुरस्कार का एक बारीक तंत्र बुनती है जो

मिशेल पॉल फ़ूको (1926-1984)

बाहर से तो उसके हित में खड़ा दिखता है लेकिन वास्तव में वह रोगी को शेष समाज से काटकर उसे अकेला कर देता है। फ़ूको वक्रोक्ति में कहते हैं कि मानसिक रोगियों को इस हालत में पहुँचाने वाली व्यवस्था के पैरोकार कभी अपने अंदर की विक्षिप्तता नहीं देख पाते।

रोग की पहचान, निदान और इलाज की प्रक्रियाओं के इतिहास में जाते हुए फ़ूको अपनी दूसरी रचना *द बर्थ ऑफ़ द क्लिनिक : ऐन आर्कियोलॅजी ऑफ़ मेडिकल परसेप्शन* में बताते हैं कि अट्ठारहवीं सदी से पहले रोगों को मानव शरीर के संदर्भ में नहीं देखा जाता था। रोग के निदान में व्यक्ति की ख़ास भूमिका नहीं मानी जाती थी। उस समय यह विश्वास दृढ़ था कि रोग के लक्षण रोग की प्रकृति को समझने में बाधक बन सकते हैं। लेकिन उन्नीसवीं सदी की इब्तदा के साथ यह धारणा पूरी तरह बदल गयी। अब यह माने जाने लगा कि रोग मानव शरीर में ही स्थित होता है। लिहाज़ा चिकित्सक रोग की प्रकृति का अध्ययन करने के लिए शरीर की ऑटोप्सी पर ज़ोर देने लगे, और इस तरह बीमारियों के वर्गीकरण पर निदान हावी होने लगा। ध्यान से देखें तो यह ऐसा क्षण था जिसमें चिकित्सा की दृष्टि त्रिआयामी हो गयी। चिकित्सक बाहरी लक्षणों की पड़ताल करता हुआ रोग के अदृश्य तंतुओं की ओर जाने लगा।

इस विश्लेषण को इतिहास की शोध पद्धति से जोड़ते हुए फ़ूको यह सूत्र प्रतिपादित करते हैं कि इतिहासकार को भी व्यक्ति केंद्रित विचारों के अध्ययन के बजाय विचार की ज़्यादा बुनियादी और गहरी संरचनाओं की पड़ताल करनी चाहिए। इतिहास की इस पड़ताल को फ़ूको आर्कियोलॅजिकल मैथड का नाम देते हैं।

अपनी एक अन्य रचना *द ऑर्डर ऑफ़ थिंग्स :एन आर्कियालॅजी ऑफ़ ह्यूमन साइंसेज़* (1966) और *आर्कियालॅजी ऑफ़ नालेज* (1969) में फ़ूको इस पद्धति के तत्त्वों पर रोशनी डालते हुए यह स्पष्ट करते हैं कि इतिहास को देखने की स्थापत्यपरक पद्धति बौद्धिक इतिहास के परम्परागत रूपों से किस मायने में अलग है। उनके अनुसार इतिहास में कालक्रम को सीधी रेखा की तरह नहीं देखा जा सकता। वे उन इतिहासकारों को ख़ारिज करते हैं जो वर्तमान को ज्ञानोदय से निकली विचार-प्रक्रिया का परिपाक मानते हैं। फ़ूको का मानना है कि इतिहास में निरंतरता और प्रगति का विमर्श इसी ज़िद से पैदा होता है। उनकी नज़र में इतिहास रिनैसाँ से शुरू हुए और वर्तमान में चल रहे विकास की अविकल और क्रमागत कथा नहीं हो सकती, क्योंकि बीच-बीच में यह निरंतरता भंग होती रही है। फ़ूको की दलील है कि सोलहवीं सदी के अंत तक जीवन का पूरा विमर्श इस धारणा पर टिका था कि संसार की हर चीज़ एक दूसरे से संबंधित है तथा उनके आपसी संबंधों के मूल में ईश्वर छिपा है। फ़ूको के मुताबिक़ विश्व को ईश्वर का प्रतिरूप मानने के इस सिद्धांत को क्लासिकल युग में प्रतिनिधित्व के सिद्धांत ने मात दे दी। ग़ौरतलब है कि क्लासिकल युग के चिंतकों का यह दृढ़ मत था कि भाषा समाज और प्राकृतिक संसार के वास्तविक रूप को दर्शाने में पूरी तरह सक्षम है। लेकिन उन्नीसवीं सदी की शुरुआत में ही इस सिद्धांत को यह कहकर चुनौती दे दी गयी कि विचारक जिस तरह लोगों और विमर्शों का इस्तेमाल करते हैं वह ख़ुद सीमित और संदर्भ से बँधा होता है।

फ़ूको अपनी इस स्थापत्यमूलक पद्धति के पक्ष में यह तर्क भी रखते हैं कि इससे इतिहासकार को यह समझने में मदद मिलती है कि मनुष्य हमेशा तर्कसंगत होकर नहीं सोचता तथा जीवन की बहुविध प्रक्रियाओं के मामले में वह सम्प्रभु नहीं होता। उनका मानना है कि लोगों के विचार ऐसे नियमों या स्थाई संरचनाओं से तय होते हैं जिनके बारे में उन्हें कोई भान तक नहीं होता। उनका कहना है कि मनुष्य को रिफ़्लेक्सिव मानने का ख़याल वास्तव में एक सामाजिक निर्मिति/गढ़ंत है जो उन्नीसवीं सदी से पहले अस्तित्व में ही नहीं थी। वे व्यंग्यात्मक अंदाज़ में कहते हैं कि मनुष्य की समूची अवधारणा ही हाल फ़िलहाल का आविष्कार है, और वह चीज़ों की एक ख़ास व्यवस्था पर निर्भर करती है। अगर उस व्यवस्था की आधार सामग्री ग़ायब हो जाए तो हम मनुष्यता के बारे में किसी और ही ढंग से बात करने लगेंगे।

फ़ूको अपने विश्लेषण में एक विशेष पद आरकाइव का प्रयोग करते हैं। इसे वे नियमों या स्थाई संरचनाओं के एक ऐसे तंत्र के तौर पर व्याख्यायित करते हैं जो अंततः यह

तय करता है कि समय के किसी विशेष बिंदु पर क्या सोचा जा सकता है और क्या नहीं। इसके अर्थ का विस्तार करते हुए वे यह कहते हैं कि नियमों के एक समुच्चय के रूप में आरकाइव इतिहास द्वारा निर्धारित और बदलावों से प्रतिकृत होता है। यहाँ से वे विमर्श के बारे में एक महत्त्वपूर्ण स्थापना करते हैं कि विमर्श का न केवल एक अर्थ या सत्य होता है बल्कि उसका एक निश्चित इतिहास भी होता है।

अपनी विख्यात रचना *डिसिप्लिन ऐंड पनिश : द बर्थ ऑफ़ द प्रिज़न* (1975) में फ़ूको ने एक नयी प्रस्थापना पेश की। इससे पहले के लेखन में जहाँ फ़ूको विचारों, अवधारणाओं, सामाजिक संस्थाओं और सामाजिक परिघटनाओं के इतिहास का तुलनात्मक ढंग यानी स्थापत्यमूलक पद्धति के ज़रिये उद्‌घाटन कर रहे थे, वहीं चिंतन और कृतित्व के इस मोड़ पर आकर फ़ूको को लगता है कि विभिन्न विमर्शों को एक दूसरे के संदर्भ में तौलने से यह तो प्रकट होता है कि किसी ख़ास विचार या व्यवस्था को इतिहास के प्रवाह में एक दूसरे से श्रेष्ठ या उच्चतर नहीं ठहराया जा सकता, लेकिन इस पद्धति से यह समझने में मदद नहीं मिलती कि चिंतन के रवैये या तरीक़े में बदलाव अथवा संक्रमण कैसे पैदा होता है। कई विद्वानों के अनुसार इस काल में फ़ूको इस मसले से जूझ रहे थे कि किसी ख़ास दौर में कोई विचार, रवैया या दृष्टिकोण दूसरों से ज़्यादा ताक़तवर क्यों हो जाता है या उसे ज़्यादा तरजीह क्यों दी जाने लगती है। फ़ूको के अध्येताओं का कहना है कि *डिसिप्लिन ऐंड पनिश* में फ़ूको अपनी पहली पद्धति आर्कियोलॅजिकल मैथड छोड़ कर एक नयी पद्धति जीनियालॅजिकल मैथड अपनाते हैं। फ़ूको जीनियालॅजी का इस्तेमाल जिस मक़सद के लिए करते हैं वह नीत्शे की नैतिकता संबंधी प्रस्तावनाओं से प्रेरित है। नीत्शे नैतिकता के उदय को इतिहास की किसी प्रगतिशील और महान योजना का हिस्सा न मानकर उसे एक ऐसी जटिल और सांसारिक सी परिघटना की तरह देखते हैं जो अक्सर किसी भी कोण से उदात्त नहीं कही जा सकती। ऐसे में किसी विश्लेषण में जीनियालॅजी का इस्तेमाल करने का मक़सद यह दिखाना होता है कि किसी काल में विचारों का तंत्र या व्यवस्था तार्किक रूप से अपरिहार्य प्रवृत्तियों का परिणाम न होकर इतिहास की आकस्मिक घटनाओं की देन होती है।

देखें : कार्ल मार्क्स, मार्क्सवाद, अस्तित्ववाद, एडमण्ड हसर और घटनाक्रियाशास्त्र, थियोडोर एडोर्नो, फ्रेड्रिख़ नीत्शे-1 और 2, सेक्शुअलिटी, समलैंगिकता, पनोप्टिकॉन, जेरेमी बेंथम।

संदर्भ

1. एल. मैक्ने (1994), *फ़ूको : अ क्रिटिकल इंट्रोडक्शन*, केम्ब्रिज, पॉलिटी प्रेस.
2. पीटर बुर्के (सम्पा.) (1992), *क्रिटिकल एसेज़ ऑन फ़ूको*, केम्ब्रिज, स्कॉलर प्रेस.
3. जे. गोल्डस्टीन (सम्पा.) (1994), *फ़ूको ऐंड द राइटिंग ऑफ़ हिस्ट्री*, ऑक्सफ़र्ड, बेसिल-ब्लैकवेल.
4. जे. बरनौर और डी. रैसमुसेन (सम्पा.) (1998), *द फ़ाइनल फ़ूको*, केम्ब्रिज, एमआइटी प्रेस.

— नरेश गोस्वामी

मिशेल पॉल फ़ूको-2

सत्ता-निगरानी और सेक्शुअलिटी का इतिहास

(Michel Paul Foucault-2)

डिसिप्लिन ऐंड पनिश में फ़ूको कारागार की संस्था के विकास का विवेचन करते हुए यह विमर्श खड़ा करते हैं कि अपराधियों को दण्डित करने के लिए उनका अंग-भंग करने या उनकी हत्या करने के बजाय उन्हें कारावास में डाल देना बाहर से भले ही अपेक्षाकृत सभ्य और उदारतापूर्ण उपाय माना गया हो पर सुधारों की समस्त सदाशयता के बावजूद कारावास नियंत्रण का एक ज़्यादा प्रभावशाली तरीक़ा ही साबित हुआ है। उससे दण्ड की मात्रा में कमी नहीं आयी। बस दण्ड देने के तरीक़े को ज़्यादा दक्षतापूर्ण बना दिया गया। फ़ूको आगे कहते हैं कि दण्ड देने का यह तरीक़ा अंत में पूरे समाज और उसकी संस्थाओं— अस्पताल, स्कूल और फ़ैक्ट्रियों के लिए एक अनुकरणीय उदाहरण बन गया। लेकिन यहाँ इस एक बात पर अलग से ध्यान देने की ज़रूरत है। फ़ूको यह नहीं कहते कि यह सब किसी नियंत्रणकारी एजेंसी के आदेश या सायास प्रस्ताव से होता है। उनका विश्लेषण दिखाता है कि दूसरों को अनुशासित या दण्डित करने की आधुनिक व्यवस्था ऐसी तकनीकों और संस्थाओं के आकस्मिक उभार और ताल-मेल से निकली है जिनका मूल उद्देश्य यह नहीं था।

फ़ूको बताते हैं कि आधुनिक समाज में लोगों को नियंत्रित या अनुशासित करने के लिए निगरानी की एक बहुस्तरीय व्यवस्था के अलावा दूसरों द्वारा किये गये फ़ैसलों को आत्मसात् करने तथा परीक्षा प्रणाली जैसे उपाय अपनाये जाते हैं। फ़ूको ज़ोर देकर कहते हैं कि लोगों पर नज़र रखने मात्र से सत्ता का आधा काम पूरा हो जाता है। इसके लिए वे स्टेडियम की व्यवस्था का हवाला देते हैं जिसमें सीटों की व्यवस्था इस तरह की जाती है कि दर्शक किसी कार्यक्रम को आसानी से देख पायें पर साथ ही यह व्यवस्था सत्ता के नियंत्रकों को दर्शकों पर निगाह रखने की सहूलियत भी प्रदान

करती है। यहाँ फ़ूको अनुशासन और नियंत्रण की सत्ता का मॉडल चिह्नित करने के लिए राजनीतिक चिंतक जेरेमी बेंथम द्वारा कल्पित ज़ेल पनोप्टिकॉन का उल्लेख भी करते हैं। जिसकी मूल वास्तु-योजना कुछ ऐसी थी कि कोठरियों में बंद क़ैदी एक दूसरे के लिए तो अदृश्य रहें लेकिन ज़ेल के केंद्रीय टॉवर की निगरानी से बाहर न हो पाये। क़ैदियों को कभी इस बात का पता नहीं चलता कि उन पर निगाह रखी जा रही है या नहीं पर उनके ज़ेहन में यह बात बैठ जाती है कि कोई उन पर नज़र रखता है। फ़ूको पनोप्टिकॉन के सिद्धांत को एक ऐसे रूपक की तरह देखते हैं जो ज़ेल की चौहद्दी के पार जाकर स्कूलों, फ़ैक्ट्रियों और अस्पतालों में अनुशासन का आम ढर्रा बन जाता है। हालाँकि बैंथम की यह प्रस्तावित जेल कभी मूर्त रूप नहीं ले पायी लेकिन एक सिद्धांत के रूप में वह आधुनिक समाज की लगभग हर गतिविधि पर क़ाबिज़ हो गयी है। आधुनिक समाज में अनुशासन क़ायम करने वाली व्यवस्थाओं के लिए वह एक ऐसा औज़ार सिद्ध हुई है जिसने प्राक्-आधुनिक काल के राजाओं और हाकिमों को अपदस्थ कर उनकी जगह खुद को स्थापित कर लिया है।

इस क्रम में फ़ूको यह भी दर्शाते हैं कि आधुनिक सत्ता या अनुशासन क़ायम करने वाली व्यवस्था सिर्फ़ लोगों की गतिविधियों पर ही नज़र नहीं रखती बल्कि वह लोगों को उनकी अक्षमता दिखाकर भी नियंत्रित करती है। उनके अनुसार आधुनिक सत्ता समझ, प्रतिभा, सामान्य और असामान्य व्यवहार जैसी कोटियों का निर्माण करती है और जब कोई व्यक्ति इसके द्वारा स्थापित कसौटियों या मानकों पर खरा नहीं उतरता तो व्यवस्था ऐसे व्यक्ति को कमतर या असामान्य घोषित करने का मौक़ा नहीं चूकती। इस संदर्भ में फ़ूको यह याद दिलाना नहीं भूलते कि आधुनिक समाज की इन अनुशासनकारी संस्थाओं का यह रवैया किसी तरह के प्रतिशोध से नहीं बल्कि सुधार से प्रेरित होता है। इसका अंतिम लक्ष्य यह होता है कि व्यक्ति समाज की प्रदत्त कसौटियों या मानकों को स्वीकार कर ले। ग़ौर करें कि समाज की मान्यताओं के ज़रिये अनुशासन क़ायम करने का यह ढंग न्यायिक दण्ड की उस व्यवस्था से ख़ासा अलग है जिसमें किसी व्यक्ति को सिर्फ़ इस आधार पर दण्डित किया जाता था कि उसका कृत्य क़ानून सम्मत है या नहीं। ऐसे किसी फ़ैसले में यह नहीं कहा जाता था कि व्यक्ति सामान्य है या असामान्य। लेकिन आधुनिक समाज शैक्षिक कार्यक्रमों, चिकित्सा के तौर-तरीक़ों तथा उद्योग व उत्पादों के मामलों में कुछ निश्चित मानक स्थापित करने पर ज़ोर देता है और इन मानकों का वर्चस्व इतना चौतरफ़ा होता है कि व्यक्ति का व्यवहार और व्यक्तित्व उन्हीं के हिसाब से ढलने लगता है।

आधुनिक सत्ता की निर्णायक व्यापकता को फ़ूको परीक्षा प्रणाली और चिकित्सा के क्षेत्र में रोगी की जाँच-पड़ताल के ज़रिये उजागर करते हुए यह अहम सूत्र प्रतिपादित करते हैं कि ज्ञान मुक्तिकारी तत्त्व न होकर सत्ता का ही एक रूप होता है। उनके अनुसार जब किसी व्यक्ति से परीक्षा में कोई बात पूछी जाती है या रोगी से उसके स्वास्थ्य के ब़ारे में जानकारी देने को कहा जाता है तो इससे परीक्षा और चिकित्सा तंत्र के व्यवस्थापकों को व्यक्ति के व्यवहार को नियंत्रित करने का अधिकार मिल जाता है। इस मामले में परीक्षा की प्रणाली तथा रोग की जाँच-पड़ताल दोनों ही व्यक्ति से संबंधित जानकारियों का दस्तावेज़ तैयार करने पर ज़ोर देती हैं ताकि इस आधार पर वह व्यक्ति को किसी ख़ास श्रेणी— शैक्षिक लिहाज़ से कुशाग्र, मेहनती, सामान्य आदि तथा रोग के संदर्भ में स्वस्थ, सामान्य या गम्भीर आदि में रख सके। दिलचस्प बात यह है कि इस तरह परीक्षा और रोग की जाँच-पड़ताल की यह व्यवस्था जहाँ व्यक्ति से जुटायी गयी जानकारियों के आधार पर श्रेणियों, औसत प्रवृत्तियों या मानकों का निर्माण करके उन्हें ज्ञान की वृद्धि के लिए इस्तेमाल करती है तो दूसरी ओर व्यक्ति को जाँचने की यह व्यवस्था उसे वैज्ञानिक अध्ययन के लिए एक उदाहरण भी बना देती है, जिसे ज़रूरत के अनुसार स्वास्थ्य संबंधी देखभाल का पात्र भी घोषित किया जा सकता है। फ़ूको स्पष्टता के साथ कहते हैं कि देखभाल करना केवल सत्कर्म नहीं होता। वह दूसरे को नियंत्रित करने का अवसर भी होता है।

फ़ूको का यौनिकता संबंधी अध्ययन *द हिस्ट्री ऑफ़ सेक्शुअलिटी : ऐन इंट्रोडक्शन* (1976) उनके इस सूत्रीकरण का एक अन्य दृष्टांत पेश करता है कि सत्ता और अनुशासन के रूप व्यक्ति के अंतर में पैठकर एक समय बाद उसके स्वभाव में शामिल हो जाते हैं और वह उन्हें किसी दमनकारी सत्ता के निर्देश के बग़ैर ख़ुद अपनी मर्ज़ी से अपने आत्म का हिस्सा बना लेता है। इस किताब में फ़ूको यौनिकता की आधुनिक समझ का जायज़ा लेते हुए विक्टोरियाई काल में स्त्री और बच्चों की यौनिकता के साथ यौनिकता के असामान्य रूपों तथा यौन अपराधों से जुड़े चिकित्सकीय व मनोवैज्ञानिक विमर्शों की पड़ताल करते हुए यह दिखाते हैं कि इन विमर्शों का मुख्य उद्देश्य यौनिकता के ऐसे रूपों को रेखांकित करना था जो संतानोत्पत्ति के लक्ष्य से मेल नहीं खाते थे। इन विमर्शों का प्रभाव इतना ज़बरदस्त था कि व्यक्ति को समझने के लिए यौनिकता को मुख्य आधार माना जाने लगा। समाज और व्यक्ति दोनों ही यह मानने लगे कि यौनिकता के संबंध में आत्मस्वीकारोक्ति व्यक्ति के समूचे सत्य को उजागर कर देती है। लेकिन फ़ूको मानते हैं कि यौनिकता के विचलन को उद्घाटित करने की यह ग्रंथि व्यक्ति के आत्म के बारे में कोई इज़ाफ़ा नहीं करती। इसके उलट वह हमें अनुशासनकारी सत्ता के जाल में फाँस लेती है, क्योंकि

यौनिक अपराध की आत्मस्वीकृति से शुरू हुआ यह सिलसिला अब व्यक्ति को कई मुक़ामों में घेरने लगता है। आत्म-स्वीकृति के विभिन्न रूप व्यक्ति के आत्म में इस तरह समा जाते हैं कि एक समय बाद वह यह समझ ही नहीं पाता कि वह जिसे सहज व्यवहार मान रहा है वह असल में सत्ता का प्रभाव है। इस विश्लेषण के आधार पर अंत में फ़ूको यह स्थापना करते हैं कि समाज पर नियंत्रण स्थापित करने की प्रक्रिया प्रत्यक्ष दमन के साथ इस बात पर भी टिकी होती है कि ख़ुद हम भी सामान्य दिखने की चाह से घिरे होते हैं।

एकबारगी सत्ता के इस अनुशासनकारी वर्चस्व में व्यक्ति की निजी भूमिका का यह विवरण उसे विकल्पहीन सा करता दिखता है लेकिन अपने परवर्ती लेखन में फ़ूको इस बात की ओर भी इशारा करते हैं कि व्यक्ति सत्ता और अनुशासन की इन ताक़तों को आत्मसात् करने से कैसे बच सकता है। इस संदर्भ में वे कांट की रैशनॅलिटी की सार्वभौमिक धारणा का खण्डन करते हुए यह प्रतिपादित करते हैं कि रैशनेलिटी का कोई एक ऐतिहासिक रूप स्थिर नहीं किया जा सकता। लिहाज़ा व्यक्ति को अपनी पहचान और दुनिया की हर सहज लगने वाली चीज़ को प्रश्नांकित करना चाहिए। प्रसंगवश, फ़ूको की अनेक रचनाएँ इंगित करती हैं कि ऐसे मसलों की परख में इतिहास एक अहम औज़ार बन सकता है।

फ़ूको के बौद्धिक अवदान पर समग्रता में विचार करें तो उनके कृतित्व ने चिकित्सा, यौनिकता, दण्ड और विक्षिप्तता जैसे विषयों पर जमे ज्ञानोदय के उस कुहासे को छाँटने में मदद की है जो सार्वभौमिकता के बहाने व्यापक स्वीकृति हासिल करके मनुष्य की स्वतंत्रता में बाधक बन गया था। आज अगर हम इन सामाजिक परिघटनाओं और वर्जनाओं को अपरिवर्तनीय सत्य न मानकर इतिहास के प्रवाह का एक बिंदु भर मानते हैं तो इसके पीछे फ़ूको का मौलिक लेखन ही है। उनका कृतित्व उन सारी बंदिशों, बेड़ियों, प्रतिबंधों, वर्जनाओं और निषेधों को निरावृत करने की प्रेरणा देता है जो आदर्शों, अवधारणाओं और कसौटियों की शक्ल में मनुष्य की चेतना में विन्यस्त हो गया है।

लेकिन फ़ूको के अध्येताओं का मानना है कि अपनी समस्त अग्रगामिता और नवोन्मेष के बावजूद उनका लेखन साक्ष्यों के मामले में पूर्वाग्रहों से मुक्त नहीं हो पाता। इसलिए कई बार उनकी व्याख्या चयनित सामग्री से छिटकी हुई दिखायी पड़ती है। रोम और यूनानी संस्कृति के विद्वानों का कहना है कि इन क्षेत्रों से संबंधित फ़ूको के अध्ययन में त्रासदी, हास्य, कविता आदि की समझ दुरुस्त नहीं है। उन पर यह आरोप भी लगाया जाता है कि वे अपने तर्क को आवेशपूर्ण ढंग से पेश करके उसे ज़्यादा विश्वसनीय बनाने की कोशिश करते हैं। कुल मिलाकर फ़ूको के कृतित्व की आलोचना मुख्यत: इन सवालों के इर्द-गिर्द रखी जा सकती है: एक, क्या मध्ययुग और रिनेसाँ को तर्क और भावना का आपसी संवाद माना जा सकता है या ज्ञानोदय से उपजी रैशनैलिटी महज़ सामाजिक नियंत्रण की इच्छा से ही प्रेरित थी।

फ़ूको के कृतित्व को युगांतरकारी मानने वाले विद्वानों को भी लगता है कि उनके चिंतन और दृष्टिकोण की कतिपय ख़ामियों से ज़्यादा अहम यह तथ्य है कि उनके विचारों और सूत्रों को या तो नारेबाज़ी और सांस्कृतिक अध्ययन की ख़ास ढंग की शब्दावली में सीमित कर दिया गया है या फिर उसे इतना आमफ़हम बना दिया गया है कि वह अपनी आब ही खो बैठा है। इसलिए कई विद्वानों का आग्रह है कि फ़ूको के कृतित्व को दुबारा और नये सिरे से पढ़ा जाना चाहिए।

मिशेल फ़ूको का जन्म 15 जून, 1926 को पोइटियर्स, फ्रांस में हुआ था। उनके पिता चिकित्सक थे। ईकोल नारमेल सुपीरियर में दर्शन और मनोविज्ञान की शिक्षा लेने के बाद वे स्वीडन, पोलैण्ड और जर्मनी में अकादमीय पदों पर रहे। इसी दौरान उन्होंने आधुनिक मनोचिकित्सा पर अपनी डॉक्टरेट पूरी की। इसी का प्रकाशन 1961 में *मैडनेस ऐंड सिविलाइज़ेशन* के रूप में हुआ। इस पुस्तक ने विचारक के रूप में फ़ूको की धाक जमा दी। फ्रांस लौट कर 1969 में वे कॉलेज द फ्रांस में विचार-प्रणालियों के इतिहास के प्रोफ़ेसर बन गये और सारे जीवन इसी पद पर रहे। 25 जून, 1984 को एड्स की बीमारी से उनका निधन हुआ।

देखें : कार्ल मार्क्स, मार्क्सवाद, अस्तित्ववाद, एडमण्ड हसर और घटनाक्रियाशास्त्र, थियोडोर एडोर्नो, फ्रेड्रिख़ नीत्शे-1 और 2, सेक्शुअलिटी, समलैंगिकता, पनोप्टिकॉन, जेरेमी बैंथम।

संदर्भ

1. सी. ओफ़ैरेल (1989), *फ़ूको : हिस्टोरिअन ऑर फ़िलॉसफ़र*, मैकमिलन, लंदन.
2. आर्नल्ड डेविडसन (सम्पा.) (1997), *फ़ूको ऐंड हिज़ इंटरलॉक्युटर्स*, शिकागो, युनिवर्सिटी ऑफ़ शिकागो प्रेस.
3. एच. ड्रेफ़स और पी. रैबिनॉव (1983), *मिशेल फ़ूको : बियॉन्ड स्ट्रक्चरलिज़म ऐंड हर्मेन्यूटिक्स*, दूसरा संस्करण, युनिवर्सिटी ऑफ़ शिकागो प्रेस, शिकागो.
4. डेविड हॉय (सम्पा.)(1986), *फ़ूको : अ क्रिटिकल रीडर*, ऑक्सफ़र्ड, ब्लैकवेल.

— नरेश गोस्वामी

मीडिया-अध्ययन

(Media Studies)

मीडिया-अध्ययन के उभार और मास-सोसाइटी के सिद्धांत के बीच गर्भनाल का रिश्ता है। बीसवीं सदी के मध्य में मास-सोसाइटी (जन-समाज या जनपुंज समाज) पर चिंतन की शुरुआत हुई। विद्वानों को लगा कि पश्चिमी औद्योगिक समाजों में अविभेदित और विवेकहीन यांत्रिक समरूपता, धर्म और परम्परा के ह्रास, परायेपन के एहसास, नैतिक मूल्यों के प्रति उदासीनता, पारिवारिक और सामुदायिक बंधनों की उत्तरोत्तर दुर्बलता का बोलबाला होता जा रहा है। इस प्रक्रिया से एक ऐसे समाज की रचना हो रही है जो कला, साहित्य, संगीत, दर्शन और विज्ञान में रुचि रखने में अक्षम हो गया है। उन्हें यह भी लगा कि समाज की इस स्थिति और बड़े पैमाने पर श्रोताओं, पाठकों और दर्शकों को सूचना और मनोरंजन संबंध उत्पादों की सप्लाई करने वाले मास-मीडिया के बीच गहरा संबंध है। मीडिया-उद्योग जन-रुचि के निकृष्टतम मानकों को मनोरंजन की सामग्री का आधार बनाता है और उसकी पूरी तरह से समरूप और सपाट अभिव्यक्तियाँ परोसी जाती हैं जिससे पारम्परिक और स्थानीय सांस्कृतिक बहुलता नष्ट होती है। यह सामग्री अपने उपभोक्ताओं के भीतर एक तरह की जज़्बाती अनुक्रिया पैदा करती है जिसके असर में वे मीडिया द्वारा थमाये गये संदेश की बुद्धिसंगत विवेचना नहीं कर पाते।

मीडिया को बेहद शक्तिशाली मानने और उसके उपभोक्ताओं को पूरी तरह से निष्क्रिय शिकारों के रूप में ग्रहण करने वाले इस विचार के फलस्वरूप जो शुरुआती जाँच-पड़ताल हुई वह आनुभविक (इम्पिरिकल) क़िस्म की थी। उसका मक़दस व्यक्ति और समाज पर मीडिया के हानिकारक प्रभावों को रेखांकित करना था। इन अनुसंधानों ने दिखाया कि किस तरह मीडिया हिंसा को बढ़ावा देकर समाज में नैतिक संकट पैदा कर रहा है, और विचारधारा (विशेष तौर से मार्क्सवादी) के प्रचार का औज़ार बन कर लोकतंत्र को संकटग्रस्त बनाने की भूमिका निभा रहा है। मीडिया-अनुसंधान के इस दौर को 'इफ़ेक्ट रिसर्च' के नाम से भी जाना जाता है।

द्वितीय विश्व-युद्ध के बाद मीडिया-अध्ययन का दूसरा और अधिक परिष्कृत दौर आया जिस पर समाजशास्त्रीय प्रकार्यवाद (फ़ंक्शनलिज़म) की छाप थी। इसे 'यूज़िज़ ऐंड ग्रेटिफ़िकेशन' रिसर्च के नाम से जाना जाता है। इसके विद्वानों की मान्यता यह थी कि मीडिया का उपभोक्ता न तो समरूप है और न ही बौद्धिक रूप से निष्क्रिय। उसकी संरचना विविधतामूलक है। विभिन्न सामाजिक और भौतिक परिस्थितियों के कारण उसकी आवश्यकताएँ भी तरह-तरह की हैं। विद्वानों ने देखा कि इस तरह के उपभोक्ता पर मीडिया तीन तरह के प्रभाव डाल रहा है : उसकी सामग्री के उपभोग के ज़रिये व्यक्ति रोज़मर्रा की ज़िंदगी के दबावों और तनावों से कुछ राहत महसूस करता है जो अपने-आप में कोई अवांछित बात नहीं है, मीडिया-कार्यक्रमों के माध्यम से निजी संबंधों और सामाजिक मेल-जोल संबंधी मदद मिल रही है, और व्यक्ति की निजी अस्मिता गढ़ने में भी मीडिया की भूमिका है क्योंकि उसके कार्यक्रम अक्सर निजी मूल्यों को पुष्ट करते नज़र आते हैं।

पचास के दशक में मीडिया-सिद्धांत का कनाडियन स्कूल उभरा जिसके शीर्ष पर हैरल्ड इनिस और मार्शल मेकलुहन का चिंतन था। इनिस ने मीडिया को दो हिस्सों में बाँट कर देखा : पहला, वह मीडिया जिसे आसानी से स्थानांतरित नहीं किया जा सकता (जैसे मिट्टी और पत्थर की रचनाएँ) लेकिन जो बहुत टिकाऊ होता है और लम्बी अवधियों तक परम्परा के पुनरुत्पादन की भूमिका निभाता रहता है। दूसरा, वह मीडिया (जैसे काग़ज़) जो टिकाऊ तो नहीं होता, पर जिसे आसानी से एक जगह से दूसरी जगह ले जाया जा सकता है। मीडिया के इस रूप का इस्तेमाल बड़े-बड़े भू-क्षेत्रों पर प्रशासकीय और राजनीतिक प्राधिकार की पुष्टि के लिए किया जाता है। मार्शल मेकलुहन का कहना था कि मीडिया-प्रौद्योगिकियों ने मानवीय संज्ञान पर बुनियादी असर डाला है। छपे हुए शब्द का बोलबाला होने से वाचिक संचार-परम्परा के मुक़ाबले दृष्टि की अहमियत बहुत बढ़ गयी क्योंकि सूचनाओं को रैखिक, समरूप और असीमित दोहराव के साथ पेश किया जाने लगा। मानवीय बोध और ज्ञान के अलग-अलग ख़ाने बन गये। विशेषज्ञता का ज़माना आया। विचार उत्तरोत्तर मानकीकृत और विश्लेषणपरक होने लगे। मुद्रण-संस्कृति ने पढ़ने की क्रिया को एकांत और मौन के दायरे में पहुँचा दिया जिससे व्यक्तिवाद को बढ़ावा मिला। इस संस्कृति को पहली चुनौती इलेक्ट्रॉनिक मीडिया से मिली। मुद्रित-मीडिया फिर भी दिक् और काल से बँधा हुआ था, पर इलेक्ट्रॉनिक मीडिया ने इन सीमाओं को पूरी तरह से नकार दिया। इसके प्रभाव में आधुनिक जीवन विभिन्न स्थानिकताओं और समयावधियों से आने वाली सूचनाओं और विश्लेषणों के निरंतर बदलते हुए विन्यास से आच्छादित हो गया। आधुनिक जीवन पर मीडिया के प्रभाव और उसके भूमण्डलीय विस्तार को व्यक्त करने वाले दो फ़िकरे ('मीडियम इज़ द मैसेज' और 'ग्लोबल विलेज') मेकलुहन की ही देन हैं।

सत्तर के दशक तक मेकलुहन के सूत्रीकरणों पर चर्चा कम होने लगी और टेलिविज़न के इर्द-गिर्द नया चिंतन शुरू हुआ। दूसरी तरफ़ मीडिया-उत्पादन की व्यावसायिक

संरचनाओं की जाँच-पड़ताल शुरू हुई। देखा गया कि किस तरह मीडिया-सामग्री की रचना-प्रक्रिया और सार-वस्तु उसके भौतिक आधार से तय होती है; मीडिया-उद्योग पर किसका क़ब्ज़ा है और वह बहुराष्ट्रीय पूँजीवाद से कैसे जुड़ा हुआ है। मीडिया-सामग्री को टेक्स्ट के रूप में देख कर उसकी तहें खोलने वाले पाठालोचन की शुरुआत भी इसी दौरान हुई। लक्षणशास्त्र (सीमियोटिक्स) के बढ़ते हुए प्रभाव के कारण मीडिया के उपभोक्ताओं का पुनः मूल्यांकन किया गया। बरमिंघम सेंटर फ़ॉर कंटेम्परेरी कल्चरल स्टडीज़ में स्टुअर्ट हाल के नेतृत्व में हुए अध्ययनों ने नयी ज़मीन तोड़ी। इनके आधार पर समझ यह बनी कि दर्शकगण अपने सामने परोसी गयी मीडिया-सामग्री का जो तात्पर्य ग्रहण करते हैं वह ज़रूरी नहीं कि उस सामग्री की रचना करने वालों के विचारधारात्मक उद्देश्यों के मुताबिक़ ही हो। इन सूत्रीकरणों की सफलता बताती है कि मीडिया-अध्ययन में संस्कृति-अध्ययन के अनुशासन का ख़ासा हाथ है। दरअसल, दोनों परस्पर-व्यापी हैं।

मीडिया और समकालीन समाज के अंतर्संबंधों को समझने में युरगन हैबरमास और ज्याँ बौद्रिया के विचारों से भी मदद मिली है। हैबरमास को सत्रहवीं-अट्ठारहवीं सदी के युरोप में उभरे पूँजीवादी पब्लिक स्फ़ेयर में सार्वजनिक विवेक से सम्पन्न एक खुले और लोकतांत्रिक समाज की सम्भावनाएँ देखने का श्रेय जाता है। समझा जाता है कि इलेक्ट्रॉनिक मीडिया इस पब्लिक स्फ़ेयर पर पेचीदा क़िस्म का द्वंद्वात्मक प्रभाव डाल रहा है। सांस्कृतिक उपभोग उत्तरोत्तर प्राइवेट दायरे में जा रहा है जिससे पब्लिक स्फ़ेयर की संरचना दरक रही है। उच्चस्तरीय सांस्कृतिक सामग्री की जगह निचले स्तर की वह सामग्री आती जा रही है जिसका मक़सद लोकलुभावन लक्ष्यों को वेधना है। राजनीतिक बहस का स्तर भी गिर रहा है और नीति-निर्माण की प्रक्रिया राजनीतिक नाटकबाज़ी में माहिर नेताओं की भींच में फँस गयी है।

ज्याँ बौद्रिया की विशेषता है कि वे समकालीन पूँजीवाद को आर्थिक विनिमय के अलावा चिह्नों, बिम्बों और निरूपणों के विनियम के सदंर्भ में समझने की कोशिश करते हैं। उनके अनुसार इन परिघटनाओं और वास्तविक जगत के बीच इस क़दर घालमेल हो गया है कि लोगों के असली हितों और आवश्यकताओं को रेखांकित करना मुमकिन ही नहीं रह गया है। मास-मीडिया और ख़ास तौर से टेलिविज़न इन चिह्नों और संकेतों के उत्पादन का मुख्य ज़रिया है। सोफ़े पर बैठ कर चैनल बदलते हुए ज़िंदगी गुज़ार देने वाला व्यक्ति बौद्रिया के अनुसार दुनिया को उपभोग कर सकने वाले टुकड़ों में देखता है। ऐसा दर्शक मीडिया को अपने प्राइवेट स्पेस का अतिक्रमण करने देता है। अंतरंग जीवन की मर्यादाएँ भंग हो कर सार्वजनिक स्पेस में पहुँच जाती हैं। मीडिया का चौबीस घंटे चलने वाले निरंतर कवरेज आलोचनात्मक चिंतन की गुंजाइश सीमित करता चला जाता है। राजनीतिक मत की अभिव्यक्ति सर्वेक्षणों में करवाई जाने वाली हाँ या न में सिमट कर रह जाती है। बौद्रिया का विचार है कि ऐसे मीडिया ने प्रतिरोध की सम्भावनाओं को बहुत कमज़ोर कर दिया है। इसलिए जब तक व्यवस्था में भागीदारी से इनकार न किया जाए, तब तक प्रतिरोध की कोई कोशिश परवान नहीं चढ़ सकती।

देखें : अभिलेखागार, आख्यान, इंटरएक्टिविटी-प्रौद्योगिकीय विमर्श, इंटरएक्टिविटी-सामाजिक विमर्श, इंटरफ़ेस, एक्टर-नेटवर्क थियरी, डिजिटल डिवायड, दिन-प्रति दिन के अभिलेखागार, नया मीडिया, नेटवर्क, नेटवर्क सोसाइटी, प्रेस की स्वतंत्रता, प्रोपेगंडा, बाज़ारू संस्कृति, भारत में संचार-क्रांति, भारतीय मीडिया-1, 2 और 3, भारतीय मीडिया स्फ़ेयर, मास मीडिया, मीडिया और राज्य, मीडिया और राजनीति, मीडिया और भारतीय राजनीति, मीडिया-पक्षपात, संचार, संचार-क्रांति, स्मृति और अभिलेखागार, सोशल नेटवर्क विश्लेषण, सूचना, सूचना-समाज, वैकल्पिक मीडिया।

संदर्भ

1. एन. स्टीवेंसन (1995), *अंडरस्टेंडिंग मीडिया कल्चर्स : सोशल थियरी ऐंड मास कम्युनिकेशन,* सेज, लंदन.
2. डी. मेकक्विल (1994), *मास कम्युनिकेशन थियरी : ऐन इंट्रोडक्शन,* सेज, लंदन.
3. एस. जिंजर (1976), *मास सोसाइटी,* मार्टिन रॉबर्टसन, लंदन.
4. ज्याँ बौद्रिया (1990), 'मास मीडिया कल्चर', *रिवेंज ऑफ़ द क्रिस्टल : सलेक्टिड राइटिंग्स ऑन द मॉडर्न ऑब्जेक्ट ऐंड इट्स डेस्टिनी,* 1968-1983, प्लूटो प्रेस, लंदन.

— अभय कुमार दुबे

मीडिया और राज्य

(Media and State)

ऐतिहासिक रूप से मीडिया के विभिन्न रूपों का उद्गम अलग-अलग रहा है। समाचार-पत्र उद्योग अधिकांशतः प्राइवेट सेक्टर में विकसित हुआ है। रेडियो और टीवी के शुरुआती क़दम राजकीय प्रयासों के कारण जमे हैं। कई देशों में ये दोनों प्रसारण-माध्यम आज भी पूरी तरह सरकार के क़ब्ज़े में हैं। कुछ देशों (जैसे भारत) में मिला-जुला नज़ारा है। ऐसे देशों में सरकार और निजी क्षेत्र के टीवी और रेडियो आपस में होड़ करते रहते हैं। कुल मिला कर मीडिया सरकारी हो या निजी क्षेत्र का, उसे राज्य द्वारा बनाये गये नियम-क़ानूनों के तहत ही काम करना पड़ता है। आम तौर

पर आधुनिक राज्य की मीडिया-नीति चाहती है कि मीडिया के विभिन्न रूप लोकतंत्र के मुख्य उसूलों को बुलंद करते रहें, उनकी वजह से सार्वजनिक जीवन में अवसरों की स्वतंत्रता बाधित न हो, शांति-व्यवस्था और राष्ट्रीय सुरक्षा को कोई ख़तरा न पहुँचे। निजी क्षेत्र में मीडिया के प्रबंधक और स्वामी इन नियमों का पालन करने के बदले में सरकार से अपने व्यावसायिक हितों की सुरक्षा की गारंटी माँगते हैं। वे चाहते हैं कि क़ानून-पालन करने का पुरस्कार उन्हें अपनी इजारेदारी बढ़ाने की अलिखित इजाज़त के रूप में मिले। नब्बे के दशक में नये मीडिया के उदय के बाद से राज्य को उसका प्रसारण नियंत्रित करने में काफ़ी दिक़्क़तों का सामना करना पड़ रहा है। इंटरनेट और इंटरएक्टिव मीडिया को क़ानून के तहत लाना राज्य की संस्था के लिए एक बहुत गम्भीर समस्या है। इंटरनेट के आगमन के बाद मीडिया संबंधी नीतियाँ ग्लोबल पैमाने पर बहस-मुबाहिसे का केंद्र बनी हुई हैं।

पश्चिम के विकसित लोकतांत्रिक देशों में सरकार अधिकांशत: मीडिया को स्वामित्व और प्रबंधन के स्तर पर नियंत्रित करने में दिलचस्पी नहीं लेती। लेकिन, इस कथित रूप से नियंत्रणहीनता का मतलब यह नहीं है कि मीडिया सरकारी निगरानी से पूरी तरह मुक्त रहता है। दरअसल, ऐसे देशों में भी मीडिया के विभिन्न हिस्सों को नियंत्रित करने के लिए काफ़ी नफ़ीस क़िस्म की नीतियाँ तैयार की जाती हैं और नियंत्रणकारी संस्थागत ढाँचा खड़ा किया जाता है। मसलन, अख़बारों को सेंसर करने की ज़रूरत आम तौर से नहीं समझी जाती, पर सिनेमा को सेंसर करने के लिए बोर्ड बनाया जाता है। टीवी को सेंसर करने के संस्थागत उपाय अलग से किये जाते हैं। नियंत्रणकारी ढाँचा सरकारी भी होता है, और ग़ैरसरकारी भी। अमेरिका में हॉलीवुड 'सेल्फ़-सेंसर' के उसूल पर काम करता है ताकि उसके व्यावसायिक हित सरकारी हस्तक्षेप से बचे रहें। यह अलग बात है कि यह सेल्फ़-सेंसर वहाँ के संघीय प्रशासन की मर्ज़ी के ख़िलाफ़ नहीं जा सकता। मीडिया की शक्ल-सूरत पर हमेशा से क़ानून द्वारा भरे गये रंगों की छाप रही है। राज्य का मॉडल अगर संघीय क़िस्म का है तो एक ही देश में मीडिया का संचालन अलग-अलग क़िस्म के क़ानूनों के मुताबिक़ होता है। कहीं-कहीं मीडिया को स्थानीय नगर निकायों द्वारा बनाये गये क़ानूनों तक का पालन करना पड़ता है।

इंटरनेट के लोकप्रिय होने से पहले क़ानून मुख्यत: पाँच तरह से मीडिया को नियंत्रित करता था : मानहानि क़ानून, कॉपीराइट एक्ट, सेंसरशिप, प्रसारण क़ानून और मीडिया स्वामित्व संबंधी क़ानून। मानहानि क़ानून का सीधा मतलब है मीडिया की किसी भी अभिव्यक्ति के ज़रिये किसी व्यक्ति की प्रतिष्ठा को ठेस लगने के ख़िलाफ़ अदालत की शरण में जाने का प्रावधान। कॉपीराइट एक्ट बौद्धिक सम्पदा क़ानून का हिस्सा होता है जिसके तहत किसी कृति के मूल रचनाकार के अधिकारों की हिफ़ाज़त की जाती है ताकि अख़बार, टीवी और रेडियो पर बिना उसकी इजाज़त के या बिना पूरा मुआवज़ा दिये उसका इस्तेमाल न किया जा सके। सेंसरशिप का मक़सद किसी भी तरह की विवादास्पद, अश्लील या राज्य की सुरक्षा के लिए ख़तरा बन सकने वाली सामग्री को प्रसारित होने से रोकना है। इसके लिए सेंसर करने वाले अधिकारी कुछ आचरण संहिताएँ बनाते हैं जिनका पालन करना पड़ता है। फ़िल्मों को तो सेंसर करने वाली संस्थाओं से नियमित रूप से सार्वजनिक प्रदर्शन से पहले प्रमाणपत्र हासिल करने पड़ते हैं। प्रसारण क़ानून विनियमकारी संस्थाओं और क़ानून आधारित नियमों के संयोग पर चलता है। मीडिया के स्वामित्व संबंधी नियमों का पालन सरकारों द्वारा काफ़ी सख़्ती से कराया जाता है। यह अलग बात है कि इसके बावजूद वे अपने मक़सद में कामयाब नहीं हो पातीं। अमेरिका में एंटी-ट्रस्ट क़ानून है जिसका उद्देश्य मीडिया-उद्योग को इजारेदारी में फँसने से रोकना है। लेकिन कुछ शुरुआती कामयाबियों के बाद यह क़ानून ऐसा करने में नाकाम रहा। भारत में आज़ादी के बाद से विदेशी पूँजी को मीडिया के क्षेत्र में घुसने की इजाज़त नहीं थी। लेकिन अब यह स्थिति बदल चुकी है।

नये मीडिया के उदय ने 'मीडियास्फ़ेयर' की धारणा को जन्म दिया है। नयी प्रौद्योगिकियों के दोहरे फलितार्थ हुए हैं : एक तरफ़ तो सार्वजनिक जीवन काफ़ी-कुछ मीडिया आधारित हो गया है। माना जाता है कि मीडियास्फ़ेयर के रूप में उसने पब्लिक स्फ़ेयर को अपने आगोश में ले लिया है। दूसरी तरफ़ सरकार और बाज़ार की भूमिकाओं को लेकर बहस शुरु हो गयी है। इसमें एक पहलू यह है कि क्या सरकार को एक विविधामूलक, सार्वभौम और स्वस्थ्य मीडियास्फ़ेयर की गारंटी करने के लिए सक्रिय काम करना चाहिए? दूसरा सवाल यह है कि क्या इस लक्ष्य को साधने के लिए बाज़ार की क्षमताओं पर भरोसा करना मुनासिब नहीं होगा?

चूँकि नये मीडिया के तहत पहले से चली आ रही अलग-अलग प्रौद्योगिकियों का 'कनवर्जेंस' हो गया है, इसलिए मीडिया को सभी तरह के सरकारी बंधनों से मुक्त करने के पक्ष में एक प्रौद्योगिकीय आग्रह खड़ा हो गया है। इसके केंद्र में तर्क यह है कि सरकार अब किसी भी तरीक़े से प्रसारण को नियंत्रित कर ही नहीं सकती। क्या कोई देश इंटरनेट प्रसारण को अपनी मर्ज़ी से चला सकता है? हो सकता है कि वह कुछ वेबसाइट्स को आपत्तिजनक मान कर 'ब्लॉक' कर दे, या ज़रूरत पड़ने पर कम्प्यूटर स्क्रीन पर नेट-सर्फ़िंग पर पाबंदी लगाने में भी सफल हो जाए। लेकिन उस सूरत में उपभोक्ता इंटरएक्टिव टेलिविज़न के ज़रिये नेट की सेवाएँ प्राप्त कर लेंगे। अब तो कनवर्जेंस ने उपभोक्ता के हाथ

में पकड़े हुए मोबाइल को भी एक ताक़तवर कम्प्यूटर में बदल दिया है।

इन्हीं समस्याओं को ध्यान में रख कर नब्बे के दशक से ही विकसित पश्चिमी देशों की सरकारें ऐसे ब्लूप्रिंट और रणनीतियाँ बनाने में लगी हुई हैं जिनके आधार पर वे सूचना-अर्थव्यवस्था में सार्थक हस्तक्षेप और भागीदारी कर सकें। अमेरिका ने इस तरह की मीडिया पॉलिसी का एक अनुमानित ढाँचा तैयार किया है जिसे नैशनल इनफ़ॉर्मेशन इन्फ्रास्ट्रक्चर (एनआईआई) की संज्ञा दी जाती है। यह ढाँचा पाँच बुनियादी आधारों पर खड़ा है : निजी पूँजी निवेश, बाज़ार की स्पर्धा, आर्थिक प्रगति, लोकतंत्र को प्रोत्साहन और पर्यावरण संबंधी मुद्दों के बेहतर हल। प्रेक्षकों का ख़याल है कि ये पाँचों आधार तेज़ी से अंतर्राष्ट्रीय स्तर पर भी स्वीकृत होते जा रहे हैं। हो सकता है कि जल्दी ही दुनिया की कई सरकारें सूचना-अर्थव्यवस्था में सहभागिता का आधारभूत ढाँचा इसी तर्ज़ पर बनाती नज़र आयें।

देखें : अभिलेखागार, आख्यान, इंटरएक्टिविटी-प्रौद्योगिकीय विमर्श, इंटरएक्टिविटी-सामाजिक विमर्श, इंटरफ़ेस, एक्टर-नेटवर्क थियरी, डिजिटल डिवायड, दिन-प्रति दिन के अभिलेखागार, नया मीडिया, नेटवर्क, नेटवर्क सोसाइटी, प्रेस की स्वतंत्रता, प्रोपेगंडा, बाज़ारू संस्कृति, भारत में संचार-क्रांति, भारतीय मीडिया-1, 2 और 3, भारतीय मीडिया स्फ़ेयर, मास मीडिया, मीडिया और राजनीति, मीडिया और भारतीय राजनीति, मीडिया-पक्षपात, मीडिया-अध्ययन, संचार, संचार-क्रांति, स्मृति और अभिलेखागार, सोशल नेटवर्क विश्लेषण, सूचना, सूचना-समाज, वैकल्पिक मीडिया।

संदर्भ

1. आर. कोलिंस और सी. मुरोनी (1996), *न्यू मीडिया, न्यू पॉलिसीज़,* पॉलिटी प्रेस, केम्ब्रिज, 1996

— अभय कुमार दुबे

मीडिया और राजनीति

(Media and Politics)

मीडिया के राजनीति पर बढ़ते हुए प्रभाव का अंदाज़ा इस बात से लगाया जा सकता है कि आजकल समाज-विज्ञान में *मीडियाटाइज़ेशन ऑफ़ पॉलिटिक्स* का फ़िकरा प्रचलित हो गया है। विश्लेषकों ने मीडिया के दोनों हिस्सों, प्रिंट और इलेक्ट्रॉनिक, के कारण राजनीतिक प्रक्रिया में अहम तब्दीलियों की शिनाख़्त की है। मीडिया ने राजनीतिक नेतृत्व की रचना पर अपनी विशिष्ट छाप छोड़ी है। एक तरफ़ तो समाज-वैज्ञानिकों ने राजनीतिक व्यवहार (जैसे, मतदान संबंधी रुझान) का अध्ययन करने के उपकरण की तरह उसका इस्तेमाल किया है, दूसरी तरफ़ मीडिया ने राजनीतिक ज्ञान को भी अपनी शर्तों पर संसाधित किया है। पिछले कुछ वर्षों से राजनेताओं और पार्टियों के जनता के साथ संबंधों का विन्यास काफ़ी-कुछ मीडिया पर निर्भर होता जा रहा है। राजनीतिक संदेश मीडिया के ही ज़रिये और उसी की भाषा में, चाहे वह शब्दों की हो या बिम्बों की, तैयार होते हैं। मीडिया ही उनके वाहक की भूमिका निभाता है, अर्थात् वही उन्हें व्यक्त भी करता है। ये सिलसिले मीडिया के मुद्रित रूपों के ज़माने में भी थे, लेकिन बहुत सीमित रूप में। टीवी के उभार ने राजनीति और मीडिया के रिश्ते में रैडिकल परिवर्तन कर दिया है। हालाँकि युरोपीय देशों और भारत में भी टीवी पर कई तरह के सरकारी नियंत्रण हैं, लेकिन उनके बावजूद इलेक्ट्रॉनिक मीडिया ने खोजी पत्रकारिता के बेहद आक्रामक रूपों (जैसे, स्टिंग ऑपरेशन) का इस्तेमाल करके ख़ुद को राजनीति करने के औज़ार में बदल लिया है। दूसरे, मीडिया केवल ख़बरिया चैनलों के ज़रिये ही राजनीति में हस्तक्षेप नहीं करता, बल्कि वह मध्यवर्ग को सम्बोधित करने वाली लोकप्रिय संस्कृति के माध्यम से भी राजनीति पर असर डालता है।

मीडिया और राजनीति के परस्पर संबंधों के बारे में एक सवाल यह पूछा जा सकता है कि मीडिया अपनी तरफ़ से राजनीति के पास जाता है, या राजनीति उसके पास आती है? समझा जाता है कि यह रिश्ता ख़ास तौर से उस समय परवान चढ़ना शुरू हुआ जब सरकारों और उनके प्रमुख कारकुनों ने मीडिया का दो तरह से प्रयोग करना शुरू किया: जनमत और उसके रुझानों की जानकारी हासिल करने के लिए, और चुनाव के दौरान प्रचार के मक़सद से। सत्तर और अस्सी के दशकों में राजनीतिशास्त्र और समाजशास्त्र के दायरों में 'राजनीतिक संचार' के अध्ययन को उत्तरोत्तर अकादमीय मान्यता मिली। विद्वानों ने द्वितीय विश्व-युद्ध के बाद के दौर में राजनीतिक संचार की प्रक्रिया को तीन चरणों में विकसित होते हुए दिखाया। पहला चरण पचास के दशक तक चला जिसमें राजनीतिक संचार संस्थागत प्रणालियों और स्थाई क़िस्म की राजनीतिक निष्ठाओं के हिसाब से होता था। इस दौरान प्रिंट मीडिया का ही ज़्यादातर बोलबाला रहा। दूसरा चरण साठ के दशक से शुरू हो कर अस्सी तक चला। यह टीवी के प्रसार का ज़माना था। पारम्परिक राजनीतिक निष्ठाओं के क्षरण से परेशान राजनीतिक शक्तियों को इस दौर में टीवी से सहारा मिला। उन्होंने देखा कि वे अपने छूटे हुए समर्थन आधार की भरपाई जनता के उन नये तबक़ों तक पहुँच से कर सकती हैं जो टीवी के कारण उन्हें मुहैया हुई

है। प्रिंट मीडिया केवल शिक्षित और मोटे तौर पर मध्यवर्गीय समाज का माध्यम था, लेकिन टीवी शिक्षा द्वारा निर्धारित सीमाओं के परे चला गया। उसने ग़रीब और अशिक्षित तबक़ों तक राजनीतिक संदेश पहुँचाने का अभी तक अनुपलब्ध आश्वासन दिया। टीवी की ताक़त का एहसास होना शुरू हुआ कि वह किस तरह राजनीति के प्रस्तुतीकरण और उसके देश-काल पर अपनी भाषा आरोपित कर सकता है। तीसरा चरण नब्बे के दशक से शुरू हुआ। इस ताज़े चरण का पहला उल्लेखनीय पहलू था जनमत का पता लगाने और उसे गढ़ने की पेशेवराना महारत और मीडिया द्वारा राजनीतिक संचार को अपने हिसाब से चलाने की कोशिश। इसका दूसरा पहलू था लोकलुभावन राजनीति के मीडियाकृत रूप जिनका उपभोग भी मीडिया के उत्तरोत्तर प्रसार और प्रौद्योगिकीय उन्नति पर निर्भर था। नब्बे के दशक के मध्य में जैसे ही एनॉलॉग की जगह डिजिटल और उपग्रहीय चैनल आये, मीडिया द्वारा परोसी जाने वाली राजनीतिक सामग्री का भूमण्डलीकरण हो गया जिससे राजनीतिक संचार के कुछ सार्वभौम रूप पैदा हुए जो इससे पहले के ज़माने में नामुमकिन थे।

आज मीडिया राजनीतिक ज्ञान और सूचना का प्रमुख स्रोत बन चुका है। नागरिक राजनीतिक प्रक्रियाओं और मसलों के बारे में मीडिया के ज़रिये ही जानकारियाँ हासिल करते है। उनके द्वारा की गयी समीक्षाएँ और उनके आधार पर बनायी गयी समझ भी मीडिया द्वारा मुहैया करायी गयी सामग्री और सुरागों पर निर्भर होती है। इसी जगह प्रश्न यह उठता है कि क्या राजनीति का यह मीडियाकरण समाज को एक ज्ञान और सूचनासम्पन्न नागरिक की तरफ़ ले जा रहा है। भारत में तो इसका पता बताने वाला कोई अध्ययन हुआ ही नहीं है, लेकिन अमेरिका में हुए एक अध्ययन ने राजनीति में मीडिया के इस हस्तक्षेप के ऐसे वांछित परिणाम निकलने पर शंका व्यक्त की है। इस अध्ययन से ऐसे नागरिकों पर रोशनी पड़ी है जो राजनीतिक सूचना और राजनीतिक कार्रवाई में कोई ख़ास रुचि नहीं दिखाते, बल्कि निरपेक्ष भाव से केवल घटनाओं पर नज़र रखे रहते हैं ताकि जब उनके अपने हित का कोई मसला आये तो स्वयं को राजनीतिक गोलबंदी के लिए प्रस्तुत कर सकें। ऐसे नागरिकों को मॉनिटोरियल सिटीज़न की संज्ञा दी गयी है।

जहाँ तक राजनीतिक ज्ञान की रचना का सवाल है, मीडिया दो तरह इस प्रक्रिया पर प्रभाव डालता है। वह अपने पाठक और दर्शक को राजनीतिक यथार्थ की समझ बनाने के सुराग देता है। वह उसे अपने औज़ारों द्वारा गढ़े गये तात्पर्य थमाता है, चुनिंदा मनोभावों को स्पर्श देता है और दुनिया को अपने तरीक़े से दिखाने की कोशिश करता है। दूसरे, मीडिया राजनीति का एजेंडा निर्धारित करने की परियोजना चलाता है जिसे मीडिया-अध्ययन की भाषा में एजेंडा सेटिंग कहते हैं। इसके तहत मीडिया ही तय करता है कि उसके ऑडिएंस को क्या जानना चाहिए और क्या नहीं। यानी वह कुछ ख़ास घटनाओं पर विशेष रोशनी डालेगा और कुछ की पूरी तरह से उपेक्षा कर देगा।

राजनीतिक व्यवहार पर मीडिया के असर ने भी समाज-वैज्ञानिकों को काफ़ी आकर्षित किया है। मतदान के रुझानों और मीडिया के संबंध पर विद्वान दो तरह के रवैये में बँटे हुए हैं। एक नज़रिया मानता है कि मीडिया की लगातार ख़ुराक पाने वाले मतदाताओं पर उसका असर सुन्न कर देने वाला होता है, और वे टीवी पर राजनीति के दृश्य देख-देख कर उनकी ऊर्जा का इस क़दर क्षय हो जाती है कि राजनीतिक प्रक्रिया में सक्रिय भागीदारी की उनकी इच्छा मर जाती है। रॉबर्ट पुतनैम ने तो यहाँ तक कहा है कि टीवी नागरिक सक्रियता का निजीकरण कर देता है जिसके कारण उसकी सामाजिक भागीदारी हतोत्साहित हो जाती है। ज़ाहिर है कि मीडिया और राजनीति के रिश्ते पर डाली गयी यह निगाह निराशावादी निष्कर्षों की तरफ़ ले जाती है। लेकिन, दूसरा दृष्टिकोण मानता है कि मीडिया द्वारा किये गये राजनीतिक सूचनाओं के ज़बरदस्त प्रसार से राजनीतिक भागीदारी में उछाल आया है। इन नज़रिये के हामी इलेक्ट्रॉनिक मीडिया में इंटरनेट को भी जोड़ कर चलते हैं। उनके पास बताने के लिए ऐसे कई उदाहरण हैं जिनके ज़रिये वे दिखाते हैं कि सोशल मीडिया के कारण ग्लोबल पैमाने पर कई बार गोलबंदी की गयी है।

नागरिकों के मतदान संबंधी व्यवहार और फिर चुनाव परिणामों पर मीडिया के असर के बारे में भी कई अध्ययन हुए हैं, लेकिन उनसे कोई सर्वमान्य या सार्वभौम क़िस्म का नतीजा नहीं निकला है। चुनाव पर मीडिया के असर में विभिन्न देशों की राजनीतिक संस्कृति, चुनावी व्यवहार की परम्पराएँ, मीडिया के अलग इतिहास और टीवी देखने की अलग आदतों की भूमिका भी होती है। इसी तरह पार्टियों के साथ जनता के विभिन्न तबक़ों की निष्ठा और दलीय प्रणाली का सवाल भी इसमें महत्त्वपूर्ण है।

राजनीतिक विमर्श पर मुख्यतः तीन मीडिया-प्रभावों की शिनाख़्त की गयी है : पहला, इसने राजनीतिक विमर्श को बहस-मुबाहिसे की दुनिया से निकाल कर दर्शन-प्रियता के दायरे में पहुँचा दिया है। राजनीति में नाटकीयता के तत्त्व हमेशा से रहे हैं। टीवी ने इस पहलू को बहुत उभार दिया है। वह बाज़ार में बिक सकने वाले राजनीतिक आयामों को प्रमुखता देता है और राजनेता इस खेल के नियमों को मान कर मीडिया के अनुकूल सम्प्रेषण रणनीतियाँ अपनाते हैं। दूसरा प्रभाव वही है जिसे एजेंडा सेटिंग या एजेंडा शेपिंग का नाम दिया गया है। मीडिया मुद्दे तय कर देता है और फिर राजनेता उन पर बहस से बच नहीं पाते। यह सही है कि

मीडिया ऐसा कर पाने में हमेशा कामयाब नहीं रहता, क्योंकि अलग-अलग जगहों पर सत्ता-संबंधों के संदर्भ में उसका विकास अलग ढंग से होता है। इसी से जुड़ा एक प्रभाव मुद्दों को साउंड बाइट्स में बदलने और मुद्दों को चेहरों में सीमित कर देने से उपजता है। सार्वजनिक मंचों पर होने वाली लम्बी-लम्बी बहसें अब अतीत की बात होती जा रही हैं। टीवी पर आधे घंटे में या एक घंटे में केवल कुछ वाक्यों के ज़रिये ही पूरी बात कहने की कुशलता जिनमें नहीं होती, वे इस मीडियम का दोहन नहीं कर सकते। समाज-वैज्ञानिकों ने टीवी की स्क्रीन पर चमकने वाले नेता के चेहरों और उन चेहरों के बीच काफ़ी फ़र्क़ देखा है जो टीवी-पूर्व सार्वजनिक मंचों पर चमकते थे। वे चेहरे किसी विचारधारा और कार्यक्रम की नुमाइंदगी करते थे, पर टीवी पर चमकने वाले चेहरे अपनी निजी, पेशेवर, सौंदर्यगत या पारिवारिक ख़ूबियों के साथ सामने आते हैं। टीवी द्वारा राजनीति और व्यक्ति के संबंधों के दायरे में यह नयी देन है। तीसरी प्रभाव मीडिया द्वारा राजनीतिक अभिजन की रचना में निभायी गयी भूमिका है। मीडिया एक ऐसा बाहरी एजेंट है जो एक पार्टी को, एक टेलिजेनिक शख़्सियत को अपने नेतृत्व का अंग बनाने पर मजबूर कर सकता है।

देखें : अभिलेखागार, आख्यान, इंटरएक्टिविटी-प्रौद्योगिकीय विमर्श, इंटरएक्टिविटी-सामाजिक विमर्श, इंटरफ़ेस, एक्टर-नेटवर्क थियरी, डिजिटल डिवायड, दिन-प्रति दिन के अभिलेखागार, नया मीडिया, नेटवर्क, नेटवर्क सोसाइटी, प्रेस की स्वतंत्रता, प्रोपेगंडा, बाज़ारू संस्कृति, भारत में संचार-क्रांति, भारतीय मीडिया-1, 2 और 3, भारतीय मीडिया स्फ़ेयर, मास मीडिया, मीडिया और राज्य, मीडिया और भारतीय राजनीति, मीडिया-पक्षपात, मीडिया-अध्ययन, संचार, संचार-क्रांति, स्मृति और अभिलेखागार, सोशल नेटवर्क विश्लेषण, सूचना, सूचना-समाज, वैकल्पिक मीडिया।

संदर्भ

1. शैंटो आयंगार (2004), *इज़ एनीवन रिस्पांसिबिल? हाउ टेलिविज़न न्यूज़ फ्रेम्स पॉलिटिकल इशूज़,* युनिवर्सिटी ऑफ़ शिकागो प्रेस, शिकागो.
2. साराह ओट्स (2008), *इंट्रोडक्शन टु मीडिया ऐंड पॉलिटिक्स,* सेज, थाउज़ेंड ओक्स, कैलिफ़.
3. कैरेन सेंडर्स (2009), *कम्युनिकेटिंग पॉलिटिक्स इन द ट्वेंटी-फ़र्स्ट सेंचुरी,* पालग्रेव, न्यूयॉर्क.
4. जे.जी. ब्लुमलर और डी. कवानाग़ (1999), 'द थर्ड एज ऑफ़ पॉलिटिकल कम्युनिकेशन : इनफ़्लुएंसिज़ ऐंड फ़ीचर्स', *पॉलिटिकल कम्युनिकेशन,* 16.
5. के. लैंग और जी.ई. लैंग (2002), *टेलिविज़न ऐंड पॉलिटिक्स,* टांज़ेक्शन पब्लिशर्स, न्यू ब्रंसविक, एनज.

— अभय कुमार दुबे

मीडिया और भारतीय राजनीति

(Media and Indian Politics)

पश्चिम के विकसित देशों की ही भाँति तेज़ी से विकासशील भारत में भी मीडिया और राजनीति के रिश्तों पर समाज-वैज्ञानिकों ने ग़ौर किया है। इस संबंध के मुख्यत: चार रूप हैं। पहला, मीडिया ने समाज के राजनीतीकरण की प्रक्रिया में गहरा योगदान किया है। दूसरा, राजनीतिक संगठनों ने मीडिया की पहुँच का लाभ उठा कर उसके ज़रिये अपनी विचारधारा और कार्यक्रम का प्रचार करते हुए उसे सत्ता पाने के औज़ार की तरह इस्तेमाल करने की कोशिशें की हैं। तीसरा, मीडिया ने राजनीति में एजेंडा-सेटिंग की भूमिका निभायी है। चौथा, भारतीय राज्य ने मीडिया को प्रत्यक्षत: नियंत्रणों से मुक्त रखते हुए उसकी राजनीतिक भूमिका को विनियमित करने का प्रयास किया है।

भारत में मीडिया के राजनीतिक प्रभाव पर समाज-वैज्ञानिकों की निगाह सत्तर के दशक में चली राजनीतीकरण की सघन प्रक्रिया के दौरान पड़नी शुरू हुई। आपातकाल लागू किये जाने से पहले और उसके बाद के दौर में आम लोगों की राजनीति में बढ़ी रुचि का अध्ययन करते हुए समाज-वैज्ञानिक दो नतीजों पर पहुँचे। पहला, अख़बारों की पाठक संख्या में प्रसार होने से राजनीतीकरण की प्रक्रिया को उछाल मिला, और दूसरा, उस उछाल के कारण अख़बारी पाठकों की संख्या में और बढ़ोतरी हुई। रॉबिन जैफ़री द्वारा किये गये अध्ययन बताते हैं कि अस्सी के दशक में देश के जिन इलाक़ों में राजनीतिक गोलबंदियाँ हुईं, वहाँ समाचार-पत्रों की प्रसार संख्या में ज़बरदस्त उछाल आया। इस तरह उन्होंने राजनीतिक चेतना और मीडिया के प्रसार के बीच सीधा और सकारात्मक रिश्ता स्थापित किया। इस संबंध को पुष्ट करने वाले अध्ययनों का सिलसिला जारी है। 2002 में हुआ एक अध्ययन बताता है कि स्थानीय अख़बारों ने प्राकृतिक विपदाओं के समय राज्य सरकारों की जवाबदेही बढ़ाने की भूमिका निभायी है। इसके अनुसार जिन राज्यों में अख़बारों की खपत ज़्यादा है, वहाँ सरकारें ऐसे मौक़े पर राहत और बचाव का बेहतर प्रदर्शन करती हैं।

मीडिया और भारतीय राजनीति के संबंधों के अध्ययन का दूसरा दौर तब शुरू हुआ जब इलेक्ट्रॉनिक मीडिया का उभार हुआ। प्रिंट मीडिया का असर राजनीतीकरण पर कितना भी सकारात्मक पड़ा हो, पर आख़िरकार वह मँझोली आमदनी वाले शिक्षित तबक़ों और उनके ऊपर के समाज तक ही सीमित था। 1991 में भारतीय टेलिविज़न नेटवर्क जैसे ही सरकारी क़ानून-क़ायदों की जकड़ से छूटा और केबिल

टेलिविज़न प्रसार शुरू हुआ, सात-आठ वर्षों के भीतर ही 555 चैनल अपना प्रसारण करने लगे। इनमें 33 चैनल चौबीस घंटों तक समाचार दिखाने वाले थे। इन चैनलों पर राजनीतिक-आर्थिक बहसें आयोजित होने लगीं और तरह-तरह के सर्वेक्षणों पर आधारित बनते-बिगड़ते जनमत की जानकारी उनके निरंतर बढ़ते हुए दर्शक वर्ग को मिलने लगी। नागरिकों की राजनीतिक समझ पर सीधा प्रभाव डालने वाले ये चैनल ज़्यादातर हिंदी और अंग्रेज़ी में थे, लेकिन प्रमुख क्षेत्रीय और जनपदीय भाषाओं में भी इनका प्रसारण होने लगा। यही दौर इंटरनेट के आगमन का था। 1992 से 2010 के बीच नेट का इस्तेमाल करने वालों की संख्या कुछ नहीं से बढ़ कर आठ करोड़ से ऊपर हो गयी। टीवी और इंटरनेट ने मिल कर राजनीतिक सम्प्रेषण की एकतरफ़ा प्रक्रिया को दोतरफ़ा बनाया, शिक्षित और साधनसम्पन्न दायरों की सीमा को तोड़ दिया, और देखते ही देखते मीडिया का यह रूप भारतीय जनता के लिए राजनीतिक ज्ञान, सूचना, विश्लेषण, सर्वेक्षण और जनमत-निर्माण का प्रमुख स्रोत बन गया।

मीडिया का यह प्रभाव भारतीय राजनीति को किधर ले जा रहा है? टीवी के उभार से पहले अध्येताओं की मान्यता थी कि मीडिया तक भारतीय जनता की असमान पहुँच लोकतंत्र की तात्त्विक गुणवत्ता बढ़ने में बाधा पैदा करती है। दलील दी जाती थी कि इस पहुँच के बढ़ने से मीडिया जन-हित के अभिभावक की भूमिका निभायेगा। आम तौर पर जवाबदेही और नागर समाज की निगरानी बढ़ेगी। टीवी के उभार के बाद पूछा जाने लगा है कि मीडिया जन-हित के जिस अभिभावकत्व का दावा करता है, उसकी लगाम किसके हाथ में है? अर्थात् टीवी चैनलों में किसकी पूँजी लगी है, उनके द्वारा परोसी जाने वाली सामग्री तैयार करते समय किनके हितों का ध्यान रखा जाता है? मीडिया कम्पनियों में राजनेताओं द्वारा किये गये धन के निवेश, क्षेत्रीय चैनलों द्वारा खुल कर किसी पार्टी का प्रचार करने, धन लेकर ख़बरें दिखाने या न दिखाने का फ़ैसला करने और एडवरटोरियल (विज्ञापन और सम्पादकीय टिप्पणी का मिला-जुला संदिग्ध संस्करण) जैसी परिघटनाओं ने मीडिया और भारतीय राजनीति के रिश्ते को ख़ासा पेचीदा बना दिया है। यह पेचीदगी उस समय और बढ़ जाती है जब टीवी के राजनीतिक प्रभाव का विश्लेषण केवल ख़बरिया चैनलों तक ही सीमित नहीं रह जाता। कुछ अध्ययनों में यह दावा भी किया गया है कि मनोरंजन के चैनलों पर दिखाये जाने वाले कार्यक्रमों से भी राजनीति पर दूरगामी क़िस्म के विचारधारात्मक असर पड़ते हैं।

1987 से लेकर 1990 के बीच में टीवी पर *रामायण* और *महाभारत* जैसे धार्मिक धारावाहिक दिखाये गये। इन्हें हर हफ़्ते क़रीब पाँच करोड़ दर्शक देखते थे। अरविंद राजगोपाल ने अपनी रचना *पॉलिटिक्स आफ़्टर टेलिविज़न : रिलीजस नैशनलिज़्म ऐंड द रिशेपिंग ऑफ़ द इण्डियन पब्लिक* में निष्कर्ष निकाला है कि इन धारावाहिकों के लोकप्रिय और सफल प्रसारण का फ़ायदा नब्बे के दशक में चले दक्षिणपंथी हिंदुत्ववादी विचारधारा पर आधारित रामजन्मभूमि आंदोलन को हुआ। ध्यान रहे कि यह उपग्रहीय चैनलों से पहले की परिघटना है, और ये धारावाहिक सरकारी नियंत्रण के तहत काम करने वाले टीवी पर दिखाये गये थे। सरकार ने आर्थिक-सामाजिक विकास पर रोशनी डालने वाले धारावाहिक भी प्रदर्शित किये, लेकिन उनका कोई असर नहीं पड़ा। राजगोपाल के अनुसार धार्मिक धारावाहिकों ने एक गढ़ा गया हिंदू अतीत टीवी दर्शकों को थमाया। इसके कारण बने मानस ने अयोध्या आंदोलन की लोकप्रियता में इज़ाफ़ा किया। धारावाहिकों में जिस तरह से युद्ध के दृश्य दिखाये गये थे, उसी पैटर्न पर राजनीतिक-धार्मिक गोलबंदी की गयी। चाहे अल्पसंख्यक विरोधी दंगे हों, या फिर कार-सेवा के प्रकरण हों, हिंदुओं के बीच अल्पसंख्यकों के अन्यीकरण को इन धारावाहिकों द्वारा बढ़ावा मिला।

राजगोपाल के इन निष्कर्षों पर विवाद होना लाज़मी था। रामजन्मभूमि आंदोलन की भूमिका अस्सी के दशक की शुरुआत से ही बननी शुरू हो गयी थी। हिंदुत्ववादी संगठनों का नेटवर्क इन सीरियलों के दिखाये जाने के पाँच-छह साल से ही अपनी कारिस्तानियों में लगा था। दूसरे, मीडिया द्वारा दिये गये संदेशों और परोसी गयी सामग्री की ग्राहकता पर हुए अध्ययनों की जानकारी रखने वाले विद्वान इन निष्कर्षों से सहमत होने के लिए तैयार नहीं हुए। उनका कहना था कि मीडिया जिस तरह से दिखाता है, लोग उसे किसी एक पूर्व-निर्धारित रूप में न लेकर अलग-अलग ढंग से ग्रहण करते हैं। इस आलोचना की पुष्टि उस समय हुई जब 2003 में भारतीय जनता पार्टी के नेतृत्व वाले सत्तारूढ़ राष्ट्रीय जनतांत्रिक गठजोड़ द्वारा चलाई गयी 'इण्डिया शाइनिंग' मीडिया मुहिम बुरी तरह से नाकाम रही।

यह मुहिम सीधे-सीधे राजनीति को प्रभावित करने के लिए चलाई गयी थी। क़रीब दस करोड़ रुपये ख़र्च करके प्रिंट और इलेक्ट्रॉनिक मीडिया में सभी भारतीय भाषाओं को समेटते हुए यह अभूतपूर्व अभियान किया गया। दिसम्बर, 2003 से जनवरी, 2004 के बीच 9,472 बार टीवी पर इण्डिया शाइनिंग का प्रचार हुआ। प्रिंट मीडिया में (450 राष्ट्रीय और क्षेत्रीय अख़बार) में विज्ञापन दे कर जनता को यह बताने की कोशिश की गयी कि सत्तारूढ़ गठजोड़ की देखरेख में औद्योगिक और खेतिहर मोर्चे पर देश ने भारी प्रगति की है जिसके कारण चारों तरफ़ भारत का सूर्योदय हो रहा है। कुल मिला कर 'इण्डिया शाइनिंग' मुहिम मीडिया के ज़रिये भारत की एक नयी राष्ट्रीय अस्मिता गढ़ने की महत्त्वाकांक्षी कोशिश थी। मुहिम चलाने वाली पार्टी भाजपा

के रणनीतिकारों की मान्यता थी कि इसके कारण उनके विचारधारात्मक समर्थकों के साथ-साथ कांग्रेस से अपना मोहभंग कर चुके और तटस्थ वोटर भी उसकी तरफ़ झुकेंगे।

यह मुहिम कितनी प्रभावी थी, इसका अंदाज़ा उन एक्ज़िट पोल्स से लगाया जा सकता है जो 2004 के लोकसभा चुनाव नतीजों से ठीक पहले मीडिया के ख़बरिया चैनलों ने किये थे। *एनडीटीवी, आज तक, स्टार न्यूज़, ज़ी टीवी* और *सहारा* जैसे चैनलों में ऐसा कोई नहीं था जिसने भाजपा और उसके गठजोड़ की जीत की भविष्यवाणी न की हो। नतीजा उल्टा निकला। भाजपा और उसका गठजोड़ चुनाव में हार गया, और कांग्रेस के नेतृत्व में बने संयुक्त प्रगतिशील गठजोड़ की सरकार बनी। भाजपा के नेता लालकृष्ण आडवाणी ने माना कि यह चुनावी पराजय 'इण्डिया शाइनिंग' प्रचार मुहिम की विफलता भी है।

दिलचस्प बात यह है कि ठीक पाँच साल बाद मीडिया में चलाई गयी एक और राजनीतिक मुहिम कामयाब साबित हुई। यह कांग्रेस और उसके गठजोड़ द्वारा चलाई गयी थी, और इसे 'जय हो' का नाम दिया गया था। मार्च, 2009 में कांग्रेस के नेतृत्व वाली संयुक्त प्रगतिशील गठबंधन की सरकार ने हॉलीवुड की फ़िल्म *स्लमडॉग मिलियनर* के ऑस्कर पुरस्कृत गीत की टेक *जय हो* को दो लाख डॉलर में ख़रीद लिया ताकि उसका चुनाव-पूर्व राजनीतिक मुहिम में इस्तेमाल किया जा सके। 'इण्डिया शाइनिंग' की मुहिम जहाँ भारत की ग्लोबल ब्रांडिंग का लक्ष्य वेधना चाहती थी, वहीं 'जय हो' मुहिम ने आम आदमी की तकलीफ़ों और उनके बावजूद उसके प्रगतिकामी स्वभाव पर रोशनी डाली। भाजपा की मुहिम का ज़ोर जहाँ आर्थिक वृद्धि की दर, उछलते हुए सट्टा बाज़ार, सेवा क्षेत्र के तेज़ उभार और अमीरी के अन्य सूचकांकों पर था, वहीं कांग्रेस की मुहिम ने आम आदमी की परेशानियों के परिप्रेक्ष्य में अपने पाँच साल के शासन की उपलब्धियाँ पेश कीं। मुहिम सफल रही और कांग्रेस को उम्मीद से ज़्यादा चुनावी कामयाबी मिली। भाजपा और कांग्रेस की मीडिया मुहिमों के एक तुलनात्मक अध्ययन ने नतीजा निकाला है कि मीडिया के ज़रिये राजनीतिक जनमत के निर्माण की कोशिश तभी कामयाब हो सकती है जब उसकी सामग्री सामाजिक-आर्थिक यथार्थ को झुठलाने वाली न हो।

भारतीय राज्य द्वारा राजनीति और मीडिया के संबंधों को विनियमित करने की कोशिशें पचास के दशक से ही जारी हैं। पहले आम चुनाव के दौरान ही चुनाव आयोग ने सरकार-नियंत्रित मीडिया में राजनीतिक दलों को चुनाव मुहिम के दौरान प्रसारण का समय आबंटित करने का फ़ैसला किया था। लेकिन यह योजना इसलिए कामयाब नहीं हुई कि सरकार ने इस बारे में गम्भीरता दिखाई और पार्टियों के बीच समय के आबंटन को लेकर खींच-तान मच गयी। आगे चल कर चुनाव आयोग ने पार्टी की हैसियत और प्रसार को ध्यान में रख कर सरकारी मीडिया (मुख्यत: दूरदर्शन और रेडियो) में उसकी जगह निर्धारित की। यह क़दम एक हद तक कारगर साबित हुआ। यह अलग बात है कि इलेक्ट्रॉनिक मीडिया की कमान सरकार के हाथों में थी, इसलिए चुनाव आयोग कोशिश करने पर भी सत्तारूढ़ दल द्वारा उसके एकतरफ़ा इस्तेमाल को पूरी तरह से नहीं रोक पाया।

निजी चैनलों की नियंत्रण-मुक्ति होने के बाद 1998 में प्रसार भारती कॉरपोरेशन और चुनाव आयोग के बीच एक समझौता हुआ जिसके तहत पब्लिक सर्विस ब्राडकास्टिंग के प्रावधान चुनाव मुहिम पर भी लागू कर दिये गये। इसी साल जनवरी में आयोग ने इलेक्ट्रॉनिक मीडिया के लिए एक आचरण संहिता की घोषणा की। उसने वोट पड़ने से पहले किसी भी एक्ज़िट पोल के प्रसारण पर रोक लगा दी ताकि मतदाताओं के फ़ैसले को प्रभावित न किया जा सके। इस प्रतिबंध के ख़िलाफ़ *द हिंदू* और *फ्रंटलाइन* ने सुप्रीम कोर्ट में अपील की। अदालत ने चुनाव आयोग के ख़िलाफ़ फ़ैसला दिया। 2004 में चुनाव आयोग ने यह प्रतिबंध फिर से लगाया, और 2009 में सुप्रीम कोर्ट के एक फ़ैसले ने भी उसकी पुष्टि कर दी।

भारतीय मीडिया द्वारा राजनीति में एजेंडा-सेटिंग की मिसाल उस समय मिली जब अप्रैल, 2011 में नयी दिल्ली के जंतर-मंतर पर अन्ना हज़ारे के नेतृत्व में भ्रष्टाचार विरोधी मुहिम शुरू हुई। टीवी चैनलों ने इस आंदोलन को लगातार 172 घंटे तक तूफ़ानी कवरेज दिया। इस अवधि में कुल छह हज़ार क्लिप्स दिखाये गये जिनमें 5,592 क्लिप इस आंदोलन की सकारात्मक छवि बनाने के लिए दिखाये गये थे। केवल 65 क्लिप्स ऐसे थे जिनमें नकारात्मक और आलोचनात्मक बातें कही गयी थीं। भ्रष्टाचार विरोधी मुहिम को लेकर टीवी चैनलों द्वारा की गयी एजेंडा-सेटिंग का कार्रवाई पर अनुसंधान करने वाले विनीत कुमार के अनुसार टू जी स्पेक्ट्रम घोटाले में कुछ प्रमुख मीडियाकर्मियों के लिप्त होने के कारण मीडिया की साख को लगे बट्टे की भरपाई करने के लिए इलेक्टॉनिक मीडिया ने यह अभूतपूर्व क़दम उठाया।

देखें : अभिलेखागार, आख्यान, इंटरएक्टिविटी-प्रौद्योगिकीय विमर्श, इंटरएक्टिविटी-सामाजिक विमर्श, इंटरफ़ेस, एक्टर-नेटवर्क थियरी, डिजिटल डिवायड, दिन-प्रति दिन के अभिलेखागार, नया मीडिया, नेटवर्क, नेटवर्क सोसाइटी, प्रेस की स्वतंत्रता, प्रोपेगंडा, बाज़ारू संस्कृति, भारत में संचार-क्रांति, भारतीय मीडिया-1, 2 और 3, भारतीय मीडिया स्फ़ेयर, मास मीडिया, मीडिया और राज्य, मीडिया और राजनीति, मीडिया-पक्षपात, मीडिया-अध्ययन, संचार, संचार-क्रांति, स्मृति और अभिलेखागार, सोशल नेटवर्क विश्लेषण, सूचना, सूचना-समाज, वैकल्पिक मीडिया।

संदर्भ

1. ए. राजगोपाल (2004), *पॉलिटिक्स ऑफ़्टर टेलिविज़न : रिलीजस नैशनलिज़्म ऐंड द रिशेपिंग ऑफ़ द इण्डियन पब्लिक,* केम्ब्रिज युनिवर्सिटी प्रेस, केम्ब्रिज, यूके, न्यूयॉर्क.
2. सायंतिनी सतपथी (2011), 'द इम्पेक्ट ऑफ़ इलेक्ट्रॉनिक मीडिया ऑन द मॉडर्न इण्डियन वोटर : ए स्टडी ऑफ़ द पोस्ट-लिबरलाइज़ेशन एरा', *ग्लोबल मीडिया जरनल,* भारतीय संस्करण / ग्रीष्म, जून.
3. रॉबिन जैफ़री (1995), *न्यूज़पेपर रेवोल्यूशन इन इण्डिया,* ऑक्सफ़र्ड युनिवर्सिटी प्रेस, नयी दिल्ली.
4. एलिस्टर मेकमिलन (2010), 'द इलेक्शन कमीशन', नीरजा गोपाल जयल और प्रताप भानु मेहता (सम्पा.), *द ऑक्सफ़र्ड कम्पेनियन टु पॉलिटिक्स इन इण्डिया,* ऑक्सफ़र्ड युनिवर्सिटी प्रेस, नयी दिल्ली.
5. विनीत कुमार (2012), *मण्डी में मीडिया,* वाणी प्रकाशन, नयी दिल्ली.

— अभय कुमार दुबे

मीडिया-पक्षपात

(Media Bias)

मीडिया-अध्ययन के विद्वानों की मान्यता है कि मास-मीडिया का अवधारणात्मक उद्गम प्रोपेगंडा है। सोलहवीं सदी में कैथॅलिक मत के जीसूट अनुयायियों ने प्रोटेस्टेंटों द्वारा की जाने वाली आलोचना के जवाब में लैटिन भाषा के शब्द 'प्रोपेगंडा' से निकलने वाले तात्पर्यों के आधार पर धर्म-सुधार विरोधी विचारधारात्मक मुहिम चलाई थी। इसके पीछे समझ यह थी कि लोग तब तक कोई संदेश आत्मसात् नहीं करते जब तक वह उन्हें बार-बार न दिया जाए। अट्ठारहवीं सदी के युरोपीय ज्ञानोदय के बाद बनी परिस्थितियों में संदेश-रचना की प्रक्रिया में परिवर्तन हुआ, क्योंकि उसके बाद उत्तरोत्तर वोटरों, उपभोक्ताओं और दर्शकों की दिलचस्पियों का ध्यान रखना ज़रूरी होता चला गया। आधुनिक राज्य ने विदेशी आक्रमण की अपवादस्वरूप परिस्थितियों में थोपी गयी सेंसरशिप को छोड़ कर आम नागरिकों को शिक्षित-प्रशिक्षित करने की प्राथमिकता अपनायी। मीडिया की स्व-घोषित तटस्थता यहाँ राज्य के काम आयी। सरकारी मशीनरी के बजाय एक राष्ट्रीय सहमति बना कर मीडिया को राष्ट्र और राज्य-निर्माण की परियोजना में लगा कर सरकारों और राष्ट्रीय अभिजनों ने बहुत बड़ी कामयाबी हासिल की।

चूँकि मास-मीडिया बहुत बड़े पैमाने पर प्रचार-सामग्री का उत्पादन मनोरंजन, समाचार, विश्लेषण, विज्ञापन और संवादपरक चर्चाओं के माध्यम से कर सकता है, इसलिए बीसवीं सदी में इसकी प्रोपेगंडा संबंधी क्षमताओं का दोहन करने के लिए कॉरपोरेट जगत, राष्ट्र-राज्य और राजनीतिक विचारधाराओं के पैरोकारों ने खुली और छिपी तरकीबें विकसित की हैं। मीडिया की तरफ़ से व्यावहारिकता की दलील दी जाती है कि सभी तथ्यों और घटनाओं की रपट प्रसारित नहीं की जा सकती, इसलिए उनमें से कुछ को चुनना और कुछ को छोड़ना ही पड़ता है। चयन और छँटाई की इस प्रक्रिया से ही पक्षपात का जन्म होता है और पूर्व-निर्धारित सहमति गढ़ने में मदद मिलती है। विज्ञापकों को ख़ुश करने के लिए, मीडिया-मालिकों के हितों को साधने के लिए, बहुसंख्यकों या अल्पसंख्यकों की कथित भावनाओं को ठेस न लगने देने के नाम पर और राष्ट्र-राज्य की प्रधान विचारधारा को पुष्ट करने के लिए चुनिंदा तथ्यों पर ज़ोर दिया जाता है। मीडिया-पक्षपात के धार्मिक, नस्ली, लैंगिक, आयुपरक, सेक्शुअल, जातिगत और जातीयतावादी आयामों को भी रेखांकित किया गया है।

सभी लोग जानते हैं कि मीडिया पक्षपात करता है, पर उसके इस रवैये को चिह्नित करना और उसकी विस्तृत आलोचना करना एक मुश्किल काम है। पक्षपात के आरोप के जवाब में मीडिया के पैरोकार अक्सर पूछते हैं कि क्या किसी घटना की रिपोर्टिंग करने गये संवाददाता द्वारा दोनों पक्षों द्वारा अपने-अपने हक़ में की गयी बातों को सिलसिलेवार पेश कर देना ही निष्पक्ष पत्रकारिता है ? ये लोग कहते हैं कि 'बैलेंस्ड' रिपोर्टिंग का मतलब होता है रीढ़हीन और धारहीन पत्रकारिता। ज़ाहिर है कि यह तर्क तटस्थता को बेतुका मानते हुए 'पक्षधरता' और 'प्रतिबद्धता' को 'पक्षपात' नहीं मानता। अगर मीडिया अपनी पक्षधरता को छिपाने की कोशिश नहीं कर रहा है (जैसे वैकल्पिक मीडिया), तो उसके एकतरफ़ापन को उसकी क्वालिटी के रूप में ग्रहण किया जा सकता है। लेकिन, अगर तटस्थता की आड़ में एक ख़ास तरह की सहमति गढ़ने की कोशिश की जा रही है तो उसका पता लगाने और फिर उसे ज़ाहिर करने के लिए विस्तृत अध्ययन की ज़रूरत पड़ती है।

2004 में किये गये एक अध्ययन के मुताबिक़ मीडिया-पक्षपात की टोह लेने के लिए बारह तरीक़े इस्तेमाल किये जा सकते हैं : पत्रकारों, मीडिया-अभिजनों और पत्रकारिता के छात्रों के राजनीतिक/सांस्कृतिक दृष्टिकोणों का सर्वेक्षण किया जा सकता है; पत्रकारों के पुराने पेशेवराना सम्पर्कों पर नज़र डाली जा सकती है; प्रमुख पत्रकारों की राजनीतिक आस्थाओं का उद्घाटन करने वाले उद्धरण जमा किये जा सकते हैं; कम्प्यूटर के ज़रिये की-वर्ड्स का इस्तेमाल करके मीडिया-सामग्री के सार और श्रेणी का पता लगाया जा सकता है; न्यूज़ स्टोरीज़ द्वारा सुझायी गयी नीतियों

का अध्ययन किया जा सकता है; किसी घटना के नकारात्मक/सकारात्मक कवरेज को रेखांकित किया जा सकता है; मीडिया के उन लोगों के कॅरियर पर निगाह फेंकी जा सकती है जिनके हाथ में निर्णयकारी अधिकार होते हैं; सूचना/मनोरंजन-सामग्री को प्रभावित करने वाले विज्ञापन-स्रोतों का अध्ययन किया जा सकता है; मीडिया पर सरकारी प्रोपेगंडे और जन-सम्पर्क उद्योग के असर पर ध्यान दिया जा सकता है, मीडिया द्वारा टीका-टिप्पणी के लिए चुने गये विशेषज्ञों और प्रवक्ताओं को उन हित-समूहों और विचारधारा-पैरोकारों के बरक्स रख कर देखा जा सकता है जिन्हें मीडिया नहीं चुनता; और कॉरपोरेशनों और वाणिज्य एसोसिएशनों द्वारा पत्रकारों को किये गये भाषण वग़ैरह देने के बदले किये गये भुगतानों पर निगाह डाली जा सकती है।

मीडिया की पक्षधरता का विश्लेषण करने के मामले में ग्लासगो मीडिया ग्रुप का अध्ययन काफ़ी चर्चित हुआ है जिसमें यह पता लगाने की कोशिश की गयी थी कि टीवी और अख़बार मज़दूर आंदोलन के ख़िलाफ़ किस तरह कॉरपोरेट हितों की सेवा करते हैं। इस अध्ययन पर भी पक्षधरता का आरोप लगाया गया है कि वह मीडिया द्वारा मज़दूरों के बारे में इस्तेमाल की गयी जिन अभिव्यक्तियों को अपमानजनक क़रार देता है, वह दरअसल मज़दूरों द्वारा वर्णित आत्मछवि से ही ली गयी हैं। मीडिया और प्रोपेगंडे के बीच स्पष्ट संबंध स्थापित करने वाला एक विख्यात अध्ययन नोम चोम्स्की के प्रयासों का परिणाम है जिसमें दिखाया गया है कि स्वतंत्र मीडिया की साख को ठेस पहुँचाने के लिए अमेरिका की कॉरपोरेट शक्तियाँ किस तरह 'कम्युनिस्ट विरोधी विचारधारा' के फ़िल्टरों का इस्तेमाल करती हैं। दूसरी तरफ़, विकसित देशों के मीडिया पर किये गये अध्ययनों से नतीजा निकला है कि वह आम तौर पर अनुदारतावादी विचार के मुक़ाबले उदारतावादी विचारधारा का पक्ष लेता है। 1986 में मीडिया-अभिजनों पर हुए एक अध्ययन से यह हक़ीकत सामने आयी थी कि *न्यूयॉर्क टाइम्स* और *वाशिंगटन पोस्ट* जैसे बड़े अख़बारों और प्रसारण नेटवर्कों के न्यूज़रूमों में बायें बाज़ू के उदारतावादी रुझानों का बोलबाला रहता है। सामाजिक और राजनीतिक विवादों के बारे में पत्रकार और विश्लेषक आम तौर से जो रवैया अपनाते हैं उस पर उनके निजी विचारों की गहरी छाप होती है।

मीडिया-पक्षपात और भारतीय मीडिया का समीकरण पश्चिम जैसा नहीं रहा है। आज़ादी से पहले पूरा भारतीय मीडिया दो ध्रुवों में बँटा हुआ था। अंग्रेज़ी के सभी बड़े अख़बार खुल कर औपनिवेशिक शासन का समर्थन करते थे, और भारतीय भाषाओं का मीडिया बिना किसी अपवाद के राष्ट्रीय आंदोलन के पक्ष में खड़ा हुआ था। इसे 'पक्षपात' और 'पक्षधरता' के बीच किये जा सकने वाले फ़र्क़ की मिसाल समझा जा सकता है। 1947 में पंद्रह अगस्त को सत्ता-हस्तांतरण होते ही अंग्रेज़ी मीडिया रातों-रात राष्ट्रीय मीडिया में बदल गया। इसके बाद कमोबेश अस्सी के दशक के अंत तक भारत के सामाजिक-राजनीतिक आधुनिकीकरण और वैकासिक अर्थशास्त्र पर आधारित मिश्रित अर्थनीतियों के मॉडल का रास्ता साफ़ करने के लिए बनी राष्ट्रीय सहमति में मीडिया के सभी पहलुओं ने अपने-अपने तरह से योगदान किया। नब्बे के दशक में मंदिर, मण्डल और बाज़ार की उदीयमान ताक़तों के इर्द-गिर्द भारतीय राजनीति और समाज में नये ध्रुवीकरण हुए जिन्होंने उस राष्ट्रीय सहमति को भंग कर दिया। मीडिया के विभिन्न हिस्से कभी पक्षधरता और कभी पक्षपात का रवैया अपनाते हुए समय-समय पर इन शक्तियों का समर्थन और विरोध करने लगे। आज स्थिति यह है कि भारतीय मीडिया लगभग बिना किसी अपवाद के आर्थिक सुधारों और भूमण्डलीकरण का पक्ष ले रहा है। मीडिया ने इसे नयी राष्ट्रीय सहमति के रूप में ग्रहण कर लिया है।

देखें : अभिलेखागार, आख्यान, इंटरएक्टिविटी-प्रौद्योगिकीय विमर्श, इंटरएक्टिविटी-सामाजिक विमर्श, इंटरफ़ेस, एक्टर-नेटवर्क थियरी, डिजिटल डिवायड, दिन-प्रति दिन के अभिलेखागार, नया मीडिया, नेटवर्क, नेटवर्क सोसाइटी, प्रेस की स्वतंत्रता, प्रोपेगंडा, बाज़ारू संस्कृति, भारत में संचार-क्रांति, भारतीय मीडिया-1, 2 और 3, भारतीय मीडिया स्फ़ेयर, मास मीडिया, मीडिया और राज्य, मीडिया और राजनीति, मीडिया और भारतीय राजनीति, मीडिया-अध्ययन, संचार, संचार-क्रांति, स्मृति और अभिलेखागार, सोशल नेटवर्क विश्लेषण, सूचना, सूचना-समाज, वैकल्पिक मीडिया।

संदर्भ

1. स्टीव फ़लर (2007), 'मास मीडिया', *द नॉलेज बुक*, एकुमन, स्टॉक्सफ़ील्ड.
2. पीटर स्टीवन (2004), *द नो-नॉनसेंस गाइड टु ग्लोबल मीडिया*, न्यू इंटरनेशनलिस्ट पब्लिकेशंस और बिटवीन द लाइंस, टोरंटो, ऑंटारियो.
3. डेल जैकिट (2006), *जर्नलिस्टिकि इथिक्स : मॉरल रिस्पांसिबिलिटी इन द मीडिया*, प्रेंटिस हाल.
4. वाल्टर लिपमैन (1922), *पब्लिक ओपीनियन*, मैकमिलन, न्यूयॉर्क.

— **अभय कुमार दुबे**

मीरा बेन

(Madeleine Slade)

अहमदाबाद के साबरमती आश्रम में गाँधी के रचनात्मक कार्यक्रम में उनकी निकटतम सहयोगी ब्रिटिश मूल की मैडेलिन स्लेड को मीरा बेन (1892–1982) के नाम से जाना जाता है। मैडेलिन को यह भारतीय नाम गाँधी ने ही दिया था। मीरा ने खादी और सत्याग्रह की अवधारणाओं के प्रचार-प्रसार में उल्लेखनीय योगदान किया। गाँधी के पत्र *यंग इण्डिया* और *हरिजन* में उन्होंने कमोबेश हज़ार के ऊपर लेख लिखे होंगे। साथ ही वे देश के प्रमुख अंग्रेज़ी पत्रों में इन विषयों पर नियमित रूप से लिखती थीं। वर्धा के निकट सेवाग्राम आश्रम की स्थापना में उनकी प्रमुख भूमिका थी। 1930 में गाँधी जब गोलमेज़ कांफ्रेंस में भाग लेने लंदन गये, तो मीरा उनके साथ थीं। 1942 में गाँधी ने अखिल भारतीय कांग्रेस कमेटी में भारत छोड़ो आंदोलन का मसविदा प्रस्ताव मीरा के हाथ से ही इलाहाबाद भेजा था। आंदोलन में सक्रिय भागीदारी के परिणामस्वरूप ब्रिटिश हुकूमत ने उन्हें 1944 तक आग़ा ख़ाँ पैलेस में नज़रबंद भी रखा। गाँधी के हत्या के बाद मीरा 1959 तक भारत में रहीं। इस दौरान उन्होंने दो आश्रमों और बापू बस्ती की स्थापना भी की। जीवन का अंतिम दौर उन्होंने वियना के निकट एक आश्रम में बीथोवेन के संगीत के साथ गुज़ारा। भारत सरकार ने उन्हें पद्मविभूषण से भी सम्मानित किया।

मैडेलिन स्लेड एक ब्रिटिश सैन्य अधिकारी ऐडमिरल सर एडमण्ड स्लेड के पुत्री थीं। नौ सेना के काम से मैडलिन के पिता ज़्यादातर घर से बाहर ही रहते थे। मैडलिन का बचपन अपने नाना के यहाँ ग्रामीण परिवेश में स्थित एक बेहद विशाल घर में व्यतीत हुआ जहाँ वे घर के साथ लगे खेतों, मैदानों, बाग़ी और पहाड़ियों के प्राकृतिक सौंदर्य से रूबरू हुईं। इस घर में मुर्गियाँ, गाय व घोड़े भी पाले जाते थे। एक बालिका के रूप में मैडेलिन को गुड़ियों से खेलने के बजाय घुड़सवारी का शौक था। उनका काफ़ी समय अस्तबल में घोड़ों की देखभाल और घुड़सवारी में लगता था। उनकी पढ़ाई किसी औपचारिक स्कूल में नहीं बल्कि अपने घर पर ही हुई। एक दिन मैडेलिन ने अपने घर के प्यानो पर महान संगीतकार बीथोवेन की एक संगीत रचना सुनी जिससे वे सम्मोहित हो गयीं। अकेले में मैडलिन घुटनों पर गिर कर भगवान से शिकायत करतीं कि उनका जन्म बीथोवेन के दुनिया छोड़ने के इतने साल बाद क्यों हुआ। बीथोवेन के बारे में और जानकारी लेने के प्रयास में उन्हें रोम्या रोलाँ द्वारा इस संगीतकार पर फ्रांसीसी में लिखी पुस्तक *ज्याँ क्रिस्टोफ़र* का अंग्रेज़ी अनुवाद पढ़ने का अवसर मिला। इस रचना को मूल में पढ़ने के लिए मैडेलिन ने फ्रांस जाकर फ्रेंच सीखना शुरू किया। कुछ समय बाद वे स्विट्ज़रलैण्ड जा कर रोम्या रोलाँ से मिलीं। रोम्या रोलाँ ने ही मैडेलिन को गाँधी के बारे में बताया और कहा कि गाँधी आज के समय के एक मसीहा हैं। वार्तालाप के दौरान रोम्या रोलाँ ने गाँधी पर लिखी अपनी पुस्तक का भी उल्लेख किया।

इसके तुरंत बाद ही मैडेलिन ने रोम्या रोलाँ की गाँधी पर लिखी पुस्तक पढ़ी और तत्काल भारत जाने का फ़ैसला किया और अपनी समुद्री यात्रा का टिकट भी ले लिया। लेकिन गाँधी से मिलने की इस उतावली के बावजूद मैडेलिन को यह महसूस हुआ कि भारत में और गाँधी के साथ रहने के लिए उन्हें अपने आप को तैयार करना होगा। इस तैयारी के लिए अगले एक साल तक मैडेलिन ने कठोर अनुशासन के साथ इंग्लैण्ड में अपने घर ही में आश्रम का जीवन जीना शुरू किया। 1925 में मैडेलिन ने गाँधी को बीस पाउंड का अनुदान भेजा और एक पत्र में भारत आ कर गाँधी के साथ रहने का अनुरोध किया। गाँधी ने जवाब में कहा कि मैडेलिन यदि भारत और आश्रम के कष्टसाध्य जीवन के लिए तैयार हैं तो उनका स्वागत है। गाँधी ने यह भी लिखा कि अगर मैडेलिन अपने जहाज़ के बारे में पूर्व-सूचना दे देंगी तो गाँधी किसी व्यक्ति को मुम्बई भेज देंगे जो मैडेलिन के भारत पहुँचने पर उनके साथ रहेगा। छह नवम्बर, 1925 को मैडेलिन मुम्बई पहुँचीं जहाँ उन्हें दादाभाई नौरोजी के घर ठहराया गया। लेकिन नौरोजी परिवार के सारे अनुरोधों के बावजूद मैडेलिन उसी दिन ट्रेन से अहमदाबाद रवाना हो गयीं।

सरदार वल्लभ भाई पटेल मैडेलिन को लेकर सात नवम्बर की सुबह साबरमती आश्रम पहुँचे। मैडेलिन के शब्दों में गाँधी को देख कर वे अपनी सुधबुध खो बैठीं। बाद में उन्होंने गाँधी को कहते सुना : तुम मेरी बेटी होगी। आश्रम म मैडेलिन के कमरे में एक टेबल-कुर्सी और बिस्तर रखा गया था जिसे उन्होंने हटा कर ज़मीन पर ही सोना शुरू कर दिया। मैडेलिन ने आश्रम में ही सूती सफ़ेद साड़ी पहनना शुरू की, अपने बाल कटवा लिए और आजीवन ब्रह्मचर्य का व्रत लिया। गाँधी के कहने पर उन्होंने पूरी निष्ठा से चरखा चलाया, सूत की कतायी-बुनायी की। आश्रम के अन्य दैनिक कार्य एवं हिंदी सीखना शुरू किया। इसी दौरान उन्हें उनका नया नाम मीरा बेन मिला।

साबरमती आश्रम में कुछ दिन रुकने के बाद मीरा गाँधी के साथ विनोबा भावे के वर्धा आश्रम गयीं यहाँ की आश्रम व्यवस्था और आश्रमवासियों के व्यवहार से बहुत प्रभावित हुईं। भारत आने के एक साल बाद मीरा के पिता का निधन हो गया लेकिन उन्होंने इंग्लैण्ड जाने के स्थान पर भारत

में ही रहने का निर्णय लिया और हिंदी सीखने के लिए नयी दिल्ली के कन्या गुरुकुल और फिर गुरुकुल कांगड़ी चली गयीं। 1928 में मीरा ने खादी के प्रचार के लिए बिहार की यात्रा की। इसी बीच नमक आंदोलन में गाँधी जी की गिरफ़्तारी हो गयी। मीरा ने राजनीति के स्थान पर रचनात्मक कार्यों को प्राथमिकता देना जारी रखा। उन्होंने चरखे और खादी को बढ़ावा देने के लिए भारत के विभिन्न स्थानों की यात्राएँ की। 1931 की दूसरी गोलमेज़ बैठक में गाँधी के साथ इंग्लैण्ड में उन्होंने स्थानीय ब्रिटिश लोगों और गाँधी के बीच मध्यस्थ की भूमिका अदा की। इंग्लैण्ड से लौटने के तुरंत बाद ही कांग्रेस को ग़ैरक़ानूनी घोषित करते हुए गाँधी को भी जेल में डाल दिया गया और सारे देश के समाचार पत्रों पर सेंसरशिप लगा दी गयी। तब मीरा बेन ने मुम्बई में रह कर विदेशी अख़बारों को भारत के बारे में गुप्त रूप से जानकारी भेजना शुरू किया। कुछ दिनों के बाद ब्रिटिश हुकूमत को मीरा की इन गतिविधियों की जानकारी मिली तो उन्हें तीन महीने के लिए ज़ेल भेज दिया गया। ज़ेल से छूटने पर भी मीरा के मुम्बई प्रवेश पर प्रतिबंध लगा रहा जिसका उल्लंघन करने पर उन्हें और एक साल के कारावास की सज़ा मिली। 1933 में मीरा अपनी इंग्लैण्ड यात्रा के दौरान विंस्टन चर्चिल से मिलीं और गाँधी के बारे में चर्चिल की कटूक्तियों का बड़ी शालीनता और दृढ़ता से जवाब दिया। मीरा ने कई अवसरों पर भारत के वायसराय और कांग्रेस की कार्यसमिति के सदस्यों और पदाधिकारियों से गाँधी की व्यक्तिगत संदेश वाहक के रूप में मुलाक़ात की। युरोप और अमेरिका में भारत की स्वतंत्रता और गाँधी के दृष्टिकोण के बारे में आम लोगों में जागरूकता बढ़ाने का काम किया।

मीरा बेन (1892–1982)

वर्धा से आठ किलोमीटर की दूरी पर सेगाँव नामक एक गाँव में गाँधी ने एक नया आश्रम बनाया, जिसे बाद में सेवाग्राम का नाम दिया गया। यहाँ पर गाँधी कस्तूरबा और मीरा के साथ कई दिनों तक रहे। 1939 में चेकोस्लोवाकिया गणराज्य पर नाज़ी आक्रमण के बाद मीरा वहाँ भी एक अहिंसक आंदोलन चलाना चाहती थीं लेकिन खान अब्दुल गफ़्फ़ार ख़ान के सुझाव पर वे उत्तर पश्चिम सीमांत इलाक़े में गयीं और पठानों के बीच समाज-सुधार में उन्होंने हिस्सा लिया। गाँधी आश्रम में और अन्य सामाजिक गतिविधियों के दौरान मीरा सरदार पृथ्वी सिंह के प्रति आकृष्ट हुईं और मीरा ने गाँधी से इस विषय पर बात भी की। लेकिन अंततः इस लगाव का कोई निश्चित परिणाम नहीं निकल पाया। इसके बाद मीरा ने लगभग एक साल के लिए एकांतवास और मौन व्रत का निर्णय लिया। अपने इस एकांतवास में मीरा बेन ने ऋग्वेद का अंग्रेज़ी भाषा में अनुवाद भी किया।

द्वितीय विश्व-युद्ध में भारत पर जापानी आक्रमण का अंदेशा देखते हुए मीरा ने उड़ीसा प्रांत में लोगों को संगठित व जाग्रत करने के उद्देश्य से वहाँ की यात्रा की और 1942 में गाँधी से इस विषय पर बात करने के लिए मुम्बई आयीं। वहाँ मीरा को गाँधी और कस्तूरबा के साथ गिरफ़्तार करके आग़ा ख़ान महल में रखा गया। इसी नज़रबंदी के दौरान गाँधी के सहायक महादेव देसाई और कस्तूरबा का निधन हो गया। ज़ेल से छूटने के बाद मीरा बेन ने रुड़की के पास किसान आश्रम की स्थापना की। 1946 में संयुक्त प्रदेश (उत्तर प्रदेश) में कांग्रेस की प्रांतीय सरकार ने मीरा को कृषि एवं पशुपालन के क्षेत्र का विशेष सलाहकार भी नियुक्त किया। 1947 में मीरा बेन ने ऋषिकेश के निकट पुष्पलोक के नाम से एक गोसेवा आश्रम स्थापित किया। हरे-भरे मैदानों व हिमाच्छादित पर्वत शृंखलाओं के बीच वे बड़े उत्साह से इस काम में लग गयीं। 30 जनवरी, 1948 को गाँधी जी की हत्या के बाद स्तब्ध मीरा बेन ने अपना दुःख व्यक्त नहीं किया बल्कि अपने आश्रम के कामों में ही जुटी रहीं। यहाँ तक कि वे गाँधी के अंतिम दर्शनों के लिए नयी दिल्ली तक नहीं गयीं। 1952 में उन्होंने टिहरी गढ़वाल में गोपाल आश्रम स्थापित किया और यहीं से भारतीय पर्यावरण एवं वानिकी के पुनरुद्धार का अभियान चलाया। मीरा जानती थीं कि औपनिवेशिक शासन ने भारत के जंगलों में स्थानीय पर्यावरण के उपयुक्त वृक्ष हटा कर उनके स्थान पर केवल व्यापारिक लाभ के पेड़ लगा दिये हैं। स्थानीय वन संपदा की रक्षा में मीरा की मुहिम से प्रेरणा लेकर सरला बेन और सुन्दरलाल बहुगुणा ने वन संरक्षण का व्यापक अभियान शुरू किया।

गाँधीजी के निधन के बाद उनका कांग्रेस पार्टी, भारत सरकार या भारतीय राजनीति से कोई संबंध नहीं रहा। 1959 में अपनी आत्मकथा के प्रकाशन के सिलसिले में मीरा इंग्लैण्ड गयीं, लेकिन वहाँ उनका मन नहीं लगा। मीरा दोबारा बीथोवेन की खोज करना चाहती थीं, इसलिए उन्होंने इंग्लैण्ड छोड़ कर ऑस्ट्रिया में वियना शहर से कोई पचास किलोमीटर की दूरी पर एक गाँव में रहना शुरू किया। यहाँ मीरा बेन की देखभाल के लिए गढ़वाल से आया उनका एक भारतीय सहायक भी था। मीरा यहाँ अकेले ही रहीं और उन्होंने बीथोवेन पर एक पुस्तक भी लिखी जिसे उस समय भारत या इंग्लैण्ड का कोई प्रकाशक छापने को तैयार नहीं हुआ। अकेले रहते भी मीरा स्थानीय लोगों की सहायता के लिए हमेशा तैयार रहती थीं। 20 जुलाई, 1982 को मीरा बेन का देहांत हो गया।

गाँधी-मीरा के संबंधों पर अनेक किवदंतियाँ-कथाएँ भी हैं. लेकिन मीरा बेन ने इस विषय पर कभी भी विस्तार से चर्चा नहीं की और न ही अपनी आत्मकथा में इसका पूरा वर्णन किया। गाँधी के प्रति मीरा का अनुराग समर्पण-उत्सर्ग की सीमा तक था। गाँधी के प्रति अपनी भक्ति में मीरा भक्तिकालीन कवयित्री मीरांबाई के समान ही मानी जाती हैं।

देखें : उपनिवेशवाद विरोधी आंदोलन-1, 2 और 3, भारत में सशस्त्र संघर्ष-1, 2 और 3, मोहनदास कर्मचंद गाँधी-1 से 3 तक, उपनिवेशवाद, सविनय अवज्ञा, विजय लक्ष्मी पण्डित, प्रभावती देवी, सुचेता कृपलानी, पण्डिता रमाबाई सरस्वती, ऐनी बेसेंट, संतोष कुमारी देवी, अरुणा आसफ़ अली, कमला देवी चट्टोपाध्याय, दुर्गाबाई देशमुख।

संदर्भ

1 मीरा बेन (1960), *स्प्रिट्स पिल्ग्रिमेज़*, लोंगमेन, लंदन.
2. महात्मा गाँधी और मीरा बेन (1949), *बापूज़ लेटर्स टू मीरा 1924-1948*, नवजीवन पब्लिशिंग हाउस,अहमदाबाद
3. थॉमस वेबर (2005), *गाँधी एज़ डिसाइपल ऐंड मेंटर*, केम्ब्रिज युनिवर्सिटी प्रेस, केम्ब्रिज.

— रवि दत्त वाजपेयी

मीरांबाई और प्रेमाभक्ति

(Meerabai and *Premabhakti*)

हिंदी के कृष्ण-भक्त कवियों में राजस्थान की कवयित्री मीरांबाई (संवत् 1573-1603) का कई कारणों से विशिष्ट स्थान है। उनका संबंध किसी वैष्णव सम्प्रदाय से नहीं रहा है, फिर भी 'गिरधर नागर' को आलम्बन मानकर उन्होंने जिस भक्तिमार्ग का आधार ग्रहण किया, उसने राजस्थान की मरुभूमि को भक्ति की तन्मयता से रससिक्त कर दिया। मीरां में भक्त और कवि दोनों का मेल हुआ है, लेकिन उनका कवि रूप ही प्राय: बहुत उभारा गया है। उनकी प्रमुख चर्चा एक समर्पित भक्त के रूप में ही की गयी है। उनके भक्त में उनके योगी संत का अद्‌भुत मेल मिलता है। यही कारण है कि मीरां के भक्त-हृदय में साधनारत योगी का निवास है। यह योगी काव्य को साध्य न मानकर भक्ति को साध्य-साधन दोनों रूप में अपनाता रहा है। राजस्थान के सामंतवाद-मर्दवाद को मीरां ने चुनौती दी और महलों से निकल पड़ीं। पर्दानशीन रानी गलियों में संतों के साथ गाती चलें यह बात राजाओं को अपनी मान-प्रतिष्ठा के प्रतिकूल लगती थी। मीरां की सास-ननद मीरां को 'कुलनाशी' कहने लगीं। लेकिन मीरां के अस्वीकार भरे साहस ने राजसत्ता को चुनौती देकर कहा, 'नहि चाहिए थारो देसड़ों रंग सड़ों-थारे देसां राणा साधू नहि छे लोग बसहि सब कूड़ों।' भक्तिकालीन सामंतवादी समाज में मीरां का यह विद्रोह आज बहुवचनात्मक भाष्य माँगता है। मीरां की योग-समाधि की तन्मयता को अभी हिंदी की समीक्षा में कम समझा गया है, जबकि उसे नये संदर्भों में, विशेषकर स्त्री-विमर्श के संदर्भों में, समझा जाना चाहिए। मीरां का कृतित्व साक्षी है कि प्रबल सांसारिक झंझावातों को झेलकर भी वे भक्तिमार्ग के प्रेमपंथ पर अडिग चलती रहीं। ससुराल तथा समाज के अनेक अत्याचार उन्हें भक्तिमार्ग से विचलित नहीं कर सके। आज उस मध्ययुगीन नारी में ऐसा जुझारू साहस हमें विस्मय-विमुग्ध करता है।

इतिहास साक्षी है कि मीरां के भक्ति-संस्कारों की घुट्टी में कृष्ण-भक्ति के संस्कार थे। उनके पितृकुल में कृष्ण-भक्ति के संस्कार कई पीढ़ियों से चले आ रहे थे। रावदूदा, बीरमदेव, जयमल आदि उनके परिवार के सभी सदस्य परम वैष्णव थे। इस वंश परम्परा के प्रभाव से मीरां के भक्ति-संस्कारों को विकसित होने का अवसर मिला। उनके भक्ति-संस्कार उज्ज्वल भक्ति-रस से सिंचित होकर साधना के शिखर तक पहुँचे। बाल्यावस्था में मीरां का भोजराज से विवाह हुआ और भोजराज के देहावसान के बाद जीवन में उनका सामना उमड़ते अंधकार और नैराश्य से हुआ। इस वैधव्य के कष्ट को मीरां ने कृष्ण-भक्ति की शक्ति से दूर किया। राजरानी मीरां को राजमहलों का सुख-वैभव लुभा नहीं सका। उनके देवर राणा जी ने उन्हें बहुत कष्ट दिये। राजस्थान के सामंतवाद-मर्दवाद को मीरां ने चुनौती दी और महलों से निकल पड़ी।

दरअसल, मीरां के समय तक भक्ति आंदोलन जर्जरित सामंतवाद के खम्भों को हिला चुका था। दक्षिण के आचार्य उत्तर भारत में आकर इस भक्ति आंदोलन को लोकप्रिय एवं व्यापक बना चुके थे। विष्णु स्वामी, मध्वाचार्य, निम्बार्काचार्य, वल्लभाचार्य, चैतन्य महाप्रभु जैसे आचार्य पूरी शक्ति से जनता के मुरझाये मनों को भक्ति-जल से सींच रहे थे। वल्लभाचार्य के शुद्धाद्वैतवाद-पुष्टिमार्ग में दीक्षित अनेक भक्त-कवि अपने सम्प्रदाय की मान्यताओं के अनुसार अपनी भक्ति का मार्ग निश्चित कर चुके थे। इन सभी कृष्णभक्त आचार्यों एवं कवियों ने महाभारत के कृष्ण को नहीं चुना। सभी ने भागवत के भाव-लीलानायक, लोकरंजन, लोकरक्षक कृष्ण को चुना। सभी ने कृष्ण को अपनी रागानुगा भक्ति का आलम्बन बनाया, साथ ही अपनी मनोभावना के अनुकूल कृष्ण को सखा, पति, स्वामी, आराध्यदेव के रूप में देखा।

इन सभी ने भगवान के साथ अनेक प्रकार के संबंध स्थापित किये।

भक्ति-आंदोलन से संबंधित अनेक सम्प्रदाय और मार्ग मीरां के समय तक आ चुके थे। खोजने पर लगभग सभी सम्प्रदायों का प्रभाव मीरां में मिल जाता है, किंतु मीरां की भक्ति के स्वरूप पर किसी एक सम्प्रदाय की मान्यताओं का असर नहीं है। उनकी भक्ति-भावना पर पितामह रावदूदा की वैष्णव-भक्ति की छाप पड़ी है। मीरां ने अपने को कृष्णप्रेम की गोपी माना और 'लोकलाज कुलशृंखला तजि' गिरधर की शरण में चली गयीं। उनके अनेक पदों की अंतर्ध्वनि यही है कि मीरां को राणा ने विष का प्याला भेजा। उस प्याले को मेड़तणि मीरां ने पी लिया। यह भी प्रसिद्ध है कि मीरां को मारने के लिए 'सांप पिटारा राणाजी भेज्या' था। पर वह पिटारी खोलने पर सर्प शालिग्राम बन गया।

चैतन्य के गौड़ीय सम्प्रदाय में जीवगोस्वामी और रूपगोस्वामी भी नामी आचार्य रहे हैं। *भक्तिरसामृत सिंधु* और *उज्ज्वल नीलमणि* ग्रंथों ने इन नामों और आचार्यत्व को अमर किया। लोक में प्रसिद्ध है मीरां ने जीवगोस्वामी के पुरुष-दम्भ को तोड़ा था— स्त्री-पुरुष के भेद-भ्रम का उच्छेदन किया। मीरां के मन में वृंदावन, जमुना, संत-भक्त-गायक सभी के लिए बहुत सम्मान है। मधुर-भाव को अपनाने वाली गोपियों को मीरां ने अपना आदर्श माना। उनके पदों में यही कृष्णभक्ति साकार हो उठी। मीरां ने लोकरक्षक गिरधर को अपना पति स्वीकार किया, 'म्हारा तो गिरधर गोपाल दूसरो न कोई-जाके सिर मोर मुकुट मेरो पति सोई।' इस गिरधर गोपाल ने मीरां को आंतरिक बल दिया। मीरां इसी के बूते कृष्ण और राम के भेद के फेर में नहीं पड़ीं। यह कथन, 'पायो जी मैंने रामरतन धन पायो' और कभी, 'राम नाम रस पीजैय मनुआ' कि गुहार। भेद बुद्धि का नाश होने से ही मीरां भक्ति के बहुत ऊँचे शिखर को स्पर्श कर सकीं।

अगर हम मीरां के विरह-मिलन के पदों को देखते हैं तो पाते हैं कि मीरां को राम और कृष्ण में सामंजस्य और सौंदर्य दिखाई देता है। सच बात तो यह है कि मीरां के प्रभु गिरधर नागर ही भिन्न रूपों में सामने आते हैं। उनमें निर्गुण-सगुण दोनों रूप समाये हुए हैं। मीरां ने अनेक पदों में निर्गुणिए संतों की तरह अपने आराध्यदेव को निर्गुण, निरंजन, अविनाशी जैसे नामों से सम्बोधित किया है। यह आराध्य घट-घट में व्याप्त है, उसकी सेज गगन-मण्डल में बिछी हुई है, सूली ऊपर सेज है। 'गगन मण्डल में सेज पिया की केहि विधि मिलना होय।' इस बात को बराबर ध्यान में रखना होगा कि मीरां ने गिरधर-नागर को योगी रूप में देखा है। हो सकता है कि यह नाथपंथी योगियों का प्रभाव हो। मीरां इस योगी की रात-दिन प्रतीक्षा करती हैं और उसके सान्निध्य में ही अमृतानुभव करती हैं। विनय करती हैं, 'जोगी मतजा मतजा, पाँइ परूँण मैं तेरी' और यह अहसास भी है कि, 'जोगिया से प्रीत किये दुख होय'। वस्तुत: मीरां का योगी न तो गीता का योगी ब्रह्म है न हठयोग-सम्मत योगी। ये दोनों रूप मिल गये हैं और एक नये रूप का निर्माण हुआ है। यह प्रीतम इंद्रियातीत निर्गुण रूप है- लेकिन प्रेम प्रवाह के वेग में अमूर्त-इंद्रियातीत निर्गुण रूप टिक नहीं पाता। ऐसा इसलिए है कि मीरां के हृदय में कृष्ण का छबीला सगुण रूप भरा हुआ है :

> बसो मेरे नैनन में नंदलाल।
> मोहिनी मूरत सांवरी सूरत, नैण्यं बने है विसाल।
> अधर सुधारस मुरलीराजत, उर बैजन्ती माल।
> क्षुद्र घंटिका कटिपट सोभित, नूपुर सबद रसाल।
> मीरां प्रभु संतन सुरुनयी, भगत बछलगोपाल।

यह भगत-बछल गोपाल नाथ-पंथ, न संतमत, न चैतन्यमत, न वल्लभमत, किसी के भी रपटे में नहीं है- उसकी साधना में एक मुक्तभाव है जो जड़ता को काटता है। मीरां ने कभी भी क़ायदे से किसी सम्प्रदाय की दीक्षा नहीं ली और न ही वे सम्प्रदाय विशेष के खण्डन-मण्डन में पड़ीं। उनके समय में विचारों की जो हवा बह रही थी उसका उन्होंने केवल प्रभावमात्र ग्रहण किया। प्रेम-मगन होकर कनफटा जोगियों की तरह गेरुआ वस्त्र, जटा, भस्म, माला, मुडा, मेखला आदि चिह्नों को अपनाने के लिए आकुल-व्याकुल हैं :

> पाटल ऊपरि भसम रमाऊँ, खोर करूँ सिर केस,
> भगवाँ भेख धरूँ तुम कारण, ढूँढ़त च्यारूँ देस॥
> माला मुन्दरा मेखलाँ, रे बाला, खरपर लूँगी हाथ,
> जोगिण होय जुग ढूँढ़सूँ रे, म्हारे राखन पारीं साथ॥

प्रेमाभक्ति के क्षणों में मीरां वल्लभाचार्य के पुष्टिमार्ग के बेहद पास हैं। पुष्टिमार्ग का गहरा प्रभाव मीरां पर दिखाई भी देता है। यह प्रभाव पाने का कारण यह है कि मीरां कीर्तन-पद्धति, प्रभुसेवा और रागानुगा भक्ति में उन सभी को अपनाती हैं। पुष्टिमार्गी और चैतन्य मार्गियों से मीरां को कोई परहेज़ नहीं है। चैतन्यमार्गी भक्तों की मधुरा-भक्ति मीरां के प्राणों में रची-बसी है। हो सकता है चैतन्य महाप्रभु के शिष्य जीवगोस्वामी के सम्पर्क में आने पर मीरां में इस तरह का मधुर कृष्ण-राधा-रस झलक पड़ा हो, क्योंकि मीरां ने किसी आचार्य से मत-विशेष की दीक्षा नहीं ली। उनमें बँधकर भी अपने को खुला रखा है, इसलिए ही किसी भी मत की सम्प्रदायगत संकीर्णताओं ने उनका पीछा नहीं किया। मीरां ने त्रिकुटी महल से झाँक कर

प्रियतम के दर्शन किये और प्रेमरस पीकर मन मतवाला हो गया। प्रेम की ऐसी निश्छल-निगूढ़ गहराई के अनुभूति और कहीं नसीब ही नहीं होती।

माधुर्य-भाव की भक्ति की व्यापकता को मीरां ने अर्थ दिया। सम्पूर्ण भाव-सत्य को संदर्भ से जोड़ दिया। काव्यानुभूति की लय अंततः लौ बनकर फूट पड़ी। नारी के राधा-सीता-पार्वती, तीनों रूप मिलकर यहाँ प्रेमगान बन गये। चित्त का सब कलुष जल गया। रह गया केवल उज्ज्वल राग। सावित्री सिन्हा ने *मध्ययुगीन हिंदी कवयित्रियाँ* शीर्षक अपने शोध-प्रबंध में लिखा है कि, 'जन्म से ही अलौकिक प्रेम का वरदान लेकर वे (मीरां) बड़ी हुईं। परिस्थिति ने इस जन्मजात प्रवृत्ति को विकास का अवसर दिया, जो सांसारिकता के सब बंधनों को तोड़ती, मिलन की पूर्ण अनुभूति पाने की चेष्टा में आगे बढ़ती गयीं। मार्ग में जो कुछ मिला उसने ग्रहण किया, जो रोड़े बनकर अड़े उन्हें उनके दृढ़ पगों ने हटाकर अपना मार्ग बनाया। उनकी अनुभूतियाँ ही प्रेरक तथा पोषक थीं। भावनाओं की मुक्त अभिव्यक्ति की इच्छा सम्प्रदायों का बंधन कैसे स्वीकार करतीं? स्वैच्छिक इष्ट की कल्पना तथा स्वच्छंद भावनाओं की अभिव्यक्ति की अभिलाषा सदैव मुक्त रही।' भगवान में भक्त का परम अनुराग ही भक्ति है, जिसे प्राप्त कर मनुष्य अमृतत्व को प्राप्त हो जाता है। भक्त और भगवान का संबंध अनेक प्रकार का है, लेकिन उसे सघनता-प्रगाढ़ता अनुभूति से ही प्राप्त होती है। भक्त की मनोवृत्ति तथा आलम्बन के स्वरूप और प्रकृति के अनुरूप भक्ति-भाव में भिन्नता आ जाती है। भक्ति के दो प्रमुख भेद हैं— रागानुगा भक्ति या प्रेमा-भक्ति या मधुरा भक्ति और दूसरी मर्यादा-भक्ति जैसे कि नवधा-भक्ति।

मीरां में नवधा-भक्ति अर्थात् श्रवण, कीर्तन, स्मरण, पाद-सेवन, अर्चन, वंदन, सख्य, आत्मनिवेदन सभी के तत्त्व पाये जाते हैं, साथ ही उनका राग-भाव पूर्वराग, प्रेम, विरह और मिलन के रूप में भी माधुर्यभाव लिए हुए है। सच बात तो यह है कि माधुर्यभाव ही मीरां की भक्ति का प्रधान भाव है। वे गोपीभाव से तन्मय भक्ति करतीं हैं। लोक में प्रसिद्ध है कि मीरां स्वयं को कृष्ण की अष्ट सखियों में प्रधान सखी ललिता का अवतार मानती थीं। उनमें अहं का समर्पण और अहं के विगलन के कारण चरमकोटि का दास्य-भाव भी जगह-जगह मिलता है। उनकी विनय-भावना का स्वरूप और बीजभाव यही है। विनय के पदों की संख्या सीमित है फिर भी जितने विनय के पद हैं उनमें नारी-मन के पूर्ण समर्पण का पावन-भाव है, जैसे कि- 'भज मन चरण कमल अविनाशी' या 'तुम सुणौ दयाल म्हारी अरजी'। मीरां में आत्मविश्वास के स्वर ने सूर-तुलसी की तरह दैन्य भाव नहीं आने दिया। उनका भीतरी संकल्प इस क्षेत्र में उन्हें आत्म-प्रकाश देता है। वे बार-बार गणिका, सदना, अजामिल आदि भक्तों के नाम लेकर भगवान से प्रार्थना करती हैं। उनके विरह के पद हृदय की उमड़न को व्यंजित करते हैं। उनका विरही मन पीड़ा को भीतर ही भीतर झेलता है। विशेष बात यह है कि इस विरह में जिस पीड़ा की अभिव्यक्ति हुई है, वह अनिर्वचनीय हैं- जैसे, 'हेरी मैं तो प्रेम दीवाणी मेरा दरद न जाणै कोय। घायल की गति घायल जाणै कि जिन घायल होय'। पीड़ा में कह पाना कठिन होता है— शब्द थम जाते हैं। मीरां का 'गिरधरनागर' ही इस अथाह दर्द की थाह पा सकता है।

मीरां की भक्ति में नारी मनोभूमि के अनुकूल दाम्पत्य-प्रेम की गहन अभिव्यक्ति हुई है। पति-पत्नी का प्रगाढ़ प्रेम यहाँ दीपक की तरह प्रकाश करता है। यह जलन का अनुभव दाम्पत्य-प्रेम का एक सात्विक अनुभव है— यही मधुररस है। यहाँ इंद्रियों के भोग वाला स्थूल शृंगार नहीं है और इसे पार्थिव-अपार्थिव शृंगार कहना भी उचित नहीं है। मीरां के नटनागर-गिरधर अनन्त प्रेम के पयोनिधि हैं और मीरां उनकी जन्म-जन्म की प्रिया। बचपन का कृष्णप्रेम परिपक्व होकर मीरां में मनोरम सौंदर्य की सृष्टि करता है। मीरां ने मोहन के रूप की लुभावनी छवि पर अपने को न्यौछावर किया हुआ है। मीरां का प्रेम कोई सीमा नहीं मानता। उनकी भारी व्याकुलता ही उनकी आंतरिक बेचैनी का संकेत देती है, जैसे- 'कैसे प्राण पिया बिनु राखूँ जीवन मूर जड़ी।' जो पिया जीवनाधार है उसकी मीरां 'पंथ निहारू अपने भवन खड़ी।' फिर यह पिया हृदय में ऐसे प्रवेश कर गया है कि हृदय उसका ही हो गया है- 'चित्त चढ़ी मेरे माधुरी मूरत उर बिच आन अड़ी'। आप कितनी ही कल्पना कीजिये, मीरां की थाह नहीं है- प्रियतम भी अलौकिक और अथाह। मीरां भी अपार्थिव प्रेम की अथाह प्रेमपिया।

मीरां के प्रेम में ऐंद्रिकता नहीं है। शारीरिक प्रेम के अभाव में गिरधर के प्रति मीरां का प्रेम-भाव गहन-गम्भीर है। इसी गम्भीरता के कारण मीरां ने शारीरिक अतृप्ति का वर्णन नहीं किया। वहाँ कामुकता नहीं है- भावों के विरेचन-व्यापार की पवित्रता है। प्रेम की इस अनन्यता में मीरां का इष्टदेव अपूर्व है। यह ऐसा विरह-विदग्ध नारी-मन है, जिसमें 'ज्यूँ चातक घन को रटै, मछरी जिमि पानी हो' की तड़प है। प्रेम में 'नीर-नसानी' है और 'प्रिय को पंथ निहारत सिगरी रैन बिहानी हो' का भाव है- यह ऐसा प्रेम जागरण है जिसमें 'अंतर वेदन विरह की वह पीर न जाती है'। कहीं-कहीं ऐसा भी लगता है कि मीरां पर सूफ़ी-प्रेम-दर्शन की गहरी छाया है। नारी-भाव का वह

चरम समर्पण है जो अद्वैत की भूमि को पा गया है, जिसमें- 'जहाँ बैठावे तित ही बैठूं, बेचै तो बिक जाऊँ' की ध्वनि है। यह ऐसी उज्ज्वल भावभूमि है जिसे भक्तिशास्त्र उज्ज्वलनीलमणि का नाम देता है। इसमें कर्म, योग, ज्ञान सब एकाकार हैं। ज्ञानमार्ग अकड़ खोकर प्रेममार्ग में मिल गया है। मीरां उस प्रिय के लिए काषाय धारण करती हैं- त्रिकुटी महल में समाधि लगाती हैं, यहाँ तक कि, कासी करवट की व्यथा भी झेलने को तैयार है। अद्भुत बात यह है कि मीरां ने अपने प्रियतम को सगुण-निर्गुण दोनों रूपों में पाया है। आत्मा-परमात्मा का भावनात्मक रहस्यवाद एक ख़ास अनुभव के साथ यहाँ मौजूद है— यहाँ प्रेम-लीला का कृष्ण-रस है और राधा-रस की अनन्य तन्मयता। राजकुल के प्रतिकूल आचरण का आलम यह है कि वे मंदिरों में नाचती-गाती थीं- उनके स्वजन उनसे रुष्ट रहते थे। द्वारका और वृंदावन के मंदिरों में भजन गा कर मीरां ने मन को पावन किया था।

देखें : अष्टछाप, 'अंग्रेज़ी हटाओ' आंदोलन, गजानन माधव मुक्तिबोध-1 और 2, छायावाद, डायग्लॉसिया, नंद दुलारे वाजपेयी, नगेंद्र और सैद्धांतिक समीक्षा, नयी कविता, नामवर सिंह, पाश्चात्य काव्यशास्त्र, प्रेमचंद, प्रयोगवाद, प्रगतिवाद, भक्ति आंदोलन-1 और 2, भक्ति-काव्य-1 और 2, भारतेंदु हरिश्चंद्र, भारतेंदु युग-1 और 2, भाषा नियोजन-1 से 4 तक, भाषा के मार्क्सवादी सिद्धांत, महादेवी वर्मा, महावीर प्रसाद द्विवेदी, राहुल सांकृत्यायन, रामानुजाचार्य, रामानंद, रामचंद्र शुक्ल-1 और 2, रामविलास शर्मा, राष्ट्रीय-सांस्कृतिक कविता, रीतिकाल-1 और 2, विजय देव नारायण साही, वैष्णव धर्म, श्याम सुंदर दास, सम्पर्क भाषा-1 से 4 तक, सगुण और निर्गुण-1 और 2, संस्कृत काव्यशास्त्र, संविधान सभा में भाषा-विवाद-1, 2 और 3, संत-काव्य, सिद्ध-नाथ परम्परा, सूफ़ीयत और प्रेमाख्यान, हजारी प्रसाद द्विवेदी, हिंदी विरोधी आंदोलन, हिंदी जाति-1 से 3 तक, हिंदी साहित्य का आदिकाल, हिंदी साहित्य का इतिहास, हिंदी साहित्य का इतिहास : नए परिप्रेक्ष्य, हिंदी-पद्य में इतिहास, हिंदी-जगत और 'लोकप्रिय'-1 और 2, हिंदी नवजागरण, हिंदी-संस्थाएँ।

संदर्भ

1. परीता मुक्ता (1997), *अपहोल्डिंग द कॉमन लाइफ़ : द कम्युनिटी ऑफ़ मीरांबाई*, ऑक्सफ़र्ड युनिवर्सिटी प्रेस, नयी दिल्ली.
2. कुमकुम संगारी (1990), *मीराबाई ऐंड द स्पिरिचुअल इकॉनॉमी ऑफ़ भक्ति*, अंक 28, ऑकेज़नल पेपर्स ऑन हिस्ट्री ऐंड सोसाइटी, नेहरू मेमोरियल म्यूज़ियम लाइब्रेरी, नयी दिल्ली.
3. रामचंद्र शुक्ल (1940), *हिंदी साहित्य का इतिहास*, नागरी प्रचारिणी सभा, काशी,
4. सावित्री सिन्हा (1990), *मध्ययुगीन हिंदी कवयित्रियाँ*, नैशनल पब्लिशिंग हाउस, नयी दिल्ली.
5. डॉ. राम विलास शर्मा (1981), *परम्परा का मूल्यांकन*, राजकमल प्रकाशन, नयी दिल्ली.
6. कृष्णदत्त पालीवाल (2007), *भक्तिकाव्य से साक्षात्कार*, भारतीय ज्ञानपीठ, नयी दिल्ली.

— कृष्णदत्त पालीवाल

मुकुंद लाठ

(Mukund Lath)

अध्येता, विचारक, कवि और सांस्कृतिक इतिहासकार मुकुंद लाठ (1937-) ने साहित्य, संगीत, नाटक, नृत्य, सौंदर्यशास्त्र तथा धर्म और दर्शन जैसे विषयों पर बहुआयामी लेखन करके भारतीय ज्ञान-प्रणाली के समग्रतावादी स्वरूप का मौलिक उद्घाटन किया है। संगीत-चिंतन और धर्म-नीति विषयक भारतीय विमर्श मुकुंद लाठ के अध्यवसाय के विशिष्ट क्षेत्र रहे हैं। संगीत, जिसे शिल्प-मात्र समझा जाता है, को विचार के रूप में ग्रहण करके मुकुंद लाठ ने उसके भीतर भाव और बुद्धि में एक विशेष प्रकार की जुगलबंदी देखी और उसे अपने संगीतविषयक विमर्श में विस्तार से साधा। धर्म-नीतिविषयक चिंतन में उन्होंने भारतीय नीति-मीमांसा के गहन गुण-सूत्रों का उद्घाटन करते हुए उसका अभिनव आलोचनात्मक अनुशीलन किया है। उनका यह अनुशीलन शास्त्र-परम्परा के भीतर से उद्भूत विमर्श है लेकिन इस विमर्श में शास्त्र प्रमाण रूप में प्रस्तुत नहीं हुआ है बल्कि विचार की स्वकीय भूमि पर शास्त्र को एक नया सौष्ठव प्रदान किया गया है।

कलकत्ता के एक सम्भ्रांत परिवार में जन्मे मुकुंद लाठ की शिक्षा कलकत्ता और दिल्ली में हुई। साठ के दशक में पश्चिमी बर्लिन के तुलनात्मक संगीत अध्ययन संस्थान में उन्होंने प्राचीन भारतीय संगीत से संबंधित *दत्तिलम* नामक एक दुर्लभ ग्रंथ पर अनुसंधान किया। वस्तुतः इसी ग्रंथ पर कार्य करते हुए मुकुंद लाठ ने प्राचीन संगीत-चिंतन और गांधर्व विद्या के गहन अवधारणात्मक गुण-सूत्रों को आत्मसात् किया। वे न केवल शास्त्रीय संगीत के प्राचीनतम और आधुनातन रूपों के पारखी हैं, बल्कि उन्होंने अपने संगीतशास्त्रीय स्वाध्याय को पण्डित मणिराम और पण्डित जसराज के साथ संगीत-साधना में भी रूपांतरित किया है। संगीत के ऐतिहासिक, सांस्कृतिक एवं अवधारणात्मक अध्ययन के क्षेत्र में उनकी प्रमुख कृतियाँ हैं : *अ स्टडी ऑफ़ दत्तिलम* (1978), *द हिंद पदावली ऑफ़ नामदेव* (1989), *संगीत एवं चिंतन* (1992) तथा *ट्रांसफ़ार्मेशन एज़ क्रियेशन* (1998)। भारत में आत्मकथा की प्राचीन शैली और परम्परा की खोज भी मुकुंद लाठ की साहित्यिक अभिरुचि का विषय रहा है। इस विधा में उन्होंने *कल्पसूत्र* (1977) का अंग्रेज़ी अनुवाद किया है। *कल्पसूत्र* प्राकृत भाषा में वर्द्धमान महावीर की जीवनी है। इसके अतिरिक्त 1981 में प्रकाशित *अर्द्धकथानक (हॉफ़ ए टेल)* उनकी एक प्रसिद्ध कृति है जो सत्रहवीं शताब्दी के एक जैन व्यापारी एवं साधक बनारसी

दास द्वारा आत्मलोचनपूर्वक हिंदी में लिखी गयी आत्मकथा के अध्ययन पर आधारित है। मुकुंद लाठ कवि भी हैं। उनकी काव्य प्रतिभा *स्वीकरण* (1991) तथा *अनरहनी रहने दो* (2013) के माध्यम से अभिव्यक्त हुई है। इन्होंने *तिर रही वन की गंध* (1998) शीर्षक से कुछ प्राकृत कविताओं का हिंदी अनुवाद भी किया है। अनुवाद के क्षेत्र में उन्होंने पंद्रहवीं सदी के ग्रंथ *वास्तुविद्या* (2004) का भी अंग्रेज़ी अनुवाद किया है। मुकुंद लाठ यद्यपि दर्शन-परम्परा में दीक्षित नहीं हैं फिर भी धर्म-नीतिपरक दार्शनिक चिंतन के क्षेत्र में उन्होंने उल्लेखनीय योगदान किया है। *धर्म-संकट* (2004) के माध्यम से उन्होंने भारतीय दार्शनिक चिंतन के एक ऐसे आयाम को उद्घाटित किया है जिसमें वे सम्प्रति अकेले खड़े व्यक्ति हैं। भारतीय कला-चिंतन और कला-साधना के दुर्लभ पक्षों को उन्होंने अपने बहुविध राष्ट्रीय एवं अंतर्राष्ट्रीय व्याख्यानों के माध्यम से बुद्धिजीवियों के बीच विमर्श का विषय बनाया है। मुकुंद लाठ को विविध सम्मानों और पुरस्कारों से नवाज़ा गया है।

भारत के पारम्परिक और शास्त्रीय विमर्श में नाट्यार्थ और काव्यार्थ को जितना केंद्रीय स्थान प्राप्त हुआ, उतना संगीत को नहीं। मुकुंद लाठ की विशेषता यह है कि उन्होंने संगीत को कलात्मक स्वायत्तता प्रदान करके न केवल उसे विमर्श का विषय बनाया बल्कि यह भी प्रतिपादित किया कि नाट्य आदि कलाओं की तरह संगीत में भी रस की निष्पत्ति होती है। संगीत की कलात्मक स्वायत्ता के लिए यह प्रतिपादन अत्यंत महत्त्वपूर्ण है। वस्तुत: धुन, राग और आलाप के व्यूहबद्ध ताने-बाने में व्याकृत हुआ संगीत अपनी संरचना में भाव-चित्त के विमर्श का एक पूरा संसार अपने में समोये रहता है। संगीतविषयक अध्यवसाय इसी संसार के भावलोक को उद्घाटित करता है। इस उद्घाटन में राग और धुन, स्वर और शब्द तथा रस और सत्य संगीतशिल्प के घटक नहीं बल्कि संगीत-विचार के प्रत्यय बन जाते हैं और इस तरह संगीत-साधना के भीतर ही संगीत-विचार वैसे ही व्याकृत होता है जैसे संगीत।

संगीत के तत्त्व (राग और धुन) की बुद्धिगम्यता को संदर्भ बनाकर मुकुंद लाठ भारतीय और पश्चिमी संगीत में मूलगामी अंतर प्रतिपादित करते हुए विचारधर्मी संगीत चिंतन के लिए व्यापक अवकाश निर्मित करते हैं। संगीत के स्वरूप के बारे में पश्चिम की मान्यता है कि बाख़-बीथोवेन आदि की रचनाएँ शुद्धि-बुद्धि विषयक हैं। उनका प्रयोग जो हम कानों से सुनते हैं वह उनका शुद्ध रूप नहीं है, बल्कि शुद्ध रूप की छाया है। प्रयोग या व्यवहार में धुन का शुद्ध बुद्धिगम्य परमार्थ मलिन हो जाता है। मलिन ही नहीं वह अनेकांत भी हो जाता है। इस अनेकांत का कारण यह है कि बाख या बीथोवेन ने अपनी धुनें स्वरलिपि-बद्ध की हैं। इन स्वरलिपियों को प्रयोग में उतारते समय, उनको कर्णगोचर रूप देते समय प्रयोगकर्ता को उसे अपनी पकड़ से निभाना पड़ता है। दूसरे शब्दों में स्वरलिपि को अपनी तरह से समझ कर अपनी तरह से उसका व्यवहार करना पड़ता है। पश्चिम में संगीतकर्मियों का ऐसा भी सम्प्रदाय है जो इस प्रायोगिक निभाव को विकार समझ कर बाख़-बीथोवन को सुनने की अपेक्षा उनके द्वारा रचित स्वरलिपि को पढ़ना अधिक उचित समझते हैं।

इसी जगह मुकुंद लाठ के लिए यह देखना सम्भव हो जाता है कि पश्चिमी संगीत अपने स्वरूप में ही किस प्रकार एक प्लेटो जैसी तत्त्वदृष्टि को समोये हुए है। और यह दृष्टि है कि प्रतिभा-दृष्ट वस्तु का शुद्ध अविकृत स्वभाव उसके व्यवहृत रूप में नहीं होता बल्कि एक ऐसे अतींद्रिय जगत में होता है जो शुद्ध बुद्धिगम्य है। परन्तु मुकुंद लाठ की विचारधर्मिता यहीं विश्रांत नहीं होती। वे भारतीय संगीत में निहित तत्त्वदृष्टि को भी उतनी ही मूलगामिता से पकड़ते हैं। भारतीय परम्परा में 'साम' भी एक तरह से धुन ही है और इस धुन का संबंध भी लोकोतीर्ण प्रतिभा-दृष्ट परमार्थ से है। परंतु यह परमार्थ प्लेटो का परमार्थ नहीं जो विकृत और छाया रूप से ही व्यवहार में अवतरित हो सकता है। साम धुन की किसी निरीन्द्रिय निर्धारित वस्तु-रूप में कल्पना नहीं है। यद्यपि साम दृष्ट है, आर्ष है, किसी उर्ध्व सत्य की प्रज्ञालब्ध अभिव्यक्ति है, पर यह इंद्रिय-बोध मात्र की दृष्ट या लौकिक उपलब्धि नहीं। धुन रूप में उसका स्वरूप किसी इंद्रियातीत बुद्धि जगत की वस्तु नहीं है। ऐसा भी नहीं कि साम किसी अतिक्रामी लोक में ही निर्विकार रहता हो और यहाँ इस लोक में विकृत रूप में ही प्रकट हो सकता है। साम अपने इंद्रियग्राह्य रूप में ही ऋषि दृष्ट है। ऋक मंत्रों की अक्षरयोजना जैसे अपने शब्द रूप में ही आर्ष है, वैसे ही साम अपनी स्वरानुक्रमी स्वर-योजना में श्रुति है। साम किसी अतींद्रिय लोक में भी होता है परंतु साम के लिए स्वरलिपि की भूमिका सहायक की है, उसके संरक्षण के लिए उसका मूल-रूप नहीं, जैसा कि बाख़-बीथोवेन में है। पश्चिम में संगीत और लिपि का संबंध भाषा और लिपि जैसा ही है लेकिन भारतीय परम्परा में संगीत के विदग्धतम शास्त्रीय रूप में आलाप ही प्रधान है। इस तरह कहा जा सकता है कि मुकुंद लाठ का संगीत-विमर्श संगीत के तत्त्व और विभिन्न संस्कृतियों में अभिव्यक्त उसके विविध रूप-कलापों, उनके अंतर्संबंधों तथा संगीतशास्त्र को अन्य विचारधर्मी शास्त्र परम्पराओं के साथ अन्त:पदीय संबंध में रखते हुए एक व्यापक अवधारणात्मक योजना के तहत विचार का विषय बनाता है।

प्राय: आलोचनात्मक स्वर में कहा जाता है कि भारत में विधि-निषेधमूलक और आचार-संहितापरक नैतिक चिंतन

का तो समृद्ध इतिहास रहा है, परन्तु यहाँ नैतिक-दार्शनिक चिंतन उस व्यवस्थित रूप में नहीं हुआ है जिस तरह ग्रीक दार्शनिकों और आधुनिक पाश्चात्य नैतिक चिंतकों में मिलता है। मुकुंद लाठ के धर्म-नीतिविषयक चिंतन की मौलिकता इस बात में निहित है कि उन्होंने आत्मचेतन हुई चेतना के जगद्भाव में ही व्यष्टि-समष्टि और स्वार्थ-परार्थ के बीच श्रेय-प्रेय, हेय-उपादेय, औचित्य-अनौचित्य और प्रवृत्ति-निवृत्ति के प्रश्नों पर सार्थक विचार किया है। मुकुंद लाठ ने यद्यपि अपनी औचित्य मीमांसा को विशुद्ध भारतीय भूमि पर खड़ा किया है, तथापि उन्होंने सांस्कृतिक तटस्थता बरतने का हर सम्भव प्रयास भी किया है और इसी कारण उनका औचित्य-विमर्श मानवोचित सार्वभौमिकता को लिए हुए है।

देखें : आर्यभट्ट और *आर्यभटीय,* उपनिषद्, कपिल, *अर्थशास्त्र* और कौटिल्य, गोपीनाथ कविराज, गोविंद चंद्र पाण्डे, चैतन्य महाप्रभु, जैन दर्शन, न्याय दर्शन, दया कृष्ण, नंद किशोर देवराज, न्याय दर्शन, नागार्जुन, पतंजलि और *योगसूत्र,* पाणिनि और *अष्टाध्यायी,* पाश्चात्य काव्यशास्त्र, पुराण, पूर्व-मीमांसा दर्शन, बदरी नाथ शुक्ल, बादरायण, बौद्ध दर्शन, *भगवद्गीता,* भरत और *नाट्यशास्त्र, भागवत पुराण, महाभारत,* यशदेव शल्य, योग दर्शन, रामानुजाचार्य, लोकायत, वात्स्यायन और *कामसूत्र,* वेदांत दर्शन, वैशेषिक दर्शन, शंकराचार्य, षड्-दर्शन-1 और 2, संस्कृत काव्यशास्त्र, स्मृति-साहित्य, सांख्य दर्शन-1 और 2, सिद्ध-नाथ परम्परा।

संदर्भ

1. मुकुंद लाठ (2007), *संगीत एवं चिंतन,* राका प्रकाशन, इलाहाबाद.
2. मुकुंद लाठ (2004), *धर्म-संकट,* राका प्रकाशन, इलाहाबाद.
3. मुकुंद लाठ (2009), *कर्म चेतना के आयाम,* राका प्रकाशन इलाहाबाद.
4. यशदेव शल्य (1998), *साहित्य चिंतन और युग चिंतन,* राका प्रकाशन, इलाहाबाद.
5. मुकुंद लाठ (1998), 'संगीत एवं चिंतन : शल्यजी से दो बातें', *उन्मीलन,* वर्ष 12, अंक 1.

— **अम्बिकादत्त शर्मा**

मुसलिम राजनीतिक विचार

(Muslim Political Thought)

भारत में आधुनिक मुसलिम राजनीतिक चिंतन का विकास उपनिवेशवाद और उसके ख़िलाफ़ चले राष्ट्रीय आंदोलन के प्रति अनुक्रिया के दौरान हुआ। उन्नीसवीं सदी के आख़िरी पच्चीस और बीसवीं सदी के पहले पचास सालों के बीच इस विचार की शक्ल-सूरत को मुख्यत: दो प्रमुख धाराओं के बीच बाँट कर समझा जा सकता है : ब्रिटिश-विरोधी और ब्रिटिश-समर्थक। साम्प्रदायिक, सेकुलर, कट्टरपंथी, सुधारवादी या धार्मिक पहलू दोनों धाराओं में मिलते हैं। लेकिन सामाजिक धरातल पर दोनों ही धाराओं का समर्थन आधार अलग-अलग था। ब्रिटिश विरोधी धारा निचले तबक़े के मुसलमानों की राजनीतिक गोलबंदी के आधार पर पनपी, और समर्थक धारा ने कुलीन मुसलमानों के हितों को तरजीह दी। तीसरी और अभी तक विकासमान धारा विभाजन और आज़ादी के बाद की परिस्थितियों में सामने आयी। इसके भीतर मुसलमान समाज की वह भीतरी जद्दोजहद देखी जा सकती है जिसके मुताबिक़ वह लोकतांत्रिक चुनावी राजनीति की पेचादगियों में ख़ुद को परिभाषित करने की कोशिश कर रहा है।

उन्नीसवीं सदी में ब्रिटिश विरोधी धारा के शीर्ष पर वहाबी और फ़राइज़ी आंदोलन नज़र आते हैं। वहाबियों की प्रवृत्तियाँ ख़ासी रैडिकल क़िस्म की थीं। उन्हें मुसलमानों के बीच काम करने वाले कम्युनिस्ट सरीखे आंदोलनकारियों की संज्ञा भी दी जाती है। वे मुसलमानों को अंग्रेज़ों की उत्पीड़नकारी हुकूमत से ही नहीं बल्कि ख़ुद मुसलमान उत्पीड़कों और निहित स्वार्थों के शोषण से भी निजात दिलाने के इच्छुक थे। 1857 में जनरल बख़्त ख़ाँ के नेतृत्व में नयी दिल्ली में स्थापित हुई विद्रोही सिपाहियों की सरकार इस वहाबी रुझान का स्पष्ट प्रमाण थी। इस सरकार द्वारा जारी किये गये आदेशों का अध्ययन करने से ज़ाहिर हो जाता है कि उसका मक़सद केवल अंग्रेज़ी शासन का उन्मूलन करना ही नहीं बल्कि आम लोगों को एक अधिक न्यायपूर्ण शासन देना भी था। वहाबी अंग्रेज़ विरोधी हिंदू-मुसलमान एकता के ज़बरदस्त हिमायती थे। फ़राज़ियों का दृष्टिकोण भी इसी से मिलता-जुलता था। उन्होंने बंगाल को दार-उल-हर्ब घोषित कर दिया था। इसका सीधा मतलब था कि वे ख़ुद को अंग्रेज़ हुक्मरानों के ख़िलाफ़ शत्रुतापूर्ण अंतर्विरोध में देख रहे थे। उन्होंने जनता का आह्वान किया कि वह फ़िरंगियों के ख़िलाफ़ जिहाद करे। वहाबियों और फ़राज़ियों का वायदा था कि वे ज़मींदारों की ज़मीन छीन लेंगे, क्योंकि ख़ुदा की ज़मीन

पर किसी को लगान वसूलने का हक़ नहीं है। इन दोनों आंदोलनों का समर्थन आधार ग़रीब और खेतिहर तबक़ा था। किसानों के अलावा दर्जियों, कसाइयों, जुलाहों, चमड़ा बेचने वालों, छोटे-मँझोले दूकानदारों ने इन दोनों राजनीतिक प्रवृत्तियों का दिल खोल कर साथ दिया।

1860 के दशक में मुहम्मद क़ासिम ननौतवी ने देवबंद मदरसे की स्थापना की। उन्होंने आधुनिक विज्ञान का विरोध नहीं किया, लेकिन इसलाम के मुताबिक़ दी जाने वाली पारम्परिक शिक्षा पर ज़ोर दिया। साथ ही उन्होंने ब्रिटिश शासन को स्वीकार करने को ग़ुलामी स्वीकार करने के बराबर क़रार देते हुए विदेशी हुकूमत को इसलाम विरोधी बताया। भारतीय राष्ट्रीय कांग्रेस की स्थापना के बाद इस प्रवृत्ति के उलेमाओं ने लगातार उसका समर्थन किया। इन उलेमाओं और कांग्रेस की एकता ख़िलाफ़त आंदोलन में व्यक्त हुई। इन ब्रिटिश विरोधी उलेमाओं की स्पष्ट मान्यता थी कि धर्मिक विश्वास के परे जा कर लोगों के बीच एकता होनी चाहिए। लोगों के राजनीतिक और धार्मिक अधिकारों की हिफ़ाज़त की जानी चाहिए। ये उलेमा स्वतंत्रता आंदोलन में जनता की सक्रिय भागीदारी और सामाजिक सुधारों की वकालत करते थे। दरअसल, ब्रिटिश विरोधी राजनीतिक विचार का यह रुझान सामासिक राष्ट्रवाद का पैरोकार था। उन्होंने धर्म के आईने में राष्ट्र को परिभाषित करने से परहेज़ करते हुए राष्ट्र की भू-क्षेत्रीय अवधारणा पर ज़्यादा बल दिया। 1917 की रूसी क्रांति के बाद कई उलेमा उसके आदर्शों से इतने प्रभावित हुए कि उन्होंने इसलाम और साम्यवादी विचारों के बीच समानता देखनी शुरू कर दी। मौलाना हसरत मोहानी जैसी शख़्सियत इसी माहौल की देन थी।

ब्रिटिश समर्थक राजनीतिक विचार की अभिव्यक्ति सर सैयद अहमद ख़ाँ द्वारा चलाये गये अलीगढ़ आंदोलन में दिखाई दी। यह प्रवृत्ति अंग्रज़ों के शासन को प्रगतिशील, लोकतांत्रिक और मुक्तिकारी मानती थी। यह आंदोलन धार्मिक मामलों और मुसलमानों के सामाजिक रीति-रिवाज़ों में सुधार का पक्षधर था। सैयद अहमद ख़ाँ की शिक्षा यह थी कि शासक भले ही उत्पीड़नकारी हो, लोगों को उसके ख़िलाफ़ बगावत के चक्कर में नहीं पड़ना चाहिए, क्योंकि इसलाम के मुताबिक़ हुक्मरान को ख़ुदा के सामने जवाब देना ही पड़ेगा। वे कांग्रेस को न केवल मुसलमानों के बल्कि हिंदुओं के लिए भी नुक़सानदेह मानते थे। सैयद अहमद ख़ाँ के एक समर्थक का तो यहाँ तक कहना था कि इसलाम और अंग्रेज़ी क़ानून के बीच कोई ख़ास फ़र्क़ नहीं है, क्योंकि दोनों का ही मक़सद सुरक्षा मुहैया कराना है। सर सैयद के नेतृत्व में जो तहरीक़ खड़ी हुई, वह निचले तबक़े के मुसलमानों के प्रति तिरस्कार से भरी हुई थी। उसकी दिलचस्पी इसलाम द्वारा प्रतिपादित समानता के विचार में कम और कुलीन मुसलमानों के हितों को साधने में ज़्यादा थी।

दिलचस्प बात यह है कि साम्राज्यवाद विरोधी और समर्थक धाराओं के बीच परस्पर विरोध के बावजूद एक ऐसी समानता भी थी जिसने आगे चल कर दोनों के समर्थन आधार को द्वि-राष्ट्र सिद्धांत के तहत मुसलिम लीग के नेतृत्व में एक कर दिया। वहाबियों और फ़राजियों ने अपने तमाम रैडिकलिज़्म के बावजूद एक विचारधारा के रूप में इसलाम के महत्त्व को हमेशा रेखांकित किया था। ये दोनों आंदोलन मुसलमान समाज के भीतर मौजूद ऐसी किसी भी आस्था के इसलामीकरण के पक्ष में थे जो परम्परा के प्रति पूरी तरह से वफ़ादार न हो। दूसरी तरफ़ साम्राज्यवाद समर्थक धारा धर्म और उदारतावादी राजनीति के बीच अन्योन्यक्रिया को तरजीह देती थी। कुल मिला कर इन दोनों प्रवृत्तियों की भाषा और उनका मुहावरा इसलामीकृत था।

मुसलमान राजनीति पर इसलामीकरण के प्रभाव से मुख्यत: तीन प्रवृत्तियाँ निकलीं। अब्दुल कलाम आज़ाद (कांग्रेस), अब्दुल अला मौदूदी (जमात-ए-इसलामी), मुहम्मद अली जिन्ना और मुहम्मद इक़बाल (मुसलिम लीग) जैसे नेताओं और चिंतकों का उभार हुआ जो राजनीतिक आधुनिकता और इसलामीकरण के सहअस्तित्व की नुमाइंदगी कर रहे थे। आज़ाद अपने बौद्धिक प्रशिक्षण में परम्परानिष्ठ पर राजनीति में सेकुलर और लोकतांत्रिक प्रवृत्तियों के वाहक थे। उन्होंने साम्राज्यवाद समर्थक अलीगढ़ की तहरीक़ को ख़ारिज करके मुसलमानों को राष्ट्रीय आंदोलन से जोड़ने का कार्यक्रम पेश किया। उनके ऊपर जमालुद्दीन अफ़ग़ानी और शिबली नोमानी जैसे चिंतकों का असर था। उनकी इसलाम की समझ भू-क्षेत्रीय राष्ट्रवाद, अखिल-इसलामवाद और साम्राज्यवाद विरोध के साथ आसानी से समरस हो जाती थी। अपने इन्हीं विचारों के कारण वे कांग्रेस के प्रमुख नेता बने। लेकिन मौदूदी की मान्यताएँ अबू मुसलेह के विचारों से प्रभावित थीं। वे राष्ट्रवाद और लोकतंत्र के विरोधी थे। राष्ट्रवाद के इसलिए कि वह मुसलमानों को जातीयता और भूगोल के आधार पर बाँटने का प्रस्ताव करता था, और लोकतंत्र का इसलिए कि वह ईश्वर की सम्प्रभुता के मुक़ाबले लोगों की सम्प्रभुता की स्थापना करता था। सार्विक मताधिकार को मौदूदी धार्मिक रूप से हराम क़रार देते थे क्योंकि इससे अल्लाह की एकल सर्वोच्चता का उल्लंघन होता था। मौदूदी ने कम्युनिज़्म और समाजवाद का भी विरोध किया। इन विचारों का राजनीतिक परिणाम राष्ट्रीय आंदोलन को ग़ैर-इसलामिक या इसलाम विरोधी क़रार देने में निकला। मौदूदी ने कांग्रेस को राजनीतिक रूप से भारतीय, वैचारिक रूप से कम्युनिस्ट और सांस्कृतिक रूप से पश्चिमी संगठन के तौर पर परिभाषित किया। इक़बाल भी शुरू में

आज़ाद की तरह अफ़ग़ानी के विचारों से प्रभावित थे। उन्हें यक़ीन था कि अखिल-इसलामिक एकता के दम पर पश्चिमी प्रभुत्व को पराजित किया जा सकता है। जिन्ना की ग़ैर-मौजूदगी में उन्होंने लीग का नेतृत्व सँभाला।

इसलामीकरण ने एक और भूमिका निभायी। उसने मुसलमान अभिजन और निचले तबक़े के मुसलमानों के बीच एक सूत्र क़ायम किया। इस प्रक्रिया में भाषाई और क्षेत्रीय विभिन्नताएँ एक हद तक भुला दी गयी। मुसलमान समुदाय में ख़ुद को एकाश्म समुदाय के रूप में देखने की प्रवृत्ति पैदा हुई और उसे सचेत रूप से इसी तरह व्याख्यायित भी किया गया। दूसरी तरफ़ समुदाय का नेतृत्व उच्च और मध्यमवर्गीय मुसलमानों के हाथ में चला गया। इस तरह द्वि-राष्ट्र सिद्धांत के लिए मुसलमान समुदाय के बीच ज़मीन बनने लगी।

इस परिस्थिति में कांग्रेस की तत्कालीन राजनीति और अन्यान्य कारणों के अलावा मुसलमान पूँजीपति वर्ग के उभार ने भी उल्लेखनीय भूमिका निभायी। चालीस के दशक में मुसलिम लीग को केवल मुसलमान ज़मींदारों का ही समर्थन नहीं मिल रहा था, बल्कि इस्पहानी और आदमजी जैसे मुसलमान पूँजीपति भी उसके साथ थे। कलकत्ता के इस्पहानी घराने की मदद से ही जिन्ना बंगाल की मुसलमान राजनीति में फ़ज़लुल हक़ जैसे जमे हुए नेता को परास्त कर पाये। लीग के दोनों अख़बार *स्टार ऑफ़ इण्डिया* और *डॉन* भी इन्हीं की आर्थिक मदद का नतीजा थे। इसी प्रकार मुसलमान चैम्बर्स ऑफ़ कॉमर्स ऐंड इण्डस्ट्रीज़ की शुरुआत हुई, और एक मुसलमान बैंक और एयरलाइंस की योजनाएँ भी बनायी गयीं।

भारत के विभाजन के बाद मुसलमान राजनीति में आमूल-चूल परिवर्तन हुआ। शुरुआती राजनीतिक असुरक्षाओं और साम्प्रदायिक दंगों की हिंसा के दौर से गुज़रने के बाद आज स्थिति यह है कि मुसलमान समाज में एक तरह की 'नागरिक राजनीति' अपने पैर जमाती हुई दिख रही है। इसका आधार नौकरियों, आमदनी, शिक्षा वग़ैरह की माँगें हैं। इस राजनीति को सेकुलरीकरण और आधुनिकीकरण की प्रक्रिया के साथ जोड़ कर परिभाषित किया जा सकता है। एक दूसरी धारा भी है जिसे सामुदायिक और धार्मिक आधार पर विशेष सुविधाओं की दावेदारियाँ और उसके आधार पर होने वाली राजनीति के रूप में देखा जा सकता है। ख़ास बात यह है कि ये दोनों ही धाराएँ लोकतांत्रिक राजनीति के दायरे में सक्रिय हैं। दोनों के ऊपर मुसलमान समाज के उच्च और मध्यम वर्गों के हितों का प्रभाव अधिक दिखाई देता है। कमज़ोर वर्ग के मुसलमान या तो हाशिये पर खड़े नज़र आते हैं, या फिर पसमांदा मुसलिम महाज़ के ज़रिये अपनी राजनीति करने की कोशिश कर रहे हैं।

देखें : अल-किंदी, अल-ग़ज़ाली, अबू-अला मौदूदी, इब्न ख़ाल्दून, इब्न-रश्द, प्रारम्भिक इसलाम, जिहाद, दलित-पसमंदा मुसलमान, प्रारम्भिक इसलाम, फ़लसिफ़ा और कलाम, भारतीय इसलाम, मसजिद, हज़रत मुहम्मद-1 और 2, मुहम्मद अली जिन्ना, मुहम्मद इक़बाल, सैयद अहमद ख़ाँ।

संदर्भ

1. मोइन शाकिर (1986), 'डायनामिक्स ऑफ़ मुसलमान पॉलिटिकल थॉट', थॉमस पेंथम और केनेथ एल. ड्यूश (सम्पा.), *पॉलिटिकल थॉट इन इण्डिया,* सेज, नयी दिल्ली.
2. मुशीरुल हसन (1979), *नैशनलिज़्म ऐंड कम्युनल पॉलिटिक्स इन इण्डिया,* मनोहर, नयी दिल्ली.
3. मोइन शाकिर (1973), *सेकुलराइज़ेशन ऑफ़ मुसलमान बिहेवियर,* मिनर्वा एसोसिएट्स, कलकत्ता.
4. जावीद आलम (2008), 'द कंटम्परेरी मुसलमान सिचुएशन इन इण्डिया : अ लोंग टर्म व्यू', *इकॉनॉमिक ऐंड पॉलिटिकल वीकली,* खण्ड 43, अंक 2.

— अभय कुमार दुबे

मुहम्मद अली जिन्ना

(Muhammad Ali Jinnah)

मुहम्मद अली जिन्ना (1876-1948) का राजनीतिक प्रस्तुतीकरण काफ़ी दिलचस्प और विरोधाभासी है। पाकिस्तान में उन्हें दक्षिण एशिया की आधुनिक मुसलिम राजनीति का प्रवर्तक माना जाता है। वे पाकिस्तान के राष्ट्रपिता और क़ायद-ए-आज़म (महानतम नेता) हैं। इसके विपरीत भारतीय स्वतंत्रता की आधिकारिक कहानी में जिन्ना की स्थिति एक खलनायक की है। इसके तहत हमें बताया जाता है कि मुसलिम पृथकतावाद और जिन्ना की राजनीतिक हठधर्मिता की वजह से भारत का विभाजन हुआ। जिन्ना पर हुए शोध भी इसी तरह के राष्ट्रीय/सरकारी विरोधाभासों से प्रभावित हैं। कुछ विद्वानों का मत है कि जिन्ना अत्यंत महत्त्वाकांक्षी व्यक्ति थे इसलिए उन्होंने सेकुलर राजनीति छोड़ कर मुसलिम ध्रुवीकरण की राजनीति अपनायी जिसका नतीजा भारत-विभाजन में निकला। जबकि कुछ की राय में जिन्ना का क़ायद-ए-आज़म के रूप में उत्थान 1940 के राजनीतिक परिदृश्य से जुड़ा है। विभाजन केवल और केवल जिन्ना की वजह से नहीं हुआ, बल्कि इस प्रक्रिया में अन्य राजनीतिक खिलाड़ी भी शामिल थे।

जिन्ना/पाकिस्तान/विभाजन का यह विमर्श काफ़ी असंतुलित है। जहाँ एक ओर जिन्ना का व्यक्तित्व और

मुहम्मद अली जिन्ना (1876-1948)

राजनीति इस विमर्श का केंद्र है, वहीं दूसरी ओर जिन्ना के राजनीतिक विचारों और आधुनिकता की उनकी समझ पर कोई व्यवस्थित शोध नहीं मिलता। दिलचस्प बात यह है कि पाकिस्तान में भी जिन्ना के विचारों पर कोई विशेष ध्यान नहीं दिया गया है। उन्हें क़ायद-ए-आज़म की उपाधि तो दे दी गयी, पर उनके वैचारिक विमर्श का अकादमिक मूल्यांकन नहीं किया गया। इसीलिए जिन्ना का समर्थन या विरोध करने से पहले यह बेहद ज़रूरी है कि उनकी राजनीति और विचारों की गतिशीलता को समझा जाए। इस तरह के विश्लेषण के लिए जिन्ना की उदारतावाद संबंधी समझ और उनकी मुसलिम राजनीति को संदर्भ बिंदु माना जा सकता है।

पाकिस्तान की आधिकारिक वेबसाइट के अनुसार जिन्ना का जन्म सिंध प्रांत के कराची ज़िले के वज़ीर मेसन में 25 दिसम्बर, 1876 को हुआ था। जिन्ना के माता-पिता (मिठीबाई और जिन्नाभाई पुंजा) गुजराती मूल के मुसलमान थे। ऐसा भी कहा जाता है कि इस परिवार के पूर्वज हिंदू थे जिन्होंने कुछ पीढ़ी पूर्व ही इसलाम क़बूल किया था। जिन्ना के पिता एक सम्पन्न व्यापारी थे जो काठियावाड़ छोड़कर सिंध में बस गये थे। यह भी कहा जाता है कि सिंध में बसने के बाद ही जिन्ना और उनके भाई-बहनों का मुसलिम नामकरण हुआ। उनका मूल नाम मुहम्मदाली जिनोभाई था। इंग्लैण्ड में उन्होंने अपना आधिकारिक नाम एम.ए. जिन्ना रखा। जिन्ना ने कराची के मदरसा-उल-इसलाम, गोकुलदास तेज प्राथमिक विद्यालय (मुम्बई) और क्रिश्चियन मिशनरी स्कूल, कराची से अपनी स्कूली शिक्षा पूरी करके मुम्बई विश्वविद्यालय से मैट्रिक पास किया। इसके बाद वे उच्च शिक्षा के लिए इंग्लैण्ड चले गये। इस बीच उनका पहला विवाह एक गुजराती मुसलिम लड़की से हुआ। लेकिन यह विवाह ज़्यादा नहीं चला। उनके इंग्लैण्ड प्रवास के दौरान ही उनकी पत्नी की मृत्यु हो गयी। जिन्ना ने उन्नीस साल की उम्र में वकालत पास की। इंग्लैण्ड में रहते हुए ही वे राजनीतिक गतिविधियों में रुचि लेने लगे और दादाभाई नौरोजी और फिरोजशाह मेहता जैसे उदारतावादी नेताओं के प्रशंसक बन गये। ब्रिटिश संसद में दादाभाई नौरोजी के प्रवेश के लिए उन्होंने छात्रों के साथ प्रचार भी किया।

इंग्लैण्ड से वापस आकार जिन्ना ने मुम्बई में अपनी वकालत शरू की। थोड़े ही समय में जिन्ना को एक स्थापित वकील के रूप में जाना जाने लगा। अपने आरम्भिक वर्षों में उन्होंने कई मशहूर व्यक्तियों के मुक़दमे लड़े जिनमें बाल गंगाधर तिलक भी शामिल थे। जिन्ना के जीवन का यह समय उनकी आधुनिकता को समझने के लिए एक महत्त्वपूर्ण स्रोत है। वे सम्भ्रांत घरों के अन्य भारतीयों की तरह इंग्लैण्ड से वकालत पास करने के बाद एक सफल वकील बन चुके थे। वे नरमपंथी राजनीति के क़रीब आ चुके थे जिसका मुख्य विमर्श संविधानवाद के इर्द-गिर्द घूमता था। इस काल में जिन्ना की मुसलिम पहचान उनके सफल व्यावसायिक कॅरियर और राजनीतिक रुझानों के बीच धूमिल होती सी लगती है। वे पश्चिमी राजनीति और संवैधानिक मूल्यों के जानकार के रूप में उभरते है।

जिन्ना ने अपने राजनीतिक जीवन की औपचारिक शुरुआत 1896 में की। वे भारतीय राष्ट्रीय कांग्रेस में शामिल हो गये। कांग्रेस में जिन्ना नरमपंथियों के क़रीब थे और मूलत: संवैधानिक तरीक़ों से भारत में उत्तरदायी शासन लाना चाहते थे। यही वजह थी कि वे संस्थागत राजनीति में सक्रिय तौर पर हिस्सा लेने लगे। वकालत की ही तरह वे इस विधायी राजनीति में भी काफ़ी सफल रहे। 1906 में वे प्रेसिडेंसी मजिस्ट्रेट बने, 1909 में इम्पीरियल लेजिस्लेटिव कौंसिल में मनोनीत हुए और 1910 में मुम्बई लेजिस्लेटिव कमेटी के सदस्य चुने गये। यूँ तो जिन्ना 1913 में मुसलिम लीग में शामिल हो गये थे, लेकिन उनका रुझान कांग्रेस की राजनीति में ज़्यादा था। यही कारण था कि मुसलिम लीग में होने के बावजूद वे गोखले के साथ इंग्लैण्ड गये और लंदन इण्डियन एसोसिएशन के गठन में महत्त्वपूर्ण भूमिका निभायी। उनकी यह सेकुलर राजनीति भारत आ कर भी जारी रही। वे कांग्रेस-लीग और विशेषकर हिंदू-मुसलिम एकता के प्रचारक बन गये। 1916 का कांग्रेस-लीग समझौता जिन्ना की इस राजनीतिक सक्रियता का सशक्त उदाहरण है।

जिन्ना के राजनीतिक जीवन के इस काल में उनके राजनीतिक विचारों को एक नयी गति मिलती सी दिखती है। वे मुसलिम राजनीति के सम्पर्क में आते ज़रूर हैं, लेकिन मुसलिम लीग की राजनीतिक सीमाओं को ख़ारिज करते हैं। इस समय तक उनका व्यापक उद्देश्य भारत के लिए उत्तरदायी शासन हासिल करना है। उल्लेखनीय बात यह है कि जिन्ना के राजनीतिक विरोध का तरीक़ा संवैधानिक रहता है और वे उस समय के स्थापित उदारवादियों की तरह जनांदोलन से बचते हैं।

अपने राजनीतिक जीवन के इसी पड़ाव पर जिन्ना का दूसरा विवाह हुआ। 1918 में उन्होंने एक पारसी लड़की रत्तीबाई से शादी की। इस अंतर्धार्मिक विवाह का पारसी और कट्टरपंथी मुसलिम समाज में व्यापक विरोध हुआ। (पाकिस्तानी इतिहासकारों के अनुसार उनकी पत्नी ने इसलाम क़बूल कर लिया था!) जिन्ना का यह विवाह एक बार फिर यह बात साबित करता है कि उनकी आधुनिकता मूलत: उदारतावाद के स्थापित मूल्यों पर टिकी थी। इस आधुनिकता में धर्म या तो व्यक्ति का निजी मामला हो सकता था या फिर महज़ एक संस्कृति। यही करण था कि जिन्ना ने इसलाम के सुधारवादी आंदोलनों से हमेशा दूरी बना कर रखी।

जिन्ना के राजनीतिक जीवन का तीसरा दौर 1920 से शुरू हुआ, जब उन्होंने कांग्रेस से इस्तीफ़ा दे दिया। कांग्रेस छोड़ने के पीछे केवल गाँधी से व्यक्तिगत मतभेद नहीं थे। दरअसल जिन्ना और गाँधी दो अलग-अलग विचारधाराओं का प्रतिनिधित्व कर रहे थे। गाँधी के लिए स्वराज का अर्थ केवल उत्तरदायी शासन नहीं था। उनके लिए स्वराज एक व्यापक और आमूल परिवर्तन का नाम था। इस परिवर्तन के लिए ज़रूरी था कि न केवल ब्रिटिश राजनीति का विरोध हो बल्कि आधुनिक सभ्यता के स्थापित मानकों को भी परास्त किया जाए। यही करण था कि गाँधी आम लोगों, विशेषकर ग्रामीण भारत, के राजनीतीकरण पर बल दे रहे थे ताकि आज़ादी की लड़ाई जनांदोलन का रूप ले ले। जिन्ना, इसके विपरीत, ब्रिटिश संवैधानिक राजनीति की उपज थे। वे किसी भी तरह के जनांदोलन के समर्थक नहीं थे। उनका मत था कि राजनीतिक जनांदोलन को नियंत्रित करना बहुत मुश्किल होता है और उसका नतीजा उल्टा भी निकल सकता है। जिन्ना के विरोध का दूसरा आधार धर्म और राजनीति के अंतर्संबंध थे। जिन्ना के लिए धर्म का अर्थ संस्कृति या पंथ था। इसे आधुनिक राजनीति में सामूहिक अधिकारों की माँग के लिए तो जायज़ ठहराया जा सकता था, परंतु धार्मिकता के ज़रिये राजनीति करना नहीं। यही करण था कि जिन्ना ने ख़िलाफ़त आंदोलन में भी सक्रिय हिस्सा नहीं लिया। ख़लीफ़ा जैसी किसी भी राजनीतिक संस्था का जिन्ना के राजनीतिक प्रोजेक्ट में कोई स्थान नहीं था।

1923-30 तक का काल जिन्ना के लिए राजनीतिक उथल-पुथल का समय रहा। हालाँकि वे 1923 में मुम्बई से सेंट्रल लेजिस्लेटिव असेम्बली के सदस्य चुने गये, परंतु अब उन्हें किसी सशक्त केंद्रीय राजनीतिक मुद्दे की तलाश थी जो उनकी विचारधारा और राजनीति दोनों के लिए उपयुक्त हो। यह तलाश मुसलिम प्रतिनिधित्व के सवाल पर आ कर टिकी और यहीं से मुसलिम लीग उनकी राजनीति का केंद्र बनने लगी। सबसे महत्त्वपूर्ण घटना 1929 में घटी जब जिन्ना ने मोतीलाल नेहरू रिपोर्ट के जवाब ने अपने 14 सूत्र प्रतिपादित किये। ये सूत्र जिन्ना की राजनीतिक आधुनिकता और उनकी 1940 के दशक की राजनीति का आधार कहे जा सकते हैं। इन 14 सूत्रों में जिन्ना ने दो राजनीतिक सिद्धांत स्थापित किये। पहला, भारत के भावी संविधान का ढाँचा पूरी तरह से संघीय होना चाहिए जिसमें प्रांतों को केंद्र से ज़्यादा शक्तियाँ हासिल हों; दूसरे, मुसलमानों को एक राजनीतिक सम्प्रदाय माना जाए, संविधान में उन्हें अलग प्रतिनिधित्व मिले तथा उनकी संस्कृति और हितों की रक्षा के लिए विशेष प्रावधान हो। 1930-34 में हुई गोलमेज़ कांफ्रेंस के नाकाम होने के बाद जिन्ना इंग्लैण्ड में ही रुक गये। उनकी दूसरी पत्नी, जिनसे उनका तलाक़ तो पहले ही हो चुका था, का तब तक देहांत हो चुका था और उनकी पुत्री दीना उनकी बहन फ़ातिमा जिन्ना के साथ इंग्लैण्ड में ही थीं। जिन्ना स्वयं राजनीतिक संन्यास की कगार पर थे। लेकिन भारत के मुसलिम लीग नेताओं और विशेषकर इक़बाल के आमंत्रण पर जिन्ना 1934 में भारत लौट आये।

1935 के बाद जिन्ना की राजनीतिक कार्य-शैली में एक बड़ा परिवर्तन आया। उन्होंने मुसलिम राजनीतिक प्रतिनिधित्व की जन-राजनीति शुरू की और इस तरह मुसलिम लीग का पुनर्गठन प्रारम्भ हुआ। लीग, जो अब तक शहरों तक सीमित थी, कस्बों और गाँव में भी पहुँचने लगी। इसका परिणाम साफ़ था। जिन्ना के नेतृत्व में लीग ने 1937 में हुए सेंट्रल लेजिस्लेटिव असेम्बली का चुनाव लड़ा और मुसलिम आरक्षित क्षेत्रों की ज़्यादातर सीटों पर सफल रही। हालाँकि मुसलिम बहुल पंजाब, सिंध और पश्चिमोत्तर सीमांत प्रांत में लीग को हार का सामना करना पड़ा।

1940 तक आते-आते जिन्ना की मुसलिम प्रतिनिधित्व की राजनीति अब दो-राष्ट्र सिद्धांत में बदल चुकी थी। 1940 के लाहौर अधिवेशन में जिन्ना ने कहा कि हिंदू और मुसलमान दो राष्ट्र हैं और उनका एक साथ रहना मुमकिन नहीं है। इसी सिद्धांत के आधार पर उन्होंने कांग्रेस को हिंदू पार्टी और मुसलिम लीग को मुसलमानों की प्रतिनिधि पार्टी कहना शुरू किया। हालाँकि यह कोई नयी बात नहीं थी। सैयद अहमद

ख़ाँ से लेकर इक़बाल तक कांग्रेस को हिंदू जमात कहते आ रहे थे। लेकिन जिन्ना ने हिंदू-मुसलिम विरोधाभास को राष्ट्रीयता के रूप में परिभाषित करके आत्मनिर्णय के उदारतावादी सिद्धांत से जोड़ दिया। लीग जो अब तक प्रांतीय स्वायत्तता की माँग कर रही थी अब आज़ाद मुल्क की बात करने लगी। पाकिस्तान का विचार जो अब तक इक़बाल और रहमत अली जैसे मुसलिम नेताओं के भाषणों और दस्तावेज़ों तक सीमित था, अब मुसलिम लीग का नारा बन गया।

जिन्ना की 1942-48 तक की कहानी भारत विभाजन और पाकिस्तान के निर्माण से जुड़ी है। लेकिन सवाल यह है कि क्या जिन्ना ने अपने उदारतावाद को दरकिनार करके अपने जीवन के अंतिम वर्षों में मुसलिम साम्प्रदायिकता की राजनीति शुरू कर दी थी? इस सवाल का अर्थ हमें जिन्ना की विचारधारा की गतिशीलता में खोजना चाहिए, क्योंकि भारत और पाकिस्तान का सरकारी इतिहास हमें महज़ राजनीतिक तौर पर सही जवाब ही दे सकता है।

जिन्ना का उदारतावाद बदलता रहा। अपनी राजनीति के शुरुआती दौर में जिन्ना सांविधिक उदारतावादी थे जिसके लिए धर्म मूलत: एक निजी मामला था। मुसलिम राजनीति ने जिन्ना के उदारतावाद को एक नयी दिशा दी। उन्होंने मुसलमानों को अल्पसंख्यक समुदाय के रूप में देखना शुरू किया और मुसलिम प्रतिनिधित्व उनकी राजनीति का आधार बन गया। जिन्ना का दो-राष्ट्र सिद्धांत उनके उदारतावाद का अंतिम चरण है। दिलचस्प बात यह है कि मुसलमानों को एक राष्ट्र के रूप परिभाषित करने के लिए जिन्ना ने पुन: पश्चिमी राष्ट्र-राज्य की अवधारणा का सहारा लिया। उदारतावाद के प्रति इसी आस्था के कारण शायद जिन्ना ने पाकिस्तान की संविधान सभा में कहा था कि पाकिस्तानी राज्य एक सेकुलर राज्य होगा जहाँ राज्य नागरिकों के धर्मिक मामलों में दख़ल नहीं देगा।

1947 की विभाजन त्रासदी, 1971 में पूर्वी पाकिस्तान का बांग्लादेश बनना और पाकिस्तान में लोकतांत्रिक संस्थाओं के पतन ने जिन्ना के उदारतावाद को प्रश्नांकित कर दिया है। उदारतावाद की जिस क़िस्म की पैरोकारी जिन्ना करते थे, उसका हश्र राजनीतिक सिद्धांत के नज़रिये से एक नये अनुसंधान की माँग करता है।

देखें : अबू-अला मौदूदी, अबुल कलाम आज़ाद, आरक्षण और धर्म, जवाहरलाल नेहरू, बांग्ला देश के लिए मुक्ति संग्राम, भारतीय इसलाम, उपनिवेशवाद, उपनिवेशवाद विरोधी आंदोलन-1, 2 और 3, उपनिवेशवाद विरोधी संघर्ष में स्त्री-नेतृत्व-1, पसमंदा मुसलमान, प्रारंभिक इसलाम, मोहनदास कर्मचंद गाँधी-1, 2 औ 3, मुसलिम राजनीतिक विचार, मुहम्मद इक़बाल, मुहम्मद : एक जीवनी-1 और 2, सैयद अहमद ख़ाँ।

संदर्भ

1. अकबर अहमद (1997), *जिन्ना, पाकिस्तान, ऐंड मुसलिम आइडेंटिटी : द सर्च फ़ॉर सलादीन,* रॉटलेज, लंदन.
2. आयशा जलाल (1985), *द सोल स्पोक्समैन : जिन्ना, द मुसलिम लीग ऐंड द डिमांड फ़ॉर पाकिस्तान,* केम्ब्रिज युनिवर्सिटी प्रेस, केम्ब्रिज.
3. स्टेनली वोलपर्ट (2007), *जिन्ना : मुहम्मद अली से क़ायद-ए-आज़म तक,* अनु. अभय कुमार दुबे, वाणी प्रकाशन, नयी दिल्ली.

— हिलाल अहमद

मुहम्मद इक़बाल

(Muhammad Iqbal)

उर्दू के महाकवि मुहम्मद इक़बाल (1877-1938) का निरूपण आम तौर पर दो तरह से होता है। उन्हें 'सारे जहाँ से अच्छा हिंदोस्ताँ हमारा' गीत के रचयिता के रूप में जाना जाता है। यह गीत अनौपचारिक रूप से भारत का राष्ट्रीय गीत है जिसे राष्ट्रीय पर्वों के अवसर पर राष्ट्र-गान के बाद गाये जाने की परम्परा विकसित हुई है। इक़बाल का उर्दू-फ़ारसी साहित्य भारतीय विश्वविद्यालयों में पढ़ाया जाता है और उनकी उर्दू शायरी का नागरी लिप्यंतरण बेहद लोकप्रिय है। इस छवि के अनुसार कुल मिला कर इक़बाल को भारत में उर्दू के सबसे महत्त्वपूर्ण प्रतिनिधि कवि और विचारक का दर्जा हासिल है। इसके बरक्स पाकिस्तान में इक़बाल को मुफ़क्किर-ए-पाकिस्तान (पाकिस्तान का विचारक) माना जाता है। पाकिस्तान सरकार की आधिकारिक वेबसाइट के अनुसार इक़बाल पाकिस्तान के विचार के जनक थे और उन्हीं के राजनीतिक चिंतन के परिणामस्वरूप पाकिस्तान वजूद में आ सका। उनके जन्म-दिन को इक़बाल डे कहा जाता है। पाकिस्तान का उर्दू सिनेमा और थिएटर भी इक़बाल को राष्ट्रीय और इसलामी एकता के प्रतीक के रूप में पेश करते हैं। इक़बाल के ये प्रस्तुतीकरण विरोधाभासपूर्ण भी हैं और निहायत रोचक भी। एक ओर इक़बाल भारत की राष्ट्रीय एकता के आधिकारिक गायक हैं, तो दूसरी ओर पाकिस्तान में वे सिर्फ़ और सिर्फ़ मुसलिम राजनीतिक चेतना के प्रतीक माने जाते हैं। अगर जिन्ना से उनकी तुलना करें तो यह बात और साफ़ हो सकती है। जिन्ना पाकिस्तान में क़ायद-ए-आज़म हैं पर भारत की आज़ादी की कहानी में मुख्य विलेन हैं। परंतु इक़बाल दोनों देशों की सरकारी कहानियों में हीरो की हैसियत रखते हैं। यही वजह है कि हिंदुस्तान और

पाकिस्तान के राजनीतिक हलक़ों, शैक्षणिक संस्थानों और मजहबी इदारों में इक़बाल अलग-अलग छवियाँ के साथ नुमायाँ हो कर दक्षिण एशिया के सार्वजनिक विमर्श का अभिन्न अंग बन जाते है। इक़बाल की राजनीति, दर्शन और शायरी पर उर्दू, हिंदी, अंग्रेज़ी, फ़ारसी में असंख्य पुस्तकें लिखी जा चुकी है, पर दक्षिण एशिया में उनके बहुआयामी प्रस्तुतीकरण पर कोई ख़ास शोध नहीं हुआ है। इसलिए समाजशास्त्र के नज़रिये से इक़बाल की तीन प्रासंगिक छवियों पर बात करना ज़रूरी है: इक़बाल एक इसलामिक विद्वान के रूप में; इक़बाल एक दार्शनिक कवि के रूप में और इक़बाल एक मुसलिम राजनीतिक प्रतिनिधि के रूप में।

मुहम्मद इक़बाल का जन्म नौ नवम्बर, 1877 को सियालकोट, पंजाब में हुआ था। उनके पूर्वज कश्मीरी पण्डित थे जो बाद में मुसलमान हो गये। इक़बाल की प्रारम्भिक शिक्षा-दीक्षा लाहौर में ही हुई। केम्ब्रिज विश्वविद्यालय से बीए करने के बाद उन्होंने म्युनिख़ से दर्शनशास्त्र में पीएचडी की उपाधि हासिल की। लाहौर कॉलेज में कुछ दिन तक दर्शनशास्त्र पढ़ाने के बाद उन्होंने कुछ समय तक वकालत भी की। बाद के वर्षों में लेखन ही उनकी मुख्य प्रयोजन रहा।

इक़बाल की इसलाम की समझ उनके दर्शन का एक बेहद अहम पक्ष है। उनकी शायरी में शाश्वत कहे जाने वाले इसलामी सिद्धांतों और बीसवीं सदी के मुसलमानों की दशा के बीच का विरोधाभास उजागर होता है। अपनी मशहूर लम्बी कविता 'शिकवा' में वे खुदा से पूछते हैं कि इसलाम के उसूलों पर चलने के बावजूद मुसलमानों का पतन क्यों हुआ। वे इसलामी इतिहास के स्वर्णिम युग को याद दिलाते हुए खुदा से शिकायत करते हैं कि आखिर वह क्यों मुसलमानों को इस बेहाल ज़िंदगी से निजात नहीं दिलवाता। इक़बाल लिखते हैं :

है बजा शेवा-ए-तसलीम में, मशहूर हैं हम
क़िस्सा-ए-दर्द सुनाते हैं कि मजबूर हैं हम
साज़-ए-ख़ामोश हैं, फ़रियाद से मामूर हैं हम
नाला आता है अगर लब पे, तो माज़ूर हैं हम
ऐ ख़ुदा, शिकवा-ए-अरबाब-ए-वफ़ा भी सुन ले
ख़ूगर-ए-हम्द से थोड़ा सा ग़िला भी सुन ले ।

इस कविता का जवाब उन्होंने चार साल बाद लिखा जिसका शीर्षक था : 'जवाब-ए-शिकवा'। यह जवाब खुदा की जानिब से मुसलमानों के लिए है। इस कविता में खुदा मुसलमानों के बीच मौजूद जाति, नस्ल और वर्ग के विभाजनों की और इशारा करते हुए याद दिलाता है कि मुसलमानों की बुरी हालत के लिए वे ख़ुद ज़िम्मेदार हैं, क्योकि उन्होंने इसलाम के बुनियादी पैग़ाम को नज़रअंदाज़ कर दिया है। इक़बाल कहते हैं :

यूँ तो सैयद भी हो, मिर्ज़ा भी हो, अफ़ग़ान भी हो,
तुम सभी कुछ हो, बताओ तो मुसलमान भी हो ?
... की मुहम्मद से वफ़ा तूने तो हम तेरे हैं
ये जहाँ चीज है क्या, लौह-ओ-क़लम तेरे हैं।

इन रचनाओं में इक़बाल इसलामी सिद्धांत की सर्वमान्यता को नये सिरे से परिभाषित करते हैं। उनके लिए इसलाम का अर्थ एक अल्लाह में आस्था और पैग़म्बर मुहम्मद को मान्य ठहराना भर नहीं है, बल्कि इसलामी आस्था का वास्तविक अर्थ है इसलाम के पैग़ाम के अनुसार अपनी ज़िंदगी को ढालना और उस पर अमल करना। इक़बाल इस तथ्य को उजागर करते हैं कि इसलाम के पैग़ाम की वास्तविकता तक पहुचने के लिए पैगंबर द्वारा बताये गये शुद्ध इसलाम की समझ ज़रूरी है। इसीलिए वे इसलाम के नाम पर चलने वाली ग़ैर-इसलामी परम्पराओं का विरोध करते है। उनके अनुसार इसलाम के आधारभूत सिद्धांत तभी सर्वमान्य हो सकेंगे जब मुसलमान पैग़म्बर मुहम्मद के अनुयायियों की तरह के आदर्श मुसलमान बनेंगे। इसलाम की यह पुनर्व्याख्या इक़बाल की अंग्रेज़ी पुस्तक *रिकंस्ट्रक्शन ऑफ़ रिलीजस थॉट इन इसलाम* में देखी जा सकती है जो इसलामी दर्शन पर दिये गये उनके विभिन्न व्याख्यानों पर आधारित है। इक़बाल की यही इसलामपरस्ती उन्हें एक विशुद्ध इसलामी छवि प्रदान करती है। यही वजह है कि वे दक्षिण एशिया के इसलामी इदारों में एक चिंतक के रूप में बेहद मक़बूल हैं। भारतीय मुसलिम विद्वान अली मियाँ नदवी का इक़बाल पर लेखन इस विषय में उल्लेखनीय है।

इक़बाल की कविता की लोकप्रियता का कारण उनके काव्य की दार्शनिकता है। किसी भी आम कवि की तरह इक़बाल सिर्फ़ शब्दों से नहीं खेलते; बल्कि कविता के ज़रिये राजनीतिक तर्क देते हैं। यही कारण है उनकी कविताओं में व्यक्तियों, घटनाओं, स्मारकों और यहाँ तक कि विचारधाराओं पर भी तीखी टिप्पणी मिल जाती है। दूसरे शब्दों में कहें तो इक़बाल के लिए कविता सामाजिक विमर्श की आंतरिक अभिव्यक्ति का सशक्त माध्यम है। उदाहरण के लिए वे राम को इमाम-ए-हिंद बताते हुए लिखते हैं :

है राम के वजूद पे हिंदोस्ताँ को नाज़,
अहले-नज़र समझते हैं उसको इमामे-हिंद।

इसी तरह अपनी मशहूर नज़्म 'नया शिवाला' में वे कहते हैं :

सूनी पड़ी हुई है मुद्दत से दिल की बस्ती
आ इक नया शिवाला इस देस में बना दें
दुनिया के तीरथों से ऊँचा हो अपना तीरथ
दामान-ए-आस्माँ से इस का कलस मिला दें।

इक़बाल के काव्य की इस व्यापकता ने उन्हें बेपनाह लोकप्रियता दी है। उनकी प्रमुख रचनाएँ *असरार-ए-ख़ुदी, रुमुज़-ए-बेख़ुदी,* और *बंग-ए-दारा* साहित्यिक हलकों में मील

का पत्थर मानी जाती हैं। उनकी शायरी की लोकप्रियता के कारण उनकी एक लचीली छवि का निर्माण हुआ है। उनके साहित्य में इसलामपरस्त मौलवियों से लेकर सेकुलर राष्ट्रवादियों तक के लिए मसाला मौजूद है। यहाँ तक कि मार्क्सवादी भी उनकी नज़्मों को क्रांति के तरानों की तरह ग्रहण करते रहे हैं। उनकी मशहूर कविता 'लेनिन ख़ुदा के हुज़ूर में' इसका एक सशक्त उदाहरण है। कुल मिला कर इक़बाल का साहित्य अब तक एक विमर्श में बदल चुका है। उनके लेखन में होने वाले उतार-चढ़ाव और विरोधाभासों को भुला कर सबने अपनी-अपनी पसंद के इक़बाल को चुन लिया है। यही वज़ह है कि इक़बाल सबके प्रिय भी हैं और राजनीतिक तौर पर सर्वमान्य भी।

मुहम्मद इक़बाल (1877-1938)

इक़बाल की तीसरी छवि मुसलिम राजनीतिज्ञ की है। मुसलिम पृथकतावाद के विश्लेषण के लिए अक्सर जिन्ना के दो-राष्ट्र सिद्धांत और इक़बाल के राजनीतिक विचारों के बीच तारतम्यता स्थापित की जाती है। इक़बाल द्वारा मुसलिम लीग के इलाहाबाद अधिवेशन (1930) में दिये गये अध्यक्षीय भाषण को उद्धृत करके यह साबित किया जाता है कि दरअसल इक़बाल ही ने पाकिस्तान के विचार का प्रतिपादन किया था। दिलचस्प बात यह है कि इक़बाल के इस मशहूर भाषण की चर्चा हमेशा टुकड़ों में होती है। भाषण का वह हिस्सा जिसमें इक़बाल ने मुसलिम बहुल प्रांतों (विशेषकर ब्रिटिश भारत के उत्तर-पश्चिम प्रांत) को राजनीतिक स्वायत्तता की बात की थी, बढ़ा-चढ़ा कर पेश किया जाता है। इसके विपरीत भाषण का पहला हिस्सा जिसमें उन्होंने राष्ट्रवाद और इसलाम के बीच मौजूद सैद्धांतिक दुविधा की तरफ़ इशारा किया था, अमूमन नज़रअंदाज़ कर दिया जाता है।

दरअसल, इक़बाल के इस भाषण को मौलाना हुसैन अहमद मदनी के साथ उनकी बहस के संदर्भ में देखना चाहिए। मदनी, जिनका संबंध देवबंद तहरीक़ से था, मुत्ताहिदा क़ौमियत (संयुक्त राष्ट्रीयता) का सिद्धांत मानने वाले थे। उनका मत था कि हिंदू-मुस्लमान एक क़ौम हैं और इन्हीं कारणों से भारत में सेकुलर राज्य की स्थापना कि माँग क़तई ग़ैर-इसलामी नहीं है। इसके बरक्स इक़बाल के लिए इसलामी मिल्लत क्षेत्रीय सीमाओं से बढ़ कर थी। उनके लिए सेकुलर राज्य का अर्थ युरोप की तर्ज़ का नास्तिक राज्य था जिसमें धर्म के लिए कोई स्थान नहीं था। 1930 का यह भाषण इक़बाल की इसी राजनीतिक समझ से निकली तीन व्यापक प्रस्थापनाएँ उजागर करता है। पहली, इसलाम राष्ट्रवाद से ज़्यादा व्यापक विचारधारा है इसलिए मुसलमानों को इसलामी विचारधारा को अपनाना चाहिए न कि राष्ट्रवाद को। दूसरे, ब्रिटिश भारत में साम्प्रदायिकता के अंत के लिए मुसलमानों के लिए पृथक राजनीतिक प्रतिनिधित्व होना ज़रूरी है। तीसरे, आज़ाद हिंदुस्तान के भावी संविधान में प्रांतों को ज़्यादा आज़ादी होनी चाहिए न कि केंद्र को।

ये तीनों ही प्रस्थापनाएँ निस्संदेह मुसलिम लीग की 1930 के दशक की राजनीति का केंद्र रहीं, लेकिन 1940 की भारतीय राजनीति को इक़बाल के इस भाषण की रोशनी में देखना इक़बाल के तर्कों को ज़रूरत से ज़्यादा खींचने जैसा होगा। इक़बाल की पाकिस्तानी छवि को समझने के लिए यह याद रखना ज़रूरी है कि इक़बाल की मृत्यु (21 अप्रैल, 1938) जिन्ना के मशहूर दो-राष्ट्र सिद्धांत वाले भाषण से दो वर्ष पूर्व हो चुकी थी।

लेकिन इसका अर्थ यह भी नहीं है कि इक़बाल मुसलिम लीग से दूर थे। वे मुसलिम लीग की राजनीति के वाहकों में एक थे। जिन्ना के साथ उनका पत्राचार दिखाता है कि मुसलमानों का राजनीतिक प्रतिनिधित्व उनके राजनीतिक एजेंडे के केंद्र में था। लेकिन इसके बावजूद इक़बाल की मुसलिम राजनीति बेहद अस्पष्ट और धुँधली है। इक़बाल के ये विभिन्न स्वरूप निस्संदेह उनके दार्शनिक और काव्यात्मक व्यक्तित्व की व्यापकता के कुछ पहलुओं को ही उजागर करते हैं। क्या ही बेहतर हो कि इक़बाल को जानने का दावा करने से पहले हम उस ज्ञान-परम्परा की शिनाख़्त कर लें जिसके ज़रिये इक़बाल हम तक पहुँचाए जाते हैं।

देखें : अल-किंदी, अल-ग़ज़ाली, अबू-अला मौदूदी, इब्न ख़ाल्दून, इब्न-रश्द, प्रारम्भिक इसलाम, जिहाद, दलित-पसमंदा मुसलमान, प्रारम्भिक इसलाम, फ़लसिफ़ा और कलाम, भारतीय इसलाम, मसजिद, मुसलिम राजनीतिक विचार, हज़रत मुहम्मद-1 और 2, मुहम्मद अली जिन्ना, सैयद अहमद खाँ।

संदर्भ

1. मीर मस्तानसिर (2006), *इ.क़बाल,* आई.बी. टॉरिस, लंदन.
2. मुहम्मद इक़बाल (1980), *रिकंस्ट्रक्शन ऑफ़ रिलीजस थॉट इन इसलाम,* इसलामिक बुक सर्विस, लाहौर.
3. रियाज़ हुसैन (1977), *टुवर्ड्स पाकिस्तान : द पॉलिटिक्स ऑफ़ इ.क़बाल,* इसलामिक बुक सर्विस, लाहौर.

— हिलाल अहमद

मूल्य

(Value)

किसी पण्य (वस्तु या सेवा) की बुनियादी कीमत या दाम को मूल्य की संज्ञा दी जाती है। किसी भी वस्तु या सेवा की एक निश्चित उपयोगिता होती है जिसके आधार पर उसका उपयोग-मूल्य निर्धारित होता है जिसकी प्रकृति अपेक्षाकृत स्थाई समझी जाती है। आदान-प्रदान की प्रक्रिया में उस जिंस का विनिमय-मूल्य निर्धारित होता है जो समय, स्थान और परिस्थितियों के मुताबिक़ बदलता रहता है। इस प्रकार एक जिंस के कई विनिमय-मूल्य हो सकते हैं। विभिन्न जिंसों से उसका विनिमय अलग-अलग विनिमय-मूल्यों के आधार पर होता है। आजकल पश्चिमी अर्थशास्त्र की दुनिया मूल्य के सिद्धांत पर कम और उसकी क़ीमत वाले पहले से संबंधित सिद्धांत पर ही अधिक विचार किया जाता है।

प्राचीन यूनान के दार्शनिकों के बीच भी मूल्य के उद्गम और प्रकृति पर चर्चा होती थी। अरस्तू उपयोग-मूल्य और और विनिमय-मूल्य (बाज़ार के दाम) के बीच अंतर करते थे। उनके इसी विचार के आधार पर क्लासिकल अर्थशास्त्र के संस्थापकों ऐडम स्मिथ, डेविड रिकार्डो और कार्ल मार्क्स ने अपने मूल्य सिद्धांत का विकास किया। उपयोग और विनिमय के बीच अंतर को समझने की प्रक्रिया में स्मिथ ने देखा कि उपयोग की दृष्टि से न के बराबर मूल्य वाली जिंस का विनिमय के लिहाज़ से काफ़ी मूल्य हो सकता है। मसलन, पानी एक बेहद उपयोगी चीज़ है, पर उसका मूल्य कम है। पर हीरा बहुत कम उपयोगी होने के बावजूद विनिमय के लिहाज़ से बहुत बड़ा मूल्य रखता है। स्मिथ का विचार था कि पानी के मुक़ाबले बहुत मुश्किल से उपलब्ध होने के कारण हीरे के दाम बढ़ जाते हैं। पर, नियोक्लासिकल अर्थशास्त्रियों ने आगे चल कर इसी विरोधाभास को इस तरह से समझा कि हीरे की उपयोगिता भले ही कितनी ही कम हो, पर वह बहुत ऊँची होती है। उन्होंने इसे उच्चतर सीमांत उपयोगिता का नाम दिया जिसके आधार पर हीरे के दाम निर्धारित होते हैं।

जैसे-जैसे विनिमय का अर्थशास्त्र आगे बढ़ा, चीज़ों का बाज़ार मूल्य तय करना आवश्यक होता चला गया। मध्य युग के एक्विना और स्काउटुस जैसे विचारकों के बीच किसी जिंस के न्यायसंगत दाम पर बहस मिलती है। श्रेणीगत समाज के लिहाज़ से इन चिंतकों की मान्यता थी कि मूल्य एक ही होना चाहिए। बाज़ार मूल्य भी उसी में शामिल हो। बाद में मूल्य-निर्धारण में किसी भी क़िस्म के ऊँच-नीच को रोकने के लिए जिंस का एक मानक तात्त्विक मूल्य तय करने की कोशिश की गयी, हालाँकि इससे पहले समझा जाता था कि इस तरह का तात्त्विक मूल्य तय करने की कोशिश व्यर्थ है। तात्त्विक मूल्य के निर्धारण का मुख्य आधार जिंस के उत्पादन की बुनियादी लागत को बनाया गया।

विलियम पेटी ने श्रम को भौतिक सम्पदा का पिता और पृथ्वी को माता क़रार देते हुए मूल्य निर्धारण का आधार बनाने की कोशिश की। इसी मान्यता का विकास करते हुए रिचर्ड कैंटिलन ने दिखाया कि श्रम का मूल्य श्रमिक के परिवार के भरण-पोषण के लिए आवश्यक भूमि के मूल्य से जोड़ कर भूमि या श्रम की इकाइयों के रूप में मूल्य निर्धारण किया जा सकता है। ऐडम स्मिथ ने इसी तर्क को आगे बढ़ाते हुए निष्कर्ष निकाला कि भूमि, श्रम और पूँजी के प्राकृतिक दाम होते हैं और उनका योगफल उत्पादित जिंस के प्राकृतिक दाम के बराबर होता है। इस लिहाज़ से इस प्रकार हासिल किया गया प्राकृतिक मूल्य केंद्रीय दाम समझा जा सकता है जिसके इर्द-गिर्द माँग में होने वाली तब्दीली के मुताबिक़ बाज़ार के दाम बढ़ने-घटने चाहिए। स्मिथ ने श्रम को भी तीन भागों में बाँट कर समझने की चेष्टा की : उत्पादन करने में किया गया श्रम, विनिमय के लिए दूसरों से करवाया गया श्रम और श्रम की मात्रा।

रिकार्डो और मार्क्स ने लागत के रूप में केवल श्रम को ही देखने का आग्रह किया। रिकार्डो का तर्क था कि उपयोगिता को किसी जिंस के विनिमय-मूल्य की अनिवार्य शर्त के रूप में देखा जाना चाहिए। दुर्लभ मूर्तियों या चित्रों के अपवादों को छोड़ कर रिकार्डों किसी चीज़ की अपेक्षाकृत दुर्लभता को उसके विनिमय-मूल्य का आधार बनाने के लिए तैयार नहीं थे। वे मानते थे कि अन्य सभी चीज़ों के मामले में उन्हें बनाने में किये गये श्रम के आधार पर उनका मूल्य तय किया जाना चाहिए। कौशल और श्रम की सघनता की अहमियत मानने से इनकार करते हुए रिकार्डो का आग्रह था कि जिंसों को बाज़ार में लाने में लगे वक़्त का फ़र्क़ उनके मूल्य पर छह से सात फ़ीसदी तक असर डाल सकता है। इसी वजह से रिकार्डो के मूल्य सिद्धांत को 'श्रम का 93 फ़ीसदी मूल्य सिद्धांत' भी कहा जा सकता है।

मार्क्स ने रिकार्डो के मूल्य सिद्धांत को आधार बनाते हुए अपनी रचना *कैपिटल* के पहले खण्ड में कहा है कि उपयोग-मूल्य संबंधित पण्य (जिंस) के भौतिक गुणों पर निर्भर होता है जिसकी प्राप्ति उस वस्तु के उपभोग की प्रक्रिया में होती है। मार्क्स के अनुसार मूल्य एक तकनीकी संबंध न हो कर मनुष्यों के बीच का एक सामाजिक संबंध है जो पूँजीवाद के तहत एक ख़ास तरह का भौतिक रूप अख़्तियार करके जिंस के रूप में प्रकट होता है। अर्थात् मूल्य सिर्फ़ एक दिमाग़ी अवधारणा नहीं है, बल्कि पूँजीवादी

सामाजिक संबंध उसे भौतिक रूप दे देते हैं।

मार्क्स ने दिखाया कि विनिमय-मूल्य परिवर्तनशील होता है और समय व स्थान के मुताबिक़ बदलता रहता है। विनिमय के दौरान जो चीज़ समान रहती है वह है जिंसों में निहित श्रम। मार्क्स ने यह मानने से इनकार किया कि मज़दूर आलसी और कम कुशल होता है इसलिए अधिक उत्पादन करने के लिए उसे लम्बे समय तक काम करना चाहिए। उन्होंने 'सामाजिक रूप से आवश्यक श्रम-अवधि' की धारणा का प्रतिपादन किया और इसके लिए सामान्य उत्पादन, कार्यकुशलता के औसत स्तर और श्रम की गहनता को आधार बनाया। मानवीय क्षमता के बीच फ़र्क़ पर ज़ोर देने के बजाय उन्होंने तर्क दिया कि कौशल की प्राप्ति प्रशिक्षण से हो सकती है। प्रशिक्षण के माध्यम से जटिल क़िस्म का श्रम साधारण क़िस्म के श्रम में बदल जाता है।

मार्क्स का मूल्य-सिद्धांत मार्क्सवाद की सभी स्थापनाओं में सबसे ज़्यादा विवादास्पद है। ग़ैर-मार्क्सवादियों ने तो उसे कई तरह की त्रुटियों का स्रोत बता कर ख़ारिज किया ही है, स्वयं मार्क्सवादियों के बीच भी उसके इर्द-गिर्द काफ़ी बहस की गयी है। कुछ मार्क्सवादी कहते हैं कि पूँजीवाद की ठोस आर्थिक परिघटना की समझ बनाने के लिहाज़ से यह मूल्य-सिद्धांत निरर्थक है। इसके आधार पर शोषण के बुनियादी तात्पर्य को ग्रहण नहीं किया जा सकता। लेकिन कुछ अन्य मार्क्सवादियों की मान्यता है कि बिना इस मूल्य-सिद्धांत के धन और पूँजी को नहीं समझा जा सकता और न ही पूँजीवाद की गतिशीलता पकड़ में आ सकती है।

देखें : अर्थ-विज्ञान का समाजशास्त्र, आर्थिक जनसांख्यिकी, अल्फ्रेड मार्शल, अमर्त्य कुमार सेन, अंतर्राष्ट्रीय मुद्रा कोष, आधार और अधिरचना, ऑस्कर लांगे, एडम स्मिथ, करारोपण, कल्याणकारी अर्थशास्त्र, क्लासिकल अर्थशास्त्र, कार्ल हाइनरिख़ मार्क्स-3, कार्ल मेंगर, कींसियन अर्थशास्त्र, गुन्नार मिर्डाल, जोआन रोबिंसन, जॉन कैनेथ गालब्रेथ, जॉन मेनार्ड कींस, जॉन स्टुअर्ट मिल, जोसेफ़ शुमपीटर, जैव विविधता, डेविड रिकार्डो, थामस मुन और वणिकवाद, थामस रॉबर्ट माल्थस, दक्षता, धन, नियोक्लासिकल अर्थशास्त्र, नीतिशास्त्र और अर्थशास्त्र, निकोलस काल्दोर, नियोजन, नियोजन : मार्क्सवादी विमर्श, पण्य, पण्य-पूजा, पॉल सेमुअलसन, पियरो स्राफ़ा, पूँजी, प्रतियोगिता, फ्रांस्वा केस्ने और प्रकृतिवाद, फ्रेड्रिख़ वॉन हायक, बहुराष्ट्रीय निगम, बाज़ार, बाज़ार की विफ़लताएँ, बाज़ार-समाजवाद, बौद्धिक सम्पदा अधिकार, ब्रेटन वुड्स प्रणाली, मार्क्सवादी अर्थशास्त्र, मिल्टन फ्रीडमेन।

संदर्भ

1. डेविड रिकार्डो (1821), *ऑन द प्रिंसिपल्स ऑफ़ पॉलिटिकल इकॉनॉमी,* ऐंड टेक्सेशन, जॉन मरे, लंदन.
2. ऐडम स्मिथ (1759/1976), ऐन *इनक्वारी इनटु द नेचर ऐंड काज़िज़ ऑफ़ वेल्थ ऑफ़ नेशंस,* ऑक्सफ़र्ड युनिवर्सिटी प्रेस, ऑक्सफ़र्ड.
3. कार्ल मार्क्स (1876/1976), *कैपिटल : अ क्रिटीक ऑफ़ पॉलिटिकल इकॉनॉमी* (1867), अनुवाद : बी. फ़ाउकेस, पेंगुइन, हार्मंड्सवर्थ.

— अभय कुमार दुबे

मेघालय

(Meghalaya)

मेघालय भारत के उत्तर-पूर्व में स्थित राज्य है। मेघालय शब्द का शाब्दिक अर्थ है बादलों का घर। यद्यपि मेघालय में संसदीय राजनीति काफ़ी मज़बूत है, लेकिन हिंसक विद्रोही गतिविधियाँ चलाने वाले संगठन भी यहाँ सक्रिय है। हथियारबंद राजनीति यहाँ बाहर से आये लोगों के ख़िलाफ़ ही शुरू हुई थी। हाइनेउट्रेप अचिक लिबरेशन कौंसिल (एचएएलसी) इस तरह के आंदोलनों की नेतृत्वकारी शक्ति थी। यह प्रभुत्वशाली जनजातियों खासी, जैयंतिया और गारो के हितों का प्रतिनिधित्व करने का दावा करती थी। 1992 में इसका विभाजन हो गया और अब यह दो संगठनों के रूप में मौजूद है। पहला, हाइनेउट्रेप नैशनल लिबरेशन कौंसिल (एचएनएलसी) जो राज्य में खासी जनजाति का वर्चस्व क़ायम करना चाहती है; और दूसरा, अचिक मैतग्रिक लिबरेशन आर्मी (एएमएलए)। बाद में एएमएलए की जगह अजिक नेशनल वालंटियर्स कौंसिल (एवीएनसी) ने ले ली। ये संगठन गारो पहाड़ियों के क्षेत्र में गारो लोगों के लिए होमलैण्ड बनाना चाहते थे। इन दोनों संगठनों ने यूनाइटेड लिबरेशन फ्रंट ऑफ असम (उल्फा) और नैशनल सोशलिस्ट कौंसिल ऑफ़ नगालैण्ड-इसाक मोइवा (एनएससीएन-इसाक मोइवा) से भी रणनीतिक संबंध बनाये। दरअसल, इन संगठनों के लक्ष्य कमोबेश एक जैसे ही थे। सैन्य कार्रवाइयों के दबाव में एवीएनसी को सरकार से 2004 में युद्धविराम करना पड़ा। लेकिन अब भी मेघालय में कई विद्रोही संगठन हैं और कई नये संगठन भी बन गये हैं। यह ज़रूर कहा जा सकता है कि ये संगठन नगालैण्ड के विद्रोही संगठनों जितने मज़बूत नहीं है, लेकिन फिर भी इनकी मौजूदगी को नकारा नहीं जा सकता।

मेघालय देश के पूर्वी भाग में (पूर्व-पश्चिम) तक़रीबन तीन सौ किमी लम्बी और तक़रीबन 10 किलोमीटर चौड़ी पहाड़ियों की एक श्रृंखला है। इसकी राजधानी शिलांग है। इसकी सीमाएँ उत्तर और पूरब में असम से तथा दक्षिण और पश्चिम में बांग्लादेश से मिलती हैं। इसका कुल भौगोलिक क्षेत्रफल 22,720 वर्ग किमी है। क्षेत्रफल के हिसाब से यह

मेघालय : संसदीय बनाम हथियारबंद राजनीति

भारत का बाईसवाँ सबसे बड़ा राज्य है। 2011 की जनगणना के अनुसार यहाँ की कुल जनसंख्या 2,964,007 है और इस हिसाब से भारत में इसका स्थान तेइसवाँ है। यहाँ का जनसंख्या घनत्व 130.5 व्यक्ति प्रति वर्ग किमी है और यहाँ की साक्षरता दर 72.1 प्रतिशत है। यह भारत का पंद्रहवाँ सबसे ज़्यादा साक्षर राज्य है। 2011 की जनगणना के अनुसार मेघालय में एक हज़ार पुरुषों पर 986 महिलाएँ हैं। इस संदर्भ में मेघालय की स्थिति भारत के राष्ट्रीय औसत 940 की तुलना में काफ़ी अच्छी है। मेघालय की विधायिका एकसदनीय है और यहाँ की विधानसभा में कुल 60 सदस्य होते हैं। यहाँ से लोकसभा के दो और राज्यसभा के एक सदस्य चुने जाते हैं। गुवाहाटी उच्च न्यायालय ही मेघालय के उच्च न्यायालय की भूमिका निभाती है। खासी, पनेर, गारो, हिंदी और अंग्रेज़ी मेघालय की राजकीय भाषाएँ हैं।

एक अलग राज्य के रूप में मेघालय का निर्माण 21 जनवरी, 1972 को असम के दो ज़िलों को अलग करके किया गया। ये दो जिले थे : संयुक्त खासी हिल्स और जयंतिया हिल्स तथा गारो हिल्स। उन्नीसवीं सदी में ब्रिटिश प्रशासन के अंतर्गत आने से पहले खासी, जयंतिया और गारो जनजातियों के अपने-अपने राज्य थे। 1835 में अंग्रेज़ों ने इन सभी को असम में मिला दिया। ब्रिटिश साम्राज्य से समझौता करने के कारण इस क्षेत्र को अर्ध-स्वतंत्र दर्जा मिला रहा। अक्टूबर, 1905 में लार्ड कर्जन द्वारा बंगाल का विभाजन किये जाने के बाद मेघालय नये प्रांत 'पूर्वी बंगाल और असम' का भाग बन गया। 1912 में बंगाल का विभाजन ख़त्म होने पर भी मेघालय असम का ही भाग बना रहा। 1935 के भारत शासन अधिनियम के बाद वर्तमान मेघालय में आने वाले कुछ क्षेत्रों को भी 'बहिष्कृत' और कुछ को 'आंशिक रूप से बहिष्कृत' क्षेत्रों की श्रेणी में रखा गया। 1947 में देश को आज़ादी मिलने के समय वर्तमान मेघालय असम के दो ज़िलों के रूप में था और इसे राज्य के भीतर सीमित स्वायत्तता मिली हुई थी। लेकिन मेघालय के लोग इससे संतुष्ट नहीं हुए और ज़्यादा आज़ादी के लिए वे शांतिपूर्ण और संवैधानिक संघर्ष करते रहे। उन्होंने 1969 में संसद द्वारा पारित असम पुनर्गठन मेघालय अधिनियम ने मेघालय को स्वायत्तशासी हैसियत प्रदान की। आख़िरकार, संसद द्वारा उत्तर-पूर्वी क्षेत्र (पुनर्गठन) क़ानून, 1971 पारित किया गा। इसमें मेघालय के स्वायत्तशासी राज्य को पूर्ण राज्य का दर्जा दिया गया।

मेघालय की जनसंख्या में जनजातियों का बहुमत है। ख़ासी यहाँ का सबसे बड़ा जनजाति समूह है। यहाँ गारो और जयंतिया जनजातियों के लोगों की संख्या भी अच्छी-ख़ासी है। इसके अलावा, यहाँ कोच, राजबोंगसी, बोडो, हजोंग, दिमासा, हमर, कुकी आदि जनजातियाँ भी हैं। मेघालय में दो लाख से ज़्यादा नेपाली मूल के लोग हैं जो सभी ज़िलों में फैले हुए हैं। ईस्ट ख़ासी हिल्स और जयंतिया हिल्स में नेपाली मूल के लोग ज़्यादा संख्या में मौजूद हैं। मेघालय भारत के उन तीन राज्यों में से एक है जहाँ ईसाई लोगों का बहुमत है (बाक़ी दो राज्य नगालैण्ड और मिज़ोरम हैं)। यहाँ की जनसंख्या के 70.3 प्रतिशत लोग ईसाई धर्म और 13.3 प्रतिशत लोग हिंदू धर्म को मानते हैं। इसके अलावा 11.5 प्रतिशत लोग एनीमिस्ट या सर्वात्मवादी (जिसे जनगणना में 'अन्य' के रूप में दर्ज किया जाता है) हैं, और 4.1 प्रतिशत लोग इसलाम के अनुयायी हैं।

आल पार्टी हिल्स लीडर्स कांफ्रेंस (एपीएचएलसी) के नेता डब्ल्यू.ए. संगमा मेघालय के पहले मुख्यमंत्री थे। इस संगठन ने अलग असम से अलग मेघालय राज्य बनाने में महत्त्वपूर्ण भूमिका निभायी थी। नवम्बर, 1976 में संगमा एमएचएलसी के एक धड़े के साथ कांग्रेस में शामिल हो गये और वे कांग्रेस के नेता के रूप में मार्च, 1978 तक मुख्यमंत्री रहे। इसके बाद, 1990 तक कांग्रेस और एपीएचएलसी के बीच सत्ता की अदल-बदल होती रही। मार्च, 1978 से मई, 1979 तक एपीएचएलसी के डी.पी. पुग राज्य के मुख्यमंत्री रहे। इसके बाद मई, 1979 से मई, 1981 तक एपीएचएलसी के ही बी.बी. लिंगदोह राज्य के मुख्यमंत्री रहे। बी.बी.

लिंगदोह 1983 के मार्च महीने में भी 28 दिनों के लिए राज्य के मुख्यमंत्री बने। अस्सी के दशक में कांग्रेस के डब्ल्यू.ए. संगमा (मई, 1981 से फ़रवरी, 1983; अप्रैल, 1983 से फ़रवरी, 1988) और पी.ए. संगमा (फ़रवरी, 1988–मार्च, 1990) मुख्यमंत्री रहे। मार्च, 1990 से अक्टूबर, 1991 तक लिंगदोह मुख्यमंत्री रहे, लेकिन उनकी सरकार को बर्ख़ास्त कर दिया गया। इसके बाद राज्य में अक्टूबर, 1991 से फरवरी 1992 तक राष्ट्रपति शासन रहा। उसके बाद कांग्रेस के डी.डी. लपांग (फ़रवरी, 1992–फ़रवरी, 1993) मुख्यमंत्री बने।

इसी समय बी.बी. लिंगदोह ने अपने सहयोगियों से मिलकर यूनाइटेड डेमॉक्रैटिक पार्टी बनायी। इस तरह राज्य की राजनीति से एपीएचएलसी की विदाई हो गयी। 1993 में हुए चुनावों के बाद कांग्रेस ने सरकार बनायी और एस.सी. मारक अपने पूरे कार्यकाल (फ़रवरी, 1993–फ़रवरी, 1998) तक राज्य के मुख्यमंत्री रहे। 1998 के चुनावों के बाद यूडीपी की सरकार बनी और इस सरकार ने अपना कार्यकाल पूरा किया और इस दौरान तीन मुख्यमंत्री बने : बी.बी. लिंगदोह (मार्च, 1998–मार्च, 2000), ई.के. मावलौंग (मार्च, 2000–दिसम्बर, 2001) और एफ़.ए. खोंगलम (दिसम्बर, 2001–मार्च, 2003)। 2003 के चुनावों के बाद फिर से कांग्रेस की सरकार बनी। लेकिन इसे अपने बलबूते पर बहुमत नहीं मिला था, इसलिए इसने कुछ छोटे दलों के साथ मिल कर मेघालय डेमॉक्रैटिक एलायंस (एमडीए) बनाया। इस पूरे कार्यकाल में तक़रीबन एक साल छोड़ कर 2008 तक डी.डी. लपांग राज्य के मुख्यमंत्री बने। बीच में जून, 2006 से मार्च, 2007 तक कांग्रेस के ही जे.डी. रेमबाई मुख्यमंत्री रहे। 2008 के विधानसभा चुनावों के बाद किसी पार्टी को बहुमत नहीं मिला। कांग्रेस 25 सीटों के साथ सबसे बड़ी पार्टी, और पी.ए. संगमा के नेतृत्व वाली राष्ट्रवादी कांग्रेस पार्टी 14 सीटों के साथ दूसरे स्थान पर आयी। इसके अलावा, यूनाइटेड डेमॉक्रैटिक पार्टी को 11 सीटों पर जीत मिली। विधानसभा चुनावों के बाद शुरू में कांग्रेस ने सरकार बनायी लेकिन डी.डी. लपांग बहुमत साबित नहीं कर पाये। इसके बाद यूडीपी ने राष्ट्रवादी कांग्रेस पार्टी और कुछ दूसरे दलों के साथ मिलकर सरकार बनायी। यह सरकार एक साल चली (19 मार्च, 2008–18 मार्च, 2009)। इस सरकार के गिर जाने के बाद राज्य में राष्ट्रपति शासन (18 मार्च, 2009–12 मई, 2009) लागू कर दिया गया। फिर से कांग्रेस के नेतृत्व में मेघालय यूनाइटेड एलायंस की सरकार बनी। डी.डी. लपांग मुख्यमंत्री (13 मई, 2009–19 अप्रैल, 2010) बने। लपांग के इस्तीफा दे देने पर कांग्रेस ने मुकुल संगमा को राज्य का मुख्यमंत्री बनाया (20 अप्रैल, 2010–अब तक)।

नब्बे के बाद की मेघालय की राजनीति में तुलनात्मक रूप से अस्थिरता ही रही है। एस.सी. मराक के अलावा कोई भी नेता मुख्यमंत्री के रूप में अपना कार्यकाल पूरा नहीं कर पाया। शुरुआत में एपीएचएलसी और बाद में यूडीपी ने राज्य की राजनीति में कांग्रेस का वर्चस्व क़ायम नहीं होने दिया। 2008 के विधानसभा चुनावों में किसी को बहुमत न मिलने पर कांग्रेस को भी गठजोड़ की राजनीति में भागीदारी करनी पड़ी। उत्तर-पूर्व के अन्य राज्यों की तरह ही मेघालय की संसदीय राजनीति को भी केंद्र की राजनीति के बजाय स्थानीय मुद्दे ज़्यादा प्रभावित करते हैं। नब्बे के दशक में उत्तर बारत की राजनीति पर गहरा प्रभाव छोड़ने वाली 'मण्डल, मंदिर और मार्केट' का यहाँ कोई उल्लेखनीय असर नहीं पड़ा। पर यहाँ के नेता पी.ए. संगमा ने केंद्र की राजनीति में अपनी गहरी छाप जरूर छोड़ी। वे लोकसभा के अध्यक्ष (25 मई, 1996–23 मार्च, 1998) रहे। उन्होंने सोनिया गाँधी के विदेशी मूल के मुद्दे पर कांग्रेस पार्टी छोड़ कर शरद पवार के नेतृत्व में 1999 में राष्ट्रवादी कांग्रेस पार्टी बनाने में भी महत्त्वपूर्ण भूमिका निभायी।

देखें : असम, अरुणाचल प्रदेश, आंध्र प्रदेश, उत्तर प्रदेश, उत्तराखण्ड, ओडीशा, कर्नाटक, केरल, गुजरात, छत्तीसगढ़, जम्मू और कश्मीर, झाड़खण्ड, तमिलनाडु, त्रिपुरा, दिल्ली, नगालैण्ड, पश्चिम बंग, पंजाब, बिहार, महाराष्ट्र, मध्य प्रदेश, मणिपुर, मिज़ोरम, भारतीय संघवाद, राजस्थान, राज्यों का पुनर्गठन-1, 2 और 3, राज्यों की राजनीति, संघवाद, हरियाणा।

संदर्भ

1. एस. गुरुदेव (1996), *एनाटॅमी ऑफ़ रिवोल्ट इन नॉर्थ-ईस्ट इण्डिया,* लैंसर्स बुक, नयी दिल्ली, 1996.
2. बी. पकेम, (सम्पा.) (1993), *रीजनलिज़्म इन इण्डिया : विद स्पेशल रिफरेंस टू नॉर्थ-ईस्ट इण्डिया,* हर आनंद पब्लिकेशंस, नयी दिल्ली.
3. सजल नाग (2002), *कांटेस्टिंग मार्जिनलिटी : एथ्निसिटी, इनसर्जेंसी, सब-नेशनलिज़्म इन नॉर्थ ईस्ट इण्डिया,* मनोहर, नयी दिल्ली.

— कमल नयन चौबे

मैक्स वेबर

(Max Weber)

जर्मन इतिहासकार, अर्थशास्त्री और विधि-सिद्धांतकार मैक्स वेबर (1864-1920) समाजशास्त्र के संस्थापकों में से एक थे। समाज, संस्कृति, सत्ता, सामाजिक स्तरीक़रण, नौकरशाही, विकास और आधुनिक पूँजीवाद के अध्ययन में उनके चिंतन और अनुसंधान ने बुनियादी योगदान किया है। वैचारिक जगत पर वेबर के प्रभाव के विस्तार और विविधता का अंदाज़ा इस बात से लगाया जा सकता है कि समाज-विज्ञान की दुनिया में उन्हें 'पूँजीवादियों के मार्क्स' की संज्ञा से विभूषित किया जाता है। हालाँकि वेबर कार्ल मार्क्स की बौद्धिक उपलब्धियों को आदर की निगाह से देखते थे और कई मामलों में उनसे प्रभावित भी थे, लेकिन मार्क्स की प्रस्थापनाओं को उनके कई निष्कर्षों ने गहरी चुनौती दी। इतिहास में विचारों की भूमिका, सामाजिक और ऐतिहासिक व्याख्याओं की प्रकृति, पूँजीवाद के उद्‌गम और आधुनिकता के स्वभाव जैसे प्रश्नों पर उनके चिंतन ने वेबेरियन कहे जाने वाले ग़ैर-मार्क्सवादी वैचारिक रवैये की स्थापना की। वेबर की रचनाएँ स्पष्ट रूप से कोई मानकीय सिद्धांत पेश करने का दावा नहीं करतीं, लेकिन उनका लेखन कई मानकीय सिद्धांतों का स्रोत है। वेबर राजनीतिक शासन के विधेयक आधार की खोज करते हुए इस निष्कर्ष पर पहुँचे कि प्राधिकार को तीन मॉडलों की रोशनी में समझा जा सकता है : पारम्परिक प्राधिकार, करिश्माई प्राधिकार और विधिक-बुद्धिसंगत प्राधिकार। दरअसल, वेबर यह भी समझने की कोशिश कर रहे थे कि पारम्परिक समाज औद्योगिक समाजों में कैसे बदले और फिर औद्योगिक समाजों ने उन आधुनिक समाजों का रूप कैसे ग्रहण किया जिनका संचालन शक्तिशाली अधिकारीतंत्रों के हाथ में होता है।

इरफ़र्ट (जर्मनी) में पैदा हुए मैक्स वेबर के पिता एक प्रमुख वकील और जर्मन संसद के सदस्य थे। एक छात्र के रूप में वेबर काफ़ी प्रतिभाशाली साबित हुए और उन्होंने कई विषयों का सफलतापूर्वक अध्ययन किया। वे अर्थशास्त्र, क़ानून और राजनीतिशास्त्र के प्रोफ़ेसर रहे और एक बार संसद का चुनाव भी लड़ा। 1897 में हुए एक मानसिक विचलन के बाद उन्होंने अध्यापन छोड़ दिया। अपने जीवनकाल में ही उन्हें महानतम समाजशास्त्रियों में शुमार किया जाने लगा था।

आधुनिक विश्व के बारे में वेबर के सामान्य अवलोकनों ने कई राजनीतिक चिंतकों को प्रभावित किया है। ग़ैर-मार्क्सवादी ही नहीं, मार्क्सवादी विद्वत्ता भी उनका बौद्धिक ऋण स्वीकार करती है। आधुनिकता को लोहे के पिंजरे की संज्ञा देने वाले उनके अवलोकनों का प्रभाव फ्रेड्रिख़ हायक और माइकिल ओकशॉट जैसे अनुदारवादियों पर ही नहीं, बल्कि ग्योर्ग लूकाच, हरबर्ट मारक्यूज़े और थियोडोर एडोर्नो जैसे मार्क्सवादियों पर देखा जा सकता है। वेबर ने समकालीन जर्मनी की राजनीति पर भी लेखन किया, लेकिन अपनी इस तरह की तजवीज़ों और भविष्यवाणियों को अपने 'वैज्ञानिक' निष्कर्षों से दूर रखने के मामले में हमेशा सतर्कता बरती।

मार्क्सवादी और वेबेरियन चिंतन के बीच बुनियादी पद्धतिमूलक भिन्नताएँ हैं। सामाजिक और ऐतिहासिक व्याख्याएँ करने के लिए मार्क्सवादी सामाजिक और आर्थिक शक्तियों की अन्योन्यक्रिया पर निगाह डालते हैं, पर अपनी व्याख्याओं के लिए वेबर ने घटनाक्रम के भागीदारों के बारे में समझ विकसित करने पर ज़ोर दिया। वेबर का आग्रह था कि लोगों की क्रियाओं और पहलक़दमियों का संबंध उनके विश्व-दृष्टिकोण और यथार्थ की उनकी समझ से होता है, इसलिए उनके निहितार्थों को समझने के तौर-तरीक़े विकसित करने ज़रूरी हैं। वेबर ने बुद्धिसंगत व्यवहार और सोच-विचार की अलग-अलग क़िस्मों की विस्तृत विवेचना की, उन कारणों पर ग़ौर किया जो क्रियाओं के पीछे होते हैं और उन क्रियाओं को तात्पर्य प्रदान करने वाली वजहों की खोज की। कोई क़दम उठाने के पीछे जज़्बात हो सकते हैं, परम्परा के आग्रहों की भूमिका हो सकती है, किसी उद्देश्य को प्राप्त करने की इच्छा हो सकती है या मूल्यगत सरोकार हो सकते हैं। वेबर का विचार था कि लोग मिले-जुले कारणों से कुछ करने का निर्णय लेते हैं पर उनमें कोई एक कारण प्रमुख होता है। इस लिहाज़ से वेबर ने नतीजा निकाला कि एक सार्थक जगत के दायरे में अंजाम दिया गया सार्थक व्यवहार ही सामाजिक क्रिया का जनक हो सकता है। उन्होंने दावा किया कि लोग जिस तरह से सोचते हैं और उनके जो विचार होते हैं, सामाजिक-आर्थिक परिवर्तन उन्हीं के आधार पर घटित होते हैं। मार्क्स ने जहाँ सामाजिक हैसियत को वर्ग-आधारित माना, वहीं वेबर ने उसमें वर्ग के साथ-साथ संस्कृति, जीवन-शैली के रूपों और उपभोग के प्रारूपों की भूमिका पर भी बल दिया। इस तरह वेबर ने मार्क्स प्रदत्त अंतर्दृष्टि का विकास करते हुए 'स्टैटस ग्रुप' की अवधारणा का प्रतिपादन किया।

वेबर ने आधुनिकता की प्रकृति, विकास और उसके पश्चिम में ही उभरने के कारणों पर ग़ौर किया। उनका ख़याल था कि सभी प्राक्-आधुनिक समाजों में (चाहे वे पूर्व के हों या पश्चिम के) धर्म ही विश्व-दृष्टिकोण और बौद्धिक गतिविधियों का स्रोत था, इसलिए विभिन्न सभ्यताओं के तहत धर्म का विश्लेषण किये बिना आधुनिकता के स्रोतों के बारे में पता नहीं लगाया जा सकता। उन्होंने तमाम धर्मों और अर्थव्यवस्था और क़ानून जैसे समाज के विभिन्न आयामों के साथ उनके संबंधों की जाँच की ताकि यह जाना जा सके कि पश्चिमी ईसाइयत में ऐसी क्या ख़ास बात थी कि आधुनिकता

मैक्स वेबर (1864-1920)

की ज़मीन पहली बार वहीं तैयार हुई।

वेबर की सबसे मशहूर रचना है *द प्रोटेस्टेंट इथिक्स ऐंड द स्पिरिट ऑफ़ कैपिटलिज़म* (1905) जिसमें वे कहते हैं कि पूँजीवाद केवल आर्थिक कारकों या प्रौद्योगिकीय विकास की देन नहीं हो सकता। प्रोटेस्टेंट मत अपने कुछ आयामों में अन्य धर्मों से अलग था। वह सेकुलर दायरे को स्पष्ट रूप से रेखांकित करते हुए दुनियावी कामयाबियों को अहमियत देता था। कैल्विनिस्ट आस्थाओं के मुताबिक़ व्यक्ति को मोक्ष मिलेगा या नहीं, यह पहले ही तय हो चुका होता है। चूँकि भौतिक जगत में उसके द्वारा की गयी गतिविधियों से इस फ़ैसले पर कोई फ़र्क़ नहीं पड़ता, इसलिए धमभीरु लोग मोक्ष संबंधी व्यग्रताओं का शिकार रहते थे, जिनसे अपना ध्यान हटाने के लिए कठोर और निरंतर परिश्रम करते हुए वे उन संकेतों को टटोलते रहते थे जिनके ज़रिये ईश्वरीय दण्ड से बचना मुमकिन हो सकता हो। कठोर श्रम के माध्यम से कमाये गये मुनाफ़े का आनंद उठाने के बजाय उसका पुन: निवेश कैल्विनिस्ट आस्थाओं के मुताबिक़ एक ऐसा ही तरीक़ा था। प्रोटेस्टेंट चिंतन के इसी पहलू ने पूँजी संचय की शुरुआत की जो प्रकारांतर से स्वयं का पुनरुत्पादन करने वाली प्रक्रिया में बदल गयी। वेबर ने कहा कि प्रोटेस्टेंट मत द्वारा प्रदत्त इस ग़ैर-आर्थिक आवेग के बिना पूँजीवाद घटित नहीं हो सकता था। शुरुआती पूँजीपतियों के लिए ज़रूरी था कि वे आर्थिक लाभों के लिए प्रयास करते हुए भी स्वयं सादगी और किफ़ायत का जीवन जियें, अनुशासित रहें और वक़्त की बचत करें। वेबर का ख़याल था कि ईसाई शुद्धतावाद के प्रभाव में ये प्रवृत्तियाँ मज़बूत हुईं और पूँजीवाद के उभार की परिस्थितियाँ बनीं।

ऐसी बात नहीं कि वेबर ने मार्क्सवादियों की भाँति पूँजीवाद को आधुनिकता का मुख्य लक्षण मान कर संतोष कर लिया हो। पूँजीवाद को आधुनिकता के सारतत्त्व का एक पहलू मानने के बाद उन्होंने शासन, सामाजिक संगठन और बौद्धिक जीवन के आधारभूत कारणों पर निगाह डालते हुए देखा कि आधुनिकता के ये तमाम पहलू 'सुसंगतीकरण' (रैशनलाइज़ेशन) से सम्पन्न हैं। उन्होंने इसकी बुनियाद में भी पश्चिमी ईसाइयत की ख़ूबियाँ रेखांकित कीं। वेबर ने तर्क दिया कि पश्चिमी ईसाइयत जगत को निस्सार मान कर त्याग देने के बजाय ईश्वर के औज़ार के रूप में व्यक्ति को दुनिया के समस्त कार्य-व्यापार में सक्रिय भागीदारी का संदेश देती है। इसी के कारण पश्चिम द्वारा प्रदत्त कर्त्ता साधन और साध्य के बुद्धिसंगत क्रम में यक़ीन की तरफ़ जाता है। इसके विपरीत पूर्वी समाजों का रहस्यवादी चिंतन और भौतिक जगत के प्रति त्यागवृत्ति के कारण वहाँ की आत्मपरकताओं में यह ख़ूबी पैदा नहीं हो पाती। वेबर की निगाह में पूँजीवाद साधन-साध्य के तर्कपरक सिलसिले की सर्वाधिक सुसंगत अभिव्यक्ति थी। एक आर्थिक संगठन के रूप में पूँजीवाद पिछले जमाने के धर्म आधारित और मूल्यगत आग्रहों से मुक्त था। न तो उसका यक़ीन किसी तरह के 'न्यायसंगत दाम' की अवधारणा में था, और न ही सूदख़ोरी की अनैतिकता में। वह बाज़ार के तौर-तरीक़ों के ज़रिये हर चीज़ की गणना मुद्रा या धन के रूप में करता था।

वेबर ने साधन-साध्य की तर्कपरकता को केवल आर्थिक दायरे में ही नहीं देखा। उन्होंने उसे आधुनिक संगठन को समझने के लिए भी इस्तेमाल किया। अधिकारीतंत्र या नौकरशाही के प्रभाव की जाँच करते हुए वेबर ने देखा कि वेतनभोगी अफ़सरों का पदानुक्रमवादी यह संगठन बनाया तो शासन चलाने के लिए गया था, पर अब उसने पूँजीवादी संगठनों समेत समाज के अधिकतर हिस्सों को अपने नियंत्रणा में ले लिया है। अधिकारीतंत्र सर्वाधिक सक्षम मानवीय संगठन होने के साथ-साथ वेबर की निगाह में नितांत निर्वैयक्तिक और इसलिए अमानवीकरण का स्रोत भी था। उन्होंने निष्कर्ष निकाला कि नौकरशाही व्यक्ति का विखण्डन कर देती है। पूँजीवाद के साथ मिल कर सामाजिक जीवन का उत्तरोत्तर सुसंगतीकरण होता जाता है जिससे व्यक्ति की हैसियत एक विशाल आक्रांतकारी सामाजिक-आर्थिक मशीन के दाँते से अधिक नहीं रह जाती। अपने विश्लेषण के इस मुक़ाम पर पहुँच कर वेबर ने आधुनिकता का वर्णन लोहे के एक पिंजरे की तरह किया। पूँजीवाद और समाजवाद की तुलना करते हुए वेबर कहते हैं कि पूँजीवाद में व्यक्ति की निजता और सृजनशीलता के लिए थोड़ी बहुत गुंजाइश होती है, पर समाजवाद में सरकार और आर्थिक नौकरशाही का भीषण संगम सभी तरह की निजता को पूरी तरह से कुचल डालता है।

पूँजीवाद, पश्चिमी समाज और सुसंगतीकरण के समीकरण को और आगे बढ़ाते हुए वेबर कहते हैं कि पश्चिमी ईसाइयत ने विज्ञान और दर्शन की यूनानी विरासत को आत्मसात करके आधुनिक विज्ञान के विकास की परिस्थितियाँ पैदा की हैं। यह अलग बात है कि धर्म की यह भूमिका ही मूल्यगत और नीतिगत आध्यात्मिकता को सुसंगतीकरण के विकल्प द्वारा प्रतिस्थापित कर देती है। ज्ञान के विस्तार, उससे पैदा होने वाली समृद्धि, यथार्थ को नियंत्रित कर सकने वाली और सांगठनिक क्षमताओं ने धार्मिक विश्वासों को आधारहीन कर दिया है। नतीजे के तौर पर दुनिया धर्म के जादू से निकल कर 'डिसइंचेंटिड' हो गयी है। हम दुनिया को तार्किक रूप से सार्थक मानते हैं लेकिन इसी के कारण यथार्थ की हमारी धारणा किसी भी तरह के नैतिक मूल्य से वंचित हो कर अंतत: निरर्थक हो जाती है। मानवीय जीवन पर इसका प्रभाव यह पड़ा है कि मूल्यगत आस्थाएँ निजी दायरे में चली गयी हैं।

अपने एक निबंध 'द प्रोफ़ेशन ऐंड वोकेशन ऑफ़ पॉलिटिक्स' में वेबर कहते हैं कि अपने नैतिक आवेगों को संतुष्ट करने के लिए व्यक्ति किसी मक़सद या विचारधारा के साथ जुड़ते हैं। स्थावर सिद्धांतों के प्रति उनका समर्पण इस दर्जे का होता है कि वे यथार्थ के साथ कोई समझौता करने से इनकार करके नीतियों के नुक़सानदेह प्रभावों का इलज़ाम दूसरों पर मढ़ते रहते हैं। अपनी नैतिकता को परम मान कर चलने वाला रवैया विनाशकारी अंदेशों से भरा होता है। इसलिए राजनीति में लक्ष्य के प्रति समर्पण तो चाहिए, पर उत्तरदायित्व के आग्रह से पैदा होने वाला संयम भी ज़रूरी है। वेबर राजनीति को काफ़ी-कुछ निराशाजनक दृष्टिकोण से देखते थे। उनकी मान्यता थी कि राष्ट्रों के बीच और उनके भीतर होने वाले संघर्षों और टकरावों के कारण शांति और भाईचारे के यूटोपिया के लिए गुंजाइश नहीं बची है। इसी तरह से सोचते हुए वेबर ने निष्कर्ष निकाला कि एक निश्चित भू-क्षेत्र में हिंसा पर राज्य की संस्था की वैध इजारेदारी होती है। राजनेता दैहिक हिंसा का डर दिखा कर ही लोगों से अपने काम करवा पाते हैं। राजनीति में अच्छे लक्ष्यों की प्राप्ति अक्सर आपत्तिजनक साधनों से की जाती है। अपनी इसी प्रकृति के कारण राजनीति में एक तरह का अनैतिक और एक तरह का दुखांत पहलू पैदा हो जाता है।

विचारों से उदारतावादी होने के बावजूद वेबर पर नीत्शे के चिंतन से प्राप्त निराशावादी दृष्टिकोण का असर था। वे पश्चिमी सभ्यता को पतनोन्मुख मानते थे और उनकी निगाह में किसी मूल्यगत या नीतिगत व्यवस्था के सुसंगत आधार की सम्भावनाएँ उज्ज्वल नहीं थीं। उन्होंने पूँजीवाद के विकास को केवल समाज के संगठित सुसंगतीकरण के रूप में देख कर नतीजा निकाला कि वह व्यक्ति की स्वतंत्रता को, निजता को अंतत: कुचल डालेगा। पर उनकी भविष्य-दृष्टि उत्तर-औद्योगिक असंगठित पूँजीवाद को कल्पित नहीं कर पायी जिसमें व्यक्ति-स्वातंत्र्य और सृजनशीलता की अधिक गुंजाइशें होती हैं।

देखें : अल्फ्रेड लुइस क्रोबर, ऑग्युस्त कॉम्त, क्लॉद लेवी-स्ट्रॉस, क्लिफ़र्ड गीर्ट्ज़, जार्ज ज़िमेल, टैलकॉट पार्संस, डेविड एमील दुर्खाइम, पिएर बोर्दियो, फ्रेंज़ उरी बोआस, मारग्रेट मीड, मारसेल मौज़, मार्गरेट मीड, मिल्टन सिंगर, रुथ बेनेडिक्ट।

संदर्भ

1. एंथनी गिडेंस (1972), *पॉलिटिक्स ऐंड सोसियोलॅजी इन द थॉट ऑफ़ मैक्स वेबर*, मैकमिलन, बेसिंगस्टोक.
2. डी. बीथम (1974), *मैक्स वेबर ऐंड द थियरी ऑफ़ मॉडर्न पॉलिटिक्स*, जॉर्ज एलन ऐंड अनविन, लंदन.
3. डी. सेयर (1991), *कैपिटलिज़्म ऐंड मॉडर्निटी : ऐन एक्सकर्सज़ ऑन मार्क्स ऐंड वेबर*, रॉटलेज, लंदन.
4. एस. टर्नर (2000), *द केम्ब्रिज कम्पैनियन टु वेबर*, केम्ब्रिज युनिवर्सिटी प्रेस, केम्ब्रिज.

— अभय कुमार दुबे

मैरी वोल्सनक्रॉफ़्ट

(Mary Wollstonecraft)

अट्ठारहवीं सदी की ब्रिटिश लेखिका मैरी वोल्सनक्रॉफ़्ट (1759-1797) दार्शनिक और स्त्री-अधिकारों की पैरोकार थीं। उनकी विख्यात रचना *अ विंडीकेशन ऑफ़ द राइट्स ऑफ़ वुमॅन* (1792) ने एक ऐसे विमर्श और राजनीति की शुरुआत की जिसे नारीवाद की आधारशिला रखने का श्रेय जाता है। स्त्री-मुक्ति की वैचारिक पीठिका तैयार करने की दिशा में शुरुआती कोशिश करते हुए वोल्सनक्रॉफ़्ट ने इस रचना में स्त्रियों के उत्पीड़न और दासता का इतिहास एवं प्रतिरोध का साक्ष्य प्रस्तुत किया। उन्होंने साहसिक और तर्कपूर्ण प्रतिवाद करते हुए यह मानने से इनकार कर दिया कि स्त्रियों की अधीनस्थता एक स्वाभाविक और प्राकृतिक स्थिति है। युरोप में ज्ञानोदय के दौर में मैरी ने पितृसत्ता की चुनौतीपूर्ण समीक्षा करने का साहस दिखाया। उन्होंने स्त्री-समुदाय के बीच नयी चेतना के बीज बोये और मुक्ति के प्रश्न पर चिंतन किया। अमेरिका और युरोप की बूर्ज्वा-लोकतांत्रिक क्रांतियों की पूर्वबेला में जब स्त्री-प्रश्न को अहमियत मिल रही थी, तब मैरी ने उसे वैचारिक सबलता और व्यापक आधार देने का काम किया। उनके प्रयासों से

मैरी वोल्सनक्रॉफ़्ट (1759–1797)

पहली बार स्त्रियों के प्राकृतिक अधिकारों की घोषणा व माँग की गयी। स्त्री-पुरुष समानता और स्त्री-अधिकारों के विविध पक्षों को लेकर बहस आरम्भ हुई, मुक्ति संघर्षों में स्त्रियों की भागीदारी बढ़ने लगी है और विभिन्न सामाजिक क्रांतियों के बाद स्त्रियों की स्थिति में आये परिवर्तन से स्त्री-प्रश्न महत्त्वपूर्ण बन गया। इस लिहाज़ से मैरी को स्त्री-विमर्श के आदि-सिद्धांतकार की संज्ञा दी जा सकती है।

मैरी वोल्सनक्रॉफ़्ट का जन्म स्पिटलफ़ील्ड्स, लंदन में हुआ था। उनके पिता कपड़ा बुनने का काम करते थे। अपने बौद्धिक जीवन की शुरुआत में ही वे रिचर्ड प्राइस और जोसेफ़ प्रीस्टली जैसे बुद्धिवादियों के संसर्ग में आयीं। यह एक ऐसा दायरा था जो अपनी असहमति की आवाज़ के लिए जाना जाता था। निजी जीवन व परिवार में मैरी ने कई तरह की आर्थिक दिक़्क़तों का सामना किया। वे अपने समय में यह भी देख रही थीं कि स्त्रियों के लिए आमदनी का ज़रिया बनने लायक पेशे बहुत कम थे। उनका विचार बना कि स्त्रियों के लिए यह बहुत दुर्भाग्यपूर्ण स्थिति है कि वे ऐसी शिक्षा प्राप्त कर रही हैं जिससे वे अपने भाग्य में किसी तरह का बदलाव नहीं ला सकतीं। समाज में स्त्रियों की समानता को आवश्यक मानते हुए उन्होंने शिक्षा के उस छद्म व कपट को उजागर किया जो स्त्रियों की स्वतंत्रता में बाधक था। मैरी ने कहा कि यह शिक्षा मध्यवर्ग की स्त्रियों को स्त्रैणता के झूठे मिथ्याभास व आदर्शों के दायरे में जीवन बसर करने के लिए तैयार करती है। स्त्रियों की देह के हिसाब से उनके मस्तिष्क की संरचना को गढ़ा जाता है और शरीर एक पिंजरे की तरह बन जाता है जिसकी क़ैद में स्त्रियाँ जीना सीख लेती हैं।

एक साल तक आया का काम करने के बाद मैरी ने स्वतंत्र रूप से लेखक बनने का निर्णय लिया। 1787 में लंदन के प्रकाशक जोसेफ़ जॉनसन की मदद से उन्हें जीवकोपार्जन और लेखन का अवसर मिला है। जॉनसन उस वक़्त के सबसे बड़े पुस्तक विक्रेता और प्रकाशक थे। उन्होंने मैरी की पुस्तक *थॉट्स आन द एजुकेशन ऑफ़ डॉटर्स* (1787) का प्रकाशन किया। 1784 में मैरी ने अपनी बहनों के साथ मिल कर स्त्री-यूटोपिया की कल्पना की और उसे व्यावहारिक रूप देने के लिए 'न्यूविगंटन ग्रीन, अ डिसेंटिंग कम्युनिटी' नामक एक स्कूल का निर्माण किया जो आर्थिक समस्याओं के कारण विफल हो गया। इसके बाद उन्होंने *मैरी : अ फ़िक्शन* शीर्षक से उपन्यास लिखा। आया का काम करते हुए उन्होंने बच्चों के लिए *ओरिजिनल स्टोरीज़ फ्रॉम रियल लाइफ़* पुस्तक भी लिखी। उन्होंने फ्रांसीसी और जर्मन भाषाएँ सीखीं और कई महत्त्वपूर्ण अनुवाद किये। जॉनसन के साथ मिल कर मैरी ने *पीरियॉडिकल ऐनालिटिकल रिव्यू* का सम्पादन किया और उसमें कई उपन्यासों की समीक्षाएँ लिखीं। जिस समय उनकी बौद्धिक गतिविधियाँ बढ़ रही थीं, उनका सम्पर्क दार्शनिक विलियम गॉडविन से हुआ जो आगे चल कर उनके पति बने। 1790 में ही एडमण्ड बर्क की रचना *रिफ़्लेक्शंस ऑन द रेवोल्यूशन ऑफ़ फ्रांस* का प्रकाशन हुआ था जिसमें बर्क ने फ्रांसीसी क्रांति के रैडिकलिज़म पर कठोर प्रहार किये थे। मैरी ने बर्क की पुस्तक के उत्तर में इसी वर्ष *विंडिकेशन ऑफ़ द राइट्स ऑफ़ द मेन* लिख कर ख्याति प्राप्त की जिसमें उन्होंने क्रांति और उसके आधारभूत विचार की तरफ़दारी की। अपने विचारों का विस्तार करते हुए मैरी ने दो साल बाद अपनी सबसे विख्यात रचना *विंडिकेशन ऑफ़ द राइट्स ऑफ़ वुमॅन* लिखी।

1793 से 1795 के बीच मैरी एक अमेरिकी व्यापारी गिलबर्ट इमले के साथ पत्नी बन कर रहीं। इस दौरान युरोप में राजनीतिक स्थिति ख़राब होने लगी थी। कुछ ख़ास तरह की परिस्थितियों में मैरी और इमले के साथ विवाह का पंजीकरण तो हुआ पर वे औपचारिक रूप से कभी पति-पत्नी बन कर नहीं रहे। इसी समय मैरी के कई मित्रों को बंदी बना कर ज़ेल में डाल दिया गया या बेरहमी से मार दिया गया। मैरी ने मिसेज़ इमले बन कर अपनी संतान व ख़ुद को सुरक्षित कर लिया। इमले मैरी को एक घरेलू स्त्री मान कर क्रांति व संघर्ष के बीच छोड़ कर चला गया। मैरी के पत्रों से पता चलता है इस वैवाहिक संबंध में उन्होंने कितना दुःख और पीड़ा झेली। इसी दौर में उन्होंने दो बार आत्महत्या करने की कोशिश भी की। मैरी विवाह के संदर्भ में लिखती हैं कि स्त्री-पुरुष में प्रेम और मित्रता का होना ज़रूरी है। अत्यधिक लाड़ व प्रभुत्व संबंधों में असमानता पैदा करता है। पुरुष-समाज

अपेक्षा करता है कि पत्नी हमेशा प्रेमिका बन कर रहे जबकि स्त्री का प्रेम व आत्मगौरव अपमान सहने के लिए विवश रहता है। पति जब प्रेमी नहीं रह जाता और रिझाने की सभी इच्छाएँ मंद पड़ने लगती हैं तब संबंधों में कटुता पैदा होने लगती है। स्त्रियाँ पुरुषों के मन बहलाव का साधन बनी रहती हैं। ऐसी स्थिति में स्त्रियों की विनम्रता और सुकुमारता सद्गुण न रह कर अपमान का साधन बन जाते हैं। मैरी ने इस प्रचलित सामाजिक धारणा का खण्डन किया कि स्त्रियाँ प्राकृतिक या नैसर्गिक रूप से पुरुषों से कमज़ोर व हीन होती हैं। उनका मानना था कि स्त्री व पुरुष दोनों को तर्कशील प्राणी के रूप में देखा जाना चाहिए और समाज के भविष्य का निर्माण तर्क के आधार पर ही होना चाहिए न कि अंधविश्वासों व धार्मिक मान्यताओं के आधर पर।

मैरी के देहांत के बाद उनके पति विलियम गॉडविन ने उनकी कई अधूरी रचनाओं को छपवाया। 1798 में गॉडविन ने *मेमोयर्स ऑफ़ द ऑथर ऑफ़ अ विंडीकेशन ऑफ़ द राइट्स ऑफ़ वुमॅन* का प्रकाशन किया जिससे मेरी के ग़ैर-पारम्परिक और अराजक जीवन की जानकारी मिली। मैरी की इस जीवन-शैली के लिए उन्हें लम्बे समय तक अवमानित किया गया। कंज़रवेटिव हलक़ों ने मैरी को बदनाम करने के लिए कोई कसर नहीं छोड़ी। ख़ुद बर्क ने उनके लिए 'पेटीकोट पहने हुए बघर्रा' की उपमा उछाली। उन्नीसवीं सदी की शुरुआत में नारीवादियों ने मैरी के साथ ख़ुद को जोड़ना पसंद नहीं किया। लेकिन 1881 में जब सूज़न एंथनी, एलिज़ाबेथ स्टेंटन और मैटिल्डा जोसिलिन केज की कृति *हिस्ट्री ऑफ़ वुमॅन सफ़रेज* का प्रकाशन हुआ तो जिन हस्तियों को यह विख्यात रचना समर्पित की गयी थी उनकी सूची में मैरी का नाम सबसे ऊपर था। बीसवीं सदी के आरंभ में नारीवादी आंदोलनों के उभार के साथ मैरी के विचारों का महत्त्व स्थापित हो गया। उन्हें स्त्री-अधिकारों और परम्परागत स्त्रैण मान्यताओं की समीक्षा करने वाली शुरुआती नारीवादी दार्शनिक के रूप में देखा जाने लगा।

देखें : अश्वेत नारीवाद, आनंदीबाई जोशी, इसलामिक नारीवाद, गायत्री चक्रवर्ती स्पिवाक, चिपको आंदोलन, जूडिथ बटलर, जेंडर, दलित नारीवाद, देवदासी, देवकी जैन, नारीवाद, नारीवाद की पहली लहर, नारीवाद की दूसरी लहर, नारीवाद की तीसरी लहर, नारीवाद और अर्थशास्त्र, नारीवादी फ़िल्म-सिद्धांत, नारीवादी इतिहास-लेखन, नारीवाद और अर्थशास्त्र, नारीवादी दर्शन, नारीवाद और साम्प्रदायिकता, नैंसी शोदॅरौ, पर्यावरणीय नारीवाद, पब्लिक-प्राइवेट, पण्डिता रमाबाई सरस्वती, पितृसत्ता, प्रेम, प्रेम-अध्ययन और नारीवादी दर्शन, भारत में स्त्री-आरक्षण-1 और 2, महादेवी वर्मा, राजनीतिक दर्शन के नारीवादी आयाम, रमाबाई रानाडे, ल्यूस इरिगरे, स्त्री और साम्प्रदायिकता, स्त्री-श्रम, सम्पत्ति : नारीवादी परिप्रेक्ष्य, सिमोन द बोउवार, स्त्री-आरक्षण, हेलन सिचू।

संदर्भ

1. जी. केली (1992), *रेवोल्यूशनरी फ़ेमिनिज़म : द माइंड ऐंड कॅरियर ऑफ़ मैरी वोल्सनक्रॉफ़्ट*, मैकमिलन, बेसिंगस्टोक.
2. जे. टॉड (2000), *मैरी वूल्सनक्रॉफ़्ट : एक रेवोल्यूशनरी लाइफ़*, वीडनफ़ील्ड ऐंड निकल्सन, लंदन.
3. आर. वार्डिल (1966), *मैरी वोल्सनक्रॉफ़्ट : ए क्रिटिकल बायोग्राफ़ी*, युनिवर्सिटी ऑफ़ कंसास प्रेस, लिंकन, केएस.

— शिवानी चोपड़ा

मैसूर नरसिम्हचार श्रीनिवास

(Maisoor Narsimhchar Shrinivas)

मैसूर नरसिम्हचार श्रीनिवास (1916-1999) औपचारिक रूप से भारतीय समाजशास्त्र के आदि-पुरुष भले ही न हों, लेकिन स्वतंत्र भारत में इस अनुशासन को उन्होंने अपने सैद्धांतिक योगदान, जाति की विलक्षण समझ और सहभागी प्रेक्षण की पद्धति के इस्तेमाल से जितना समृद्ध किया है वह उन्हें देश के शीर्षतम समाज-विज्ञानियों में शामिल करने के लिए पर्याप्त है। समाजशास्त्र में उन्हें संस्कृतीकरण, प्रभुत्वशाली जाति और वोट बैंक जैसी मौलिक प्रस्थापनाओं के लिए जाना जाता है। श्रीनिवास संस्थाओं के निर्माता भी थे। बड़ौदा और दिल्ली विश्वविद्यालय में समाजशास्त्र के विभागों की स्थापना का श्रेय उन्हीं को जाता है। शोध और अध्ययन के उच्चस्तरीय संस्थानों की स्थापना और दिशा-निर्देशन के लिहाज़ से भी भारतीय समाजशास्त्र के विकास में उनका योगदान कालजयी माना जाएगा। ग्रामीण समुदाय और जाति की संरचना के विशिष्ट अध्ययन के अलावा एम.एन. श्रीनिवास ने विज्ञान के सामाजिक प्रभाव, गाँधी के धार्मिक चिंतन, मानवशास्त्र के इतिहास से लेकर जेंडर जैसे विषयों पर भी विचारोत्तेजक काम किया है।

श्रीनिवास का कृतित्व वस्तुनिष्ठ पर्यवेक्षण, विश्लेषण की महीनताओं तथा सैद्धांतिक गहराई का दुर्लभ संगम माना जाता है। उनका लेखन अंतर-विषयकता को एक ख़ास तरह का ज़मीनी संदर्भ प्रदान करता है। श्रीनिवास की समाजशास्त्रीय दृष्टि घटनाओं की बाहरी बनावट को भेद कर उन्हें गढ़ने वाली संरचनाओं और ऐतिहासिक शक्तियों की थाह लेती है। सामुदायिक जीवन के बारीक ब्योरों और अंतर्दृष्टियों को सरल भाषा में प्रस्तुत करने की उनकी क्षमता उन्हें समकालीन समाजशास्त्रियों से एक अलग व्यक्तित्व प्रदान करती है। इस अर्थ में वे विषयगत शब्दावली का

मैसूर नरसिम्हचार श्रीनिवास (1916-1999)

अतिक्रमण करते हुए साधारण और प्रचलित भाषा को चुनते हैं। इसे उनकी विद्वत्ता का जनवाद ही कहा जाएगा कि उनकी सैद्धांतिक अवधारणाएँ अपने कूटार्थों में उलझाने के बजाय विषय को समझने में ज़्यादा मदद करती हैं।

श्रीनिवास ने विचाराधारा के स्तर पर भारतीय समाजशास्त्र के लिए एक नयी ज़मीन तैयार की। उल्लेखनीय है कि जिस दौर में श्रीनिवास भारतीय समाज के अध्ययन की तैयारी कर रहे थे उस समय समाज-विज्ञानों पर अमेरिकी और ब्रिटिश अकादमिक प्रस्थापनाएँ हावी थी। अमेरिकी विश्वविद्यालयों में प्रचलित दृष्टिकोण भारतीय उपमहाद्वीप के समाज को समझने के लिए संस्कृतनिष्ठ परम्पराओं पर ज़ोर देता था। इसके असर में भारतीय समाजशास्त्री समकालीन यथार्थ के अध्ययन के लिए संस्कृत के स्रोतों और भारत-विद्या/इण्डोलॅजी को ज़्यादा प्रामाणिक मानते थे। श्रीनिवास पहले समाजशास्त्री थे जिन्होंने इस वर्चस्वकारी स्थिति को चुनौती दी। उन्होंने अपने लेखन से साबित किया कि समाजशास्त्र में समाज के वास्तविक कार्यकलापों और गतिविधियों का अध्ययन शास्त्रीय संदर्भों पर निर्भर रहने से ज़्यादा श्रेयस्कर है।

श्रीनिवास द्वारा प्रस्तुत प्रभुत्वशाली जाति तथा संस्कृतीकरण की अवधारणाओं का राजनीति विज्ञानियों के अलावा इतिहास-लेखन की सबाल्टर्न जैसी धाराओं के इतिहासकारों ने व्यापक प्रयोग किया गया है। इस अर्थ में उनके कृतित्व को एक बौद्धिक परम्परा की श्रेणी में रखा जा सकता है जो नये-पुराने विद्वानों के लिए एक ज़रूरी संदर्भ की हैसियत हासिल कर चुका है। प्रसंगवश, प्रभुत्वशाली जाति की अवधारणा संख्या बल, भू-स्वामित्व, शिक्षा और नौकरी जैसे कारकों के कारण किसी जाति के गाँव या क्षेत्र विशेष में दबदबे को जाहिर करती है तो संस्कृतीकरण निम्न जातियों द्वारा उच्च जातियों ख़ास तौर पर ब्राह्मण वर्ग की संस्कृति, रीति-रिवाज़ों, भाषा और वेशभूषा आदि को अपनाने की प्रवृत्ति को ज्ञापित करती है। हालाँकि उनकी तीसरी अवधारणा वोट बैंक, समाज-विज्ञानों में स्थाई जगह नहीं बना पायी परंतु राजनीति के दैनिक विमर्श और मीडिया जगत में इस पद का धड़ल्ले से इस्तेमाल किया जाता है।

स्वतंत्र भारत की राजनीतिक और सामाजिक संरचना के अध्ययन में ये तीनों अवधारणाएँ और उससे जुड़े विमर्श तात्त्विक महत्त्व हासिल कर चुके हैं। प्रभुत्वशाली जाति और संस्कृतीकरण की अवधारणाएँ भारत की सामाजिक व्यवस्था और उसके सांगठनिक ढाँचे के निर्णायक तत्त्वों को समझने में मदद करती हैं। हालाँकि ब्राह्मणवादी आदर्शों की घटती वैधता के कारण संस्कृतीकरण की अवधारणा अब उतनी महत्त्वपूर्ण नहीं मानी जाती लेकिन यह तथ्य है कि बीसवीं सदी के एक बड़े कालखण्ड और स्वतंत्रता के बाद भी लम्बे समय तक संस्कृतीकरण एक ख़ासी उल्लेखनीय प्रवृत्ति थी। दलित आंदोलन और मण्डल आयोग के बाद उभरी राजनीति में संस्कृतीकरण की प्रवृत्ति क्षीण होती गयी है लेकिन प्रभुत्वशाली जाति की अवधारणा को भारत के ग्रामीण समाज में चलने वाली राजनीतिक प्रक्रियाओं का विश्लेषण करने में आज भी एक जरूरी औजार की तरह देखा जाता है।

कई समकालीन समाजशास्त्री श्रीनिवास के कृतित्व को राष्ट्रवादी समाजशास्त्र के बृहत्तर संदर्भ में रखकर आँकने का आग्रह करते रहे हैं। उनका कहना है कि स्वतंत्र भारत का शहरी अभिजन औपनिवेशिक शासन के आधुनिकीकरण की परियोजना को जारी रखना चाहता था। इसलिए राष्ट्रवादी समाजशास्त्रियों के कृतित्व में चिंतन और विचार की वही औपनिवेशिक सरणियाँ सक्रिय थी जिनके आधार पर ब्रिटिश सत्ता अपने शासन को वैध ठहराती आयी थी। इन विद्वानों का कहना है कि जाति और समुदाय पर केंद्रित श्रीनिवास जैसे समाजशास्त्रियों का कृतित्व एक अखिल भारतीय संस्कृतवादी हिंदू धर्म की समझ को पीठिका प्रदान करता है। लेकिन श्रीनिवास की दृष्टि को प्रकट या अप्रकट तौर पर ब्रिटिश या अमेरिकी मानवशास्त्र की स्थापनाओं से निर्देशित बताना जल्दबाजी की दलील है जो सुबूतों की कमी के बावजूद आरोप पत्र तैयार करने की हिमाकत करती है। यह दलील श्रीनिवास के कृतित्व की उस प्रवृत्ति को लक्षित करने में चूक करती है जिसमें श्रीनिवास समुदाय का अध्ययन करते हुए समुदाय और अपने संबंधों के द्वैत पर भी विचार करते हैं। श्रीनिवास समाजशास्त्र और मानवशास्त्र की बुनियादी

प्रस्थापनाओं पर भी ठीक इसी तरह विचार करते हैं। ग़ौरतलब है कि श्रीनिवास सहभागी अध्येता के तौर पर ख़ुद को एक ऐसे अध्येता के रूप में परिभाषित करते हैं जिसकी इयत्ता अपने विषय यानी लोगों से अलग नहीं है। श्रीनिवास जिन लोगों या समुदाय का अध्ययन करते थे उन्हें वे अन्य की श्रेणी में नहीं रखते थे।

इस संबंध में कई ब्रिटिश मानवशास्त्री यह मानते रहे हैं अपने समाज का अध्ययन करने वाले मानवशास्त्री को अलग तरह की मुश्किलों का सामना करना पड़ता है। उनके अनुसार विकसित देश का मानवशास्त्री एक देशज मानवशास्त्री को उसकी निम्नतर स्थिति की ओर इशारा करके हमेशा एक ख़ास साँचे में क़ैद रखना चाहता है। श्रीनिवास ने इस मसले पर देशज मानवशास्त्री की स्थिति को स्पष्ट करते हुए लिखा था कि जब कोई भारतीय मानवशास्त्री भारत की किसी जाति या अन्य समूह का अध्ययन करता है तो वह जाति या समूह उसके लिए अन्य भी होता है लेकिन साथ ही इस बात को दरकिनार नहीं करना चाहिए कि उस जाति या समूह के कतिपय सांस्कृतिक रूप, विश्वास और मूल्य उक्त अध्येता से भी मेल खाते हैं। यानी ऐसी स्थिति में भारतीय मानवशास्त्री असल में एक तरह से अन्य में स्व का भी अध्ययन करता है। इस मायने में वह जाति या समूह उसके लिए नितांत अपरिचित या अन्य नहीं रह जाता क्योंकि दोनों एक ही संस्कृति से जुड़े होते हैं। श्रीनिवास इस स्थिति को असामान्य ढंग से जटिल, बहुपरती और द्वैधपूर्ण मानते हैं। ध्यान से देखें तो श्रीनिवास अपने विषय के साथ अंतर और समानता के जिन बिंदुओं बात करते हैं उन्हें देखते हुए उन पर राष्ट्रवादी समाजशास्त्री होने का आरोप दमदार नहीं लगता। वास्तव में श्रीनिवास इस बात पर ज़ोर देते हैं कि अध्ययन में आत्म और अन्य की यह बहुलता मानवशास्त्री के अपने समुदाय का सदस्य होने या बाहरी होने की एकलता से कहीं ज़्यादा श्रेयस्कर है।

यह ग़ौरतलब है कि अपने शोध अध्ययन के लिए श्रीनिवास ने जिस रामपुरा गाँव को चुना था उसकी जाति व्यवस्था के अध्ययन में वे शिकागो स्कूल के कई प्रेक्षणों का उपयोग करते हैं। वर्ण की प्राक्-ब्रिटिश अवधारणा को श्रीनिवास किताबी नज़रिया सिद्ध करते हुए यह कहते हैं कि यह दृष्टि जाति के गतिशील पक्षों को गौण कर देती है। हालाँकि श्रीनिवास का जाति-अध्ययन एक गाँव की स्थानीय संरचना पर केंद्रित था लेकिन वह इस परिघटना की अखिल भारतीय व्याप्ति को लेकर भी सचेत थे। अपने एक लेख में वे इस तथ्य की ओर इशारा करते हैं कि जाति निस्संदेह एक अखिल भारतीय संरचना है, क्योंकि देश में हर जगह ऐसे समूह देखे जा सकते हैं जो पैतृकता तथा वैवाहिक संबंधों के आधार पर एक विशिष्ट समूह का निर्माण करते हैं। श्रीनिवास इस संबंध में इन समूहों के पारम्परिक रोज़गार का हवाला भी देते हैं। उनका यह भी कहना है कि देश में हर जगह ब्राह्मण, अछूत, किसान, दस्तकार, व्यापारी और दूसरों की सेवा करने वाली जातियों का अस्तित्व देखा जा सकता है। जाति के इस अध्ययन में श्रीनिवास क्षेत्रीय भिन्नताओं और पश्चिमी शिक्षा, प्रशासनिक नौकरी, शहर से मिलने वाली आय जैसे कारकों का भी उल्लेख करते हैं जिनका जाति की संरचना पर व्यापक असर पड़ा है।

इस तरह दीर्घ अवधि के लिहाज से देखें तो एक समाजशास्त्री के तौर पर श्रीनिवास ने भारतीय ग्राम और जाति की संरचना को औपनिवेशिक धारणाओं के सैद्धांतिक वर्चस्व से भी मुक्त कराया है। और साथ ही ड्यूमों जैसे समाजशास्त्री की मान्यताओं का भी प्रतिवाद किया जो यह प्रतिपादित कर रहे थे कि जातिगत विभिन्नताएँ भारतीय गाँव को समुदाय का रूप नहीं लेने देती। श्रीनिवास जब ग्रामीण समुदाय की संकल्पना और गाँवों की आर्थिक-सांस्कृतिक अंतर-निर्भरता की बात करते हैं तो वे अव्यक्त ढंग से अखिल भारतीय सभ्यता की बात भी करते हैं। कुछ विद्वानों का मानना है कि श्रीनिवास ने जाति के अध्ययन में ब्राह्मणवादी या उच्च जाति का दृष्टिकोण अपनाया है। लेकिन इस दलील को सही कोण से देखें तो वह दरअसल औपनिवेशिक समाजशास्त्र से निकली प्रतीत होती है। श्रीनिवास की तर्क-योजना वास्तव में पश्चिमी समाजशास्त्रियों की भारत के ग्रामीण समुदायों के संबंध में प्रतिपादित स्थूल और अल्प-चिंतित धारणाओं को उजागर करती है। संक्षेप में कहा जाए तो श्रीनिवास का कृतित्व पश्चिमी ज्ञानशास्त्रीय प्रस्थापनाओं, स्व, समुदाय तथा राष्ट्र की धारणाओं के आलोचकीय विमर्श में कई बुनियादी तर्क मुहैया कराता है।

देखें : इरावती कर्वे, जातियों का राजनीतीकरण, जाति और जाति-व्यवस्था-1 से 4 तक, गोविंद सदाशिव घुर्ये, प्रभुत्वशाली जाति, भारतीय समाजशास्त्र-1 और 2, देवकी जैन, धीरूभाई शेठ, धूर्जटि प्रसाद मुखर्जी, नीरा देसाई, योगेश अटल, राधा कमल मुखर्जी, वेरियर एलविन, संस्कृतीकरण, श्यामा चरण दुबे-1 और 2.

संदर्भ

1. रामचंद्र गुहा और ए.एम. शाह (2009), *ऑक्सफ़र्ड इण्डिया श्रीनिवास,* ऑक्सफ़र्ड युनिवर्सिटी प्रेस, नयी दिल्ली.
2. निकोलस बी. डर्क्स (2001), *कास्ट्स ऑफ़ मांइड : कोलोनियलिज़म ऐंड द मेकिंग ऑफ़ मॉर्डन इण्डिया,* प्रिंसटन युनिवर्सिटी प्रेस, प्रिंसटन, एनजे.
3. वीणा दास (2000), 'इन मेमोरिअम : एम.एन श्रीनिवास 1916-1999', *सेमिनार,* 2000
4. क्रिस फुलर , *ऐन इंटरव्यू विद एम.एन. श्रीनिवास* (ऑनलाइन). एलएसई रिसर्च ऑनलाइन, लंदन, http://eprints.lse.ac.uk/archive/00000467 पर उपलब्ध.

— नरेश गोस्वामी

मोहनदास कर्मचंद गाँधी-1

इंद्रियानुभववादी ज्ञानमीमांसा की आलोचना

(Mohandas Karmchand Gandhi-1)

भारतीय राष्ट्र-राज्य के संस्थापक, उपनिवेशवाद विरोधी आंदोलन के सर्वप्रमुख नेता, सामाजिक और सभ्यतामूलक चिंतक मोहनदास कर्मचंद गाँधी (1869-1948) आधुनिक राजनीति में सत्य, अहिंसा, अपरिग्रह, विनय, सेवा, स्वराज, स्वदेशी, सत्याग्रह, सविनय अवज्ञा, ट्रस्टीशिप, सर्वोदय और अंत्योदय जैसी अवधारणाओं के समावेश के लिए विश्व-विख्यात हैं। गाँधी ने कई अवसरों पर कहा कि मेरा जीवन ही मेरा संदेश है। उन्होंने अपने एक निकटतम सहयोगी से यह भी कहा था कि उन्हें समझने के लिए उन्हें उनकी सतत क्रियाशीलता के बीच देखना होगा। इसके बावजूद यह भी एक तथ्य है कि गाँधी अहर्निश लेखक-पत्रकार भी थे और उनका चिंतन ख़ुद उनके लिखे हुए शब्दों में कोई नब्बे से ज़्यादा खण्डों में संकलित है। गाँधी एक सुव्यवस्थित और प्रणालीबद्ध चिंतक नहीं थे, पर उनके विचारों ने पिछली आधी सदी से दुनिया के प्रत्येक विचार-पंथ के अनुयायियों को प्रभावित किया है। गाँधी की सर्वाधिक प्रभावशाली रचना *हिंद स्वराज* मानी जाती है जो उन्होंने अपने बौद्धिक जीवन के शुरुआत में ही गुजराती में लिखी थी। संवाद-शैली में लिखी गयी इस रचना में उन्होंने आधुनिक पश्चिमी सभ्यता की दूरगामी दृष्टि से गहन आलोचना की है। *हिंद स्वराज* के पृष्ठ उस संज्ञानात्मक दासता की दुश्चिंताओं और उनके विरुद्ध चेतावनी से भरे हुए हैं जिनका शिकार उपनिवेशवाद के ख़िलाफ़ संघर्ष करने वाला राष्ट्रवादी मानस आसानी से हो सकता है।

गाँधी के विचारों पर थोरो, तॉल्स्तॉय और रस्किन के साथ-साथ बाइबिल के संदेशों, हिंदू-वैष्णव मूल्यों, भगवद्गीता और अद्वैत वेदांत का मिला-जुला प्रभाव था। इन्हीं आधारों पर उन्होंने एक ऐसा नैतिक, राजनीतिक और आर्थिक कार्यक्रम तैयार किया जो व्यक्तिगत और सामाजिक जीवन के हर आयाम को स्पर्श करता है। परम्परा-समर्थक एवं परम्परा-विरोधी दोनों ही अपने तर्क का समर्थन गाँधी-चिंतन में खोजते हुए मिल जाते हैं। वहीं आधुनिकतावादी और उत्तर-आधुनिकतावादी भी गाँधी को अपने पक्ष में खड़ा करने हेतु प्रयत्नशील दिखाई पड़ते हैं। मार्क्सवाद को आलोचनात्मक दृष्टि से देखने वाले समाजवादियों ने भी अपने को गाँधी के साथ जोड़ कर गाँधीवादी समाजवाद का सृजन कर लिया है। हिंदुत्ववादियों के राजनीतिक प्रतिनिधियों ने भी गाँधी की विरासत से वैधता हासिल करने की कोशिश की है। अराजकतावादियों ने गाँधी को नैतिक अराजकतावादी बताकर ख़ुद से जोड़ा है। दरअसल, गाँधी के विचारों की मौलिकता और रैडिकलिज़म की प्रकृति कुछ ऐसी है कि उन्हें किसी पूर्व-स्थापित खाँचे में फ़िट नहीं किया जा सकता। आम तौर पर उनके व्यक्तित्व और कृतित्व का दार्शनिक पक्ष उनकी अभूतपूर्व राजनीतिक उपलब्धियों और विवादों के साथ-साथ उनकी महात्मा छवि के पीछे छिप जाता है और उनकी वैचारिकता का पूरा संधान नहीं हो पाता।

गाँधी ने अहिंसा के प्रत्यय का उपनिवेशवाद विरोधी आंदोलन के ख़िलाफ़ गोलबंदी में कामयाबी से इस्तेमाल किया। एक विचार के तौर पर अहिंसा का स्रोत गाँधी की धार्मिक पृष्ठभूमि में तो है ही, राजनीतिक दर्शन के लिहाज़ से गाँधी यह विचार युरोपीय ज्ञानोदय से उद्भूत विचारधाराओं की सर्वांगीण आलोचना की ज़मीन पर स्थित है। साथ ही गाँधी की अहिंसा ज्ञानोदय से क़रीब सौ साल पहले विकसित हुए उस बौद्धिक प्रतिमान की सम्पूर्ण आलोचना पर भी टिकी हुई है जिसके आधार पर जीवन और जगत को समझने और नियंत्रित करने का काम विज्ञान को अंतिम रूप से सौंप दिया गया था। अहिंसा के विचार और रणनीति का एक दूसरा पहलू भी है। उदारतावादी राजनीतिक सिद्धांत मान कर चलता है कि अगर राजनीतिक कार्रवाई संवैधानिक दायरे में की जाए तो उसे हिंसक रुझान लेने से रोका जा सकता है। लेकिन गाँधी की राजनीतिक रणनीति न केवल अहिंसक थी, बल्कि वह ग़ैर-संविधानपरक भी थी। सविनय अवज्ञा के उसूल का यह सारतत्व उदारतावादी चिंतन से परे जाता है।

गाँधी का विचार था कि हिंसक क्रांतिकारी कार्रवाई व्यापक पैमाने पर जन-भागीदारी को प्रोत्साहित नहीं कर सकती। दूसरे, वे यह भी नहीं चाहते थे कि उदीयमान भारतीय राष्ट्रवाद उच्च-मध्यमवर्गीय सुशिक्षित और वकीलों की तरह बहस में प्रशिक्षित पुरुष-अभिजन की ठेकेदारी बन कर रह जाए। इसलिए उन्होंने आज़ादी की लड़ाई को विधायिकाओं और गोलमेज़ सम्मेलनों की बहस के साथ-साथ जनांदोलन की राजनीति के रूप में भी कल्पित किया। इस प्रक्रिया में कांग्रेस पार्टी, जो गाँधी के दक्षिण अफ़्रीका से भारत लौटते समय नरम दल बनाम गरम दल की दुविधा में फँसी हुई थी, कुछ ही वर्षों में एक सशक्त जनांदोलन में बदल गयी। ध्यान रखने वाली बात है कि गाँधी सत्य का संधान करने वाले जिस सत्याग्रही को कल्पित करते हैं, वह लेनिन द्वारा कल्पित हरावल दस्ते का ऐसा सदस्य नहीं है जिसे क्रांति का नेतृत्व करना है। सत्याग्रही को तो केवल नैतिक उदाहरण की तरह विशाल किसान जनता के सामने ख़ुद को पेश करना था। वह कम्युनिस्ट आइडियॉलॉग की तरह इतिहास की अनिवार्य अग्रगति का प्रवक्ता नहीं था। तीसरे, गाँधी चाहते थे कि भारतीय जनता सिर्फ़ अंग्रेज़ों को देश छोड़ कर चले जाने के

मोहनदास कर्मचंद गाँधी (1869-1948)

लिए ही न कहे, बल्कि इसके लिए वह कुछ ऐसे साधन अपनाये जो उन विचारों और संस्थाओं से भिन्न हों जो उपनिवेशवादियों ने भारत पर थोपे थे।

गाँधी ने मुख्य रूप से हिंद स्वराज में एवं आनुषांगिक रूप से अपने फुटकर लेखन में आधुनिक पश्चिमी सभ्यता के प्राय: सभी पक्षों की आलोचनात्मक समीक्षा की है। आधुनिक सभ्यता को परिपुष्ट करने वाली इंद्रियानुभववादी ज्ञानमीमांसा, आधुनिक सभ्यता द्वारा निर्मित अहंवादी एवं स्व-केंद्रित मानव प्रकृति, आधुनिक सभ्यता के आर्थिक पक्ष की मेरुदण्ड मशीन एवं उद्योग गाँधी की दृष्टि में अनीति को बढ़ावा देने वाले हैं। गाँधी ने कार्य-विशेषीकरण से उत्पन्न पराश्रितता एवं विभेद, संगठित शक्ति से व्युत्पन्न हिंसा और अमर्यादित स्वतंत्रता तथा छद्म समानता के समीकरणों का जन्म देने के लिए भी आधुनिक सभ्यता को उत्तरदायी ठहराया है। गाँधी भौतिक एवं प्राकृतिक शक्तियों के प्रयोग की क्षमता के रूप में सभ्यता को परिभाषित करने की प्रवृत्ति नकारते हैं। इस रूप में जब सभ्यता को परिभाषित किया जाता है तब अनिवार्य रूप से इसकी परिणति आधुनिक सभ्यता की श्रेष्ठता स्थापित करने में होती है। इसकी जगह गाँधी सभ्यता को परिभाषित करते हुए परिणामवादी दृष्टिकोण अपनाते हैं। उनकी दृष्टि में सभ्यता का तात्पर्य है अपने असली स्वरूप की पहचान जो मन एवं इंद्रियों को वश में रखने और कर्त्तव्य पालन से प्रकट होती है।

इसके उलट सामाजिक डार्विनवाद से उत्प्रेरित चिंतन के प्रभाव के तहत उदारतावाद की मान्यताओं ने आधुनिक सभ्यता में मनुष्य को स्वार्थी, हिंसक एवं स्व-केंद्रित प्राणी के रूप में परिभाषित किया है। स्वयं गाँधी भी मनुष्य में एक ही साथ दैवी एवं आसुरी प्रवृत्तियों को समाहित मानते हैं और यह भी स्वीकार करते हैं कि इन दोनों प्रवृत्तियों की तीव्रता प्राय: समान ही होती है। कितु गाँधी निरंतर अभ्यास से दैवी प्रवृत्तियों के उत्थान में मानव को सक्षम मानते हैं। मानव की यही सक्षमता गाँधी की दृष्टि में मानवीय गरिमा का आधार है। गाँधी ने आधुनिक सभ्यता की आलोचना के क्रम में यह दर्शाया है कि आधुनिक सभ्यता मनुष्य की स्वार्थी प्रवृत्ति को प्रोत्साहित करने के आधार पर ही टिकी हुई है। विशालकाय उद्योगों में बड़े पैमाने पर उत्पादित वस्तुओं की खपत स्वार्थ एवं भोगलिप्सा के बिना सम्भव नहीं है। गाँधी ने इस तथ्य को बख़ूबी समझा है कि आधुनिक सभ्यता का पोषक उदारतावाद जिस मानवीय विवेक को प्रोत्साहित करता है वह मनुष्य को उत्पादक, उपभोक्ता एवं वितरक के रूप में परिष्कृत करने में जितना सहयोगी है उतना स्वार्थ को परमार्थ के रूप में परिमार्जित करने में नहीं है।

आधुनिक सभ्यता की इंद्रियानुभववादी ज्ञानमीमांसा को भी गाँधी ने अपूर्ण बताया है। साथ ही आधुनिक सभ्यता द्वारा 'विवेक' को अतिशय महत्व दिये जाने का भी विरोध किया है। गाँधी का मानना है कि तार्किक विचारों द्वारा असत्य को जाना जा सकता है परंतु सत्य को जानने और मानने के लिए अतार्किक आत्मीय मनोभावों का भी सहारा लेना पड़ता है। गाँधी के अनुसार व्यक्ति का समग्र व्यक्तित्व मस्तिष्क मन, बौद्धिकता एवं नैतिकता का समाविष्ट स्वरूप है। इन सब का स्पष्ट पारदर्शी विभाजन सम्भव नहीं है। बौद्धिकता मस्तिष्क को प्रेरित करती है पर किसी महान कार्य के संचालन के लिए मस्तिष्क एवं हृदय दोनों की प्रेरणा आवश्यक होती है।

गाँधी समझते हैं कि प्रेम, विश्वास और क्षमा का मूल स्रोत विवेक नहीं है, लेकिन इनके बिना सर्वोत्तम प्राणी के रूप में मनुष्य की परिकल्पना भी सम्भव नहीं है। प्रेम, विश्वास और क्षमा को गाँधी मनुष्य की विकासात्मक क्षमता की परिपूर्णता के लिए आवश्यक मानते हैं। इसके अभाव में मनुष्य हरबर्ट मारक्यूज़ के शब्दों में 'एकायामी' बन कर रह जाता है। कोरा इंद्रियानुभववादी ज्ञान मनुष्य के समक्ष उदात्त मानवीय लक्ष्यों को प्रस्तुत करने में भी अक्षम है। यह भौतिक तृप्ति के लिए मानवीय संवेगों की यथार्थता को परिपुष्ट तो अवश्य करता है लेकिन इससे जिस उपभोक्ता रूपी मानव का सृजन होता है वह साहचर्यजनित उदात्त मानवीय पक्ष की उपेक्षा करता है। आधुनिक सभ्यता की आलोचना का यही पक्ष तरुण मार्क्स में बेगानगी की संकल्पना और उसकी पीड़ा के रूप में व्यक्त हुआ है। गाँधी के चिंतन में कर्त्तव्य-पालन की संकल्पना वस्तुत: मानवीय साहचर्य एवं संयम के माध्यम से आधुनिक सभ्यता की उस पीड़ा का शमन प्रस्तुत करती है जिसे सार्त्र ने चयन की स्वतंत्रता से उत्पन्न माना है। आधुनिक सभ्यता द्वारा निर्मित एकाकी मानव एवं 'अणुवादी समाज' का द्वंद्व गाँधी की निगाह में उसकी अपनी ही ज्ञानमीमांसा में निहित है।

आधुनिक सभ्यता के निर्माण एवं विकास में मशीनीकरण एवं उद्योगीकरण मेरुदण्ड की भाँति है। मशीनीकरण एवं उद्योगीकरण दक्षता आधारित श्रम-शक्ति के अभाव में संचालित नहीं हो सकता। गाँधी ने आधुनिक सभ्यता के इन तीनों पक्षों का सूक्ष्म विश्लेषण किया है। उन्होंने स्वार्थी मनुष्य की संकल्पना को उद्योगवाद के प्रेरक के रूप में प्रस्तुत किया। यह उद्योगवाद जिस केंद्रीकृत उत्पादन-पद्धति को जन्म देता है उससे एक तो क्षेत्रीय असंतुलन का जन्म होता है और दूसरे यह उपभोग के मनोविज्ञान को निरंतर संचार माध्यमों के प्रयोग से प्रेरित करता रहता है। उपभोग के मनोविज्ञान का प्रभाव अंततः मनुष्य के स्वतंत्र कर्ता के स्वरूप को भी धूमिल कर देता है और मानवीय विवेक की स्वतंत्रता भी यांत्रिक होकर रह जाती है।

गाँधी ने उद्योगीकरण के माध्यम से अधिशेष उत्पादन की दो अन्य समस्याओं का भी उल्लेख किया है, जिसमें एक है वितरण की समस्या और दूसरी है अधिशेष उत्पादन की खपत के लिए उपनिवेशीकरण की नीति को प्रश्रय। मार्क्स सदृश विचारकों में उपनिवेशवाद का तीव्र विरोध तो है, पर इसे दूर करने के लिए वे गाँधी की तरह औद्योगिक उत्पादन के विरुद्ध नहीं खड़े होते। न ही इन विचारकों ने केंद्रीकृत उत्पादन पद्धति पर गाँधी की तरह प्रहार किया है। वस्तुतः मार्क्स सदृश विचारकों ने 'ज़हर की दवा ज़हर' के तर्क में ही मानवता का कल्याण खोजा है। गाँधी केंद्रीकृत पूँजीवादी औद्योगिक उत्पादन के साधनों पर सामाजिक नियंत्रण के माध्यम से आधुनिक सभ्यता के दोषों के निराकरण के प्रयास को अपर्याप्त मानते हैं। वे इसकी जगह स्वदेशी की संकल्पना और ग्राम आधारित स्वयं-पर्याप्त इकाइयों की स्थापना को श्रेयस्कर समझते हैं। वे इंद्रिय संयम के प्रयोग द्वारा उपभोक्तावादी मनोविज्ञान को बदल कर व्यापक पैमाने पर उत्पादन की आवश्यकता को ही नष्ट करना चाहते हैं।

देखें : अहिंसा, आज़ादी के लिए सशस्त्र संघर्ष-1, 2, और 3, आर्थिक राष्ट्रवाद-1 और 2, आम्बेडकर-गाँधी विवाद, आशिस नंदी-1 और 2, उपनिवेशवाद विरोधी आंदोलन-1, 2 और 3, उपनिवेशवाद विरोधी संघर्ष में स्त्री-नेतृत्व-1 और 2, गोपाल कृष्ण गोखले, चेतपट वेंकटसुब्बन शेषाद्रि, जय प्रकाश नारायण, जोसेफ़ चेल्लादुरै कुमारप्पा, ट्रस्टीशिप, नरेंद्र देव, बाल गंगाधर तिलक, भारतीय राष्ट्रवाद, राममनोहर लोहिया, भीखू छोटालाल पारिख, लेव निकोलाइविच तॉल्स्टॉय, वर्धा शिक्षा योजना, विवेकानंद, वि-उपनिवेशवाद, विनोबा भावे, सर्वोदय, सविनय अवज्ञा, हेनरी डेविड थोरो।

संदर्भ

1. जैनेंद्र कुमार (1985), *अकालपुरुष गाँधी,* पूर्वोदय प्रकाशन, नयी दिल्ली.
2. रामजी सिंह (1986), *गाँधी दर्शन मीमांसा,* बिहार हिंदी ग्रंथ अकादमी, पटना.
3. महात्मा गाँधी (1981), *आत्मकथा : सत्य के साथ मेरे प्रयोग,* सस्ता साहित्य मण्डल प्रकाशन, नयी दिल्ली.
4. महात्मा गाँधी (2006), *हिंद स्वराज्य,* सर्व सेवा संघ प्रकाशन, वाराणसी.
5. अम्बिका दत्त शर्मा (2009), 'हिंद स्वराज एवं कम्युनिस्ट मैनिफ़ेस्टो का पुनर्पाठ', *उन्मीलन,* वर्ष 23, अंक 2.

— विश्वनाथ मिश्र और उपासना पाण्डेय

मोहनदास कर्मचंद गाँधी-2

उदारतावाद और लोकतंत्र की गहन मीमांसा

(Mohandas Karmchand Gandhi-2)

गाँधी ने आधुनिक सभ्यता को बढ़ावा देने में यंत्रों की भूमिका को भी उजागर किया है और इससे उत्पन्न विकृतियों की पहचान की है। गाँधी के चिंतन का यह पक्ष अनेक स्पष्टीकरण के साथ समझे जाने की प्रत्याशा रखता है। गाँधी मानव के शरीर को भी एक नाजुक यंत्र के रूप में देखते हैं और दाँत-कुरेदनी भी उनके लिए एक यंत्र ही है। वे सिलाई मशीन की उपयोगिता और चरखे के महत्त्व को भी रेखांकित करते हैं जो मूलतः यंत्र ही है। वस्तुतः गाँधी द्वारा मशीनों के विरोध के पीछे मानवीय श्रम का बड़े पैमाने पर विस्थापन है। भीखू पारिख लिखते हैं कि गाँधी यंत्र के प्रयोग से समय एवं श्रम के बचत के महत्त्व की उपेक्षा नहीं करते हैं, पर वे यंत्रों के प्रयोग के लालच और यंत्रों के प्रयोग से उत्पन्न शोषण का विरोध करते हैं। आधुनिक सभ्यता के यांत्रिक पक्ष को गाँधी ने मानवीय श्रम की महत्ता को कम करने और विशेषीकृत यंत्रों के प्रयोग के लिए विशेषीकृत ज्ञान की आवश्यकता के कारण भी निषिद्ध बताया है। गाँधी के अनुसार विशेषीकृत ज्ञान 'आत्मकेंद्रित-अहंवाद' को पुष्ट करता है और इससे मानव-मानव में श्रेणीगत विभेद भी पैदा होता है।

मशीनों के प्रयोग से आरामदायक ज़िंदगी की परिकल्पना की गाँधी ने मशीनों पर मनुष्य की निर्भरता के रूप में व्याख्या की है। गाँधी की दृष्टि में मशीनों के प्रयोग यथा संचार, रेल, छापाख़ाना आदि ने आधुनिक सभ्यता के दोषों का संवहन किया है। गाँधी की दृष्टि में मशीनों का प्रयोग साथी मनुष्य की सहयोगी वृत्ति से तादात्म्य स्थापित करने में बाधक बनती है। मशीन मनुष्य को स्वयं पर्याप्त होने की छद्म चेतना से ढक लेती है और चारों ओर से मशीनों से घिरा हुआ मनुष्य अन्ततः नितांत असहाय सा बन जाता है। तब वह एक

दक्षिण अफ्रीका में अपने सहयोगियों के साथ गाँधी

ओर तो साथी मनुष्यों से कट जाता है और दूसरी ओर स्वयं अपनी क्षमता के उपयोग की शक्ति को भी मशीन के हवाले कर देता है।

गाँधी आधुनिक सभ्यता के दोषों का उल्लेख करते हुए श्रम विभाजन एवं विशेषीकरण की कमियों का भी उल्लेख करते हैं। डॉक्टर एवं वकील के पेशे के उदाहरण के माध्यम से गाँधी ने दक्षता आधारित श्रम-विभाजन एवं विशेषीकरण को सामाजिक जीवन की सरलता को नष्ट करने वाला बताया है। आधुनिक सभ्यता में ऐसे विशेषज्ञों को गाँधी ने मानवीय नैतिकता से बढ़ कर व्यवसायगत नैतिकता के पक्षपोषण का हिमायती बताया है। ऐसे विशेषज्ञ आधुनिक सभ्यता के अनुकूल व्यक्ति को ढालने का यत्न करते हैं, जिससे आधुनिक सभ्यता की विकृतियों को भी वैधता प्राप्त हो जाती है। विशेषज्ञ अपनी विशेषज्ञता का उपयोग अपनी व्यक्तिगत समृद्धि को बढ़ाने और अपने पेशे के आर्थिक महत्व को स्थापित करने में करते हैं। वे विकृतियों, दोषों एवं रोगों को समूल नष्ट करने के लिए उनके मूल कारणों की खोज और उसके निदान के बजाय तात्कालिक राहत प्रदान कराने का कार्य करते हैं। विशेषज्ञों की इस प्रवृत्ति से तात्कालिक राहत पाकर पीड़ित व्यक्ति पुनः उन कार्यों में संलग्न हो जाता है जिससे उसमें विकृति आयी है। वह पुनः पीड़ित होकर विशेषज्ञों की शरण में जाता है और यह दुष्चक्र चलता ही रहता है। गाँधी ने विशेषज्ञता आधारित कर्मों के आर्थिक महत्त्व को मानवीय गुणों को विकसित होने के मार्ग में भी बाधक माना है। साथ ही विशेषज्ञता अर्जन की प्रवृत्ति को मानवीय क्षमता के बहुमुखी विकास में भी अवरोधक बताया है।

गाँधी ने आधुनिक सभ्यता के नियंत्रक एवं पथ प्रदर्शक के रूप में लोकतंत्र की भूमिका की भी गहन मीमांसा की है। गाँधी अल्पमत एवं बहुमत के आधार पर सत्य को परिभाषित करने की मान्यता को नकारते हैं। प्रजातंत्र में सत्य की परख अल्पमत और बहुमत में भिन्न-भिन्न हो जाती है। संसदीय प्रजातंत्र की तो गाँधी ने अत्यंत कटु आलोचना की है। उनके अनुसार शासन की यह प्रणाली दबाव के अभाव में सक्रिय ही नहीं होती है। यह जनता के धन का अपव्यय करती है और जिन विधियों का यह निर्माण करती है उनके पालन के प्रति स्वयं जनप्रतिनिधि ही निष्ठावान नहीं होते हैं। गाँधी ने प्रजातंत्र को समुदाचार (मास बिहेवियर) को बढ़ावा देने के लिए भी कटघरे में खड़ा किया है। यद्यपि गाँधी ने सत्य के सापेक्षिक स्वरूप के साथ निरपेक्ष स्वरूप के अस्तित्व को स्वीकार किया है और वे पूर्ण सत्य की प्राप्ति के लिए सत्य के एकांश को भी स्वीकारते हैं, फिर भी वे इस तथ्य से सहमत नहीं हैं कि समुदाचार में निहित विचार सदैव कल्याणकारी ही होगा। संसदीय प्रजातंत्र की दलबंदी एवं संसद में बहस के गिरते स्तर को भी गाँधी ने रेखांकित किया है। गाँधी ने संसदीय प्रजातंत्र को यंत्र, उद्योग एवं अर्थव्यवस्था के अनुगामी के रूप में चित्रित किया है। वस्तुतः इन शक्तियों पर प्रभुत्व रखने वाले वर्ग द्वारा ही संसदीय प्रजातंत्र नियंत्रित होता है। संसदीय प्रजातंत्र द्वारा प्रक्षेपित स्वतंत्रता एवं समानता की धारणा को भी गाँधी ने सीमित एवं अपर्याप्त बताया है।

आधुनिक सभ्यता की स्वतंत्रता एवं समानता की धारणा जिस उदारतावादी परिवेश में अस्तित्व ग्रहण करती है गाँधी के अनुसार वह मानव स्वभाव की भ्रांत धारणा एवं भ्रांत लक्ष्य पर आधारित है। आधुनिक सभ्यता में उदारतावाद ने उस व्यक्ति की स्वतंत्रता का लक्ष्य सामने रखा है जो समाज से कटा हुआ है। वास्तव में यह व्यक्ति की अमूर्त धारणा है और उदारतावाद ने ऐसे व्यक्ति के लिए निरपेक्ष स्वतंत्रता की पृष्ठभूमि तैयार की है। समाज में न तो अमूर्त व्यक्ति होता है न ही निरपेक्ष स्वतंत्रता। गाँधी इस तथ्य के प्रति भी सचेत हैं कि आधुनिक सभ्यता में उदारतावाद पर लोकतंत्र के दबाव ने समानता के विचार को बढ़ावा दिया है। वास्तव में आधुनिक सभ्यता की मौलिक ज्ञानमीमांसा में समानता का विचार अत्यंत क्षीण है। समानता के विचार को प्रश्रय आधुनिक सभ्यता में लोकतंत्र के प्रक्रियात्मक पहलू ने दिया है। समानता का यह विचार भी स्वतंत्रता के सम्प्रत्यय की ही तरह छद्म एवं प्रक्षेपित है। गाँधी मानव-मात्र की समानता में विश्वास करते हैं, लेकिन उन्हें आधुनिक सभ्यता की समानता की धारणा स्वीकार्य नहीं है। यह भौतिक उपलब्धियों को प्राप्त करने के क्षेत्र तक ही समानता को सीमित करती है।

बढ़ती हुई हिंसात्मक वृत्ति को आधार बनाकर भी गाँधी ने आधुनिक सभ्यता की आलोचना की है। आधुनिक सभ्यता की हिंसात्मक वृत्ति अनेक रूपों में प्रकट होती है। श्रम एवं लाभ का शोषण जहाँ हिंसा के एक स्रोत हैं। वहीं वैचारिक, राजनीतिक, धार्मिक एवं सांस्कृतिक प्रभुत्व की

स्थापना या इसके प्रयास हिंसा के दूसरे स्रोत हैं। गाँधी ने इन हिंसाओं को रोकने के नाम पर राज्य की बढ़ती हुई शक्ति को संदेह की नज़र से देखा है। गाँधी किसी भी संगठित शक्ति को हिंसा के मूर्तिमान पुंज के रूप में ही देखते हैं। गाँधी ने राज्यों के मध्य व्याप्त शास्त्रों की जिस होड़ को देखा था वह आज 'अतिमारकता' के युग तक आ पहुँचा है। गाँधी शस्त्रों की होड़ और सैन्य प्रतिस्पर्धा को आधुनिक सभ्यता की बर्बर निशानी मानते हैं। गाँधी ने आधुनिक सभ्यता में साहचर्य आधारित संबंधों के टूटने के दुष्परिणाम के रूप में राज्य की बढ़ती शक्ति को रेखांकित किया है। गाँधी का विचार है कि आधुनिक राज्यों की शक्ति में वृद्धि मात्र आर्थिक तकनीकी एवं प्रशासनिक आवश्यकताओं के कारण ही नहीं हुई है। अपितु यह मानवीय साहचर्य के घटते हुए परिवेश की खाई को पाटने के उद्देश्य से भी हुई है। किन्तु विडम्बना यह है कि जैसा कि हान्ना एरेंत भी स्वीकार करती हैं कि मानवीय साहचर्य के परिवेश को सृजित करने में आधुनिक राज्यों की भूमिका अत्यंत नकारात्मक है। आधुनिक सभ्यता के छलावे मनुष्य को ऐसे प्रलोभन में रखते हैं जहाँ मनुष्य के भीतर दमनात्मक सहनशीलता का जन्म हो जाता है।

गाँधी-विचार का ज्ञानमीमांसक विश्लेषण करते हुए उनकी राजनीतिक रणनीति की जेंडर-संवेदनशीलता रेखांकित करना ज़रूरी है। यह गाँधी की दूरदृष्टि ही थी जिसने यह माना कि जब तक अबला को सबला नहीं बनाया जाएगा तब तक स्वराज का निहितार्थ सिद्ध नहीं होगा। गाँधी स्वराज की डोर स्त्रियों के हाथ में देना चाहते थे, क्योंकि वे स्त्री-शक्ति के प्रति पूर्णतः आश्वस्त थे। वे कहते थे यदि शक्ति का मतलब केवल पशु बल ही होता है तो बेशक स्त्रियों में पशु बल कम है। लेकिन यदि उसका अर्थ नैतिक शक्ति होता है तो स्त्रियों की शक्ति से पुरुषों की शक्ति की कोई तुलना नहीं की जा सकती। गाँधी ने माना कि स्त्रियों का भी एक अलग व्यक्तित्व है एवं इस व्यक्तित्व की भी अपनी एक गरिमा है। समाज के उत्थान में यदि इस व्यक्तित्व को स्थान नहीं मिलता तो किसी भी प्रकार का स्वराज मात्र आंशिक ही होगा।

गाँधी ने स्वराज की अहिंसक लड़ाई में स्त्रियों का विशेष रूप से आह्वान किया। उनकी मान्यता थी कि अहिंसक संघर्ष में स्त्रियाँ पुरुषों से अधिक भाग ले सकती हैं, क्योंकि वे त्याग और दया की और इसीलिए अहिंसा की मूर्ति हैं। पुरुष अहिंसा और धर्म को केवल बुद्धि से ही समझते हैं वहीं स्त्रियों के लिए यह एक ऐसी वस्तु है जिसे वे जन्म से ही जानती हैं। पारिवारिक उत्तरदायित्वों का सतत निर्वहन स्त्रियों में प्रकृति प्रदत्त सेवा भाव संबंधी गुणों का उत्तरोत्तर विकास करता है जिससे वे हृदय-परिवर्तन संबंधी अहिंसक युद्ध के अंतिम ध्येय को सहज ही प्राप्त कर लेती हैं। सत्याग्रह का मर्म कष्ट सहने में है और स्त्रियों को तो कष्ट सहने की अदम्य शक्ति प्रकृति से ही प्राप्त है। गाँधी के आह्वान पर अनगिनत स्त्रियों ने अहिंसात्मक सत्याग्रह की कमान सँभाली तथा यथायोग्य अंशदान दिया। गाँधी का अभिप्राय कभी भी स्त्रियों द्वारा पुरुषों की नक़ल करना अथवा दोनों के स्वभावगत अंतर को अनदेखा कर देना नहीं था। गाँधी स्वीकारते हैं कि आत्मिक रूप से एक होते हुए भी स्त्री और पुरुष में प्रकृतिगत विभेद है और यही उनकी समाज के प्रति भूमिका की विभिन्नता को दर्शाता है।

आधुनिक युग में स्त्रियों की बदतर स्थिति के लिए भी गाँधी ने आधुनिक सभ्यता की आलोचना की है। आधुनिक सभ्यता ने एक ओर विशेषज्ञता आधारित कर्मों के आर्थिक महत्व को स्थापित करके स्त्रियोचित गुणों के सृजनात्मक एवं पोषणात्मक कर्मों की अपेक्षा की है दूसरी ओर इसने भौतिक बल की श्रेष्ठता को स्थापित करके स्त्रियों के नैतिकबल को ढक दिया है। आधुनिक सभ्यता ने स्त्रियों को उपभोग्या के रूप में प्रस्तुत करके उनके शोषण को बढ़ावा दिया है। गाँधी ने स्त्रियों में सत्यानुशीलन की क्षमता एवं अहिंसा के लिए आवश्यक सतत प्रेम की प्रवृत्ति को पुरुषों की अपेक्षा अधिक माना है। किन्तु आधुनिक सभ्यता ने स्त्रियों में प्राकृतिक रूप से निहित इन गुणों को आलोकित करने के बजाय स्त्रियों के लिए भी पुरुषोचित मापदण्डों को ही सामने रखा है। फलतः आधुनिक सभ्यता में स्त्रियाँ पुरुषोचित दक्षता को प्राप्त करके अपने को सशक्त मानने के प्रयत्नों में संलग्न हैं। किन्तु इससे एक तो स्त्रियाँ निरन्तर पुरुषों से पीछे रह जाती हैं और दूसरे अपने मूल स्वरूप से भटक जाती है।

गाँधी का सभ्यता विमर्श जितना विस्तृत एवं व्यापक है प्रायः उतनी विस्तृत एवं व्यापक आलोचना इस विमर्श के संदर्भ में देखने को नहीं मिलती है। इस संदर्भ में गाँधी को कभी परम्परावादी मूल्यों का पोषक मान लिया जाता है और कभी आदर्शवादी। लेकिन जब गाँधी को आधुनिक एवं उत्तर-आधुनिक विचारक के रूप में भी प्रतिष्ठित किया जा रहा हो तब प्रायः गाँधी की आलोचनाओं से ही गाँधी का प्रत्युत्तर निकल आता है। वस्तुतः आधुनिक सभ्यता की मीमांसा हेतु गाँधी ने जितने विस्तृत फलक का प्रयोग किया है वह अतुलनीय है। आधुनिक सभ्यता की आलोचना के क्रम में गाँधी जितने समग्र दृष्टिकोण को अपनाते हैं, उतनी समग्रता मार्क्सवादियों, नारीवादियों, उत्तर-आधुनिकतावादियों या स्वच्छंदतावादियों में देखने को नहीं मिलती है।

देखें : अहिंसा, आज़ादी के लिए सशस्त्र संघर्ष-1, 2, और 3, आर्थिक राष्ट्रवाद-1 और 2, आम्बेडकर-गाँधी विवाद, आशिस नंदी-1 और 2, उपनिवेशवाद विरोधी आंदोलन-1, 2 और 3, उपनिवेशवाद विरोधी संघर्ष में स्त्री-नेतृत्व-1 और 2, गोपाल कृष्ण गोखले, चेतपट वेंकटसुब्बन शेषाद्रि, जय प्रकाश नारायण, जोसेफ़ चेल्लादुरै कुमारप्पा, ट्रस्टीशिप, नरेंद्र देव, बाल गंगाधर तिलक, भारतीय राष्ट्रवाद, भीखू

छोटालाल पारिख, राममनोहर लोहिया, लेव निकोलाइविच तॉल्स्तॉय, वर्धा शिक्षा योजना, विवेकानंद, वि-उपनिवेशवाद, विनोबा भावे, सर्वोदय, सविनय अवज्ञा, हेनरी डेविड थोरो।

संदर्भ

1. भिखू पारिख (1989), *गाँधीज पॉलिटिकल फ़िलॉसफ़ी, अ क्रिटिकल एग्ज़ामिनेशन,* मैकमिलन प्रेस, लंदन.
2. रोनाल्ड जे टर्चेक (1998), *गाँधी : स्ट्रगलिंग फ़ॉर ऑटोनॉमी,* विस्तार प्रकाशन, नयी दिल्ली.
3. जे.बी. कृपलानी (1956), *गाँधी : एक राजनीतिक अध्ययन,* सर्व सेवा संघ प्रकाशन, वाराणसी.
4. के.जी. मशरूवाला (1962), *गाँधी विचार दोहन,* सस्ता साहित्य प्रकाशन, नयी दिल्ली.

— विश्वनाथ मिश्र और उपासना पाण्डेय

मोहनदास कर्मचंद गाँधी-3

दक्षिण अफ्रीका, सत्याग्रह और असहयोग

(Mohandas Karmchand Gandhi-3)

गुजरात के पोरबंदर में दो अक्टूबर को जन्मे मोहनदास अपने पिता कर्मचंद गाँधी की चार संतानों में सबसे छोटे थे। पिता से गाँधी को अनुशासनप्रियता की सीख मिली एवं माता पुतली बाई से धर्माचरण की प्रेरणा। अपनी आत्मकथा *सत्य के साथ मेरे प्रयोग* में गाँधी ने ख़ुद को साधारण क़िस्म का विद्यार्थी बताया है। तेरह वर्ष की अल्पायु में ही उनका कस्तूरबा से विवाह हुआ। हाईस्कूल में ही पिता से छिप कर गाँधी ने मदिरापान किया और पश्चाताप की वेदना में पिता को पत्र लिखा। पिता द्वारा कुछ भी न कहने लेकिन उनकी आखों से गिरते हुए आँसुओं ने पहली बार गाँधी को प्रेम और अहिंसा की शक्ति से परिचित कराया। आख़िरी क्षणों में मृत्यु-शैया पर पड़े पिता के समक्ष न रह पाने और उस समय पत्नी के साथ समागमरत रहने की घटना ने गाँधी के मन को बुरी तरह से आहत किया। इसी के परिणामस्वरूप वे अधीरता, आसक्ति और कामना की वृत्ति परिमार्जित करने के लिए प्रेरित हुए।

1887 में तृतीय श्रेणी से हाईस्कूल की परीक्षा उत्तीर्ण करने के बाद गाँधी ने कॉलेज-शिक्षा के लिए भावनगर के शामलदास कॉलेज में प्रवेश लिया। लेकिन विधि स्नातक की शिक्षा प्राप्ति हेतु दिवंगत पिता के इच्छा के सम्मान और अपने अग्रज द्वारा लंदन में पढ़ाई के लिए धन की व्यवस्था कर दिये जाने के कारण गाँधी ने विलायत का रुख़ किया। वे बड़ी बेबाक़ी से लिखते हैं कि शिक्षा प्राप्ति हेतु लंदन जाना उनके लिए आकर्षण का विषय नहीं था। वे तो यह सोच कर लंदन जा रहे थे कि वहाँ परिवार से दूर रहने पर अनिच्छापूर्वक पढ़ाई करने के ताने से बच सकेंगे। लंदन के विख्यात इनर टेम्पल में प्रवेश के बाद क़ानून के पारम्परिक अध्ययन-अध्यापन ने उन्हें आकर्षित नहीं किया। लेकिन गाँधी ने भाषा, पोशाक एवं व्यवहार की ऐसी बारीकियों को सीखने का प्रयत्न अवश्य किया जो उन दिनों एक सभ्य अंग्रेज़ से अपेक्षित थीं। 1891 को उन्होंने वकील के रूप में कार्य करने हेतु लंदन के हाई कोर्ट में पंजीयन कराया और 12 जून, 1891 को स्वदेश रवाना हो गये। भारत आने पर गाँधी ने कुछ समय के लिए अध्यापन का कार्य करना चाहा, पर मौक़ा नहीं मिला। अधिवक्ता के रूप में काम करते हुए भी गाँधी को अपनी सफलता के लक्षण प्राय: नगण्य दिखाई पड़े।

1893 में गाँधी को एक मुक़दमे में पैरवी के लिए दक्षिण अफ्रीका जाने हेतु निमंत्रण मिला। यह यात्रा एक ऐसी घटना साबित हुई जिसने गाँधी का जीवन बदल दिया। दक्षिण अफ्रीका में मुक़दमे की पैरवी के लिए उन्हें डरबन से प्रिटोरिया जाना था। इसी रेल मार्ग पर ट्रांसवाल की राजधानी मेरित्सबर्ग के पास टिकट परीक्षक ने अपने दो गोरे सहयोगियों के साथ प्रथम श्रेणी में वैध टिकट होने पर भी चमड़ी का रंग काला होने के कारण गाँधी को अपमानित करके सामान सहित नीचे उतार दिया। इस अपमान, इसे उत्प्रेरित करने वाली विधि तथा राजनीतिक व्यवस्था की प्रचंड भौतिक शक्ति और अपनी ही कमियों के कारण पैदा हुई असहायता पर विचार करते हुए गाँधी ने मेरित्सबर्ग की वह सर्द रात स्टेशन पर गुज़ारी। प्रतिरोधस्वरूप उन्होंने कुछ नहीं किया और अगले दिन पुन: ज़लालत सहते हुए प्रिटोरिया चले गये। लेकिन वहाँ पहुँच कर गाँधी ने एक सप्ताह के भीतर वहाँ के भारतीयों की सभा बुलायी और अपने भाषण मे सत्य बोलने, जात-पाँत और अशुचिता के आचरण को त्यागने तथा अंग्रेज़ी सीखने पर बल दिया। इस तरह गाँधी ने वहाँ कई सभाओं का आयोजन किया। जब तक गाँधी डरबन लौटे तब तक प्रिटोरियावासी भारतीयों ने अपना एक संगठन बना लिया था। गाँधी के लिए एक संगठनकर्ता के रूप में यह अपनी क्षमता पहचानने का अवसर था। डरबन से भारत वापसी की तैयारी में लगे गाँधी की उनके सहयोगियों ने समारोहपूर्वक विदाई भी कर दी, लेकिन *नेटाल मर्करी* की इस ख़बर ने गाँधी को रोक लिया कि दक्षिण अफ्रीका की रंगभेदी सरकार विधान मण्डल का सदस्य बनने के अधिकार से भारतीयों को वंचित करने हेतु विधेयक लाने वाली है। गाँधी ने इस विधेयक का विरोध करने का आह्वान किया और उनके सहयोगियों ने भी इस कार्य में उनके सहयोग की याचना की। गाँधी एक महीना

रुकने हेतु तैयार हो गये। लेकिन इसके बाद वे बीस साल तक वहीं रहे और गिरमिटिया मजदूरों के हितों की रक्षा के लिए संघर्ष किया।

दक्षिण अफ़्रीका के संघर्ष-काल में गाँधी ने अंग्रेज़ी पोशाक पहनना तो नहीं छोड़ा, लेकिन उनमें आंतरिक रूपांतरण का वह क्रम आरम्भ हो गया जिसने अंततः उन्हें वह गाँधी बनाया जिसे आज सारी दुनिया जानती है। जिस निष्क्रिय प्रतिरोध का प्रयोग तिलक ने बंग-भंग के अवसर पर किया था, और माँग से पहले योग्यता (डिज़र्व देन डिज़ायर) की जिस बात पर गोखले बल दिया करते थे, उसे गाँधी ने दक्षिण अफ़्रीका के अपने अहिंसक संघर्ष में व्यवहार में उतार कर दिखाया। गाँधी ने सदैव अपने उद्देश्य को सर्वव्यापक मानवता के कल्याण की दृष्टि से परिभाषित किया। दक्षिण अफ़्रीका में भी गाँधी के संघर्ष का मक़सद भारतीयों के साथ गोरों के समान व्यवहार करने की माँग तक सीमित नहीं था। उनका कहना था कि जब भारतीय भी ब्रिटिश साम्राज्य के नागरिक हैं तब उन्हें भी विधि के तहत वही अधिकार और स्वतंत्रताएँ प्राप्त होनी चाहिए जो अंग्रेज़ों को हासिल हैं। आगे चल कर गाँधी का यह उद्देश्य विराट स्वरूप ग्रहण करता हुआ मनुष्य द्वारा मनुष्य के शोषण के निषेध तक पहुँचा। गाँधी की इस दृष्टि ने ही राष्ट्रीय आंदोलन में गाँधी के आगमन के बाद भारतीय स्वतंत्रता के प्रश्न को मानवजाति की स्वतंत्रता के प्रश्न में बदल दिया।

सविनय अवज्ञा : नमक आंदोलन

1899 से 1902 के मध्य दक्षिण अफ़्रीका के बोअर विद्रोह में गाँधी ने बोअरों से सहानुभूति रखते हुए भी अंग्रेज़ों के पक्ष में भारतीय सैनिकों की नियुक्ति की मुहिम चलाई। यह बोअर लोगों की उचित माँगों की पूर्ति हेतु अनुचित तरीक़े के प्रयोग के विरुद्ध प्रतिक्रिया थी, लेकिन गाँधी ने मानवता के धर्म का पालन करते हुए घायलों की सेवा के लिए एक दल भी तैयार किया जिसमें लगभग स्वतंत्र भारतीय एवं आठ सौ गिरमिटिये मज़दूर थे। दक्षिण अफ़्रीका के संघर्ष काल में गाँधी ने एक सफल अधिवक्ता के रूप में भी अपने को स्थापित कर लिया था। आजीविका के इस साधन को गाँधी ने अधिवक्ता के प्रचलित धर्म से परे इस्तेमाल करते हुए विवादों का निस्तारण कचहरी से बाहर सुलह एवं मध्यस्थता से कराने में विशेष ध्यान दिया। 1903 में गाँधी ने *इण्डियन ओपीनियन* नामक साप्ताहिक पत्र आरम्भ किया और डरबन के पास 1904 में फ़ीनिक्स आश्रम की स्थापना की। इसका विचार गाँधी के मन में जॉन रस्किन की पुस्तक *अन टू दिस लास्ट* को पढ़ कर आया। यह पुस्तक गाँधी को एस.एल. पोलक ने दी थी। गाँधी का कहना है कि इस पुस्तक ने मेरी जीवन-धारा बदल दी। वे लिखते है कि यह पुस्तक रक्त और आँसुओं से लिखी गयी है।

गाँधी ने वासनाओं पर विजय पाने के प्रयत्न के रूप में 1906 में ब्रह्मचर्य का व्रत लिया और आजीवन इसका पालन करते रहे। उनका उद्देश्य इंद्रियों का दमन न हो कर इंद्रियों की सद्वृत्तियों के परिमार्जन के रूप में इस व्रत का उपयोग करना था। 1906 में ही दक्षिण अफ़्रीका की रंगभेदी सरकार की पहचान-पत्र नीति के अनौचित्य के विरुद्ध गाँधी ने सामूहिक प्रतिरोध की व्यक्तिगत नीति का सूत्रपात किया और उसका नाम सत्याग्रह रखा। मगन लाल गाँधी ने इसके लिए सदाग्रह शब्द सुझाया था, लेकिन गाँधी ने इस शब्द के संशोधित रूप को स्वीकार किया। 30 जून, 1914 को लम्बे संघर्ष के बाद सत्याग्रह एवं अहिंसा की भौतिक बल पर जीत हुई और रंगभेदी पहचान-पत्र की नीति को सरकार ने वापस ले लिया। नौ जनवरी, 1915 को गाँधी स्वदेश लौट गये।

दक्षिण अफ़्रीका से जब गाँधी भारत आये तब भारतीय राष्ट्रीय आंदोलन के मंच पर उदारतावादी युग का पटाक्षेप हो चुका था और गरमदली शक्तियाँ अपनी जड़ें जमा रही थीं। बाल गंगाधर तिलक, गोपाल कृष्ण गोखल और मदन मोहन मालवीय सरीखे जन-नायकों के बीच अपनी उपस्थिति दर्ज करा पाना किसी के लिए भी महान चुनौती से कम नहीं थी। तिलक के नेतृत्व में स्वदेशी बहिष्कार और निष्क्रिय प्रतिरोध का एक व्यापक जन आंदोलन भी सम्पन्न हो चुका था जिसके कारण बंगाल विभाजन की घोषणा को ब्रिटिश सरकार वापस लेने पर मजबूर हुई थी। भारत आ कर फ़ीनिक्स के प्रयोग ने साबरमती के आश्रम में रूपांतरित होकर परिष्कृत स्वरूप ग्रहण किया। *इण्डियन ओपीनियन* के प्रयोग ने हिंदी के हरिजन और अंग्रेज़ी के *यंग इण्डिया* के रूप में आकार लिया। 1915 से 1919 के बीच गाँधी ने स्थानीय स्तर पर तीन संघर्षों का संचालन किया जिससे उनकी दक्षिण अफ़्रीका में प्राप्त ख्याति और बढ़ गयी। ये तीन आंदोलन थे : बिहार के चम्पारन में नील की खेती करने वालों के दमन के ख़िलाफ़ होने वाला संघर्ष, गुजरात के खेड़ा ज़िले में चला किसानों का

आंदोलन और अहमदाबाद में हुई मज़दूर हड़ताल में उनका हस्तक्षेप। 1919 में गाँधी ने कुख्यात रौलट एक्ट के ख़िलाफ़ अखिल भारतीय हड़ताल का आह्वान करके उपनिवेशवादी आंदोलन में अपने राष्ट्रीय हस्तक्षेप की शुरुआत की।

गाँधी ने दक्षिण अफ़्रीका में सत्याग्रह की जिस रणनीति को आज़माया था, वह भारत में भी सफल साबित हुई। उपनिवेशवाद विरोधी आंदोलन की गाँधीवादी शैली की तीन विशेषताएँ दृष्टव्य हैं : सांगठनिक और वित्तीय ब्योरों पर विस्तृत और बारीक नज़र, सत्याग्रही के रूप में एक अनुशासित और एक हद तक प्रशिक्षित कार्यकर्ता-पंक्ति का निर्माण, हमेशा समझौता वार्ता करने और संकट पैदा होने पर एकतरफ़ा तौर पर आंदोलन वापस लेने तक के लिए तैयार रहने का लचीलापन। गाँधी की राजनीति की एक ख़ास बात यह भी थी कि वे दो राजनीतिक मुहिमों के बीच के अंतराल को भरने के लिए कार्यकर्ताओं और जनता को रचनात्मक कार्यक्रम में लगने का सुझाव देते थे। रचनात्मक कार्यक्रम के केंद्र में चरखा और स्वदेशी का विचार था जिसमें उपनिवेशवादी लूट की आलोचना, आत्मनिर्भरता, पश्चिमी विचारों का प्रतिरोध और नागरिक जीवन के सुधार के आग्रह थे। पुणे में फैले प्लेग ने गाँधी को सार्वजनिक स्वच्छता के अभियान का वह अवसर उपलब्ध कराया जिसमें शौचालयों का निरीक्षण और सफ़ाई का ऐसा कार्य सम्मिलित था जिसे सम्पादित करना तब के ख्यातिनाम भारतीय नेताओं के लिए पाप जैसा ही था। गाँधी के इस सेवाधर्मी कार्य ने उन्हें आम जनता की परिस्थितियों से परिचित होने का अवसर दिया। दूसरी तरफ इसी प्रक्रिया में उन्होंने दरिद्र नारायण की सेवा में सब कुछ देखा। सार्वजनिक स्वच्छता, सार्वजनिक शिक्षा, सार्वजनिक जागरूकता, आत्मसंयम का अभ्यास, स्त्रियों एवं हरिजनों की स्थिति में सुधार, कुरीतियों के उन्मूलन आदि के लिए गाँधी, उनका आश्रम एवं उनके सत्याग्राही निरंतर लगे रहते थे।

प्रथम विश्वयुद्ध के समय गाँधी ने ब्रिटेन के युद्ध-प्रयास का पुन: उसी प्रकार समर्थन किया जिस प्रकार उन्होंने बोअर युद्ध के समय अंग्रेजों का किया था। इस समय उनका तर्क था कि वे ब्रिटेन की कमज़ोर स्थिति का लाभ उठाकर भारतीय समस्या का हल नहीं चाहते। विश्व-युद्ध में गाँधी द्वारा भारतीयों की सेना में भर्ती हेतु चलाये गये अभियान पर तीखी प्रतिक्रिया हुई। ऐसी प्रतिक्रियाओं में प्राय: गाँधी की उस पहल को भुला दिया जाता है जो उन्होंने चम्पारण सत्याग्रह के माध्यम से अंग्रेज़ मालिकों द्वारा नील की खेती के लिए बाध्य किये जा रहे किसान-हितों की रक्षा के लिए की थी। युद्ध प्रयत्नों में सहयोग से जिस सहानुभूति की अपेक्षा गाँधी को थी उसे रौलट एक्ट ने एक झटके से नष्ट कर दिया। विश्व-युद्ध जनित परिस्थितियों ने 1916 में कांग्रेस के लखनऊ अधिवेशन में नरमपंथियों एवं गरमपंथियों को एकजुट कर दिया था। इसी तरह ख़िलाफ़त के प्रश्न पर हिंदू-मुसलिम एकता का लक्ष्य प्राप्त करने का माहौल बना।

जब देश में ब्रिटिश शासन के ख़िलाफ़ जनांदोलन के लक्षण स्पष्ट दिख रहे थे जलियाँवाला बाग के हत्याकाण्ड ने जन-आक्रोश को तीव्र कर दिया। ऐसी परिस्थितियों में गाँधी ने 1920 में असहयोग आंदोलन छेड़ा जिसमें नरमपंथियों के 'प्रेयर, प्रोटेस्ट एवं प्लीडिंग' की नीति के साथ-साथ गरमपंथियों के राष्ट्रीय शिक्षा, स्वदेशी एवं बहिष्कार की नीति का सम्मिलित प्रयोग था। चौरीचौरा के घटनाक्रम के कारण गाँधी ने इस आंदोलन को वापस ले लिया। लेकिन सामाजिक प्रभाव, भारतीय जनमानस में आत्मगौरव जगाने की दृष्टि से और सामाजिक जड़ता को तोड़ने में योगदान की दृष्टि से यह आंदोलन अद्वितीय सिद्ध हुआ।

साइमन कमीशन की विफलता से उपजने वाली स्थिति ने गाँधी के आंदोलनकारी पक्ष को पुन: आगे आने का अवसर दिया। इस समय सत्य, अहिंसा एवं सत्याग्रह का प्रयोग सविनय अवज्ञा के संस्करण में हुआ। गाँधी ने विनय एवं अहिंसा का पालन करते हुए आंदोलन के गतिमान रहने पर एक वर्ष के भीतर स्वराज प्राप्ति का भरोसा दिलाया। यद्यपि सविनय अवज्ञा की परिणति इस रूप में तो नहीं हुई और यह आंदोलन धीरे-धीरे विच्छिन्न सा हो गया लेकिन इसने जन-जागरूकता की वह लहर उत्पन्न की जिसके कारण ब्रिटिश शासन के लम्बे समय तक भारत में टिके रहने के बुनियादी दावे पर ब्रिटेन में भी पुनर्विचार होने लगा।

सविनय अवज्ञा के ही काल में रैम्जे मैक्डानल्ड के साम्प्रदायिक अधिनिर्णय के विरोध में गाँधी ने अपने जीवन का सबसे लम्बा उपवास किया जिसकी परिणति पुणे पैक्ट के रूप में हुई। गाँधी केवल एक बार 1924 में ही कांग्रेस के अध्यक्ष रहे थे लेकिन उसके संगठन पर गाँधी की पकड़ लम्बे समय तक बनी रही। इस शक्ति का आधार आम जनता से निरंतर संवाद और सम्पर्क में रहने की गाँधी की आदत और संत के रूप में निरंतर स्थापित होती जा रही गाँधी की गरिमा थी। स्वाधीनता आंदोलन के अंतिम पड़ाव पर जब ब्रिटेन ने भारतवासियों की इच्छा के विरुद्ध भारत को युद्ध में झोंक दिया तो गाँधी को पुन: जनांदोलन का अवसर मिला। इस समय स्थितियाँ भिन्न थीं। मित्र राष्ट्रों के विजय के संदर्भ में विश्वासपूर्वक कुछ कहना कठिन था। साम्राज्य के व्यापक हितों को देखते हुए ब्रिटिश हुकुमत भारत के लिए ईमानदारी से रियायतों की घोषणा हेतु तत्पर न थी। देश में विप्लव जैसी स्थितियाँ उत्पन्न होती जा रही थी। ऐसी स्थिति भारत से यह विश्वव्यापी संदेश जाना जरूरी था कि वह किसी भी हिंसक शक्ति के साथ नहीं है। यह संदेश गाँधी के नेतृत्व में 1942 में भारत छोड़ो आंदोलन के माध्यम से दिया गया। इस

आंदोलन की व्यापकता ने यह सिद्ध कर दिया कि भारत में अंग्रेज़ी शासन अब कुछ ही दिनों की बात है।

लेकिन इस आंदोलन की सफलता के बाद स्वयं गाँधी के लिए एक ऐसी अवधि आयी जब उन्हें पहली बार लगा कि उनके नेतृत्व में चलने वाली कांग्रेस और स्वयं उनकी शिष्य-मण्डली सत्ता के हस्तांतरण के लिए बेचैन है। गाँधी कहते रहे कि देश का विभाजन मेरी लाश पर होगा— लेकिन घटनाचक्र पर न उनका नियंत्रण रहा और न ही उनके सहयोगियों का। गाँधी के अनेक समर्थकों का विश्वास था कि आगे चल कर स्वयं गाँधी के प्रयत्नों से ही विभाजन का अंत हो जाएगा। भारत द्वारा पाकिस्तान को दिये जाने वाले पचपन करोड़ रुपयों के भुगतान को लेकर गाँधी अनशन पर बैठने वाले थे, लेकिन नाथूराम गोडसे ने उन्हें 30 जनवरी, 1948 में गोलियों का निशाना बना दिया।

देखें : अहिंसा, आज़ादी के लिए सशस्त्र संघर्ष-1, 2, और 3, आर्थिक राष्ट्रवाद-1 और 2, आम्बेडकर-गाँधी विवाद, आशिस नंदी-1 और 2, उपनिवेशवाद विरोधी आंदोलन-1, 2 और 3, उपनिवेशवाद विरोधी संघर्ष में स्त्री-नेतृत्व-1 और 2, गोपाल कृष्ण गोखले, चेतपट वेंकटसुब्बन शेषाद्रि, जय प्रकाश नारायण, जोसेफ़ चेल्लादुरै कुमारप्पा, ट्रस्टीशिप, नरेंद्र देव, बाल गंगाधर तिलक, भारतीय राष्ट्रवाद, भीखू छोटालाल पारिख, राममनोहर लोहिया, लेव निकोलाइविच तॉल्स्तॉय, वर्धा शिक्षा योजना, विवेकानंद, वि-उपनिवेशवाद, विनोबा भावे, सर्वोदय, सविनय अवज्ञा, हेनरी डेविड थोरो।

संदर्भ

1. धीरेंद्र मोहन दत्त (1985), *महामना गाँधी का दर्शन,* बिहार ग्रंथ अकादमी, पटना.
2. डेनिस डेल्टन (1999), *गाँधीज़ पावर : नॉन वायलेंस इन एक्शन,* ऑक्सफोर्ड यूनिवर्सिटी प्रेस, न्यूयॉर्क.
3. राधवन अय्यर सं. (1986), *मॉरल ऐंड पॉलिटिकल राइटिंग्ज़ ऑफ़ महात्मा गाँधी,* ऑक्सफोर्ड युनिवर्सिटी प्रेस, लंदन.
4. ऐंथनी जे. परेल (2007) *गाँधीज़ पॉलिटिकल फ़िलॉसफ़ी ऐंड द क्वेस्ट फॉर हारमोनी,* केम्ब्रिज प्रेस, केम्ब्रिज.

— विश्वनाथ मिश्र और उपासना पाण्डेय

अनुक्रमणिका

अनुक्रमणिका में उल्लिखित रचनाओं (पुस्तकें, लेख, कविताएँ, नाटक और फ़िल्में) के शीर्षकों में ए, ऐन और द का प्रयोग मुख्य शीर्षक के बाद किया गया है। अभिनव गुप्त और मण्डन मिश्र जैसे क्लासिकल नाम प्रथम नाम में दिये गये हैं। चीनी नाम भी प्रथम नाम के रूप में ही हैं। जिन प्रविष्टियों के साथ भारतीय लगा है,उनकी स्वतंत्र प्रविष्टि बनायी गयी है, न कि मुख्य प्रविष्टि की उप-प्रविष्टि के रूप में। प्रविष्टियों के शीर्षक और उनकी पृष्ठ-संख्या विशेष रूप से उभारी गयी है।

अ

आ

इ

ई

उ

ऋ

ए

ऐ

ओ

ख

ग

घ

च

छ

ज

झ

ट

ठ

ड

ढ

त

ध

न

प

फ

ब

भ

म

य

र

व

श

ष

स

ह

क्ष

त्र

ज्ञ